lonely planet

中欧

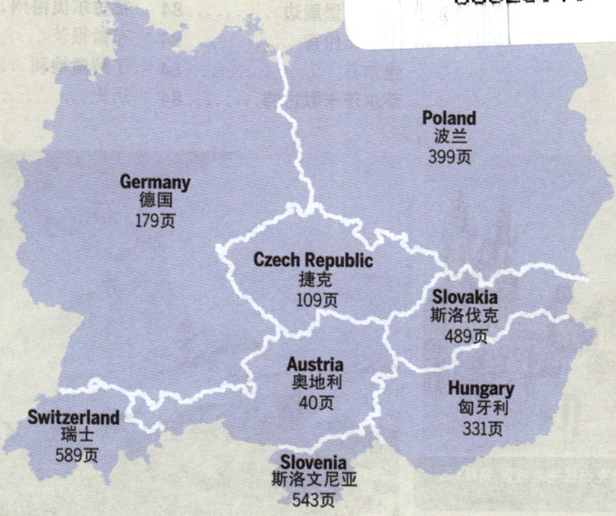

本书作者

瑞安·维尔·贝克摩斯（Ryan Ver Berkmoes）

马克·贝克（Mark Baker）　凯瑞·克里斯提安尼（Kerry Christiani）

史蒂夫·法伦（Steve Fallon）　蒂姆·理查兹（Tim Richards）

安德里亚·舒尔特·皮沃斯（Andrea Schulte-Peevers）　卢克·沃特森（Luke Waterson）

计划你的行程

在路上

捷克布拉格老城区 见113页

奥地利萨尔茨主教宫广场 见75页

瑞士采尔马特马特峰 见607页

目录

在路上

JEAN BROOKS/GETTY IMAGES ©

奥地利维也纳美泉宫 见45页

SYLVAIN SONNET/GETTY IMAGES ©

奥地利维也纳霍夫堡宫
见44页

目录

匈牙利布达佩斯盖莱尔特浴场 见338页

TIM HUGHES/GETTY IMAGES ©

捷克克鲁姆洛夫，捷克 见153页

生存指南

欢迎来中欧

旧时的魅力

日耳曼砖木结构的村庄、有涂鸦装饰的文艺复兴时期的广场、中世纪四周环绕城墙的小镇……如果你想寻找旧大陆的魅力，这里是不二之选。走在布拉格黑暗的哥特式小巷，看着萨尔茨堡极致的巴洛克式建筑，欣赏深受多姿的古代威尼斯影响的斯洛文尼亚港口城市——皮兰，不由得心生敬意。波兰和捷克的中世纪杰作比其他欧洲国家都要多。从瑞士的伯尔尼到斯洛伐克的巴尔代约夫这一带地区，处处都是狭窄的小巷和古雅的城镇风光。像德国班贝格这样看似不起眼的瑰宝，则少有游客。浓雾弥漫的早晨，街上行人很少，你会感觉自己好像置身于古代。

优雅地用餐

在美好的环境里用餐，比单纯地享用美食更为有趣。中欧有大量的户外小餐馆、啤酒馆和咖啡屋，刚好能满足游客的需要。每当春天气温回升，水仙花、郁金香绽放，摆在室外的桌子会陡然多起来。你可以一边欣赏斯洛文尼亚的海岸风光，一边品尝美味的意大利面；也可以去波兰的鹅卵石街上吃馅饼（波兰饺子）或去瑞士的湖畔吃奶酪火锅。中欧地区随处可见的啤酒花园，给人们提供了一个享受丰盛食物、欢乐氛围和户外饮酒的好机会。一旦天气变凉，人们就会转移到喧闹的啤酒馆。如果想吃些甜点，可以在咖啡馆或糕点店享用蛋糕。维也纳和布达佩斯

在中欧，山脉的粗犷和古老城市的优雅完美地融合在一起，你会立刻感到自然、精致、朴实和优雅的魅力。

（左）捷克布拉格（见112页）

（下）斯洛文尼亚特里格拉夫峰上的徒步旅行者（见566页）

的甜点最为著名，不过整个中欧到处都有可供餐饮的地方。

户外探险

多数中欧国家境内山脉众多，户外运动颇具吸引力。阿尔卑斯山脉山势险峻，山峰像瑞士三角巧克力的形状一样，例如马特峰。阿尔卑斯山的最高峰在瑞士，穿过德国南部和奥地利，再向南进入斯洛文尼亚。你可以徒步、骑自行车、滑雪、坐船或乘坐缆车饱览阿尔卑斯山的风光。其他如瑞士汝拉山（侏罗山）、波兰和斯洛伐克境内的塔特拉山，也是探险的好去处。此外，在捷克的“岩石林”里还有鬼斧神工的砂岩可供攀爬；斯洛伐克和斯洛文尼亚瀑布密布的峡谷，是徒步的好地方；德国拥有美丽的田园风光和适合漫步的黑森林。这里的大自然，每一处都会让你有新的发现。

中欧亮点

德国，柏林
创造历史的那堵墙及其衍生出的画廊和步道（181页）
捷克，捷克克鲁姆洛夫
优美的滨江老城（153页）
德国，慕尼黑
世界一流的啤酒馆和啤酒节（238页）
瑞士，少女峰
冰川覆盖的山峰下，有迷人的村落（620页）
瑞士，马特峰
采尔马特上空高耸入云的神峰（607页）
奥地利，萨尔茨堡
巴洛克式的城堡以及醉人的山景（75页）
斯洛文尼亚，特里格拉夫峰和夫尔希奇山坳通道
妙趣横生的远足和令人毛骨悚然的山隘（566页）
55°N
5°E
10°E
200 km
100 miles
København 哥本哈根
SWEDEN 瑞典
DENMARK 丹麦
North Frisian Islands 北弗里西亚群岛
NORTH SEA 北海
Heligoland Bight
UNITED KINGDOM 英国
NETHERLANDS 荷兰
Amsterdam 阿姆斯特丹
Kiel 基尔
Lübeck 吕贝克
Rostock 罗斯托克
Wismar
Hamburg 汉堡
Bremen 不来梅
Elbe 易北河
Hanover 汉诺威
Potsdam 波茨坦
Berlin 柏林
GERMANY 德国
Düsseldorf 杜塞尔多夫
Cologne 科隆
Aachen 亚琛
Bonn 波恩
Bruxelles 布鲁塞尔
BELGIUM 比利时
Leipzig
Erfurt 爱尔福特
Weimar
Dresden 德累斯顿
Litoměřice
Terezín
Moselle Valley 摩泽尔峡谷
Rhine Valley 莱茵河谷
Frankfurt-am-Main 美因河畔法兰克福
LUXEMBOURG 卢森堡
Luxembourg 卢森堡
Trier
Mainz 美因茨
Würzburg
Bamberg
Karlovy Vary
Loket
Plzeň 比尔森
Saarbrücken 萨尔布吕肯
Heidelberg
Nuremberg 纽伦堡
Rhine 莱茵河
Baden-Baden
Stuttgart 斯图加特
Black Forest 黑森林
Seine
Munich 慕尼黑
Lake Constance (博登湖)康斯坦茨湖
Linz 林茨
Salzburg 萨尔茨堡
Bad Ischl
Basel 巴塞尔
Zürich 苏黎世
Bregenz 布雷根茨
Bavarian Alps
Zugspitze (2962m)
Innsbruck 因斯布鲁克
Werfen
Mayrhofen
SWITZERLAND 瑞士
FRANCE 法国
Neuchâtel
Bern 伯尔尼
ALPS
Vaduz 瓦杜兹
Chur
LIECHTENSTEIN 列支敦士登
Grossglockner (3798m)
Klagenfurt 克拉根福
Lienz
Lausanne 洛桑
Jungfraujoch 少女峰 (4158m)
Vršič Pass 夫尔希奇山坳通道 (1611m)
Mt Triglav 特里格拉夫峰 (2864m)
Geneva 日内瓦
Lake Geneva 日内瓦湖
Zermatt 采尔马特
Mont Blanc 勃朗峰 (4810m)
Loire
Rhône
Lake Maggiore
Lugano
Lake Como
ITALY 意大利
ADRIATIC SEA 亚得里亚海
中国地图出版社供图

BALTIC SEA
波罗的海
15°E
20°E
55°N
捷克,布拉格
哥特式的荣辉与熙攘的街区（112页）
LITHUANIA
立陶宛
Vilnius
维尔纽斯
RUSSIA
俄罗斯
Kaliningrad
Gulf of Gdańsk
格但斯克湾
波兰,托伦
如画的小镇与原汁原味的生活（469页）
Pomeranian Bay
Gdańsk
格但斯克
Koszalin
Great Masurian Lakes
Olsztyn
奥尔什丁
Nemunas
BELARUS
白俄罗斯
Szczecin
什切青
Białystok
Białowieża National Park
比亚沃韦扎国家公园
Toruń
托伦
波兰,克拉科夫
中世纪的皇家首都与现代酒吧文化（420页）
Warszawa
华沙
Poznań
波兹南
POLAND
波兰
Zielona Góra
Łódź
罗兹
Lublin
卢布林
UKRAINE
乌克兰
Wrocław
弗罗茨瓦夫
Sudeten Mountains
苏台德山脉
Bohemian Switzerland National Park
Elbe
易北河
Odra
奥得河
Vistula
Praha
布拉格
Kutná Hora
Oświęcim
Kraków
克拉科夫
Przemyśl
斯洛伐克,上塔特拉山
轻松实惠的高山徒步（514页）
Ostrava
CZECH REPUBLIC
捷克
Olomouc
Zakopane
扎科帕内
TATRA MOUNTAINS
塔特拉山
Bardejov
CARPATHIAN MOUNTAINS
喀尔巴阡山脉
Malá Fatra National Park
小法特拉山国家公园
Telč
Brno
布尔诺
Poprad
Levoča
České Budějovice
捷克布杰约维采
Trenčín
Slovenský Raj National Park
斯洛伐克天堂国家公园
Košice
科希策
Tisa
SLOVAKIA
斯洛伐克
Wien
维也纳
Banská Štiavnica
Melk
Tokaj
Bratislava
布拉迪斯拉发
Eger
埃格尔
Esztergom
Vác
Debrecen
Sopron
Győr
杰尔
Visegrád 维谢格拉德
Budapest
布达佩斯
Lake Tisza
ROMANIA
罗马尼亚
AUSTRIA
奥地利
HUNGARY
匈牙利
匈牙利,维谢格拉德
古老的城堡与动人心魄的景致（358页）
Graz
格拉茨
Tihany
Siófok
Kecskemét
Keszthely
Lake Balaton
Kiskunsági Nemzeti Park
小昆沙国家公园
Maribor
Danube
SLOVENIA
斯洛文尼亚
Szeged
塞格德
匈牙利,布达佩斯
美貌与活力之城（333页）
Ljubljana
卢布尔雅那
Pécs
佩奇
Zagreb
萨格勒布
CROATIA
克罗地亚
多瑙河
SERBIA
塞尔维亚
奥地利,维也纳
皇室的优雅和建筑（44页）
Beograd
贝尔格莱德

14 TOP
顶级旅行体验

瑞士，观赏壮美的马特峰

1 的确，它使瑞士三角巧克力的包装平添了几分优雅，也让人不由得想起电影《小海蒂》中的经典场景；但若第一次走近马特峰，你还是会倾倒于它的壮丽。当你进入采尔马特（见607页）到处是木质小屋的村庄时，便会惊叹于这鬼斧神工般雄伟高耸的孤峰。你可以坐在路边安静的咖啡屋里观赏它；或沿着阿尔卑斯山的崎岖小路徒步远行，倾听远处奶牛脖子上挂的铃铛叮叮作响；或是在滑雪场上驻足休息，赞美它的无穷魅力。

奥地利，在萨尔茨堡唱歌

2 这里有山顶城堡、17世纪的鹅卵石街道、莫扎特以及动听悦耳的合唱。如果世界上原本没有萨尔茨堡（见75页），人们也一定会创造出它，即便只是为了取悦每年来访的教士。很难说此地流行什么，但是只需看一下出售的媚俗作品就知道，这里就是影片《音乐之声》的故乡。可能你还没来得及唱出“Do-Re-Mi”，就已经来到了美丽的山坡，这里的旅行者终年络绎不绝。图为萨尔茨堡大教堂的音乐会。

MARTIN MOOS/GETTY IMAGES ©

PRITZ PRITZ/GETTY IMAGES ©

3

4

瑞士，寻访少女峰村庄

3 三座欧洲最为壮丽、布满冰川的山峰，构成了瑞士少女峰地区（见620页）宁静的小镇与滑雪村庄的壮观背景。白天，你可以在200公里长的滑雪道上进行单板滑雪和双板滑雪（或者沿着长达数百公里的徒步路径远足）。晚上，回到热闹的格林德瓦或没有汽车的米伦，在小木屋里感受温馨的气氛。在这里的每户人家和旅舍，都能欣赏到明信片般的窗外景色。奶牛脖子上铃铛发出的声音回旋在山谷。这是瑞士如童话书般，最梦幻的所在。图为米伦村庄。

波兰，漫步托伦

4 这座美丽的哥特城（见469页）是观光和休闲的好地方。从广场附近的奶吧窗口买份波兰比萨（涂有奶酪、蘑菇和番茄酱的吐司卷），穿过来来往往的当地人，去看一看广场边上神奇的雕像，包括一座纪念本地英雄哥白尼的纪念碑。晚上，在鹅卵石街道旁找一处美丽的啤酒花园露台坐坐，结束一天的行程。图为托伦的哥白尼雕像。

斯洛文尼亚，攀登特里格拉夫峰和夫尔希奇山坳通道

5 人们常说，不登特里格拉夫峰（见566页），非斯洛文尼亚人。大约有20条路可以通往顶峰，最终选择哪条路并没有规则。如果你是新手，最好在向导的陪同下，从渤兴湖北部的Pokljuka高地向上攀登。倘若时间不多，而你又是自驾，则可以朝夫尔希奇山坳通道行进，这里比别的山头都高。这条路会将你引向阿尔卑斯山的戈雷尼峰，再穿过特里格拉夫峰，一直延伸到阳光明媚的Primorska和河水湛蓝的索卡河，1小时的行程会令你感到紧张和刺激。

JAN GREUNE/GETTY IMAGES ©

匈牙利，布达佩斯观光

6 近年来，匈牙利的首都（见333页）已经今非昔比。人们已经淘汰了苏联时期制造的汽车，这种汽车常常行驶在佩斯的平原地带，喷出呛人的蓝色烟雾。现如今，布达这一带风光明丽，佩斯也充满了生机和活力。可以毫不夸张地说，布达佩斯集布拉格的美丽和柏林的繁华于一身，构成匈牙利一道独特的风景。图为马querySelector亚斯教堂，位于国会大厦的前方。

DAVID L. RYAN/GETTY IMAGES ©

捷克，发现布拉格

7 布拉格城堡和老城广场是布拉格的两大亮点（见112页），但是为了更好地了解“天鹅绒革命”二十年后人们的生活，则应去往市中心附近的当地社区。Žižkov区的酒吧主要面向工薪阶层，Smíchov区的酒吧则充满了朝气和活力，而雅致、绿树成荫的Vinohrady区则有菜肴丰富的各国餐厅。大胆的Holešovice区展出多种形式的艺术品，无论是上世纪的大作，还是新近推出的作品，都极其精美。图为泰恩教堂。

奥地利，赞叹维也纳

8 想象一下整整640年来拥有巨额财富和一流建筑师之城——哈布斯堡的维也纳（见44页）吧。精美绝伦的霍夫堡宫（见44页）会将你的思绪带到帝国时代，你还能看到价值连城的皇冠、西班牙的马术芭蕾和伊丽莎白女王亮着枝型吊灯的故居。就辉煌程度而言，仅是拥有1441间房间的美泉宫（见45页）能与霍夫堡宫媲美，而美泉宫被联合国教科文组织列入《世界遗产名录》。另一座巴洛克建筑风格的美景宫（见49页），则被美丽的景观园林所环绕。图为美泉宫内拿破仑的房间。

7

KRZYSZTOF DYDYNSKI/GETTY IMAGES ©

8

9

JEFF HUNTER/GETTY IMAGES ©

10

STEPHEN SAKS/GETTY IMAGES ©

德国，铭记柏林墙

9 难以置信，柏林墙曾将这个令人称奇的城市分隔了25年。想要了解柏林墙在德国到底意味着什么，你最好骑车或步行、沿着柏林墙遗址游览一番。穿过勃兰登堡门（见185页），在东边画廊（见194页）仔细观看涂鸦作品，或在柏林墙遗址（见192页）了解其历史。一路走来，你定会身临其境：时而感到心碎，时而充满希望，时而又十分感伤。这一切汇集在一起，会让你对德国首都有一个充分的了解。

匈牙利，观光维谢格拉德

10 多瑙河畔高耸着一座孤独、废弃的城堡（见358页），这里曾是罗马帝国的北方边界。在古罗马人撤离很久之后，古代匈牙利国王、奥斯曼帝国和奥地利哈布斯堡王朝都先后在此驻防。爬上山顶，观赏着周围风景如画的乡村。某一刻，你或许会想起一千六百多年来更替的朝代以及来了又去的人们。

11

12

捷克，探访捷克克鲁姆洛夫

11 捷克克鲁姆洛夫城堡（见153页）拥有着可能是全欧洲最恢弘的老城。因此多数旅客都会从布拉格到这里一日游。但是要在短短几个小时内，沿着曲折的小径逛完崖壁上的城堡，你的旅行质量必将大打折扣。你最好至少在那里住一个晚上，欣赏一下夜色中的老城，在河畔餐厅、咖啡屋或酒吧小坐。第二天早上，乘竹筏或小船游览伏尔塔瓦河，然后再前往附近的纽卡斯尔山上骑马或山地自行车。

斯洛伐克，上塔特拉山徒步

12 位于斯洛伐克境内高耸多石的上塔特拉山，是喀尔巴阡山脉的最高峰，仅是海拔超过2500米的山峰就有25座。但其实在这里壮观的山脉间远足，并不十分困难。早上，先乘坐缆车到达海拔1800米处，然后沿着高度适中的小路徒步旅行，在一座带有餐厅的小木屋歇脚吃午饭，那里是远足者临时休息的地方。再向前走几个小时，便是Hrebienok缆车总站，乘坐缆车回到山下建于20世纪初的斯达考威科度假胜地，正好是晚饭时间。

MAXIMILIAN STOCK LTD./GETTY IMAGES ©

MARTIN DIMITROV/GETTY IMAGES ©

德国，去慕尼黑喝啤酒

13 你可以在慕尼黑（见238页）喝啤酒，人人都知道这并不稀奇。但令人称奇的是，在慕尼黑，你可以在各种各样的地方喝啤酒，正是这点，才让慕尼黑成了必游之地。除了啤酒节，这里还有各色著名的啤酒屋，有些巨大却声名狼藉（如皇家啤酒屋），有些巨大而漂亮（如Augustiner Braustuben）。为什么要待在里面喝起泡的拉格啤酒？你可以在公园喝（如中国塔），也可以在市中心的大型露天市场喝，的确是遍地皆可饮啤酒呀。图为啤酒节的啤酒帐篷。

波兰，发现克拉科夫

14 贵为波兰的前皇家首都（见420页），克拉科夫长久以来都很受欢迎，从不令人失望。很难确切地解释它为何那么特别：老城里中世纪建筑上倾斜的石质飞梁散发着历史韵味，恰到好处地点缀着这些街道。此外，Kazimierz 后街矮小破旧的建筑群中，还有蔚为壮观的城堡、低调却很酷的酒吧。这会是一座你想认真了解的城市。图为中央集市广场（主要市场广场）。

行前参考

长途汽车

» 适合在山区或村落间旅行。

火车

» 遍布各地。最快速的交通连接是在中欧西部。

何时去

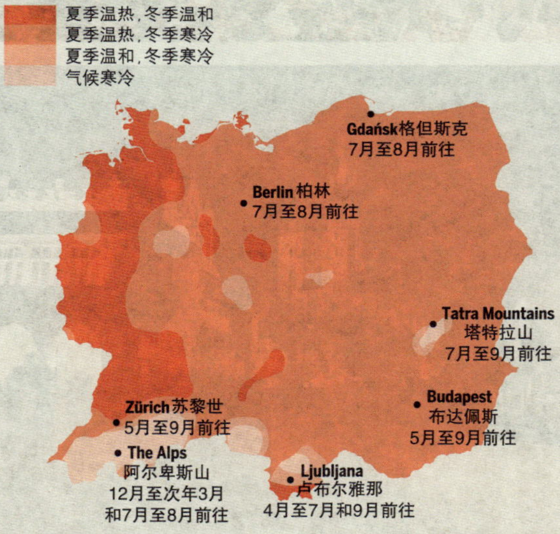

中国地图出版社供图

旺季

（7月至8月）

» 主要景点人满为患，需提前预订宾馆。

» 天气炙热，尤其是匈牙利和斯洛文尼亚。

» 高山徒步线路开始对外开放。

平季

（4月至6月和9月至10月）

» 各种消费仍然居高不下，但是旅游人群逐渐减少。

» 温度适中。

» 乡村博物馆和城堡继续对外开放。

» 不适合到阿尔卑斯山脉徒步或滑雪。

淡季

（11月至次年3月）

» 除了假日外，各种价格降幅达30%至50%。

» 11月末和12月里，城市里的圣诞市场交易火热。

» 滑雪季节到来。

» 部分景点关门。

每日预算

低于 60欧元

» 宿舍床铺：10～35欧元

» 生鲜市场采购食品、街边摊小吃

» 露营、徒步、参观免费博物馆，均能控制开支

介于 60～180欧元

» 家庭旅馆或小酒店双人间：40～160欧元

» 东部晚餐平均10欧元起，西部30欧元起

» 高级餐厅超值午餐

高于 180欧元

» 国际连锁或精品酒店：180欧元起

» 瑞士、柏林和布拉格物价高

» 把疯狂购物后的退税放入口袋

自驾

» 中欧各处机场均有租车服务，各国道路状况良好。

渡船

» 波兰或德国往返于斯堪的纳维亚的水路交通，或是斯洛文尼亚前往意大利的水路交通。

自行车

» 路过山岭地区要谨慎骑行，进入城市须给车配锁。中欧西部的自行车道好于东部。

飞机

» 廉价航线连通西欧和英国各目的地。

网络资源

» **Deutsche Bahn**（www.bahn.com）中欧最好的线上列车时刻表

» **Like a Local**（www.likealocalguide.com）东部各国首都线上指南

» **In Your Pocket**（www.inyourpocket.com）大中城市活动名录

» **Lonely Planet**（www.lonelyplanet.com）目的地介绍、酒店预订和旅行者论坛

» **蚂蜂窝**（www.mafengwo.cn）大量中国旅行者的中欧游记和攻略

» **海玩网**（www.haiwan.cn）欧洲旅游产品预订，可人民币支付

» **Michelin**（www.viamichelin.com）计算最佳自驾路线

现金

参见各单独国家章节，了解具体货币和汇率信息。

» **克朗**（Koruna česká; Kč）捷克

» **欧元**（€）德国、奥地利、斯洛文尼亚和斯洛伐克

» **福林**（HUF; Ft）匈牙利

» **瑞士法郎**（Sfr）瑞士、列支敦士登

» **兹罗提**（PLN; zł）波兰

签证

» 中欧各国均属于《申根协定》成员国，周游各国就相当于在“一个国家”里停留90天。

» 中国公民前往中欧需办理其中某一国家的申根签证。具体办理详情，请参照出行指南中“签证”部分。

» 作为《申根协定》成员国，欧盟公民一般不需要签证，就可以在任一国家里工作。

抵达中欧

» **柏林-泰格尔机场**
公共汽车前往市中心需要30分钟，往返频繁

» **法兰克福机场**
火车前往市中心需要15分钟，往返频繁

» **维也纳机场**
火车前往市中心需要15至20分钟，每30分钟1班

» **苏黎世机场**
火车前往主火车站需要15分钟，往返频繁

带什么

» **耳塞** 有助于在嘈杂城市或青年旅舍获得良好睡眠；消减旅途交通中的各种恼人噪音。

» **环保购物袋** 在果蔬市场里使用。

» **备用自封袋** 防止物品漏水，使湿衣服和干衣物分开。

» **登山鞋** 用于征服阿尔卑斯山或塔特拉山。

» **Lonely Planet's Central Europe Phrasebook** 用于跟当地人进行交流。

» **带开瓶器的折叠刀** 用于在火车上自炊（但是在飞机上要放到托运行李里）。

» **凉鞋或平底人字拖** 在波罗的海沙滩和匈牙利的水疗中很实用。

» **转换插头** 中欧国家的电源插孔与中国不同，中国游客需携带转换插头，建议购买万用插头。

» **解锁的手机** 购买一张当地SIM卡，享受低廉的当地通信费率。

如果你喜欢

世界遗产

中欧有80多处名胜被联合国教科文组织列入《世界遗产名录》。这些名胜分布于该地区的各个国家。举些例子吧。

斯洛文尼亚，斯科契扬石窟 要借助人行天桥，穿过极深的幽谷才能到达洞中。(见572页)

德国，瓦德堡 瓦德堡是一座用木材和石头建成的建筑，巴赫就诞生在附近。这是德国唯一被列入世界文化遗产的城堡。(见224页)

捷克，圣巴巴拉大教堂 14世纪由银矿开采者出资建设的、位于布拉格郊外的一处城镇景观。(见141页)

波兰，比亚沃韦扎国家公园 公园位于波兰的最东部，以壮观的欧洲野牛群而闻名。(见418页)

斯洛伐克，巴尔代约夫 斯洛伐克最美的哥特式-文艺复兴时期的城镇广场，城镇的围墙建于15世纪。(见535页)

匈牙利，潘诺恩哈尔姆修道院 这个修道院是匈牙利最古老的修道院，位于匈牙利东北部，始建于13世纪，但其藏书却可以追溯到更久远的时代。(见362页)

徒步

蓝色的冰川湖、水花飞溅的瀑布、崎岖陡峭的山坡……中欧的山川美得令人震撼，在此徒步也往往能带来最具挑战性的体验。

斯洛伐克，斯洛伐克天堂国家公园 公园的峡谷里到处是瀑布，这里的徒步小道常设有梯子，两侧也配有链锁扶手。(见526页)

波兰，扎科帕内 沿着波兰南部塔特拉山的步行道一直走，就会看到许多像Morskie Oko一样碧绿清冽的湖泊。(见442页)

斯洛文尼亚，尤利安阿尔卑斯山 位于显耀的特里格拉夫峰的中部，靠近意大利边界的山脉地区风景优美，山间小路纵横交错。(见559页)

瑞士，少女峰地区 在阿尔卑斯山的高山和峡谷间徒步，你可以花上一天或者是一个月，当然这取决于徒步难度的选择。这里的景色十分壮丽。(见620页)

德国，黑森林 一条条小径从田园牧歌般的村庄通往云雾缭绕的悬崖峭壁，似乎永无尽头。(见274页)

奥地利，基茨比厄尔 这里的徒步设施完善，山峰间通过缆车连接，还有许多高山旅馆可供歇脚。(见96页)

城堡

对地处欧洲十字路口的中欧而言，防御工作自古以来就是重中之重。有些国家，几乎每处陡峭的悬崖之上都有一座城堡废墟。石头城堡大多建于12至17世纪。随后的和平时期里，统治者则开始扩建城堡、修筑华丽的宫殿。

捷克，卡尔施泰因城堡 这是一座保存完好的巨大的哥特式城堡，由查理四世国王创建于14世纪。(见139页)

斯洛伐克，斯皮什城堡 是一处给人留下深刻印象的城堡遗迹，绵延四个山头，面积达数公顷。(见525页)

德国，新天鹅堡 由疯狂的路德维希国王所建，是迪士尼乐园"幻想世界(Fantasyland)"(见256页)的灵感来源。

波兰，瓦维尔城堡 瓦维尔城堡位于克拉科夫市，有一座大教堂，一直以来都是波兰的象征。(见420页)

奥地利，维也纳的宫殿 在长达六个世纪的时间里，霍夫堡宫一直被用作哈布斯堡王朝的宫殿，而美泉宫(见45页)则是华丽的夏宫。

» 匈牙利布达佩斯的纪念公园，www.mementopark.hu(见338页)

夜生活

在中欧，但凡稍大点儿的国家首都，例如布拉格和布达佩斯，几乎都有俱乐部和现场音乐吧。像卢布尔雅那和布拉迪斯拉发那样小一些的城市，安静的咖啡屋则成了人们晚上休闲娱乐的去处。所以你有两种选择——通宵跳舞或者安静地与朋友在户外聊天。

德国，柏林 柏林有各种各样的新潮俱乐部，DJ们在这里进行着未来流行音乐（见204页）实验。

瑞士，苏黎世 时髦的Hip Hop音乐酒吧和新潮的俱乐部，一扫你对瑞士古板的（只有湖光山色的）印象。（见629页）

波兰，华沙 游客涌向华沙，在精彩的舞蹈俱乐部里狂欢，但也千万别错过爵士乐的现场音乐会。（见413页）

匈牙利，布达佩斯 俱乐部每周都更换场地，让人感觉布达佩斯是那么活力四射。（见349页）

神圣的地方

基督教、犹太教和伊斯兰教对中欧都有影响。雄伟的天主教教堂一般都位于城堡内和广场上，其他圣殿则分散在该地区的各个地方。

捷克，旧犹太人公墓 这里有大约12,000座古老的墓穴，最古老的约建于1439年。驻足于此，常感触颇多，它仅是布拉格诸多神圣的犹太景点中的一个。（见117页）

匈牙利，清真寺教堂 由16世纪统治匈牙利的土耳其人修建。这座前身是清真寺的教堂保留了若干伊斯兰教元素。（见370页）

斯洛伐克，木结构教堂 这座圆顶教堂没有用一颗钉子，反映了斯洛伐克内陆地区人们面朝东面更吉利的一种信仰。（见536页）

德国，威斯教堂 是令人诧异的18世纪的洛可可艺术的典型代表，表层是镀金的装饰和有手绘图画的粉泥，位于德国一个幽静的山谷里。（见253页）

德国，科隆大教堂 大教堂高高矗立在科隆的蓝天下，是欧洲最完美的天主教大教堂之一。（见294页）

历史

尝试了解这样一个历经热战、冷战，遭遇数次世界大战、饱尝分离之苦的地区，这样的历史可以让我们获益良多。

德国，柏林墙 1989年分隔东西德——柏林墙的倒下，响彻整个欧洲。柏林墙的残砖碎瓦，现部分保留在露天艺术馆内，部分铺就了人行小道。（见192页）

匈牙利，纪念公园 匈牙利共产党下台后，一批匈牙利社会主义者和苏联领导人的雕像被从公共场所移走，安置在此处。（见338页）

波兰，奥斯威辛集中营国家博物馆 两个最声名狼藉的纳粹集中营被部分保留下来，构成了这个令人心痛的博物馆。（见433页）

奥地利，维也纳 在洛可可风格的城市里，在这个消逝的帝国的首都中，每个角落都在诉说着历史。（见44页）

捷克，泰瑞辛 这是一座城堡"社区"，实际上是纳粹死亡集中营的一个中转站，展品包括曾经被关在那里的孩子们所创作的令人心酸的画作和诗歌。（见143页）

STUART BLACK/GETTY IMAGES ©

» 维也纳的百水屋（见49页）。建筑师Josef Krawina参与的一项百水建筑项目

艺术无处不在

这里有如此多的文化都城，我们很容易就能找到自己喜欢的作家或音乐家。一边阅读他们的作品、倾听他们的音乐，一边游览他们的故乡。

奥地利，萨尔茨堡 沃尔夫冈•莫扎特被誉为“萨尔茨堡的儿子”。他的音乐遍布这个阿尔卑斯山小城的各个角落，《音乐之声》的曲子也在此回荡。（见75页）

德国，魏玛 很多大师都曾在此居住并工作过，巴赫、李斯特、歌德和尼采只是其中的代表。（见220页）

捷克，布拉格 后现代主义作家米兰•昆德拉和弗朗茨•卡夫卡都曾在布拉格的旧城居住过。（见112页）

波兰，华沙 诺贝尔奖获得者、诗人——切斯拉夫•米沃什，于“二战”期间曾在波兰首都华沙举行秘密演讲。（见402页）

奥地利，维也纳 作为奥匈帝国的文化首都，维也纳吸引着路德维希•范•贝多芬、约瑟夫•海顿和巴托克•贝拉等名人。今天，人们仍然在听他们所创作的古典音乐。（见44页）

古城镇

中欧的古城镇是一部传奇。城镇的每一个转角处，几乎都有一个哥特式的拱门或一个中世纪的扶壁。置身拥挤的人潮中，或许是体验这种远古氛围的最好方式。

捷克，捷克克鲁姆洛夫 这是一座华美的城堡。巴洛克建筑物群和蜿蜒流淌的伏尔塔瓦河，使捷克克鲁姆洛夫成为捷克最迷人的古城之一。（见153页）

斯洛伐克，布拉迪斯拉发 作为斯洛伐克的首都，布拉迪斯拉发纵横交错的街道上满是露天咖啡屋。（见492页）

斯洛文尼亚，卢布尔雅那 这个可爱的城市有一座小山顶城堡，从上面可以俯瞰狭窄的街道和河边的广场。（见545页）

波兰，克拉科夫 这座美丽的城市曾经是欧洲中世纪的中心，“二战”中没有遭到毁坏，也正因为如此，它成为中欧保存最好的古城之一。（见420页）

奥地利，萨尔茨堡 “如果它是巴洛克的，就不要修复它”，这句格言也许正是奥地利阿尔卑斯山中这座神奇古城的写照。（见75页）

饮品

千万不要错过德国产的黑啤、鲜啤、甜啤酒和纯麦啤酒。但远不止啤酒那么简单，这里还有很多值得尝试的各类佳酿。

波兰，野牛草伏特加酒 本地人声称波兰人发明了伏特加。在这里品尝一下带着樱桃、浆果或者野牛草清香的美酒。（见481页）

奥地利，新酒 秋天，当常青树的树枝挂上酒馆（Heurigen）的大门时，就可以喝到起泡的新酒了。（见102页）

捷克，百威啤酒 今天，原装的“百威”啤酒仍在České Budějovice酿造。你可以参观一下这家酒厂，并在啤酒馆品尝美酒。（见150页）

瑞士，葡萄酒 被列入世界文化遗产的葡萄园从美丽的日内瓦湖畔，一直延伸到瓦莱州的临近地区。（见646页）

随处可见的水果白兰地 你可以随处找到带有水果风味的烈酒（白兰地）。Slivovica是梅子味的，而palinka则带有杏的香味……

如果你喜欢极限运动

位于瑞士因特拉肯的少女峰是探险活动的圣地（见620页）。

去斯洛文尼亚的博维茨溪降、滑翔或进行水上的极速漂流（见568页）。

在奥地利的齐勒河谷玩攀岩、漂流或滑翔运动（见94页）。

现代建筑

毫无疑问，中欧一直以古老的建筑闻名于世，但也不乏许多现代建筑。

德国，易北音乐厅 易北音乐厅是一座有着玻璃外观的建筑，由曾获得普利兹克奖的瑞士建筑师雅克·赫尔佐格和皮埃尔·德梅隆设计，该音乐厅位于汉堡的一处旧街区。（见309页）

奥地利，百水屋 起伏的地面、奇形怪状的窗口和各种工业材料的使用，是这幢位于维也纳的公寓的看点。（见49页）

德国，包豪斯学派 在魏玛、德绍和柏林的很多地方，你可以了解到20世纪初期人们“少即是多”(less-is-more)的审美观。（见193页）

捷克，捷克立体主义博物馆 本土立体派风格的一座纪念碑。（见119页）

瑞士，保罗·克利中心 伦佐·皮亚诺对材料有着特殊的敏感，他所设计建造的位于伯尔尼的建筑充分表达了他对保罗·克利所取得的辉煌成就的敬意。（见610页）

奥地利和匈牙利，分离画派 奥匈帝国的“分离画派”出现在19世纪末20世纪初，代表作品收藏于维也纳的分离派(见50页)和凯奇凯梅特的观赏宫。（见375页）

另辟蹊径

每个人都听说过柏林和布达佩斯。但是如果你已去过那里，也已游过那些经典名胜，为何不去看看一些游客罕至的小地方呢?

波兰，托伦 托伦是一个美丽的哥特式城市，有奇怪的雕像和许多啤酒花园可供观赏和游玩。（见469页）

匈牙利，凯奇凯梅特 这里到处都是充满了现代艺术气息的建筑和小型博物馆。游览完这个很值得参观的城市以后，你就可以出发去附近的国家公园看著名的赛马了。（见374页）

瑞士，伯尔尼 伯尔尼是瑞士首都，但它的旅游价值却常常被低估。城市里既有中世纪的建筑，也有各种民俗文化和造型卡通的喷泉，还有很多令人兴奋的咖啡馆。（见609页）

斯洛文尼亚，皮兰 这是一座位于半岛边缘的港口城市。游走于威尼斯风格的小巷中，还可以品尝新鲜的海鲜。（见574页）

德国，班贝格 班贝格是德国最美丽的小城市之一，运河从城中穿流而过，河上是精美的小桥。这里还出产烟熏啤酒。（见263页）

泡澡

如果你喜欢泡澡，在中欧有的是机会。德国和捷克的部分地区，以及匈牙利和斯洛伐克的很多地区，地下都富含温泉。我们列出的是主要地点，但除此之外，这里还有很多小的泉水疗养地。

匈牙利，布达佩斯 贵为温泉疗养地中的“女王”，布达佩斯的热水澡堂可以追溯到土耳其时期。最受欢迎的是特大的“塞切尼温泉浴场”和更私密的“盖莱尔特浴场”。（见333页）

斯洛伐克，皮耶什佳尼 这是一处新古典派的温泉疗养地。在这里，你可以脱光衣服，用热泥包裹全身，或者完全浸泡在“镜子池”里。（见503页）

德国，巴登-巴登 这里是德国豪华的温泉疗养地，提供一种由16个步骤组成的古罗马洗浴服务。（见273页）

捷克，卡罗维发利 预订一次蒸汽吸入服务，或者仅仅是到这个国际化场所泡个澡。在捷克，卡罗维发利就像是德国的巴登-巴登。（见144页）

每月热门

最佳节庆

1 啤酒节，9月

2 圣诞市场，12月

3 狂欢节，2月

4 夏季音乐节，7月

5 苏黎世街头大巡游，8月

1月

天气肯定很冷，但是还有比此刻更适合滑雪的季节吗？当其他地区一片寂静的时候，山里却是热闹非凡。滑道上挤满了人，缆车拥挤不堪，滑完雪的人们在高兴地唱歌、跳舞。

奥地利，舞会季节

1月至2月期间，维也纳有300多场舞会，包括这个季节最重要的——歌剧舞会（见51页）。期待着男士们身穿长长的燕尾服，女士们身穿华丽的晚礼裙出场吧，在闪亮的舞厅地板上翩翩起舞。

2月

低温在持续，仍然是滑雪的好季节。各地四旬节前的准备活动，已经让大街小巷充满了暖意。

斯洛文尼亚，库伦图瓦涅

游行的人们穿着用牛角和羽毛装饰的衣服，戴着五颜六色的面具，身披着羊皮，这是为期10天的节日期间最壮观的景象（见581页），之后是普图伊的忏悔星期二。这个包括篝火和演出在内的民族传统，已经延续了50多年。

德国，狂欢节

在德国的巴伐利亚、莱茵河沿岸和黑森林深处等信奉传统天主教的地区，人们会举行化装舞会和游行，来庆祝狂欢节和之后的四旬节。在这里，别忘记买点古龙水（见295页）。

瑞士，狂欢节

在瑞士"肥美星期二"之前，人们至少会庆祝6天。尤其是巴塞尔和卢塞恩（见615页），那里的人们更是纵情欢乐。戴面具的狂欢者和街上的乐队一起欢庆，酒吧也都通宵营业。

3月

当山脚下已经能看到绿色的嫩芽时，山顶仍然覆盖着厚厚的积雪。音乐会季节已经拉开帷幕，并将一直持续到秋天。

匈牙利，布达佩斯春季艺术节

3月末的布达佩斯会迎来长达两周的世界一流歌剧、交响乐和芭蕾舞表演，古典音乐（见344页）是此时的绝对主角。表演场地从镀金的音乐大厅到普通广场上的露天舞台。

4月

咖啡屋外日益增多的桌子表明春天已经真的到来了。谢天谢地，旺季还没有来，价格仍然很低，游客也不多。

波兰，音乐节

波兰的很多城市都有春季和夏季音乐节。在克拉科夫（见420页），最有名的音乐盛会是风琴音乐会；而弗罗茨瓦夫（见449页）则会举行为期3天的爵士音乐会。届时，奥得河上将会举行各种演出。

瑞士，春鸣节

4月的第三个星期一（见626页），苏黎世人会举行化装游行和点燃雪人（Böögg）的仪式来庆祝春天的到来。晚上6点，人们会在4米高的雪人脚下点起火，当火烧到雪人的头部发生爆炸时，就意味着冬天结束了。

捷克，圣乐节

在复活节前的几周里，位于布尔诺的6个古老的教堂，会举行四旬节音乐会。期间的重大活动包括布拉格交响乐团演奏贝多芬著名的《庄严弥撒曲》。

5月

已经到了芦笋大量上市的季节，时令菜单上会有价格很高的白色芦笋品种。城堡和户外乡村博物馆已经全部开放，但是去高海拔地区徒步旅行还是太早。

捷克，布拉格之春国际音乐节

由捷克作曲家贝多伊齐•斯美塔那提议创办的布拉格之春国际音乐节，是布拉格最著名的古典音乐节（见122页）。从5月中旬开始，一直延续到6月。从斯美塔那的墓地到歌剧演播大厅的游行，标志着音乐节的正式开始，那时音乐厅上演的正是作曲家的歌剧《我的祖国》。

捷克，捷克啤酒节

在布拉格举行的从5月中旬至下旬为期两周的捷克啤酒节上，你可以喝到来自捷克全国的70多个品牌的啤酒。布拉格的啤酒节虽然没有德国啤酒节那么疯狂和热闹，但会场设置的三个大帐篷，给人带来了和德国啤酒节一样的感觉。

斯洛文尼亚，世界音乐节

5月中旬，卢布尔雅那将举行为期一周的另类音乐节（见551页）。届时，将有来自全球的乐队演奏他们的音乐。会场位于一个18世纪的庙宇建筑群内，音乐节上的音乐同现代音乐截然不同。

6月

降雨日益增多，阿尔卑斯山间的野花已经开放，越来越多的远足者开始登山，攀登那些海拔较低的山峰。这时是草莓季，所以请注意周围一小片红色的草莓给你带来的意外惊喜。

德国，克里斯多弗街自由日

这一活动最早起源于1978年，是6月末柏林的重要活动，也是全球最早的同性恋节日之一。相关活动会持续一周。活动的高峰是花车和步行的游行队伍，穿过街道和蒂尔加滕公园。

瑞士，卢塞恩约德尔节

6月为期3天的约德尔节，是阿尔卑斯山区的卢塞恩最好玩的时候。大约有12,000名约德尔歌者和阿尔卑斯牛角号吹奏者来到这里,人们穿着五颜六色的各式民族服装。他们的表演既悦耳动听，又十分适合观赏。

捷克，奥洛莫乌茨啤酒节

奥洛莫乌茨位于德国东部，届时大约有20多个啤酒厂来这里参加为期3天的室外啤酒节。除了可以品尝美酒、买到啤酒纪念品，还可以听到40多个民俗和摇滚乐队的演奏。

波兰，“弗罗茨瓦夫不停歇”

6月下旬为期10天的时间里，离奇的艺术道具、另类电影和音乐、小剧场戏剧和舞蹈占据了弗罗茨瓦夫的主要舞台。公共广场变成了艺术馆和音乐厅，感觉好像整个城市都加入了演出的队伍。

7月

夏季是旅游的高峰季节，一定要提前预订住宿和徒步旅行的小木屋。室外满是美食摊和轻松的娱乐活动，好像所有的乡村和城市都在庆祝。

波兰，犹太文化节

这是7月初位于克拉科夫的犹太文化庆祝活动，活动为期一周。内容包括音乐会、电影、剧院演出和学术演讲。你可以参加本地的团队短途游，到这个地区的城镇走一走，观赏一些艺术和纪念场所。

捷克，卡罗维发利国际电影节

节日（www.kviff.com）期间，经常会有国际名人露脸。电影节共放映两百多部电影，票很好买，室外的庆祝活动也让整个氛围更活跃。

瑞士，蒙特勒爵士音乐节

7月上旬至中旬的两周时间里，一种独特的魅力萦绕着蒙特勒的爵士音乐节（见604页）。你可以沉浸在全球最有名的爵士乐演奏中，为此花的钱真是物超所值。此外，还可以观赏免费的户外演出。

音乐，无处不在的音乐

7月份整个地区到处都有音乐节，各个城市都有音乐和文化活动。日内瓦、维也纳、华沙、卢布尔雅那、布拉迪斯拉发和克拉科夫只是其中的一小部分。

奥地利，萨尔茨堡音乐节

7月末，约有25万人涌入这个典雅的奥地利城市，参加长达一个月的举世闻名的音乐、戏剧和歌剧节（见80页）。需要提前订票，因为没有人不知道萨尔茨堡音乐节。这个音乐节1920年首次举行，是欧洲最大的古典盛会。

8月

8月是一年中最热也是最繁忙的时候。除了游客太多以外，8月是去许多地方游玩的最好的时间。一直都有市政组织的重要活动，水上公园也会延长开放时间。

瑞士，大街游行

8月初，坐满了狂欢者的巨大花车"love mobiles"在震耳欲聋的电子音乐声中，沿着瑞士的各条街道巡游。成百上千的人们纵情欢乐，他们在大街上跳舞，跟随节拍庆祝自己的生活和爱情。

匈牙利，西盖特音乐节

是7月下旬8月初举行的为期一周的室外国际音乐狂欢节（见344页），就像一个派对。在匈牙利布达佩斯中部的老布达岛上露营，倾听世界各地的音乐，包括摇滚、斯卡音乐、嘻哈音乐以及科索沃吉卜赛人的音乐。在这里什么音乐都能听到一些，包括独立音乐。

捷克和匈牙利，摩托赛车

世界摩托车锦标赛期间，酒店早早地就被订满了，这是在捷克布尔诺市举行的著名的摩托车比赛。但是最吸引人的是7月末和8月初举行的一级方程式汽车大赛（见344页），比赛地点位于匈牙利布达佩斯以北24公里处。

民俗节日

请留意外面张贴的海报信息，周末常常有小型的夏季民俗节日。这些节日通常是各种狂欢，例如民间舞蹈和音乐，也提供食物和饮料。尤其是在斯洛伐克、捷克、波兰和匈牙利的城市和村庄，经常会有这种节日。

9月

酷热还未褪去，山间已悄悄迎来秋天的脚步。天气总是很难预料，但在9月末经常会有一周左右的"小阳春"，此时是徒步的最佳时间。

斯洛文尼亚，渤兴的牛群盛会

9月中旬的某个周末，渤兴的居民为了庆祝他们的牛群从高原牧场回到山谷，会牵着头戴花环的牛群穿过城镇。游客们可以吃到当地的食物、听到民族音乐，最有意思的是和当地人一起跳舞。

德国，慕尼黑啤酒节

每年约有600万人参加慕尼黑的啤酒节，能喝掉500万升的啤酒、吃掉40万根香肠，这可能是全球最大的狂欢节之一（见245页）。不过别在10月份过来（慕尼黑啤酒节的德语名字是Oktoberfest，又称"十月节"），真正的狂欢是在9月的最后15天。

采摘蘑菇

在中欧，当地人都知道，9月是到山林里采摘蘑菇的最好时节。自己带一本可靠的图册去或与一名当地人同行，要谨记：颜色最鲜艳的蘑菇常常毒性也最大。

10月

如果你在温和的10月份来，就极有可能享受到那时颇为安静的博物馆和城堡，记得带上雨衣。尽量不要去高海拔地区，因为此时的山路还没有被白雪覆盖，十分湿滑泥泞。

奥地利，维也纳国际电影节

是奥地利的最大电影节（见51页），在10月中下旬举行，为期两周。放映的影片给人一种非常独立、边缘化的感觉，很受年轻人欢迎。派对和相关的活动也相当酷，充满都市气息。

新酒

9月到10月是新酒（不是陈年的，通常比较清爽，容易起泡）上市的时间。你可以去当地市场和酿酒人家的酒窖那里买酒，或者去匈牙利的布达佩斯和凯奇凯梅特，以及瑞士的纳沙泰尔和卢加诺的葡萄酒节上看看。

11月

11月是旅游淡季，对于游客来说，最棒的就是价格便宜，而且人也很少。户外已经没什么好玩的了，只能在寒风中闲逛，各处都没有节日，也缺少滑雪季节的氛围。

阿尔卑斯山，旅游淡季

在11月，许多阿尔卑斯山附近城市里的度假村和旅馆都会歇业，但这也意味着你可以独自享受这世界上最美丽的景色。由于选择不多，所以要提前预订，尽情享受实惠的旅行吧。

12月

闪烁的灯光和热葡萄酒给12月份的漫漫寒夜增添了很多情趣。圣诞市场和整个城市的装扮使这个地区洋溢着节日的氛围。除了节日那天，物价还是很低的。

奥地利，圣诞市场

从11月中旬至平安夜，维也纳的圣诞市场里，到处都是一片欢乐的气氛（见51页）。

德国，圣诞市场

会有超过两百万人参与到这个德国最受欢迎的圣诞市场中。整个纽伦堡的中心几乎到处都是人。你可以看一下销售的圣诞节天使和手工装饰品，别忘了尝一尝纽伦堡圣诞姜饼（一种大的、松软的姜汁饼干）。

更多的圣诞市场

奥地利和德国的圣诞市场可能是最大的，但该地区的许多小镇也会有销售手工艺品和装饰品的小铺，还同时售卖热的食物和葡萄酒。此外，那里还会举行露天音乐会。记得查看一下你要去的城市会有什么活动。

新年前夜

从维也纳到布拉格，各处的中心广场都有绚丽的烟花、四处飞舞的香槟酒软木塞和自发的亲吻场面。到处都是激动人心的特色音乐会和节日的欢呼声。

旅行线路

中国地图出版社供图

两周

顶级首都之旅

在每个国家的首都待上两三天，你会对中欧地区有一个总体了解。首先从动感欢乐的**柏林**出发。它是重新统一后的德国首都，它有历史的沉重，也有彻夜狂欢的躁动。然后，从柏林乘火车前往蔓延发展的**华沙**，那里重建的老城镇曾是16世纪中期波兰和立陶宛联邦的首都。几天以后，继续南下，来到神秘的**布拉格**。布拉格是捷克权力的象征，并以其梦幻般的哥特式建筑而闻名，还盛产各式各样的啤酒。下一站是哪里呢？斯洛伐克的**布拉迪斯拉发**！它既具有古老城市的魅力，又充满现代都市的气息。奥地利的首都**维也纳**，有历史上曾长期处于统治地位的哈布斯堡王朝的丰富遗产。不要一直沉浸在奥地利的咖啡馆文化中，因为就在不远处的**布达佩斯**，还有更多咖啡馆可以流连。这座匈牙利大城市如今既充满了现代气息，也散发着古典韵味。如果有时间，你可以绕道去一下斯洛文尼亚的**卢布尔雅那**和列支敦士登的小城**瓦杜兹**；或者去列入《世界遗产名录》的瑞士首都**伯尔尼**，神圣罗马帝国和哈布斯堡帝国都曾为占据此地而战，这是你的最后一站。这里是如此美丽，难怪谁都不愿错过。

两个月

中欧深度游

两个月的时间，你可以走遍整个中欧地区，但仍然局限于"经典"路线。高楼林立的**美因河畔法兰克福**是最便利的中转机场，但你不妨在那儿停留一晚。接着，你可以到**巴登-巴登**的温泉中心放松着倒时差，然后去**黑森林**的乡村小镇游览。跨过瑞士边界，就能看到巴塞尔的鹅卵石街道和咖啡馆，继续前行就到了瑞士首都**伯尔尼**，你可以欣赏现代艺术和古代建筑。

随后，阿尔卑斯山就在前方向你招手。**因特拉肯**和少女峰一带拥有这里最美的风景。然后，逛逛**苏黎世**密布的咖啡馆，再越过阿尔卑斯山脊，去**慕尼黑**的啤酒馆饮一杯啤酒。在那儿度过几天之后，你可以乘坐巴士沿着"浪漫之路"前行，探寻梦幻般的**福森**新天鹅堡。下一站是巴洛克风格的**萨尔茨堡**，城里处处都在播放音乐。向南进入尤利安阿尔卑斯山后，就到了斯洛文尼亚境内风景如画的湖边城市**布莱德**。

在乘火车前往壮丽的维也纳王国途中，先在可爱的斯洛文尼亚首都**卢布尔雅那**稍作停留。在**维也纳**的几天里，你可以在**多瑙河谷**乘船观赏沿岸的葡萄园，那是一个很值得绕道一看的地方。顺水而下，就到了**布达佩斯**，去感受一下那里的浴室和酒吧。再往南，便是**佩奇**，那里有非常漂亮的土耳其风格的建筑。

继续北上，先到**布拉迪斯拉发**，那里的老城镇内有很多咖啡馆，是个中途歇脚的好地方。而后继续前往**塔特拉山**。在斯洛伐克境内，最迷人的山中小村是兹蒂亚尔，在波兰则是扎科帕内。穿过崎岖不平的山路后，就到了欧洲最漂亮的老城镇之一——**克拉科夫**，不远处就是声名狼藉的奥斯威辛集中营。下一站**弗罗茨瓦夫**，是个深受当地人喜爱的老城镇。接下来是**德累斯顿**，一座战后重建的德国城市，那里会展出一些杰出的艺术品。

捷克的首都**布拉格**，本身就像是一座博物馆，所以不妨花上几天时间四处走一走，或去更具中世纪风格的**捷克克鲁姆洛夫**看一看，在那儿住上一晚。如果你乘坐快车，从令人兴奋的布拉格到喧嚣的**柏林**只需3个小时，或者你可以折回向西，在法兰克福搭乘飞机（坐普通火车的话，需要7.5小时）。

中国地图出版社供图

三周

北方之旅

德国和波兰的最北部，夏季温润舒适，是旅游的最好时节。旅途从文化多元的**科隆**开始。花两天时间参观这里最大的天主教堂和几处小型博物馆。晚上去城里可爱的啤酒馆或酒吧里喝一杯本地酿造的Kolsch啤酒。从科隆到别致的小城**亚琛**，只需一天便可来回。在亚琛，你可以泡泡温泉，在美丽的鹅卵石街上走一走。接下来，去往美丽的**不来梅**，在那儿住上一两晚。你可以到现代艺术街上走一走，看看华丽的市场大厅，最后在海滨长廊的咖啡馆结束一天的行程。

下一站是德国的最富生机的港口城市——**汉堡**，在这里你最少可以玩三天。你可以好好了解一下航海历史、仔细参观旧砖块仓库区以及新建的玻璃立面的交响乐厅。然后乘坐渡船出海，看一看风蚀的海岸，再去位于德国最北端的**北弗里西亚群岛**的海鲜馆享用海鲜大餐。

重新回到陆地，来到**吕贝克**。该城镇始建于12世纪，被联合国教科文组织列入世界文化遗产，城里中世纪商人的房子和塔楼绝对值得一看。接下来，留出最少三天三夜的时间来游览**柏林**这座博物馆、酒吧和俱乐部锦簇的历史名城。勃兰登堡门、大屠杀纪念馆和柏林墙东边画廊都是必看景点。晚上你可以去普伦茨劳贝格区——位于弗里德里希斯海因的独立音乐之乡，享受温和却不乏热闹的夜生活。你也可以去克罗伊茨贝格稍微杂乱一点的俱乐部放纵一次。

进入波兰界后，老城**波兹南**可能是你过夜的首站。城里活泼的大学生使这个古老的城市热闹非凡。接下来，在美轮美奂的哥特式城市**托伦**游玩两天。这座城里处处是教堂，节奏也因此缓和许多。再往北，就是波兰最大的波罗的海港口城市**格但斯克**。你可以花上几天时间在海滨好好玩一玩，坐船游览海上风光，或去看看索波特等度假小镇。

再往南走约5小时左右，就到了**华沙**，它或许不是最美丽的城市，但这一大片市区却承载着无数历史与沧桑。花两天看看老城镇和战争纪念碑。旅行的最后一站是去**比亚沃韦扎国家公园**，这是一个生物保护区，曾经一度濒临灭亡的欧洲野牛悠闲地生活在这里。在你再次启程之前，可以住在小村庄里，那里有许多地方可供住宿。

三周

阿尔卑斯山探险

想要近距离地接触阿尔卑斯山脉？那你得花上一些时间，因为各地区之间大多没有直达交通。每个地区至少要花三至四天。

从**日内瓦**开始，花上一天一夜，来品味这个国际化湖畔城市。如果你想立刻到达海拔较高的地区，那就去古香古色的**洛桑**。这里是高档消费、优雅购物和享用美食的地方。

接下来去瓦莱州和瑞士的十大高峰看一看。穿上你最时髦的行头，来到位于马特宏峰脚下的**采尔马特**，这是一座始建于19世纪的度假村。游客可以乘坐附近的齿轮火车和缆车到达徒步、滑雪和观赏山间美景的地方。

从采尔马特乘坐7.5小时的冰川特快列车，越过高山，来到**圣莫里茨**。这个地区有长达11,000公里的徒步道和令人难以置信的黑钻石滑雪坡（最艰难的滑雪坡）。夜晚可以在待在城里，那儿有美妙的夜生活。

往北是**瑞士国家公园**，这里更加僻静安宁。你可以去看看崎岖的白云石山峰、大片的落叶松森林和远离尘嚣的托帕斯湖。策尔内茨村和公园里都有可供住宿的地方。

下一站是列支敦士登境内的阿尔卑斯山。要到达著名的阿尔卑斯远足小路——菲尔斯滕斯泰格小径，你必须穿过**瓦杜兹**。别忘了在著名的山顶城堡那儿拍张照片。

这里还临近奥地利荒芜美丽的阿尔贝格地区，是**阿尔贝格山**的所在地。优越的自然条件加上热闹的派对，使这里成了双板和单板滑雪爱好者最向往的地方。

这里有阿尔卑斯山最精彩的自驾路线之一，途经**上陶恩山国家公园**。那里有面积近1800平方公里的荒野，里面有许多海拔3000米的高峰。你一定会路过大格洛克纳山公路，这是一个20世纪30年代的工程奇迹，有36道弯。

斯洛文尼亚南部的特里格拉夫峰国家公园，几乎覆盖了整个尤利安山阿尔卑斯山。可爱的小村**布莱德**风景如画，是最受游客喜爱的大本营。启程去往首都**卢布尔雅那**之前，最好去看一看宽阔宁静的**渤兴湖**，或造访各种探险活动的**博维茨**。

中国地图出版社供图

一周
“七日冲刺”

如果只能在中欧国家停留一周，那该怎么办？你不用走得太远。靠近瑞士、奥地利和德国边界的风光如画的城市，正是为你量身定做的亮点之选。乘飞机到**苏黎世**，在可爱的市中心度过一个晚上。那里现如今仍是“古老帝国”的中心；另外别忘了去听一听时髦的Züri-West乐队。从苏黎世上山，来到田园风光无限的湖畔城市**卢塞恩**，那里的标志性美景就是横跨在冰河上的半木质小桥。

离开瑞士，来到它的东侧近邻奥地利。**因斯布鲁克**曾经承办过两次冬奥会，因此是在附近山区旅行的理想大本营；从那儿出发去滑雪或徒步，记得带上小木屋里提供的食物。不远处就是啤酒馆林立的**慕尼黑**。这个美丽的巴伐利亚城市有许多很好的博物馆，值得多花些时间好好看一下。天气晴好的时候，你可以看见阿尔卑斯山。最后，一次短途旅行将带你来到山川和音乐完美融合的**萨尔茨堡**。莫扎特曾经在这里居住过。这里有大量的古代建筑，包括被阿尔卑斯山和高山湖环绕的一座美丽的城堡。

十天
蓝色多瑙河之旅

约翰•施特劳斯的古典音乐给了你无尽遐想？那么就在“蓝色多瑙河畔”感受一下中欧风情吧。先来到历史建筑林立的德国**雷根斯堡**，在湖景餐厅里饕餮一番。接着去往**林茨**，参观河岸边绝妙的美术馆，再登上一艘游船。游船会在美丽的**梅尔克**稍作停留，这里的主要建筑是一座盛名远扬的本笃会修道院。随后来到**多瑙河谷**，到处是城堡和葡萄园，岸边是观赏此番美景的最佳位置。多瑙河的最北端是**多瑙河畔克雷姆斯**，那里有非常美丽的鹅卵石中心。

乘坐火车一路观光，来到**维也纳**。在城里游览几天，再乘坐船、火车或大巴到斯洛伐克首都**布拉迪斯拉发**，住上一晚。这里的老城气氛与社会主义时期领导人雕像的历史感很好地融合在一起。可乘游船继续前行，沿着多瑙河向东进入匈牙利。仰望**埃斯泰尔戈姆**，可以看到头顶四面是围墙的神圣王宫。在**布达佩斯**观光几天，租辆自行车在多瑙河中游的玛尔格特岛悠闲地玩一玩，以此来结束你的多瑙河发现之旅。

» （上）奥地利梅尔克修道院（见69页）

» （左）卢塞恩的卡贝尔桥(见614页)

两周
海岸之旅

从亚得里亚海沿岸到波罗的海岸，海岸之旅带你游览的正是中欧的核心地带。从斯洛文尼亚首都**卢布尔雅那**开始，海上之旅正式启程。花几天时间依次看一下现代港口**科佩尔**和古老的维也纳明珠**皮兰**。之后向北原路返回，绕道去看看壮观的**斯科契扬石窟**，随后前行去奥地利。

从卢布尔雅那出发，途经**萨尔茨堡**（也许你想停下来），前往**萨尔茨卡默古特**的湖区乘船或步行观光。下一站是前卫且富有艺术气息的**林茨**。**雷根斯堡**是德国北部的中世纪城市，地处多瑙河岸。从那儿向北到**维尔茨堡**，品尝一下山谷里的葡萄酒（或者到迷人的**班贝格**喝一喝熏制啤酒）。在**魏玛**开启一段为期几天的文化之旅，近距离了解一下歌德、李斯特和尼采。你还可以绕道去参观一下**爱尔福特**和附近的城堡，或者去看看布痕瓦尔德集中营。随后来到热闹的**汉堡**，这个美丽的海岸则是旅行的最后一站。

一个月
"远东"之旅

先从**柏林**开始，除了柏林墙外，你还能看到一座艺术馆和人行小道。然后到充满活力的东德城市**莱比锡**，巴赫和瓦格纳曾经在那里居住过。在以巴洛克风格重建的**德累斯顿**稍作停留，然后到游客云集的**布拉格**小住几天。在被联合国教科文组织列为世界文化遗产的小镇**泰尔奇**，你能观赏到更加真实的捷克风貌。随后，在生机盎然的**布尔诺**，看一看现代摩拉维亚人的生活。继续向东前行，来到悠闲的**奥洛莫乌茨**，那里有一座天文钟。如果你喜欢中世纪的建筑，那你肯定喜欢波兰的**克拉科夫**。翻过**塔特拉山**，就到了斯洛伐克，你不妨在山区停一下。山脚下，是四面有围墙的城市**莱沃恰**，离壮观的斯皮什城堡遗迹很近。**科希策**的主要景点是音乐喷泉和哥特式教堂。口渴了吗？因为几个世纪以来，匈牙利小城**托考伊**一直盛产美味的甜白葡萄酒。葡萄园也同时覆盖了小山环绕着的老城镇**埃格尔**，以及可以通行的品酒山谷。**布达佩斯**，也就是你行程的下一站，就在西面不远处。

国家速览

中欧的魅力在于这些国家共有的品性，也在于每个国家独有的风貌。在德国、奥地利和瑞士，人们会一边吃着炸小牛排，一边举杯向普罗斯特车队致意。你可以在波兰、斯洛伐克、斯洛文尼亚和捷克，研究共产主义历史和斯拉夫文化。放眼整个中欧，到处都有风景优美的小路可以徒步，也有古老的城镇适合漫步。

如果你想更好地体验各国的不同特色，则可去斯洛文尼亚，享受港口温暖的阳光；或者去瑞士，在中欧最陡的山坡上滑雪。若是想欣赏高雅艺术和歌剧，那就去奥地利。想深入了解一下“二战”历史吗？波兰有无数保存完好的遗址。若是想品尝酿造的啤酒，那就试试德国的黑啤，或是捷克的比尔森啤酒。匈牙利温泉遍地，斯洛伐克则有许多城堡。若想细细探寻中欧诸国共有或独有的特色，可以用一生之久。

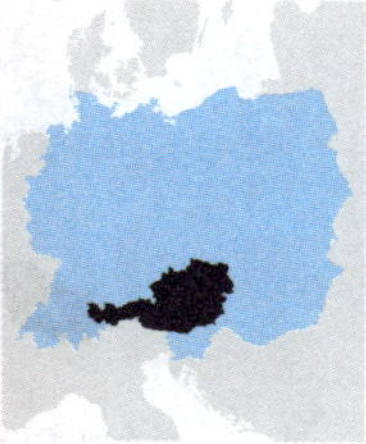

奥地利

文化 ✓✓✓
山脉 ✓✓✓
建筑 ✓✓

音乐、歌剧和艺术

维也纳是各种文化的故乡，这里有世界一流的歌剧和艺术；还有回荡在萨尔茨堡的莫扎特音乐、林茨的现代艺术，以及无处不在的演出和节日。

山脉

奥地利阿尔卑斯山上有很多徒步和滑雪的好去处，高山湖泊则更像是夏季的游乐场。无论是去萨尔茨卡默古特游泳，还是去基茨比厄尔爬山，或是驾车行驶在格洛克纳路上，山区都能给你超棒的体验。

建筑

奥地利不但有华丽的宫殿和巴洛克城堡，而且还有造型奇特的现代建筑。在城市里可以游览宏伟的建筑，到山里可以欣赏风光如画的村庄。

见40页

捷克

老城镇 ✓✓✓
户外休闲 ✓✓✓
啤酒 ✓✓

老城镇

在中欧国家中，捷克拥有最多的美丽老城镇。这其中又以布拉格的老城镇最多，但也别错过泰尔奇、捷克克鲁姆洛夫和奥洛穆茨。

绝佳的户外场所

分布在全国各地的景区不但风景宜人，而且十分好玩。瑞士国家公园里到处都是顶峰、尖塔和石雕，除此之外，还有许多类似安德尔施帕赫-特普利的采岩石林。

啤酒

捷克酿造的啤酒风行全世界，为什么不直接到原产地看一看呢？比尔森出产比尔森啤酒，捷克布杰约维采出产百威？算了吧。赶紧出发去参观新兴的啤酒微酿造工艺吧。

见109页

德国

历史 ✓✓✓
娱乐 ✓✓
文化 ✓✓✓

历史

发生在德国的事件常会影响欧洲的局势，这在两次世界大战中得到了充分的证实。在德国柏林、魏玛、达豪等城市旅游，你会感受到历史的沉重。

派对

慕尼黑的啤酒节也许是世界上最大的派对，而它仅仅是德国的许多节日之一。在每年的其他时间里，不妨留意一下柏林等城市里热闹的俱乐部。

文化

弥漫着巴伐利亚文化的管弦乐队和啤酒馆，是你到访德国最充分的理由。你还可以到黑森林买几台布谷鸟钟，或者只是慕名去看日耳曼人的砖木结构建筑。

见179页

匈牙利

温泉疗养 ✓✓✓
建筑 ✓✓
美食 ✓✓

泡温泉

散布在匈牙利全国各地的温泉疗养地不仅有助于身体恢复，也是一大乐趣。试试布达佩斯的大型温泉，再到全国各处小一些的温泉疗养地享受冒泡和喷水的温泉。

建筑

布达佩斯和凯奇凯梅特的新艺术运动、佩奇和埃格尔的摩尔人风格建筑，匈牙利有一种同大多数中欧国家不同的韵味。

美食

在匈牙利，红辣椒是一种著名的调料。用红辣椒可以做出多种美味的炖菜，以及多种具有这种“红色黄金”风味的酱。喝一杯远近闻名的“公牛血”红葡萄酒或托卡伊甜白葡萄酒。

见331页

波兰

历史 ✓✓✓
老城镇 ✓✓
山脉 ✓✓

历史

无论是华沙起义博物馆，还是位于奥斯威辛声名狼藉的奥斯威辛集中营，“二战”的遗迹无处不在。这些遗址不但发人深省，而且非常触动人心。

老城镇

像克拉科夫、托伦和弗罗茨瓦夫那样得到很好保护的城市，一定会让你惊叹不已。大城市，像华沙和格但斯克，也有小巧的老城镇值得一游。

塔特拉山

位于波兰南部的塔特拉山，其高耸的山峰是徒步的好去处。那里的住宿价格要比波兰西侧的中欧阿尔卑斯山地区便宜。

见399页

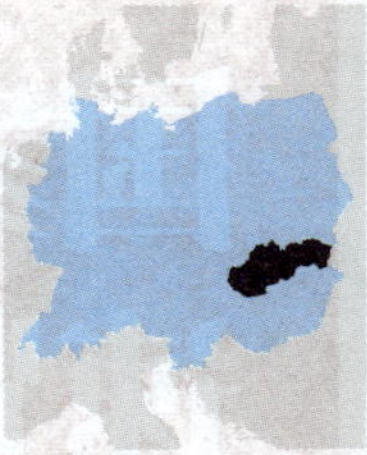

斯洛伐克

徒步 ✓✓✓
城堡 ✓✓
老城镇 ✓

徒步

受保护的绿地面积占全国总面积20%以上，但到处都有路可走。你可以去上塔特拉山的高峰徒步，攀登斯洛伐克天堂国家公园瀑布密集的峡谷，也可以横穿小法特拉山中的丛林。

城堡

在斯洛伐克数百座城堡遗迹中，要数占地4公顷的斯皮什城堡最为壮观。而特伦钦、德文和波切尼斯城堡则保存得更完整，如童话里的城堡一样美丽。

老城镇

在去勒沃卡的中世纪小镇之前，先到首都布拉迪斯拉发的老城镇里逛一逛。巴尔代约夫有完美的文艺复兴时期的广场，班斯卡-什佳夫尼察则有中世纪的采矿小镇。

见489页

斯洛文尼亚

山脉 ✓✓
海滨 ✓✓✓
葡萄酒 ✓

尤利安阿尔卑斯山

无论你是穿过夫尔希奇山坳通道，去特里格拉夫峰徒步，或是荡舟在布莱德湖面，斯洛文尼亚的高山景色都极其壮观。像博维茨和渤兴那样的小镇，无论冬夏都是运动的好去处。

海滨

斯洛文尼亚的亚得里亚海的海滨和邻国意大利颇为相似。夏季，皮兰古老狭窄的威尼斯小巷吸引着成群的游客。要想避开游客高峰，就选科佩尔、伊佐拉等其他港口城市。

葡萄酒

风格迥异的斯洛文尼亚葡萄酒都含有干玫瑰，还带着点辛辣的胡椒味。由于出口受限，要想品尝上佳的本地酿造葡萄酒，只能亲自来一趟。

见543页

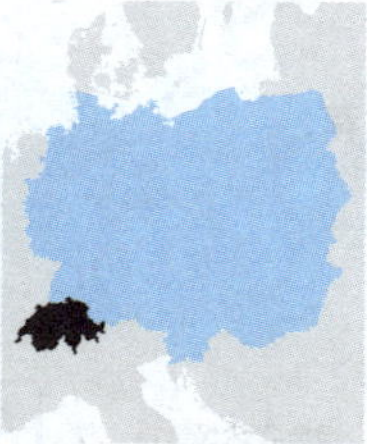

瑞士

山脉 ✓✓✓
滑雪 ✓✓✓
夜生活 ✓✓

高山景色

山地超过瑞士国土面积的65%。瓦莱山、少女峰和侏罗山（汝拉山）的地理位置不同，并且各具特色。从山上往远处眺望，景色都极其壮观。可以乘坐缆车或火车，欣赏山色或山下小镇的美景。

滑雪

一些世界级的滑雪比赛都在瑞士的山坡举行。克莱茵马特峰拥有欧洲最高的滑雪道、面积广阔的夏季滑雪场。有200多所滑雪学校可供初学者选择。

夜生活

苏黎世和伯尔尼俱乐部众多，美名远扬。在远离城区的采尔马特和圣莫里茨等山中小镇，也能在滑雪结束后，给你一个丰富活跃的夜生活。

见589页

所有列出的地点都由我们的作者推荐，
而且他们最喜欢的地点被列在首位

请注意下列图标

首选 作者的大力推荐　绿色或环保选择　免费 不需要任何费用

在路上

奥地利

包括»

最佳餐饮

» Mill（见60页）

» Magazin（见81页）

» Chez Nico（见93页）

最佳住宿

» Hotel Rathaus Wein & Design（见52页）

» Haus Ballwein（见80页）

» Hotel Weisses Kreuz（见92页）

为何去

奥地利虽然国土面积不大，但却是声名显赫。毕竟，正是在这块土地上，诞生了莫扎特（Mozart）；施特劳斯（Strauss）让世界知道了华尔兹；朱丽·安德鲁斯（Julie Andrews）则因在《音乐之声》（*The Sound of Music*）中的旋转亮相而赢得瞩目。哈布斯堡王朝（Habsburgs）在此建立了600年之久的帝国基业，昔日辉煌至今仍然闪耀在维也纳、因斯布鲁克、萨尔茨堡光芒万丈的巴洛克宫殿和悬挂着枝形大吊灯的咖啡馆之中。这是一个属于完美主义者的国度，这里的所有——山川、古典音乐、新媒体、城堡、蛋糕，任何你能想到的——皆极尽完美之能事。

除了恢宏的城市，奥地利的魅力存在于天地之间。如果你从基茨比厄尔名扬四海的滑雪道直线滑降而下，或者登上蒂罗尔的阿尔卑斯山之巅，或者顺着多瑙河（Donau）岸边骑车，你会觉得如此这般激荡人心的景致是任何华美的交响乐、相机镜头或者美妙歌喉都无法诠释的。

何时去

维也纳

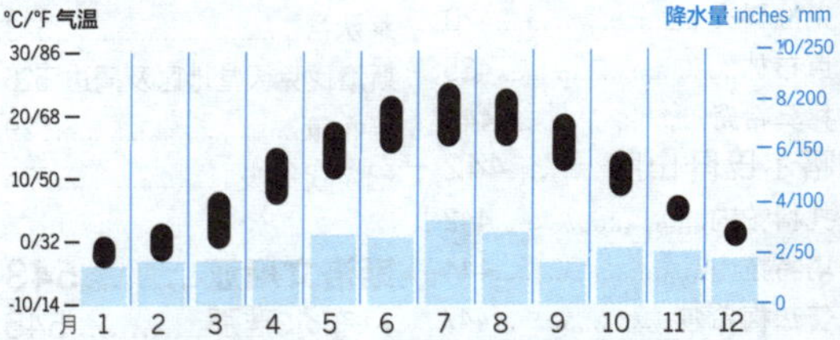

7月至8月 在蒂罗尔的阿尔卑斯山徒步，在萨尔茨卡默古特的湖中游泳，以及丰富多彩的夏季节日活动。

9月至10月 维也纳附近葡萄园中品尝新酒，徜徉在金秋的森林中，鲜有游客。

12月至次年1月 圣诞市场，在阿尔卑斯山滑雪，维也纳踩着华尔兹舞曲进入新年。

交通

奥地利地处欧洲心脏，迅速便捷的交通将其与周边八个邻国连接起来。维也纳发出的火车开往很多东欧城市，包括布拉迪斯拉发（Bratislava）、布达佩斯（Budapest）、布拉格（Prague）和华沙（Warsaw）；南部经克拉根福有通往意大利的交通，北部有前往柏林（Berlin）的交通。萨尔茨堡与巴伐利亚边境相望，这座巴洛克风格的城市有很多前往慕尼黑或更远地方的火车。因斯布鲁克处在维也纳与瑞士的铁路主干线上，也有两条线路开往慕尼黑。可留意快捷、舒适的奥地利联邦新高速列车RailJet，通往德国和瑞士。

旅行线路

两天

把所有时间留给维也纳吧，先去参观哈布斯堡王朝宫殿和斯蒂芬大教堂（Stephansdom），然后再到咖啡馆享受时光。晚上去酒吧狂欢。

一周

用两天时间在维也纳；一天探访瓦豪葡萄酒区；萨尔茨堡和因斯布鲁克各一天；再用一天游览萨尔茨卡默古特的湖景；最后一天在圣安东阿尔贝格（St Anton am Arlberg）或者基茨比厄尔徒步或滑雪（取决于当时季节）。

特色饮食

» **无肉不欢** 有经典的维也纳炸肉排、辣根沙司炖牛肉（Tafelspitz）和烤猪肉（Schweinebraten），就连普通香肠（腊肠）也能做出各种花样。

» **配菜** 各式各样的土豆，或炸或烤，或者做沙拉、带皮煮；还有饺子（Knödel）和鸡蛋宽面（Nudeln）。

» **咖啡和糕点** 咖啡和蛋糕是奥地利最甜蜜的传统。一定要尝尝：薄片苹果馅饼（flaky apple strudel）、浓郁的巧克力萨赫蛋糕（Sacher Torte）以及葡萄干甜松饼（Kaiserschmarrn）。

» **原产地葡萄酒** 在东部葡萄酒产地，快乐的当地人聚集在乡村小酒馆（Heurigen），从酒馆门上的常青藤就能辨识出来。啜饮清爽的绿色瓦特林纳白葡萄酒（grüner veltliner whites）和辛辣的蓝色佛朗克葡萄酒（blaufränkisch wines）。

» **芝士盛宴** 品尝克恩滕州香浓芝士面（Käsnudeln）、蒂罗尔芝士煎饺（Kaspressknodel）以及维也纳的芝士肠（Käsekrainer）。布雷根茨沃尔德（Bregenzerwald）丘陵地带盛产奶制品。

速览

» **货币** 欧元（€）

» **语言** 德语

» **现金** 自动取款机随处可见，周一至周五银行营业

» **签证** 适用申根政策

快速参考

» **面积** 83,871平方公里

» **首都** 维也纳

» **国家代码** ☎43

» **紧急情况** ☎112

汇率

人民币	CNY1	€0.12
港币	HKD1	€0.09
新台币	TWD1	€0.02
澳门币	MOP1	€0.09
新加坡元	SGD1	€0.58
美元	USD1	€0.73

预算

» **经济型酒店客房** 50欧元

» **两道菜的一餐** 15欧元

» **博物馆门票** 8欧元

» **啤酒** 3欧元

» **市内交通票** 2欧元

网络资源

» **奥地利国家旅游局中文官方网站**（www.aodili.info/）

» **奥地利国家旅游局官方微博**（e.weibo.com/aodili）

» **维也纳旅游局中文官方网站**（www.weiyena.info/）

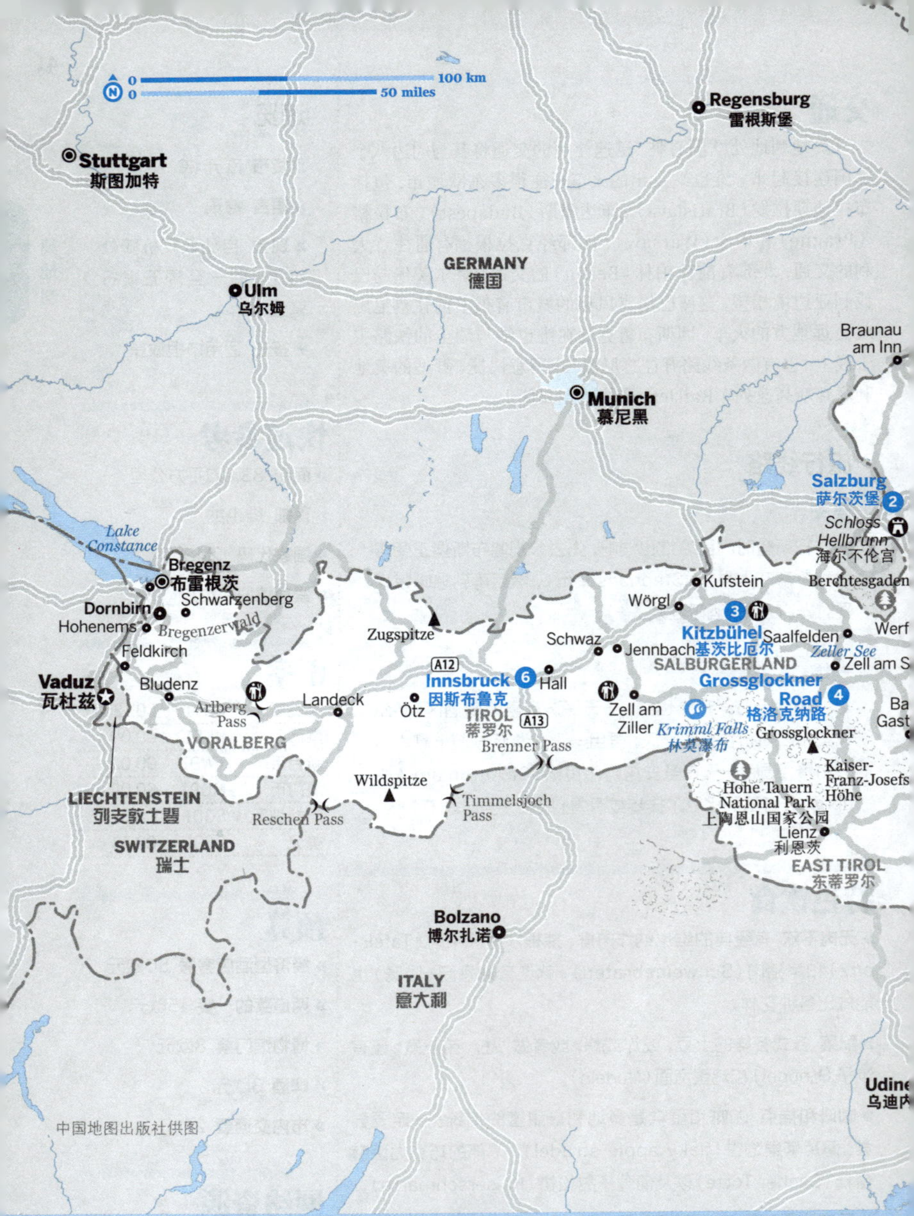

中国地图出版社供图

奥地利亮点

❶ 探索**维也纳**（见44页）众多的哈布斯堡王朝宫殿、咖啡馆和前卫画廊。

❷ 从900年历史的萨尔茨堡要塞（Festung Hohensalzburg）上俯瞰**萨尔茨堡**（见75页）巴洛克式城市风光。

❸ 在**基茨比厄尔**（见96页）群山之中徒步和滑雪，涤荡心灵。

❹ 系好安全带，在奥地利最为精彩绝伦的自驾之旅——**格洛克纳路**（见99页）上，开启阿尔卑斯山和冰川相伴的过山车般的旅程。

5 跳进**萨尔茨卡默古特**（见84页）清澈剔透的湖泊中，这里是奥地利的夏日游乐园。

6 在风景如画的**因斯布鲁克**（见88页），坐上扎哈·哈迪德设计的太空感十足的索道，快速登上蒂罗尔的阿尔卑斯山。

7 探寻**多瑙河谷**（见67页）浪漫的瓦豪（Wachau）和技术先锋城市林茨。

维也纳(WIEN, VIENNA)

☎01/人口1,720,000

世界上很少有城市像维也纳这样如此轻松地游走在当下与过往之间。恢宏的历史面貌赫然眼前：磅礴的帝王宫殿和华丽的巴洛克室内装饰，保存完好的歌剧院和壮观的广场。

维也纳也是欧洲最动感的都市之一。距霍夫堡宫(Hofburg，皇宫)一箭之遥的博物馆区(MuseumsQuartier)，非凡的玄武岩外墙下珍藏着一些最前沿的当代艺术。在内城(Innere Stadt)，设计新潮的商店与旧式甜品店比肩而立，传统小酒馆(Beisl)旁是奥地利与亚洲创意菜餐厅。正是在这样的维也纳，诗歌朗诵与观览史蒂芬大教堂两相皆宜。

市区里更是绿荫成片，"蓝色"多瑙河在历史中心的东部奔腾流淌，这就是奥地利的首都。

历史

在公元前15年，罗马人来到这里的时候，维也纳很可能是当时凯尔特人的重要贸易站点。罗马人在这里安营扎寨，并根据凯尔特人部落Vinid的名字，将这里命名为Vindobona。直到公元3世纪，这里发展成为城镇，葡萄园引进到这个地区。881年，"Wenia"之名首次载入官方记载，在11世纪又成为巴奔堡家族(Babenberg)的据点。巴奔堡王朝统治了200年，之后哈布斯堡王朝占领这座城市，其统治直到第一次世界大战结束才终止。

几百年来，维也纳在1529年和1683年受到奥斯曼帝国的围攻，1805年和1809年拿破仑和他的军队占领了这里。在这期间，城市经历了以巴洛克风格为主的大改造，至今全市很多建筑还依稀可见当初的痕迹。19世纪中期维也纳再次繁荣，皇室倾尽国库修建了著名的环城大道(Ringstrasse)及配套的建筑。

两次世界大战期间，维也纳的政治立场从一个极端摇摆到另一个极端——20世纪20年代社会主义思潮涌入以及30年代法西斯主义兴起。维也纳遭受了同盟国猛烈的轰炸，1945年4月11日，前进的俄国军队解放了这座城市。随后同盟国加入进来，直到1955年奥地利独立，自此维也纳从冷战的刀锋边缘演变为新旧欧盟成员国之间的焦点。

景点

维也纳庄严的建筑与秀美的公园专为闲庭信步的人而建。Kärntner Strasse和Graben这些内城步行商业街是边走边逛的绝佳去处，在街边艺人的哼唱声中慢慢游览。

那些伟大作曲家，像莫扎特和贝多芬(Beethoven)，他们的故居现在对外开放，可向旅游局咨询。

很多景点在7月和8月开门较晚，11月至次年3月间则关门较早。

霍夫堡宫 宫殿

(Hofburg, Imperial Palace; www.hofburg-wien.at; Michaelerkuppel; 🚌1A, 2A Michaelerplatz; Ⓜ Herrengasse; 🚊1, 2, D, 71, 46, 49Burgring)霍夫堡宫是最能体现奥地利文化与传统的地方，从第一位皇帝(鲁道夫一世，Rudolf I, 1273年)到末代皇帝(卡尔一世，Karl I, 1918年)，哈布斯堡王朝在这里居住了6个世纪，霍夫堡宫自身的规模以及建筑的多样性体现了其曾经的凌人之势；其中最古老的部分是13世纪的**瑞士庭院**(Schweizerhof)。

皇帝寝宫(Kaiserappartements; www.hofburg-wien.at; 含语音导览 成人/儿童10.50/6.50欧元，导览游13/7.50欧元；⏲9:00~17:30; Ⓜ Herrengasse)，这里曾经居住着弗朗茨·约瑟夫一世(Franz Josef I)和伊丽莎白皇后(Empress Elisabeth)，饰以枝形吊灯的房间更是极尽奢华。**茜茜公主博物馆**(Sisi Museum)是为纪念奥地利美貌的伊丽莎白皇后(小名"茜茜公主")而建，此处参观包含在门票内。博物馆的亮点是皇后的豪华马车复原品以及她在婚礼前夜穿着的长裙。寝宫门票也包含**银器展厅**(Silberkammer)，陈列了精美的银器和瓷器。

霍夫堡宫内其他引人入胜的景点还有皇家教堂(Burgkapelle)，维也纳童声合唱团(Vienna Boys'Choir)就在此演出(见64页)；西班牙骑术学校(Spanische Hofreitschule，见64页)；以及**皇家宝库**(Schatzkammer; www.kaiserliche-schatzkammer.at; 01, Schweizerhof; 成人/19岁以下12欧元/免费; ⏲周三至周一9:00~17:30），收藏了各种奇珍异宝，其中有10世纪皇冠，2,860克拉哥伦比亚翡翠，甚至还有基督皇冠上的荆棘。

斯蒂芬大教堂

教堂

（Stephansdom; www.stephanskirche.at; 01, Stephansplatz; 侧廊免费，正厅成人/儿童3.50欧元/免费; 大教堂、地下墓穴和塔楼含语音导览成人加儿童16欧元; ⏲周一至周六6:00~22:00, 周日7:00~22:00, 正厅和大教堂珍宝馆语音团队游 周一至周六9:00~11:30和13:00~17:30, 周日13:00~17:30; ⓂStephansplatz）它庄严威武地耸立在维也纳上方，马赛克屋顶熠熠生辉，这便是斯蒂芬大教堂，维也纳人也昵称其为"Steffl"（小斯蒂芬）。大教堂在一座12世纪的教堂原址上修建，最突出的特色是哥特式风格。绝大部分区域需买票参观。礼拜者免费进入。

其间，占据中心位置的是气势非凡的哥特风格的**石制讲坛**（stone pulpit），1515年由安东·皮尔格拉姆（Anton Pilgram）设计。高坛上的巴洛克风格的**祭坛**（high altar）描画了圣斯蒂芬（St Stephen）石像；左边高坛上有一座1447年维也纳新城（Wiener Neustadt）的翼型祭坛屏风，右边高坛是文艺复兴风格的腓特烈三世（Friedrich III）红色大理石墓。

大教堂主要为架构形式，136.7米高的**Südturm**（成人/儿童3.50/1欧元; ⏲9:00~17:30）。登上343级台阶，来到狭窄的观景台将维也纳无边美景尽收眼底。你也可以参观大教堂的**地下墓穴**（Katakomben, 团队游 成人/儿童5/2.50欧元; ⏲周一至周六10:00~11:30和13:30~16:30, 周日13:30~16:30），里面的骨屋安放了装有瘟疫受害者尸骨的棺材，以及盛放着哈布斯堡王朝统治者的部分内脏的瓮——耸人听闻的东西。

首选 阿尔贝蒂娜博物馆

画廊

（Albertina; www.albertina.at; 01, Albertinaplatz 3; 成人/儿童11欧元/免费; ⏲周四至次周二10:00~18:00, 周三10:00~21:00; ⓂKarlsplatz, Stephansplatz; 🚊D, 1, 2, 71 Kärntner Ring/Oper）随意浏览一下简介就足以让艺术爱好者们争相排队进入博物馆。在浩如烟海的藏品中（近150万幅复制品版画和50,000幅绘画）有70幅伦勃朗（Rembrandt）的作品，145幅丢勒（Dürer）的作品（包括著名的《野兔》，*Hare*），43幅拉斐尔（Raphael）的作品，以及达·芬奇（da Vinci）、米开朗基罗（Michelangelo）、鲁本斯（Rubens）、塞尚（Cézanne）、毕加索（Picasso）、克利姆特（Klimt）和科科什卡（Kokoschka）这些大师的多幅作品。

除了以现代艺术为主的展览外，还有若干哈布斯堡王朝大厅长期开放以供参观。

美泉宫

宫殿、博物馆

（Schloss Schönbrunn; www.schoenbrunn.at; 13, Schönbrunner Schlossstrasse 47; 皇宫团队游含语音导览 成人/儿童10.50/7.50欧元，花园免费，迷宫成人/儿童3.50/2.20欧元; ⏲8:30~17:30, 花园6:00至黄昏，迷宫9:00~18:00）哈布斯堡王朝富丽堂皇的夏宫现在是联合国教科文组织选入的世界遗产。宫殿有1441间房间，40间对外开放，皇宫团队游可参观其中26个房间。由于这座宫殿深受欢迎，门票上虽盖有进门时间，但可能与你能进去的时间有空档，你可以赶紧先买好票，然后抓紧时间逛一下花园。

布局匀称的法式**花园**里喷泉涌珠泻玉。花园里有世界上最古老的动物园——**Tiergarten**（www.zoovienna.at; 成人/儿童15/7欧元; ⏲9:00~18:30），建于1752年；还有630米长的树篱**迷宫**；以及**凯旋门**（Gloriette, 成人/儿童3/2.20欧元; ⏲9:00至16:00和19:00之间，11月初至次年3月末关门较早），在屋顶可将宫殿花园及远处风景一览无遗。

首选 皇帝墓穴

教堂

（Kaisergruft, Imperial Burial Vault; www.kaisergruft.at; 01, Neuer Markt; 成人/儿童5/2欧元; ⏲10:00~18:00; ⓂStephansplatz, Karlsplatz; 🚊D, 1, 2, 71 Kärntner Ring/Oper）Kapuzinerkirche（嘉布遣会修士教堂）下面，是大多数哈布斯堡王朝皇族最后的安息地。墓穴有的简单，有的精致，比如玛丽亚·特莱西娅（Maria Theresia）和弗朗兹·斯特潘（Franz Step-

Central Vienna 维也纳市中心

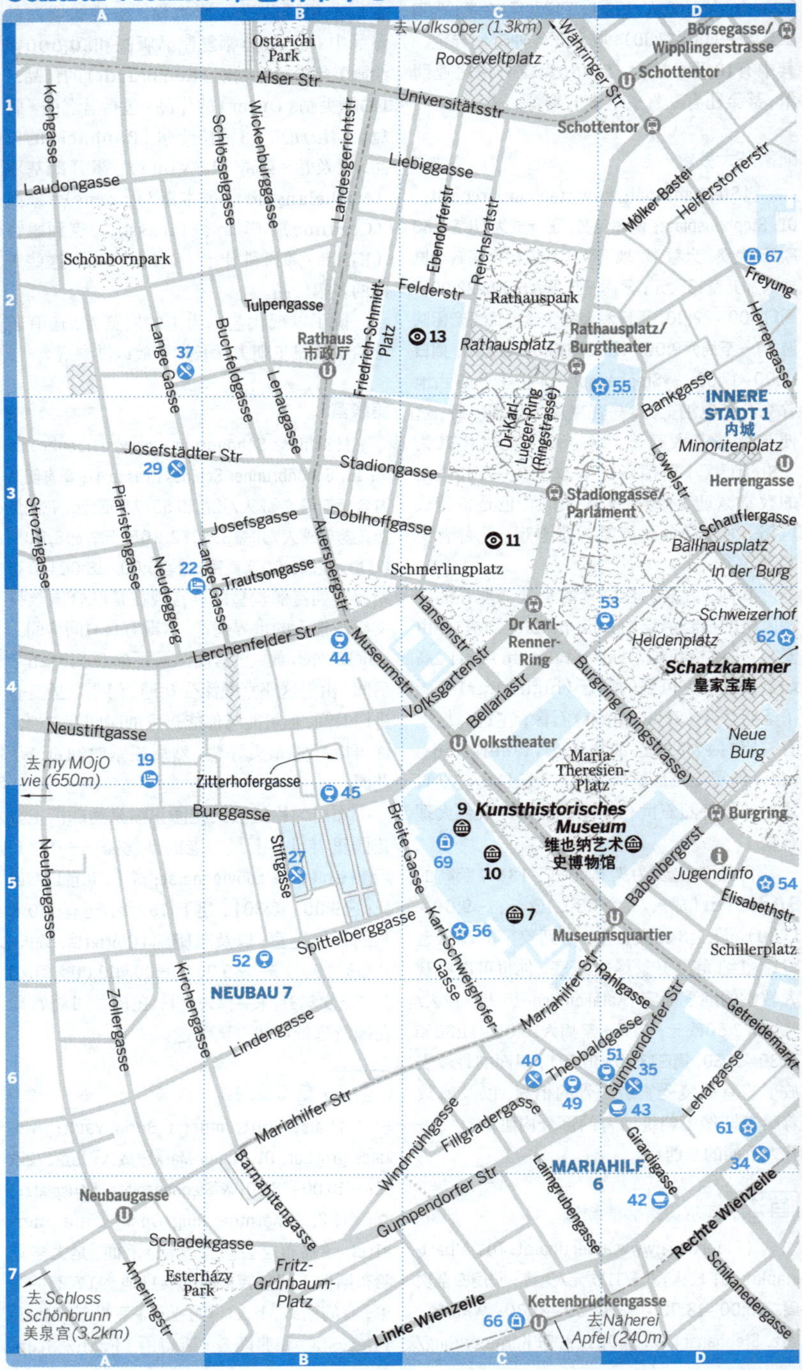

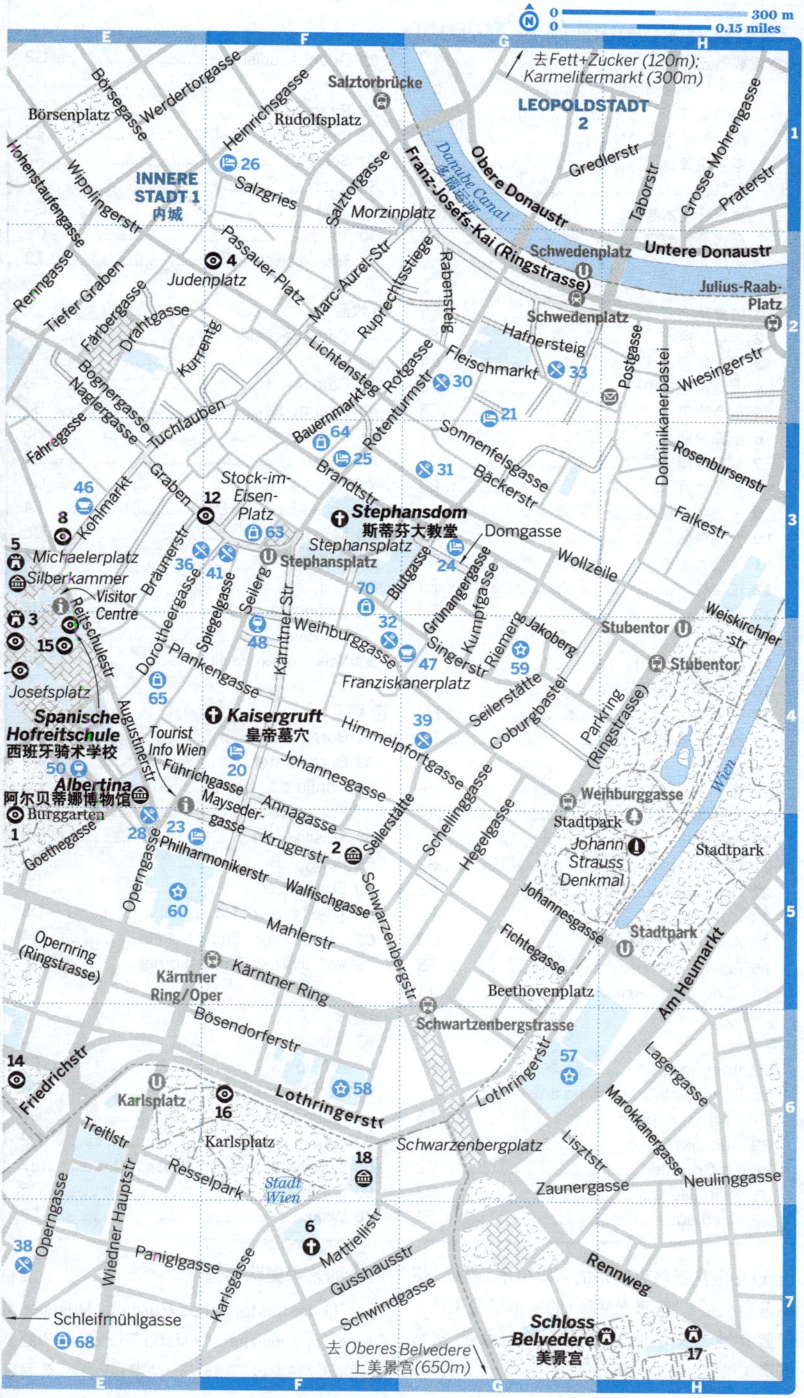
0 300 m
0 0.15 miles
E
F
G
H
去Fett+Zucker (120m);
Karmelitermarkt (300m)
Salztorbrücke
LEOPOLDSTADT
2
Börsenplatz
Börsegasse
Werdertorgasse
Heinrichsgasse
Rudolfsplatz
Hohenstaufengasse
Wipplingerstr
INNERE
STADT 1
内城
26
Salzgries
Salztorgasse
Morzinplatz
Danube Canal
多瑙运河
Obere Donaustr
Franz-Josefs-Kai (Ringstrasse)
Gredlerstr
Taborstr
Grosse Mohrengasse
Praterstr
Renngasse
Tiefer Graben
4
Judenplatz
Passauer Platz
Marc-Aurel-Str
Ruprechtsstiege
Rabensteig
Schwedenplatz
Untere Donaustr
Julius-Raab-
Platz
Färbergasse
Drahtgasse
Kurrentg
Lichtensteg
Rotgasse
Hafnersteig
Fleischmarkt
33
30
Postgasse
Wiesingerstr
Bognergasse
Naglergasse
Fahrgasse
Tuchlauben
Bauernmarkt
Rotenturmstr
64
25
21
Sonnenfelsgasse
Bäckerstr
31
Dominikanerbastei
Rosenbursenstr
Falkestr
46
Kohlmarkt
Graben
Stock-im-
Eisen-
Platz
12
63
Brandtstr
Stephansdom
斯蒂芬大教堂
Stephansplatz
Domgasse
24
Wollzeile
8
5
Michaelerplatz
Silberkammer
Visitor
Centre
Bräunerstr
36
41
Seilerg
Spiegelgasse
Dorotheergasse
Kärntner Str
70
Blutgasse
Grünangergasse
Kumpfgasse
32
Weihburggasse
Stubentor
Weiskirchner
-str
3
15
Reitschulestr
48
47
Singerstr
Riemerg
Jakoberg
59
Josefsplatz
Plankengasse
Franziskanerplatz
Seilerstätte
Coburgbastei
Parkring
(Ringstrasse)
Spanische
Hofreitschule
西班牙骑术学校
Augustinerstr
Tourist
Info Wien
Kaisergruft
皇帝墓穴
39
Himmelpfortgasse
50
20
Johannesgasse
Albertina
阿尔贝蒂娜博物馆
Führichgasse
Mayseder-
gasse
Annagasse
Schellinggasse
Hegelgasse
Weihburggasse
Wien
Burggarten
1
Goethegasse
28
23
Krugerstr
2
Seilerstätte
Stadtpark
Johann
Strauss
Denkmal
Stadtpark
Operngasse
Philharmonikerstr
Walfischgasse
Schwarzenbergstr
60
Johannesgasse
Mahlerstr
Fichtegasse
Stadtpark
Opernring
(Ringstrasse)
Kärntner
Ring/Oper
Kärntner Ring
Beethovenplatz
Am Heumarkt
Bösendorferstr
Schwartzenbergstrasse
14
Friedrichstr
57
Lagergasse
58
Karlsplatz
16
Lothringerstr
Lothringerstr
Marokkanergasse
Treitlstr
Karlsplatz
18
Schwarzenbergplatz
Lisztstr
Resselpark
Stadt
Wien
Zaunergasse
Neulinggasse
Wiedner Hauptstr
Operngasse
6
Mattiellistr
38
Paniglgasse
Karlsgasse
Gusshausstr
Rennweg
Schwindgasse
Schleifmühlgasse
68
去Oberes Belvedere
上美景宫(650m)
Schloss
Belvedere
美景宫
17
1
2
3
4
5
6
7

Central Vienna 维也纳市中心

重要景点
- 阿尔贝蒂娜博物馆 E4
- 皇帝墓穴 F4
- 维也纳艺术史博物馆 D5
- 皇家宝库 E4
- 美景宫 H7
- 西班牙骑术学校 E4
- 斯蒂芬大教堂 F3

景点
1 城堡花园 E5
2 音乐之家 F5
3 霍夫堡宫 E4
4 大屠杀纪念中心 F2
5 皇帝寝宫 E3
6 圣查尔斯教堂 F7
7 利奥波德博物馆 C5
8 鲁斯之家 E3
9 路德维希基金会现代艺术馆 C5
10 博物馆区 C5
11 国会大厦 C3
12 鼠疫柱 F3
13 市政厅 C2
14 分离派 E6
15 西班牙骑术学校入口 E4
16 Stadtbahn Pavillons F6
17 下美景宫 H7
18 维也纳博物馆 F6

住宿
19 Altstadt A4
20 Aviano F4
21 Hotel Kärtnerhof G2
22 Hotel Rathaus Wein & Design A3
23 Hotel Sacher E5
24 König von Ungarn G3
25 Pension Sacher F3
26 Schweizer Pension F1

就餐
27 Amerlingbeisl B5
28 Bitzinger Würstelstand am Albertinaplatz E5
29 Cupcakes Wien A3
30 Eis Griessler G2
31 Figlmüller G3
32 Gasthaus Pöschl F4
33 Griechenbeisl G2
34 纳旭市场 D6
35 Ra'mien D6
36 Reinthaler's Beisl E3
37 Schnattl A2
38 Süssi E7
39 Tian G4
40 Tongues C6
41 Trzesniewski F3

饮品
42 Café Drechsler D7
Café Sacher .... （见23）
43 Café Sperl D6
44 Dachboden B4
45 Das Möbel B5
46 Demel E3
47 Kleines Café G4
48 Loos American Bar F4
49 Mon Ami C6
50 Palmenhaus E4
51 Phil D6
52 Siebensternbräu B5
Vis-à-vis .... （见31）
53 Volksgarten Pavillon D4

娱乐
54 Burg Kino D5
55 Burgtheater D2
56 Donau C5
57 Konzerthaus G6
58 Musikverein F6
59 Porgy & Bess G4
60 Staatsoper E5
61 Theater an der Wien D6
62 Vienna Boys' Choir Tickets D4
Volksgarten ClubDiskothek .... （见53）

购物
63 Altmann & Kühne F3
64 Art Up F3
65 Dorotheum E4
66 Flohmarkt C7
67 Freyung Market D2
68 Gabarage Upcycling Design E7
69 Lomoshop C5
70 Woka F3

han）18世纪巴洛克风格的双匣棺木。然而，伊丽莎白皇后（"茜茜公主"）的棺木最受关注，安放在她丈夫弗朗茨·约瑟夫的棺木旁，常常摆满了鲜花。

维也纳艺术史博物馆 画廊

（Kunsthistorisches Museum，Museum of Fine Arts；www.khm.at；Maria-Theresien-Plaz, 01；成人/19岁以下14欧元/免费；⏲周二至周日

10:00~18:00，周四至21:00；Ⓜ MuseumsQuartier；🚊1, 2, D）提及古典艺术品，必须得提到维也纳艺术史博物馆。这里收藏大量哈布斯堡王朝珍藏的艺术品，包括鲁本斯、范戴克（Van Dyck）、霍尔拜因（Holbein）和卡拉瓦乔（Caravaggio）的作品。老彼得·勃鲁盖尔（Pieter Bruegel the Elder）的画作也有陈列，包括《雪中猎人》（*Hunters in the Snow*）。博物馆的整座翼楼都陈列着装饰品、钟表、玻璃器皿，以及希腊、罗马和埃及古文物。

博物馆区　博物馆综合区

（MuseumsQuartier, Museum Quarter; www.mqw.at; 通票25欧元；⏲信息和票务中心 10:00~19:00）关于这个热门景点有很多介绍，因此这里只是点到即止。由费舍尔·冯·埃尔拉赫（Fischer von Erlach）设计的这片皇家马场现在集合了博物馆、咖啡馆、餐厅和酒吧。占地60,000平方米，是世界上最宏大的文化空间之一。

毫无疑问，参观的重点是**利奥波德博物馆**（Leopold Museum; www.leopoldmuseum.org; Museumsplatz 1, 07; 成人/儿童/家庭12/7/25欧元；⏲周三至周一10:00~18:00，周四至21:00，周日免费导览游15:00；Ⓜ MuseumsQuartier, Volkstheater），这里陈列了世界上最完整的埃贡·席勒画作，还有一些奥地利艺术家的精品，如克利姆特、科科什卡和阿尔宾·艾格-立恩茨（Albin Egger-Lienz）。

深色玄武岩外观的**路德维希基金会现代艺术馆**（MUMOK; www.mumok.at; 07, Museumsplatz 1; 成人/儿童10欧元/免费；⏲周一14:00~19:00，周二至周日10:00~19:00，周四至21:00，免费导览游周六和周日14:00，周四19:00；Ⓜ MuseumsQuartier, Volkstheater；🚊49 Volkstheater）充满活力，是维也纳收藏20世纪艺术最重要作品的殿堂，着重于激浪派（fluxus）、新现实主义（nouveau realism）、波普艺术（pop art）和照相写实派（photo-realism）作品。

美景宫　宫殿、画廊

（Schloss Belvedere; www.belvedere.at; 通票 成人/儿童16欧元/免费；🚊🚊）美景宫是一件纯艺术的大师之作，也是世界上最精美的巴洛克风格宫殿之一，由约翰·卢卡斯·冯·希尔德布兰特（Johann Lukas von Hildebrandt, 1668~1745年）设计。

宫殿两座主建筑中的第一座是**上美景宫**（Oberes Belvedere, Upper Belvedere; 03, Prinz-Eugen-Strasse 27; 成人/儿童11欧元/免费；⏲10:00~18:00；🚊D）。画廊引以为傲的展品是古斯塔夫·克利姆特（Gustav Klimt）金光闪耀的《吻》（*The Kiss*, 1908年），这幅画完美体现了维也纳新艺术之风，画廊同时收藏了19世纪末至20世纪初的其他一些奥地利作品。第二座建筑是宏伟的**下美景宫**（Unteres Belvedere, Lower Belvedere; 03, Rennweg 6; 成人/儿童11欧元/免费；⏲周四至周二10:00~18:00，周三至21:00；🚊D），这里有一座巴洛克风格的博物馆。建筑群位于一座修剪整齐的花园对面。

维也纳艺术之家　博物馆

（KunstHausWien; www.kunsthauswien.com; 03, Untere Weissgerberstrasse 13; 成人/儿童10/5欧元，语音导览3欧元；⏲10:00~19:00；Ⓜ1, O Radetzkyplatz）这家画廊像是出自玩具店的东西，由标新立异的维也纳艺术家、建筑师弗里登斯赖希·洪德特瓦瑟尔（Friedensreich Hundertwasser，百水先生，1928~2000年）设计。他最喜欢采用凹凸不平的地板、五彩斑斓的马赛克、不规则的拐角以及布满绿色植物的屋顶等设计元素。为向洪德特瓦瑟尔致敬，这里永久性收藏了他的画作、绘图以及他关于生态学和建筑学的著作。

沿着马路走会看见一处由洪德特瓦瑟尔设计的**洪德特瓦瑟尔住宅公寓**（百水屋，Hundertwassershaus; Löwengasse和Kegelgasse交叉路口；🚊1）。虽然不可能走进去看看，但你可以参观**Kalke Village**（www.kalke-village.at; Kegelgasse 37-39; ⏲9:00~18:00），这也是出自洪德特瓦瑟尔之手，是在一间旧米其林工厂原址上建造的，典型的风格特点是不采用任何直线线条。

电车1路和O路Radetzkyplatz站下车。

Prater　游乐园

（www.wiener-prater.at; Ⓢ U1 Praterstern; 🚊5, O）这座大型公园绿草茵茵、林地繁茂，

想了解更多？

想要随手获得深度信息、评论和推荐，可登录苹果App Store购买Lonely Planet出版的*Vienna City Guide*手机应用程序。

或者登录**Lonely Planet网站**（www.lonelyplanet.com/austria/vienna）获取旅行建议、作者推荐、旅行者评论和专业指导。

有一处广为人知的**Würstelprater**游乐园，以及这座城市标志之一的**Riesenrad**（www.wienerriesenrad.com；02，Prater 90；成人/儿童9/4欧元；⏲9:00～23:45，冬季开放时间较短），这座65米高的摩天轮建于1897年，430吨的自重，旋转一圈需耗时20分钟，在上面可以一览维也纳远方的美景。摩天轮因在电影《第三人》（*The Third Man*）中出现而名声大噪。乘U1到Praterstern下。

分离派
地标、博物馆

（Secession；www.secession.at；01，Friedrichstrasse 12；成人/儿童8.50/5欧元，语音导览3欧元；⏲周二至周日10:00～18:00；ⓈU1，U2，U4 Karlsplatz）这座深受游客喜爱的新艺术风格“艺术神殿”建筑建于1898年，其精编细织的镀金圆顶被维也纳人戏称为“金色圆白菜”。博物馆里最瞩目的展品是克林姆所作的长达34米，名为《贝多芬饰带》（*Beethoven Frieze*）的画作。

音乐之家
音乐博物馆

（Haus der Musik；☎513 4850；www.hdm.at；01，Seilerstätte 30；成人/儿童12/5.50欧元，莫扎特之家17/7欧元；⏲10:00～22:00；ⓂKarlsplatz；🚊D，1，2Kärntner Ring/Oper）这座互动式博物馆旨在深入研究物理声学，并向那些奥地利伟大作曲家致敬，为你带来一趟音乐的神奇之旅。其中最有趣的是在一间房间内虚拟指挥维也纳爱乐乐团。

鼠疫柱
纪念碑

（Pestsäule）这尊多结状轮廓的纪念碑在城壕（Graben）中非常醒目，是由费舍尔·冯·埃尔拉赫在1693年设计的，用来纪念在黑死病中丧生的75,000名遇难者。

大屠杀纪念中心
纪念馆

（Holocaust-Denkmal；01，Judenplatz；ⓂStephansplatz）这是奥地利第一座大屠杀纪念馆，一座“没有名字的纪念馆”。这座岿然不动的建筑外形像一只摆放在那里的盒子，是为了向大屠杀中殉难的65,000名奥地利犹太人致敬。

免费 中央公墓
墓地

（Zentralfriedhof；www.friedhoefewien.at；11，Simmeringer Hauptstrasse 232-244；⏲7:00～20:00，冬季开放时间较短；🚊6，71）中央公墓位于市中心以南4公里处，是欧洲最大的墓地之一。这里有250万座坟墓，安息人数超过了维也纳居民数。贝多芬、舒伯特（Schubert）和勃拉姆斯（Brahms）在此都有墓地。乘6路或者71路电车到中央公墓。

西格蒙德·弗洛伊德博物馆
博物馆

（Sigmund Freud Museum；www.freud-museum.at；09，Berggasse 19；成人/儿童8/3.50欧元；⏲9:00～18:00；ⓈU2 Schottentor，U4 Schottenring；🚊1，D）这里曾是这位著名心理学家的住所，现在是所小型博物馆，主要展出他的一些个人物品。博物馆位于Schottentor以北600米处。

维也纳博物馆
博物馆

（Wien Museum；www.wienmuseum.at；04，Karlsplatz 8；成人/19岁以下8欧元/免费，每月第一个周日免费；⏲周二至周日10:00～18:00；ⓈU1，U2，U4 Karlsplatz）博物馆展现了这座城市的历史掠影，同时收藏了克林姆和席勒的一些优秀艺术绘画作品。

鲁斯之家
建筑

（Loos Haus；01，Michaelerplatz；⏲周一至周五9:00～17:00，周四至17:30；🚊2A；ⓂHerrengasse）这里完美示范了鲁斯作品对简洁线条的运用。弗朗茨·约瑟夫不喜欢这幢建筑，形容这里的窗户“是没有眉毛的窗户”，因为窗户没有楣。

Stadtbahn Pavillons 地标

(www.wienmuseum.at; 04, Karlsplatz; 成人/19岁以下4欧元/免费; ⏲4月至10月周二至周日10:00~18:00; ⓈU1, U2, U4 Karlsplatz)奥托·瓦格纳(Otto Wagner)为维也纳首个公共交通系统设计的新艺术风格亭子。

活动

狭长的多瑙岛(Donauinsel)将多瑙河从新多瑙河中划分出来，岛的面积达到21.5平方公里，从北部的克洛斯特新堡(Kloster-neuburg)对面一直延伸到南部的多瑙河-奥恩国家公园(Nationalpark Donau-Auen)。岛上有长长的游泳区域，供步行和骑车的水泥路以及餐厅和小吃店。多瑙河被陆地包围的一段支流是老多瑙河(Alte Donau)，这里是帆船及划船爱好者、游泳者、徒步者、垂钓者最喜欢的地方，在冬季(如果足够冷的话)也是滑冰爱好者的最爱。

团队游

旅游局出版了一份关于步行导览游的月刊*Wiener Spaziergänge*，还可以对大巴团队游和乘船游给出建议。

Vienna Tour Guides 步行游览

(☎774 89 01; www.wienguide.at; 成人/儿童14/7欧元)组织60种不同的步行游览，其中一些是英语导览，从新艺术建筑到犹太人传统，以及经久不衰的《第三人》电影游。

在维也纳的旅行线路

一天

跳上1路或者2路电车，沿着**Rings-trasse**(环城大道)绕行，浮光掠影地欣赏林荫大道旁那些纪念性建筑群，倒也值得。在 Kärntner Strasse 下车，漫步到哥特式**斯蒂芬大教堂**，之后去**霍夫堡宫**以及有着叹为观止收藏品的**维也纳艺术史博物馆**。在**内城**找家餐厅吃饭，然后去**Staatsoper**开始夜生活。

两天

第二天，参观皇宫**美泉宫**，然后去**利奥波德博物馆**享受一场奥地利艺术盛宴。在维也纳著名的**纳旭市场**(Naschmarkt)吃饭，然后穿城，黄昏时分坐上**摩天轮**(Riesenrad)。最后找家**Heuriger**享用当地美酒美食，结束一天的行程。

节日和活动

从旅游局拿一份活动月刊。许多活动门票可以在Staatsoper的维也纳售票亭(Wien-Ticket Pavillon)购买。

维也纳歌剧舞会 舞会

(Opernball; 01, Staatsoper)在1月和2月举行的近300场舞会中，歌剧舞会是最顶级的。这是一场声势浩大的奢华盛事，男士身穿燕尾服，女士则穿着闪亮的白色晚礼服。

维也纳音乐节 艺术节

(Wiener Festwochen; www.festwochen.at)从5月至6月，来自世界各地的不同艺术项目汇聚一堂。

多瑙岛节 音乐节

(Donauinselfest; www.donauinselfest.at)6月份在多瑙岛举办为期3天的免费音乐节，其中包括摇滚乐、流行乐、硬核音乐(hard-core)、民谣和乡村乐。

音乐电影节 电影节

(Musikfilm Festival; 01, Rathausplatz)7月和8月在市政厅外放有歌剧、轻歌剧和演唱会。

维也纳电影节 电影节

(Viennale Film Festival; ☎01 526 59 47; www.viennale.at)奥地利规模最大最好的电影节(10月举行)，放映来自世界各地的边缘电影和独立电影。

圣诞市场 圣诞市场

(Christkindlmärkte; www.christkindlmarkt.

at)在维也纳颇受钟爱的圣诞市场从11月中旬一直持续到平安夜。

住宿

Hotel Rathaus Wein & Design 精品酒店 €€€

(☎400 11 22; www.hotel-rathaus-wien.at; 08, LangeGasse 13; 标单/双/标三150/210/240欧元; 🅿@📶; Ⓢ U2 Rathaus, U3 Volkstheater; 🚌46)这家精品酒店的多间风格独特的客房都是由一位奥地利酿酒师精心打造。此外,还有悬挂着枝形吊灯的红酒吧,每月都会重点推荐一家酒庄的酒。开放式极简主义的新潮房间,展露了犀利的设计眼光,尤其是那些配有混纺床铺和浴缸的乳白色房间最能说明这点。

Pension Sacher 家庭旅馆 €€

(☎533 32 38; www.pension-sacher.at; 01, Rothenturmstrasse 1; 公寓90~136欧元; ❄📶)这些宽敞的公寓地处闹市,以做巧克力蛋糕出名的Sacher一家将公寓打理得井井有条,房间内饰以印花棉布、花卉和实木家具。这里的一切都让你感到宾至如归,窗外斯蒂芬大教堂的美景也令人惊叹。

Boutiquehotel Stadthalle 酒店 €€

(☎982 42 72; www.hotelstadthalle.at; Hackengasse 20, 15; 标单78~138欧元, 双118~198欧元; 📶; Ⓢ U3 Schweglerstrasse; 🚌9, 49)欢迎来到维也纳最节能环保的酒店,这里最大限度地采用太阳能、雨水收集、LED灯照明,屋顶上种植着芬芳的薰衣草。房间风格是现代与优雅复古相结合。夏天在绿树成荫的花园享用有机早餐。骑自行车或乘火车前来可享受10%的折扣。酒店位于Westbahnhof西北650米处。

首选 Altstadt 家庭旅馆 €€

(☎522 66 66; www.altstadt.at; 07, Kirchengasse 41; 标单125~175欧元, 双145~215欧元, 套195~350欧元; @📶; Ⓢ U2, U3 Volkstheater; 🚌46)Altstadt是维也纳最精致的家庭旅馆之一,房间装潢风格迷人、个性十足,高高的天花板,充裕的空间,惬意的客厅,提供免费下午茶和糕点。员工和蔼可亲,摆放的艺术品均系主人私人珍藏。

my MOjO vie 青年旅舍 €

(☎0676-551 11 55; mymojovie.at; 07, Kaiserstrasse 77; 铺/双/标三/四26/58/84/108

不停转动的环

环城大道,通常只称为"环",是一条宽阔的大道,道路两边绿树成荫,环绕着大部分内城。欣赏这些纪念性建筑群最好的方法就是跳上1路或者2路电车,开始一场短暂但又受益匪浅的自助游。一张单程票可以让你看到新哥特风格的**市政厅**(City Hall; ☎525 50; www.wien.gv.at; 01, Rathausplatz 1; ⏲导览游周一、周三和周五13:00; Ⓜ Rathaus)、希腊复兴风格的**国会大厦**(Parlament; www.parlament.gv.at; 01, Dr-Karl-Renner-Ring 3; 团队游成人/儿童5/2.50欧元,游客中心门票免费; ⏲导览游周一至周六11:00~16:00每小时,游客中心周一至周五8:30~18:30,周六9:30~16:30)、19世纪**国家大剧院**(Burgtheater, National Theatre; ☎514 44 4440; www.burgtheater.at; 01, Universitätsring 2; ⏲售票处周一至周五9:00~17:00; Ⓜ Rathaus)以及巴洛克风格的**圣查尔斯教堂**(Karlskirche, St Charles' Church; www.karlskirche.at; Karlsplatz; 成人/儿童8/4欧元,语音导览2欧元; ⏲周一至周六9:00~17:30,周日11:30~17:30; Ⓢ U1, U2, U4 Karlsplatz),以及其他一些建筑。

或者下车去环道上3个公园的任意一个中放松一下:开满鲜花的**城堡花园**(Burggarten; www.bundesgaerten.at; 01, Burgring; ⏲4月至10月6:00~22:00, 11月至次年3月6:30~19:00; Ⓜ Museumsquartier)、**人民花园**(Volksgarten)或者树立着**约翰·施特劳斯金色雕像**的**城市花园**(Stadtpark)。

中欧一览无余

大自然的魅力 »
帝王的居所 »
啤酒和葡萄酒 »

布莱德湖（见559页），斯洛文尼亚

RACHEL LEWIS/GETTY IMAGES ©

大自然的魅力

作为欧洲的屋脊，阿尔卑斯山绵延穿过四个中欧国家，所以毋庸置疑，大自然的美景是最吸引游客的。宽阔的河谷、古老的森林和有趣的岩层更增添了不少魅力。

索卡峡谷，斯洛文尼亚

1 索卡河的水蓝得让你无法相信自己的眼睛，河水在山谷中冲出一条长90多公里的峡谷。对于那些想徒步、滑雪、漂流或欣赏奇异自然美景的人来说，这里都具有无法抗拒的吸引力。

瓦莱州，瑞士

2 瑞士阿尔卑斯山有欧洲的最高峰。整理好行装去徒步，乘坐世界上海拔最高的火车，或是坐在冰川湖畔的咖啡屋中欣赏窗外的美景，那种感觉都超棒。

多瑙河谷，奥地利

3 多瑙河谷可以说是中欧中部风景最美的河谷。阶梯状的葡萄园沿着河岸排列成行，高处的城堡遗迹和中世纪的城市散布于美景之间。

黑森林，德国

4 成片的常绿植物林中，是星星点点的农舍，和四处闲逛的牛群一起组成了黑森林的田园风光。尽管村庄里是一片繁忙的景象，但如果你愿意冒险顺着小径走，就可以在森林里找到清静。

从左上角起 顺时针方向

1 索卡河（见568页），斯洛文尼亚 2 瑞士阿尔卑斯山，瑞士
3 迪恩施泰因（见68页），奥地利 4 黑森林（见274页），德国

LUIS CASTANEDA INC./GETTY IMAGES ©

MARTIN SIEPMANN/GETTY IMAGES ©

帝王的居所

过去的国王、王后和贵族们，的确知道如何享受生活。他们留给后人的宝贵遗产包括华丽的宫殿、浪漫的城堡和坚固的堡垒。现代的旅行者可以在中欧的任何一个地方看到这些遗迹。

斯皮什城堡，斯洛伐克

1 这个位于斯洛伐克的一大片山顶堡垒是如此的壮观，你可以想象它曾经是多么地令人望而生畏。一座罗马风格的宫殿和小教堂都保存完好。漫步在这些历史遗迹之间，让人产生无限的遐想。

米拉贝尔宫，奥地利

2 这座宫殿吸引游客的不仅仅是一个举办音乐会的大理石厅。宫殿周围精致的、有许多喷泉的花园也是人们很喜欢去的地方。在那里，你可能会认出电影《音乐之声》中冯•特拉普上校的孩子们演唱"Do-Re-Mi"的地方。

新天鹅堡，德国

3 新天鹅堡是多种建筑风格的完美结合，是一座错落有致的童话城堡。"疯狂"的国王路德维希二世对天鹅、瓦格纳歌剧和舞台设计的迷恋，都在这座匠心独具的城堡中得到了体现。

贝林佐纳，瑞士

4 贝林佐纳的三城堡建于中世纪，地处三个瑞士峡谷汇合处的湖畔。拥有这样地理位置，游客居然不多，实属罕见。最好玩的地方有：卡斯泰尔格兰德（Castelgrande）、蒙特贝罗城堡（Castello di Montebello）和萨索•科尔巴洛城堡（Castello di Sasso Corbaro）。

从左上角起 顺时针方向

1 斯皮什城堡（见525页），斯洛伐克 2 米拉贝尔宫（见78页），萨尔茨堡，奥地利 3 新天鹅堡（见256页），福森，德国

JOHN ELK/GETTY IMAGES ©

2

DENNIS K. JOHNSON/GETTY IMAGES ©

啤酒和葡萄酒

无论你把它们叫作Bier或pivo、Wein或vino，这个地区的啤酒和葡萄酒都值得一提。德国、捷克的啤酒花酿造工艺和啤酒馆都举世闻名，而奥地利和匈牙利的葡萄酒窖则提供极好的葡萄酒。

啤酒，捷克

1 啤酒花园和啤酒馆是你品尝捷克啤酒的地方。你还可以直接去位于比尔森的比尔森啤酒厂和位于捷克布杰约维采的百威啤酒厂，品尝当地产的啤酒。

葡萄酒，匈牙利

2 几个世纪以来，匈牙利的托考伊甜酒一直声名远扬，找一个600年的酒窖品尝一下吧。更有意思的是去位于埃格尔的葡萄酒山谷，那里出产醇厚的Bikaver红葡萄酒（又名公牛血），你可以在室外的品酒桌享用。

1 Staré Město的啤酒广告牌，布拉格，捷克

2 展出的各种葡萄酒，布达佩斯，匈牙利

1

2

省钱计划

如果你计划去很多景点观光，可以考虑买一张**Wien-Karte**（Vienna Card；19.90欧元）交通卡，72小时无限次使用，还可以在指定博物馆、景点、咖啡馆和商店享受折扣。可以向酒店和售票处购买。

维也纳全市有20家**市立博物馆**（www.museum.vienna.at），在市政厅（Rathaus）发放的免费手册中都有介绍。每月第1个周日，所有这些博物馆的永久展览都是免费的。

欧元 @🛜；ⓈU6 Burggasse；🚊5）复古笼式升降机让这间背包客聚集处生动起来。这里设施一应俱全：设计感十足的宿舍配有梳妆台和温暖舒适的小毯子，厨房提供免费设施，还提供上网本、图书浏览，甚至还有乐器供你即兴演奏。靠近5路电车站。

Aviano 家庭旅馆 €€

（☎512 83 30；www.secrethomes.at；01, Marco d'Aviano-Gasse 1；标单87~112欧元，双127~187欧元；🛜；ⓂStephansplatz）Aviano地处市中心，是性价比很高的旅馆。挑高天花板的小巧房间里有白色的古董家具以及装饰线条。夏季，阳光灿烂的早餐餐厅可以通向外面的小阳台。

Believe It Or Not 青年旅舍 €

（☎0676-550 00 55；www.believe-it-or-not-vienna.at；07, Myrthengasse 10；铺25~30欧元；@🛜；🚌48A；ⓈU2, U3 Volkstheater）表面上看起来毫无特色，但你绝对想象不到这里的确是一家舒适而亲切的青年旅舍。我们很喜欢宿舍里阁楼式的床，休闲的客厅，厨房里有免费基本设施，笔记本电脑供客人使用。店主Lily，来自南非，会提供无比丰盛的早餐。

König von Ungarn 酒店 €€€

（☎515 84；www.kvu.at；01, Schulerstrasse 10；标单/双155/220欧元，套350欧元；🛜；ⓂStephansplatz）维也纳最古老的酒店（1746年），将古典与随意融合在一起。房间风格迥异，摆放着古董家私（对着教堂街Domgasse的房间最好），内院也很雅致漂亮。

Hotel Sacher 豪华酒店 €€€

（☎514 560；www.sacher.com；01, Philharmonikerstrasse 4；房间480~1350欧元，套1600~2900欧元；❄@🛜；ⓂKarlsplatz；🚊D, 1, 2, 71 Kärntner Ring/Oper）走进Sacher仿佛将时钟倒拨回100年。所有富丽堂皇的房间里都摆放着巴洛克家具，挂着19世纪的油画，在顶层水疗中心可享受巧克力水疗服务。

Pension Kraml 家庭旅馆 €

（☎587 85 88；06, www.pensionkraml.at；Brauergasse 5；标单35欧元，双56~76欧元，标三78~87欧元，四120欧元；@🛜；ⓈU3 Zieglergasse）这是一家安静、舒适的家庭旅馆，在这里以老派的礼仪服务和舒适至上为主旨。房间很大（只是有些陈旧）。

Hotel Kärtnerhof 酒店 €€

（☎512 19 23；www.karntnerhof.com；01, Grashofgasse 4；标单99~129欧元，双135~195欧元，标三199~235欧元，套279~299欧元；@🛜；ⓂStephansplatz）这家散发着老式维也纳风情的酒店远离喧嚣，陈列着各个时期的绘画作品，木板与磨砂玻璃装饰的电梯厢可以升至楼顶露台。房间里有素雅的单品，混搭以古玩、枝形吊灯和雅致的窗帘。

Schweizer Pension 家庭旅馆 €

（☎533 81 56；www.schweizerpension.com；01, Heinrichsgasse 2；标单56~75欧元，双75~98欧元；ⓂSchottentor；🚊1 Salztorbrücke）这家小巧的家庭旅馆非常实惠，颇有家庭氛围，持有环保认证证书。但是请提前预订，因为这里只有11间房，很受预算不是很宽裕的人欢迎。

Altwienerhof 酒店 €€

（☎892 60 00；www.altwienerhof.at；15, Herklotzgasse 6；标单50~65欧元，双89~99欧元，四125欧元；@；ⓈU6 Gumpendorfer Strasse）这间家族管理的奢华酒店，就在Gürtel环道外面，提供超级浪漫的房间——微型吊灯、古董摆设、印花床品、蕾丝桌布。在花房或者宽

不要错过

甜点和轻食

让你的唇齿在这三家最受欢迎的维也纳甜品店里放纵。

Cupcakes Wien（www.cupcakes-wien.at；08，Josefstädter Strasse 17；纸杯蛋糕3.90欧元；⊙周一至周五10:00~19:30，周六10:00~18:00；; SU2 Rathaus; 2）粉色的店面仿佛是杯子蛋糕的乐园，上层有马斯卡普尼干酪配着酸橙、花生和薄荷口味。

Süssi（943 13 24；www.suessi.at；04，Operngasse 30；甜点3.50~6欧元，下午茶17欧元；⊙周二至周六11:00~21:00，周日13:00~21:00；SU1，U2，U4 Karlsplatz）这家小巧的法式风情茶馆供应Mariage Frères啤酒，以及美味的榛仁馅饼、奶油蛋糕和马卡龙等甜点。

Fett+Zucker（www.fettundzucker.at；02，Hollandstrasse 16；蛋糕和小吃2.50~6欧元；⊙周三至周五13:00~21:00，周六和周日11:00~21:00；；SU2 Taborstrasse；2）正如店名所说，这家复古咖啡馆里的芝士蛋糕、馅饼（strudels）和布朗尼都不会缺少脂肪和糖。

敞的内院供应早餐。酒店位于U6 Gumpendorfer Strasse站以西，步行1分钟即到。

就餐

维也纳有几千家餐厅，提供不同价位与风格的美食，但吃饭的地方可远不止于此。在Kaffeehäuser（咖啡馆）、Beisl（小酒馆）和Heurigen（酒馆）也都可美美吃一餐。在街角和广场上到处都有Würstel Stande（香肠小摊）。

Mill
奥地利菜 €€

（966 40 73；www.mill32.at；06，Millergasse 32；主菜8~17.50欧元；⊙周一至周五11:30~15:00和17:00至午夜，周日11:00~16:00；SU3，U6 Westbahnhof；9，18，52，58）这家文艺气息浓厚的小酒馆，深藏着一处夏日可用的庭院，似乎只有当地人才知道这里。猩红的砖墙和木地板营造出温暖的氛围，在这样的气氛下享用时令美食，比如蘑菇烤碎肉卷子（chanterelle cannelloni）以及南瓜籽油淋施蒂里亚鸡肉沙拉（Styrian chicken salad drizzled with pumpkin-seed oil）。两道菜的午餐物美价廉，只需6.90欧元。Mill位于Mariahilfer Strasse的U3 Westbahnhof站以南400米远。

首选 Tian
素食 €€

（890 4665；www.tian-vienna.com；01，Himmelpfortgasse 23；3道菜午餐12.50~16欧元，3至6道菜晚间套餐39~69欧元，主菜18欧元；⊙周一至周五正午至16:00，18:00至午夜，周六9:00起；；MStephansplatz；2 Weihburggasse）在这间时尚的休闲餐厅里，穹顶柔情与都市风格混搭，素食菜肴算得上极致美味。午餐最实惠划算，你也可以在鸡尾酒吧喝上一杯。

Schnattl
各国风味 €€€

（405 34 00；www.schnattl.com；08，Lange Gasse 40；主菜21~26欧元，3道菜菜单33~38欧元；⊙周一至周五18:00至午夜；；13A；2）在这间木结构小酒馆里，Wilhelm Schnattl放飞所有关于烹饪的幻想，位于中心的内庭吸引了大批爱好美食的艺术家和演员前来。菜单上荟萃各种时令食材，比如蘑菇、贝类、芦笋或者野味。

Gasthaus Pöschl
奥地利菜 €€

（513 52 88；01，Weihburggasse 17；主菜9~18欧元；⊙午餐和晚餐）这家木结构的小酒馆紧邻漂亮的Franziskanerplatz，充分体现了维也纳人的热情和友好。Tafelspitz（烩牛肉）和炸肉排（schnitzel）这样的奥地利经典菜式被烹制得出神入化。

Tongues
熟食、咖啡馆 €

（www.tongues.at；06，Theobaldgasse 16；午餐主菜3.60欧元；⊙周一至周五11:00~21:00，周六11:00~18:00；）这间唱片店兼乡村熟食店时常会有DJ演出，你可以晃到这里吃一顿简单的健康午餐，听听黑胶唱片或者品尝当地的芝士、意大利腊肠、蜂蜜和木炉烘烤的面包。

Reinthaler's Beisl
奥地利菜 €

（☎513 12 49；01，Dorotheergasse 2-4；主菜9~13欧元）这间温暖的木屋小酒馆（Beisl）里应有尽有：紧邻Graben的极好位置，热闹的街边露台，一份忠于维也纳家常菜的菜单，比如香茅炖牛肉配饺子（brothy goulash with dumplings）和酥脆炸猪排。

Ra'mien
亚洲菜 €€

（☎585 47 98；www.ramien.at；06，Gumpendorfer Strasse 9；主菜7~16欧元；⏰周二至周日；✎）这家极简风格的面馆吸收了很多时尚靓丽的年轻人，提供泰国菜、日本料理、中国菜和越南面条汤和米饭菜肴。楼下的酒廊有驻场DJ，至少营业到凌晨2点。

Bitzinger Würstelstand am Albertinaplatz
香肠小摊 €

（01，Albertinaplatz；香肠3.70~4.10欧元；⏰9:30至次日5:00，饮品 8:00起）位于Staatsoper后面，这是维也纳最好的香肠小摊之一。你可以一面打量那些着装考究的先生和女士，一面享受着香肠和啤酒。

Amerlingbeisl
奥地利菜 €

（☎526 16 60；www.amerlingbeisl.at；Stiftgasse 8，07；主菜7~14欧元；⏰9:00至次日2:00；✎；Ⓜ Volkstheater；🚌49 Stiftgasse）这家Spittelberg小酒馆里有个铺着鹅卵石的内院，树下摆放着桌子，是夏日夜晚的好去处。主厨烹制奥地利兼意大利的菜系，诸如家常意大利面和鲈鱼配红花面（pike perch with saffron noodles）这样的拿手菜而大获成功。

Figlmüller
法式小馆、小酒馆 €€

（☎512 61 77；www.figlmueller.at；01，Wollzeile 5；主菜12.90~22.90欧元；⏰11:00~22:30；📶；Ⓜ Stephansplatz）从1905年开始，这家著名小酒馆的炸猪排一直是全城最大最好的。虽然乡村装饰很矫情，但是照样吸引了很多维也纳人。

Trzesniewski
三明治 €

（01，Dorotheergasse 1；三明治1.10欧元起；⏰周一至周五8:30~19:30，周六9:00~17:00；Ⓜ Stephansplatz）这里可能是奥地利最好的单片三明治店，三明治里夹着丰富美味的菜肴，从金枪鱼配鸡蛋到瑞典鲱鱼。两三口就吃完了。最后再来一小杯Pfiff啤酒下肚。

Eis Griessler
冰激凌 €

（01，Rotenturmstrasse 14；勺1.30欧元；⏰10:30~23:00）这间狭小的店面里提供有机牛奶和新鲜水果制成的香浓爽滑的冰激凌，有阿尔卑斯焦糖（Alpine caramel）口味和瓦豪杏仁（Wachau apricot）口味。

首选 Griechenbeisl
法式小馆、小酒馆 €€

（☎533 19 77；01，Fleischmarkt 11；主菜11.60~24.90欧元；⏰11:00至次日1:00；Ⓜ Schwedenplatz；🚋1，2）这是维也纳历史最悠久的小

不 要 错 过

食品市场

美食家们都被吸引到这一大片**纳旭市场**（Naschmarkt；06，Linke&Rechte Wienzeile；⏰周一至周五6:00~19:30，周六至18:00；Ⓢ U1，U2，U4 Karlsplatz，U4 Kettenbrückengasse），这是维也纳品尝小吃的地方。一家家摊子上是琳琅满目的肉类、水果、蔬菜、芝士、橄榄、香料和红酒，你可以在这里采购野餐食品。也有很多咖啡馆提供价廉物美的午餐和熟食，还可以看人来人往，在外卖摊上可以买阿拉伯馅饼或者烤羊肉串。

Freyung Market（www.biobauernmarkt-freyung.at；01，Freyung；⏰周五和周六9:00~18:00；🚌1A，Ⓢ U2 Schottentor）和繁忙的**Karmelitermarkt**（02，Karmelitermarkt；⏰周一至周五6:00~19:30，周六6:00~17:00；🚌5A，Ⓢ U2 Taborstrasse；🚋2）都出售新鲜农产品。周六去后者的农夫市场，可以找家熟食店兼咖啡馆吃个早午餐，吃完去逛逛售卖上好的当地特产的摊子。

酒馆（始于1447年），贝多芬、舒伯特和勃拉姆斯都曾经常光顾。拱顶、木镶板房间为享用经典维也纳菜肴提供了舒服的环境。

饮品

热闹喧嚣的酒吧集中在纳旭市场的北面和南面：在Spittelberg附近以及Gürtel沿途（主要靠近Josefstädter Strasse和Nussdorfer Strasse的U6车站一带）。百慕大三角（Bermuda Dreieck），靠近内城的多瑙运河，那里也有很多酒吧，但是旅游气氛更浓。

维也纳的酒庄（Heurigen）聚集在城市北部、西南部、西部和西北部的葡萄种植区。只要看见门上挂着Busch'n（绿色花环或树枝）标志的就是酒庄。营业时间大约从下午4点到晚上11点，酒类价格大约每Viertel（250毫升）3欧元。

Palmenhaus 酒吧、咖啡馆

（www.palmenhaus.at；01，Burggarten；⌚10:00至次日2:00）Palmenhaus 位于一座精心修复的新艺术风格温室建筑里，这里气氛轻松愉悦。夏季，桌子搬到露台上，可眺望城堡花园，每周五晚上还有DJ轮番助阵。

Phil 酒吧、咖啡馆

（www.phil.info；06，Gumpendorfer Strasse 10-12；⌚周一17:00至次日1:00，周二至周日9:00至次日1:00）Phil集复古酒吧、书店、唱片店于一体，吸引了很多波希米亚风格的客人，乐滋滋地蜷缩在老祖母那个年代才有的旧家具上。员工非常友好，气氛随意轻松。

Volksgarten Pavillon 酒吧

（www.volksgarten-pavillon.at；01，Burgring 1；⌚4月至9月中旬11:00至次日2:00；📶；Ⓜ Volkstheater；🚊1，2，D，71 Dr-Karl-Renner-Ring）一幢20世纪50年代风格的可爱亭阁，可远眺英雄广场（Heldenplatz），还有一座永远热闹的花园。

Das Möbel 酒吧、咖啡馆

（www.dasmoebel.at；07，Burggasse 10；⌚10:00至午夜；📶；Ⓜ Volkstheater）这家酒吧靠近博物馆区，里面永远都是妙趣横生。最引人注意的是时髦的装饰和家具——立方体凳子、造型各异的灯具——所有东西都可以出售。

Mon Ami 酒吧

（www.monami.at；06，Theobaldgasse 9；⌚周三至周六18:00至次日1:00；Ⓢ U2 Museums-Quartier）这里曾经是家宠物美容店，现在改造成20世纪60年代风格的酒吧，提供上好的鸡尾酒，还有DJ和即兴演奏之夜，吸引了很多悠闲、率真的人。

首选 **Dachboden** 酒吧

（25hours Hotel，07，Lerchenfelder Strasse 1-3；⌚周二至周六14:00至次日1:00，周日14:00~22:00；📶👪；Ⓜ Volkstheater；🚊2）在露台上能将维也纳绝美风景尽收眼底。即使到了冬天，这家阁楼艺术酒吧也非常惬意放松，你可以倚靠在矮椅枕垫上。晚上偶尔有DJ表演。

Vis-à-vis 红酒吧

（☎512 93 50；www.weibel.at；01，Wollzeile 5；⌚周二至周六16:30~22:30；Ⓜ Stephansplatz）狭小的幽巷尽头就是这家小巧的红酒吧。这里最多只能容纳10个人，但是让人倍感欣慰的是提供了350多种红酒（主打奥地利人最喜欢的品种）和很棒的开胃菜。

首选 **Strandbar Herrmann** 酒吧

（www.strandbarherrmann.at；03，Herrmanpark；⌚4月至10月初10:00至次日2:00；📶；🚊1，O）在这家忙碌的运河岸边酒吧，摆放着沙滩椅。成群结队的维也纳人在炎热的夏夜来此狂欢，绝对会让你感觉来到了海边。

首选 **Loos American Bar** 鸡尾酒吧

（www.loosbar.at；01，Kärntner Durchgang 10；⌚周四至周六正午至次日5:00，周日至周三至次日4:00；Ⓜ Stephansplatz）1908年阿道夫·路斯（Adolf Loos）设计了这个从头到脚装饰彩纹的小盒子，这里就是内城喝经典鸡尾酒的地方，技艺娴熟的调酒师在现场调制。

10er Marie 红酒吧

（16，Ottakringerstrasse 222-224；⌚周一至周六15:00至午夜；Ⓜ U3）维也纳最古老的酒庄（Heuriger），自1740年起就兴旺起来——舒

伯特、施特劳斯和鲁道夫王子都在这里喝过一两杯。日常供应自助餐。酒庄位于U3 Ottakring站西北400米处。

免费 Siebensternbräu 自酿酒吧

（www.7stern.at；07, Siebensterngasse 19；⊙11:00至午夜；Ⓜ Neubaugasse；🚇49）除了有大啤酒厂的招牌产品，还有大麻啤酒（hemp beer）、辣椒啤酒（chilli beer）和烟熏啤酒（smoky beer）。夏天，隐秘的后花园很漂亮。

☆ 娱乐

维也纳现在是，可能永远都会是欧洲的歌剧和古典音乐之都。音乐活动人才辈出，甚至街头艺人都常常是训练有素的古典音乐家。

售票处基本上从周一开放至周六。

首选 国家歌剧院 歌剧

（Staatsoper；☎514 44 7880；www.wiener-staatsoper.at；01, Opernring 2）在维也纳顶级歌剧和古典音乐表演场所举行的演出都是非常盛大、隆重的，人们需要盛装出席。演出开始前80分钟售出站席（3~4欧元）。

金色大厅 演出场所

（Musikverein；☎505 81 90；www.musikverein.at；01, Bösendorferstrasse 12）富丽堂皇的金色大厅是维也纳爱乐乐团的大本营，其音响效果远近驰名。主大厅站席票售价5~6欧元。

Pratersauna 夜店

（www.pratersauna.tv；Waldsteingartenstrasse 135；⊙夜店周三至周日21:00至次日6:00，泳池6月至9月周五和周六13:00~21:00；Ⓢ U2 Messe-Prater）这里曾经是桑拿室，里面聚合了泳池、咖啡馆、小酒馆和夜店。如今，每天你都可以随着DJ的慢摇和电子音乐，在舞池挥汗如雨。乘U2至Messe-Prater，向南走600米。

Porgy & Bess 爵士乐

（☎512 88 11；www.porgy.at；01, Riemer-

咖啡馆文化

维也纳富有传奇色彩的咖啡馆（Kaffeehäuser）是个可以看着人来人往、做着白日梦、听听八卦或者了解世界新闻的好地方。大多数咖啡馆提供便餐以及让人流口水的蛋糕。一杯咖啡加一块蛋糕大约8欧元。以下是我们最喜欢的五家店。

Café Sperl（www.cafesperl.at；06, Gumpendorfer Strasse 11；⊙周一至周六7:00~23:00，周日11:00~20:00；📶；🚇57A，Ⓢ U2 Museumsquartier）漂亮的新艺术家具、宽敞的面积、舒适的卡座以及不慌不忙的节奏。到这里不容错过的是Sperl Torte，堪称一个关于杏仁和奶油夹心巧克力的美梦。

Kleines Café（01, Franziskanerplatz 3；⊙10:00至次日2:00）小巧的波希米亚风格的咖啡馆，夏天可以惬意地坐在弗朗西斯卡广场（Franziskanerplatz）边的座椅上。

Café Sacher（01, Philharmonikerstrasse 4；⊙8:00至午夜）这家奢华的咖啡馆最有名的是Sacher Torte（4.90欧元），浓郁的巧克力蛋糕配上杏仁果酱，曾经受到弗朗茨·约瑟夫皇帝的青睐。

Demel（01, Kohlmarkt 14；⊙9:00~19:00；🚇1A，2A Michaelerplatz；Ⓜ Herrengasse，Stephansplatz）雅致、豪华的咖啡馆，靠近霍夫堡宫。Demel的招牌甜点是Anna Torte、巧克力和牛乳糖的混合，都是热量很高的甜点。

Café Drechsler（www.cafedrechsler.at；06, Linke Wienzeile 22；⊙23小时营业，凌晨2:00~3:00歇业；📶；Ⓢ Kettenbrückengasse）特伦斯·康兰爵士（Sir Terence Conran）翻新了这家时尚但又不失维也纳特色的咖啡馆。烩牛肉（goulash）是这里的经典菜式，DJ播放的音乐让这里洋溢着时尚而欢快的气氛。

gasse 11；大多数晚上18欧元；⏲音乐会 19:00或20:00开演；Ⓜ Stubentor；🚋2）品质是Porgy & Bess受欢迎的基石。善于经营的夜店只承办最高层次的现代爵士乐演出，周末有DJ驻场。

Volksoper 演出场所

（People's Opera；☎514 44 36 70；www.volksoper.at；09, Währinger Strasse 78）维也纳第二大歌剧院，特色是轻歌剧、舞蹈和音乐剧。站席票只需2～6欧元。

Donau 夜店

（www.donautechno.com；07, Karl-Schweighofer-Gasse 10；⏲20:00至次日2:00和6:00之间）在这家灯火通明的圆柱形夜店里，人们喝着鸡尾酒听DJ播放的慢摇乐。不太好找，留意灰色金属门。

Konzerthaus 演出场所

（☎242 002；www.konzerthaus.at；03, Lothringerstrasse 20；⏲售票处周一至周五 9:00～19:45，周六9:00～13:00，及开演前45分钟；Ⓜ Stadtpark；🚋71, D）这里是古典音乐圈重要的活动场所，但是全年在这所圣殿里也有民族乐、摇滚、流行乐或者爵士乐演出。

Volksgarten ClubDiskothek 夜店

（www.volksgarten.at；01, Burgring 1；入场费6欧元起；⏲周二和周四至周六22:00至次日4:00；Ⓜ MuseumsQuartier, Volkstheater；🚋1, 2, D, 71 Dr-Karl-Renner-Ring）夜店吸引了一大批衣冠楚楚的人士，他们热衷炫耀行头，从长长的吧台上寻找能人。高品质音响系统播放各种不同风格的音乐。

Theater an der Wien 剧院

（☎588 85；www.theater-wien.at；06, Linke Wienzeile 6；🚌59A，Ⓢ U1, U2, U4 Karlsplatz）曾经举办过丰碑式剧目的首演活动，比如莫扎特的*Die Zauberflöte*（《魔笛》）。这家剧院现在上演歌剧、舞蹈和音乐会。

Burg Kino 电影院

（☎587 84 06；www.burgkino.at；01, Opernring 19；Ⓢ U2 MuseumsQuartier；🚋1, 2, D）播放英语电影；定期放映电影《第三人》。

购物

在小巷交错的内城，去煤市大街（Kohlmarkt）看设计师的新潮设计，去Herrengasse淘古董，去Kärntnerstrasse买高端品牌。Naglergasse的旧式专卖店充满怀旧氛围。在诺因堡（Neubau），尤其是在Kirchengasse和Lindengasse，逛逛别具一格的精品店和概念店，感受维也纳创意无限的气氛。

帝国娱乐

世界著名的**维也纳童声合唱团**（Vienna Boys'Choir；www.wsk.at），由马克西米利安一世（Maximilian I）创建于500多年前，是最早的男孩乐队。这些身着水手装的可爱天使们一直深受奥地利人喜爱。每周日上午9:15（9月至次年6月）在霍夫堡皇家教堂举行演出，**门票**（☎533 99 27；www.hofburgkapelle.at；01, Hofburg, Schweizerhof；周日皇家教堂5～29欧元）大约需要提前6周预订。合唱团定期也会在金色大厅演出。

另一个可以重温霍夫堡往日荣耀的是**西班牙骑术学校**（Spanish Riding School；☎533 90 31；www.srs.at；01, Michaelerplatz 1；⏲演出2月中旬至6月和8月末至12月周六和周日11:00）。雪白的利比扎马在古典乐的伴奏下优雅地跳着马上芭蕾，头顶的枝形吊灯流光溢彩，观众们从柱型阳台探身观赏。门票价格：23至158欧元，需从网上预订，但我们需要提醒的是通常在表演前几个月门票就售罄了。演出前两小时出售无人认领的票。**晨间训练**（成人/儿童/家庭14/7/28欧元；⏲2月至6月和8月中旬至12月周二至周五10:00至正午）当天票可在Michaelerplatz 的**游客中心**（⏲周二至周日9:00～16:00）购买。

Dorotheum 古玩

（www.dorotheum.com；01，Dorotheergasse 17；⏲周一至周五10:00～18:00，周六9:00～17:00；Ⓜ Stephansplatz）欧洲最大的拍卖市场之一，令人意外的是，这里并不是每件物品都贵得出奇。驻足看上几眼——也能获得和参观维也纳博物馆同样的乐趣。

首选 **Blühendes Konfekt** 食品

（www.bluehendes-konfekt.com；06，Schmalzhofgasse 19；⏲周三至周五10:00～18:30；Ⓢ U3 Zieglergasse，Westbahnhof；🚌5）紫罗兰、树莓、樱花、野薄荷和牛至——Michael Diewald几乎能将大部分应季食材和任何他花园中生长的植物都做成独一无二的糖花和甜食。小店位于Mariahilfer Strasse的U3 Zieglergasse站西南350米处。

Näherei Apfel 食品、时装

（www.naeherei-apfel.at；Kettenbrückengasse 8；⏲周二至周五11:00～19:00，周六10:00～16:00；Ⓢ U4 Kettenbrückengasse）在这家小工作室兼商店里，你可以学习缝纫（2小时入门课程收费23欧元）；挑选Ursula手工缝制衣服和包袋；购买Burgenland的苹果干、苹果蜜饯和苹果汁，论公斤售卖。

Gabarage Upcycling Design 设计

（www.gabarage.at；06，Schleifmühlgasse 6；⏲周一至周四10:00～18:00，周五10:00～19:00，周六11:00～17:00；Ⓢ U1 Taubstummengasse；🚌1，62）Upcycling是这家创新设计店的关键词，意为变废为宝：从垃圾箱捡回的沙发，到用保龄球瓶做的花瓶，无所不有。

首选 **Art Up** 时装、饰品

（www.artup.at；01，Bauernmarkt 8；⏲周一至周五11:00～18:30，周六11:00～17:00；Ⓜ Stephansplatz）在Art Up感受维也纳当代设计的风尚，陈列了大约80位奥地利设计师最新的设计作品。

Woka 家庭用品

（www.woka.at；01，Singerstrasse 16；⏲周一至周五10:00～18:00，周六10:00～17:00；🚌Stephansplatz）Woka的标志性商品是维也纳工作室（Wiener Werkstätte）二度创作的精致灯具。

市场

维也纳热闹的**跳蚤市场**（Flohmarkt；Flea Market；05，Kettenbrückengasse；⏲周六黎明至16:00；Ⓢ U4 Kettenbrückengasse）不容错过，走道上堆放着各种各样的物品，杂乱无章。书籍、衣服、唱片、古董电器、旧明信片、装饰品、地毯……但凡你想得到的，这里应有尽有。快准备好来砍价吧。

从11月中旬开始，Christkindlmärkte（圣诞市场）的节日气息便感染整个维也纳，市场摊位上是琳琅满目的礼物，有glühwein（香甜的热酒）和Maroni（烤栗子）。其中最好的几家包括：漂亮但商业味较浓的**Rathausplatz market**（🚌1，2）；传统的**Spittelberg market**（🚌48A，Ⓢ U2，U3 Volkstheater；🚌49）在Spittelberg鹅卵石街上，你在这里可以选到有品质的工艺品；还有一家地道却经常被遗忘的**Heiligenkreuzerhof market**（Ⓜ Schwedenplatz；🚌2 Stubentor）。

Altmann & Kühne 食品

（www.altmann-kuehne.at；Graben 30；⏲周一至周五9:00～18:30，周六10:00～17:00）100多年以来，Altmann & Kühne一直在生产和精美包装手工糖果。可以去逛一逛，买一盒著名的Liliputkonfekt（迷你果仁糖）。

Lomoshop 摄影

（07，Museumsplatz 1；⏲11:00～19:00；Ⓢ U2 MuseumsQuartier）Lomoshop位于博物馆区，主营LOMO相机、小配件和配饰。

ℹ 实用信息

很多咖啡馆和酒吧为客人提供免费Wi-Fi。免费的公共热门区域包括市政厅广场（Rathausplatz）、纳旭市场和Prater。

媒体

了解维也纳文化动态请参阅下列网站:

维也纳旅游局中文官方网站(www.weiyena.info/)

About Vienna(www.aboutvienna.org)获得维也纳文化和观光信息的网站。

City of Vienna(www.wien.gv.at)政府运营的综合网站。

Falter(www.falter.at,德语)风靡一时的Falter杂志在线版。

Vienna Online(www.vienna.at,德语)关于聚会、节日和新闻的网站。

机场信息办事处(⏲6:00~23:00)位于机场抵达大厅。

Allgemeines Krankenhaus(☎404 000; www.akhwien.at; 09, Währinger Gürtel 18-20)有24小时急诊室的医院。

Jugendinfo(维也纳青年信息; ☎4000-84 100; www.jugendinfowien.at; 01, Babenbergerstrasse 1; ⏲周一至周三14:00~19:00,周四至周六13:00~18:00)为13~26岁的人提供各种减价票。

邮政总局(01, Fleischmarkt 19; ⏲周一至周五7:00~22:00,周六和周日9:00~22:00)

警察局(☎31 310; 01, Schottenring 7-9)

维也纳旅游信息中心(Tourist Info Wien; ☎245 55; www.wien.info; 01, Albertinaplatz; ⏲9:00~19:00; 📶; Ⓜ Stephansplatz; 🚊1, 2, D, 71 Kärntner Ring/Oper)维也纳主要的旅游局,有票务代理、酒店预订服务、免费地图以及你所需要的各种手册。

到达和离开

飞机

见105页获取前往维也纳的航班详情。

船

从4月到10月,每天都有水翼船向东开往布拉迪斯拉发(单程19~33欧元,往返38~66欧元,1.25小时)。从5月到9月,每周有两班开往布达佩斯(单程/往返109/125欧元,5.5小时)的船。可以通过**DDSG Blue Danube**(☎58 880; www.ddsg-blue-danube.at; Handelskai 265)预订。

在多瑙河上向西的方向,有一系列船只往返于克雷姆斯(Krems)和梅尔克(Melk)之间,在维也纳有几趟这样的始发船。两家口碑很好的运营商是DDSG Blue Danube和**Brandner**(☎07433-25 90 21; www.brandner.at; Ufer 50, Wallsee),后者位于瓦尔塞(Wallsee)。两家公司的船都是从4月到10月运行,单程票价大约15欧元起。如需要乘坐进入德国的船次,请联系**Donauschiffahrt Wurm + Köck**(☎0732-783 607; www.donauschiffahrt.de; Untere Donaulände 1, Linz)。

长途汽车

维也纳目前没有中央长途汽车站。National Bundesbuses根据不同目的地,出发和到达地点也各不相同。维也纳长途汽车公司有**Eurolines**(☎798 29 00; www.eurolines.com; Erdbergstrasse 200; ⏲6:30~21:00)。

小汽车和摩托车

Gürtel是一条外环公路,连接了多瑙河北岸的A22号公路和城市东南部的A23号公路。所有的主干道线路都与这条线路相交,包括从林茨和萨尔茨堡过来的A1和从格拉茨过来的A2。

火车

维也纳是中欧主要铁路枢纽之一。**Österreichische Bundesbahn**(ÖBB; www.oebb.at; 奥地利联邦铁路)是主要运营商。有多条直达线路和连接线通往许多欧洲城市。比如有列车开往布达佩斯(2.5~3小时,37.40欧元)、慕尼黑(4~5小时,88欧元)、巴黎(11.5~15小时,88欧元)、布拉格(4.5小时,64.40欧元)和威尼斯(7~11小时,63~99欧元)。

维也纳有多个火车站。维也纳的前Südbahnhof正在兴建一个大型项目:东边已经建了一个临时站点,为往返于东部(包括布拉迪斯拉发在内)的部分列车服务。综合楼预计要到2015年才能全部开放运营;作为主火车站,这里将接收国际列车来往。因此,维也纳还有一些火车站正在重新划定所有长途列车线路,包括最近修缮一新的Westbahnhof。其他的火车站还包括Franz-Josefs-Bahnhof(运行往返于多瑙河谷的列车)、Wien

Mitte、Wien Nord和Meidling。

维也纳全新的**维也纳中心站**（Vienna Central Station；www.hauptbahnhof-wien.at；🚌13A，69A；Ⓜ U1；🚋D，0，18）在2012年12月部分重新开放，东片用于服务来往东部包括布拉迪斯拉发在内的部分列车。这项铁路建设项目耗资987,000,000欧元，预计在2015年全面投入运行，届时主车站将接收国际列车。

ℹ 当地交通

抵离机场

从市中心到位于施韦夏特（Schwechat）的**维也纳国际机场**（Vienna International Airport，VIE；www.viennaairport.com）有19公里。**城市机场快线**（City Airport Train，简称CAT；www.cityairport train.com；往返成人/15岁以下儿童19欧元/免费；⏲机场发出5:36~23:06）每30分钟1班，机场与Wien Mitte之间运行16分钟；在线预订有2欧元折扣。S-Bahn（S7）路线相同（单程4欧元），但用时25分钟。

公共汽车在上午5:00到晚上11:00点之间，每20或30分钟1班从机场发车（单程/往返8/13欧元）。公共汽车开往Meidling，Westbahnhof和Schwedenplatz。

出租车大约花费35欧元。**C&K Airport Service**（☎444 44；www.cundk.at）拼车单程收费32欧元。

自行车

骑自行车是四处游览和探索城市的不错选择——首都纵横交错着大约800公里的自行车道。颇受欢迎的骑行区域包括环城大道的7公里路径、多瑙岛、Prater以及多瑙运河（Danube Canal）一带。

维也纳城市自行车计划名称是**维也纳城市自行车**（Vienna City Bike；www.citybikewien.at；第1小时免费，第2/第3小时1/2欧元，此后每小时4欧元），在全城设立60多个自行车点。需要持信用卡租车——只需在机器上刷卡并按提示操作（有几种语言）。

小汽车和摩托车

由于单行线道路以及昂贵的停车费，你最好使用完善的公共交通系统。如果你真要打算在城里开车，特别需要注意电车：电车永远拥有优先权，当电车停车载客或者下客的时候，机动车必须等候在电车后面。

马车

马车（Fiaker）更应算作是种新奇的旅游项目，这是一种马牵引的传统马车。戴着圆顶高帽的驭手通常说英语，沿途会导览景点。从Stephansplatz、Albertinaplatz或者Heldenplatz出发，40/60分钟行程收费不菲，大约需付80/105欧元。

公共交通

维也纳统一的公共交通网络包含火车、有轨电车、公共汽车、地铁（U-Bahn）和市郊列车（S-Bahn）。免费地图和信息手册可向**Wiener Linien**（☎7909-100；www.wienerlinien.at）索取。

所有车票在使用前（除了周票和月票外），必须在地铁站入口、公共汽车和有轨电车处激活。从地铁站售票机和Tabak（烟草）店购票更便宜，单程2欧元。上车后购票为2.20欧元。单程票1小时有效，你可以在同一趟换乘不同线路。

一张24小时车票花费6.70欧元，一张48小时车票花费11.70欧元，一张72小时车票花费14.50欧元。周票（周一至周日有效）花费15欧元；维也纳卡（19.90欧元）中包括可以最多使用3天的公共交通。联票（Streifenkarte）花费8欧元，有4张单程票。

出租车

出租车按照在市内行驶里程打表，白天起步价2.60欧元，晚上2.70欧元，还要加上少量每公里收费。街边打车安全。

多瑙河谷（THE DANUBE VALLEY）

位于克雷姆斯和梅尔克之间的多瑙河区域，即当地人所称的瓦豪地区（Wachau），可以说是整条磅礴大河上最美的一段。两岸点缀着古堡遗迹以及中世纪小镇，沿坡而建的成片葡萄园连绵不断。再往上游走就是工业城市林茨，奥地利前卫艺术和现代技术的先锋。

多瑙河畔克雷姆斯（Krems an der Donau）

☎02732/人口24,100

克雷姆斯位于多瑙河北岸，背倚着梯田上的片片葡萄园，这里标志着进入了瓦豪地区。城中心用鹅卵石铺就，妙趣横生，还有一所规模不大的大学、几家不错的餐厅以及画廊聚集的Kunstmeile（艺术区）。

景点和活动

在克雷姆斯的鹅卵石街道上走一走是种乐趣，尤其是在晚上。不要错过了Schürerplatz的巴洛克风格的建筑宝藏。

Kunsthalle 画廊

（www.kunsthalle.at；Franz-Zeller-Platz 3；成人/优惠10/9欧元；⏲10:00~18:00）克雷姆斯的**Kunstmeile**（www.kunstmeile-krems.at）是一片包罗万象的画廊和博物馆聚集地，而Kunsthalle正是这里的"旗舰店"，它虽然展览规模不大，但会不时推出新的展品。

食宿

Arte Hotel Krems 酒店 €€

（☎71 123；www.arte-hotel.at；Dr-Karl-Dorrek-Strasse 23；标单85~105欧元，双128~162欧元；🅿📶）这间舒适的新艺术酒店靠近大学，房间宽敞时尚，色彩明亮，有开放式浴室。

Hotel Unter den Linden 酒店 €€

（☎82 115；www.udl.at；Schillerstrasse 5；标单50欧元，双74~98欧元）这家黄色外观的大酒店由家族打理，店主人知识渊博、乐于助人，房间明亮舒适。酒店就在克雷姆斯，地理位置方便。

Mörwald Kloster Und 奥地利菜 €€€

（☎70 493；www.moerwald.at；Undstrasse 6；主菜35~39欧元，5道菜菜单75欧元，3道菜午餐29欧元；⏲周二至周六午餐和晚餐）由既是名厨又是酿酒师的Toni Mörwald经营，这里是瓦豪最好的餐厅之一。精品佳肴从烤鸽胸肉到法式鱼肉菜肴，配有顶级红酒。有一个漂亮的花园。

> **单车之行**
>
> 多瑙河谷的许多城镇都列在名为**Nextbike**（☎02742-229 901；www.nextbike.at；每小时/24小时1/8欧元）的租车系统里。使用信用卡（拨打热线或者登录网站）注册后，退税减免1欧元，你就可以开始租借自行车了。

实用信息

克雷姆斯旅游局（☎82 676；www.krems.info；Utzstrasse 1；⏲周一至周五9:00~18:00）组织出色的城市漫步，提供葡萄园地图，备有酒庄日历。

到达和离开

每天频繁有列车将克雷姆斯和维也纳的Franz-Josefs-Bahnhof（15.20欧元，1小时）和梅尔克（11.90欧元，1.25小时）连接起来。乘坐长途汽车去梅尔克（10.20欧元，1小时）比火车稍微快一点。Donaustrasse附近的乘船处位于距离火车站以西大约2公里处。

迪恩施泰因（Dürnstein）

☎02711/人口870

美丽的小镇迪恩施泰因，位于蜿蜒的多瑙河河道旁，因其山顶的废墟城堡（Kuenringerburg castle）而闻名，理查德一世（Richard I，狮心英王）在1192年被囚禁在此。他在十字军东征归途中，被他曾触怒过的奥地利大公利奥波德五世（Leopold V）滞留在此。

今天，城堡几乎什么也没有保存下来。基本上就是一堆瓦砾。不过，仍然值得拍张照片，从城堡顶上欣赏一下心旷神怡的美景。

食宿

旅游局有迪恩施泰因的私人房间和Gasthöfe（客栈）名册。

Hotel Schloss Dürnstein 酒店 €€

（☎212；www.schloss.at；Dürnstein 2；标单139~169欧元，双185~225欧元；P@📶🏊）这座城堡是镇上最豪华的酒店，有摆放着古玩的房间、水疗中心、2个游泳池，还有间可饱览河边美景的高档餐厅（主菜16~30欧元）。

Hotel Sänger Blondel 酒店 €€

（☎253；www.saengerblondel.at；Klosterplatz/Dürnstein 64；标单72欧元，双98~118欧元；P@📶）在这间酒店里除了可以受到 Schendl 家族的热烈欢迎，还可享受宽敞的房间，窗外美景要么是多瑙河、城堡，或者是绿树成荫的花园。早餐可以吃到当地特产，比如瓦豪杏仁酱。

Restaurant Loibnerhof 奥地利菜 €€

（☎82 890；www.loibnerhof.at；Unterloiben 7；主菜15~26欧元；⏰周三至周日）位于迪恩施泰因以东1.5公里的Unterloiben，这间家族管理的餐厅坐落在400年历史的建筑里，还有个绿树成荫的花园，可以在那里享用当地特产和自家酿造的美酒。

实用信息

想要知道更多迪恩施泰因的信息，请联系**旅游局**（☎200；www.duernstein.at；⏰每天9:00至正午，周五和周六16:00~18:00，10月中旬至次年3月歇业），位于市中心以南，步行2分钟即到。

到达和离开

从克雷姆斯坐火车（2.50欧元，18分钟，每小时）可达迪恩施泰因。

梅尔克（Melk）

☎02752/人口5260

因为有壮丽恢宏的修道院（要塞），梅尔克成为多瑙河谷之行最闪耀的亮点。许多游客白天在这里骑车——不辞辛苦地推着自行车，穿行在铺着鹅卵石的大街小巷。

景点

首选 梅尔克修道院 修道院

（Stift Melk，Benedictine Abbey of Melk；☎5550；www.stiftmelk.at；Abt Berthold Dietmayr Strasse 1；成人/儿童9.50/5欧元，含导览游11.50/7欧元；⏰9:00~17:30）梅尔克修道院凌驾于山巅之上，如梦似幻，俯瞰全城，是奥地利最著名的修道院。11世纪以来一直是本笃会（Benedictine）僧侣修行的地方，但目前优美的外观得归功于18世纪思想家雅各布·普兰道尔（Jakob Prandtauer）。

双螺旋修道院教堂的内部是夸张的巴洛克风格，到处是飞舞的天使和金色螺旋纹。其他精彩之处还包括**Bibliothek**（图书馆）和**Marmorsaal**（大理石厅）；天花板上的错视画（出自保罗·特罗格，Paul Troger）让人觉得高度更高。11间帝王间曾经有很多位达官显贵（包括拿破仑）住过，现在是座**博物馆**。

大约从11月到次年3月，修道院只接受导览游（每天11:00和14:00）。必须提前电话预约，以确保能参加英语导览游。

食宿

市政厅广场餐馆和咖啡馆林立，多有室外餐桌椅子。

Hotel Restaurant zur Post 酒店 €€

（☎523 45；www.post-melk.at；Linzer Strasse 1；标单62~74欧元，双102~117欧元，标三125~145欧元，四150欧元；P@📶）这间明亮的酒店位于市中心，房间宽敞舒适。有桑拿设施，客人能免费使用自行车，还有间不错的餐厅提供奥地利经典菜色。

Hotel Wachau 酒店 €€

（☎525 31；www.hotel-wachau.at；Am Wachberg 3；标单58~88欧元，双96~126欧元；P⊖@📶）如果想要舒适现代的房间，试试这家位于火车站东南2公里处的酒店。餐厅（主菜12~20欧元，美食菜单45欧元）周一至周六晚餐开放，特别擅长烹饪地方菜肴。

实用信息

位于市中心的**旅游局**（☎51 160；www.niederoesterreich.at/melk；Kremser Strasse 5；⏰周一至周六9:30~18:00，周日9:30~16:00）提供地图和大量有用信息。

到达和离开

船从修道院北面400米处的Pionierstrasse段运河驶出。每小时有开往维也纳的火车（17.10欧元，1.25小时）。

林茨（Linz）

☎0732/人口191,100

"In Linz beginnt's（林茨总是先人一步）"，奥地利有句俗语这么说，事实也确实如此。这座科技先锋城市是2009年的欧洲文化之都，既是先进网络技术中心又有世界级现代艺术画廊。

景点和活动

林茨巴洛克风格的中央广场（Hauptplatz）和雕像林立的多瑙河公园（Danube Park）非常适合漫步。

电子艺术中心　博物馆

（Ars Electronica Center，www.aec.at；Ars Electronica Strasse 1；成人/儿童8/5欧元；⏰周三和周五9:00~17:00，周四至21:00，周六和周日10:00~18:00）电子艺术中心着眼于未来科技和数字媒体。在主题实验室里，你可以与机器人、仿生数字对象互动，或者去外太空（虚拟地）旅行。井然有序的中心在夜晚闪烁着千变万化的色彩。

Lentos　画廊

（www.lentos.at；Ernst-Koref-Promenade 1；成人/儿童6.50/4.50欧元；⏰周三至周一10:00~18:00，周四至21:00）与电子艺术中心并驾齐驱的标杆式景点是多瑙河对面的Lentos，这座矩形玻璃与钢结构结合的建筑在夜晚熠熠生辉。画廊保存着奥地利一流的现代艺术藏品：包括沃霍尔（Warhol）、席勒（Schiele）和克利姆特（Klimt）的作品，有时也会在大规模展览中展出。

> **林茨卡（LINZ CARD）**
>
> **林茨卡**（1/3天，15/25欧元）可以进入大多数景点，无限次使用公共交通。

新大教堂　教堂

（Neuer Dom，New Cathedral；Herrenstrasse 26；⏰周一至周六7:30~19:00，周日8:00~19:00）这座新哥特式宏大教堂19世纪中期由科隆总教区的Vinzenz Statz设计完成。塔高被限制在134米，以避免抢了维也纳斯蒂芬大教堂的风采。

Schlossmuseum　博物馆

（Castle Museum；www.schlossmuseum.at；Schlossberg 1；成人/儿童6.50/4.50欧元；⏰周二至周五9:00~18:00，周四至21:00，周六和周日10:00~17:00）高居林茨山顶的城堡里收藏了无数艺术和历史珍品。哥特宗教画更是其中的亮点。

Pöstlingbergbahn　观景点

（成人/儿童5.60/2.80欧元；⏰周一至周六6:00~22:30，周日7:30~22:30）这条狭长线路作为世界上最陡峭的山区铁路被载入《吉尼斯世界纪录》（*Guinness Book of Records*）——对于地势如此低的城市，建造这样的铁路堪称壮举。在山巅可将全城美景和多瑙河无限风光尽收眼底。

食宿

Spitz Hotel　酒店 €€

（☎73 37 33；www.spitzhotel.at；Fiedlerstrasse 6；房间99~250欧元；P ❄ @ 📶）备受赞誉的奥地利建筑师伊萨·斯泰因（Isa Stein）在Spitz留下了她前卫艺术设计的印记。酒店每个房间都有独一无二的艺术品。这里奉行极简主义设计理念，简洁的线条、开放式浴室以及硬木地板。

Hotel am Domplatz 酒店 €€

（☎77 30 00；www.hotelamdomplatz.at；Stifterstrasse 4；标单125~145欧元，双154~184欧元；P❄@☎）紧邻新大教堂，这座玻璃和水泥结构的设计酒店光线通透，内部是流线型线条。在屋顶的水疗中心一边饱览美景一边放松身心。

k.u.k. Hofbäckerei 咖啡馆 €

（Pfarrgasse 17；咖啡和蛋糕3~6欧元；⊙周一至周五6:30~18:00，周六7:00至次日00:30）在这间时光停滞的咖啡馆里，帝国辉煌继续闪耀。在这里，Fritz Rath烘焙出林茨最好的Linzer Torte——浓郁、辛香的格子状点心，地道美味。

Cubus 创意菜 €€

（Ars-Electronica-Strasse 1；主菜10.50~23.50欧元；⊙周一至周六9:00至次日1:00，周日9:00~18:00；☎）这家玻璃房子位于电子艺术中心4楼，可以看见大部分多瑙河的美丽风光。菜单全部是创意菜，两道菜的午餐更是物美价廉，只要7.20欧元。

实用信息

林茨热点（www.hotspotlinz.at）全市有120个免费Wi-Fi热点区域，包括电子艺术中心和Lentos。

邮局（Domgasse 1；⊙周一至周五8:00~18:00，周六9:00至正午）前往市中心很方便。

林茨旅游信息中心（☎7070 2009；www.linz.at；Hauptplatz 1；⊙周一至周六9:00~19:00，周日10:00~19:00，冬季开放时间较短）提供免费城市地图和房间预订服务。

到达和当地交通

飞机 奥地利航空公司（Austrian Airlines）、汉莎航空公司（Lufthansa）、瑞亚航空公司（Ryanair）和柏林航空公司（Air Berlin）都有航班飞往**蓝色多瑙河机场**（Blue Danube Airport；www.linz-airport.at），林茨西南13公里处。机场和火车总站之间每小时有1班穿梭巴士（2.70欧元，20分钟）。

公共交通 上车前在路边售票机或者Tabak（烟草）店购买公共汽车和有轨电车票。单程2欧元，当天通票4欧元。

火车 林茨位于萨尔茨堡与维也纳主干道和铁路线路的中点。开往萨尔茨堡（23.70欧元，1.25小时）和维也纳（34.30欧元，1.5小时）的火车每小时大约2班。

南部（THE SOUTH）

奥地利南部的两个主要州，施泰尔马克州（Steiermark，施蒂里亚Styria）和克恩滕州（Carinthia，Kärnten），在气候和风格上，感觉与其他州截然不同。施蒂里亚州将优雅的建筑、延绵起伏的绿色丘陵、葡萄园覆盖的山坡以及巍峨的群山完美结合。首府格拉茨是奥地利最有吸引力的城市之一。

时尚潮人在夏天都涌向阳光普照的克恩滕州。紧邻意大利使这个地区散发出一种地中海气息。

格拉茨（Graz）

☎0316/人口265,300

奥地利第二大城市，可能是仅次于维也纳最无拘无束的城市，它充满活力，适合追求闲暇时光的享受。这里引人入胜，碧绿的公园、大红的屋顶、潺潺流动的小河穿过市中心。建筑方面，有文艺复兴风格的庭院和巴洛克风格的行宫，还有标新立异的现代设计。

周围的乡村咫尺可到，将葡萄园、群山、草木丛生的丘陵和温泉融合为一体。

景点和活动

格拉茨是个只要在里面随意走一走都会很享受的城市。一张24小时有效的各大博物馆通票价格为成人/儿童，11/4 欧元。

首选 **Universalmuseum Joanneum** 博物馆综合区

（www.museum-joanneum.at；Raubergasse 10）施泰尔马克州所有博物馆和宫殿中的佼佼者就是那片新建成的**Joanneumsviertel**（www.joanneumsviertel.at；Kalchberggasse；⊙

游客中心10:00~17:00）街区，环绕着若干广场和庭院，将巴洛克与现代风格建筑结合得天衣无缝。除了州立图书馆和多媒体收藏外，综合区还是**Neue Galerie Graz**（Joanneumsviertel, Kalchberggasse；成人/儿童8/3欧元；⏲周二至周日10:00~17:00）所在地，收藏了19世纪和20世纪的杰出艺术作品，侧重于奥地利大师作品上，其中就包括克利姆特和奥托·瓦格纳的作品。

Kunsthaus Graz 画廊

（www.kunsthausgraz.at；Lendkai 1；成人/儿童8/3欧元；⏲周二至周日10:00~17:00）这座国际一流水平的现代艺术空间由英国建筑师彼得·库克（Peter Cook）和科林·富尼耶（Colin Fournier）设计，看上去好像一条太空时代的海参。每3至4个月更换展览。

艾根堡宫殿 宫殿

（Schloss Eggenberg；Eggenberger Allee 90；成人/儿童8/3欧元；⏲宫殿团队游4月至10月周二至周日10:00~16:00）这座美丽的宫殿被列入了联合国教科文组织世界遗产，融合了哥特、文艺复兴和巴洛克风格，从Hauptplatz坐1路电车可达。门票包括导览游（除下午1点外，每小时整点都有），参观24间Prunkräume（大厅，它们按照星座、黄道十二宫、古典神话或者宗教神话划分）。

免费 Murinsel 桥梁

穆尔河（Mur River）上这座人工岛兼大桥由纽约艺术家维托·艾肯西（Vito Acconci）设计，是用玻璃、混凝土和钢材打造的，外观仿佛张开的贝壳。上面还有个水蓝色的时尚咖啡吧和1个小舞台。

Schlossberg 观景点

树木繁茂的Schlossberg（473米）山坡可以走上去，乘坐索道**Schlossbergbahn**（Castle Hill Railway；1小时票，成人/儿童2/1欧元）经过Kaiser-Franz-Josef-Kai上去，或者从Schlossbergplatz坐**Glass Lift**（玻璃电梯1小时票1.90欧元）上来。拿破仑当初顶着巨大压力要夷平这座要塞，最终他做到了。今天中世纪的**Uhrturm**（钟塔）成为宝贵遗产。1809年遭到入侵时，镇上的居民付给拿破仑2987弗罗林及11法新的赎金从而保住了钟塔。

Landeszeughaus 博物馆

（www.zeughaus.at；Herrengasse 16；成人/儿童8/3欧元；⏲周一和周三至周日10:00~17:00）喜欢盔甲和武器的人一定要来这里看看，这里陈列了30,000种令人叹为观止的展品。

免费 Burg 城堡、公园

（Hofgasse）格拉茨15世纪城堡的远端有部设计独特的**双层楼梯**（1499年）。旁边是**Stadtpark**，城里最大的绿地。

住宿

Hotel zum Dom 酒店 €€

（☎82 48 00；www.domhotel.co.at；Bürgergasse 14；标单84~99欧元，双124~219欧元，套194~239欧元；P❄📶）个性十足的房间安装了强力花洒或者涡旋浴缸，有一间套房甚至在露台安装了涡旋浴缸。

Hotel Daniel 酒店 €

（☎711 080；www.hoteldaniel.com；Europaplatz 1；房间59~79欧元，早餐/每人9欧元；P❄@）Daniel高踞于Annenstrasse之上，是一家独家设计酒店。所有房间均采用极简主义风格装修，品位不俗。你可以租用一辆黄蜂牌小摩托车（Vespa，每天15欧元），酒店有一家24小时营业的意式咖啡吧。

Augarten Hotel 酒店 €€

（☎20 800；www.augartenhotel.at；Schönaugasse 53；标单89~169欧元，双114~194欧元；P❄📶🏊）富有艺术气息的Augarten用店主的私人收藏品来装饰。所有房间明亮现代，而泳池和桑拿设施更为酒店增色不少。

Gasthof-Pension zur Steirer-Stub'n 客栈 €€

（☎71 68 55；www.pension-graz.at；Lendplatz 8；标单/双43/86欧元，公寓120~180欧元；P📶）在明亮通风的客栈里有许多大房间，配有可以俯瞰Lendplatz的露台。

就餐

施蒂里亚菜是奥地利菜肴中最清淡、健康的，例如南瓜籽油淋绿叶沙拉、鱼肉特色菜和铁板烧菜肴（Pfand'l dishes）。

在位于Kaiser-Josef-Platz和Lendplatz的农夫市场（farmers markets；⏲4:30~13:00，周日休息）上采购野餐食品。想要找快餐摊，直接去Hauptplatz和Jakominiplatz。

首选 Der Steirer 希腊小馆 €€

（www.dersteirer.at；Belgiergasse 1；主菜10~19.50欧元，餐前小吃2欧元，午餐菜单7.90欧元起；⏲11:00至午夜）这家施蒂里亚新酒馆和红酒吧提供的当地菜肴虽然品种不多，但都是精选菜式，还有很多红酒可供选择。这里的炸玉米饼配烩牛肉（The goulash with fried polenta）在全国也是数一数二的。或者尝尝施蒂里亚餐前小吃，比如调味鸡油菌（chanterelle tartar with speck）。

Magnolia 奥地利菜 €€

（☎823 835；Schöngaugasse 53；3道菜菜单55~59欧元，主菜15~20欧元；⏲周一至周五午餐和晚餐）Augarten Hotel旁边就是这家时尚餐厅，有户外座位，提供的时令菜以及奥地利兼国际风味的创意菜都有很高水准。

Landhauskeller 奥地利菜 €€

（☎83 02 76；Schmiedgasse 9；主菜11.50~26.50欧元；⏲周一至周六11:30至午夜）16世纪时这里是一家肮脏破败的小酒馆，逐渐演化成今天富有情调、中世纪风格的餐厅，提供各种特色菜，比如四种不同风味的Tafelspitz（极品炖牛肉）。

饮品和娱乐

格拉茨的酒吧主要分布在三大区域：大学周边、Kunsthaus附近、Mehlplatz和Prokopigasse一带（被称为"百慕大三角"）。

Orange 酒吧、夜店

（www.cbo.at；Elisabethstrasse 30；⏲8:00至次日3:00）学生们喜欢聚集在这家现代咖啡馆、酒吧兼夜店，平台上能欣赏夏夜景色。定期有DJ打碟助阵。

Kulturhauskeller 酒吧

（Elisabethstrasse 30；⏲周三至周六21:00至次日5:00）Kulturhauskeller就在Orange旁边，是一家山洞般的地下酒吧，周末这里聚集了很多打扮随意的学生来喝上一杯。

百水温泉（HUNDERTWASSER SPA）

施泰尔马克州东部地区以温泉著名。喜欢百水先生（Friedensreich Hundertwasser）戏谑建筑风格的人，一定不想错过超现实的**Rogner-Bad Blumau**（☎03383-51 00；www.blumau.com；成人/儿童40/22欧元；⏲9:00~23:00），位于格拉茨以东50公里处。温泉水疗中心集合了他所有的艺术特点，凹凸不平的地板、屋顶上的绿草、五彩缤纷的陶器以及金色的尖塔。过夜住宿可以享用温泉。提前打电话预订疗程，包括声音冥想、强身健体的施蒂里亚接骨木药敷（Styrian elderberry wraps）。

实用信息

Graz Tourismus（☎80 75；www.graztourismus.at；Herrengasse 16；⏲10:00~18:00）格拉茨主要的旅游局，免费提供大量关于城市的信息。在火车站里设有信息咨询台和终端机，以及一部可以免费拨打旅游局热线的电话。

邮政总局（Neutorgasse 46；⏲周一至周五8:00~19:00，周六9:00至正午）

到达和离开

飞机 **瑞亚航空**（www.ryanair.com）从伦敦斯坦斯特德机场（Stansted）至**格拉茨机场**有定期航班，格拉茨机场距离市中心以南10公里，**柏林航空**（www.airberlin.com）有航班往返格拉茨与柏林。

自行车 可以向**Bicycle**（☎688 645；Körösistrasse 5；每24小时15欧元；⏲周一至周五 7:00~13:00和14:00~18:00）租借自行车。

公共交通 单程票（2欧元）乘坐公共汽车、有轨电车和地铁Schlossbergbahn 1小时内有效，但是你最好买一张24小时通票（4.50欧元），更划算。

火车 开往维也纳的火车（37欧元，2.5小时）每小时发车，一天6班开往萨尔茨堡（48.60欧元，4小时）。格拉茨出发的国际列车开往卢布尔雅那（Ljubljana，37.60欧元，3.5小时）和布达佩斯（64欧元，5.5小时）。

克拉根福（Klagenfurt）

☎0463/人口94,800

地处沃尔特斯湖（Wörthersee）的绝佳位置，文艺复兴之韵胜于巴洛克之美，作为克恩滕州首府的克拉根福，拥有显著的地中海风情。由于这里没有太多景点可看，因此可将此作为方便的落脚点，探访沃尔特斯湖边的村庄和北部那些优雅的地中海小镇。

景点和活动

从5月至9月通常可以泛舟和游泳。7月和8月每个周五和周六上午10点从旅游局出发，有免费导览游。

首选 沃尔特斯湖 湖泊

（Wörthersee）由于有温泉，沃尔特斯湖是该地区暖水湖之一（夏季平均温度21℃），非常适合游泳、岸边嬉戏和水上运动。环绕沃尔特斯湖40公里长的**自行车道**是奥地利最好的自行车道之一。夏季，旅游局与租赁公司合作出租自行车（10欧元/24小时）。

Europapark 公园

Europapark大片绿地以及沃尔特斯湖岸（沙滩）特别适合孩子玩耍。公园最让人着迷的是**Minimundus**（www.minimundus.at；Villacher Strasse 241；成人/儿童13/8欧元；⏲3月至10月9:00~18:00和20:00之间），"微缩世界"里有150座世界著名的标志性建筑复制品，缩小比例为1:25。从Heiligengeistplatz乘坐10路或者20路公共汽车可达。

食宿

当你在克拉根福入住酒店的时候，要一张Gästekarte（贵宾卡），可以享受折扣。

Hotel Geyer 酒店 €€

（☎578 86；www.hotelgeyer.com；Priesterhausgasse 5；单70~88欧元，双102~135欧元，四155~170欧元；P@📶）这家位于市中心的酒店里有鲜艳的装饰织物、各种绘画作品以及艺术品，都让你感觉非常个性化。房间明亮现代，有一个小巧玲珑的水疗区域放松身心，夏季在漂亮的露台上享用早餐。

Arcotel Moser Verdino 酒店 €€

（☎578 78；www.arcotel.at/moserverdino；Domgasse 2；单80~144欧元，双104~256欧元，套128~180欧元，公寓148~192欧元；@📶）这家出色的酒店房间高品质、现代风格、颇有品位，员工乐于助人，经常房价打折。

Restaurant Maria Loretto 奥地利菜 €€

（☎24 465；Lorettoweg 54；主菜15~25欧元；⏲午餐和晚餐）餐厅很棒，位于Strandbad附近的沃尔特斯湖畔一处岬角上，供应新鲜的湖鱼和用店内自种香草调味的菜肴。预订个户外座位。

Dolce Vita 意大利菜 €€€

（☎554 99；Heuplatz 2；午餐菜单29~49欧元，晚餐主菜28欧元，4至6道菜菜单59~79欧元；⏲周一至周五）在这样一个受到意大利北部菜式强烈影响的地方，这家餐厅算是当地意大利菜旗舰店；创建了一份时令菜单，大部分采用当地新鲜食材和野味。

实用信息

旅游局（☎53 722 23；www.info.klagenfurt.at；Neuer Platz 1, Rathaus；⏲周一至周五8:00~18:00，周六10:00~17:00，周日10:00~15:00）预订住宿，出售克恩滕州卡（www.kaerntencard.at，成人/儿童36/15.50欧元）一周内可以免费进入该地区100处景点。

到达和离开

飞机 克拉根福**机场**（www.klagenfurt-airport.com；Flughafenstrasse 60-66）有瑞亚航空从伦敦斯坦斯德机场起飞的航班和**TUIfly**（www.tuifly.com）从德国主要城市起飞的航班。

公共汽车 公共汽车司机出售单程票（2欧元）和24小时通票（4.40欧元）。在Hauptbahnhof和机场之间有42路穿梭巴士。

火车 从克拉根福到维也纳（50欧元，3.75小时）和萨尔茨堡（38.70欧元，3小时）每小时有两班直达列车。开往格拉茨的列车每2到3小时发1班车（38.70欧元，2.75小时）。开往奥地利西部、意大利、斯洛文尼亚和德国的列车经过菲拉赫。（7.80欧元，30至40分钟，每小时2至4班）。

萨尔茨堡（SALZBURG）

☎0662/人口149,500

有个玩笑是说"如果是巴洛克时代的产物，坏了也别修"，这句话真是对萨尔茨堡的完美诠释。陡峭的山势掩映着宁静的老城镇，与莫扎特250年前住在这里时的情景相差无几。这里的游客数量仅次于维也纳，这座紧凑的城市中心一条条狭窄鹅卵石铺就的街道纵横交错，街道两旁矗立着17世纪的华丽建筑，而更高处的中世纪Hohensalzburg要塞凌驾于城市之上。跨过水流湍急的萨尔察赫河（Salzach River），来到巴洛克式米拉贝尔宫（Schloss Mirabell），周围环绕着修剪整齐的美丽花园。

如果这不对你的胃口，那就跳开阳春白雪，参加《音乐之声》电影之旅，直奔朴素的乡村吧。

萨尔茨堡卡

划算的**萨尔茨堡卡**（1/2/3天，26/35/41欧元）可以进入所有主要景点，一次免费游河，无限次使用公共交通（包括缆车）以及享受许多团队游和活动折扣。这张卡儿童半价，淡季便宜3欧元。

想了解更多？

登录**Lonely Planet**（www.lonelyplanet.com/austria/salzburg）获取旅行建议、作者推荐、旅行者评论和专业指导。

景点

老城 历史景区

（Old Town）萨尔茨堡老城中心是联合国教科文组织世界遗产，无论从山上俯瞰还是在山下欣赏都是出神入化的美景。

宏伟的**主教宫广场**（Residenzplatz）上有马车和神话人物的喷泉，是奇妙之旅的好起点。气势非凡的巴洛克风格的**大教堂**（Dom，Cathedral；Domplatz；⏲周一至周六8:00~19:00，周日13:00起），位于偏南方，穿过象征信任、希望和仁慈的铜门即是。旁边的**大教堂博物馆**（Dommuseum；成人/优惠 5/1.50欧元；⏲5月至10月周一至周六10:00~17:00，周日11:00~18:00）收藏了大量奇特艺术珍品。

从这里向西沿着Franziskanergasse左拐进院子，就是**圣彼得修道院教堂**（Stiftskirche St Peter，St Peter's Abbey Church；St Peter Bezirk 1-2；⏲教堂8:30至正午和14:30~18:30，墓地 6:30~19:00），修道院教堂大约建于公元700年。在院子里一片被悉心照料的墓地中，你会找到**地下墓穴**（Katakomben；成人/学生1.50/1欧元；⏲周二至周日10:30~17:00），就是在Mönchsberg峭壁表面凿出的坑洞状龛室和凹室。

Franziskanergasse西头对着马克斯·雷哈特广场（Max Reinhardt Platz），在那里可以看见费舍尔·冯·埃尔拉赫设计的**学院教堂**（Kollegienkirche，Universitätsplatz；⏲8:00~18:00）背面，这又是一座巴洛克风格的建筑典范。**依山修道院**（Stift Nonnberg，Nonnberg Convent；Nonnberggasse 2；⏲7:00至黄昏）坐落在另一个方向的远处，电影《音乐之声》中玛利亚第一次出场就是在这个修道院，再爬一小段山路可以到达萨尔茨堡要塞（Festung Hohensalzburg）东面。

萨尔茨堡要塞 要塞

（Festung Hohensalzburg；www.salzburg-

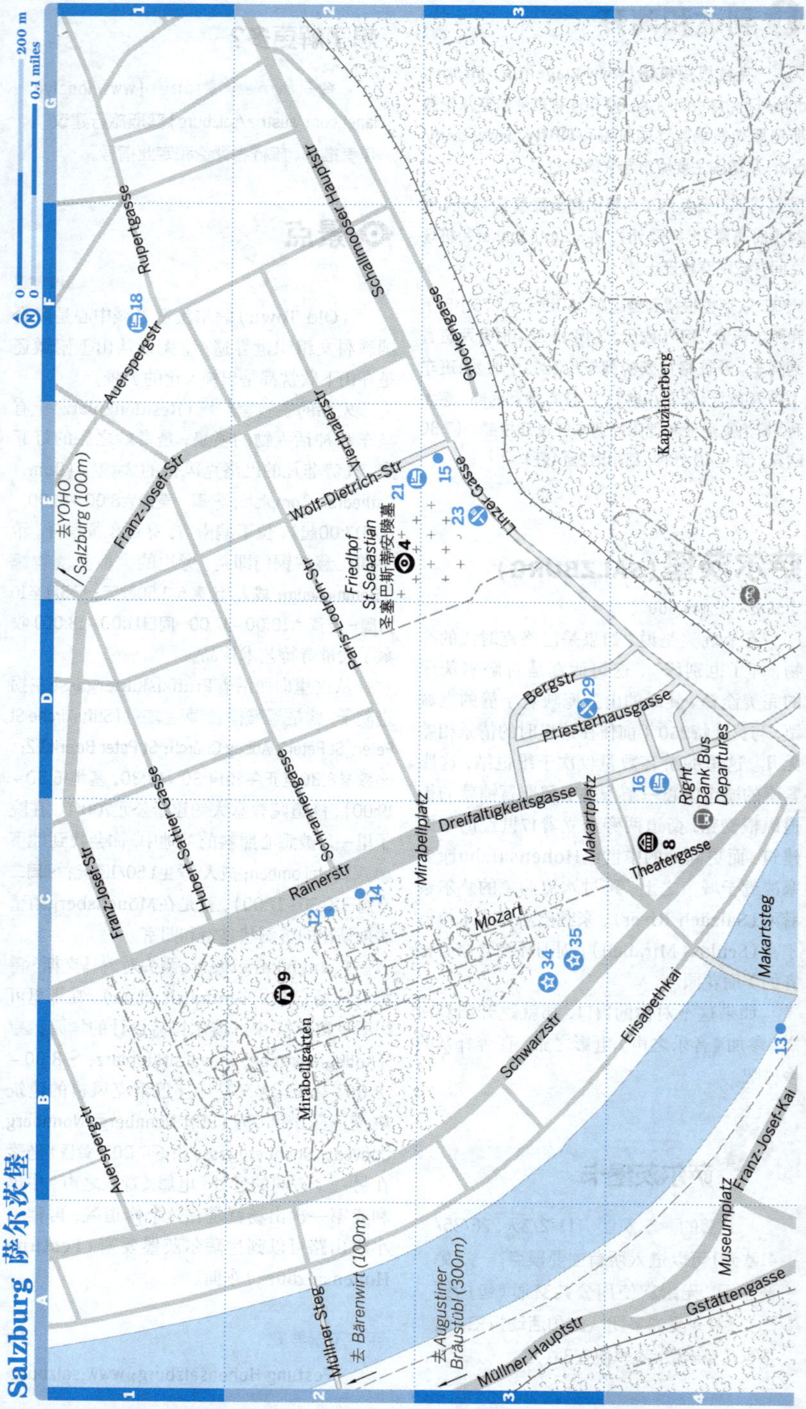
Salzburg 萨尔茨堡
200 m
0.1 miles
0
0
A
B
C
D
E
F
G
1
2
3
4
Rupertgasse
Auerspergstr
Franz-Josef-Str
去YOHO Salzburg (100m)
Schallmooser Hauptstr
Glockengasse
Vierthalerstr
Wolf-Dietrich-Str
Paris-Lodron-Str
Friedhof St.Sebastian 圣塞巴斯蒂安陵墓
Linzer Gasse
Kapuzinerberg
Bergstr
Priesterhausgasse
Dreifaltigkeitsgasse
Makartplatz
Right Bank Bus Departures
Theatergasse
Mirabellplatz
Schrannengasse
Hubert Sattler Gasse
Rainerstr
Mirabellgarten
Mozart
Schwarzstr
Elisabethkai
Makartsteg
Franz-Josef-Kai
Museumplatz
Gstättengasse
Müllner Hauptstr
Müllner Steg
去Bärenwirt (100m)
去Augustiner Bräustübl (300m)
4
8
9
12
13
14
15
16
18
21
23
29
34
35

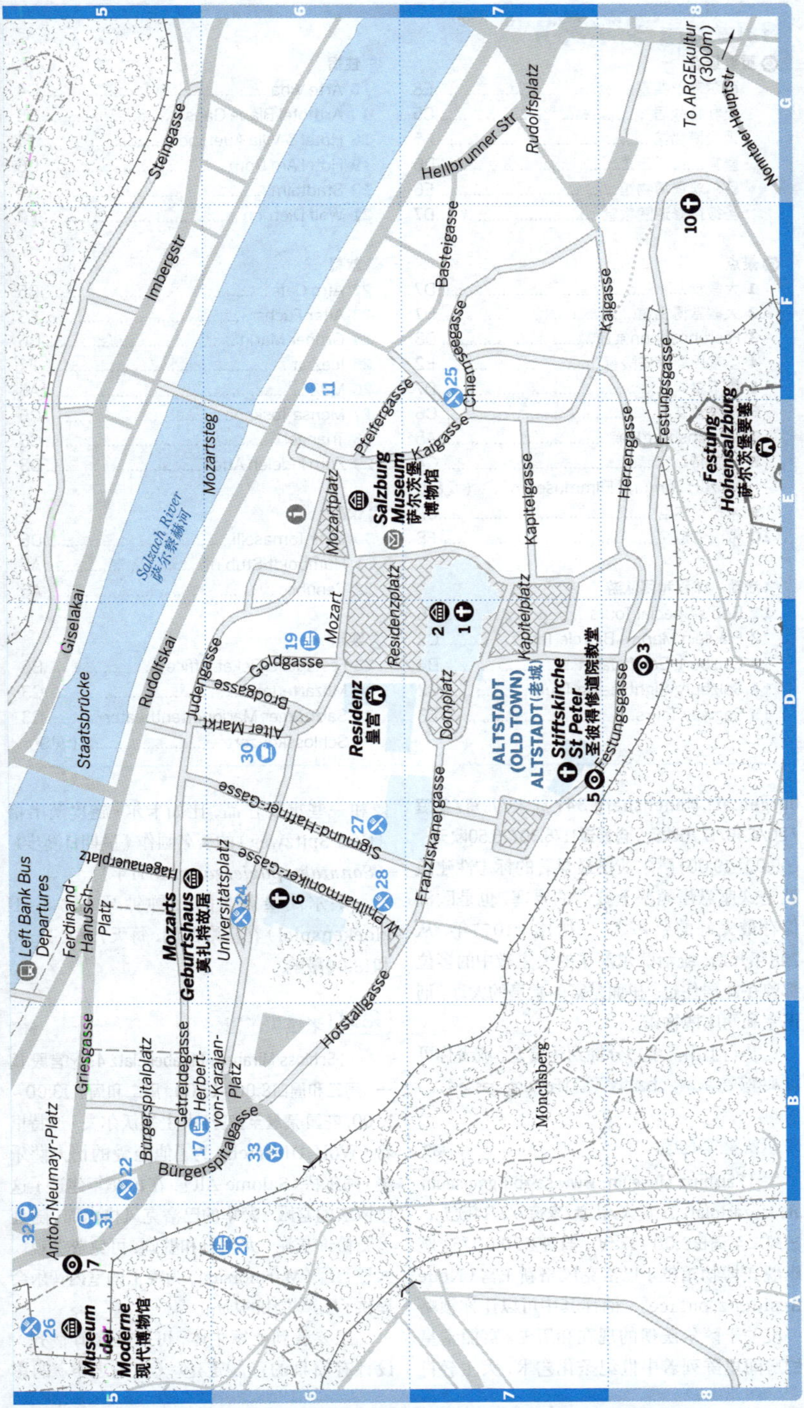
Salzach River
萨尔察赫河
ALTSTADT
(OLD TOWN)
ALTSTADT(老城)
Festung Hohensalzburg
萨尔茨堡要塞
Salzburg Museum
萨尔茨堡博物馆
Residenz
皇宫
Stiftskirche St Peter
圣彼得修道院教堂
Mozarts Geburtshaus
莫扎特故居
Museum der Moderne
现代博物馆
Left Bank Bus Departures
To ARGEkultur (300m)
Giselakai
Staatsbrücke
Rudolfskai
Mozartsteg
Imbergstr
Steingasse
Hellbrunner Str
Rudolfsplatz
Basteigasse
Nonntaler Hauptstr
Kaigasse
Festungsgasse
Herrengasse
Kapitelgasse
Kapitelplatz
Chiemseegasse
Pfeifergasse
Mozartplatz
Residenzplatz
Mozart
Domplatz
Goldgasse
Judengasse
Brodgasse
Alter Markt
Franziskanergasse
Sigmund-Haffner-Gasse
W Philharmoniker-Gasse
Universitätsplatz
Hofstallgasse
Herbert-von-Karajan-Platz
Getreidegasse
Bürgerspitalplatz
Bürgerspitalgasse
Griesgasse
Ferdinand-Hanusch-Platz
Hagenauerplatz
Anton-Neumayr-Platz
Mönchsberg
1
2
3
5
6
7
10
11
17
19
20
22
24
25
26
27
28
30
31
32
33
A
B
C
D
E
F
G
5
6
7
8

Salzburg 萨尔茨堡

burgen.at；Mönchsberg 34；成人/儿童/家庭7.80/4.40/17.70欧元，含索道11/6.30/25.50欧元；⏲9:00~19:00）萨尔茨堡最显著的标志性建筑就是这座悬崖峭壁上威严的要塞，也是欧洲保存最完好的要塞之一。始建于1077年，从798年开始，统治萨尔茨堡的大主教中的多位都曾在此居住过。里面是富丽堂皇的大厅、刑讯室和两座博物馆。

步行上山需要15分钟到达要塞，或者你可以乘坐**Festungsbahn索道**（Festungsgasse 4）。

萨尔茨堡博物馆　　博物馆

（Salzburg Museum；www.salzburgmuseum.at；Mozartplatz 1；成人/儿童/家庭7/3/14欧元；⏲周二至周日9:00~17:00，周四至20:00）这座旗舰式博物馆位于巴洛克风格新王宫（Neue Residenz palace），徜徉其中可以让你领略一段关于萨尔茨堡的现在和历史。富丽堂皇的房间里陈列着中世纪圣化艺术，大主教肖像和一些重要作品，比如卡尔·施皮茨韦格（Carl Spitzweg）的著名画作《星期日漫步》（*Sonntagsspaziergang*，1841年）。

萨尔茨堡著名的35钟钟琴（35-bell glockenspiel）在宫殿西侧，每天7:00、11:00和18:00敲响。

免费 米拉贝尔宫　　宫殿

（Schloss Mirabell；Mirabellplatz 4；⏲宫殿 周一、周三和周四8:00~16:00，周二和周五13:00~16:00，花园 清晨至黄昏）大主教沃尔夫·迪特里希（Wolf Dietrich）为了他至爱的情人萨乐美·阿尔特（Salome Alt），在1606年建造了这座恢宏的宫殿。奢华的巴洛克风格内部，随处可见粉饰灰泥、大理石和壁画，可免费参观。**大理石厅**（Marmorsaal）为晚上的室内音乐会提供了庄严雄伟的场所。

想要看到要塞主体，可以在修剪整齐、设计有喷泉的**花园**走走。《音乐之声》的影迷一定能认出飞马雕像、小土地神像，还有小冯·特拉普合唱团练唱"Do-Re-Mi"的台阶。

莫扎特故居 博物馆

（Mozarts Geburtshaus, Mozart's Birthplace; www.mozarteum.at; Getreidegasse 9; 成人/儿童/家庭10/3.50/21欧元; ⌚9:00~17:30）1756年莫扎特在这座明黄色宅子里出生，17岁以前一直生活在这里。如今博物馆收集了大量的纪念品，包括这位音乐天才儿时用过的微型小提琴，还有一大撮他的头发和外套上的纽扣。

莫扎特之家 博物馆

（Mozart-Wohnhaus, Mozart's Residence; www.mozarteum.at; Makartplatz 8; 成人/儿童/家庭10/3.50/21欧元，含莫扎特故居17/5/36欧元; ⌚9:00~17:30）1773年莫扎特全家搬进这间更宽敞的房子，在这里多产的莫扎特创作了像《牧人王》（*Shepherd King*）和《伊多梅纽斯》（*Idomeneo*）这样的曲目。除了家庭成员的肖像和史料外，你还会找到莫扎特当时用的古钢琴。

门票中还包含了同在此处的**Mozart Ton-und Filmmuseum**（⌚周一、周二和周五9:00~13:00，周三和周四 13:00~17:00），这是为发烧友准备的电影和音乐档案馆。

皇宫 宫殿

（Residenz; www.residenzgalerie.at; Residenzplatz 1; 成人/儿童9/3欧元; ⌚10:00~17:00）直到19世纪，大主教都在这座华丽的巴洛克风格宫殿执政。你可以参观有华丽壁画的大厅，画廊重点展出像鲁本斯和伦勃朗这样的荷兰大师和弗兰德大师的作品。

现代博物馆 画廊

（Museum der Moderne; www.museumdermoderne.at; Mönchsberg 32; 成人/儿童8/6欧元; ⌚周二至周日10:00~18:00，周三至20:00）这座现代画廊横跨在Mönchsberg山崖之上，展出20至21世纪的顶级作品。都是阿尔佩托·贾科梅蒂（Alberto Giacometti）、埃米尔·诺尔迪（Emil Nolde）、约翰·凯奇（John Cage）以前的重要作品。每周三18:30有一次免费导览游。

Mönchsberg电梯（Gstättengasse 13; 单程/往返2.10/3.40欧元，含画廊门票9.70/6.80欧元; ⌚周四至周二8:00~19:00，周三至21:00）全年为画廊运行。

圣塞巴斯蒂安陵墓 墓地

（Friedhof St Sebastian; Linzer Gasse 41; ⌚9:00~19:00）这片宁静祥和的墓地隐蔽在巴洛克式圣塞巴斯蒂安教堂（St Sebastian's Church）后面，是莫扎特家族成员最后的安息地，16世纪物理学家帕拉塞尔苏斯（Paracelsus）也葬在此。独立于这片墓地外面，是大主教沃尔夫·迪特里希·冯·莱特瑙（Wolf Dietrich von Raitenau）镶砖**陵墓**，为他自己修建的精美纪念地。

☞ 团队游

如果你想自由行，旅游局提供4小时iTour 语音导览机（9欧元），其中包括像皇宫、米拉堡公园（Mirabellgarten）和莫扎特广场（Mozartplatz）这样的热门景点。

Fräulein Maria's Bicycle Tours 自行车游

（www.mariasbicycletours.com; Mirabellplatz 4; 成人/儿童26/18欧元; ⌚5月至9月9:30和16:30）这条骑行时间3.5小时的自行车团队游沿着《音乐之声》的拍摄地游览，你可以一边骑车一边大声唱着电影里的歌曲。无需预订，只要到米拉堡公园集合点即可。

Segway Tours 赛格威电动车游

（www.segway-salzburg.at; Wolf-Dietrich-Strasse 3; 城市/音乐之声团队游 33/65欧元; ⌚团队游3月至10月9:00、正午、15:00和17:00）这些导览游踏着快速的赛格威电动平衡车，游览几个大的景点。

Bob's Special Tours 巴士游

（☎84 95 11; www.bobstours.com; Rudolfskai 38; ⌚办公室周一至周五10:00~15:00，周六和周日正午至14:00）迷你巴士团队游览包括《音乐之声》景点（45欧元），巴伐利亚阿尔卑斯山脉（Bavarian Alps，45欧元）和大格洛克纳山（Grossglockner，90欧元）。必须预订。

Salzburg Sightseeing Tours 巴士游

（www.salzburg-sightseeingtours.at；Mirabellplatz 2；成人/儿童16/8欧元；⏲办公室8:00~18:00）出售24小时车票，多语种巴士城市游以及《音乐之声》巴士游，随上随下。

Salzburg Schiffsfahrt 乘船游

（www.salzburghighlights.at；Makartsteg；成人/儿童14/7欧元；⏲4月至10月）从Makartsteg bridge出发，航行1小时，有些行程会开往海尔布伦宫（Schloss Hellbrunn，船票不包含宫殿门票）。

节日活动

奥地利最著名的古典音乐节，萨尔茨堡音乐节（Salzburg Festival；www.salzburgerfestspiele.at）从7月末至8月末吸引了很多国际巨星。1月前在网上预订，或者音乐节期间向票务处（☎80 45-500；info@salzburgfestival.at；Herbert-von-Karajan-Platz 11；⏲周一至周六9:30~13:00和14:00~17:00）咨询退票情况。

住宿

从旅游局领取酒店手册，获取酒店、家庭旅馆、青年旅舍和露营地价格。节日期间住宿紧张。

首选 **Haus Ballwein** 客栈 €

（☎82 40 29；www.haus-ballwein.at；Moosstrasse 69a；标单35~45欧元，双58~68欧元，公寓100~115欧元；P 📶）乡村还是都市？未尝不可在这家农舍客栈兼而有之。从Altstadt 乘21路公共汽车10分钟可达。明亮的松木房间、山景、免费出租自行车，花园里小鸭来回溜达，栽种着罗莎李和小柑橘，这个地方魅力十足。早餐是健康的面包卷、鸡蛋、水果、果仁燕麦和冷盘。

首选 **Arte Vida** 客栈 €€

（☎87 31 85；www.artevida.at；Dreifaltigkeitsgasse 9；标单55~140欧元，双80~152欧元；📶）Arte Vida具有马拉喀什利雅得式的波希米亚风情——有点着灯笼的沙龙、公共厨房，个性化设计的房间有丰富的色彩和织物。友善的店主Reinhold会在静谧的花园安排瑜伽课程以及户外活动。

Hotel Am Dom 精品酒店 €€

（☎84 27 65；www.hotelamdom.at；Goldgasse 17；标单90~160欧元，双130~280欧元；❄📶）这家老城酒店里，古董与精品相遇，具有800年历史的建筑保留着原来的拱顶和梁柱，与前卫先锋的设计风格形成鲜明对比。房间非常敞亮，受萨尔茨堡音乐节启发设计的艺术品更是为其增色不少。

Hotel & Villa Auersperg 精品酒店 €€

（☎88 94 40；www.auersperg.at；Auerspergstrasse 61；标单129~155欧元，双165~205欧元，套235~310欧元；P @ 📶）这家充满魅力的别墅酒店将19世纪后期风格与现代设计巧妙融合。在花园的荷塘放松身心，或者在屋顶健身区饱览山景。免费出租自行车更是锦上添花。

Haus Steiner 客栈 €

（☎83 00 31；www.haussteiner.com；Moosstrasse 156；标单/双/标三34/56/78欧元；P 📶）和善开朗的Rosemarie经营着这家家族管理的农舍客栈。小巧漂亮的房间里是原木家具，有冰箱，阳台可以看见令人心旷神怡的山景。在老城（Altstadt）乘坐21路公共汽车15分钟可达。

Haus Wartenberg 客栈 €€

（☎84 84 00；www.hauswartenberg.com；Riedenburgerstrasse 2；双128欧元；P @ 📶）这家17世纪的农舍客栈在一片藤萝交织的花园里，从老城向西步行10分钟可达。田园风格的房间被拙实的松木和鲜花簇拥，与周围环境交相呼应。

Wolf Dietrich 历史酒店 €€

（☎87 12 75；www.salzburg-hotel.at；Wolf-Dietrich-Strasse 7；标单90~130欧元，双152~222

欧元，套197~277欧元；🅿📶✖）这家市中心酒店有着无与伦比的旧派雅致，房间里摆放着抛光木制家具和碎花织物。与之形成对比的是 水疗中心和游泳池却是超现代的。早餐供应有机食物。

Arthotel Blaue Gans 精品酒店 €€€

（☎84 24 91；www.hotel-blaue-gans-salzburg.at；Getreidegasse 41-43；标单125~175欧元，双159~320欧元；❄📶）现代设计与660年历史的穹顶、房梁相得益彰，酒店的房间既时尚又舒适。

YOHO Salzburg 青年旅舍 €

（☎879 649；www.yoho.at；Paracelsusstrasse 9；铺19~23欧元，双65~75欧元；@📶）舒适的床铺、免费无线上网、大量供应价廉啤酒——对于一个背包客来说夫复何求？或许除此之外，还可以参加快乐的歌咏会：每天放映《音乐之声》。友好的员工安排团队游、探险活动和自行车租赁。

Stadtalm 青年旅舍 €

（☎84 17 29；www.diestadtalm.com；Mönchsberg 19C；铺19欧元）这家塔楼旅舍位于Mönchsberg 山顶上，将萨尔茨堡全景尽收眼底，从城市的塔尖和要塞到卡布金纳山（Kapuzinerberg）一览无遗。

就餐

自炊旅游者可以在绿色市场（Grüner Markt, Green Market; Universitätsplatz；⏲周一至周六）找到野餐配料。

首选 Magazin 新派欧洲菜 €€€

（☎34 15 84；www.magazin.co.at；Augustinergasse 13a；主菜25~31欧元，品尝套餐57~79欧元，烹饪课程130~150欧元；⏲周一至周六）Magazin位于Mönchsberg陡峭的石崖下一个庭院里，里面有熟食店、红酒店、烹饪学校和餐厅。主厨Richard Brunnauer的菜单上囊括时令风味，比如树熟桃肉配扇贝（scallops with vine-ripened peaches）、牛肝菌酱鹿肉（venison medallions in porcini sauce），佐餐红酒均来自珍藏850瓶红酒的酒窖。4路和21路公共汽车都经停Augustinergasse。

首选 Bärenwirt 奥地利菜 €€

（☎42 24 04；www.baerenwirt-salzburg.at；Müllner Hauptstrasse 8；主菜9~18欧元；⏲11:00~23:00）Bärenwirt 从1663年就开业了，内部是木质狩猎小屋风格，外面有一个临河露台。尝尝丰盛的Bierbraten（啤酒烤肉）配饺子，当地的鳟鱼或有机野猪肉香肠。

Alter Fuchs 奥地利菜 €€

（☎88 20 22；Linzer Gasse 47-49；主菜10~17欧元；⏲周一至周六正午至午夜；✎👪）这个老字号最引以为傲的是老式奥地利菜，比如黄金炸猪排。裹着大手帕的狐狸装饰品们守望着拱顶下的酒吧。有个庭院，天气好时可以用餐。

Zum Fidelen Affen 奥地利菜 €€

（☎87 73 61；www.fideleraffe.at；Priesterhausgasse 8；主菜10.50~16.50欧元；⏲周一至周六17:00至午夜）在这家又被称为“快乐猴子家”（the jovial monkey）的拱顶餐厅里，或者在露台上，你都能尽情品尝用心烹饪的奥地利经典菜，比如烩牛肉和甜豆腐饺子（sweet curd dumplings）。建议预订。

Afro Café 非洲菜 €

（☎84 48 88；www.afrocoffee.com；Bürgerspitalplatz 5；午餐6.70欧元，主菜10~15欧元；⏲周一至周六 9:00至午夜）艳粉色的墙面、海滩垃圾制成的艺术品、长头发……这家非洲风咖啡馆的时尚嗅觉很敏锐。品尝了撒上芝麻香菜的酥皮羚羊肉（springbok in a sesame-coriander crust）和柠檬草西葫芦蛋糕（lemongrass-zucchini cake）后，来杯水果鸡尾酒。

Riedenburg 新派欧洲菜 €€€

（☎83 08 15；www.riedenburg.at；Neutorstrasse 31；午餐18欧元，主菜26~35欧元；⏲周二至周六）在这家浪漫的米其林星级餐厅里，创意奥地利名菜有鹿肉、几内亚野生草本鸡肉可丽饼（guinea fowl crêpes with wild herbs），再配以精心挑选的上好红酒。乘1路、4路或5路公共汽车到Moosstrasse下车。

真实的特拉普

你知道冯·特拉普(Von Trapp)一家有10个(而不是7个)小孩吗?鲁伯特年纪最长(而不是莉斯尔),上校其实是个温和的男人?想要探寻好莱坞传奇背后的真相吗?请住在艾根区(Aigen district)的特拉普庄园(Villa Trapp; ☎630 860; www.villa-trapp.com; Traunstrasse 34; 双109~500欧元),位于老城东南3公里处。Marianne和Christopher将冯·特拉普 19世纪优雅别墅改造成漂亮的客栈,放满了传家宝和照片。别墅位于萨尔茨堡最大的私人花园里。

M32 创意菜 €€

(☎84 10 00; www.m32.at; Mönchsberg 32; 3道菜午餐27欧元,5道菜晚餐68~70欧元,主菜14~23欧元; ⏰周二至周日9:00至次日1:00; 📶🍴)现代博物馆的玻璃墙餐厅体现出建筑师Matteo Thun的鲜明印记,大胆的配色、随处可见的鹿角装饰。时令菜肴和景色都令人心旷神怡。

Triangel 奥地利菜 €€

(☎84 22 29; Wiener-Philharmoniker-Gasse 7; 午餐4.90欧元起,主菜9~29欧元; ⏰周一至周六正午至午夜)Festspielhaus附近的艺术风格小酒馆,菜肴采用市场上的新鲜食材。

Mensa Toskana 咖啡馆 €

(Sigmund-Haffner-Gasse 11; 午餐4.50~5.40欧元; ⏰周一至周五午餐)位于老城,富有情调的大学咖啡馆,阳光灿烂的露台和不错的午餐。

IceZeit 冰激凌 €

(Chiemseegasse 1; 每勺1.20欧元; ⏰11:00~20:00)在萨尔茨堡最好的冰激凌店买个甜筒吃。

🍷 饮品

在萨尔察赫河两岸,你会发现最大的酒吧聚集区,在Gstättengasse和Anton-Neumayr-Platz附近是时尚中心。

首选 **Augustiner Bräustübl** 自酿酒吧

(www.augustinerbier.at; Augustinergasse 4-6; ⏰周一至周五15:00~23:00,周六和周日14:30~23:00)谁说僧侣不能自娱自乐?从1621年开始,这家自酿酒吧一直由僧侣管理,拱顶大厅里和啤酒花园的栗子树下有1000个位子,供应味道浓郁的自酿啤酒。

Republic 酒吧

(www.republic-cafe.at; Anton-Neumayr-Platz 2; ⏰周日至周四8:00至次日1:00,周五和周六至次日4:00)萨尔茨堡最热门的酒吧之一,定期有DJ助阵,还会举办免费活动,比如爵士早餐和周二萨尔萨之夜。

Unikum Sky 咖啡馆

(Unipark Nonntal; ⏰周一至周五10:00~19:00,周六9:30~18:00)既想看到绝佳的要塞景致,又想喝到上好饮品和品尝便宜小吃,那就来这家阳光普照的露台,就在Unipark Nonntal新校区的上方。

Humboldt Stub'n 酒吧

(Gstättengasse 4-6; ⏰10:00至次日2:00,周五和周六至次日4:00)一群身穿铆钉服装的莫扎特朋克管理这家Republic对面的兴旺酒吧。尝尝甜腻的莫扎特鸡尾酒(烈性酒、樱桃汁、奶油和巧克力)。周三学生之夜啤酒2.50欧元。

Café Tomaselli 咖啡馆

(www.tomaselli.at; Alter Markt 9; ⏰周一至周六7:00~21:00,周日8:00~21:00)如果你喜欢有点暴躁的维也纳式服务,和有一团奶油的苹果派,这家位于市中心,气派的木镶板咖啡馆就是你的菜。

☆ 娱乐

一些高雅场所包括Schlosskonzerte(☎84 85 86; www.salzburger-schlosskonzerte.at; Theatergasse 2; ⏰20:00),位于米拉贝尔宫

宏伟的巴洛克风格的大理石厅，还有**Mozarteum**（☎889 40；www.mozarteum.at；Schwarzstrasse 26-28）。在**Salzburger Marionettentheater**（☎87 24 06；www.marionetten.at；Schwarzstrasse 24；⏲5月至9月，圣诞节、复活节；🚸）牵线木偶表演神奇地再现了《音乐之声》和莫扎特歌剧。

大多数新潮乐队无一例外都会在**Rockhouse**（www.rockhouse.at；Schallmooser Hauptstrasse 46）或者**ARGEkultur**（www.argekultur.at；Ulrike-Gschwandtner-Strasse 5）演出；两家都还是大受欢迎的酒吧。

ℹ 实用信息

许多酒店和酒吧提供免费Wi-Fi，火车站附近有几家便宜的网吧。Bankomaten（自动取款机）到处都是。

City Net Café（Gstättengasse 11；2欧元/小时；⏲10:00~22:00）市中心的网吧，也提供打折拨打电话。

医院（☎44 82；Müllner Hauptstrasse 48）Mönchsberg北面。

邮政总局（Residenzplatz 9；⏲周一至周五8:00~18:00，周六9:00至正午）

警察局总部（☎63 83；Alpenstrasse 90）

STA Travel（www.statravel.at；Rainerstrasse 2）学生和经济型旅行社。

旅游局（☎889 87-330；www.salzburg.info；Mozartplatz 5；⏲9:00~18:00，9月至次年3月周日歇业）提供城市和周边地区的大量信息；同一幢大楼里，有票务预订机构。想了解省内其他地区的信息，可访问**Salzburgerland Tourismus**（www.salzburgerland.com）网站。

ℹ 到达和离开

飞机

萨尔茨堡机场（Salzburg airport，www.salzburg-airport.com）有定期航班飞往奥地利和欧洲各地。**瑞亚航空**（Ryanair，www.ryanair.com）和**易捷航空**（easyJet，www.easyjet.com）提供从英国出发的廉价航空服务。其他航空公司有**英国航空**（British Airways，www.britishairways.com）和**Jet2**（www.jet2.com）。

长途汽车

长途汽车从Südtiroler Platz的Hauptbahnhof外面发车。更多萨尔茨堡及周边长途汽车信息和在线时刻表请见www.svv-info.at和www.postbus.at。

小汽车和摩托车

萨尔茨堡有3条高速公路，形成了围绕全城的环线：从林茨、维也纳和东面方向过来的A1/E60；从慕尼黑和西面过来的A8/E52；从菲拉赫（Villach）和南面过来的A10/E55。去蒂罗尔最快的路线是走德国巴特赖兴哈尔（Bad Reichenhall）方向公路，接Lofer（B178）和蒂罗尔的St Johann。

火车

萨尔茨堡与奥地利各地的铁路连接便捷完善，不过Hauptbahnhof最近大规模的扩建工程要持续到2015年。

每小时有快车经过林茨（23.70欧元，1.25小时），开往维也纳（49.90欧元，3小时）。有2小时1班的特快列车开往克拉根福（38.70欧元，3小时）。前往因斯布鲁克（41.30欧元，2小时）最快捷的路线是乘坐“走廊”（corridor）列车穿过德国，经过库夫施泰因（Kufstein）；列车至少每2小时发车1次。大约每小时有1班开往慕尼黑（34欧元，1.75小时）的列车。

ℹ 当地交通

抵离机场 **萨尔茨堡机场**（Salzburg airport，www.salzburg-airport.com）距离市中心以西5.5公里。从Hauptbahnhof乘2路公共汽车可达（2.30欧元，19分钟）。出租车花费大约为20欧元。

自行车 **Top Bike**（www.topbike.at；Staatsbrücke；⏲10:00~17:00）出租自行车，大约每天15欧元（儿童半价）。萨尔茨堡卡可享受20%折扣。

公共汽车 公共汽车司机出售单程票（2.30欧元）和24小时票（5.20欧元）。周票（13.60欧元）可以从售票机和烟草店买到。

1路公共汽车从Hauptbahnhof发车，环绕只限步行的老城行驶。另一个市中心车站是Hanuschplatz。

小汽车和摩托车 停车位有限，而且老城大部分地区只限步行，因此将你的车停在城西、城北和城南三个可停车和转乘公交的区域。市中心最大的停车场是Mönchsberg下面的Altstadt Garage（14欧元/天）。

马车 Fiaker（马车）最多可乘坐4人，25分钟收费40欧元。车夫在主教宫广场排队等候。

萨尔茨堡周边（AROUND SALZBURG）

海尔布伦宫（Schloss Hellbrunn）

幽默搞笑的大主教马库斯·西堤库斯（Markus Sittikus）修建了这座意大利风格的海尔布伦宫（www.hellbrunn.at；Fürstenweg 37；成人/优惠/家庭9.50/6.50/24欧元；⏲9:00~17:30，7月和8月至21:00；👪）作为一座17世纪的避暑行宫，躲避皇宫里的繁文缛节。

奇思妙想的喷泉设计以及喷水像是最吸引人的景致。如果团队导游打开它们，肯定要淋成落汤鸡。门票包括巴洛克宫殿的门票。点缀着众多雕像的花园免费参观。留心寻找《音乐之声》里那幕演唱"16岁即将17岁了"著名场景的亭子。

25路公共汽车行驶到萨尔茨堡南面4.5公里处的Hellbrunn，在老城Rudolfskai每20分钟1班发车。

维尔芬（Werfen）

☎0646/人口3000

维尔芬因坦恩山脉（Tennengebirge）的石灰岩塔峰而出名，这里的阿尔卑斯山美景也没逃过好莱坞制片人们的慧眼——拍摄过"二战"动作片《血染雪山堡》（*Where Eagles Dare*，1968年），《音乐之声》中的野餐外景也在此拍摄。

如果你一早出门，可以从萨尔茨堡出发一日游冰洞和要塞（先游览冰洞，然后赶去要塞看最后一场猎鹰训练表演），或者咨询旅游局（☎53 88；www.werfen.at；Markt 24；⏲全年周一至周五 9:00~12:30和13:00~18:00，5月至9月周六14:00~16:00）住宿事宜。

景点和活动

首选 Eisriesenwelt 冰洞穴

（www.eisriesenwelt.at；成人/优惠9/8欧元，含缆车20/18欧元；⏲5月至10月9:00~15:30；👪）号称是世界上最大的可进入冰洞，位于坦恩山脉，海拔比维尔芬高出1000多米，这座晶莹剔透的冰雪王国一朝看见，终身难忘。全程1.25小时的团队游带你穿过晶莹闪耀的通道和冰室，电石灯照亮超凡脱俗的冰雕。按照零下温度着装。

Burg Hohenwerfen 城堡

（成人/优惠/家庭14/12/33欧元；⏲4月至10月9:00~17:00；👪）Burg Hohenwerfen雄踞于草木丛生的悬崖顶部，从1077年起一直守望着Salzach Valley，现在保留的建筑是在16世纪时重修的。参观亮点有从钟塔饱览整个维尔芬开阔美景，有着很多可怕行刑工具的地牢，精彩的猎鹰训练表演（11:15和14:15或15:15）。从村里走上来需要20分钟。

到达和当地交通

维尔芬位于萨尔茨堡南面45公里处A10/E55高速公路旁边。火车定时开往萨尔茨堡（10欧元，40分钟）。夏天迷你巴士（单程/往返3.10/6.10欧元）每25分钟1班往返于维尔芬的Eisriesenstrasse和停车场之间，从缆车到Eisriesenwelt步行20分钟。

萨尔茨卡默古特（SALZKAMMERGUT）

绿水盈盈、奇峰耸立的仙境，奥地利湖泊区（Lake District）是经久不衰的度假胜地。平静的湖水吸引着游客从萨尔茨堡及更远的地方纷至沓来，尽情荡舟、垂钓、游泳或者在岸边消闲。

巴德伊舍（Bad Ischl）

☎06132/人口13,900

哈布斯堡王朝统治的最后一百年，巴德伊舍（Bad Ischl）成为皇家及随从最爱的避暑胜地。今天，小镇和其众多的庄重建筑依然散发出高贵庄严的气息，令人惊奇的是，当地仍有相当比例的女子穿着Dirndl（奥地利传统百褶裙）从事日常活动。这里可以作为探访整个萨尔茨卡默古特地区的落脚点。

景点和活动

Kaiservilla 宫殿

（www.kaiservilla.com；Jainzen 38；成人/儿童13/7.50欧元，仅限庭院4.50/3.50欧元；⏲9:30~16:45，1月至3月周四至周二歇业，11月歇业）这座意大利风格建筑是弗朗茨·约瑟夫的避暑行宫，体现出他对打猎、射击和垂钓的喜爱——许多动物标本作为装饰。只可通过导览游参观，到时你会获得一些趣闻典故。正是在这里大公签署了对塞尔维亚的宣战书，导致"一战"爆发。

一处曾经是弗朗茨妻子伊丽莎白饮茶的地方，现在改建成了一个小型的照片博物馆（成人/儿童 2/1.50欧元；⏲9:30~17:00，11月至次年3月歇业）。

Cable Car 缆车

（www.katrinseilbahn.com；往返成人/儿童18.50/12欧元；⏲5月至11月初9:00~17:00）当地大山（1542米），有徒步小径，冬季滑雪有限额，有缆车服务。

Salzkammergut Therme 水疗

（www.eurothermen.at；Voglhuberstrasse 10；成人/儿童14.50/10.50欧元；⏲9:00至午夜）如果你喜欢追随索菲王妃（Princess Sophie，弗朗茨·约瑟夫的母亲）的足迹，那就来这家冒泡的温泉吧。

节日和活动

巴德伊舍在7月和8月的雷哈尔艺术节（Lehár Festival，www.leharfestival.at）上将作曲家弗朗兹·雷哈尔（Franz Lehár）的轻歌剧作品搬上舞台。

食宿

两处旅游局的员工都能帮助寻找住宿房间。

Hotel Garni Sonnhof 酒店 €€

（☎230 78；www.sonnhof.at；Bahnhofstrasse 4；标单65~95欧元，双90~150欧元；P 📶）这家酒店位于车站旁葱郁的枫树林中，装饰温馨传统，有一个漂亮的花园，早餐鸡蛋产自自家养殖的鸡，有一间阳光充沛的温室。这里还有桑拿和蒸气浴。

Goldenes Schiff 酒店 €€

（☎242 41；www.goldenes-schiff.at；Adalbert-Stifter-Kai 3；标单95~112欧元，双134~180欧元，公寓180~196欧元；P @ 📶）这家舒适酒店最好的房间有可以俯瞰河景的大窗户。还有温泉区和很好的餐厅（主菜14到21欧元），供应当地野味和沃尔夫冈湖（Wolfgangsee）鲜鱼等当地美食。

Weinhaus Attwenger 奥地利菜 €€

（☎248 10；www.weinhaus-attwenger.com；Lehárkai 12；主菜14~22欧元；⏲周一歇业，9月至次年5月初周二也歇业）这间古色古香的小屋拥有个河畔花园，供应顶级奥地利时令美食，配有上好佳酿。

Grand Café& Restaurant Zauner Esplanade 奥地利菜 €€

（Hasner Allee 2；主菜10~18.50欧元；⏲10:00~22:00）这家Café Zauner的分店，位于Pfarrgasse 7的著名糕点店，供应奥地利主食，有些采用当地有机肉类制作，位于河边绝佳的地点。

实用信息

邮局（Auböckplatz 4；⏲周一至周五8:00~18:00，周六9:00至正午）

萨尔茨卡默古特旅游局（☎0613 224 000；www.salzkammergut.co.at；Götzstrasse 12；⏲9:00~19:00，10月至次年3月周日歇业）提供出租自行车（13欧元/24小时）和上网（1.10欧元/10分钟）服务。

旅游局（☎277 57；www.badischl.at；Auböckplatz 5；⏲周一至周六9:00~18:00，周日10:00~18:00）提供电话（8:00~22:00）预订房间和信息咨询服务。

到达和当地交通

长途汽车 长途汽车从火车站外发车，每小时有长途汽车开往圣吉尔根（St Gilgen，5.10欧元，40分钟）。开往圣沃尔夫冈（St Wolfgang）的长途汽车（3.80欧元，32分钟）经过施特罗布尔（Strobl）。

小汽车和摩托车 萨尔茨卡默古特大部分主干道都通往巴德伊舍或周边；萨尔茨堡的Hwy 158和南北向的Hwy 145就在镇中心以北交会。

火车 每小时开往哈尔施塔特（Hallstatt，3.80欧元，25分钟）的火车经过施泰格/哈尔斯塔特湖（Steeg/Hallstätter See）的北端，继续沿湖东经过哈尔施塔特车站驶往上特劳恩（Obertraun，5.70欧元，30分钟）。从哈尔施塔特站开出的船（2.40欧元）带你前往小镇。也有定期火车开往格蒙登（Gmunden，7.80欧元，40分钟）和萨尔茨堡（22.70欧元，2小时），途中经过阿特普赫海姆（Attnang-Puchheim）。

哈尔施塔特（Hallstatt）

☎06134/人口790

碧绿的湖水两岸是色彩柔和的民居、天鹅以及巍然耸立的高山，哈尔施塔特看起来好像贺年卡上旷远宁静的风景。从火车站出来，坐船缓缓地驶向对面的村庄，这片村庄就卡在依山傍水的极小一片陆地上。村庄占据的土地过于狭小，以至于每年圣体节（Corpus Christi）游行大都得在湖上的小舟上进行。

景点和活动

哈尔施塔特因其自然风光以及4500年前的人类居住遗址而被联合国教科文组织列为世界遗产地。村庄里及周边已发现2000多座墓地，时间最久可以追溯至公元前1000至公元前500年。

Salzbergwerk 盐矿

（索道往返加团队游 成人/儿童24/12欧元，仅限团队游12/6欧元；⏲9:30~16:30，11月初至次年4月末歇业）这个地区主要文化景点高踞于俯瞰哈尔施塔特的Salzberg（盐山）上。1734年发现了一具保存完好的史前矿工遗体，如今他被称为“盐中人”（Man in Salt）。标准游览线路围绕着他的命运展开，游客参观地下铁路以及矿工滑梯（滑行时会为你拍摄一张照片），一直到发着幽光的地下盐湖。

可步行或乘坐索道到达矿山遗址。

人骨教堂 教堂

（Beinhaus，Bone House；Kirchenweg 40；门票1.50欧元；⏲10:00~18:00，11月至次年4月歇业）不要错过了哈尔施塔特教区教堂后令人望而生畏却不失美丽的人骨教堂。这里有堆放着一排排头骨，上面绘着花朵和逝者的名字。从1600年起，这里就开始实行凯尔特人集中埋葬的异教徒风俗（主要是因为缺少墓地），1995年添加了最后一个头骨。

哈尔斯塔特湖 湖泊

（Hallstätter See，租船11欧元/小时起）如果你不喜欢泡在清冷的碧水中，可以租用划艇、独木舟或者脚踏船环湖游览。

食宿

夏天房间很快会客满，请提前预订，先到先得，或者直接去旅游局，工作人员也许会帮

上特劳恩

在上特劳恩（Obertraun）附近，你会发现迷人的达赫施泰因**大冰洞**（Dachstein Rieseneishöhle，www.dachstein-salzkammergut.com；缆车往返加游览一个洞 成人/儿童27/15欧元，通票 成人/儿童39/23欧元）。这些洞穴有几百万年历史，有几处地方延伸到山体内部近80公里深处。冰层本身有约500年历史，每年厚度还在不断增加——“冰山”高8米，是1910年时首次探洞时的两倍高。

从上特劳恩也可以坐缆车去**Krippenstein**（往返 成人/儿童23/14欧元；⏲10月中旬至11月和复活节至5月中旬歇业），在那里你会看到怪异的**五指观景台**（5 Fingers viewing platform），从悬崖峭壁上突出来。这里不适合眩晕者。

助你找到住宿的地方。

Pension Sarstein 客栈 €

（☎82 17; Gosaumühlstrasse 83; 双55~70欧元，公寓65~100欧元; 📶）和蔼可亲的费舍尔一家以这家小客栈为荣，从哈尔施塔特中心出发，沿着河边走几分钟即到。老式房间朴实无华，但是很干净舒适，有可以看见湖光山色的阳台。适合家庭居住的公寓还配着小厨房。

Pension Hallberg 客栈 €€

（☎87 09; www.pension-hallberg.at.tf; Seestrasse 113; 标单60~80欧元，双70~130欧元）从湖里发掘的各种有趣的物品顺着楼梯一直延伸到房间里，这里房间最为称道的是采光和通风，原木家具以及无敌湖景。

Gasthof Simony 奥地利菜 €€

（☎206 46; www.gasthof-simony.at; Wolfengasse 105; 主菜9~17欧元; ⏲周四至周日午餐，周四至周二晚餐）多棒的景色啊！紧邻湖岸的花园，这里吃午餐和晚餐可以看见全景式壮观风光。美美吃一顿上好的老式家常菜：烟熏鳟鱼配山葵（smoked trout with horseradish）、炖牛肉、苹果馅饼等。

实用信息

旅游局（☎82 08; www.dachstein-salzkammergut.at; Seestrasse 169; ⏲周一至周五9:00~18:00，周六和周日9:00~16:00，9月至次年6月周六和周日歇业）出渡口左拐即到。提供湖边几个小镇免费休闲旅游地图、徒步和自行车小径地图。

到达和离开

船 最后一班从哈尔施塔特火车站离开的轮渡是18:50（2.40欧元，10分钟）。轮渡游环绕哈尔施塔特兰（Hallstatt Lahn），经哈尔施塔特市场（Hallstatt Markt）、Obersee、Untersee和Steeg然后返回（10欧元，90分钟），7月至9月初，每天3班轮渡。

公共汽车 哈尔施塔特（兰）镇和上特劳恩（2.20欧元，8分钟）之间每天有8至10班公共汽车。

火车 哈尔施塔特火车站位于湖对岸。从这里有轮渡与村庄连接，时间与火车到站时间契合。哈尔施塔特和巴德伊舍（3.80欧元，22分钟）、巴特奥塞（Bad Aussee）（3.80欧元，15分钟）之间每天大约有12班火车。

沃尔夫冈湖（Wolfgangsee）

沃尔夫冈湖是夏日大受欢迎的游泳、泛舟、散步，或者湖边休闲胜地。主要有两个度假地点，圣沃尔夫冈（St Wolfgang）和圣吉尔根，前者的美景堪称第一。

从萨尔茨堡出发，首站就是**圣吉尔根**。这里是探访周边地区极佳的落脚点，这里的**旅游局**（☎06227-23 48; www.wolfgangsee.at; Mondsee Bundesstrasse 1a; ⏲9:00~19:00）可以帮忙预订住宿和组织活动。

圣沃尔夫冈对着沃尔夫冈湖南端，夹在湖北岸线和沙夫山高峰（Schafberg，1783米）之间。这里的**旅游局**（☎06138-80 03; www.wolfgangsee.at; Au 140; ⏲周一至周五9:00~19:00，周六9:00~18:00，周日10:00~17:00）为游客提供大量信息。

在村中心你会发现14世纪的**朝圣教堂**（Pilgrimage Church，捐款1欧元; ⏲9:00~18:00），极其绚烂的建筑典范至今仍吸引着朝圣者。到达**沙夫山**顶是件轻松的事——从5月至10月，齿轮火车用时40分钟登上山顶（单程/往返20.40/29.80欧元）。如果步行则需要3到4个小时。

圣沃尔夫冈和圣吉尔根都有很多家庭旅馆，价格大约每人25欧元起；详情咨询当地旅游局。

圣沃尔夫冈以东1公里处的湖边，**Camping Appesbach**（☎06138 22 06; www.appesbach.at; Au 99; 营地每人 成人/儿童/帐篷7/4.20/10欧元; 🅿）是奥地利度假者的最爱。

Im Weissen Rössl（☎06138-23 06; www.weissesroessl.at; Markt 74; 标单128~184欧元，双156~318欧元; 🅿@📶🏊）是家豪华湖景酒店，有健身区和两个泳池，拉尔夫·贝纳茨基的轻歌剧《白马》（*The White Horse*）的背景地。

施特罗布尔和圣吉尔根之间，5月至10月有轮渡（单程9欧元，75分钟），沿途有几个停靠点。从6月至9月初，轮渡班次最为频繁。从圣沃尔夫冈到圣吉尔根的船白天几乎每小时都有（单程6.80欧元，50分钟）；当地旅游局免费提供Eintauchen & Aufsteigen时刻表，有准确的班次时间。

从圣沃尔夫冈经施特罗布尔到达圣吉尔根的邮政巴士（Postbus，4.20欧元，30分钟）淡季也很频繁，但是在有船运行的夏季逐渐减少班次。去萨尔茨堡你需要在施特罗布尔转车（2.20欧元，12分钟）。

萨尔茨卡默古特北部（Northern Salzkammergut）

月亮湖（Mondsee）受欢迎有两个原因——紧靠萨尔茨堡（只有30公里）以及温热的湖水。湖上主要的村庄也叫月亮湖，那里有座吸引人的15世纪教堂，《音乐之声》中婚礼片段在此选景，**旅游局**（☎06232-22 70；www.mondsee.at；Dr Franz Müller Strasse 3；⏲周一至周五8:00～18:00，周六和周日9:00～18:00，10月至次年5月周六和周日歇业）虽小却很有帮助。

位于月亮湖东部的是**阿特湖**（Attersee），萨尔茨卡默古特最大的湖泊，也是帆船爱好者的心头好。从阿特湖再向东你会看见**特劳恩湖**（Traunsee）和3个度假胜地：**格蒙登**、特劳恩克（Traunkirchen）和埃本塞（Ebensee）。格蒙登因绿白相间的瓷砖和双城堡而出名，湖上的堤道与城堡连接。联系当地**旅游局**（☎07612-64 305；www.traunsee.at；Toscanapark 1；⏲周一至周五8:00～20:00，周六和周日10:00～19:00）了解湖岸及周边住宿和活动信息。

从萨尔茨堡每小时都有长途汽车开往月亮湖（9.10欧元，55分钟）。格蒙登有火车连接萨尔茨堡（17欧元，1.25小时），经过阿特普赫海姆。

蒂罗尔（TIROL）

蒂罗尔（也叫Tyrol）绵延的山脉后是高高的牧场，宁静的草地，构成一幅典型的阿尔卑斯壮观全景图。占据中心位置的是因斯布鲁克，这一地区的明珠，东北和西南部则是最好的滑雪胜地。自从"一战"结束后，蒂罗尔南部部分地区就划归意大利，因此东南部与该州的主要部分有所差异，这里有着自然风景保护区上陶恩山国家公园（Hohe Tauern National Park），拥有海拔3000米以上高峰的阿尔卑斯奇景，奥地利最高峰大格洛克纳山（the Grossglockner，3798米）就在其间。

因斯布鲁克卡

因斯布鲁克卡（Innsbruck Card）可以参观一次因斯布鲁克主要景点，乘坐7条缆车往返线路一次，无限次使用包括观光巴士在内的公共交通，还可以租用5小时的自行车。在旅游局有售，24/48/72小时卡价格分别为：31/39/45欧元（儿童半价）。

在因斯布鲁克过夜自动会收到**因斯布鲁克俱乐部卡**（Club Innsbruck Card），可以享受交通和活动折扣，夏季可以参加旅游局组织的免费导览徒步。

因斯布鲁克（Innsbruck）

☎0512/人口121,300

蒂罗尔首府是个需要关注的景点。这里离山很近，以至于可能从市中心到达海拔2000米以上只要25分钟。夏季和冬季的户外运动丰富多彩，这就可以解释为什么一些游客在因斯布鲁克晃一眼后就直奔群山而去。但是这样做实在太可惜了，因为因斯布鲁克本身还有很多瑰宝，包括一座真正的中世纪老城（老城镇），别出心裁的建筑和学生涌动的动感夜生活。

◉ 景点

因斯布鲁克的老城氛围很好，是休闲漫步的理想之地。以下许多景点在冬季提前1至2个小时关闭。

首选 金顶城堡博物馆 博物馆

（Goldenes Dachl & Museum，Golden Roof；Herzog-Friedrich-Strasse 15；成人/儿童4/2欧元；⏲10:00～17:00，10月至次年4月周一歇业）这座哥特式飘窗博物馆是因斯布鲁克的金色奇

迹，1500年为马克西米利安一世（Maximilian I）而建，2657块镀金铜瓦熠熠生辉。博物馆的语音导览机引领你穿越历史；看看怪诞骑士头盔，这是为模仿对手奥斯曼帝国的土耳其人而设计的。

霍夫教堂
教堂

（Hofkirche; www.tiroler-landesmuseum.at; Universitätstrasse; 成人/儿童5/4欧元，含民间艺术博物馆联票 成人/儿童10/6欧元；⌚周一至周六9:00~17:00，周日12:30~17:00）16世纪的霍夫教堂是欧洲最精美的皇家教堂之一。首屈一指的是马克西米利安一世（1459~1519年）空荡荡的石棺，德国文艺复兴雕塑的经典之作，28座巨大的铜像守护在旁，包括杜勒的传奇之作亚瑟王。现在已禁止触碰雕像，但是无数只好奇的手已经将亚光的古铜部分摸得光亮可鉴，包括鲁道夫皇帝的遮裆布！

民间艺术博物馆
博物馆

（Volkskunstmuseum, Folk Art Museum; www.tiroler-landesmuseum.at; Universitätstrasse; 含霍夫教堂联票 成人/儿童10/6欧元；⌚9:00~17:00）民间艺术博物馆位于霍夫教堂旁边，收藏了蒂罗尔人的民间艺术品，包括手工雕刻雪橇、圣诞马槽、狂欢节面具和牛铃等物品。

霍夫堡
宫殿

（Hofburg, Imperial Palace; www.hofburg-innsbruck.at; Rennweg 1; 成人/儿童8欧元/免费，Hofgarten门票免费；⌚宫殿9:00~17:00，花园6:00至黄昏）16世纪时玛丽亚·特莱西娅皇后（Empress Maria Theresia）将霍夫堡完全改造成巴洛克风格。这座宫殿的亮点是Riesensaal（大厅），里面装饰着流光溢彩的壁画，以及玛丽亚·特莱西娅及其16个孩子的绘画作品，其中包括玛丽·安托瓦内特（Marie Antoinette）。

宫殿后面是Hofgarten，漫步其间可以欣赏到各种花草树木。

Bergisel
跳台滑雪

（www.bergisel.info; 成人/儿童9/4欧元；⌚9:00~18:00）这座玻璃与钢铁结构的跳台滑雪架，仿佛空中阶梯，矗立在因斯布鲁克上空，这是由备受赞誉的伊拉克建筑师扎哈·哈迪德（Zaha Hadid）设计的。从5月至7月，粉丝们聚集在这里观看运动员训练，而1月这里也为在此举行的世界杯四山跳台滑雪赛（World Cup Four Hills Tournament）全力进行准备。

攀登455级台阶或者乘坐2分钟索道到达50米高的观景台。在这里，Nordkette range、Inn Valley和因斯布鲁克全景美不胜收，不过底部的墓地却让不少跳台滑雪者望而却步。

1路电车从因斯布鲁克市中心开往Bergisel。

蒂罗尔州立博物馆
画廊

（Tiroler Landesmuseum Ferdinandeum; www.tiroler-landesmuseum.at; Art Museum; 成人/儿童10/6欧元；⌚周二至周日9:00~17:00）这座蒂罗尔历史和艺术宝库收藏了用于设计金顶城堡的原版浮雕。在画廊里你会看到古代大师绘画和哥特祭坛画，一些科科什卡和克利姆特的真迹，以及有着令人震惊元素的维也纳行为主义作品。

Schloss Ambras
城堡

（www.khm.at/ambras; Schlossstrasse 20; 成人/儿童10欧元/免费；⌚10:00~17:00）1564年大公斐迪南二世将Schloss Ambras从要塞改造成一座文艺复兴宫殿。参观包括气势非凡的宴会厅、闪闪发光的盔甲（留意一下为巨人Bartlmä Bon制作的2.6米套甲）以及一间又一间房间里的哈布斯堡皇室人物肖像，有提香（Titian）、委拉斯凯兹（Velázquez）和范戴克的真迹。可以免费在宽敞的花园散步、野餐。

不要错过

免费导览徒步游

从5月末至10月，因斯布鲁克旅游信息办事处每日安排导览徒步——从日出步行到点灯漫步，以及半天山间游览——令人难以置信的是有因斯布鲁克俱乐部卡的客人可以免费。赶紧去旅游局登记并浏览该项目内容。

Innsbruck Altstadt 因斯布鲁克老城

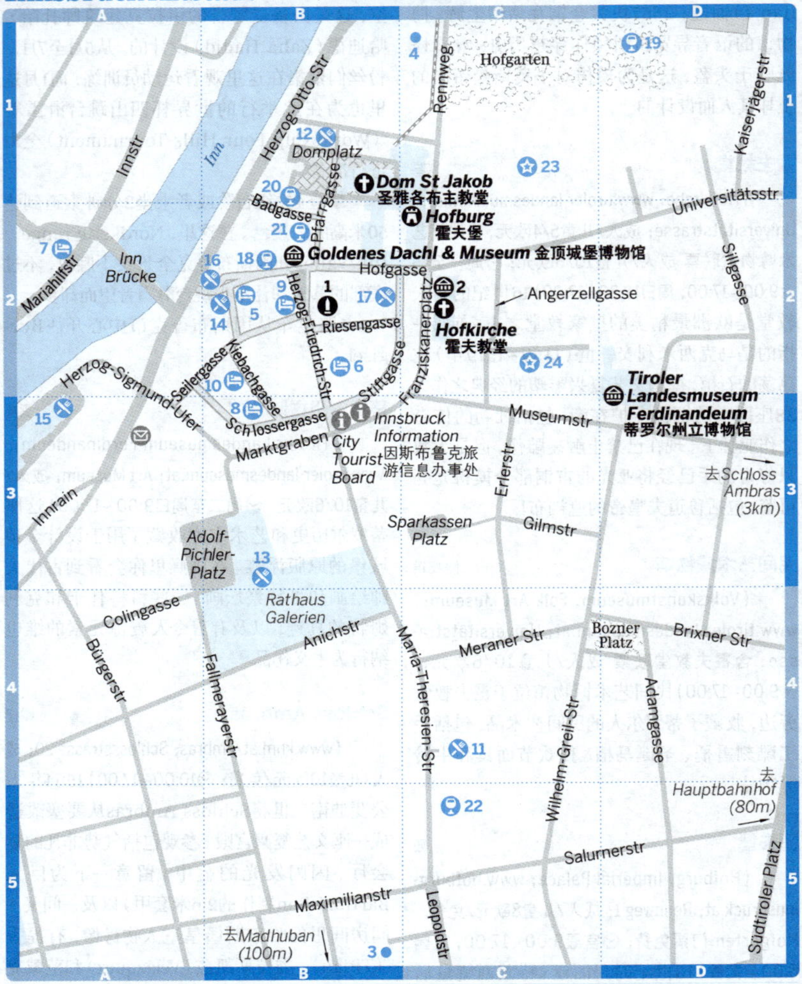

Schloss Ambras位于市中心东南4.5公里处。从Hauptbahnhof乘坐4134路公共汽车，门票就可以打折，返程车票免费。观光巴士也在此停靠。

免费 圣雅各布主教堂 教堂

（Dom St Jakob，St James' Cathedral；Domplatz；⌚周一至周六10:15~19:30，周日12:30~19:30）因斯布鲁克的18世纪大教堂是一场顶级的巴洛克风格的视觉盛宴。高高祭坛上的圣母玛利亚像由德国文艺复兴画家老卢卡斯·克拉纳赫（Lucas Cranach the Elder）创作。

Alpenzoo 动物园

（www.alpenzoo.at；Weiherburggasse 37；成人/儿童8/4欧元；⌚9:00~18:00）这里是高山野生动物之家，有金鹰、岩羚羊和野生山羊这样的动物。从Rennweg步行上山或者从Marktplatz乘W路公共汽车可达。

城市塔 塔

（Stadtturm；Herzog-Friedrich-Strasse 21，

Innsbruck Altstadt 因斯布鲁克老城

重要景点

圣雅各布主教堂	B1
金顶城堡博物馆	B2
霍夫堡	C2
霍夫教堂	C2
蒂罗尔州立博物馆	D3

景点

1	城市塔	B2
2	民间艺术博物馆	C2

活动、课程和团队游

3	Inntour	B5
4	Nordkettenbahnen	C1

住宿

5	Goldener Adler	B2
6	Hotel Weisses Kreuz	B2
7	Mondschein	A2
8	Nepomuks	B3
9	Weinhaus Happ	B2
10	Weisses Rössl	B2

就餐

	Cafe Munding	（见8）
11	Chez Nico	C4
12	Fischerhäusl	B1
13	Lichtblick	B3
14	Mamma Mia	B2
15	Markthalle	A3
16	Ottoburg	B2
17	s'Speckladele	B2

饮品

	360°	（见13）
18	Elferhaus	B2
19	Hofgarten Café	D1
20	Moustache	B1
21	s'Culinarium	B2
22	Theresienbräu	C5

娱乐

23	Tiroler Landestheater	C1
24	Treibhaus	C2

City Tower；成人/儿童3/1.50欧元；⏲10:00~20:00）攀登高塔的148级台阶，饱览360度全景，可以看见城市鳞次栉比的屋顶、塔尖和四周围绕的群山。

活动

任何一个喜欢大自然户外活动的人都会渴望扎进因斯布鲁克阿尔卑斯山里。

Nordkettenbahnen 索道

（www.nordkette.com；单程/往返亨格堡4/6.80欧元，Seegrube14.60/23.40欧元，Hafelekar16.20/27欧元；⏲Hungerburgbahn周一至周五7:00~19:15，周六8:00~19:15，Seegrubenbahn 8:30~17:30，Hafelekarbahn 9:00~17:00）扎哈·哈迪德设计的太空索道每15分钟1趟，将你从国会中心迅速送上山坡。**Hungerburg**和**Seegrube**都有步行小径通向各处。想要更多挑战，可以选择为山地自行车设计的下山路径和为攀岩者而设的双固定绳路线（Klettersteige）。

好奇的阿尔卑斯山羊踱来踱去，**Hafelekar**海拔2334米的顶峰视野开阔，将因斯布鲁克美景尽收眼底，还能望见白雪覆盖的奥地利阿尔卑斯群峰，包括海拔3798米的大格洛克纳山。

Inntour 探险运动

（☎214 466；www.inntour.com；Leopoldstrasse 4；⏲周一至周五9:00~18:30，周六至17:00）令人热血沸腾的一站式店带你去溪降（75欧元）、玩双人前后滑翔伞（95欧元）、激浪漂流（45欧元）以及从192米高的Europabrücke上往下蹦极（140欧元）。

Olympia SkiWorld Innsbruck 滑雪

因斯布鲁克是这片大型滑雪区的门户，这里覆盖了周边9个度假胜地，300公里的坡道可供不同水平人士体验。这里滑雪运动最中心位置的是**Nordkette/Seegrube**，从Nordkettenbahnen可以进入。1张3/7天的奥林匹亚世界滑雪通行证包括所有区域，花费117/218欧元；持有因斯布鲁克俱乐部卡的人可免费乘坐滑雪巴士。

住宿

旅游局列出了所有每人消费在20~40欧

元之间的私人房间名录。

Hotel Weisses Kreuz 历史酒店 €€

(☎594 79; www.weisseskreuz.at; Herzog-Friedrich-Strasse 31; 标单38~78欧元, 双78~142欧元; P@W)位于老城拱形走道下面的这家酒店，有着500年的历史，迎来送往过许多名人，其中包括13岁的少年莫扎特。镶木板的客厅和螺旋楼梯，以及酒店每一根咯吱作响的房梁，无一不散发出历史的气息。房间非常舒适，员工亲切可人，早餐非常丰盛。

首选 **Nepomuks** 青年旅舍 €

(☎584 118; www.nepomuks.at; Kiebachgasse 16; 铺23~25欧元, 双56欧元; W)这里会是背包客的天堂吗？Nepomuks肯定最像天堂，它位于老城，厨房里储备充足，宿舍天花板很高，里面配有像CD播放机这样的温馨细节。旅舍的Munding咖啡馆供应美味早餐，有家常糕点、果酱和新鲜烘焙的咖啡，帮你开启美好的一天。

Goldener Adler 历史酒店 €€

(☎571 111; www.goldeneradler.com; Herzog-Friedrich-Strasse 6; 标单85~125欧元, 双126~240欧元; P❄W)自从1390年开业以来，这家豪华的Goldener Adler 酒店已经接待过多位国王、王后和萨尔茨堡最伟大的两位名人：莫扎特和冯·特拉普夫人。优雅的房间里悬挂着金色窗帘，配有一尘不染的大理石浴室。

Weisses Rössl 客栈 €€

(☎583 057; www.roessl.at; Kiebachgasse 8; 标单70~110欧元, 双100~160欧元; P@W)这家建于16世纪末的客栈里，放着一只古董摇摆木马欢迎你，拱形房顶，房间明亮宽敞。店主人Plank先生是个热心的猎人，餐厅(主菜10~26欧元)提供丰富的肉类菜肴。

Mondschein 酒店 €€

(☎227 84; www.mondschein.at; Mariahilfstrasse 6; 标单87~105欧元, 双105~180欧元; P❄@W)正如店名所说，月光照亮前往河边酒店的路。午夜蓝白色调装饰，房间明快、宽敞、经典优雅。大多数房间都可以看见老城镇风光，在最棒的房间里，浴室还装饰着施华洛世奇水晶。

Weinhaus Happ 客栈 €€

(☎582 980; www.weinhaus-happ.at; Herzog-Friedrich-Strasse 14; 标单/双75/110欧元)Happ散发出老派情调。20世纪70年代风格的房间本来只需稍事粉刷即可，却又增加了许多亮点：观赏金顶城堡的最佳位置，配有宽敞的

不 要 错 过

因斯布鲁克周边

因斯布鲁克以东9公里处是蒂罗尔州霍尔镇。中世纪风格的镇中心，妙趣横生的鹅卵石街道纵横交错，这都是几百年来从银矿聚集到巨大财富的证明。你可以在**Burg Hasegg**(Burg Hasegg 6; 成人/儿童8/6欧元; ⏲周二至周日10:00~17:00)了解更多传奇故事，这是座14世纪的城堡，其中有300年是用来铸造银币Thalers(钱币，现代词汇“dollar”的起源)的铸币厂。

沿瓦腾斯(Wattens)山谷再往东9公里处，就是**施华洛世奇水晶世界**(Swarovski Kristallwelten, Swarovski Crystal Worlds; kristallwelten.swarovski.com; Kristallweltenstrasse 1; 成人/儿童11欧元/免费; ⏲9:00~18:30)，奥地利游客最多的地方之一。亚历山大·麦昆(Alexander McQueen)设计的水晶冬景、千变万化的水晶圆屋顶以及特伦斯·康兰(Terence Conran)设计的醒目商店，无不是熠熠生辉的神奇之作。

火车定时从因斯布鲁克开往蒂罗尔镇厅(2欧元，8分钟)和弗里岑斯—瓦腾斯(Fritzens-Wattens, 3.60欧元, 16分钟)，后者位于施华洛世奇水晶世界以北3公里处。

酒窖和1间乡村餐厅（主菜7~21欧元）。

Pension Paula 客栈 €

（☎292 262；www.pensionpaula.at；Weiherburggasse 15；标单/双41/65欧元；P）这间家庭旅馆位于因斯布鲁克山上，俯瞰全城美景，房间一尘不染、朴实无华（大多数有阳台）。位于老城以北1公里处，靠近Alpenzoo。

就餐

首选 **Chez Nico** 素食 €€

（☎0650-451 06 24；www.chez-nico.at；Maria-Theresien-Strasse 49；午餐12.50欧元起，6道菜菜单51欧元；⏲周二至周五午餐和晚餐，周六晚餐；☑）想要找一位既有艺术眼光，又对草本食材充满热情的创意巴黎大厨，你来Chez Nico就对了。在这间私密的法式小馆里，Nicolas Curtil（Nico）烹饪的时令素食有牛肝菌鼠尾草小方饺（porcini-sage ravioli），玫瑰冰沙配烤无花果（baked figs with rose sorbet）。

Lichtblick 创意菜 €€€

（☎566 550；www.restaurant-lichtblick.at；Rathaus Galerien；午餐9.50~13欧元，套餐40~50欧元；⏲周一至周六10:00至次日1:00）这家玻璃墙餐厅位于Rathaus Galerien的8楼，可以看到因斯布鲁克迷人景色和延绵群山。根据时令推出的特色菜有家常松茸韭菜小方饺（homemade leek-truffle ravioli）和炸肉排配鸡油菌（schnitzel with chanterelles），色香味俱全。

Cafe Munding 咖啡馆 €

（www.munding.at；Kiebachgasse 16；蛋糕2~4欧元；⏲8:00~20:00）美味的水果蛋糕、芝士蛋糕、巧克力蛋糕和自制烘焙咖啡。

Fischerhäusl 奥地利菜 €€

（☎583 535；www.fischerhaeusl.com；Herrengasse 8；主菜9~21欧元；⏲周一至周六10:30至次日1:00）柠檬黄外墙的Fischerhäusl自1758年开业，位于Domplatz和霍夫堡之间一个隐蔽的地点。菜单上有蒂罗尔美食，比如Kaspressknödelsuppe（肉汤芝士饺子），还有Gröstl（土豆、培根、洋葱煎蛋）。天气暖和的时候，露台很快就坐满了。

野餐食品

s'Speckladele（Stiftgasse 4；⏲周一至周五9:00~13:00和14:00~18:00，周六9:00~15:00）60年来，这家铺面很小的商店一直生意兴隆，出售用“快乐的猪”制成的当地香肠、火腿以及其他肉食。辣味小香肠（Mini Teufel sausages with a chilli kick）一定要尝尝。

s'Culinarium（Pfarrgasse 1；⏲周一至周六10:00~18:00）在这个商店兼酒吧的地方，店主Herby Signor会帮你挑选一瓶上好的奥地利红酒。

Markthalle（www.markthalle-innsbruck.at；Innrain；⏲周一至周五7:00~18:30，周六至13:00）新鲜出炉的面包、蒂罗尔芝士、有机水果、烟熏火腿和意大利腊肠——在这个河边市场里应有尽有。

Ottoburg 奥地利菜 €€

（☎584 338；www.ottoburg.at；Herzog-Friedrich-Strasse 1；主菜16.50~28欧元；⏲周二至周日午餐和晚餐；👪）这座中世纪城堡里藏着几间镶木板墙的拥挤Stuben（客厅）。一定要尝尝鹿肉腓力（tournedos of venison），Topfenknödel（乡村奶酪饺子）和其他丰盛的菜式。

Madhuban 印度菜 €

（☎589 157；www.madhuban.at；Templstrasse 2；主菜7~12欧元；⏲周一至周五午餐和晚餐，周六和周日晚餐）如果你吃腻了炸肉排和苹果馅饼，想吃点香辣口味，Madhuban就是一家吃咖喱的地方。两道菜午餐超划算，只要7.50欧元。

Mamma Mia 比萨餐厅 €

（☎562 902；Kiebachgasse 2；主菜7~9欧元；⏲午餐和晚餐）不刻意装饰的意大利小馆非常热闹，提供超大块儿比萨饼还有一个遮阳露台。

饮品

Moustache 酒吧

（www.cafe-moustache.at；Herzog-Otto-Strasse 8；⏲周二至周日11:00至次日2:00）你也可以试试身手玩玩“猜胡子”游戏（Spot-the-Moustache，猜猜爱因斯坦，查理·卓别林及其他人的胡子），这是这家新开业的复古风格酒吧里最受欢迎的消闲娱乐。在露台可以俯瞰美丽的Domplatz，地下室还有Club Aftershave。

Hofgarten Café 酒吧

（Rennweg 6a；⏲周二至周四11:00至次日2:00，周五至周日至次日4:00）这家绿树成荫的啤酒花园里有DJ打碟，凉亭里明星云集。时常举办活动，从夏季各种节日活动到周末家庭派对都有。

360° 酒吧

（Rathaus Galerien；⏲周一至周六10:00至次日1:00）再也找不到比这里更好的地方来欣赏因斯布鲁克华灯初上的夜晚了。在围绕着环形吧台的阳台上，抱个靠枕，喝上一杯，沉醉在360度无死角的城市美景和阿尔卑斯山山色中。

Theresienbräu 小酒馆

（Maria-Theresien-Strasse 53；⏲周一至周三11:00至次日1:00，周四至周六至次日2:00，周日正午至21:00）这家趣味十足的自酿小酒馆有一个很大的啤酒花园，痛饮一杯冰啤酒。

Elferhaus 小酒馆

（Herzog-Friedrich-Strasse 11；⏲10:00至次日2:00）在酒吧怪兽滴水嘴旁喝杯啤酒，或者坐在类似教堂长椅上，听现场摇滚乐队演奏。

娱乐

了解最新娱乐信息，请访问www.innsider.at（德语）。

Tiroler Landestheater 喜剧

（☎0512-520 744；www.landestheater.at；Rennweg 2；门票3~38欧元；⏲售票处周一至周六8:30~20:30，周日17:30~20:30）这家新古典剧院是城中主要上演歌剧、舞蹈和戏剧的地方。

Treibhaus 文化中心

（www.treibhaus.at；Angerzellgasse 8；⏲10:00至次日1:00）因斯布鲁克年轻人蜂拥而至这座文化中心，尽情享受花园大露台，放松的氛围和驻场DJ。每周五晚上有免费现场音乐表演。

实用信息

Bubble Point（Innstrasse 11；⏲周一至周五7:30~22:30，周六和周日7:30~22:00）这家洗衣店提供高速上网2欧元/小时。

因斯布鲁克信息中心（Innsbruck Information；☎535 60；www.innsbruck.info；Burggraben 3；⏲9:00~18:00）主要的旅游咨询处，提供大量城市和周边信息，包括滑雪和徒步。出售滑雪票、公共交通票和城市地图（1欧元），可预订住宿（3欧元）。

齐勒河谷的夏季

齐勒河谷（Zillertal）是奥地利最精彩的户外游乐场之一。一到夏日，山谷里涌入很多骑车族，标记清晰的1000公里小径既可以进行轻松山谷游，又可以开展艰苦的翻山运动。在火车站租借自行车，在整个齐勒河谷骑行费用是半天/全天8/12欧元；www.zillertal.at上有互动地图和路线描述。

徒步者去**Naturpark Zillertaler Alpen**（www.naturpark-zillertal.at）是冲着那里的原生态阿尔卑斯风景去的。从5月至10月，自然保护区组织250个导览徒步游，从美洲驼徒步旅行到日出摄影游，大多数花费5欧元左右。对于追求冒险刺激的游客来说可以参加攀岩、漂流和滑翔伞运动，试试迈尔霍芬（Mayrhofen）的**Action Club Zillertal**（☎62 977；www.actionclub-zillertal.com；Hauptstrasse 458；⏲9:00至正午和15:00~18:00）。

手续费）并附带提供票务服务。

到达和离开

飞机 **因斯布鲁克机场（Innsbruck Airport）**，位于市中心以西4公里处，有国内和国际航班，主要航空公司有奥地利航空、英国航空（BA）、易捷航空（easyJet）和Welcome Air。

小汽车和摩托车 A12以及与其平行的Hwy 171是前往西面和东面的主干道。B177前往因斯布鲁克西部，继续向北至慕尼黑（德国）。A13 是一条收费公路（8欧元）从南部穿过勃伦纳山口（the Brenner Pass）至意大利，跨越坎河（the Sill River）上192米长的Europabrücke桥。免费的Hwy 182 路线相同，从桥下通过。

火车 快车至少每两小时发车，开往布雷根茨（Bregenz，34.40欧元，2.5小时）、萨尔茨堡（41.30欧元，2小时）、基茨比厄尔（Kitzbühel，19.20欧元，1.5小时）和慕尼黑（39.60欧元，2小时）。每天有几班开往利恩茨的列车（19.20至35.20欧元，3.25至4.5小时）。

当地交通

抵离机场 机场位于市中心以西4公里处，F路公共汽车可达。每15或20分钟从Maria-Theresien-Strasse 有公共汽车发车（1.90欧元）；同样路线出租车收费大约10欧元。

小汽车和摩托车 市中心路边停车车位非常有限。停车场（例如老城地下）大约每天17欧元。就在与Inntour（见91页）同一地址的Die Börse分别出租市内骑行的自行车、山地车、电动车和儿童自行车，每天收费分别为18/25/25/13欧元。

公共交通 公共汽车和电车单程票花费1.90欧元（司机售票，售出生效）。24小时票4.30欧元。

迈尔霍芬（Mayrhofen）

☎05285/人口3820

蒂罗尔美丽的山谷层层叠叠，其中最为出众的是齐勒河谷，巍峨高耸的山峰是户外探险的好地方。处于中心位置的迈尔霍芬可以作为落脚点，是冬季滑雪者和滑雪后活动圣地，夏季则聚集了很多山地自行车手、徒步者和穿着皮制短裤的巴伐利亚Volksmusik（民乐）迷。

> ### 克林莫瀑布
>
> 雷鸣般的三层式**克林莫瀑布**（Krimml Falls; www.wasserfaelle-krimml.at; 成人/儿童2.50/0.50欧元，12月至次年4月免费；⏲售票处4月中旬至10月末8:00~18:00）是欧洲最高的瀑布，落差达380米，奥地利最让人难以忘怀的景点之一。克林莫美丽的阿尔卑斯山村有少数地方可供食宿；联系**旅游局**（tourist office; ☎72 39; www.krimml.at; Oberkrimml 37; ⏲周一至周五8:00至正午和14:00~18:00，周六8:30~10:30和16:30~18:00）获取更多信息。
>
> 克林莫位于Hwy 168（现在是Hwy 165）旁边。全年有从克林莫到滨湖采尔（Zell am See）的长途汽车（9.90欧元，1.25小时，每小时发车），从那里有开往萨尔茨堡的列车（21.50欧元，1.5小时），班次频繁。

白雪覆盖的迈尔霍芬滑雪坡道总长达到159公里，可以进行各种滑雪活动，对于滑雪板运动者来说，这里是欧洲最好的地形场地之一，有让人闻风丧胆的Harakiri，奥地利最陡峭的滑雪道，坡度高达78%。全天滑雪票可以乘坐所有缆车和电梯，花费45欧元。

旅游局（☎67 600; www.mayrhofen.at; Dursterstrasse 225; ⏲周一至周五9:00~18:00，周六14:00~18:00，周日10:00~14:00）应该是你获取住宿地址名册和活动信息的首选地。

就在市中心，500年历史的**Hotel Kramerwirt**（☎67 00; www.kramerwirt.at; Am Marienbrunnen 346; 标单含半膳宿91~117欧元，双158~210欧元，主菜8~21欧元；P 🅦）房间宽敞，有可供放松的冲浪池和传统餐厅。

想要大快朵颐Schlutzkropf'n（现做芝士意大利面）或者类似食物，就去这家环境舒适的小木屋**Wirtshaus zum Griena**（☎62 778; www.wirtshaus-griena.at; Dorfhaus 768; 主菜8~16欧元；⏲周二至周日）。或者在**Metzgerei Kröll**（Scheulingstrasse 382; 小吃3~8欧元；⏲周一至周五7:30~12:30和14:30~

18:00，周六7:00至正午）吃肉类小吃，名品有香气扑鼻的Schlegeis-Speck火腿，在1800米海拔高度上腌制而成。**Mamma Mia**（☎67 68；Einfahrt Mitte 432；主菜7~9欧元；⏲11:00至午夜）供应的食物以比萨饼和意大利面为主。

火车定时开往延巴赫（Jenbach，6.90欧元，55分钟），可在那里转车去因斯布鲁克（7.80欧元，20分钟）。

基茨比厄尔（Kitzbühel）

☎05356/人口8450

银矿和铜矿小镇基茨比厄尔兴起于16世纪，至今仍然保留着中世纪的迷人风貌，同时也是时髦兴旺的冬季度假胜地。1月举行的激动人心的哈能卡姆速降滑雪赛和出色的坡道都让小镇声名远扬。

活动

Kitzbüheler Horn（自驾车司机注意，有一条收费公路）有一个高山**花园**（免费）。西北3公里处，被森林环抱的施瓦尔茨湖（Schwarzsee）是夏季**游泳**的好地方。

滑雪

滑雪

在冬季，170公里长整齐干净的坡道是中级滑雪和自由滑雪的最好选择。全天AllStar-Card滑雪票包括基茨比厄尔和周边地区，花费46.50欧元。

徒步

徒步

许多条夏季徒步小径都经过基茨比厄尔一带的阿尔卑斯山；旅游局提供步行地图和为在镇上住宿的客人提供免费导览徒步游。Flex-Ticket包括所有缆车，含/不含7天中任3天免费乘公共汽车的票价分别为：43.50/36欧元。

食宿

旅游局可以帮助联系住宿；但是最好尽早提前预订。在冬季旺季时房价可涨50%。

对于自炊者，有一家**Spar supermarket**（Bichlstrasse 22）和**Metzgerei Huber**（Bichlstrasse 14；小吃3.50~7欧元；⏲周一至周五8:00~18:00，周六8:00~12:30）出售肉食小吃。

Villa Licht 酒店 €€

（☎62 293；www.villa-licht.at；Franz-Reich-Strasse 8；双150~230欧元；Ⓟ📶🐾）漂亮的花园，暖色调的房间，栽种松树，山景——这座亲切的蒂罗尔小木屋一应俱全。孩子们都喜欢树屋和户外泳池。

Snowbunny's Hostel 青年旅舍 €

（☎067-6794 0233；www.snowbunnys.co.uk；Bichlstrasse 30；铺25~40欧元，双74~100欧元；@📶）友好轻松的青年旅舍，位于山坡上。早餐在厨房自制，有电视休息室、滑雪用具存放和购买背包客食物的商店（蔬菜调味品、德国苦味甜酒Jägermeister等）。

Pension Kometer 家庭旅馆 €€

（☎622 89；www.pension-kometer.com；Gerbergasse 7；标单65~90欧元，双110~160欧元；Ⓟ）这家家庭客栈明亮干净的房间让你宾至如归。休息室有游戏和DVD。早餐丰盛，有新鲜面包、水果和鸡蛋。

Huberbräu Stüberl 奥地利菜 €

（☎656 77；Vorderstadt 18；主菜7~13欧元）这家拱顶酒馆供应大分量的奥地利经典菜式，比如炸肉排和猪肝饺子，火候恰到好处。

Hosteria 意大利菜 €

（☎733 02；Alf Petzoldweg 2；主菜8~16欧元；⏲周四至周一午餐，周三至周一晚餐）这家时尚意大利小馆提供正宗的开胃菜和炭烤比萨饼，配以上好红酒和真诚微笑。

实用信息

旅游局（☎66 660；www.kitzbuehel.com；Hinterstadt 18；⏲周一至周五8:30~18:00，周六9:00~18:00，周日10:00至正午和16:00~18:00）提供大量英文信息和24小时住宿信息板。

到达和离开

长途汽车 从基茨比厄尔到利恩茨乘坐长途汽车比火车更快更便宜（14.70欧元，2小时，每天2班）。

小汽车和摩托车 基茨比厄尔在B170旁边，沃尔格尔（Wörgl）和A12/E45高速公路以东30公里。向南到利恩茨，沿途你会看到一些壮观的景色。Hwy 108（费尔博陶恩隧道，Felber Tauern Tunnel）和Hwy 107（Grossglockner Rd；冬季关闭）都有收费路段。

火车 列车频繁从基茨比厄尔开往因斯布鲁克（19.20欧元，1.75小时）和萨尔茨堡（28欧元，2.5小时）。去库夫施泰因（10欧元，1小时），在沃尔格尔换车。

圣安东阿尔贝格（St Anton am Arlberg）

☎05446/人口2564

圣安东阿尔贝格位于人烟稀少、素净秀美的阿尔贝格地区中心。1901年阿尔卑斯山首个滑雪俱乐部在此成立，速降滑雪诞生，这个村庄从此名扬四海。今天这个度假胜地有多条传奇坡道，是奥地利独一无二的滑雪活动圣地。

活动

滑雪 滑雪

圣安东以挑战性的坡道、出色的偏远滑雪地点和Rendl上自由风格的场地吸引了中高级滑雪者和滑雪板爱好者。一张滑雪票覆盖整个阿尔贝格地区，可乘坐85台滑雪缆车，旺季1天/7天票费用分别为：47/257欧元。

徒步 徒步

（Wanderpass 31/36欧元3/7天）徒步自然是夏季消闲首选：Wanderpass卡让你可以免费乘坐所有缆车。

H20 Adventure 探险运动

（☎05472-66 99；www.h2o-adventure.at；Bahnhofstrasse 1，Arlrock；⊙5月至10月中旬）H20 Adventures 绝对让你肾上腺素急剧上升，活动包括漂流、溪降和骑山地自行车。

食宿

冬天旺季房价几乎翻番，因此你必须尽早提前预订。去Dorfstrasse，那里的小吃店和餐厅供应各种食物，从西班牙餐前小吃到美式墨西哥菜，还有滑雪后社交活动中的小菜。大多数餐厅和酒吧在夏季关闭。

Himmlhof 客栈 €€

（☎232 20；www.himmlhof.com；Im Gries 9；双164~304欧元；P@令）这家令人愉悦的蒂罗尔农舍有包木房间，本色装饰（砖砌烤炉、四帷柱大床等类似的物件）。经过一天滑雪后，生起炉火再泡个热水澡。

Altes Thönihaus 客栈 €€

（☎28 10；www.altes-thoenihaus.at；Im Gries 1；标单60~64欧元，双116~124欧元；P令）这家受保护的木屋可以追溯至1465年，每根梁柱都散发出阿尔卑斯山风情。毛茸茸的地毯和松枝让人觉得房间很舒适，阳台正对着无边山色。楼下有个很棒的小水疗中心和修葺一新的客厅（Stube）。

Museum Restaurant 奥地利菜 €€

（☎24 75；Rudi-Matt-Weg 10；主菜17.50~32.50欧元；⊙晚餐）这家木板墙餐厅坐落在如诗如画的村庄博物馆里。供应阿尔贝格甘草汤（Arlberger hay soup）、多汁蒂罗尔牛肉，以及刚从池塘捞上来的新鲜鳟鱼，精心烹制后上到你的餐盘里。

实用信息

旅游局（☎22 690；www.stantonamarlberg.com；Dorfstrasse 8；⊙周一至周五8:00~18:00，周六9:00~18:00，周日9:00至正午和15:00~18:00）提供地图和住宿、活动信息，在门外有住宿信息板和一部免费电话。

到达和离开

圣安东位于布雷根茨（19.20欧元，1.5小时）

和因斯布鲁克（21.50欧元，1.25小时）之间的铁路主线上。小镇靠近阿尔贝格隧道东边入口处，有一条收费公路连接福拉尔贝格州（Vorarlberg）和蒂罗尔。隧道单程收费8.50欧元。你可以走B197避开收费公路，但是这条蜿蜒公路不允许有拖斗的车辆行驶。

利恩茨（Lienz）

☎04852/人口11,800

白云石山（Dolomites）仿佛一座圆形剧场耸立在利恩茨周围，横跨伊萨河（Isel River）和德拉瓦河（Drau River），位于意大利以北40公里处。同样迷人的山水吸引了罗马人，他们大约在2000年前来此定居。利恩茨还是滑雪者和徒步者过路或者前往上陶恩山国家公园的中途停留点。

景点和活动

Schloss Bruck 城堡

（Schlossberg 1；成人/儿童7.50/2.50欧元；⌚5月中旬至10月末10:00~18:00）利恩茨人流量最大的景点就是这座中世纪要塞。博物馆展出了从蒂罗尔服装到当地名人阿尔宾艾格-利恩茨（Albin Egger-Lienz）激情澎湃的画作。

Stadtpfarrkirche St Andrä 教堂

（Pfarrgasse 4；⌚白天）在这座哥特风格的圣安德烈教堂可以看到更多阿尔宾艾格-利恩茨晦涩风格的作品。

Aguntum 考古遗址

（www.aguntum.info；Stribach 97；成人/儿童6/4欧元；⌚9:30~17:00，11月至次年4月歇业）想深入了解利恩茨的罗马人历史，可参观一下Aguntum考古遗址。

滑雪 滑雪

一张36欧元全天票包含附近**Zettersfeld**和**Hochstein**山峰滑雪。不过这个地区的100公里越野小径更有名；每年1月中旬小镇里挤满了为**Dolomitenlauf**越野滑雪赛而来的人。

Dolomiten Lamatrekking 徒步

（☎68 087；www.dolomitenlama.at）白云石山特别适合欣赏美景的徒步，缆车可以上升到Hochstein（往返13欧元）和Zettersfeld（10欧元）。从这家机构里你可以牵一头温和的美洲驼陪你。

食宿

旅游局可以指点你找到性价比高的客栈和露营地。

Hotel Haidenhof 酒店 €€

（☎624 40；www.haidenhof.at；Grafendorferstrasse 12；标单89~101欧元，双140~186欧元；P 📶）这家乡村酒店俯瞰利恩茨，是欣赏白云石山的最佳位置。房间宽敞，楼顶露台视野更为开阔。餐厅供应自产食材菜肴（主菜16.50欧元至26欧元）。

Romantik Hotel Traube 酒店 €€

（☎644 44；www.hoteltraube.at；Hauptplatz 14；标单65~99欧元，双134~190欧元；P @ 🏊）Traube地处主广场，挑高天花板、古玩与精品完美混搭的房间将你带回到比德迈尔时代。7楼泳池的视野极佳，能越过利恩茨远及白云石山。

Kirchenwirt 奥地利菜 €€

（☎625 00；www.kirchenwirt-lienz.at；Pfarrgasse 7；主菜9~18欧元；⌚9:00至午夜）位于Stadtpfarrkirche St Andrä对面的山上，这是利恩茨最有情调的餐厅。在拱顶下就餐或者在流线型露台上品尝东蒂罗尔乳羊羔肉（East Tyrolean milk-fed lamb）等当地菜肴。

实用信息

旅游局（☎050-212 400；www.lienzerdolomiten.info；Europaplatz 1；⌚周一至周五8:00~18:00，周六9:00至正午和16:00~18:00）能免费协助寻找住宿，你也可以使用外面的酒店信息板（有免费电话）。当地**图书馆**有免费上网（Muchargasse 4；⌚周二至周五9:00至正午和15:00~18:00，周六9:00至正午）。

到达和离开

每天有几趟开往因斯布鲁克的火车(19.20~35.20欧元,3.25~4.5小时)。每2小时有火车开往萨尔茨堡(37欧元,3.5小时)。开车去南部,你必须沿着Hwy100先向西或者东绕行。

上陶恩山国家公园(Hohe Tauern National Park)

如果你认为大自然母亲对奥地利阿尔卑斯山费尽心思,那么上陶恩山国家公园便是她的代表作。这座国家公园横跨蒂罗尔、萨尔茨堡和克恩滕州,是阿尔卑斯山最大的国家公园。这里占地面积达到1786平方公里,拥有几座海拔超过3000米的高峰、高山草甸和瀑布。位于中心的是大格洛克纳山(海拔3798米),奥地利最高的山,俯瞰着山脚下8公里长的巴斯特泽冰川(Pasterze Glacier),从弗朗茨·约瑟夫高地(Kaiser-Franz-Josefs-Höhe,海拔2369米)望过去视野最佳。

48公里长的格洛克纳路(Grossglockner Road, www.grossglockner.at; Hwy 107; 汽车/摩托车32/22欧元; ⏲5月至11月初)从萨尔茨堡州的Bruck到克恩滕州的海利根布鲁特(Heiligenblut),是欧洲最伟大的高山公路之一。20世纪30年代的工程杰作,公路蜿蜒迂回大约36个之字形坡路,途经碧蓝湖泊、青山绿树以及神奇的冰川。

如果你有车就更方便些,不过公路只在5月到11月初之间开放,且需要收费。

格洛克纳路上最大的村庄是**Heiligenblut**,群山环绕,15世纪朝圣教堂的塔尖直冲云霄。在这里也有一家旅游局(☎04824-2700; www.heiligenblut.at; Hof 4; ⏲9:00~18:00),会给你一些关于在山地徒步导览游、山地徒步和滑雪的建议。村庄也有一座营地,有几家餐厅和非常干净的**Jugendherberge**(青年旅舍; ☎22 59; www.oejhv.or.at; Hof 36; 铺/标单/双20.50/28.50/49欧元; Ⓟ@)

5002路长途汽车平日频繁在利恩茨和海利根布鲁特之间运行(15.80欧元,1小时),周末班次较少。从6月末到9月中旬,每日3班的长途汽车从周一到周五以及周日运行,周六有1班在海利根布鲁特和弗朗茨·约瑟夫高地之间运行(7.90欧元,30分钟)。出发前,查看一下利恩茨旅游局提供的时刻表。

福拉尔贝格州(VORARLBERG)

福拉尔贝格州一直与众不同。冰雪覆盖的阿尔贝格群山将其与奥地利其他地区完全隔绝,使这个西部地区更接近瑞士,而与远在东部的维也纳相去甚远,当地居民发展出一种很独特的方言,甚至连蒂罗尔人都很难听懂。

福拉尔贝格州从阿尔卑斯山向下延伸至博登湖(Bodensee,也称Lake Constance)岸,这里本身就是一处风景迷人的地方,吸引了从古典音乐迷到滑雪爱好者的众多拥趸。这里也是进入德国、列支敦士登和瑞士的铁路和水路门户。

布雷根茨(Bregenz)

☎05574/人口28,000

听起来有点陈词滥调,福拉尔贝格州袖珍型首府的确看起来是麻雀虽小,却五脏俱全,这里依山傍湖,有先锋艺术和歌剧艺术节。夏季每一缕阳光都被充分利用,来享受泛舟、骑车、游泳或者在博登湖边漫步的好时光。

景点

Kunsthaus 画廊

(www.kunsthaus-bregenz.at; Karl-Tizian-Platz; 成人/儿童9欧元/免费; ⏲周二至周日10:00~18:00,周四至21:00)Kunsthaus的建筑醒目壮观,由瑞士获奖建筑师彼得·卒姆托(Peter Zumthor)设计,这里常举办一流的现代艺术展。

Oberstadt 历史地区

Oberstadt位于现代中心上方,是一个充满故事的老城区;看看圣马丁塔(Martinsturm; www.martinsturm.at; Martinsgasse; 成人/

布雷根茨沃尔德

布雷根茨东南几公里外就是森林覆盖的山坡、绿色丝绒般的牧场和布雷根茨沃尔德（Bregenzerwald）绵延的石灰岩山峰。夏天，在这里花几天时间山间徒步，在高山牛奶场饱餐手工奶酪，真是美不胜收。冬天大雪飘飞，这个地区的速降滑雪和越野滑雪都很有名。**布雷根茨沃尔德旅游局**（☎05512-23 65; www.bregenzerwald.at; Impulszentrum 1135, Egg; ⏲周一至周五9:00~17:00，周六8:00~13:00）提供该地区信息。

儿童3.50/1欧元；⏲4月至10月周二至周日10:00~17:00）巨大的洋葱形圆顶，据说这是中欧最大的圆屋顶。

Pfänder Cable Car
缆车

（www.pfaenderbahn.at; Steinbruchgasse 4; 单程 成人/儿童6.50/3.20欧元，往返11.20/5.60欧元；⏲8:00~19:00）想要欣赏壮观秀丽的湖景和小镇风景，与阿尔卑斯山近距离接触，乘坐缆车吧，可以升至1064米。

活动

布雷根茨璀璨的明珠是**博登湖**，欧洲第三大湖，跨越奥地利、瑞士和德国。可以在镇北5公里处的洛豪（Lochau）玩**帆船**和**潜水**，还可以**游泳**。

博登湖自行车道
骑车

（Bodensee Radweg; www.bodensee-radweg.com）标记清楚的博登湖自行车道环湖而建，夏天，这里成为穿着莱卡的自行车手们的“高速公路”。**Fahrradverleih Bregenz**（Seepromenade; 城市自行车/每天15~18欧元，电动自行车25欧元；⏲4月至10月9:00~19:00）可以租借骑车装备。

节日和活动

布雷根茨音乐节（Bregenzer Festspiele; ☎407-6; www.bregenzerfestspiele.com），这座城市最重要的文化节在7月中旬到8月中旬举行。世界级的歌剧和交响乐作品登上Seebühne——湖面上搭建的漂浮舞台，以及音乐节剧场（Festspielhaus）和Vorarlberger州立剧院。音乐节前9个月就要开始抢票了。

食宿

在布雷根茨音乐节期间，房价飙升，床位紧张——提前预订。

首选 Deuring-Schlössle
历史酒店 €€€

（☎478 00; www.deuring-schloessle.at; Ehre-Guta-Platz 4; 双212~240欧元，套314~420欧元；P@📶）这家整修一新的老城堡里有布雷根茨最好的房间。每间的装修都各不相同，但都有浓郁的中世纪风情和高雅气质。餐厅（主菜30欧元左右）也是布雷根茨最棒的，外观精致、食材新鲜。

JUFA Gästehaus Bregenz
青年旅舍 €

（☎05708-35 40; www.jufa.at/bregenz; Mehrerauerstrasse 5; 铺28.20欧元；P@）这家国际青年旅舍联盟（HI, Hostelling International）旅舍位于湖边的一座针厂旧址里，现在吸引了一批批背包客。宿舍一尘不染、设施齐全，包括公共休息室和餐厅。

Hotel Weisses Kreuz
青年旅舍 €€

（☎498 80; www.hotelweisseskreuz.at; Römerstrasse 5; 标单109~119欧元，双126~186欧元，主菜14~29欧元；P❄@📶）这家市中心的旅舍服务周到，餐厅供应时令奥地利菜。时尚的房间里配有樱桃木家具、平板电视。

Wirtshaus am See
奥地利菜 €€

（☎422 10; www.wirtshausamsee.at; Seepromenade 2; 主菜11~18欧元；⏲9:00至午夜）这家餐厅是幢仿砖木结构的别墅，在湖边露台找张桌子坐下，尝尝当地特色菜，比如黄油博登湖白鱼（buttery Bodensee whitefish）和蔬菜炖鹿肉（venison ragout）。这里也同样适合痛饮一杯冰爽啤酒。

Cafesito 咖啡馆 €

(Maurachgasse 6; bagels 3~4欧元; ⏲周一至周五7:45~18:30, 周六9:00~14:30)小巧的Cafesito是镇里最棒的，为你度身定做百吉饼、冰沙和公平贸易的咖啡。

实用信息

布雷根茨的**旅游局**(✆49 59; www.bregenz.travel; Rathausstrasse 35a; ⏲周一至周五9:00~18:00, 周六至正午)提供城市和周边地区的信息，帮助解决住宿。

到达和离开

船 从4月到10月中旬，有1班船频繁往返于布雷根茨与博登湖一些小镇和城市之间，沿途包括德国的Konstanz(单程16.40欧元，4.25小时，林道(Lindau, 5.30欧元，22分钟)和腓特烈港(Friedrichshafen, 13.50欧元，2小时)。详情请见www.bodenseeschiffahrt.at。

火车 开往慕尼黑的火车(45.40欧元，3小时)通常经过林道(2.20欧元，9分钟)，开往苏黎世(Zürich, 34欧元，2.25小时)，经过圣加仑(St Gallen, 14欧元，50分钟)。每天有12班列车出发前往因斯布鲁克(34.40欧元，2.5小时)。开往Konstanz的列车(32.40欧元，1.75~2.5小时)虽然频繁，但需要换1至4次车。

了解奥地利

历史

奥地利在欧洲历史形成的过程中起到过巨大的作用。这个内陆小国曾经是强大的哈布斯堡帝国的权力中心，20世纪成为第一次世界大战爆发的关键角色。

文明和帝国

像欧洲许多国家一样，远古以来，奥地利经历了侵略和抗争。从冰河时代开始，这里就有了人类活动的足迹，凯尔特人大约在公元前450年在奥地利首次留下确凿的印迹。400年后罗马人统治了这里，之后巴伐利亚人又占据此地，1278年哈布斯堡王朝通过打败巴伐利亚皇族领袖掌控了这个国家。

哈布斯堡君主统治

哈布斯堡王朝600年来，利用联姻维持对疆域的统治，一度扩张到中欧和东欧大部分地区，甚至包括德国。但是"一战"战败宣告其统治终结，1918年奥地利共和国成立。

16世纪和17世纪，奥斯曼帝国多次威胁到维也纳城下，1805年拿破仑在奥斯特利茨(Austerlitz)打败奥地利。滑铁卢之战后，1815年奥地利首相明智地重新巩固奥地利权力，但1866年奥地利普鲁士之战败退，1867年建立奥匈帝国，都削弱了哈布斯堡在欧洲的影响。

然而，1914年6月28日，费迪南弗兰兹大公在萨拉热窝被斯拉夫分离主义分子刺杀，之前的一切挫折都相形见绌了。大公的叔叔，奥匈帝国皇帝弗朗茨·约瑟夫作出回应向塞尔维亚宣战，接下来的"伟大战争"(第一次世界大战)见证了哈布斯堡王朝的灭亡。

第二次世界大战和战后的奥地利

20世纪30年代，纳粹开始干涉奥地利的政治，直到1938年，攫取经济衰退国的时机成熟。德国入侵军队几乎没有遇到抵抗，希特勒在英雄广场上受到200,000名维也纳人英雄般的欢迎。

"二战"期间奥地利受到猛烈轰炸，但是这个国家恢复得很好，很大程度上受益于马歇尔计划、合理的政治经济决策[不包括20世纪90年代极右自由党及其颇具争议的领导人海德尔(Jörg Haider)的突袭]。从1955年开始奥地利一直保持中立，从1979年开始，很多国际组织包括联合国在内在此设立办事机构，1995年加入欧盟。

奥地利如今享受着经济、社会、政治的稳定，这是很多国家梦寐以求的。许多迅速发展的城市，如林茨，2009年成为欧洲文化之都，2012年因斯布鲁克举办首届青年冬季奥运会。维也纳也有很多喜人的成就，2011年名列美世生活质量表(Mercer Quality of Living List)前列，全新的火车总站正在建设中。

艺术和建筑

古典音乐

有哪个国家能与奥地利如此丰富的音乐遗产相媲美？18世纪和19世纪，由于哈布斯堡王朝的慷慨资助，许多伟大作曲家被吸引到维也纳。与奥地利音乐联系最紧密的时代是Wiener Klassik（维也纳古典音乐时期），它可以追溯到18世纪中后期，奠定了现在我们所知的古典音乐基础。它从高不可攀的皇庭和教堂巴洛克音乐走下来，将表演的场所切换到社会中上层阶级的沙龙和剧院中。

约瑟夫·海顿（1732~1809年）被称为维也纳古典音乐时期伟大作曲家第一人，之后有萨尔茨堡沃尔夫冈神童莫扎特（1756~1791年）。贝多芬的音乐才能在维也纳达到巅峰。Lieder（艺术歌曲）大师弗朗兹·舒伯特（Franz Schubert，1797~1828年）是维也纳古典音乐时期最后一位重量级作曲家。

维也纳分离派和表现主义

1897年，19名进步艺术家脱离保守艺术阵营，发起维也纳分离派（Sezession）运动，实际上就是新艺术。维也纳涌现出像画家古斯塔夫·克利姆特（1862~1918年）这样的人才；美景宫陈列着他最好的作品之一——《吻》。维也纳出生的建筑师奥托·瓦格纳（1841~1918年）在19世纪与20世纪之交，引领新的功能主义艺术方向，为首都地铁设计了引人注目的新艺术车站。

古斯塔夫·克里姆特深深地影响了奥地利著名表现主义家艾贡·席勒（1890~1918年）和奥斯卡·科科什卡（1886~1980年）的作品，席勒着迷于在画布上捕捉情欲主题。这三位奥地利伟大画家的作品都悬挂在维也纳博物馆区的利奥波德博物馆。

巴洛克盛世

多亏哈布斯堡君主统治以及王朝对奢华壮丽的沉迷，奥地利到处都是高水准建筑，在17世纪末期和18世纪早期的巴洛克时代，达到了巅峰。巴洛克建筑运用了雅致的廊柱、文艺复兴式的对称，加入荒诞、诙谐和讽刺元素。

约翰·伯恩哈德·费舍尔·冯·埃尔拉赫（Johann Bernhard Fischer von Erlach，1656~1723年），美泉宫的策划人，是这个国家最伟大的巴洛克建筑师。和费舍尔·冯·埃尔拉赫一样，这一时期奥地利第二位建筑师约翰·卢卡斯·冯·希尔德布兰特（Johann Lukas von Hildebrandt，1668~1745年）为贵族装饰宫殿内部而出名，其中就包括美景宫。保罗·特罗格（Paul Troger，1698~1762年）是奥地利巴洛克壁画大师，在梅尔克修道院能很好地欣赏到他的作品。其他一些巴洛克名作有维也纳的圣查尔斯教堂、萨尔茨堡的大教堂以及因斯布鲁克的霍夫堡。

遍地葡萄藤

830公里的下奥地利葡萄酒之路（Weinstrasse Niederösterreich；www.weinstrassen.at；Lower Austria Wine Rd）穿过下奥地利的8个产酒区，包括克雷姆斯谷（Kremstal）、坎普谷（Kamptal）和葡萄酒区（Weinviertel），经过美丽的阶地葡萄园、田园村庄、城堡和修道院。访问网站获取当地酒庄（有些提供住宿）、红酒商店和乡村Heurigen（酒馆）的详情，在酒馆里你可以品尝当地白比诺（白比诺）、绿色瓦特林纳（grüner veltliner）、雷司令（Riesling）和红葡萄酒。秋季则是喝半发酵Sturm（新酒）的好时间。

饮食

主食和特色菜

奥地利名菜有维也纳炸肉排和烩牛肉，甜点有Sacher Torte（维也纳巧克力蛋糕）和Kaiserschmarrn（葡萄干甜薄饼）。自然这些经典菜不能错过，但是奥地利的餐桌上还有其他很多别的地区名菜和时令菜肴。再加上布尔根兰州（Burgenland）上好的红酒、下奥地利、施蒂里亚（Styria）和其他地方高品质白葡萄酒和红葡萄酒，你就能享受上一顿令人兴奋又出乎意料的美餐。

在下奥地利，试试Waldviertel野味、牛肉和罂粟菜肴，Mostviertel浓郁的苹果汁、布尔

实用信息

» 营业时间 大多数景点和旅游局11月至次年3月开始缩短营业时间。

我们提供的开门时间是指旺季，因此这几个月以外的时间最好提前咨询确认。

» 季节性关闭 在阿尔卑斯山、许多酒店和餐厅，有时还有旅游局在大约5月至6月中旬，9月中旬至12月初会季节性关闭。

» 优惠票 博物馆和景点为家庭、儿童（一般16岁以下）、学生和老人提供优惠票；你可能需要出示年龄证明。如果12岁以下儿童与父母同住，房价通常会打折。

» 吸烟 除非单独辟出的房间，否则在餐厅不允许吸烟。户外露台的任何地方都可以吸烟。

根兰州的梭鱼和鲤鱼。瓦豪在7月中旬是吃杏的好时节。施蒂里亚州的Almochsen（草原牛肉）和坚果味健康南瓜油很有名。上奥地利是Knödel（饺子）之乡，而在相邻萨尔茨堡州不容错过的美食是一种甜蛋奶酥。克恩滕州的活鱼，福拉尔贝格州的Heumilchkäse（干草牛奶芝士）和蒂罗尔丰盛的Gröstl（用吃剩的土豆、猪肉和洋葱做的煎蛋）都是当地特色菜。

去哪儿吃喝

在维也纳被称为“Beisl”（小客栈；取自意第绪语“小屋”）的家常实惠的小店的菜单上有着常见的奥地利菜食物。除了蛋糕，大部分咖啡馆还提供烩牛肉这样的便餐或经典菜。在红酒产区，乡村酒馆直接在自己店里出售自制酒类，食物基本都是自助餐式。小店营业时间都有登记，可从旅游局获得当地的Heurigenkalendar（酒庄日历）。

想要吃便宜的食物，试试（大学食堂）。另一个省钱的办法是像很多奥地利人那样，将午餐作为一天中的正餐；大多数餐厅提供价廉物美的Tagesteller或者Tagesmenü（固定价格菜单）。在当地农夫市场你可以买到野餐所需的全部食品。

生存指南

出行指南

签证

适用申根签证规则。见654页进一步获取详情。奥地利外交部网站www.bmeia.gv.at列有大使馆地址。

现金

目前，奥地利境内所有的户外自动取款机（约8千台）均可使用银联卡提取欧元。

自动取款机 一些Bankomaten（自动取款机）24小时可用。大多数接受Maestro 借记卡、Visa和MasterCard 信用卡。

信用卡 Visa和MasterCard（Eurocard）比美国运通American Express（Amex）和Diners Club接受的地区更广泛。

税费 Mehrwertsteuer（MWST; value-added tax）大部分商品收取20% 的税。

小费 餐厅、酒吧、咖啡馆和出租车上一般付10%的小费。

汇款 紧急汇款，在大城镇有西联汇款（Western Union; www.westernunion.com）办事处。

折扣卡

地区 有各种打折卡，许多卡覆盖整个地区或者整个州。有些卡只要过夜住宿一晚就可免费领取。

学生和青年卡 国际学生身份证（International Student Identity Cards, ISIC）和欧洲青年卡（European Youth Card，小于26岁；浏览www.euro26.org查询折扣）在大多数博物馆、画廊和剧院可以打折。门票价格基本上比儿童票略高一些。

铁路打折卡 见108页。

使领馆

中国大使馆（☎0681 2019 2638; at.chineseembassy.org/chn/; Neulinggasse 29, Stiege 1, 3. Stock, 1030, Vienna）

旅游信息

旅游局在奥地利分布广泛，每年都会调整工作时间，因此等你到达时，工作时间可能会稍有变动。

奥地利国家旅游局（www.austria.info）有许多海外办事处。在ANTO网站上有详细列表。

活动

奥地利是进行户外活动的乐园，西部大部分户外活动区集中在高耸入云的阿尔卑斯山上。在蒂罗尔、萨尔茨堡州和上陶恩山国家公园，徒步和登山路线不计其数，这几个地方都拥有庞大的阿尔卑斯山木屋网络（可登录www.alpenverin.at）。例如像圣安东、基茨比厄尔和梅尔霍芬这些著名的地方，点燃了大批热衷于滑雪人士的向往之情，但是你也可以在一些名不见经传的度假胜地找到更便宜的住宿和滑雪缆车；请访问www.austria.info获取详情。

营业时间

银行 周一至周五8:00~15:00，周四至17:30

夜店 22:00至深夜

邮局 周一至周五8:00至正午和14:00~18:00，周六8:00至正午

酒吧 18:00至次日1:00

咖啡馆 7:30~20:00；营业时间差异很大

餐厅 正午至15:00，19:00~23:00

商店 周一至周五9:00~18:30，周六9:00~17:00

超市 周一至周六9:00~20:00

节假日

新年（Neujahr）1月1日

主显节（Heilige Drei Könige）1月6日

复活节（Ostermontag）3月/4月

劳动节（Tag der Arbeit）5月1日

圣灵降临节（Pfingstmontag）复活节后第6个星期一

耶稣升天节（Christi Himmelfahrt）复活节后第6个星期四

圣体节（Fronleichnam）圣灵降临节后第2个星期四

圣母升天节（Maria Himmelfahrt）8月15日

国庆节（Nationalfeiertag）10月26日

诸圣节（Allerheiligen）11月1日

圣灵感孕节（MariäEmpfängnis）12月8日

圣诞节（Christfest）12月25日

圣斯蒂芬节（Stephanitag）12月26日

住宿

从简单的山间木屋到适合帝王的五星酒店——在奥地利你会找到很多住宿的地方。旅游局坚持提供名录和详情，有些会免费帮忙安排住宿或者象征性收取些费用。提供一些有用建议：

» 提前预订总没错，特别是在旺季：7月和8月，12月至次年4月（滑雪胜地）。

» 切记书面预订确认视为必须履行，入住日期前几天内取消通常会产生费用或者需全额支付。

» 有些青年旅舍和一些廉价公寓有Etagendusche（公用淋浴）。

» 基本上酒店是没有电梯的；如果这点很重要，务必提前确认。

» 在山地度假村，旺季价格可以是淡季的双倍（5月至6月，10月至11月）。

» 在一些度假村（通常不在城市里），如果你过夜，会发一张Gästekarte（贵宾卡），提供如缆车和门票等的折扣。

» 在当地，一定要查询城市或地区网站，因为许多地方（例如维也纳、萨尔茨堡和格拉茨）有非常好的预订系统。

一些有用的网站：

奥地利酒店预订（Austrian Hotelreservation; www.austrian-hotelreservation.at）

奥地利国家旅游局（Austrian National Tourist Office; www.austria.info）

Booking.com（www.booking.com）

国际青年旅舍（Hostelling International，简称HI; www.hihostels.com）

世界青年旅舍（Hostelworld；www.hostelworld.com）

价格区间

我们是根据带私人浴室的双人间标准总结的，不包括青年旅舍或者特别指出的酒店。引用价格为旺季价格：阿尔卑斯山12月至次年4月，其他地方6月和8月。

€€€ 高于200欧元

€€ 介于80~200欧元

€ 低于80欧元

就餐

本章节所列的价格范围是指两道菜一餐，不包含饮品：

€€€ 高于30欧元

€€ 介于15~30欧元

€ 低于15欧元

电话

奥地利电话号码包含区号，后面是本地号码。

国家代码 ☎43

国际接入代码 ☎00

从奥地利向中国拨打电话需先加☎0086，后拨中国国内区号和电话号码。

移动电话 网络工作环境是GSM1800，与GSM 900电话兼容。电话商店出售预付费SIM卡，大约10欧元。

公共电话 不同面额的电话卡在邮局和Tabak（烟草）店有售。城市里到处都有呼叫中心，许多网吧可以用Skype电话。

到达和离开

飞机

中国国际航空公司和奥地利航空都有从北京直飞维也纳的航班。

维也纳是奥地利主要交通枢纽，但是格拉茨、林茨、克拉根福、萨尔茨堡和因斯布鲁克都有国际航班。飞往这些城市的航班通常比飞往首都的航班便宜；飞往Letisko机场的航班（布拉迪斯拉发机场）也较便宜，机场位于维也纳以东85公里斯洛伐克境内。

所有廉价航空中，瑞亚航空和柏林航空有飞往格拉茨、因斯布鲁克、克拉根福、林茨、萨尔茨堡和维也纳的航班（瑞亚航空有飞往布拉迪斯拉发的航班，由此可前往维也纳）。

去哪儿住

酒店和家庭旅馆 酒店和家庭旅馆（民宿）按照统一标准从一星到五星定级。

青年旅舍 在奥地利有100多家青年旅舍（Jugendherberge）隶属于国际青年旅舍（HI）联盟。设施一般都不错。大多为4~6张床的宿舍带淋浴/厕所，但是有些地方也有双人间以及家庭房。见www.oejhv.or.at or www.oejhw.at了解详情。

私人房间 Privatzimmer（私人房间）价格便宜（通常大约50欧元/双人间）。除此之外，你在乡村可以找到Bauernhof（农舍），以及一些Öko-Bauernhöfe（有机农场）。

登山木屋 在奥地利阿尔卑斯山有530个这样的木屋；大多数由Österreichischer Alpenverein（ÖAV；奥地利登山俱乐部；www.alpenverein.at，德语）维护。通常提供饭菜。非会员宿舍床位费大约26欧元至44欧元；ÖAV会员半价。

出租屋 Ferienwohnungen（自炊公寓）在奥地利山地度假村到处都是；建议提前预订。联系当地旅游局获取名录和价格。

露营 奥地利有490多个露营地，许多都配备良好，在景色优美的地方。价格可能低至每人或每顶小帐篷4欧元，价格高的为10欧元。冬季很多营地关闭，请提前电话确认。搜索地区营地信息请见www.camping-club.at（德语）。

生态酒店 搜索地区Bio-或者Öko-（“eco-”）酒店，可登录www.biohotels.info查询。

以下是奥地利主要国际机场：

格拉茨机场（☎29 020；www.flughafen-graz.at）

因斯布鲁克机场（INN；☎0512-22 525；www.innsbruck-airport.com）

克拉根福机场（KLU；☎0463-41 500；www.klagenfurt-airport.com）

蓝色多瑙河机场（LNZ；☎0722-16 00；www.flughafen-linz.at）

萨尔茨堡机场（SZG；☎0662-85 800；www.salzburg-airport.com）

维也纳机场（VIE；☎01-7007 22 233；www.viennaairport.com）

布拉迪斯拉发机场（BTS；☎421 2 3303 33 53；www.airportbratislava.sk）为布拉迪斯拉发服务，与维也纳交通连接便捷。瑞亚航空使用。

陆路

长途汽车

从奥地利发车的长途汽车远至英国、波罗的海诸国、荷兰、德国和瑞士。但是最重要的是，可以到达东欧各大小城市——例如索非亚和华沙，或前往班加卢卡（Banja Luka）、莫斯塔尔（Mostar）和萨拉热窝等地。

Eurolines（www.eurolines.at）从维也纳和其他几个地区城市发车。

小汽车和摩托车

从德国、捷克、斯洛伐克、匈牙利、斯洛文尼亚、意大利和瑞士有许多陆路口岸可以进入奥地利。所有边境站均24小时开放。

适用欧洲标准的保险和文书规则。

火车

奥地利铁路四通八达。从西部进出该国的主要列车通常在前往维也纳的途中会经过布雷根茨、因斯布鲁克或者萨尔茨堡。开往东欧的火车从维也纳发车。开往意大利的特快列车会经过因斯布鲁克或者菲拉赫；开往斯洛文尼亚的列车会经过格拉茨。

特快和高速列车 特快列车标志是EC（EuroCity；提供国际线路）或者 IC（InterCity；提供国内线路）。

在线时刻表ÖBB（☎05 17 17；www.oebb.at）奥地利国家铁路，分国内和国际线路。只有国内线路可在线查询票价。

预订 快车和国际列车可能要额外收费，高峰时间提前预订座位是个好办法（有时规定必须这么做）。

SparSchiene（打折ÖBB票）当你提前在线预订，通常都可买到，价格只相当于标准火车票价的1/3。

河流和湖泊

水上飞机从维也纳开往布拉迪斯拉发和布达佩斯；慢一些的船在首都和帕绍（Passau）之间的多瑙河上航行。**多瑙河旅游委员会**（Danube Tourist Commission，www.danube-river.org）提供各国可预订团队游的运营商和代理商名单。德国和瑞士可以从布雷根茨出发进入。

当地交通

飞机

通常在奥地利这样小的国家没有必要乘坐飞机。提供长途路线的主要航空公司是国家航空公司**奥地利航空**（www.austrian.com），其联合运营商蒂罗尔航空每日提供几班维也纳和格拉茨、因斯布鲁克、克拉根福、林茨和萨尔茨堡之间的航班。

自行车

自行车租赁 所有城市至少有一家自行车店，也兼做租赁中心。每天大约需支付租金10~15欧元。

自行车游览 大多数旅游局提供的手册会介绍该地区的骑行设施信息以及许多指定骑行路线。各城市普遍都有独立的自行车道，而长途车道和路线也会沿着主要河流和湖泊而行，比如多瑙河，以及克恩滕州的沃尔特湖和福拉尔贝格州的博登湖。

自行车交通 只要火车时刻表上方带有自行车标志，你都可以携带自行车上火车。一日票在地区范围内使用需要花费5欧元，全国范围内（城际）需要10欧元，国际列车需要12欧元。你不能携带自行车上长途汽车。

船

多瑙河是维也纳与下奥地利和上奥地利

之间的通道。船运服务基本上速度比较慢，更多功能在于观光游览而不是交通运输。

长途汽车

邮政巴士通常从火车站外发车。在偏远地区，周六班次很少，通常周日没有班次。一般情况下你只能向司机买票。关于奥地利本国信息，拨打电话☎0810 222 333（6:00~20:00）；奥地利之外信息，拨打电话☎+43 1 71101，或者访问网站www.postbus.at。

小汽车和摩托车

高速公路Autobahns（“A”）和Bundesstrassen（“B”）是主要公路，而Landstrassen（“L”）让你享受驾驶旅程，通常也适合自行车骑行。每日motorail服务将维也纳与因斯布鲁克、萨尔茨堡和菲拉赫连接起来。

汽车协会

奥地利两家汽车协会会员年费是75.60欧元，包括24小时免费排除故障服务。这两家协会是：

ARBÖ（☎24小时紧急援助123，办公室123 123；www.arboe.at；Mariahilfer Strasse 180，Vienna；⏲办公室电话每天6:00~19:00，办公场所周一至周五8:00~17:30）

ÖAMTC（☎24小时紧急援助120，办公 01-711 99-0；www.oeamtc.at；Schubertring 1-3，Vienna；⏲周一至周五8:00~18:00，周六9:00~13:00）

租车

跨国租车公司**Avis**（www.avis.at），**Budget**（www.budget.at），**Europcar**（www.europcar.co.at）和**Hertz**（www.hertz.at）在各主要城市均设有办事处；可向旅游局咨询详情。必须年满19岁才能租赁小汽车，或者25岁以上可以租赁大一点的“气派”汽车。客户必须持有驾照满一年以上。许多合约不允许客户将车开出奥地利，尤其是进入东欧。

高速公路和隧道收费

所有高速公路征收Vignette（缴费贴纸）；汽车/摩托车10天收取：8.30/4.80欧元，两个月收取24.20/12.10 欧元。Vignette可以在边境站、加油站和烟草店（Tabak）购买。有些山岭隧道会额外收取费用（通常2.50~10欧元）。

交通规则

» 最低驾车年龄为18岁。

» 靠右行驶，左侧超车。

» 总是给右行车让行，除非有优先公路标志。电车总是优先。

» 国际驾照必须一直携带。

» 必须系安全带。

» 城市建成区限速50公里/小时，高速公路130公里/小时，其他公路100公里/小时。除A1（维也纳-萨尔茨堡）和A2（维也纳-菲拉赫）之外，22:00至次日5:00期间高速公路限速110公里/小时。

» 酒驾处罚——酒精含量超过0.05%——现场处以高额罚款并没收驾照。

» 摩托车手及乘客必须佩戴头盔，自行车手无需佩戴。

» 身高低于1.5米的14岁以下儿童必须有特殊座椅或者防护。

» 必须在车上备有三角形警示标志、安全背心和急救箱。

» 11月至次年4月中旬，必须使用冬季轮胎和雪地链。

» 在奥地利高速公路上搭便车是违法的。

火车

奥地利的铁路系统整洁、高效，如果你使用打折卡会非常便宜。

残障乘客 使用24小时☎05-17 17 特殊旅游援助乘客电话；至少在旅行前24小时拨打（国际服务需提前48小时）。车站工作人员可以帮助安排上车和下车。

车费 这里所列车费为二等车厢车票。

信息 ÖBB（www.oebb.at）是主要运营商，另有许多私人线路加以补充。在线出售车票和时刻表。

RailJet RailJet 火车值得一坐，这些火车时速达到200公里/小时，它们连接了维也纳、格拉茨、菲拉赫、萨尔茨堡、因斯布鲁克、林茨和克拉根福。

预订 在奥地利国内大多数特快列车的二等车厢预订收费3.50欧元；周末出行时建议预订。

火车通票

根据你在奥地利乘坐火车旅行的次数，火车通票会很实用。

欧铁奥地利通票（Eurail Austria Pass）非欧盟国公民可以使用这种便利的通票。为1个月内3天无限次乘坐二等车厢，价格123欧元起，26岁以下乘客还可享受更多折扣。登录网站www.eurail.com获取详细信息。

欧铁火车通票（InterRail pass）欧洲公民使用的通票且包含奥地利全国通票（3/4/6/8天票，181/205/267/311欧元）。26岁以下乘客可享受折扣。登录www.interrailnet.com获取全面信息。

Vorteilscard 至少便宜45%，1年有效，但是不可用于长途汽车。提供一张照片和护照或者身份证。价格为：成人/26岁以下/老人，100/20/27欧元。

捷克

包括 »

最佳餐饮

» Sansho（见130页）

» Aberdeen Angus Steakhouse（见149页）

» Moritz（见165页）

最佳住宿

» Golden Well Hotel（见123页）

» Fusion Hotel（见124页）

» Hotel Templ（见169页）

为何去

从1989年东欧剧变，中欧、东欧日益开放以来，布拉格已经成为欧洲最受欢迎的旅游胜地之一。这座城市完好无损地保留着中世纪的精髓，瞬间让你穿越回500年前。14世纪的查理大桥（Charles Bridge）横跨河畔两座相邻的历史街区，是欧洲最美丽的景点之一。这座城市不仅仅关乎历史，还是拥有精彩纷呈文化活动的重要中心。首都之外，城堡、宫殿林立——包括捷克克鲁姆洛夫（ČeskýKrumlov）极为大胆的山顶城堡——诉说着许多影响了整个欧洲的名门望族和达官显贵的悠悠往事。那些保存完好的文艺复兴小镇经受住了冷战时期的浩劫，贯穿上下几百年的历史，风格迥异的景观为冒险奇遇提供了一个舞台。

何时去

布拉格

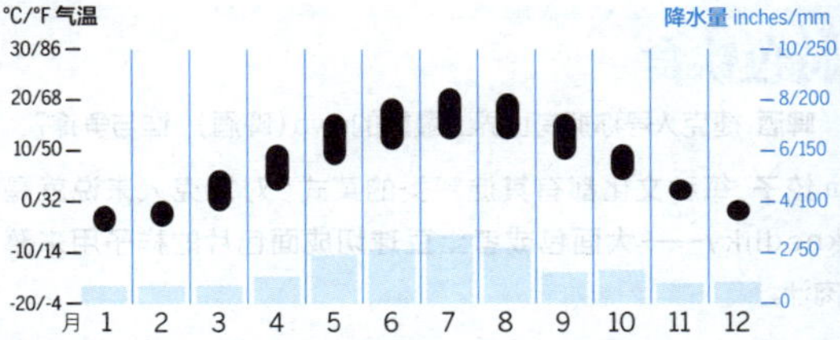

5月 布拉格会举办各种节日，从古典音乐节到啤酒节再到边缘艺术节。

7月 卡罗维发利（Karlovy Vary）这个沉睡的温泉小镇在一年一度的电影节上展现其艺术的一面。

12月 布拉格圣诞市场（Christmas Market）吸引了来自世界各地的游客。

交通

捷克位于欧洲主要公路和铁路线上，是探访周边国家的便利枢纽。布拉格铁路四通八达，连接着德累斯顿（Dresden）、柏林，以及克拉科夫（Krakow）、布拉迪斯拉发（Bratislava）、布达佩斯（Budapest）和维也纳。主要的四车道高速公路将布拉格与德国各城市、布拉迪斯拉发和布达佩斯连接起来。

旅行线路

一周

尽情感受将动荡纷乱的过去与生机勃勃的当下融为一体的布拉格。顶级体验包括：参观宏伟的布拉格城堡（Prague Castle）、约瑟夫区的犹太博物馆（Jewish Museum），以及愉快地迷失在迷宫一般的老城中。一定要花一天的时间去泰瑞辛（Terezín），然后往南在捷克克鲁姆洛夫的河边消磨几日时光。

两周

先在布拉格逗留，然后往西行去玛丽亚温泉市（Mariánské Lázně）或者卡罗维发利享受水疗。在比尔森（Plzeň）品味波希米亚啤酒，让你的享受的“罪恶感”和“幸福感”提前融合。然后向南前行，在捷克克鲁姆洛夫附近放松和劳顿。向东探访泰尔奇（Telč）中文艺复兴的宏伟和布尔诺（Brno）的世界性的画廊与博物馆。在去奥洛莫乌茨（Olomouc）的圣三一柱（the Holy Trinity Column）膜拜之前，先将摩拉维亚（Moravian）首府作为探索摩拉维亚熔岩洞和米库洛夫（Mikulov）酒乡的落脚点。

特色饮食

» **啤酒** 捷克人号称拥有世界上最好的pivo（啤酒），谁与争锋？

» **饺子** 每种文化都有其淀粉类的菜式；对捷克人来说就是knedliky——大面包或者土豆球切成面包片的样子用来蘸肉汁。

» **猪肉** 牛肉闪到一边吧，这里绝对是vepřovémaso（猪肉）当道。特色菜包括烤猪肉、guláš（炖猪肉）或者猪肉vepřovýřízek（炸肉排）。

» **冰爵力娇酒（Becherovka）** 一小杯来自卡罗维发利的带些许甜味的草本酒，通常在大餐前（或后）饮用。冰饮最佳。

» **鲤鱼** 这种低档的河鱼当地叫kapr，在每年圣诞节的家宴中，占据着最显赫的位置。

速览

» **货币** Kč（捷克克朗）

» **语言** 捷克语

» **现金** 自动取款机随处可见，银行周一至周五营业

» **签证** 适用申根政策

快速参考

» **面积** 78,864平方公里

» **首都** 布拉格

» **国家代码** ☎420

» **紧急情况** ☎112

汇率

人民币	CNY1	3.22Kč
港币	HKD1	2.59Kč
新台币	TWD1	0.67Kč
澳门币	MOP1	2.51Kč
新加坡元	SGD1	16.02Kč
美元	USD1	20.06Kč
欧元	EUR1	27.47Kč

预算

» **经济型酒店房间** 1500捷克克朗

» **一餐两道菜** 300捷克克朗

» **博物馆门票** 150捷克克朗

» **啤酒** 40捷克克朗

网络资源

» **捷克旅游局官方网站**（www.czechtourism.com/cn/home/）

» **捷克旅游局官方微博**（weibo.com/1968087357）

» **捷克旅游网**（www.czechtourism.com）

捷克亮点

❶ 清晨或深夜，当人潮退去，漫步在**查理大桥**（见119页）。

❷ 暖风习习的夏夜，在布拉格露天**Letná啤酒花园**（见131页），享用一杯啤酒。

❸ 每到正点，**布拉格天文钟**（见116页）敲响的时刻，加入观赏的人流。

❹ 去**捷克克鲁姆洛夫**（见153页），看看中欧最美小镇。

❺ 参观比尔森的**比尔森**啤酒厂（见147页），看看啤酒生产流程。

❻ 漫步雄伟的**奥洛莫乌茨**（见161页），这是一座你或许闻所未闻的美妙城市。

布拉格（PRAHA,PRAGUE）

人口1,220,000

布拉格最绝妙的反差就是：你是被历史吸引而来到这里，却又因这里的现在和未来而留恋。你每天都可以沉浸在辉煌的艺术和建筑文化遗迹中——从哥特风格到文艺复兴，再到新艺术和立体派艺术。当夜幕降临，将你注意的焦点转移到像Vinohrady和Žižkov这类新兴商业区热闹的餐馆、酒吧和俱乐部上去。如果布拉格季节性的游客大军让你崩溃，那没关系。不妨品尝一杯这个国家最传奇的窖藏啤酒（lager），放松和休息会让你相信宁静的时光依然存在：在查理大桥上独享一次黎明破晓；喝一杯Letná啤酒花园的冰镇啤酒并凝望老城区（StaréMěsto）的绝美风光；或者干脆迷失在小城区（Malá-Strana）的隐秘巷子中。

景点

布拉格依偎在伏尔塔瓦河畔（Vltava River），西岸是Hradčany（城堡区）和MaláStrana（小城区），东岸是StaréMěsto（老城区）和NovéMěsto（新城区）。布拉格城堡鸟瞰小城区，而老城区广场（Staroměstské-nám）上耸立着泰恩教堂（Týn Church）两尊哥特式双子塔。温塞斯拉斯广场（Wenceslas Sq，Václavskénám）的宽阔大道从老城区向东南，一直延伸到国家博物馆（National Museum）和主火车站。

> **布拉格两日游**
>
> 一大早闲逛**查理大桥**，可以避开如织的游客。沿着聂鲁达大街（Nerudova）一路向上，到达布拉格城堡区（Hradčany），辉煌的**布拉格城堡**映入眼帘。千万别错过了**洛布科维茨宫**（Lobkowicz Palace）华丽的“王室收藏”（Princely Collections）。再过河来到**查理大桥博物馆**（Charles Bridge Museum）。
>
> 第二天游览**约瑟夫区**，这是布拉格最初的犹太人居住区；之后带上一份野餐，在**山顶高堡**（Vyšehrad）欣赏怡人景色。在你赶着去**U Modré Kachničky**吃淳朴的捷克菜肴，或者去**Sansho**吃融合了亚洲风味的高档创意菜之前，留点时间喝几杯捷克啤酒。可以选择惬意的**Letná啤酒花园**，也可以选择出色的**Pivovarský Klub**。对于那些必须睡前来一杯的人，去**Čili Bar**这样酷的夜店吧。

城堡区（HRADČANY）

Hradčany（城堡区）从布拉格城堡向西，一直延伸到斯特拉夫修道院（Strahov Monastery），这是一片迷人而安宁的居住区。1320年，这里独立发展为一个镇，在1598年成为布拉格的一个自治镇之前，这里遭受过两次重创：一次发生在胡斯战争（Hussite Wars）中，另一次是1541年的大火。

首选 **布拉格城堡** 城堡

（Prague Castle，Pražskýhrad；见118页地图；☎224 372 423；www.hrad.cz；Hradčanskénáměstí；庭院免费，景点 成人/优惠 全价票350/175捷克克朗，非全价票 250/125捷克克朗；⊙庭院 4月至10月5:00至午夜，11月至次年3月6:00~23:00；花园4月和10月10:00~18:00，5月和9月至19:00，7月和8月至21:00，11月至次年3月歇业；历史建筑4月至10月9:00~18:00，11月至次年3月至16:00；Ⓜ Malostranská，🚊22）壮观的布拉格城堡是城中最受欢迎的景点。这里一直是捷克统治者权力所在地，同样也是国家元首的官邸。城堡群主要的景点包括老皇宫（Old Royal Palace）、圣乔治教堂（Basilica of St George）、**黄金巷**（Zlatáulička；见118页地图）和圣维特大教堂（St Vitus Cathedral），以及其他一些景点。

进入城堡庭院是免费的，但是参观景点，包括圣维特大教堂需要买联票。根据你的时间情况有不同选择。主要是两种：全价票和非全价票。后者包括大多数主要景点门票，可以满足大多数游客需求。

圣维特大教堂

（St Vitus Cathedral，Katedrála Sv Víta；见118页地图；☎257 531 622；www.katedralasvatehovita.cz；III nádvoří，Pražskýhrad）这座布拉

格的重要教堂坐落于城堡庭院中，城中其他地方均可望见。尽管它看上去古朴沧桑，实际上1929年才建成。里面有很多宝藏，包括阿尔丰斯·穆夏（Alfons Mucha）的新艺术花窗玻璃。

富丽堂皇、带有巴洛克风格的银色内波穆克圣约翰之墓（tomb of St John of Nepomuk），背面整整用了两吨银砌成。大教堂里有数量众多的小礼拜堂，其中最大最美的当属圣温塞斯拉斯小礼拜堂（Chapel of St Wenceslas）。它的墙壁以镀金镶嵌板装饰，包括抛光的半宝石板。

老皇宫

（Old Royal Palace，StarýkrálovskýPalác；见118页地图）老皇宫始于1135年，是城堡历史最悠久的一部分。其核心部分是弗拉迪斯拉夫大厅（Vladislav Hall，见118页地图）和波希米亚总理府（Bohemian Chancellery，见118页地图），著名的布拉格抛窗事件就在此发生。

圣乔治教堂

（Basilica of St George，Bazilika Sv Jiří；见118页地图；Jiřskénáměstí）这座耀眼夺目，外立面是早期巴洛克风格的红砖建筑，矗立在圣乔治广场（Jiřskénáměstí）上，实际上是捷克保存最完好的罗马式教堂，由弗拉蒂斯拉夫一世（Vratislav I）建于10世纪。紧邻教堂的是圣乔治女修道院（Convent of St George，Klášter Sv Jiří；见118页地图；☎257 531 644；www.ngprague.cz；Jiřskénáměstí33；成人/优惠150/80捷克克朗；⊙周二至周日10:00~18:00），目前是收藏19世纪捷克艺术品的国家美术博物馆（National Gallery's Museum）。

洛布科维茨宫

（Lobkowicz Palace，LobkovickýPalác；见118页地图；☎233 312 925；www.lobkowicz.cz；Jiřská3；成人/优惠/家庭275/200/690捷克克朗；⊙10:30~18:00）这座16世纪的宫殿有座私人博物馆，即众所周知的“王室收藏”，包括价值连城的画作、家具和音乐纪念品。语音向导由宫殿主人威廉姆·洛布科维茨（William Lobkowicz）及其家人讲述，这种亲自讲述的方式让展示更加栩栩如生，使之成为布拉格城堡景点中最有趣的宫殿之一。

> **注意你的言行举止**
>
> 进商店、咖啡馆或酒吧的时候，习惯性会说：“dobrý den”（日安），离开时说：“na shledanou”（再见）。

斯腾伯格宫

画廊

（Šternberg Palace，Šternberskýpalác；见118页地图；☎233 090 570；www.ngprague.cz；Hradčanskénáměstí15；成人/儿童150/80捷克克朗；⊙周二至周日10:00~18:00；🚊22）巴洛克风格的斯腾伯格宫是国家美术馆收藏14世纪至18世纪欧洲艺术品的场所，包括戈雅（Goya）和伦勃朗（Rembrandts）的作品。这里是中世纪祭坛装饰爱好者的天堂；这里也有一些鲁本斯（Rubens）、伦勃朗和勃鲁盖尔（Breughel）的作品，以及一大批波希米亚微型画收藏。

洛雷塔圣母圣殿

教堂

（Sanctuary of Our Lady of Loreta；见114页地图；www.loreta.cz；Loretánské náměstí 7；成人/儿童110/90捷克克朗；⊙周二至周日9:00~16:30；🚊22、23去往Pohořelec）巴洛克式洛雷塔圣母圣殿的玻璃柜里展示了珍贵的宗教艺术品，回廊里摆放了一座来自意大利小镇洛雷塔的17世纪圣屋（Santa Casa）复制品，据说圣母玛利亚位于拿撒勒（Nazareth）的房子在13世纪被天使们运到意大利。

斯特拉霍夫图书馆

历史建筑

（Strahov Library，Strahovskáknihovna；见114页地图；☎233 107 718；www.strahovskyklaster.cz；Strahovskénádvoří1；成人/优惠80/50捷克克朗；⊙9:00至正午和13:00~17:00；🚊22，25）斯特拉霍夫图书馆是捷克最大的修道院图书馆，拥有两座始于17世纪和18世纪华丽的巴洛克式大厅。主要景点是两层高的哲学厅（Philosophy Hall；Filozofickýsál；1780~1997年）和历史更久，更加美轮美奂的神学厅（Theology Hall；Teologiskýsál；1679年）。

老城区（STARÉ MĚSTO）

老城广场（Old Town Square，Staroměs-

Greater Prague 布拉格地区

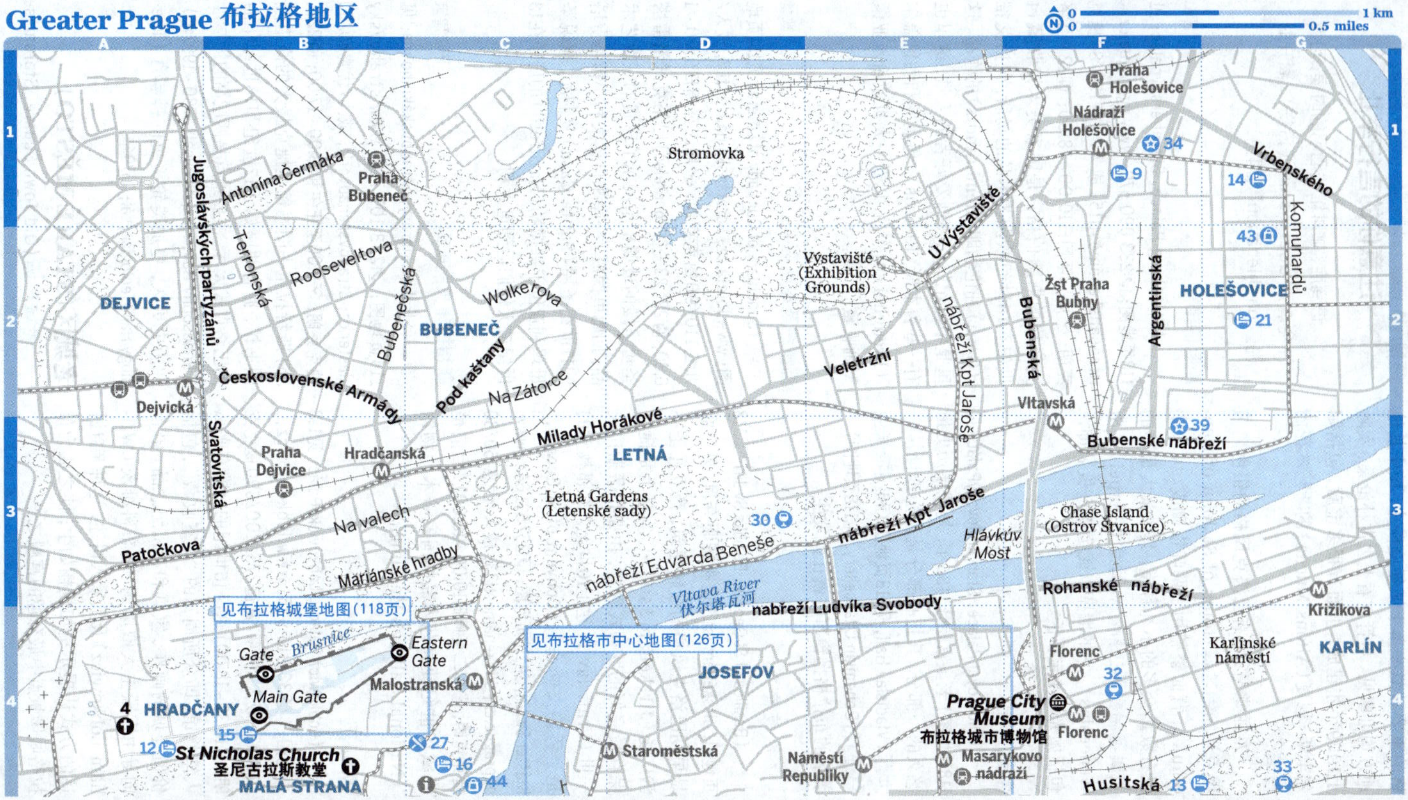

Koněvova
Seifertova
Mahlerovy sady
ŽIŽKOV
29
37
Jiřího z Poděbrad
26
22
41
Slezská
Rajská zahrada
Riegrovy sady
Vinohradská
VINOHRADY
11
VRŠOVICE
Vršovická
20
Havlíčkovy sady
Praha hlavní nádraží (Main Train Station) Praha hlavní nádraží (主火车站)
17
36
Náměstí Míru
Peace Sq
NOVÉ MĚSTO 新城区
Vrchlického sady
Hlavní Nádraží
10
Anglická
38
Bělehradská
Muzeum
National Museum 国家博物馆
IP Pavlova
Sekaninova
Jaromírova
Vyšehrad
Můstek
Na Příkopě
Štěpánská
Ječná
18
Vodičkova
Vyšehrad Gardens (Vyšehradské sady)
Můstek
STARÉ MĚSTO 老城区
Žitná
31
Na Slupi
3
1
Spálená
19
Karlovo Náměstí
VYŠEHRAD
Svobodova
8
2
7
Národní třída
42
Karlovo Náměstí
Křižovnická
Slav Island (Slovanský ostrov)
Rašínovo nábřeží
Císařská louka
John Lennon Wall 约翰・列侬墙
Charles Bridge (Karlův most)
Marksmen's Island (Střelecký ostrov)
Children's Island (Dětský ostrov)
Hořejší Nábřeží
Svrnosti
28
35
V Botanice
Zborovská
Matoušova
Lidická
25
23
24
Štefánikova
Nádražní
Praha Smíchov
6
Karmelitská
40
Anděl
Kartouzská
Radlická
Schönborská zahrada
Seminářská zahrada
Nebozízek Station
Kinský Garden (Kinského zahrada)
SMÍCHOV
5
Strahovská zahrada
Vaníčkova
Plzeňská

Greater Prague 布拉格地区

tskénáměstí；见126页地图；ⓂStaroměstská），欧洲最美的城市空间之一，捷克语中通常缩写为Staromák，自10世纪以来一直是布拉格主要的公共广场，直到20世纪初，也一直是主要的集市。这里有街头爵士乐队表演和露天音乐会，当季还有圣诞市场和复活节市场，Ladislav Šaloun的新艺术派**胡斯雕像**（statue of Jan Hus；见126页地图；ⓂStaroměstská）在沉思中见证了这一切。。雕像为纪念胡斯在火刑柱遇难500周年而建，于1915年7月6日落成。

老城市政厅　　历史建筑

（Old Town Hall，Staroměstskáradnice；见126页地图；☎12444；www.prazskeveze.cz；Staroměstskénáměstí1；导览游 成人/儿童105/85捷克克朗；⊙周一11:00～18:00，周二至周日9:00～18:00；ⓂStaroměstská）布拉格老城市政厅建于1338年，是对几个世纪以来中世纪建筑风格的一次荟萃，其中最为突出的是巍然耸立的哥特式尖塔以及光彩夺目的天文钟。老城市政厅有几处历史名胜，同时旅游信息办事处总部也设在这里（见136页）。市政厅一楼会举办一些艺术展。在塔上可欣赏到全城最棒的景观。

天文钟　　历史遗迹

（Astronomical Clock；见126页地图；ⓂStaroměstská）如果你在老城广场想看看时间，只需抬头看看上面的大钟即可，这个1490年创造的机械奇迹至今难以解密，真是颇有讽刺意味。据说，为了防止大钟缔造者Master Hanuš再为别人制作一个同样的大钟，他被刺瞎了双眼。整点时，可驻足观看中世纪提线木偶表演。

泰恩教堂

教堂

（Church of Our Lady Before Týn，Kostel Panny Marie před Týnem；见126页地图；☎222 318 186；www.tyn.cz；Staroměstské náměstí；建议捐款 25捷克克朗；⏲3月至10月 周二至周六10:00～13:00和15:00～17:00，周日10:30至正午；Ⓜ Staroměstská）泰恩教堂醒目的哥特式双塔使其成为老城鲜明的地标。双塔仿佛出自15世纪——或许有些残忍的——童话故事，赫然耸立在老城广场上。塔上装饰着一尊17世纪20年代的圣母玛利亚金像，由原先装饰教堂的胡斯信徒圣杯熔化而铸成。

虽然教堂外面是鲜明的哥特风格，里面却是浓郁的巴洛克风格。其中最有趣的两处特征：一处是北墙上巨大的洛可可**祭坛**；另一处是丹麦天文学家**第谷·布拉赫墓**（Tomb of Tycho Brahe），他是鲁道夫二世时期最著名的"谋士"之一（他于1601年去世，据说是在一次皇家宴会上豪饮后膀胱破裂而死）。

布拉格犹太博物馆

博物馆

（Prague Jewish Museum，Židovskémuzeum Praha；见126页地图；☎222 317 191；www.jewishmuseum.cz；预约中心，U starého hřbitova 3a；普通票成人/儿童300/200捷克克朗，联票包括旧新犹太教堂门票480/320捷克克朗；⏲4月至10月 周日至周五9:00～18:00，11月至次年3月至 16:30；Ⓜ Staroměstská）这间博物馆包括六座犹太教堂。

梅瑟犹太教堂（MaiselSynagogue，Maiselova synagóga；见126页地图；Maiselova 10）；

平卡斯犹太教堂（PinkasSynagogue，Pinkasova synagóga；见126页地图；Široká 3）；

西班牙犹太教堂（SpanishSynagogue，Spanélská synagóga；见126页地图；Vězeňská 1）；

克劳斯犹太教堂（KlausSynagogue，Klauzová synagóga；见126页地图；U starého hřbitova 1）；

纪念厅（Ceremonial Hall，Obřadní síň；见126页地图）；

旧犹太人公墓（Starý židovský hřbitov；见126页地图；Pinkas Synagogue，Široká 3）。

博物馆参观路线见120页。教堂聚集在约瑟夫区，是老城的一个小角落，布拉格的犹太人在这里聚居长达800年左右，直到20世纪初实施城市更新计划以及"二战"中被纳粹占领才告结束。

这些教堂不可以单独参观，而是要求购买联票，这张票适用于所有景点，约瑟夫区所有售票窗口均有售。第五座教堂，也就是**旧新犹太教堂**（Staronovásynagóga；见126页地图；Červená2；成人/儿童200/140捷克克朗），仍然在举行宗教活动，要求单独买票或者额外付费。

20世纪之交，贫民窟拆迁期间，为保护教堂物品不受破坏，于1906年首次建立了犹太博物馆。因为"二战"期间最具讽刺和荒诞意味的法令之一，博物馆藏品日益丰富起来。纳粹占领期间，德国人为建立一个"灭亡民族的博物馆"而接管了这所博物馆。为此，他们从摧毁的波希米亚和摩拉维亚的犹太人社区里拿来很多物品。

市政大楼

历史建筑

（Municipal House，Obecní dům；见126页地图；☎222 002 101；www.obecnidum.cz；náměstí Republiky 5；导览游 成人/儿童290/240捷克克

省钱小贴士

布拉格近几年来物价越来越高，但是仍有一些东西可以享受免费或者降低你的花销：

» 在布拉格城堡的花园和庭院散步（见112页）。

» 黎明游览查理大桥（见119页）。

» 探访高堡的堡垒（见123页）。

» 从Vinohrady的和平广场（Peace Sq）坐22路电车到布拉格城堡，实现一天的城市自由行。可能最多需要花费32捷克克朗。

» 要想在外用餐且最经济，可以把正餐放在中午，好好利用餐厅的dennímenu（每日特价）。

» 在Letná啤酒花园点一杯傍晚特价啤酒，既看人流又能欣赏河景（见131页）。

Prague Castle 布拉格城堡

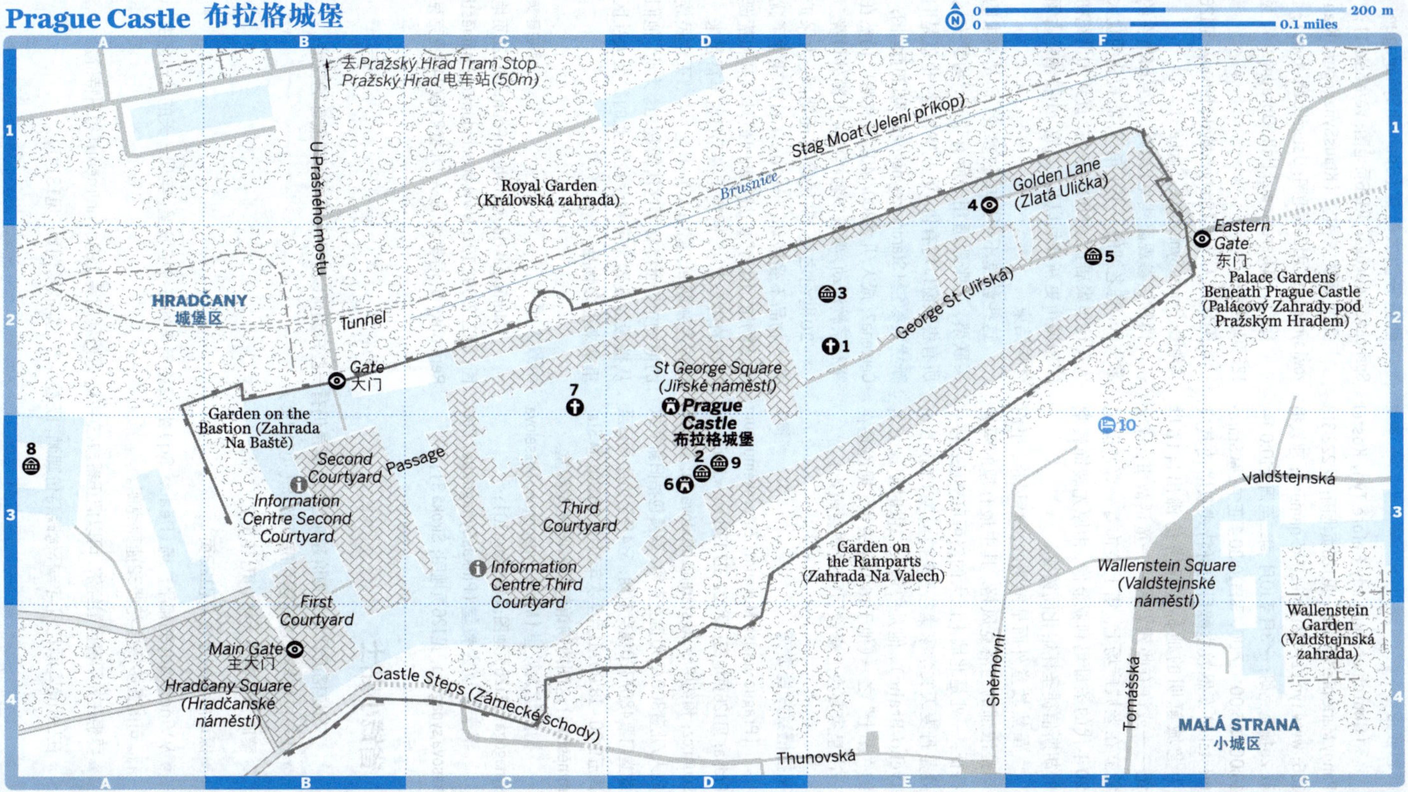

Prague Castle 布拉格城堡

重要景点

景点

住宿

朗；公共区域7:30～23:00，信息中心10:00～20:00；Ⓜ Náměstí Republiky）大楼于20世纪90年代重新翻修，是布拉格最极尽豪华、活色生香的建筑，是凝聚了无限爱意的成果，每一处设计细节和装饰都经过了深思熟虑，每一张画作都带有象征意义。位于入口处侧面的餐厅和咖啡馆仿佛一座无需预约便可进入的新艺术设计博物馆；楼上是六间装饰奢华的展厅，那里你可以随导览游参观。

市政大楼所在的位置原先是波希米亚王朝从1383年至1483年历任国王的宫廷所在地（后来弗拉迪斯拉夫二世Vladislav II 迁入布拉格城堡），于19世纪末被摧毁。1906年至1912年，这座富丽堂皇的新艺术宫殿在原址修建——凝聚了当时30位杰出艺术家的心血。

圣艾格尼丝女修道院 画廊

（Convent of St Agnes, Klášter sv Anežky；见126页地图；224 810 628；www.ngprague.cz；U Milosrdných 17；成人/儿童150/80捷克克朗；周二至周日10:00～18:00；5, 8, 14）前圣艾格尼丝女修道院（Convent of St Agnes）位于老城区东北角，这里是布拉格现存最古老的哥特风格建筑。2楼的房间存放着国家美术博物馆（National Gallery）中世纪和文艺复兴早期艺术（1200～1550年）的永久藏品，这些藏品都是来自波希米亚和中欧地区，有间珍宝馆里摆放着很多鲜艳的哥特祭坛画和彩色宗教塑像。

捷克立体主义博物馆 画廊

（Museum of Czech Cubism, Muzeum Českého Kubismu；见126页地图；224 211 746；www.ngprague.cz；Ovocnýtrh 19；成人/儿童100/50捷克克朗；周二至周日10:00～18:00；Ⓜ NáměstíRepubliky）Josef Gočár的dům U černéMatky Boží（黑色圣母之屋，House of the Black Madonna）布拉格第一座最精美的立体主义建筑典范，虽然建于1912年，如今看上去依然现代、动感。里面现在共有三层楼存放着著名的立体主义画作和雕塑，以及立体主义设计风格的家具、陶瓷器和玻璃器皿。

庄园剧院 历史建筑

（Estates Theatre, Stavovskédivadlo；见126页地图；224 902 231；www.narodni-divadlo.cz；Ovocnýtrh 1；Ⓜ Můstek）庄园酒店是布拉格最古老的剧院以及最精美的新古典主义建筑，1787年10月29日莫扎特的唐璜在这里举行了首演，他本人亲自担任乐队指挥。1783年开业时这里是诺斯蒂茨剧院（以创立者安东·范·诺斯蒂茨-里内克Anton von Nostitz-Rieneck伯爵命名），德国贵族阶层时常光顾剧院，因此后来改名为庄园剧院。

小城区（MALÁ STRANA）

从老城区过条河就是小城区（MaláStrana）的巴洛克风格的后街，在17和18世纪，凯旋的天主教牧师和贵族们在以前新教徒创建的文艺复兴风格宫殿的基础上建立了这个街区。

查理大桥 桥梁

（Charles Bridge；主要在Karluv；见126页地图，Malostranské náměstí；17, 18到卡罗维发利）在这座14世纪的查理大桥上漫步可以说是每个人在布拉格最倾心的乐事。1357年查理四世（Charles IV）委任彼得·帕勒（Peter Parler，圣维特大教堂的建筑师）在12世纪的朱迪斯大桥（Judith Bridge）的原址上新建，该桥在1342年被洪水冲走。新大桥在1390年建成，从19世纪开始才以查理的名字命名。

徜徉布拉格犹太博物馆

布拉格犹太博物馆（见117页），包括四座犹太人教堂，以及前纪念大厅（Ceremonial Hall）和旧犹太人公墓（the Old Jewish Cemetery），是这座城市的瑰宝之一。可以从**平卡斯犹太教堂**（Pinkas Synagogue）开启你的旅程，这座教堂建于1535年，直到1941年一直用于礼拜活动。“二战”后这里改为纪念厅，四壁上铭刻着在纳粹侵略中遇难的77,297名遇难者名单。同时“二战”期间关押在泰瑞辛集中营的儿童绘画作品也收藏在此。

平卡斯犹太教堂通往**旧犹太人公墓**，那里是欧洲历史最悠久的幸存犹太人墓地。公墓建于15世纪，虽然两个世纪没有投入使用（公墓在1787年歇业），哀痛的氛围依然扑面而来。大约12,000块碎石堆砌而成，但是石头下面是数以万计的墓穴，由于空间有限，墓穴一层层垒砌起来。

从**克劳斯犹太教堂**（KlausováSynagóga）和**纪念厅**（Obřadnísíň）之间的大门出来，这两处都有关于犹太人礼拜、家庭纪念活动和传统仪式的展览。

新哥特风格的**梅瑟犹太教堂**（Maisel Synagogue）位于街区东南，替代了1592年由犹太区市长莫迪凯·梅瑟（Mordechai Maisel）修建的一幢文艺复兴风格的建筑。教堂举办了波希米亚和摩拉维亚犹太人从10世纪到18世纪历史的展览。

梅瑟的东边是**西班牙犹太教堂**（Spanish Synagogue）。教堂因其内部鲜明的摩尔人风格而得名，始建于1868年，它的展览讲述了从19世纪到今天，捷克土地上生活的犹太人经历。

旧新犹太教堂（Old-New Synagogue）独立于犹太博物馆之外，始建于1270年，是欧洲仍在使用的最古老的犹太教堂。中庭有一个入口大厅、一个冬季祈祷厅和一个专门的房间，供女信徒观看仅限男信徒参加的仪式活动。在教堂里面，讲坛周围树立着15世纪的铁栅栏，内部装饰看上去至少得有500年历史。

尽管偶尔会遭遇洪水破坏，大桥依然承受住了500年来车水马龙的负荷。据传说，建桥时，为使其更加坚固，泥浆里加入了鸡蛋（尽管最近的研究否定了这个传说）。直到“二战”后几十年，大桥才被改为人行道。

圣尼古拉斯教堂 教堂

（St Nicholas Church, Kostel sv Mikuláše；见114页地图；☎257 534 215；Malostranské náměstí 38；成人/儿童70/35捷克克朗；⏲3月至10月9:00~17:00，11月至次年2月至16:00；🚋12, 20, 22）小城区赫然可见圣尼古拉斯教堂巨大的绿色圆屋顶，这座教堂是中欧最精美的巴洛克风格建筑之一。不要将此和老城广场上另一座圣尼古拉斯教堂混淆。著名的德国巴洛克建筑师克里斯多夫·丁岑霍费尔（Kristof Dientzenhofer）着手建造教堂；他的儿子继而接手，1755年由安塞尔莫·鲁拉戈（Anselmo Lurago）完工。

天花板上是约翰·克拉克（Johann Kracker）1770年的作品《圣尼古拉斯的神化》（*Apotheosis of St Nicholas*），这是欧洲最大的湿壁画（精湛的技术将画作与建筑天衣无缝地融为一体）。左边第一间小礼拜堂里是Karel Škréta的壁画，壁画上还画着创作壁画时监督画家的一位教堂官员，他正在上方一隅透过窗户向外看呢。

约翰·列侬墙 历史遗迹

（John Lennon Wall；见114页地图；Velkopřevorskénáměstí；🚋12, 20, 22）1980年12月8日约翰·列侬在纽约被杀，他自此成为捷克年轻人的和平主义英雄。法国大使馆（墙上的壁龛看起来像块墓碑）对面的一个僻静广场的墙上画着列侬像，以及一些政治涂鸦和披头士乐队的歌词。

尽管墙面反复刷白，但秘密警察就从没能把这里长时间清理干净过，列侬墙从而成为布拉格青年人的一处政治聚焦点。现如今去看一看或者亲自在墙上画点什么，也还挺有趣的。

Vrtbov Garden 花园

（Vrtbovská zahrada；见114页地图；☎257 531 480；www.vrtbovska.cz；Karmelitská 25；成人/优惠60/50捷克克朗；⏲4月至10月10:00～18:00；🚊12, 20, 22）这座"神秘花园"隐藏在Tržiště和Karmelitská角落的小巷里，由布拉格城堡的高级官员Vrtba伯爵于1720年修建。这是一座中规中矩的巴洛克风格花园，沿着陡峭山坡而上，来到一个露台，上面有出自马提亚·布劳恩（Matthias Braun）之手的罗马神话人物巴洛克雕像。

新城区和高堡（NOVÉMĚSTO & VYŠEHRAD）

新城区将老城区团团围住，在14世纪形成初步轮廓。温塞斯拉斯广场是其主要公共区域。布拉格的这块区域见证了许多捷克历史事件——1848年革命动乱期间，这里举行过大型集会；1918年新捷克斯洛伐克共和国在此举行成立庆祝活动；1989年在此完成了政权的和平转移。在广场南端树立着约瑟夫·米斯尔贝克（Josef Myslbek）创作的强壮的**圣温塞斯拉斯骑手雕像**（sv Václav；见126页地图；Václavské náměstí；Ⓜ Muzeum），他是10世纪信奉和平主义的波希米亚公爵，是圣诞颂歌中传颂的"温塞斯拉斯好国王"（Good King Wenceslas）。雕像旁边，立有一小块反对当年暴政的**勇士纪念碑**，上面有照片，以及向他们致敬的手写体墓志铭。

国家博物馆 博物馆

（National Museum, Národní muzeum；见114页地图；☎224 497 111；www.nm.cz；Václavské náměstí 68；⏲一直歇业到2015年；Ⓜ Muzeum）新文艺复兴风格的国家博物馆赫然出现在温塞斯拉斯广场之上，作为捷克国家复兴（the Czech National Revival）的象征建筑，由约瑟夫·舒尔茨（Josef Schulz）于19世纪80年代设计完成。博物馆主要展出岩石、化石和动物标本，但是在我们调研期间，博物馆正在停业翻修，估计得到2015年才会重新开放。博物馆外观让人难以忘怀，值得进去一探究竟。

穆夏博物馆 画廊

（Mucha Museum, Muchovo muzuem；见126页地图；☎221 451 333；www.mucha.cz；Panská7；成人/儿童180/120捷克克朗；⏲10:00～18:00；Ⓜ Můstek）这座饶有兴味（同时也是拥挤）的博物馆主要展出阿尔丰斯·穆夏（1860～1939年）创作的赏心悦目的新艺术风格招贴画、绘画和装饰板，还有很多素描、照片和其他的纪念品。不计其数的展出工艺品都显示出穆夏标志性的斯拉夫少女形象：飘逸的秀发、深邃的蓝眼睛，抱着象征性的花环和菩提枝。

布拉格城市博物馆 博物馆

（Prague City Museum, Muzeum hlavního města Prahy；见114页地图；☎224 816 773；www.muzeumprahy.cz；Na Poříčí52, Karlin；成人/儿童120/50捷克克朗；⏲周二至周日9:00～18:00；Ⓜ Florenc）这座精彩绝伦的博物馆1898年开馆，专门用来记录布拉格从史前一直到20世纪的历史。在许多诱人的展品中，有天文钟上1866年原始的日历轮，上面以约瑟夫·曼尼斯绘制的精美嵌板来表示月份。

每个参观者都要看安东尼·朗维尔（Antonín Langweil）按照1:480的比例制作的1826年至1834年布拉格模型。如果你对布拉格有所了解的话，看这项展览收获最大，因为你能捕捉到城市的很多变迁——比如圣维特大教堂，当时仅仅建了一半。标牌上有英语和捷克语两种解说语言。

共产主义博物馆 博物馆

（Museum of Communism, Muzeum Komunismu；见126页地图；☎224 212 966；www.muzeumkomunismu.cz；Na Příkopě10；成人/优惠/10岁以下儿童190/150捷克克朗/免费；⏲9:00～21:00；Ⓜ Můstek）博物馆位于一座赌场和麦当劳餐厅之间。一个美国侨民和他的捷克伙伴组建了博物馆，采用图片、文字和一系列饶有趣味的材料，讲述了捷克斯洛伐克时代的故事。

查理大桥博物馆 博物馆

（Charles Bridge Museum, Muzeum Karlova Mostu；见126页地图；☎776 776 779；www.charlesbridgemuseum.com；Křižovnické náměstí3；成人/优惠 150/70捷克克朗；⏲5月至9月10:00~20:00，10月至次年4月至 18:00；🚊17, 18）建于13世纪，红星十字军骑士团是朱迪斯大桥（后来的查理大桥）的保护者，将位于Křížovnickénáměstí的圣方济Seraphinus教堂作为他们的总堂。这座博物馆位于军团总部所在地，对外娓娓讲述布拉格最著名地标的各种历史典故。

团队游

Amazing Walks of Prague 步行游览

（☎777 069 685；www.amazingwalks.com；300~500捷克克朗/人）导游罗马人比利熟悉“二战”、共产主义时代和犹太人区方面的内容。

Prague Walks 步行游览

（☎222 322 309；www.praguewalks.com；220~990捷克克朗/人）组织有趣的主题步行团队游，比如欣赏布拉格建筑、游览Žižkov酒吧，以及了解天鹅绒革命（Velvet Revolution）。可以在天文钟下集合，或者在你的酒店碰面。

Wittmann Tours 导览游

（见126页地图；☎222 252 472；www.wittmann-tours.com；Novotného lávka 5；880捷克克朗/人；⏲约瑟夫团队游3月中旬至12月，周日至周五10:30和14:00；🚊17, 18）提供在约瑟夫区3小时的步行游览，泰瑞辛7小时一日游（1250捷克克朗 /人），5月至10月每日都有，4月、11月和12月一周4次。

节日和活动

布拉格之春 古典音乐

（Prague Spring；www.festival.cz；⏲5月）捷克每年举办的最盛大的文化活动，欧洲古典音乐领域最重要的节日之一。

Khamoro 音乐、文化

（www.khamoro.cz；⏲5月末）一年一度的罗马文化盛典。

布拉格艺穗节 艺术

（Prague Fringe Festival；www.praguefringe.com；⏲5月末至6月初）择日举行。

圣诞市场 节令

（Christmas Market；⏲12月1日至24日）位于老城广场。

住宿

新年、圣诞节或复活节，从5月到9月都需要提前预订。旺季会有新的报价：一般从4月

查理大桥雕像

查理大桥两侧的雕像最为出名。最初设计时没有这些雕像，而是几个世纪之后添加上的，是奥地利哈布斯堡王朝竭力想让持怀疑论的捷克人信奉天主教所做出的努力之一。

第一座雕像是耶稣钉在十字架上的苦相，于1657年在大桥靠近东端的地方竖立。第一座雕像——耶稣会1683年献给内波穆克圣约翰（St John of Nepomuk）的贡品——启发了其他天主教教会，在之后的30年里，好像基督教公告牌一样，陆陆续续树立起二十几座雕像。19世纪中期又增加了新的雕像，20世纪增加了一座（此外还重新补充了一些被洪水冲走的雕像）。大多数雕像用砂石雕刻，几件风化的原件也由复制品替代了。

最有名的雕像人物是**内波穆克圣约翰**。根据雕像基座上的传记所说，1393年温塞斯拉斯四世（Wenceslas IV）把圣约翰捆上铠甲，从桥上扔下河里溺死，因为他拒绝泄露皇后的忏悔内容（他是她的牧师），实际上真正原因是因为教会与国家之间的矛盾激化，据说他头上光环的星星随着他的尸体沉入河中。根据传说，如果你擦拭这块古铜胸章，终有一天你还会回到布拉格。

高堡：城市发祥地

据传说，位于新城区南部的高堡（Vyšehrad）山（见114页地图；www.praha-vysehrad.cz；⊙4月至10月9:30~18:00，11月至次年3月至17:00；Ⓜ Vyšehrad）是布拉格的发祥地。据神话传说讲述，一位名叫克洛克（Krok）的睿智族长于7世纪在此建了一座城堡，他的三个女儿中最聪明的莉布丝（Libuše）预言，一座伟大的城市要在此崛起。她让一个名叫培密索尔（Přemysl）的农夫做了国王，并建立了布拉格城和霍什米索王朝（Pemysl dynasty）。

尽管这个神话不完全属实，但是这个地方确实早在9世纪就已经有人定居，早期统治者波列斯特拉夫二世（Boleslav II，972~999年在位）在此生活过一段时间。到了11世纪中期已经建立起一处防御工事，Vratislav II（1061~1092年在位）为将朝廷从城堡区迁至此处，加固城墙，增修一座城堡，建造了圣劳伦斯大教堂（Basilica of St Lawrence，见114页地图；门票10捷克克朗；⊙周一至周五11:00~17:00，周六和周日11:30~16:00），以及最初的圣彼得和圣保罗教堂（Church of SS Peter & Paul，Kostel sv Petra a Pavla；见114页地图；☎249 113 353；www.praha-vysehrad.cz；K Rotundé10，Vyšehrad；成人/儿童30/10捷克克朗；⊙周三至周一9:00至正午和13:00~17:00；Ⓜ Vyšehrad）和圣马丁大厅（Rotunda of St Martin，Rotunda sv Martina；见114页地图；☎241 410 348；www.praha-vysehrad.cz；V Pevnosti，Vyšehrad；⊙仅在集会时开放；Ⓜ Vyšehrad）。他的继任者们在此生活到1140年，直到Vladislav II迁回城堡区。

查理四世非常清楚高堡的象征意义。在14世纪，他修复了城墙，并把它们与新城（NovéMěsto）连接起来。他修建了一座小宫殿（现已不复存在），并下令今后波希米亚国王加冕仪式的游行队伍必须从这里出发行进到城堡区。

15世纪的胡斯战争几乎洗劫了一切。要塞只剩下残垣断壁——除了一个充斥着贩夫走卒的破败小镇——历经“三十年战争”（the Thirty Years' War）后，利奥波德一世（Leopold I）重新强化了要塞。在17世纪后期和18世纪，高堡充当奥地利人的要塞，曾被法国人和普鲁士人占领过一段时间。现如今这里是和平的公园，是可以在地上铺张毯子开瓶酒的好地方。

千万不要错过高堡公墓（Vyšehrad Cemetery，Vyšehradskýhřbitov；见114页地图；☎249 198 815；www.praha-vysehrad.cz；K Rotundé10，Vyšehrad；⊙5月至9月8:00~19:00，其他月份时间更短；Ⓜ Vyšehrad），这是城中最负盛名的墓地，捷克很多名人在此安息，包括作曲家安东尼·德沃夏克（Antonín Dvořák）和贝多伊齐（Bedřich），艺术家阿尔丰斯·穆夏。

到10月。住在老城（StaréMěsto）外性价比更高，一定要充分利用布拉格完善的公共交通网络。

城堡区和小城区（HRADČANY & MALÁ STRANA）

Golden Well Hotel

酒店 €€€

（见118页地图；☎257 011 213；www.goldenwell.cz；U Zlaté Studně 4；双/套6250/12，500捷克克朗起；P⊖❄@📶；Ⓜ Malostranská）Golden Well算是小城区一个不为人知的秘密，深藏在鹅卵石小巷的尽头——一幢文艺复兴风格的小楼，栖息在城堡山南坡之上，这里曾经属于鲁道夫大帝二世（Emperor Rudolf II）。房间安静宽敞，有光滑的木地板、仿古家具、蓝白相间的浴室，配有地暖。

Domus Henrici

酒店 €€

（见114页地图；☎220 511 369；www.domus-henrici.cz；Loretánská 11；双/套3250/4000捷克克朗起；@📶；🚊22，25）这幢历史建筑位于城堡区僻静一角，特意把门面做得平淡无奇，表明这里最为讲求宁静和私密。酒店有八间宽敞时尚的房间，其中四间有私人传真、扫描仪/复印机和网络（通过以太网端口），所有房间都有光滑的木地板、宽敞的洗手间、舒适的床铺和蓬松的浴袍。

Lokál Inn 旅馆 €€

（见114页地图；☎257 014 800；www.lokalinn.cz；Míšeňská 12；双/套3475/4475捷克克朗起；⊖📶；🚊12, 20, 22）布拉格最好的巴洛克建筑师基利恩·丁岑霍费尔（Kilian Dientzenhofer）设计了这幢18世纪的宅子，这里到处都是光亮可鉴的镶花地板以及着色的木质天花板。8间客房、4间套房皆是雅致、整洁，乡村风格的石拱地窖自然成为颇受欢迎的酒吧和餐厅，和洛克尔（Lokál，见130页）是同一个老板。

Hotel Neruda 精品酒店 €€

（见114页地图；☎257 535 557；www.hotelneruda.cz；Nerudova 44；房间 2225捷克克朗起；⊖❄📶；🚊12, 20, 22）Neruda是一处翻新成颇具品位的哥特风格的宅子，这幢建筑建于1348年，装潢得时髦、极简，采用中间色调，活泼的泼溅上色，中庭是怡人的玻璃屋顶，有一个阳光充足的屋顶露台。客房装修风格也是现代简洁，大多数房间大小适中。

老城区（STARÉ MĚSTO）

Residence Karolina 公寓 €€

（见126页地图；☎224 990 900；www.residence-karolina.com；Karoliny Světlé4；2至4人公寓3175/5475捷克克朗；⊖@📶；🚊6, 9, 19, 21, 22）我们必须得引入一种全新的住宿类型——精品公寓——来描述这20套精装修公寓。公寓有单卧室或双卧室房可选，全部设有宽敞的休息区，里面配有舒适的沙发、平板电视、整洁现代的厨房和饭厅。

Savic Hotel 酒店 €€€

（见126页地图；☎224 248 555；www.savic.eu；Jilská 7；房间4125捷克克朗起；❄@📶；Ⓜ Můstek）从赠送欢迎美酒到舒适的特大床，Savic显然深谙让你宾至如归之道。酒店所在地原先是圣吉尔斯修道院（monastery of St Giles），酒店随处都体现出个性品位，历史的点滴见于细节处，古老的石质壁炉、华美的着色木质天花板、残存的湿壁画遗迹。

Perla Hotel 精品酒店 €€

（见126页地图；☎221 667 707；www.perlahotel.cz；Perlová 1；标单/双1975/2225捷克克朗起；⊖📶；Ⓜ Můstek）位于Pearl街的"明珠"（Pearl）是一家典型的外形美观、引人注意的设计师酒店，如今已经遍布整个布拉格中心区。设计师选择了——当然是跟酒店名字一样的——珍珠作为主题。大颗珍珠从前台延伸到奢华真丝床品，再到卧室四壁巨幅丝网版画。

Old Prague Hostel 青年旅舍 €

（见126页地图；☎224 829 058；www.oldpraguehostel.com；Benediktská 2；铺/标单/双375/1000/1200捷克克朗起；⊖@📶；Ⓜ Náměstí Republiky）这家旅舍是布拉格人气最旺的酒店之一，轻松明快、热情好客，自制壁饰点亮四壁。住客从背包客到家庭出游都有。设施配备良好，宿舍有寄物柜、行李储存和24小时前台服务，美中不足的是床垫有点薄。

新城区（NOVÉ MĚSTO）

Mosaic House 酒店、青年旅舍 €€

（见114页地图；☎221 595 350；www.mosaichouse.com；Odboru 4；铺/标单/双300/1840/2520捷克克朗起；⊖📶；Ⓜ Karlovo Náměstí）Mosaic House是四星酒店与精品酒店的结合，这里随处可见设计细节，比如大堂的马赛克源自20世纪30年代，采用喷银树枝作为挂衣架。背包客的宿舍与私人房间分隔开，但是装修品质和设计风格是一致的。

Fusion Hotel 精品酒店、青年旅舍 €

（见126页地图；☎226 222 800；www.fusionhotels.com；Panská9；铺/双/标三400/2000/2600捷克克朗；@📶；🚊3, 9, 14, 24）Fusion号称是"住得起的设计酒店"，自然少不了风格设计。从散落在公共区域的旋转吧台和新潮沙发到装饰成迷你现代艺术画廊的个性客房——雪白的四壁，黑色边框上喷上了彩点——这个地方流露出一种氛围，那就是"酷"。

Icon Hotel 精品酒店 €€€

（见126页地图；☎221 634 100；www.

iconhotel.eu; Vámě 6; 房间3000捷克克朗起; ❄@📶; 🚊3, 9, 14, 24)员工制服是Diesel，苹果电脑，海斯腾的床(Hästen)——这家精美绝伦的精品酒店里，几乎每个物件都出自设计师之手。Icon出现在欧洲最时尚酒店榜单里，其极简主义风格的房间，配上紫色真丝床品，摆上Modernista(见135页)出品的仿制装饰艺术扶手椅，立刻生动起来。

Miss Sophie's
青年旅舍 €

(见114页地图; ☎296 303 530; www.miss-sophies.com; Melounova 3; 铺410捷克克朗起，标单/双/公寓1760/2000/2360捷克克朗; 🚭@📶; Ⓜ IP Pavlova)这家青年旅舍对一家毫无特色的背包客寄宿处做了很好的改造。这里有一抹当代风格，橡木地板，质朴的、极简主义的装饰——主题是"痛苦"的混凝土，中性色彩，黑色金属边框的床。这里"设计师"淋浴间很有名，玻璃面上有亲笔签名，淋浴花洒硕大无比。

VINOHRADY和ŽIŽKOV

Arkada
精品酒店 €€

(见114页地图; ☎242 429 111; www.arkadahotel.cz; Balbínová 8, Vinohrady; 标单/双1750/2250捷克克朗起; Ⓟ🚭@📶; Ⓜ Muzeum, 🚊11)强烈推荐位于Vinohrady的这家相对较新的酒店，因为这里时尚、舒适、地理位置好。房间井井有条，带有20世纪30年代的复古情怀，与这幢建筑风格相得益彰。房间有纯平电视、免费网络和迷你吧。因为每间房间的装潢各不相同，在确定前可多看几间房。

> **住宿代订机构**
>
> 以下是有用的住宿代订机构:
>
> **Hostel.cz** (☎415 658 580; www.hostel.cz)青年旅舍和经济型酒店的网上数据库，安全的在线预订系统。
>
> **Mary's Travel & Tourist Service** (见114页地图; ☎222 254 007; www.marys.cz; Italská31, Vinohrady; ⏰周一至周五9:00~19:00，周六和周日10:00~17:00)友好、高效的代理机构，提供布拉格和周边地区各种价位的单间、青年旅舍、家庭旅馆、公寓和酒店预订。

Czech Inn
青年旅舍、酒店 €

(见114页地图; ☎267 267 600; www.czech-inn.com; Francouzská 76, Vinohrady; 宿舍285~385捷克克朗，标单/双1320/1540捷克克朗，公寓1650捷克克朗起; Ⓟ🚭@📶; 🚊4, 22)Czech Inn自称是家青年旅舍，但还是摆脱不掉精品酒店的标签。几乎所有物品都像是出自工业设计师之手，从铁床到钢丝地板，以及极简风格的方形水槽。Czech Inn提供不同类型的住宿房间，从标准的青年旅舍宿舍到性价比高的私人标间(带或不带卫生间)以及公寓。

Pension Královský Vinohrad
家庭旅馆 €

(见114页地图; ☎222 515 093; www.kralovskyvinohrad.cz; Šmilovského 10, Vinohrady; 双1500捷克克朗起，套2100捷克克朗起; Ⓟ🚭@; 🚊4, 22)这家家庭旅馆位于茂密林荫的后街，是一幢可爱的1910年的公寓建筑。便宜些的房间虽然普普通通但功能齐全，而大点的房间和"套房"(两间房的公寓)装修更有风格，配有古董松木家具。套房还有迷你吧和桌椅。网上订房可享大幅折扣。

Hostel Elf
青年旅舍 €

(见114页地图; ☎222 540 963; www.hostelelf.com; Husitská11, Žižkov; 宿舍340捷克克朗起，标单/双1230/1960捷克克朗; @📶; Ⓜ Florenc)青春、时髦、随意，设施完备的宿舍里接待了一批批来自世界各地热衷聚会的背包客。宿舍整洁有序，配以涂鸦艺术和壁画的明亮装饰。有一个小啤酒花园露台和惬意的酒廊，免费茶水、咖啡，价廉物美的啤酒，而且出门右手就是Žižkov的酒吧聚集区。

HOLEŠOVICE

Absolutum Hotel
精品酒店 €€

(见114页地图; ☎222 541 406; www.absolutumhotel.cz; Jablonského 639/4; 标单/双2500/3200捷克克朗; Ⓟ🚭❄@📶; Ⓜ NádražíHolešovice, 🚊Praha-Holešovice)强烈推荐这家抓人眼球的精品酒店。Absolutum位于Nádraží-

Central Prague 布拉格市中心

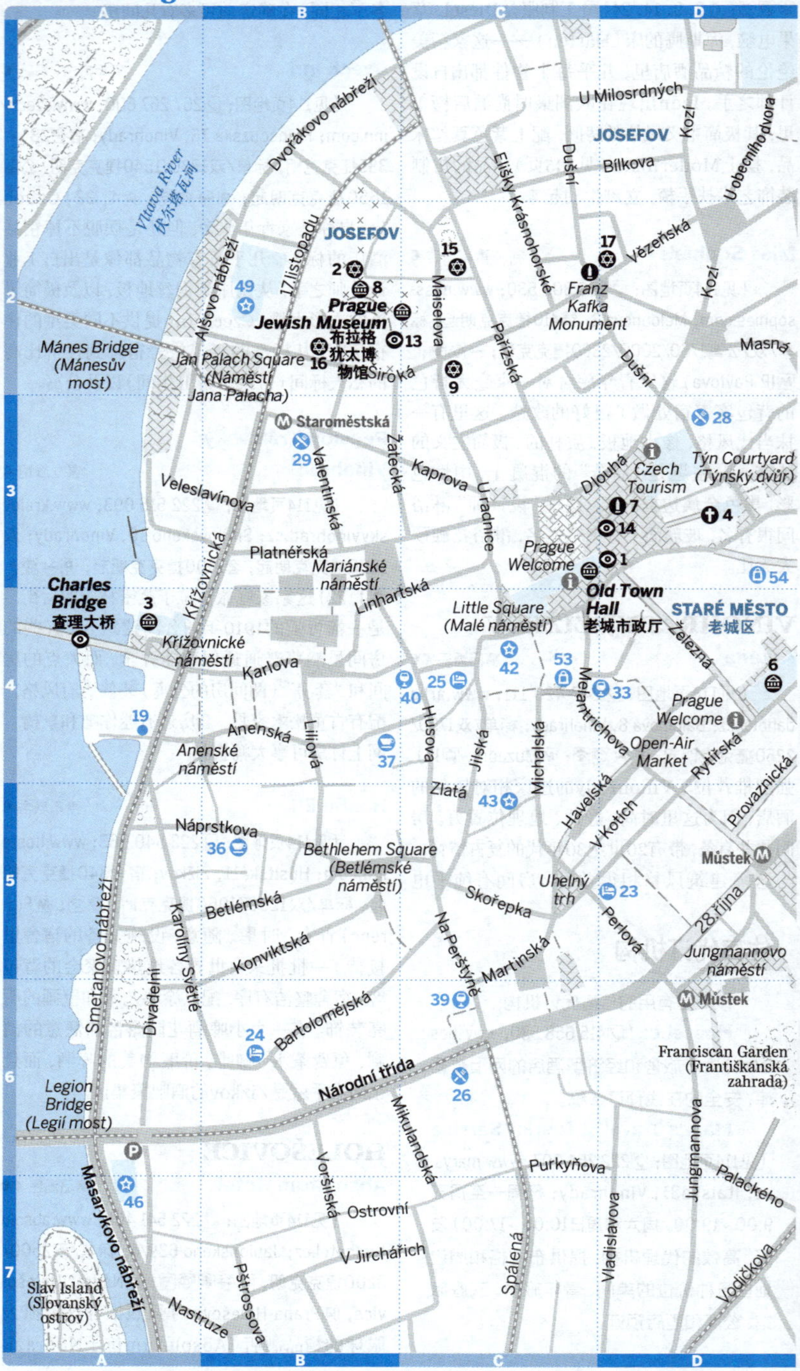

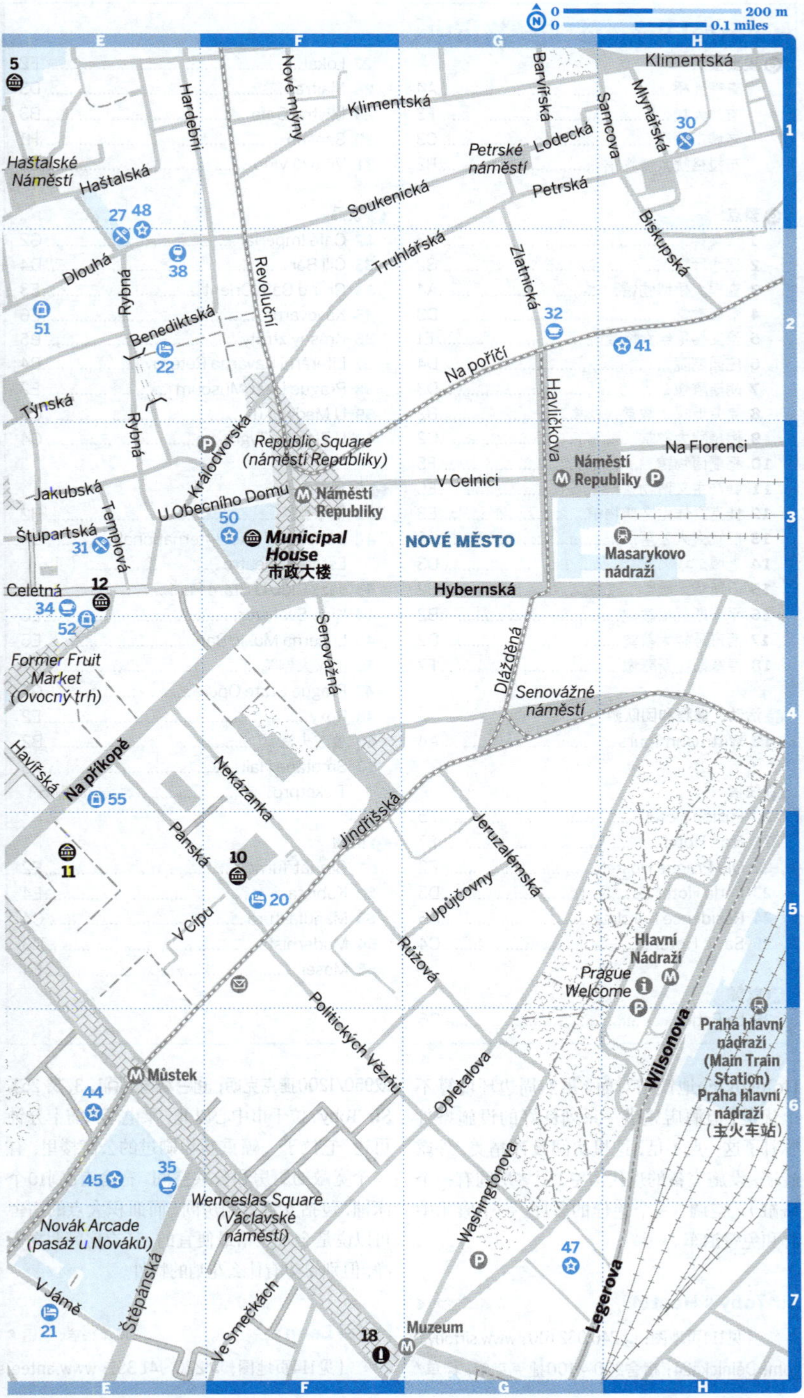

0 200 m
0 0.1 miles
E
F
G
H
1
2
3
4
5
6
7
Klimentská
Nové mlýny
Hardeební
Barvířská
Samcova
Mlynářská
Lodecká
Petrské náměstí
Petrská
Haštalské Náměstí
Haštalská
Soukenická
Truhlářská
Biskupská
Dlouhá
Rybná
Revoluční
Zlatnická
Benediktská
Na poříčí
Havlíčkova
Týnská
Králodvorská
Republic Square (náměstí Republiky)
Na Florenci
Náměstí Republiky
V Celnici
Jakubská
U Obecního Domu
Templová
Štupartská
Municipal House
市政大楼
NOVÉ MĚSTO
Masarykovo nádraží
Celetná
Hybernská
Senovážná
Dlážděná
Former Fruit Market (Ovocný trh)
Senovážné náměstí
Havířská
Na příkopě
Nekázanka
Jindřišská
Jeruzalémská
Panská
Upůjčovny
V Cípu
Růžová
Hlavní Nádraží
Prague Welcome
Politických Vězňů
Wilsonova
Praha hlavní nádraží (Main Train Station)
Praha hlavní nádraží
(主火车站)
Můstek
Opletalova
Washingtonova
Wenceslas Square (Václavské náměstí)
Novák Arcade (pasáž u Nováků)
V Jámě
Štěpánská
Ve Smečkách
Legerova
Muzeum
5
10
11
12
18
20
21
22
27
30
31
32
34
35
38
41
44
45
47
48
50
51
52
55

Central Prague 布拉格市中心

重要景点

- 查理大桥 A4
- 市政大楼 F3
- 老城市政厅 C3
- 布拉格犹太博物馆 B2

景点

1 天文钟 D3
2 纪念厅 B2
3 查理大桥博物馆 A4
4 泰恩教堂 D3
5 圣艾格尼丝女修道院 E1
6 庄园剧院 D4
7 胡斯雕像 D3
8 克劳斯犹太教堂 B2
9 梅瑟犹太教堂 C2
10 穆夏博物馆 F5
11 共产主义博物馆 E5
12 捷克立体主义博物馆 E3
13 旧犹太人公墓 B2
14 老城广场 D3
15 旧新犹太教堂 C2
16 平卡斯犹太教堂 B2
17 西班牙犹太教堂 D2
18 温塞斯拉斯雕像 F7

活动、课程和团队游

19 Wittmann Tours A4

住宿

20 Fusion Hotel F5
21 Icon Hotel E7
22 Old Prague Hostel E2
23 Perla Hotel D5
24 Residence Karolina B6
25 Savic Hotel C4

就餐

26 Le Patio C6
27 Lokál E2
28 Maitrea D3
29 Mistral Café B3
30 Sansho H1
31 Vino di Vino E3

饮品

32 Café Imperial G2
33 Čili Bar D4
34 Grand Cafe Orient E3
35 Kávovarna E6
36 Krásný ztráty B5
37 Literární Kavárna Řetězová B4
38 Prague Beer Museum E2
39 U Medvídků C6
40 U Zlatého Tygra C4

娱乐

41 安卡剧院 H2
42 Bohemia Ticket International C4
Estates Theatre .... （见6）
43 Jazz Club U Staré Paní C5
44 Kino Světozor E6
45 Lucerna Music Bar E6
46 国家大剧院 A7
47 Prague State Opera G7
48 Roxy E2
49 鲁道夫宫 B2
50 Smetana Hall F3
Ticketpro .... （见45）

购物

51 Granát Turnov E2
52 Kubista E4
53 Manufaktura C4
54 Modernista D3
55 Moser E4

Holešovice地铁站对面。虽然周边环境算不上优美，但酒店凭借一系列良好的设施条件弥补了这一点不足，这里房间设计精美，外露砖墙，设施完备的现代浴室（很多房间有一个浴缸）、空调、一个绝佳的餐厅、一个康乐中心和免费泊车。

Sir Toby's Hostel　　青年旅舍 €

（见114页地图；☎246 032 610；www.sirtobys.com；Dělnická24；宿舍200~400捷克克朗，标单/双950/1200捷克克朗；P⊗@☎；🚋1, 3, 5, 25）Sir Toby's位于市中心以北，乘电车只需十分钟可达。它位于一幢重新粉刷过的公寓楼里，有一个宽敞的厨房和公共空间。宿舍有6到10个床铺，包括女客专用房间，而面积大点的宿舍可以说是全布拉格最便宜的。所有房间明亮干净，但别希望有什么花哨的物件。

Hotel Leon　　青年旅舍、酒店 €

（见114页地图；☎220 941 351；www.antee.

cz; Ortenovo náměstí26; 标单/双940/1440捷克克朗起; P⊖@; M NádražíHolešovice, 5, 12, 15) Hotel Leon的广告说其介于青年旅舍和小酒店之间。事实上，这家酒店比普通青年旅舍更漂亮，而价格却没贵很多（尤其是合住三床或四床房）。房间基本配备，没有电视或者其他设施，但是安静整洁，带浴室。

就餐

布拉格景区就餐很贵，但是隔一两条街以外吃饭就便宜很多。每日特价午餐（见捷克特价餐，dennímenu）会帮你节约预算。大多数餐馆从上午11点营业到晚上11点。

城堡区和小城区

Café Lounge 咖啡馆 €

（见114页地图；257 404 020; www.cafe-lounge.cz; Plaská8; 主菜100~300捷克克朗；周一至周五7:30~22:00，周六9:00~13:00，周日9:00~17:00; ; 6, 9, 12, 20, 22) CaféLounge环境舒适、服务热情，散发出艺术的气息，有很棒的咖啡、精美的糕点以及品种很多的酒单。全天咖啡菜单提供新鲜沙拉、玉米面包和三明治，午餐和晚餐提供菜肴，比如鹿肉炖牛肉（venison goulash）或者茴香烤梭鲈（roast pike-perch with caraway seeds）。

Lichfield 各国风味 €€

（见114页地图；266 112 284; www.theaugustine.com; Letenská12; 主菜270~460捷克克朗；11:00~23:00; ; 12, 20, 22) Lichfield以社会摄影师劳德·利奇菲尔德（Lord Lichfield）的名字命名，墙上挂着各种名人肖像，这家既时尚又轻松的餐厅值得一去（深藏在奥古斯丁酒店Augustine Hotel里）。菜式既有炖牛肉配餐厅的圣托马斯啤酒这样的平民美食，也有烤龙虾和鱼子酱这样的高档佳肴。

Cukrkávalimonáda 各国风味 €

（CKL; 见114页地图；257 225 396; www.cukrkavalimonada.com; Lázeňská7; 主菜100~180捷克克朗；9:00~19:00; 12, 20, 22) 这是一家可爱的小咖啡馆兼餐馆，将现代简约风格与文艺复兴时期彩绘木质屋顶梁结合起来，CKL白天供应新鲜意大利面食（pastas）、菜肉馅煎蛋饼（frittatas）、夏巴塔（ciabattas）、沙拉和松饼（酸甜味），傍晚供应更精细的小馆菜式。这里的早餐也不错，包括火腿、鸡蛋、羊角面包、酸奶，以及非常好喝的热巧克力。

U ModréKachničky 捷克菜 €€€

（见114页地图；257 320 308; www.umodrekachnicky.cz; Nebovidská 6; 主菜450~600捷克克朗；正午至16:00和18:30至午夜；12, 20, 22) "At the Blue Duckling"是一处20世纪30年代风格的狩猎小屋，隐蔽在安静街角，这是个复古怀旧的地方，远离喧嚣，烛光摇曳，是享用浪漫晚餐的完美选择。菜式主要是传统的波希米亚鸭肉和野味菜肴，比如slivovice（白兰地梅子酱）烤鸭、梅子酱和薯饼。

Caféde Paris 法国菜 €€

（见114页地图；603 160 718; www.cafedeparis.cz; Maltézskénáměstí4; 主菜230~290捷克克朗；正午至午夜；12, 20, 22) Caféde Paris位于安静广场的一个小角落，直白坦率，毫不矫揉造作。菜单也是这样的风格——只有一些简单选择，洋葱汤或者鹅肝酱作为头盘，接着是薯条配肉眼牛排（entrecôte steak with chips）、沙拉和一种酱汁（他们对于Caféde Paris秘制酱汁颇为骄傲，已经有75年历史的配方，采用35种材料）。

想了解更多？

动动你的手指，登录苹果App商店购买Lonely Planet的*Prague City Guide*和*Czech Phrasebook*的手机应用程序，就能获得深度信息、点评和推荐。

当然，还可以登录www.lonelyplanet.com/czech-republic/prague查询旅行建议、作者推荐、旅行者评论和专业指导。

老城区

Mistral Café
小酒馆 €

（见126页地图；☎222 317 737；www.mistralcafe.cz；Valentinská11；主菜130～250捷克克朗；⊙周一至周五9:00～23:00，周六和周日10:00～23:00；📶；Ⓜ Staroměstská）这是老城区最酷的小酒馆吗？灰石、白桦木、盆栽灌木，营造出一个干净、清爽、现代的氛围，客户群以当地学生和公司职员居多，因为价格实惠、食物可口。皱牛皮纸包着鱼和薯条，再撒上柠檬和黑胡椒蛋黄酱，美味极了！

Maitrea
素食 €

（见126页地图；☎221 711 631；www.restaurace-maitrea.cz；Týnskáulička 6；主菜130～160捷克克朗；⊙周一至周五11:30～23:30，周六和周日正午至23:30；🖉；Ⓜ Staroměstská）弥勒佛（Maitrea，佛教用语，意思是"未来佛"）设计空间里充满流动的曲线和有机造型体，从抛光橡木家具和摆设到花朵状灯罩。菜单匠心独具，一律素食，例如辣味红豆玉米饼（red bean chilli tortillas）、甜菜蛋糕配泡菜玉米粥（beetroot cakes with sauerkraut and polenta）、熏豆腐配意大利面（pasta with smoked tofu）、帕尔马干酪菠菜（spinach and parmesan）。

Vino di Vino
意大利菜 €€

（见126页地图；☎222 311 791；www.vinodivinopraha.cz；Štupartská18；主菜250～300捷克克朗；⊙正午至22:00；Ⓜ NáměstíRepubliky）这家意大利餐馆既卖酒又卖熟食，菜单上大部分是进口货——烟熏芝士牛肉干（bresaola with smoked mozzarella）、羊乳干酪鱿鱼意大利面（spaghetti alla chitarra）、鼠尾草意大利火腿配菲力牛肉（saltimbocca alla Romana），还有上好意大利酒单，包括590捷克克朗一瓶的上等蒙蒂普尔查诺红葡萄酒（Montepulciano d'Abbruzzo）。

Lokál
捷克菜 €

（见126页地图；☎222 316 265；lokal-dlouha.ambi.cz；Dlouhá 33；主菜100～200捷克克朗；⊙周一至周五11:00～1:00，周六正午至1:00，周日正午至22:00；🚭；🚊5，8，14）这里绝对超出所有人想象。典型的捷克啤酒馆（尽管是现代装修），提供上好的tankové pivo（罐装比尔森啤酒）。每天变换推出各种传统波希米亚菜肴，坚持微笑、高效、友好的服务。店内还设有非吸烟区！

新城区和VINOHRADY

Sansho
亚洲菜、创意菜 €€

（见126页地图；☎222 317 425；www.sansho.cz；Petrská 25；主菜120～300捷克克朗，6道菜晚餐 750捷克克朗；⊙周二至周四11:30～22:30，周五至23:30，周六6:00～23:30；🚭；🚊3，8，24）用友好、随意来形容这家创意餐厅再贴切不过了，英国主厨保罗·戴（Paul Day）向捷克农民收购当地的肉和蔬菜。这里没有菜单——服务生会根据市场供应品种情况，说明当天有哪些菜肴供应——经典菜式包括三文鱼刺身（salmon sashimi）、亚洲香料烧五花肉（pork belly with Asian spices）以及12小时椰香牛肉（12-hour beef rendang）。

Kofein
西班牙菜 €€

（见114页地图；☎273 132 145；www.ikofein.cz；Nitranská9，Vinohrady；餐前小吃55～75捷克克朗；⊙周一至周五11:00至午夜，周六和周日17:00至午夜；📶🖉；Ⓜ Jiřího z Poděbrad，🚊11）这家西班牙风格的小吃店是城中最热门的餐馆之一，距离Jiřího z Poděbrad地铁站不远。向下走进这家可爱的餐馆，会看见满面通红的厨师正在专注地忙着烧烤。我们最喜欢的菜是辣根酱汁卤鳟鱼（marinated trout with horseradish）和芹菜油焖五花肉（pork belly confit with celeriac）。请提前预订。

Mozaika
各国风味 €€

（见114页地图；☎224 253 011；www.restaurantmozaika.cz；Nitranská13，Vinohrady；主菜180～450捷克克朗；🚭📶；Ⓜ Jiřího z Poděbrad）这个街区最值得信赖的餐馆之一。法国小酒馆的升级版，菲力牛排（beef tournedos）和红酒炖牛肉（boeuf bourguignon），还有其他各国风味主菜，例如各种炒菜（stir-fries）、猪排烧烤（BBQ pork ribs）。必须提前预订。

Le Patio 各国风味 €€

（见126页地图；☎224 934 375；www.lepatio.cz；Národnítřída 22；主菜200~420捷克克朗；⏲周一至周五8:00~23:00，周六和周日9:00~23:00；Ⓜ Můstek）在熙熙攘攘的Národní-třída，很容易错过这家餐馆，但是绝对值得停留。尝尝菜单上几样当地和其他国家的菜肴，轻松的氛围里有一些东方旅行的装饰物——一个船首、很多盏东方灯具、绘画和织品。

Aromi 意大利菜 €€€

（见114页地图；☎222 713 222；www.aromi.cz；Mánesova 78，Vinohrady；主菜400~600捷克克朗；⏲周一至周六正午至23:00，周日至22:00；📶；Ⓜ Jiřího z Poděbrad，🚋11）红红的砖石、光亮的木质乡村风格家具，营造出这家意大利美食餐馆的乡村气息。午餐时段轻松务实，晚间浪漫迷人，Aromi因其地道上好的意大利美食而闻名。一定要提前预订。

饮品

捷克啤酒是全世界最好的。最著名的品牌有百威（Budvar）、比尔森（Plzeňský-Prazdroj（Pilsner Urquell）和布拉格自己的老泉牌（Staropramen）。独立的小厂啤酒和当地捷克啤酒在布拉格都越来越受欢迎。

酒吧和小酒馆

Prague Beer Museum 小酒馆

（见126页地图；☎732 330 912；www.praguebeermuseum.com；Dlouhá46；⏲正午至次日3:00；🚋5，8，14）虽然名字听上去是针对游客市场的，但这家热闹拥挤的小酒馆非常受布拉格本地人欢迎。现场供应的鲜啤不少于31种（另外长长的啤酒单上附有如何饮用的指导说明）。

首选 **PivovarskýKlub** 啤酒店

（见114页地图；☎222 315 777；www.gastroinfo.cz/pivoklub；Křižíkova 17，Karlín；⏲11:00~23:30；Ⓜ Florenc）这家酒吧的啤酒就和牛津大学图书馆的藏书一样多——每面墙的架子上放着来自世界各地不同的啤酒，酒瓶堆成金字塔。六种贵宾啤酒随时饮用。坐在酒吧高脚凳上或者走下去窝在地窖里，点上一些酒馆最好的小吃（例如真正的guláš配培根饺子，235捷克克朗）来畅饮啤酒。

首选 **Letná Beer Garden** 啤酒花园

（Letenskýzámeček；见114页地图；☎233 378 208；www.letenskyzamecek.cz；Letenskésady 341，Bubeneč；⏲11:00~23:00仅限夏季；🚋1，8，15，25，26至Letenskénáměstí）如果没有去过这家位于Letna 公园东头的城中最好的啤酒花园，即使去遍所有酒吧，也是不完整的。从小售卖亭买一杯外带啤酒，找一张野餐桌，或者坐在小露台上，点一杯啤酒配着好吃的比萨。

PivovarskýDům 自酿酒吧

（见114页地图；☎296 216 666；www.gastroinfo.cz/pivodum；Ječná和Lipová交叉路口；⏲11:00~23:00；🚋4，6，10，16，22）游客都蜂拥至U Fleků，而当地人则聚集在这里，试喝现场制作的经典捷克窖藏啤酒（40捷克克朗/0.5升），还有小麦啤酒以及其他不同风味的啤酒（有咖啡味、香蕉味和樱桃味的啤酒，40捷克克朗/0.3升）。

Bukowski's 鸡尾酒吧

（见114页地图；☎222 212 676；Bořivojova 86，Žižkov；⏲18:00至次日2:00；🚋5，9，26）正如很多深受外国人欢迎的酒肆一样，Bukowski's与其说是鸡尾酒吧，不如说是鸡尾酒夜店。以爱喝酒的美国作家查尔斯·布科夫斯基（Charles Bukowski）的名字命名，这里营造出黑暗、有些堕落的氛围——装修是那种自我感觉非常良好的“有趣”风格（如果你能透过烟雾缭绕和昏暗烛光看清楚的话）。

首选 **U Vystřeleného oka** 酒吧

（见114页地图；☎222 540 465；www.uvoka.cz；U Božích Bojovníků3，Žižkov；⏲周一至周六16:30至次日1:00；🚋133，207）你一定会爱上这样的酒馆，在男厕所小便池上方的墙上，有块可以把前额贴上面休息的塑料软垫。“遭枪击的眼”（The Shot-Out Eye）——取这个名字是为向酒馆后面山坡上的独眼英雄胡斯致敬——是波希米亚浪荡风格，有粗犷的周五夜晚情调，廉价的比尔森啤酒吸引了经常来

Žižkov的三教九流。

Čili Bar 鸡尾酒吧

（见126页地图；☎777 945 848；www.cilibar.cz；Kožná8；⏰17:00至次日2:00；Ⓜ Můstek）这家小鸡尾酒吧是再典型不过的老城酒肆。局促狭小、烟熏火燎——售卖古巴雪茄——破旧的皮椅子与几张桌子挤一块儿，氛围亲切、放松、生动。

U Medvídků 啤酒店

（在Little Bear；见126页地图；☎224 211 916；www.umedvidku.cz；Na Perštýně7；⏰啤酒馆11:30~23:00，博物馆正午至22:00；📶；Ⓜ Můstek）U Medvídků虽然已经经营多年，但是直到2005年才开始生产自己的啤酒，是布拉格小型啤酒厂中最袖珍的，产量只有250升。规模上的缺失，在强度上得到弥补——这里生产的窖藏黑啤是全国最猛的，酒精浓度达到11.8%。

U Zlatého Tygra 小酒馆

（见126页地图；☎222 221 111；www.uzlatehotygra.cz；Husova 17；⏰15:00~23:00；Ⓜ Staroměstská）如果将地理位置考虑进去的话，"金虎"（Golden Tiger）是老城为数不多保留其酒肆精髓的地方。这里是小说家博胡米尔·赫拉巴尔（Bohumil Hrabal）最喜欢的酒馆——墙上有他的照片——1994年瓦茨拉夫·哈维尔（Václav Havel）领着比尔·克林顿（Bill Clinton）来此见识了一下真正的捷克小酒馆是什么样的。

咖啡馆

Krásný ztráty 咖啡馆

（见126页地图；☎775 755 143；www.krasnyztraty.cz；Náprstkova 10；⏰周一至周五9:00至次日1:00，周六和周日正午至次日1:00；📶；🚊17, 18）这家酷劲十足的咖啡馆身兼两职，既是艺术画廊，有时又做音乐演出场地，深受附近查理大学学生欢迎。这里可以浏览捷克报纸和书籍，播放的音乐曲调清冷，有各种茶水和咖啡可供选用。

Kávovarna 咖啡馆

（见126页地图；☎296 236 233；Štěpánská61，PasážLucerna；⏰8:00至午夜；Ⓜ Můstek）这家咖啡馆复古风格，前厅摆放着弯曲木椅子和雕花木凳，灯光迷蒙昏暗（吧台后面有个非吸烟房间），墙上挂着很多黑白摄影作品。咖啡很不错，价格也合理，还有很好喝的Kout na Šumavě啤酒，价格非常公道，每半升37捷克克朗。

Café Imperial 咖啡馆

（见126页地图；☎246 011 440；www.cafeimperial.cz；Na Poříčí15；⏰7:00~23:00；Ⓜ NáměstíRepubliky）这里1914年开业，2007年彻底翻新门面，是新艺术工匠的一项杰作——墙壁和天花板上贴着陶片、马赛克、雕刻板和浅浮雕。咖啡值得称道，晚上有鸡尾酒供应，提供的捷克式午餐和晚餐都堪称一流。

Literární Kavárna Řetězová 咖啡馆

（见126页地图；☎222 220 681；Řetězová10；⏰周一至周五正午至23:00，周六和周日17:00~23:00；🚊17, 21）在这里，你可以想象自己手边放着喝了一半的咖啡，笔记本上正在敲出一部伟大的布拉格小说。平实的圆顶房子，破旧的木家具，地板上铺着几块毯子，墙上是泛黄的黑白照片。

Grand Cafe Orient 咖啡馆

（见126页地图；Ovocnýtrh 19，Nové Město；Ⓜ NáměstíRepubliky）Orient是布拉格唯一一家立体派风格咖啡馆，由Josef Gočár设计，立体主义见于最细微处，比如灯饰和挂钩。自1920年休业以来，2005年重修后再次开业。供应上好的咖啡以及价格公道的鸡尾酒。

☆娱乐

从夜店到古典乐，从木偶剧到表演艺术，布拉格提供着丰富多彩的娱乐活动。这里是古典音乐和爵士乐的中心。可在www.prague.tv查询正在上演的节目单。试试通过以下票务代理查询在你游览期间上演的节目，并在线购票：**Bohemia Ticket International**（BTI；见126页地图；☎224 227 832；www.ticketsbti.cz；Malé náměstí 13；⏰周一至周五9:00~17:00），**Ticketpro**（见

126页地图；www.ticketpro.cz；Vodičkova 36，PasážLucerna，Nové Město；⏰周一至周五正午至16:00和16:30~20:30）和**Ticketstream**（www.ticketstream.cz）。

表演艺术

布拉格在夜晚提供一系列演出，有古典音乐、舞蹈、季节性演出的歌剧和戏剧（9月至次年5月）。在演出地售票处或剧院提前购票，也可在演出开始前1小时购票。

国家大剧院 歌剧、芭蕾

（National Theatre，Národnídivadlo；见126页地图；☎224 901 377；www.narodni-divadlo.cz；Národnítřída 2；门票30~1000捷克克朗；⏰售票处10:00~18:00；🚋6，9，18，21，22）深受喜爱的国家大剧院为传统歌剧、戏剧和芭蕾提供了舞台，例如上演像斯美塔那（Smetana）、莎士比亚（Shakespeare）、柴可夫斯基（Tchaikovsky）等人的作品，同时也推出了更多作曲家和剧作家的现代作品，比如菲利普·格拉斯（Philip Glass）、约翰·奥斯本（John Osborne）的作品。售票处在Nováscéna大楼隔壁的Kolowrat Palace（庄园剧院对面）。

布拉格国家歌剧院 歌剧、芭蕾

（Prague State Opera，Státníopera Praha；见126页地图；☎224 901 886；www.opera.cz；Wilsonova 4；歌剧票100~1150捷克克朗，芭蕾票100~800捷克克朗；⏰售票处周一至周五10:00~17:30，周六和周日10:00至正午和13:00~17:30；Ⓜ Muzeum）布拉格国家歌剧院是幢醒目的新洛可可式建筑，为古典剧目（大部分是意大利剧目）、歌剧和芭蕾演出提供了优雅别致的环境。

斯美塔那音乐厅 古典音乐

（Smetana Hall，Smetanova síň；见126页地图；☎222 002 101；www.obecnidum.cz；náměstí Republiky 5；票价250~600捷克克朗；⏰售票处10:00~18:00；Ⓜ Náměstí Republiky）斯美塔那音乐厅是布拉格爱乐乐团的演出场地（Symfonický orchestr hlavního města Prahy），有时也有民间舞蹈演出和音乐表演。

鲁道夫宫 现场音乐

（Rudolfinum，见126页地图；☎227 059 227；www.ceskafilharmonie.cz；náměstíJana Palacha，StaréMěsto；⏰售票处周一至周五10:00~18:00；Ⓜ Staroměstska）位于新文艺复兴风格的鲁道夫宫的Dvořák厅是布拉格主要古典音乐演出场所之一，捷克交响乐管弦乐团所在地。

庄园剧院 歌剧、芭蕾

（Estates Theatre，Stavovskédivadlo；见126页地图；☎224 902 322；www.narodni-divadlo.cz；Ovocnýtrh 1；门票30~1260捷克克朗；⏰售票处10:00~18:00；Ⓜ Můstek）庄园剧院（见119页）是布拉格最古老的剧院，因1787年10月29日莫扎特在此指挥《唐璜》首演而闻名。保留剧目包括各种歌剧、芭蕾和戏剧作品。

安卡剧院 剧院

（Archa Theatre，Divadlo Archa；见126页地图；☎221 716 111；www.archatheatre.cz；Na poříčí26；门票150~880捷克克朗；⏰售票处周一至周五10:00~18:00；🚋5，8，14）安卡剧院一直被描述为另一家国家大剧院，是可供前卫艺术和实验艺术演出的多功能场所。同时，还能满足现代戏剧（一般是英语剧目）、舞蹈和行为艺术的需要。剧院也提供现场演出的舞台，从印度古典乐到独立摇滚。

Švandovo Divadlo Na Smíchově 剧院

（Šandovo Theatre in Smíchov；见114页地图；☎257 318 666；www.svandovodivadlo.cz；Stefaníkova 57，Smíchov；门票150~300捷克克朗；⏰售票处周一至周五11:00~14:00和14:30~19:00，周六和周日17:00~19:00；🚋6，9，12，20）这座实验剧院上演捷克和世界各国戏剧作品，因其承接"英语剧目"而受到推崇。有时也会承办现场音乐和舞蹈演出，还有定期的"舞台艺术座谈"（Stage Talks）——与名家即席讨论。

夜店

Cross Club 夜店

（见114页地图；☎736 535 053；www.crossclub.cz；Plynární23，Holešovice；免费入场至150

捷克
布拉格

捷克克朗；⏲咖啡馆正午至次日2:00，夜店18:00至次日4:00；📶；Ⓜ NádražíHolešovice）这家工业风夜店名如其实：位于工业区；表演敲击音乐（有DJ和现场表演）；室内有一堆不可不看的小零件、轴承、曲柄和管道，许多物件会随着音乐在灯光下移动、跳跃。这里时常有现场音乐、戏剧演出和艺术活动。

Roxy 夜店、表演艺术

（见126页地图；☎224 826 296；www.roxy.cz；Dlouhá33；周五和周六免费至300捷克克朗；⏲周一至周四19:00至午夜，周五和周六至次日6:00；🚊5, 8, 14）具有传奇色彩的Roxy位于一家外壳摇摇欲坠的新装饰艺术影院内，这里可以见到全国顶尖DJ，经常还有现场演出。二楼是NoD，是一处"实验空间"，为舞台剧、舞蹈、表演艺术、电影和现场音乐提供舞台。

首选 **Sasazu** 夜店

（见114页地图；☎284 097 455；www.sasazu.com；block 25, Holešovice market, Bubenskénábřeží306, Holešovice；入场券200至1000捷克克朗；⏲21:00至次日5:00；📶；Ⓜ Vltavská，🚊1, 3, 5, 25）Sasazu是全城最受欢迎的舞厅，时尚精英以及他们的追随者蜂拥而至。如果你喜欢大舞池和排长队（提示：早点去），这就是你的地盘。

Radost FX 夜店

（见114页地图；☎224 254 776；www.radostfx.cz；Bělehradská120, Vinohrady；门票100至250捷克克朗；⏲22:00至次日6:00；📶；Ⓜ IP Pavlova）光彩夺目的Radost虽然不如往日新潮，但还是人气很旺，尤其是周四的嘻哈乐和蓝调之夜，**FXbounce**（www.fxbounce.com）。这里很放松，波希米亚的氛围，有一间高档的酒廊和素食馆一直营业到凌晨。

现场音乐

Palác Akropolis 现场音乐、夜店

（见114页地图；☎296 330 911；www.palacakropolis.cz；Kubelikova 27, Žižkov；免费入场至50捷克克朗；⏲夜店19:00至次日5:00；🚊5, 9, 26至Lipanska）Akropolis是一家布拉格另类音乐和戏剧的研究机构、迷宫与圣坛。各种各样演出场地可以承办不同音乐和文化活动，从DJ、弦乐四重奏、马其顿罗马乐队（Macedonian Roma bands）到本地摇滚教父——玛丽安·菲斯福（Marianne Faithfull）、烈焰红唇合唱乐团（Flaming Lips）、美国摇滚乐队（Strokes）都在此演出过。

Lucerna Music Bar 现场音乐

（见126页地图；☎224 217 108；www.musicbar.cz；Palác Lucerna, Vodičkova 36；门票100~500捷克克朗；⏲20:00至次日4:00；Ⓜ Můstek，🚊3, 9, 14, 24）这家老剧院有着浓厚的怀旧气息，现在看起来有些陈旧，有甲壳虫翻唱乐队，有捷克著名艺术家周中演奏爵士乐、蓝调、通俗音乐、摇滚等。但是最受欢迎的活动还是每周五和周六晚上定期举办的20世纪80年代和90年代影像放映会。

JazzDock 爵士乐

（见114页地图；☎774 058 838；www.jazzdock.cz；Janáčkovo nábřeží2, Smíchov；门票90~150捷克克朗；⏲16:00至次日3:00；Ⓜ Anděl，🚊7, 9, 12, 14）布拉格大多数爵士乐夜店都是在烟雾弥漫的地窖里。这间河边的夜店算是走出地下，干净现代的装修，映入眼帘的伏尔塔瓦河美景。这里汇聚了一些本地最棒的艺术家，时常还有一些国际演出。早点去或者提前预订个好位子。

Jazz Club U StaréPaní 爵士乐

（见126页地图；☎602 148 377；www.jazztarapani.cz；Michalská9；入场券250捷克克朗；⏲周三至周日19:00至次日1:00，音乐从21:00开始；Ⓜ Můstek）这家历史久远的爵士乐俱乐部最近重新翻修，位于酒店底层，可以满足不同层次音乐鉴赏的需要。演出内容丰富多彩，有现代爵士乐、灵魂乐、蓝调、拉丁乐，如果你想度过充实的一晚，再点份晚餐。

同性恋活动场所

Vinohrady逐渐成为同性恋聚集区，这座城市对此欣然接纳。

免费 **Termix** 夜店

（见114页地图；☎222 710 462；www.clubtermix.cz; Třebízckého 4a, Vinohrady; ⏲周三至周日20:00至次日5:00; ⓂJiřího z Poděbrad）Termix是布拉格最受欢迎的同性恋舞厅，工业化、高科技（很多不锈钢、玻璃和舒适沙发），聚集了很多年轻人，既有游客也有当地人。狭小的舞池很快就塞满了人，需要排队等待。

ON Club
夜店、现场音乐

（见114页地图；www.onclub.cz; Vinohradská40, Vinohrady; ⏲22:00至次日5:00ⓂMuzeum，🚋11）ON Club是众多同性恋夜店以及对同性恋友好的夜店中最新的，也是最典型的，位于洞穴般的Radio Palác大厦。男人光顾较多，但是也有一些女人，这里欢迎各方宾客。几乎每晚都有迪斯科，但是周末通常有大牌DJ到场，有时还有现场音乐表演。

电影院

大多数影片是原声配捷克语字幕（českétitulky），但是有些好莱坞大片，特别是儿童片，会有捷克语配音（dabing）。

Kino Světozor
电影院

（见126页地图；☎608 330 088; www.kinosvetozor.cz; Vodičkova 41; 票价90~120捷克克朗；📶；ⓂMůstek）Světozor与Kino Aero同属一家管理公司，但是Světozor更重要，同样将重点放在原声放映经典影片、艺术电影上——《战舰波将金号》（*Battleship Potemkin*）、《卡萨布兰卡》（*Casablanca*）、《安妮·霍尔》（*Annie Hall*）、《摩托日记》（*The Motorcycle Diaries*）。

Kino Aero
电影院

（☎271 771 349; www.kinoaero.cz; Biskupcova 31, Žižkov; 票价60~100捷克克朗；🚋5, 9, 10, 16, 19）Aero是布拉格最受喜爱的实验电影院，有主题电影放映、固定放映电影、冷门电影，通常都是英语片或者配英语字幕。这里能观赏到很多经典老片，比如《魂断威尼斯》（*Smrt v Benátkách*）和《布莱恩的一生》（*Život Briana*）。

购物

老城广场附近，可以探访一下Týnskáand Týnskáulička这样的古董店。

Granát Turnov
珠宝

（见126页地图；☎222 315 612; www.granat.eu; Dlouhá28-30; ⏲周一至周五10:00~18:00，周六至13:00; ⓂNáměstíRepubliky）Granát Turnov属于捷克最大的珠宝连锁店，专门经营波希米亚石榴石，还有各种金戒指、银戒指、胸针、袖口、项链，采用小颗深血红石头是其特色。

Kubista
家庭用品

（见126页地图；☎224 236 378; www.kubista.cz; Ovocnýtrh 19; ⏲周二至周日10:00~18:00; ⓂNáměstíRepubliky）这家商店在捷克立体主义博物馆里，这里是布拉格最棒的立体主义建筑，专门经营限量版知名立体主义家具和瓷器，以及像Josef Gočár和Pavel Janák这样的立体主义大师的设计作品。

Manufaktura
工艺品

（见126页地图；☎257 533 678; www.manufaktura.cz; Melantrichova 17; ⏲10:00~20:00; ⓂMůstek）全城有几家Manufaktura折扣店，但是这家小分店靠近老城广场，货品齐全，具有吸引力。

Modernista
家庭用品

（见126页地图；☎224 241 300; www.modernista.cz; Celetná12; ⏲11:00~19:00; ⓂNáměstíRepubliky）Modernista是一家高雅的展廊，专营20世纪经典风格复制品家具，有装饰艺术、极简主义、功能主义和包豪斯风格。这家店位于Celetná12（从街面上看不到）的拱廊内。

Moser
玻璃制品

（见126页地图；☎224 211 293; www.moser-glass.com; Na Příkopě12; ⏲10:00~20:00; ⓂMůstek）Moser是最高端、最受推崇的波希米亚玻璃制造商，1857年始创于卡罗维发利，因其多样、艳丽的设计而出名。Na Příkopě的商店值得逛逛，看看店面装饰和商品。

PivníGalerie
餐饮

（见114页地图；☎220 870 613; www.

pivnigalerie.cz; UPrůhonu 9, Holešovice; ⏲周二至周五正午至19:00; 🚌1, 3, 5, 25)如果你以为捷克啤酒只有比尔森啤酒的话，那么去了PivníGalerie(啤酒博物馆)的品尝间后，绝对会让你大开眼界。这里你能试尝和购买各种各样波希米亚和摩拉维亚啤酒——来自30家不同啤酒厂近150个品种的啤酒。

Shakespeare & Sons 书籍

(见114页地图; ☎257 531 894; www.shakes.cz; U Lužického Semináře 10; ⏲11:00~19:00; 🚌12, 20, 22)很好的英语书店，有好几个房间许多层书架的书。

Globe Bookstore & Café 书籍

(见114页地图; ☎224 934 203; www.globebookstore.cz; Pštrossova 6; ⏲周日至周三9:30至午夜，周二至周六9:30至次日1:00; 📶; Ⓜ Karlovo Náměstí)外国人喜欢逗留的书店，一间很舒服的英语书店和咖啡馆。

实用信息

危险和麻烦

在天文钟、布拉格城堡、查理大桥、市中心地铁、电车线路，尤其是9路和22路拥挤的电车上小偷比较多。

大多数出租车司机是诚实的，但是有些景点的出租车司机会多收费。拨打有名气的出租车公司电话，寻找红黄标志的"公平出租车"("Taxi Fair Place")图标，这些是官方认可的出租站。

主火车站外的公园是流浪汉聚集地，深夜避免前往。

紧急情况

如果你的护照或贵重物品被偷，拿一份警方报告和案件编号。申领保险时需要这些材料。通常会有一个讲英文的人员在现场协助办理事务。警方紧急电话号码是☎158。

上网

很多酒店、酒吧和快餐店提供Wi-Fi热点。

Globe Bookstore & Café (☎224 934 203; www.globebookstore.cz; Pštrossova 6; 每分钟1捷克克朗; ⏲9:30至午夜; 📶; Ⓜ Karlovo Náměstí)没有最低消费。有以太网，因此你可以连接自己的笔记本电脑，以及免费Wi-Fi。

Relax Café-Bar (☎224 211 521; www.relaxcafebar.cz; Dlážděná4; 每15分钟 20捷克克朗; ⏲周一至周五8:00~22:00，周六14:00~22:00; 📶; Ⓜ NáměstíRepubliky)交通便利的网吧。提供免费Wi-Fi。

医疗服务

加拿大医疗保健 (Canadian Medical Care; ☎235 360 133, 724 300 301; www.cmcpraha.cz; Veleslavínská1, Veleslavín; ⏲周一至周五8:00~18:00，周二和周四至 20:00; 🚌20, 26)收费高但很专业的私人诊所，医生说英语；首次就诊花费1500~2500捷克克朗不等。

Na Homolce Hospital (☎257 271 111; www.homolka.cz; 5th fl, Foreign Pavilion, Roentgenova 2, Motol; 🚌167, Ⓜ Anděl)布拉格最好的医院，西方水准的设施和人员，员工说英语、法语、德语和西班牙语。

Polyclinic at Národní (Poliklinika na Národní; ☎222 075 120, 24小时紧急电话 777 942 270; www.poliklinika.narodni.cz; Národnítřída 9, NovéMěsto; ⏲周一至周五8:30~17:00; Ⓜ Můstek)一家重要的诊所，员工说英语、德语、法语和俄语。首次问诊大约需要800~1500捷克克朗。

现金

大部分银行都可以兑换现金，但是在自动取款机上用借记卡汇率更好。尽量不要在私人兑换亭(směnárna)换钱，这些地方的广告上会给出令人误导的汇率，收取很高的手续费。

邮局

邮政总局 (☎221 131 111; www.cpost.cz; Jindřišská14, NovéMěsto; ⏲2:00至午夜; Ⓜ Můstek)在大厅外的自动取号机上拿张小票(邮票和包裹按1，特快专递按4)

旅游信息

Prague Welcome (见126页地图; ☎221 714 444; www.praguewelcome.cz; 老城市政厅, Staroměstskénáměstí5; ⏲9:00~19:00; Ⓜ Staroměstská)

是布拉格旅游信息办事处，网点分布在**老城区**（见126页地图；Rytírská31，StaréMěsto；⏲周一至周六10:00~19:00；ⓂMůstek）**小城区桥头堡**（MaláStrana Bridge Tower，见114页地图；Mostecká；⏲4月至10月10:00~18:00；🚊12，20，22）以及布拉格机场和**主火车站**（见126页地图；Wilsonova 8，NovéMěsto；⏲周一至周六10:00~18:00；ⓂHlavníNádraží）。各网点都提供免费地图和手册。

到达和离开

长途汽车

国际和国内长途汽车主要的终点站是**Florenc汽车站**（Florenc bus station，ÚAN Praha Florenc；见114页地图；☎900 144 444；www.florenc.cz；Křižíkova 4；⏲4:00至午夜，咨询台 6:00~21:30；ⓂFlorenc），主火车站东北方600米处。车上售卖短程车票，国内长途车票在修葺一新的中心大厅售卖。

方便起见，包括Dejvická，ČernýMost，NádražíHolešovice，Smíchovskénádraží，Roztyly和Haje在内的偏僻地铁站有区间车来往。在www.idos.cz上可以查询时刻表和停靠站点。以下是推荐的长途汽车公司：

Eurolines（☎245 005 245；www.elines.cz）大型国际长途运输公司，运营车辆遍布整个欧洲。

Student Agency（☎800 100 300；www.studentagency.cz）连接捷克主要城市；同时服务范围遍及欧洲。

火车

布拉格与欧洲铁路网络连接紧密，如果你从欧洲其他地方而来，你多半会坐火车。捷克铁路网由**Českédráhy**运行（ČD；Czech Railways；☎840 112 113；www.cd.cz）.在线www.vlak-bus.cz查询时刻表信息。

大多数火车都停靠**Praha hlavnínádraží**（主火车站；☎840 112 113；www.cd.cz；Wilsonova 8，NovéMěsto）。有些火车，特别是来自柏林、维也纳和布达佩斯的也会停靠在**Praha-Holešovice**（☎840 112 113；www.cd.cz；Vrbenského，Holešovice），市中心北面。这两个车站在地铁C号线（红色）有自己的站点。

当地交通

抵离机场

如果从机场去市区，在到达大厅的布拉格公共交通局（Prague Public Transport Authority，见139页）购买一张全价公共交通票（32捷克克朗），乘坐119路公共汽车（20分钟，每10分钟1班，4:00至午夜）到地铁A号线终点站（Dejvická），然后继续坐地铁到市中心（再花10至15分钟；不需要再买票）。

记住如果你的包裹或行李箱（每件）尺寸大于25cm×45cm×70cm，你需购买一张半价票（16捷克克朗）。

如果你去城市西南部，乘坐100路公共汽车，到达Zličín地铁站（B号线）。

也有**机场快线**（票价50捷克克朗；⏲5:00~22:00）大巴，坐35分钟，每30分钟1班。这趟车可以到Praha hlavnínádraží（主火车站），在那里转乘地铁C号线（向司机买票；行李免费）。

还有个选择，乘坐**Cedaz**（☎220 116 758；www.cedaz.cz；票价130捷克克朗；⏲7:30~19:00）小型公共汽车，从外面或者到达航站楼到náměstí Republiky附近的捷克航空公司办事处（20分钟，每30分钟1班）；向司机买票。反向坐回机场也有小型公共汽车服务。

AAA Radio Taxi（见139页）提供24小时出租车服务，去布拉格市中心收费大约500~700捷克克朗。在到达航站楼外可以找到出租车载客点。司机通常说英语，接受信用卡。

自行车

自行车越来越受欢迎，布拉格好几个地方现在已经标示出自行车道（黄线标志即自行车道）。然而，因为有鹅卵石、有轨电车和各种各样的人行道，布拉格想成为像维也纳或阿姆斯特丹那样的自行车城还需一段时日。

偷盗自行车黑市发展迅速，因此无人看管情况下，自行车不要放置超过几分钟，一定要用最牢固的车锁。

City Bike（☎776 180 284；www.citybike-prague.com；Královdvorská5，StaréMěsto；每天租金500捷克克朗，团队游每人550~800捷克克朗；⏲4月至10月9:00~19:00；ⓂNáměstíRepubliky）租金包括头盔、挂锁和地图；高质量的Trek山地车租金是

从布拉格出发

国内长途汽车

站点	票价（捷克克朗）	行程（小时）	班次
布尔诺（Brno）	165	2.5	每小时
捷克布杰约维采（ČeskéBudějovice）	150	2.75	每天数班
捷克克鲁姆洛夫（ČeskýKrumlov）	180	3	每天7班
卡罗维发利（Karlovy Vary）	150	2.25	每天8班
库特纳霍拉（KutnáHora）	80	1.25	每天6班
比尔森（Plzeň）	100	1.5	每小时

国际长途汽车

站点	票价（捷克克朗）	行程（小时）	班次
柏林（德国）	1310	4.5	每天
布达佩斯（匈牙利）	1000	6	每天
德累斯顿（德国）	840	2.25	每天
慕尼黑（德国）	1420	5.25	每天2班
维也纳（奥地利）	990	4.5	每天数班
华沙（波兰）	1590	12	每周3班

国内火车

站点	票价（捷克克朗）	行程（小时）	班次
布尔诺	210	3	多次
捷克布杰约维采	220	2.75	每天数班
库特纳霍拉（KutnáHora）	100	1	每天4班
奥洛莫乌茨（Olomouc）	220	2.75	每天数班
比尔森（Plzeň）	100	1.5	每小时

国际火车

站点	票价（捷克克朗）	行程（小时）	班次
柏林（德国）	737	5	每天
布拉迪斯拉瓦（斯洛伐克）	381	4.25	每天数班
德累斯顿（德国）	483	2.25	每天数班
法兰克福（德国）	1245	8	每天2班
慕尼黑（德国）	737	5	每天4班
维也纳（奥地利）	483	4~5	每天数班
华沙（波兰）	483	8.5	每天2班

每24小时750捷克克朗。

Praha Bike（☎732 388 880；www.prahabike.cz；Dlouhá24；每天租金500捷克克朗，团队游每人490捷克克朗；⏲9:00~20:00；Ⓜ Náměstí Republiky）出租质量好、成色新的自行车，有车锁、头盔和地图，还提供免费的行李存放。学生还有折扣，并提供团队自行车游。

小汽车和摩托车

因为鹅卵石、有轨电车和单行道的存在，在

布拉格开车有很多挑战。尽量不要在周五或者周日下午、晚上到达或离开，那时布拉格人正好出去旅行或者从周末度假屋回来。

布拉格市中心有许多带有pěšízona（步行区）标志的步行街，只允许服务车辆和出租车通行；停车简直是噩梦。计费时间限制在2~6小时，大约每小时50捷克克朗。在单行道停车通常只允许靠右停。

公共交通

布拉格完善的公共交通系统包括有轨电车、地铁和公共汽车。由**布拉格公共交通局**（DPP；☎800 191 817；www.dpp.cz）运营，在布拉格机场（7:00~22:00）和几个地铁站（Muzeum、Můstek、AndělI和NádražíHolešovice）都有问讯处。地铁每天从5:00到午夜运行。

地铁有三条线路：A号线（交通地图上标为绿色）从西北Dejvická站到东边Depo Hostivař站；B号线（黄色）从西南Zličín站到东北ČernýMost站；C号线（红色）从北边Letňany站到东南Háje站。方便游客上车的站点有Staroměstská（距离老城广场最近）、Malostranská（小城区）、Můstek（温塞斯拉斯广场）、Muzeum（国家博物馆）、Hlavnínádraží（主火车站）。

地铁歇业后，晚间电车（51路至58路）整晚每40分钟从城市轰隆而过（只有32捷克克朗全价票适用于这些线路）。如果你计划深夜出行，找找住的附近是否有这些线路经过。

车票

地铁和一些电车站（仅收硬币）机器售票，同时在DPP问讯处和许多报亭电话亭售票。车票通用于所有地铁线、有轨电车和公共汽车。

可以购买单人车票，也可以购买全天折扣通票，使用一天或者三天。全价单人票 成人/6~15岁儿童和65~70岁老人32/16捷克克朗（6岁以下儿童免费），无限次使用包括转乘，90分钟内有效。对于更短行程，购买短途票，30分钟内不限转乘，每个成人/儿童和老人24/12捷克克朗。自行车和婴儿车免费。

如果你打算多逗留几小时，应该买一张一天或三天的通票。一日通票花费110/55捷克克朗每个成人/儿童和老人；三日通票花费310捷克克朗（儿童和老人无折扣）。

出租车

出租车很多，相对价格较高。有运营牌照的出租车官方价格为，40捷克克朗起步价加28捷克克朗每公里，等待时6捷克克朗每分钟。在此基础上，市中心里任何一趟行程——比如说从温塞斯拉斯广场到小城区——收费大约170捷克克朗左右。去郊区，根据距离，大约200~400捷克克朗，去机场500~700捷克克朗。

不诚实的司机近几年来越来越少，但是出租车宰客事件仍然时有发生，尤其是在老城广场和温塞斯拉斯广场这样人流多的风景区司机。

不要在街边打车，要使用电话叫车，因为他们更规范和负责。以我们的经验，以下公司的司机诚实，提供24小时服务，业务员说英语：

AAA Radio Taxi（☎222 333 222，14014；www.aaataxi.cz）

City Taxi（☎257 257 257；www.citytaxi.cz）

ProfiTaxi（☎14015；www.profitaxi.cz）

布拉格周边

卡尔施泰因（Karlštejn）

这座中世纪古堡俯瞰卡尔施泰因村庄，位于布拉格西南30公里处，至今保存如此完好，以至于位于迪斯尼乐园大街上也不显突兀。这座主题公园也是人潮涌动，但是周边宁静的小乡村使卡尔施泰因从外面看起来非常美丽，你在里面看到的任何东西都难以和外面的美景比拟。

卡尔施泰因城堡（Karlštejn Castle，Hrad Karlštejn；☎311 681 617；www.hradkarlstejn.cz；成人/儿童 行程一 270/180捷克克朗，行程二 300/200捷克克朗，行程三 120/60捷克克朗；⌚7月和8月9:00~18:30，5月、6月和9月 周二至周日至17:30，4月和10月 周二至周日至16:30，11月至次年3月时间更短）系出名门，1348年神圣罗马帝国皇帝查尔斯四世带着他的御宝和各种金银细软躲避在此。城堡由一位世袭城主管理，四周被各路诸侯团团围住，一旦有敌人入侵，他们可以保护城堡。

15世纪胡斯战争期间，卡尔施泰因再次保护了波希米亚人和神圣罗马大帝的御宝，但是防御工事陈旧落后，年久失修。19世纪后期大刀阔斧的整修工作使城堡恢复了往日风采。

有三种导览游可供选择。行程一（50分钟）：会经过仍然留有骑士们纹章和姓名的骑士大厅、查尔斯四世的寝宫，以及大殿（the Audience Hall）和珍宝馆（the Jewel House），珍宝馆里有来自圣十字教堂（the Chapel of the Holy Cross）的珠宝和一顶圣温塞斯拉斯皇冠的复制品。

行程二（70分钟，仅限5月至10月）：必须提前预订，先参观玛丽安塔（Marian Tower），那里有圣母玛利亚教堂（the Church of the Virgin Mary）和圣凯瑟琳教堂（the Chapel of St Catherine），之后移步巨塔（Great Tower），参观古堡明星景点，精美的圣十字教堂。

行程三（40分钟，仅限5月至10月）：参观巨塔的高层，古堡的制高点，将周边令人心旷神怡的乡村美景一览无遗。

到达和离开

从布拉格出发，每天有多次列车从hlavní nádraží（主火车站）发出。车程大约40分钟，花费约50捷克克朗。

科诺皮什泰（Konopiště）

这里是奥匈帝国王位继承人弗朗茨·斐迪南大公（Archduke Franz Ferdinand）的房产。这位大公死后才出大名——毕竟，正是因为1914年他在沙拉热窝被刺杀，才引发了第一次世界大战。大公是位神秘人物，他为逃避维也纳宫廷的阴谋，隐匿在这幢完美的乡村别墅，度过了人生的最后20年。

科诺皮什泰古堡（Zámek Konopiště；☎317 721 366；www.zamek-konopiste.cz；成人/儿童 行程一或二 210/130捷克克朗，行程三 310/210捷克克朗；⏲6月至8月 周二至周日10:00至正午和13:00~17:00，4月、5月和9月至16:00，10月和11月周六和周日10:00至正午和13:00~15:00，12月至次年3月歇业）位于离Benešov镇3公里处的广阔平原上，这里证明了大公痴迷于两件事——打猎和圣乔治。19世纪90年代这里已经翻修成一幢哥特与文艺复兴风格相结合的建筑，配置了所有最先进的技术——包括通电，中央制暖系统，抽水马桶，淋浴以及一部豪华电梯——弗朗茨·斐迪南用他的打猎战利品装饰他的家。

他的猎获物日记记录了一生猎获的300,000种动物，有狐狸、鹿、大象和老虎。100,000动物标本装饰四壁，每件标本上标注猎获的时间和地点——满满当当的战利品走廊（Trophy Corridor，行程一和行程三），一眼望去全是各种动物，鹿茸麂皮室里，秃鹰标本制作的“吊灯”真是让人瞠目结舌。

到达和离开

从布拉格到科诺皮什泰，可以搭乘任何一班前往Benešov（70捷克克朗，50分钟）的火车，班次很多，再沿着有标志的小径步行30分钟。布拉格C号线（红色）Roztyly 地铁站上有个小公共汽车站，这里发车的长途汽车班次不频繁（60捷克克朗，1小时）。

库特纳霍拉（Kutná Hora）

在14世纪，布拉格东南60公里处的库特纳霍拉地下丰富的银矿资源，使得这个沉睡小镇在波希米亚的重要性仅次于布拉格。当地的矿井和铸币厂生产的银币groschen 在中欧作为硬货币使用。由于银矿在1726年枯竭，这座中世纪小镇的大部分原貌才得以保留。如今，几处迷人独特的历史遗迹被列为联合国世界文化遗产——小镇成为从布拉格出发的热门一日游城市。

景点

人骨教堂 教堂

（Sedlec Ossuary, Kostnice；☎327 561 143；www.ossuary.eu；Zámecká127；成人/优惠 60/40捷克克朗；⏲4月至9月 周一至周六8:00~18:00，3月和10月9:00~17:00，11月至次年2月9:00~16:00）1870年施瓦曾伯格（Schwarzenberg）家族买下人骨修道院，他们允许当地木雕艺人利用已经在地窖堆放了几百年的人骨进行创作。不过这可不是微不足道的一小堆人骨：而是40,000多具人骨遗骸。最终成就了这座辉煌的人骨教堂。

头骨和股骨花环悬挂在拱形天花板下，好像亚当斯家族圣诞装饰一般，同时在中心悬挂着一盏巨型吊灯，由人体全身骨头组装而成。四座用人骨堆积成的巨大金字塔占据教堂四角，人骨十字架、人骨圣餐杯、人骨圣体匣装饰祭坛。甚至连施瓦曾伯格盾徽也是用人骨制成——注意，乌鸦从土耳其人的脑袋上啄走眼睛，这就是施瓦曾伯格家族惊悚的盾徽图案。

圣巴巴拉大教堂 教堂

（Cathedral of St Barbara，Chrám sv Barbora；☎327 512 115；Barborská；成人/优惠 60/40捷克克朗；⏲5月至9月 周一10:00～16:00，周二至周日9:00～17:30，10月至次年4月每天10:00～16:00）库特纳霍拉最伟大的教堂就是这座哥特式的圣巴巴拉大教堂。在规模大小和壮观程度上可以媲美布拉格的圣维特大教堂，高耸的教堂中殿极尽优雅之态，六朵花瓣型棱纹穹顶，半圆回廊教堂保存了15世纪的湿壁画，有些壁画内容表现的是正在工作的矿工。

教堂1380年开始修建，在胡斯战争期间中断，1558年因为银矿枯竭而废弃。在19世纪末期最终以新哥特风格的造型完工。在教堂外面也可走走；站在东边的平台上欣赏小镇最美的景色。

捷克银器博物馆 博物馆

（Czech Silver Museum，Českémuzeum stříbra；☎327 512 159；www.cms-kh.cz；Barborská28；成人/优惠 行程一70/40捷克克朗，行程二120/80捷克克朗，全套 140/90捷克克朗；⏲7月和8月10:00～18:00，5月、6月和9月9:00～18:00，4月和10月9:00～17:00）从**圣杰姆斯教堂**（St James Church）的南边，顺着一条狭窄的鹅卵石路小巷（Ruthardská）而行，再往上行至**Hrádek**（小城堡）。这里曾经是小镇的一部分防御工事，15世纪作为皇家矿井行政长官Jan Smíšek的官邸加以重建。他因为非法采集这幢建筑下银矿而发家致富。现如今这里是捷克银器博物馆。

采用导览游参观。行程一（1小时）可以参观到博物馆的主要部分，那里展出促成库特纳霍拉富甲一方的几处矿井，里面有一部巨大的木质设备，曾经用于从200米深的通风井里提起1000公斤载荷重量的东西。

行程二（90分钟）允许你戴上矿工头盔，探访这座城市500米下的中世纪矿场通风井。参加此项行程的孩子至少年满7岁。

住宿

Penzión U Kata 家庭旅馆 €

（☎327 515 096；www.ukata.cz；Uhelná596；标单/双/标三500/760/1140捷克克朗；P@📶）这个家庭旅馆，名叫“刽子手”，性价比高。自行车出租每小时200捷克克朗，距离公共汽车站只需步行一小段路。楼下是好客的捷克啤酒馆和餐厅。

餐饮

Pivnice Dačický 啤酒馆 €

（☎327 512 248；www.dacicky.com；Rakova 8；主菜120～330捷克克朗；⏲11:00～23:00）在这家老式的木镶板的波希米亚啤酒馆里，让你的胡子上沾些酒泡，你在这里可以品尝到饺子，还有五种不同干啤可供选择，包括比尔森啤酒、百威和黑啤。

U Sňeka Pohodáře 意大利菜 €

（☎327 515 987；www.usneka.cz；Vladislavova 11；主菜100～235捷克克朗；📶）库特纳霍拉最好的意大利菜风味可以在这家最受当地人欢迎的舒适小馆里找到，外卖或者堂食比萨和意大利面非常受欢迎。不过，我们也不知道为什么它要叫“满足的蜗牛”（The Contented Snail）。

Kavárna Mokate 咖啡馆

（Barborská37；⏲周一至周五8:00～22:00，周六10:00～22:00，周日10:00～20:00）这家惬意的小咖啡馆，拥有老式陶土地砖、原木房梁、风格迥异的家具、东方地毯，供应各种现磨咖啡和来自各国的茶水，夏天还有冰茶和冰咖啡。

Kutná Hora 库特纳霍拉

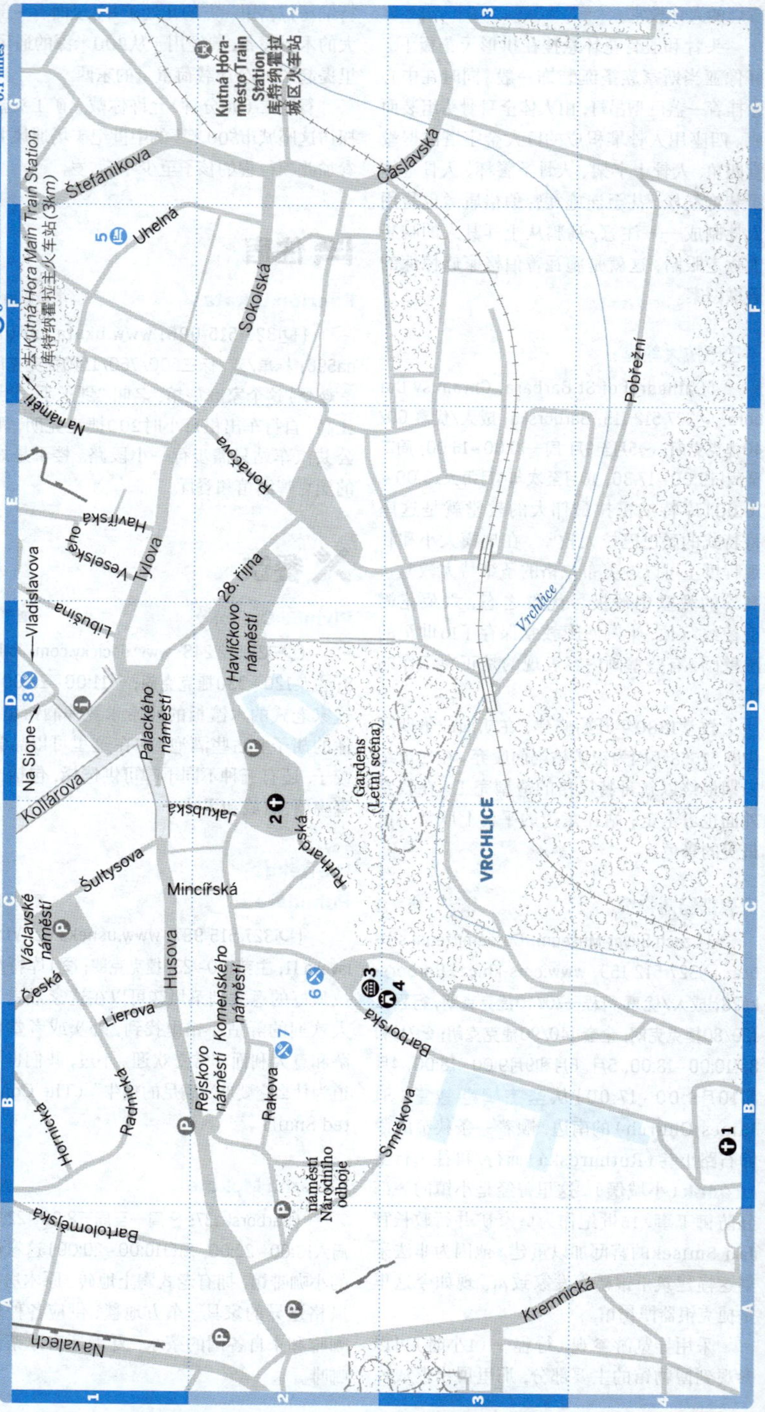

Kutná Hora 库特纳霍拉

◎景点

住宿

就餐

实用信息

库特纳霍拉旅游局（Informačnícentrum；☎327 512 378；www.guide.kh.cz；Palackého náměstí377；⏲4月至9月9:00~18:00，10月至次年3月 周一至周五9:00~17:00，周六和周日10:00~16:00）预订住宿，提供上网（1捷克克朗/分钟）以及出租自行车（220捷克克朗/天）。

到达和离开

从布拉格可乘坐长途汽车或者火车到达库特纳霍拉。镇上的长途汽车站位于老城东北边界上，从那里去老城的景点很方便，但是距离人骨教堂3公里。从布拉格发车的长途汽车一般全天都有（68捷克克朗，1.25小时）。一些长途汽车从Florenc主汽车站发车，另一些从C号线（红色）Haje地铁站的一个小汽车站发车。

相比之下，库特纳霍拉的主火车站距离人骨教堂只有800米，但是距离老城却有3公里。从布拉格主火车站（101捷克克朗，1小时）不定时发车的火车全天都有。

泰瑞辛（Terezín）

泰瑞辛（在德语中写作Theriesenstadt）的军事要塞位于布拉格北部60公里处，由哈布斯堡皇室建于18世纪，用于保卫皇家北部边疆，防范普鲁士军队有可能的侵犯，但是此地更多的是因为臭名昭著的“二战”监狱和集中营而闻名。

大约150,000名男人、女人和孩子，主要是犹太人在去奥斯维辛集中灭绝营（Auschwitz-Birkenau extermination camps）的途中在此被扣留：35,000人在此因饥饿、疾病或自杀而死亡，只有4000人幸存下来。从1945年至1948年要塞被用作苏台德区德国人俘虏收容所，这些人战后被驱逐出捷克斯洛伐克。

泰瑞辛在实现纳粹的“最终解决方案”（Final Solution）的终极目标方面扮演了悲剧性角色。由于泰瑞辛以犹太人“避难所”示人，官方到访者完全被蒙在鼓里，这里商店、学校和文化组织齐全——甚至有自治的犹太“政府”。直到1945年4月，红十字会参观团才发表了真实的报道。

泰瑞辛纪念馆（Terezín Memorial；www.pamatnik-terezin.cz）包括位于主要塞（Main Fortress）的**犹太博物馆**（Ghetto Museum；muzeum ghetta；☎416 782 225；成人/儿童170/140捷克克朗，含小堡垒210/160捷克克朗；⏲4月至10月9:00~18:00，11月至次年3月至17:30），以及**马格德堡营房**（Magdeburg Barracks；cnr Tyršova & Vodárenská；⏲4月至10月9:00~18:00，11月至次年3月至17:30）和**小堡垒**（Lesser Fortress；Malá pevnost；☎416 782 576；Pražská；成人/儿童170/140捷克克朗，含犹太博物馆210/170捷克克朗；⏲4月至10月8:00~18:00，11月至次年3月至16:30），向东走10分钟过奥赫热河（Ohře River）。

犹太博物馆记录了“二战”期间集中营每天的生活，展出了令人动容的绘画、信件和个人物品。在马格德堡集中营的展品突出丰富的文化生活——包括音乐、戏剧、美术和文学——以此来冲抵恐惧的氛围。

小堡垒用于关押政治犯，包括反对纳粹的捷克游击队员。荒凉的刑场曾经枪决过250多名犯人，在走到这里前，可以通过自助导览游参观牢房、工作间、太平间、乱葬岗。

到达和离开

从布拉格到Litoměřice（165捷克克朗回程，1小时）的直达长途汽车通常停靠泰瑞辛。从Praha-Holešovice火车站外发车。

波希米亚（BOHEMIA）

捷克的西部省份呈现出的多元化多样性程度令人惊叹。捷克克罗姆洛夫位于河畔，拥有强烈文艺复兴风格的古堡，独具一格，但像洛克特这样名不见经传的地方也散发出意想不到的魅力。捷克布杰约维采和比尔森这样的大城市，拥有很多大型博物馆和餐馆这样的城市景观。西波希米亚的温泉小镇在19世纪已经世界闻名，至今依然保有旧时荣耀。

卡罗维发利（Karlovy Vary）

人口60,000

卡罗维发利（KV）是捷克最像豪华度假村的地方，不过也仅限于适度豪华。这个度假胜地在19世纪的欧洲因kurort（健康温泉）而闻名，现如今小镇主要吸引的是一日游游客，他们满足于游走在柱廊间，用陶制喷嘴杯啜饮几口据说是延年益寿的含硫化物饮品。尽管是水疗服务中的代表，但是卡罗维发利并不是完全可以随时提供异域风情按摩和去角质这样的高端疗程，必须提前预订。从布拉格出发的优质长途汽车服务使得一日往返行程很便捷。

景点

免费 热泉柱廊 温泉

（Hot Spring Colonnade, VřídelníKolonáda; www.karlovyvary.cz; VřídelníKolonáda; ⏲Pramen Vřídlo 6:00~19:00）热泉柱廊位于小镇最有名的间歇喷泉Pramen Vřídlo。建筑本身是突兀的20世纪70年代中期风格，曾经是用来纪念苏联宇航员加加林（Yuri Gagarin）的。间歇温泉喷涌出15米高的泉水；人们躺着吸入水汽来养身或者从隔壁房间的一排水龙头上取水。

抹大拉圣玛丽教堂 教堂

（Church of Mary Magdalene, kostel sv Maří-Magdaléná; www.karlovyvary.cz; náměstíSvobody 2; ⏲弥撒时间开放）无论你怎么看待这幢18世纪30年代巴洛克建筑的奢靡，基利恩·伊格纳兹·丁岑霍弗尔巧夺天工的技艺都会令你折服沉迷。可以通过旅游信息办事处分部获取巴洛克地窖（crypt）和独特的安息堂（funeral chapel）信息。

圣彼得和圣保罗教堂 教堂

（Church of SS Peter & Paul, kostel Sv Petra a Pavla; Krále Jiřího; ⏲9:00~18:00）光彩夺目的圣彼得和圣保罗东正教教堂有五座光滑的洋葱型屋顶和新艺术外墙壁画，明显是仿造莫斯科的一家教堂。这座教堂最突出的装饰之一就是沙皇彼得大帝（Tsar Peter the Great）的浮雕像。

卡罗维发利博物馆 博物馆

（Karlovy Vary Museum, Krajskémuzeum Karlovy Vary; ☎353 226 252; www.kvmuz.cz; NováLouka 23; 成人/优惠60/30捷克克朗; ⏲周三至周日9:00至正午和13:00~17:00）卡罗维发利博物馆收藏了丰富的关于这个温泉胜地的历史展品、捷克玻璃制品和该地区的自然史。

莫瑟玻璃博物馆 博物馆

（Moser Glass Museum, Sklářskémuzeum Moser; ☎353 416 132; www.moser-glass.com; Kpt Jaroše 19; 成人/儿童80/50捷克克朗，玻璃制品120/70捷克克朗，通票180/100捷克克朗; ⏲9:00~17:00，玻璃制品至14:30; 🚌1）莫瑟玻璃博物馆有2000多件展品。可以参观附近的玻璃制品厅，通票也可使用。这里也有个商店，但是价格一般，在城里还有一家店。从Tržnice公交汽车站乘坐1路公交汽车可达。

免费 黛安娜瞭望塔 塔

（Diana Lookout Tower; ☎353 222 872; www.karlovy-vary.cz/en/diana-tower; ⏲6月至9月9:00~19:00，4月、5月和10月至18:00，2月、3月、11月和12月至17:00）瞭望塔位于历史温泉区西部的山林之上，是午后徒步的理想之地。

活动

Castle Spa 温泉

（ZámeckéLázně; ☎353 225 502; www.castle-spa.com; Zámeckývrch 1; ⏲周一至周五

7:30~19:30，周六和周日从8:00开始）大部分卡罗维发利的住宿提供收费的温泉理疗，但是如果你只是随意闲逛或者一日游，可以考虑现代化的温泉中心——城堡温泉（Castle Spa），这里有地下热泉。可在网站查询全部理疗项目和价格。

游泳池

游泳

（☎359 001 111；www.thermal.cz；IP Pavlova 11；成人/儿童100/80捷克克朗；⏲8:30~20:00）酒店50米热水泳池常年对公众开放。池水采用热泉加热。酒店后面顺着山坡而上的指示牌"Bazén"指向游泳池。

节日和活动

卡罗维发利国际电影节

电影

（Karlovy Vary International Film Festival；www.kviff.com；⏲7月）卡罗维发利电影节汇集本年度最佳影片，同时吸引了很多（二线）明星。虽然比不上戛纳电影节、威尼斯电影节和柏林电影节，但也值得一游。

住宿

卡罗维发利近几年来住宿价格飞涨，几乎和布拉格差不多，尤其是在举办电影节的7月。假如你计划7月来，一定要提前预订。需要支付一项额外的"温泉税"（15捷克克朗/床/晚）。市信息办事处可以帮助预订青年旅舍、家庭旅馆和酒店。另外，可以考虑住在洛克特，将卡罗维发利作为一日游。

首选 Hotel MaltézsýKříž

酒店 €€

（☎353 169 011；www.maltezskykriz.cz；StaráLouka 50；标单/双1650/2800捷克克朗；@📶）欢迎来到卡罗维发利性价比最高的中型酒店。在这幢漂亮时髦的房子里有东方铺毯，木质地板，舒适的房间，还有空间更大的复式公寓。浴室色调是温暖的大地色系。

Carlsbad Plaza

酒店 €€€

（☎353 225 501；www.carlsbadplaza.cz；Mariánskolázeňská23；标单/双4000/6000捷克克朗；P⊖❄@📶♨）这家相对较新的酒店绝对时尚有型，在温泉小镇属于高档，有舒适的现代理疗设备，豪华的房间，和对素食者友好的亚洲餐厅。

Embassy Hotel

酒店 €€

（☎353 221 161；www.embassy.cz；Nová-Luka 21；标单/双2260/3130捷克克朗起；@📶）卡罗维发利不缺高端酒店，但是最缺像Embassy这样有个人风格的家族酒店，临河而立，传统风格的房间。酒店酒吧和餐厅里时常有电影节名人出现。

Grandhotel Pupp

酒店 €€€

（☎353 109 631；www.pupp.cz；Mírové náměstí2；房间4000~7000捷克克朗；P⊖❄@📶♨）说及卡罗维发利的酒店，一定会提起其鼻祖Pupp，其历史可以追溯到18世纪。浏览过几间房间后，就会发现每个房间的设计和家具大相径庭。即使你不住这里，也要进去看看；餐厅非常好，古色古香的氛围堪称完美。

Hotel Romania

酒店 €€

（☎353 222 822；www.romania.cz；Zahradni 49；标单/双1200/1950捷克克朗；📶）不要因为酒店热泉的难看巨石而与酒店擦肩而过，这是一家性价比高、读者推荐的酒店（只需瞅几眼）。宽敞的房间一尘不染，说英语的员工服务周到。

OPLÁTKY

引用蒙蒂·派森（Monty Python）的问题："你拿到圣饼了吗"？（Do you get wafers with it?）卡罗维发利人的回答是响亮的"是"，他们使用温泉水的方法如下：呷一口lázeňskýpohárek（温泉杯）里的水，然后用名为oplatky的大块圆形甜圣饼泡水吃，冲淡硫化物的味道。在一些温泉酒店，oplatky售价大约每块10捷克克朗，也可以在**Kolonada Oplatky**（Nehrova和Masarykova交叉路口）买到。但是不要买奇特的巧克力味或榛子味，这两种口味从来没有标准的香草味松脆热乎。

Hotel Boston 酒店 €

（☎353 362 711；www.boston.cz；Lučnívrch 9；标单/双1390/1570捷克克朗；⊖📶）这所家族式酒店隐蔽在安静小巷深处，有相对宽敞的房间和色彩明亮、现代化的浴室。StaráLouka光鲜的咖啡馆就在拐角处。

餐饮

Hospoda U Švejka 捷克菜 €€

（☎353 232 276；www.svejk-kv.cz；StaráLouka 10；主菜160~370捷克克朗；⊙11:00~23:00；⊖）在温泉小镇中心有很多吃午餐或晚餐的地方。尽管食物从图片上看非常不讲究，但是食物本身却非常好吃，氛围与传统捷克酒吧截然不同。

Embassy Restaurant 捷克菜 €€€

（☎353 221 161；www.embassy.cz；Nová-Louka 21；主菜200~500捷克克朗）Embassy Hotel（见145页）的室内餐厅本身就是处游览地。餐厅颇有情调，食物大多数是典型的捷克菜，比如烤猪肉或鸭肉。还有很多上等酒水，天气好的话还提供户外就餐。

Tandoor 印度菜 €€

（☎608 701 341；www.tandoor-kv.cz；IP Pavlova 25；主菜150~250捷克克朗；⊙周一至周六正午至22:00，周日至18:00；🅥）Tandoor位于公寓小区楼下，有一支正宗印度风情的小型爵士乐队，甘布赖纳斯啤酒（Gambrinus beer）和爽滑奶油拉西（lassis）。素食者选择很多，如果你口味偏辣，点一份Chicken Phall。

Promenáda 各国风味 €€€

（☎353 225 648；www.hotel-promenada.cz；Tržiště31；主菜250~650捷克克朗）Promenáda酒店自家的餐厅经常登上捷克最佳排行榜，也是网上论坛常年最受推崇的餐厅。高雅的就餐环境带来令人回忆的一晚，食物也美味可口（虽然可能不是总与高昂的价格相匹配）。

Sklípek 捷克菜 €

（☎353 220 222；www.restaurantsklipek.com；Moskevská2；每餐120~180捷克克朗）红格桌布，上好的牛排、鱼肉和意大利面使这里的环境显得平实、质朴，绝对好过山下温泉区那些消费昂贵、装模作样的饭馆。

CaféElefant 咖啡馆

（☎353 223 406；StaráLouka 30；咖啡50捷克克朗）高档老式的咖啡馆，供应咖啡和蛋糕。游客有点多，但依然优雅高档。

Retro Cafe Bar 酒吧

（☎353 100 710；www.retrocafebar.cz；TG Masaryka 18；⊙周日至周四10:00至午夜，周五和周六至次日3:00）复古主题酒吧、咖啡馆和餐厅，分类清晰简单。一个喝咖啡或鸡尾酒的好地方，食物也不差。这里在晚上和复古主题夜活动会有音乐表演。

实用信息

卡罗维发利有几家旅游信息办事处分散在城中——办事处总部在**Dolnínádrazi**（☎353 232 838；www.karlovyvary.cz；Západní2a，下游公共汽车站；⊙周一至周五9:00~18:00，周六和周日10:00~17:00），其他分布在**Hotel Thermal**（☎355 321 171；www.karlovyvary.cz；IP Pavlova 11；⊙周一至周五9:00~17:00，周六和周日10:00~17:00）以及**Hot Spring Colonnade**（☎773 291 243；www.karlovyvary.cz；Vřídelníkolonáda；⊙周一至周五9:00~17:00，周六和周日10:00~17:00）。办事处除提供地图和帮助建议外，还可以帮忙找到比酒店价格便宜的客房和公寓。

到达和离开

长途汽车是到达卡罗维发利唯一的交通工具。Student Agency（www.studentagency.cz）运营频繁来往于卡罗维发利和布拉格Florenc（155捷克克朗起，2.25小时，每天数班）之间的长途汽车，从主火车站和Dolnínádraží火车站旁边的主长途汽车站出发。开往洛克特（30捷克克朗，30分钟）附近的长途汽车全天运行。

洛克特（Loket）

人口3200

洛克特的如画村庄位于岛上，被奥赫热河

迂回缠绕。据当地旅游局介绍，这是歌德（Goethe）最喜欢的小镇，围着主广场懒散地走一走，可能也会成为你的最爱。大多数人选择从卡罗维发利出发来洛克特一日游，但是，这里也是缓解几天以来旅途劳累，睡上一觉的好地方，尤其是当一日游旅客都离开后。洛克特也可作为游览卡罗维发利的一个落脚点。

景点

洛克特城堡 城堡

（Hrad Loket，Loket Castle；352 684 648；www.hradloket.cz；Hrad；英语导游成人/优惠110/90捷克克朗，英语文字材料95/75捷克克朗；4月至10月9:00～16:30，11月至次年3月9:00～15:30）建在一座罗马式堡垒上，那里只留下耸立的方塔和圆形大厅的残垣断壁。古堡呈现出14世纪后期的后哥特式面貌。从1788年至1947年，这里作为监狱使用。著名景点包括两间堆满小镇精美瓷器的房间和可以将美景尽收眼底的古堡塔顶。

活动

向信息办事处咨询在周围丛林徒步事宜，包括半天沿着17公里蓝色标志小径徒步去卡罗维发利（大约4小时）的半日游。卡罗维发利也是漂流的好地方。

食宿

主广场周围有很多随着季节开张或歇业的咖啡馆和比萨饼店。

Hotel CísařFerdinand 酒店 €€

（352 327 130；www.hotel-loket.cz；TG Masaryka 136；标单/双1060/1850捷克克朗；P）位于市中心，当地一家啤酒厂曾经的麦芽坊，最近翻新了房间，也是镇上最好的小型啤酒厂和餐馆。

实用信息

洛克特信息办事处（Infocentrum Loket，Loket Information Centre；352 684 123；www.loket.cz；TG Masaryka 12；10:30～12:30和13:00～17:00）当地信息的可靠来源，只是大多数手册和地图是德语。提供上网（10捷克克朗/15分钟）。

到达和离开

长途汽车从卡罗维发利频繁发出开往洛克特（30捷克克朗，20分钟）。从卡罗维发利开来的长途车在老城桥对面停靠。步行过桥获取古堡、住宿和旅游信息。

比尔森（Plzeň）

人口173,000

比尔森，西波希米亚首府，是波希米亚仅次于布拉格的第二大城市，最闻名于世的是比尔森啤酒厂，同时还有很多有趣的景点，好吃的餐馆，如果在那里过夜还有很多夜生活去处。大多数景点位于中心广场附近，啤酒厂在市中心外步行15分钟可到。尽量早上到达，先去游览与啤酒无关的景点，下午再去参观啤酒厂，沿途肯定要品尝啤酒（这样与晚餐衔接更自然，可以等天黑后接着去泡吧）。

景点

比尔森啤酒厂 啤酒厂

（Pilsner Urquell Brewery，Prazdroj；377 062 888；www.prazdroj.cz；U Prazdroje 7；导览游成人/儿童150/80捷克克朗；4月至9月8:30～18:00，10月至次年3月至17:00；英语团队游12:45，14:15和16:15）比尔森人气最旺的景点就是比尔森啤酒厂。自1842年投产至今，这里可以说是世界上最好的啤酒之乡。这里只有导览游，每天有三班英语团队游。游览包括参观老酒窖（穿暖和点），最后喝一杯未杀菌的生啤。

啤酒博物馆 博物馆

（Brewery Museum；377 235 574；www.prazdroj.cz；Veleslavínova 6；成人/儿童导览游120/90捷克克朗，英文说明书90/60捷克克朗；4月至12月10:00～18:00，1月至3月至17:00）在Prazdroj啤酒博物馆深入介绍了在Prazdroj建成前啤酒是如何在几天时间制成（和饮用）的。主要参观点包括19世纪酒吧模型，来自西伯利亚的一只巨型木制啤酒杯，以及啤酒杯垫收藏。全部有英文说明以及详尽的英文书面导览。

Underground Plzeň 地道

（Plzeňskéhistoricképodzemí；☎377 235 574；www.plzenskepodzemi.cz；Veleslavínova 6；成人/儿童90/70捷克克朗；⏲4月至12月10:00~18:00，2月至3月至17:00，1月歇业；英语团队游每天13:00一次）这是探索老城地下通道的奇幻之旅。年代最久远的通道可能挖于14世纪，或许是为了啤酒生产或者为了防御；最近挖掘的通道是19世纪的。估计已经挖掘出11公里，有些500米深的地道对公众开放。多带点衣服（地下只有10摄氏度）。

圣巴塞洛缪教堂 教堂

（St Bartholomew Church，kostel Sv Bartoloměje；☎377 226 098；www.katedralaplzen.org；náměstíRepubliky；教堂 成人/优惠20/10捷克克朗，塔35/25捷克克朗；⏲4月至9月 周三至周六，10月至12月 周三至周五10:00~18:00）庞大的哥特式巴塞洛缪教堂赫然耸现在náměstí-Republiky中心的建筑群中。向城市信息中心（见150页）咨询导览游详情。向主祭坛里面望去，是精美的大理石“比尔森圣母”（可上溯至1390年），或者爬301层台阶登上塔顶（天气允许的话）饱览美景。

木偶博物馆 博物馆

（Puppet Museum，muzeum Loutek；☎378 370 801；www.muzeumloutek.cz；náměstíRepubliky 23；成人/优惠60/30捷克克朗；⏲周二至周日10:00~18:00；👪）自从2011年开馆，这座博物馆已经成为年轻人聚集的热门地。展览做得不错，很多是互动式的，允许游客自己操纵木偶。

犹太大教堂 犹太教堂

（Great Synagogue，VelkáSynagoga；☎377

值 得 一 游

玛丽亚温泉市（MARIÁNSKÉLÁZN和CHODOVÁPLANÁ）

MariánskéLázně（以玛丽亚温泉市为国外所知）比卡罗维发利小巧摩登，可以说更漂亮。在度假胜地全盛时期，MariánskéLázně吸引了包括歌德、托马斯·爱迪生（Thomas Edison）、英国国王爱德华七世，甚至作家马克·吐温（Mark Twain）在内的大批名人。

现在大多数游客都是从德国来进行一日游，一定要先去咖啡馆吃apfelstrudel（苹果馅饼），然后坐大巴去逛花园和柱廊，最后坐车回家。

重修的铸铁**柱廊**（Lázeňskákolonáda；Lázeňskákolonáda；⏲6:00~18:00）是温泉小镇最引人注目的焦点，白色亭子里的水龙头可以取用各种泉水。照着别人的样子做，为徒步和饮水用买一只陶瓷马克杯。注意墙上（也有英语）详细描述温泉水不同性质的说明。

柱廊在旺季时全天有各种古典和铜管乐队音乐会演出。晚上有**音乐喷泉**（singing fountain），随着巴赫和肖邦的乐曲，光影与喷泉交错舞动。

位于市中心的**信息办事处**（☎354 622 474；www.marianskelazne.cz；Hlavnítřída 47；⏲9:00~18:00）提供温泉疗程信息，以及城镇周围森林徒步信息。

从布拉格和比尔森到玛丽亚温泉市都很方便。一天三趟的列车从布拉格发出（250捷克克朗，3小时），途经比尔森。玛丽亚温泉市和卡罗维发利之间有普通列车（慢车，63捷克克朗，1.75小时）。

如果你喜欢泡沫温泉，距离玛丽亚温泉市不远的村庄**Planá**，有个独一无二的啤酒温泉**Beer Wellnes Land**，在**Chodovar Brewery**（☎374 617 100；www.chodovar.cz；Pivovarská107；温泉理疗660捷克克朗起）。正如其名，这里类似一处水浴，但是这里的水是加热的啤酒，跳跃着糖纸大小的啤酒花。这里可能是同时享用波希米亚两项声名远播特产的理想之地——世界级的温泉和啤酒。

223 346; www.zoplzen.cz; sady Pětatřicátníků11; 成人/儿童60/40捷克克朗; ⏲4月至10月 周日至周五10:00~18:00）老城西侧伟大的犹太大教堂是世界上第三大犹太教堂——仅次于耶路撒冷和布达佩斯的两座犹太教堂。1892年修建成为摩尔式教堂，由当时居住在比尔森的2000名犹太人完成。英文导游费用500捷克克朗。这里通常用来举办音乐会和艺术展。

比尔森巴顿将军纪念馆 博物馆

（Patton Memorial Pilsen; ☎378 037 954; www.patton-memorial.cz; Podřežni 10; 成人/优惠60/40捷克克朗; ⏲周二至周日9:00~13:00和14:00~17:00）比尔森巴顿将军纪念馆详细记录了乔治·S·巴顿将军（George S Patton）领导下的美国军队在1945年5月解放比尔森的详细情况。尤其是那些多年后重返比尔森的美国士兵亲笔所写的回忆录尤其鲜活。

住宿

Pension StaráPlzeň 家庭旅馆 €

（☎377 259 901; www.pension-sp.cz; Na Roudné12; 标单600~1000捷克克朗，标双800~1200捷克克朗; P⊖@📶）家庭旅馆"Old Pilsen"的房间光线明亮、阳光充足，配有天窗、木地板和舒适的床。价格更高的房间提供复古风格的床、比尔森地毯和外露木梁的天花板。过河向Rooseveltova北边走，然后向右转到Na Roudné，再继续走300米即到。

Courtyard by Marriott 酒店 €€

（☎373 370 100; www.marriott.com; sady 5 května 57; 房间2000~2600捷克克朗; P⊖❄@📶）这家万豪酒店的分店地理位置很好，靠近啤酒博物馆和中心景点。房间相对宽敞、干净、明亮，具备所有你希望有的便利设施。前台服务尤其周到，可以安排游览啤酒厂以及很多观光活动。周末会有力度很大的折扣。

U Salzmannů 家庭旅馆 €

（☎377 235 476; www.usalzmannu.cz; Pražská8; 标单和标双950~1350捷克克朗，套间1500捷克克朗; ⊖📶）这家令人愉悦的家庭旅馆地处市中心，位于一家历史悠久的酒吧楼上。标间舒适但是只有基本配备; 豪华的双"套房"有古董床和小起居室，还有厨房。如果你特别喜欢泡吧，这里去酒吧很方便; 想上床睡觉只要爬几层楼就行。

Pension City 家庭旅馆 €

（☎377 326 069; www.pensioncityplzen.cz; sady 5 kvetna 52; 标单/双1050/1450捷克克朗; ⊖📶）Pension City位于河边的一条安静小街上，有舒适的房间。员工友好且会说英文，熟知当地很多信息。

Hotel Central 酒店 €€

（☎378 011 855; www.central-hotel.cz; náměstíRepubliky 33; 标单/双1800/2700捷克克朗; ⊖@📶）这幢非常现代的建筑与圣巴塞洛缪教堂隔街而望，地理位置极佳，就在主广场上。翻新过的房间干净漂亮，最好的房间全部面朝广场。

餐饮

Aberdeen Angus Steakhouse 牛排餐馆 €€

（☎725 555 631; www.angusfarm.cz; Pražská23; 主菜180~400捷克克朗）按照我们的预算来说，这里可能是整个捷克最好的牛排馆。牛肉来自附近安格斯农场（Angus Farm），那里的牲畜都是有机饲养。提供几种嫩度和大小; 中午有诱人的芝士汉堡。楼下餐厅舒适惬意; 有一个临溪露台。提前预订。

Na Parkánu 捷克菜 €

（☎377 324 485; www.naparkanu.com; Veleslavínova 4; 主菜80~180捷克克朗; 📶）千万别忽略啤酒博物馆旁边这家很好的酒吧餐厅。看上去可能像游客比较多的地方，但是传统捷克饮食做得绝对一流、自然，啤酒也不会差。在夏日花园选个地方坐下。一定要在走之前尝尝nefiltrovanépivo（未过滤啤酒）。

U Mansfelda 捷克菜、小酒馆 €€

（☎377 333 844; www.umansfelda.cz; Dřevěná9；主菜155~229捷克克朗；⊖🛜）当然，这是一家酒吧——记住，你正在比尔森——但是这里比其他地方的食物更精细、更有趣。可以试试野猪肉gulaš（香辣猪肉和土豆汤）。喝啤酒的露台楼下是更为放松的vinárna（酒吧）。

Groll Pivovar

捷克菜 €€

（☎602 596 161；www.pivovargroll.cz；Truhlárska 10；主菜129~259捷克克朗）如果你来比尔森是为膜拜啤酒，那另一项必要行程是一定要来这家自酿酒厂，享用一顿啤酒花园午餐。菜肴包括价格实惠的牛排和沙拉。最吸引人的是酒水单：自制窖藏啤酒和黑啤，赠送一杯上好的酵母啤酒（相对比较少见）。

Na Spilce

捷克菜 €

（☎377 062 755；www.naspilce.com；U Prazdroje 7；主菜80~230捷克克朗；⏲周日至周二11:00~22:00，周五和周六至23:00）这家不错的酒吧和餐厅位于比尔森啤酒厂内，感觉像工厂食堂。烹饪一流的传统捷克菜，新鲜啤酒就取自放在隔壁的酒桶。

Slunečnice

素食 €

（☎377 236 093；www.slunecniceplzen.cz；Jungmanova 4；法国长面包60捷克克朗；⏲7:30~18:00；✎）供应新鲜三明治、自助沙拉和素食菜肴。大约花100捷克克朗能买满满一盘食物。

ℹ 实用信息

城市信息中心（City Information Centre，Informačnícentrum města Plzně；☎378 035 330；www.icpilsen.cz；náměstíRepubliky 41；⏲4月至9月9:00~19:00，10月至次年3月至18:00）预订住宿、组织导览、售卖地图、兑换现金。

比尔森美国中心（American Center Plzeň，☎377 237 722；www.americancenter.cz；Dominikánská9；⏲9:00~22:00）主要是一个商务资源中心，有一个餐厅吧，可以上网，以及播放美国有线电视新闻网CNN（Cable News Network）新闻。

ℹ 到达和离开

长途汽车 从布拉格开往比尔森的长途汽车很频繁（100捷克克朗，行程1小时，每小时1班），相对快捷，价格便宜。主长途汽车站在Husova中心的西侧。

火车 从布拉格主火车站hlavnínádraží每天有8趟火车（150捷克克朗，1.5小时）发出。车站在小镇东边，从老城广场（náměstíRepubliky）步行10分钟可达。

捷克布杰约维采（ČeskéBudějovice）

人口96,000

捷克布杰约维采（chesky bood-yo-vit-zah）是南波希米亚的首府，也是探索这一区域的天然基地。与捷克克鲁姆洛夫之间交通便利，因此你可以轻松地白天在那里玩，晚上在这里玩。尽管捷克布杰约维采缺少热门景点，但是这里有全欧洲最大的主广场之一（是捷克最大的主广场），以及迷宫般的窄巷和蜿蜒曲折的巷道。这里也是“百威”啤酒之乡（即捷克语中的“Budweiser”），通常参观啤酒厂列为“必游”项目之首。

👁 景点

百威啤酒厂

啤酒厂

（Budweiser Budvar Brewery；www.budvar.cz；cnr Pražská&K Světlé；成人/儿童100/50捷克克朗；⏲3月至12月9:00~17:00，1月至2月 周日和周一歇业）百威啤酒厂（Budweiser Budvar Brewery）位于主广场以北3公里处。团队游每天都有，而下午2点的游览（仅限周一至周五）向独立旅行者开放。最精彩的游览部分是在啤酒吧寒冷的地窖里喝上一杯货真价实的百威啤酒。乘2路公共汽车百威站下车。

NáměstíPřemysla Otakara II

广场

（náměstíPřemysla Otakara II）骑楼建筑群位于**Samson's Fountain**（Samsonova kašna；1727）中心，是全国最大的购物中心，跨度达到133米。鳞次栉比的建筑中有一幢1555年文艺复兴风格的**市政厅**（Town Hall，radnice），1731年重新翻新成巴洛克风格的外观。栏杆扶手边的人物像——象征着公正、智慧、勇气和谨慎——与四只铜制滴水兽相映成趣。

值得一游

波希米亚起源——塔博尔（TÁBOR）

塔博尔的老城是一面抵外敌御侵犯的天然屏障。6个世纪前，胡斯教派将塔博尔设为防御欧洲天主教的军事基地。

依据圣经教义"一切都不是我的，也不是你的，因为人人平等拥有这个社会"，所有胡斯派信徒都参与到公共事务中，各自的财产在镇上的主广场上平均分配。

这个特立独行的做法让"波希米亚"这个词被赋予了新的含义，也就是我们现代社会所熟悉的含义。镇广场上一字排开的都是各种宗教建筑，最古老的可上溯至15世纪。可能你会看到一条650米长的**地下通道**，胡斯教派用来做战时避难所之用。

这里既有高档酒店也有很多干净、价格公道的家庭旅馆。**Hotel Nautilus**（☎380 900 900; www.hotelnautilus.cz; Žižkovo náměstí20; 标单/双2250/2700捷克克朗起; P⊖❄☜）中心广场上是百里挑一的好酒店。**Pension Jana**（☎381 254 667; www.bedandbreakfast.euweb.cz; Kostinická161; 标单/双/标三 700/1100/1350捷克克朗起; P⊖）价格上低一点，但更亲切，位置更靠近市中心一点。

长途汽车服务将塔博尔与布拉格和周边城市紧密连接起来。开往布拉格Florenc station（93捷克克朗）的长途汽车大约每两小时有一班。前往布拉格的火车（140捷克克朗，1.5小时）也很频繁，但价格贵些。

黑塔 塔

（Black Tower, Černávěž; ☎386 801 413; U Černévěže 70/2; 成人/优惠 30/20捷克克朗; ⊙4月至10月 周二至周日10:00~18:00）哥特—文艺复兴风格的黑塔气宇轩昂，高72米，建于1553年。爬上225层台阶（是的，我们一级级数过）一览美景。高塔的两座钟——玛塔（Marta, 1723年）和百威（Budvar, 1995年），都是由啤酒厂赠送的，每日在正午敲响。

南波希米亚博物馆 博物馆

（Museum of South Bohemia, Jihočeské-muzeum; ☎387 929 311; www.muzeumcb.cz; Dukelská1）南波希米亚博物馆藏品丰富，包括史籍、钱币和武器。2012年因重建而关闭，何时重新开放尚不清楚，请查询网站获取最新信息。

南波希米亚摩托车博物馆 博物馆

（South Bohemian Motorcycle Museum, JihočeskéMotocyklovémuzeum; ☎723 247 104; www.motomuseum.cz; Piaristickénáměstí; 成人/优惠50/20捷克克朗; ⊙10:00~18:00）这里展出了近100辆具有历史意义的摩托车，博物馆所在地为教会建筑，很难想象这里会作为一座摩托车博物馆。除了摩托车外，还有旧式自行车和飞机模型展出。

住宿

Hotel Budweis 酒店 €€

（☎389 822 111; www.hotelbudweis.cz; Mlýnská6; 标单/双2200~2800捷克克朗; P⊖❄@☜）2010年百威酒店开业，这是风景如画的运河边矗立着的一座老磨坊。店主将其改造为现代时尚的外观。所有房间有空调，轮椅可以通过。酒店内有两家不错的餐厅。由于酒店位于中心地带，因此步行一小段路可达附近餐饮店。

Grandhotel Zvon 酒店 €€

（☎381 601 611; www.hotel-zvon.cz; náměstíPřemysla Otakara II 28; 房间2600~4400捷克克朗; ⊖❄☜）虽然门口有"源自1533年"的标牌，但是我们非常确定，Zvon——全城最出色的品牌酒店之一——已经翻新过。三幢位于主广场的建筑虽然外观豪华，但里面房间只是基本配置，不过行政房（加收标牌价的80%）与其他城市酒店相比还是很豪华经典的。

Hotel Bohemia
酒店 €€

（☎386 360 691；www.bohemiacb.cz；Hradební20；标单/双1490/1790捷克克朗；📶）酒店位于一条安静的小街上，是两幢旧民宅，雕花木门的背后是一处闲适优雅的境地。旅游信息办事处推荐这里的餐厅。

Penzión Centrum
家庭旅馆 €€

（☎387 311 801；www.penzioncentrum.cz；Biskupská130/3；标单/双/三1000/1400/1800捷克克朗；🚭@📶）宽敞的房间配有卫星电视，铺着洁白床单的大床，专业的服务人员，难怪读者们强烈推荐这家主广场附近的酒店。

Hotel MalýPivovar
酒店 €€

（☎386 360 471；www.malypivovar.cz；Karla IV 8-10；标单/双2000/2800捷克克朗；P🚭@）大堂的橱柜里陈列着体育奖杯，摆放着雕花皮沙发，看上去像是一家绅士俱乐部。同时房间装饰高雅传统，赢得了男女宾客的喜欢，这里只需步行一小段路就可到达楼下惬意的百威啤酒馆。

Ubytovna U Nádraží
青年旅舍 €

（☎972 544 648；www.ubytovna.vors.cz；Dvořákova 161/14；标单450~490捷克克朗，标双660~730捷克克朗；🚭@📶）这幢塔楼新近翻修过，距离长途汽车站和火车站只有几百米。房间价格公道，共用卫生间（通常只和另一个房间共用）和厨房。对于长期居留的学生是不错的选择。

就餐

MasnéKramý
捷克菜 €

（☎387 201 301；www.masne-kramy.cz；Krajinská 13；主菜129~239捷克克朗）如果没来过这家翻新过的16世纪肉食市场（现在是颇受欢迎的小酒馆）吃最好的捷克菜和冰镇百威啤酒，你的捷克布杰约维采之行是不完整的。在这里你会找到所有的捷克主食，包括食物菜单上列出的家常"啤酒炖牛肉"（brewer's goulash）。酒水单同样很重要：试试顶级的未过滤酵母啤酒。一定要提前预订。

U Tři Sedláku
捷克菜 €

（☎387 222 303；www.utrisedlaku.cz；Hroznová488；主菜100~170捷克克朗）当地人很庆幸自从1897年U Tři Sedláku开业以来，一直没有太大的改变。美味的肉食菜肴搭配比尔森啤酒，永远是经典之选。

Indická
印度菜 €€

（Gateway of India；☎777 326 200；www.indickarestaurace.cz；Piaristická 22；主菜120~220捷克克朗；⊙周一至周六11:00~23:00；📶🖊）来捷克的游客可以从印度钦奈（Chennai）菜中获得不一样的味道。因为他们吃多了当地清淡的口味，肯定想要来点辣的吃吃。每日午餐特选（85~100捷克克朗）很实惠。

Fresh Salad & Pizza
比萨餐厅 €

（☎387 200 991；Hroznová21；沙拉70~100捷克克朗，比萨100~130捷克克朗；🚭📶🖊）这个吃午餐的地方有户外餐桌，正如烤盘上所说：健康沙拉以及（稍稍一点）不那么健康的比萨，只为满足新鲜、有趣、年轻的食客。

饮品

CaféHostel
咖啡馆

（☎387 204 203；www.cafehostel.cz；Panská 13；⊙周一至周五正午至22:00，周六和周日17:00起；📶）这家惬意的咖啡馆和酒吧经常有DJ驻场和现场音乐表演。杂乱的后花园客气点说就是个正在施工的工地。楼上是一些简单但干净的宿舍房间。

Singer Pub
小酒馆

（☎386 360 186；www.singerpub.cz；Česká55）Singer供应捷克和爱尔兰啤酒，以及上好的鸡尾酒，如果你有冲动想在Singer四处摆放的缝纫机上转两下，也别觉得惊讶。如果不想踩缝纫机，还可以和常客们在吵闹的摇滚乐中，杀一局foosball游戏。

实用信息

ČeskáSpořitelna（☎956 744 630；www.csas.cz；FA Gerstnera 2151/6；⊙周一至周五8:30~

值得一游

HLUBOKÁ NAD VLTAVOU

参观精致著称的赫卢博卡城堡(Hluboká Chateau, ☎387 843 911; www.zamek-hluboka.eu; Zámek; 成人/优惠 行程一 250/160捷克克朗，行程二 230/160捷克克朗，行程三 170/80捷克克朗; ⏲5月和6月 周二至周日9:00~17:00，7月和8月 18:00，9月至次年2月营业时间短，3月歇业)是从捷克布杰约维采出发最受欢迎的一日游之一。赫卢博卡城堡在13世纪后半期由霍什米索王朝统治者修建，1662年，赫卢博卡被从新教派Malovec家族手中夺走，作为对其反哈布斯堡王朝叛乱的惩罚，之后卖给了巴伐利亚施瓦岑贝格斯(Schwarzenbergs)家族。两百年后，他们又让城堡装饰成英国都铎王朝/哥特式的外观，至今依然没变，外观参照了英国的温莎城堡。

赫卢博卡城堡顶部围有垛口，四周是精致的花园，有些人或许会觉得这里太袖珍了，不过这里仍然是在波希米亚仅次于卡尔施泰因最值得参观的城堡，这绝不是浪得虚名。

有三种英语团队游可供选择：行程一(在网站上称为"展示厅"，representation room)重点游览城堡的公共区域；行程二着重参观古堡房间；行程三探访厨房。大多数游客可以在行程一中感受到此地的风土人情。

周围的公园常年开放(免费进入)。每隔30~60分钟(20分钟行程，20捷克克朗)就有公共汽车开往赫卢博卡城堡和Vltavou的主广场。

16:00)在这家银行换钱。

市信息中心(Municipal Information Centre; MěstskéInformarčníCentrum; ☎386 801 413; www.c-budejovice.cz; náměstíPřemysla Otakara II 2; ⏲5月至9月 周一至周五8:30~18:00，周六至17:00，周日10:00~16:00，10月至次年4月 周一至周五9:00~17:00，周六至13:00，周日歇业)票务、团队游和住宿，有免费上网。

到达和离开

长途汽车 布拉格发车，Student Agency(见137页)的黄色长途汽车从Anděl地铁站(2号线)的Na Knížecí长途汽车站(150捷克克朗，2.5小时)发车。从捷克布杰约维采到捷克克鲁姆洛夫(35捷克克朗，45分钟)和塔博尔(70捷克克朗，1小时)有完备的长途汽车服务。捷克布杰约维采长途汽车站距离Dvořákova的Mercury Central购物中心上面的火车站东南方300米远。

火车 布拉格发车，有频繁的火车(222捷克克朗，2.5小时，每小时1班)。普通(慢速)列车开往捷克克鲁姆洛夫(32捷克克朗，45分钟)。从火车站向西步行10分钟至Lannova třída，再到Kanovnická，可到达主广场nám Přemysla Otakara II。

捷克克鲁姆洛夫(ČeskýKrumlov)

人口14,100

捷克克鲁姆洛夫位于布拉格外围，可以说是捷克另一处世界级景点和必览之地。远远看去，小镇看起来和其他捷克乡村并无不同，但是一旦你走近一看，望见未经受到惊扰的17世纪小镇中矗立着文艺复兴风格的城堡，你会感受到一种震撼；这里真的如旅游手册中所说的那样，宛如童话仙境一般。最好在捷克克鲁姆洛夫住一晚；因为距离布拉格太远，一日游太累。可以考虑待两晚，花一天时间在周围树林和田地里徒步或者骑车。

景点

首选 **捷克克鲁姆洛夫城堡** 城堡

(ČeskýKrumlov Castle; ☎380 704 711; www.castle.ckrumlov.cz; Zámek; 成人/优惠 行程一 250/160捷克克朗，行程二 240/140捷克克朗，剧院游 380/220捷克克朗，塔 50/30捷克克朗; ⏲6月至8月 周二至周日9:00~18:00，4月、5月、9月和10月9:00~17:00)这是捷克克鲁姆洛夫最

Český Krumlov 捷克克鲁姆洛夫

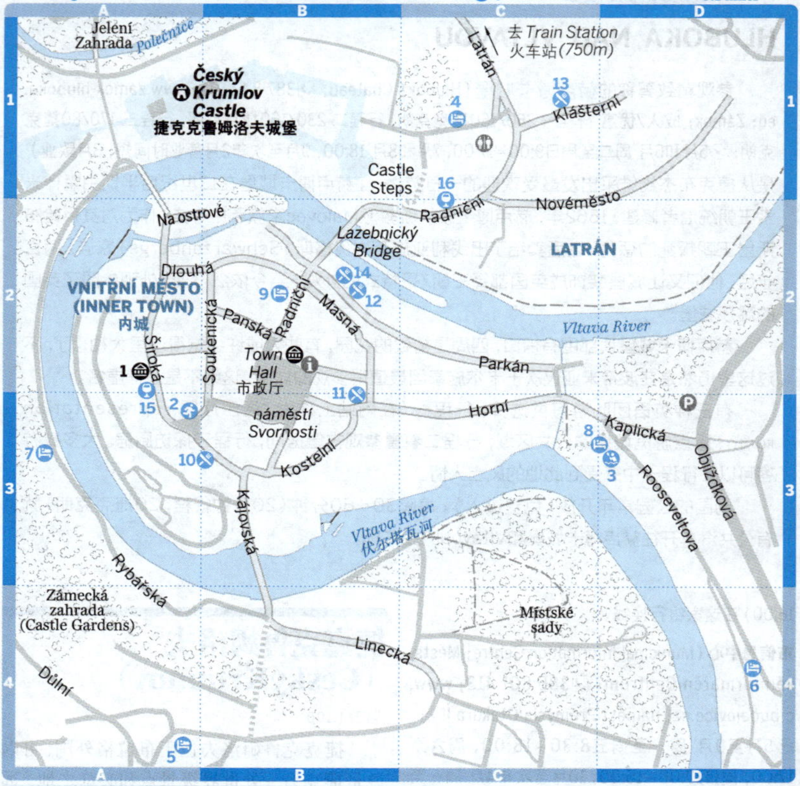

引人注目的文艺复兴风格城堡，居于小镇海角之上，始建于13世纪。现在的面貌形成于16世纪至18世纪，当时由贵族Rožmberk和施瓦岑贝格家族（Schwarzenberg families）掌管。城堡里面参观仅限导览游，但是你可以在庭院走动以及独自爬上塔楼。

主要提供三种团队游。行程一：参观富丽堂皇的文艺复兴风格房间，包括小教堂、巴洛克套房、画廊和化装舞会厅；行程二：参观施瓦岑贝格家族肖像画廊以及他们19世纪时住过的房间；行程三：剧院游是参观城堡著名的洛可可剧院，配有最初的舞台设备。

艾贡·席勒艺术中心 博物馆

（Schiele Art Centrum；☎380 704 011；www.schieleartcentrum.cz；Široká71；成人/优惠120/70捷克克朗；⏲周二至周日10:00~18:00）这间超棒的私人博物馆是对颇具争议的维也纳画家艾贡·席勒（1890~1918年）的一次小小回顾。席勒1911年居住在克鲁姆洛夫，因启用年轻女孩做裸体模特而引起镇民愤怒。他因为这样或那样的问题被赶出小镇。中心还展出了其他一些有趣的现代作品。

活动

Maleček 划独木舟

（☎380 712 508；en.malecek.cz；Rooseveltova 28；双人独木舟/30分钟 390捷克克朗；⏲9:00~17:00）夏天，在河里戏水是纳凉最好的方式。你可以租船——两人独木舟半小时花费390捷克克朗，或者租一艘独木舟，从Rožmberk镇顺流而下玩一整天（850捷克克朗，6~8小时）。

Expedicion 探险游

（☎607 963 868；www.expedicion.cz；

Český Krumlov 捷克克鲁姆洛夫

Soukenická33; ⏲9:00~19:00）Expedicion出租自行车（290捷克克朗/天），组织骑马以及激动人心的一日游（1680捷克克朗含午餐），其中加入了骑马、钓鱼、山地骑车和在纽尔卡斯（Newcastle Mountains）山区附近漂流的活动。

团队游

塞巴斯蒂安团队游 导览游

（Sebastian Tours; ☎607 100 234; www.sebastianck-tours.com; 5Května Ul, Plešivec; Hluboká Nad Vltavou一日游/每人599捷克克朗）塞巴斯蒂安的导览团队游可以让你将南波希米亚探索一番，包括在赫卢博卡城堡和捷克布杰约维采停留。也提供前往更远的地区，比如奥地利的林茨（Linz）、维也纳和萨尔茨堡的班车服务。

住宿

Castle Apartments 公寓 €€

（☎380 725 110; www.zameckaapartma.cz; Latrán 45-47; 公寓1800~3800捷克克朗; ⊜📶）在城堡区附近，有三幢连在一起的房子，被改建成了舒适的私人公寓，那里有木地板、现代化厨房和卫生间（景观房不额外收费）。城堡公寓可能是捷克克鲁姆洛夫性价比最高的住宿选择。

首选 Dilettante's Hangout 客栈 €

（☎728 280 033; www.dilettanteshangout.com; Plesivecke náměstí93; 房间790~990捷克克朗; ⊜）不要被客栈平淡无奇的外观所误导。私密的客栈里有三间浪漫、艺术的房间，摆放着主人从世界各地收集来的纪念品。每间房间都是独一无二的，都很温馨舒适、不拘一格。有自己做饭的小厨房。

U Malého Vítka 酒店 €€

（☎380 711 925; www.vitekhotel.cz; Radniční 27; 标双1500捷克克朗; P⊜📶）我们非常喜欢这家老城中心的小酒店。房间装潢优质，手工木制家具，每间房间以传统捷克童话故事人物命名。楼下餐厅和咖啡馆也非常好。

Pension Kapr 家庭旅馆 €

（☎602 409 360; www.penzionkapr.cz; Rybářská28; 标单1000捷克克朗，标双1200~1800捷克克朗; @📶）这里可能是用一种鱼类（鲤鱼）的名字来命名，这家河边家庭旅馆墙砖裸露，有着500年的历史，位置僻静，一览老城绝佳景色。白墙、木地板的温馨房间，都是以主人孩子的名字命名的。

Krumlov House 青年旅舍 €

（☎380 711 935; www.krumlovhostel.com; Rooseveltova 68; 铺/双/三300/750/1350捷克克朗; ❄📶）Krumlov House临河之上，亲切舒适，藏有很多书籍、DVD和当地信息，补给你的内心世界。有很多丰富的一日游行程可供选择。主人会说英语，对游客很友好。

Pension MyšíDíra 家庭旅馆 €

（☎380 712 853; www.ceskykrumlov-info.

cz; Rooseveltova 28; 标单/双1290/1590捷克克朗起; P⊖@)这家喜迎八方客的家庭旅馆地理位置很好，俯瞰河流，明快漂亮的原木房间里摆放着风格独特的手工家具。豪华房和周末住宿（6月至8月）额外收取300捷克克朗，但是冬天房价下降40%。早餐在房间内享用。

就餐

首选 Laibon 素食 €€

（☎728 676 654; www.laibon.cz; Parkán 105; 主菜90~180捷克克朗; ⊖☕☎）在波希米亚最好的这间素食茶馆里，蜡烛和拱形房顶营造出一种浓郁的波希米亚氛围。只需粗略浏览一下菜单，便能看到一些很少看见的菜式，用的是让人垂涎三尺的字眼，比如鳄梨酱（guacamole）和鹰嘴豆泥（hummus）。河边景致也非常好。点份蓝莓饺子做甜点。

Nonna Gina 意大利菜 €

（☎380 717 187; Klášterní52; 比萨90~155捷克克朗; ⊖）在僻静小巷尽头的餐馆里，可以找到正宗意大利马萨罗家族（Massaro family）的意大利风味比萨。在户外找张桌子坐下，仿佛置身于那不勒斯。

Krčma v Šatlavské 捷克菜 €€

（☎380 713 344; www.satlava.cz; Horní 157; 主菜150~260捷克克朗）这家中世纪烧烤店是肉食爱好者的天堂，里面点满蜡烛仿佛奇幻迷宫，烧烤架上火光四溅，大盘子里盛着滋滋作响的烤肉。一定要提前预订。事先提醒：夏季这里游客川流不息。

Hospoda Na Louži 捷克菜 €

（☎380 711 280; www.nalouzi.cz; Kájov-ská66; 主菜90~170捷克克朗; ⊖）几乎一个世纪以来，这家木质镶板的啤酒馆丝毫没有改变。本地人和游客聚集在此吃大餐，喝埃根博格啤酒厂（Eggenberg brewery）的美味窖藏黑啤酒。

U Dwau Maryí 捷克菜 €

（☎380 717 228; www.2marie.cz; Parkán 104; 主菜100~200捷克克朗）这家中世纪客栈复原了旧时菜谱，这是你品尝荞麦、小米菜肴的最佳机会：所有菜式名字朴实，可口美味。选一高脚杯蜂蜜酒或者一杯21世纪的比尔森啤酒佐餐。夏天，这里游客成群，但是令人惊艳的河边古堡景色足以弥补这一点。

饮品

CaféSchiele 咖啡馆

（☎380 704 011; www.schieleartcentrum.cz; Široká71; ⏲10:00~19:00; ☕）坐落在艺术画廊里的一家咖啡馆，有老式橡木地板、反差强烈的家具、一架大钢琴被锯短腿架当作咖啡桌。供应价格合理的上好咖啡。

Zapa Cocktail Bar 鸡尾酒吧

（☎380 712 559; www.zapabar.cz; Latrán 15; ⏲18:00至次日1:00）一过了晚餐时间，捷克克鲁姆洛夫就空空荡荡，但是Zapa的夜还在继续直至午夜。可以喝到很好的鸡尾酒以及享受放松的气氛。

实用信息

信息办事处（Infocentrum; ☎380 704 622; www.ckrumlov.info; náměstíSvornosti 1; ⏲6月至8月9:00~19:00, 4月, 5月、9月和10月至18:00, 11月至次年3月至17:00）提供交通、住宿信息、地图和上网（5捷克克朗/5分钟）以及语音导览（100捷克克朗/小时）。有为残障人士服务的导游。

到达和离开

长途汽车 从布拉格出发，Student Agency（见137页）客车（195捷克克朗，3小时）一般从Anděl地铁站（B号线）的Na Knížecí长途汽车站发车。周末或者7月和8月需提前预订。

火车 从布拉格出发，中途（260捷克克朗，3.5小时）需要在捷克布杰约维采换车。长途汽车通常更快更便宜。在捷克布杰约维采和捷克克鲁姆洛夫之间（32捷克克朗，45分钟）有一趟固定列车运行。

摩拉维亚（MORAVIA）

如果说波希米亚是“阳”，位于捷克东

边的摩拉维亚省就是“阴”，与前者相对。如果说波希米亚人喜欢啤酒，摩拉维亚人则热爱红酒。如果说波希米亚是城镇，摩拉维亚则是连绵群山和自然风光。如果你已经欣赏了波希米亚最美好的一面，那就请移步东边领略捷克截然不同的另一面。首府布尔诺有很多博物馆，而奥洛摩茨则有令人惊叹的建筑。南部酒庄众多，自然有整日沉醉的爱酒之人。

布尔诺（Brno）

人口387,200

在捷克各个城市中，摩拉维亚首府沉闷无趣的名声早已在外：这里是个没什么事情发生的地方。几年前，还有部关于这里的热门电影《爱欲布尔诺》（*Nuda v BrněBoredom in Brno*）。事实却并非如此。成千上万的学生认为这里热闹的咖啡馆和俱乐部绝不逊色于布拉格。博物馆也同样不错。布尔诺是20世纪初实验建筑先驱中心地之一。联合国教科文组织保护的建筑吐根哈特花园洋房（Vila Tugendhat）被认为是功能主义建筑的大师之作。

景点

布尔诺城堡（ŠPILBERK CASTLE）和周边

布尔诺城堡 城堡

（Špilberk Castle；☎542 123 611；www.spilberk.cz；通票 成人/优惠200/120捷克克朗；⊙10月至次年4月 周二至周日9:00~17:00，5月和6月每日至17:00，7月至9月每日10:00~18:00）布尔诺引人注目的山顶城堡被认为是城中最重要的地标建筑，这里还有**布尔诺城市博物馆**（Brno City Museum，muzeum města Brna；☎542 123 611；www.spilberk.cz；Špilberk Castle；通票包括布尔诺城堡入场券 成人/优惠200/120捷克克朗；⊙10月至次年4月周二至周日9:00~17:00，5月和6月每日至17:00，7月至9月每日10:00~18:00）。你也可以参观**炮台**（casemates，城墙内的小房间）以及爬上**瞭望塔**。买一张联票可以参观所有景点，或者分别买票；在网站查询全部价目单。

博物馆最受欢迎的两场展览是**从城堡到要塞**（From Castle to Fortress），展现了古堡历史，以及18世纪和19世纪布尔诺扮演的角色——**国家监狱**（Prison of Nations）。其他展品的重点放在布尔诺历史、艺术和建筑上。一张联票（成人/儿童，120/60捷克克朗）可以参观所有展览。

圣彼得和圣保罗教堂 教堂、塔

（Cathedral of SS Peter & Paul，katedrála sv Petra a Pavla；www.katedrala-petrov.cz；Petrov Hill；塔 成人/优惠40/30捷克克朗，教堂地下室20/10捷克克朗；⊙周一至周六11:00~18:00，周日11:45起）这座坐落在彼得罗夫山顶（Petrov Hill）的14世纪大教堂最初建在维纳斯异教寺庙的地址上，之后经历了很多次再建。高达11米的主祭坛上有圣彼得和圣保罗人物像，由维也纳雕刻家约瑟夫·雷默（Josef Leimer）1891年雕刻完成。你也可以爬上高塔饱览美景，或者参观地下室。

文艺复兴风格的**主教宫**（Bishop's palace，不对公众开放）紧邻大教堂。左边是环绕着彼得罗夫山的郁郁葱葱的公园Denisovy sady。

历史中心

广阔的**náměstí Svobody**是繁忙的城市中枢。始于13世纪初期，当时叫Dolnítrh（低价市场）。这里的**鼠疫柱**（plague column）建于1680年，**Lipá皇宫**（House of the Lords of Lipá，Dům Pánůz Lipé；nám Svobody 17）是一座文艺复兴风格的宫殿（1589~1596年），19世纪五彩拉毛粉饰外观，有带拱廊的庭院。广场东边是**House of the Four Mamlases**（Dům U čtyř mamlasů；nám Svobody 10）。大楼外面有四位肌肉发达但明显头脑简单的“大力神”人物支撑着，每个人都在奋力托住大楼，又要护住缠腰带。

免费 **老城市政厅** 历史建筑

（Old Town Hall，Staráradnice；Radnická8；塔 成人/优惠30/15捷克克朗；⊙9:00~17:00）布尔诺充满情调的老城市政厅始建于13世纪初期。旅游信息办事处（见161页）就在这里，还发生过一些奇异事件，比如一只鳄鱼（被亲切地称为布尔诺的"龙")从天花板上掉下来，还有关于马车木轮的奇特故事。你也可以爬上高塔。

嘉布遣会修道院

墓地

(Capuchin Monastery, Kapucínskýk-lášter; www.kapucini.cz; 成人/优惠60/30捷克克朗; ⏲5月至9月9:00至正午和13:00~16:30，2月中旬至4月和10月至12月中旬周一歇业，12月中旬至2月中旬歇业)诡异的地下墓穴是城中最热门景点之一，18世纪起那里停放着几具贵族木乃伊干尸。干燥、通风的墓穴具备将死尸天然风干成木乃伊的能力。1784年前150多具尸体停放在此，其中包括僧人、男修道院院长和当地贵族。

布尔诺地道

地道

(Brno Underground, Brněnské podzemí; www.ticbrno.cz; Zelný trh 21; 成人/优惠 150/75捷克克朗; ⏲周二至周日9:00~18:00) 2011年，这座城市在几条可以探索中世纪城市的地下通道中首次开放了一条。全程耗时大约40分钟，探访白菜市场(Cabbage Market)下方6米到8米处的地窖。当初建这些地窖有两个目的：储存物资和战时躲藏。

圣杰姆斯教堂

教堂

(Church of St James, kostel sv Jakuba; ☎542 212 039; www.svatyjakubbrno.wz.cz; Jakubská 11; ⏲8:00~18:00)这座简朴的15世纪教堂包括一座巴洛克讲坛，上面有1525年的基督画像。但是最大的亮点是称为"Nehaňba"(无耻之徒)的小石像：在教堂西端的钟塔南边，二楼窗户上摆放着一尊光着屁股朝着教堂的男人像。当地传说称这是个郁郁寡欢的石匠向在彼得罗夫山上工作的对手泄愤。

市中心外围

首选 吐根哈特花园洋房

建筑

(Vila Tugendhat, Villa Tugendhat; ☎515 511 015; www.tugendhat.eu; Černopolni 45; 成人/优惠300/180捷克克朗; ⏲周二至周日10:00~18:00; 🚌3, 5, 11) 20世纪20年代布尔诺曾作为功能主义和包豪斯风格的现代建筑中心而闻名。可以说其中的典范就是这幢花园洋房，由现代大师密斯·凡·德·罗(Mies van der Rohe) 1930年设计。必须随导览游进入，通过拨打电话或网站提前预订。

孟德尔博物馆

博物馆

(Mendel Museum, Mendelianum; ☎543 424 043; www.mendel-museum.com; Mendlovo náměstí 1; 成人/优惠60/30捷克克朗; ⏲4月至10月 周二至周日10:00~18:00，11月至次年3月至17:00)乔治·孟德尔(Gregor Mendel, 1822~1884)，奥古斯汀教派修道士，他在圣托马斯修道院(Abbey of St Thomas)研究过豌豆和蜜蜂，创立了现代遗传学，因而在此设立了他的纪念馆。花园里有孟德尔当时建立的温室。

吉卜赛文化博物馆

博物馆

(Museum of Romany Culture, Muzeum romskékultury; ☎545 571 798; www.rommuz.cz; Bratislavská67; 成人/优惠40/20捷克克朗; ⏲周一至周五10:00~18:00，周日至17:00)这家博物馆展现了吉卜赛文化积极的一面。参观亮点有一些音乐录影，来自欧洲各地的老照片，以及定期举办的专题展览。

住宿

在2月、4月、8月、9月和10月，布尔诺会举办大型国际商品交易会，酒店房价会提高40%~100%。如果可能请提前预订。为了节省预算，去旅游信息办事处寻找价格大约在400捷克克朗左右的客房。办事处还能帮助在7月和8月安排学生宿舍住宿。

首选 Hostel Mitte

青年旅舍 €

(☎734 622 340; www.hostelmitte.com; Panská22; 铺含早餐490捷克克朗，标单/双1000/1100捷克克朗; ⊖@🛜)这家干净时尚的青年旅舍位于老城中心，2011年开业，看上去全新。房间以摩拉维亚名人命名(比如米兰·昆德拉)或者著名事件(奥斯德立兹战役，Austerlitz)，装修根据名字相应有所改变。一楼有个可爱的咖啡馆，里面有免费Wi-Fi。

值得一游

探索摩拉维亚洞穴

布尔诺北方中部地区有几处捷克最好的洞穴，也就是广为人知的摩拉维亚喀斯特(Moravskýkras)。风景区里景色秀丽，有鬼斧神工的峡谷和400处洞穴以及连绵的树林和山丘。在网站www.cavemk.cz获取这一地区关于不同洞穴的详细信息。

由于酸雨不断从石灰岩里渗漏从而形成了这里的喀斯特现象，这需要几百万年不断腐蚀，才能形成洞穴和裂缝。洞穴里是水滴穿石形成的奇特石笋和钟乳石。

洞穴探险游都在**布兰斯科**(Blansko)镇，那里有**旅游信息办事处**(BlanenskáInformačníKancelář; ☎516 410 470; www.blansko.cz; Rožmitálova 6, Blansko; ⏲周一至周五9:00~18:00，周六至正午)出售地图和两个主要洞穴的预售票: Punkva和Kateřinská洞。办事处可以解答交通问题并帮助解决住宿。周末，尤其是7月和8月，洞穴游门票会提前售罄，因此请试试提前向旅游信息办事处预订。

最受欢迎的洞穴是**邦加钟乳石洞穴**(Punkevníjeskyně; ☎516 418 602; www.smk.cz; 成人/儿童170/80捷克克朗; ⏲1月至3月 周二至周日8:40~14:00，4月至9月 周二至周日8:20~16:00，10月至12月 周二至周日8:40~14:00)。包含在石灰岩洞里步行1公里，到达140米深的落水洞马佐哈洞(Macocha Abyss)底部。电动小船沿地下河行至入口处。

另一条受欢迎线路是**KateřinskáCave**(Kateřinskájeskyně; ☎516 413 161; www.moravskykras.net; 成人/儿童80/60捷克克朗; ⏲5月至8月每天8:20~16:00，4月和9月 周二至周日9:00~16:00，10月 周二至周日9:00~14:00，3月和11月 周二至周五10:00~14:00，12月至次年2月歇业)。这里通常没有Punkva那么拥挤。30分钟游览可以去两个大洞穴。

虽然自驾是去洞穴最容易的方式，但是如果可能还是请从布尔诺乘坐公共交通前去一日游。火车基本上每天间隔1小时有1班开往布兰斯科，运行30分钟: 向布尔诺旅游信息办事处(见161页)咨询。

Hotel Europa 酒店 €€

(☎545 421 400; www.hotel-europa-brno.cz; třída kpt Jaroše 27; 标单/双1375/1625捷克克朗; P⊖🛜)这家自称"艺术"的酒店(估计是因为大堂里古怪的未来风格家具)位于安静的街区，距离市中心只需步行10分钟，酒店是一幢19世纪建筑，提供整洁干净、装修现代雅致的房间。大堂有免费Wi-Fi，房间里有网线(以太网)连接。酒店前方有街边免费停车。

Hotel Pod Špilberkem 酒店 €€

(☎543 235 003; www.hotelpodspilberkem.cz; Pekařská10; 标单/双/标三 1400/1600/2500捷克克朗; P⊖@🛜)酒店靠近城堡附近，房间安静，全部围绕在中心庭院周围。安全的停车场对于自驾游客是不错的选择。

Hotel & Pivnice Pegas 酒店 €€

(☎542 210 104; www.hotelpegas.cz; Jakubská4; 标单/双2000/2500捷克克朗; ⊖🛜)Pegas 处于中心位置，已经重新翻修过，有大床、平板电视和现代浴室。会受到前台友好亲切的欢迎，楼下有Pegas小型啤酒吧和小酒馆吸引你前往。房间都在5楼，因此不必担心会被酒吧声音吵闹。

Grandhotel 酒店 €€

(☎542 518 111; www.grandhotelbrno.cz; Benešova 18-20; 房间2500捷克克朗起; P❄@🛜)这是布尔诺最古老的酒店，隶属奥地利所有，重新装修后成为本城最舒适和最有特色的酒店之一。大楼古式风格，现代化设施包括健身馆和桑拿。尽管对面就是火车站，房间却宽敞安静。在线预订折扣更优。

Hostel Fléda 青年旅舍 €

(☎533 433 638; www.hostelfleda.com; Štefánikova 24; 铺/双 300/800捷克克朗起; ⊖

📶）这里是布尔诺最好的音乐俱乐部之一，提供有趣多彩的房间，从市中心乘快速电车可达。不准吸烟的咖啡馆和酒吧加强了社交氛围。乘1路或6路电车到Hrnčirská站下。

就餐

Koishi 亚洲菜 €€€

（☎777 564 744；www.koishi.cz；Údolní11；主菜395～490捷克克朗；⏰周一至周五11:00～23:00，周六和周日9:00～23:00；🚭📶）寿司大师Tadayoshi Ebina和顶级海鲜主厨Petr Fučík联袂为布尔诺带来了获奖烹饪作品。Koishi因寿司而闻名，但是自从扩大规模后还提供更多欧洲和捷克的传统美食，并与亚洲风味相融合。这里酒单也不错。提前预订。

Spolek 捷克菜 €

（☎774 814 230；www.spolek.net；Orli 22；主菜60～140捷克克朗；⏰周一至周五9:00～22:00，周日10:00～22:00；📶）在这家酷劲十足的"波希米亚"（对，我们是在摩拉维亚）小店里，你会受到热情真诚的接待，享用有趣的沙拉和汤，有一份简洁但是多样的酒单可供选择。墙上的新闻照片全部出自位于夹层的新潮书店。这里也提供上好的咖啡。

Sabaidy 亚洲菜 €

（☎545 428 310；www.sabaidy.cz；trída kpt Jaroše 29；主菜150～230捷克克朗；⏰周一至周五17:00～23:00；🚭🖊）店内摆放了几尊佛像，才华横溢的老挝主厨奉上地道的亚洲风味，引来阵阵赞叹。吃了那么多大同小异的捷克菜，这里的菜肴确实让人耳目一新。从trída kpt Jaroše 29的Hotel Amphone走最容易到达。

Špaliček 捷克菜 €€

（☎542 215 526；Zelnýtrh 12；主菜160～310捷克克朗；🚭）这个布尔诺最古老的餐厅位于白菜市场边上。不要理会那些说三道四，只管好好吃上一顿摩拉维亚大餐，再来一杯当地的Starobrno 啤酒或者其他当地有名的酒水。

Rebio 素食 €

（☎542 211 110；www.rebio.cz；Orli 26；主菜80～100捷克克朗；⏰周一至周五8:00～19:00，周六10:00～15:00；🖊）这家自助餐厅提供健康的意大利调味饭（risottos）和素食比萨（vegie pies），餐厅菜单每天更换。供应有机啤酒和红酒。还有另一家全素分店在**VelkýŠpaliček购物中心**（Mečova 2，2楼；⏰周一至周五9:00～21:00，周六和周日11:00～20:00）。

饮品

U Richarda 小酒馆

（☎775 027 918；www.uricharda2.cz；Údolní7）这家小自酿啤酒馆深受学生欢迎，都是冲着自酿啤酒和未杀菌的酵母啤酒而来，还有樱桃口味的窖藏啤酒和传统的捷克菜（主菜109～149捷克克朗）。请提前预订。

Pivnice Pegas 小酒馆

（☎542 210 104；www.hotelpegas.cz；Jakubská4）Pivo融合了摩拉维亚老传统，就是当地人喜欢的那种熙熙攘攘。一定要喝带柠檬片的小麦啤酒。试试看提前订位，或者在布尔诺最长的吧台上找个位子。这里食物也非常好，但是里面烟味很大。

Avia 咖啡馆

（☎739 822 215；www.aviacafe.cz；Botanickál；⏰11:00～22:00；📶）这家深受学生欢迎的咖啡馆-餐厅位于扬·胡斯公理教会（Jan Hus Congregational Church）的一楼，这里自1929年起成为功能主义建筑的地标。咖啡馆靠近大学，建筑本身以及所在地点都有学术氛围。如果你厌倦谈论普鲁斯特（Proust），可以在旁边的台球房打球。

Kavárna Vladimíra Menšíka 咖啡馆

（☎777 001 411；Veselá3；咖啡 30～50捷克克朗；⏰周一至周六9:00～23:00，周日11：30～22:00；📶）这家向近代捷克电影明星Vladimír Menšík 致敬的布尔诺街角咖啡馆，是最好的避世地方之一。Vladimír Menšík是捷克新浪潮电影的领军人物。这里轻松愉悦，咖啡香浓，墙上有Vladimír Menšík的照片和剧照。

✪ 娱乐

StaráPekárna 夜店、现场音乐

(☎541 210 040; www.starapekarna.cz; Štefánikova 8; ⏲周一至周六17:00至深夜)有蓝调、世界音乐(world beats)、DJ和摇滚等新老音乐形式。乘1号、6号或者7号电车到Pionýrská下。演唱会通常在晚上8点开始。

Fléda 现场音乐

(☎533 433 559; www.fleda.cz; Štefánikova 24; ⏲至次日2:00)这家布尔诺最好的音乐部里有DJ驻场、布尔诺最有前途的乐队和经常巡回演出的演员前来嗨翻舞台。乘1号或6号电车到Hrnčirská站下。

Brno State Philharmonic Orchestra 古典音乐

(☎539 092 811; www.filharmonie-brno.cz; Komenského náměstí8)这是城中主要上演古典音乐的场所。在交响乐管弦乐售票处(Philharmonic Orchestra Box Office)购票(Besedníul; ⏲周一和周三9:00~14:00, 周二、周四和周五13:00~18:00)。

Janáček Theatre 歌剧、芭蕾

(Janáčkovo divadlo; Rooseveltova 1-7, sady Osvobození)上演高质量歌剧和芭蕾。在国家大剧院售票处(National Theatre Box Office, NárodníDivadlo v BrněProdej Vstupnek; ☎542 158 120; www.ndbrno.cz; Dvořákova 11; ⏲周一至周五8:00~17:30, 周六至正午)购票。

Reduta Theatre 古典音乐、歌剧

(Reduta divadlo; www.ndbrno.cz; Zelný trh 4)这里重点上演莫扎特的歌剧和古典音乐(1767年他在此演出)。在国家剧院售票处购票。

Kino Art 电影院

(☎541 213 542; www.kinoartbrno.cz; Cihlářská19)放映艺术电影。

ℹ 实用信息

Cyber Café (www.facebook.com/cybercafebrno; Mečova 2, VelkýSpaliček 购物中心; 60捷克克朗/小时; ⏲周一至周六10:00~22:00; 📶)有电脑可供上网。在VelkýSpalič购物中心有免费Wi-Fi的地方。

旅游信息办事处(Tourist information office, ☎542 211 090; www.ticbrno.cz; Radnická8, 老城市政厅; ⏲周一至周五8:00~18:00, 周六和周日9:00~18:00)售卖地图和预订住宿。可免费上网15分钟。

ℹ 到达和离开

长途汽车 布尔诺长途汽车四通八达；当地客车运营公司**Student Agency**(☎841 101 101; www.studentagency.cz)往来于布拉格的长途汽车服务特别好。主长途汽车站在火车站后面，但是去布拉格的长途汽车通常从Grandhotel(见159页)前的小站出发。在布拉格，长途汽车每天间隔一小时从长途汽车站发出。

火车 在布尔诺**火车站**(☎541 171 111)和布拉格hlavnínádraží之间，全天(210捷克克朗, 2.5小时)每隔几小时就有一趟特快列车。布尔诺也是去往维也纳(220捷克克朗, 2小时)和布拉迪斯拉发(218捷克克朗, 1.5小时)火车线路的中转。

ℹ 当地交通

布尔诺的电车和公共汽车系统有效地将各主要站点连接起来(虽然你也可以徒步走到布尔诺)。从自动售货机和报亭购买公交联票。60分钟时效的票需要25捷克克朗，允许无限次转车；24小时车票需要70捷克克朗。打车可以试试使用**城市出租**(City Taxis, ☎542 321 321)。

奥洛莫乌茨(Olomouc)

人口105,000

奥洛莫乌茨一直在沉睡。基本上在捷克以外无人知晓这里，在国内也不受重视。但这座城市的雄伟壮观却让人惊叹。主广场是全国最漂亮的广场，历史建筑环绕，有联合国教科文组织保护的圣三一柱。中心街道点缀着一座座美丽的教堂，充分证明这座城市作为天主教会堡垒具有悠久的历史。可以在必须一看的

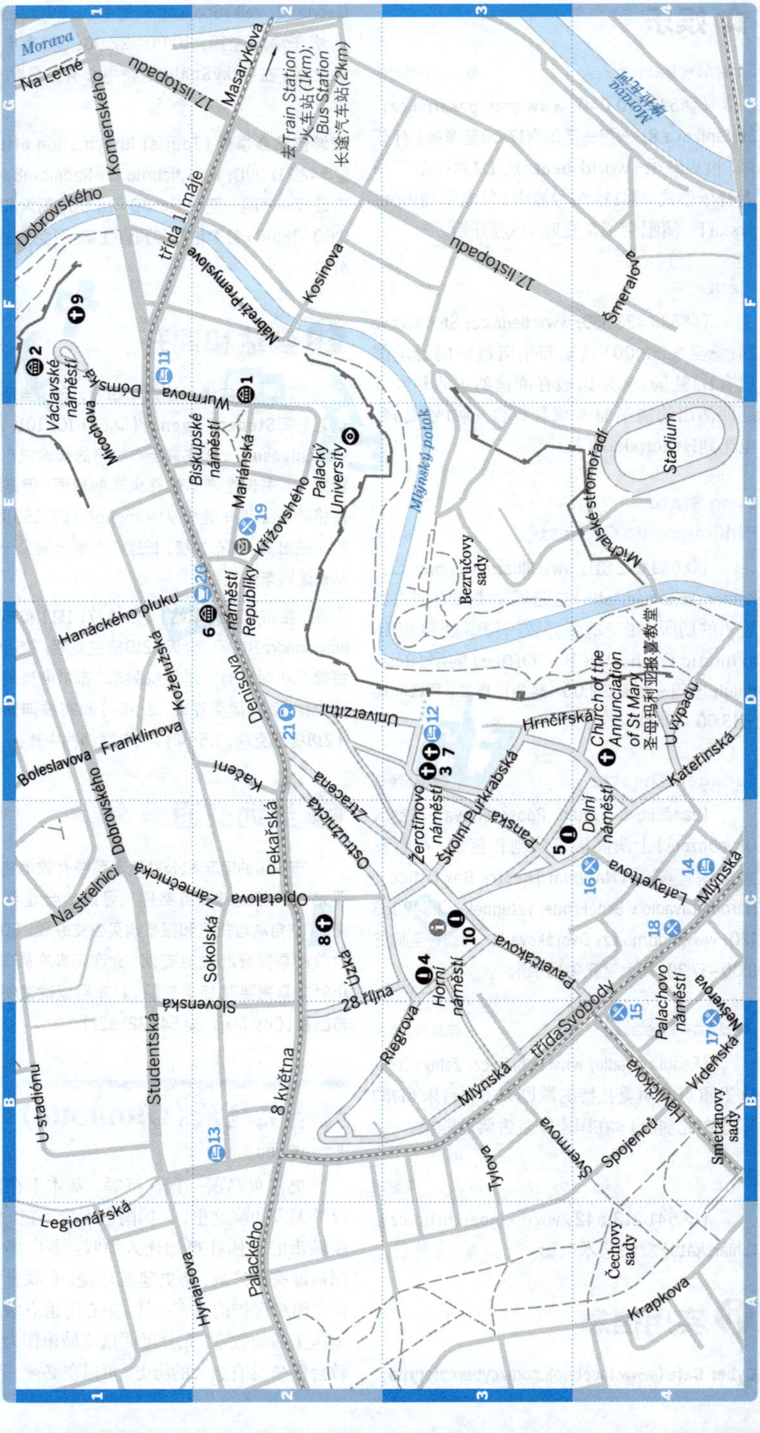

Olomouc 奥洛莫乌茨

Olomouc 奥洛莫乌茨

景点

1 大主教宫 F2
2 大教区博物馆 F1
3 多米尼加神学院 D3
4 圣三一柱 C3
5 玛利亚鼠疫纪念柱 C3
6 奥洛莫乌茨艺术博物馆 D2
7 圣米歇尔教堂 D3
8 圣莫里茨大教堂 C2
9 圣温塞斯拉斯大教堂 F1
10 市政厅 C3

住宿

11 Pension Angelus F1
12 Penzión Na Hradě D3
13 Poet's Corner B2
14 Ubytovna Marie C4

就餐

15 Drápal B4
16 Hanácacká Hospoda C4
17 Moritz B4
18 Nepal C4
19 Svatováclavský Pivovar E2

饮品

20 Cafe 87 E2
21 Vertigo D2

大教区博物馆里探访古代奥洛莫乌茨城堡，然后在城里众多酒馆和自酿啤酒吧找一家进去品尝美食。不要忘了尝尝Olomouckýsýr奶酪，据说这是全国味道最重的奶酪。

景点和活动

HORNÍNÁMĚSTÍ及周边

奥洛莫乌茨的主广场，Horní（或者"上方"）náměstí，将是你停留的第一站。旅游局就在这里，这里也有城市最重要的景点：巨大的圣三一柱。全城有六座巴洛克喷泉，广场上就有两座。海格力斯喷泉（Hercules Fountain; Herkulova kašna）始于1688年，健美的希腊英雄骑跨在拼命挣扎的毒蛇上，而市政厅东边的凯撒喷泉（Caesar Fountain; aeserova kašna）建于1724年，是奥洛莫乌茨最大的喷泉。

圣三一柱 纪念碑

（Holy Trinity Column, SousošíNejsvětějšítrojice; Hornínáměstí）这座35米高（115英尺）的巴洛克塑像是全城的骄傲和最爱，赫然屹立在广场上。这里是当地人约会见面的场所。圣三一柱建于1716年至1754年，据说是中欧最大的单体巴洛克塑像。2000年，圣三一柱被联合国教科文组织列入《世界遗产名录》。

个人雕像描绘了天主教教义中一系列令人迷惑的人物：圣三一（Holy Trinity）、十二使徒、圣母升天（the assumption of Mary）以及一些众所周知的圣人。在圣柱底座上还有一个小礼拜堂，白天有时会开放让你探寻一番。

免费 市政厅 塔

（Town Hall, Radnice; Hornínáměstí; 塔 15捷克克朗）奥洛莫乌茨的市政厅始自14世纪，这里有一处城中诡异离奇的景点：20世纪50年代的天文钟，其外观是社会主义现实主义风格的。原来的钟毁于"二战"。正午时钟上的人物会有一些表演。高塔一天开放两次，分别是11:00和15:00。

圣莫里茨大教堂 教堂

（St Moritz Cathedral, Chrám sv Mořice; www.moric-olomouc.cz; Opletalova 10; ⌚塔 周一至周六9:00~17:00，周日正午至17:00）这座巨大的哥特式教堂原先是奥洛莫乌茨的教区教堂，修建于1412年至1540年。西边的高塔是13世纪前人的遗留物。每年9月的国际风琴节（International Organ Festival）会打破教堂令人肃穆的宁静氛围；教堂的风琴是摩拉维亚最大的。高塔上可以饱览全城美景。

DOLNÍNÁMĚSTÍ及周边

Dolnínáměstí（低位广场），位于奥洛莫乌茨南部，展示了玛利亚鼠疫纪念柱（Marian Plague Column; Mariánskýmorovýsloup）和献给海神尼普顿（Neptune）和爱神丘比特（Jupiter）的巴洛克喷泉。1661年的圣母玛利亚报喜教堂（Church of Annunciation of St Mary）则有精美安宁的内堂。

圣米歇尔教堂 教堂

（St Michael Church, kostel sv Michala; www.svatymichal.cz; Žerotínovo náměstí1; ⌚8:00~

18:00）这座教堂位于Žerotínovo náměstí，绿色圆顶，内部装饰是稳健的巴洛克风格，收藏有一幅罕见的怀孕圣母玛利亚画像。旁边有一家多米尼加神学院（Dominican seminary；Dominikánskýklášter）。

NÁMĚSTÍREPUBLIK及周边

奥洛莫乌茨艺术博物馆

博物馆

（Olomouc Museum of Art，Olomouckýmuzeum umění；☎585 514 111；www.olmuart.cz；Denisova 47；成人/儿童50/25捷克克朗，周三和周日免费；⏲周二至周日10:00~18:00）这家受欢迎的博物馆收藏了20世纪捷克绘画作品和雕塑作品。门票包括大教区博物馆（见164页）。

大主教宫

博物馆

（Archbishop's Palace，Arcibiskupskýpalác；☎587 405 421；www.arcibiskupskypalac.ado.cz；Wurmova 9；成人/优惠60/30捷克克朗；⏲5月至9月 周二至周日10:00~17:00，4月和10月周六和周日10:00~17:00）这座昂贵的大主教从前的住宅建于1685年。参观奢华的内部仅限导览游（免费提供英文语音导览）。1848年年仅18岁的弗朗茨·约瑟夫一世（Franz-Josef I）在此加冕为奥地利国王。

VÁCLAVSKÉ NÁMĚSTÍ及周边

很难想象中心东北部这座小广场竟然是奥洛莫乌茨的发祥地。一千年前，这里是奥洛莫乌茨城堡。你在Archdiocesan博物馆低楼层可以看见城堡地基。这个地区拥有奥洛莫乌茨最庄严的建筑和最黑暗的秘密。捷克国王温塞斯拉斯三世（Václav III）1306年在此被杀，个中原因至今不明。

大教区博物馆

博物馆

（Archdiocesan Museum，Arcidiecézni muzeum；☎585 514 111；www.olmuart.cz；Václavskénáměstí3；成人/优惠50/25捷克克朗，周日和周三免费；⏲周二至周日10:00~18:00）大教区博物馆令人惊叹的建筑可以将奥洛莫乌茨历史追溯至1000年前。巧思妙想的布局，标有实用的英文标志，带你从奥洛莫乌茨城堡原始罗马式的房基穿过，重点介绍了哥特和巴洛克时期城市文化和艺术发展。

圣温塞斯拉斯大教堂

教堂

（St Wenceslas Cathedral，dóm sv Václava；Václavskénáměstí；⏲8:00~18:00）这座教堂紧邻博物馆，奥洛莫乌茨大主教所在地，1131年曾被奉为神圣的罗马式教堂。在经过数次再造后，19世纪80年代这里被改造成新哥特式风格。里面有地下室可以进去。

住宿

Penzión Na Hradě

家庭旅馆 €€

（☎585 203 231；www.penzionnahrade.cz；Michalská4；标单/双1390/1890捷克克朗；）这家设计师家庭旅馆隐蔽在圣米歇尔教堂粗犷的阴影下，整洁、素雅的房间，专业的服务，在老城中心营造出一种现代氛围。

Poet's Corner

青年旅舍 €

（☎777 570 730；www.hostelolomouc.com；Sokolská1，4楼；铺/标双/标三/四350/900/1200/1600捷克克朗；）这家亲切友好、管理精湛的青年旅舍由一对夫妇经营，一个是澳大利亚人，一个是捷克人，他们熟悉当地情况。自行车租用价格从每天100捷克克朗到200捷克克朗。夏天要求至少住两晚，但是奥洛莫乌茨绝对值得逗留两晚，这里提供很多一日游信息。

Pension Angelus

家庭旅馆 €€

（☎776 206 936；www.pensionangelus.cz；Wurmova 1；标单/双1250/1850捷克克朗；P）Angelus宽敞舒适，古董家具、雪白的羽绒被、木地板上的东方地毯，这里值得一掷千金挥霍度假。从火车站乘坐2路或者6路公共汽车可达，或者从长途汽车站乘坐4路公共汽车，在U Domú站下车可达。

Ubytovna Marie

客栈 €

（☎585 220 220；www.ubytovnamarie.cz；třída Svobody 41；500捷克克朗/人；）崭新（也许简朴）的标双和标三房间，共用浴室和厨房，这里很受长期逗留的海外学生欢迎。住两晚以上有力度较大的折扣。

餐饮

Moritz 捷克菜 €€

(585 205 560; www.hostinec-moritz.cz; Nešverova 2; 主菜120~260捷克克朗;) 这家自酿啤酒吧和餐厅是当地人最喜欢的地方。我们认为这里集合了最好的啤酒,价格公道的食物,还有值得赞赏的"禁止吸烟"的规定。夏天只能在啤酒花园就餐。必须提前预订。

Nepal 尼泊尔菜 €

(585 208 428; www.nepalska.cz; Mlýnská4; 主菜110~150捷克克朗;) 尼泊尔-印度餐馆位于一家人气很旺的爱尔兰酒吧里,这里是寻找新鲜有趣食物的好地方。最划算的是100捷克克朗的自助午餐,但是老主顾说晚上的食物更好。

Drápal 捷克菜 €

(585 225 818; www.restauracedrapal.cz; Havlíčkova 1; 主菜110~150捷克克朗;) 中心附近一处繁忙喧闹的角落里,一眼就看到这家规模大、历史久的酒吧。奥洛莫乌茨未杀菌的比尔森啤酒可以说是最好的。小小的菜单上全是捷克经典菜肴,比如经久不衰的Španělskýptáček(字面意思"西班牙小鸟"),牛肉卷裹熏肠(a beef roulade stuffed with smoked sausage)和西芹配煮老蛋(parsley and a hard-boiled egg)。

Svatováclavský Pivovar 捷克菜 €€

(585 207 517; www.svatovaclavsky-pivovar.cz; Mariánská4; 主菜170~290捷克克朗;) 另一家自酿啤酒吧。这里比Moritz大一点,也更容易找到不必预约的桌子。自酿酒吧生产不同品种的未灭菌的酵母啤酒。菜单上大部分是标准捷克菜,还有一些菜肴是用奥洛莫乌茨特产臭芝士制作的新品实验菜。

Hanácacká Hospoda 捷克菜 €

(Dolnínáměstí38; 主菜100~180捷克克朗;) 这家颇受欢迎的酒吧餐厅,菜单是用当地Hanás语写的,但还是值得去预订,因为分量十足的摩拉维亚菜美味可口,价值最高。不用担心——如果你不懂Haná语,他们有一份英文菜单。

捷克啤酒

越来越多的美味捷克啤酒值得拿出来探究。可以买一本长居布拉格的作家埃文·瑞尔(Evan Rail)写的《布拉格和捷克好啤酒指南》(*Good Beer Guide to Prague & the Czech Republic*)。在布拉格,这本书在Shakespeare & Sons(见136页)或者Globe Bookstore & Cafe(见136页)有售。以下几种啤酒是我们为开启你的愉快之旅选择的:

» PivovarskýKlub(见131页)
» Prague Beer Museum(见131页)
» Na Parkánu(见149页)
» U Richarda(见160页)
» SvatováclavskýPivovar(见165页)

首选 **Cafe 87** 咖啡馆

(585 202 593; Denisova 47; 巧克力派35捷克克朗,咖啡40捷克克朗; 周一至周五7:30~21:00,周六和周日8:00~21:00;) 当地人成群结队前来这家奥洛莫乌茨艺术博物馆旁的时尚咖啡馆,就是冲着这里的咖啡和著名的巧克力派。有些人相比起白巧克力还是明显更喜欢黑巧克力。他们什么时候才能尝点新的?这里也是最受追捧的吃早餐和烤三明治的地方。

Vertigo 酒吧

(www.klubvertigo.cz; Univerzitní6; 周一至周四13:00至午夜,周五至周日16:00至次日2:00) 一个黑暗潮湿的学生酒吧,酒气熏天,烟雾弥漫。换句话说,在奥洛莫乌茨这样的大学城是个非常受欢迎的酒吧。

实用信息

Slam (www.slam.cz; Slovenská12; 1捷克克朗/分

钟；⏲周一至周五9:00~21:00，周六和周日10:00起；(wifi)上网。

旅游信息中心（Tourist information office，OlomouckáInformačníSlužba；☎585 513 385；www.tourism.olomouc.eu；Hornínáměstí；⏲9:00~19:00）售卖地图和预订住宿。

ℹ 到达和离开

长途汽车 每天大约有15辆长途汽车来往布尔诺（92捷克克朗，1.25小时），这个地区的乡镇和城市之间也有很多其他线路；见www.jizdnirady.idnes.cz。长途汽车站距离火车站以东1公里。

火车 奥洛莫乌茨位于铁路主干线上，从布拉格（240捷克克朗，3小时）和布尔诺（100捷克克朗，1.5小时）都有常规列车运行。火车站（hlavnínádraží）距离中心以东2公里，在摩拉瓦河（Morava River）和它的支流Bystřice之上。

泰尔奇（Telč）

人口6000

受联合国教科文组织保护的城镇泰尔奇，位于波希米亚和摩拉维亚边境之上，拥有这个国家最美丽和保存最完好的一座古镇广场。实际上，我们无法想象有其他的广场可与之匹及。主要引人入胜的地方是广场自身的美丽，周边围绕着文艺复兴和巴洛克式的汉堡屋，外墙面以明亮的黄色、粉色和绿色组成。将你的行程抽一部分，只是漫步其中，游览广场东北端的文艺复兴古堡，以及广场周围的公园绿地和池塘。泰尔奇在最后一班旅游长途汽车离开后，迅速变成空城，因此如果你想找寻些许祥和与安宁的话，可以计划在这里过夜。7月末或者8月初，小镇举办**Prázdniny v Telči**（www.prazdninyvtelci.cz）民俗节。

👁 景点

泰尔奇富丽堂皇的**文艺复兴城堡**（Renaissance chateau，Zámek；www.zamek-telc.cz；náměstíZachariáše z Hradce；路线A 成人/优惠110/70捷克克朗，路线B 90/60捷克克朗；⏲4月至10月 周二至周日9:00~11:45和13:00~18:00），其中一部分是广为人知的水城堡（Water Chateau），保卫泰尔奇半岛的北端。只限导览游进入：路线A用时1小时，经过文艺复兴厅；路线B用时45分钟，探访城堡房间。

安东尼奥·瓦拉奇（Antonio Vlach，1553年至1556年）和巴尔·麦奇（Baldassare Maggi，1566年至1568年）在原有哥特结构的基础上对城堡进行重建。幸存下来的建筑遗迹完好无损，包括精心护理的草坪和完好保存的内部。在装饰华丽的圣乔治堂（kaple sv Jiří）里，售票处的对面，是古堡创建人Zachariášz Hradce的遗骨。

泰尔奇令人惊艳的广场，**NáměstíZachariáše z Hradce**，是名副其实的旅游胜地。1530年的一场大火将小镇夷为平地，此后大多数房子都是在16世纪按照文艺复兴风格建造。有些外墙在17世纪和18世纪改造成巴洛克式，但是整体效果与文艺复兴风格很好地融为一体。

广场上有一些著名的建筑，其中15号表现了独具一格的文艺复兴五彩拉毛粉饰。48号建筑在18世纪改造为巴洛克的外观风格。61号使用大量的五彩拉毛粉饰，典型的文艺复兴式。位于广场中间地带的**玛利亚圆柱**（Marian column），始于1717年，是相对较晚的巴洛克装饰。

矗立在镇中心的是哥特式塔楼**圣杰姆斯长老大教堂**（Church of St James the Elderly；kostel sv Jakuba Staršího；成人/优惠20/15捷克克朗；⏲6月至8月 周二至周日10:00~11:30和13:00~18:00，5月和9月 周六和周日13:00~17:00）。还有俯瞰广场的巴洛克式**耶稣圣名教堂**（Holy Name of Jesus Church，kostel Jména Ježíšova；náměstíZachariáše z Hradce 3；⏲8:00~18:00），作为耶稣学院的一部分，于1667年完工。

广场北部是一条通往老城**小门**（Small Gate；Malábrána）的窄巷，穿过小门就是一个环绕鸭子池塘（曾经是镇上的护城河）的英式大公园。Palackého以南，对着**大门**（Great Gate；Velkábrána），是壮观的罗马式建筑**圣灵教堂**（Church of the Holy Spirit；kostel sv Ducha；Palackého；⏲7:00~18:00，始建于13世纪初。在大门外围你可以沿着一部分泰尔奇遗留下来的防御工事走一走。

住宿

每年7月末8月初的泰尔奇民俗音乐节期间，很难住到酒店而且价格很贵，因此提前预订。旅游信息中心可以订到每晚300捷克克朗起的私人房间。

Pension Steidler 家庭旅馆 €

（☎721 316 390；www.telc-accommodation.eu；náměstíZachariáše z Hradce 52；标单/双500/800捷克克朗 无早餐）房间重新改造，有天窗和木地板，地处小镇广场，是泰尔奇性价比最好的酒店之一。一些房间可以看见湖景。早餐每人50捷克克朗。注意夏天（7月到8月）入住少于两晚则每个房间额外收取100捷克克朗。

Hotel Celerin 酒店 €€

（☎567 243 477；www.hotelcelerin.cz；náměstíZachariáše z Hradce 43；标单/双 980/1530捷克克朗；）Celerin12间舒适的客房风格迥异，装饰风格从温馨木质结构到纯白婚礼的印花棉布（先看一眼）。4、5、9和10号房间可以看见广场。酒店有时在冬季歇业。

Penzin KamennéSlunce 家庭旅馆 €

（☎732 193 510；www.kamenne-slunce.cz；Palackého 2；标单/双450/900捷克克朗；）一块块砖块，大梁裸露在外，暖色木地板，这些使这间紧邻大广场的旅馆看上去友好亲切。现代的浴室里五彩斑斓的瓷砖进一步证明这里是泰尔奇最酷的旅馆。早餐收取70捷克克朗。

Hotel ČernýOrel 酒店 €€

（☎567 243 222；www.cernyorel.cz；náměstíZachariáše z Hradce 7；标单/双1200/1800捷克克朗；）如果你想重新迈入褪色的旧时风情，主广场正前方的"黑鹰"就是门票。他们不着力提升外观的精致程度，但房间很舒适。一楼餐厅是城中吃午餐的热门地之一。

餐饮

U Marušky 捷克菜 €

（☎602 432 904；Palackého 28；主菜90～170捷克克朗）这家简单的酒馆，本地人比游客来得多，这里提供正宗的家常捷克菜，并且随时供应很棒的Ježek鲜啤。夏天也开放一个小啤酒花园。每日午餐都是75捷克克朗，很实惠。

Švejk 捷克菜 €

（www.svejk-telc.cz；náměstíZachariáše z Hradce 1；主菜105～165捷克克朗；）城堡旁边一家类似酒吧的地方，经营经典捷克菜。菜单名目取自"一战"经典小说《好兵帅克》（*The Good Soldier Švejk*）。举个例子，"齐格勒军官"鸡肉（Cadet Biegler'chicken）就是火腿芝士炸鸡排。天气好的时候，户外的平台很受欢迎。

Pizzerie 意大利菜 €

（☎567 223 246；náměstíZachariáše z Hradce 32；比萨80～130捷克克朗）正处大广场，以及绝对超过一般水平的比萨。

KavarnáAntoniana 咖啡馆

（☎603 519 903；náměstíZachariáše z Hradce 23；咖啡24～30捷克克朗，蛋糕35捷克克朗；⊙8:00至次日2:00）广场上最好的咖啡，还供应啤酒和酒水，墙上贴着泰尔奇的黑白照片。食物选择有限，但是营业时间长，是市中心晚上可以喝上一杯的地方。

到达和当地交通

长途汽车 每天大约有6班长途汽车从布拉格的Florenc长途汽车站（170捷克克朗，2.5小时）发车，还有很多线路需要在伊赫拉瓦（Jihlava）换车。区间车服务不错，大约每天有5班来往于布尔诺（100捷克克朗，2小时）。在www.bus-vlak.cz查询时刻表和票价。

火车 客运列车班次缩减得很厉害，不推荐。

米库洛夫（Mikulov）

人口7600

20世纪捷克诗人扬·斯卡采尔（Jan Skácel，1922～1989年）很多年前赋予米库洛夫一句观光口号，他称这座小镇是"上帝将意大利的一部分搬到摩拉维亚"。米库洛夫可以说是摩拉维亚南部酒乡最迷人的地方，白垩山环抱，山顶上是令人惊叹的文艺复兴式城堡，方圆数英里外都清晰可见。米库洛夫曾经还是摩拉维亚犹太人的文化中心。前犹太人居住区正在缓慢地重建中。如果你不想再看历史古迹，可以去周边乡村转转（徒步或者骑车），或者喝上一杯当地的好酒放松一下。

景点和活动

米库洛夫古堡 城堡

（Mikulov Chateau, Zámek; ☎519 309 019; www.rmm.cz; Zámek 1; 成人/优惠 100/50捷克克朗; ⏲5月至9月 周二至周日9:00~17:00, 4月和10月至16:00）从1575年至1945年，裹希斯泰因（Dietrichstein）家族居住在这里，这座城堡在19世纪扮演了重要角色，分别接待过法国国王拿破仑（Napoleon）、俄国沙皇亚历山大（Alexander）和普鲁士国王弗雷德里克（Frederick）。1945年2月德国军队毁坏了城堡的绝大部分；富丽堂皇的内部都是精心重建的结果。

城堡参观仅限导览游。参观整个历史游过程需要2小时，同时还要参观城堡重要的房间以及关于葡萄栽培和古迹方面的展览。此外还有3个针对性更强，时间更短的团队游。

犹太人居住区 街区

（Jewish Quarter, Husova）米库洛夫（Mikulov）直到"二战"一直是摩拉维亚（Moravian）犹太文化的重要中心。之前的**犹太教堂**（synagogue; Synagóga; ☎519 510 255; Husova 11; ⏲5月15日至9月30日 周二至周日13:00~17:00）有一个小型米库洛夫犹太展。在我们调研期间正在重建，何时重新开馆尚不明确。

莱德尼采和瓦尔季采（LEDNICE & VALTICE）

米库洛夫以东几公里处，是联合国教科文组织保护的历史景观莱德尼采和瓦尔季采，这里是捷克人的周末度假胜地，游览项目有参观历史建筑、徒步和骑车，品尝当地美酒。这两个镇相距10公里，有定点长途汽车连接。两地都没有太多的夜生活，因此最好从米库洛夫或者布尔诺出发做一日游。

如果你时间充裕，选其中一个镇做落脚点，探访南摩拉维亚酒乡连绵起伏的山丘：几百里的徒步和骑车小径纵横交错，沿途是几乎没有被破坏的景致。

莱德尼采城堡（Lednice Chateau; Zámek; ☎519 340 128; www.zamek-lednice.com; Zámek, Lednice; 成人/儿童 标准行程一 150/100捷克克朗，行程二 150/100捷克克朗; ⏲5月至8月 周二至周日9:00~18:00, 9月 周二至周日至17:00, 4月和10月 周六和周日至16:00）从1582年至1945年一直由列支敦士登（Liechtenstein）家族所有，是全国最受欢迎的度假胜地之一。人们为了一睹城堡壮观的外观和广阔的花园而来，这里还有种植着珍奇植物的花房，飘荡着小舟的湖泊以及仿土耳其风格的尖塔——为19世纪贵族阶级而建。

瓦尔季采城堡（Valtice Chateau; Zámek; ☎519 352 423; www.zamek-valtice.cz; Zámek 1, Valtice; 标准团队游 成人/优惠 100/80捷克克朗; ⏲5月至8月 周二至周日9:00至正午和13:00~18:00, 9月至17:00, 4月和10月至16:00），最初修建于12世纪，之后改造成巴洛克风格的外观，是捷克最精美的巴洛克风格建筑之一，这是JB·费希尔·凡·埃拉赫和意大利建筑师多梅尼科·马蒂内利（Domenico Martinelli）合作完成的作品。此处仅限导览游进入，有两种不同的行程可选（捷克语讲解，英文文字说明）。开放时间内一楼和花园可以免费参观。

瓦尔季采全天有往来于米库洛夫（23捷克克朗，12分钟）和Břeclav（25捷克克朗，15分钟）之间的常规火车服务，与布尔诺、布拉迪斯拉发和维也纳也有发达的交通连接。

从布尔诺或者米库洛夫乘坐长途汽车都很容易到达莱德尼采和瓦尔季采。在莱德尼采和瓦尔季采之间，有常规短途长途汽车（20捷克克朗，15分钟）穿梭。

充满回忆的犹太人纪念馆（Jewish Cemetery；Židovskýhřbitov；Vinohrady；成人/优惠 20/10捷克克朗；⏲7月和8月 周一至周五9:00~17:00）距离旅游中心步行10分钟。走出Brněnská，找到一个通往右侧的指示牌。除此之外，有一条“教育之路”（instructive trail）穿过整个犹太人居住区，附送英文信息卡。你可以在Husova街尾靠近Alfonse Muchy的地方拿到。

羊山 山丘、眺望台

（Goat Hill，Kozíhrádek；塔 20捷克克朗；⏲塔 5月至9月9:00~18:00）羊山上有一座废弃的15世纪瞭望塔，一览老城绝色美景。从犹太人纪念馆向山上走，顺着红色标记的小径前行就能找到。注意瞭望塔开放时间不定：只有旗帜飞扬的时候才开放。但是即使瞭望塔歇业，从山顶也能饱览壮丽景色。

圣山 山丘、教堂

（Holy Hill，Svatýkopeček；Gernerála Svobody）另一处登山之旅是这座方圆辐射1公里，高363米的圣山，穿过自然保护区，经过描绘耶稣受难像的石窟，来到小型圣塞巴斯蒂安教堂（Church of St Sebastian）。蓝色标记的小径从Svobody 大广场末端开始。刷白的教堂和山上的石灰岩使圣山呈现出地中海风情。

裹希斯泰因穹形墓穴 陵墓

（Dietrichstein Burial Vault，Dietrichštejnskáhrobka；náměstí5；成人/优惠 50/25捷克克朗；⏲6月至8月 10:00~18:00，4月、5月、9月和10月 周二至周日9:00~17:00）以前是圣安教堂（St Anne's Church），现在是裹希斯泰因家族陵墓。建筑正前方外观是典型的巴洛克风格——奥地利大师乔安·伯恩哈德·费希尔·凡·埃拉赫（Johann Bernhard Fischer von Erlach）的作品——建于18世纪初。从1617年至1852年，45名家族成员葬在此地。

米库洛夫葡萄酒之路 徒步，骑车

（Mikulov Wine Trail）骑车走在起起伏伏的米库洛夫葡萄酒之路，去参观当地小型葡萄园。旅游中心可以推荐一日骑车游，其中涵盖附近瓦尔季采（Valtice）和莱德尼（Lednice）的城堡。从**RentBike**（☎737 750 105；www.rentbike.cz；Kostelnínáměstí1；租金 每小时/天110/330捷克克朗）可租自行车，提供骑车游信息。

住宿

首选 **Hotel Templ** 酒店 €€

（☎519 323 095；www.templ.cz；Husova 50；标单/双1390/1650捷克克朗起；P⊖📶）这家翻修一新的家族管理酒店有一幢主楼和一幢副楼，有两扇门。现代化的房间里贴着色彩明快的瓷砖以及安装了彩色玻璃。浴室和房间风格都很时尚。有些房间，比如我们住的副楼11号房，面对着一处僻静的天井，里面摆放了几张桌子，可以在晚上来此休憩。

Pension Baltazar 家庭旅馆 €€

（☎519 324 327；www.pensionbaltazar.cz；Husova 44；标双1200~1800捷克克朗；P⊖📶）你会发现这个地方有些门通向Hotel Templ。漂亮的复古房间毫不费力地将现代风格的家具与裸露的砖墙以及木地板结合起来。

Penzión Husa 家庭旅馆 €€

（☎731 103 283；www.penzionhusa.cz；Husova 30；双 1590捷克克朗；P⊖📶）“鹅”是Husova另一家漂亮的家庭旅馆，装潢风格具有年代感，比如带天蓬的床和硬木地板上铺着大块的东方地毯。这里很受欢迎，因此试试看提前预订。

餐饮

Restaurace Templ 捷克菜 €€

（☎519 323 095；www.templ.cz；Husova 50；主菜165~280捷克克朗；⊖📶）这是镇上最好的餐厅，配有上好的酒单，最特别的是有当地优质的酿酒葡萄汁。特色菜有开胃鸭肉、猪肉、鸡肉拼盘。有正式餐厅和休闲酒园可供选择。餐厅后面还有个小露台，在温度怡人的夜晚可以户外用餐。

Hospůdka Pod Zámkem 捷克菜 €

（☎519 512 731；www.hospudkapodzamkem.cz；Husova 49；每日特价69捷克克朗；📶）这家新

潮与旧式相结合的酒馆和咖啡馆供应简单却非常好的捷克菜肴，通常限制在几种每日特别推荐菜式上，比如汤配烤猪肉或者鸡腿。这里未必有米库洛夫最好的咖啡，但是有很好的甘布赖纳斯啤酒（Gambrinus beer）可以畅饮。从Hotel Templ过街就能找到。

Restaurace Alfa 捷克菜 €

（☎519 510 877; náměstí27; 主菜130~200捷克克朗）Alfa是幢漂亮的五彩拉毛粉饰大楼，就在旅游信息办事处对面，里面有一家普通的捷克酒馆。也就是说，这里的厨房可以做出很好的捷克菜肴，菜单上甚至还有一些野味菜肴供应。

Petit Café 咖啡馆

（☎733 378 264; náměstí27; 可丽饼40~70捷克克朗; 📶）隐蔽的小院里有美味的可丽饼和咖啡。夜晚，喝上一杯啤酒或者红酒。

VinařskéCentrum 葡萄酒吧

（☎519 510 368; www.vinarskecentrum.com; náměstí11; ⏰周一至周六9:00~21:00，周日10:00~21:00）这家酒吧有小杯装（15捷克克朗至 50捷克克朗）的各种当地红酒，如果你喝了感觉好的话，还有整瓶装出售。

ℹ 实用信息

旅游信息办事处（Tourist information office; ☎519 510 855; www.mikulov.cz; náměstí1; ⏰6月至9月 周一至周五8:00~18:00，周六和周日9:00~18:00，4月、5月和10月 周一至周五8:00至正午和12:30~17:00，周六和周日9:00~16:00）组织团队游（包括红酒自助餐专题之旅）以及住宿，有上网服务（1捷克克朗/分钟）。

ℹ 到达和离开

长途汽车 从布尔诺到米库洛夫最便利的方式是长途汽车，每小时有客车发车。从布拉格很少有直达车；最好的路线是乘坐前往布尔诺的长途汽车然后再换车。区间长途汽车服务很好，有往来于瓦尔季采和莱德尼采的常规长途汽车服务。

火车 每天有几班往来于Břeclav的火车，是去布尔诺、布拉迪斯拉发和维也纳的重要连接点。见www.vlak-bus.cz在线时刻表。

了解捷克

历史

几百年来，捷克一直受到哈布斯堡、纳粹、苏联的侵略，其地理位置就意味着内乱不断，无法维持长时间安定。1418年，由于他们排斥天主教而引发胡斯战争。1618年反抗哈布斯堡统治的起义，点燃了“三十年战争”（the Thirty Years' War）的战火。1938年德国与苏台德区的合并加速了“二战”爆发。1968年布拉格之春的自由主义改革引来了东方阵营（Eastern Bloc）的坦克大举进入。1989年天鹅绒革命（Velvet Revolution）期间的政府和平解散，成为当时欧洲部分国家政治改革的典范。

波希米亚的发源

波希米亚和摩拉维亚的古捷克领土被群山环绕，很早以前就形成了天然疆域。来自东方的斯拉夫部落在此定居下来，从830年至907年，各部落联合形成了大摩拉维亚帝国。863年，帖撒罗尼迦（the Thessalonian）传教士西里尔（Cyril）和多迪乌斯（Methodius）来此传入基督教，他们创造了第一张斯拉夫文（西里尔文）字母表。

在9世纪，第一个土生土长的王朝——霍什米索王朝，在荒野上建立了一些茅屋，此地后来发展成为布拉格。宗派的混乱不堪让捷克产生了第一位殉道圣徒——卢德米拉（Ludmila），874年她被自己的儿媳所杀，她的孙子，贤德的Václav（或者是贤“王”温塞斯拉斯；921~929年在位）王子被他残忍的兄弟波列斯瓦夫（Boleslav）谋杀。

霍什米索王朝的统治终结于1306年。1310年卢森堡的约翰（John of Luxembourg）因联姻登上波希米亚王位，并与德意志帝国合并。他的儿子查理四世（1346~1378年）成为神圣罗马帝国皇帝。在他统治期间，迎来了波希米亚两个“黄金时代”中的一个。查理建造了布拉格的圣维特大教堂，修建了查理大桥，成立了查理大学。第二个“黄金年代”是在鲁道夫二世（1576~1612年）当政期间，他使布拉格成为哈布斯堡王朝的首都，吸引了大批的艺术家、学者、科学家的到来。波希米亚和摩拉维亚被哈布斯堡王朝持续统治了近四百年。

在哈布斯堡王朝统治下

1415年新教的宗教改革家——扬·胡斯，查理大学校长，因异教邪说在火刑柱上被烧死。他点燃了民族主义者们的胡斯运动，使波希米亚陷入内战（1419~1434年）。

1526年，随着奥地利天主教哈普斯王朝的斐迪南继承了波希米亚王位，新教徒们将两名哈布斯堡王朝官员从布拉格城堡的窗户扔了出去，这激怒了反对改革派。冲突立刻升级成为天主教徒与新教徒之间的“三十年战争”（1618~1648年），极大地破坏了中欧。

1620年白山战役（Battle of White Mountain）中新教徒的溃败，标志着维也纳在此开始了长期统治。期间强制人民再次信奉天主教、德国化、压制捷克语言和文化。

民族再次觉醒

19世纪初期，在所谓的Národníobrození（民族复兴）期间，捷克人开始重新发掘自己的语言和文化起源。公开政治活动遭到禁止，因此复兴运动以文化为基础。重要人物包括历史学家Josef Palacký和作曲家Bedřich Smetana。

“一战”后，一个独立的捷克和斯洛伐克国家形成了。当哈布斯堡国王驾崩后，1918年10月捷克斯洛伐克共和国成立。奥匈帝国四分之三的工业力量被捷克斯洛伐克继承，还有三百万德国人，他们大部分在波希米亚边境地区（pohraniči，在德国称为苏台德区）。

捷克人的喜悦很快就消失了。根据1938年9月的慕尼黑条约（Munich Pact），英国和法国同意纳粹德国合并苏台德区。1939年德国人占领了这个国家其余部分（称之为波希米亚和摩拉维亚保护国）。

大部分捷克知识分子和大约80,000犹太人死在纳粹的铁蹄之下。1942年，当捷克伞兵行刺纳粹总督莱因哈特·海德里希（Reinhardt Heydrich）后，整个利迪泽（Lidice）小镇被德国人彻底摧毁以示报复。

胜利二月

战后，捷克斯洛伐克政府驱逐了250万苏台德区的德国人——包括与纳粹斗争的反法西斯主义者，并没收他们财产。在从捷克斯洛伐克的强迫行军中，很多人被扣押在集中营，上万人死去。

1948年初，社会民主主义者从战后联盟中撤退出来。结果是1948年2月25日，苏维埃支持的政变爆发，即Vítěznýúnor（胜利二月）。新捷克斯洛伐克共产党领导的政府开始一党执政，展开了长达多年的高压政治。20世纪50年代，成千上万的“异见分子”逃离国家。其他一些人被捕坐牢，数百人被枪决或死在劳动营中。

布拉格之春和天鹅绒革命

1968年4月新任的共产党第一书记——亚历山大·杜布切克，引进民主改革，创建“有人情味的社会主义”（socialism with a human face），即“布拉格之春”，开始取消审查制度、释放政治犯、分散经济权力。莫斯科对此很不悦，但是杜布切克拒绝妥协，苏联坦克在1968年8月20日开进布拉格，后面紧跟着200,000名苏联和华约士兵。

许多支持改革的官员被驱逐，500,000名党员在独裁统治重新建立后失去工作。持异议者基本上被投入监狱，教育界人员被迫做体力劳动者。

1977年，对地下摇滚乐队——宇宙塑胶人（the Plastic People of the Universe，他们在一次非官方认可的音乐节上大胆发声）的审判，刺激了人权组织77宪章（Charter 77）的组建。布拉格共产党人认为音乐家们威胁到了现状，但是其他人将这次审判视为对人权的攻击。77宪章是布拉格的知识分子组织，其中包括已故剧作家、哲学家瓦茨拉夫·哈维尔（Václav Havel），整个20世纪80年代，组织都在坚持地下斗争。

直到1989年，开始了称之为perestroika的戈尔巴乔夫改革，以及11月9日柏林墙的倒塌，带来了变革的希望。11月17日布拉格学生公开游行受到警察镇压。紧接着每天都有抗议活动举行，11月27日达到高潮，形成为大规模罢工。哈维尔领导的持异议者们建立了公民论坛，12月3日要求政府辞职，柏林墙倒塌距此还不到一个月。

一个"具有国民意识的政府"成立，12月29日哈维尔被选举为总统。11月17日之后的几天就是众所周知的Sametovárevoluce（天鹅绒革命），期间没有发生流血事件。

天鹅绒破裂

随着政权的和平转移，斯洛伐克和布拉格之间的对抗再次浮出水面。联邦议会保证捷克和斯洛伐克共和国在捷克和斯洛伐克联邦共和国（ČSFR）中具有完全联邦地位；但是，这无法让斯洛伐克民族主义者满意。

1992年6月的选举结束了捷克斯洛伐克的命运。瓦茨拉夫·克劳斯（Václav Klaus）的公民民主党在150个联邦议会席位中获得48席，同时弗拉基米尔·梅契尔（Vladimír Mečiar）领导的左倾民族主义政党——斯洛伐克民主运动（Movement for a Democratic Slovakia，HZDS）获得24席。

7月斯洛伐克议会宣布独立，1993年1月1日捷克斯洛伐克再次解散。布拉格成为新捷克首都，哈维尔当选为首任总统。

一个新的国家

因为得益于不断发展的旅游业和坚实的工业基础，捷克的失业率很低。直到2003年，布拉格一直是东欧生活水准最高的地方。然而，资本主义也意味着缺乏经济适用房、不断上升的犯罪率以及不断恶化的医疗卫生系统。

1999年，捷克加入北大西洋公约组织（North Atlantic Treaty Organization，简称NATO）。2004年5月1日加入欧盟（European Union，简称EU）。作为欧盟成员，更多捷克年轻人在海外工作学习，获得了他们父母不曾有的机遇。

天鹅绒革命后，著名持异议者，首任总统瓦茨拉夫·哈维尔长期与癌症抗争，2011年去世。他的去世使得所有捷克政治党派组织重新整合。

人口

捷克有人口约为1050万；其中95%是捷克人而3%是斯洛伐克人。"二战"后被驱逐的300万苏台德地区的德国人中只有15万留了下来。吉卜赛人占了很可观的比例（0.3%），他们也是敌视和种族歧视的对象，遭受着贫穷和失业的困扰。

大部分捷克人都自称是无神论者（39.8%）或者罗马天主教徒（39.2%），但是很少人会去教堂。有一些小的新教（4.6%）和东正教（3%）的集会。犹太人社区（1918年占1%）今天只有几千个人。

艺术

文学

这片土地上出现了两位世界闻名的捷克作家，两人都是布尔诺人：米兰·昆德拉（Milan Kundera，生于1929年）和博胡米尔·赫拉巴尔（Bohumil Hrabal，1914~1997年）。

对于许多游客来说，昆德拉的名字耳熟能详。他讽刺的笔触，将幽默与性交织在一起，其中穿插了大量音乐理论、诗歌和哲学，对于不同层次的读者都具有很大吸引力。他最知名的作品，《生命中不能承受之轻》（*The Unbearable Lightness of Being*，1988年成功改编成电影），就是以1968年华沙公约入侵前，布拉格那些动荡不定的日子为背景。昆德拉的《玩笑》（*The Joke*）和《笑忘书》（*The Book of Laughter and Forgetting*）也可以看看。

如果问任何一个捷克人，他们最喜欢的作家是谁，多半答案是赫拉巴尔，个中原因不言自明。赫拉巴尔的作品捕捉到了捷克人对自身最喜爱的部分，比如敏锐的才智，对荒诞的触觉，以及对啤酒的喜爱。赫拉巴尔同时非常善于叙述故事，他的小说，比如《我曾伺候过的英国国王》（*Served the King of England*）和《时间停滞的小镇》（*The Little Town Where Time Stood Still*）都具有娱乐性和洞察力。1997年赫拉巴尔以典型的捷克方式结束生命：跳窗而亡。

提到捷克文学一定就要说到弗兰兹·卡夫卡（Franz Kafka，1883~1924年），这位知名作家曾经居住在布拉格，是现代文学经典《审判》（*The Trial*）和《城堡》（*The Castle*）的作者。尽管卡夫卡说德语和犹太语，他完全像任何一个捷克作家那样与这座城市心意相通。

与卡夫卡截然不同的捷克同龄人，雅罗斯拉夫·哈谢克（Jaroslav Hašek，1883~1923年），洞悉民情，是《好兵帅克》（*The Good Soldier Švejk*）一书的作者。对这本书的评价褒贬不一。对于那些找到笑点的人来说，这是一部喜剧巨作，有关一个笨手笨脚的、招人喜欢的、名叫"帅克"的捷克人，和他（有意或无意）在"一战"中竭力逃避奥匈帝国的兵役。有人说像帅克这样的傻瓜总是能表现任何一个民族的特点，这种论调让捷克人非常不屑。

艺术和音乐

捷克人对于艺术一直有着积极的贡献，不去布拉格的主要博物馆和画廊走走，欣赏一下当地画家、摄影家和雕塑家的作品，那就不是完整的布拉格之行。到了晚上，各种古典音乐、爵士乐和摇滚乐演出让你目不暇接。

安东利·德沃夏克（Antonín Dvořák，1841~1904年）和贝德里赫·斯美塔那（Bedřich Smetana，1824~1884年）这两位捷克古典音乐家的名字家喻户晓。德沃夏克受到民族复兴的强烈影响，激发创作了《斯拉夫舞曲》（*Slavonic Dances*，1878年和1881年）、歌剧《魔鬼和凯特》（*Rusalka and Čert a Kača*（*The Devil and Kate*）、宗教巨作《圣母哀悼曲》（*Stabat Mater*）。他在美国待了很多年，在那里创作了著名的《第九交响曲——自新世界》（*Symphony No 9, From* the New World）。斯美塔那写了几部歌剧和交响乐，他的标志性作品仍然是《伏尔塔瓦河》[*Moldau*（*Vlatva*）]交响曲。

阿尔丰斯·穆夏（1860~1939年）可能是捷克最著名的视觉艺术家，尽管他在巴黎出名而不是在布拉格。他在国外的声名远胜过在国内。

电影

20世纪60年代是艺术相对自由的十年，才华横溢的年轻导演，比如米洛斯·福尔曼（MilošForman）和杰里·闵采尔（JiříMenzel）拍出了一些苦乐参半的电影，凭借他们的勇气和才智吸引了很多电影爱好者。

在这一时期，捷克斯洛伐克电影，1965年的《大街上的商店》（*Little Shop on Main Street*）以及1967年《密切监视的列车》（*Closely Watched Trains*）获得奥斯卡"最佳外语片"，被冠以"捷克新浪潮"头衔。福尔曼最终离开这个国家，因《飞越疯人院》（*One Flew Over the Cuckoo's Nest*）和《莫扎特传》（*Amadeus*）而获得奥斯卡"最佳影片"，后者有一部分在布拉格拍摄。

自从天鹅绒革命后，导演们一直在预算低，又受到好莱坞大片严重冲击的情况下，尽力拍摄出具有意义的影片。同时，他们还得忍受无休止的审查监督，在新浪潮期间，他们的作品受到最严格的限制。

近几年来历史电影回潮，尤其是探索"二战"和纳粹占领的影片。最好的作品有导演亚当·德沃夏克的《利迪策大屠杀》（*Lidice*，2011年）、扬·霍布雷克的《川崎玫瑰》（*Kawasaki Rose*，2009年）以及托马斯·卢纳克的《捷克列车员》（*Alois Nebel*，2010年）。后者重新阐释了一部绘图小说，讲

勇于挑战的切尔尼先生（MR ČERNÝ）

捷克装置艺术家大卫·切尔尼（David Černý，生于1967年），因布拉格的破碎脸庞儿童系列雕像以及几处欧洲艺术雕像而闻名。他首次登上国际头条是在1991年，为纪念"二战"创作了一幅苏联粉红色坦克的画，他的装置艺术（布拉格周围有几处）让人啼笑皆非。

在布拉格的卢采尔纳宫购物中心（Lucerna pasá），温塞斯拉斯皇帝骑着倒挂的马匹，在卡夫卡博物馆外的河对面，切尔尼的《蹲便器男士》雕像通过短信获得捐款。城市上空，是切尔尼设计的国家电视塔（Žižkov TV Tower），仿佛《星球大战》中的遗迹，巨大的青铜婴儿爬在塔外。

切尔尼其他近期作品有**MeetFactory**（www.meetfactory.cz），在Smíchov一处工厂原址上建立的多功能画廊，收藏艺术家作品，提供演出场地。

述了"二战"的最后阶段以及随之而来的捷克德国人被驱逐的历史。

环境

内陆国家捷克与德国、奥地利、斯洛伐克、波兰接壤。国土由两块江河流域组成：西边的波希米亚，流经拉贝河（the Labe，也称易北河，Elbe）从北流进德国；东边的摩拉维亚，流经摩拉瓦河（Morava River），从东南流进多瑙河（Danube）。每条流域都有森林覆盖的山丘，特别是沿着巴伐利亚-奥地利西南边境上的舒马瓦（Šumava）山脉，沿着德国西北边境上的厄尔士山脉（Krušné hory，Ore Mountains），沿着波兰边境利贝累茨（Liberec）东部的克尔科诺谢（Krkonoše）山脉。这个国家的最高峰是克尔科诺谢的斯涅日卡峰（Sněžka，1602米）。

饮食

波希米亚经典菜肴是vepřo-knedlo-zelo，通俗地说就是一盘烤猪肉、面包饺子和泡菜。也可以尝尝svíčková smetaně（奶油炖牛肉）和kapr na kmíní（茴香炸或烤鲤鱼）。

bufet or samoobsluha是自助餐，有chlebíčky（单层三明治）、沙拉、klobásy（辣肠）、špekačky（淡味猪肉肠）、párky（熏肠）、guláš（匈牙利红烩牛肉），当然还有knedlíky（无处不在的饺子）。

pivnice是不供应食物的酒吧，而hospoda或hostinec是供应基本菜肴的酒吧或啤酒馆。Vinárna（红酒吧）菜单上从小吃到一应俱全的正餐都有。偶尔kavárna（咖啡馆）有完整的菜单，但是大多数只供应小吃和甜点。restaurace就是餐厅。

在布拉格和其他主要城市，你会发现越来越多的高档素食餐厅，但是小城镇的选择有限。大多数餐厅供应一些标准的bezmasájídla（无肉菜肴）。最常见的是smaženýsýr（炸芝士）和芝士烩蔬菜。

标有Kouřenízakázano就是非吸烟区。

啤酒和红酒

你学到的第一个捷克单词就是pivo（啤酒）。最著名的是百威和比尔森啤酒，但是还有很多其他当地啤酒可以发掘。

大多数啤酒馆都会在你餐桌左手放一张小纸片，上面写着所有你点的饮食，然后在你结账时计算总额（zaplatím，prosím意为我想结账）。

米库洛夫镇周边是摩拉维亚南部葡萄园，生产上好的bílévíno（白葡萄酒）。

生存指南

出行指南

签证

捷克适用申根协议，需要申根签证（见654页）。

现金

自动取款机

自动取款机连接全球主要银行网络，各大城市、小镇和乡村均可轻松找到。

对于中国旅行者来说，在国内兑换捷克克朗相对较麻烦，不如使用银联卡，在捷克可以十分方便取现。捷克商业银行（KB）在捷克全境的自动取款机都为银联卡提供取款服务，机器上或屏幕上往往有银联标志或捷克商业银行标志，捷克商业银行自动取款机网点在线查询（www.kb.cz/pobocky-bankomaty/en/hledani.x）。

现金和信用卡

手边留点零钱用在公共厕所、打电话和电车售票机上，尽量留一些小面值的钞票用于商店、咖啡馆和餐厅。从自动取款机取出的大额钞票换零钱是个麻烦事。

加油站、中高档酒店、餐厅和商店都接受信用卡。

兑换现金

在主要银行换取零钱或者信用卡取现。小心（私人兑换点），尤其在布拉格——他们打出误导汇率，通常会收取很高的佣金或"手续费"。没有货币兑换黑市，任何在大街上换钱的人都是骗子。

小费

» 在酒吧，留下零钱作为小费。

» 餐厅可选择性付小费，但是布拉格越来越多地方需要付小费；大约是账单的5%~10%，20捷克克朗或者30捷克克朗。

» 出租车付小费标准与餐厅相同。

使领馆

中国驻捷克大使馆（☎00420-233028898领事部；www.chinaembassy.cz/chn/；konzularniodd@seznam.cz；Pelléova 18, 160 00 Praha 6 – Bubeneč, Czech Republic；⏲3月16日至10月31日周一至周五9:00~11:30，11月1日至次年3月15日9:30~11:30）办理签证、护照、公证、认证等各种业务递及递交申请；周一至周五10:00~11:00为取件时间。

旅游信息

Czech Tourism（见126页地图；www.czechtourism.com）官方旅游信息。

IDOS（www.idos.cz）火车和长途汽车时刻表。

Mapy（www.mapy.cz）在线地图。

营业时间

银行 周一至周五8:30~16:30

酒吧 11:00至午夜

博物馆和城堡 通常全年周一歇业

餐厅 11:00~23:00

商店 周一至周五8:30~18:00，周六8:30至正午

节假日

新年 1月1日

复活节 3月/4月

劳动节 5月1日

解放日 5月8日

圣西里尔与马修斯节 7月5日

扬·胡斯纪念日 7月6日

捷克建国日 9月28日

共和国日 10月28日

自由和民主日 11月17日

圣诞节 12月24日至26日

住宿

夏季旅游高峰时间以外，酒店房间价格最多能下降40%。推荐在夏季、圣诞节和复活节前后时间——尤其是在布拉格——提前预订。很多酒店现在都完全或者大部分禁止吸烟。

这里列出的价格主要针对配有独立浴室和简单早餐的房间，除非另作说明。价格范围如下（旺季标双）：

€ 低于1600捷克克朗

€€ 介于1600~3700捷克克朗

€€€ 高于3700捷克克朗

露营

大多数营地仅在5月至9月开放，每人收费大约80捷克克朗至100捷克克朗。禁止在公共土地露营。登录**Czech Camping**（www.czechcamping.com）和**Do Kempu**（www.czech-camping.com）查阅信息和在线预订。

青年旅舍

只有布拉格和捷克克鲁姆洛夫有接待背包客的青年旅舍。宿舍床铺费用布拉格大约450捷克克朗，其他地方350~450捷克克朗。建议提前预订。**捷克青年旅舍协会**（Czech Youth Hostel Association，www.czechhostels.com）提供国际青年旅舍信息和预订。

酒店

布拉格市中心的酒店、捷克克鲁姆洛夫和布尔诺的酒店特别贵，但是小城镇通常便宜很多。两星酒店提供基本设施，标双1000~1200捷克克朗，有独立卫生间的房间（在布拉格大约贵50%）1200~1500捷克克朗。在捷克省会城市都要问问有没有周末折扣。见**Czech Hotels**（www.czechhotels.net）和**Discover Czech**（www.discoverczech.com）。

私人房间和家庭旅馆

寻找写有privát或Zimmer frei（私人房间）广告标语的牌子。大多数旅游信息中心可以为你预订。布拉格以外人均大约450~550捷克克朗。通常公用浴室。

Penzióny（家庭旅馆）规模小，通常家族运营，提供带独立卫生间和含早餐的房间。标双房价从1000~1500捷克克朗（布拉格

1900~2500捷克克朗）。见**Czech Pension**（www.czechpension.cz）。

就餐

餐厅在上午11点开门，一直营业到午夜；有些餐厅在午餐和晚餐之间短暂休业。以下价格根据一道主菜的价位而定。

€ 低于200捷克克朗

€€ 介于200~500捷克克朗

€€€ 高于500捷克克朗

邮局

捷克有可靠的邮政服务。Prague Poste Restante, Jindřišská14, 11000 Praha 1, Czech Republic可寄送邮件。

电话

捷克所有电话号码都是九位数；本地或长途电话都是九位数，从邮局和报亭花100捷克克朗买电话卡用来在公用电话亭打电话。

移动电话覆盖（GSM900/1800）很好。花500捷克克朗大约从移动电话营业厅买一张捷克的SIM卡（含300捷克克朗电话费）。当地移动电话号码以下列数字开头：☎601-608和☎720-779。捷克国家代码是☎420。

往中国拨打电话，需在☎00后，加拨国家代码☎86，再拨当地区号、座机号码；或拨手机号码。

上网

大多数捷克住宿的地方现在都提供Wi-Fi，网吧全国都有。越来越多的旅游信息中心也提供上网。在这本指南里，我们标有📶记号的就是指提供Wi-Fi的地方，标有@记号的就是电脑可以上网的地方。

残障旅行者

为轮椅使用者设立的斜坡越来越普遍，但是鹅卵石街道、陡峭的山坡和楼梯通常使通行困难。公共交通依然有不确定性，但是越来越多的火车和电车设有轮椅通道。像布拉格城堡这样的主要景点提供轮椅通道。任何标有bezbarierová "无障碍"都可以通行。以下为资源信息：

布拉格综合公共交通（Prague Integrated Public Transport, www.dpp.cz）提供在线"无障碍"信息。

布拉格轮椅使用者组织（Prague Wheelchair Users Organisation, Pražskáorganizace vozíčkářů; ☎224 827 210; www.pov.cz; Benediktská6, StaréMěsto）这是家为残障人士设立的监督组织。虽然主要针对本地居民，也可以帮助组织导览，提供交通工具，费用大约相当于出租车的一半，提供捷克语、英文、德语的布拉格无障碍信息。

同性恋旅行者

同性恋在捷克合法，但是捷克人还没习惯在公共场合秀恩爱的行为；最好低调一些。登录**布拉格同性恋指南**（Prague Gay Guide; www.prague.gayguide.net）查询包括住宿、酒吧在内的在线信息。

到达和离开

捷克位于欧洲中部，与欧洲主要中枢均有航班，周边国家均可通过公路或火车连接。在www.lonelyplanet.com/travel_services上可在线预订机票、团队游和火车票。

入境

入境非常直接，你不可能遇到严重问题或者延误。如果从欧盟国交界处、关税区、申根区（这里包含来自爱尔兰和英国）乘飞机来，你必须通过入境护照检查。如果从申根区内的欧洲中枢地来，比如阿姆斯特丹或者法兰克福，在布拉格你不需要通过入境护照检查。

如果通过火车、长途汽车、自驾车从内陆来，捷克四面被欧盟申根国家包围，边境上没有护照或者海关检查。

飞机

几乎所有国际航班都到达**布拉格瓦茨拉夫哈维尔机场**（LetištěPraha; ☎220 111 888; www.prg.aero）。欧盟申根区外的来往航班使用机场1号航站楼，实行标准护照和海关检查。申根区航班使用2号航站楼，手续与国内航班相同。

本国航空公司**捷克航空**（www.czechair

lines.com）安全飞行记录良好，是天合（Skyteam）联盟成员。

陆路

捷克与德国、波兰、斯洛伐克和奥地利交界。这些都是申根区内的欧盟国家，这意味着没有护照或海关检查。

长途汽车

布拉格主要的国际长途汽车站**Florenc**（ÚAN Praha Florenc；☎900 144 444；www.florenc.cz；Křižíkova 4；⏲4:00至午夜，问讯台6:00~21:30；Ⓜ Florenc）。车站配有问讯台、一大块公告板、售票窗、商店和汉堡王（Burger King）餐厅。有几家长途客运公司在欧洲各站点间运营几条长途汽车线路。当地市场上的领导者是**Student Agency**（☎800 100 300；www.studentagency.cz）和**Eurolines**（www.elines.cz）。在布拉格汽车站都设有办事处。

小汽车和摩托车

捷克有欧洲主要的高速公路段。一旦入境，摩托车驾驶员需出示在挡风玻璃上的提前付费的贴纸（dálniční známka），之前在边境附近的加油站和售货亭购买。一张贴纸花费：310捷克克朗10天有效，440捷克克朗30天有效，1500捷克克朗1年有效。

火车

布拉格的**Praha hlavní nádraží**（主火车站；☎840 112 113；www.cd.cz；Wilsonova 8，NovéMěsto）是全国国际列车的入口，有往来于德国、波兰、斯洛伐克和奥地利之间的常规列车。往来于南部和东部之间的火车，包括布拉迪斯拉发、维也纳和布达佩斯，通常也在布尔诺的主火车站停靠。

在布拉格，从**ČD Travel**（☎972 241 861；www.cdtravel.cz；Wilsonova 8）提前购买国际列车票，在Praha hlavnínádraží下层有个大售票处，**市中心售票处**（city centre -office，☎972 233 930；V Celnici 6）距离náměstíRepubliky不远。售票柜台分为国内车票（vnitrostátníjízdenky）和国际车票（mezínárodníjízdenky）两部分，确保你不要排错队。窗口也卖座位预订。接受信用卡。

国际铁路（InterRail）和欧洲铁路（Eurail）通票在捷克铁路网络都有效。

当地交通

长途汽车

在捷克境内，长途汽车通常比火车更快、更便宜、更方便。许多长途汽车线路在周末减少班次（或者取消）。至少比发车时间提前15分钟到达长途汽车站。在www.idos.cz.上查询主要长途汽车公司时刻表和价格：

CŠAD（☎问询 900 144 444）国家长途汽车公司，连接各城市与小城镇。

Student Agency（☎800 100 300；www.studentagency.cz）受欢迎的私人长途汽车公司，有很多站点，包括布拉格、布尔诺、捷克布杰

火车类型

捷克铁路上运行着几种不同类别的火车，主要依据速度和舒适度划分。

EC（欧洲城际）快速、舒适的国际列车，只在主要站点停靠，有一等和二等车厢；附加费60捷克克朗；建议预订。只有一等车厢的摆式列车（SC Pendolino）从布拉格到奥洛摩茨、布尔诺和俄斯特拉发（Ostrava）间运行，连接着维也纳和布拉迪斯拉发。

IC（城际）长途国际列车，一等和二等车厢；附加费40捷克克朗；建议预订。

Ex（快车）类似IC列车，但是没有附加费。

R（rychlík）国内铁路网主要运行的快车，一等、二等车厢和卧铺；除了卧铺，没有附加费；快车和rychlík列车通常在时刻表中标为红色。

Os（osobní）使用老旧车辆的慢车，每一个乡村小镇都要停；只有二等车厢。

约维采、捷克克鲁姆洛夫、卡罗维发利和比尔森。

小汽车和摩托车

驾驶执照

国外驾照有效期90天。严格地说，没有照片的驾照也需要附上国际驾照（International Driving Permit），虽然没有硬性规定。

汽油

无铅汽油有natural（95号）或者natural plus（98号）。捷克语的柴油是nafta或者diesel。Autoplyn（LPG gas）基本在每个主要城市都设有门市，但数量极少。

租车

当地小公司价格更优惠，但是很少会有流利使用英语的员工。一般通过电子邮件和电话预订更简单。租用一辆Škoda Fabia大约800捷克克朗一天，包括无限制公里数、碰擦损坏免责和增值税（VAT）。带张信用卡做押金。大多数租赁车辆有高速公路收费优惠券。一个可靠的租赁公司**Secco Car**（☎220 802 361; www.seccocar.cz; Přístavní39, Holešovice）。

交通规则

驾车须满18岁。靠右行。前排和后排乘客必须系好安全带。

» 12岁以下儿童或者身高低于1.5米的儿童禁止坐在前排座位，必须使用安全座椅。

» 头灯必须一直打开，甚至是在白天。

» 合法的血液酒精浓度为0；如果警察以任何理由让你靠边停车，他们有权让你做呼吸测醉。

本地交通

本地交通价格公道，组织完善，每天从清晨4:30一直运行到午夜。在报亭和自动贩卖机提前购票。在公共汽车、有轨电车的检票机以及地铁入口处检票。

团队游

AVE Bicycle Tours（☎251 551 011; www.bicycle-tours.cz; 导览游1190捷克克朗，自由行600捷克克朗; ⏲4月至10月）自行车游专家。

E-Tours（www.etours.cz）自然、野生、摄影游。

Top Bicycle（www.topbicycle.com）自行车及多项运动游。

火车

捷克铁路提供高效的列车服务，几乎遍及全国各个地方。票价和时刻表见www.idos.cz 和www.cd.cz。

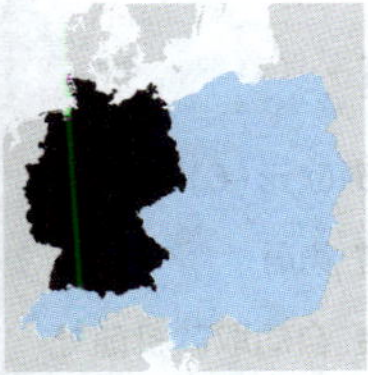

德国

包括»

最佳餐饮

» Cafe Jacques（见201页）

» Café Schäfer（见277页）

» Auerbachs Keller（见219页）

最佳住宿

» Circus Hotel（见198页）

» Grüne Zitadelle（见226页）

» Hotel Elch（见262页）

为何去

喝啤酒还是喝葡萄酒?这是你一到德国就会遇到的难题。前者是比尔森啤酒畅饮文化的核心，也是成就世界上最著名的派对之一——慕尼黑啤酒节（又名十月节，Oktoberfest）——的关键元素，在全国各地都非常受欢迎；后者则来自铺满葡萄藤的迷人山谷，可以酿制成各种口味。

接下来，你在德国所面临的抉择还会接连不断。柏林还是慕尼黑？城堡还是夜店？滑雪还是徒步？东德还是西德?宝马还是奔驰？实际上，答案很简单：两者都要。何必费心取舍呢？德国的美超越了选择，不妨在这种差异美中尽情陶醉吧。

躁动而充满活力的柏林，是个能不断给人带来新鲜感的大都会；以慕尼黑为代表的巴伐利亚，则是民族传统的中心。当你漫步于鹅卵石铺就的乡间小路时，砖木结构的村舍和远处的城堡定会让你心旷神怡。来探索这个国家无穷无尽的美，沉醉在可以长达数周的欢愉体验中吧。

何时去

柏林

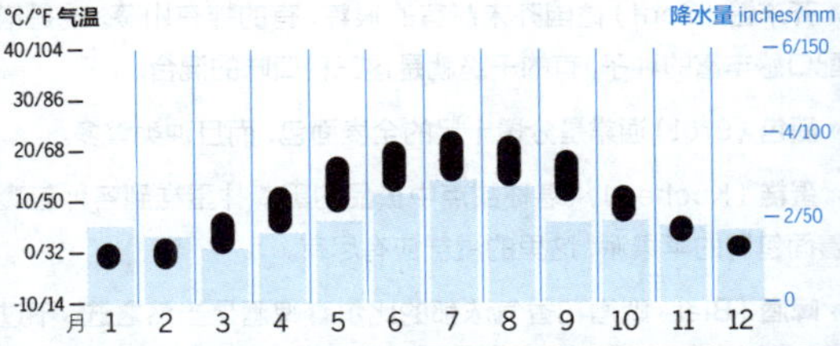

6月至8月 温暖的夏季，德国人脱去了厚厚的冬衣；夜晚似乎永远不会到来。

9月 慕尼黑啤酒节到了；巴伐利亚整个秋天都沉浸在节日的气氛之中。

12月 彻骨寒冷，但你能在德国任何一个圣诞市场里品尝到热红酒。

交通

德国位于欧洲的中心，铁路网络四通八达，可以到达周边的任何国家。从弗赖堡和斯图加特向南可以到达瑞士和意大利。慕尼黑邻近捷克和奥地利（包括萨尔茨堡和因斯布鲁克等地区）。从柏林去波兰很方便，从汉堡去丹麦的车次也十分频繁。科隆的快速列车直通荷兰和比利时（还可以乘坐终点站在伦敦的欧洲之星列车到达布鲁塞尔）。法兰克福有高速列车通往巴黎、斯特拉斯堡以及法国的其他地区。

旅行线路

一周

先花上三天，游览柏林及周边（如波茨坦）地区，接下来去德累斯顿，感受这座战后"新生"的城市，再到纽伦堡了解那里悠久的历史，旅程的最后两天在慕尼黑转转。

两周

首先在慕尼黑感受一下巴伐利亚式的乐趣，然后从阿尔卑斯山下乘坐一种非同寻常的火车式缆车到达德国的最高峰——楚格峰。在欣赏了如糖果般可人的新天鹅堡（Schloss Neuschwanstein）之后，沿着充满中世纪气息的浪漫之路（Romantic Road）一路北行，到达风景迷人的海德堡。在浪漫莱茵河两岸，既可以品尝到上等的葡萄酒，又能欣赏沿途众多古老的城堡。在科隆这座充满魅力的城市你可以登上雄伟的大教堂，最后到达旅程的终点柏林。

特色饮食

» **香肠**（Wurst）德国的香肠超过1500种。从微甜烟熏而细小的纽伦堡香肠（Nürnbergers）、香脆的图林根香肠（Thüringers），到蘸满番茄酱的快餐小吃切片咖喱香肠（Currywurst）。

» **芥末酱**（Senf）德国芥末酱有的很辣，有的拌有山葵，或是搭配口感丰富的种子，有的干脆就是这三种口味的混合。

» **面包**（Brot）通常是分量十足的全麦面包，而且种类繁多。

» **蛋糕**（Kuchen）从堪称甜点中极品的黑森林蛋糕到各种包裹着面包屑的苹果派，这里的蛋糕应有尽有。

» **啤酒**（Bier）啤酒花香气浓郁的比尔森啤酒是当然之选。不过到了夏季，小麦啤酒也非常受欢迎。不同地区的啤酒种类也很丰富，如科隆的科隆麦芽啤酒（Kölsch）和班贝格的烟熏啤酒（Rauchbier）。

» **葡萄酒**（Wein）口感清冽的雷司令白葡萄酒堪称世界极品。

速览

» **货币** 欧元（€）

» **语言** 德语

» **现金** 自动取款机随处可见，推荐使用现金购物

» **签证** 适用申根政策

快速参考

» **面积** 356,866平方公里

» **首都** 柏林

» **国家代码** ☎49

» **紧急情况** ☎112

汇率

人民币	CNY1	€0.12
港币	HKD1	€0.09
新台币	TWD1	€0.02
澳门币	MOP1	€0.09
新加坡元	SGD1	€0.58
美元	USD1	€0.73

预算

» **经济型酒店客房** 80欧元

» **两道菜的一餐** 15~25欧元

» **1升啤酒** 6~8欧元

» **商店里成瓶的葡萄酒** 4欧元起

» **地铁票价** 约2欧元

网络资源

» **德国国家旅游局官方微博**（weibo.com/gnto）

» **德国国家旅游局中文网站**（www.germany.travel/cn/）

柏林(BERLIN)

☎030/人口3,500,000

柏林的历史氛围十分浓厚。你可能会被柏林现代、嘈杂和整洁的街道所吸引，或是在酒吧闲散的气氛中陶醉，在洋溢着才华与创意的画廊里着迷。但是不要被这些景象所迷惑，柏林的现代化虽然充斥着各个角落，却总有些事物能够让你回想起它的历史。诺曼·福斯特(Norman Foster)设计的国会大厦圆顶、彼得·艾森曼(Peter Eisenman)设计的大屠杀纪念广场以及标志性建筑勃兰登堡门就坐落在相邻的几个街区。波茨坦广场和闪耀的索尼中心，每年都举办群星荟萃的柏林电影节。如果时光倒退到25年前，你可以在这里爬上一个观景平台，从西柏林窥视柏林墙对面的情景。

柏林以其多样性和包容性、另类文化和丰富多彩的夜生活著称，而柏林最吸引人的特点就在于它可以不被其历史所累，不断重塑自我。这一点已经人所共知，所以全国各地以及世界其他国家的人们源源不断地涌到柏林，只为一探究竟。

历史

在德国人看来，柏林登上历史舞台较晚，它曾默默无闻地混过了几个世纪。13世纪建城时这里是一个贸易站。1411年，在来自德国南部强大的霍亨索伦(Hohenzollern)家族的统治下，柏林取得了一点小成就。霍亨索伦家族一直维持其统治，直到1918年废除君主制。

1701年，弗里德里希三世(Friedrich III)登上王位，史称国王弗里德里希一世(King Friedrich I)，王室宫邸就设在柏林。柏林地位的这一提升改变了它的命运，在弗里德里希一世的孙子腓特烈大帝(Frederick the Great)的统治下，柏林城得到了显著的发展，因为腓特烈大帝不仅在战场上追求卓越，在建筑和对思想启蒙运动的理想追求方面也无所不用其极。最著名的林登大道(Unter den Linden)始建于他统治的时期，那时柏林已经成为德国的文化中心，被亲切地称为"施普雷河上的雅典"。

和北欧同时，柏林也于19世纪开始了工业革命进程。工业革命使城市人口急剧增加，并催生出新兴的工人阶级。柏林在政治、经济、文化等方面不断繁荣，在1871年成为德意志帝国的首都之后更是得到了蓬勃发展。到1900年，柏林的人口已经达到200万。

第一次世界大战遏制了柏林的发展势头，到了20世纪20年代，柏林备受动荡、腐败和通货膨胀的困扰。柏林人的应对方式颇有点不计后果的意味，致使柏林成为了一个"创意大熔炉"，但同时也成了颓废堕落之地。各类艺术家都汇集于这座卡巴莱歌舞、达达主义和爵士乐之城。

希特勒的崛起并掌权，令柏林的那股靡

在柏林

一日游

你可以提前预订，一早就可以乘坐电梯参观国会大厦圆顶，然后在勃兰登堡门前留影，再去大屠杀纪念馆(Holocaust Memorial)，欣赏一下波茨坦广场的当代建筑。在查理检查站沉思冷战的疯狂，到博物馆岛去观瞻奈费尔提蒂女王(Queen Nefertiti)和佩加蒙祭坛(Pergamonaltar)。最后在哈克市场度过美妙而快乐的夜晚。

两日游

第二天可以先去柏林墙遗址纪念公园(Gedenkstätte Berliner Mauer)感受一下柏林在分裂时期的生活。在东德博物馆(DDR Museum)的参观、沿着东德画廊漫步可以进一步加深这种感受。下午在克罗伊茨贝格区转转时髦的商铺，看看街头艺术，感受一下这里的都市文化。晚上在运河边晚餐，在科特布斯门(Kottbusser Tor)附近喝点东西，最后在Watergate或Berghain泡泡夜店。

德国亮点

❶在**柏林**，无论白天黑夜都有得玩（见181页）。把睡眠留给其他地方好了，为这里众多的夜店、博物馆、酒吧和不断变化的新思潮多留点时间吧。

❷在行程中，为德国**慕尼黑**啤酒节预留出时间（见245页），喝着啤酒参与狂欢或在啤酒花园里小憩。

❸在像**班贝格**（见263页）这样迷人的德国小镇漫步，那里有曲折的小径和烟熏啤酒，十分清新脱俗。

❹去**科隆**（见293页）看一看，大教堂高耸的尖顶与盛满当地啤酒的细长玻璃杯，到底哪一个更令你沉醉？

❺到**黑森林**（见274页，这一地区也以生产布谷鸟钟而闻名）疯狂一把吧！探索令人战栗

的峭壁、云雾缭绕的山峰和无尽的林间小径。

❻到**德累斯顿**（见210页）感受一下战后重建的城市所独具的创造性文化。

❼在**汉堡**（见308页）骑自行车沿着世界上最大的海港之一逛一逛，然后去寻找当年“披头士乐队”走过的足迹。

❽发现**雷根斯堡**（见265页）之美，它是受联合国教科文组织认可的历史瑰宝，罗马和托斯卡纳的历史痕迹俯拾皆是（还有超赞的香肠！）。

Berlin 柏林

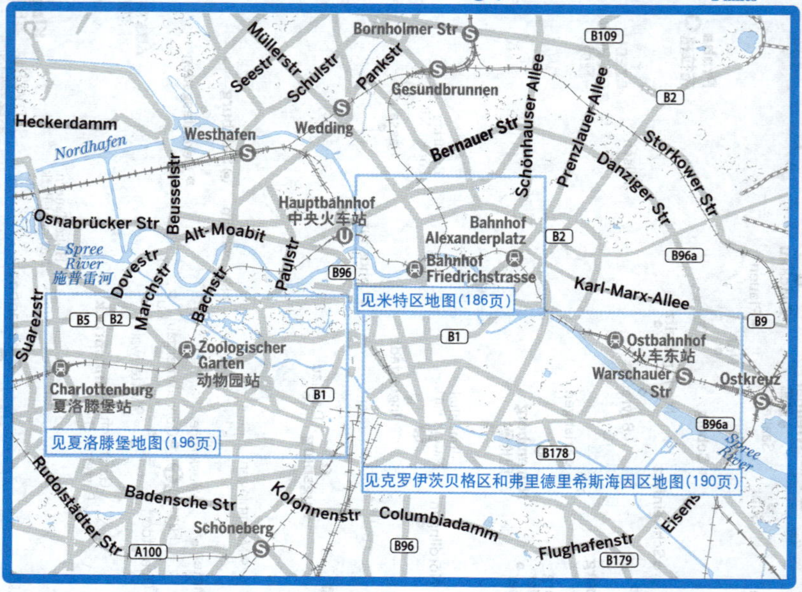

靡之风受到了抑制，因为德意志第三帝国的黑暗统治很快席卷了全世界。柏林在“二战”中遭受到狂轰滥炸；在1945年4月，150万苏联士兵在柏林的最后一战中又以摧枯拉朽之势进入柏林。虽然纳粹时期的建筑已经所剩无几，但是纪念碑和博物馆保留了那段恐怖的记忆。

“二战”后，德国在冷战的夹缝中挣扎求生。始建于1961年的臭名昭著的柏林墙，作为一道防御工事将一个国家从意识形态上和现实生活中强行分割为两部分。被分割的东西两德发展明显不同，这一点在柏林至今仍有明显体现，不仅是那段柏林墙遗迹，更突出表现在截然不同的城市规划和建筑风格上。

自德国统一后，柏林无拘无束的夜生活、快速发展的艺术界和时尚设计产业再次使这里变成孕育创造力的温床。当然，柏林也存在许多问题，如城市财政赤字、高失业率、迟迟未启用的柏林勃兰登堡机场等，但柏林对世界各地的游客和新移民的吸引力有增无减。柏林是有独特个性的城市，在这里，个人的成功重于群体的一致，绝妙的创意总会受到欢迎和褒扬。在这里生活过的人，都会爱上这座城市；来这里的游客，都会永远记住这座城市。

景点

柏林必去的景点有：国会大厦（Reichstag）、勃兰登堡门（Brandenburger Tor）、查理检查站（Checkpoint Charlie）和博物馆岛（Museumsinsel）。它们都坐落在历史悠久的市中心——米特区（Mitte），这里的哈克市场（Hackescher Markt）周围像迷宫一样，而且常有潮人出没。从这里向北是普伦茨劳贝格区（Prenzlauer Berg），那里有很多咖啡厅和餐馆；向南隐约可见现代高层建筑林立的波茨坦广场（Potsdamer Platz）。再往南是不修边幅但很酷的克罗伊茨贝格区（Kreuzberg），这里派对氛围十足，而施普雷河（Spree River）东岸的弗里德里希斯海因区（Friedrichshain）大学生文化浓厚，也是个派对中心，柏林墙那段著名的东边画廊（East Side Gallery）也在这里。西柏林的中心是夏洛滕堡区（Charlottenburg），那里有大型购物中心和著名的皇家宫殿。

国会大厦和林登大道（REICHSTAG & UNTER DEN LINDEN）

国会大厦是德国联邦政府区的核心建筑，政府区中还包括后现代风格的总理府和若干座国会议员的办公楼。由此向南，时尚的林登大道从勃兰登堡门到壮观的宝地博物馆岛绵延1.5公里，途中经过的众多老式建筑折射出了普鲁士曾经的辉煌。

首选 国会大厦 历史建筑

（见186页地图；www.bundestag.de；Platz der Republik 1；电梯时间 8:00至午夜，最晚入场时间23:00；🚌100路；Ⓢ Bundestag；🚇Hauptbahnhof）作为柏林最具标志性建筑之一的德国国会大厦（Reichstag）曾经历火烧、轰炸和重建，曾经是柏林墙的依偎，也被裹在幕布里整修过，现在成为德国国会（Bundestag）所在地。

这座雄伟的老式建筑是由保罗·瓦洛特于1894年设计的，诺曼·福斯特在德国统一后对其进行了大改造。这位著名的建筑师仅保留了该建筑的历史外壳，增建了一个闪耀的玻璃穹顶。坐电梯（必须预约）可以直达穹顶，在穹顶上领取一个免费的自动语音向导机，可以一边了解这座建筑、周围的城市地标和议会的工作模式，一边沿着坡道盘旋而上，围绕着穹顶中央覆盖着镜子的漏斗形通心柱漫步。

勃兰登堡门和巴黎广场 历史遗址

（见186页地图；Ⓢ Brandenburger Tor；🚇Brandenburger Tor）冷战时期，勃兰登堡门曾是德国分裂的标志，而如今它却是德国重新统一的象征。这座典雅的凯旋门的设计者是卡尔·格特哈德·朗汉斯（Carl Gotthard Langhans），他从雅典卫城汲取了灵感，并于1791年建造完成了这座皇城的城门。城门顶部装饰着带有双翼的胜利女神驾驭四马二轮战车的雕像。勃兰登堡门守卫着比例完美的巴黎广场（Pariser Platz），周围有多家银行和美、英、法各国的大使馆，重现了19世纪德意志全盛时期的广场布局。

免费 大屠杀纪念馆 纪念馆

（见186页地图；☎2639 4336；www.stiftung-denkmal.de；Cora-Berliner-Strasse 1；语音向导 3欧元；⏲纪念广场24小时，信息中心周二至周日0:00~20:00，最晚入场时间4月至9月19:15，10月至次年3月18:15；Ⓢ Brandenburger Tor；🚇Brandenburger Tor）足球场大小的欧洲受难犹太人纪念广场是德国为纪念纳粹针对犹太人的种族灭绝而建的最主要的纪念场所，俗称大屠杀纪念馆（Holocaust Memorial）。该馆是由美国建筑师彼得·艾森曼建造的，2711个类似石棺的水泥方柱在高低起伏的地面上肃穆安静地拔地而起，好似一个迷宫。要想了解更多的背景知识，可以去地下的信息中心（Ort der Information）。

希特勒的地堡 历史遗址

（Hitler's Bunker；见190页地图；In den Ministergärten和Gertrud-Kolmar-Strasse交叉路口；Ⓢ Brandenburger Tor；🚇Brandenburger Tor）1945年4月30日，当整个柏林笼罩在熊熊大火之中，苏联坦克无情地一路碾压而来时，阿道夫·希特勒和他的长期伴侣爱娃·布劳恩（Eva Braun）在他们婚后几个小时双双自杀。今天，地堡被改建成了停车场，仅有一个画着地堡地下网络的信息牌揭示着那段黑暗的历史、地堡的建筑信息及其在“二战”后的变迁。

林登大道 街道

（Unter den Linden；见186页地图；🚌100，200；Ⓢ Brandenburger Tor；🚇Brandenburger

> **想了解更多？**
>
> 要想更方便查询详细的介绍、评论和推荐，你可以进入App Store下载我们的iPhone应用——Lonely Planet的*Berlin City Guide*。
>
> 此外，还可以登录**Lonely Planet**网站（www.lonelyplanet.com/germany/berlin），获取旅行建议、作者推荐、旅行者评论和专业指导。

Mitte 米特区

Tor）这条时尚的林荫大道总长1.5公里，从勃兰登堡门一直延伸到壮观的装满珍宝的博物馆岛。大道旁矗立着很多历代普鲁士国王建造的宏伟的古代建筑，展示着曾经盛极一时的普鲁士皇室的荣耀。

倍倍尔广场 纪念馆

（见186页地图；Bebel Sq；🚌100，200；Ⓢ Französische Strasse，Hausvogteiplatz）这个光秃秃的广场就位于林登大道的一侧。1933年，就是在这个广场上，纳粹学生发起了公开焚

书活动，第一批公开焚毁的就包括布莱希特（Brecht）、曼（Mann）、马克思（Marx）以及其他"颠覆分子"的书。麦克尔·乌尔曼（Michael Ullmann）设计的无书图书馆（Empty Library）就建在广场中央的玻璃板正下方，辛酸地纪念着那段历史。

倍倍尔广场（Bebelplatz）始建于18世纪中叶，最早是腓特烈广场（Forum Fridericianum）的一部分。腓特烈大帝规划在此地建造成一个文化建筑群，例如包括林登大道国

Mitte 米特区

重要景点

老博物馆 E5
柏林墙遗址纪念公园 C1
佩加蒙博物馆 E4
国会大厦 A5

景点

1 老国家画廊 E4
2 倍倍尔广场 D6
3 柏林大教堂 F5
4 博德博物馆 E4
5 勃兰登堡门和巴黎广场 B6
6 东德博物馆 F5
7 德国历史博物馆 E5
8 柏林电视塔 G4
9 哈克庭院 F3
10 大屠杀纪念馆 B6
11 洪堡盒 F5
12 新犹太教堂 E3
13 新博物馆 E5
14 眼泪宫殿 C4
15 林登大道 C6

活动、课程和团队游

16 Fat Tire Bike Tours G4

住宿

17 Circus Hostel F2
18 Circus Hotel F2
19 EastSeven Berlin Hostel G1
20 Hotel Adlon Kempinski B6
21 Hotel Amano F2
22 Hotel Honigmond D2
23 Motel One Berlin-Alexanderplatz G4
24 Wombats City Hostel Berlin G3

就餐

25 Hartweizen F2
26 Katz Orange E1
27 Monsieur Vuong G3
28 Schwarzwaldstuben D2

饮品

29 Berliner Republik C4
30 Neue Odessa Bar G2

娱乐

31 Clärchens Ballhaus E3
32 Cookies C6
33 Kaffee Burger G2
34 Weekend H4

购物

35 Ampelmann Galerie F3
36 Berlin Art & Nostalgia Market E5

家歌剧院（Staatsoper Unter den Linden）、**老皇家图书馆**（Alte Königliche Bibliothek）、弗里茨的哥哥海因里希的宫殿（现在是柏林洪堡大学的校址）和铜制穹顶的**圣海德大教堂**（Sankt-Hedwigs-Kathedrale）在内的这些建筑都建于那个时期。

德国历史博物馆 博物馆

（Deutsches Historisches Museum；见186页地图；☎203 040；www.dhm.de；Unter den Linden 2；成人/优惠8/4欧元；⏲10:00～18:00；🚌100, 200；🚉Alexanderplatz, Hackescher Markt）这座迷人的博物馆记载了德国两千多年的兴衰荣辱；它不是一个对历史的简单概括，而是体现在那些装满两层楼的普鲁士时代的军械上。注意留心纳粹地球仪、庭院里那些垂死勇士的雕像脸上痛苦的表情以及在由贝聿铭设计的大胆而现代的附属建筑内举行的临展。

查理检查站 历史遗址

（见190页地图；Zimmerstrasse和Friedrichstrasse交叉路口；⏲24小时；Ⓢ Kochstrasse, Stadtmitte）查理检查站（Checkpoint Charlie）是1960年至1990年，外国人和外交官来往东西柏林的主要通道。可惜这个冷战的象征如今却成了俗气的旅游景点，虽然体现冷战历史里程碑事件的免费**露天展览**（open-air exhibit）称得上是一种相应的补偿吧。自从2012年9月以来，此地新增了Yadegar Asisi设计的**柏林墙全景图**（Berlin Wall Panorama；见190页地图；www.asisi.de；Friedrichstrasse和Zimmerstrasse交叉路口；成人/优惠10/8.50欧元；⏲10:00～18:00；Ⓢ Kochstrasse）。一个正式的冷战博物馆已进入筹备阶段，并计划于2015年建成开放。而在此之前，游客仅能通过一个"黑匣子"进行预览。

附近有一座私营的**检查站博物馆**（Haus am Checkpoint Charlie；见190页地图；☎253

7250；www.mauermuseum.de；Friedrichstrasse 43-45；成人/优惠12.50/9.50欧元；⏲9:00~22:00；🚻；Ⓢ Kochstrasse，Stadtmitte），馆内主要收录了当年惊人的逃亡手段（如地道、热气球，甚至还有单人潜艇）。

眼泪宫殿

博物馆

（Tränenpalast；见186页地图；☎4677 7790；www.hdg.de；Reichstagsufer 17；⏲周二至周五9:00~19:00，周六和周日10:00~18:00；Ⓢ Friedrichstrasse；🚇100）当初，东柏林人只能在这个由玻璃和铁架建成的边境岗亭向来访的西德的亲友告别。因此，它被叫做“眼泪宫殿”（Palace of Tears）。照片、历史影像以及保存下来的那座足以令人产生幽闭恐惧症的护照检查岗亭，都述说着当年柏林墙两边的人们被迫分离后的生活。

博物馆岛和谷仓区（MUSEUMSINSEL & SCHEUNENVIERTEL）

博物馆岛是柏林最重要的宝藏，馆藏来自全欧及其他地区，涵盖有上下6000年的艺术品、手工制品、雕塑以及建筑。继续前行就是谷仓区（Scheunenviertel），这是一个布局紧凑、充满魅力的城区，到处是田园式的庭园、前沿的艺术画廊、本土设计师服装精品店、老旧时尚的酒吧，甚至有“一战”前风格的舞厅。自德国统一后，谷仓区作为柏林主要的犹太区再次回到了历史舞台。

博物馆岛

博物馆

（☎2090 5577；www.smb.museum；所有博物馆当日通票 成人/儿童14/7欧元；🚌100，200；Ⓢ Hackescher Markt，Friedrichstrasse）博物馆岛（Museumsinsel）上矗立着5座雄伟的博物馆，均建于1830年至1930年。这些建筑占据了施普雷河小岛的整个北半部，13世纪柏林城最初的居民就在这里定居。博物馆岛已于1999年被联合国教科文组织收入《世界遗产名录》。

佩加蒙博物馆（Pergamonmuseum；见186页地图；☎266 424 242；www.smb.museum；Am Kupfergraben 5；成人/优惠8/4欧元；⏲周五至周三10:00~18:00，周四至21:00；🚇Hackescher Markt，Friedrichstrasse，🚌100）是岛上最具吸引力的景点，里面藏有不朽的古代建筑，诸如博物馆以其命名的佩加蒙祭坛和令人震撼的巴比伦伊什塔尔城门（Babylonian Ishtar Gate）。

老博物馆（Altes Museum；见186页地图；☎266 424 242；www.smb.museum；Am Lustgarten；成人/优惠8/4欧元；⏲周五至周三10:00~18:00，周四至20:00；🚌100，200；🚇Friedrichstrasse）开放于1830年，是岛上最先开放的博物馆，展出希腊、伊特鲁里亚和罗马时代的文物。其中最重要的展品包括青铜塑像《祈祷的男孩》（*Praying Boy*）、罗马时代的银器以及恺撒和埃及艳后克娄巴特拉（Cleopatra）的肖像。古埃及系列藏品陈列在**新博物馆**内（Neues Museum；见186页地图；☎266 424 242；www.smb.museum；成人/优惠10/5欧元；⏲周日至周三10:00~18:00，周四至周六至20:00；🚌100，200；🚇Hackescher Markt），其中就包括了备受瞩目的、有3300年历史的奈费尔提蒂女王半身像；还有同样吸引人的史前和人类早期历史博物馆，馆内展示来自特洛伊城的珍宝。

博德博物馆（Bodemuseum；见186页地图；☎266 424 242；www.smb.museum；Monbijoubrücke；成人/优惠8/4欧元；⏲周二、周三、周五至周日10:00~18:00，周四至22:00；🚇Hackescher Markt）因其收藏着从中世纪到18世纪欧洲的雕像[里门施奈德（Riemenschneider）、多那太罗（Donatello）、皮萨诺（Pisano）等人的作品]而闻名。同时，它还藏有大量的古代钱币和拜占庭艺术品。

老国家画廊（Alte Nationalgalerie；见186页地图；☎266 424 242；www.smb.museum；Bodestrasse 1-3；成人/优惠8/4欧元；⏲周五至周三10:00~18:00，周四至22:00；🚌100，200；🚇Hackescher Markt）专注于收藏19世纪欧洲的艺术珍品。

柏林大教堂

主教座堂

（Berliner Dom，Berlin Cathedral；见186页地图；☎2026 9110；www.berlinerdom.de；Am Lustgarten；成人/优惠7/4欧元；⏲4月至9月周一至周六 9:00~20:00，周日正午至20:00，10月至次年3月至19:00；🚌100，200；🚇Hackescher

Kreuzberg & Friedrichshain 克罗伊茨贝格区和弗里德里希斯海因区

Markt）这座华丽但不失庄严的意大利文艺复兴式建筑曾用作皇家御用教堂（1905年），兼具礼拜堂、博物馆和音乐厅三重功能。内部全部镀金，一座大理石和玛瑙装饰的祭坛，一架有着7269个风管的萨奥尔（Sauer）管风琴和精美的皇室大理石棺。沿256级台阶拾级而上就来到画廊，从这里可以欣赏到壮观的城市风景。

东德博物馆 博物馆

（GDR Museum；见186页地图；☎847 123 731；www.ddr-museum.de；Karl-Liebknecht-Strasse 1；成人/优惠6/4欧元；⏲周日至周五10:00~20:00，周六至22:00；👪；🚌100，200；🚉Hackescher Markt）走进温馨感人的东德博物馆，就仿佛走进了铁幕时代的东德。在这里你可以了解到：东德儿童需要参加集体如厕训练，工程师的微薄收入堪比农民。展览也涉及了原德意志民主共和国（原东德）生活中更险恶的一面，包括长期供给短缺和斯塔西的监控。

洪堡盒 博物馆

（Humboldt-Box；见186页地图；☎0180-503 0707；www.humboldt-box.com；Schlossplatz；成人/优惠4/2.50欧元；⏲4月至10月10:00~20:00，11月至次年3月至18:00；🚌100，200；🚉Alexanderplatz，Hackescher Markt）这座外形奇特的建筑里能预览又名为洪堡广场（Humboldtforum）的柏林城市宫殿重建规划，它就坐落在王宫广场，与对面博物馆岛隔街相望。展示中还包括将来会入驻这里的民俗博物馆、亚洲艺术博物馆、一座图书馆以及一个设计精细的历史中心模型。从楼上的露天咖啡厅俯瞰，美景尽收眼底。

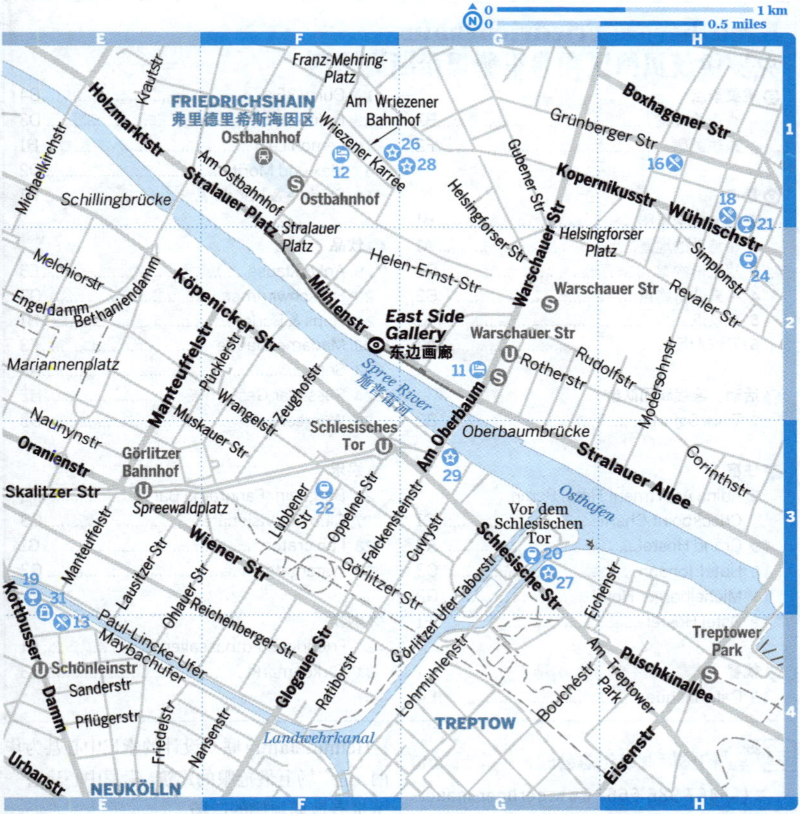

柏林电视塔 地标

（见186页地图；www.tv-turm.de；Panoramastrasse 1a；成人/儿童12/7.50欧元，VIP票19.50/11.50欧元；⏲3月至10月9:00至午夜，11月至次年2月从10:00开始营业；Ⓢ Alexanderplatz；Ⓤ Alexanderplatz）高达368米（包括天线）的针形电视塔（Fernsehturm）是德国的最高建筑，它之于柏林正如埃菲尔铁塔之于巴黎。电视塔建成于1969年。尽早到电视塔下排队乘电梯，可直达203米高的全景平台。那里还有一家可爱的老式咖啡馆，旋转一周需30分钟。

免费 哈克庭院 历史遗址

（见186页地图；☎2809 8010；www.hackesche-hoefe.com；Rosenthaler Strasse 40/41，Sophienstrasse 6；🚊M1；Ⓤ Hackescher Markt）散布于整个谷仓区的哈克庭院（Hackesche Höfe）是最大的也是最著名的复合式联排庭院。你可以在遍布咖啡馆、画廊、精品店和娱乐场所的庭院中悠闲地逛逛，度过一段美妙的时光。一号院（Court I）是最美的庭院，因为到处装饰着新艺术风格的瓷砖。

新犹太教堂 犹太教堂

（见186页地图；☎8802 8300；www.cjudaicum.de；Oranienburger Strasse 28-30；成人/优惠3/2欧元；⏲周日和周一10:00~20:00，周二至周四至18:00，周五至17:00，11月至次年4月时间缩短；Ⓢ Oranienburger Tor；Ⓤ Oranienburger Strasse）新犹太教堂（Neue Synagoge）闪耀的镀金穹顶是柏林市区中复兴的犹太社区最显著的标志。原犹太教堂建于1866年，曾是德国最大的犹太教堂，而后来在旧址上修建的犹太中心（Centrum Judaicum）成了一处供人们纪念追思之地。

Kreuzberg & Friedrichshain
克罗伊茨贝格区和弗里德里希斯海因区

重要景点

查理检查站 B2
东边画廊 F2

景点

1 柏林墙全景图 B1
2 希特勒的地堡 A1
3 犹太博物馆 B2
4 检查站博物馆 B2
5 观景点 A1
6 恐怖刑场 A2

活动、课程和团队游

7 Trabi Safari B2

住宿

8 Adina Apartment Hotel Berlin Checkpoint Charlie C1
9 Grand Hostel A3
10 Hotel Johann C3
11 Michelberger Hotel G2
12 Ostel Hostel F1

就餐

13 Cafe Jacques E4
14 Curry 36 .... B4
15 Defne D3
16 Lemon Leaf H1
17 Max und Moritz D2
18 Spätzle & Knödel H1

饮品

19 Ankerklause E3
20 Freischwimmer G3
21 Hops & Barley H1
22 Madame Claude F3
23 Solar A2
24 Süss War Gestern H2
25 Würgeengel D3

娱乐

26 Berghain/Panorama Bar F1
27 Club der Visionäre G3
28 Lab.oratory G1
29 Watergate G3

购物

30 Friedrichstadtpassagen B1
31 Türkenmarkt E3

首选 柏林墙遗址纪念公园 纪念馆

（☎467 986 666；www.berliner-mauer-gedenkstaette.de；Bernauer Strasse btwn Gartenstrasse & Brunnenstrasse；⊙4月至10月9:30~15:00，11月至次年3月18:00，露天展览24小时；🅡Nordbahnhof）柏林墙遗址纪念公园（Gedenkstätte Berliner Mauer）是纪念德国分裂时期的主要纪念场所。园内保留有一段保持原貌的柏林墙，以及当时边境设施的遗迹、逃亡地道、礼拜堂和纪念碑。从多媒体服务站、"考古窗口"以及园内随处可见的解说标牌上都能了解到翔实的历史背景信息。

波茨坦广场和蒂尔加滕（POTSDAMER PLATZ & TIERGARTEN）

于20世纪90年代在柏林墙原址上建起的波茨坦广场是柏林最新的城区，也可以说是当代建筑的展示区。由著名建筑师伦佐·皮亚诺（Renzo Piano）和赫尔穆特·雅恩（Helmut Jahn）联袂设计的索尼中心甚为华丽，是广场上最抢眼的建筑，索尼中心建着一个带有玻璃顶棚的广场。

波茨坦广场的西边是**文化广场**（Kulturforum），那里有很多博物馆，其中最有名的是油画馆（Gemäldegalerie）和新国立画廊（Neue Nationalgalerie），世界级的柏林爱乐厅（Berliner Philharmonie）也在这里。植被茂密的蒂尔加滕公园（Tiergarten）中满是幽静的小路和掩映在树丛中的啤酒花园，在观光之余可以在这里好好休息一下。

电影和电视博物馆 博物馆

（Museum für Film und Fernsehen；☎300 9030；www.deutsche-kinemathek.de；Potsdamer Strasse 2；成人/优惠6/4.50欧元；⊙周二、周三和周五至周日10:00~18:00，周四10:00~20:00；🅑200；🅢Potsdamer Platz；🅡Potsdamer Platz）每年2月举办柏林国际电影节时，各国电影明星都会云集波茨坦广场的红毯。这座独具魅力的电影博物馆全年都会重点展示德国的电影历史。再看一

看那些展厅，有的专门介绍像费里茨·朗（Fritz Lang）这样的电影先驱，有的则展出像雷妮·瑞芬舒丹（Leni Riefenstahl）的《奥林匹亚》（*Olympia*）这样具有开创意义的电影，还有的讲述着玛莲娜·黛德丽（Marlene Dietrich）等天后们的传奇。电视展区有更小众化的展品，如果你对德语配音的《星际迷航》感兴趣，这些展品也很有意思。

Panoramapunkt 观景点

（见190页地图；☎2593 7080；www.panoramapunkt.de；Potsdamer Platz 1；成人/优惠5.50/4欧元；⏲10:00~20:00，最后乘坐时间19:30，冬季时间缩短；🚌M41，200；Ⓢ Potsdamer Platz；Ⓤ Potsdamer Platz）这座科尔霍夫式的红砖建筑坐落于波茨坦广场，超快的电梯像溜溜球一样繁忙地上下运行，而且在100米高处可以360度地环顾四周美景。信息牌讲述着波茨坦广场的历史。还有间咖啡店可供歇脚。

新国立画廊 画廊

（见196页地图；☎266 2951；www.neue-nationalgalerie.de；Potsdamer Strasse 50；成人/优惠10/5欧元；⏲周二、周三、周五 10:00~18:00，周四10:00~22:00，周六、周日11:00~18:00；Ⓢ Potzdamer Platz；Ⓤ Potsdamer Platz）这座1968年由路德维希·密斯·凡德罗（Ludwig Mies van der Rohe）设计的新国立画廊（Neue Nationalgalerie）是一个由玻璃和钢铁构成的艺术圣殿。这里定期展出1960年以前20世纪的欧洲艺术家们所创作的绘画和雕塑作品。在这里你能欣赏到毕加索（Picasso）、米罗（Miro）、克利（Klee）以及德国表现主义画派的奥托·迪克斯（Otto Dix）、格罗兹（George Grosz）和克尔希纳（Ernst Ludwig Kirchner）的作品。

油画馆 画廊

（见196页地图；☎266 424 242；www.smb.museum/gg；Matthäikirchplatz 8；成人/优惠8/4欧元；⏲周二、周三、周五至周日10:00~18:00，周四10:00到22:00；🚌M29，M41，200；Ⓢ Potsdamer Platz；Ⓤ Potsdamer Platz）油画馆（Gemäldegalerie）是柏林文化广场中最重要的博物馆，收藏了13世纪至18世纪的欧洲艺术品，堪称世界上最好且最全的收藏之一。来此参观时最好穿双舒服的鞋，因为这里共有72个展厅，要想浏览伦勃朗（Rembrandt）、丢勒（Dürer）、维米尔（Vermeer）、盖恩斯伯勒（Gainsborough）以及其他的早期绘画大师的全部作品，步行距离相当于2公里路程。

包豪斯档案馆 博物馆

（Bauhaus Archiv；见196页地图；☎254 0020；www.bauhaus.de；Klingelhöferstrasse 14；成人/优惠 周六至周一7/4欧元，周三至周五6/3欧

省钱门票

如果你要节省费用，各类优惠和通票可以帮你省下更多钱。

区域通票（Bereichskarten）博物馆岛和文化广场聚集着很多博物馆，这里提供区域通票，持此票可在一天之内参观这里所有的长期展出的藏品。

柏林博物馆通票（Berlin Museum Pass；www.visitberlin.de；成人/优惠19/9.50欧元）持此票可以在连续三天里参观大约60座博物馆的长期展品，包括佩加蒙博物馆在内的一些顶级的博物馆。这种通票在旅游局和参与此优惠活动的博物馆均有出售。

柏林欢迎卡（Berlin Welcome Card；www.visitberlin.de；48/72小时17.90/23.90欧元，48小时 包括波茨坦广场以及3名15岁以下的儿童19.90欧元，72小时 包括博物馆岛34欧元）持此卡，你可以在2天、3天或5天之内不限次乘坐公共交通，并且半价游览200多个景点、名胜。该卡在旅游局、地铁和轻轨的售票机和大部分酒店均有出售。

城市游览卡（City Tour Card；www.citytourcard.com；48小时/72小时/5天 16.90/22.90/29.90欧元）此卡与柏林欢迎卡的功能类似，票价相对便宜，但其享有的折扣也会相应减少。

元；⏲周三至周一10:00～17:00；ⓈNollendorfplatz）这里会通过定期展出研究笔记、车间零件、照片、设计稿、模型和其他物品以及各类文件，向世人阐述这个在20世纪设计领域颇有影响力的包豪斯建筑学派的理论。包豪斯建筑学派的创始人沃尔特·格罗皮乌斯（Walter Gropius）为这座别具风格的白色篷顶建筑亲自绘制了设计蓝图。

免费 **恐怖刑场** 纪念馆

（Topographie des Terrors, Topography of Terror；见190页地图；☎2548 6703；www.topographie.de；Niederkirchner Strasse 8；⏲5月至9月10:00～20:00，10月至次年4月至黄昏；♿；ⓈPotsdamer Platz；ⓊPotsdamer Platz）这里曾是最令人闻风丧胆的德国纳粹机构（包括盖世太保总部和纳粹党卫军中央指挥部）所在地，令人瞠目的展品详尽地剖析了纳粹的国家体系。保留下来的一小段柏林墙沿着Niederkirchner Strasse街道屹立着。

克罗伊茨贝格区和弗里德里希斯海因区（KREUZBERG & FRIEDRICHSHAIN）

克罗伊茨贝格区以热闹和另类的风格著称。西边Bergmannstrasse周边是一派上流社会的高雅气氛，而克罗伊茨贝格区的东边（科特布斯门周边，仍以其旧的邮政编码SO36为绰号）是一个多元文化的混杂之地，这里有邋遢的大学生，满腔抱负的创意人，抽水烟的外国移民和混迹各国的生活艺术家。在这里好好转一天，寻找伟大的街头艺术，感受一下多文化交融的氛围，尝一尝土耳其烤肉（shawarma），转一转二手商店，在河畔或运河边漫步，然后就会发现为什么这里也被称为夜游神的天堂。过了前东柏林的施普雷河就到了弗里德里希斯海因区，这里和克罗伊茨贝格区一样笼罩着无拘无束的氛围。

免费 **东边画廊** 历史遗址

（见190页地图；www.eastsidegallery-berlin.de；Oberbaumbrücke和Ostbahnhof之间的Mühlenstrasse；⏲24小时；ⓈWarschauer Strasse；ⓊOstbahnhof, Warschauer Strasse）东边画廊（East Side Gallery）全长1.3公里，作为现存柏林墙中最长的一段，它本身还是世界上最长的露天壁画展示区。1989年，几十位来自各国的艺术家在这里创作了百余幅画作来表现那个时代属于全世界的欢腾幸福和乐观主义精神。这些画作有的是要表达某些政治观点，有的是艺术家吸食毒品后的思考，还有一些堪称真正具有开创性的艺术。东边画廊曾于2009年经过修缮。

犹太博物馆 博物馆

（Jüdisches Museum, Jewish Museum；见190页地图；☎2599 3300；www.jmberlin.de；Lindenstrasse 9-14；成人/优惠5/2.50欧元；⏲周一10:00～22:00，周二至周日10:00～20:00，闭馆前1小时禁止入场；ⓈHallesches Tor, Kochstrasse）这座迷人的博物馆讲述着德国犹太人2000多年来的荣辱史，但现在却被丹尼尔·利伯斯金（Daniel Libeskind）设计的地标性建筑抢了风头。整个建筑象征着犹太人民饱经风霜的历史，曲折的轮廓则象征着破碎的大卫之星，银色钛锌合金的外立面棱角分明而且遍布着细小的裂痕。

斯塔西博物馆 博物馆

（☎553 6854；www.stasimuseum.de；Haus 1, Ruschestrasse 103；成人/优惠5/4欧元；⏲周一至周五11:00～18:00，周六和周日12:00～18:00；ⓈMagdalenenstrasse）如今的斯塔西博物馆（Stasimuseum）建在令人望而生畏的原东德国家安全局的总部旧址上。在这里你会看到科技含量不高却设计巧妙的监视设备（可藏在喷壶、领带甚至岩石中），一辆狭小的犯人运输车，以及原东德国家安全局负责人埃里希·梅尔克（Erich Mielke）整洁到无以复加的办公室。其他展厅介绍了原东德的意识形态、礼制以及社会结构。部分的讲解牌标有英文。

斯塔西监狱 纪念馆景点

（Stasi Prison, Gedenkstätte Hohenschönhausen；☎9860 8230；www.stiftung-hsh.de；Genslerstrasse 66；团队游 成人/优惠5/2.50欧元；⏲每小时团队游周一至周五11:00～15:00，周六和周日10:00～16:00，英语解说团队游每日14:30，🚊M5 to Freienwalder Strasse）那些受斯

不要错过

柏林的蒂尔加滕

在阳光明媚的午后，悠闲地躺在草地上，这是典型的柏林式休闲时光。德国人非常喜欢户外活动，在风和日丽的日子，他们就会成群结队地来到城市绿地。由于德国人不喜欢日晒后黑白分明的肤色，所以如果你偶然看到当地人全裸着晒日光浴，千万不要大惊小怪。

蒂尔加滕是多条城市主干路的交会处，勃兰登堡门和国会大厦就在它的西北角。这里有很多蜿蜒曲折的步行道、自行车道、小池塘、开阔地和茂密的树林。你可能会迷路，但这里到处都有地图可以帮你找到方向。

从国会大厦上眺望，蒂尔加滕的钟琴（John-Foster-Dulles-Allee；🚌100 或200）和世界文化宫（House of World Cultures；☎397 870；www.hkw.de；John-Foster-Dulles-Allee 10；门票价格不定；⏰展览 周三至周一11:00~19:00；🚌100；Ⓢ Bundestag）都尽收眼底。世界文化宫是美国于1957年为世界建筑博览会捐建的，观其外形很容易理解为什么当地人叫它“怀孕的牡蛎”。

从这里再向西行，就可以看到胜利柱（Siegessäule；见196页地图；Grosser Stern；🚌100，200）以及柱顶端带翅膀的天使，它正是导演温•韦德斯（Wim Wenders）电影中著名的欲望之翼。这个金色天使是为了纪念19世纪普鲁士军队的胜利而建的。可以攀到胜利柱顶上观景，但在其他地方远眺的景色或许更好。

塔西迫害的人往往都死在这座恐怖的监狱中。参加团队游可以全方位地了解这座恐怖的监狱，以及那些被怀疑是政敌的人们如何在这里饱经酷刑，而大部分受难者都是无辜的。这座监狱位于利希滕贝格街区（Lichtenberg），正是前东柏林的核心区域。从亚历山大广场（Alexanderplatz）乘坐M5有轨电车到Freienwalder Strasse站下车，然后沿Freienwalder Strasse大街走大约10分钟才能到这座监狱。

夏洛滕堡区（CHARLOTTENBURG）

冷战时期，夏洛滕堡区曾是西柏林闪亮的核心地带。但自柏林统一后，该区却在以历史闻名的米特区和东部其他区域的光辉下黯然失色。如今，借助动物园车站周边的重点建设和开发项目，夏洛滕堡期待重展雄风。它的主干道是大约3.5公里长的Kurfürstendamm（简称Ku' damm），这里是柏林最繁华的商业街。对于游客来说，这个城区最重要的景点是翻修一新的夏洛滕堡宫。

首选 夏洛滕堡宫　　宫殿

（☎320 911；www.spsg.de；Spandauer Damm 20-24；日间通票 成人/优惠15/11欧元；🚌145，309；Ⓢ Richard-Wagner-Platz，Sophie-Charlotte-Platz）夏洛滕堡宫（Schloss Charlottenburg）是柏林现存的最宏伟的普鲁士风格的皇宫，包括一座主殿和三座散布在宫殿花园中的略小的皇家建筑。每座建筑均要购票参观；持日间通票（Tageskarte）可以参观每个开放的皇家建筑。

夏洛滕堡宫最初建成是作为国王弗里德里希一世（King Friedrich I）的妻子索菲•夏洛特（Sophie Charlotte）的夏日行宫。这对夫妇曾住在宫殿中最古老的部分，即巴洛克式的老宫殿（Altes Schloss；☎320 911；www.spsg.de；Spandauer Damm；成人/优惠12/8欧元；⏰4月至10月周二至周日10:00~18:00，11月至次年3月 周二至周日10:00~17:00；🚌145，309；Ⓢ Richard-Wagner-Platz，Sophie-Charlotte-Platz），它在墙面粉刷、锦缎装饰和整体建造上都无所不用其极。但它仍不及弗里德里希大帝（Frederick the Great）建在新侧楼（Neuer Flügel；☎320 911；www.spsg.de；Spandauer Damm 20-24；成人/优惠 包括语音导游6/5欧元；⏰4月至10月周三至周一10:00~18:00，11月至次年3月周三至周一10:00~17:00；🚌M45，309；Ⓢ Richard-Wagner-Platz，Sophie-Charlotte-Platz）的私人寝宫那样更加令人印象深刻，那里采用的是华丽无比的洛可可

Charlottenburg 夏洛滕堡

Charlottenburg 夏洛滕堡

景点

1 包豪斯档案馆......F2
2 油画馆......G2
3 威廉大帝纪念教堂......D2
4 新国家画廊......G2
5 胜利柱......E1

住宿

6 Hotel Askanischer Hof......B3
7 Hotel Bogota......B3
8 Hotel Concorde Berlin......D3

就餐

9 Ali Baba......C2
10 Café-Restaurant Wintergarten im Literaturhaus......C3
11 Dicke Wirtin......C2
12 Good Friends......B2

娱乐

13 Berliner Philharmonie......G2
14 Staatsoper unter den Linden @ Schillertheater......B1

购物

15 KaDeWe......E3

风格。

其他的皇家建筑散布在庭院各处，包括藏有19世纪绘画的新亭（Neuer Pavillon），陈列着精美瓷器的美景宫（Belvedere）以及皇家陵墓（Mausoleum）。

威廉大帝纪念教堂 教堂

（Kaiser-Wilhelm-Gedächtniskirche, Kaiser Wilhelm Memorial Church；见196页地图；☎218 5023；www.gedaechtniskirche.com；Breitscheidplatz；⏲9:00～19:00；Ⓢ Zoologischer Garten, Kurfürstendamm；Ⓤ Zoologischer Garten）教堂的尖塔已经在战争中被炸毁，这个地标性建筑现在是座反战纪念馆，安静而肃穆地矗立在喧闹的街市中间。一层陈列着这座教堂被炸毁前后的照片，你可以看出1895年时的教堂确实非常壮观。毗邻的八角形大厅是做礼拜的地方，增建于1961年，外墙使用了漂亮的深蓝色玻璃，厅内有一个巨大的“漂浮”着的耶稣像。

团队游

大部分英语团队游不需要预订，只需要到指定的地点集合即可。由于这些集合地点时常变化，所以我们没把它们列出来，请注意查看酒店、旅舍大堂里或旅游局的海报，也可以直接与旅游公司联系。

Berlin Walks 步行团队游

（☎301 9194；www.berlinwalks.de；成人12～15欧元，优惠9～12欧元）这家柏林历史最悠久的英语步行团队游公司提供专业的团队导游，通过他们的讲解你可以更好地了解柏林的历史和现代风貌。

New Berlin Tours 步行团队游

（www.newberlintours.com；成人12～15欧元，优惠10～15欧元）这是充满活力和欢乐的英语步行团队游，他们的导游主要由“免费游”活动（依靠捐赠）发起者和酒吧达人组成。

Fat Tire Bike Tours 自行车团队游

（见186页地图；☎2404 7991；www.fattirebiketours.com/berlin；Panoramastrasse 1a；成人/优惠 24/22欧元；Ⓢ Alexanderplatz；Ⓤ Alexanderplatz）他们提供的团队游服务种类很多，包括标准的城市游览和各种主题游览，例如以柏林墙为主题的游览、冷战主题游览、历史主题游览等。

Trabi Safari 自驾游

（见190页地图；☎2759 2273；www.trabi-safari.de；Zimmerstrasse 97；每人30～90欧元，柏林墙游79～89欧元，价格根据团队人数；Ⓢ Kochstrasse）游览柏林经典名胜，重温电影《再见，列宁！》（*Good Bye, Lenin!*）的经典场景，要么乘坐或驾驶东德时期的特拉比型（Trabi）汽车（现在它成了文化经典）体会“狂野东部”，车里还配备现场解说（英文解说需提前通知运营方准备）。别忘带上你的驾照。

便宜的巴士游

在动物园站(Zoologischer Garten)或亚历山大广场站(Alexander Platz)坐到100或200路双层公交车的上层，来一次柏林快速游，地标性建筑依次在你眼前掠过，而所花的费用只是标准公共汽车票钱(2.40欧元，一日通票6.50欧元)。100路公共汽车会经过蒂尔加滕区，200路公共汽车途经波茨坦广场。如果不堵车，整个行程大约30分钟。但要谨防小偷。

住宿

米特区和普伦茨劳贝格区(MITTE & PRENZLAUER BERG)

首选 Circus Hotel 酒店 €€

(见186页地图；☎2000 3939；www.circus-berlin.de；Rosenthaler Strasse 1；双80~110欧元；@📶；Ⓢ Rosenthaler Platz)这是我们最喜欢的经济型精品酒店，这里的每个房间都有独特、新颖的设计，房间颜色明快，铺着光滑的橡木地板，还有舒适的床上用品。更令人意想不到的是，这里竟然有藏书丰富的图书馆以及免费租用的iPod、上网本和DVD播放器。另外还有美味的自助早餐。

首选 EastSeven Berlin Hostel 青年旅舍 €

(见186页地图；☎9362 2240；www.eastseven.de；Schwedter Strasse 7；铺17~19欧元，双50欧元；@📶；Ⓢ Senefelderplatz)在这里你会感觉亲切而且有趣，这间小旅舍离时尚人士常去的地方和车站都很近。在悠闲的后院里来场烤肉聚会(BBQ)，你会发现大家之间的文化和语言障碍很快就消失了，可以在现代化的厨房里做晚餐(带有洗碗机)，也可以在复古式的酒吧里闲聊。这里提供粉刷亮丽的合住客房和私人客房(还提供婴儿床)，就寝时这里的松木床会让你觉得非常舒服。

Hotel Honigmond 酒店 €€

(见186页地图；☎284 4550；www.honigmond-berlin.de；Tieckstrasse 12；双145~235欧元；P@📶；Ⓢ Oranienburger Tor)这间令人心情愉悦的酒店依据我们的"魅力评价表"可以给满分10分，倒不是因为它豪华的装修，而是因为它散发着舒适而优雅的气息。这里最好的房间装饰着华丽的天花板、壁画和镶花地板，处处体现着历史感。

Hotel Amano 酒店 €€

(见186页地图；☎809 4150；www.amanogroup.de；Auguststrasse 43；双80~160欧元；P❄@📶；Ⓢ Rosenthaler Platz)这是一家设计独具匠心的酒店，公共区域的墙被刷成金铜色，餐厅则主打可可色调。房间稍显矫饰，不过白色家具、橡木地板和天然色布艺的使用给房间营造了一种舒适感。这里的酒吧不错，还有个极好的供夏日使用的屋顶露台。

Motel One Berlin-Alexanderplatz 酒店 €

(见186页地图；☎2005 4080；www.motel-one.de；Dircksenstrasse 36；双69欧元起；P❄@📶；Ⓢ Alexanderplatz；Ⓤ Alexanderplatz)如果你更在意所住的位置而不是奢华的享受，那么这间迅速扩张的经济型连锁酒店是你最好的选择。虽然酒店很小，但房间里配有最新的家用设备(平板电视、花岗岩台面的厨房、带按摩喷头的淋浴、空调)，可以满足你在享受方面的基本需求。你也可以上网查看市内其他地方的Motel One酒店。早餐7.50欧元，可选。

Adina Apartment Hotel Berlin Checkpoint Charlie 公寓 €€

(见190页地图；☎200 7670；www.adina.eu；Krausenstrasse 35-36；双110~160欧元，1居室公寓140欧元起；P❄@📶🏊；Ⓢ Stadtmitte，Spittelmarkt)这里有配备厨房的单、双卧房公寓，非常适合那些注重节省开支的家庭、需要大空间以及习惯自己做饭的旅客(到超市仅需要1分钟)。同时还提供不带厨房的房间。你可以在网站上查看这间酒店在市内其他地方的连锁店。早餐15欧元，可选。

Hotel Adlon Kempinski 豪华酒店 €€€

(见186页地图；☎226 10；www.kempinski.

com; Pariser Platz, Unter den Linden 77; 房间250欧元起; ❄@📶🚭; ⓈBrandenburger Tor; 🚇Brandenburger Tor)坐落在勃兰登堡门对面,自1907年以来一直是柏林最具盛名的豪华酒店。豪华的酒店大堂仅仅是一个前奏,只有来到如旧时皇宫一样宽敞舒适的房间和套房里,你才能会感受到什么叫做真正的豪华。豪华的水疗、精美的餐厅和超酷的Felix夜店又给这里增添了21世纪的现代化气息。

Wombats City Hostel Berlin 青年旅舍 €

(见186页地图; ☎8471 0820; www.wombats-hostels.com; Alte Schönhauser Strasse 2; 铺/双25/70欧元; @📶; ⓈRosa-Luxemburg-Platz)这家青年旅舍有着悠久的历史。从可容纳双肩背包的室内储物柜,到独立的台灯和带洗碗机的客用厨房,这些贴心的细节令人印象深刻。这里房间很宽敞而且带有浴室,还提供免费的床上用品和一杯欢迎酒,和爱派对的驴友们到8楼Wombar去一起享用吧。

Circus Hostel 青年旅舍 €

(见186页地图; ☎2000 3939; www.circus-hostel.de; Weinbergsweg 1a; 铺23~29欧元,双80欧元起,带公用浴室64欧元起,2/4人公寓95/150欧元; @📶; ⓈRosenthaler Platz)整洁而颜色明快的客房、充足的淋浴、能干又用心的员工都是令Circus在众多青年旅舍中脱颖而出的重要因素。这里还提供笔记本电脑和Skype电话租用服务,室内保险柜可以放得下笔记本,而且里面还设有电源插头。网站www.circus-berlin.de/bustour还可以免费下载市内游自助语音导游的MP3文件。

克罗伊茨贝格区和弗里德里希斯海因区(KREUZBERG & FRIEDRICHSHAIN)

Grand Hostel 青年旅舍 €

(见190页地图; ☎209 5450; www.grandhostel-berlin.de; Tempelhofer Ufer 14; 铺12~15欧元,双58欧元; @📶; ⓈMöckernbrücke)在图书馆喝杯下午茶?可行。房间里有吊顶天花板吗?当然有。可以看到运河景色吗?可以。好吧,坐落在一个19世纪70年代的老建筑里的Grand Hostel也许并不是五星级宾馆,但这里是柏林最舒适大气的青年旅舍之一。合住房间和私人房间都配有很舒服的单人床(床上用品收3欧元),且配有大号的储物柜。

Ostel Hostel 青年旅舍 €

(见190页地图; ☎2576 8660; www.ostel.eu; Wriezener Karree 5; 铺/双/公寓15/64/80欧元; P@📶; ⓈOstbahnhof)想在这里体验一下电影《再见,列宁!》里的感觉吗?那在这座与众不同的青年旅舍预订一个铺位吧,这里摆放的家具都淘自旧货市场、老房子和易趣网,重现了社会主义原东德的魅力。房费包括床上用品、毛巾和无线网络。从这里步行就可以到达Berghain/Panorama酒吧(见204页)。

首选 **Michelberger Hotel** 酒店 €€

(见190页地图; ☎2977 8590; www.michelbergerhotel.com; Warschauer Strasse 39; 双80~180欧元; 📶; ⓈWarschauer Strasse; 🚇Warschauer Strasse)作为创意型酒店的翘楚,这里完美地展现了柏林标新立异的DIY精神。酒店的房间没有刻意掩饰这里曾是厂房的过去,但装修布置得非常舒适,各种房型一应俱全,可以满足从情侣、家庭甚至到整支摇滚乐队的需求。这里的大厅既是接待处也是个酒吧,而且经常举办派对。对于年轻人和心态年轻的人来说这里是个好去处。

Hotel Johann 酒店 €€

(见190页地图; ☎225 0740; www.hotel-johann-berlin.de; Johanniterstrasse 8; 双95~120欧元; P@📶; ⓈPrinzenstrasse, Hallesches Tor)这家拥有33个房间的酒店一直占据最受欢迎酒店榜的榜首,这主要得益于这里贴心的服务和装修简单但带有历史感的房间。这里还有一座可爱的花园,距犹太博物馆也仅仅数步之遥。

夏洛滕堡区(CHARLOTTENBURG)

首选 **Hotel Askanischer Hof** 酒店 €€

(见196页地图; ☎881 8033; www.askanischer-hof.de; Kurfürstendamm 53; 双120~180欧元; 📶; ⓈAdenauerplatz)如果你喜欢富有个性和复古风格的住处,那么这家拥

有17个房间、带有20世纪20年代风格的酒店就非常适合你了。在这座酒店你找不到两个完全一样的房间，房间里都摆放着很多古董，挂着带有蕾丝边的窗帘，还有装饰繁复的吊灯和古老的东方地毯；这里经常成为时尚摄影的取景地。

Hotel Bogota 酒店 €€

（见196页地图；☎881 5001；www.bogota.de；Schlüterstrasse 45；双90~150欧元，合用浴室的房间64~77欧元；📶；Ⓢ Uhlandstrasse）自1964年以来，这座酒店就以自身的独特魅力和复古风格吸引着源源不断的旅客光临。20世纪30年代，赫尔穆特·牛顿（Helmut Newton）曾在这里师从Yva学习时尚摄影，时至今日这座复古风格的地标性建筑还经常出现在时尚杂志的摄影作品中。这里房间的大小和内部设施相差很大，所以在入住前一定要多看几间。

Hotel Concorde Berlin 酒店 €€€

（见196页地图；☎800 9990；www.concorde-hotels.com/concordeberlin；Augsburger Strasse 41；双150~300欧元；Ⓟ❄@📶；Ⓢ Kurfürstendamm）这座由德国建筑师扬·克莱休斯（Jan Kleihues）设计的酒店，从用石灰岩装饰的弧形外立面到门把手，无不彰显出它将纽约的高效、法国的悠闲和质朴的柏林风格融合在一起的功力。标间和套房都很宽敞，还装饰有当代德国的艺术品。无线网络免费。早餐28欧元，可选。

就餐

如果你对德国传统美食感兴趣，在柏林肯定有很多地方可以满足你，猪蹄、熏猪排和小牛肝，应有尽有。然而，如今"典型的"当地菜肴都更清淡、更健康、更有创意，大多来自有机食品小餐馆、民族餐馆和美食厨房，其中包括13家获得米其林星级评定的餐厅。

柏林是爱好小吃的人的天堂，这里到处都有土耳其小吃（极力推荐）、德式香肠（sausage）以及希腊、意大利和中国小吃。爱吃肉食的朋友一定要尝尝柏林著名的咖喱香肠。

这里还有非常棒的农贸市场，例如位于普伦茨劳贝格区的**Kollwitzplatz市场**（Kollwitzstrasse；⏲周四正午至19:00，周六9:00~16:00；Ⓢ Senefelderplatz）和位于克罗伊茨贝格区的**Türkenmarkt市场**（Turkish Market；见190页地图；www.tuerkenmarkt.de；Maybachufer；⏲周二和周五11:00~18:30；Ⓢ Schönleinstrasse，Kottbusser Tor）。

米特区和普伦茨劳贝格区（MITTE & PRENZLAUER BERG）

首选 **Katz Orange** 各国风味 €€€

（见186页地图；☎983 208 430www.katzorange.com；Bergstrasse 22；主菜13~22欧元；⏲全年周二至周六 晚餐，5月至9月 午餐；Ⓢ Rosenthaler Platz）从农场到餐桌的有机美食，令人愉悦的乡村式生活和高效的微笑服务，"橘色小猫"（Orange Cat）的各方面都妙不可言。这家设在一座貌似城堡的昔日啤酒厂的厂房里的餐馆是个好去处，尤其是夏季露台开放的时候。

Oderquelle 德国菜 €€

（☎4400 8080；Oderberger Strasse 27；主菜8~16欧元；⏲晚餐；Ⓢ Eberswalder Strasse）顺路来这家被绿树环绕的餐馆转转，看看今天的厨师又有了什么新的灵感，也不失为一桩趣事。你很有可能品尝到美味精制的德式菜肴，也许还加了一点点地中海风味。带有丰富馅料的酥脆的Flammekuche（阿尔萨斯风味的比萨）是值得信赖的备选菜品。

Hartweizen 意大利菜 €€

（见186页地图；☎2849 3877；www.hartweizen.com；Torstrasse 96；主菜11~24欧元；⏲周一至周六晚餐；Ⓢ Rosenthaler Platz）这家受时尚人士追捧的餐厅绝没有半点俗气之风。相反，这里就是一间顶级的意大利餐厅，专注于制作意大利普利亚地区的风味菜肴。最具创意的要属开胃菜，不过鱼和肉也是顶级的，这里还供应自制意大利面和价格公道的葡萄酒。

Konnopke's Imbiss 德国菜 €

（Schönhauser Allee 44a；香肠1.30~1.70欧

元；⏲周一至周五10:00~20:00，周六 12:00~20:00；Ⓢ Eberswalder Strasse）这家柏林著名的德式香肠小吃铺前总是排着长队，所以不妨鼓足勇气参与其中，品尝一下咖喱香肠的美味吧。1930年就开始在此经营的小吃铺如今已经换上了崭新而明亮的玻璃橱窗。

Monsieur Vuong 亚洲菜 €€

（见186页地图；☎9929 6924；www.monsieurvuong.de；Alte Schönhauser Strasse 46；主菜约8欧元；⏲正午至午夜；Ⓢ Weinmeisterstrasse，Rosa-Luxemburg-Platz）这家餐馆称得上是柏林众多生意兴隆的亚洲中南半岛小吃店的鼻祖。这儿的微型菜单上列有各种风味的汤品以及两三样时令主菜。最好下午来，避开人多的时段。

Schwarzwaldstuben 德国菜 €€

（见186页地图；☎2809 8084；Tucholskystrasse 48；主菜7~14欧元；Ⓡ Oranienburger Strasse）想要体验汉斯和格雷特（格林童话人物）的故事吗？那么就和其他"迷失的孩子们"一起走入这仿造的黑森林，森林中处处是塑料松树和头带棒球帽的小鹿斑比。这里有我们怎么都吃不够的"geschmelzte Maultaschen"（油煎类似馄饨的意大利面）、大块炸肉排（schnitzel）和Rothaus Tannenzäpfle啤酒。

Lucky Leek 素食 €€

（☎6640 8710；www.lucky-leek.de；Kollwitzstrasse 46；主菜约12欧元；⏲周二、周四至周日晚餐；✎；Ⓢ Senefelderplatz）这间很受欢迎的素食馆用料考究、食谱新颖、富有创意，菜品融合了各种口味而且色香味俱全，再加上热情活泼的服务员，连最爱吃肉的人在这里也能变身素食主义者。

克罗伊茨贝格区和弗里德里希斯海因区（KREUZBERG & FRIEDRICHSHAIN）

首选 Cafe Jacques 各国风味 €€€

（见190页地图；☎694 1048；Maybachufer 8；主菜12~20欧元；⏲晚餐；Ⓢ Schönleinstrasse）Jacques浪漫的烛光、温馨的装饰和绝佳的葡萄酒非常吸引人，是当地老饕和厨师下班后最喜欢去的地方。这里是约会的好去处，但恕我直言，你必须是个热爱美食的人，才懂得小黑板上那些法式和北非式菜单的可贵之处。需要提前预订。

首选 Max und Moritz 德国菜 €€

（见190页地图；☎6951 5911；www.maxundmoritzberlin.de；Oranienstrasse 162；主菜9~15欧元；⏲晚餐；Ⓢ Moritzplatz）这间老式风格的酒吧吸引了众多饥饿的食客和酒友，因为这里自1902年开始就出售自酿的啤酒和传统柏林美食。最受欢迎的菜是啤酒土豆炖牛肉（Kutschergulasch）。

Defne 土耳其菜 €€

（见190页地图；☎8179 7111；www.defne-restaurant.de；Planufer 92c；主菜7.50~16欧元；⏲晚餐；Ⓢ Kottbusser Tor，Schönleinstrasse）如果你以为土耳其美味仅限于烤肉的话，那么这间位于运河边的餐厅会让你的看法大为改观。仅是开胃菜就能使你胃口大开（核桃辣椒酱非常可口），诸如ali nacik（茄子汁和酸奶炖羊肉片）等主菜也创意十足，保证你吃了还想再来。

Curry 36 德国菜 €

（见190页地图；www.curry36.de；Mehringdamm 36；快餐2~6欧元；⏲周一至周六9:00~16:00，周日至15:00；Ⓢ Mehringdamm）在这里你能吃到最好的德国咖喱香肠。这家餐馆制作咖喱香肠的历史可以追溯到麦当娜唱《宛如处女》（*Like a virgin*）的年代。

Lemon Leaf 亚洲菜 €

（见190页地图；☎2900 9471；Grünberger Strasse 69；主菜5~9欧元；⏲正午至午夜；✎；Ⓢ Frankfurter Tor）这里的菜肴物美价廉，当地的常客经常挤满了这间餐厅，因为这里中南半岛风味的菜肴不仅清淡、有创意而且十分新鲜，每天还有特价菜。自制的芒果奶昔值得一试。

Spätzle & Knödel 德国菜 €€

（见190页地图；☎2757 1151；Wühlischstrasse 20；主菜8~15欧元；⏲dinner；Ⓢ Samariterstrasse）这间很随意的美食酒吧提供德国南部的美食，诸如烤猪肉、炖牛肉和与之齐名的鸡蛋面（Spätzle）及团子（Knödel）。

Schalander 德国菜 €€

（☎8961 7073；www.schalander-berlin.de；Bänschstrasse 91；快餐3.50~10欧元，主菜8~14欧元；⏲周一至周五16:00至次日1:00，周六和周日正午至次日1:00；📶；Ⓢ Samariterstrasse；Ⓤ Frankfurter Allee）看看这个美食酒吧如何用闪亮的钢制酿酒缸酿造味道浓郁的比尔森啤酒（pilsner）、黑啤酒（dunkel）和全麦啤酒（weizen）吧，在这里可以远离游人的喧闹。这儿提供德国南部风味的佳肴和火烤薄饼（Flammkuche）。

夏洛滕堡区（CHARLOTTENBURG）

Ali Baba 意大利菜 €

（见196页地图；☎881 1350；www.alibaba-berlin.de；Bleibtreustrasse 45；主菜3~9欧元；⏲周日至周四11:00~14:00，周五和周六至15:00；Ⓤ Savignyplatz）是一家有年头的意大利餐馆，来这儿用餐的人都会有种回到家中的亲切感。这里提供美味的薄底比萨和热腾腾的意大利面，而且每道菜都不会超过9欧元。

Dicke Wirtin 德国菜 €€

（见196页地图；☎312 4952；www.dicke-wirtin.de；Carmerstrasse 9；主菜6~15欧元；⏲正午至次日1:00或更晚；Ⓤ Savignyplatz）这家营业多年的酒吧处处散发着老柏林的魅力。这里提供8种生啤（其中就有出众的Andechs修道院啤酒）和30多种自酿的烈性酒。这里的烤猪肉、炒肝、面包屑炸肉排等地道的当地美食可以让你的头脑保持清醒。

Café-Restaurant Wintergarten im Literaturhaus 各国风味 €€

（见196页地图；☎882 5414；www.literaturhaus-berlin.de；Fasanenstrasse 23；主菜8~16欧元；⏲9:30至次日1:00；Ⓢ Uhlandstrasse）来到这家被优雅的老柏林气氛包围着的餐厅（它是一座新艺术派的别墅），品尝一下这里精制的应季佳肴。如果天气好，还可以坐在漂亮的后院里。早餐供应至14:00。

Good Friends 中国菜 €€

（见196页地图；☎313 2659；www.goodfriends-berlin.de；Kantstrasse 30；主菜10~20欧元；⏲正午至次日2:00 Ⓤ Savignyplatz）对于那些喜欢中餐但又厌倦了宫保类口味的食客们，一定会在这间正宗的广东餐厅里品尝到地道的中式美味。橱窗中挂着的烧鸭仅是冰山一角，冗长的菜单恐怕连孔夫子都会看花眼。

🍷 饮品

从舒适的酒吧、河边的沙滩酒吧、夜店到啤酒花园、地下酒吧、DJ酒吧，再到华丽的酒店酒吧间和鸡尾酒俱乐部，这里酒吧种类一应俱全，要想找一个适合你的酒吧并不困难。克罗伊茨贝格和弗里德里希斯海因的前卫酒吧已蔚然成风，时髦的米特区和夏洛滕堡的酒吧则更适合情侣约会而不是午夜买醉。咖啡馆和酒吧通常没有明显区别，有许多地方白天是咖啡馆，晚上就变身为酒吧。

Madame Claude 小酒馆

（见190页地图；Lübbener Strasse 19；⏲7:00开始营业；Ⓢ Schlesisches Tor）这家坐落在克罗伊茨贝格区的大卫林奇风格的小酒馆非常奇特，地心引力正好被颠倒过来，家具被吊在天花板上，而天花板的装饰条却装在了地板上。不过别担心，这里仍有舒适的沙发供人休闲，此外周三是音乐竞猜之夜，届时会有现场演奏或DJ表演，周日可以欣赏即兴音乐演奏。到23:00点才是酒吧人最多的时候。

Hops & Barley 小酒馆

（见190页地图；☎2936 7534；Wühlischstrasse 40；Ⓢ Warschauer Strasse；Ⓤ Warschauer Strasse）这间位于惬意的弗里德里希斯海因区的小酒馆，以前是家肉铺。这里提供未经过滤的比尔森啤酒、麦香浓郁的黑啤酒、果味的全麦啤酒和纯果汁。几杯啤酒下肚，陌生人之间也会自由地畅谈起来。

Würgeengel 酒吧

(见190页地图；www.wuergeengel.de；Dresdener Strasse 122；⏲19:00开始；ⓢKottbusser Tor）想要过一个时尚的夜晚，就要到这家20世纪50年代风格的位于克罗伊茨贝格区的鸡尾酒吧来。这里装饰着玻璃天花板、大吊灯和黑亮的桌子。顺便提一下，这间酒吧的名字源于1962年Buñuel拍的超现实主义电影《绝灭天使》（*Exterminating Angel*）。酒吧内允许吸烟。

首选 Prater 啤酒花园

(☎448 5688；www.pratergarten.de；Kastanienallee 7-9；⏲4月至9月天气良好的情况下正午开始营业；ⓢEberswalder Strasse）这家位于普伦茨劳贝格区的啤酒花园是柏林历史最悠久的一家，可以追溯到1837年。如今依然保持着它的传统魅力，的确是一个好去处，你可以在古老的栗树下狂饮冰啤（自助）。在冬季或天气不佳时，可以到邻近的那家绿荫掩映下的餐厅品尝当地特色美食（主菜8~19欧元）。

Neue Odessa Bar 酒吧

(见186页地图；Torstrasse 89；ⓢRosenthaler Platz）这家舒适而时尚的酒吧总是人头攒动，来这里的都是世界各地的时髦人士。带图案的墙纸、天鹅绒的沙发和漂亮的灯具营造出一种舒适的氛围，你可以选择Krusovice啤酒，也可以选择鸡尾酒。这里允许吸烟。

Ankerklause 酒吧

(见190页地图；☎693 5649；www.ankerklause.de；Kottbusser Damm 104；⏲周一16:00开始营业，周二至周日10:00开始营业；ⓢKottbusser Tor）这间水上风格的酒吧就建在旧的港区棚屋里，配有一台无可匹敌的自动唱机。在这里你可以豪饮一番，还能向运河上驶过的船只挥手致意。

Süss War Gestern 酒吧

(见190页地图；Wühlischstrasse 43；ⓢWarschauer Strasse, Samariterstrasse；ⓢWarschauer Strasse, Ostkreuz）场内冷艳的电子音乐和诱人的鸡尾酒使这里充满了派对气氛，昏暗的灯光使每个人都看上去很出众。品尝一下这家店自制的以店名命名的鸡尾酒，是用姜根、干姜水和威士忌调制的。这里允许吸烟。酒吧位于弗里德里希斯海因区。

Berliner Republik 小酒馆

(见186页地图；www.die-berliner-republik.de；Schiffbauerdamm 8；⏲10:00至次日6:00；ⓢFriedrichstrasse；ⓢFriedrichstrasse）就像一家小型的证券交易所，因为这里饮品的价格是随需求上下浮动的。这间略显嘈杂的小酒馆设在弗里德里希大街（Friedrichstrasse）附近的河边。当那意味着“此刻价格最低”的沉重的钟声响起时，每个人都会做出巴甫洛夫式的条件反射。到这里来的本地人不多，但是个很有意思的地方。

Solar 酒吧

(见190页地图；☎0163-765-2700；www.solar-berlin.de；Stresemannstrasse 76；⏲周日至周四6:00至次日2:00，周五和周六至次日4:00；ⓢAnhalter Bahnhof）从这家位于18层的非常时尚的空中酒吧向下俯瞰，波茨坦广场及周边的美景尽收眼底，日落时分来这里喝上一杯一定很有感觉。酒吧就设在一家时尚餐厅的楼上（主菜18~29欧元）。乘坐玻璃观景电梯本身就是一种体验。这间酒吧开在加油站后面一座坚实的高楼里。

Freischwimmer 啤酒花园

(见190页地图；☎6107 4309；www.freischwimmer-berlin.de；Vor dem Schlesischen Tor 2a；主菜7~15欧元；⏲周二至周五16:00开始营业，周六和周日10:00开始营业；ⓢSchlesisches Tor）这间淳朴的啤酒花园前身是间旧船坞，就在运河边上。夏季，这里是难得的休闲放松的好去处。这里还提供各种小吃和简餐，不过这都是次要的。冬季有时也营业，但需要提前几个小时打电话预约。

☆ 娱乐

有时候柏林人看起来似乎是德国人中最贪图安逸的，只喜欢追求享乐。如果你想跟上他们的步伐，没有充沛的精力可不行。这座城市没有宵禁，以夜生活著称，各类酒吧从黄昏到黎明再到清晨都人满为患，有些夜店甚至早上6:00才到高潮。

Zitty和Tip是隔周出版的德语排行杂志，受众最为广泛，在报摊就可以买到。

夜店

夜店很少有在23:00之前营业的（如果你午夜之前就到，只好独自跳跳舞了），但是这些夜店经常开到黎明时分。由于很多顶尖的电子音乐DJ常驻柏林——其他的DJ也很乐意到访——柏林简直就是一座音乐实验室。夜店门口经常排起长队，知名DJ包括André Galluzzi、Ellen Allien、Ricardo Villalobos、Paul Kalkbrenner、Booka Shade和Richie Hawtin。可在网站www.club matcher.de上查询最适合你的夜店。

Berghain/Panorama Bar 夜店

（见190页地图；www.berghain.de；Wriezener Bahnhof；⏲周五午夜至周一清晨；🅡Ostbahnhof）这里是众多电子舞曲夜店中的翘楚。昔日迷宫般的旧发电厂如今变成了享乐主义者的天堂，世界级的spinmasters使这里气氛热烈。宽敞的一层（Berghain）弥漫着快乐的气氛，响彻高科技舞曲的节奏。Panorama Bar就在上面一层，面积稍小些，电音舞曲更丰富多样。这里露骨的艺术品、拥挤昏暗的房间、中庭和卫生间无不彰显着夜店的性解放本质。最佳时间是凌晨4点以后。进门有严格规定：不允许拍照。

Kaffee Burger 夜店

（见186页地图；☎2804 6495；www.kaffeeburger.de；Torstrasse 60；🅢Rosa-Luxemburg-Platz）这里其实根本不是喝咖啡吃汉堡的地方，这间具有苏共时期装饰风格的拥挤的夜店是双月刊杂志Russendisko的总部。这里举办各种音乐风格的演奏会和派对，从独立音乐、电音舞曲到犹太朋克乐（klezmer punk），应有尽有。

Watergate 夜店

（见190页地图；☎6128 0394；www.water-gate.de；Falckensteinstrasse 49a；⏲周五和周六从23:00开始营业；🅢Schlesisches Tor）在这间坐落在河边的令人振奋的双层夜店里，顶级的DJ播放着电音舞曲制造着热烈气氛，人们挥汗如雨，跳舞直到天亮。这里有可观赏全景的窗户和可以俯瞰奥伯鲍姆桥（Oberbaumbrücke）的浮动露台。周末会排长队，入场有严格限制。

Cookies 夜店

（见186页地图；www.cookies.ch；cnr Friedrichstrasse & Unter den Linden；⏲周二、周四和周六从午夜开始营业；🅢Französische Strasse）这个室内乐园里全是小巧又搞怪的主题房间（有镜柜主题的，有"婚礼"小教堂主题的），是柏林人天黑后爱去的地方。来自国内外的顶级电音舞曲DJ为一群在马赛克铺成的舞池里狂欢的性感达人们，制造着热烈的气氛。

Clärchens Ballhaus 夜店

（见186页地图；☎282 9295；www.ballhaus.de；Auguststrasse 24；⏲餐厅12:30~23:30，晚上是舞厅；🅣M1；🅡Oranienburger Strasse）在这座19世纪的舞厅里，时光仿佛回到从前，怀旧者和上了岁数的人在这里翩翩起舞，丝毫不带讽刺意味。这里每晚的舞曲都不一样，从萨尔萨到摇摆舞、从探戈到迪斯科，每周六还有乐队现场演奏。

Weekend 夜店

（见186页地图；www.week-end-berlin.de；Am Alexanderplatz 5；⏲周四至周六；🅢Alexanderplatz；🅡Alexanderplatz）这家位于塔顶的播放室和电音舞曲的夜店占据绝佳的位置。夏季可以到屋顶的露台，俯瞰整个亚历山大广场（Alexanderplatz）。很多住在郊区的夜店爱好者周末常来这里。价格很高，进门控制不那么严格。

Club der Visionäre 夜店

（见190页地图；☎6951 8942；www.clubdervisionaere.com；Am Flutgraben 1；⏲周一至周五 14:00开始营业，周六和周日正午开始营业；🅢Schlesisches Tor；🅡Treptower Park）这个绝佳的夏日休闲派对场地就位于运河边的一间旧船屋内，提供饮料、比萨，还有动听的电子音乐。你可以在垂柳下打发时光或在楼上欣赏一下草坪。每逢周末，这里随时都有开派对的人们汇集于此。

音乐和歌剧

Berliner Philharmonie 古典音乐

（见196页地图；☎2548 8999；www.berliner-philharmoniker.de；Herbert-von-Karajan-Strasse 1；🚌200；Ⓢ Potsdamer Platz；Ⓤ Potsdamer Platz）这个音乐厅是座地标性建筑，而且音响效果一流。汉斯·夏隆（Hans Scharoun）葡萄园式梯层设计的观众席使每一个座位都能享受到绝佳的音效。举世闻名的柏林爱乐乐团（Berliner Philharmoniker）就驻扎在这里，乐团现任首席指挥是西蒙·拉特尔爵士（Sir Simon Rattle）。

Staatsoper unter den Linden @ Schillertheater 歌剧

（见196页地图；☎信息中心 203 540，票务 2035 4555；www.staatsoper-berlin.de；Bismarckstrasse 110；Ⓢ Ernst-Reuter-Platz）到由丹尼尔·巴伦布瓦姆（Daniel Barenboim）担任指挥的柏林顶级歌剧团Staatsoper，享受一下高雅音乐吧。由于位于林登大道的剧院已装修完毕，这些高水平的演出如今都在夏洛滕堡区的席勒剧院（Schiller Theater）上演。所有歌剧都是原文演唱。

购物

想要购买时装的话，可以到柏林最主要的购物大道Kurfürstendamm及其周边的Tauentzienstrasse，这里是时尚品牌连锁店的集中地。你会发现这里很多跟大商场里的东西都相差无几，像亚历山大广场附近的亚历沙商场和波茨坦广场的波茨坦广场购物长廊。不过，要想充分享受在柏林购物的乐趣，还得走出购物街，到具有本地特色的城市街区（Kieze）里逛一逛。这里的每家店都各具特色，定能满足你的品位和需求，而且价格也十分亲民。

购物中心大商场的营业时间是10:00～20:00或21:00。当地的精品店经营时间比较灵活，有的11:00或正午才开始营业，到19:00就关门了。

周末，特别是周日，当地人喜欢去逛跳蚤市场。**Berlin Art & Nostalgia Market**（见186页地图；Georgenstrasse，Mitte；⏰周六和周日 8:00～17:00；Ⓢ Friedrichstrasse）有大量的收藏品、书籍、民族手工艺品和原东德的纪念品。Flohmarkt am Mauerpark（见206页）则主要出售二手服装和青年设计师潮品。如果要寻找20世纪60和70年代的家具和配饰，那你一定要去**Flohmarkt am Arkonaplatz**（www.mauerparkmarkt.de；Arkonaplatz；⏰周日 10:00～16:00；Ⓢ Bernauer Strasse）。

首选 **KaDeWe** 百货店

（见196页地图；www.kadewe.de；Tauentzienstrasse 21-24；⏰周一至周四10:00～20:00，周五10:00～21:00，周六9:30～20:00；Ⓢ Wittenber-

柏林的同性恋

以自由主义著称的柏林是世界上最大且最多元化的同性恋乐园。舍纳贝格区（Schöneberg）算得上是柏林的“同性恋村”（尤其是在Motzstrasse和Fuggerstrasse这两条街，乘地铁Nollendorfplatz站下车），从20世纪20年代起彩虹旗就一直在这里高傲地飘扬着。这里还经常举办老式的派对。

Kreuzberg现在成了活跃的中心，沿着Mehringdamm和Oranienstrasse两条街到处都有派对。在河对面，弗里德里希斯海因区有Berghain和**Lab.oratory**等知名夜店（见190页地图；www.lab-oratory.de；Am Wriezener Bahnhof；⏰周四至周一；Ⓢ Ostbahnhof）。

Mann-O-Meter（☎216 8008；www.mann-o-meter.de；Bülowstrasse 106；⏰周二至周五5:00～22:00，周六和周日4:00～20:00；Ⓢ Nollendorfplatz）这里是一站式信息服务中心，同时也运营着一个热线，专门报道针对同性恋的袭击事件。**Siegessäule**（www.siegesaeule.de）是一家免费周刊杂志，里面搜集了城中同性恋文化的全部信息。

gplatz）这家历史悠久的老店里商品琳琅满目、应有尽有，在这里你一定会忍不住买下很多东西。千万不要错过位于7楼的著名的美食大厅。

Flohmarkt am Mauerpark 市场

（www.mauerparkmarkt.de; Bernauer Strasse 63-64; ⏲周日10:00~17:00; Ⓢ Eberwalder Strasse）周日午后，跟随那些爱淘便宜货的人们、睡眼朦胧的夜店达人和兴奋的游人一道，来这个热闹的跳蚤市场淘宝。市场就建在曾经的柏林墙所在的地方。

Friedrichstadtpassagen 购物中心

（见190页地图；Französische Strasse & Mohrenstrasse交叉处的Friedrichstrasse; ⏲周一至周六10:00~20:00; Ⓢ Französische Strasse, Stadtmitte）即使你对Gucci和Prada没兴趣，也一定不要错过这座由三部分构成的令人惊艳的室内购物天堂。

当 地 知 识

周边购物

林登大道：俗气的纪念品店、大牌商店和一流的美术馆沿街分布在Friedrichstrasse两侧。

谷仓区：精品店中摆满了柏林制造的时装和配饰；同时也是国际高端设计师品牌和画廊汇集的地方。

夏洛滕堡区：Kurfürstendamm大街上云集了大众品牌和高级时装店，旁边的小巷里有一些独立精品店，而家居用品店多在Kantstrasse这条街上。

克罗伊茨贝格区和弗里德里希斯海因区：这里的独立精品店里销售复古时装、休闲服装和各种音乐，主要集中在Boxhagener Platz广场周边和Oranienstrasse这条街上。

普伦茨劳贝格区：在Kollwitzplatz广场、Helmholtzplatz广场周边和Kastanienallee大街上有很多精品店和柏林本地品牌店。

Ampelmann Galerie 纪念品

（见186页地图；☎4472 6438; www.ampelmann.de; Court V, Hackesche Höfe, Rosenthaler Strasse 40-41; ⏲周一至周六9:30~22:00，周日10:00~19:00; 🚊M1; Ⓢ Hackescher Markt）是当年一场轰轰烈烈的草根运动拯救了这个可爱的原东德红绿灯小人Ampelmann。如今，这个闻名世界的传奇"人物"成了整座纪念品店的主角，被印在了T恤衫、冰箱贴和其他小装饰品上。

实用信息

柏林游客信息中心（☎2500 2333; http://visitberlin.de; ⏲呼叫中心 周一至周五 9:00~19:00，周六 10:00~17:00，周日10:00~14:00）柏林旅游委员会运营着三个实体店和一个呼叫中心，提供多语言的服务，还可以替游客预订酒店和门票。

中央火车站（Europaplatz，1楼，北入口，⏲8:00~22:00; Ⓢ Hauptbahnhof; Ⓢ Hauptbahnhof）4月至10月服务时间适当延长。

勃兰登堡门（Brandenburger Tor, Pariser Platz; ⏲每日9:30~19:00; Ⓢ Brandenburger Tor; Ⓢ Brandenburger Tor）

Kurfürstendamm（Neues Kranzler Eck, Kurfürstendamm 22; ⏲周一至周六9:30~20:00，周日至18:00; Ⓢ Kurfürstendamm）4月至10月服务时间适当延长。

到达和离开

飞机

作为柏林新建的机场，柏林勃兰登堡机场（Berlin Brandenburg Airport）位于市中心东南方向24公里处，紧挨着舍讷费尔德机场（Schönefeld Airport），自2006年修建至今已基本成形。在我们调研时，原计划2011年开放运行的新机场由于建筑问题和安全隐患已经多次延期，媒体也没有公布其最新的开放日期。在此期间，国际航班和廉价航空如瑞安航空（Ryanair）、easyjet航空、柏林航空（Air Berlin）和德国之翼（German Wing）仍旧降落在柏林其他两个机场。

泰格尔机场（Tegel Airport; TXL, ☎01805 000 186; www.berlin-airport.de）位于柏林市中心西北

方8公里处。

舍讷费尔德机场（Schönefeld Airport；SXF；☎0180 5000 186；www.berlin-airport.de）位于距柏林市中心东南方22公里处。

长途汽车

ZOB 柏林中央长途汽车站在城市的最西边，紧邻会展中心，在动物园站以西约4公里处。

BerlinLinienBus（☎861 9331；www.berlinlinienbus.de）长途汽车的主运营商；可网上买票或在车站的ZOB Reisebüro售票处购票。

Deutsche Touring/Eurolines（☎069 790 3501；www.touring.de）提供很多国内和国际长途汽车服务。

Busabout（www.busabout.com）针对背包客提供随时上下车服务，可在米特区的Citystay Hostel青旅搭乘。

火车

从柏林乘火车可以很方便地抵达德国其他城市以及包括布拉格、华沙、阿姆斯特丹在内的热门欧洲旅游城市。长途火车的枢纽是**中央火车站**（Hauptbahnhof，www.berlin-hauptbahnhof.de；Europaplatz，Washingtonplatz；Ⓢ Hauptbahnhof；Hauptbahnhof）。

行李寄存处（每件每24小时5欧元）在一层ReiseBank货币兑换点的后面，游客中心（Reisezentrum）的对面。自助储存柜位于停车库底层，从一楼Kaiser's超市旁边可以进入。

当地交通

抵离机场

泰戈尔机场（TEGEL）

TXL公共汽车从泰格尔机场出发可到达亚历山大广场（40分钟），每10分钟1班。要去Kurfürstendamm和动物园站，可乘X9路公共汽车（20分钟）。没有直达泰戈尔机场的地铁，但可在离机场最近的Jakob-Kaiser-Platz（U7）地铁站换乘109路和X9路公共汽车，均需2.4欧元。乘出租车到达动物园站要20欧元，到达亚历山大广场站要23欧元，行程大约30至45分钟。

舍讷费尔德机场（SCHÖNEFELD）

机场快轨是普通的地区列车，在时刻表里表示为RE7和RB14，每小时2班开往市区，行程30分钟。轻轨（S-Bahn）S9每20分钟运行1班，虽然稍慢，但是前往弗里德里希斯海因区或者普伦茨劳贝格区还是很方便的。如果前往会展中心（Messe），搭乘S45到Südkreuz站然后换乘S41。快轨和轻轨的车站距离机场航站楼还有400米。免费的机场大巴每10分钟1班，到车站步行大概5分钟。你需要买一张涵盖ABC三个交通区域的车票（3.10欧元）。乘出租车平均要40欧元，行程大约35分钟到1小时。

自行车

大多数青年旅舍和酒店都会备有自行车供客人使用，通常免费或收取很低的费用。自行车出租站随处可见，从便利店到服装店，从加油站到自行车行，只要看到"租车"（Rent-A-Bike）的标志就行。

地铁和轻轨上的某些指定的车厢（一般是最后一节车厢）内可带自行车搭乘，有轨电车、地区列车（RE、RB）和夜班公共汽车（仅在周日至周四的晚上）也允许携带自行车搭乘。你需要多购买一张叫做Fahrradkarte（1.50欧元）的自行车乘车票。

小汽车和摩托车

车库停车收费很贵（每小时约2欧元），而且机动车进入环保区域（轻轨环路以内）需要出示特别的通行证（Umweltplakette；5~15欧元）。可以通过www.berlin.de/sen/umwelt/luftqualitaet/de/luftreinhalteplan/doku_umweltzone.shtml在线购买这种通行证。没有通行证被抓住要罚款40欧元。出租用车一般都带有这种通行证。

公共交通

有一种通票可以乘坐所有的公共交通工具，其中包括BVG（☎194 49；www.bvg.de）运营的地铁、公共汽车、有轨电车和渡轮，还包括德国铁路（Deutsche Bahn；www.bahn.com）运营的轻轨和地区列车（RE、SE和RB）。

在地铁站、轻轨站和有轨电车上的售票机（有英文指示）都可以购票，还可以从公共汽车司机、车站购票点和带有黄色BVG标志的报刊亭购票。

除了从公共汽车司机处购买的车票，乘车前一定要在专门的机器（站台上或车上）上先验票，

公共交通票价

有A、B、C三个收费标准不同的交通区域。通常你只需要购买AB票，除非你要去波茨坦或舍讷费尔德机场。

车票	AB（欧元）	BC（欧元）	ABC（欧元）
单程	2.40	2.80	3.10
一日通票	6.50	6.80	7
团队一日通票（最多5人）	15.50	15.80	16
七日通票	28	28.90	34.60

否则会被视为车票无效并被处以40欧元的罚款。

工作日，公交服务从早上4:00开始直至午夜，夜间每半小时有一趟夜班公共汽车（Nachtbus）。周末，地铁和轻轨整晚运行（除了U4和U55线路）。

出租车

你可以打电话预订**出租车**（☎44 33 11, 20 20 20），也可以在街上招手打一辆或在排队处等候。起步价3.20欧元，7公里之内每公里1.65欧元，7公里以外每公里1.28欧元。4人乘车和1人乘车收费一样。小费大约为车费的10%。夜间乘出租车没有额外收费。

柏林周边（AROUND BERLIN）

萨克森豪森集中营（Sachsenhausen Concentration Camp）

1936年，德国纳粹将地处柏林以北35公里处的萨克森豪森的一个废弃啤酒厂改建成了男囚集中营（Konzentrationslager）。截至1945年，这里大约共关押过200,000人。令人感到讽刺的是，就像波兰的奥斯威辛集中营一样，这里的大门上也挂有“劳动赋予你自由（Arbeit Macht Frei）”的标签。这里数以万计的人死于饥饿、疲劳、疾病、医学实验和死刑。

“二战”后，苏军曾在现在被称为7号特别营（Speziallager No 7）的地方关押过60,000名德国战俘。在1950年被遣散之前，大约12,000名战俘死于营养不良和各种疾病。

到萨克森豪森纪念碑和博物馆（☎03301-200 200; www.stiftung-bg.de; 门票免费; ⏲3月中旬至10月中旬8:30~18:00，10月中旬至次年3月中旬 8:30~16:00）后，拿一张宣传单，或最好在游客中心索取一台语音向导机，好好了解一下这里的历史。来到入口大门的A塔，塔后是点名区域和两座修缮过的营房，这里展示着当年囚犯们恶劣的生活条件。塔的对面是两座当年的医疗营房，这里展示着当年集中营里简陋的医疗设备以及对犯人进行的耸人听闻的医学实验。

再向前走是集中营的厨房，这里集中展示了集中营不同历史阶段的变化。其中的展品包括拷打刑具、当年的绞刑架以及囚犯们在地牢墙壁上徒手创作的图案，看了让人心痛。然而，最令人发指的要数Z站处决点（Station Z extermination site）。犯人站在深坑里被子弹射穿脖子而死，而子弹在穿过脖子后会嵌在一个木制的“捕手”上，这样子弹还可以回收再利用。

从柏林乘发车频繁的S1轻轨到Oranienburg站下车（3.10欧元，45分钟），沿着路标步行2公里就可到达这座集中营。

波茨坦（Potsdam）

☎0331/人口150,000

坐落着华丽的宫殿和修剪整齐的公园，波茨坦作为普鲁士皇室所在地，是柏林最受欢迎的一日游目的地。这里众多的宫殿当中最出名的是无忧宫（Schloss Sanssouci），曾是国王腓特烈二世（腓特烈大帝）的私人行宫。国王腓特烈二世还曾建造了其他很多波茨坦的优雅建筑和公园，而且它们在“二战”中竟都奇迹般的毫发无损。战火停熄后，盟军于1945年8月在塞西琳霍夫宫（Schloss Cecilienhof）举行波茨坦会议，商议德国的战后事宜。

景点

无忧宫公园
花园

（Park Sanssouci；⌚黎明至黄昏）无忧宫公园是波茨坦的核心景点，也是游客的必览之地。这所公园最著名的宫殿就是无忧宫（Schloss Sanssouci；www.spsg.de；成人/优惠 包括语音导游 4月至10月12/8欧元，11月至次年3月8/5欧元；⌚4月至10月周二至周日10:00~18:00，11月至次年3月10:00~17:00；🚌695, 606），这座华丽的洛可可式建筑由腓特烈大帝于18世纪建成。要根据门票标注的时间入内，要想参观最好早一点到，或者参加波茨坦旅游局组织的城市观光团，这样参观更有保障。语音导览机中提及的重要景点有装修风格别出心裁的音乐厅、恬静私密的图书馆和典雅的大理石屋。

在公园的最西端有一座宏伟的、建有穹顶的新皇宫（Neues Palais；☎969 4200；Am Neuen Palais；成人/优惠 6/5欧元；⌚4月至10月周三至周一 10:00~18:00，11月至次年3月 10:00~17:00；🚌695或605 到Neues Palais；🚆to Potsdam, Park Sanssouci Bahnhof）。这座皇宫只是为了显示王权而修建，1918年前被最后一位德国皇帝威廉二世当作寝宫。天花板上的壁画、镀金的装饰和雕刻精美的护墙板使宫殿内部显得非常精美奢华。

园林中众多建筑瑰宝中最为闪耀的一颗当属中国馆（Chinesisches Haus；Am Grünen Gitter；门票2欧元；⌚5月至10月 周二至周日10:00~18:00；🚌605 到Schloss Charlottenhof, 606或695 到Schloss Sanssouci，🚋91 到Schloss Charlottenhof）。它是一座圆形的亭楼建筑，装饰着镀金的柱子、棕榈树及中国音乐家的人像和动物雕像。馆内展示着中国瓷器藏品。

塞西琳霍夫宫
宫殿

（Schloss Cecilienhof；☎969 4244；www.spsg.de；Im Neuen Garten 11；团队游成人/优惠6/5欧元；⌚4月至10月周二至周日10:00~18:00，11月至次年3月10:00~17:00；🚌603）这个建于1917年充满田园气息的英式乡村别墅，最初是为了王储威廉王子和其妻塞西琳所修建。但令这里声名远播的还是1945年在此举行的波茨坦会议，其间斯大林、杜鲁门和丘吉尔（后为艾特利）共同商讨了德国的战后命运。会议室里有张巨大的圆桌，当时开会的场景好像还历历在目。

老城
历史景区

（Altstadt）无忧宫公园东侧是波茨坦充满历史感的市中心。一扇胜利拱门——巴洛克风格的勃兰登堡门（Brandenburger Tor）——通往商业街Brandenburger Strasse。在街道一侧你会看到荷兰区（Holländisches Viertel），这里有一大片红砖房，里面有画廊、精品店和餐厅。

团队游

Potsdam Sanssouci Tour
团队游

（包括/不包括无忧宫的团队游27/16欧元；⌚4月至10月周二至周日）当地旅游局组织3.5小时的无忧宫团队游，可以参观无忧宫和公园内的所有主要景点。团队游分英语和德语两种，11:10从火车站旅游局办事处出发。

Schiffahrt in Potsdam
乘船游

（☎275 9210；www.schiffahrt-in-potsdam.de；Lange Brücke 6；⌚4月至10月9:45~19:00）游船在哈弗尔河和波茨坦周边的湖泊上环游。最受欢迎的乘船线路是宫殿环游（Schlösserrundfahrt；13欧元）。

实用信息

波茨坦旅游局-中央火车站办事处（☎2755 8899；www.potsdamtourismus.com；中央火车站内；⌚周一至周六9:30~20:00，周日10:00~18:00）勃兰登堡门还有一家游客信息中心的办事处。

无忧宫游客中心（Sanssouci Visitors Centre；☎969 4200；www.spsg.de；An der Orangerie 1，位于老风车脚下；⌚4月至10月8:30~18:00，11月至次年3月8:30~17:00）

到达和离开

地区列车从柏林的中央火车站和动物园站发车，经过大概30分钟到达波茨坦中央火车站；有些会继续前往Potsdam-Charlottenhof和Potsdam-Sanssouci，实际上这两站离无忧宫公园更近。从柏林市中心始发的S7轻轨大概40分钟可到达。你需要购买涵盖A、B、C三个区的车票（3欧元）。

德累斯顿和萨克森 (DRESDEN & SAXONY)

萨克森州可以满足你对假期的所有需求：童话般的城堡在高耸的山顶俯瞰大地，鹅卵石铺就的市场、庄严的教堂和奢华的宫殿，还有怀旧的蒸汽火车和当地少数民族索布人（Sorb）的民间传统。宽广的易北河流经藤蔓交错的葡萄园、砂岩质地的悬崖和别墅云集的山坡，最后汇入北海。

包括巴赫（Bach）、卡纳莱托（Canaletto）、歌德（Goethe）和瓦格纳（Wagner）在内的许多著名人物都是这里的人文一景。德累斯顿和莱比锡是历史名城。前者在“二战”中几乎被夷为平地，但战后逐渐恢复了当地巴洛克式的文化遗产。而正是1989年在莱比锡发起的“和平革命”推倒了柏林墙，从而见证了德国统一的伟大时刻。

德累斯顿（Dresden）

☎0351/人口512,000

德累斯顿诠释了涅槃重生的意义，如今它是德国观光客最多的城市之一，而且实至名归。战后的重建使德累斯顿恢复到其18世纪鼎盛时期的容貌，当时这里被誉为“易北河上的佛罗伦萨”，闻名整个欧洲。众多意大利艺术家、音乐家、演员和匠人涌向强者奥古斯都（Augustus the Strong）的宫廷，为这座城市创作了无数的建筑杰作。

1945年，毁灭性的轰炸将大多数建筑瑰宝夷为平地。但德累斯顿注定是个幸存者，很多重要的地标性建筑得到了重建，其中就包括壮观的圣母教堂（Frauenkirche）。今天，这里有不断发展变化的艺术和文化景点，还有活力四射的酒吧和夜生活，特别是在外部新城（Outer Neustadt）。

> **游览德累斯顿**
>
> 易北河呈“V”字形流经德累斯顿，河的北岸是**新城**（Neustadt），南岸是**老城**（Altstadt）。
>
> 从中央火车站出发，沿步行街**布拉格大街**（Prager Strasse）向北可达老城。这里是壮观宏伟与现代商业气息相结合的风格。赏心悦目的**布吕尔平台**（Brühlsche Terrasse）位于易北河畔，两端分别是阿尔贝提努博物馆（Albertinum）和茨温格宫（Zwinger），平台下有船坞。
>
> 新城的夜生活非常活跃，主要景点在**阿尔伯特广场**（Albertplatz）和**路易斯大街**（Louisenstrasse）周边的街区，这里有各类商店、画廊、时尚精品店和数十家咖啡馆、酒吧和夜店。

景点

首选 圣母教堂 教堂

（www.frauenkirche-dresden.de; Neumarkt; 免门票，语音导游2.50欧元；⌚通常 10:00至正午和13:00~18:00）建有穹顶的圣母教堂（Frauenkirche）可以说是从城市废墟中涅槃重生的，它是德累斯顿最受喜爱的地标性建筑之一。曾巍然矗立了两个世纪的圣母教堂在1945年2月大轰炸两天后轰然倒塌。原东德人把教堂原址作为战争纪念馆保存了下来，但在德国统一后，一场民间运动筹得了足够的资金，重建了这座地标建筑。2005年举行了祝圣仪式。

重建之后的教堂几乎和原貌一模一样，虽然或许少了些岁月带来的庄重感，但这和如今从内而外都美轮美奂的建筑相比，简直不值一提。圣坛由近2000块碎片重组而成，让人叹为观止。你可以登上教堂**圆顶**（Neumarkt; 成人/优惠8/5欧元；⌚3月至10月 周一至周六10:00~18:00，周日2:30~18:00，11月至次年2月至16:00)一览这座城市的全貌。教堂内部设有画廊,是举办音乐会、进行冥想和举行祷告仪式的绝佳场地。登录网站查询最新的活动时间表或是顺道去**圣母教堂游客中心**(Frauenkirche Visitors Centre; ☎6560 6701; Kulturpalast, Neumarkt; 电影2欧元; ⏲周一至周五10:00~19:00,周六10:00~18:00),在那里可以观看关于教堂历史和传承的纪录片。

国都王宫

宫殿

(Residenzschloss; ☎4914 2000; www.skd.museum; Schlossplatz; 成人/优惠10/7.50欧元; ⏲周三至周一10:00~18:00)德累斯顿这座建于文艺复兴时期的城市宫殿好似堡垒一般,在1485年至1918年间是萨克森统治者的宫殿。如今馆内有四个珍宝展区,包括不容错过的、堪称现实版"阿拉丁宝藏"的**绿穹珍宝馆**(Grünes Gewölbe),内有黄金、象牙、银器、钻石和珠宝等贵重珍品。宝物是如此之多,需要设两个独立的"藏宝室"——老绿穹珍宝馆(Historisches Grünes Gewölbe)和新绿穹珍宝馆(Neues Grünes Gewölbe)——来展示所有典藏。

另一个重要的展区是**版画收藏馆**(Kupferstich-Kabinett),那里藏有20,000位艺术家[包括丢勒(Dürer)、伦勃朗(Rembrandt)和米开朗基罗(Michelangelo)]的近五十万件印刷和绘画作品。古币徽章收藏爱好者可以去参观位于王宫塔楼的钱币收藏馆(Münzkabinett),那里历代的钱币和徽章虽数量不多,但可一饱眼福。

过去一直在茨温格宫(Zwinger)展出的含有古代武器和盔甲的**军械库**(Rüstkammer),于2013年也搬至王宫内。除此之外,这里还有充满异国风情的**土耳其艺术收藏馆**(Türckische Cammer),是土耳其境外奥斯曼艺术品最为丰富的收藏之一。在众多展品中最吸引人眼球的莫过于一顶巨大的由黄金和丝绸制成的三桅帐篷。

国都王宫的门票可用于除**老绿穹珍宝馆**(☎4914 2000; www.skd.museum; Residenzschloss, 从 Sophienstrasse或 Kleiner Schlosshof进入; 成人/16岁以下儿童 含语音导游10欧元/免费; ⏲周三至周一10:00~19:00)以外的所有展区。门票限时,所以强烈建议你通过网络或电话提前预订,因为在王宫售票处只销售当天40%的门票。

茨温格宫

博物馆

(☎4914 2000; www.skd.museum; Theaterplatz 1; 成人/优惠10/7.50欧元; ⏲周二至周日10:00~18:00)占地面积较大的茨温格宫(Zwinger)是一处迷人的巴洛克式建筑,最初是王室举行派对的地方,如今这里展览许多收藏品,其中最重要的是历代大师画廊(Gemäldegalerie Alte Meister),它不啻于一卷历代大师名录,包括波提切利(Botticelli)、提香(Titian)、鲁本斯(Rubens)、维米尔(Vermeer)和丢勒(Dürer)等人的作品在此都有展示。镇馆之宝是由拉斐尔(Raphael)创作的具有500年历史的《西斯廷圣母》(*Sistine Madonna*)。

凭门票还可参观令人眼花缭乱的陶瓷收藏馆(Porzellansammlung)和藏有古代科学仪器、地球仪和计时器的数学物理收藏馆(Mathematisch-Physikalischer Salon)。

王侯图

古迹

(Fürstenzug; Procession of Princes; Augustusstrasse)皇家马厩(Stendehaus)外墙上这幅长达102米的壁画由维尔海姆·瓦尔特(Wulhelm Walther)创作于1876年,描绘的是一列骑在马上的王室成员,1906年用在迈森(Meissen)烧制成的约24,000块瓷砖贴成了壁画。若想拍摄全景,需要用大幅广角镜头才行。

森珀歌剧院

历史建筑

(Semperoper; ☎320 7360; www.semperoper-erleben.de; Theaterplatz 2; 团队游 成人/优惠8/4欧元; ⏲不定)这是德国最负盛名的歌剧院之一。最初的歌剧院在1841年举行落成典礼后30年即被烧毁。几乎每天有45分钟的导览游(15:00有英语团),具体时间取决于彩排及表演时间表。网上提前购票可避免排队。

阿尔贝提努博物馆

画廊

(Albertinum; www.skd.museum; enter from Brühlsche Terrasse or Georg-Treu-Platz 2; 成人/优惠8/6欧元; ⏲10:00~18:00; Ⓟ)这是个令人惊叹

Dresden 德累斯顿

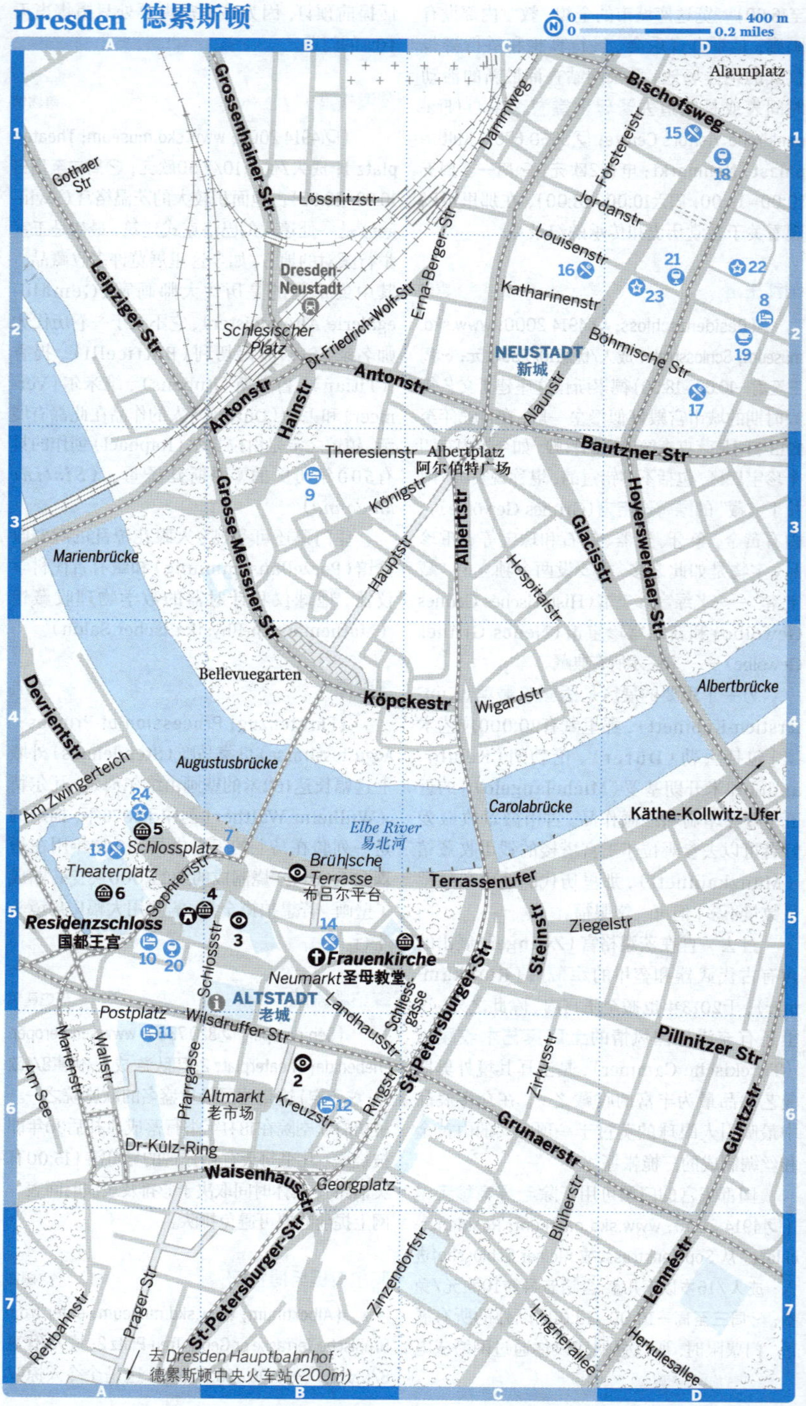

Dresden 德累斯顿

重要景点

圣母教堂 B5
国都王宫 A5

景点

1 阿尔贝提努博物馆 C5
2 圣母教堂游客中心 B6
3 王侯图 B5
4 老绿穹珍宝馆 B5
5 森珀歌剧院 A5
6 茨温格宫 A5

活动、课程和团队游

7 Grosse Stadtrundfahrt B5

住宿

8 Hostel Mondpalast D2
9 Hotel Martha Dresden B3
10 Hotel Taschenbergpalais Kempinski A5
11 Ibis Budget A6
12 Radisson Blu Gewandhaus Hotel B6

就餐

13 Cafe Alte Meister A5
14 Grand Café B5
15 La Casina Rosa D1
16 PlanWirtschaft C2
17 Raskolnikoff D2

饮品

18 Café 100 D1
19 Combo D2
20 Karl May Bar A5
21 Queens & Kings D2

娱乐

22 Blue Note D2
23 Katy's Garage D2
24 Semperoper Dresden A4

的现代大师画廊(Galerie Neue Meister)。这座文艺复兴时期的建筑过去是个兵工厂,在遭遇了2002年的洪水破坏之后经过了一次大规模整修。这里的藏品包括浪漫主义时期之后的卡斯帕·大卫·弗里德里希(Caspar David Friedrich)、克劳德·莫奈(Claude Monet)和格哈德·里希特(Gerhard Richter)等大师的画作,展馆精致豪华,环绕着一个采光良好的庭院。

德累斯顿军事历史博物馆 博物馆

(Militärhistorisches Museum Dresden; ☎823 2803; www.mhmbw.de; Olbrichtplatz 2; 成人/优惠5/3欧元; ⏲周二至周日10:00~18:00,周一至21:00; 🚊7或8到 Stauffenbergallee)这座令人着迷的博物馆于2011年重新对外开放,相信即便是虔诚的和平主义者也会为其所折服。该馆位于一座19世纪的兵工厂,丹尼尔·李伯斯金(Daniel Libeskind)设计的巨大玻璃钢楔将建筑一分为二。馆内有很多吸引人的展品,亮点包括1975年的联盟号着陆舱、V2火箭和集中营受害者的私人物品。

团队游

Sächsische Dampfschiffahrt 乘船游

(www.saechsische-dampfschiffahrt.de; 成人/儿童16/8欧元起)90分钟的易北河明轮汽船团队游,夏季每日数次,在Terrassenufer码头出发。该公司有船前往迈森和萨克森瑞士(Saxon Switzerland)的村庄。

Grosse Stadtrundfahrt 巴士游

(☎899 5650; www.stadtrundfahrt.com; 一日通票 成人/优惠20/18欧元; ⏲9:30~17:00)有解说,可随时上下车。在22处景点有站,可以在茨温格宫、王侯图、圣母教堂处做短程步行游览。

住宿

Hotel Martha Dresden 酒店 €€

(☎817 60; www.hotel-martha-hospiz.de; Nieritzstrasse 11; 双113~120欧元; 📶)50个房间都配有大窗户、木地板和彼德麦式风格(流行于德国19世纪的家具样式)的家具,酒店有一个迷人的冬季花园,员工友好热情,是个住宿的好地方。乡村风格的餐馆供应当地美食和美酒。

Radisson Blu Gewandhaus Hotel 酒店 €€

(☎494 90; www.radissonblu.com/gewandhaus hotel-dresden; Ringstrasse 1; 双133

欧元起；P❄@📶✉）这家酒店由18世纪的贸易商行改建翻修而成，很棒的公共区域，彼德麦式的房间配有大理石浴室，里面有涡流式浴缸。酒店等级和服务质量都属一流。

Hostel Mondpalast 青年旅舍 €

（☎563 4050；www.mondpalast.de；Louisenstrasse 77；铺14~19.50欧元，双48~56欧元，床上用品2欧元，早餐6.50欧元；@）“月宫”（Moon Palace）的前台是个相当不错的酒吧兼咖啡馆（饮品价格便宜），员工服务热情，每一个房间都是一个星座或者其他太空主题。有自行车租赁和大厨房。

Hotel Taschenbergpalais Kempinski 酒店 €€€

（☎491 20；www.kempinski-dresden.de；Taschenberg 3；房间170~230欧元；❄@📶✉）这家德累斯顿最豪华的酒店极尽奢华之能事。在将传统和现代巧妙融合的漂亮客房里可以俯瞰茨温格宫。冬季，庭院被用作溜冰场。

Pension am Zwinger 家庭旅馆 €€

（☎8990 0100；www.pension-zwinger.de；Ostra-Allee 27；双80~90欧元；P@📶）自炊者、家庭和渴望大空间的游客会很喜欢这里明亮、设施齐全又时尚的公寓式房间，而且配有具备基本功能的厨房。虽地处中心地段且毗邻繁华的街道，却非常安静。前台在距此50米远的马科斯大街（Maxstrasse）3号。

Ibis Budget 酒店 €

（（☎8339 3820；www.etaphotel.com；Wilsdruffer Strasse 25；房间39欧元起；❄@📶）酒店位于老市场画廊（Altmarkt-Galerie）商场里，船舱大小的房间基本没什么多余的装饰，但是从这里到主要景点都特别方便。这里气氛活跃，服务友好，是一处性价比高的住所。

✕ 就餐

新城有许多咖啡馆和餐馆，尤以国王大街（Königstrasse）和阿尔伯特广场（Albertplatz）北面的街区为最。夜晚这里是城里最热闹的地方。老城的餐馆游客更多一些。

首选 **La Casina Rosa** 意大利菜 €€

（☎801 4848；www.la-casina-rosa.de；Alaunstrasse 93；比萨和意面6.50~9.50欧元；⏲周二至周六 午餐，周一至周六 晚餐）这家意大利餐馆口碑良好，店内空间不大却很舒适（还有一个美丽的夏季花园），食客到这里都有宾至如归的感觉。餐馆供应的意面、比萨饼和应季特色菜都是绝对的美味。最受欢迎的菜品包括一种以虾仁、西葫芦和芝麻菜为浇料的“小卡普里岛”比萨饼（piccola Capri）。需要提前预订座位。

Raskolnikoff 咖啡馆、酒吧 €€

（☎804 5706；www.raskolnikoff.de；Böhmische Strasse 34；主菜5~13欧元；⏲9:00至次日2:00）作为原东德时期艺术家的居住地，今天的Raskolnikoff仍然充满着波希米亚式的艺术气息。菜单按照罗盘方向分类（从罗宋汤到鱼汤和牛排）。夏季时，这里气氛温馨的小型啤酒花园会吸引众多顾客前来。这里的啤酒产自新城区的Schwingheuer啤酒厂，售价为半升2.40欧元，非常实惠。楼上是八间客房，虽只配备了基本设施但都非常漂亮（双人间52~70欧元）。

Cafe Alte Meister 各国风味 €€

（☎481 0426；www.altemeister.net；Theaterplatz 1a；主菜7~15欧元；⏲10:00至次日1:00）如果你在参观博物馆之后觉得饿了，那么就来这个位于茨温格宫和森珀歌剧院之间的高雅餐馆填饱你的肚子吧，菜品有熏鲑鱼三明治、清淡的沙拉、可口的蛋糕以及可以补充体力的牛排等。门前有一尊作曲家卡尔·马利亚·冯·韦伯（Carl Maria von Weber）的雕像。

PlanWirtschaft 各国风味 €€

（☎801 3187；Louisenstrasse 20；主菜7~14欧元；⏲9:00至次日1:00）这家餐馆能够长期受人喜爱的制胜法宝是：采用当地供应的新鲜食材、提供富有创意的菜单，当然还有总是面带笑容的员工，他们会让即便是第一次来的你也会有种宾至如归的感觉。无论是坐在咖啡馆里、浪漫的花园里或是舒适的砖建地下室里，都是不错的选择。

Grand Café 蛋糕、萨克森菜 €€

（☎496 2444；www.coselpalais-dresden.de；An der Frauenkirche 12；主菜10~15欧元；⏰10:00至午夜）这里供应的蛋糕和充满创意的主菜都不错，但是说实话，这些都不是它最吸引人之处，因为这个餐馆就在金碧辉煌的考泽尔皇宫（Coselpalais）里。攀登过圣母教堂的穹顶后，不妨在这处时尚的餐馆歇歇脚。

饮品

如果你准备畅饮整晚，那么就来新城的酒吧和咖啡馆吧，阿劳恩大街（Alaunstrasse）、路易斯大街（Louisenstrasse）和格尔利茨大街（Görlitzer Strasse）一带都特别热闹。

Café 100 小酒馆

（☎273 5010；www.cafe100.de；Alaunstrasse 100；⏰20:00至深夜）Café 100位于新城，属于德国统一后第一批开张的酒馆之列。这里一楼是大学生们喜欢光顾的小酒馆，宽敞的地下室里则是烛光摇曳的葡萄酒吧。

Combo 咖啡馆

（Louisenstrasse 66；⏰9:00至次日2:00）这是一家20世纪70年代风格的复古咖啡馆，洋溢着无比悠闲的气氛。这儿有很大的窗户，开暖气的时候可以都关起来。还有20世纪60年代时机场的摆设。这儿的咖啡很不错，还会同时提供水和两块小熊软糖。

Queens & Kings 同性恋酒吧

（www.queens-dresden.de；Görlitzer Strasse 2b）原来的Queens酒吧已经关门了，希望新的Queens & Kings能长久经营下去。酒吧就开在原来同性恋者最爱的聚会圣地的马路对面。新的场所非常现代化，有着更为别致和艳丽的外观。

Karl May Bar 酒吧

（☎491 20；www.kempinski.com；Taschenberg 3；⏰18:00至次日2:00）Taschenbergpalais酒店里高档沙龙吸引着众多鸡尾酒行家前来一饱口福。深陷在紫红色的笨重皮椅里呷一口经典的鸡尾酒吧。在周五和周六有现场音乐表演，酒水减价时间从18:00持续到20:00。

☆ 娱乐

Semperoper Dresden 歌剧

（☎491 1705；www.semperoper.de；Theaterplatz 2；⏰售票处 周一至周五10:00~18:00，周六和周日10:00~17:00）这是德累斯顿著名的歌剧院，又名萨克森州国家歌剧院（Sächsische Staatsoper Dresden），在这里上演的作品通常都很卖座。可以打电话订票，也可以到现场或是通过网络买票。

Blue Note 爵士乐

（☎8014275；www.jazzdepartment.com；Görlitzer Strasse 2b；⏰20:00至次日5:00）狭小而舒适的空间里烟雾缭绕，曾经的铁匠铺如今变身成为一家夜总会，几乎每晚都有当地音乐家的演奏会（通常是爵士乐，有时也有摇滚和拉丁音乐），演奏会结束后这里就成了泡吧者的天堂，一直到凌晨时分。许多音乐会都是免费的。可以喝到世界各地的啤酒和几种非常棒的单麦芽威士忌。

Katy's Garage 现场音乐

（www.katysgarage.de；Alaunstrasse 48）正如你看到的招牌名字，这个宽敞的派对场以前是一家轮胎店，装潢风格也是一脉相承，连酒水都是以汽车零部件的名字命名的。来这里的人确实都非常年轻，因为连25岁以上的人参加的主题之夜都要叫“家长会”（Älternabend，年

ℹ 德累斯顿卡

德累斯顿卡（Dresden-Card）在旅游局有售，不仅可以免费乘坐公共交通，还享受全部景点的折扣。有多种形式的卡可供选择，包括一日卡（单人/家庭，10/12.50欧元）、两日卡（25/46欧元）和三日区域卡（48/68欧元）。

长者的夜晚，与“家长会”谐音）。

实用信息

旅游局中央火车站办事处（Hauptbahnhof；⏲9:00～19:00）

旅游局圣母教堂办事处（Schlossstrasse 23；⏲周一至周五10:00～19:00，周六10:00～18:00，周日10:00～15:00，1月至3月时间相应缩短）

到达和当地交通

德累斯顿机场在市中心以北约9公里处，每小时有数班的S2列车（2欧元）往返于机场和市中心之间。乘坐出租车费用约20欧元。

这里有到达主要城市如莱比锡（30欧元，70分钟）和柏林中央火车站（38欧元，2小时）的直达列车。S1列车开往迈森（5.60欧元，40分钟）。大多数列车在德累斯顿中央火车站和易北河北岸的德累斯顿新城站停靠。

公共汽车和有轨电车由**德累斯顿交通运输公司**（Dresdner Verkehrsbetriebe/DVB；☎857 1011）运营。市内票价2欧元，一日通票5欧元。可以在车站的自动售票机或者在电车上购买车票。乘坐3、7、8、9路有轨电车往返于中央火车站、老城和新城之间非常便利。

德累斯顿周边

迈森（MEISSEN）

☎03521/人□29,000

位于德累斯顿上游约25公里处的迈森横跨易北河两岸，是欧洲瓷器的发源地。这里举世闻名的瓷器于1710年在此处一座雄伟的城堡里制成。时至今日，瓷器仍是这里旅游业的一大卖点。坐落在高耸的哥特式大教堂旁边，这座城堡的阴影笼罩着整个老城区。这里有很多曲折的鹅卵石小巷，如果想避开乘坐旅游大巴源源而至的瓷器爱好者的话，不妨进去走走。

景点

首选 Erlebniswelt Haus Meissen 博物馆

（☎468 208；www.meissen.com；Talstrasse 9；成人/儿童9/4.50欧元；⏲5月至10月 9:00～18:00，11月至次年4月 9:00～17:00）这座广受欢迎、不可错过的瓷器博物馆里根本没有“淡季”。在这里，你可以见证那些创造了独一无二的迈森瓷器的艺术与工艺，它们是那样令人叹为观止。博物馆在制瓷厂隔壁，位于老城以南1公里处。游览以观赏**工作室**（Schauwerkstätten）的 30分钟（有英语语音导游）团队游开始，在这里你可以观看从制作花瓶陶坯、绘制瓷碟到浇铸模型、再到上釉的整个瓷器制作流程。参观完之后，你会更懂得欣赏和珍惜在接下来的展室里看到的那些瓷器杰作。

阿尔布雷希特城堡 城堡、博物馆

（☎352 147 070；www.albrechtsburg-meissen.de；Domplatz 1；成人/优惠 含语音导游8/4欧元；⏲3月至10月10:00～18:00，11月至次年2月10:00～17:00）雄踞于迈森的阿尔布雷希特城堡（Albrechtsburg）建于15世纪，因欧洲瓷器诞生于此而名声远扬。城堡中开始制造瓷器始于1710年，到1863年整个生产才迁至特别建造的厂房。2楼的展览按年代顺序讲述了瓷器生产的历史。

毗邻的**主教座堂**（☎452 490；成人/儿童4/2欧元；⏲3月至10月 10:00～18:00，11月至次年2月至16:00）中有老卢卡斯·克拉纳赫（Lucas Cranach the Elder）设计的祭坛。

实用信息

旅游局（www.touristinfo-meissen.de；Markt 3；⏲4月至10月 周一至周五10:00～18:00，周六和周日至16:00，11月至次年3月 周一至周五 10:00～17:00，周六至15:00）

到达和离开

每半小时1班的S1列车从德累斯顿的中央火车站和新城站开往迈森（5.80欧元，40 分钟）。如前往游乐园（Erlebniswelt），要在Meissen-Triebischtal站下车。

由**Sächsische Dampfschiffahrt**（☎0331-452 139；www.saechsischedampfschiffahrt.de；单程/往返14/19.50欧元；⏲5月至9月）运营的蒸汽船，从德累斯顿的Terrassenufer出发。可以考虑分别乘船和火车往返。

萨克森瑞士（SAXON SWITZERLAND）

在德累斯顿以南约40公里处的萨克森瑞士（Sächsische Schweiz）有着独特而令人回味的景观。这个地区地势崎岖，大自然将多孔岩石雕琢成了古怪的石柱、嶙峋的峭壁、起伏的山峰和幽深的山谷。易北河流经茂密的森林、村庄和雄伟的山顶城堡。

该地区的大部分被划归一个国家公园，深受徒步者和攀岩者的喜爱。即便是前往**巴斯泰**（Bastei）的短途游览也可以让你获益匪浅。那里是一片令人称奇的怪石堆，位于易北河和**拉森**（Rathen）村上方约200米的高处。起伏的尖岩构成的景观奇妙无比，可以在这里饱览周边的森林、峭壁和群山。

从4月至10月，Sächsische Dampfschiffahrt（见213页）运营的蒸汽船每日数班沿易北河往返于德累斯顿和巴德尚道（Bad Schandau）之间，途经拉森和其他村庄（5.5小时，成人/优惠 23.90/19.10欧元）。

从德累斯顿开出的S1列车也到这个地区，班次频繁。想前往巴斯泰的话，在拉森站下车，乘坐渡轮渡过易北河，之后沿小径走30分钟可以登上山顶，这段山路会让人汗流浃背。自驾者可以将车停在拉森车站附近的v大型停车场。

莱比锡（Leipzig）

☎0341/人口532,000

在歌德的作品《浮士德》中，有一个叫做Frosch的角色将莱比锡称为“小巴黎”。这种说法有失偏颇，因为与高卢人的首都相比，莱比锡多了一份有趣，少了一份妄自尊大。莱比锡是重要的商业和交通中心，是贸易会展的圣地，同时也是德国东部除柏林之外最有活力的城市。

几百年来，文化一直在这里占据举足轻重的位置。毕竟巴赫（Bach）曾在此居住过，瓦格纳（Wagner）在这里出生，门德尔松-巴托尔迪（Mendelssohn-Bartholdy）曾于此开办音乐学院。莱比锡在1989年那场最终使得德国统一的“和平革命”中起到举足轻重的作用，因此被誉为“英雄之城”（Stadt der Helden）。

景点

沿中世纪城墙修建的环路将布局紧凑的市中心包围其中。不要匆匆忙忙地从一个景点赶往另一个景点，在莱比锡悠闲地逛逛本身就很有乐趣。中央市场周边的许多街区纵横交错着历史悠久的购物长廊，其中4处值得推荐：**Steibs Hof**（有百年历史的蓝色瓷砖和古典式咖啡馆）、**Specks Hof**（有高耸的中庭、书店和咖啡馆）、**Jägerhofpassage**（有画廊、剧院和古董店）以及经典的**Mädlerpassage**（宏伟的建筑设计和Auerbachs Keller餐馆）。

首选 尼古拉教堂 教堂

（Church of St Nicholas; www.nikolaikirche-leipzig.de; Nikolaikirchhof 3; ⌚周一至周六和宗教仪式10:00~18:00，周日9:30，11:15和17:00）尼古拉教堂（Nikolaikirche）原本是罗马式和哥特式建筑，不过自1797年开始，内饰采用了令人惊叹的新古典主义风格，有棕榈树一般的支柱和奶油色的长椅。早在1982年，教堂就在每周一的17:00举行“和平祈祷”（至今仍在进行），在致使原东德政权崩溃的非暴力运动中起到了关键作用。

免费 当代历史论坛 博物馆

（Zeitgeschichtliches Forum，Forum of Contemporary History; ☎222 00; www.hdg.de/leipzig; Grimmaische Strasse 6; ⌚周二至周五9:00~18:00，周六和周日10:00~18:00）这个奇妙的展览馆讲述了德意志民主共和国的政治历史，从分裂和独裁时期到柏林墙倒塌带来的欣喜若狂再到两德统一后的感伤与怀旧。想要了解那个已经不复存在的国家的内部机制的话，一定要来这里看看。

免费 斯塔西博物馆 博物馆

（Stasi Museum; ☎961 2443; www.runde-ecke-leipzig.de; Dittrichring 24; ⌚10:00~18:00）原东德的隔墙有耳在这处令人不寒而栗的展览中体现得淋漓尽致，博物馆建筑也被称为“圆角”（Runde Ecke），曾是原东德秘密警察（斯塔西）的莱比锡总部。英文语音导游机有助于你理解这里展示的政治宣传、荒谬的伪装、诡秘的监控设备、人员招募(甚至包括儿童)、气味记录和其他令人毛骨悚然的伎俩和手段，揭示了原东德在控制、操纵和镇压本国人民方面的不遗余力。

莱比锡巴赫博物馆 博物馆

(Bach-Museum Leipzig; ☎913 7202; www.bach-leipzig.de; Thomaskirchhof 16; 成人/优惠6/4欧元，16岁以下免费; ⏲周二至周日10:00~18:00)除了可以了解约翰·塞巴斯蒂安·巴赫这位音乐巨匠的生平以及成就之外，在这个实时更新的互动式博物馆中你还可以学到如何确定巴赫手稿的年代，聆听巴洛克风格的乐器演奏，欣赏这位伟大作曲家的作品。

托马斯教堂 教堂

(☎222 240; www.thomaskirche.org; Thomaskirchhof 18; 塔2欧元; ⏲教堂9:00~18:00，塔 周六13:00, 14:00和16:30，周日14:00和15:00)作曲家约翰·塞巴斯蒂安·巴赫从1723年到1750年逝世为止，一直在托马斯教堂(Thomaskirche)担任合唱指挥，他的遗体就埋在祭坛前的一块铜板下。巴赫曾担任过指挥的托马斯合唱团(Thomanerchor，见219页)从1212年就开始发展壮大。可爬到教堂塔顶欣赏美景。

造型艺术博物馆 博物馆

(Museum der Bildenden Künste; ☎216 990; www.mdbk.de; Katharinenstrasse 10; 成人/优惠5/4欧元; ⏲周二和周四至周日10:00~18:00，周三正午至20:00)在这座前卫的玻璃立方体建筑中收藏着莱比锡15世纪至今最重要的绘画作品，也包括出生于此地的艺术家马克斯·贝克曼(Max Beckmann)和尼奥·罗施(Neo Rauch)的画作，后者是德国统一之后新莱比锡画派的主要代表人物。

住宿

首选 Steigenberger Grandhotel Handelshof 酒店 €€€

(☎350 5810; www.steigenberger.com/Leipzig; Salzgässchen 6; 房间160欧元起; ❄@📶)这座大楼在1909年时是市政交易大厅，颇具历史气息，气派奢华，坐落在市中心位置，拥有高效又可爱的服务团队和白、银、紫三色为主色调的时尚现代化客房，绝非莱比锡大多数酒店可比拟。时髦的双层水疗中心是休闲娱乐的最佳场所。

Motel One 酒店 €

(☎337 4370; www.motel-one.de; Nikolaistrasse 23; 双69欧元起，早餐7.50欧元; P❄📶)这家酒店是莱比锡一家快速发展中的时尚连锁酒店，拥有五星级地理位置，就在尼古拉教堂对面。酒店整体上也令人满意，有时尚的大堂休息区和舒适漂亮的客房。难怪这里经常客满。

arcona Living Bach 14 酒店、套间 €€

(☎496 140; http://bach14.arcona.de; Thomaskirchhof 13/14; 双90欧元起)这是一家以音乐为主题的特色酒店，从这里可以听到托马斯教堂的钟声。豪华的房间里配有音符雕塑的台灯、巴赫手稿壁纸，并以柔和的橄榄色和活泼的覆盆子色为装饰色，住在里面定会令你酣睡整夜。最安静的房间位于带花园的新建侧楼里，但主建筑历史悠久，从那里的房间可以看到教堂。较大的房间带有小厨房。

Quartier M 公寓 €€

(☎2133 8800; www.apartment-leipzig.de; Markgrafenstrasse 10; 公寓75~140欧元; P)整栋建筑散发着古色古香的气息，现代的公寓房间非常宽敞，并且配有设施齐全的厨房，现代风格的装饰随处可见，有些房间配有阳台或露台。楼下是一家有机食品超市。

Hostel Sleepy Lion 青年旅舍 €

(☎993 9480; www.hostel-leipzig.de; Jacobstrasse 1; 铺/双/公寓12.50/42/55欧元起，床上用品2.50欧元，早餐3.50欧元; @📶)这是一家值得推荐的青年旅舍：干净整洁，颜色明快，拥有地处中心的绝好位置和高效能干的员工。这里提供4人至10人的多人间，也有单间和公寓，兼顾了客人对经济划算和注重隐私的不同需求。

就餐

首选 Auerbachs Keller 德国菜 €€€

(☎216 100; www.auerbachs-keller-leipzig.de; Mädlerpassage; 主菜14~22欧元)始建于1525年的Auerbachs Keller环境舒适，游客很多，但是食物仍保持着高水准，用餐环境也让人难以忘怀。歌德的《浮士德》第一幕场景就发生在这里：魔鬼梅菲斯特菲勒斯和浮士德与学生们一起狂饮作乐，之后骑着酒桶远去。歌德屋（Goethezimmer）中的一根树雕描绘了这幕场景，据说歌德当年常到这个房间"寻找灵感"。

Zum Arabischen Coffe Baum 咖啡馆 €€

(☎961 0060; www.coffe-baum.de; Kleine Fleischergasse 4; 主菜8~16欧元; ⏲11:00至午夜)始于1720年的这家咖啡馆算得上欧洲最古老的咖啡馆之一，这里气氛悠闲，诗人、政治家、教授等各行各业的人士都爱光顾。房间分布在数个楼层，这里的气氛非常适合品尝Leipziger Lerche，这是当地一种很有名的杏仁酥皮糕点。另外也供应其他蛋糕、简餐和酒类。

Telegraph 咖啡馆 €€

(☎149 4990; www.cafe-telegraph.de; Dittrichring 18-20; 主菜5~11欧元; ⏲8:00至午夜; 📶)这家咖啡馆的天花板很高，流线形的吧台配着木质餐桌，提供双语菜单和国际杂志与日报，这一切都使莱比锡有了现代都市的感觉。很多人喜欢到这里用早餐，因为一直供应到15:00，对于宿醉者来说真是非常贴心。菜品主打奥地利经典菜式。

Gosenschenke 'Ohne Bedenken' 自酿小酒馆 €€

(☎566 2360; www.gosenschenke.de; Menckestrasse 5; 主菜11~15欧元; ⏲4月至9月 每日正午开始营业，10月至次年3月 周一至周五16:00开始营业，周六和周日正午开始营业)这家餐馆在莱比锡称得上历史悠久，后面带个非常美的啤酒花园，这里是品尝哥塞（Gose）啤酒的好去处。哥塞是当地一种上层发酵的啤酒，常常同一小杯烈酒一起奉上。这里诱人的菜单让你不得不屈从内心那个无肉不欢的自我。

饮品和娱乐

派对活动主要集中在三个区域：喧闹的Drallewatsch酒吧一条街，Gottschedstrasse周边更高端的剧场区，还有混合了时尚和另类风格的Karl-Liebknecht-Strasse（又名"Südmeile"）沿线。

Moritzbastei 咖啡馆、酒吧

(☎702 590; www.moritzbastei.de; Universitätsstrasse 9; 菜肴2~5欧元; ⏲咖啡馆和Schwalbennest 周一至周五 10:00开始营业，周六正午开始营业，周日9:00开始营业，Fuchsbau 从20:00开始营业; 📶)这家历史悠久的酒窖位于老城墙的地下，集咖啡馆、红酒吧、鸡尾酒吧于一体，适合各个年龄段的客人。占地面积较大，供应咖啡、饮品和简餐的是Cafe Barbarkane咖啡馆。气氛友好、供应葡萄酒的是Schwalbennest酒吧，另一个供应鸡尾酒的是Fuchsbau酒吧。天黑后常常有乐队和DJ献艺。夏季还有露台。

Noels Ballroom 小酒馆

(☎303 2007; noels-ballroom.com; Kurt-Eisner-Strasse 43; ⏲17:00至深夜; 🚊10, 11到Karl Liebknecht/Kurt-Eisner-Strasse)这里原来叫McCormacks，更名后不变的是无穷的活力、泡沫丰满的吉尼斯啤酒和一个种满鲜花的啤酒花园，这一切使Noels成为城市里最好的爱尔兰酒馆之一。

naTo 小酒馆

(☎391 5539; www.nato-leipzig.de; Karl-Liebknecht-Strasse 46)莱比锡第一家另类音乐俱乐部酒吧，除了播放电影和歌剧，在这里还可以欣赏到爵士乐、实验派音乐和独立音乐。夏季坐在酒馆外面感觉很棒。

Thomanerchor 古典音乐

(☎984 4211; www.thomaskirche.org; Thomaskirchhof 18; 票价2欧元)这个著名的男声合唱团在每周五的18:00和周六的15:00表

演巴赫的赞美诗和清唱套曲，托马斯教堂周日9:30和18:00礼拜祈祷时也有献唱。想要参加音乐会的话，请在演出开始前45分钟到达。

Gewandhausorchester 古典音乐

（☎127 0280；www.gewandhaus.de；Augustusplatz 8；团队游4.50欧元；⊙团队游 通常周四 12:30）曾由费利克斯·门德尔松-巴托尔迪（Felix Mendelssohn-Bartholdy）担任指挥的Gewandhaus是欧洲最优秀、最古老的民间管弦乐团（1743年成立）之一。可以通过电子邮件、电话购票，也可以到现场购票。

实用信息

中央火车站内有一个大商场，周一至周六商店营业至22:00，有些商店在周日下午也营业。

旅游局（☎710 4260，房间介绍 710 4255；www.ltm-leipzig.de；Katharinenstrasse 8；⊙周一至周五9:30~18:00，周六至16:00，周日至15:00）

到达和离开

莱比锡哈勒机场（Leipzig-Halle airport；LEJ；www.leipzig-halle-airport.de）位于莱比锡以西约21公里处，起降国内和国际航班，其中包括瑞安航空每日飞伦敦斯坦斯特德机场、罗马、米兰和马拉加的航班。乘每小时1班的RE列车可到达市区。

有班次频繁的长途列车开往法兰克福（75欧元，3.75小时）、德累斯顿（26欧元，1.25小时）和柏林（45欧元，1.25小时）等城市。私营的Interconnex列车每天也有2班发往柏林（19欧元，1.25小时）。

当地交通

公共汽车和有轨电车由**莱比锡交通运输公司**（LVB；☎194 49；www.lvb.de）运营，在中央火车站外设有信息咨询亭。有轨电车中央车站也在此地。单程票价1.50欧元，最多可以乘4站，若是去更远的地方需要购买2.10欧元的车票；一日通票票价5欧元。

魏玛和图林根州（WEIMAR & THURINGIA）

图林根州被广阔无垠的图林根森林簇拥着，其辖区内的各个城市也都有着出类拔萃的文化。这其中最受欢迎的是魏玛，这里是18世纪对后世产生深远影响的诗人、思想家歌德和席勒的故乡，也是包豪斯运动（Bauhaus movement）的发源地。巴赫的出生地爱森纳赫（Eisenach）屹立着著名的瓦德堡（Wartburg），这个地方和该州首府爱尔福特（活跃的大学城）常常和宗教改革派人物马丁·路德（Martin Luther）联系在一起。而纳粹时期在魏玛城外建造的布痕瓦尔德集中营（Buchenwald concentration camp）却给图林根辉煌卓越的历史传承蒙上了阴影。

魏玛（Weimar）

☎03643/人口65,500

魏玛既非历史名城，也非中世纪古镇，却吸引了那些喜欢文化遗产和感受文化氛围的游客。几百年来，包括歌德、席勒、克拉纳赫、巴赫、赫尔德、李斯特和尼采在内的大量知识界名流和创作巨匠曾经在这里居住和工作。这里有许多雕像、纪念碑和博物馆，时刻提醒着你这里的文化传承。在游览文化景点之余，不妨到公园和花园走走放松一下。

进入20世纪，魏玛又因“一战”后魏玛共和国宪法在这里起草而闻名于世，但这里已经几乎看不到有关这一历史时刻的任何标志了。与此同时，沃尔特·格罗皮乌斯（Walter Gropius）等前卫建筑师在此地发起了包豪斯设计运动。而城外不远处那座可怕的布痕瓦尔德集中营废墟，让人们不能忘记当年纳粹政权的恐怖暴行。

景点

首选 **歌德故居和国家博物馆** 博物馆

（Goethe Haus & National museum；Frauenplan 1；歌德故居和博物馆联票 成人/优惠 10.50/8.50欧元，仅限永久展品 成人/优惠6.50/5.50欧元；⊙周二至周五和周日9:00~18:00，周六至

布痕瓦尔德（BUCHENWALD）

布痕瓦尔德集中营**博物馆和纪念馆**（☎03643-4300; www.buchenwald.de; Ettersberg; ⏲建筑和展览 4月至10月 周二至周日10:00~18:00, 11月至次年3月 周二至周日16:00, 场地开放至日落）位于魏玛西北10公里处。在1937年至1945年，被囚禁于此的250,000人中有超过1/5的人丧生，其中就包括恩斯特•台尔曼（Ernst Thälmann）、鲁道夫•布赖特沙伊德（Rudolf Breitscheid）等优秀的德国共产主义者和社会民主人士。1943年后，囚犯们被迫在此制造武器。就在战争结束前夕，约28,000名犯人踏上了死亡行军的不归路。

战后，苏联建立了2号特别营（Special Camp No 2），约7000名囚犯在这里劳累致死。

书店里可以买到英语的小册子和书籍，这里也出租不错的多语种语音导游机（3欧元或5欧元，带图片）。闭馆前30分钟禁止入场。要看完这里的展览至少需要1个小时。

从魏玛出发，在歌德广场（Goetheplatz）搭乘6路公共汽车（布痕瓦尔德方向）。如果是自驾，在魏玛火车站沿Ettersburger Strasse向北行驶，然后在Blutstrasse左转。

19:00）一说到魏玛，人们第一个想到的就是约翰·沃尔夫冈·冯·歌德（Johann Wolfgang von Goethe）。他从1775年起一直生活在魏玛，直到1832年去世，他生命中最后的50年就在这里度过。如今，他曾经的住所变成了歌德故居。他当年就在这里工作、学习和研究，并创作出了一系列不朽的作品。他的书房和去世时的卧室都保存了原样。使用语音导游机（免费）可以获得更全面的了解。访客名额有限，门票也是限时的。

毗邻的博物馆提供了歌德的生活和时代背景资料。

席勒故居　博物馆

（Schiller Haus; Schillerstrasse 12; 成人/优惠5/4欧元; ⏲周二至周五和周日9:00~18:00, 周六至19:00）剧作家弗里德里希·冯·席勒（Friedrich von Schiller）是歌德的好友，他1799年来到魏玛，直到1805年英年早逝。在进入席勒的私人生活展区之前最好先了解一下他的生平及家庭生活，展区内包括他的书房，里面有席勒临终的卧床和他创作出《威廉·退尔》（*Wilhelm Tell*）及其他著名作品的书桌。

安娜•阿玛利亚公爵夫人图书馆　图书馆

（Herzogin Anna Amalia Bibliothek; www.klassik-stiftung.de; Platz der Demokratie 1; 成人/优惠 含语音导游6.50/5.50欧元; ⏲周二至周日9:30~14:30）安娜·阿玛利亚是一位生活在18世纪非常热爱艺术的公爵夫人，她的嗜好就是收集各种珍贵的书籍。展示这些书籍的图书馆华丽壮观，并于2004年大火后获得重建。华丽的洛可可大厅（Rokokosaal）中共有4万册藏书，歌德、席勒以及其他魏玛名人都曾前来借阅研读。进入图书馆有人数限制，门票限时，因此要提前预订，否则就得在售票处9:30开售前过来排队。

伊尔姆河畔公园　公园

这个面积巨大的公园坐落在老城东面，仍旧像歌德时代一样迷人和浪漫。**歌德花园故居**（Goethes Gartenhaus; Park an der Ilm; 成人/优惠4.50/3.50欧元; ⏲周三至周一10:00~18:00）是其中的一大亮点，1776年至1782年作家曾在这里居住。几十年后，作曲家弗朗茨·李斯特（Franz Liszt）来到这里，住在现今的**李斯特故居**（Liszt-Haus; Marienstrasse 17; 成人/优惠4/3欧元; ⏲4月至9月周二至周日10:00~18:00, 10月至次年3月 周六和周日至16:00），并在此创作出了《浮士德交响曲》（*Faust Symphony*）。

包豪斯博物馆　博物馆

（Bauhaus Museum; www.das-bauhaus-kommt.de; Theaterplatz; 成人/优惠4.50/3.50欧元; ⏲10:00~18:00）在魏玛诞生的包豪斯学派极富影响力，而它的博物馆却显得非常低调。

住宿

首选 Casa dei Colori 家庭旅馆 €€

(☎489 640; www.casa-colori.de; Eisfeld 1a; 房间84~114欧元; P 📶)这家独具魅力的家庭旅馆成功地将生机勃勃、欢乐怡人的地中海风格搬到了图林根。大多数房间足够宽敞，装饰色彩也很明亮醒目，房间里配有一张小书桌和几把舒适的椅子，还有时尚的浴室。

Labyrinth Hostel 青年旅舍 €

(☎811 822; www.weimar-hostel.com; Goetheplatz 6; 铺14~21欧元，标单/双35/46欧元，床上用品2.50欧元，早餐3欧元; @ 📶)这家旅舍由专业酒店团队运营，采用了许多新颖的设计，房间也是由艺术家设计的，床铺竟然就搭在几摞书做的床脚上。浴室和厨房是公用的，还有一个不错的公共露台。

Hotel Amalienhof 酒店 €€

(☎5490; www.amalienhof-weimar.de; Amalienstrasse 2; 标单67~75欧元，双97~105欧元，套115~130欧元; P 📶)这家酒店的魅力体现在许多方面：上好的古董家具，装修考究的客房稍带历史感，又不会让人觉得太过。自助早餐供应时间很晚，适合那些真正懂得享受度假的游客。

Hotel Elephant Weimar 豪华酒店 €€€

(☎8020; www.luxurycollection.com/elephant; Markt 19; 房间109~221欧元，套291欧元; P @ 📶)从你踏入高雅而富有艺术气息的大堂的那一刻起，就不难预感到这是一家将奢华进行到底的酒店。300多年来，这家老字号酒店为无数政治家、艺术家、学者和富人们提供了一流的服务和便利设施。

就餐

首选 Jo Hanns 德国菜 €€

(☎493 617; Scherfgasse 1; 主菜11.50~17.50欧元; ⏰11:00至午夜)这里有各种美食，它真正的过人之处还要数当地的130种葡萄酒。无论你是点牛排、烤羊肉或是扇贝、大虾配薄荷青柠意大利面，总可以选到一款合适的佐餐酒。

Versilia 意大利菜 €€

(☎770 359; www.versilia-weimar.de; Frauentorstrasse 17; 主菜17.50~23.50欧元; 意面6~8.50欧元; ⏰11:00至午夜)这家餐馆空间宽敞，同时也是个葡萄酒吧，供应美味的餐前小吃、自制意面和装盘精致的意大利主菜。

ACC 德国菜 €

(www.acc-cafe.de; Burgplatz 1; 菜肴5~10欧元; ⏰11:00至次日1:00; 📶)这家餐馆是歌德来魏玛后的第一站，现在它是一个有点另类、带有艺术氛围的好去处。这里的食物和红酒基本都是有机生产的，楼上的画廊展示着当地的艺术。老板还有一间客房和一套假日公寓（www.goethezimmer.de）出租，装修都很漂亮。

Estragon 健康食品 €

(Herderplatz 3; 汤3~5.50欧元; ⏰周一至周六10:00~19:00，周日正午18:00)有时候你需要一碗热气腾腾的汤，然后就浑身暖暖的，像一个好友的拥抱。这家餐馆会把各种有机食材制作成美味可口的汤品组合，分大中小碗。餐馆与一家小型有机食品超市在同一座建筑中。

Residenz-Café 各国风味 €€

(Grüner Markt 4; 主菜5~18欧元; ⏰8:00至次日1:00; 🖉)这是一家在魏玛一直都广受喜爱的咖啡馆，无论早餐、午餐、下午的蛋糕茶点或是晚餐，这里总能满足你的胃口。

实用信息

旅游局(☎7450; www.weimar.de; Markt 10; ⏰周一至周六9:30~19:00，周日至15:00)

到达和离开

只需步行20分钟就可以从市中心到达魏玛中央火车站。列车班次频繁，目的地包括爱尔福特（8欧元，15分钟）、爱森纳赫（14.40欧元，1小时）、莱比锡（22欧元，1.25小时）、德累斯顿（43

欧元，2.5 小时）和柏林中央火车站（54欧元，2.25小时）。

爱尔福特（Erfurt）

☎0361/人口205,000

图林根州首府。这里有宽阔的广场、古老的小巷、高耸的教堂塔楼、悠然的田园河景、怀旧的小旅馆和小酒馆，是一个迷人的地方。公元742年，具有奋斗精神的传教士圣波尼法爵（St Boniface）在格拉河（Gera River）河畔建立了爱尔福特主教辖区。到了1392年，富有的商人们在此建立起了最初的大学，让学生们有机会学习普世法律，而不是宗教戒条。该大学最著名的毕业生就是日后成为宗教改革者的马丁·路德，他曾经在这里学习哲学。1505年，他在当地的奥古斯丁修道院做了一名修道士。

景点

圣玛丽大教堂　　教堂

（St Mary's Cathedral; Domplatz; ⏲周一至周六9:00~18:00，周日13:00~18:00）圣玛丽大教堂（Mariendom）最初只是一个由圣波尼法爵建立的小礼拜堂，而如今你看到的这座哥特式宏伟建筑是14世纪的建筑风格。可以看看华丽的彩色玻璃窗、造于12世纪的Wolfram人形烛台、1497年的Gloriosa大钟、罗马风格的圣母泥像和14世纪的唱诗席。7月或8月的古典音乐节——**大教堂阶梯音乐节**（Domstufen-Festspiele; www.domstufen.de）——就是在这座教堂前的台阶上举办的。

塞维利教堂　　教堂

（Domplatz; ⏲周一至周六9:00~18:00，周日13:00~18:00）塞维利教堂（Severikirche，1280年）内部是一个建有五条走廊的大厅，陈设着很多珍贵的藏品，如圣母石像（1345年）、高15米的洗礼圣盆（1467年）和圣赛维鲁斯（St Severus）的石棺。

克雷默桥　　桥梁

（Krämerbrücke）大桥两侧房屋林立，虽说阿尔卑斯山脉以北有不少这样的桥梁，但这座中世纪的商人大桥仍然是最吸引人驻足的景点。在这里，你可以观察巧克力制作者、陶匠、首饰匠和其他的工匠在狭小的作坊里工作的场景，或者在咖啡馆喝点东西稍作休息。石桥两端曾各有一座教堂，但现在仅存一座阿吉迪恩教堂（Ägidienkirche）。教堂的塔楼不定期开放。

奥古斯丁修道院　　教堂

（Augustinerkloster, Augustinian Monastery; Augustinerstrasse 10，从Comthurgasse进入；团队游 成人/优惠6/4欧元；⏲每小时团队游周一至周六10:00至正午和14:00~17:00，周日11:00至正午）1501年至1511年，宗教改革者马丁·路德就居住在这里，并于1507年被授予圣职。这里的庭院和教堂可以免费参观，你可以去欣赏一下教堂里那如梦似幻的哥特式彩色玻璃窗。但只有参加导览游，才能进入修道院里参观回廊、新建的路德修道室以及有关圣经史和路德在爱尔福特生活的展览。你还可以在这里投宿。

彼得斯贝格城堡　　要塞

（Zitadelle Petersberg; 团队游 成人/优惠8/4欧元；⏲5月至10月周五和周六19:00）城堡坐落在大教堂广场（Domplatz）西北的彼得斯贝格（Petersberg）山上，是全欧洲最大、保存最完好的巴洛克式要塞之一。城堡地下隐藏着纵横交错的隧道，可以花上2小时参加旅游局组织的导览游，探索其中的奥秘。

老犹太教堂　　犹太教堂

（Alte Synagoge, Old Synagogue; http://alte-synagoge.erfurt.de; Waagegasse 8; 成人/优惠5/3欧元；⏲周二至周五10:00~17:00，周五至周日11:00~17:00）这座可以追溯到12世纪的教堂是欧洲最古老的犹太教堂之一。1349年犹太大屠杀之后，这里改建成了一个仓库，如今是展厅和博物馆。

住宿

首选 **Re_4 Hostel**　　青年旅舍 €

（☎600 0110; www.re4hostel.de;

值 得 一 游

爱森纳赫（EISENACH）

位于图林根森林边缘的爱森纳赫是约翰·塞巴斯蒂安·巴赫的出生地，但是对游客来说，这位伟大的作曲家也要排在雄踞于小镇高处的**瓦德堡**（www.wartburg-eisenach.de；团队游 成人/优惠9/5欧元，仅博物馆和路德书房5/4欧元；⌚团队游8:30~17:00，英语团队游13:30）之后。在此处游览至少需要预留2小时：导览游1小时，剩下的时间留给博物馆和自然美景吧。

一提到德国中世纪的城堡及其历史意义，首先就要想到瓦德堡。根据传说，第一批城堡是由一位名字有点搞笑的地方统治者路德维希•跳跃者（Ludwig the Springer）于1067年建造的，其目的是为了维护自己的领地。1206年，欧洲最出色的歌者为参加歌曲比赛而聚到一起［这简直就是中世纪的“超级偶像”（Pop Idol）］，这场比赛后来在理查德•瓦格纳（Richard Wagner）创作的歌剧《汤豪舍》（*Tannhäuser*）中成为永恒的经典。不久，伊丽莎白（Elisabeth）来到这里，成为了瓦德堡最有声望的女人。伊丽莎白是匈牙利的一位公主，4岁时就被嫁给了当地的一名伯爵。后来她放弃了宫廷生活，开始从事慈善事业。1235年去世后不久即被教廷封圣。

不过若论在这里居住过的最有名的人物还要数马丁•路德（Martin Luther），他在1521年被罗马教皇下令逐出教会后，曾化名容克•约尔格（Junker Jörg）藏匿于此。在10个月的逗留期间，他将圣经新约从希腊语翻译成德语，为德语书面语的发展作出了巨大的贡献。

同时，喜欢巴赫的旅行者应该进城参观**巴赫故居**（Bachhaus；www.bach haus.de；Frauenplan 21；成人/优惠7.50/4欧元；⌚10:00~18:00），这里有关于这位伟大作曲家生平和作品的现代展出。

4月至10月的9:00~17:00，乘坐每小时1班的10路公共汽车自中央火车站出发［途经卡尔广场（Karlsplatz）和玛利亚谷（Mariental）］至Eselstation车站，在那里沿陡峭的山路步行10分钟即可到达城堡。在冬季，如有需求可致电☎228 822，请求专门的巴士接站。

这里有班次频繁的地区列车前往爱尔福特（11.10欧元，45分钟）和魏玛（14.40欧元，1小时）。如果你想在一日游之后继续在此地盘桓，**旅游局**（☎792 30；www.eisenach.de；Markt 24；⌚周一至周五10:00~18:00，周六和周日至17:00）可以帮你寻找住宿。

Puschkinstrasse 21；铺13~16欧元，标单/双26/52欧元，不带浴室20/40欧元，床上用品2欧元；P@）这家酷酷的青年旅舍由警察局改建而成，有着一群精力充沛、精明能干的员工，他们都乐于帮你最大限度地享受在爱尔福特的时光。早餐加收4.50欧元。13号房间有令你意想不到的惊喜。旅舍位于中央火车站西南约1.5公里处（乘5路有轨电车至Pushkinstrasse站下车即到）。

Opera Hostel 青年旅舍 €

（☎6013 1360；www.opera-hostel.de；Walkmühlstrasse 13；铺13~18欧元，标单/双/标三45/54/75欧元，不带浴室37/48/66欧元，床上用品2.50欧元；@📶）这家位于历史建筑内的高档旅舍服务友善并且管理有序，在经济型游客中口碑很好。客房采光好，空间宽敞，很多客房内都配有沙发可供休息，你还可以在公用厨房和酒吧间里结识新朋友。从中央火车站乘51路公共汽车至Alte Oper站下车即到。

Hotel am Kaisersaal 酒店 €€

（☎658 560；www.bachmann-hotels.de；Futterstrasse 8；标单/双89/104欧元；P📶）这家高档酒店中客房一流，现代化设施应有尽有。如果街上噪音影响你休息，可以选择面朝庭院的客房居住。乘1路或5路有轨电车至

Futterstrasse站下车即到。

就餐

首选 **Zwiesel** 德国菜 €

(Michaelisstrasse 31；主菜6~9欧元；⌚周一至周四18:00至深夜，周五至周日15:00至深夜)没有那么多钱可供挥霍？不用担心，这家可靠餐馆价格低廉，一共25道售价仅5.95欧元的主菜，饮品价格也很合理。用牛臀肉烤制的牛排也只需8.95欧元，所有鸡尾酒一律4.90欧元。

Zum Goldenen Schwan 德国菜 €€

(Michaelisstrasse 9；小吃3~7欧元，主菜8~17欧元；⌚11:00至次日1:00)这家地道的客栈餐馆烹制的都是图林根传统美食，包括Puffbohnenpfanne(炸蚕豆配烤培根)，这是一道爱尔福特特色菜肴。精致的自酿美酒可以搭配各种菜式。

Steinhaus 德国菜 €

(Allerheiligenstrasse 20-21；主菜4~8欧元；⌚11:00至深夜，食物供应至午夜)这座美食酒吧兼啤酒花园位于历史气息浓厚的Engelsburg学生区，天花板的木梁也许已经年代久远，但是餐馆吸引的食客却不分老少。

实用信息

旅游局(☎664 00；www.erfurt-tourismus.de；Benediktsplatz1；⌚周一至周五10:00~19:00，周六至18:00，周日至16:00)

到达和当地交通

班次频繁的高速列车开往柏林(60欧元，2.5小时，在莱比锡换乘)、德累斯顿(51欧元，2.5小时)和美因河畔法兰克福(54欧元，2.25小时)。地区列车开往魏玛(5欧元，15分钟)和爱森纳赫(11.10欧元，45分钟)，每小时至少有1班。

3、4和6路有轨电车从中央火车站开出，经由Anger和Fishmarkt到达大教堂广场(Domplatz)。单程票价1.80欧元，一日通票4.20欧元。

萨克森-安哈尔特州 (SAXONY-ANHALT)

萨克森-安哈尔特州(Sachsen-Anhalt)曾是德国东部化工和露天煤矿中心，一度雾霾弥漫。今非昔比，如今这里已经摆脱了过往单调乏味的形象，尽管还不是特别时尚，但无疑比过去更加热闹了。只要你有一双善于发现的眼睛，你就会看到此地的美好、独特以及历史魅力。毕竟，神圣罗马帝国第一位皇帝奥托一世(Otto I)就长眠于马格德堡(Magdeburg)；马丁·路德在维滕贝格(Wittenberg)开启了宗教改革；几百年后，德绍(Dessau)的包豪斯学派为现代建筑设计带来了革命性的巨变。

马格德堡(Magdeburg)

☎0391/人口231,500

马格德堡总是擅长在古老和现代之间寻找平衡。作为德国最古老教堂的所在地，这座城市因已故奥地利建筑师百水(Friedensreich Hundertwasser)的最后一座争议性建筑而闻名。这里还有许多建于冷战时期的宽阔林荫路和Plattenbauten(成排的板楼)。哈瑟尔巴赫广场(Hasselbachplatz)周边的鹅卵石街道历史气息浓厚，路旁有许多咖啡馆和酒吧。

景点

大教堂 教堂

(Dom；www.magdeburgerdom.de；Am Dom 1；团队游 成人/优惠3/1.50欧元；⌚周一至周六10:00~18:00，周日11:30~18:00，团队游 周一至周六14:00，周日11:30)它是马格德堡的主要历史地标，可以追溯到公元937年。当时，奥托一世(912~973年)建立了本笃会(Benedictine)修道院，该修道院经过20年的发展演变，最后成为了一个完整的大教堂。奥托一世和他的英国妻子伊迪萨(Editha)就埋葬在这个布满艺术精品的教堂里，例如一座13世纪的**马格德堡处女**(Magdeburg Virgins)的精美雕塑和恩斯特·巴拉赫(Ernst Barlach)设计的让人过目难忘的反战纪念碑(antiwar memorial)。

绿色要塞 建筑

(Grüne Zitadelle, Green Citadel; ☎620 8655; www.gruene-zitadelle.de; Breiter Weg 9; 团队游 成人/优惠6/5欧元; ⏲信息处10:00~18:00, 团队游周一至周五11:00, 15:00和17:00, 周六和周日10:00~17:00每小时)竣工于2005年的百水遗作绿色要塞采用了嫩粉色调，屋顶种有树木，完美地体现了这位大师关于建筑要与自然高度和谐的设计理念。里面设有写字间、公寓和商店，还有一家小酒店和一家咖啡馆。只有德语团队游。

食宿

首选 **Grüne Zitadelle** 精品酒店 €€

(☎620 780; www.hotel-zitadelle.de; Breiter Weg 9; 标单105~135欧元，双125~145欧元，早餐11欧元; P❄📶)喜欢百水的游客可以在这些高雅的客房里欣赏这位建筑师对于非直线造型与有机建筑形式的偏好。附属的咖啡馆(菜肴4~5欧元，7:00~19:00营业)面向大众，供应早餐和简餐。

DJH Hostel 青年旅舍 €

(☎532 1010; www.jugendherberge.de/jh/magdeburg; Leiterstrasse 10; 铺/标单/双21/33/45欧元，27岁以上加收3欧元; P@📶)这是一家装修时尚、设施现代的旅舍，过人之处在于空间宽敞、设施齐全，虽然地处中心位置却非常安静。

Petriförder 各国风味 €€

(☎597 9600; www.restaurant-petrifoerder-magdeburg.eu; Petriförder 1; 主菜8~24欧元; ⏲周一至周五11:30开始营业，周六和周日10:00开始营业)这家复古风格的酒吧就位于易北河畔，菜品口味齐全，有意面、比萨、炸肉排，还有各种精心烹制的禽类、鱼类和牛羊肉菜肴。夏季，附近设有沙滩酒吧。

实用信息

旅游局(☎194 33; www.magdeburg-tourist.de; Ernst-Reuter-Allee 12; ⏲周一至周五10:00~18:30, 周六至16:00)

到达和离开

马格德堡有直达列车前往柏林中央火车站(27欧元,2小时)、莱比锡(27欧元，1.25小时)和德绍-罗斯劳(11.10欧元，50分钟)。前往路德城-维滕贝格(16.40欧元，70分钟)需在罗斯劳换乘。马格德堡位于通往柏林或汉诺威的A2公路以南，通往莱比锡的A14公路也途经此地。

德绍-罗斯劳(Dessau-Rosslau)

☎0340/人口87,000

德绍是影响深远的包豪斯学派所在地，该学派崇尚“少即是多”和“功能决定形式”的设计理念。1925年至1932年，包括沃尔特·格罗皮乌斯(Walter Gropius)、保罗·克利(Paul Klee)、瓦西里·康定斯基(Wassily Kandinsky)和路德维希·密斯·凡德罗(Ludwig Mies Van der Rohe)在内的20世纪伟大艺术家和建筑师将突破性的现代主义原则付诸实践。他们的设计至今仍在德绍傲然屹立，包括完美的包豪斯学院大厦、教师们的实用型住宅和其他开创性建筑。

景点

免费 **包豪斯大厦** 建筑

(Bauhausgebäude, Bauhaus Building; www.bauhaus-dessau.de; Gropiusallee 38; 展览 成人/优惠6/4欧元，团队游4/3欧元; ⏲10:00~18:00, 团队游 每日11:00和14:00，周六和周日正午和16:00)包豪斯学派的创始人沃尔特·格罗皮乌斯认为，所有艺术尝试的终极表现形式就是建筑，而这栋建筑就是他个人理念的第一个实体表现。该建筑具有革命性的创新意义，它将工业建筑的风格如幕墙和大跨度引入了公共建筑领域，并由此影响了全世界的无数建筑。

如今，部分房间被用作从事城市研究的学生们的教室，但是该建筑的大部分区域都对公众开放。礼品店出售各种新奇小玩意、书、海报和明信片，也提供英语语音导游出租（成人/优惠，4/3欧元）。注意，只有参加导览游，你才有机会看到最有趣的房间。

教员宿舍 建筑

（Meisterhäuser, Masters' Houses; www.meisterhaeuser.de; Ebertallee 63, 65-67和69-71; 3栋联票 成人/优惠7.50/5.50欧元，团队游11.50/8.50欧元；⏲周二至周日11:00~18:00，团队游 每日12:30和15:30，周六和周日13:30）格罗皮乌斯、莱昂内尔·法宁格（Lyonel Feininger）、格里奥格·穆赫（Georg Muche）、瓦西里·康定斯基、保罗·克利等包豪斯运动的主要人物曾在这些被称为Meisterhäuser的建筑中比邻而居。建筑本身是白色立体主义建筑，体现了包豪斯学派“为生活而设计”的现代设计理念。这些建筑位于郁郁葱葱的Ebertallee大街，从中央火车站向西步行15分钟即到。

食宿

在德绍-罗斯劳，你可以在包豪斯风格的建筑中就餐、畅饮和住宿。想尝试不一样的饮食，可以前往泽尔布斯特大街（Zerbster Strasse）。

首选 Hotel-Pension An den 7 Säulen 酒店 €

（☎619 620; www.pension7saeulen.de; Ebertallee 66; 标单47~56欧元，双62~74欧元；Ⓟ）这是一家小型家庭旅馆，经过整修的客房干净整洁；店主为人友善，花园赏心悦目，在早餐餐厅可以眺望绿树成荫的街道后面的教员宿舍。从中央火车站乘坐11路公共汽车，到Kornerhaus站下车，然后步行往回走到Ebertallee即到。

NH Dessau 酒店 €€

（☎251 40; www.nh-hotels.com; Zerbsterstrasse 29; 房间65~99欧元，早餐16欧元；Ⓟ❄@📶）这家被刷成灰白色的现代酒店位于通往市政厅和旅游局的步行街上。亮点在于顶层带露台的桑拿房。从火车站乘坐12路公共汽车到Zerberstrasse站下车。

Bauhaus Klub 咖啡馆 €

（Gropiusallee 38; 清淡菜肴3.50~8.90欧元；⏲周一至周五8:00至午夜，周六9:00至午夜，周日8:00~18:00；📶）咖啡馆位于一栋包豪斯风格建筑内，楼下气氛友好的咖啡馆和快餐店供应早餐、沙拉、小吃和火烤薄饼（也称阿尔萨斯比萨）。

首选 Pächterhaus 德国菜 €€

（☎650 1447; www.paechterhaus-dessau.de; Kirchstrasse 1; 主菜18~25欧元；⏲周二至周日午餐和晚餐）专程赶来的吃货们绝不会介意多绕一点路来这里，这栋精美的砖木农屋经过了重新装修，这里用应季和当地食材烹制的菜肴可以让人一饱口福。乘坐11路公共汽车到Kirchstrasse站下车即到。

实用信息

包豪斯基金会（Bauhaus Foundation; ☎650 8251; www.bauhaus-dessau.de; Gropiusallee 38; ⏲10:00~18:00）提供包豪斯建筑的有用信息和团队游，有时会有英语信息和团队游。

旅游局（☎204 1442，住宿220 3003; www.dessau-rosslau-tourismus.de; Zerbsterstrasse 2c; ⏲周一至周五10:00~18:00，周六至13:00）

到达和离开

前往柏林（36欧元，1.5小时）需在路德城-维滕贝格（7.50欧元，30分钟）换乘。地区直达列车到达莱比锡（11.10欧元，45 分钟）、哈勒（Halle,11.10欧元，55 分钟）和马格德堡（11.10欧元，50分钟）。

路德城-维滕贝格（Lutherstadt Wittenberg）

☎03491/人口49,500

正如城市名字所示，维滕贝格是第一个也是最重要的一个与马丁·路德（1483~1546年）相关的城市，这位修道士于1517年发表了95篇反对教堂腐败的论文，从而引发了德国的宗教改革。当时的维滕贝格正萌发着进步思潮，这里的教士可以结婚，而马丁·路德的好友、教育家菲利普·梅兰希通（Philipp Melanchthon）提倡女性入学读书。如今的维滕贝格对全世界包括6600万路德派教徒在内的3.4亿新教徒以及那些敬仰路德不惧权威坚持原则的勇气的人们来说意义重大。有时维滕贝格也被称为“新教徒的罗马”（Rome of the Protestants）。因为涉及宗教改革的遗址甚多，此地在1996年被联合国教科文组织列入《世界遗产名录》。

景点

路德故居 博物馆

（Lutherhaus；www.martinluther.de；Collegienstrasse 54；成人/优惠5/3欧元；9:00~18:00）路德一家的故居前身曾是一座修道院，里面的展览非常有趣，即便对宗教改革不感兴趣的人也可能会被吸引。展览采用了丰富多样的手段，如声情并茂的叙述（德语和英语）、聚光灯下的艺术品（例如他曾在城市教堂使用的讲台、赎罪箱、圣经和外衣）、著名的油画和多媒体互动展台，帮你更好地了解路德本人、他所处的时代和他对世界历史的影响。亮点包括餐厅里克拉纳赫的《十诫》（*Ten Commandments*）和1535年路德亲自装修的房间。

城堡教堂 教堂

（Schlosskirche，Castle Church；Schlossplatz；周一至周六10:00~18:00，周日11:30~18:00）历史上路德是否真的将95篇论文钉在了城堡教堂的大门上？我们已经无从考证了，因为1760年的大火烧毁了原来的大门，1858年换成了青铜大门，上面刻着拉丁文的路德文章。路德本人就葬在教堂讲坛的下面，对面则长眠着他的挚友和同为改革派的菲利普·梅兰希通。

圣玛利亚城市教堂 教堂

（Stadtkirche St Marien；Jüdenstrasse 35；周一至周日10:00~18:00，周日11:30~18:00）这座教堂是马丁·路德宗教改革的起点。1521年，这里举办了世界上第一个新教徒礼拜活动；1522年，路德在此宣讲了他的著名讲道词，并于三年后在此迎娶前修女卡塔琳娜·冯·博拉（Katharina von Bora）。教堂的核心景观是老卢卡斯·克拉纳赫和他的儿子共同设计的大圣坛。正对教堂中殿的一侧墙上描绘着圣经背景下的路德、梅兰希通和其他改革派人物，也包括克拉纳赫本人。

食宿

首选 Alte Canzley 酒店 €€

（429 190；www.alte-canzley.de；Schlossplatz 3-5；标单70~125欧元，双85~139欧元；P@）这家酒店坐落在城堡教堂对面一座14世纪的建筑里，是城里最物有所值的酒店。8个宽敞的客房都采用黑木和天然色调，均以著名历史人物的名字命名，而且配有小厨房。圆拱形的地下室里是萨克森-安哈尔特州第一家获认证的有机食品餐馆（菜肴7.20~23.90欧元）。

DJH Hostel 青年旅舍 €

（505 205；www.jugendherberge-wittenberg.de；Schlossstrasse 14/15；铺 不满/超过27岁19/22欧元，标单/双28.50/34欧元，床上用品3.50欧元；P@）这是维滕贝格一家非常出色的青年旅舍，拥有40间明亮的客房，每间最多可住6人，配有浴室、床头读书灯和私人储物柜。

Brauhaus Wittenberg 德国菜 €€

（Markt 6，Im Beyerhof；主菜6.90~15.90欧元；11:00~23:00）这家餐馆有一个铺满了鹅卵石的庭院、室内自酿酒吧和锃亮的铜酒桶，人们在这里边聊天边享受美好时光。菜肴普遍分量十足，不过也有适合节食者的小份。楼上有几间装修简单的空调房（单人间/双人间，57/79欧元）。

实用信息

旅游局（498 610；www.wittenberg.de；Schlossplatz 2；周一至周五9:00~18:00，周六和周日10:00~16:00）

到达和离开

维滕贝格处在通往哈勒和莱比锡（两个目的地均12.20欧元，1小时）的铁路干线上。ICE（30欧元，5分钟）和RE列车（€21.50，1.25小时）前往柏林。从柏林出发来此地，要注意登上的是前往“路德城-维滕贝格”（Lutherstadt Wittenberg）的列车，因为首都以西方向还有一个“维滕贝格”（Wittenberge）。

哈尔茨山（Harz Mountains）

哈尔茨山构成的小片高地横跨萨克森-安哈尔特州和下萨克森州。这里不仅有可以俯瞰童话般古镇的中世纪城堡，还有多处洞穴、矿区和不计其数的徒步路线待你去探索。

这个地区的最高最有名的山峰是布罗肯山（Brocken），曾来过此地的约翰·沃尔夫冈·冯·歌德将其写在了《浮士德》的“瓦普几司之夜”（Walpurgisnacht）这一场景中，他的灵感即来自那个关于女巫每年聚会之夜（Walpurgisnacht或Hexennacht）的民间传说。每年的4月30日至5月1日，整个哈尔茨地区都会举办瓦普几司之夜的热闹活动。

戈斯拉尔（GOSLAR）

☎05321/人口41,000

戈斯拉尔这座迷人的中世纪古城和它古老的拉梅尔斯贝格矿山（Rammelsberg mine）一起被联合国教科文组织列入了《世界遗产名录》。公元922年，海因里希一世（Heinrich I）建立了戈斯拉尔，它早期以发展银业为主，并且在1005年至1219年是萨克森国王行宫（Kaiserpfalz）所在地。14世纪和15世纪，在经历了第二次繁荣期后的戈斯拉尔开始逐渐走向衰落，这也反映了整个哈尔茨地区的命运。1552年，这里的矿山交让给了不伦瑞克（Braunschweig）。1802年，这个地区又为普鲁士所侵占。

景点

老城 街区

（Altstadt）在戈斯拉尔旅游最享受的事就是在集市广场周边历史悠久的街道上漫步。这里的**Hotel Kaiserworth**建于1494年，装饰着几乎与真人同样大小的人物雕像。**集市喷泉**上立着一只13世纪修建的、笨拙的鹰，象征着戈斯拉尔帝国自由城市的身份。在**市政厅**（Rathaus）对面有一座**钟楼**，展示的是当地的采矿劳作场景，在9:00、12:00、15:00和18:00时会有整点报时表演。

国王行宫 城堡

（Kaiserpfalz；Kaiserbleek 6；成人/优惠4.50/2.50欧元；⏰10:00~17:00）这座始建于11世纪、经历过重建的罗马式行宫是戈斯拉尔人的骄傲。行宫南端的**圣乌尔里希教堂**（St Ulrich Chapel）中藏有海因里希三世（Heinrich III）的心脏。行宫的地下是最近刚刚修复的**Domvorhalle**，展示着造于11世纪、德国皇帝们使用过的国王宝座（Kaiserstuhl）。

拉梅尔斯贝格博物馆和游客矿山 博物馆

（Rammelsberg Museum & Besucherbergwerk，Rammelsberg Museum & Visitors' Mine；www.rammelsberg.de；Bergtal 19；门票12欧元；⏰9:00~18:00，最后入场时间16:30）这座有着上千年历史的矿山位于镇中心以南约1公里处，矿井和附属建筑物现在是博物馆所在地，被联合国教科文组织列入《世界遗产名录》。门票含德语团队游以及一份介绍18世纪和19世纪勒德矿井（Roeder Shafts）、矿区铁路和矿石处理区的英文小册子。乘803路公共汽车可达。

食宿

首选 Hotel Kaiserworth 酒店 €€

（☎7090；www.kaiserworth.de；Markt 3；标单71~101欧元，双122~182欧元，标三172~207欧元；🅿🚭📶）这座拥有500年历史的雄伟建筑以前是一个商会大厦。酒店内有装饰考究的客房、一间很好的餐馆和一间一直营业到凌晨2:00或最后一位客人离开后才打烊的咖啡馆。

Gästehaus Schmitz 客栈 €

（☎234 45；www.schmitz-goslar.de；Kornstrasse 1；标单/双/标三45/60/75欧元；🅿）

客栈的风格有点诡异，不过是镇中心住宿的绝佳选择，特别适合精打细算或者想选择公寓式客房的游客。

Die Butterhanne 德国菜 €€

（www.butterhanne.de；Marktkirchhof 3；主菜8.50~14欧元；⏲8:30开始营业）这里的菜肴传统正宗，室外的座位也很舒适。餐馆的名字出自当地的一幅有名的壁画，描绘的是一位挤奶女工以边搅黄油边抓屁股的方式侮辱她的老板。

实用信息

旅游局（☎780 60；www.goslar.de；Markt 7；⏲周一至周五9:15~18:00，周六9:30~16:00，周日9:30~14:00）

到达和离开

巴德哈尔茨堡（Bad Harzburg）至汉诺威和不伦瑞克至哥廷根（Göttingen）的列车频繁在此地停靠。有直达列车前往韦尼格罗德（Wernigerode,9.10欧元，45分钟，每2小时1班），前往其他目的地需在菲嫩堡（Vienenburg）换乘。

B6公路向北通往希尔德斯海姆（Hildesheim），向东通往巴德哈尔茨堡、韦尼格罗德和奎德林堡（Quedlinburg）。经B82公路可抵南北向的A7公路。

奎德林堡（QUEDLINBURG）

☎03946/人口28,400

奎德林堡拥有1400多栋6世纪之久的石木结构民居，是你到哈尔茨地区游览必看的一大亮点。1994年，奎德林堡被列入联合国教科文组织世界文化遗产。自此以后，这里的人们开始逐步开展维护工作，以保护那些浪漫的鹅卵石街道两旁鳞次栉比、破旧不堪的建筑遗产。此地可以搭乘窄轨列车。

景点

奎德林堡有那么多历史建筑，哪怕只是在城里随意逛逛、感受一下这里的历史气息也是件惬意的事。

当地知识

窄轨铁路

共有三条窄轨铁路横贯哈尔茨地区，任意一条都可以让老火车迷和想体验非凡旅程的人们得偿所愿。这里长达140公里的综合铁路运输网堪称欧洲窄轨铁路之最，有25辆蒸汽火车头和10辆柴油火车头为此提供服务，它们能攀上1:2.5(40%)的坡度，转弯弧度半径达60米。

三条窄轨铁路线路如下：

哈尔茨铁路（Harzquerbahn）全程60公里，南北纵贯于韦尼格罗德和北豪森（Nordhausen）之间；其中长14公里的韦尼格罗德至德赖阿能霍讷（Drei Annen Hohne）路段共有72处转弯。

布罗肯山铁路（Brockenbahn）从枢纽站德赖阿能霍讷始发后，这辆经典款列车就要沿着德国北部最高山峰布罗肯山爬坡而上。韦尼格罗德和北豪森也有开往布罗肯山的直达列车。

塞尔克谷铁路（Selketalbahn）从奎德林堡始发，火车穿过平原开往格尔恩罗德（Gernrode），再沿着一条落叶林中的小河到达泽尔克谷（Selke Valley），翻越亚历克西斯巴德（Alexisbad）之后即可到达弗里德里希高地（Friedrichshöhe）周边的高原和其他更远的目的地。

可以从哈尔茨窄轨铁路（Harzer Schmalspurbahnen，☎03943-5580；www.hsb-wr.de）获取时刻表和相关信息。

圣塞瓦提乌斯修道院教堂 教堂

（Stiftskirche St Servatius；Schlossberg 1；成人/优惠4.50/3欧元，大教堂、珍宝馆、地下室和宫殿博物馆联票成人/优惠8.50/5.50欧元；⏲周二至周六10:00~18:00）该教堂修建于12世纪，是德国自罗马时期以来最重要的教堂之一。教堂的珍宝馆中有圣骨箱和早期的圣经读本，地下室中藏有早期壁画和王室陵寝。

宫殿博物馆 博物馆

（Schlossmuseum；Schlossberg 1；成人/优惠4/2.50欧元，大教堂、珍宝馆、地下室和宫殿博物馆联票 成人/优惠8.50/5.50欧元；⏲周二至周日10:00~18:00）一座文艺复兴风格的宫殿雄踞于奎德林堡一片25米的高地上，博物馆就藏身于宫殿之内。馆中展出了公元919至1056年奥托统治时期的物品。

砖木房博物馆 博物馆

（Fachwerkmuseum Ständebau；Wordgasse 3；成人/优惠3/2欧元；⏲周五至周三10:00~17:00）这是德国最早的砖木房，采用长而垂直的立柱建成。这座建于1310年的建筑上完美展示了这种建筑工艺。馆内还有建筑风格和技术方面的展览。

住宿

首选 **Romantik Hotel Theophano** 酒店 €€

（☎963 00；www.hoteltheophano.de；Markt 13-14；标单69欧元，双99~140欧元；P@Wi-Fi）在这家悠闲而朴素的酒店中，每间客房都有个性化装饰。大多数房间空间宽敞，居住舒适。但是无数的楼梯（无电梯）和低门槛也许会给一些游客带来不便。

DJH Hostel 青年旅舍 €

（☎03946-811 703；www.jugendherberge.de；Neuendorf 28；铺16.50~19.50欧元；床上用品3欧元）这是一家不错的青年旅舍，地处安静的中心位置，提供4人间和10人间。旅舍房间不多，因此夏季很快客满。

实用信息

旅游局（☎905 625；www.quedlinburg.de；Markt 2；⏲周一至周五9:30~18:00，周六至15:00，周日至14:00）

到达和离开

前往塔勒（Thale，2.20欧元，12分钟）的列车班次频繁。乘火车前往韦尼格罗德（9.10欧元，45分钟）需在哈尔贝尔斯塔特（Halberstadt）换乘。塞尔克谷铁路（Selketalbahn）窄轨列车前往格尔恩罗德（3欧元，15分钟）和其他更远的目的地。

梅克伦堡-前波美拉尼亚州（MECKLENBURG-VORPOMMERN）

梅克伦堡-前波美拉尼亚州既拥有什未林、维斯马和施特拉尔松德等汉莎同盟时期的历史城镇，也有像瓦尔内明德和吕根岛这样的度假胜地。这里往往会被国外游客所忽视，但其实一到夏季，会有很多德国人来到这里，要么懒洋洋地躺在沙滩上，要么坐在Strandkorb（形似篮子的海滩椅）打发时光。其他季节这里没有了熙攘的游客，无畏的旅行者们可以在这里获得更多发现的乐趣。

什未林（Schwerin）

☎0385/人口95,200

该州首府什未林具有一种符合自身地位的不卑不亢。市内七处湖泊风景如画，环绕着这座迷人城市的重要景点什未林宫。该宫殿建于14世纪，其时什未林正是梅克伦堡大公国的领地。城市不大，足可步行游览。如果赶时间，你可以在换乘列车的间隙来个半日游。不过什未林的美好和魅力总是那么富有感染力，很少会有人为在这里多花了点时间而后悔。

景点

什未林宫 城堡

（Schloss Schwerin；☎525 2920；www.schloss-schwerin.de；成人/儿童4/2.50欧元；⏲4月中旬至10月中旬10:00~18:00，10月中旬至次年4

月中旬 周二至周日10:00~17:00）无与伦比的什未林宫建筑风格复杂多样，哥特式和文艺复兴式的角楼、斯拉夫的洋葱状圆顶、奥斯曼风格装饰、汉莎同盟时期的赤褐色山墙，不一而足。宫殿顶部是一座金碧辉煌的穹顶。宫殿现为州议会所在地。

宫殿内部房间装饰豪华，亮点包括大量的迈森瓷器收藏和宫殿教堂（Schlosskirche）中五彩缤纷的玻璃窗。宫殿周围的城堡花园（Burggarten）中有一座橘园，内设一家餐馆和一家仅夏季营业的邻水露天咖啡馆。南面堤道的对面是运河环绕的巴洛克式宫殿花园（Schlossgarten）。

州立博物馆 博物馆

（Staatliches Museum；☎595 80；www.museum-schwerin.de；Alter Garten 3；成人/优惠8/6欧元；⏲4月至10月周二至周日10:00~18:00和周四正午至20:00，11月至次年3月周二至周日10:00~17:00和周四13:00~20:00）州立博物馆坐落在一栋壮观的新古典主义建筑中，展示有伦勃朗、鲁本斯和布吕赫尔（Brueghel）等古代大师杰作，也有老卢卡斯·克拉纳赫（Lucas Cranach the Elder）的油画以及马塞尔·杜尚（Marcel Duchamp）和恩斯特·巴拉赫（Ernst Barlach）更为现代的作品。

大教堂 教堂

（Dom；☎565 014；Am Dom 4；成人/儿童2/1欧元；⏲周一至周五11:00~15:00，周六11:00~16:00，周日正午至15:00）矗立于集市广场的哥特式大教堂建于14世纪，是德国北部红砖建筑的典范。教堂塔楼增建于19世纪，可以登至顶端（成人/儿童，1.50/0.50欧元）。在教堂内可以好好欣赏一下刻有精美雕花的长椅。

住宿

Zur guten Quelle 酒店 €

（☎565 985；www.zur-guten-quelle.m-vp.de；Schusterstrasse 12；标单54欧元起，双78欧元起；Ⓟ📶）这家酒店就在老城中一座漂亮的砖木房里，有6间简洁舒适的客房。酒店的传统餐馆和啤酒花园也非常有名。

Hotel Niederländischer Hof 酒店 €€

（☎591 100；www.niederlaendischer-hof.de；Karl-Marx-Strasse 12-13；标单84~124欧元，双125~170欧元；Ⓟ📶）从这座始建于1901年的酒店可以俯瞰普法芬湖（Pfaffenteich），共有33间配备黑色大理石浴室的雅致客房，还有一个明火取暖的图书馆和一家广受好评的餐馆。客房装饰风格多样，有传统豪华型，也有充满创意的海滨风情。

DJH Hostel 青年旅舍 €

（☎326 0006；www.jugendherberge.de；Waldschulweg 3；铺20欧元起）这是一家在学生群体中备受推崇的青年旅舍，有20个房间，共91张床铺。旅舍坐落在市中心以南一处树木茂密的安静之地。乘15路公共汽车可到达。

餐饮

Zum Stadtkrug 自酿酒吧 €€

（☎593 6693；www.altstadtbrauhaus.de；Wismarsche Strasse 126；主菜10~20欧元）这家小型自酿酒吧建于1936年，这里酿造的黑啤在整个德国都是数一数二的。酒馆里满是古老的酿造设备，也有气氛欢快的啤酒花园。菜品主打各式炸肉排和猪肉类主菜，所有菜肴都是精心烹制而成。三明治特别美味。

Weinhaus Wöhler 德国菜 €€

（☎555 830；www.weinhaus-woehler.de；Puschkinstrasse 26；主菜9~22欧元；📶）这家砖木房小旅馆有一个木屋餐厅、一个宽敞的有顶庭院和一个小吃/鸡尾酒吧，此外还提供6间客房（80~130欧元）。坐在露台的葡萄藤下品尝当地应季美食真是一种绝佳的享受。

Zum Freischütz 小酒馆

（www.zum-freischuetz.de；Ziegenmarkt 11；⏲周一至周五11:00至深夜，周六和周日18:00至深夜）这座别具特色的咖啡馆正对着什未林的老山羊市场，附近有一尊真山羊大小的山羊铜像。多层楼的小酒馆内饰古朴，摆设着有数十年历史的木椅。三明治、汤和各种特价菜肴一直供应到深夜。

实用信息

什未林信息中心（☎592 5212；www.schwerin.de；Markt 14；⏲4月至10月周一至周五9:00~19:00，周六和周日10:00~18:00，11月至次年3月周一至周五9:00~18:00，周六和周日10:00~16:00）

到达和离开

火车前往汉堡（27欧元起，1小时）、罗斯托克（20欧元起，1小时）、施特拉尔松德（33欧元，2小时）和维斯马（8欧元，30分钟）等目的地，还有往返于柏林（35欧元，2.25小时）的直达列车，班次不太多。

维斯马（Wismar）

☎03841/人口44,400

维斯马的潜力很早即被发现，早在13世纪就加入了汉沙同盟的强大贸易联盟。在长达几个世纪的时间里，这里不时地被归入瑞典统治。因此，城里的"瑞典头"（Swedish Heads）随处可见。2002年，整个老城区被联合国教科文组织列入《世界遗产名录》。与罗斯托克（Rostock）或施特拉尔松德相比，维斯马是个更为恬静的城市，不过在旅游旺季很容易人满为患。

景点和活动

老海港（Alter Hafen）的旧船迎着微风在海中摇摆，让人不由地想起昔日这里贸易的繁荣。在**Adler-Schiffe**（☎01805-123 344；www.adler-schiffe.de；成人/儿童9.50/5.50欧元；⏲4月至10月每日，11月至次年3月周末）可以乘车1小时在港口巡游。

集市广场　　广场

居于集市广场（Markt）中心最醒目的地标是建于1602年的**供水系统**（Wasserkunst），这口装饰华丽、有12个立面的水井在1897年之前一直为维斯马提供饮用水。水井后面是红砖建筑**老瑞典人**（Alter Schwede，1380年），它的阶梯式山墙非常显眼。如今这里有一家餐馆和一家客栈。

广场北侧是建于19世纪的市政厅（Rathaus），内有精彩的**市政厅历史展览**（Rathaus Historical Exhibition；成人/儿童2/1欧元；⏲10:00~18:00）。可以欣赏一下15世纪的壁画、有玻璃顶的中世纪水井和瑞典将军兰格尔（Wrangel）的精致棺木。

圣尼古拉教堂　　教堂

（St-Nikolai-Kirche；St-Nikolai-Kirchhof；www.kirchen-in-wismar.de；门票2欧元；⏲5月至9月8:00~20:00，4月和10月10:00~18:00，11月至次年3月11:00~16:00）"二战"前维斯马有三座雄伟的红砖教堂，但只有庄严的圣尼古拉教堂完好地保存了下来，它也是欧洲同类教堂中规模最大的一座。如今，教堂中还有一口圣洗池，这是从更为古老的圣玛利亚教堂（St-Marien-Kirche）移自此地的。

王侯院　　历史建筑

（Fürstenhof）这座经过重建的意大利文艺复兴时期的王侯院现在是市法院的所在地。建筑正面有大量赤褐色浮雕，描绘了各种民间传说和这座城市的历史。

瑞典头

"瑞典头"可不是用于组装宜家书架的东西。在维斯马，瑞典头指的是两座巴洛克风格的赫拉克勒斯（Hercules）半身雕像，这些雕像原来就竖立在海港入口处的系船柱上。

雕像头顶狮子当作帽子，有着浓密而卷曲的胡子，样子有点滑稽可笑。人们将它们视为海港或海港内航道建成的标志。原来的雕像在1902年被一艘芬兰驳船撞坏了，当时人们就制造了两个复制品。现在，其中一座雕像的原件被收藏在镇上的**历史博物馆**（Schabbellhaus，Schweinsbrücke8；www.schabbellhaus.de）中。请登录官网，查询最新信息。

食宿

每日9:00~18:00，在老海港沿岸的船上可以买到新鲜的海鲜。

首选 Hotel Reingard 酒店 €€

（☎284 972；www.hotel-reingard.de；Weberstrasse 18；标单68~72欧元，双98~102欧元；P）这家迷人的精品酒店有12间充满艺术气息的客房和一座枝繁叶茂的小花园，另外还有一些特别之处，例如每晚酒店对面都会有一场配有古典音乐的灯光表演。

Pension Chez Fasan 酒店 €

（☎213 425；www.unterkunft-pension-wismar.de；Bademutterstrasse 20a；标单/双25/47欧元，标单不带浴室22欧元）这家在集市广场以北仅隔一个街区的酒店是由3栋相通的楼房组成的，共有25间简洁却极其舒适的房间，绝对物超所值。接待处一般14:00~20:00营业，非接待时间抵达酒店的话要提前打电话告知。

Alter Schwede 海鲜 €

（☎283 552；主菜10~21欧元；⏲11:30至深夜；✎）波罗的海鳗鱼配香草土豆和芥末鲶鱼是这家地标式餐馆的特色菜。餐馆的门脸都可算成一处景点，不过门上的瑞典头复制品有些夸张。在街边找张餐桌坐下，可以欣赏集市广场上的活动。

To'n Zägenkrog 海鲜 €€

（☎282 716；www.ziegenkrug-wismar.de；Ziegenmarkt 10；主菜10~15欧元；⏲17:00~21:00）这家惬意的小酒馆建于1897年，主要供应各种美味的鱼类菜肴。酒馆里装饰着许多和航海相关的纪念品，从这里还可以欣赏到维斯马的海港景色。

实用信息

旅游局（☎251 3025；www.wismar.de；Am Markt 11；⏲4月至10月9:00~18:00，11月至次年3月周一至周六9:00~18:00，周日10:00~16:00）

到达和离开

每小时都有1班列车往返于罗斯托克（12欧元，70分钟）、什未林（8欧元，40分钟）和此地之间。

罗斯托克和瓦尔内明德（Rostock & Warnemünde）

☎0381/人口202,700

罗斯托克是波罗的海的主要港口和造船中心，历史上也曾是汉沙同盟的重要贸易城市。市中心的部分地区，特别是高普林纳大街（Kröpeliner Strasse）一带，仍保持着汉沙时期的风貌。

罗斯托克的主要郊区和重要景点是瓦尔内明德，位于市中心以北12公里处。瓦尔内明德宽广而多沙的海滩使这里成为了德国东部最受喜爱的海滨度假胜地之一，炎热的夏季沙滩上总是挤满了晒日光浴的人。

景点

城市的景点主要集中在新集市广场（Neuer Markt）和大学广场（Universitätsplatz）的步行区，游览这些景点只需几个小时的时间。

首选 圣母教堂 教堂

（☎453 325；www.marienkirche-rostock.de；Am Ziegenmarkt；要求捐献1.50欧元；⏲5月至9月周一至周六10:00~18:00，周日11:15~17:00，10月至次年4月周一至周六10:00~16:00，周日11:15至正午）建于1290年的圣母教堂（Marienkirche）是罗斯托克的骄傲，也是此地四座主要教堂经历"二战"后唯一一座毫发无损的教堂。教堂里值得注意的地方是一座12米高的天文钟（1470年至1472年建造）和一个铜制哥特式洗礼池（建于1290年）。

高普林纳大街和大学广场 广场

高普林纳大街（Kröpeliner Strasse）是一条鹅卵石铺就的宽阔步行区，街道两侧商店林立，还有很多15世纪和16世纪的民居。这条大街从新集市广场向西一直通往55米高的高普林纳城门。

步行街的中心是**大学广场**(Universitätsplatz),广场周围有许多隶属于大学的建筑物。西南端是建于13世纪的女修道院**圣十字修道院**(Kloster Zum Heiligen Kreuz),如今这里成为了**罗斯托克文化历史博物馆**(Kulturhistorisches Museum Rostock; ☎203 590; www.kulturhistorisches-museum-rostock.de; Klosterhof 7; 门票免费; ⏰周二至周日10:00~18:00),馆内藏品包括维多利亚时期的家具和恩斯特·巴拉赫的雕塑作品。

住宿

Hanse Hostel 青年旅舍 €

(☎128 6006; www.hanse-hostel.de; Doberaner Strasse 136; 铺14~18欧元,标单/双不带浴室24/44欧元,早餐4欧元;)这家由家庭经营的青年旅舍邻近罗斯托克的新潮酒吧和KTV区,包括两座建筑,设施齐全。最近增设的房间配有独立浴室(单人间/双人间35/56欧元)。从中央火车站出发,搭乘4路或5路有轨电车至Volkstheater站下车,即可到达。

Hotel Kleine Sonne 酒店 €€

(☎497 3153; www.die-kleine-sonne.de; Steinstrasse 7; 每人52~102欧元;)这家名叫"小太阳"的可爱酒店可谓名副其实,整体采用了极简主义的装饰风格,辅以明黄色和红色的细节点缀。客人可以使用附近Steigenberger Hotel Sonne的健身中心。

Hotel-Pension Zum Kater 客栈 €€

(☎548 210; www.pension-zum-kater.de; Alexandrinenstrasse 115; 标单/双72/100欧元起; P)从瓦尔内明德的海滩10分钟以内就能溜达到这家客栈,这里距海港还要更近。这家客栈温馨而舒适,不妨选择一个带露台的房间。住宿时间不长的话,房费可能略高。

就餐

罗斯托克的新集市广场和瓦尔内明德的港口基本上每天早晨都有摊贩贩卖鱼和香肠,非常鲜美。

Café Central 咖啡馆 €€

(☎490 4648; Leonhardstrasse 20; 主菜6~15欧元; ⏰10:00开始营业)Café Central在罗斯托克当地人中声誉甚高。学生、艺术家、时尚人士和白领都喜欢懒洋洋地靠在长椅上啜饮大杯饮料,或者与朋友们在街边的餐桌边闲谈。附近有很多有民族特色的实惠餐馆。咖啡馆位于高普林纳城门西北500米处。

Weineckeck Krahnstöver 小酒馆 €€

(Grosse Wasser Strasse 30; 主菜10~18欧元; ⏰周日不营业)这里既有酒馆氛围的葡萄酒吧,也有高雅的餐馆,都有很多本地的常客光顾。这里供应多种葡萄酒,你可以在黑木墙壁下那温暖怀旧的氛围中慢慢享用。

Zur Kogge 德国菜 €

(☎493 4493; www.zur-kogge.de; Wokrenterstrasse 27; 主菜9~17欧元; ⏰周一至周六11:00~21:00;)在这家罗斯托克餐馆内有舒适的木头小隔间,海洋风格的装饰,菜单主打当地鱼类美食。你也可以在用餐时间之外顺路到这里享用咖啡和蛋糕。这里还提供相当不错的儿童菜式。

Fischerklause 海鲜 €€

(☎525 16; www.fischer-klause.de; Am Strom 123; 主菜9~15欧元;)这是一座位于瓦尔内明德沿旧港口航道(Alter Strom)的一处旧渔夫小屋,装饰得像一个船舱,非常有趣,而且这儿的鱼做得汁味鲜美,所有总能吸引很多游客。

实用信息

旅游局(☎381 2222; www.rostock.de; Neuer Markt 3; ⏰周一至周五10:00~18:00,周六至周日至16:00,11月至次年4月时间缩短)

瓦尔内明德信息中心(☎548 000; www.warnemuende.de; Am Strom 59; ⏰周一至周五9:00~18:00,周六和周日10:00~16:00,11月至次年2月时间相应缩短)

到达和当地交通

瓦尔内明德的**远洋港**(Überseehafen; www.rostock-port.de)有前往丹麦、瑞典、拉脱维亚和芬兰的渡轮。

有前往柏林(38欧元起,2.5小时)和汉堡(33欧元,2.25小时)的列车,班次频繁,前往施特拉尔松德(15欧元,1小时)和什未林(20欧元,1小时)的列车每小时1班。

有轻轨列车(单程票价/一日通票2.70/5.40欧元,22分钟)往返于罗斯托克和瓦尔内明德之间,车次频繁。

施特拉尔松德(Stralsund)

☎03831/人口57,700

一来到此地,你会立刻感受到大海的气息。施特拉尔松德曾是汉莎同盟中仅次于吕贝克的第二大城市,有着明显的中世纪特征。除了雄伟的教堂和雅致的住宅之外,这个迷人的城镇中还有大量经典的哥特式红砖山墙建筑,而且在这里你可以很好地感受波罗的海风情。

景点

老集市广场

广场

(Alter Markt)施特拉尔松德华丽的**市政厅**(Rathaus)始建于1370年,有7座铜角楼和6面三角形的山墙。建筑北侧立面——也叫展示墙(Schauwand)——的上部有防止强风倾翻建筑的缺口。建筑内部有柱廊,在天窗下可以看到闪闪发亮的黑色柱子,柱子下面是布满雕刻和彩绘的基座;建筑西侧是一个装饰华丽的入口。

穿过市政厅东侧的走道,你就来到了建于1270年的**圣尼古拉教堂**(Nikolaikirche; ☎299 799; www.nikolai-stralsund.de; 成人/儿童2欧元/免费; ⏲5月至9月周一至周六9:00~19:00,周日13:00~17:00,10月至次年4月周一至周六10:00~18:00,周日13:00~17:00)的正门。它是效仿吕贝克的圣母教堂而建的,里面收藏了许多艺术瑰宝。由巴洛克艺术大师安德烈亚斯·施吕特(Andreas Schlüter)设计的**主祭坛**(main alter,1708年)描绘了环绕着小天使的上帝之眼,上面是一幅"最后的晚餐"。值得细看的还有宽6.7米、高4.2米的**圣坛**(high alter,1470年),它展示了耶稣的生平。圣坛后面是一座建造于1394年的**天文钟**(astronomical clock),已经不再运转了。

位于市政厅对面的是以一位市长名字命名的**Wulflamhaus**(Alter Markt 5),是一座建于15世纪的美丽的城市住宅。它的塔状阶式山墙是仿照市政厅建造的。

圣母教堂

教堂

(Marienkirche; ☎298 965; www.st-mariengemeinde-stralsund.de; ⏲4月至10月9:00~18:00)新集市广场的主要建筑是这座建于14世纪的雄伟壮观的圣母教堂,它是德国北部红砖建筑的又一非凡典范。你可以沿着陡峭的木制台阶登上教堂塔楼,俯瞰整个城镇及其一片片可爱的红瓦屋顶,甚至可以眺望吕根岛。那架17世纪的华丽**风琴**(organ)令人叹为观止。

首选 海洋馆

水族馆

(☎265 0610; www.ozeaneum.de; Hafeninsel Stralsund; 成人/儿童14/8欧元,与海洋博物馆联票18/11欧元; ⏲6月至9月中旬9:30~21:00,9月中旬至次年5月9:30~19:00)这座超赞的海洋馆(Ozeaneum)坐落在一栋纯白色的波浪形建筑中,在周围一片红砖仓库中尤其显眼。海洋馆将带你体验来自波罗的海、北海、大西洋和极地的水下世界。

海洋博物馆

水族馆

(Maritime Museum; ☎265 010; www.meeres museum.de; Katharinenberg 14~20; 成人/儿童7.50/5欧元,与海洋馆联票18/11欧元; ⏲6月至9月10:00~18:00,10月至次年5月10:00~17:00)海洋博物馆(Meeresmuseum)附属于海洋馆,位于一座13世纪的女修道院里,展览包括一个非常受欢迎的巨大的海龟缸和各种彩色热带鱼。

食宿

首选 Altstadt Hotel Peiss

酒店 €€

(☎303 580; www.altstadt-pension-peiss.de; Tribseer Strasse 15; 标单50~85欧元,双

55~115欧元；Ⓟ㊀🛜）这家明亮而迷人的客栈共有13个宽敞的房间，里面装饰着保罗·高更（Paul Gauguin）的画作，配有一尘不染的卫生间。这里的服务态度非常友好。酒店有露台、小花园还有自行车架，很多骑自行车的客人爱来这里。

Younior Hotel 青年旅舍

（☎0800-233 388 234；www.younior-hotel.de；Tribseer Damm 78；铺21~26欧元；Ⓟ㊀@）这栋建于1897年的宏伟的老建筑位于火车站附近一片开阔的公共用地上，曾经是施特拉尔松德铁路局所在地。变成了拥有300张床位的青年旅舍以后，这里又重新获得了生机。宿舍里有胶囊一般、舒适的三层床，各种娱乐设施包括客人专用酒吧、烧烤区和沙滩排球。

首选 **Restaurant**

Esszimmer 新派欧洲菜 €€€

（www.esszimmer-stralsund.de；Am Querkanal 5；午餐主菜12欧元起，晚餐套餐40欧元起；⏲正午至14:30，周四至周二17:30~22:30）Esszimmer的新鲜菜品不断更新，提供各种独具创意的当地时令美食，而且服务一流。夏季时，在街边的餐桌用餐还能听到海港上传来的阵阵钟声。

Hansekeller 德国菜 €€

（www.hansekeller-stralsund.de；Mönchstrasse 48；主菜8~16欧元）走进一道毫不起眼的拱门，再沿着楼梯往下，就来到了这家餐馆。这是一座16 世纪的交叉拱顶砖砌地下室，采用白炽灯和摇曳的烛光照明。在开放

值得一游

吕根岛

吕根岛（Rügen Island）是德国最大的岛屿，这里时而狂热，时而放松，时而疾风劲吹，时而天体主义，一切在这里都显得那么自然，因为这个传统度假胜地见证了德国现代与历史的方方面面。在19世纪时，爱因斯坦、俾斯麦、托马斯•曼（Thomas Mann）等名人就曾抛却俗务，来到这个广受喜爱的海滨度假胜地休闲放松。后来的纳粹和民主德国也都将吕根岛作为犒赏其忠诚成员的疗养之地。

最大也最出名的海滨度假村叫做宾兹（Binz），由位于沙滩和海边的多座19世纪的白色而精美的别墅组成，极具吸引力。北面是号称“世界最大度假营”的普罗拉（Prora），是当年纳粹围绕该岛一处最美丽的海滩建造的建筑群。

再往北的一片地势起伏的美景区是亚斯蒙德国家公园（Jasmund National Park），其中的亮点是施图本卡默（Stubbenkammer），那里有一直延伸向蔚蓝色大海的嶙峋突兀的白垩岩，还有吕根岛的最高点、117米的“国王宝座”（Königsstuhl），这里的景色曾为卡斯帕•大卫•弗里德里希（Caspar David Friedrich）等艺术家带来了无限灵感。欣赏这座山峰的最佳地点在东边几百米外的维多利亚观景点（Viktoria-Sicht）。

其他深受喜爱的旅行目的地还有被茂密森林环绕着的格拉尼茨狩猎行宫（Jagdschloss Granitz，1834年）和该岛北端卡普阿尔克纳海角（Kap Arkona）的双子灯塔。

吕根岛游客中心（Tourismuszentrale Rügen；www.ruegen.de）和位于宾兹的旅游局（www.ostseebad-binz.de；Kurverwaltung，Heinrich-Heine-Strasse 7；⏲2月至10月周一至周五9:00~18:00，周六至周日10:00~18:00，11月至次年2月周一至周五9:00~16:00，周六和周日10:00~16:00）处可以获得旅游信息。

宾兹与汉堡（58欧元，4小时）及更远目的地之间有直达城际列车（IC）往来，到施特拉尔松德（12欧元，50分钟）的列车每小时1班。岛上游览的最佳方式是自驾游览。

式厨房旁边就座，可以观看厨师们怎样准备当地特色美食。

Nur Fisch 海鲜 €€

（☎306 609；www.nurfisch.de；Heilgeiststrasse 92；主菜6~15欧元；⊙周一至周五10:00~18:00，周六11:00~14:00）这家餐厅式的法式小馆主要经营海鲜类食品，从鱼肉三明治、豪华海鲜拼盘到美味的西班牙海鲜饭，应有尽有。

实用信息

旅游局（☎246 90；www.stralsundtouris mus.de；Alter Markt 9；⊙5月至10月周一至周五10:00~18:00，周六和周日至16:00，11月至次年4月周一至周五10:00~17:00，周六至14:00）

到达和离开

至少每2小时就有1班的地区列车往返该地区与罗斯托克（15欧元，1小时）、柏林中央火车站（40欧元起，3.5小时）和其他城镇之间。

巴伐利亚州（BAVARIA）

从高耸入云的阿尔卑斯山到丰饶的多瑙河平原，巴伐利亚州的美景真的是名不虚传。那位古怪国王遗赠给后人的一座座童话般的城堡傲立于黑森林之上；鲜花点缀的牧场上传来牛铃清脆的声音；穿着皮短裤（lederhosen）的酒客们一边"啪啪"地拍着大腿，一边拿着酒花四溢的大酒杯（stein）"咣咣"地敲着木桌；城墙环绕的小镇依旧是中世纪的那副模样。

不过，风格多样的巴伐利亚州为我们展现的不仅仅是那种世外桃源般的景致。在慕尼黑，你可以了解该州最先进的汽车产业；在纽伦堡和贝希特斯加登（Berchtesgaden），你可以探索这里的纳粹历史；在维尔茨堡（Würzburg），你可以品尝世界顶级的葡萄酒；在拜罗伊特（Bayreuth），你可以追寻瓦格纳的足迹；在巴伐利亚的其他地方你还会发现更多的迷人景点。有些景区常被人说是可以"满足每个人的不同需求"，用这句话来描述巴伐利亚州一点也不为过。

慕尼黑（Munich）

☎089/人口1,380,000

慕尼黑是一座光怪陆离的繁荣的大城市。在这里，腰缠万贯、身穿名牌的上流阶层和穿着皮短裤、拍着大腿起舞的粗汉各得其所，地中海式街头咖啡馆与古色古香的啤酒馆相映成趣，高雅艺术与高新产业并行不悖。你所寻找的阿尔卑斯传统在巴伐利亚州的首府应有尽有，同时这里还有很多让你意想不到的别样魅力。

统计数字显示，慕尼黑的游客数量已经达到了历史新高，尤其是在夏季和啤酒节期间。适宜步行游览的市中心仍保留着小镇风情，当然还有包括画廊、博物馆和巴伐利亚皇室建筑瑰宝在内的很多世界级景观。

历史

慕尼黑的名字来自公元8世纪第一批定居于此的僧侣，不过直到1158年这座城市才第一次见诸正式文件。1240年，慕尼黑（和整个巴伐利亚）的统治权落到维特尔斯巴赫（Wittelsbach）王朝手里，后者的统治一直持续到1918年。

中世纪时，慕尼黑曾一度作为盐业贸易中心繁荣起来，但却因1349年爆发的一场瘟疫而备受打击。150年后当这场瘟疫终于平息时，当地的制筒工人（Schäffler）创造了一种仪式性的舞蹈来铭记自己的好运。玛利亚广场（Marienplatz）上有一座报时钟琴，里面的小人偶每天都会再现这种Schäfflertanz的情景。

到了19世纪初，如火如荼的建筑热潮使慕尼黑遍布壮观的建筑以及意大利风格的大道。特别是在路德维希一世（Ludwig I）统治下，这里的文化和艺术也逐渐繁荣。到了他的孙子路德维希二世（Ludwig II）统治时期，皇室的开销大增，他主持的包括奢华宫殿在内的许多大规模建筑项目让皇室几近破产，甚至威胁到政府的命运。颇具讽刺意味的是，这些建筑如今却为巴伐利亚州蓬勃发展的旅游业带来了滚滚财源。

到了1901年，慕尼黑的人口达到50万。但对这里大多数居民来说，20世纪真是充满了艰难坎坷。"一战"用饥饿扫荡了这座城市；后来纳粹在这里崛起，随之而来的"二战"让慕尼黑几乎毁灭殆尽。1972年在这里举办的奥运会也因恐怖分子劫持人质事件而以17人丧生的悲剧收场。

如今的慕尼黑以其高标准的生活质量和懂得享受生活而闻名，这里的百万富翁比率仅次于汉堡。

景点

老城（ALTSTADT）

玛利亚广场 广场

（Ⓢ Marienplatz）玛利亚广场（Marienplatz）是老城的中心，也是人们喜爱的集会场所，场地不大却很有特色。矗立在广场上的玛利亚圆柱（Mariensäule）是1638年为庆祝在"三十年战争"中德国人战胜瑞典军队而建的，圆柱顶端是一尊立于新月之上的圣母金像。

广场上的主要建筑是装饰繁复的新哥特式新市政厅（Neues Rathaus），该建筑的亮点是备受喜爱的钟楼（Glockenspiel），43个钟和32个人偶表演着两个真实的历史事件。上半部分讲述的是1568年为庆祝公爵威廉五世（Wilhelm V）迎娶洛林地区（Lothringen）的蕾娜塔（Renata）而举行的骑士比赛，下半部分刻画的是Schäfflertanz场景。在85米高的塔楼（成人/儿童2/1欧元；⏲周一至周五9:00~19:00，周六和周日10:00~19:00）上可以观看慕尼黑的地标建筑，若想省力气可以乘坐电梯。

老市政厅 历史建筑

（Old Town Hall； Marienplatz；Ⓢ Marienplatz；Ⓤ Marienplatz）老市政厅（Altes Rathaus）位于玛利亚广场的东侧。1938年11月9日，约瑟夫·戈培尔（Joseph Goebbels）在此处发表了充满仇恨的煽动性演讲，并触发了全国范围的"水晶之夜（Kristallnacht）"行动。如今，老市政厅里坐落着可爱的玩具博物馆（Spielzeugmuseum；www.toymuseum.de；Marienplatz 15；成人/儿童4/1欧元；⏲10:00~17:30），里面收集了大量欧洲和美国的稀有珍贵的玩具。

圣彼得教堂 教堂

（St Peterskirche，Church of St Peter；Rindermarkt 1；教堂门票免费，塔 成人/儿童1.50/1欧元；⏲塔 周一至周五9:00~17:30，周六和周日10:00起；Ⓢ Marienplatz；Ⓤ Marienplatz）登上约306级台阶，就来到了92米高的教堂塔楼顶端，这里可以饱览慕尼黑市中心的无上美景。这座教堂也被叫做"老彼得（Alter Peter）"，是慕尼黑最古老的教堂（1150年），堪称数世纪的艺术品教科书。亮点包括哥特式的圣马丁祭坛（St-Martin-Altar）、约翰·巴普蒂斯特·齐默尔曼（Johann Baptist Zimmermann）创作的巴洛克式天花板画和伊格纳兹·君特（Ignaz Günther）创作的洛可可式雕塑。

维克图阿连市场 市场

（⏲周一至周五和周六上午；Ⓢ Marienplatz；Ⓤ Marienplatz）维克图阿连市场（Viktualienmarkt）堪称一场味觉盛宴，是德国最棒的美食市场之一，这里的许多摊位都是由家族世代经营的。可以想见，物品的价格很高，不过考虑到食物的品质和稀有程度，也算物有所值。

免费 **皇家啤酒屋** 啤酒馆

（www.hofbraeuhaus.de；Am Platzl 9；Ⓢ Marienplatz；Ⓤ Marienplatz）即便是滴酒不沾、不落俗套的人也会出于纯粹的好奇被吸引到这家世界闻名的啤酒馆——皇家啤酒屋（Hofbräuhaus）。蜂拥而至的游客几乎遮掩了内部精美的装饰——室内中世纪的拱顶上装饰着鲜艳的花朵和巴伐利亚旗帜。

圣母教堂 教堂

（Frauenkirche，Church of Our Lady；Frauenplatz 1；塔 2欧元；⏲周六至周三7:00~19:00，周四至20:30，周五至18:00）这座建于15世纪的教堂是慕尼黑的精神中心。在市中心地段，没有一座建筑的高度能超过这座99米的地标性教堂。教堂有两座洋葱形的双子塔，4月至10月期间可以登上南塔俯瞰整座城市。

Central Munich 慕尼黑市中心

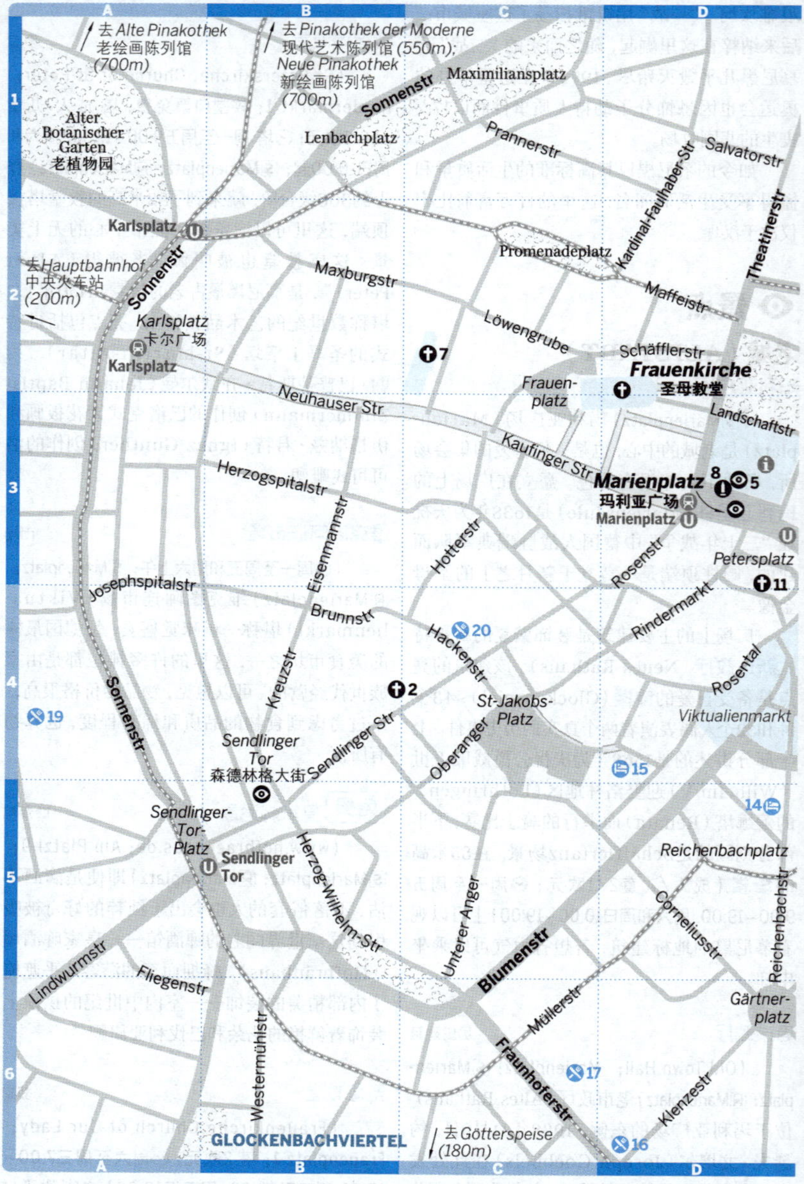

圣米迦勒教堂 教堂

（Church of St Michael; Kaufingerstrasse 52; 地下室门票2欧元; ⏲地下室周一至周五9:30~16:30，周六和周日9:30~14:30; Ⓢ Karlsplatz, 🚊Karlsplatz; 🚌Karlsplatz）圣米迦勒教堂（Michaelskirche）于1597年竣工，是当时阿尔卑斯山以北最大的文艺复兴式教堂。教堂内部的无支撑桶形穹顶相当壮观，但真正使教堂闻名的是地下室中路德维希二世的安息之处，这个简陋的陵寝常被鲜花簇拥。近些年

Central Munich
慕尼黑市中心

◎ 重要景点

圣母教堂 D2
玛利亚广场 D3
王宫博物馆 E2

◎ 景点

1 老市政厅 E3
2 阿萨姆教堂 B4
3 啤酒和十月啤酒节博物馆 F4
4 屈维利埃剧院 E1
5 钟楼 D3
6 皇家啤酒屋 F3
7 圣米迦勒教堂 C2
8 新市政厅塔楼 D3
9 皇宫珍宝馆 E2
10 玩具博物馆 E3
11 圣彼得教堂 D3
12 维克图阿连市场 E4

活动、课程和团队游

13 Mike's Bike Tours E3

住宿

14 Hotel am Viktualienmarkt D5
15 Hotel Blauer Bock D4

就餐

16 Bergwolf D6
17 Fraunhofer C6
18 Königsquelle F5
19 La Vecchia Masseria A4
20 Prinz Myshkin C4
21 Weisses Brauhaus E3

饮品

22 Hofbräuhaus F3

娱乐

22 Atomic Café F3

来，这座建筑一直在进行大量的修复工作。

啤酒和十月啤酒节博物馆 博物馆

（Bier & Oktoberfestmuseum, Beer & Oktoberfest Museum; www.bier-und-oktoberfestmuseum.de; Sterneckerstrasse 2; 成人/优惠4/2.50欧元; ◷周二至周六13:00～17:00; 🚉Isartor; 🚉Isartor）如果你不能亲历啤酒节，那么就来这座广受喜爱的博物馆，了解一下关于巴伐利亚啤酒和世界上最著名的啤酒节吧。这座4层楼的建筑里陈设着大量古老的酿酒桶、历史的照片以及一些最早期的啤酒节徽章。

阿萨姆教堂 教堂

（Asamkirche; Sendlinger Strasse 34;

不 要 错 过

王宫

慕尼黑的王宫恰到好处地反映了巴伐利亚统治者们的辉煌和权力，他们曾于1385年至1918年在此居住。占据整个宫殿一半空间的是珍宝云集的王宫博物馆（Residenzmuseum；☎290 671；www.residenz-muenchen.de；成人/儿童7欧元/免费，博物馆、珍宝馆、屈维利埃剧院联票13欧元/免费；⏲4月至10月中旬9:00~18:00，10月中旬至次年3月10:00~17:00）。首先前往洞庭（Grottenhof），此处有珀尔修斯喷泉（Perseusbrunnen），同名的雕像手拿滴水的美杜莎（Medusa）头颅。隔壁是著名的古董陈列馆（Antiquarium），当初建造这里的目的是陈列维特尔斯巴赫王朝（Wittelsbach）的大量古董收藏；带拱顶的圆形大厅镶嵌着许多壁画，被很多人视为阿尔卑斯山以北最精美的文艺复兴室内装饰。

楼上的选帝侯室（Kurfürstenzimmer）藏有一些极好的意大利肖像画，还有一条挂有24幅意大利风景画的走廊。楼上还有弗兰索瓦·屈维利埃（François Cuvilliés）设计的富贵套房（Reiche Zimmer），由6间富丽堂皇的洛可可式房间组成。祖先纪念廊（Ahnengallery）更是将洛可可风格的魔力发挥得淋漓尽致，这里按照时间顺序陈列着121幅巴伐利亚统治者肖像。还有洛可可式的石屋（Steinzimmer），里面有大量图案复杂、色彩绚丽的大理石装饰。

王宫博物馆的入口也通往王宫珍宝馆（Schatzkammer der Residenz；成人/优惠/18岁以下有家长陪同7欧元/6欧元/免费；⏲4月至10月中旬9:00~18:00，10月中旬至次年3月10:00~17:00），里面收藏着金牙签、精制宝剑、象牙微雕、金梳妆盒等各类价值连城的奇珍异宝。

另一处亮点是以建筑师的名字命名的屈维利埃剧院（Cuvilliés-Theater；成人/儿童3.50欧元/免费；⏲4月至7月和9月中旬至10月中旬周一至周六14:00~18:00，周日9:00开始，8月至9月中旬每日9:00~18:00，10月中旬至次年3月开放时间相应缩短），它是欧洲最美的洛可可式剧院之一。这里因为举办了莫扎特的歌剧《依多美尼欧》（*Idomeneo*）的首次公演而闻名于世，21世纪前10年中期开始的修复工作唤回了剧院昔日的辉煌，高雅的音乐剧和歌剧得以再次在这里上演。

ⓢSendlinger Tor，🚊Sendlinger Tor）这座巴洛克晚期风格的教堂建于1746年，虽然规模很小，但是一座丰富的宝库。教堂的缔造者是科斯马斯·达米安·阿萨姆（Cosmas Damian Asam）和埃吉德·基林·阿萨姆（Egid Quirin Asam）两兄弟，他们通过绘画、丘比特雕像、金箔装饰以及繁复的灰泥粉饰，将其出色的艺术才能浓缩进墙壁的每一寸空间。

马科斯城区、施瓦宾区和英国花园（MAXVORSTADT, SCHWABING & ENGLISCHER GARTEN）

老城以北的马科斯城区是慕尼黑顶级艺术博物馆聚集的艺术区（Kunstareal）。继续往前是咖啡馆林立的施瓦宾区，与巨大的英国花园毗邻。

老绘画陈列馆 艺术博物馆

（Alte Pinakothek；www.pinakothek.de；Barer Strasse 27；成人/儿童7/5欧元；周日1欧元，语音导游4.50欧元；⏲周二10:00~20:00，周三至周日至18:00；🚊Pinakotheken，🚊Pinakotheken）这里是欧洲古典艺术大师作品在慕尼黑的主要收藏地点，集中了14世纪和18世纪的所有大师作品。

馆内藏品以其品质和深度，尤其以德国大师老卢卡斯·克拉纳赫（Lucas Cranach）和阿尔布雷希特·丢勒（Albrecht Dürer）的作品闻名于世。该馆也收藏了鲁本斯（Rubens)的杰作，如高达6米、有专属大厅的《最后的审判》。馆内还有波提切利(Botticelli)、拉斐尔(Raphael)、提香(Titian)等许多意大利画家以及埃尔·格列柯(El Greco)、穆里罗(Murillo)、委拉斯开兹(Velázquez)等西班牙大师的作品。

新绘画陈列馆 艺术博物馆

(www.pinakothek.de; Barer Strasse 29; 成人/儿童7/5欧元，周日1欧元；⏲周四至周一10:00~18:00，周三至20:00；🚇Pinakotheken，🚇Pinakotheken)新绘画陈列馆(Neue Pinakothek)在收藏上与老绘画陈列馆形成了很好的互补，收有19世纪和20世纪早期的著名画作以及从洛可可到新艺术风格(Jugendstil)时期的雕塑作品。

所有家喻户晓的艺术家作品在这里都有展示，包括广受喜爱的莫奈(Monet)、塞尚(Cézanne)、德加(Degas)、凡·高(Van Gogh)等印象派艺术家。馆内令人印象深刻的展出还包括德国浪漫主义画家卡斯帕·大卫·弗里德里希(Caspar David Friedrich)的忧郁风景画以及当地艺术家卡尔·施皮茨韦格(Carl Spitzweg)和弗朗茨·伦巴赫(Franz Lenbach)的画作。

现代艺术陈列馆 艺术博物馆

(Pinakothek der Moderne; www.pinakothek.de; Barer Strasse 40; 成人/儿童10/7欧元，周日1欧元；⏲周二，周三和周五至周日10:00~18:00，周四10:00~20:00；🚇Pinakotheken，🚇Pinakotheken)这座巨大的现代艺术博物馆有壮观的4层内部结构，柔和的自然光线透过中心像眼睛一样的圆顶，笼罩着白色的画廊。

该馆包括4个主要展区，其中最有名的当属**州立现代艺术展**(State Gallery of Modern Art)，展示着诸如毕加索(Picasso)、克利(Klee)、达利(Dalí)和康定斯基(Kandinsky)等大师以及安迪·沃霍尔(Andy Warhol)、塞·托姆布雷(Cy Twombly)、约瑟夫·博伊斯(Joseph Beuys)等新晋艺术家的现代主义经典作品。

新收藏展(New Collection)对于喜欢复古艺术的人群来说颇具吸引力，主要展示的是从工业革命到新艺术和包豪斯学派时期再到当下的一些应用设计，例如德国大众汽车的"甲壳虫"(VW Beetles)、埃姆斯椅(Eames chairs)以及早期苹果电脑(Apple Macs)，还有一些产生于两次世界大战期间的主题不明确的展品，看上去就像是前卫乐队发电站(Kraftwerk)音乐视频中的怪异物件。

馆内还有**州立图纸收藏展**(State Graphics Collection)，展品包括出自列奥纳多·达·芬奇(Leonardo da Vinci)和保罗·塞尚(Paul Cézanne)等艺术大师之手的绘画、印刷品和版画。最后是**建筑博物馆**(Architecture Museum)，展示了巴洛克大师巴塔萨·诺伊曼(Balthasar Neumann)和包豪斯学派大师勒·柯布西耶(Le Corbusier)等人具有深远影响的作品。

首选 英国花园 花园

(🚇Universität)英国花园是欧洲最大的城市公园之一，甚至比伦敦的海德公园(Hyde Park)和纽约的中央公园(Central Park)还要大，同时它也是当地居民和游客们最喜欢去的地方。

数座历史建筑为这里增添了几分别样的趣味。慕尼黑最古老的啤酒花园的中心竟然会有一座修建于18世纪的**中国塔**(Chinesischer Turm)，当时整个欧洲都掀起了一股"东方热"。再往南的一座小山上矗立着**圆**

当地知识

不和冲浪说再见

慕尼黑因啤酒、香肠和冲浪而闻名。是的，你没看错。前往英国花园南部的Prinzregentenstrasse，你就会看到许多人趴在桥上为身穿冲浪衣的冒险者们捧场呐喊，这些勇士踏着爱斯巴赫河(Eisbach)里的人造海浪在冲浪板上做"hang 10"站立动作。虽然只是单个波浪，但玩起来效果相当不错。实际上，冲浪者本身就足以吸引很多游客，所以旅游局经常会把他们的英姿印在小册子上。

柱凉亭(Monopteros, 1838年),这是一座小型的希腊式神庙,很多人喜欢在这里拍照,游客们摩肩接踵地登上这里,都是为了一睹慕尼黑的天际线。

城区外围

宁芬堡 宫殿

(Schloss Nymphenburg; www.schloss-nymphenburg.de; 成人/儿童6/5欧元; ⌚4月至10月中旬9:00~18:00, 10月中旬至次年3月10:00~16:00; 🚇Schloss Nymphenburg)这座庄严的宫殿及华丽的花园占地面积较大,位于老城西北约5公里处。宫殿始建于1664年,最初是作为萨瓦省(Savoy)的选帝侯夫人阿德莱德(Adelaide)的别墅。在18世纪的时候,这座气宇不凡的建筑被扩建成为了皇室的避暑行宫。

宫殿主楼包括一个大别墅和两翼侧楼,房间保持着当初的豪华模样,铺着走起来吱嘎作响的镶木地板。自助游览的第一站——也是整个宫殿最大的亮点——就是美女画廊(Schönheitengalerie)。这座画廊一度坐落在卡洛琳王后(Queen Caroline)之前的寓所中,画廊墙上挂着约38幅美女肖像画,描绘的都是为路德维希一世所爱慕的女性。

顺着游览线路继续前行就到达了王后寝宫(Queen's Bedroom),卧室里至今仍然摆放着路德维希二世出生时的那张雪橇床;紧接着是国王寝宫(King's Chamber),立体的天顶壁画使得房间无比华丽。

主楼中还有马车博物馆(Marstall-museum; 成人/优惠4.50/3.50欧元; ⌚4月至10月中旬9:00~18:00, 10月中旬至次年3月10:00~16:00),里面展示着王室使用的马车和骑马装备,其中就包括路德维希二世的童话般的洛可可式雪橇,它采用了配有油灯的巧妙设计,以供他深夜出游时使用。

宝马博物馆 博物馆

(www.bmw-welt.de; 成人/儿童12/6欧元; ⌚周二至周日10:00~18:00)宝马博物馆(BMW Museum)和世界上任何一家汽车博物馆都不同。7个包括摩托车和赛车展区在内的主题展厅回顾了宝马生产线的发展历程。然而,这座独特建筑的内部设计——通过美妙曲线带来的复古意味、充满未来风格的架桥、广场以及巨大的背光屏幕墙——几乎抢走了展品的风头。

德意志博物馆 博物馆

(Deutsches Museum; ☎21 791; www.deutsches-museum.de; Museumsinsel 1; 成人/儿童8.50/3欧元; ⌚9:00~17:00; 🚇Deutsches Museum)在这座科技殿堂里花上几个小时,你一定会眼界大开,展品无疑会给求知欲旺盛的年轻人们带来很多惊喜。这里有许多互动展示(包括玻璃吹制和造纸)、现场展示和实验、煤矿和盐矿模型、迷人的洞穴壁画以及测地学、微电子学和天文学展品。在美妙的儿童王国(KinderReich; ⌚9:00~16:30)里有1000个活动项目,无论儿童尺寸的鼠标滚轮、可充分探索的消防车,还是各种各样的彩色积木,这里都应有尽有。

👉 团队游

Radius Tours 导览游

(☎543 487 7720; www.radiustours.com; opposite track 32, Hauptbahnhof; ⌚4月至10月8:30~18:00, 11月至次年3月至14:00)这里提供几种寓教于乐的英语团队游,包括2小时的无价慕尼黑城市漫步(Priceless Munich Walk; 费用凭个人意愿支付; ⌚每日10:00),2.5小时的希特勒与第三帝国团队游(Hitler & The Third Reich Tour; 成人/学生12/10欧元; ⌚4月至10月中旬15:00, 10月中旬至次年3月周五至周二11:30),还有3小时的干杯!美酒美食游(成人/学生29/27欧元; ⌚特定日期 18:00)。该公司也经营人气很高的新天鹅堡(Neuschwanstein)、萨尔茨堡(Salzburg)、达豪(Dachau)等地游览和一系列主题团队游。

Munich Walk Tours 步行游览

(☎2423 1767; www.munichwalktours.de; Arnulfstrasse 2; 团队游12欧元起)除了提供与其他公司基本相同的团队游项目并为其他公司团队游充当代理以外(见网站了解时间安排和价格),这里还出租自行车(每24小时15欧元),并在Thomas-Wimmer-Ring 1 提供上网服务(每45分钟1欧元)。

不要错过

慕尼黑啤酒节

每年都有大量的人来到慕尼黑参加啤酒节（www.oktoberfest.de）。这个节日在每年10月的第一个星期日之前15天开始，最好尽早预订住宿，在当天也要早一些去，这样你才能在飞机库大小的啤酒帐篷中抢到一席之地。活动在特蕾泽草地（Theresienwiese）进行，从中央火车站向西南方向步行约10分钟即到。虽然没有入场费，但1升售价9欧元的啤酒（叫做Mass）很容易使你的钱包变空。虽然节日的起源是1810年王储路德维希的婚礼庆典，但现在这种狂饮作乐与王室没有半点关系：会遇到借酒撒疯的醉汉，也会与醉汉交上朋友，夜晚一到所有的礼貌庄重就消失不见了，尽情狂欢吧。

几条建议：

» 当地人把草地叫做Wiesn。

» Hofbräu的啤酒帐篷里游客很多。

» Augustiner的啤酒帐篷里多是传统主义者。

» 传统的啤酒节啤酒应该是深古铜色；不要点针对游客的窖藏啤酒。

Mike's Bike Tours 自行车游

（☎2554 3987；www.mikesbiketours.com；departs Altes Rathaus，Marienplatz；团队游24欧元起）这家公司经营带导游的自行车团队游，出发地点在老城的玛利亚广场。标准团队游约4小时（有1小时的啤酒花园休息；不含午餐）。拓展团队游约7小时，骑行距离15公里。

City Bus 100 巴士游

这是普通市内公共汽车，起点是中央火车站，途经21家博物馆和画廊，终点是火车东站（Ostbahnhof）。

住宿

除非恰逢啤酒节或夏季旅游旺季，慕尼黑平时住宿并不紧张。但在忙季，提前预订确是明智之举。火车站周边单调乏味的街上有些价位适中的旅店。但建议最好不要在此歇脚，因为其他区域的酒店会更有氛围。

Hotel Blauer Bock 酒店 €€

（☎231 780；www.hotelblauerbock.de；Sebastiansplatz 9；标单55~99欧元，双90~153欧元；📶；S Marienplatz；U Marienplatz）这家简约的酒店距维克图阿连市场（Viktualienmarkt）只一箭之遥，而且是老城中价格最合算的酒店。最便宜的房间装修并不现代，有些设施甚至是公用的，而重新装修过的现代化套房都呈现出21世纪复古风。尽管在闹市区，这里所有的房间都很安静。酒店的餐馆非常棒。

Hotel Cocoon 设计酒店 €€

（☎5999 3907；www.hotel-cocoon.de；Lindwurmstrasse 35；标单/双79/99欧元；S Sendlinger Tor，U Sendlinger Tor）如果你喜欢复古设计，来这里就是正确的选择。前台的装饰是20世纪70年代的风格，还挂有20世纪60年代的球形悬椅。每间房的装修都完全一样，以酷感十足的橙色和绿色为基调，给人复古的感觉。玻璃淋浴室实际上就位于就寝区域内，中间只有一层印有阿尔卑斯草甸景色的朦胧薄纱遮挡。酒店的另一个连锁店Cocoon Stachus（Adolf-Kolping-Strasse 11）已于2012年开业。

Schiller 5 酒店 €€

（☎515 040；www.schiller5.com；Schillerstrasse 5；标单/双102/144欧元起；P ❄ 📶；S Hauptbahnhof，U Hauptbahnhof；🚊Hauptbahnhof）这间半公寓式酒店不仅有剪裁漂亮的垫子，每个房间里还配有设备齐全的小厨房、音响、咖啡机和超大号的床，这些

都会让你觉得物超所值。但街上的噪音可能有点美中不足。

Sofitel Munich Bayerpost 酒店 €€€

（☎599 480；www.sofitel.com；Bayerstrasse 12；标单/双140/160欧元起；P⊖❄@🏊；S Hauptbahnhof，🚊Hauptbahnhof Süd；🚌Hauptbahnhof）这家高档酒店简直将慕尼黑所有的优点——历史、创新、典雅以及生活艺术——全部囊括其中。一定要腾出时间去体验这里奢华的水疗，那岩洞似的浴场就位于天井的休息区。

Hotel am Viktualienmarkt 酒店 €€

（☎231 1090；www.hotel-am-viktualienmarkt.de；Utzschneiderstrasse 14；双50~120欧元；📶；S Marienplatz；🚌Marienplatz）店主Elke和她的女儿Stephanie很用心也很自豪地经营着这家不错的酒店。共有26个新式房间，其中最好的房间铺有木质地板，墙上还挂有带框的装饰画。这些条件再加上酒店位于市中心的绝好位置，都使这里成为上乘之选。

Meininger's 青年旅舍、酒店 €

（☎5499 8023；www.meininger-hostels.de；Landsbergerstrasse 20；铺/标单/双 不含早餐15/45/80欧元起；@📶🏊；🚊Holzapfelstrasse）这家旅舍兼酒店位于中央火车站以西约800米处，既有简洁干净的房间，也有宽敞的多人间，为了给入住客人提供更多私密空间，两种房型被安排在了不同的区域。价格会因时间、特殊活动和入住率不同而有很大浮动。早餐需另付4欧元，自行车租赁每天12欧元。

Hotelissimo Haberstock 酒店 €€

（☎557 855；www.hotelissimo.com；Schillerstrasse 4；标单/双74/104欧元起；📶；S Hauptbahnhof，🚊Hauptbahnhof；🚌Hauptbahnhof）这是一家物有所值的酒店，由一对夫妇经营，明快的装饰反映着他们丰富的想象力，也展示着他们对于颜色、织物和设计的偏好。

Wombats City Hostel Munich 青年旅舍 €

（☎5998 9180；www.wombats-hostels.com；Senefelderstrasse 1；铺12~24欧元，双70欧元起；@📶；S Hauptbahnhof，🚊Hauptbahnhof）这家由专业团队经营的旅舍位于火车站附近，有多达300个床位，另外还有单间。多人间配有浴室、安全结实的储物柜和舒服的松木双层床等全套设施。酒吧里可以喝到免费的迎宾饮料，不过早餐需额外付3.80欧元。

La Maison 设计酒店 €€

（☎3303 5550；www.hotel-la-maison.com；Occamstrasse 24；标单/双109/119欧元起；P⊖❄@；S Münchner Freiheit）这家酒店复古风格突出，房间装修时尚张扬，配有地暖的橡木地板、黑色的洗手盆和各种对比感强烈的设计。一层有间很不错的酒吧。

Gästehaus Englischer Garten 客栈 €€

（☎383 9410；www.hotelenglischergarten.de；Liebergesellstrasse 8；标单68~177欧元，双79~177欧元；P@📶；S Münchner Freiheit）这家客栈位于英国花园的边缘地带，坐落在一个有200年历史、爬满常春藤的磨房里。这家舒适的小型客栈是巴伐利亚风格的英式民宿，不是所有客房都配有浴室。早餐分量十足，还提供自行车租赁服务（每天12欧元）。

Hotel Mariandl 酒店 €€

（☎552 9100；www.mariandl.com；Goethestrasse 51；标单65~115欧元，双70~165欧元；S Sendlinger Tor，🚊Sendlinger Tor）如果你想要历史感中又带点古怪和离奇，那么这座有些凌乱的新哥特式酒店大楼肯定能让你如愿以偿。客房采用新艺术主义装修风格，摆设着精心挑选的古董，天花板带有装饰。在楼下维也纳风格的咖啡馆里，早餐供应到16:00，每晚有爵士乐或古典音乐的现场演出。

Hotel Uhland 酒店 €€

（☎543 350；www.hotel-uhland.de；Uhlandstrasse 1；标单/双69/87欧元起；P📶；S Theresienwiese）对于那些常住酒店且渴望宾至如归之感的客人们而言，Uhland是不二的选择。经营者一家三代人都为使顾客们满意而煞费苦心：这里有Wi-Fi、浴室电话、冰箱和自行车租赁服务,客人还可以自己冲调有机早餐麦片。

Tent 露营地 €

(☎141 4300; www.the-tent.com; In den Kirschen 30; 帐篷床铺/地面空间10.50/7.50欧元,帐篷11欧元起; ⊙6月至11月; 🚊Botanischer Garten)这块露营地位于宁芬堡宫以北1公里处,主要面向年轻人群,有普通的帐篷,还有一个容纳160个铺位的大帐篷,里面的地面空间和泡沫垫子可供那些精打细算的旅行者使用。

就餐

首选 **Fraunhofer** 巴伐利亚菜 €€

(Fraunhoferstrasse 9; 主菜7~17.50欧元; ⊙16:00至次日1:00; ✎; 🚊Müllerstrasse)这个很有特色的自酿啤酒屋位于市中心,踩上去吱吱作响的镶木地板、灰泥粉饰的天花板和木板装饰,一切仍保持着19世纪时的旧时模样。这里是品尝当地美食的最好的餐馆之一。菜单中还含有至少12道素食菜肴和当地出产的鱼类菜肴。

Prinz Myshkin 素食 €€

(☎265 596; www.prinzmyshkin.com; Hackenstrasse 2; 主菜10~17欧元; ⊙11:00至次日0:30; ✎; Ⓢ Marienplatz; 🚊Marienplatz)这里是慕尼黑最好的素食餐厅,由昔日酿酒坊改建而成。室内是带拱顶的开放式格局,但又特别具有私密性,餐厅里挤满了注重健康的食客。来这里跟他们一起品尝酸奶油豆腐、"拯救金枪鱼"比萨饼和汁味鲜美的咖喱菜肴等各种充满想象力的珍馐美味吧。

Wirtshaus in der Au 巴伐利亚菜 €€

(☎448 1400; Lilienstrasse 51; 主菜8~19欧元; ⊙周一至周五17:00至午夜,周六和周日10:00开始营业; 🚊Deutsches Museum)尽管这家传统的巴伐利亚餐馆有着很浓厚的21世纪氛围,但这里的招牌菜仍是历史悠久的饺子。这家宽敞的室内就餐区曾经是一个酿酒厂,现在这里装饰有厚实的瓷砖地板和高高的天花板,冬季还会有烧得噼啪作响的壁炉。春天来临的时候,这里的啤酒花园里会人满为患。

Königsquelle 阿尔卑斯菜 €€

(☎220 071; Baaderplatz 2; 主菜9~18欧元; ⊙晚餐; 🚊Isartor; 🚊Isartor)这家慕尼黑餐馆因其周到的服务、美味的菜品以及一个酒水种类齐全的硬木酒吧(麦芽威士忌品种很多)而颇受好评。手写的菜单带有明显的阿尔卑斯风格,从炸肉排到意大利扁面,从山羊奶酪到意大利肉馅卷,选择范围很大。

Tantris 精致美食 €€€

(☎361 9590; www.tantris.de; Johann-Fichte-Strasse 7; 套餐75欧元起; ⊙周二至周六午餐和晚餐; Ⓢ Dietlindenstrasse)Tantris的意思是"追求完美",这家餐厅是德国最著名的餐厅之一,因此它其实离完美并不遥远。餐厅室内设计是彻底的20世纪70年代风格,以大红、松露黑、明黄为基调。厨艺精尖,服务周到,还有个非常棒的葡萄酒窖。

Weisses Brauhaus 巴伐利亚菜 €€

(Tal 7; 主菜8~15欧元; Ⓢ Marienplatz; 🚊Marienplatz)从这家啤酒酿造屋美味的小牛肉香肠(Weisswurst)就可以想象其他的菜品一定也是值得期待的,佐餐的还有无与伦比的施耐德白啤(Schneider Weissbier)。晚餐的时候,餐厅里坐满了喝得面红耳赤的客人,他们大口大口地喝着麦芽酒,高谈阔论的声音与助兴的铜管乐队的声音此起彼伏,十分热闹。

La Vecchia Masseria 意大利菜 €€

(Mathildenstrasse 3; 主菜6~15欧元; ⊙11:30~12:30; Ⓢ Sendlinger Tor, 🚊Sendlinger Tor)这里是慕尼黑众多极具代表性的意大利餐馆之一,虽然有些吵闹,却也不失浪漫。这里朴实的木质餐桌、风格古旧的锡制水桶以及篮子和熨斗,都让人感觉好似置身亚平宁的农舍中。

Bergwolf 快餐 €

(Fraunhoferstrasse 17; ⊙周一至周四正午至次日2:00,周五和周六正午至16:00,周日正午至22:00,周日至周五15:00~18:00不营业;

Ⓢ Fraunhoferstrasse）夜猫子们都爱来这家休闲餐厅，这里的咖喱肠（Currywurst）非常可口，这是一种裹着诱人的咖喱番茄酱的切片辣味香肠和松脆的炸薯条简直是绝配，既可口又能预防宿醉。

Götterspeise 咖啡馆 €

（Jahnstrasse 30；小吃3欧元起；⏲周一至周五8:00~19:00，周六9:00~18:00；Ⓣ Müllerstrasse）这家咖啡馆名字的意思是"神的食物"，它指的就是这里最具诱惑力的美味——巧克力。这里有各种各样的巧克力，液态的和固态的都有。同时也供应茶、咖啡和蛋糕。而且我们非常喜欢门外为烟民们准备的小吸烟区。

Cafe an der Uni 咖啡馆 €

（Ludwigstrasse 24；小吃和主菜5~9欧元；⏲周一至周五8:00至次日1:00，周六和周日9:00开始营业；📶✎；Ⓢ Universität）任何时候来到这家迷人餐馆都会是一种美的享受。坐在与繁忙的Ludwigstrasse大街一墙之隔的可爱花园中，可以好好享受一顿早餐（一直供应到23:00，想防止宿醉的人有福啦）、一杯Java或者一杯窖藏啤酒（Helles）。

饮品

除了啤酒馆和啤酒花园，慕尼黑也不缺热闹的小酒馆。施瓦宾区和格洛肯巴赫区（Glockenbachviertel）两处都是欢饮之地。许多酒吧都提供食物，大多数营业至凌晨1点，周末打烊的时间更晚。

Alter Simpl 小酒馆

（Türkenstrasse 57；⏲周一至周五11:00至次日3:00，周六和周日11:00至次日4:00；Ⓣ Schellingstrasse）这家历史悠久的酒馆配有木框装饰，德国作家托马斯·曼（Thomas Mann）和赫尔

啤酒馆和啤酒花园

喝啤酒不仅是慕尼黑不可或缺的娱乐项目，它也是你来慕尼黑的原因之一。有的啤酒馆摆满了座位，同时接待数千位客人；也有的啤酒馆规模小得多，适合附近街区的人去随便坐坐。啤酒花园的情况差不多也是这样。在啤酒馆和啤酒花园最常见的一幕就是：喝着一升装啤酒、吃着椒盐烘饼和香肠的陌生人称兄道弟。啤酒花园通常允许自带食物，只要你坐在没有桌布的桌子边并且点些喝的就行。

以下是我们的首选推荐：

Augustiner Bräustuben（Landsberger Strasse 19；⏲10:00至午夜；Ⓣ Holzapfelstrasse）这家位于Augustiner酿造厂里的正宗啤酒馆提供超赞的巴伐利亚美食，尤其是美味的猪肘（Schweinshaxe）。去卫生间的路上可以看到玻璃墙后面拴着的黑色骏马。酒馆位于中央火车站以西约700米处。

Hofbräuhaus（Am Platzl 9；⏲9:00~23:30；Ⓢ Marienplatz，jKammerspiele；Ⓤ Marienplatz）这家啤酒馆堪称是慕尼黑啤酒馆的典范，旅行大巴会把游客一车一车地拉到这里，但好像谁都不会在意这一点。上楼看看那个小小的博物馆，感怀一下历史，或者小坐一会。

Hirschgarten（Hirschgartenallee 1；⏲11:00~23:00；Ⓣ Kriemhildenstrasse；Ⓤ Laim）是慕尼黑规模最大的啤酒花园，可以同时容纳8000位奥古斯丁啤酒爱好者而不显局促。它坐落于前皇家狩猎场中，从宁芬堡宫向南步行就可到达。

Chinesischer Turm（Chinese Tower；☎383 8730；Englischer Garten 3；⏲10:00~23:00；Ⓣ Chinesischer Turm；Ⓤ Tivolistrasse）是一家很难被忽略的啤酒花园，因为它是慕尼黑最古老的啤酒花园（1791年开始营业），而且还坐落在英国花园里。加入到形形色色的啤酒爱好者行列中来吧，坐在木质宝塔周围，边喝酒边欣赏那差强人意的现场音乐，这可能是世界上喝得最不清醒的一支铜管乐队了。

曼·黑塞(Hermann Hesse)曾经也造访过此地，如今这里仍然有一种挥之不去的书卷气。喝几杯爱尔兰窖藏啤酒，然后抱着一本大部头书籍蜷在沙发上慢慢阅读，真是种享受。

Baader Café 咖啡馆

(Baaderstrasse 47; ⌚9:30至次日1:00; 🚇Fraunhoferstrasse)这家让你可以边品尝咖啡边思考的地方总是吸引着各种年龄的人群，大家要么白天在这逗留喝杯咖啡，要么晚上来品尝一杯鸡尾酒。周日的早午餐很受欢迎。

Trachtenvogl 咖啡馆、休闲酒吧

(Reichenbachstrasse 47; ⌚周日至周四10:00至次日1:00，周五和周六至次日2:00; 🚇Fraunhoferstrasse)这里由一家当地的民族服装店改建而成，到了晚上这个热闹的地方会挤得水泄不通，深受那些健谈又爱喝酒的时尚人群、艺术家和学生们的青睐。白天的时候这里更加宁静柔和，能更好地品尝这里的各种热巧克力，还可以好好欣赏当年服装店留下来的布谷鸟钟和鹿角装饰。

☆ 娱乐

Kultfabrik 夜店

(www.kultfabrik.de; Grafingerstrasse 6; 🚇Ostbahnhof)这里以前是个饺子厂，现在变身为派对中心，共有十几个娱乐场所和数不清的快餐餐厅。**11er**有电子音乐和浩室音乐，**Titty Twister**有硬摇滚，**Refugium**是重金属风格。怀旧的人们可以在**Noa**、**Rafael**和**Q Club**尽情跳舞，而**Eddy's**则会播放乡村摇滚直到凌晨。

Münchner Philharmoniker 古典音乐

(☎480 980; www.mphil.de; Rosenheimer Strasse 5; 🚇Am Gasteig)慕尼黑的顶级管弦乐团会定期在嘉斯台文化中心(Gasteig Cultural Centre)表演。鉴于演出门票常常售罄，最好提前预订。

Jazzclub Unterfahrt im Einstein 蓝调、爵士乐

(☎448 2794; www.unterfahrt.de; Einsteinstrasse 42; Ⓢ Max-Weber-Platz)加入这里各色各样的人群吧，这家声名在外的俱乐部颇具亲切感，音乐风格从老式的比波普(Bebop)爵士乐到先锋的试验音乐应有尽有。周日的开放式即兴演出堪称经典。

Atomic Café 夜店

(www.atomic.de; Neuturmstrasse 5; ⌚周二至周六10:00开始营业; 🚇Kammerspiele)这座独立音乐的堡垒采用了时髦的20世纪60年代装饰风格，因其总能挖掘到具有明日之星潜质的乐队而为众人所熟知。这是个适合搞派对的地方，长期在周三上演的Britwoch堪称全城最火。

FC Bayern München 足球

(☎6993 1333www.fcbayern.de; Ⓢ Fröttmaning)这是德国最棒的球队，主场就在2006年为足球世界杯而修建的安联球场(Allian Arena)，场地一流。可在网上订票。

慕尼黑的同性恋文化

在慕尼黑的米勒大街(Müllerstrasse)和毗邻的格洛肯巴赫区(Glockenbachviertel)是同性恋尤为活跃的地段。留意一下免费的杂志*Our Munich*和*Sergej*，里面会有城市里最新的同性恋场所和同性恋群体的新闻。另外一个资源是网站www.gaymunich.de，其中一小部分有英文版。查询有关住宿的信息可以登录www.gaytouristoffice.com。

🛍 购物

慕尼黑除了连锁店和百货商店还有更多选择，是一个非常有趣也很有品位的购物之地。如果你想要逛连锁店和百货商店，可以去新市政厅大街(Neuhauser Strasse)和考芬格大街(Kaufingerstrasse)。这里东南方向的森德林格大街(Sendlinger Strasse)则有一些规模更小、更具特色的商店，包括一些零售店和和二手商场。

要想真正地享受购物的乐趣，就得去园

丁广场区（Gartnerplatzviertel）和格洛肯巴赫区，那里有很多精心设计的独立小店以及本地设计师精品店。其中特别推荐汉斯萨克斯大街（Hans-Sachs-Strasse）和莱兴巴赫大街（Reichenbachstrasse）。

在马科斯城区（Marxvorstadt）——特别是在土耳其大街（Türkenstrasse）——也有一些有趣的商店，那里的商品你在自己国内的高端商场里都找不到。

实用信息

旅游局（☎2339 6500；www.muenchen.de）有两个办事处：中央火车站办事处（Bahnhofplatz 2；⏰周一至周六9:00~20:00，周日10:00~18:00）和玛利亚广场办事处（Marienplatz 8，Neues Rathaus；⏰周一至周五10:00~19:00，周六至17:00，周日至14:00）。

城市旅游卡（City Tour Card，www.citytourcard-muenchen.com；1/3 日9.90/19.90欧元）包括内城（1至4区，交通地图上以白色标注）公共交通和在超过50处景点、团队游、餐馆和剧院享受10%至50%的折扣。可以通过部分酒店、旅游局以及地铁、轻轨和DB车站的售票机购买。

到达和离开

飞机

慕尼黑机场（MUC；www.munich-airport.de）又名弗朗茨·约瑟夫·施特劳斯机场（Flughafen Franz-Josef Strauss），在德国是仅次于法兰克福机场的第二大机场。每20分钟就有轻轨（S1和S8，10欧元，40分钟）和汉莎航空机场班车（10.50欧元，45分钟，5:00~20:00之间）前往中央火车站。出租车费用在50至70欧元之间。

注意：瑞安航空航班飞往的是位于梅明根（Memmingen）以西125公里的**阿尔高机场**（Allgäu Airport，www.allgaeu-airport.de）。每日有7班机场大巴往返于机场和中央火车站（13欧元，1.75小时）之间。

长途汽车

从慕尼黑可乘坐Europabus前往浪漫之路。中央火车站附近的**Sindbad**（☎5454 8989；Arnulfstrasse 20）提供该线路以及其他德国境内境外长途汽车时刻表和票价信息。长途汽车在位于轻轨Hackerbrücke站的**中央汽车站**（Zentraler Omnibusbahnhof，ZOB；Arnulfstrasse 21）发车。

小汽车和摩托车

慕尼黑有四通八达的高速公路网。A9公路通往纽伦堡，A8公路通往萨尔茨堡、乌尔姆、斯图加特，A95公路通往加米施-帕滕基兴（Garmisch-Partenkirchen）。

火车

从慕尼黑出发的列车前往巴伐利亚州内、德国境内与全欧洲许多城市和地区。所有列车均在中央火车站发车，车站的**Euraide**（www.euraide.de；1号服务台，Reisezentrum，Hauptbahnhof；⏰5月至7月周一至周五9:30~20:00，8月至次年4月周一至周五10:00~19:00）是一家会讲英语的代理商，服务态度友好，可以在此购买火车票以及进行各种预订，这里也提供德国境内外的个性化铁路旅行服务。

从慕尼黑出发的列车前往的目的地包括：

巴登-巴登（81欧元，5小时，每小时1班）在曼海姆（Mannheim）换乘。

柏林（121欧元，6小时，每2小时1班）

科隆（134欧元，4.5小时，每小时1班）

法兰克福（95欧元，3.25小时，每小时1班）

纽伦堡（52欧元，1.25小时，每小时1班）

布拉格（66欧元，5小时50分钟，每天1班）

维也纳（85.80欧元，4.5小时，每2小时1班）

维尔茨堡（67欧元，2小时，每小时2班）

当地交通

小汽车和摩托车

市中心的许多街道都是步行街，并不需要开车。旅游局提供全市停车场（停车费用每小时2欧元）的地图。

公共交通

MVV（www.mvv-muenchen.de）经营着慕尼黑高效的公共交通系统，包括公共汽车、有轨电车、地铁和轻轨。地铁和轻轨几乎全天24小时运行，只在凌晨2:00~4:00停运。

值得一游

达豪

达豪（达豪纪念馆遗址，Dachau Memorial Site；www.kz-gedenk staette-dachau.de；Alte Römerstrasse 75；门票免费，团队游3欧元；⌚9:00～17:00，周二至周日团队游 11:00和13:00）是第一个纳粹集中营，位于慕尼黑西北约16公里处，于1933年3月开始修建。超过200,000名犹太人、政治犯、同性恋和其他被认为"不受欢迎的"人被囚禁在这里；超过30,000人在这里死去。如果要更深入地了解，可在游客中心领取语音导览机（3.50欧元）或参加周二至周日11:00和13:00开始的2.5小时团队游（3欧元）。团队游览包括营地遗迹、纪念馆和令人震惊的博物馆等景点，博物馆内播放22分钟的英语纪录片（10:00、11:30、12:30、14:00和15:00），以与集中营有关的电影素材来揭示这里发生的一切。

从慕尼黑中央火车站乘坐S2列车前往达豪车站（双区票，5欧元），行程21分钟；然后从车站乘坐726路公共汽车（Saubachsiedlung方向）直接到集中营。车票需盖章并向司机出示。自驾的话，沿达豪大街（Dachauer Strasse）跟随KZ-Gedenkstätte标志指示直奔达豪。

全市分为4个区（达豪和机场除外），大多数景点都在内城（Innenraum），该区域在公共交通图上是以白色标出的。

短途出行（Kurzstrecke；公共汽车或有轨电车4站，或地铁或轻轨2站）票价1.20欧元，长途出行票价2.50欧元。6～14岁儿童票价均为1.20欧元。一日通票单人5.60欧元，团体票10.20欧元，最多五人同行。

在公共汽车司机处可购买单程票和一日通票，但地铁和轻轨车票及其他通票必须通过车站的售票机购买。有轨电车票在车上的售票机处购买。车票使用前必须盖章（验票）。逃票如被逮到，会被处以40欧元的罚款。

出租车

出租车（☎216 10）车费昂贵，与公共交通相比也没那么便捷。

巴伐利亚阿尔卑斯山（Bavarian Alps）

巴伐利亚阿尔卑斯山（Bayerische Alpen）从德国偏远的东南角向西一直延伸到康斯坦茨湖（Lake Constance）附近的阿尔高（Allgäu）地区，沿着奥地利的边境形成了一个绝美的天然分界线。南边的山脉可能更高，但是这里的山峰从山麓丘陵处陡然而起，其景象更为震撼。

这个地区处处是美丽的村庄和令人身心愉悦的矿泉疗养地，你还能体验到单板滑雪、双板滑雪、徒步、划独木舟、滑翔跳伞的乐趣。滑雪的季节约从12月下旬一直延续到次年4月。

加米施-帕滕基兴（GARMISCH-PARTENKIRCHEN）

☎08821/人口26,000

喜爱户外乐趣的旅行者和富有的上流阶层都喜欢这里，加米施-帕滕基兴是户外活动和城市生活两者兼得的度假胜地，位置得天独厚，距德国的最高峰、海拔2964米的楚格峰仅一箭之遥。加米施具有大都会的时尚感，而帕滕基兴则仍保留着一个传统阿尔卑斯山村的面貌。

⊙景点和活动

楚格峰 山

（Zugspitze；www.zugspitze.de）从德国屋脊上欣赏到的景色真叫人叹为观止，天气晴好的时候可以目及四个国家。滑雪和徒步旅行是这里的主要活动，不过登峰游览一样深受游客喜爱。早点启程以避开大批游客；如有可能的话，尽量避开拥挤的周末。

在加米施中央火车站旁的专用车站搭乘齿轨火车（Zahnradbahn）。火车会沿着山脚一直开到森林中的艾伯湖（Eibsee），然后转到一个山区隧道，一路到达**施尼弗纳冰川**（Schneeferner Glacier，2600米），在这里换乘**冰河缆车**（Gletscherbahn）即可到达峰顶。饱览风光之后，登上线路陡峭的**艾伯湖缆车**（Eibsee-Seilbahn），摇摇晃晃间10分钟即可返回艾伯湖。

大多数人上山乘火车，下山乘缆车，但是把顺序颠倒过来也无妨。两种方式全程票价均为冬季每位成人/儿童39/21.50欧元，夏季49.50/28欧元。冬季价格包括一日滑雪通票。

帕特纳赫谷 峡谷

（Partnachklamm；www.partnachklamm.eu；成人/儿童3/1.50欧元；10月至次年复活节9:00~17:00，复活节至9月8:00~18:00）这个地区的主要景点之一便是壮丽无比的帕特纳赫谷，这是一条长达700米的狭长山谷，两旁岩壁高达80米。游人可以沿着在岩壁上凿出的步行通道穿越峡谷。在冬季这条通道上方有冰柱和冰瀑，从下面穿过会有种特别震撼的感觉。

食宿

Hotel Garmischer Hof 酒店 €€

（9110；www.garmischer-hof.de；Chamonixstrasse 10；标单59~94欧元，双94~136欧元；）自1928年Seiwald家族开始经营这里的产业以来，无数登山者、滑雪者和阿尔卑斯山探险者都在这座好客的旅馆里下榻过。房间布置简单但很舒适，带拱顶的咖啡馆兼餐馆中供应早餐，另外还有一个桑拿房，可以缓解游客滑雪后的疲劳。

Hostel 2962 青年旅舍 €

（957 50；www.hostel2962.com；Partnachauenstrasse 3；铺/双20/60欧元起；）这间改建的酒店有镇上最便宜的四人间。如住多人间，早餐需加付6欧元。

Bräustüberl 德国菜 €€

（2312；Fürstenstrasse 23；主菜6~17欧元）从城中心走一段路就到了这家地道的巴伐利亚酒馆，在这里你能舒适地品尝一些地方小吃。这里的女服务员都身着巴伐利亚传统裙装（Dirndl），巨大的釉质煤炉使室内变得特别温暖。

山区交通

尽管公共交通网络发达，多山的地形仍然意味着主要山区景点间基本没有直达线路；有些时候取道奥地利更为快捷（如福森与加米施-帕滕基兴之间的道路）。长途汽车往往比火车更为便捷。对于自驾者来说，德国阿尔卑斯山之路（Deutsche Alpenstrasse）是一条值得一去的观景之路。

实用信息

旅游局（180 700；www.gapa.de；Richard-Strauss-Platz 2；周一至周六8:00~18:00，周日10:00至正午）

到达和离开

加米施有列车前往慕尼黑（19欧元，80分钟，每小时1班）和奥地利的因斯布鲁克（Innsbruck；15欧元，80分钟，每2小时1班），途经米滕瓦尔德（Mittenwald）。**RVO长途汽车9606**（www.rvo-bus.de）从火车站出发前往福森（Füssen，3欧元，2.5小时，每日5至6班），途经上阿默高（Oberammergau）和威斯教堂（Wieskirche）。

可以从慕尼黑出发取道A95公路直达此地。中心停车场位于会议中心（Kongresshaus，与旅游局相邻），费用每小时1欧元。

镇内公共汽车票价1.50欧元。租赁自行车可以联系**Fahrrad Ostler**（3362；Kreuzstrasse 1；每日/周10/50欧元起）。

上阿默高（OBERAMMERGAU）

08822/人口5230

静谧而神奇的上阿默高藏身于一个宽阔的山谷内，周围被幽暗的森林和有山顶积雪的上阿默高阿尔卑斯山（Ammergauer Alps）所环绕。小镇中心满是传统的彩绘房屋和木雕商店。每天都有一群怀着敬畏之情的游览者来这里了解这座小镇著名的**耶稣受难剧**

不要错过

威斯教堂

威斯教堂（☎08862-932 930；www.wieskirche.de；⏲8:00~17:00）简称"Wies"，是巴伐利亚最著名的巴洛克式教堂之一，被联合国教科文组织列入世界文化遗产。每年大约有100万名参观者涌向这里，观看这个华丽石膏线条构饰的建筑奇观。这座教堂的设计者是艺术家多米尼库斯（Dominikus）和约翰·巴普蒂斯特·齐默尔曼（Johann Baptist Zimmerman）两兄弟。

1730年，距福森东北30公里的施泰因加登（Steingaden）的一位农场主曾亲眼见证了他的基督雕像落泪的神迹。在接下来的十多年，大量的朝圣者涌入这座小镇，为此当地修道院院长专门建造了一座教堂放置这尊流泪的雕像。在这个近乎环形的建筑物内部有8根雪白的柱子，顶端都有金色的石质柱顶和旋涡状装饰物。17世纪中期时，这座没有任何支撑的穹顶看起来一定像是上帝的杰作，穹顶表面绘有一幅清淡柔和的壁画，描绘着基督的复活。

从福森出发的地区RVO73路长途汽车（www.rvo-bus.de）每天有6班前往这里。往返的Europabus也会在这里停靠，让你有足够的时间下车进行简单观赏，然后再回到车上。如果自驾的话，沿B17公路向东北方向行驶，然后在施泰因加登向右（东）转即是。

（Passion Play），该剧融合了歌剧、宗教仪式和好莱坞史诗大片等多种元素，从17世纪晚期开始上演，是村民们因逃脱瘟疫之劫而向上帝进行的一种集体感恩形式。一半的村民都会参与其中，他们会穿上为角色特地缝制的漂亮服装，留起头发和胡子（不允许戴假发和假胡子）。下一场表演要到2020年，但是参加**受难剧剧院**（Passionstheater；☎945 8833；Passionswiese 1；团队游和上阿默高博物馆联票 成人/儿童/优惠8/3/6欧元；⏲团队游4月至10月9:30~17:00）组织的团队游，你就可以看到戏剧使用的服装和布景。

上阿默高另一个有名的景点是**Lüftmalerei**。这是一座令人瞠目的房子，正面画着魔幻风格的图画。另外一个亮点是神奇的**Pilatushaus**（Ludwig-Thoma-Strasse 10；⏲5月至10月周二至周六15:00~17:00），当你靠近它的时候，会发现它的彩绘圆柱被突然变成3D效果。室内有一个画廊和几个工艺品作坊。

这座小镇也以它那精致的**木雕**（woodcarvings）而闻名。工艺作坊遍布于整个小镇。小到在一个核桃壳上展现耶稣降生的完整场景，大到雕刻真人大小的圣母玛利亚雕像，在技艺娴熟的手工艺人来说都不在话下。特产商店和**上阿默高博物馆**（Oberammergau Museum；☎941 36；www.oberammergaumuseum.de；Dorfstrasse 8；博物馆和受难剧剧院团队游联票 成人/儿童/优惠8/3/6欧元；⏲4月至10月周二至周日10:00~17:00）展示有许多木雕艺术精品。

上阿默高有一家**DJH 青年旅舍**（☎4114；www.oberammergau.jugendherberge.de；Malensteinweg 10；铺16.80欧元起）和多家客栈，包括性价比很高的**Gästehaus Richter**（☎935 765；www.gaestehaus-richter.de；Welfengasse 2；标单28~35欧元，双56~70欧元；📶），这里提供整洁的独卫客房、客用厨房、免费无线网络和分量十足的阿尔卑斯风味早餐。在教堂旁有新近整修的**Hotel Turmwirt**（☎926 00；www.turmwirt.de；Ettalerstrasse 2；标单/双75/99欧元；🚭）提供简单的商务标准客房，有些房间可以从阳台看到阿尔卑斯山的景观，房间里还摆满了木雕艺术品。

旅游局（☎922 740；www.ammergauer-alpen.de；Eugen-Papst-Strasse 9a；⏲周一至周五 9:00~18:00 周六 9:00~13:00）可以帮你找到住处。

往返于慕尼黑和上阿默高之间的列车每小时1班（在穆尔瑙换车；18.10欧元，1.75小时）。**RVO长途汽车9606**（www.rvo-bus.de）每小时1班途经埃塔尔（Ettal）直达加米施-

帕滕基兴，在Echelsbacher Brücke换乘可前往福森。

贝希特斯加登（BERCHTESGADEN）

☎08652/人口7600

充满轶事和传说的贝希特斯加登及其周围的乡村（贝希特斯加登县）美丽得不可思议。这里被六座雄伟的山脉围绕，德国第二高峰瓦茨曼峰（Watzmann，2713米）就在此处，这里有如梦如幻、冷杉成荫的山谷，也有潺潺的溪流和平静的阿尔卑斯村庄。

这个地区大部分都属于贝希特斯加登国家公园（Nationalpark Berchtesgaden），这里也是清新的国王湖（Königssee）——德国最美丽的湖泊之一——的所在地。不过，贝希特斯加登与纳粹也有着千丝万缕的联系，在上萨尔茨堡（Obersalzberg）文献博物馆里可以看到这段不堪的历史。希特勒的山顶居所鹰巢（the Eagle's Nest）如今也成为了本地的主要旅游景点。

景点和活动

国王湖 湖泊

碧绿而静谧的国王湖（Königssee）风景如画，坐船游览绝对会带给你一段无法忘怀的记忆。国王湖是德国海拔最高的湖泊（603米），在贝希特斯加登以南约5公里处，被陡峭的山壁环绕，湖水很深，波光粼粼，湖水可供饮用。约每小时1班的841路公共汽车从贝希特斯加登的中央火车站开至湖滨。

乘坐一艘**电动船**（www.seenschiffahrt.de；往返 成人/儿童13.30/6.70欧元）逃离喧闹的湖畔旅游村，去西岸的**圣巴尔多禄茂教堂**（St Bartholomä）游览一番，看看那里古雅的洋葱圆顶。船行至某处会停下来，船长面向回音壁吹起号角，声音会反弹七次，太神奇了！但在大雾天效果会比较差。从圣巴尔多禄茂教堂的码头有一条很好走的小径，通往奇妙的**漩涡洞穴**（Eiskapelle），行程约1小时。

首选 **上萨尔茨堡文献博物馆** 博物馆

（www.obersalzberg.de；Salzbergstrasse 41, Obersalzberg；成人/儿童3欧元/免费；⏲4月至10月每日9:00~17:00，11月至次年3月周二至周日10:00~15:00）1933年，安静的**上萨尔茨堡**（距贝希特斯加登镇3公里）山区别墅成为了希特勒政府在南方的总部，一段黑暗的历史自此拉开帷幕，而它就被完整地记录在了上萨尔茨堡文献博物馆（Dokumentation Obersalzberg）的展览中。展览讲述了纳粹恐怖统治的方方面面，其中包括希特勒近乎神话般的个人魅力、他的种族歧视政策、抵抗运动、外交政策和死亡集中营。每半小时1班的838路公共汽车从贝希特斯加登中央火车站开到这里。

鹰巢 历史遗迹

（☎2969；www.kehlsteinhaus.de；⏲5月中旬至10月）贝希特斯加登最阴森恐怖的景点非凯尔斯坦山（德语中对鹰巢的称呼）莫属。它是一座位于上萨尔茨堡的陡峭山峰，当年希特勒的心腹之一——马丁·鲍曼（Martin Bormann）为庆祝元首50岁生日，命令3000多名工人修建了这一外交会议室。盟军方面认为不值得大费周章对这里进行轰炸，所以鹰巢（Eagle's Nest）经历了"二战"仍完好无损。如今这里有一家餐馆，他们会把赢利捐给慈善事业。

要到这里来，需要先从中央火车站乘坐每半小时1班的838路公共汽车或者自驾到洲际酒店（Hotel InterContinental），之后私人交通工具就禁止进入了，你必须搭乘专门的**公共汽车**（成人/儿童，15.50/9欧元）上山（35分钟）。到山顶的最后124米需要登上一架漂亮的黄铜装饰升降机（电梯）。

鹰巢团队游（Eagle's Nest Tours；☎649 71；www.eagles-nest-tours.com；Königsseer Strasse 2；成人/儿童50/35欧元；⏲5月中旬至10月13:15）组织4个小时的英语团队游，可以借此了解上萨尔茨堡地区与纳粹有关的历史，团队游包括鹰巢和地堡等景点。建议预订。

Salzbergwerk 历史遗迹

（www.salzzeitreise.de；Bergwerkstrasse 83；成人/儿童15.50/9.50欧元；⏲5月至10月9:00~17:00，11月至次年4月11:00~15:00）这里曾是一个生产"白色金子"的地方，现在已经对游人开放，游客可以参加90分钟乐趣横生的团队游。孩子们特别喜欢穿上矿工的服装，在木质滑梯中呼啸而下。在矿坑底部的游览亮

希特勒的山居生活

在所有因第三帝国而蒙羞的德国城镇中，贝希特斯加登所背负的历史重担比其他地方都要大。在20世纪20年代，希特勒喜欢上了上萨尔茨堡这个地方，并在这里买下了一个小村院，后来扩建成威风的官邸区（Berghof）。

在1933年夺取政权后，希特勒在这里建立了第二总部，把纳粹其他高官也带到此地。他们买下或经常没收大片的土地，拆毁农舍，然后竖立起7英尺高的铁丝网。于是整个上萨尔茨堡都被封锁起来，成为了德国国家社会主义工人党（NSDAP，即纳粹）的南方总部。

在“二战”接近尾声之时，英国皇家空军将上萨尔茨堡的大部分夷为平地，不过希特勒在山顶的鹰巢却毫发无损。

点主要包括散发着神秘光芒的盐洞以及乘筏子渡过100长的地下盐水湖。

食宿

Hotel Bavaria 酒店 €€

（☎660 11；www.hotelbavaria.net；Sunklergässchen 11；房间50~130欧元；Ⓟ）这家酒店一个多世纪以来由同一家族经营，服务完善，营造浪漫的阿尔卑斯山生活氛围。客房里有镶褶边的窗帘、有罩盖床、心形镜和全实木的内部装饰。价格较高的5间客房有涡流浴缸。美味早餐包括气泡酒。

Holzkäfer 咖啡馆、酒吧€

（☎600 90；Buchenhöhe 40；菜肴4~9欧元；⏲周三至周一11:00至次日1:00）这座时尚的木质小屋位于上萨尔茨堡山坡上，是个很适合和喜欢热闹的当地人消磨时间的地方。室内有鹿角、雕刻饰品和黑檀木的小摆设。这里鲜嫩的烤猪肉、黑啤酒和弗兰克尼亚（Franconian）葡萄酒都很有名。

实用信息

旅游局（www.berchtesgaden.de；Königsseer Strasse 2；⏲4月至10月中旬8:30~18:00，周六至17:00，周日9:00~15:00，10月中旬至次年3月时间缩短）就在火车站的河对面。

到达和离开

从慕尼黑乘火车出行需要在弗莱拉辛格（Freilassing，30.90欧元，3小时，每天5班）换乘。贝希特斯加登和萨尔茨堡间最佳的交通方式是**RVO长途汽车**（www.rvo-bus.de）840路（45分钟），该线路每小时2班往返于两座城镇的火车站之间。贝希特斯加登位于慕尼黑至萨尔茨堡的A8高速公路以南。

浪漫之路
（Romantic Road）

总长约400公里的浪漫之路（Romantische Strasse）从维尔茨堡的葡萄园蜿蜒至阿尔卑斯山脚下，是目前德国最受欢迎的度假线路。每年都吸引着两百万游客的到来。这条路穿过二十几个市镇，包括罗滕堡（Rothenburg ob der Tauber）、丁克尔斯比尔（Dinkelsbühl）和奥格斯堡（Augsburg）。一路上会看到许多旅游大巴和迎合旅游者的俗套项目，但也同样能够感受到一种惬意和当地人的真诚好客。

到达和当地交通

虽然法兰克福是通往浪漫之路最受欢迎的出发点，不过如果你打算搭乘长途汽车的话，从慕尼黑出发也不错。

也可搭乘火车和当地公共汽车完成这一公路之旅，但是这样旅程就会变得很复杂、冗长而且缓慢，周末尤为如此。最好的方式是自驾游，不过也可以选择Deutsche Touring的**Europabus**（☎0171-653 2340719 126 268；www.touring-travel.eu），但夏天会特别拥挤。该长途汽车专线4月至10月每日有往来于法兰克福和福森（前往新天鹅堡）之间的班车，全程约12小时。中途下车次日继续乘坐没有额外收费。

可以购买该路线的短途票，旺季的周末需要预订。可以通过代理商、**Deutsche Touring**（www.touring.de）、慕尼黑的Euraide（见250页）和德国铁路设在火车站的游客中心进行预订。学生、儿童、老人和铁路通票持有者享受10%至50%的折扣。

福森(Füssen)

☎08362/人口14,200

坐落在阿尔卑斯山山麓的福森往往被赶往新天鹅堡和旧天鹅堡(这两座梦幻般的城堡都与国王路德维希二世有着千丝万缕的联系)的大量游客所忽略。城中有些巴洛克式的建筑,如果你决定在此过夜的话,不妨在天黑以后当地人数着日间的营业收入时,感受一下阿尔卑斯山的宁静。

景点

首选 新天鹅堡 城堡

(☎930 830; www.hohenschwangau.de; 成人/优惠12/11欧元,与旧天鹅堡联票23/21欧元; ⌚4月至9月8:00~17:00,10月至次年3月9:00~15:00)童话似的新天鹅堡(Schloss Neuschwanstein)是世界上最著名的城堡,也是迪斯尼城堡的原型。它如海市蜃楼一般,透过山顶的雾气展现在人们眼前。

国王路德维希二世在一位舞台设计师(而非建筑师)的帮助下亲自设计了这个城堡,这让我们得以窥见这位国王的奇思妙想。路德维希希望他的这个"面子工程"成为一个巨大的舞台,通过上演理查德·瓦格纳(Richard Wagner)的戏剧作品来再现日耳曼的神话世界。城堡的核心建筑是奢华的**歌咏厅**(Sängersaal),它满足了国王对瓦格纳和中世纪骑士的迷恋。大厅的壁画描述了歌剧《汤豪舍》(*Tannhäuser*)中的场景。

其他完成的部分包括路德维希的《特里斯坦与伊索尔德》(*Tristan and Isolde*)歌剧的主题卧室,房间被一张冠以精雕细琢的教堂式尖顶的哥特式大床所占据;一个华丽的人造洞穴(《汤豪舍》的另一幕场景);还有拜占庭风格的**御座厅**(Thronsaal),这里的镶嵌式马赛克地板用去了两百多万块石头。

在团队游的最后,游客们可以看一场关于城堡及其创造者的电影,时长20分钟。这里还有一个定价合理的咖啡馆和一个不容错过的礼品店。

为了欣赏到新天鹅堡和远处平原如画般的景色,你可以走10分钟到**玛利亚桥**(Marienbrücke),该桥横跨壮丽的波拉特峡谷(Pöllat Gorge),峡谷下方的瀑布就位于天鹅堡的上方。据说路德维希喜欢天黑后来这里,观赏歌咏厅里摇曳的烛光。

旧天鹅堡 城堡

(☎930 830; www.hohenschwangau.de; 成人/优惠12/11欧元,与新天鹅堡联票23/21欧元; ⌚4月至9月8:00~17:30,10月至次年3月9:00~15:30)路德维希在金碧辉煌的旧天鹅堡(Schloss Hohenschwangau)度过了他的成长阶段。旧天鹅堡远不及新天鹅堡那样张扬,而是带有明显的生活气息,而且每一件家具都是原件。路德维希的父亲去世后,他对旧天鹅堡进行的主要改动就是在他卧室的天花板上画上了一些星星,并通过隐藏的油灯使其发光。一些房间里有描绘德国历史和传说的壁画[包括天鹅骑士罗恩格林(Lohengrin)的故事]。城堡中的天鹅主题贯穿始终。

巴伐利亚国王博物馆 博物馆

(Museum der Bayerischen Könige, Museum of the Bavarian Kings; www.museumderbayerischenkoenige.de; Alpseestrasse 27; 成人/优惠8.50/7欧元; ⌚4月至9月8:00~19:00,10月至次年3月10:00~18:00)博物馆建筑本身令人惊叹,里面展示了很多巴伐利亚第一家族的历史资料。从大窗户边上能越过湖泊欣赏到阿尔卑斯山的景色,这美景几乎与皇室珍宝一样令

> **i 游览城堡**
>
> 游览新天鹅堡和旧天鹅堡都必须要参加导览游(德语或英语),时长约35分钟。限时门票只能在城堡脚下的**票务中心**(☎930 40; www.hohenschwangau.de; Alpenseestrasse 12; ⌚售票 4月至9月8:00~17:00, 10月至次年3月9:00~15:00)购买。在夏季,最好早上8点就到,以确保你在当天可以进入城堡。
>
> 慕尼黑的所有旅游公司都经营城堡一日游。

人叹为观止，展品中包括路德维希二世著名的蓝金色长袍。

食宿

Altstadt Hotel zum Hechten 酒店 €€

（☎916 00；www.hotel-hechten.com；Ritterstrasse 6；标单59~65欧元，双90~99欧元；📶）福森最古老的酒店之一，这里充满乐趣。公共区域保持了传统风格，但大部分卧室通风采光都很好，还有色调明快的装饰。楼下的餐馆在福森算是不错的。

Franziskaner Stüberl 巴伐利亚菜 €€

（☎371 24；Kemptener Strasse 1；主菜5.50~15欧元；⏰午餐和晚餐）这是家古色古香的餐馆，特色菜是烤猪肘（Schweinshaxe）和炸肉排，而且品种多得让人眼花缭乱。素食者可以点美味的奶酪鸡蛋面（Käsespätzle）和分量十足的沙拉。

实用信息

旅游局（☎938 50；www.fuessen.de；Kaiser-Maximillian-Platz 1；⏰周一至周五9:00~17:00，周六10:00~14:00，周日10:00至正午）

到达和离开

抵离慕尼黑的列车（24欧元，2小时）每2小时1班。RVO公共汽车78路和73路往返于城堡和福森火车站（4欧元 往返）之间。

Europabus长途汽车（见255页）早上8:00点在福森火车站外的3号站出发。晚上20:00点之后抵达福森。

奥格斯堡（Augsburg）

☎0821/人口264,700

奥格斯堡是浪漫之路上最大的城市，也是德国最古老的城市之一，由罗马皇帝奥古斯都的继子于2000多年以前建立。如今，奥格斯堡是一座活跃的郡府城市，境内有纵横交错的河流，充满了迷人的气息和活力。从慕尼黑来此进行一日游非常不错，而且这里也是浪漫之路上很有魅力的一站。

景点

留意建于17世纪的**市政厅**（Rathaus），洋葱形状的塔楼令人印象深刻，毗邻的**佩拉赫塔**（Perlachturm）曾用作警戒塔。从这里向北是10世纪兴建的**玛丽亚往见大教堂**（Dom Maria Heimsuchung；Hoher Weg；⏰7:00~18:00），教堂有些较为“现代”的增建部分，比如建于14世纪的几道门，上面描述着旧约场景。

城里到处都有16世纪从事银行业的富格尔家族（Fuggers）的印记。**圣安娜教堂**（St Anna Kirche；Im Annahof 2，紧邻Annastrasse；⏰周二至周六10:00~12:30和15:00~18:00，周日10:00~12:30和15:00~16:00）里有这个家族华丽的陵寝，该教堂也因马丁·路德曾藏身于此而闻名。**富格莱**（Fuggerei；www.fugger.de；Jakober Strasse；成人/优惠4/3欧元；⏰4月至9月8:00~20:00，10月至次年3月9:00~18:00）是16世纪银行业的富翁们为穷人建的收容所。令人吃惊的是，这个功能一直传承到现在。还有一座很好的**博物馆**（Mittlere Gasse 14；持富格莱门票者免费），展示着富格尔家族的生活。

食宿

Hotel am Rathaus 酒店 €€

（☎346 490；www.hotel-am-rathaus-augsburg.de；Am Hinteren Perlachberg 1；标单79~98欧元，双98~125欧元；📶）这家精品酒店地处市中心，距市政厅广场（Rathausplatz）和马克西米利安大街（Maximilianstrasse）仅几步之遥。31间客房有着清新的中性色彩装饰，酒店还有一个采光良好的小早餐室。

Bauerntanz 德国菜 €€

（Bauerntanzgässchen 1；主菜7~16欧元；⏰11:00~23:30）这座阿尔卑斯风格的酒馆里，有蕾丝窗帘、笨重的木头内饰和格子桌布。友好的服务员会为你端上分量十足的施瓦本和巴伐利亚创意美食（Spätzle，小牛里脊）。

实用信息

旅游局（☎502 0724；www.augsburg-tourismus.de；Maximilian Strasse 57；⏰4月至10月周一至周五9:00~18:00，周六10:00~17:00，周日10:00~14:00，11月至次年3月周一至周五9:00~17:00，周六10:00~14:00）

到达和离开

慕尼黑和奥格斯堡之间的列车班次频繁（12~20欧元，40分钟），处在通往法兰克福的铁路干线上。浪漫之路长途汽车在火车站和市政大厅有站。

罗滕堡（Rothenburg ob der Tauber）

☎09861/人口11,000

在中世纪，罗滕堡镇的祖先们建造了坚固的城墙以保护小镇免受攻击。而今天，游客"围攻"小镇的原因正是这道城墙。作为德国最典型的带有城墙的城市，罗滕堡有一种与生俱来的可爱气质。在1274年被授予"帝国直辖市"的罗滕堡，在带塔楼的城墙环绕中，有曲折的鹅卵石小巷和美丽的建筑，堪称是一座精致城市。白天这里人满为患，在晚上最后1班长途汽车离开之后，小城开始散发出其内在的魅力。

景点

圣雅各布教堂 教堂

（Jakobskirche；Klingengasse 1；成人/儿童2/0.50欧元；⏰9:00~17:00）这是罗滕堡最有名的教堂，有着美妙的彩绘玻璃窗，但其中真正的精品还得数**圣血祭坛**（Heilig Blut Altar），上面有中世纪大师提尔曼·里门施奈德（Tilmann Riemenschneider）创作的错综复杂的雕刻。

市政厅 历史建筑

（Marktplatz；市政厅塔 成人/优惠2/0.50欧元；⏰塔4月至10月每日9:30~12:30和13:00~17:00，12月每日正午至15:00，11月和1月至3月周六和周日时间相应缩短）罗滕堡的市政厅（Rathaus）建于文艺复兴时期，亮点是观景台（需登上220级台阶），在上面可以饱览城镇及周边的美景。

> **一饮而尽，你即可获得自由**
>
> 据传说，罗滕堡之所以能在"三十年战争"期间幸免被破坏，是因为当时的市长将三升多的葡萄酒一饮而尽，赢了天主教同盟Tilly将军提出的挑战。现在，旅游局大楼的时钟每天报时的时候，钟里的人偶就会重现"海饮"（Meistertrunk）这一幕，在圣灵降临节期间也会有这样的剧目上演。

中世纪刑事博物馆 博物馆

（Mittelalterliches Kriminalmuseum；☎5359；www.kriminalmuseum.rothenburg.de；Burggasse 3-5；成人/儿童 4.20/2.60欧元；⏰5月至10月10:00~18:00，11月至次年4月时间相应缩短）这个诡异可怕的博物馆展示中世纪所采用的酷刑和惩罚，展品包括贞操带、关欺诈顾客的面包师的笼子和为醉鬼准备的啤酒桶形状的囚牢等。

食宿

Burg-Hotel 酒店 €€

（☎948 90；www.burghotel.eu；Klostergasse 1~3；标单100~135欧元，双100~170欧元；P⊖📶）这家精品酒店紧挨城墙而建，15间装修雅致的客房都带有各自的私人休息区。较低的楼层有一个豪华的水疗场所，而在早餐室和石面露台上则可以一览美丽的山谷景观。

Altfränkische Weinstube 酒店 €

（☎6404；www.altfraenkische-weinstube-rothenburg.de；Klosterhof 7；房间59~89；📶）这家极具特色的旅馆位于一条安静的小巷，有6间装饰雅致的客房，多数房间放有四柱床或罩盖床，餐馆提供可口的当地菜式（仅供晚餐）。

Zur Höll

德国菜 €€

(☎4229; Burggasse 8; 主菜6.50~18欧元; ⊙晚餐)这间中世纪葡萄酒馆坐落在镇里最古老的建筑(始建于公元900年),奉行慢食主义。菜式不多,都是地方特色美食,优质葡萄酒来自附近的维尔茨堡。

到达和离开

每小时有数班列车抵离前往维尔茨堡(12.20欧元,1.25小时)的换乘站施泰纳赫(Steinach)。Europabus长途汽车在此停车35分钟。

维尔茨堡(Würzburg)

☎0931/人口133,500

维尔茨堡镶嵌在两岸满是葡萄园的狭长河谷内,这个城市的魅力在你到达市中心之前就完全可以领略到了。这里以知名的艺术、建筑和上乘的美酒著称。几百年来,此地的王子主教都掌握着巨大的权力和财富,城市在他们统治下变得繁华起来。这里登峰造极的建筑是维尔茨堡的大主教宫,它是德国最杰出的巴洛克式结构建筑之一,也被联合国教科文组织列为世界遗产。

景点

大主教宫

宫殿

(www.residenz-wuerzburg.de; Balthasar-Neumann-Promenade; 成人/儿童7.50/6.50欧元; ⊙4月至10月9:00~18:00,11月至次年3月10:00~16:30)名列联合国教科文组织《世界遗产名录》的大主教宫(Residenz)是德国最为重要也是最漂亮的巴洛克式宫殿之一。其无可争议的亮点是由巴尔塔萨·纽曼(Balthasar Neumann)设计的**大楼梯**(Grand Staircase)。这段楼梯一分为二,呈"之"字形抵达2楼。楼梯上方的天花板上有提埃波罗(Tiepolo)创作的巨幅壁画(667平方米),以寓言形式描绘了当时已为世人所知的四个洲(欧洲、非洲、美洲和亚洲)。

进入这里参观的唯一方法就是参加团队导览游。你将会随团队进入有着雪白粉饰的**白色宫殿**(Weisser Saal)、同样装饰着提埃波罗壁画天花板的**皇帝大厅**(Kaisersaal)和有镀金装饰的**镜厅**(Spiegelkabinett)。德语团队游每半小时发团一次,英语团队游全年11:00和15:00发团,此外4月至10月间16:30也发团。后面美丽的**宫廷花园**(Hofgarten)是一个放松的好去处。

马林贝格要塞

要塞

从马林贝格要塞(Festung Marienberg, Marienberg Fortress)可以俯瞰满城的红色屋顶和遍生葡萄藤的群山。从1201年奉该城王子主教之命开始动工兴建,此后马林贝格要塞一直傲然屹立于维尔茨堡。王子主教的统治在这里一直持续到1719年。在**侯爵府博物馆**(Fürstenbaumuseum; 成人/儿童4.50/3.50欧元; ⊙3月中旬至10月周二至周日9:00~18:00)可以一窥他们当年奢靡的生活,博物馆楼上也记录了整个城市的历史。

还有一座**美因弗兰肯博物馆**(Mainfränkisches Museum; www.mainfraenkisches-museum.de; 成人/儿童4/2欧元; ⊙周二至周日10:00~17:00),拥有数量惊人的提尔曼·里门施奈德(Tilman Riemenschneider)的雕塑收藏。

从老美因桥(Alte Mainbrücke)出发,沿着**Tellsteige小径**步行30分钟就能上山到达要塞。这条小径穿过马林贝格要塞周边的葡萄园,是4公里长的**葡萄园漫步之路**(Weinwanderweg)的一部分。

食宿

维尔茨堡的很多葡萄酒馆(Weinstuben)都是品尝当地佳酿的好地方。

Babelfish

青年旅舍 €

(☎304 0430; www.babelfish-hostel.de; Haugerring 2; 铺17~23欧元,标单/双45/70欧元)这家整洁得一尘不染的青年旅舍共有74张床位,分布在两个楼层,有一个屋顶露台、24小时接待的前台和一个设备齐全的客人专用厨房。

Hotel Rebstock

酒店 €€

(☎309 30; www.rebstock.com; Neubaustrasse 7; 标单/双101/120欧元起; ❄@📶)不要被酒店外面“最美西部(Best Western)”的标志误导,这家位于老城的顶级酒店坐落在一栋洛可可装修风格的联排别墅里,拥有70个独特的、设施完善的时尚客房,提供无可挑剔的服务。

Bürgerspital Weinstube 葡萄酒餐馆 €€

(☎352 880; Theaterstrasse 19; 主菜7~23欧元; ⏰午餐和晚餐)这家迷宫般的中世纪餐馆到处是舒适而安静的角落,是维尔茨堡最受欢迎的餐饮地点。供应超棒的弗兰克尼亚葡萄酒和当地菜肴,包括一种美味的葡萄酒汤Mostsuppe。

Alte Mainmühle 弗兰克尼亚菜 €€

(☎167 77; Mainkai 1; 主菜7~21欧元; ⏰10:00至午夜)从老桥可直接进入这家餐馆。双层露台就悬在美因河上,游客和当地人都会蜂拥至此,品尝根据传统弗兰克尼亚菜创新的现代美食。

ℹ 实用信息

旅游局(☎372 398; www.wuerzburg.de; Marktplatz; ⏰4月至12月周一至周五10:00~18:00,周六10:00~14:00,5月至10月周日10:00~14:00,1月至3月营业时间缩短)

ℹ 到达和离开

Europabus的长途汽车在中央火车站旁边和大主教宫广场(Residenzplatz)有站。

从维尔茨堡开出的列车开往:

班贝格(19欧元,1小时,每小时2班)

法兰克福(33欧元,1小时,每小时1班)

纽伦堡(19.20~27欧元,1小时,每小时2班)

罗滕堡(12.20欧元,1小时,每小时1班),需在施泰纳赫(Steinach)换乘。

纽伦堡(Nuremberg)

☎0911/人口503,000

纽伦堡以其修复完好的中世纪老城、宏伟壮丽的城堡以及12月奇妙的圣诞市场赢得了游客的青睐。这里有很多传统美食,诸如烤得滋滋作响的纽伦堡香肠(Nürnberger Bratwürste,手指大小的香肠)和又大又软的姜饼(Lebkuchen)。姜饼按传统是圣诞节的食物,但在这里却常年都有供应。老城高大的城墙内外都分布有多家重要博物馆,讲述着纽伦堡非同凡响的历史。

纽伦堡在纳粹时期扮演着极为重要的角色。纳粹党徒的狂热集会、对犹太人经商的联合抵制事件都发源于此地,而臭名昭著的剥夺了犹太人的公民身份的《纽伦堡法案》(*Nuremberg Laws*)也是在这里颁布的。“二战”后,纽伦堡被选为战犯审判法庭,也就是众所周知的纽伦堡审判的所在地。

圣诞市场

每年从11月下旬开始,几乎德国全国的中央广场都变成了圣诞市场(Christkindlmärkte,又称Weihnachtsmärkte)。人们在木房子摊位之间走来走去,一边仔细挑选着应季的饰品(从手工雕刻饰品到塑料天使),一边喝着Glühwein(加了香料的热红酒)吃着烤肠为自己取暖。当地人非常喜欢逛圣诞市场,它当然也深受游客们喜爱,所以人们会成群赶来畅饮几个小时。纽伦堡、德累斯顿、科隆和慕尼黑的圣诞市场是最著名的。

👁 景点

中央广场 广场

(Hauptmarkt)这座熙来攘往的广场位于老城中心,每天都有农贸市场,著名的圣诞市场也设在这里。在广场东侧是华丽的哥特式圣母教堂(Pfarrkirche Unsere Liebe Frau, Hauptmarkt 14),又名Frauenk-irche。每天正午,人们都会在这里翘首以盼,等待钟声响起,这时里面的人偶会伴着钟鸣旋转。广场中心高19米的美丽喷泉(SchönenBrunnen)如同哥特式尖塔般拔地而起,其上有石像鬼装饰。华丽的锻铁门里有一个无缝的金环,据说触碰金环会带来好运。

皇帝堡

城堡

(www.schloesser.bayern.de; 成人/儿童 含博物馆7/6欧元; ⏲4月至9月9:00~18:00, 10月至次年3月10:00~16:00)规模庞大的皇帝堡(Kaiserburg)是纽伦堡的标志性建筑，它的修建从12世纪开始，施工前前后后约用了400年。这个建筑群几个世纪以来一直是神圣罗马帝国存放宝藏之处，由三部分组成：皇帝堡、城市要塞(Stadtburg)和伯爵官邸(Burggrafenburg)，后者在1420年大部分被毁。

皇帝堡博物馆(Kaiserburg Museum)记载城堡的历史，同时也可让你了解中世纪防御技术。你还可以参观**皇室生活的寝宫、帝王和骑士大厅**(Imperial and Knights' Halls)，还有**罗马式双子教堂**(Romanesque Doppelkapelle)。

辛威尔塔(Sinwellturm, 113级台阶)顶上可以欣赏到城市全景，或是放眼望进惊人的48米**深井**(Tiefer Brunnen)。

Am Ölberg位于城堡花园东南角(季节性开放)，小山上草木繁盛。这里是安然小憩、俯瞰城市屋顶的好地方。

纽伦堡审判纪念馆

历史建筑

(Memorium Nuremberg Trials; ☎3217 9372; www.memorium-nuremberg.de; Bärenschanzstrasse 72; 成人/优惠5/3欧元; ⏲周三至周一10:00~18:00)1945年和1946年，纳粹成员因危害和平与反人类罪在这里的600号审判室(Schwurgerichtssaal 600)接受了审判，该审判室现在仍是纽伦堡地方法院的所在地。因为这座城市具有明显的象征意义，盟军选择在这里举行了广为人知的纽伦堡审判。第一轮审判最为著名，由国际检察官主持进行，庭上共有24人被指控，其中19人被定罪和判刑，多数被执行绞刑。帝国陆军元帅赫尔曼·戈林(Hermann Göring)在被执行绞刑前在牢房里吞下了一颗氰化物胶囊，从而骗过了刽子手。

除了参观法庭(如果没有被开庭使用的话)，还有一个新的展览提供了有关审判的全面背景资料。法院大楼距离老城中心约2公里。乘坐前往Bärenschanze方向的U1，在Sielstrasse下车。

纳粹党集结地

历史遗迹

(Luitpoldhain)如果你想知道那些臭名昭著的黑白影像中狂热的纳粹党徒们向他们的元首(Führer)欢呼致敬的拍摄地点，那么告诉你，这些场面就是在纽伦堡拍摄的。这个精心策划的宣传活动早在1927年就开始了，但1933年后，希特勒决定修建一个专用的集会场所，于是便在市中心东南约4公里处建起了这个纳粹党集结地(Reichsparteitagsgelände)。在盟军轰炸时，这个范围广阔的场地的大部分地方都遭到了摧毁，仅有4平方公里被保留了下来，不过这块地方已足以使你感受到它背后的那种狂妄。

文献中心(Dokumentationszentrum, ☎231 7538; Bayernstrasse 110; 成人/优惠5/3欧元; ⏲周一至周五9:00~18:00, 周六和周日10:00~18:00)位于会议中心(Kongresshalle)北翼，那里的展品结合当时的历史环境对希特勒和纳粹的崛起、对于希特勒的个人崇拜、党徒集会和纽伦堡审判追根溯源。文献中心的东面，穿过一个人工池塘，是有着350米长的看台的**齐柏林集会场**(Zeppelinfeld)，大多数大规模的纳粹游行、集会和重大活动都在这里举行。

从中央火车站搭乘9路有轨电车至Doku-Zentrum即到。

德国国家博物馆

博物馆

(Germanisches Nationalmuseum; www.gnm.de; Kartäusergasse 1; 成人/儿童6/4欧元; ⏲周二和周四至周日10:00~18:00, 周三至21:00)该馆是德国最重要的国家文化博物馆，记载了从史前到20世纪初的历史。馆中藏品包括绘画和雕塑、考古藏品、武器和盔甲、乐器、科学仪器以及各种玩具。亮点之一是丢勒一幅刻画极其逼真的《赫拉克利斯勇斗斯廷法罗斯湖怪鸟》(*Hercules Slaying the Stymphalian Birds*)画作。

在博物馆的入口处是颇具创意的**人权之路**(Way of Human Rights)，是一整排29根白色混凝土支柱(加上1棵橡树)，上面刻有《世界人权宣言》(*Universal Declaration of Human Rights*)的30个条款。

博物馆区 博物馆

（Museums）纽伦堡有许多玩具公司，而这家**玩具博物馆**（Spielzeugmuseum；Karlstrasse 13~15；成人/儿童5/3欧元；⌚周二至周五10:00~17:00，周六和周日至18:00）则专门展示它们生产的各种玩具产品。

德国铁路博物馆[Deutsche Bahn Museum；☎0180-444 22 33；www.db-museum.de；Lessingstrasse 6；成人/儿童5/2.50欧元，持欧洲铁路（InterRail）通票免费；⌚周二至周五9:00~17:00，周六和周日10:00~18:00]有许多关于德国铁路的展品。

阿尔布雷希特·丢勒故居（Albrecht-Dürer-Haus；Albrecht-Dürer-Strasse 39；成人/儿童5/2.50欧元；⌚周五至周三10:00~17:00，周四至20:00）是有名的德国文艺复兴时期画家丢勒在1509年至1528年期间的居住地。团队游由丢勒的"夫人"阿格内斯（Agnes）在语音导游机中"带领"进行。

住宿

纽伦堡全年举办许多贸易展览会（包括2月的大型玩具展览会）。在展会期间和圣诞市场的周末，住宿价格会急速上升。

首选 Hotel Elch 酒店 €€

（☎249 2980；www.hotel-elch.com；Irrerstrasse 9；标单/双75/95欧元起；📶）这座建于14世纪的砖木房温暖舒适，是一家有着浪漫气氛的精品酒店，有12间客房。2号和7号客房有砖木结构的墙壁和天花板，但是也不缺少诸如当代艺术品、釉陶浴室和彩虹玻璃吊灯这样的现代元素。另外特别值得注意的是彩色麋鹿头。

Lette'm Sleep 青年旅舍 €

（☎992 8128；www.backpackers.de；Frauentormauer 42；铺16~20欧元，房间50欧元起；@📶）这个靠近中央火车站的独立青年旅舍是背包客的最爱，有色彩鲜艳的宿舍和几间时髦的自炊型公寓，复古风格的厨房和公共活动室可供住客休闲放松。上网、茶和咖啡都是免费提供。旅舍工作人员对城里最新动态了如指掌。

Art & Business Hotel 酒店 €€

（☎232 10；www.art-business-hotel.com；Gleissbühlstrasse 15；标单/双89/115欧元；📶）这家酒店与中央火车站近在咫尺，装修非常时髦，但入住这里的不一定非得是艺术家或商人。不论是时尚的酒吧还是石板浴室，这里的设计大胆又不过分。酒店后面还有个小型的雕刻花园。周末房价会大幅下降。

Hotel Deutscher Kaiser 酒店 €€

（☎242 660；www.deutscher-kaiser-hotel.de；Königstrasse 55；标单/双89/108欧元起；@📶）这个历史悠久的酒店一个多世纪以来一直由同一家族经营。酒店地处中心位置，有着时髦的设计和上好的服务。走上城堡样式的花岗岩楼梯，就到了简约低调的房间。房间里有特大号的床、意大利瓷器、丝绸灯罩和货真价实的古董家具。

Hotel Drei Raben 酒店 €€€

（☎274 380；www.hotel3raben.de；Königstrasse 63；标单/双130/150欧元；🚭📶）传说有三只乌鸦栖息在这栋房子的烟囱上，互相讲述着纽伦堡的民间故事。这座酒店的设计灵感便是源自于此。每个以"神话"为主题的房间里布置得极具艺术感：砂岩雕刻的床头板、纹花玻璃的浴室门以及室内所有的装饰和艺术品都在讲述着一个个特别的故事。

就餐

来纽伦堡一定要尝一尝著名的纽伦堡香肠（Nürnberger Bratwürste）。点这种香肠要一次点半打（6根），配辣根酱（Meerrettich）食用。Burgstrasse往山坡上的小巷里有很多餐馆。

首选 Bratwursthäusle 德国菜 €€

（http://die-nuernberger-bratwurst.de；Rathausplatz 2；餐6~14欧元；⌚周日歇业）这家乡村小店卖的烤小香肠是用山毛榉木烤出来

的，可以说是整个德国烤香肠的典范。既可以在砖木结构的餐馆里就餐，也可以坐在能够看到中央广场的露台上享有美食。在食客多的时候服务可能显得慌乱。

首选 **Goldenes Posthorn** 弗兰克尼亚菜 €€

（☎225 153；Glöckleinsgasse 2, Sebalder Platz一角；主菜6~19欧元；⏲11:00~23:00欧元；✎）走进餐厅厚重的铜门，你便可以享受一顿真正的美食大餐。这里从1498年开始便一直招待着纽伦堡的百姓。这里的本地小香肠大受欢迎，但菜单上还有许多其他选择，比如许多不为人知的乡村和素食菜肴。用餐区风格多样，有庄重的，有随意的，有的摆着木桌木椅，有的墙上贴着木质嵌板。

Hütt'n 德国菜 €€

（Bergstrasse 20；主菜5.50~15欧元；⏲周一至周五16:00至午夜，周六11:00至次日0:30，周日11:00~22:30）这里总是人满为患，人气美食包括Krustenschäufele（脆皮烤猪肉配饺子和酸菜沙拉），以及许多菜品里都配有的优质烤肠。不过，菜单上的菜每天都不同（周五主打鱼类菜品）。这里的弗兰克尼亚式啤酒Landbier也值得尝试。

Café am Trödelmarkt 咖啡馆 €

（Trödelmarkt 42；菜肴4~8.50欧元；⏲周一至周六9:00~18:00，周日11:00~18:00）这家多层咖啡馆坐落在水畔，阳光明媚的日子里显得非常漂亮，从这里可以俯瞰带顶棚的刽子手桥（Henkersteg bridge）。这里的欧陆式早餐广受欢迎，而且有许多美味的蛋糕。黑板上写的当日午餐特价菜也很不错。

实用信息

旅游局（www.tourismus.nuernberg.de）有两个办事处：艺术家屋（Künstlerhaus）办事处（☎233 60；Königstrasse 93；⏲周一至周六9:00~19:00，周日10:00~16:00）和中央广场办事处（Hauptmarkt 18；⏲5月至10月周一至周六9:00~18:00，周日10:00~16:00）。

到达和当地交通

纽伦堡机场（NUE；www.airport-nuernberg.de）位于市中心以北5公里处，有多家地区和国际航空公司的航班，其中包括汉莎航空、柏林航空和法国航空。2号地铁每隔几分钟从中央火车站出发抵达机场（2.40欧元，12分钟）。出租车费用约16欧元。

从纽伦堡出发的列车开往：

柏林（93欧元，5小时，每小时至少1班）

法兰克福（51欧元，2小时，每小时至少1班）

慕尼黑（52欧元，1小时，每小时2班）

维也纳（94.20欧元，5小时，每2小时1班）

游览老城的最佳方式是步行。公共交通的一日通票4.80欧元。周六购买的通票在整个周末有效。

班贝格（Bamberg）

☎0951/人口70,000

班贝格并不处于主要旅游路线之上，但了解这里的人们都对它推崇备至。这里拥有保存完好的17世纪和18世纪商人住宅、宫殿和教堂，运河和一条穿城而过、水流湍急的河流上，有很多座可爱的小桥，这里甚至还有当地风味的啤酒。难怪它已被联合国教科文组织列为世界遗产。这里会不会就是德国最漂亮的小镇？

景点

班贝格大教堂 大教堂

（www.erzbistum-bamberg.de；Domplatz；⏲4月至10月8:00~18:00，11月至次年3月至17:00）班贝格大教堂（Bamberger Dom）高耸的尖顶划破了城市的天际线。这里最吸引游人的是行侠仗义的**班贝格骑士雕像**（Bamberger Reiter）。另外还要注意在北边走道上的**微笑天使**（Lächelnde Engel），它一脸坏笑地把一顶桂冠递给头颅已被砍去的圣丹尼斯，还有西唱诗席那边的教皇克莱门斯二世（Pope Clemens II）的**大理石陵墓**（marble tomb），这是阿尔卑斯山以北唯一一处教皇陵墓。

老市政厅 历史建筑

（Obere Brücke）哥特式老市政厅

(Altes Rathaus)建于1462年，位于两座桥梁间的人工岛上，就像是干船坞中的船只。欣赏这座建筑的最佳地点是跨越雷格尼茨河(Regnitz)的小行人桥(Geyerswörthsteg)。留意看东侧，是否能看出小天使的腿从壁画里伸了出来。

新宫殿 宫殿

(Neue Residenz; ☎519 390; www.schloesser.bayern.de; Domplatz 8; 成人/儿童4.50/3.50欧元; ⏰4月至9月9:00~18:00, 10月至次年3月10:00~16:00)45分钟的导览游带你游览班贝格王子主教的豪华居所，约40个灰泥粉刷的房间里摆满了17世纪和18世纪的家具和挂毯。宫殿里还有一个**巴伐利亚州立美术馆**(Bayerische Staatsgalerie)的小分馆，收藏的大多是中世纪、文艺复兴时期和巴洛克艺术的绘画作品。

住宿

Hotel Sankt Nepomuk 酒店 €€

(☎984 20; www.hotel-nepomuk.de; Obere Mühlbrücke; 房间95~145欧元; 📶)这是一个很上档次的砖木结构建筑，前身是一座磨坊，就立于雷格尼茨河上，因此以桥梁的守护圣徒Sankt Nepomuk命名非常合适。这里有家一流的配有露台的餐馆(主菜15~30欧元)，还有24间舒适的乡村风格客房。

Backpackers Bamberg 青年旅舍 €

(☎222 1718; www.backpackersbamberg.de; ⏰eiliggrabstrasse 4; 铺15~18欧元, 标单/双27/40欧元; 📶)这家独立的老派青年旅舍管理得井井有条，有干净的多人间和客用厨房，非常安静，适合家庭。白天大多数时候无人值班，需要提前告诉他们你的抵达时间。从Luitpoldbrücke沿着Luitpoldstrasse向北走大约400米即到。

Hotel Europa 酒店 €€

(☎309 3020; www.hotel-europa-bamberg.de; Untere Königstrasse 6-8; 房间89~119欧元)Europa坐落在老城外，房间极为干净简约，楼下就是一家镇上备受推崇的意大利餐馆。询问看能否要一个能看到大教堂和老城红瓦屋顶的房间。

餐饮

班贝格颇具独特风味的啤酒被称为Rauchbier，字面意思是烟熏啤酒。入口时会有一点培根味，啤酒口感丝滑，很好喝。

首选 Schlenkerla 德国菜 €€

(Dominikanerstrasse 6; 主菜8~15欧元; ⏰周三至周一)大杂院的房间挂着鹿角灯，这家16世纪的餐馆以美味的弗兰克尼亚特色菜和Rauchbier啤酒而著名，啤酒是直接从橡木酒桶里倒出来的。如果你的时间只够在一家餐馆里吃饭(不是喝啤酒)，那你绝对应该来这里。

Messerschmidt 弗兰克尼亚菜 €€

(☎297 800; Lange Strasse 41; 主菜12~25欧元; ⏰午餐和晚餐)这家时尚的美食餐馆位于航空工程师威利·梅塞施密特(Willy Messerschmidt)出生的房子里。房间里的实木家具、白色桌布和传统的服务，处处散发着一股旧大陆的魅力。可在面向公园的露台上或餐厅附属的葡萄酒馆里享用丰盛的当地美食。

Klosterbräu 自酿酒吧 €

(☎522 65; Obere Mühlbrücke 1-3; 主菜6~12欧元; ⏰周一至周五10:30~23:00, 周六10:00~23:00, 周日10:00~22:00)这个漂亮的砖木房自酿酒吧是班贝格最古老的啤酒屋，深受当地常客和游客的欢迎。他们都喜欢就着这里各类可口的啤酒品尝这里分量十足的肉片和饺子。提出要求的话，可以组织酒馆英语团队游。

实用信息

旅游局(☎297 6200; www.bamberg.info; Geyerswörthstrasse 5; ⏰周一至周五9:30~18:00, 周六至16:00, 周日至14:30)

到达和离开

列车开往：

柏林（76欧元，4.25小时，每2小时1班）

慕尼黑（59欧元，2至2.5小时，每2小时1班）

纽伦堡（12~21欧元，40至60分钟，每小时4班）

维尔茨堡（19欧元，1小时，每小时2班）

雷根斯堡（Regensburg）

0941/人口135,500

雷根斯堡位于宽广的多瑙河畔，拥有的历史文物可追溯到古罗马时期。与其他同样风光旖旎的德国城市不同，这里没有成群结队的游客。好吧，那是他们的损失。至少联合国教科文组织发现了雷根斯堡作为德国保持最完整的中世纪古城的独特魅力。一大片砖木房中高耸着建于文艺复兴时期的塔楼，望去好似古罗马废墟中的托斯卡纳。与此同时，25,000名大学生让这座城市充满了活力。

景点

石桥 桥梁

石桥（Steinerne Brücke）建造于1135年至1146年，是当时名副其实的工程奇迹。几个世纪以来，它仍是整个多瑙河上唯一保存完好的古代桥梁。

圣彼得大教堂 教堂

（Domplatz；4月至10月6:30~18:00，11月至次年3月至17:00）名列巴伐利亚州最雄伟的哥特式主教座堂之一，圣彼得大教堂（Dom St Peter）万花筒般的彩色玻璃窗和工艺复杂的镀金祭坛都令人印象深刻。大教堂珍宝馆（Domschatzmuseum，成人/儿童2/1欧元；周二至周六10:00~17:00，周日正午至17:00）中摆满圣体匣、挂毯和其他宗教珍品。

老市政厅 历史建筑

（Rathausplatz；成人/优惠7.50/4欧元；英语团队游 4月至10月15:00，11月至次年3月14:00）老市政厅（Altes Rathaus）近150年来一直是帝国议会的所在地，如今是雷根斯堡的市长官邸和帝国议会博物馆（Reichstagsm-useum）。团队游会带你参观装饰华丽的帝王厅（Reichssaal）和地下室中的酷刑室（Tourture Chambers）。

住宿

Petit Hotel Orphée 酒店 €€

（596 020；www.hotel-orphee.de；Wahlenstrasse 1；标单35~125欧元，双70~135欧元）位于城市中心的这家酒店虽然大门并不起眼，但里面才是它真正的魅力所在，有许多意想不到的细节。锻铁床、古老的水池和舒适的普通客房营造了如家般亲切的氛围。另一个较大的分店位于Café Orphée咖啡馆（529 77；Untere Bachgasse 8；主菜7~18欧元；9:00至次日1:00）楼上。

Brook Lane Hostel 青年旅舍 €

（696 5521；www.hostel-regensburg.de；Obere Bachgasse 21；铺/标单/双/16/40/50欧元起，公寓 每人55欧元；）这家不大的旅舍有自己的便利商店，同时兼作接待处；如较晚抵达应该提前通知员工。宿舍设施极其简单，但是公寓和双人间却有很高的性价比。可以使用厨房和洗衣机。

Altstadthotel am Pach 酒店 €€

（298 610；www.regensburghotel.de；Untere Bachgasse 9；标单98~124欧元，双118~144欧元；@）这家时髦的酒店有21个房间，里面纪念着那些塑造了雷根斯堡历史的英雄们，包括马卡斯·奥里留斯（Marcus Aurelius）和卡尔五世皇帝（Emperor Karl V）等。所有房间都铺着厚厚的地毯，配有舒适的床垫和放着免费酒水的小冰箱。

餐饮

Historische Wurstkuchl 德国菜 €

（Thundorfer Strasse 3；6根香肠7.80欧元；8:00~19:00）这间小餐馆位于河畔，自1135年起就开始供应手指大小、榉木烤制并佐以德式酸菜和甜芥末的传统香肠，看来这里号称是“世界上最古老的腊肠餐厅”的确是名副其实。

Dicker Mann 巴伐利亚菜 €€

（www.dicker-mann.de；Krebsgasse 6；主菜

6.50~20欧元；⏲9:00~23:00）这家“胖乎乎、乐呵呵（Chubby Chappy）”、既时尚又传统的餐馆供应巴伐利亚美食，是镇上最古老的餐馆之一，据称可以追溯到14世纪。挑一个温暖的傍晚来这里，务必在餐馆后面可爱的啤酒花园中预订一个位子。

Spitalgarten 啤酒花园

（St Katharinenplatz 1）这个多瑙河畔的啤酒花园有很多折叠椅和木板餐桌，是小镇上最适合户外痛饮的地方之一。店家称自己从1350年就开始酿造啤酒（即今天的Spital啤酒），所以来这喝酒应该没错。

实用信息

旅游局（www.regensburg.de；Altes Rathaus；⏲周一至周五9:00~18:00，周六和周日至16:00）

到达和离开

列车开往：

慕尼黑（25.20欧元，1.5小时，每小时1班）

纽伦堡（19欧元，1至2小时，每小时1班）

帕绍（Passau，22~27欧元起，1至1.5小时，每小时1班）；经由普拉特林格（Plattling）前往。

斯图加特和黑森林（STUTTGART & THE BLACK FOREST）

繁荣而现代的巴登-符腾堡州位于德国西南部，该州于1951年由三个较小的地区合并而成，它们是：巴登、符腾堡和霍亨索伦（谢天谢地，这个州的名字只用两个地名表示）。这里除了黑森林地区的布谷鸟钟闻名遐迩以外，和邻州巴伐利亚相比，几乎再没有其他为游客所知的特点了。但这样其实更好，你完全可以自己来发现这个地方。

这里迷雾朦胧的山丘、幽暗的针叶林和可爱的村庄都非常值得去探索。如果你想去大而古朴的历史名镇，这里有海德堡；如果要享受水疗，这里有巴登-巴登；要感受青春活力和历史氛围，可以去弗赖堡。最后还有与瑞士接壤的美丽的康斯坦茨湖，这片广阔的水域能给你带来无限的乐趣。

斯图加特（Stuttgart）

☎0711/人口581,000

包围在藤蔓覆盖的山丘中的斯图加特，悠然地享受着汽车工业带来的优质生活。这里既是保时捷和梅赛德斯公司总部所在地，也是巴登-符腾堡州州府和工业中心。公元950年作为马场建立的斯图加特，如今却站在了“二战”后德国经济复苏的最前沿。“二战”中市中心的80%都被摧毁了，但有几座历史建筑幸免于难。此外，这里当然还有出色的汽车博物馆。

景点

新王宫 历史建筑

（Schlossplatz）华丽的三翼新王宫（Neues Schloss）由公爵卡尔·欧根·冯·符腾堡（Karl Eugen von Württemberg）借鉴凡尔赛宫的风格建造而成。这座曾经的巴洛克新古典主义风格的皇家住所，现在是州政府部门所在地。一座威廉一世骑在骏马上目视前方的铜像优雅地矗立在附近的**卡尔广场**（Karlsplatz）。

王宫花园 花园

王宫花园（Schlossgarten）从内卡河（Neckar River）向西南一直延伸至市中心，这个狭长的公园绿地共分为三个部分［下、中、上花园（Unterer, Mittlerer and Oberer Garten）］，池塘、天鹅、街头艺人和现代雕塑为公园锦上添花。

州立绘画馆 画廊

（Staatsgalerie；www.staatsgalerie-stuttgart.de；Konrad-Adenauer-Strasse 30-32；成人/优惠5.50/4欧元，特别展览10/8欧元，周三和周六免费；⏲周二至周日10:00~18:00，周二和周四至20:00）除了各种大牌的展览，这个久负盛名的艺术博物馆还展示伦勃朗（Rembrandt）、毕

加索（Picasso）、莫奈（Monet）、达利（Dalí）以及20世纪的波普偶像沃霍尔（Warhol）和利希滕斯坦（Lichtenstein）的作品。

梅赛德斯-奔驰博物馆 博物馆

（www.museum-mercedes-benz.com；Mercedesstrasse 100；成人/优惠8/4欧元；⏲周二至周日9:00~18:00；🚇Neckarpark）梅赛德斯-奔驰博物馆（Mercedes-Benz Museum）的未来派螺旋结构在城市建筑中很是显眼，这里按年代顺序讲述着这个汽车品牌的故事。展品中有很多汽车史上的传奇，包括世界上第一辆汽油驱动的车辆——造于1885年的戴姆勒骑式汽车（Daimler Riding Car），还有1909年在代托纳海滩（Daytona Beach）以228公里时速打破当时记录的闪电奔驰（Lightning Benz）。上午11点有免费英语团队游。

保时捷博物馆 博物馆

（www.porsche.com；Porscheplatz 1；成人/优惠8/4欧元；⏲周二至周日9:00~18:00；🚇Neuwirtshaus）这座无障碍保时捷博物馆（Porsche Museum）看上去像一艘准备发射的白色飞船，它是每个小男孩的梦想。绝妙的语音导游将带你飞速穿越保时捷始于1948年的历史。你还将有幸一睹在1998年赢得勒芒24小时耐力赛的911 GT1的真容。

住宿

Der Zauberlehrling 精品酒店 €€€

（☎237 7770；www.zauberlehrling.de；Rosenstrasse 38；标单135~180欧元，双180~290欧元，套195~320欧元；P📶）这座酒店好似手段高超但孤芳自赏的"魔法师的学徒"，有独特的房间设计，从带水床的泰坦尼克到高科技的神奇媒体套房应有尽有。不过在前台很难见到一丝微笑，因此还是缺少一点人情味儿。酒店本身不错，但不是那么吸引人。

Interhostel 青年旅舍 €

（☎6648 2797；www.inter-hostel.com；Paulinenstrasse 16；铺/标单/双25/42/64欧元；📶）这家青年旅舍距Stadtmitte车站几步之遥，因为免费咖啡和无线上网、明亮与个性化十足的住宿区、轻松的休闲酒吧和活泼欢快的经营团队而深受背包客们的喜爱，还有很多诸如行李寄存和公用厨房这样的便利设施。

City Hotel 酒店 €€

（☎210 810；www.cityhotel-stuttgart.de；Uhlandstrasse 18；标单79~89欧元，双99~115欧元；P📶）避开斯图加特那些千篇一律的连锁酒店，来这家紧邻夏洛滕广场（Charlottenplatz）的、既亲切又温馨的酒店吧。这里的客房明亮、干净而且现代，不过稍显沉闷。夏季可以在露台上早餐是一大亮点。

Ochsen Hotel 历史酒店 €€

（☎407 0500；www.ochsen-online.de；Ulmer Strasse 323；标单89~99欧元，双119~129欧元；P📶；🚇Inselstrasse）这家极富魅力的酒店建于18世纪，绝对值得你多走1英里来此下榻。酒店中有宽敞、色调温暖的房间，配有按摩浴缸，一天的观光之后在这里泡澡放松一定很舒适。在木板装饰的餐厅里可以品尝当地的美食。

Abalon Hotel 酒店 €€

（☎217 10；www.abalon.de；Zimmermannstrasse 7-9；标单74~89欧元；双89~112欧元；P📶）亲切的服务人员、最佳的位置和实惠的价格，使Abalon成为你的上选。房间整洁且宽敞明亮，都铺有镶木地板。

Hostel Alex 30 青年旅舍 €

（☎838 8950；www.alex30-hostel.de；

当地知识

波希米亚的豆子

斯图加特最有趣的街区离市中心仅几步之遥。豆子区（Bohnenviertel）的名字取自曾住在这里的穷苦制革工人、印染工匠和手工艺人的食物。如今，这个街区的鹅卵石小巷和山墙拱立的房子里聚集了各种别具一格的画廊、工作坊、书店、酒馆、咖啡馆和红灯区。

Stuttgart 斯图加特

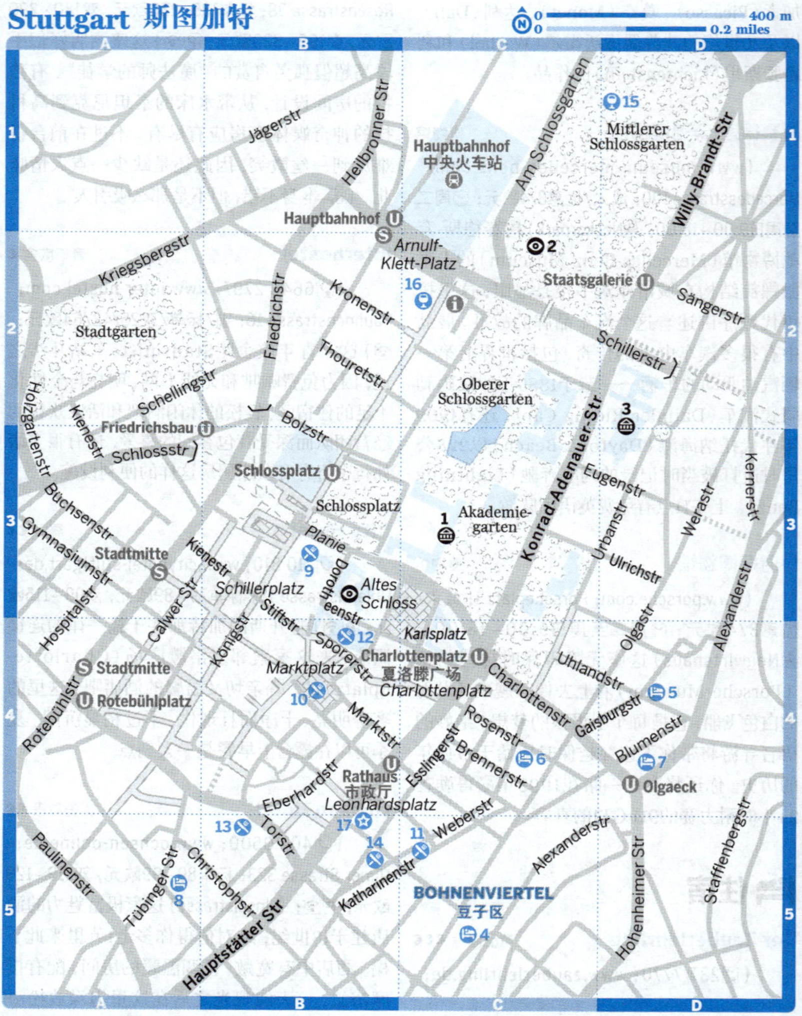

Alexanderstrasse 30；铺/标单/双/四24/36/58/100欧元，早餐8欧元；🅿📶）这间舒适的青年旅舍有酒吧、阳台和公用厨房，非常适合背包客们。一尘不染的柠檬色客房看上去明亮而现代。

就餐

斯图加特是一个品尝施瓦本特色菜的好地方，如Spätzle（鸡蛋面条）和Maultaschen（肉汤大馄饨）。当地葡萄酒比啤酒更受欢迎。

食品市场（Marktplatz；⏲周二、周四和周六7:30~13:00）和**市场大厅**（Markthalle；Dorotheenstrasse 4；⏲周一至周五7:00~18:30，周六7:00~16:00）中有大量当地的农产品和美食摊贩，没有他们的话集市广场就会显得单调乏味。

首选 **Irma la Douce** 地中海菜 €€€

（☎470 4320；www.irmaladouce.de；Katharinenstrasse 21b；午餐11~14欧元，晚餐25~39.50欧元；⏲周六和周日午餐不营业）这家

Stuttgart 斯图加特

19世纪开始营业的法式小馆有一个装饰华丽的壁炉，枝形吊灯在光滑的木地板、书架和油画上投下耀眼的灯光。这里的主要特色是应季美食和地中海风味菜品。

Weinstube Fröhlich 施瓦本菜 €€

(☎242 471; www.weinstube-froehlich.de; Leonhardstrasse 5; 主菜12~23欧元; ⊙17:30至次日0:30) 虽然饭馆位于红灯区的中心位置，但不要被吓到。这间光线柔和、深色木质装饰的餐厅气氛特别好，精心制作的施瓦本菜（含大量奶酪的Käsespätzle，配土豆沙拉的Maultaschen）和当地葡萄酒是你的最佳选择。

Alte Kanzlei 德国菜 €€

(☎294 457; Schillerplatz 5a; 主菜10.50~20.50欧元; ⊙每日) 这家有着高高天花板的餐厅总是气氛愉悦座无虚席。你可以对着Spanferkel（烤乳猪）和Flädlesuppe（煎饼汤）等施瓦本菜大快朵颐，佐餐的是当地美酒。

Reiskorn 各国风味 €

(☎664 7633; Torstrasse 27; 主菜5.50~12.90欧元; ⊙周日午餐不营业; ✍) 随和的氛围加上复古的竹叶青内饰，这家各国风味的餐馆供应从味道浓郁的加勒比大虾沙拉到中式点心的各种美食。

饮品和娱乐

幸运汉斯广场（Hans-im-Glück Platz）是酒吧的聚集地，而夜店和休闲酒吧成排的特奥多-豪斯大街（Theodor-Heuss-Strasse）常有时尚潮人的光顾。

Biergarten im Schlossgarten 啤酒花园

(www.biergarten-schlossgarten.de; ⊙5月至10月10:30至次日1:00; 📶) 这家啤酒花园位于王宫花园绿地的中心位置，拥有2000个座位，是斯图加特最受欢迎的啤酒花园。可以来此用啤酒与椒盐卷饼来消夏。定期的现场音乐让斯坦杯（Steins，啤酒杯）也随之摇摆。

Sky Beach 酒吧

(www.skybeach.de; Königstrasse 6, 顶楼Galeria Kaufhof; ⊙复活节至9月周一至周六正午至次日0:30，周日11:00至午夜) 当朝阳升起的时候，斯图加特人便在这片城市内的沙滩上开始了一天的逍遥生活。这里有沙滩、沙滩床、美妙的DJ音乐，还能欣赏到城市的美景。

Kiste 现场音乐

(www.kiste-stuttgart.de; ⊙auptstätter Strasse 35; ⊙周一至周四18:00至次日1:00，周五和周六至次日2:00) 周末这里简直就是人满为患，因为这家微型酒吧是斯图加特先锋爵士乐的表演场地，夜间音乐会于晚上21点或22点开始。

实用信息

斯图加特卡（StuttCard，72小时含/不含VVS票价

18/9.70欧元）持此卡在大部分博物馆都可免费，还可享受活动和导览游的折扣。可以在旅游局和部分酒店买到。

旅游局（www.stuttgart-tourist.de; Königstrasse 1a; ⌚周一至周五9:00~20:00，周六9:00~18:00，周日11:00~18:00）

到达和当地交通

斯图加特国际机场（Stuttgart International Airport, www.stuttgart-airport.com）是德国航空公司的重要枢纽，位于城市以南13公里处。从机场乘坐S2和S3列车30分钟可达中央火车站（3.50欧元）。

列车前往德国各主要城市和许多国外城市，如苏黎世和巴黎。火车前往：

法兰克福（59欧元，1.25小时）

慕尼黑（54欧元，2.25小时）

纽伦堡（39欧元，2.25小时）

在市内交通方面，单程票价2.10欧元，一日通票6.10欧元，可用于两个区（包括汽车博物馆），非常划算。

蒂宾根（Tübingen）

☎07071/人口84,000

位于斯图加特以南40公里的蒂宾根具备中世纪晚期城市应有的一切魅力：这里有雄踞山顶的堡垒、鹅卵石铺就的小巷、砖木结构的民居还有大学城的博学和顽皮。你可以在曲折的石墙小巷中随意转转，之后在内卡河上乘船游览。

镇中心**集市广场**（Marktplatz）的主要建筑是建于1435年的**市政厅**（Rathaus），它有着巴洛克式的外观和一座天文钟。旁边的晚期哥特式**修道院教堂**（Stiftkirche; Am Holzmarkt; ⌚9:00~17:00）中有符腾堡公爵的陵墓和漂亮的中世纪彩色玻璃窗。在高处俯瞰全城的是建于文艺复兴时期的**霍恩蒂宾根城堡**（Schloss Hohentübingen; Burgsteige 11; 博物馆成人/优惠5/3欧元；⌚城堡每日7:00~20:00，博物馆 周三至周日10:00~17:00，周四至19:00）。1869年，弗雷德里希·米歇尔（Friedrich Miescher）便是在此处发现了DNA。从城堡上可以将整个城镇的红瓦斜屋顶一览无余。城堡中还有一个考古博物馆，亮点是有35,000年历史的福格海德（Vogelherd）雕像，它称得上是世界上最古老的艺术品。

食宿

首选 Hotel am Schloss 历史酒店 €€

（☎929 40; www.hotelamschloss.de; Burgsteige 18; 标单75欧元，双108~135欧元；P 📶）这家鲜花装饰的酒店坐落在一栋16世纪的建筑中，距离城堡非常近，简直触手可及，客房整洁漂亮。据说天文学家开普勒（Kepler）非常喜欢这里的葡萄酒。

Wurstküche 德国菜 €€

（☎927 50; Am Lustnauer Tor 8; 主菜9~17.50欧元；⌚11:00至午夜）木板装饰的Wurstküche风格质朴，供应当地美酒和丰盛的Schupfnudeln（土豆面条）和Spanferkel（烤乳猪）。

Weinhaus Beck 酒吧

（Am Markt 1; ⌚9:00~23:00）这家位于市政厅旁的酒吧难得找到空位子。无论是想畅饮当地美酒还是只享用咖啡和蛋糕，这里都是好去处。

到达和离开

可以搭乘蒂宾根和斯图加特间每30分钟1班的列车（12.20欧元/1小时）进行一日游。

海德堡（Heidelberg）

☎06221/人口147,000

海德堡是德国最古老也最负盛名的大学城。它以著名的巴洛克式老城、生机勃勃的大学城氛围、出色的酒吧和别具魅力的废墟城堡而闻名，每年都吸引着近350万名游客到此游览。参观者们在这里可以追随18世纪晚期和19世纪早期浪漫主义诗人的脚步，其中最有名的当属约翰·沃尔夫冈·冯·歌德（Johann Wolfgang von Goethe）。马克·吐温在1878年展开了他的欧洲之行，并在海德堡逗留了三个月，之后在《国外漫游》(*A Tramp Abroad*)中讲述了此地使他痴迷的见闻。

景点

旅游局组织老城的英语**步行团队游**(成人/优惠7/5欧元；⏲4月至10月周五和周六10:30)。

首选 城堡 城堡

(www.schloss-heidelberg.de；成人/儿童 含登山缆车5/3欧元，语音导游4欧元；⏲24小时，8:00~17:30需要门票)城堡(Schloss)矗立在老城区，活像画册中的立体插图，海德堡城堡的废墟是德国最具浪漫气息的景点之一。从普法尔茨的王位争夺、瑞典人的溃败到法国人的烧杀抢掠，再到新教改革和数次被闪电击中，这座文艺复兴时期的城堡真可谓命运多舛。城堡动荡的历史、孤寂的美感和令人产生不同情绪的特质激发了两个世纪前的德国浪漫主义运动。城堡的亮点之一是**大酒桶**(Grosses Fass)，这个巨大的葡萄酒桶能够装约228,000升酒。

想到达坐落在老城高处的红砂岩城堡，要么沿着陡峭的鹅卵石路步行10分钟左右，要么乘坐从谷物广场(Kornmarkt)启程的历史气息浓重的**登山缆车**(Bergbahn，www.bergbahr-heidelberg.de；⏲9:00~17:00每10分钟1班)，票价包含在城堡门票中。

学生监狱 历史遗址

[Augustinergasse 2；成人/学生 含大学博物馆(Universitätsmuseum)，3/2.50欧元；⏲4月至9月周二至周日10:00~18:00，10月至次年3月周二至周六10:00~16:00]大学广场(Universitätsplatz)上的主要建筑是建于18世纪的老大学(Alte Universität)和新大学(Neue Universität)。位于大学后面的学生监狱(Studentenkarzer)在1823年至1914年曾关押学生，诸如在公共场所酗酒、夜间歌唱和决斗这样的罪名足以让你"锒铛入狱"。

圣灵教堂 教堂

(Marktplatz；尖塔 成人/学生2/1欧元；⏲3月中旬至10月周一至周六11:00~17:00，周日和节假日12:30~17:00，11月至次年3月中旬周五和周六11:00~15:00，周日12:30~15:00)这座哥特式建筑圣灵教堂(Heiliggeistkirche)是海德堡最著名的教堂，建于1398年至1441年。登上208级台阶来到**尖塔**顶端，可以鸟瞰海德堡。周一至周六(冬季除外)的12:30来这里，可以听到10分钟的悦耳**管风琴演奏**。

> **快速进城**
>
> 从中央火车站向东步行15分钟，**老城**的魅力就开始展现在你眼前了。想要更快的话，可搭乘到大学广场(Universitätsplatz)的32路公共汽车直接去城中心，或33路公共汽车到Bergbahn站。

哲学家小径 小径

哲学家小径(Philosophenweg)蜿蜒穿过老城河对岸山坡上陡峭的田野和果园，这条路也通过一片森林，沿途还有许多纪念碑、塔楼、废墟、一个啤酒花园和一个纳粹时代的**露天剧场**(Thingstätte)。

住宿

到了旺季，海德堡的住宿会很紧俏。要么当天早一点到，要么就提前预订。

首选 Arthotel 精品酒店 €€

(☎650 060；www.arthotel.de；Grabengasse 7；双 不含早餐115~198欧元；P❄📶)若想体验21世纪的德国时尚，来这家酒店就对了。带落地窗的红黑色大厅让你初步领略这里的魅力，24间配有超大浴室的极简主义房间非常宽敞、干净；另有3间客房比较古老，天花板壁画可以追溯到1790年。

Hotel Goldener Hecht 酒店 €€

(☎166 025；www.hotel-goldener-hecht.de；Steingasse 2；双 不带早餐73~94欧元；📶)靠近老桥(Alte Brücke)的这家酒店很有氛围，有13间客房，其中6间有桥景，3间位于角落的客房明亮而华丽。地理位置正处中心，但也可能有些嘈杂。

Hotel am Kornmarkt 酒店 €€

（☎905 830；www.hotelamkornmarkt.de；Kornmarkt 7；标单/双65/85欧元起，不带浴室40/70欧元，早餐9欧元；📶）这里距离集市广场（Marktplatz）仅一个街区之遥，非常适合那些对价格比较敏感的旅客。20间客房都没有华而不实的装饰，但仍然保证舒适、一尘不染；住最贵的房间可以看到谷物市场（Kornmarkt）。

Steffis Hostel 青年旅舍 €

（☎778 2772；www.hostelheidelberg.de；Alte Eppelheimer Strasse 50；铺18欧元起，双不带浴室52欧元；⏰前台8:00～22:00；P@📶）这家旅舍建在19世纪的卷烟厂里，房间明亮、光线充足，有一个公用浴室、一个色彩缤纷的休息室和一间宽敞的厨房，有一种旧时旅舍的氛围。还有如Wi-Fi、茶、咖啡和自行车（押金20欧元）等额外享受。旅舍就在中央火车站以北Lidl超市楼上，可以搭乘宽敞的电梯。

就餐

首选 **Zur Herrenmühle** 德国菜 €€€

（☎602 909；www.herrenmuehle-heidelberg.de；Hauptstrasse 237-239；主菜14.50～28.50欧元；⏰周一至周六18:00～22:00）建于1690年的磨坊如今已改建为高雅、文化气息浓厚的餐馆，在这个有300年历史的建筑里，任选一张烛光摇曳的餐桌，享用包括鱼类在内的传统"乡村别墅"式菜肴。5道菜的套餐36.50欧元。

Schiller's Café 咖啡馆 €

（Heiliggeiststrasse 5；蛋糕2.50欧元；⏰周日至周三10:00～20:00，周四至周六10:00至午夜）这家舒适、干净的咖啡馆位于海德堡最古老的住宅建筑（地下室和一楼的历史可追溯到16世纪）中，提供超过60种热巧克力、自制蛋糕、乳蛋饼和葡萄酒。大多数菜肴采用有机食材，有些不含麸质。

KulturBrauerei 咖啡馆 €€

（☎502 980；Leyergasse 6；主菜10.50～26.50欧元；⏰7:00～23:00或更晚）有厚厚的木地板、黑色的铁吊灯和因时间久远而褪色的天花板壁画，这个颇有氛围的小型自酿酒馆（酒馆大厅建于1903年）供应沙拉、汤或者配酸菜的Schäufele（猪肩，10.50欧元）等当地美食，也可以在啤酒花园中畅饮自酿的美酒。

Café Burkardt 咖啡馆 €

（Untere Strasse 27；蛋糕和小吃3～8欧元；⏰周二至周六9:00～23:00，周日9:00～18:00）这家气氛友好的咖啡馆摆满了铺着小块桌布的餐桌，角落里是深色木装饰。这里供应沙拉、德国菜、意大利面食和称得上是海德堡最美味的馅饼和奶酪蛋糕。另外供应美味的早餐和当地美酒。

饮品和娱乐

最热闹的地带在Untere Strasse。两个古老的小酒馆**Zum Roten Ochsen**（☎209 77；⏰auptstrasse 213）和**Zum Sepp'l**（☎230 85；⏰auptstrasse 217）如今都挤满了游客。

Kulturhaus Karlstorbahnhof 现场音乐

（☎978 711；www.karlstorbahnhof.de；Am Karlstor 1；⏰8月不营业）这家前卫的文化中心里有音乐会场地、艺术电影院和人气很旺的**Klub K**（⏰周四至周六22:00或23:00至次日5:00或6:00），DJ们为口味各异的客人播放的音乐涵盖了电子、回响贝斯（dubstep）和独立摇滚等各种风格。场地毗邻铁路，在Karlstor往东100米处。

Nachtschicht 夜店

（www.nachtschicht.com；Bergheimerstrasse 147；门票3～6欧元；⏰周四22:00至次日4:00，周五20:00至次日1:00，周六23:00至次日5:00）这家夜店位于中央火车站以北两个街区处，这里从前是烤烟厂，现在成为海德堡最受大学生们喜爱的夜店之一。

实用信息

海德堡卡（Heidelberg Card，1/2/4日通票11/13/16欧元，2日家庭通票28欧元）包括公共交通、城堡门票(包括缆车)、大多数博物馆的门票折扣、自行车和船租赁以及团队游，可在旅游局购买。

旅游局(☎584 4444, 194 33; www.heidelberg-marketing.de)中央火车站办事处(Willy-Brandt-Platz 1; ⏰4月至10月周一至周六9:00~19:00, 周日和节假日10:00~18:00, 11月至次年3月周一至周六9:00~18:00); 集市广场办事处(Marktplatz 10; 周一至周五8:00~17:00, 周六10:00~17:00)。

到达和离开

每小时都有IC列车抵离法兰克福(16.40欧元, 1小时)和斯图加特(21.20欧元起, 40分钟), 还有频繁的班次去往铁路枢纽站曼海姆(4.90欧元, 19分钟), 在那里可以继续前往德国其他地区。

去法兰克福机场最快的方法(23欧元, 1小时, 每1小时或2小时1班)是选择有八个座位的**汉莎机场班车**(Lufthansa Airport Shuttle, ☎06152-976 9099; www.transcontinental-group.com)。

巴登-巴登(Baden-Baden)

☎07221/人口54,500

"能把它的名字叫上两次真好", 比尔·克林顿曾经激动地称赞这座城市。巴登-巴登有着欧洲旧时的奢华和富有疗效的温泉, 因此一直吸引着皇室成员、富人和名流, 其中包括俾斯麦、维多利亚女王和维多利亚·贝克汉姆。这里有宏伟的列柱建筑, 带角楼的新艺术风格的奇异别墅遍布山坡, 周围是森林覆盖的群山, 仅仅一个"好"字根本无法表达出这个黑色森林的优雅之美。令这里锦上添花的是温泉浴场(baden), 巴登(baden在德语中意为"洗澡")即得名于此, 再加上一座富丽堂皇的赌场, 你就会明白这位德国水疗城镇中的"贵妇"为何拥有持久的魅力了。

景点和活动

休闲宫和赌场 地标

(Kurhaus & Casino; www.kurhaus-baden-baden.de; Kaiserallee 1; 导览游5欧元; ⏰导览游每日9:30~11:30)休闲宫"美好年代"的外观特别雄伟, 周边有精心打理的花园和栗树成荫的小巷, 小巷两旁精品店林立, 一直通往Kaiserallee。里面是豪华的**赌场**(www.casino-baden-baden.de; 门票5欧元; ⏰周日至周四14:00至次日2:00, 周五和周六14:00至次日3:00), 金碧辉煌的建筑风格是模仿凡尔赛宫。男士必须身着正装并系领带, 租用价格分别为8欧元和3欧元。参加25分钟的导览游没有着装要求。

首选 Friedrichsbad 水疗

(☎275 920; www.roemisch-irisches-bad.de; Römerplatz 1; 3小时票价23欧元, 含香皂和按摩33欧元; ⏰9:00~22:00, 最后入场时间19:00)在这座奢华的19世纪水疗场所中尽情享受温泉吧。把羞怯和衣物全都扔一边, 步入由熏蒸、按摩、冷热水浴等构成的水疗区域, 在罗马-爱尔兰式浴室中浸泡你的身体。这里的圆顶、镶嵌画、卡雷拉大理石地板让建筑本身看上去就像是新文艺复兴风格的宫殿。

Caracalla Therme 水疗

(www.caracalla.de; Römerplatz 11; 2/3/4小时14/17/20欧元; ⏰8:00~22:00, 最后入场时间20:00)这个水疗场所的建筑有一面玻璃墙, 室内外的水池、岩洞、水渠中都是富含矿物质的泉水, 在此入浴要穿上泳衣。对于那些敢于尝试的人来说, 要记得桑拿的温度分为天然的"森林"到高达95℃的"火"等不同热度。

食宿

大多数餐馆都集中在Leopoldsplatz周边的步行街。享受过水疗和桑拿的人如果还有精力, 可以再去享受夜生活。

Hotel Beek 民宿 €€

(☎367 60; www.hotel-beek.de; Gernsbacherstrasse 44-46; 标单85~95欧元, 双109~119欧元; @)这家漂亮的粉红色酒店位于城中心绿树成荫的街道上, 也是一家出色的法式蛋糕店, 从1885年便声名鹊起。酒店的两面分别可以看到庭院和新宫殿(Neues Schloss), 明亮的房间配有舒适的床铺。最好的房间是有阳台的。

Hotel am Markt 历史酒店 €

(☎270 40; www.hotel-am-markt-baden.de; Marktplatz 18; 标单37~53欧元, 双70~92欧元; P@🛜)这家有着250年历史的酒店位于修道院教堂的正前方，拥有23间舒适客房，服务周到。这里非常安静，但早上教堂的钟声会把你叫醒，不过这样一来你就不会错过丰盛的早餐了。

Weinstube im Baldreit 德国菜 €€€

(☎231 36; Küferstrasse 3; 主菜12.50~19欧元; ⏰周一至周六17:00~22:00)这家隐藏在鹅卵石小径中的带酒窖的餐馆很难找，一定要有耐心才行。巴登-阿尔萨斯的美食Flammkuchen(火烤薄饼)缀以黑森林火腿、洛克福奶酪和香梨，再搭配本地佳酿实属绝配。夏季可以在常青藤环绕的院子里享用佳肴，冬季则可在有拱顶的室内大快朵颐。

Café König 咖啡馆 €

(Lichtentaler Strasse 12; 蛋糕3.50~5欧元; ⏰周一至周六9:30~18:30, 周日10:30~18:00)李斯特和托尔斯泰都曾在这家高贵的咖啡馆喝过咖啡。250年以来这里一直生意兴旺，供应顶级的蛋糕、各种果子奶油蛋糕、果仁糖和松露巧克力。

Rathausglöckel 德国菜 €€

(☎906 10; Steinstrasse 7; 主菜10~16欧元; ⏰周一至周六18:00~23:00, 周日11:30~14:00和18:00~23:00, 周三不营业; 🖉👪)这里别有一番老派餐馆的魅力，酒馆里房梁很低，暗色木饰和油画给人一种舒适的感觉。这里供应历史悠久的地区菜肴和德国美食。

ℹ 实用信息

旅游局(www.baden-baden.com; Kaiserallee 3; ⏰周一至周六10:00~17:00, 周日14:00~17:00)办事处位于饮泉厅(Trinkhalle)。

ℹ 到达和当地交通

卡尔斯鲁厄-巴登-巴登机场(Karlsruhe-Baden-Baden, Baden Airpark; www.badenairpark.de)位于城市以西15公里，有瑞安航空的航班飞往伦敦和欧洲其他城市。

前往黑森林方向的长途汽车从火车站附近的汽车站出发。

巴登-巴登距A5公路(法兰克福至巴塞尔的高速公路)非常近，也是蜿蜒的黑森林高原公路的北起点，这条公路紧接着B500公路。

巴登-巴登处在南北方向的铁路干道上。每小时有2班列车前往弗赖堡(19.20~28欧元，45~90分钟)和卡尔斯鲁厄(10~15欧元，15~30分钟)等目的地。

黑森林(Black Forest)

黑森林(Schwarzwald)得名自幽暗的茂密常青林，听起来颇有几分神秘的诱惑。虽然有些区域游客密布，但即使从最拥挤处出发，也只消20分钟脚程，便可走入一片宁静的乡村，那里有质朴的传统农舍，其间点缀着温顺的奶牛。这里没有大自然的狂野和陌生，有的是如画的田园牧歌。是的，这里还有许许多多的地方卖布谷鸟钟(品质好的钟至少150欧元)。

ℹ 当地交通

如果开车的话，你可以随意地探索起伏的群山和幽深的河谷，一路上的收获一定特别大。旅行

ℹ 黑森林的省钱秘籍

在巴登-符腾堡州的几乎所有酒店，只要入住、支付Kurtaxe(节假日税)，你就能自动获得省钱的**Gästekarte**(宾客卡)，凭此卡可享受许多景点免门票、各种活动费用减免，如自行车租赁、水疗、滑雪缆车和游船的大幅折扣。持有KONUS标记的宾客卡可以免费使用公共交通工具。

黑森林的大多数旅游局出售使用期三天的**黑森林卡**(SchwarzwaldCard)，持此卡可进入该地区约150个景点。两种卡的更多细节请详见网站www.blackforest tourism.com。

Black Forest 黑森林地区

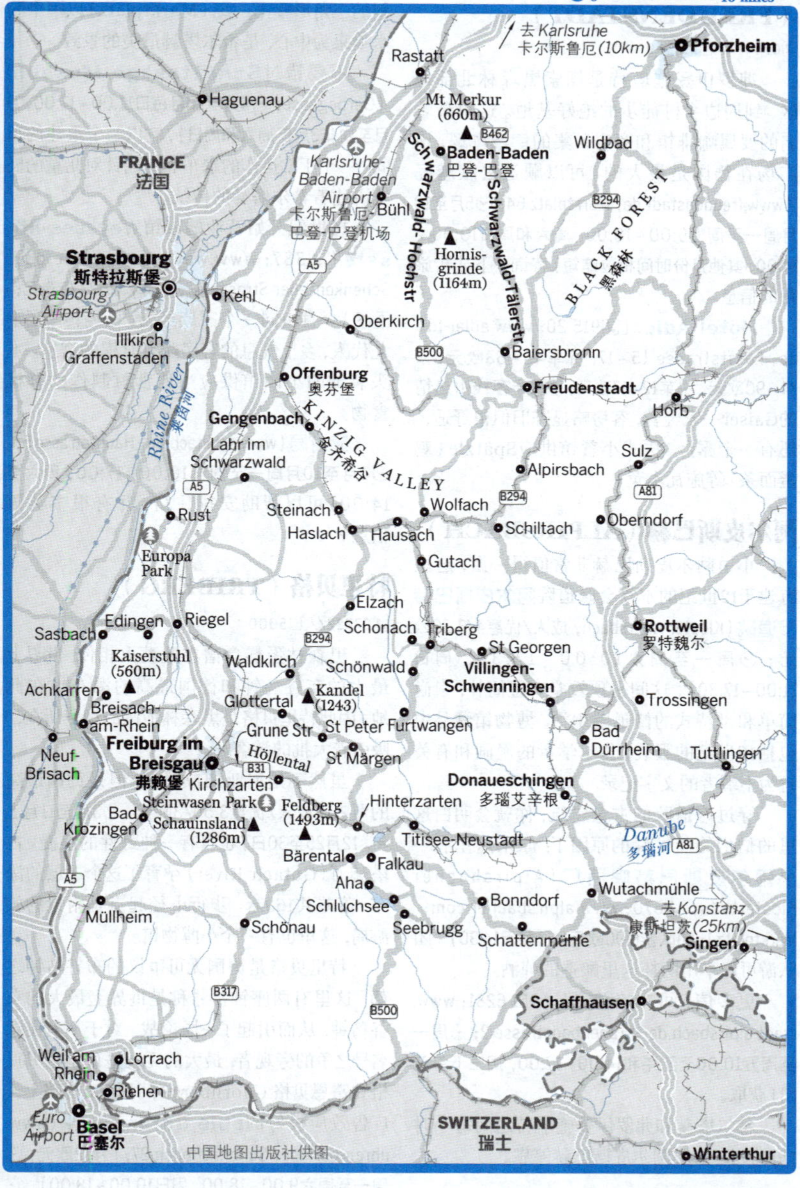

者经常会沿从巴登-巴登至弗罗伊登施塔特（Freudenstadt）和从特里贝格（Triberg）至瓦尔茨胡特（Waldshut）的风景优美的**黑森林高原公路**（Schwarzwald-Hochstrasse，即B500公路）前行。

每小时有1班列车往返于弗罗伊登施塔特和奥芬堡（Offenburg）之间，途经阿尔皮斯巴赫（Alpirsbach）、希尔塔赫（Schiltach）和其他村庄。从豪萨（Hausach）出发的列车约每小时1班，前往东南方向的特里贝格（Triberg）和康斯坦茨。

弗罗伊登施塔特（FREUDENSTADT）

07441/人口23,550

弗罗伊登施塔特是探索黑森林北部地区、到周边乡村徒步的绝好基地。这里最著名的要属咖啡馆和商店云集的集市广场，该广场在德国是最大的。可以顺道去旅游局（www.freudenstadt.de; Marktplatz 64; 5月至10月周一至周五9:00~18:00，周六和周日10:00~14:00，其他月份时间相应缩短）咨询一下徒步旅行的信息。

Hotel Adler（915 20; www.adler-fds.de; Forststrasse 15~17; 标单45~53欧元，双74~90欧元，主菜12~17欧元; P）客栈由热情的Gaiser一家经营，客房略显陈旧但很舒适，还有一个露台。法式小餐馆供应Spätzle（鸡蛋面条）等施瓦本菜。

阿尔皮斯巴赫（ALPIRSBACH）

小镇阿尔皮斯巴赫非常值得一游，这里有建于12世纪的本笃会修道院阿尔皮斯巴赫修道院（Kloster Alpirsbach，成人/优惠4/3.30欧元；周一至周六10:00~17:30，周日11:00~17:30），这间平顶教堂布置简朴，崇尚简单和哥特式的修道院生活。博物馆藏品中包括16世纪的服装、艺术学者的漫画和有关行为不端者的文字记录。

穿过修道院的古老建筑，你就会明白这里的僧侣终年忙碌的原因了：原来这里有一个阿尔皮斯巴赫啤酒厂（Alpirsbacher Klosterbräu; 670; www.alpirsbacher.com; Marktplatz 1; 团队游6.90欧元; 每天14:30）。团队游可以享用两杯这里酿造的啤酒。

更多信息可在旅游局（951 6281; www.stadt-alpirsbach.de; Krähenbadstrasse 2; 周一至周五10:00至正午和14:00~17:00，周三下午关闭）获取。

希尔塔赫和弗罗伊登施塔特之间每小时1班的列车会在阿尔皮斯巴赫停靠。

希尔塔赫（SCHILTACH）

07836/人口3875

希尔塔赫是黑森林景色最美的小镇之一，金齐希河（Kinzig River）和希尔塔赫河（Schiltach River）在此处交汇，水声隆隆。砖木建筑散布在纵横交错的山坡小道旁。倾斜的三角形集市广场（Marktplatz）以一个滴水喷泉为中心，是希尔塔赫最美的景致。

不要错过Schüttesäge Museum（Gerbegasse; 4月至10月每日11:00~17:00，11月至次年3月仅周六和周日），它以一个重建的车间、一个正常运作的水车和专门针对儿童的展览讲述着希尔塔赫的传统。

16世纪开始营业的旅馆Weysses Rössle（387; www.weysses-roessle.de; Schenkenzeller Strasse 42; 标单/双52/75欧元; P）一直由同一个家族经营，已经传承了十九代人，乡土气息的客房配有时髦的浴室。木头装饰的小酒馆供应当地食材制作的有机食物。

旅游局（www.schiltach.de; Hauptstrasse 5; 4月至10月周一至周五10:00~17:00，周六至14:00）可以帮助安排住宿，并有很多英语信息。

特里贝格（TRIBERG）

07722/人口5000

黑森林蛋糕食谱在此薪火相传，世界上最大的布谷鸟钟和德国最高的瀑布也在此地，因此特里贝格是黑森林地区的精华所在，吸引着大批的游客。

虽然不是尼亚加拉瀑布，但是德国最高的瀑布（成人/优惠3.50/3欧元; 3月至11月上旬，12月25至30日）也自有一种野性的浪漫。古塔赫河（Gutach River）孕育了这个七层的瀑布，落差共163米。步行小径起点是附近的旅游局，这里也有一个小博物馆。

特里贝格是德国无可争议的布谷鸟钟之都。这里有两座钟都号称是世界上最大的布谷鸟钟，从而引起了一场论战。对于不太在意名号之争的旁观者，最大的无疑是位于特里贝格和霍恩贝格（Hornberg）间的B33公路上、广告效应极好的Eble Uhren-Park（www.uhren-park.de; Schonachbach 27; 门票2欧元; 周一至周六9:00~18:00，周日10:00~18:00），它已被列入吉尼斯世界纪录。在小镇另一端的绍纳赫（Schonach）是处于下风的Weltgrösste Kuckucksuhr（07722-4689; Untertalstrasse 28; 成人/优惠1.20/0.60欧元; 5月至10月9:00~18:00，11月至次年4月10:00~

森林美食家的最爱

黑森林的特产包括烟熏Schwarzwälder Schinken（黑森林火腿），可以用多种方式烹饪。Schwarzwälder Kirschtorte（黑森林蛋糕）的名气足以与无处不在的布谷鸟钟匹敌（价格方面可比不了），这是一种混合了巧克力和酒渍樱桃的奶油蛋糕。有种叫罗特豪斯（Rothaus）的清爽比尔森啤酒在当地颇受欢迎。

17:00），坐落在不太显眼的小木屋里，配有齿轮传动内部结构。这个巨大的钟表——单论大小可谓难逢敌手——已经自称是"世界上最古老、最大的布谷鸟钟"。但其实该钟建于20世纪80年代。

位于木雕大师Gerald Burger的商店上面的是**Kukucksnest**（☎869 487; Wallfahrtstrasse 15; 双58欧元），这是他为客人打造的漂亮"小窝"。

Café Schäfer（www.cafe-schaefer-triberg.de; Hauptstrasse 33; 蛋糕3~4欧元; ⏲周一至周五9:00~18:00，周六8:00~18:00，周日11:00~18:00，周三不营业）的带有樱桃酒香味的黑森林蛋糕是最正宗地道的，不信的话有最早的配方以资证明。

每小时有1班黑森林列车走环线，向东南方向可达康斯坦茨（23.30欧元，1.5小时），向西北可达奥芬堡（11.10欧元，45分钟）。7150路长途汽车向北经古塔赫到奥芬堡，7265路长途汽车向南经圣格奥尔根（St Georgen）到菲林根（Villingen）。

特里贝格的火车站距市中心1.7公里；可以乘坐任何公共汽车至Markt即到。

弗赖堡（Freiburg im Breisgau）

☎0761/人口224,200

弗赖堡悠然坐落在黑森林树木繁茂的山坡和葡萄园脚下，是一个阳光又欢快的大学城。中世纪的老城就像是一本故事书画面，里面有带山墙的房子、鹅卵石铺就的小道和遍布咖啡馆的广场，还屹立着一座不朽的13世纪主教座堂。热爱派对的学生们让当地的夜生活变得异常活跃。由于有全年日照2000小时这一得天独厚的条件，弗赖堡是德国最温暖的城市。

👁 景点和活动

首选 大教堂 大教堂

（Münsterplatz; 塔 成人/优惠1.50/1欧元; ⏲周一至周六10:00~17:00，周日13:00~19:30，塔 周一至周六9:30~17:00，周日13:00~17:00）建于13世纪的弗赖堡大教堂（Münster）是一个红色的砂石建筑，镂空装饰的尖塔和滴水兽在黄昏下呈猩红色。登上教堂的塔楼，可以一览教堂复杂的建筑结构。天气晴好时，可以远眺法国的孚日山（Vosges Mountains）。

在教堂内部，千变万化的彩色玻璃窗让你目不暇接。**高祭坛**（High Altar）上有由汉斯·巴尔东（Hans Baldung）创作的以圣母玛利亚加冕为主题的三联画。

市政厅广场 广场

（Town Hall Square）弗赖堡当地人喜欢在栗树成荫的市政厅广场（Rathausplatz）喷泉旁漫步闲逛。在其西侧，有红砂岩带阶式山墙的**新市政厅**（Neues Rathaus, Rathausplatz）。

一路之隔的是建于16世纪中期的**老市政厅**（Altes Rathaus, Universtitatstrasse），绚丽夺目的血红色建筑，有镀金的螺旋装饰，最上面是时钟和哈布斯堡双头鹰壁画。

在广场的北侧有建于中世纪的**马丁斯教堂**（Martinskirche），值得注意的是这里的有顶回廊。该教堂曾是方济各会修道院的一部分，在"二战"时被严重破坏，后来又按照修道院的原样重建。

奥古斯丁博物馆 博物馆

（Augustinermuseum; ☎201 2531; Salzstrasse 32; 成人/儿童6/4欧元; ⏲周二至周日10:00~17:00）这个美丽的奥古斯丁修道院展示着价值连城的中世纪、巴洛克和19世纪的艺术，它们皆出自炙手可热的艺术家如汉斯·巴尔东、马蒂亚斯·格吕内瓦尔德（Matthias Grünewald）和卢卡斯·克拉纳赫

值得一游

俯瞰整座森林

当你乘坐绍因斯兰缆车（Schauinslandbahn；成人/优惠 往返12/11欧元，单程8.50/8欧元；⏲9:00~17:00，7月至9月至18:00）到达城市上空，身处地毯一般的大片草地和森林之上，弗赖堡看上去极为微小。缆车一直开到1284米高的绍因斯兰山峰（Schauinsland；www.bergwelt-schauinsland.de）。乘坐缆车可以在弗赖堡和黑森林高地之间快速往来。

到了顶端，可以在瞭望塔上居高临下，饱览莱茵河谷和阿尔卑斯山的美景。然后沿着一条小径，从许多不同角度享受这里的风景。也可以顺着欧洲最长的越野摩托路线（www.rollerstrecke.de；20欧元；⏲5月至6月周日，7月和9月至10月周六和周日，8月周三至周日14:00和17:00）之一骑骑摩托，从顶部至山底车站全程8公里，大约需要1个小时。

绍因斯兰缆车山谷站在弗赖堡市中心东南约9公里处。乘坐2路有轨电车到Günterstal，然后转乘公共汽车21路到Talstation。

（Lucas Cranach）等之手。展出的还有奢华的中世纪彩色玻璃。

住宿

首选 Hotel Oberkirch 历史酒店 €€€

（☎202 6868；www.hotel-oberkirch.de；Münsterplatz 22；标单102~123欧元，双155~169欧元，主菜13~23欧元；Ⓟ）这家酒店拥有250年的历史，房间是装有绿色百叶窗的乡村风格，室内是裱花的墙纸和四柱床。下榻于此早上一醒来就能欣赏到大教堂的风景。楼下暗色木饰的小酒馆生意相当好，供应丰盛的当地美食，如炖鹿肉Knödel（饺子）。

Hotel Schwarzwälder Hof 酒店 €€

（☎380 30；www.schwarzwaelder-hof.eu；Herrenstrasse 43；标单/双/标三65/99/120欧元；@）这家精致小巧的酒店有着无可比拟的性价比。铁门电梯带你抵达时髦漂亮的客房，房间色调以粉白色和巧克力色为主。一些房间能够看见老城。

Black Forest Hostel 青年旅舍 €

（☎881 7870；www.blackforest-hostel.de；Kartäuserstrasse 33；铺14~23欧元，标单/双30/50欧元；@）这里提供时髦的经济型住宿，有着舒服轻松的公共区域、公用厨房、自行车出租和空间很大、装有不锈钢淋浴的浴室。从镇中心步行5分钟就可到达。

餐饮

Wolfshöhle 地中海菜 €€€

（☎303 03；Konviktstrasse 8；主菜16~27欧元；⏲周一午餐时间和周日不营业）这家餐馆的餐桌就设在漂亮的广场上，是夏日傍晚的好去处。菜单上的菜式是地中海风味，精心制作的菜肴有伊比利亚猪肉配蒜茸和藏红花鲜虾意大利调味饭等。

Hausbrauerei Feierling 自酿酒吧 €€

（Gerberau 46；主菜6~12欧元；✎）作为弗赖堡最好的啤酒花园之一，这家自酿酒馆供应美味的素食和大块炸肉排配Brägele（烤土豆片）。

Englers Weinkrügle 德国菜 €€

（☎383 115；Konviktstrasse 12；主菜9~16欧元；⏲周二至周日）这是一家温馨而富有木质感的巴登风格葡萄酒馆，门前还长有紫藤，菜单上的食物主打地区风味。各种做法的鳟鱼（如配雷司令或杏仁奶油）都十分可口。

Schlappen 小酒馆

（Löwenstrasse 2；⏲周一至周六11:00至次日1:00和3:00之间，周日15:00至次日1:00）这是一家一直很受欢迎的酒馆，后屋是以爵士乐为主题的，海报贴满了墙面。10种苦艾酒中随便1种都可以让人飘飘欲仙。夏季里客人们都会涌向露台。

实用信息

旅游局（☎388 1880；www.freiburg.de；Rathausplatz 2~4；⏲周一至周五8:00~20:00，周六9:30~17:00，周日11:00~16:00）

到达和当地交通

弗赖堡与巴塞尔（瑞士）和米卢斯（法国）共用**欧洲机场**（EuroAirport；www.euroairport.com）。这里有许多经济型航空公司的航班。从弗赖堡每小时有1班**机场班车**（☎500 500；www.freiburger-reisedienst.de；单程/往返 23/39欧元；⏲55分钟）抵达机场。

连接法兰克福和巴塞尔的A5公路就从弗赖堡以西经过。风景优美的B31公路向东经过地狱谷（Höllental）通往康斯坦茨湖。B294公路向北通往黑森林。

快速列车往返于弗赖堡与巴塞尔（16.40欧元起，45分钟）和巴登-巴登（19.20欧元起，45分钟）之间。地狱谷铁路（Höllentalbahn）以弗赖堡为西起点，向东经由蒂蒂湖-新城（Titisee-Neustadt；5.10欧元，38分钟，每小时两班）通往多瑙艾辛根（Donaueschingen）。

康斯坦茨湖（LAKE CONSTANCE）

康斯坦茨湖[本地人称为博登湖（Bodensee）]横跨德国、奥地利和瑞士，是欧洲中部的第三大湖泊。它在最后一个冰河时代由莱茵河的冰川形成，并且一直被莱茵河灌溉和泄洪。这个巨大的湖泊长达63公里，宽达14公里，深可达250米。即使你未曾在此戏水，这片位于莱茵河流域的巨大水域也能为你带来愉悦的体验。历史悠久的城镇外围散布着葡萄酒庄园，可以乘船、骑自行车或步行前往。

到达和当地交通

林道（Lindau）和康斯坦茨之间有列车往返，还有长途汽车前往像梅尔斯堡（Meersburg）这样不通火车的地方。开车的话，可以沿环康斯坦茨湖北岸的B31公路抵达，不过这条公路的车流量可能非常大。

最慢但最有意思的当地交通方式是渡轮。康斯坦茨是渡轮的主要枢纽，但梅尔斯堡和腓特烈港（Friedrichshafen）也有足够的渡轮供你选择。由**德国BSB**（German BSB；www.bsb-online.com）和**奥地利OBB**（Austrian OBB；www.bodenseeschifffahrt.at）运营的最常用线路包括：往返于康斯坦茨与梅尔斯堡（5.30欧元，30分钟）、腓特烈港（11.70欧元，1.75小时）、林道（15.40欧元，3小时）和布雷根茨（Bregenz；16.40欧元，3.5小时）之间的线路；6至15岁儿童半价。网站上有时刻表。

Euregio Bodensee（www.euregiokarte.com）经营所有康斯坦茨湖区的公共交通，印有免费时刻表（Fahrplan），列出了所有火车、长途汽车和渡轮的运行时间。

康斯坦茨（Constance）

☎07531/人口84,700

与瑞士接壤的康斯坦茨是一座大学城，嘈杂而欢快，特别是在鹅卵石铺就的老城和活跃的水滨区域，还有很多热闹的酒吧。

康斯坦茨的历史意义要追溯到1414年，那时康斯坦茨议会召开会议，尝试解决天主教教会内部的巨大矛盾。随之发生了宗教改

省钱车票

Euregio Bodensee Tageskarte（www.euregiokarte.com）可以让你在康斯坦茨湖周边全天使用陆路交通，包括在奥地利和瑞士地区。车票在火车站和渡轮码头有售，1区/2区/所有区间的票价分别为：16.50/22/29欧元。

Bodensee Erlebniskarte（成人/儿童72/36欧元，不含渡轮40/21欧元）有效期3天，从4月上旬到10月中旬期间可在当地的旅游局和渡轮办公室买到。这种票涵盖康斯坦茨湖周边几乎所有的船只和登山缆车的无限次乘坐（包括奥地利和瑞士的沿岸地区），还可以让你享受约180个旅游景点和博物馆的免费门票。

革者扬·胡斯（Jan Hus）作为异教徒被烧死的事件，他的骨灰被撒在了康斯坦茨湖，但这一切都没有阻止宗教改革的发生。

景点和活动

首选 大教堂 主教座堂

（Münster；塔 成人/儿童2/1欧元；⊙周一至周日10:00～18:00，塔 周一至周六10:00～17:00，周日12:30～17:30）这座砂岩大教堂是集罗马式、哥特式、文艺复兴式和巴洛克式风格于一身的建筑奇葩，有着1000年历史的金银丝工艺装饰的尖顶傲然而立。其中亮点包括15世纪的华丽螺旋楼梯**Schnegg**、有1000年历史的古老**地穴**和壮丽的**哥特式回廊**。若天气晴好，可以登到**塔顶**俯瞰城市与湖泊的美丽景色。

迈瑙岛 花园

（www.mainau.de；成人/优惠16.90/9.50欧元；⊙日出至日落）鲜花簇拥的迈瑙岛（Mainau）位于康斯坦茨湖，柔和翠绿的小岛有45公顷大小，是瑞典王室的亲戚贝纳多特（Bernadotte）家族打造的地中海式花园。从康斯坦茨的火车站乘坐4路公共汽车或乘坐渡轮可达。

食宿

大教堂广场（Münsterplatz）和Marktstätte一带有不少比萨店和小吃店。要当心城市花园（Stadtgarten）附近的宰客餐厅。

Hotel Barbarossa 历史酒店 €€

（☎128 990；www.barbarossa-hotel.com；Obermarkt 8-12；标单55～75欧元，双95～130欧元；📶）这家有600年历史的古老贵族宅邸铺有镶木地板，装饰各异的客房都明亮迷人，美中不足的是房间略小。在露台上可以饱览康斯坦茨的屋顶和尖塔的景色。

Riva 精品酒店 €€€

（☎363 090；www.hotel-riva.de；Seestrasse 25；标单110～150欧元，双200～240欧元；P📶🏊）这是城里最时髦的酒店之一，里面有清爽的白色空间、玻璃幕墙和蜗牛状的楼梯间。铺着硬木地板的禅意客房中有免费迷你吧。从屋顶的游泳池和地中海风格的餐厅（主菜18～25欧元）可以俯瞰湖泊美景。

Münsterhof 德国菜 €€

（☎3638 427；Münsterplatz 3；主菜8.50～17欧元；🖉👪）这是家漂亮的法式小馆，桌子摆在大教堂前，复古内部装饰有些华而不实，午餐时间食客众多，看得出在当地已经赢得相当多的忠实追随者。6.90欧元的两道菜午餐非常划算。

Voglhaus 咖啡馆 €

（Wessenbergstrasse 8；简餐2.50～6欧元；⊙周一至周六9:00～18:30，周日11:00～18:00；🖉）当地人对“鸟屋”趋之若鹜，因为这里有轻松的氛围和木石结合的现代内部装饰，在冬季还有明火取暖。木火炉烤面包配抹酱、全谷物制作的百吉圈、纸杯蛋糕等搭配水果奶昔和特制咖啡真是恰到好处。

Brauhaus Johann Albrecht 自酿小酒馆

（Konradigasse 2；⊙11:30～13:00）在这个带阶式山墙的自酿小酒馆，你可以畅饮小麦啤酒或窖藏啤酒，夏季还可以在露台坐坐。

实用信息

旅游局（☎133 030；www.konstanz-tourismus.de；Bahnhofplatz 43；⊙4月至10月周一至周五9:00～18:30，周六9:00～16:00，周日10:00～13:00，11月至次年3月周一至周五9:30～18:00）就在火车站内。

到达和离开

康斯坦茨是康斯坦茨湖的主要渡轮枢纽。开车的话可由B33公路抵达，该公路在辛根（Singen）附近连接通往斯图加特的A81公路。或者你也可以取道通往梅尔斯堡的B31公路，然后搭乘汽车轮渡。

这个镇也是沿途景色优美的黑森林铁路（Schwarzwaldbahn）的南部终点站，每小时有1班列车穿越黑森林。去湖区北岸的小镇要在拉多尔夫策尔（Radolfzell）换乘。

梅尔斯堡（Meersburg）

07532/人口5630

山顶上傲然矗立着的是中世纪的城堡，从布满藤条的山坡沿台阶向下就来到了康斯坦茨湖——梅尔斯堡能满足所有你对身着铠甲的骑士和英雄救美传说的想象。它的亮点是老宫殿（Altes Schloss；成人/优惠8.50/6.50欧元；3月至10月9:00~18:30，11月至次年2月10:00~18:00），这是一座典型的中世纪堡垒，有要塞、吊桥、骑士大厅和地牢。

旅游局（440 400；www.meersburg.de；Kirchstrasse 4；周一至周五9:00~12:30和14:00~18:00，周六10:00~15:00，周日10:00~13:00，冬季时间相应缩短）坐落在曾经的多明我会修道院内。

梅尔斯堡没有火车站，但每天有8班7394路特快长途汽车开往康斯坦茨（3.25欧元，40分钟）和腓特烈港（3.10欧元，26分钟）。

林道（Lindau）

08382/人口24,800

位于康斯坦茨湖南部的林道几乎与奥地利接壤。林道是一个很美的小城镇，镇上不通汽车，有糖果色的漂亮老城，天气晴好时能看到阿尔卑斯山美景，还有湖畔咖啡馆。镇上最宏伟的建筑是建于15世纪、带阶式山墙的老市政厅（Altes Rathaus；Bismarckplatz），壁画上有小天使、快乐的吟游诗人和西班牙大型帆船。

在建于18世纪的**Hotel Garni-Brugger**（934 10；www.hotel-garni-brugger.de；Bei der Heidenmauer 11；标单56~78欧元，双92~106欧元；@）住一个晚上，明亮的客房都装饰有花卉窗帘和松木，主人一家热情好客。**Weinstube Frey**（947 9676；Maximilianstrasse 15；主菜13~22欧元；周一不营业）的本地菜很可口，这间有着500年历史的葡萄酒馆散发着巴伐利亚的魅力。如果要一边喝酒一边欣赏美景，可以前往Seepromenade。

旅游局（260 030；www.lindau.de；Ludwigstrasse 68；5月至9月周一至周五9:00~18:00，周六和周日14:00~18:00，10月至次年4月周一至周五9:00~17:00）就在火车站对面。

林道位于B31公路上，取道A96公路可前往慕尼黑。德国阿尔卑斯山之路（Deutsche Alpenstrasse）以此为起点向东蜿蜒到贝希特斯加登。林道同时也是前往拉多尔夫策尔（Radolfzell）列车线路的东端终点站，该线路沿着湖的北岸运行。

莱茵兰-普法尔茨州（RHINELAND-PALATINATE）

莱茵兰-普法尔茨州（Rheinland-Pfalz）河流纵横，其中最为有名的两条是莱茵河（Rhine）和摩泽尔河（Moselle），它们同时也是当地出产的葡萄酒的代名词。该州建于“二战”后，由部分前莱茵兰和莱茵普法尔茨地区组建，不过其动荡的历史一直可以追溯到罗马时代，最有代表性的就是城市特里尔（Trier）。近几个世纪中，这里曾被法国和德国其他州激烈争夺，所以这里有许多迷人又破败的中世纪城堡。

浪漫莱茵河（Romantic Rhine）

对于大多数来德的旅行者而言，沿着宽阔的莱茵河的旅程是绝对的亮点。在科布伦茨（Koblenz）和美因茨（Mainz）之间的河段受联合国教科文组织的保护，是名副其实的“浪漫莱茵河”。这里有德国最为动人的风景，森林覆盖的山坡、陡峭的悬崖、几乎垂直分布的葡萄园，每处河湾都有恬静的村庄，整齐的砖木房和哥特式教堂尖塔让人感觉进入了童话世界。

河面上是一派繁忙的船舶运输景象，河岸的铁路沿线有许多著名的中世纪城堡，有些已成废墟，有些得到了修缮恢复，都笼罩在一种神秘氛围里。

春秋两季是旅行的最好时节，只因夏季游客实在太多，冬季又进入休眠期。每一个河边小镇都有不错的地点供住宿、就餐和饮酒。

虽然科布伦茨和美因茨是最好的出发地点，但是从法兰克福也可以安排一日游（行程比较长）到达莱茵河谷。自驾的话要注意的是这一河段只有汽车渡轮，没有桥梁。

到达和当地交通

莱茵河上的每种运输方式都有其自身的优势，而且会给你不同的享受，可以尝试结合不同方式出行。**科隆-杜塞尔多夫线路**（Köln-Düsseldorfer Line, KD; ☎0221-2088 318; www.k-d.com）经营着科布伦茨与美因茨（以及科隆和科布伦茨之间没那么有趣的线路）之间的渡轮服务，每天都有很多班次，船停靠在沿途的河畔小镇。

莱茵河左岸的村落，如宾根（Bingen）、巴哈拉赫（Bacharach）、上韦瑟尔（Oberwesel）和波帕（Boppard），每小时都会有科布伦茨和美因茨之间运行的当地列车停靠。右岸的村落，如吕德斯海姆（Rüdesheim）、阿斯曼豪森（Assmannshausen）、考布（Kaub）、圣戈阿斯豪森（St Goarshausen）和布劳巴赫（Braubach）有Vias运营的RheingauLinie列车经过，可到科布伦茨的中央火车站和威斯巴登（Wiesbaden），每小时1班。

圣戈尔和圣戈阿斯豪森（ST GOAR & ST GOARSHAUSEN）

☎06741/人口3100

这对双子镇在莱茵河两岸隔河相望。左岸的圣戈尔以**莱茵岩堡**（Burg Rheinfels; www.st-goar.de; 成人/儿童4/2欧元; ⏰3月中旬至11月上旬9:00~18:00，11月上旬至次年3月中旬天气晴好时周六和周日11:00~17:00）闻名，它是莱茵河畔令人印象最为深刻的城堡之一。迷宫般的城堡废墟反映了当地伯爵的贪婪和野心勃勃，他在1245年建造了这个庞然大物，并向每一艘过往船只征收通行费。

河对岸，在圣戈阿斯豪森南面的**罗蕾莱之崖**（Loreley Rock）是浪漫莱茵河沿岸最具童话色彩的景点。这个垂直板岩的成名要归功于一个神秘少女的歌声，据说她的歌声是为了把河里的水手引诱到凶险的暗流处溺毙。通过**罗蕾莱游客信息中心**（Loreley Besucherzentrum visitors' centre; ☎599 093; www.loreley-besucherzentrum.de; 成人/学生2.50/1.50欧元; ⏰3月10:00~17:00，4月至10月10:00~18:00，11月至次年2月 周六和周日11:00~16:00）的多媒体你可以了解更多相关的信息。可自驾到达那片露出地面的岩石，也可搭乘圣戈阿斯豪森由集市广场（Marktplat; 2.65欧元，10:00~17:00每小时1班）开出的公共汽车，接着走过400级的Treppenweg台阶，台阶的起始点位于防波堤底部圣戈阿斯豪森的上游2公里处。

圣戈尔的青年旅舍**Jugendherberge**（☎388; www.djh.de; Bismarckweg 17; 铺/标单/双18/30/50欧元）在城堡的正下方，城堡中设有高档酒店**Romantik Hotel Schloss Rheinfels**（☎06741-8020; www.schloss-rheinfels.de; 双115~265欧元，冬季优惠; @📶✉）以及它所经营的3个餐馆。

巴哈拉赫（BACHARACH）

☎06743/人口2250

巴哈拉赫是莱茵河畔最美丽的村庄之一，14世纪的城墙（你可以在大部分的城墙上漫步）背后隐藏着超凡的魅力。推开厚厚的拱

感受莱茵河的浪漫

莱茵河畔几乎所有的村庄都有自己的独特魅力，都值得小游一番。随意选一个去探索吧。这里是几处推荐：

波帕（Boppard）：这里有罗马城墙和遗址，还有到Vierseenblick观景点的缆车。位于莱茵河左岸。

上韦瑟尔（Oberwesel）：这里有著名的长达3公里的中世纪城墙，部分城墙适合漫步，其间屹立着16个守卫塔。位于莱茵河左岸。

阿斯曼豪森（Assmannhausen）：相对没太多游客到访，红葡萄酒比较有名，一览无余的景色非常适于徒步游。位于莱茵河右岸。

吕德斯海姆（Rüdesheim）：逃离涌向画眉鸟巷（Drosselgasse）的一日游人群，去到山上的葡萄酒庄园，看看神奇的尼德瓦尔德（Niederwalddenkmal）纪念碑。位于莱茵河右岸。

门，里面是一个美丽的中世纪古城，Oberstrasse街旁的**Altes Haus**、**Posthof**和有点倾斜的**Alte Münze**等处的砖木房，更是给这里平添了几分优雅。所有房子都是吃喝玩乐的好去处。

当地的青年旅舍**DJH Burg Stahleck**（☎1266；www.jugendherberge.de；Burg Stahleck；铺/双20.50/52欧元）梦幻般地坐落在山坡上的中世纪城堡里。**Rhein Hotel**（☎1243；www.rhein-hotel-bacharach.de；Langstrasse 50；标单39~65欧元，双78~130欧元；❄📶）刚好在中世纪城墙边上，有14个光线充足的隔音客房，还装饰有原创艺术品。餐馆供应当地美食。

美因茨（MAINZ）

☎06131/人口199,000

从法兰克福出发到美因茨一日游非常方便。美因茨有一个迷人的老城，其庞大的**大教堂**（Marktplatz；⏲周一至周五9:00~18:30，周六9:00~16:00，周日和节假日12:45~18:30，11月至次年2月时间相应缩短）融合了罗马式、哥特式和巴洛克式的建筑风格。

来到美因茨必做的几件事：在老城砖木结构的酒馆里品尝当地的葡萄酒；去**圣史蒂芬教堂**（St-Stephan-Kirche；Kleine Weissgasse 12；⏲10:00~16:30）看看马克·夏卡尔（Marc Chagall）设计的优雅脱俗的窗户；或在**古登堡博物馆**（Gutenberg Museum；www.gutenberg-museum.de；Liebfrauenplatz 5；成人/儿童5/3欧元；⏲周二至周六9:00~17:00，周日11:00~17:00）看看第一本印刷的圣经，该博物馆是以出生在这座城市的活字印刷发明家约翰尼斯·古登堡（Johannes Gutenberg）命名的。

可去**旅游局**（☎286 210；www.touristik-mainz.de；Brückenturm am Rathaus；⏲周一至周五9:00~18:00，周六10:00~16:00，周日11:00~15:00）了解更多信息。

靠近主教座堂有一座15世纪的迦密会修道院，现已改建为**Hof Ehrenfels**（☎971 2340；www.hof-ehrenfels.de；Grebenstrasse 5-7；标单/双/标三80/100/120欧元，周五至周日优惠10欧元），从这里可以看到难以媲美的大教堂景色。品尝葡萄酒和美食的话，要去**Heiliggeist**（www.heiliggeist-mainz.de；Mailandsgasse 11；主菜9.80~19.80欧元；⏲周一至周五16:00至次日1:00，周六、周日和节假日9:00至次日1:00或2:00），这里原是一座中世纪的医院，餐厅就在高耸的哥特式拱顶下。

摩泽尔河谷（Moselle Valley）

摩泽尔河好比是一串丰收时节的葡萄藤，挤满了游客。城堡和砖木房城镇都建在蜿蜒的河流边，两侧都是陡峭的种满葡萄园的岩石峭壁。这里是德国风景最优美的地区之一，对于那些不畏惧陡峭小路的徒步旅行者而言，这里有的是连绵不绝的美景。与浪漫莱茵河不同的是，摩泽尔河谷有许多桥梁。每年的5月、夏季的周末和当地葡萄酒收获的季节（9月中旬至10月中旬）是该地区的旅游旺季。

ℹ 到达和当地交通

从特里尔到科布伦茨间的195公里路程是摩泽尔河谷风景最优美的一段，你可以从任意一端开始这段旅程。自驾是探索这片区域的最便捷方式。如果你从科布伦茨出发，沿B49公路前行，经过布莱（Bullay）后转上B53公路，沿河到达特里尔，一路上会跨越河流数次。

往返于科布伦茨和特里尔的列车（19.20欧元，1.5至2小时，每小时至少1班）在河畔村庄的停靠站最远只到布莱。从布莱出发的每小时1班的区间列车向上游驶去，最后到达特拉本-特拉尔巴赫（Traben-Trarbach）。Moselbahn运营的333路公共汽车穿梭于特拉本-特拉尔巴赫和特里尔之间的村庄，也包括贝恩卡斯特-库斯（Bernkastel-Kues）。

法兰克福-哈恩机场（Frankfurt-Hahn Airport，www.hahn-airport.de）由瑞安航空承载航空服务。机场位于特拉本-特拉尔巴赫以东22公里、贝恩卡斯特-库斯以东17公里处，与布莱铁路终点站之间有机场班车（6.80欧元，51分钟）往返。

科布伦茨（KOBLENZ）

☎0261/人口106,000

科布伦茨最早由罗马人建立，坐落在莱茵河和摩泽尔河的交汇之地，这里也被称为**德意志之角**（Deutsches Eck）。科布伦茨最

值得一游

埃尔茨堡（BURG ELTZ）

科布伦茨的南面、美丽的埃尔茨山谷的顶部，坐落着不容错过的埃尔茨堡。这个美丽的中世纪城堡俯视周遭群山，城堡内有壁画、绘画、家具和装饰华丽的房间。

自驾的话，可以取道明斯特迈菲尔德（Münstermaifeld）村到达城堡；城堡距停车场（班车1.50欧元）800米。科布伦茨有火车通往莫泽尔肯（Moselkern，也可乘船抵达），从这里开往城堡的线路耗时35分钟，出发点在Ringelsteiner Mühle停车场。

著名的地方要属建于19世纪、德皇威廉一世耀武扬威的骑马雕像。而位于莱茵河右岸、坐落在德意志之角高处的，是欧洲最雄伟的堡垒之一——**埃伦布赖特施泰因要塞**（Festung Ehrenbreitstein；www.diefestungehrenbreitstein.de；成人/儿童6/3欧元；⌚4月至10月10:00~18:00，11月至次年3月至17:00），要塞高处视野很棒，里面还有一个地区博物馆。可搭乘850米长的**空中缆车**（Seilbahn；www.seilbahn-koblenz.de；成人/6~14岁 往返8/4欧元，含要塞门票11.20/5.60欧元，自行车单程3欧元；⌚4月至10月10:00~18:00或19:00，11月至次年3月至17:00）到达。

旅游局（☎313 04；Bahnhofplatz 17；⌚周一至周五9:00~18:00）在中央火车站外。老城莱茵河沿岸地区的Münzplatz和Burgstrasse周边有许多餐馆和酒吧。

几家船舶公司停泊在德意志之角以南的莱茵河码头上。科布伦茨有两个火车站：中央火车站位于莱茵河左岸，在市中心以南约1公里处，科布伦茨-埃伦布赖特施泰因站位于右岸（堡垒正下方）。

贝尔斯坦（BEILSTEIN）

在摩泽尔河的右岸科布伦茨上游约50公里处，坐落着一个名叫贝尔斯坦的小村庄，出落的仿佛童话世界一般。坡度很大的葡萄园包围着仅有的几座房子，其历史亮点有**集市广场**（Marktplatz）和**梅特涅堡**（Burg Metternich），后者位于山顶，可通过台阶到达。

Zehnthauskeller（Marktplatz；⌚周二至周日11:00至晚上）是个幽暗却浪漫的带拱顶葡萄酒馆，经营酒馆的家族还同时经营当地两家酒店（☎1850；www.hotel-lipmann.de）。

特拉本-特拉尔巴赫（TRABEN-TRARBACH）

由两部分组成的特拉本-特拉尔巴赫有许多奇异的新艺术风格别墅，在你欣赏过一圈“浪漫砖木房小镇”之后正好在这里调节一下审美疲劳。镇上的**旅游局**（☎839 80；www.traben-trarbach.de；Am Bahnhof 5，Traben；⌚5月至8月周一至周五10:00~17:00，9月和10月至18:00，11月至次年4月至16:00，5月至10月周六11:00~15:00；📶）提供小镇的地图。被毁的中世纪**格莱芬堡**（Grevenburg）位于特拉尔巴赫崎岖的丘陵之上，可以通过陡峭的小径Sponheimer Weg到达。小径的起点在大桥北面，与桥隔着一个街区。

Weingut Caspari（☎5778；www.weingut-caspari.de；Weiherstrasse 18，Trarbach；主菜6.5~16.90欧元）是一家充满田园气息的旧时代葡萄酒餐厅，供应丰盛的当地特色菜，过桥后走过六个较小的街区即到。

贝恩卡斯特-库斯（BERNKASTEL-KUES）

双子镇贝恩卡斯特-库斯地处摩泽尔河中游的中心。在右岸的贝恩卡斯特，有一个迷人的**集市**，成片漂亮的山墙尖顶样式的砖木房给人一种浪漫的感觉。当你面对市政厅时，你的右侧就是Karlstrasse小巷，里面有一座微小的**Spitzhäuschen**，形状就像一个硕大的鸟笼，它的底部狭窄，而上面一层却倾斜着变大，一副摇摇欲坠的样子。

从Spitzhäuschen一路向上直到**兰茨胡特城堡**（Burg Landshut），这是座13世纪城堡的废墟，坐落在城镇高处的悬崖上，四周是葡萄园和森林。在这里待30分钟就够了。在**啤酒花园**（⌚2月中旬至11月10:00~18:00）你可以一边喝着冷饮一边享受壮丽迷人的山谷景色。

特里尔(Trier)

☎0651/105,250

罗马人在大约公元前16年建立了特里尔，当时命名它为奥古斯都大帝的特雷维尔城(Augusta Treverorum)。公元3世纪，特里尔成为罗马帝国高卢地区的首府。公元4世纪，这里成为君士坦丁大帝的住所。今天，你会在这里看到阿尔卑斯山以北地区保存得最多最完好的罗马废墟。特里尔地区更接近法国，这一点在美食上可见一斑，而庞大的学生群体则为这片废墟注入了活力。

景点

黑门 古罗马城门

[Porta Nigra；成人/学生3/2.10欧元，含西蒙施蒂夫特市立博物馆(Stadtmuseum Simeonstift)7.20/5.80欧元；⏲4月至9月9:00~18:00，3月和10月至17:00，11月至次年2月至16:00]这座建于公元2世纪的城门是特里尔的首要地标，两扇门仅以铁钩相连和重力支持。

圆形剧场 古罗马遗址

(Amphitheater；Olewiger Strasse；成人/儿童3/2.10欧元；⏲4月至9月9:00~18:00，3月和10月至17:00，11月至次年2月至16:00)这个古典时期的户外活动场所曾经可以容纳20,000名观众，在这里观赏角斗士、动物的厮杀，或观看君士坦丁大帝怎样将敌人喂给饥饿的动物以彰显他的胜利。

皇家浴场 古罗马遗址

(Kaiserthermen；Imperial Baths；Palastgarten；成人/学生3/2.10欧元)这个用于洗浴的庞大建筑是君士坦丁大帝建造的。

大教堂 教堂

(Dom；www.dominformation.de；Liebfrauenstrasse 12；⏲周一至周六10:00~17:00；周日12.30~17:00，11月至次年3月时间相应缩短)这座罗马式主教座堂像一座堡垒一般，就建在君士坦丁大帝的母亲海伦娜的宫殿之上，建筑上还带有一些耸立的哥特式和令人惊叹的巴洛克式装饰。

君士坦丁教堂 教堂

(www.konstantin-basilika.de；Konstantinplatz；⏲4月至10月10:00~18:00；11月至次年3月周二至周六10:00或11:00至正午和14:00或15:00~16:00，周日正午至13:00)该教堂约修建于公元310年，曾作为君士坦丁的王宫大殿。石砖打造的君士坦丁教堂(Konstantin Basilika，又名Aula Palatina)现在是一个典型的简朴的新教教堂，它规模之大让你为之惊叹不已。

卡尔•马克思故居 古迹

(Karl Marx Haus；www.fes.de/karl-marx-haus；Brückenstrasse 10；成人/儿童3/2欧元；⏲4月至10月每日10:00~18:00，11月至次年3月周二至周六14:00~17:00)这里是《资本论》(*Das Kapital*)作者的出生地，里面的摆设确实很简朴。来这里的中国大陆游客日益增多。

住宿

Hotel Römischer Kaiser 酒店 €€

(☎977 00；www.friedrich-hotels.de；Porta-Nigra-Platz 6；标单/双73.50/111欧元起；📶)这家酒店建于1894年，到火车站和老城中心都很方便，共有43间明亮舒适的客房，房间配有实木家具、拼花木地板和宽敞的浴室。

Hille's Hostel 青年旅舍 €

(☎710 2785，非接待时间 0171-329 1247；www.hilles-hostel-trier.de；Gartenfeldstrasse 7；铺14欧元起，标单/双40/50欧元，早餐8欧元；⏲前台9:00至正午和16:00~18:00或更晚；@📶)这个悠闲自在的独立青年旅舍有12间舒适宽敞的客房，大多数房间都带独立浴室，公共厨房里还有一架钢琴。如果你在接待时间之外到达，要提前给他们打电话，这样他们会把大门密码和钥匙留给你。

首选 **Becker's Hotel** 精品酒店 €€

(☎938 080；www.beckers-trier.de；Olewiger Strasse 206；双110~220欧元；P❄@📶)这座酒店声名远扬，有31个极有品位的房间，有些是非常现代的风格，有些是传统乡村风格，餐饮是星级标准。酒店位于市中心东南方向3公里的安静的葡萄酒区Olewig，从古老的修道院教堂过了小溪就到了。6路、16路、81路公共汽车都到这里。

就餐

到了温暖的季节，特里尔包括谷物广场在内的多处广场上都会摆满咖啡馆的桌子。市中心东南方向3公里处的Olewig区有多家传统葡萄酒馆。

Zum Domstein 古罗马菜 €€

（www.domstein.de；Hauptmarkt 5；主菜8.90~18.50欧元，古罗马晚餐17~35欧元）这是一家德国风格的法式小馆，在这里你可以吃到古罗马菜品或更传统的德国美食和国际美食。

Kartoffel Kiste 土豆 €€

（www.kiste-trier.de；Fahrstrasse 13-14；主菜7.20~17欧元；⏲11:00至午夜；🔌）这里是当地人的最爱，特色菜是烤制、撒面包屑烹制、烘制、汤、裹着酱汁的各种土豆菜肴，也有美味的炸肉排和牛排。

实用信息

旅游局（☎978 080；www.trier-info.de；就在黑门里面；⏲周一至周六9:00或10:00~17:00或18:00，周日9:00或10:00~13:00或更晚）

到达和离开

特里尔到达科布伦茨（20.80欧元，1.5至2小时）的列车每小时至少1班，到达卢森堡（当日往返10.80欧元，50分钟，每小时至少1班）的列车班次也很频繁，可从卢森堡继续前往巴黎。

黑森州（HESSE）

黑森州约三分之二的人口居住在莱茵河-美因河流域，这一广阔区域内城市密布，公共交通十分便利——北部有美因河畔法兰克福，南部有达姆施塔特，西部有威斯巴登。迷人的威斯巴登以水疗闻名，是黑森州的首府。不过在经济方面尤其是在股票市场上举足轻重的，还要属欧洲中央银行的所在地法兰克福。

美因河畔法兰克福（Frankfurt-am-Main）

☎069/人口680,000

与德国其他城市不同，美因河畔法兰克福（Frankfurt-on-the-Main，最后一个词的发音是"mine"）拥有诸多的摩天大楼。城市的中心"曼哈顿（Mainhattan）"是真正的金融和商业中心，世界最大的股票交易市场之一和欧洲中央银行都坐落于此。欧洲最重要的商品交易会也在这里举办，包括著名的书展及车展。

尽管商务气息浓厚，法兰克福却一直是德国最宜居城市之一，因为这里有众多馆藏丰富的博物馆、大片的公园和绿地、学生众多的活泼氛围和便捷的公共交通设施。到此处游览，一定要试试这里精致的美食，感受一下从舒适的苹果酒馆到前沿电子夜店的多彩夜生活。

景点

罗马贝格广场 广场

（Ⓤ Dom/Römer）罗马贝格广场（Römerberg）是法兰克福的老中央广场。这里修建于14世纪至15世纪之间的建筑在第二次世界大战后获得重建，向人们展示着这座城市的中心在中世纪时期该是多么的美丽。广场的西北角坐落着旧市政厅，又称**Römer**，由三座15世纪的、带阶式山墙的房子组成。在神圣罗马帝国时期，它是选举皇帝和皇帝加冕的庆典现场，今天它用于法兰克福市长办公室和登记处。

法兰克福大教堂 主教座堂

（Frankfurt Cathedral；www.domkonzerte.de；Domplatz 14；⏲教堂9:00至正午和14:30~20:00）该教堂位于罗马贝格广场东侧，**历史花园**（Historischer Garten）的后面（园内有古罗马

游览法兰克福

机场位于市中心西南，乘火车11分钟可达。中央火车站在城市西部，离市中心很近，沿Kaiserstrasse步行即可抵达，也可到达Kaiserplatz广场和An der Hauptwache广场，后者是零售业中心，广场四面八方有许多商店，Zeil大街更是热闹非凡。Hauptwache和罗马贝格广场（Römerberg）之间是法兰克福得以保存的老城（Altstadt）。

美因河（Main River）流经老城南部，河上有几座桥，通往迷人的萨克森豪森区（Sachsenhausen）。该区的东北角即老萨克森豪森区（Alt-Sachsenhausen），有优雅的旧式房屋和葡萄酒馆。

沿美因河南岸的博物馆区（Museumsufer）有多座博物馆。想要参观全部博物馆，可以购买有效期48小时的博物馆区通票（www.kultur -frankfurt.de；成人/优惠/家庭15/8/23欧元）。

市中心东北方向的博恩海姆区（Bornheim）可以让你强烈感受到法兰克福曾作为村庄的历史根源，这个区的主要街道贝尔格大街（Berger Strasse）两旁有许多独特的小店、咖啡馆和酒馆。

和加洛林王朝的遗迹）。在1356年至1792年，法兰克福大教堂（Frankfurter Dom）是选举神圣罗马帝国帝王的地方（1562年后国王不再选举，由教皇加冕）。建筑的亮点是一座优雅的15世纪的哥特式塔。

施泰德博物馆 博物馆

（Städel Museum；www.staedelmuseum.de；Schaumainkai 63；成人/学生/家庭12/10/20欧元，12岁以下儿童免费；⏲周二和周五至周日10:00~17:00，周三和周四至21:00；🚇Schweizer Platz）这里有博物馆区最引人注目的收藏品，享誉世界的画廊展示着从14世纪到20世纪的天才画家的主要作品，包括波提切利（Botticelli）、丢勒（Dürer）、范·艾克（Van Eyck）、伦勃朗（Rembrandt）、雷诺阿（Renoir）、鲁本斯（Rubens）、维米尔（Vermeer）、塞尚（Cézanne）和出生于法兰克福的汉斯·霍尔拜因（Hans Holbein）等人的作品。2012年在经过大规模整修后，该馆重新开放了当代艺术品展。

美因塔 观景点

（www.maintower.de；Neue Mainzer Strasse 52-58；电梯 成人/儿童/家庭5/3.50/13.50欧元；⏲3月下旬至10月下旬周日至周四10:00~21:00，周五和周六至23:00，10月下旬至次年3月下旬关闭时间早2小时，休闲鸡尾酒吧 周二至周六21:00至午夜或次日1:00；🚇Alte Oper）在美因塔（Main Tower）的顶部200米高的露天观景平台能让你在云间享受美景。这里还有一个鸡尾酒吧和餐馆。

歌德故居 历史建筑

（Goethe-Haus；www.goethehaus-frankfurt.de；Grosser Hirschgraben 23-25；成人/学生/家庭7/3/11欧元；⏲周一至周六10:00~18:00，周日10:00~17:30；🚇Willy- Brandt-Platz）"很少有人拥有对现实的想象力"是约翰·沃尔夫冈·歌德精辟之语。歌德于1749年在这座房子里出生，你会在这里读到他的更多名言，房间也再现了他那个时代的装饰风格。

古代雕塑品博物馆 博物馆

（Liebieghaus；www.liebieghaus.de；Schaumainkai 71；成人/学生和老人/家庭7/5/16欧元，12岁以下儿童免费；⏲周二至周日10:00~18:00，周三和周四至21:00）这里确实是欣赏雕塑作品的好地方。博物馆坐落在一栋19世纪80年代修建的漂亮别墅里，上佳的藏品中包括古希腊、古罗马、埃及、中世纪、文艺复兴和巴洛克式作品，还有些雕塑来自东亚。

住宿

首选 Villa Orange 酒店 €€

（☎405 840；www.villa-orange.de；

Frankfurt-am-Main 美因河畔法兰克福

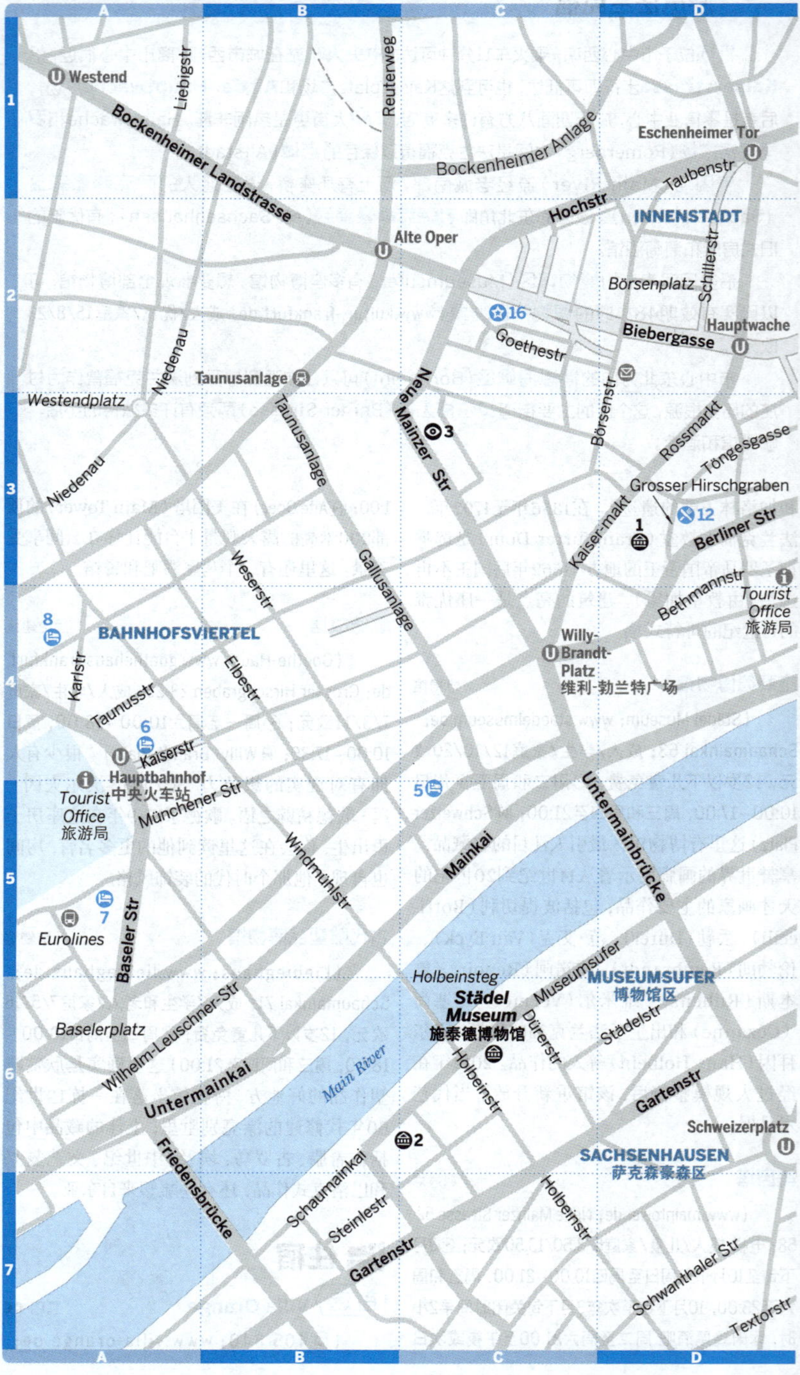

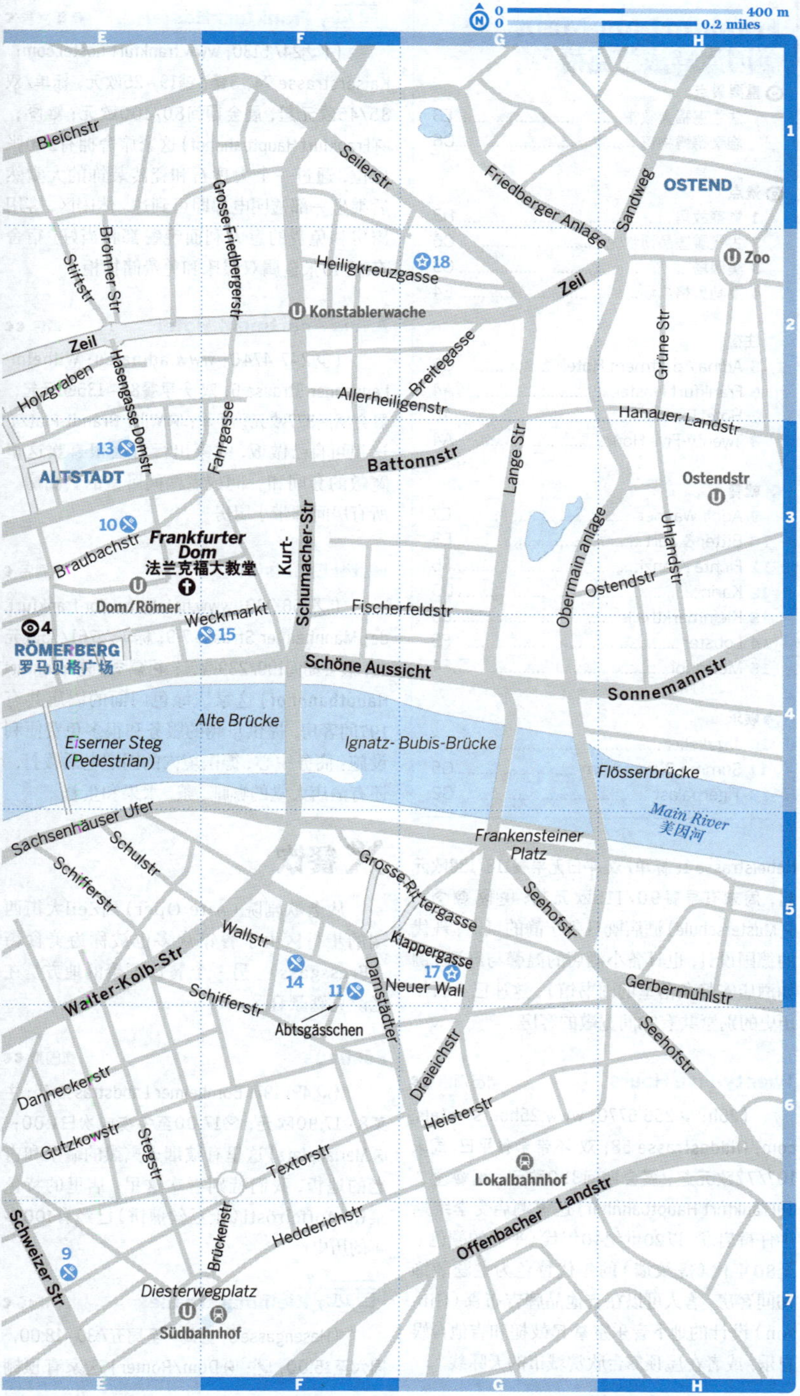

0 400 m
0 0.2 miles
E
F
G
H
1
2
3
4
5
6
7
Bleichstr
Seilerstr
Friedberger Anlage
Sandweg
OSTEND
Grosse Friedbergerstr
Brönner Str
Stiftstr
Heiligkreuzgasse
18
Zoo
Zeil
Konstablerwache
Grüne Str
Zeil
Holzgraben
Hasengasse Domstr
Breitegasse
Allerheiligenstr
Hanauer Landstr
13
Fahrgasse
Battonnstr
Lange Str
ALTSTADT
Ostendstr
10
Frankfurter Dom
法兰克福大教堂
Braubachstr
Kurt-Schumacher-Str
Uhlandstr
Obermain anlage
Ostendstr
Dom/Römer
Weckmarkt
Fischerfeldstr
4
15
RÖMERBERG
罗马贝格广场
Schöne Aussicht
Sonnemannstr
Alte Brücke
Eiserner Steg (Pedestrian)
Ignatz- Bubis-Brücke
Flösserbrücke
Main River
美因河
Sachsenhäuser Ufer
Frankensteiner Platz
Schulstr
Grosse Rittergasse
Schifferstr
Seehofstr
Wallstr
Klappergasse
Walter-Kolb-Str
14
17
Gerbermühlstr
11
Neuer Wall
Schifferstr
Darmstädter
Abtsgässchen
Seehofstr
Dreieichstr
Danneckerstr
Heisterstr
Gutzkowstr
Stegstr
Textorstr
Lokalbahnhof
Schweizer Str
Brückenstr
Heddérichstr
Offenbacher Landstr
9
Diesterwegplatz
Südbahnhof

Frankfurt-am-Main 美因河畔法兰克福

重要景点

法兰克福大教堂 E3
施泰德博物馆 C6

景点

1 歌德故居 D3
2 古代雕塑品博物馆 C6
3 美因塔 C3
4 罗马贝格广场 E4

住宿

5 Adina Apartment Hotel C5
6 Frankfurt Hostel A4
7 Hotel Excelsior A5
8 Twenty-Five Hours A4

就餐

9 Adolf Wagner E7
10 Bitter & Zart E3
11 Fichte Kränzi F5
12 Karin D3
13 Kleinmarkthalle E3
14 Lobster F5
15 Metropol F4

娱乐

16 Jazzkeller C2
17 Summa Summarum G5
18 Tigerpalast G2

Hebelstrasse 1；标单/双 平日无早餐118/138欧元起，周末有早餐90/115欧元起；P @；Musterschule）酒店既具备宁静的氛围、现代的德国设计，也具备小酒店的温馨与舒适（例如酒店安静角落里的图书馆），这座已有百年历史的别墅共有38间宽敞的客房。

Twenty-Five Hours 精品酒店 €€

（25h；256 6770；www.25hours-hotels.com；Niddastrasse 58；双 不带早餐平日/周末107/77欧元起，展会期间390欧元；@；Frankfurt Hauptbahnhof）这家酒店受李维斯牛仔裤启发，以20世纪40年代（平静的颜色）至80年代（虎纹墙）的年代特色为主题装饰76间客房。客人可以在吉他品牌吉布森（Gibson）设计的地下音乐室拿起鼓槌和吉他自娱自乐，或者在屋顶露台欣赏城市的天际线。

首选 Frankfurt Hostel 青年旅舍 €

（247 5130；www.frankfurt-hostel.com；Kaiserstrasse 74，3楼；铺19~25欧元，标单/双35/45欧元起，展会期间80/100欧元；@；Frankfurt Hauptbahnhof）这家旅舍拥有200张床位，通过一个大理石和瓷砖装饰的大堂然后乘坐一部透明电梯即可到达。休闲区、客用厨房和免费的意大利面晚餐都相当好。宿舍有3至10张金属双层床和免费储物柜。

Adina Apartment Hotel 酒店 €€

（247 4740；www.adina.eu；Wilhelm-Leuschner-Strasse 6；双 无早餐84~135欧元起，展会期间377欧元；Willy-Brandt-Platz）这里可自己做饭，举家出行者会很喜欢这里宽敞的套间和一间或者两间卧室的公寓房。所有房间都带小厨房。

Hotel Excelsior 酒店 €

（256 080；www.hotelexcelsior-frankfurt.de；Mannheimer Strasse 7-9；标单/双61/75欧元起，展会期间199/239欧元；P @；Frankfurt Hauptbahnhof）这家浅绿色门面的酒店共有197间客房，提供卓越的服务和很多免费便利设施：商务中心、德国境内的固定电话拨打，还有酒店大堂的咖啡、茶、水果和蛋糕。

餐饮

从老歌剧院（Alte Oper）到Zeil大街西端的步行区由于餐馆众多也被称为美食街（Fressgass）。另一个餐饮汇聚的地方是在老萨克森豪森区。

Eckhaus 德国菜 €€

（491 197；Bornheimer Landstrasse 45；主菜8~17.90欧元；17:00至午夜或次日1:00；Merianplatz）这里有被烟火熏黑的墙壁和古老的地板，我们特别喜欢这里。店里的特色菜Kartoffelrösti（土豆丝煎饼）已经有100多年的历史。

首选 Kleinmarkthalle 市场 €

（Hasengasse 5；周一至周五7:30~18:00，周六至15:00；Dom/Römer）这家有顶棚

的传统食品市场供应很多的水果、蔬菜、肉类以及熟食。

Karin 咖啡馆 €€

（☎295 217；Grosser Hirschgraben 28；主菜8~14欧元；⏰周一至周六9:00至午夜，周日10:00~19:00，节假日10:00至午夜；🚇Willy-Brandt-Platz）这家法兰克福风格的咖啡馆供应德国和国际菜肴，还有9种不同风格的早餐（一直供应到18:00）。本地艺术家的作品装饰着咖啡馆的四壁，而且会经常更换。只收现金。

Bitter & Zart 咖啡馆 €

（www.bitterundzart.de；Braubachstrasse 14；⏰周一至周六10:00~20:00，周日10:00~18:00；🚇Dom/Römer）走过巧克力椅子后左转，你会发现自己身处一个诱人的商店，货架上高高地摆满了最好吃的巧克力，向右转再点杯香浓的咖啡、简餐、早餐（一直供应到正午）或者美味的蛋糕。

Lobster 法式小馆 €€€

（☎612 920；www.lobster-weinbistrot.de；Wallstrasse 21；主菜15~20欧元；⏰周一至周六18:00至次日1:00，热菜供应到22:30；🚇Südbahnhof）在20世纪50年代，这里曾是杂货和牛奶店，现在是一家温馨舒适、气氛友好的“葡萄酒馆”，以“有一点法国风味”的可口肉类和鱼类菜肴闻名。36种葡萄酒都按杯卖。这里地方不大，因此要提前预订。

> **苹果酒快车就要开了，立刻上车！**
>
> **苹果酒快车**（Ebbelwei Express；www.ebbelwei-express.com；成人/14岁以下儿童7/3欧元；⏰4月至10月周六，周日和节假日和11月至次年3月周六13:30~17:30每半小时1班，11月至次年3月周日和节假日13:30~17:00约每小时1班）是一辆历史悠久的有轨电车，70分钟的环线旅程包含从动物园到展览中心（Messe）之间美因河两岸的所有景点。你可以在任何标有EE字母的车站（包括中央火车站和Börneplatz站）上车。正如你所期望的，票价里包括苹果酒（Ebbelwei）或果汁和椒盐卷饼。

Metropol 法式小馆 €€

（☎288 287；Weckmarkt 13-15；主菜9.50~14.50欧元；⏰周二至周六9:00至次日1:00或2:00，周日9:00至午夜；🚇Dom/Römer）菜单不断变化，菜品包括小酒馆主食和各类创意菜肴。有一个可爱的后院，孩子们可以在那里玩耍。只收现金。

Wein-Dünker 酒窖

（www.weinkellerei-duenker.de；Berger Strasse 265；⏰周一至周四14:00至次日1:00，周五和周六14:00至次日3:00，周日18:00至午夜；🚇Bornheim Mitte）下到这个小酒窖里品尝一下德国最好的葡萄酒吧。只供应小吃，但你可以自己带点吃的，然后在倒放的酒桶上就餐。

☆ 娱乐

免费 **Summa Summarum** 现场音乐

（Klappergasse 3；⏰周二至周六20:00至次日1:00）这家有拱顶的石头地窖只有六张桌子。每周三、周五会播放传统新奥尔良爵士乐，周四、周六则是歌手兼作曲人（蓝调、摇滚等）专场，周二是开放式表演晚会。

King Kamehameha 夜店

（☎4800 9610；www.king-kamehameha.de；Hanauer Landstrasse 192；门票 周四 8欧元，周五和周六10欧元；⏰周四21:00至次日4:00或更晚，周五和周六22:00至次日4:00或更晚）“King-Ka”简直是夜店中的传奇，周末有DJ献艺，周四有乐队表演。夜店位于动物园东南方向约2公里处（11路有轨电车可到）。

Tigerpalast 卡巴莱

（☎餐馆9200 2225，票务920 0220；www.tigerpalast.com；Heiligkreuzgasse 16-20；成人58.75~64.25欧元，儿童半价；⏰周二至周四表演19:00~22:00，周五和周六19:30和22:30，周日16:30和20:00，6月中旬至8月中旬不营业；

当地知识

苹果酒馆

苹果酒馆是法兰克福很棒的当地传统。酒馆供应Ebbelwei（Apfelwein的法兰克福方言），这是一种带酒精的苹果汁，再配上一些本地特色菜如Handkäse mit Musik（从字面上看，是"伴着音乐的手工奶酪"）。这种圆形奶酪浸泡在油和醋里，上面放有洋葱，音乐则是指胃肠蠕动时的辘辘作响。而吃饭时配上诸如Grüne Sosse等当地酱料，味道都不错。这些酱料一般以草本植物为原料。老萨克森豪森区有些不错的苹果酒馆，值得推荐的有：**Fichtekränzi**（☎612 778；www.fichtekraenzi.de；Wallstrasse 5；主菜7.20~15.50欧元；⏰17:00~23:00；✎；🚇Lokalbahnhof）和**Adolf Wagner**（☎612 565；www.apfelwein-wagner.com；Schweizer Strasse 71；主菜4.50~13.90欧元；⏰11:00至午夜；✎；🚇Südbahnhof）。

🚇Konstablerwache）这家顶级综艺剧院的演出节目包括杂技、马戏和魔术。即使你不懂德语也会很享受。需要预订。

Jazzkeller 爵士乐

（www.jazzkeller.com；Kleine Bockenheimer Strasse 18a；门票5~25欧元；⏰周二至周四20:00至次日2:00，周五22:00至次日3:00，周六21:00至次日2:00，周日20:00至次日1:00；🚇Alte Oper）自1952年以来，这里一直是相当好的爵士乐表演场所。看看墙上的照片，你会知道这些年来都有哪些爵士乐大师曾经在这里表演过。开始营业1个小时后爵士音乐会开始，周五则是拉丁和Funk舞蹈。这个表演场地就在Goethestrasse 27对面的一个地下室里。

ℹ 实用信息

旅游局（☎2123 8800；www.frankfurt-tourismus.de）有两个办事处：中央火车站办事处（Hauptbahnhof；⏰周一至周五8:00~21:00，周六、周日和节假日9:00~18:00；🚇Frankfurt Hauptbahnhof）和老市政厅办事处（Römerberg 27；⏰周一至周五9:30~17:30，周六、周日和其他节假日9:30~16:00；🚇Dom/Römer）。

ℹ 到达和离开

飞机

法兰克福机场（Frankfurt Airport，FRA；www.frankfurt airport.com）位于市中心西南方向12公里处，是德国最繁忙的机场。1号和2号航站楼之间有无人驾驶的Skyline列车往返。

机场有两个火车站，都可从1号航站楼前往。地区火车站（Regionalbahnhof）有地区火车和轻轨开出，而长途的IC、EC、ICE列车在长途火车站（Fernbahnhof）停靠。由2号航站楼出发，需搭乘黄色的机场班车（而非SkyLine）。

如需进城，搭乘地区火车站（4.10欧元，15分钟）开出的S8和S9轻轨。出租车费用约27欧元。

注意，**法兰克福-哈恩机场**（Frankfurt-Hahn airport，HHN-airport.dewww.hahn）在法兰克福以西125公里处，靠近摩泽尔河谷。

长途汽车

长途汽车在中央火车站南端发车，其中包括**Eurolines**（☎790 3253；www.eurolines.eu；Mannheimer Strasse 15；⏰周一至周五7:30~19:30，周六7:30~14:00，周日7:30~13:00；🚇Frankfurt Hauptbahnhof），可去往欧洲大多数景区。前往浪漫之路的Europabus（见255页）也在这里发车。

火车

中央火车站发车的列车到达包括柏林（118欧元，4小时）在内的众多城市。

ℹ 当地交通

公共交通

法兰克福交通便利，本地单程车票和一日通票都叫做**traffiQ**（☎01801-069 960；www.traffiq.de），在大多数车站的售票机均可购买。单程票价2.50欧元，一日通票（24小时通票）票价6.20欧元（若含机场则14.50欧元）。

出租车

起步价2.75欧元（夜间3.25欧元），每公里

1.65欧元（夜间1.75欧元）。出租车站遍及全市，也可以致电**Taxi Frankfurt**（☎250 001，230 001；www.taxi-frankfurt.de）预约出租车服务。

北莱茵-威斯特法伦州（NORTH RHINE-WESTPHALIA）

北莱茵-威斯特法伦州境内既有一望无际的平原，也有森林覆盖、冬季积雪的高山。有一成不变的乡村地区，也有快速发展的喧嚣大城市。莱茵河的滚滚河水加上鲁尔河（Ruhr）等支流塑造着这里的地貌，该州的鲁尔区即得名于后者。

不能错过的景点包括科隆和那里壮观的大教堂，波恩的贝多芬音乐遗产和博物馆，还有查理曼大帝的统治中心亚琛。历史名城明斯特是"三十年战争"结束后的和约签署地；还有诸如杜塞尔多夫（该州首府和艺术界中心）这样优雅的城市。

科隆（Cologne）

☎0221/人口1,000,000

科隆（Köln）的诸多景点中最著名的当属科隆大教堂，金银丝装饰的双尖塔在整个城市轮廓中气势恢宏。这个城市里有很多艺术博物馆，喜欢巧克力、体育运动和古罗马历史的人也能看到相应的博物馆展览。众所周知，这里的人们善于享受生活乐趣，所以你很容易就能和他们在老城整年都开着的啤酒馆里一起喝上一杯，共享美好的时光。

景点

罗马-日耳曼博物馆 博物馆

（Römisch-Germanisches Museum, Roman Germanic Museum；☎2212 2304；www.museenkoeln.de；Roncalliplatz 4；成人/儿童8/4欧元；⊙周二至周日10:00~17:00）馆外的雕塑和废墟只是大量收藏的冰山一角。这里收藏着莱茵河畔发掘的罗马文物，亮点包括巨大的波普里修斯陵墓（Poblicius tomb，公元30~40年）、辉煌的3世纪狄俄尼索斯镶嵌画（Dionysus mosaic），还有保存完好、令人惊叹的玻璃器皿。

路德维希博物馆 博物馆

（Museum Ludwig；☎2212 6165；www.museenkoeln.de；Bischofsgartenstrasse 1；成人/儿童10/7欧元；⊙周二至周日10:00~18:00）这座伟大的艺术博物馆收藏了大量20世纪60年代的波普艺术，沃霍尔（Warhol）的布里洛盒子（Brillo Boxes）是一大亮点，此外还有德国表现主义和俄罗斯前卫绘画，另外还有摄影作品。

科伦巴艺术博物馆 博物馆

（Kolumba；☎933 1930；www.kolumba.de；Kolumbastrasse 4；成人/儿童5欧元/免费；⊙周三至周一正午至17:00，周四至19:00）蔚为壮观的宗教珍品收藏展现了艺术、历史、建筑与精神的相得益彰。现代化展室中有科普特织物、哥特式圣骨箱和中世纪绘画，也有包豪斯学派的传奇人物安道尔·魏宁格（Andor Weininger）的作品。不要错过12世纪的象牙雕刻的十字架。

纳粹文献中心 博物馆

（NS Dokumentationszentrum；☎2212 6332；www.museenkoeln.de；Appellhofplatz 23-25；成人/儿童5/2欧元；⊙周二至周五10:00~18:00，周六和周日11:00~18:00）该文献中心原被用作盖世太保（纳粹时代的秘密警察）监狱的地下室，曾有很多人在这里被审讯、拷打和杀害。这里的文献记载了第三帝国时期的科隆历史。监狱墙壁上刻的字记录了囚犯们在这里遭受到的精神与肉体的双重摧残。

瓦尔拉夫-里夏茨博物馆和库邦基金会 博物馆

（Wallraf-Richartz-Museum & Fondation Corboud；☎2212 1119；www.museenkoeln.de；Obenmars-pforten；成人/儿童9/6欧元；⊙周二至周日10:00~18:00，周四至21:00）博物馆建筑是由已故设计师乌恩杰尔（OM Ungers）设计的一座后现代主义立方体建筑，馆内藏有从13世纪至19世纪的著名绘画作品。亮

不要错过

科隆大教堂

虽说在德国看教堂很容易产生审美疲劳，但雄伟壮观的科隆大教堂（Kölner Dom, Cologne Cathedral; ☎1794 0200; www.koelner-dom.de; ⏲5月至10月6:00~22:00，11月至次年4月至19:30，南塔5月至9月9:00~18:00，3月至4月和10月至17:00，11月至次年2月至16:00）却千万不能错过。岁月的流逝让整个建筑的色泽越发暗淡，这座滴水石兽装点的哥特式主教座堂占地面积达12,470平方米，还有一对高达157米的双尖塔。

虽然教堂于1248年就开始动工，但其时断时续的建设直到1880年才最后完成，象征着普鲁士实现统一的动力。仅仅60多年以后，它有幸逃过了“二战”中的狂轰滥炸，基本完整地保存了下来。

阳光悄无声息地透过彩色玻璃窗，温柔地洒落在教堂里。在高高的天花板下整个教堂显得一派肃穆，微弱的烛光是这里唯一的照明。祭坛背后放着大教堂最为珍贵的圣骨匣：东方三博士神龛（Shrine of the Three Magi; 1150~1210年），据说里面装着三名智者的遗骨。这件圣物是在12世纪从米兰被带到科隆的，透过内部合唱席的门就可瞥见。

如果你要仔细一睹圣物尊容，需由导游带领参观。若要欣赏高空的景色，你需要攀爬509级台阶上到大教堂的南塔，到塔顶之前会经过世界上最大的钟，24吨重的彼得钟（Peter Bell），如今仍在使用。

点包括以独特的色彩运用著称的科隆画派杰作。楼上有伦勃朗、鲁本斯等荷兰以及佛兰德艺术家；卡纳莱托（Canaletto）等意大利画家、穆律罗（Murillo）等西班牙画家的作品。

巧克力博物馆 博物馆

（Chocolate Museum, Schokoladen Museum; ☎931 8880; www.schokoladenmuseum.de; Am Schokoladenmuseum 1a; 成人/优惠8.50/6欧元; ⏲周二至周五10:00~18:00，周六和周日11:00~19:00）这是一个展示巧克力制作艺术的高科技展馆，展出了阿兹特克人口中“众神的琼浆”的起源，还有可可种植的整个过程，紧接着可以观看工厂的现场生产流程，最后在巧克力喷泉停下来品尝。

团队游

KD River Cruises 乘船游

（☎258 3011; www.k-d.com; Frankenwerft 35; 团队游10欧元; ⏲10:30~17:00）这里提供壮美的老城全景游，全城有好几家这样的公司，其他公司也提供观日落巡游。

住宿

首选 Hotel Hopper et cetera 酒店 €€

（☎924 400; www.hopper.de; Brüsseler Strasse 26; 标单95~120欧元，双135~180欧元; P@📶）酒店前身是座修道院，有一尊修道士蜡像在门口欢迎你的到来。49间客房中铺着橡木地板，搭配樱桃木家具和大理石浴盆，此外还有符合潮流的iPod音箱底座。带拱顶地下室中的桑拿和酒吧可以缓解你一天旅游带来的疲惫。

Cerano Hotel 酒店 €€

（☎925 7300; www.cerano-hotels.de; Elisenstrasse 16; 房间60~120欧元; 📶）这不起眼的5层楼酒店在火车站附近，房间里贴心的额外服务包括矿泉水、果汁和比在苹果园里还多的苹果。员工很热情，早餐非常不错。

Hotel Cristall 酒店 €€

（☎163 00; www.hotelcristall.de; Ursulaplatz 9-11; 标单70~180欧元，双90~250欧元; ❄@📶）这家时尚的精品酒店色彩运用巧妙，提供个性化家具，员工说英语稍带口音。有些房型非常紧凑；睡眠较轻的旅客应该选择远离繁华街道的一侧入住。

Lint Hotel 酒店 €€

(☎920 550; www.lint-hotel.de; Lintgasse 7; 标单60~90欧元, 双90~130欧元; 📶)这家可爱、现代又经济实惠的(太阳能板屋顶)的酒店处在老城的中心位置, 18间客房铺有硬木地板, 自助早餐有一部分是有机食物。

Station Hostel for Backpackers 青年旅舍 €

(☎912 5301; www.hostel-cologne.de; Marzellenstrasse 44-56; 铺17~20欧元, 标单/双32/48欧元起; @📶)这里是典型的青年旅舍: 市中心的位置、欢乐的氛围和经济的价位。经过一个休息厅就到了干净整洁、色彩缤纷的客房, 可以睡1至6人。有很多免费的东西, 包括床上用品、上网、储物柜、城市地图和公用厨房。

Meininger City Hostel & Hotel 青年旅舍 €

(☎355 332 014; www.meininger-hostels.com; Engelbertstrasse 33-35; 铺18~24欧元, 标单/双48/70欧元起; @📶)这家处在Zülpicher Viertel学生区的旅舍非常具有吸引力, 复古风格的装饰和现代风格的客房, 设有储物柜、床头阅读灯、一个小电视和私人浴室。免费提供床上用品和毛巾, 你还可以在地下室的小厨房里自己准备意面。

✕ 就餐

市区中心的Zülpicher Viertel和Belgisches Viertel(比利时区)热闹非凡, 有各种各样的餐馆。

Alcazar 小酒馆 €

(Bismarckstrasse 39; 小吃4~9欧元, 主菜10~16欧元; ✍)这家小酒馆有新鲜出炉的各国菜肴, 还有真诚的气氛和令人愉快的服务。下午不供应食物。

首选 **Salon Schmitz** 新派欧洲菜 €

(Aachener Strasse 28; 小吃4~8欧元)不管你是想坐在长长的吧台前还是坐在复古风格的休闲酒吧舒服的沙发上, Schmitz都是一个好去处, 在这里你可以轻松地聊天、喝咖啡、品尝鸡尾酒或科隆啤酒(Kölsch)。如果实在饿了, 可以跑到隔壁的附属熟食店, 那里以前是家肉店。

Bei Oma Kleinmann 德国菜 €€

(www.beiomakleinmann.de; Zülpicher Strasse 9; 主菜12欧元; ⏲周二至周日17:00至次日1:00, 厨房至23:00)餐馆的名字是为了纪念这家店的前老板, 她一辈子经营这家饭馆, 直到2009年去世前夕还在劳作, 享年95岁。这家舒服而传统的餐厅有很多经典的菜肴, 包括14种不同的炸肉排。在小木桌旁拉把椅子坐下来, 享受经典的科隆夜晚吧。

Feynsinn 各国风味 €€

(☎240 9210; www.cafe-feynsinn.de; Rathenauplatz 7; 主菜7~18欧元)在这家备受推崇的餐馆, 美味十足的菜肴都由有机食材烹制而成。餐馆使用的肉类来自自己喂养的动物。选张能眺望公园的桌子, 无论吃顿饭或者喝杯酒, 都是一种惬意的享受。

Engelbät 欧洲菜 €

(☎246 914; www.engelbaet.de; Engelbertstrasse 7; 法式薄饼3~9欧元; ⏲11:00至次日1:00)这家舒适的餐馆兼酒馆的特色菜品是法式薄饼, 有甜的、加肉、素食等多种口味。有许多人坐在摆在人行道的餐桌旁喝酒, 附近还有许多其他就餐选择。

科隆狂欢节

在2月下旬或3月上旬的斋期(Lent)之前, 科隆的**狂欢节**(Karneval)在欢乐程度上足以媲美慕尼黑啤酒节, 届时人们会穿着充满创意的服装在街头狂欢。庆祝活动在复活节前第七个周日前的周四正式开始, 周一(Rosenmontag)时活动达到高潮, 届时会有电视转播的街头游行盛况, 整个狂欢节在圣灰星期三(Ash Wednesday)结束。

饮品和娱乐

就像慕尼黑一样，科隆啤酒的品质也属上乘。当地啤酒厂酿造的各种啤酒都叫科隆啤酒（Kölsch）。这种酒精含量相对较少的啤酒通常装在瘦高的200毫升的啤酒杯里。

Früh am Dom 啤酒馆

（☎258 0394；www.frueh.de；Am Hof 12~14；主菜5~12欧元）这家啤酒馆在大教堂附近，是科隆典型的朴实型啤酒馆。可以坐在装饰品琳琅满目的室内，也可以坐在喷泉边开满鲜花的露台上。这里的早餐也很有名。

首选 **Päffgen** 啤酒馆

（www.paeffgen-koelsch.de；Friesenstrasse 64-66）繁忙、嘈杂、热闹的Päffgen自1883年以来一直提供科隆啤酒，从未终止，在夏季，可以坐在星空下的啤酒花园里，享受清凉的啤酒，品尝当地的特色佳肴。

Malzmühle 啤酒馆

（☎210 117；www.muehlenkoelsch.de；Heumarkt 6；主菜6~15欧元；⏲10:00至午夜）这家气氛欢快的啤酒馆中游客不多，可以让你领略很多地方特色的东西。这里酿制的科隆啤酒都是采用有机材料，并且以清淡的麦芽啤酒（Malzbier，酒精含量为2%）闻名。

Stadtgarten 夜店

（☎952 9940；www.stadtgarten.de；Venloer Strasse 40）这家在比利时区最受欢迎的夜店位于一个小公园里，在它的地下大厅里时常举行各种热闹的跳舞派对、现场爵士乐和灵魂乐演奏，还有世界音乐会。此外，来此小酌也是不错的选择（夏季开放啤酒花园）。

Papa Joe's Klimperkasten 钢琴酒吧

（☎258 2132；www.papajoes.de；Alter Markt 50）这里的氛围像个博物馆，每天晚上钢琴师都会演奏美妙的音乐。墙壁被烟熏成了棕色，上面贴满了以前拍的照片。天气好的时候，可以坐在户外观看集市广场。

Alter Wartesaal 夜店

（☎912 8850；www.wartesaal.de；Johannisstrasse 11；⏲周四至周六）以前这里是火车站候车大厅，现在是一个时尚的酒吧、迪斯科舞厅兼餐馆。主题夜晚从香艳的KitKatClub到SoulChannel应有尽有。可以在靠近大教堂的几张咖啡桌旁坐下歇歇脚。

实用信息

旅游局（☎2213 0400；www.koelntouris mus.de；Unter Fettenhennen 19；⏲周一至周六9:00~20:00，周日10:00~17:00）

到达和离开

飞机

科隆波恩机场（Köln Bonn Airport，CGN；☎02203-404 001；www.airport-cgn.de）在市中心东南约18公里处，有到达130个城市的直飞航班，多家航空公司提供飞往欧洲其他国家目的地的航班。每20分钟1班的S13列车（2.80欧元，15分钟）往返于机场和中央火车站之间。出租车费用约为30欧元。

火车

科隆的中央火车站离大教堂只几步之遥。快速列车频繁发往各个方向，目的地包括柏林（113欧元，4.25小时）、法兰克福（67欧元，1.25小时）和慕尼黑（134欧元，4.5小时）。此外，还有快速列车开往布鲁塞尔（在那儿可以换乘到伦敦或巴黎的欧洲之星）。

当地交通

科隆公共交通发达完善，包含公共汽车、有轨电车、地铁和轻轨列车，由**VRS**（☎01803-504 030；www.vrsinfo.de）与波恩的交通系统合作经营。短途（最多4站）票价1.80欧元，4站以上的票价2.60欧元，一日通票1人7.50欧元，最多5人同行的团体票11.10欧元。车票从车站的橙色售票机上和有轨电车上都可以买到。一定要记得验票。

杜塞尔多夫（Düsseldorf）

☎0211/人口589,000

杜塞尔多夫是一座时尚的现代化城市，有令人眼花缭乱、别具一格的建筑格局，热情四

值得一游

波恩

波恩（Bonn，人口312,000）位于莱茵河畔，科隆的南面，1949年成为当时西德的首都。虽然现在首都地位已被柏林取而代之，但是波恩还是泰然处之，这里的经济态势良好，城市生活氛围活跃。对于游客来说，这个路德维希·范·贝多芬（Ludwig van Beethoven）的出生地有很多迷人之处，特别是这位伟大的作曲家出生的房子、一系列顶级的博物馆和美丽的河边景致。

从中央火车站沿Poststrasse只用3分钟的步行路程即可到达**旅游局**（☎775 000；www.bonn.de；Windeckstrasse 1；⏲周一至周五10:00~18:00，周六至16:00，周日至14:00），在这里你可以了解波恩的详情。

贝多芬迷一定是直奔**贝多芬故居**（Beethoven-Haus，☎981 7525；www.beethoven-haus-bonn.de；Bonngasse 24-26；成人/儿童5/4欧元；⏲4月至10月周一至周六10:00~18:00，周日11:00~18:00，11月至次年3月至17:00），这位作曲家于1770年在这里出生。这里展示了一些与他的生活和音乐有关的物品，包括他最后使用过的一架钢琴，钢琴上有一个用以助听的扩音板，方便失聪后的贝多芬作曲。

联邦德国历史博物馆（Haus der Geschichte der Bundesrepublik Deutschland；FRG History Museum，☎916 50；www.hdg.de；Willy-Brandt-Allee 14；⏲周二至周五9:00~19:00，周六和周日10:00~18:00）呈现了德国战后的历史。该馆是博物馆区的一部分，博物馆区由市中心南边老政府区内沿B9公路的一排博物馆组成。博物馆区还包括**波恩艺术博物馆**（Kunstmuseum Bonn，☎776 260；www.kunstmuseum-bonn.de；Friedrich-Ebert-Allee 2；成人/优惠7/3.50欧元；⏲周二和周四至周日11:00~18:00，周三至21:00），藏品主要是20世纪的艺术品，尤其是奥古斯特·麦克（August Macke）和其他莱茵河流域表现派艺术家的作品。

自酿酒馆**Brauhaus Bönnsch**（☎650 610；www.boennsch.de；Sterntorbrücke 4；主菜7~15欧元；⏲11:00至次日1:00）装饰着著名政治家的照片，如维利·勃兰特（Willy Brandt）和阿诺·施瓦辛格（Arnold Schwarzenegger）。到这里来一定要品尝一下未过滤的麦芽啤酒。菜单上的菜品以炸肉排、排骨和香肠为主，但是火烤薄饼也同样美味。

每小时有多班U16和U18地铁和其他地区列车往返于波恩和科隆之间。

溢的夜生活和能与很多大都市相媲美的艺术馆。初来乍到，你会觉得这里的人不苟言笑，只专注于商业；其实，金融、广告、时装、通信等行业都是北莱茵-威斯特法伦州首府的经济支柱。但是你只需花几个小时在莱茵河畔历史悠久的老城逛逛酒吧，就会发现当地人一旦脱下了刻板的BOSS西装，也一样懂得放松享受。老城号称是"世界上最长的酒吧"，不过再往南去的媒体港同样颇具吸引力，这是一处重新开发的港口区域，聚集着很多前卫的世界级建筑。

景点

集市广场 广场

杜塞尔多夫历史悠久的集市广场（Marktplatz）以文艺复兴时期的**市政厅**（Rathaus）和骑着马的**Jan Wellem雕像**为标志。Jan Wellem是17世纪后期一个热爱艺术的当地统治者，遗体埋在了附近早期巴洛克风格的**圣安德烈教堂**里（Andreaskirche，www.dominikaner-duesseldorf.de；Andreasstrasse 27；⏲8:00~18:30）。

首选 北莱茵-威斯特法伦州艺术收藏馆 博物馆

（Kunstsammlung Nordrhein-Westfalen，Art Collection of North Rhine Westphalia；www.kunstsammlung.de；联票 成人/儿童20/5欧元；⏲周二至周五10:00~18:00，周六和周日11:00~18:00）这里的现代艺术藏品让杜塞尔多夫

得以跻身艺术界前列。**K20 Grabbeplatz**（☎838 1130；Grabbeplatz 5；成人/儿童12/9.50欧元）有保罗·克利（Paul Klee）的油画，还有其他炙手可热的大师画作，其中包括巴勃罗·毕加索、亨利·马蒂斯（Henri Matisse）和杜塞尔多夫当地画家约瑟夫·博伊斯（Joseph Beuys）的作品。从这里有班车前往**K21 Ständehaus**（☎838 1630；Ständehausstrasse 1；成人/儿童 10/2.50欧元），这里展出新锐绘画、摄影以及1980年后由白南准（Nam June Paik）和比尔·维奥拉（Bill Viola）创作的设计和视频艺术品。第三个画廊**Schmela Haus**（Mutter-Ey-Strasse 3）在本书调研时正在重建。

莱茵河长廊

步行街

（Rhine River Walk）老城的北端**城堡广场**（Burgplatz）是莱茵河长廊（Rheinuferpromenade）的起点，一路上有不少咖啡馆和长椅，天气好的时候来这里的人很多，有一种地中海式的风情。长廊的南端终点是**莱茵塔**（Rheinturm，Stromstrasse 20；成人/儿童4/2.50欧元；⏲10:00~23:30），塔上168米处有一个观景台，天气晴朗时在那里可以俯瞰整个城市。

媒体港区

建筑

（AM Handelshafen）在莱茵塔南面的老海港区被重建成了媒体港区（Medienhafen），这里主要是办公区，但也有一些由享誉国际的建筑大师设计的先锋建筑，非常引人注目。弗兰克·盖里（Frank Gehry）设计的呈扭曲状的**Neuer Zollhof**就非常漂亮。这里有一些咖啡馆和餐馆，可供游人休息。

住宿

Stage 47

精品酒店 €€

（☎388 030；www.stage47.de；Graf-Adolf-Strasse 47；标单/双130/145欧元起；Ⓟ❄@📶）这家精品酒店外观并不起眼，不过里面既富于电影魅力也不乏时尚设计。房间以名人命名，墙上装裱着巨幅黑白名人照片。所以，希望你能喜欢房间里伴你入睡的那个人。

Max Hotel Garni

酒店 €€

（☎386 800；www.max-hotelgarni.de；Adersstrasse 65；标单/双70/85欧元起；@📶）现代、个性化、有人气，这个迷人的酒店在杜塞尔多夫很受欢迎。11间客房很是宽敞，房间内色调明快，木饰给人一种温暖的感觉。房价包括咖啡、茶、软饮，还有一张地区公共交通通票。提前打电话确认抵达时间。

Sir & Lady Astor

酒店 €€

（☎173 370；www.sir-astor.de；Kurfürstenstrasse 18和23；标单85~170欧元，双95~250欧元；@📶）酒店位于中央火车站附近一条居民街上，不过请不要在意这里令人乏味的环境，因为这座独特的双子精品酒店有着不俗的品位，而且非常具有魅力和创造性。需要在苏格兰和非洲混合风格的Sir Astor办理入住，街道对面的Lady Astor的繁琐花卉装饰更有法国风情。需提前预订。

Backpackers-Düsseldorf

青年旅舍 €

（☎302 0848；www.backpackers-duesseldorf.de；Fürstenwall 180；铺15~23欧元；@📶）这是一家在杜塞尔多夫非常受欢迎的独立青年旅舍，有60间干净的4人或者10人间宿舍，配有独立的背包大小的储物柜。这里装修简单，有一个厨房和一个休闲区，在这里可以迅速消除文化和语言的障碍。接待处的工作人员一般从8:00工作至21:00。房价包含早餐。

餐饮

在温暖的晚上，餐馆会把餐桌摆到室外，就餐的气氛真是好到让人激动，当然通常也很喧闹，在老城更是如此。饮料方面的选择是典型的杜塞尔多夫啤酒Altbier，这是种酒体暗淡的半甜啤酒。

Brauerei im Füchschen

德国菜 €€

（☎137 470；www.fuechschen.de；Ratinger Strasse 28；主菜5~15欧元；⏲9:00至次日1:00）热闹喧哗、人满为患而且充满地方特色，老城里的"小狐狸"能为你提供期待中的莱茵河畔啤酒馆所应有的一切。Schweinshaxe（烤猪腿）分量不大，有城里最好的Altbier啤酒。

Weinhaus Tante Anna 新派欧洲菜 €€€

（www.tanteanna.de; Andreasstrasse 2; 主菜/套餐25/45欧元起）这家餐馆虽然很豪华，却能给人一种亲切感：银器盘子、保守的木刻内饰、分量适当的葡萄酒等等。菜式常换常新。

Libanon Express 中东菜 €

（Berger Strasse 19-21; 主菜3~20欧元）很棒的烤肉、中东三明治和其他中东特色菜。

首选 Zum Uerige 啤酒馆

（☎866 990; www.uerige.de; Berger Strasse 1）这家洞穴状的啤酒馆是一个边喝啤酒边了解当地风情的好去处。你会看到服务员（Köbes）不停地从巨大的铜制大桶里接啤酒，然后举着一个巨大的托盘，看见哪里有空杯子就又为客人再续上一杯。

实用信息

老城旅游局（Marktstrasse/Ecke Rheinstrasse; ⏲10:00~18:00）

中央火车站旅游局（Immermannstrasse 65b; ⏲周一至周五9:30~19:00，周六至17:00）

到达和离开

杜塞尔多夫国际机场（DUSwww.dus int.de）有三个航站楼，有多家航空公司的航班。轻轨、地区RE列车和长途列车往返于机场与杜塞尔多夫中央火车站以及其他城市之间，每隔几分钟就有1班。从机场乘坐出租车进城费用约16欧元。

杜塞尔多夫位于莱茵-鲁尔地区密集的轻轨和地区列车网络中，该网络也覆盖科隆（12欧元，30分钟）。ICE/IC列车前往柏林（107欧元，4.25小时）、汉堡（78欧元，3.75小时）和法兰克福（78欧元，1.75小时）等目的地。

当地交通

杜塞尔多夫交通公司（Rheinbahn; www.rheinbahn.de）经营一个包括地铁、有轨电车和公共汽车在内的四通八达的交通网络。在城市里坐车的票价大多为2.40欧元。一日通票5.70欧元。

亚琛（Aachen）

☎0241/人口258,700

这是一个由罗马人建造的水疗小镇，有着活跃的学生群体和多样特征。亚琛有狭窄的鹅卵石小巷、奇妙的喷泉、摆满美味Printen（当地饼干，跟姜饼略像）的商店，不过最出名的还是一座古老的主教座堂。从科隆或杜塞尔多夫到此一日游非常合适，或者在这住一晚也不错。

景点

市政厅 历史建筑

（Markt; 成人/优惠5/3欧元; ⏲10:00~18:00）亚琛雄伟的哥特式市政厅里摆放着德国50个统治者的真人大小的雕像，其中包括30位在这个镇上加冕的国王。市政厅里面的亮点有**皇帝大厅**（Kaisersaal）、19世纪阿尔弗雷德·雷特尔（Alfred Rethel）创作的**史诗壁画**以及**帝国象征**的复制品：皇冠、王权宝球和宝剑（真品都在维也纳）。

路德维希国际艺术论坛 博物馆

（Ludwig Forum für Internationale Kunst, Ludwig Forum for International Art; ☎180 7104; www.ludwigforum.de; Jülicherstrasse 97-109; 成人/儿童5/3欧元; ⏲周二、周三和周五正午至18:00，周四正午至20:00，周六和周日11:00~18:00）这座位于旧伞厂的艺术博物馆主要展出沃霍尔、伊门多夫（Immendorf）、霍尔策（Holzer）、彭克（Holzer）、哈林（Haring）等人创作的现代艺术，也不时举办各种前卫展览。

索尔蒙特路德维希博物馆 博物馆

（Suermondt Ludwig Museum; ☎479 800; www.suermondt-ludwig-museum.de; Wilhelmstrasse 18; 成人/儿童5/3欧元; ⏲周二、周四和周五正午至18:00，周三正午至20:00，周六和周日10:00~18:00）这家博物馆引以为豪的馆藏是中世纪雕塑，也有克拉纳赫、丢勒、麦克、迪克斯等大师的杰作。

不要错过

亚琛大教堂

要谈论瑰丽宏伟的亚琛主教座堂（☎477 090；www.aachendom.de；Münsterplatz；⏲4月至12月7:00～19:00，1月至3月7:00～19:00）的重要性，怎样都不会嫌夸大其词。这里作为查理曼大帝（Charlemagne）的埋葬地，自12世纪起共有超过30位德国国王在这里加冕，朝圣者络绎不绝地涌向这里。

参观教堂可以先前往新建的大教堂游客中心（☎4770 9127；Klosterplatz 2；⏲1月至3月周一10:00～13:00，周二至周日至17:00，4月至12月周一10:00～13:00，周二至周日至18:00）了解详情并购买团队游的票。接下来前往教堂珍宝馆（Domschatzkammer；☎4770 9127；成人/儿童6.50/5.50欧元；⏲1月至3月周一10:00～13:00，周二至周日至17:00，4月至12月周一10:00～13:00，周二、周三和周五至周日至18:00，周四至21:00），那里堪称宗教珍品的阿拉丁宝藏。

大教堂中最古老也最令人印象深刻的部分是宫殿礼拜堂（Pfalzkapelle），作为国王的私人礼拜堂，它堪称加洛林王朝建筑的典范，建于查理曼大帝加冕的公元800年。这个八角形建筑结构中最引人注目的是一盏巨大的黄铜吊灯，它是查理曼大帝在1165年被封圣时，罗马帝国皇帝弗里德里希·巴巴罗萨（Friedrich Barbarossa）送上的一件礼物。

朝圣者自此便源源不断涌来，是对查理曼大帝的崇拜和数件珍贵圣物将他们吸引到了这里，这些圣物就包括据称是在耶稣被钉在十字架时用的缠腰布。这些圣物每七年才会展出一次（下一次是在2014年）。

为了容纳定期前来朝拜的众多虔诚信众，1414年在礼拜堂中建了一个哥特式唱诗席。唱诗席装饰着**pala d'oro**，这是一尊面向祭坛的镀金雕像，主题是基督受难。此外还有一个镀金的铜质讲坛，与雕像一样都是在11世纪教堂中常用的装饰品。教堂远端是镀金的查理曼大帝神殿，自从1215年开始便供奉着这位君主的遗骸。位于前殿的圣玛丽殿（St Mary）同样华丽无比，庇护着大教堂的著名圣物。

除非参加导览游（成人/儿童5/4欧元；⏲周一至周五11:00～16:30，周六和周日13:00～16:00，英语团队游14:00），否则你几乎无法参观楼上画廊里陈列的查理曼大帝的白色大理石宝座。登上6级台阶（就跟所罗门王的宝座一样）即可登上宝座，这个宝座在公元936年至1531年曾作为30位德国国王的加冕宝座。

住宿

Hotel Drei Könige 酒店 €€

（☎483 93；www.h3k-aachen.de；Büchel 5；标单90～130欧元，双120～180欧元，公寓140～240欧元；📶）这家很受欢迎的酒店地处中央城区，由家庭经营的洋溢着地中海风格的装饰会让你马上就有种喜悦感。有些客房显得有点矫揉造作，带两个卧室的公寓可住4人。在5楼享用早餐的同时可以欣赏周围屋顶和大教堂的梦幻景观。

DJH Hostel 青年旅舍 €

（☎711 010；www.aachen.jugendherberge.de；Maria-Theresia-Allee 260；铺/标单/双26/45/68欧元起）亚琛的这家现代青年旅舍共有180个床位，位于一个公园内，可以俯瞰整个城市。55个房间中约18间有独立浴室。乘2路公共汽车（Preuswald方向）到Ronheide站下。

餐饮

集市广场东北有长约1公里的Pontstrasse，这里有数十家酒吧和便宜餐馆，是亚琛学生群体的“拉丁区”。

首选 **Leo van den Daele** 咖啡馆 €

（www.van-den-daele.de；Büchel 18；点心3

欧元起）这里有被皮革覆盖的墙壁、瓷砖炉灶和一些古董，它们为这家随性的咖啡厅赋予了一种旧时风格。你可以来这里享用全日供应的早餐、清淡的午餐或可口的蛋糕。

Am Knipp

德国菜 €€

（☎331 68；www.amknipp.de；Bergdriesch 3；主菜8~18欧元；⏰周三至周一晚餐）自1698年起，这家传统小店就为饥肠辘辘的食客们供应饮食。店里的小摆设多得足可以开个跳蚤市场了，你可以在室内或漂亮的啤酒花园里开心地享用一顿丰盛的德国美食。

Apollo Kino & Bar

酒吧、夜店

（☎900 8484；www.apollo-aachen.de；Pontstrasse 141~149）这是一个宽敞的地下室，既是实验性电影院也是让学生们舞到汗流浃背的夜店，音乐曲风多样，适合所有口味。

实用信息

旅游局（☎0241 180 2961，0241 180 2960；www.aachen-tourist.de；Friedrich-Wilhelm-Platz；⏰周一至周五9:00~18:00，周六至14:00，复活节至10月周日10:00~14:00）

到达和当地交通

每小时有2班地区列车抵达科隆（16欧元，1小时），部分列车班次会从科隆继续前往其他城市。抵离布鲁塞尔和巴黎的高速列车途经亚琛。

当地公共汽车票价1.60欧元，可在司机那里购买。

下萨克森州（LOWER SAXONY）

下萨克森州（Niedersachsen）以自己的砖木房城镇为傲。哈梅林（Hamelin）有种童话般的美感，而可爱的吕讷堡（Lüneburg）与你所见过的任何城镇都不一样。该州也是大众汽车公司全球总部的所在地，首府汉诺威（Hanover）商业气息浓厚，美丽的哈尔茨山西麓也位于该州境内。

汉诺威（Hanover）

☎0511/人口518,000

德国的喜剧演员喜欢取笑汉诺威（Hannover），把它称为“哥廷根（Göttingen）和瓦尔斯罗德（Walsrode）之间的高速公路出口”。其实下萨克森州的首府要比人们印象中有活力得多，这里的居民特别友好，而且对自己所在的这座小城市深以为荣。汉诺威以举办博览会闻名，比如每年3月举办的电子信息及通信技术博览会（CEBIT），不过这里也有凡尔赛宫似的园林——海恩豪森王宫花园（Herrenhäuser Gärten）。

汉诺威与英国也有很深的渊源，但这一点并不为人熟知，却已融入了这座城市的血液中：从18世纪初开始的100多年里，汉诺威王朝的君主统治着英国和大英帝国的所有领土。

景点和活动

新市政厅

历史建筑

（Trammplatz 2；电梯 成人/优惠3/2欧元；⏰周一至周五9:30~18:30，周六和周日10:00~18:30，11月中旬至次年3月电梯关闭）参观新市政厅（Neues Rathaus，建于1901年至1913年）是一个让你了解汉诺威方位的绝好方法，在里面的绿色圆顶搭乘曲线电梯上升98米后就到达了市政厅的顶部。这里共有4个观景平台。

三教母像

雕塑

（Die Nanas；Leibnizufer）当1974年这三个用泥土雕塑的裸体女性雕塑被安放在莱纳河（Leine River）畔时，汉诺威的家长们写了至少20,000封的投诉信。而如今，这三个由已故法国艺术家尼基·德·圣法尔（Niki de Saint Phalle）塑造的体态丰腴、荧光熠熠的“索菲（Sophie）”、“夏洛特（Charlotte）”和“卡洛琳（Caroline）”成了这座城市辨识度最高和最受人们喜爱的三个地标。

首选 斯普伦格尔博物馆

博物馆

（www.sprengel-museum.de；Kurt-Schwitters-Platz；成人/优惠7/4欧元，周五免费；⏰周三至周日10:00~18:00，周二至20:00）斯普伦格尔博物馆（Sprengel Museum）因建筑设

计独特和馆内藏品丰富而备受推崇。博物馆巨大的室内空间是现代具象、抽象和概念化艺术的完美展地，馆藏包括诺尔德（Nolde）、夏卡尔（Chagall）和毕加索（Picasso）的少量作品。通常也会展出尼基·德·圣法尔的雕塑作品精选。可从Kröpcke坐100路公共汽车至Maschsee/Sprengel Museum站。

首选 海恩豪森王宫花园 花园

（☎1684 7576；www.herrenhaeuser-gaerten.de；⏲9:00至日落）坐落在市中心西北约5公里处的海恩豪森王宫花园（Herrenhäuser Gärten，Herrenhausen Gardens）是一处非常漂亮的园林，大部分借鉴于凡尔赛宫。如果把整个王宫花园比作王冠，那么王冠上闪亮的宝石当属大花园[Grosser Garten；成人/优惠含植物园（Berggarten）11月至次年5月中旬 5/4欧元，5月中旬至10月 8/5欧元]，该花园格局宏大，历史悠久，园内处处有雕像和喷泉，还有彩色瓷砖装饰的尼基·德·圣法尔雕刻石窟（Niki de Saint Phalle Grotto，广受喜爱的三教母像即为圣法尔设计）。位于公园南端的大喷泉（Grosse Fontäne）喷出的水高达80米，是欧洲最高的喷泉。在夏季受欢迎的景点是温泉秀（Wasserspiele；⏲4月至10月周一至周五11:00至正午和15:00~17:00，周六和周日11:00至正午和14:00~17:00），几处喷泉会同步喷水，非常好看。另外灯饰（Illuminations）也值得一看，灯光全开时大花园会被照亮一两个小时。花园内还有植物园（Berggarten；www.herrenhaeuser-gaerten.de；成人/优惠 3月下旬至10月3.50/1.50欧元，可购买含大花园的联票），园内的植物来自世界各地，还有湖泊众多的格奥尔格花园（Georgengarten，门票免费）。从Kröpke 乘坐有轨电车/地铁4号或5号至Herrenhäuser Gärten即到。

住宿

City Hotel am Thielenplatz 酒店 €

（☎327 691；www.smartcityhotel.com；Thielenplatz 2；标单/双59/69欧元起，早餐9.50欧元；Ⓟ📶）这家地理位置很中心的“经济精品”酒店有一个接待处和酒吧（营业至清晨5:00），配有皮革座椅，黑白树叶图案的壁纸和大量的实木组合的装饰。房间经过整修，大多数属于极简风格。

City Hotel Flamme 酒店 €€

（☎388 8004；www.city-hotel-flamme.de；Lammstrasse 3；标单/双70/125欧元；Ⓟ@📶）这家酒店型家庭旅馆的壁画非常漂亮，共24间房间，其中的大多数阳台朝向一个大的天井庭院，庭院里有装饰新奇的就餐区和镶嵌玻璃的胸墙。

DJH Hostel 青年旅舍 €

（☎131 7674；www.jugendherberge.de/jh/hannover；Ferdinand-Wilhelm-fricke-Weg 1；4床 铺不满/超过27岁 21.80/25.80欧元起，标单/双38.50/57欧元；Ⓟ@📶；Ⓢ3或7至Bahnhof Linden/Fischerhof）这个巨大的太空实验室一般的建筑中坐落着一座现代化的旅舍，有早餐室和可俯瞰河景的露台酒吧。从这里到马斯湖（Maschsee）仅几步之遥。

GästeResidenz PelikanViertel 公寓 €€

（☎399 90；www.gaesteresidenz-pelikanviertel.de；Pelikanstrasse 11；标单49~83欧元，双69~105欧元，标三100~125欧元；Ⓟ📶；Ⓢ3，7或9至 Pelikanstrasse）这是家高档学生公寓和经济酒店的混合体，这家经营良好的公寓有宜家风格的舒适客房和公寓房间，有些房间由两层构成。使用厨房的话，每间公寓房间额外付8欧元（加50欧元押金）。

餐饮

首选 Markthalle 市场 €

（www.hannover-markthalle.de；Kamarschstrasse 49；菜肴3.50~10欧元；⏲周一至周三7:00~20:00，周四和周五至22:00，周六至16:00；✎）这个巨大的有顶棚的市场摆满了大排档和美味熟食店的摊位，在这里随便吃点东西是最美不过的了，肉类和素食都有。

Brauhaus Ernst August 小酒馆

（www.brauhaus.net；Schmiedestrasse 13；⏲周一至周四8:00至次日3:00，周五和周六至次日5:00，周日9:00~15:00）这里是汉诺威人常来的

地方，这个巨大的自酿酒馆酿造一种被称为Hannöversch的未经过滤的比尔森啤酒，口味非常清爽。每到晚上，各种不同的现场乐队及DJ就会来到这里，为这里营造浓厚的派对氛围。

Café Mezzo 咖啡馆、酒吧

（www.cafe-mezzo.de; Lister Meile 4; ⌚周二至周四9:00至次日2:00，周五和周六至次日3:00，周日和周一至午夜；📶）这个经典的酒吧兼咖啡馆过去曾是学生常来的地方，不过如今出入这里的有各个年龄段的顾客。这里一整天（包括早餐）都非常热闹，也是晚上去夜店或观看演出之前喝几杯的好去处。

Hiller 素食 €€

（www.hannover-vegetarisch.de; Blumenstrasse 3; 主菜7.70~10.50欧元，午餐套餐7.90~10.70欧元；⌚周一至周六午餐和晚餐；🚭）这里是德国最古老的素食餐馆，比较安静，也略显老套，不过因为墙上挂着彩布，所以室内氛围显得比较欢快。食物精致，物有所值。

Georxx 各国风味 €€

（www.georxx-hannover.de; Georgsplatz 3; 意面8.50~13.50欧元，主菜9.50~28.80欧元；⌚9:00开始营业）这里很受商人、白领、购物者、疲惫的旅行者和文艺青年们的青睐，夏季会摆出舒适的户外餐桌。每个人在这里都能找到满意菜品（一点儿亚洲风味、一点儿巴尔干风味等），也提供很好的特价午餐（6.50~9.50欧元）。早餐一直供应到17:00。

ℹ 实用信息

汉诺威旅游局（Hannover Tourismus; ☎信息1234 5111，住宿预订1234 555; www.hann over.de; Ernst-August-Platz 8; ⌚周一至周五9:00~18:00，周六至14:00，4月至9月周日9:00~14:00）

ℹ 到达和当地交通

汉诺威的**机场**（HAJ; www.hannover-airport.de）有多家航空公司的航班，其中包括柏林航空。

汉诺威是欧洲和德国的重要铁路枢纽，有班次频繁的ICE列车往返于汉诺威和汉堡的中央火车站（43欧元，1.25小时）、不来梅（31欧元，1小时）、慕尼黑（125欧元，4.25小时）、科隆（68欧元，2.75小时）和柏林（65欧元，1.75小时）等许多城市之间。

从中央火车站出发的地铁列车可在车站以北（跟随指示Raschplatz标志）乘坐，其中包括到展览中心（Messe）的U8线路。U10和U7线路是地上的有轨电车，从火车站以南靠近旅游局的地方发车。

大多数旅行者的活动范围只会在汉诺威中心区域。单程票价2.30欧元，一日通票4.50欧元。

汉诺威周边

沃尔夫斯堡（WOLFSBURG）

大众汽车公司就在下萨森克州的沃尔夫斯堡市，公司全球总部的巨大大众标志绝对会让人难以忘怀。

来到沃尔夫斯堡，你首先看到的就是大众公司全球总部那个巨大的标志。人们来到这里主要是为了体验被称为**汽车城**（Autostadt; www.autostadt.de; Stadtbrücke; 成人/优惠15/12欧元，汽车塔探索 成人/优惠8/6欧元⌚9:00~18:00）的主题公园，这里的展览包含全面的汽车设计和工程、甲壳虫的历史以及包括宾利和兰博基尼等汽车品牌在内的营销手段。

附近的**科技中心**（Phaeno; www.phaeno.de; Willy-Brandt-Platz 1; 成人/儿童/优惠/家庭12/7.50/9/26.50欧元；⌚周二至周五9:00~17:00，周六和周日10:00~18:00，最后入场时间闭馆前1小时）坐落在由著名建筑师扎哈·哈迪德（Zaha Hadid）设计的一座未来主义的前卫建筑里。真正的汽车迷们可以前往**汽车博物馆**（AutoMuseum; http://automuseum.volkswagen.de; Dieselstrasse 35; 成人/优惠/家庭6/3/15欧元；⌚周二至周日10:00~18:00），馆内有罕见和稀有的车辆珍品收藏。

沃尔夫斯堡在汉诺威以东约90公里，可通过A2高速公路或搭乘班次频繁的直达列车（17.50欧元，30分钟）前往。

策勒（CELLE）

☎05141/人口70,250

策勒的市中心就像故事中的插图一样

美，是这一地区最有魅力的地方之一。这里有成排装修精美的砖木房，房屋上还点缀着卷轴画和寓言人物形象。从汉诺威出发来此地一日游是件很享受的事。

旅游局（位于老市政厅）提供一份详尽的《策勒漫步》（*Walk Through Celle*）英语地图，方便你一个景点接一个景点地逛下去。

景点

公爵宫

宫殿

［Ducal Palace；Schlossplatz；王宫博物馆5欧元，王宫博物馆、鲍曼博物馆（Bomann Museum）和艺术博物馆联票8欧元，周五免费，导览游 成人6欧元；周二至周日10:00~17:00］如同婚礼蛋糕一般精美的策勒公爵宫（Schloss）始建于1292年，最初是用作城镇的防御工事，到了1378年，工事扩建变成了王宫。如今，这里有宫殿管理处和王宫博物馆。1小时的团队游可以带你游览文艺复兴风格的王宫礼拜堂（Schlosskapelle）和建于19世纪的王宫厨房（Schlossküche），在排练允许的情况下还可以参观巴洛克式的王宫剧院（Schlosstheater；tickets 127 14；www.schlosstheater-celle.de；Schlossplatz；7月和8月关闭）。

与装饰精美的宫殿形成鲜明对比的是对面超现代风格的艺术博物馆（Kunstmuseum；123 55；www.kunst.celle.de；Schlossplatz 7；成人/优惠 含鲍曼博物馆5/3欧元，周五免费；周二至周五10:00~17:00，周六和周日至18:00），馆内展示当代德国艺术品，在夜间有照明，是一座"24小时"的博物馆。

老市政厅

历史建筑

建于16世纪的策勒老市政厅（Altes Rathaus）采用了文艺复兴风格的阶式山墙，上有公爵的盾形徽章和金色风向标。在市政厅的南端是旅游局办事处门口有两根鞭挞柱，在1786~1850年，轻罪犯会在此接受惩罚。犯人们并不会挨鞭子，只是被缚于此12小时，任凭邻居们吐口水、扔鸡蛋。

城市教堂

教堂

（www.stadtkirche-celle.de；An der Stadtkirche 8；塔 成人/优惠1/0.50欧元；教堂 全年周二至周六10:00~18:00，塔4月至10月周二至周六10:00~11:45和14:00~16:45）建于13世纪的城市教堂（Stadtkirche）的亮点就在于，你可以登上235级台阶到达尖塔顶部观看城市全景。城市号手每天9:30和17:30都会登上220台阶到达尖塔下面的白色塔楼，向四周送去嘹亮的小号声。

就餐

Restaurant Bier Akademie

德国菜 €€

（www.bier-akademie-celle.de；Weisser Wall 6；主菜11.10~22.50欧元；周一至周四午餐，周一至周六晚餐）这家餐馆由家庭经营，供应牛肉、禽肉、羊肉和猪肉菜肴，不过特色还是当地的肉卷，你可以点这道菜做开胃菜或是主菜。餐馆就在王宫广场（Schlossplatz）东北角。

实用信息

旅游局（1212；www.region-celle.com；Markt 14-16；周一至周五9:00~18:00，周六10:00~16:00，周日11:00~14:00）

到达和离开

从汉诺威（9.10欧元起，45 分钟）和吕讷堡（16.40欧元，1.25小时）有各种列车前往策勒。从策勒的火车站向东步行约15分钟可达老城。

哈梅林（HAMELIN）

05151/人口57,800

你如果相信《哈梅林的花衣吹笛手》这个童话，那么位于威悉河（Weser River）畔的这座安静、精致的小镇就应该既没有老鼠也没有孩子。根据童话的说法，在13世纪时，有位花衣吹笛人（Der Rattenfänger）被哈梅林的乡亲们雇来，用笛声把令人讨厌的老鼠引入河里淹死。但当他们拒绝付钱时，那个吹笛人便吹起长笛，把他们的孩子带走了。

然而，这毕竟只是一个睡觉前给孩子讲的故事。来自世界各地的游客相信这里的现实状况与童话截然不同：沿着哈梅林的鹅卵石街道随处可见——你也许已经猜到了——假老鼠和快乐的孩子们。

值 得 一 游

贝尔根-贝尔森

1940年，纳粹在贝尔根-贝尔森建造了战俘集中营（BERGEN-BELSEN；www.bergenbelsen.de Lohheide；⏲10:00~18:00）。在1943年4月，部分营区被党卫军接管，关押用来交换国外德国战俘的犹太人质。总计70,000名犹太人、苏联士兵、政治犯和其他囚犯死在这里，其中最有名的是安妮•弗兰克（Anne Frank）。她的日记在其去世后出版，如今已成经典作品。现在的文献中心（Documentation Center）是最佳景点之一，记录着这里的犯人们从自由到身陷囹圄，再重获自由的生活，展览态度谨慎，却令人无比心酸。

贝尔根-贝尔森在策勒西北约25公里，汉诺威东北约60公里，但公共交通很难直接到达。如果你开车，沿着B3公路到贝尔根，并按照标志指示到贝尔森。从策勒乘出租车费用约35欧元。

景点

捕鼠人之屋 历史建筑

（Rattenfängerhaus，Rat Catcher's House；Osterstrasse 28）在老城威悉文艺复兴装饰风格的众多房屋中，这一座是最精美的。注意看典型的装饰繁琐的倾斜山墙。

婚礼之屋 历史建筑

（Wedding House；Osterstrasse 2）婚礼之屋（Hochzeitshaus；1610~1617年）现如今既是市政厅也是警察局。建筑远端的捕鼠人钟琴（Rattenfänger Glockenspiel）每天上午9:35和11:35报时，而旋转的花衣吹笛人每天下午13:05、15:35和17:35会现身转上一转。

哈梅林博物馆 博物馆

（Museum Hamelin；Osterstrasse 8-9；成人/优惠5/4欧元；⏲周二至周日11:00~18:00）改造后的地区历史博物馆坐落在两栋精美的威悉文艺复兴风格建筑中。位于9号的莱斯特之屋（Leisthaus）是在1585~1589年为一位出身上流阶层的粮食商人而建的；而斯蒂夫斯海亨之屋（Stiftsherrenhaus）的历史要追溯到1558年，是哈梅林现存唯一以人物作为装饰的房屋，人物形象中有众神，也有其他圣经人物。

食宿

首选 **Hotel La Principessa** 酒店 €€

（☎956 920；www.laprincipessa.de；Kupferschmiedestrasse 2；标单/双78/99欧元；Ⓟ📶）铸铁栏杆、地砖、色调柔和的托斯卡纳油画和赭色灯罩，使这家意大利主题的酒店成为哈梅林出众的住宿选择。

首选 **Rattenfängerhaus** 德国菜 €€

（Osterstrasse 28；主菜10~23欧元；⏲11:00~22:00）哈梅林的传统餐馆都有专门针对游客的菜品，比如这家可爱的砖木房餐馆的特色菜就是"老鼠尾巴"（幸运的是，这道菜跟大多数主题菜式一样，以猪肉为食材）会在你的面前点燃。还提供炸肉排、鲱鱼、素食菜肴和"老鼠杀手"草本酒。

实用信息

旅游局（☎957 823；www.hameln.de；Diesterallee 1；⏲周一至周五9:00~18:00，周六9:30~15:00，周日9:30~13:00）

到达和离开

自驾的话，可以沿B217公路抵离汉诺威。

班次频繁的轻轨列车（S5）从汉诺威的中央火车站出发前往哈梅林（11.10欧元，45分钟）。火车站在市中心以东约800米处。

不来梅（Bremen）

☎0421/人口548,000

不来梅是德国最小的一个州，这里将文化与夜生活完美地融合在了一起。很遗憾的是格林童话《不来梅的城市乐手》中提到的驴、狗、猫和公鸡最后没能到达这个地方——

值得一游

吕讷堡，一座倾斜的城市

这里的教堂尖塔歪歪扭扭，建筑倾斜着彼此依靠，房子的外观像“啤酒肚”一样臃肿，迷人的吕讷堡就好像喝下了过多的比尔森窖藏啤酒（这里曾酿造这种酒）。

当然，这里之所以有各种倾斜的角度和不平坦的道路，真正的理由并没有什么奇特之处。截至1980年的几百年来，吕讷堡一直是一个盐矿城镇，这种“白色的金子”是从地下开采而来。地面的移动和沉降使得许多建筑物倾斜。而灰浆的不完全干燥使得房屋外立面臃肿不堪，更增加了这种不对称感。不过即便知道了科学上的解释，也无损于身处吕讷堡漫画一般歪歪斜斜的街道所带来的乐趣。

吕讷堡位于汉诺威（26欧元，乘火车1小时）和汉堡（12欧元，30分钟）之间，从两个城市到此地一日游都非常方便。从火车站出发向西进入城镇，可以到达建于14世纪的圣约翰尼斯教堂（St Johanniskirche；☎435 94；Am Sande；门票2欧元；⏲4月至10月周日至周三10:00~17:00，周四至周六至18:00，11月至次年3月周四至周六9:00~18:00，周日至16:00），从远处看非常显眼。教堂的尖塔高达106米，比标准角度倾斜了2.2米。根据当地的传说，教堂的建筑师曾从尖塔上跳下求死（但他幸运地落在干草车上，没有死成。不过后来在酒馆庆祝自己死里逃生，他喝得不省人事，摔倒后磕到了脑袋，最后还是死掉了）。

教堂矗立在镇里最古老广场**Am Sande**的东侧，广场周围有许多汉沙同盟时期的阶式山墙。在广场西侧矗立着漂亮的建筑行业商会（Industrie und Handelskammer）黑白相间的建筑。

经过行业商会继续往前1个街区再向右转，就到了两旁都是餐馆的Schröderstrasse，这条路通往集市广场。那里有华丽的市政厅（Rathaus），市政厅里是旅游局办公的地方（☎04131 207 6620；www.lueneburg.de；⏲5月至9月周一至周五9:00~18:00，周六至16:00，周日10:00~16:00，10月至次年4月周一至周五9:00~17:00，周六至14:00）。

在广场好好转一转，接下来沿Waagestrasse继续向西，就到了我们在吕讷堡最喜欢的街道**Auf dem Meere**。继续向前可到圣米歇尔教堂（St Michaeliskirche；☎314 00；Johann-Sebastian-Bach-Platz；⏲5月至9月周一至周六10:00~17:00，周日14:00~17:00，10月至次年4月至16:00）。这里歪斜的建筑外立面和波浪形的人行道活像蒂姆·伯顿（Tim Burton）电影中的场景。

走到现在，想恢复你的平衡感已经太迟了，所以干脆沿着Am Flock往回走，到位于伊尔默瑙河（Ilmenau）畔的**Am Stintmarkt**，在那里找一家酒吧饮一杯吧。

否则它们一定会爱上这里。城市虽小，可从童话人物的雕像到令人瞠目的新艺术风格巷道，再到令人印象深刻的市政厅，无不展现着非凡的魅力。还有威悉（Weser）的河畔长廊是一个咖啡馆林立的休闲好去处，而沿着Ostertorsteinweg街的学生区总是乐趣多多。

景点和活动

集市广场 广场

不来梅的集市广场（Markt）非常漂亮，特别是因为它的华丽风格和山墙人字形顶的市政厅（Rathaus）。市政厅前面矗立着一尊13米高的不来梅守卫者罗兰骑士的雕像（Roland）。在市政厅的西侧，你会看到不来梅的城市乐手雕像（Town Musicians of Bremen，1951年）。本地艺术家格哈德·马尔克斯（Gerhard Marcks）将他们塑造成了最有名的姿势：驴背上是狗，狗上面是猫，猫头上站着公鸡，用这样的姿势吓跑了入侵他们房子的劫匪。

圣彼得大教堂 教堂

（Dom St Petri；St Petri Cathedral；塔1欧元；

⏲周一至周五10:00~16:45，周六至13:30，周日14:00~16:45，11月至复活节塔关闭）这座建于13世纪的双塔大教堂有很美的带菱纹拱顶和礼拜堂，不过这里最神秘当然也最恐怖的景点是铅地窖（Bleikeller；成人/儿童1.40/1欧元；⏲4月至10月周一至周五10:00~17:00，周六至13:45，周日正午至16:45），可从大门南边另外一处入口进入。地窖里打开的棺材展示着八具干尸，空气的干燥程度简直令人难以置信。干尸中有一具士兵的尸体，他嘴巴张开好似在发出尖叫；还有一具学生的尸体，他死于1705年的一场决斗。

博特新大街 街道

（Böttcherstrasse）这条魅力非凡的巷子是表现主义建筑的典范，大部分是由波恩哈德·赫特格（Bernhard Hoetger，1874~1959年）设计的。走进这条街道要经过叫作光明使者（Lichtbringer）的金色雕像，该雕像刻画的是《启示录》中大天使米迦勒与龙战斗的场面。赫特格设计的**Haus Atlantis**（现在是Hilton Hotel）有一个色彩缤纷的带玻璃墙的楼梯，美得让人为之惊叹。设计师也为建于16世纪的Roselius Haus增添了圆边带浮雕的Paula-Modersohn-Becker-Haus。如今这两座毗邻的建筑物共同构成了博特新大街艺术收藏馆（Kunstsammlungen Böttcherstrasse，Art Collection Böttcherstrasse；www.pmbm.de；Böttcherstrasse 6-10；联票 成人/优惠5/3欧元；⏲周二至周日11:00~18:00）的所在地。

施诺尔区 街区

（Schnoor）这个由狭窄而曲折的小巷构成的迷宫也被称为Schnoorviertel。这里曾是渔民区，后来又变成了红灯区。现在这些玩具小屋般可爱的房子里都是卖纪念品的商店和餐馆。

贝克啤酒厂 酿酒厂

（☎01805-101 030；www.becks.de/besucherzentrum；Am Deich；团队游10.50欧元；⏲5月至10月周四至周六10:00，11:30，13:00，15:00，16:30和18:00，1月至4月较少）贝克啤酒厂（Beck's Brewery）与旅游局一同经营的团队游用时2小时，可以使你了解啤酒制作的来龙去脉。可通过网络或电话预订，集合地点就在啤酒厂。搭乘有轨电车1路或者8路到Am Brill下车。

住宿

Bremer Backpacker Hostel 青年旅舍 €

（☎223 8057；www.bremer-backpacker-hostel.de；Emil-Waldmann-Strasse 5-6；铺/标单/双18/29/48欧元；P@📶）这家私人经营的青年旅舍陈设简单但一尘不染，有厨房和公共休息室，门前还有个小院可以晒晒太阳。

首选 Hotel Bölts am Park 酒店 €€

（☎346 110；www.hotel-boelts.de；Slevogtstrasse 23；标单/双65/85欧元；P📶）这家温馨的家庭式经营酒店位于一个绿树成荫的街区，从美妙的传统老式早餐大厅到比例均衡的双人房都是个性十足。

首选 Hotel Überfluss 精品酒店 €€€

（☎322 860；www.hotel-ueberfluss.com；Langenstrasse 72/Schlachte 36；标单120~160欧元，双131~195欧元，套339欧元起；❄📶🏊）这家酒店高于河面7米，有黑色的浴室，在定价较高的客房里可以看到漂亮的景色。

Hotel Lichtsinn 酒店 €€

（☎368 070；www.hotel-lichtsinn.com；Rembertistrasse 11；标单/双85/110欧元；P@📶）该酒店的大多数房间都铺有木地板和波斯地毯，家具依稀具有彼德麦风格，备受戏剧界的青睐。

餐饮

Ostertorsteinweg周边的学生区遍布便宜的餐馆和咖啡馆。施拉赫特区（Schlachte）的海滨长廊一带，价格更高，也更主流。集市广场上有很多便宜的小吃摊。

首选 Casa 地中海菜 €€

（http://casa-bremen.com；Ostertorsteinweg 59；主菜8.40~19.60欧元；⏲10:00开始营业；

✎）这家曾叫卡萨布兰卡（Casa Blanca）的餐馆在不来梅一直深受喜爱，现在有走高端路线的趋势。除沙拉和比萨饼之外，这里还提供火山石烤鱼类和肉类菜肴，通常是地中海风味。

Piano 各国风味 €

（www.cafepiano-bremen.de；Fehrfeld 64；主菜6.50~11.40欧元；⏲9:00至次日1:00；✎）这家一直都很受欢迎的咖啡馆总是熙熙攘攘，为从媒体人士到家庭少妇的各类食客们提供比萨饼、意大利面，以及几种更为丰盛的菜肴和素菜砂锅。早餐一直供应到下午。

首选 **Engel Weincafe** 酒吧、咖啡馆

（www.engelweincafe-bremen.de；Ostertorsteinweg 31；早餐4.90~8.60欧元，火烤薄饼6.70~9.50欧元，奶酪和肉类4~13.30欧元；⏲周一至周五8:00至次日1:00，周六和周日10:00至次日1:00；📶）这个食客常去之地前身曾是药店，如今既是咖啡馆又是酒吧，供应不错的早餐，还有奶酪、冷盘的肉类和拼盘以及上好的葡萄酒。

Katzen Café 各国风味 €€

（☎326 621；www.katzen-cafe.de；主菜15.50~24欧元；⏲午餐和晚餐）这家好似红磨坊的餐馆深受人们喜爱，餐馆后面有一个种满鲜花的下沉式露台。菜品众多，从阿尔萨斯到挪威美食，无所不包，海鲜更是一大特色。

首选 **Wohnzimmer** 酒吧

（www.wohnzimmer-bremen.de；Ostertorsteinweg 99；⏲5月至8月16:00开始，9月至4月10:00开始）这家休闲酒吧总有颇有闲情逸致的20多岁和30出头的年轻人光顾，他们会靠在沙发上（这解释了酒吧名字为什么叫作"客厅"）或在夹层的休闲区里打发时光。

ℹ 实用信息

旅游局（☎01805-101030；www.bremen-tourism.de）有两个办事处：中央火车站办事处（www.bremen-tourism.de；⏲周一至周五9:00~19:00，周六和周日9:30~17:00）和集市广场办事处（Marktplatz，Obernstrasse和Liebfraukirchhof交叉路口；⏲周一至周六10:00~18:30，周日至16:00）。

ℹ 到达和当地交通

不来梅的**机场**（BRE；www.airport bremen.de）在市中心以南约3.5公里处，有航班飞往德国其他城市和欧洲其他国家。瑞安航空有航班飞往爱丁堡机场和伦敦斯坦斯特德机场（London-Stansted）。6路有轨电车（2.35欧元，15分钟）往返于机场和中央火车站之间。乘出租车大约为15欧元。

班次频繁的IC火车开往汉堡（26欧元，1小时）、汉诺威（31欧元，1小时）和科隆（63欧元，3小时）。

汉堡（HAMBURG）

☎040/人口1,800,000

"通往世界的门户"的说法可能略显狂妄，但作为德国的第二大城市和最大的港口，汉堡从来都是一个开放的城市。中世纪时汉堡加入了汉莎同盟，自此开启了与世界各地的贸易往来。这个"港口大都会"现在是全国首屈一指的媒体中心，也是德国最富有的城市之一。汉堡是欧洲最大的城市重建项目"港口新城"（HafenCity）所在地，该项目把旧的港口区域有效地转化成了一个活跃的新城区。

航海时代留下的精神已然融入了整个城市，从建筑到菜单再到海鸥的啼叫，都时刻提醒你近在咫尺的大海。这座城市拥有众多充满活力的街区，到处都是不同风味的美食，还有绳索街（Reeperbahn）这样一个乌烟瘴气的红灯区。

👁 景点和活动

老城 历史景区

汉堡的中世纪**市政厅**（Old Town，Rathaus；☎428 312 010；团队游 成人/儿童3/0.50欧元；⏲每小时英语团队游 周一至周四10:15~15:15，周五至13:15，周六至17:15，周日至16:15；Ⓢ Rathausmarkt或Jungfernstieg）是欧洲最华丽的老市政厅之一。从这里往北，你可以在运河河畔文艺复兴风格、商店和咖啡馆林立的阿

尔斯特湖拱廊(Alsterarkaden)逛逛。

不过对于很多游客来说，在南部位于商人区的辉煌灿烂的智利屋(Chile Haus, Burchardstrasse和Johanniswall交叉路口；SMönckebergstrasse/Messberg)才是这座城市里最令人难忘的建筑。这一褐色砖块建筑建于20世纪20年代，形状像一艘远洋客轮，漂亮的弧形墙壁是船首的形状，交错的阳台就像船上的甲板。

首选 仓库城和港口 历史景区

(Speicherstadt & Harbour)仓库城有成排的七层红砖库房，这些库房堪称汉堡的标志。这一世界上最大的连贯仓库群一直延伸到树城(Baumwall)，在这里的街上逛逛，或乘船穿过运河是观赏它的最佳方式。

仓库城位于港口新城，这里是欧洲最大的内城城市发展项目。这个长期废弃的155公顷的土地正在重新开发，餐馆、商店、公寓和办公室都会严格按照可持续发展的标准进行建设。在未来20年，预计约有40,000人在这里工作，12,000人在这里居住。主要建筑亮点是令人惊叹的易北音乐厅(Elbphilharmonie; www.elbphilharmonie.de; SMessberg)。要想了解项目总体情况可前往港口新城信息中心(HafenCity InfoCenter; ☎3690 1799; www.hafencity.com; Am Sandtorkai 30; ⌚周二至周日10:00~18:00; SMessberg)。

绳索街 街区

(SReeperbahn)若不提及圣保利区(St Pauli)，那关于汉堡的任何讨论都是不完整的。作为欧洲最大红灯区绳索街(Reeperbahn)的所在地，这里有妓院、色情表演、昏暗的酒吧和脱衣舞俱乐部，20:00或21:00之后这里开始人头攒动。在这里你也会找到臭名昭著的Herbertstrasse(一个街区长度的街道，两旁都是妓院，18岁以下的男性和所有年龄段女性游客禁止入内)。

鱼市 市场

(⌚周日5:00~10:00; 🚉Reeperbahn)到这里来是周六整夜不睡的完美借口。每周日的5:00~10:00，好奇的游客会加入形形色色的当地人，来到圣保利区著名的鱼市(Fischmarkt)。市场自1703年开始营业，这里无可争议的明星是叫嚷的Marktschreier(叫卖者)，总是用最大的嗓门叫卖商品。在毗邻的Fischauktionshalle(鱼类拍卖大厅)中，有现场乐队用搞笑的方式翻唱古老的德国流行歌曲。

国际海洋博物馆 博物馆

(Internationales Maritimes Museum; ☎3009 3300; www.internationales-maritimes-museum.de; Koreastrasse 1; 成人/优惠12/8.50欧元; ⌚周二、周三和周五至周日10:00~18:00, 周四10:00~20:00; SMessberg)在这座经过修缮的砖制船运仓库中，遍及10层楼的私人收藏充分展示着汉堡的海事历史与未来。大量的藏品中包括26,000个船只模型。

民俗博物馆 博物馆

(☎01805-308 888; www.voelkerkundemuseum.com; Rothenbaumchaussee 64; 成人/儿童7欧元/免费; ⌚周二，周三和周五至周日10:00~18:00, 周四至21:00; SHallerstrasse或Dammtor)著名的民俗博物馆(Museum für Völkerkunde)里摆满了来自非洲、亚洲和南太平洋的传统和现代工艺品，包括面具、珠宝、服装、乐器、雕刻独木舟，甚至还有一个完整的、雕刻精美的毛利人会议厅。

汉堡艺术馆 博物馆

(Hamburger Kunsthalle; ☎428 131 200; www.hamburger-kunsthalle.de; Glockengiesserwall; 成人/优惠8.50/5欧元; ⌚周二、周三和周五至周日10:00~18:00, 周四至21:00; 🚉Hauptbahnhof)艺术馆由两栋建筑组成，老楼里展出的是古代大师作品和19世纪的艺术品，而白色立方体建筑是当代美术馆(Galerie der Gegenwart)，展出格奥尔格·巴泽利茨(Georg Baselitz)和格哈德·里希特(Gerhard Richter)等当代德国艺术家作品，以及大卫·霍克尼(David Hockney)和杰夫·昆斯(Jeff Koons)等国际大师的作品。

圣米歇尔教堂 教堂

(www.st-michaelis.de; 塔 成人/儿童4/3欧元，地下室3/2欧元，联票6/4欧元；⌚5月至10月

Hamburg 汉堡

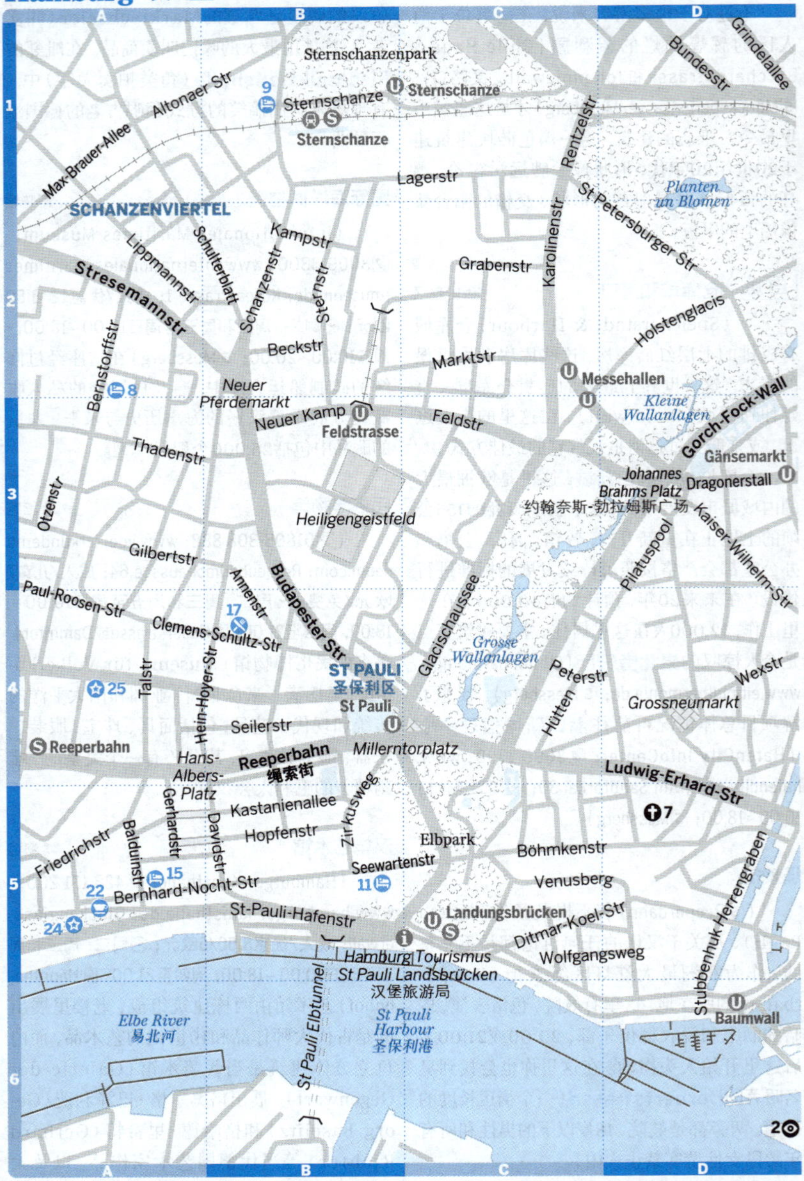

10:00~19:30，11月至次年4月至17:30；Ⓢ Stadthausbrücke）位于卸货码头东北的圣米歇尔教堂（St Michaeliskirche；普遍称为Der Michel）是汉堡最为显著的城市标志之一，也是德国北部最大的巴洛克式新教教堂。登上塔顶（楼梯或电梯）可以饱览运河全景。

圣尼古拉纪念馆

纪念馆

（Mahnmal St-Nikolai, Memorial St Nicholas; www.mahnmal-st-nikolai.de; Willy-Brandt-Strasse

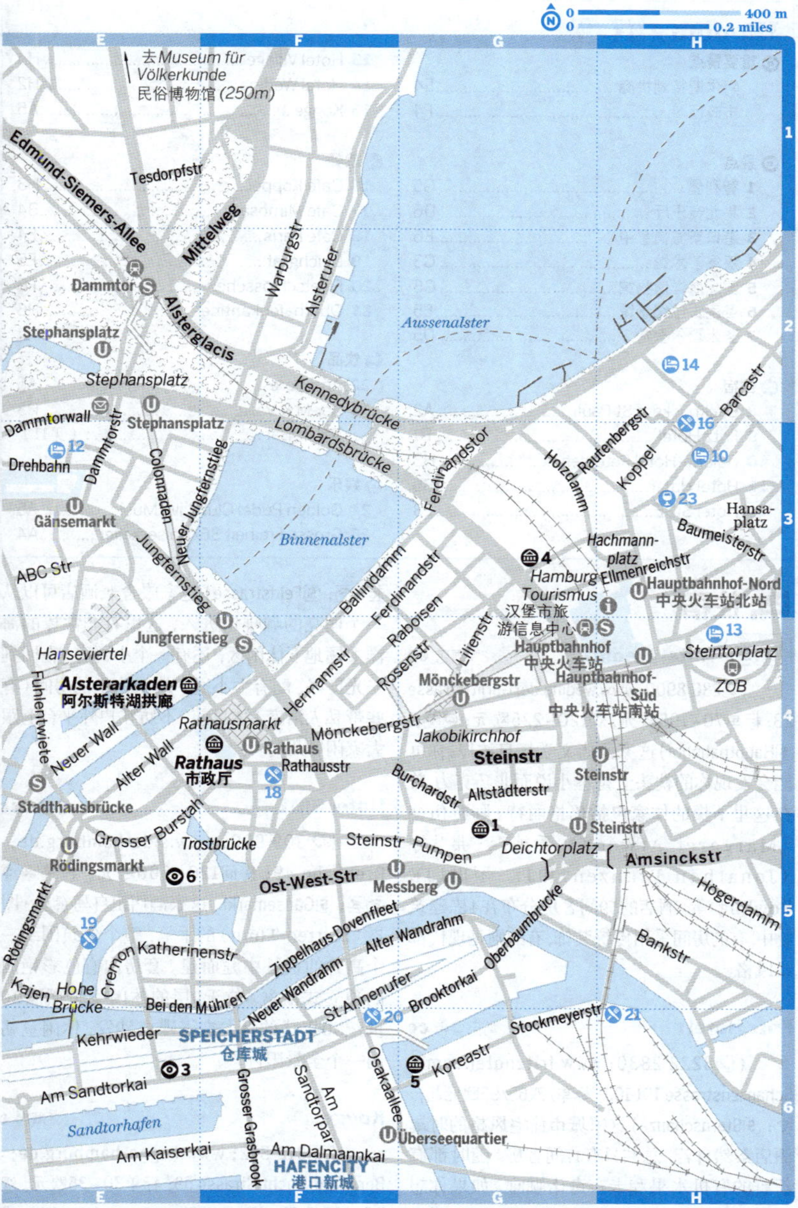

60；成人/儿童4/2欧元；⏲10:00~17:00；Ⓢ Rödingsmarkt）该纪念馆如今在毁于"二战"的废墟上不屈地展示着战争的恐怖，主要关注的是"二战"中的三大事件：1940年德国轰炸考文垂、德国破坏华沙，以及1943年英美联手轰炸汉堡的"蛾摩拉行动（Operation Gomorrha）"，持续时间长达三昼夜，造成35,000人丧生，城市中心大部分建筑化为灰烬。残存尖塔中有76.3米高的观景平台，在上面可以观赏到相当好的景色。

Hamburg 汉堡

住宿

首选 Hotel Wedina
酒店 €€

（☎280 8900; www.wedina.de; Gurlittstrasse 23; 标单70~195欧元, 双120~225欧元; @📶; ⓈHauptbahnhof）这家酒店文学气息浓厚，你可能会发现你的枕头上是本小说而非巧克力，曾在这里下榻的作家包括玛格丽特·阿特伍德（Margaret Atwood）、乔纳森·弗兰岑（Jonathan Franzen）和JK·罗琳（JK Rowling）等。酒店的59间客房分布在4栋建筑物中，有的房间采用传统装饰，有的则是现代都市风格。

Fritz Hotel
精品酒店 €€

（☎8222 2830; www.fritzhotel.com; Schanzenstrasse 101-103; 标单/双65/95欧元起; 📶; ⓈSternschanze）这家城市住宅风格的时髦酒店泰然自若，总共只有17间客房。随时都有新鲜的有机水果和卡布奇诺咖啡。如果你想要带阳台的房间，就得接受街上的噪音，要么就选择背街的房间。

Backpackers St Pauli
青年旅舍 €

（☎2351 7043; www.backpackers-stpauli.de; Bernstorffstrasse 98; 铺20欧元起，双60欧元起; 📶; ⓈFeldstrasse）这家旅舍兼酒店可以从一个明亮的咖啡馆进入，这里有非常棒的海洋主题地下休闲区，还有一个小厨房。在回到采光良好、配有大小适中的储物柜的房间（有些带私人浴室）休息前，不妨在户外平台上跟大家闲聊几句。

Hotel SIDE
酒店 €€€

（☎309 990; www.side-hamburg.de; Drehbahn 49; 房间120~300欧元; P⊖❄@📶🏊; ⓈGänsemarkt）这家酒店出自马泰奥·图恩（Matteo Thun）的手笔，整个建筑围绕一个高耸的棱柱中庭而建。套房内有色彩艳丽的独立式浴盆。位于9层的休闲室里摆满20世纪50年代的外太空飞碟式沙发，休闲室朝向一个全景阳台。

Kogge
酒店 €

（☎312 872; www.kogge-hamburg.de; Bernhard-Nocht-Strasse 59; 标单30~35欧元，双50~60欧元; @📶; ⓈLandungsbrücken 或 Reeperbahn）这家摇滚风格的酒店位于混乱嘈杂的绳索街一带，爱去派对的贪睡鬼们可以在这里睡到14:00退房，房间的主题有“宝莱坞”、“朋克皇家”、“迪斯科之梦”或其他艺术家设计的客房可供选择。厕所是公用的。

Hotel Village 酒店 €

（☎480 6490；www.hotel-village.de；Steindamm 4；标单50~75欧元，双65~100欧元；@📶；ⓈHauptbahnhof）这个前卫又美妙的地方由妓院改建而来，有20间混搭红色天鹅绒、金饰墙纸和豹纹图案装饰的客房，有些房间的床上方装有巨大的镜子。来这里的客人中既有同性恋也有异性恋。经济型客房只有公用浴室。

Hotel Hafen 酒店 €€

（☎311 1370；www.hotel-hafen-hamburg.de；Seewartenstrasse 9；房间70~200欧元；@📶；ⓈLandungsbrücken）这里的位置真是无与伦比。这座庞然大物位于俯瞰港口的小山之上，如果要欣赏港口作业的壮丽景象，得要一个面向海港的房间。历史悠久的主楼曾是水手们的居所，已经重新整修过。此外，更现代的侧楼也有客房供你选择。

Galerie-Hotel Petersen 家庭旅馆 €€

（☎0173-200 0746，249 826；www.ghsp.eu；Lange Reihe 50；标单60~100欧元，双70~170欧元；❄@📶；ⓈHauptbahnhof）这家赏心悦目的民宿位于一座建于1790年的历史悠久的联排别墅里，它是热情好客的艺术家主人个性的一种延伸。这里的装饰混合了当代、古董和装饰艺术风格。我们在5间客房中选择位于顶楼的套间，带浪漫的露台、小厨房和独立的起居区。

就餐

大量便宜餐馆分布在**Schanzenviertel**。你可以在Schulterblatt品尝葡萄牙菜，或者在Susanenstrasse品尝亚洲和土耳其美食。Landungsbrücken周边有许多鱼类餐馆，不过标价过高，而且游客偏多。圣乔治区的**Lange Reihe**有许多不同价位特色餐饮。全市似乎到处都有看似简单但品质很高、定价合理的寿司连锁店。

首选 Oberhafenkantine 德国菜 €€

（www.oberhafenkantine-hamburg.de；Stockmeyerstrasse 39；主菜7~16欧元；ⓊSteinstrasse）这里自1925年起就提供传统当地美食，而且可以让你品尝到货真价实的“汉堡包”：肉饼带各种佐料和洋葱。新鲜的绿鳕、黑线鳕等各种鱼类让你耳边仿佛回响起港口水手们的号子和满载收获的渔网碰撞声。

Fleetschlösschen 各国风味 €€

（Brooktorkai 17；小吃7~10欧元；⏲周一至周五8:00~20:00，周六和周日11:00~18:00；ⓈMessberg）这个前海关所在地可以俯瞰仓库城的运河，还有极好的户外用餐区，可以说是你见过的最可爱的咖啡馆之一。主人琳琅满目的藏品中有海港新城建设时出土的有数百年历史的荷兰瓷器。

首选 Café Paris 法国菜 €€

（www.cafeparis.net；Rathausstrasse 4；主菜10~20欧元；⏲周一至周五9:00~23:30，周六和周日10:00开始营业；ⓈRathaus）这个优雅但轻松的小馆由建于1882年的屠宰大厅改建而来，内部有美观的瓷砖装饰。餐馆和毗邻的装饰艺术沙龙内，提供经典的法国咖啡，以及迷倒众生的两人份早餐。

Deichgraf 德国菜 €€€

（☎364 208；www.deichgraf-hamburg.de；Deichstrasse 23；主菜18~29欧元；⏲周一至周六午餐，周六晚餐；ⓈRödingsmarkt）这里位置优越，一边靠水，一边是长长的街边餐桌，擅长烹制高水准的汉堡特色菜肴。许多食材都来自当地。

Café Koppel 素食 €

（www.cafe-koppel.de；Lange Reihe 66；主菜5~10欧元；🖉；ⓈHauptbahnhof）位于繁忙的Lange Reihe，这家闹中取静的素食餐馆就像个精致的绿洲，夏季有花园开放。餐单里的各种美食简直就是在炫耀德国北部土地的肥沃。沙拉、汤和许多菜肴都是用应季的新鲜食材制成的。

Café Mimosa 咖啡馆 €

（www.cafemimosa.de；Clemens-Schultz-Strasse 87；主菜5~12欧元；ⓈSt Pauli）不要去附近绳索街的油腻快餐店，来这个上好的街区咖啡馆，坐在戏院风格的室内或人行道上的

汉堡包的历史

经典的连环漫画《加尔文和霍布斯》(*Calvin and Hobbes*)中曾经问道，汉堡包(hamburger)是不是用汉堡人的肉做成的。汉堡的市民当然被称为"汉堡人"(Hamburger)，其实是汉堡作为国际港口的重要地位，促成了最著名的同名食物的诞生。

这种随处可见的快餐食品可以追溯至12世纪。当时的鞑靼人(蒙古和匈奴战士)把牛肉块塞进马鞍和马背之间，牛肉在骑马行进的过程中被挤压变软，直到软嫩得可以生吃。17世纪时，汉堡的船运把"鞑靼牛排"(steak tartare，以鞑靼人的名字命名的)带回德国，后来就被来访的船员们称之为"汉堡式牛排"。这种夹有咸味碎牛肉的小肉饼——通常经过轻微熏制并拌有面包屑和洋葱——经久耐放，是长期航海的理想食物。

汉堡的移民去美国后依然做这种小肉饼，然后夹在面包里食用。至于是谁在美国正式推出了汉堡包，至今仍被饮食界争论不休。

餐桌边，好好享用这里美味可口的意大利面、沙拉和自制蛋糕吧。

饮品和娱乐

Szene(www.szene-hamburg.de)的目录对于寻找合适酒吧有所帮助。**Clubkombinat**(www.neu.clubkom binat.de)则是探索夜店的重要信息源。

Bar M & V 酒吧

(www.mvbar.de; Lange Reihe 22; Hauptbahnhof)这个位于圣乔治区的豪华酒吧里，酒单简直就像是设计师的产品目录。选一个木制隔间坐下，一边嗅着兰花香气一边享受吧。

Amphore 咖啡馆

(www.cafe-amphore.de; Hafenstrasse 140; Reeperbahn)Amphore有着迷人的传统朴素之美，你可以在露台上观赏易北河的景色，也可以坐在人行道的餐桌旁发呆。这是在圣保利区喝上一杯的好去处。

Strandperle 酒吧

(www.strandperle-hamburg.de; Schulberg 2; 几乎全年; 112)Strandperle堪称汉堡海滩酒吧的鼻祖，绝对不容错过。特别是在夕阳西下的时候，当巨大的货轮缓慢驶过，会有各个年龄段各个阶层的人士来到这里。从Altona车站出发，乘坐112路公共汽车向西到Neumühlen/ Övelgönne站下即是。

Tower Bar 休闲酒吧

(www.hotel-hafen-hamburg.de; Seewartenstrasse 9; 周一至周四18:00至次日1:00，周五至周日18:00至次日2:30; S Landungsbrücken)如果你想度过一个更加优雅更有品位的夜晚，可以到位于Hotel Hafen 15层的这家高空酒吧来，从这里可以看到无与伦比的海港风光。

首选 **Hafenklang** 夜店

(www.hafenklang.org; Grosse Elbstrasse 84; Königstrasse)这里是汉堡业内人士成群结队的地方，献艺的DJ中既有大牌也有崭露头角的新人，这里还搞各种夜店活动和派对。注意在黑色砖建港口商店的金属门上方寻找那个喷漆的店名。

首选 **Golden Pudel Club Live Music** 现场音乐

(3197 9930; www.pudel.com; St-Pauli-Fischmarkt 27; 22:00开始营业; St Pauli)这儿的创始人是汉堡传奇乐队Die Goldenen Zitronen的成员，这家酒吧兼夜店就设在一个摇摇欲坠的木制渔夫小屋里，总是挤满了热爱高品质电子乐、嘻哈、R&B和雷鬼音乐的人。

Grosse Freiheit 36/Kaiserkeller 现场音乐

(3177 7811; Grosse Freiheit 36; Reeperbahn)披头士乐队曾在这个位于地下室的Kaiserkeller表演过，现在这里成了主流音乐的表演场地，音乐风格大多是流行和摇滚。这也是人们绕道到Grosse Freiheit的最好理由。

实用信息

旅游信息

汉堡旅游局(Hamburg Tourismus; ☎3005 1200; www.hamburg-tourismus.de)

中央火车站办事处(Kirchenallee exit; ⊙周一至周六8:00~21:00，周日10:00~18:00)码头栈桥办事处(pier4和pier5之间; ⊙4月至10月8:00~18:00，11月至次年3月10:00~18:00; Ⓢ Landungsbrücken)机场办事处(Terminals 1和Terminal 2之间的Airport Plaza; ⊙6:00~23:00)

到达和离开

飞机

汉堡的**机场**(HAM; www.flughafen -hamburg.de)有频繁航班飞往国内和欧洲其他国家的城市。乘S1轻轨24分钟内可达市中心(2.85欧元)。

长途汽车

中央汽车站(Zentral Omnibus Busbahnhof, Busbahnhof; ☎247 576; www.zob-hamburg.de; Adenauerallee 78; ⊙售票柜台周一、周二、周四、周六和周日5:00~22:00，周三和周五至午夜)位于中央火车站的东南方向。**Eurolines**(www.eurolines.com)有长途汽车前往布拉格(59欧元)和华沙(50欧元)等许多东欧目的地。

小汽车和摩托车

A1公路和A7公路在易北河以南交会。

火车

查看下时刻表，记住汉堡有4个主要火车站：中央火车站、Dammtor站、Altona站和Harburg站。班次频繁的列车往返于吕贝克(18.5元欧元，40分钟)、汉诺威(40欧元，1.25小时)和不来梅(20.80欧元，55分钟)。每两小时有1班直达列车前往叙尔特岛的韦斯特兰(44欧元，3.25小时)。班次频繁的直达ICE列车分别开往柏林中央火车站(68欧元，2.25小时)、科隆(79欧元，4小时)、慕尼黑(127欧元，6小时)、法兰克福(106欧元，3小时)和哥本哈根(78.80欧元，5小时)。

当地交通

HVV(☎194 49; www.hvv.de)经营公共汽车、渡轮、地铁和轻轨列车。整个城市被分为不同的区。**环线A**覆盖市中心、近郊和机场。单程票2.85欧元，一日通票6.95欧元。交通工具在周末时会全天运营，周日至周四凌晨0:30至4:00有以Rathausmarkt为枢纽的夜班公共汽车。

石勒苏益格-荷尔斯泰因州(SCHLESWIG-HOLSTEIN)

位于北海和波罗的海之间的石勒苏益格-荷尔斯泰因州堪称德国的“蔚蓝海岸(Côte d’Azur)”。当然，由于经常性的阴云密布，再加上在半岛上呼啸而过的强风，会让这个称号并不是那么贴切。尽管如此，海滩上还是游人众多，海岸线之间的乡村地区也自有一番未经雕琢的美感。

吕贝克(Lübeck)

☎0451/人口210,300

矗立在吕贝克霍尔斯滕城门上的两座尖顶的圆柱塔会迎接你的到来，如果你觉得它们有一点点歪，你没有看错，这两座由阶式山墙连接的塔的确相向地倾斜着。就在塔的后面，沿街道两旁一字排开的是中世纪商人的居所和尖顶的教堂，它们构成了这座城市的“王冠”。这座拥有12世纪瑰宝的城市，被联合国教科文组织列入《世界遗产名录》，的确是实至名归。

景点和活动

首选 **霍尔斯滕城门** 地标

这座漂亮得令人难以置信的城门建于1464年，它既是吕贝克的标志，也是这座城市的博物馆。霍尔斯滕城门(Holstentor)东边的六个带山墙的砖楼是盐仓(Salzspeicher)，在汉莎同盟时期，吕贝克曾是盐贸易重镇，这几座盐仓就用于贮存产自吕讷堡（Lüneburg）的盐。

圣母教堂
教堂

（Marienkirche; Schüsselbuden 13; 门票1欧元; ⌚4月至9月10:00~18:00，10月至17:00，11月至次年3月周二至周日至16:00）这座建于13世纪的教堂里最出名的是那座摔破的大钟，它在“二战”时的轰炸中震落，此后就一直留在跌落的地方。在教堂外面有一个小恶魔雕塑，关于它还有个有趣的民间故事（有德英双语版本）。

圣彼得教堂
教堂

（Petrikirche; ☎397 730; www.st-petri-luebeck.de; Schüsselbuden 13; 成人/儿童3/2欧元; ⌚4月至9月9:00~21:00，10月至次年3月10:00~19:00）可以搭乘电梯到达高50米的观景平台，观赏城市全景。

市政厅
历史建筑

（Rathaus; ☎122 1005; Breite Strasse 64; 成人/优惠3/1.50欧元; ⌚团队游周一至周五11:00，正午和15:00）吕贝克的中世纪市政厅被普遍认为是德国最美的市政厅之一，有人把这里描述为“石头建造的童话”。

Quandt-Linie
乘船游

（☎777 99; www.quandt-linie.de; Holstentorterrassen; 成人/儿童12/6欧元起）特拉沃河（Trave River）环绕老城，乘船在河上巡游可以很好地感受吕贝克。5月至10月的10:00~18:00有1个小时的团队游，每隔半小时出发，出发地点在霍尔斯滕桥（Holstenbrücke）以南。

当地知识

风景背后

中世纪时，吕贝克有许多手艺人和工匠。当时为了解决住房短缺的问题，在原有成排住宅后面的院子里建起了许多平房，这些平房可以通过狭窄的通道到达。这样的Gänge（通道）和Höfe（院子）现存近90处，其中包括精美雕刻的**Füchtingshof**（Glockengiesserstrasse 25），以及可供张望两侧院子、建于1612年的**Glandorps Gang**（Glockengiesserstrasse 41-51）。

住宿

首选 Klassik Altstadt Hotel
精品酒店 €€

（☎702 980; www.klassik-altstadt-hotel.de; Fischergrube 52; 标单60~100欧元，双130~160欧元; 📶）在这家布置典雅的精品酒店里，每间客房都以一名著名的艺术家或作家为主题，如托马斯·曼和约翰·塞巴斯蒂安·巴赫。单人间（有些需共用浴室）以著名作家的游记为特色。

Hotel an der Marienkirche
酒店 €

（☎799 410; www.hotel-an-der-marienkirche.de; Schüsselbuden 4; 标单58~78欧元，双75~95欧元; 📶）这家明亮的经济型小酒店的地理位置无可匹敌，实际上，18间客房中有一间就可以看到与酒店同名的教堂。员工与宜家风格的家具都令人心情愉快。提供特别健康的自助式早餐。

Hotel Lindenhof
酒店 €€

（☎872 100; www.lindenhof-luebeck.de; Lindenstrasse 1a; 标单65~95欧元，双85~135欧元; @📶）66间客房虽然不大，但自助式早餐、友好的服务，加上诸如免费饼干和报纸等贴心之举，让这家位于安静小巷里的家族经营酒店更胜一筹。

Rucksackhotel
青年旅舍 €

（☎706 892; www.rucksackhotel-luebeck.com; Kanalstrasse 70; 铺15~16欧元，标单28欧元，双40欧元; P@📶）这家旅舍有30张床铺，气氛轻松、设施完善，有一间设备齐全的厨房，色彩鲜艳的装饰带有奇异的热带风情。

就餐

首选 Schiffergesellschaft 德国菜 €€€

（☎767 76；www.schiffergesellschaft.com；Breite Strasse 2；主菜12~25欧元）这家在吕贝克即使不是最好的，也是最可爱的餐馆于1535年开张，里面摆满船上用的灯笼、古旧的轮船模型和橘红色的中式灯具。在好似教堂长椅的座位坐下，身着白色长围裙的员工便会为你奉上弗里西亚特色菜肴。在天气暖和的夜里，可以走过一段台阶，到隐蔽的后园里就餐。需要预订。

Brauberger 德国菜 €€

（☎702 0606；Alfstrasse 36；主菜9~14欧元；⊙周一至周四17:00至午夜，周五和周六17:00至深夜）在这家传统的德国自酿啤酒餐馆里，酿造锅就摆在餐厅里，湿润的空气中弥漫着啤酒花的香气。从1225年开始，这里就出售自酿的啤酒。来一杯自酿的浑浊型啤酒，享用美味的炸肉排或其他各种传统菜肴。

Krützfeld 熟食 €

（☎728 32；Hüxstrasse 23；小吃2欧元起；⊙周二至周五8:00~18:00，周六8:00~14:00）这个经典的熟食店几十年来一直供应各式各样的新鲜和烟熏的海鲜。来此买点野餐食物真是再合适不过了。

购物

首选 Niederegger 食物

（☎530 1126；www.niederegger.de；Breite Strasse 89；⊙周一至周五9:00~19:00，周六9:00~18:00，周日10:00~18:00）吕贝克的杏仁蛋白软糖制作已有数百年历史，Niederegger是业内龙头。即使你不想买糖，这家店的精致应季陈设也是视觉飨宴。在后面有一个雅致的咖啡馆。

实用信息

吕贝克特拉沃明德旅游局（Lübeck Travemünde Tourismus；☎01805 882 233；www.luebeck-tourismus.de；Holstentorplatz 1；⊙6月至9月 周一至周五9:30~19:00，周六10:00~15:00，周日10:00~14:00，10月至次年5月周一至周五9:30~18:00，周六10:00~15:00）

到达和离开

瑞安航空和威兹航空（Wizzair）承运**吕贝克机场**（LBC；www.flughafen-luebeck.de）的航线。有直达长途汽车开往汉堡（10欧元，55分钟），而当地6路公共汽车前往吕贝克的中央火车站和中央汽车站（2.70欧元）。

吕贝克每小时有1班列车开往汉堡（19欧元，40分钟）和罗斯托克[Rostock；24欧元，2.25小时，在巴德克莱嫩（Bad Kleinen）换乘]。

北弗里西亚群岛（NORTH FRISIAN ISLANDS）

绿草如茵的沙丘、绵延不绝的海滩、成群的鸟、海豹栖息地、灯塔和陡峭的悬崖……这一切都可能让你把德国的北弗里西亚群岛想象成勇敢无畏的自然爱好者的领地。其实不然，这些位于北海的岛屿是德国精英人士最喜欢的地方。特别是迷人的叙尔特，你会发现那里的典型芦苇屋顶村舍中有大牌精品店，停车场里挤满闪亮的保时捷和奔驰，还有豪华的住宿和几家德国最为奢华的餐馆。即便没多少钱可以挥霍，你也可以来这里享受纯净的海洋空气，尤其是在叙尔特岛比较偏僻的角落里。阿姆鲁姆（Amrum）和福尔岛（Föhr）则更加宁静。

叙尔特（Sylt）

☎04651/人口21,100

描述叙尔特有点伤脑筋。岛上最大的城镇是韦斯特兰（Westerland），这里到处矗立着高层建筑，足以遮蔽海滩的风光，不过这里却是全球最棒的帆板运动地之一。

继续向北，美丽的坎彭（Kampen）有众多豪华的餐馆，接待的客人中不乏名流大腕，沿主要的步行街Stroenwai（也称威士忌小巷，Whiskey Alley）游走经常可以看到他们的身影。此地主要景点是52.5米高的乌维沙丘（Uwe Dune），沿木制台阶走至顶端可以看到周围的壮观景色。

芦苇屋顶历史住宅爬满常春藤，坐落在色彩缤纷的花园和石头围墙中，偶尔还可以看到鲸须雕刻装饰的花园大门，这一切构成了岛上最美村庄凯图姆（Keitum）的美丽景象。

住宿

旅游局提供所有住宿地点的详细信息，也包括私人房间。

Village 精品酒店 €€€

（☎469 70；www.village-kampen.de；Alte Dorfstrasse 7，Kampen，房间300欧元起；Ⓟ📶🏊）这家有着10个房间的精品酒店完美无瑕，提供的服务标准堪比宫殿。这里的宗旨是服务周到，不管是在室内泳池或室外的美丽花园莫不如此。早餐非常棒。

Single Pension 家庭旅馆 €

（☎920 70；www.singlepension.de；Trift 26，Westerland；标单38~70欧元，双55~80欧元；Ⓟ）不但适合单身男女，对于任何年龄层的单身旅行者也是个合适的社交场所，住客可以在喝茶或在花园里休息时建立起友好关系。房间很朴素，但是地处中心位置，早餐供应至13:00。

DJH Hostel Dikjen Deel 青年旅舍 €

（☎835 7825；www.jugendherberge.de；Fischerweg 36-40，Westerland，铺 不满/超过26岁23/28欧元；⊙12月中下旬关闭）韦斯特兰的青年旅舍位于沙丘当中，从火车站步行45分钟可达，也可以乘坐前往兰图姆/霍尔努姆（Rantum/Hörnum）的2路公共汽车在Dikjen Deel一站下车。在偏僻的利斯特-莫文堡（List-Mövenberg）和霍尔努姆也有DJH青年旅舍。

就餐

Kupferkanne 咖啡馆 €€

（☎410 10；www.kupferkanne-sylt.de；Stapelhooger Wai，Kampen；主菜6~15欧元；⊙8:00~17:00）迷人的花园有迷宫般的灌木篱笆，弗里西亚式的草顶房子摆满装饰，两处都可供食客们享用咖啡、蛋糕，或是饱餐一顿。

首选 Gosch 海鲜 €€

（www.gosch.de；Hafenstrasse 16，List；主

值得一游

阿姆鲁姆和福尔岛

阿姆鲁姆（Amrum）是北弗里西亚群岛中最小的岛屿，一天之内就可以步行走遍全岛。该岛也是群岛中最美丽的岛屿，岛上有芦苇屋顶的弗里西亚式房屋、几片沙丘、树林、荒原和湿地，还有壮丽的沙堤（Kniepsand），绵延12公里、约1公里宽，占去了该岛一半的面积。岛中心的村庄维特丁（Wittdün）矗立着德国最高的灯塔，高达63米。岛上最大的村庄是内贝尔（Nebel）。旅游局（☎04682 940 30；www.amrum.de；渡轮码头，Wittdün；⊙时间不定）可以帮助预订住宿。

"绿色小岛"福尔岛（Föhr）最吸引人的地方就是它的弗里西亚文化。岛上的主要村庄维克（Wyk）有许多风车；在高达7米的堤坝背后，有16座北方小村，在聂布勒姆（Nieblum）有一座建于12世纪的圣约翰尼斯教堂（St Johannis）。在旅游局（☎04681-300；www.foehr.de；Poststraat 2，Nieblum；⊙周一至周五9:00~17:00，周六9:00至正午，周日10:00至正午）可以了解更多详细信息。岛上没有露营地。

WDR（☎800；www.wdr-wyk.de）经营着从达格比尔港（Dagebüll Hafen）开往阿姆鲁姆和福尔岛的渡轮。

菜4~15欧元）来叙尔特不到Gosch，就如同来了德国不喝啤酒。这家叙尔特连锁菜馆位于利斯特港的总店和遍及全岛的分店均提供特别新鲜的鱼类三明治、海鲜意面和熏鱼。

Sansibar 海鲜、牛排 €€€

（☎964 646；www.sansibar.de；Hörnumer Strasse 80，Rantum；主菜14~35欧元；⏲11:00~23:00，冬季营业时间更短）这座巨大的草顶亭子四周沙丘环绕，来此用餐确实是一次难忘经历（要提前很长时间预订）。也可以在日落时分在露台上坐坐，顺便喝上一杯。

ℹ 实用信息

旅游信息柜台（www.westerland.de；Bahnhofplatz，Westerland；⏲9:00~18:00）就在火车站里，可以先到这里了解一下当地信息。

ℹ 到达和当地交通

叙尔特与大陆间有火车专用堤道。IC列车前往汉堡中央火车站（47欧元，3.25小时），地区列车每小时1班，前往汉堡Altona 站（34欧元，3.5小时）。

如运送车辆可以搭乘从尼比尔（Niebüll）开出的**汽车载运列车**（www.syltshuttle.de；周五至周一单程/往返47/86欧元，往返周二至周四73欧元）。双向开出的列车每小时至少1班。不接受预订。算上装卸汽车时间，行程约1小时。

了解德国

历史

在德国这片土地上发生的历史事件往往都会对整个欧洲产生重大的影响，但德国却是一个相对年轻的国家。在历史上，大多数时候德国都是由形形色色的半独立公国和城邦拼凑而成，它曾先后被罗马帝国、神圣罗马帝国、奥地利的哈布斯堡王朝所统治。也许正因为如此，尽管自罗马帝国统治以来历史上发生了那么多重要的历史事件，许多德国人仍然能够保有很强的地域认同感。

中世纪时德国曾发生了一件最重大的事件，它在本质上波及了整个欧洲。这就是1517年马丁·路德（Martin Luther）在维滕贝格（Wittenberg）通过批判天主教掀起的新教改革，这一运动最终引发了“三十年战争”（1618~1648年）。于是德国沦为欧洲战场，直到拿破仑战争之后，随着工业化的发展和普鲁士王国的崛起，德国才趋于稳定。在1866年，极富传奇色彩的普鲁士“铁血宰相”奥托·冯·俾斯麦（Otto von Bismarck）以武力为主要手段将德国各州联合了起来。1871年，在德皇威廉一世（Kaiser Wilhelm I）的统治下，德国首次实现了统一。

第一次世界大战和希特勒的崛起

进入20世纪后，德国的迅猛发展很快让德皇威廉二世（Kaiser Wilhelm II）变得野心勃勃，导致其与英国、俄国、法国等国的关系紧张。1914年第一次世界大战爆发时，德国唯一的盟友就只有衰落的奥匈帝国了。两条战线同时进行战争，这极大地消耗了德国的资源。到1918年末，德国只能求和。德皇退位，流亡荷兰。在遍及全国的愤怒与躁动中，一个新的政权——魏玛共和国宣告成立。

1919年签订的《凡尔赛和约》（*Treaty of Versailles*）使德国失去大片领土并承担巨额战争赔款。这些条件本就是强人所难，而且法国和比利时又占领了莱茵兰地区以确保获得全部赔款，随之而来的急剧通货膨胀和低迷的经济为政治极端团体的产生提供了肥沃土壤。阿道夫·希特勒（Adolf Hitler）——一位不得志的奥地利裔艺术家和“一战”时的德军下士——领导的民族社会主义德国工人党（即纳粹党）正伺机而动。

1929年美国股票市场崩溃之后，世界陷入经济衰退。纳粹在德国大选中增强了实力，并于1933年取代社会民主党成为国会中最大的政党。希特勒成为德国总理，并在一年之内成为了元首（Führer），进一步巩固了他的绝对权力，开始在德国实行一党独裁。

第二次世界大战和迫害犹太人

从1935年开始，德国开始重整军备，并以兴建高速公路（autobahn）等公共事业为手段应对经济危机。1936年，希特勒重新占领了莱茵兰地区，在1938年占领了奥地利，并在与英法两国签订了绥靖条约之后又占领了捷克斯洛伐克的部分地区。

与此同时，德国国内的种族主义日渐猖獗。1935年的纽伦堡法案剥夺了非雅利安人——其中大多数是犹太人和罗姆人（也称吉卜赛人）——的德国公民资格和许多其他权利。1938年11月9日，种族恐怖升级为“水晶之夜”（Kristallnacht），整个德国的犹太教堂和其他犹太人设施与店铺被玷污、焚烧或拆毁。

1939年9月，希特勒与斯大林签订互不侵犯条约之后袭击了波兰，引发了与英法两国的交战。德国很快就侵占了欧洲的大部分领土，不过在1942年之后开始遭受惨重损失。德国的许多城市经历了大规模轰炸后成为一片焦土，整个国家损失了10%的人口。1945年5月，希特勒自杀，德国随即无条件投降。

战后，纳粹恐怖统治得到全方位的揭示，在“集中营”里共有约600万犹太人和100多万罗姆人、同性恋者等死于大屠杀（Holocaust）。

两个德国

在雅尔塔和波茨坦召开的会议上，同盟国（苏、美、英、法）重新划分了德国的边界，并把德国分为4个占领区。

在苏占区，共产主义政党统一社会党（SED）赢得了1946年大选，并开始了快速的工业国有化进程。1949年9月，三个西方国家占领区成立了德意志联邦共和国（Federal Republic of Germany，FRG）。同年10月，苏占区随之成立了德意志民主共和国（German Democratic Republic，GDR），以（东）柏林作为首都。

作为冷战的堡垒，西德在康拉德·拉登纳（Konrad Adenauer）的领导下，接受了大量美国投资，经历了快速发展的经济奇迹（Wirtschaftswunder）；而东德，不得不在重建的同时支付给苏联巨额的战争赔款。

两德之间经济鸿沟日益加宽，约360万东德人到西德寻求未来，其中多数是年轻人和受过良好教育的民众，因此使东德频临经济与政治的崩溃。为了阻止这种大批的逃离，在苏联同意下，东德政府于1961年环绕西柏林建造了一道墙，将德国从内部分隔开来。

1971年，政治上更为灵活的恩里希·昂纳克（Erich Honecker）上台，他与奉行东德友好政策（Ostpolitik）的西德总理维利·勃兰特（Willy Brandt）合作，使两德间的政治关系趋于稳定。同年，四个同盟国正式接受了柏林的分割，并签署协定保证西柏林人可以到访东柏林，而东德政府也保证东德公民在家庭出现紧急情况时有权赴西德。

昂纳克的政策提高了东德的生活标准，不过东德的繁荣程度还是不及西德的一半。到了1985年3月，米哈伊尔·戈尔巴乔夫（Mikhail Gorbachev）执掌苏联大权时，东德的共产主义者们渐渐失去了苏联的支持。

两德统一

两德的统一即便在最具洞察力的观察家看来也是一件出人意料的事。1989年11月9日柏林墙倒塌，开始了一场重大变革。

开始时，东德人再次大批离开本国，这一次是取道匈牙利，后者早已开放了与奥地利之间的边境。并且有民众去布拉格的西德大使馆寻求政治庇护。与此同时，莱比锡的大规模示威波及包括东柏林在内的其他大城市。

随着局势不断升级，恩里希·昂纳克让位于安全部长埃贡·克伦茨（Egon Krenz）。1989年11月9日，一项允许民众直接前往西德的决定被误解为立刻开放东德和西德之间所有的边境。同一天夜里，就有数以千计的人们在瞠目结舌的边防士兵面前涌向西德。在随后几天里，数以百万计的民众继续前往西德，之后不久柏林墙的拆除就开始了。

在1990年初的选举中，东德居民普遍拥护倾向于两德统一的基督教民主联盟（Christian Democratic Union，CDU），于是东德进行改革的意图只得作罢。1990年10月3日，统一得以实现。在举国欢庆的氛围中，基督教民主联盟领导的大联合政府在赫尔穆特·科尔（Helmut Kohl）的领导下于同年12月2日举行的选举中，以明显优势击败了社会民主党。

统一以来

在科尔的领导下，原东德资产开始实行

私有化，国有企业被削减、出售或关闭，对基础设施也进行了现代化建设。所有这些举措使德国经济以每年10%的速度增长，并一直持续到1995年。此后经济增长大幅放缓，不过也造成了原东德的两极分化。

面对广泛对金融腐败的指控，科尔政府在1998年下台，被社会民主党和联盟90/绿党的大联合政府所取代。这是德国国内也是全世界第一次有环保主义政党参与执政。绿党和近期左翼政党的兴起，已经极大地改变了德国的政治格局，使"两大政党"想要获得绝大多数支持更加难以实现。在2005年，基督教民主联盟（CDU）/基督教社会联盟（CSU）和社会民主党（SPD）组成大联合政府，由安格拉·默克尔（Angela Merkel）领导，她也成为第一位担任德国总理职位的女性。在2009年她赢得连任，德国正式进入了五党联合执政时期。

今日德国

欧洲经济的发动机

德国似乎比大多数工业国家更好地度过了最近的金融危机，这在很大程度上得益于其数十年前的几项重要改革，特别是劳动法的自由化。德国政府推出了一系列的积极措施：如在不减少工人工资的前提下，允许企业采用更短的员工倒班制；还实行鼓励民众报废老车、购买新车等经济刺激政策，促进德国经济增长。新千年的第二个十年的开端，是德国经济稳定增长的重要时刻。随着从希腊一直蔓延并威胁到其他南欧国家的欧债危机不断地加剧，德国在支撑欧元方面发挥着关键作用，欧元的崩溃会导致全球经济陷入衰退。目前为止，一切还好。

环保领袖

20世纪80年代以来，绿党一直活跃于德国政治舞台，使德国在环境和气候保护方面也一直发挥着领导者的作用，被认为是开发可再生能源的先行者。2011年，能源生产总量中的大约20%来自可替代能源。自1990年以来，德国还减少了24%温室气体排放量，从而超过了2005年《京都议定书》所要求的21%减少量。

在2011年日本福岛核电事故发生之后，德国成为第一个全面退出核电的工业国。17个反应堆中，8个使用时间最长的立即关闭，其余反应堆将在2022年前全部关闭。

移民国家

德国约有1500万人拥有移民背景（在外国出生的，或者父母至少有一方为移民），约占总人口的18%。根据联合国发布的数据，只有美国和俄罗斯的移民人数是超过德国的。德国最大的移民群体是土耳其裔。因为"二战"后经济复苏的原因，大量土耳其人被当作"借调工人"招募而来，用于弥补德国战时损失的劳动力。后来，他们当中的许多人就留在了德国。两德统一后，数百万被苏联遣返的和饱受战乱摧残之苦的南斯拉夫人来到了德国，再次使外来人口猛增。

移民到底是增加了德国文化的多样性还是对德国的文化带来了危害，这一直是近年来被热议的问题。其实，由于人口老龄化和低出生率问题严重，德国也需要新移民来保持国家的活力和经济的运行。

艺术

德国的艺术家们为世界文化作出的贡献良多，尤其是在18世纪，当时的魏玛和德累斯顿宫廷吸引了众多欧洲的顶级大师。得益于如此丰富的创造传统，尽管德国在现代历史上命运多舛，但新一代德国艺术家们身上闪现的灵感却层出不穷。

美术

文艺复兴虽然较迟影响到德国，不过却迅速繁荣起来，这也是德国的第一个艺术全盛时期。阿尔布雷特·丢勒（Albrecht Dürer, 1471~1528年）是这一时期的重要艺术家，也是第一个足以与意大利大师分庭抗礼的人物。丢勒影响了宫廷画家老卢卡斯·克拉纳赫（Lucas Cranach the Elder, 1472~1553年），后者在维滕贝格（Wittenberg）工作长达45年以上。

两个世纪之后的巴洛克时期，涌现出许多伟大的雕塑作品，其中包括安德拉斯·施鲁特（Andreas Schlüter）在柏林的杰作。到了

19世纪的新古典主义时期，艺术家们再次关注罗马和希腊神话，创作兴趣转回到人体。之后的浪漫主义时期作品在很大程度上借鉴了梦幻理想主义，这一点在卡斯帕·大卫·弗里德里希（Caspar David Friedrich）和奥托·朗格（Otto Runge）的画作中体现得淋漓尽致。

1905年，恩斯特·路德维希·克尔希纳（Ernst Ludwig Kirchner）、埃里希·海克尔（Erich Heckel）和卡尔·施密特-罗特卢夫（Karl Schmidt-Rottluff）在德累斯顿一道成立了艺术家组织Die Brücke（桥派），他们具有开创性的作品彻底颠覆了艺术世界，并为德国表现主义的产生打下了基础。时至20世纪20年代，艺术作品更加激进，政治倾向也更为明显，艺术家乔治·格罗兹（George Grosz）、奥托·迪克斯（Otto Dix）、马克思·恩斯特（Max Ernst）等人开拓了达达主义和超现实主义的新艺术领域。凯绥·珂勒惠支（Käthe Kollwitz）是这一时期的主要女性艺术家之一，以社会现实主义的绘画作品闻名。

1945年之后，抽象艺术开始在西德大行其道，享誉世界的艺术家包括约瑟夫·博伊斯（Joseph Beuys）、莫妮卡·邦维奇尼（Monica Bonvicini）和安塞尔姆·基弗（Anselm Kiefer）等。两德统一后，新莱比锡画派在德国乃至整个世界画坛都取得巨大成功，如尼奥·罗施（Neo Rauch）的写实主义画作获得了诸多好评。

建筑

前往德国，只观看建筑就可谓不虚此行。德国的第一批伟大建筑出现在罗马时期（800~1200年），其中的佼佼者包括沃尔姆斯、斯派尔、美因茨等地的大教堂。而哥特式建筑的肋架拱顶、尖拱和飞扶壁等特征则从科隆大教堂、弗赖堡的明斯特大教堂和吕贝克的圣玛利亚教堂得到完美展现。

如果想看巴洛克式建筑的典范，那就一定要去维尔茨堡欣赏巴尔塔扎·诺伊曼（Balthasar Neumann）设计的皇宫，再去德累斯顿看看众多的经典建筑。19世纪的新古典主义时期代表人物是卡尔·弗里德里希·申克尔（Karl Friedrich Schinkel），他的作品极大地影响了柏林和德国北部地区的风貌。

若论对于设计领域影响深远的现代运动，瓦尔特·格罗皮乌斯（Walter Gropius）于1919年创立的包豪斯学派可谓无出其右。如今在德绍-罗斯劳依然可以见到那所曾激发无穷创意的学校，还有格罗皮乌斯和同事们的故居。想了解该学派总体情况的话，可以去位于柏林的包豪斯档案馆。1932年纳粹关闭了包豪斯学校，建筑风格回到华而不实和硕大无朋。柏林的奥林匹克体育场和纽伦堡的纳粹党集结地便是那个黑暗时期留下的为数不多的建筑遗产。

法兰克福展示着德国现代化的摩天大楼。而如果想看设计风格大胆的新建筑，可以前往柏林，建筑设计界的国际大腕丹尼尔·利伯斯金（Libeskind）、大卫·奇普菲尔德（David Chipperfield）和诺曼·福斯特爵士（Lord Norman Foster）都曾在两德统一后的柏林留下印记。

音乐

忘掉铜管乐队和滴滴答答的吹奏声吧，像德国这样继承了如此丰厚的音乐遗产的国度可真是不多见。这里涌现过约翰·塞巴斯蒂安·巴赫（Johann Sebastian Bach）、格奥尔格·弗里德里希·亨德尔（Georg Friedrich Händel）、路德维希·范·贝多芬（Ludwig van Beethoven）、理查德·施特劳斯（Richard Strauss）、约翰奈斯·勃拉姆斯（Johannes Brahm）、理查德·瓦格纳（Richard Wagner）等一批伟大的音乐家。

素食主义者

过去，德国在接受素食方面进展缓慢，更不用说接受完全素食。不过至少在城市里，更具健康意识、开始提供无肉菜肴的咖啡馆和餐馆正如雨后春笋般涌现。甚至在乡村餐馆里都有素食可供选了。另外，在亚洲和印度菜馆通常也可以吃到可口的素食菜肴。登录网站www.happycow.net/europe/germany，可以看到德国提供素食和严格素食的餐馆的详细列表。

德国对于当代音乐也作出了卓越贡献。蜚声国际的艺术家包括朋克乐偶像妮娜·哈根（Nina Hagen）、20世纪80年代以一曲《99个红气球》闻名的妮娜（Nena），还有蝎子（Scorpions）、死裤子（Die Toten Hosen）、德国战车（Rammstein）等摇滚乐队。发电站乐队（Kraftwerk）开创了原创电子音乐，这种类型的音乐进而演变成高科技舞曲，自20世纪90年代以来在夜店里（特别是柏林和法兰克福的夜店里）长盛不衰。如今，德国的电子音乐在全世界最为发达，艾伦·阿利安（Ellen Allien）、保罗·卡尔克布伦纳（Paul Kalkbrenner）、保罗·范·迪克（Paul van Dyk）、斯文·瓦特（Sven Väth）等DJ在全球的派对音乐圈可算得上家喻户晓的人物。

饮食

德国美食

德国在美食方面可能没有邻国的名头响亮，但醇厚、新鲜的口味却让德国菜成了欧洲厨房的后起之秀。如果你喜欢传统美食，你在此可以尽情沉迷于猪肉、土豆和白菜为食材的菜肴中。不过，如今"典型的德国菜"追求的是更清淡、更健康、更有创意，而且可能更多来自有机餐馆、民族饮食和美食厨房。2012年，德国的美食界星光闪耀，获得米其林认定的1星级餐厅有208家、2星级餐厅有32家、3星级餐厅有9家。

提起面包，德国可谓难逢敌手，这里有超过300种配方和口感不同的面包，通常是由面粉与裸麦粉混合制成。Brezeln是撒着盐粒的传统椒盐脆饼。时令特色食品包括可以作为沙拉和意面辅料的野生大蒜（Bärlauch）、五六月的白芦笋、夏季的新鲜浆果和樱桃，还有秋季的采摘的牛肝菌（Steinpilze）和带着泥土芳香的鸡油菌（Pfifferlinge）。

在传统的咖啡和蛋糕（Kaffee und Kuchen）下午休息时间人们通常会享用糕点和蛋糕，包括著名的黑森林蛋糕（Schwarzwälder Kirschtorte）。

啤酒

啤酒是德国的国酒，兼具优秀的品质和低廉的价格。德国啤酒的"秘密"要追溯到1516年通过的Reinheitsgebot（《纯净法》），这一法案要求啤酒厂只能用麦芽、酵母、啤酒花和水来酿造啤酒。尽管如今它已经不再具有法律约束力，但大多数德国啤酒厂仍恪守这一准则。这里为你简要列出最常见的啤酒类型：

比尔森啤酒（Pilsner）有明显的啤酒花香气，泡沫细滑。

小麦啤酒/白啤酒（Weizenbier/Weissbier）有果香，有点辣，非常适合在炎热夏季饮用。小麦酵母啤酒（Hefeweizen）具有更强的酵母口感，而水晶小麦啤酒（Kristallweizen）酒体更为清澈，泡沫也更多。

勃克啤酒（Bockbier）一种浓烈和具有季节性的黑啤酒［如5月勃克（Maibock）和圣诞节勃克（Weihnachtsbock）］。

窖藏啤酒（Helles Bier）有强烈的麦芽香气，略带甜味。

黑啤酒（Dunkles Bier）颜色较暗、浓郁、酒体饱满。

就餐建议

餐馆通常都是有着详细菜单、整洁桌布和较高价格的正式就餐地点。而那些全天营业的通常是咖啡馆，提供咖啡、酒和价格便宜的简单菜肴。在城市里，有些餐馆会提供10欧元以下的"商务午餐"，有开胃菜、主菜和饮品，性价比较高。

叫作Imbiss的快餐店非常方便，提供各种可口食物，包括热狗、土耳其烤肉和比萨。许多面包房除糕点之外也提供三明治。

小费的给法不是直接把钱放在桌上，而是凑成整数或者说"es stimmt so"（不用找了）跟账单一起付。一般来说要给10%的小费。

葡萄酒

德国葡萄酒的名声一直以来被甜得发腻的Liebfraumilch（圣母之乳）和形象蹩脚的Blue Nun（蓝仙姑）所玷污。如今，多亏了品牌重塑运动，新一代的葡萄酒在品质上大大提升，德国葡萄酒正在赢得酒评家的赞誉和世界各地的大赛奖项。

德国有13个葡萄种植区，其中在国际上最负盛名的是莱茵和摩泽尔地区。酿造白葡萄酒的品种包括雷司令、Müller-Thurgau［又名丽瓦娜（Rivaner）］、Silvaner（丝瓦娜）、Grauburgunder（灰皮诺）和Weissburgunder（白皮诺）。在红葡萄酒的品种当中，最为出色的要属Spätburgunder（黑皮诺）。

登录网站www.winesofgermany.co.uk、www.germanwines.de 或www.germanwineusa.org可查询详细信息。

生存指南

出行指南

签证

德国属于申根区，中国公民前往德国需办理申根国签证。德国签证办理已经外包给指定的服务商 TLScontact 公司的签证中心，可访问（https://cn.tlscontact.com/cnBJS2de/splash.php）查询详细信息。

现金

在德国还是以使用现金为主，所以总是要随身携带一些，以便随时支付。

获取现金最方便快捷的方法是使用借记（银行）卡在接入Cirrus、Plus、Star和Maestro等国际清算网络的自动取款机取现金，所有德国Sparkasse银行以及BW银行的自动取款机均可使用银联卡提取欧元现金，这两家银行的提款机数量众多，不过暂不支持查询余额。银联卡境外不能进行银行柜面转账和提现。

德国储蓄银行（Sparkasse）自动取款机地址查询网页（www.sparkasse.de/filialfinder_frame.html）

BW银行自动取款机地址查询网页（www.bw-bank.de/bwbankde/100002011-de.html）

在以上两个网址中选择“Geldautomat”，输入所要查询的城市（Ort）及街道（Straße）名称或邮编（PLZ），即可找到当地自动提款机的详细地址。

信用卡正在越来越广泛地被接受，但最好不要想当然地认为你可以随便使用，一定记得先询问。

在机场和火车站都有兑换外币的柜台（Wechselstuben），还有就是旅游银行（Reisebank）的兑换点。

> **小费**
>
> 餐馆账单包含服务费（Bedienung），但大多数人额外付5%或10%的小费，除非服务确实很糟。
>
> **调酒师** 5%
>
> **酒店搬运工** 每件行李1~1.50欧元
>
> **房间清洁工** 每人每晚1欧元
>
> **出租车司机** 约车费的10%

折扣卡

许多城市的旅游局都销售“欢迎卡”（Welcome Card），可以给游客提供免费或者博物馆、景点和团队游的折扣，加上有效期内无限制的本地公共交通（有效期通常为24或48小时）。如果你想去很多地方，欢迎卡的性价比还是很不错的。

使领馆

所有的外国大使馆都在柏林，不过部分国家在法兰克福、慕尼黑、汉堡和杜塞尔多夫等地也设有领事馆。

中国大使馆（☎030-275 90883；www.china-botschaft.de；Brückenstraße 10；Ⓤ Heinrich-Heine-St）

新加坡大使馆（☎030-226 3430；www.mfa.gov.sg/berlin；Voßstraße 17；Ⓤ Potsdamer Platz）

英国大使馆（☎030-204 570；www.britischebotschaft.de；Wilhelmstrasse 70；Ⓢ Brandenburger Tor；Ⓤ Brandenburger Tor）

海关条例

只有在离开欧盟时购物方可免税。从非欧盟国家抵达可以享受的免税限额（17岁以上）包括：

» 200支香烟或100支小雪茄或50支雪茄或250克烟叶

» 1升烈酒或2升酒精含量22%以下的酒加4升葡萄酒、16升啤酒

» 陆路抵达总价300欧元的其他商品，海路或飞机抵达总价430欧元的商品（15岁以下总价175欧元的商品）

营业时间

与下面标准营业时间不一致的地方我们已经另外标出。因营业时间会有变化，这里列出的仅适用于旅游旺季。

银行 周一至周五9:00~16:00，通常在周二或周四时间延长

酒吧 18:00至次日1:00

咖啡馆 8:00~20:00

夜店 22:00至次日4:00

邮局 周一至周五9:00~18:00，有些邮局周六上午也营业

餐厅 11:00~22:00（不同餐馆区别很大，乡村地区通常21:00停止供应食物）

大型商店和超市 周一至周五9:30~20:00（郊区和乡村地区营业时间更短，可能有午餐休息）

节假日

德国全国有8个宗教节日和3个民俗节日。商店、银行、政府机关和邮局在节日期间都将关闭。以天主教信徒为主的州——如巴伐利亚州和巴登-符腾堡州——也庆祝主显节（Epiphany，1月6日）、圣体节[Corpus Christi，圣灵降临节（Pentecost）10天之后]、圣母升天节（Assumption Day，8月15日）和万圣节（All Saints' Day，11月1日）。宗教改革纪念日（Reformation Day，10月31日）只在德国东部庆祝。

以下是德国的节假日（gesetzliche Feiertage）：

新年（Neujahrstag）：1月1日

复活节（Ostern）：耶稣受难日，复活节星期日和复活节星期一

升天节（Christi Himmelfahrt）：复活节后40天

劳动节（Maifeiertag/Tag der Arbeit）：5月1日

五旬节（Pfingsten）：复活节50天之后

德国统一纪念日（Tag der Deutschen Einheit）：10月3日

圣诞节（Weihnachtstag）：12月25日

节礼日（Zweiter Weihnachtstag）：12月26日

住宿

德国有各种住宿类型可供选择，从青年旅舍、露营地和家庭酒店，到连锁酒店、商务酒店和豪华度假村，应有尽有。

» 最好提前预订，特别是在6月和9月之间的旅游旺季。当地旅游局通常会不厌其烦地帮游客找到价位合适的住处。

» 露营地到处都有。费用包括每人3~10欧元，帐篷（视大小而定）6~16欧元，停车费3~8欧元，还要加上热水淋浴、度假税、电费和污水处理费。

» **德意志青年旅舍**（Deutsches Jugendherbergswerk，DJH；www.jugendherberge.de）负责协调德国所有加入国际青年旅舍（HI）的成员。男女分住的宿舍或家庭房价格从每人13到30欧元不等，包括床上用品和早餐。27岁以上加收3或4欧元。独立青年旅舍更舒服些，大多数大城市都可以找到。

价格区间

除非另有说明，以下的价格范围是指旺季期间一间含早餐、带有独立浴室的双人房价格：

€€€ 高于150欧元

€€ 介于80~150欧元

€ 低于80欧元

就餐

以下价格根据一道主菜的价位而定。

€€€ 高于15欧元

€€ 介于8~15欧元

€ 低于8欧元

电话

德国的电话号码包括电话区号，紧接着是3位至9位数字的当地电话号码。

国家代码 ☎49

国际接入码 ☎00

号码查询 ☎11837，英语查询（每分钟收费1.99欧元）

回拨中国 ☎0086加上你需要拨打的固定电话或手机

法律事宜

根据法律规定，你必须随身携带带照片的某种身份证件，如护照、身份证或驾驶执照。

驾车时血液里允许的酒精含量不得超过0.05%；如果被发现酒精超限驾驶，会面临很重的罚单，没收驾驶执照，甚至可能被监禁。在公共场合饮酒并不违法，但是也需言行谨慎。

对于吸烟并无统一立法，全国16个州都有自行的规定。吸烟之前最好问清楚。

残障旅行者

德国在照顾残障旅行者需求方面可以说做得还不错（还是好于欧洲大多数国家的），在有些公共建筑有无障碍通道和/或电梯。资源有：

德国铁路移动服务中心（Deutsche Bahn Mobility Service Centre；☎0180-599 6633512，按9英语服务；www.bahn.com；⏲24小时）提供列车线路信息和协助制定线路计划。在网站键入"barrier-free travel"进行搜索，可以看到英文信息。

德国国家旅游局（German National Tourism Office；www.germany.travel）可能会是你用于规划旅行的第一个网站，有非常实用的英文信息。

Natko（www.natko.de）关于在德国无障碍旅行的主要咨询和信息交换网站。

同性恋旅行者

德国吸引了很多schwule（男同性恋）和lesbische（女同性恋）旅游者，柏林和科隆的同性恋文化非常张扬，汉堡、法兰克福和慕尼黑也有规模可观的同性恋群体。

一般来说，在乡村地区、东部各州还有中老年人对同性恋的态度往往较为保守。

到达和离开

大多数旅行者乘飞机或通过邻国的铁路和公路交通抵达德国。网站lonelyplanet.com/bookings提供机票、团队游和火车票的在线预订。

入境

任何国籍的旅行者，从其他24个申根成员国中任意一个国家，如荷兰、波兰、奥地利或捷克抵达德国，均不需出示护照，并可自由通过海关。

飞机

廉价航空公司、**汉莎航空**（www.lufthansa.com）和多家国际航空公司的航班往来于众多德国机场与欧洲和世界其他地区。法兰克福和慕尼黑是主要航空枢纽，但柏林、汉堡、科隆/波恩和斯图加特也有规模可观的机场，不来梅、德累斯顿、汉诺威、莱比锡、明斯特-奥斯纳布吕克和纽伦堡还有小型机场。

目前有大量从中国各城市飞往德国的直航航班，目的地以法兰克福和慕尼黑为主，中国国际航空公司运营从北京和上海到以上两个目的地的航线，中国东方航空运营从上海到法兰克福的航线。海南航空和柏林航空都运营从北京到柏林的直航航线。德国汉莎航空有从成都飞往法兰克福、香港飞往法兰克福和慕尼黑、南京飞往法兰克福、北京飞往杜塞尔多夫和法兰克福以及慕尼黑、上海出发飞往法兰克福和慕尼黑的直航航线。关于个别机场，包括到达和离开机场的信息获取，请参阅相关章节的内容。

德国航空公司中的翘楚汉莎航空是星空联盟的成员，也是世界飞行安全记录最好的公司之一。该公司经营着国内和国际航班的庞大网络。世界各国航空公司中的一半都有航班飞往德国，此外还有廉价机票航空公司经营抵达德国的航班，如**柏林航空**（www.airberlin.com）、**易捷航空**（☎0900-1100 161；www.easyjet.com）、**福赖弼**（www.flybe.com）、波罗的海航空（www.airbaltic.com）、瑞安航空（☎0900-116 0500；www.ryanair.com）和德国之翼（www.germanwings.com）。

值得注意的是，瑞安航空航班经常在偏远的机场起落，这些机场往往由军用飞机跑道改建而来，例如法兰克福-哈恩机场就位于法兰克福市区以西125公里处，实际更接近摩泽尔河地区。

陆路

长途汽车

往来德国和欧洲其他国家之间，乘坐长途汽车通常比乘坐火车或飞机便宜，但花的时间更长。

Eurolines（www.eurolines.com）是由各国长途汽车公司共同经营、跨越整个欧洲大陆的长途汽车线路联盟。德国的子公司是**Deutsche Touring**（www.touring.de）。单程票价和行程举例：

路线	票价	行程（小时）
布达佩斯-法兰克福	96欧元	14.5~18
佛罗伦萨-慕尼黑	78欧元	8.5
伦敦-科隆	69欧元	12
巴黎-慕尼黑	64欧元	13
克拉科夫-柏林	41欧元	10

4至12岁之间的儿童半价，青少年、学生和老人可享受正常票价10%的折扣。车票可以在网上购买，在德国国内大多数火车站也都可以买到。

Busabout（www.busabout.com）的长途汽车在5月至10月间沿三个相互连接的欧洲环线运营，面向背包客，可以随时上下车。可以通过网络或旅行社购买通票。德国是北部环线的一部分，停靠站点有柏林、德累斯顿、慕尼黑和斯图加特。

小汽车和摩托车

如果你在德国自驾，你需要有效的驾驶执照、车辆登记证明和第三方保险的证明。外国汽车如无正式欧洲牌照，必须要有显示国籍的贴纸。你还需要随车装有一个三角形警告牌和一个急救包。

为了减少粉尘造成的空气污染，德国许多城市纷纷推出低碳排放的绿色区域，只有标记有Umweltplakette（排放贴纸）的汽车才可进入。如果要获得一张这样的贴纸，请与你当地的汽车协会联系或通过www.tuev-sued.de或www.tuev-nord.de网站在线申请预购一张（提供英文说明）。花费6欧元。

火车

从欧洲其他地方到德国最受欢迎的方式是乘火车。在德国，票务由德国铁路（Deutsche Bahn；www.bahn.com）受理。被称为欧洲城际快车（EuroCity，EC）的长途列车往返于德国主要城市与欧洲其他主要城市之间。在旅游旺季和重大节日期间预订座位很关键。

在德国与欧洲其他国家的许多城市之间也有夕发朝至的夜班火车，线路包括阿姆斯特丹到慕尼黑、苏黎世到柏林、巴黎到汉堡。

海路

德国主要的渡轮港口有基尔、吕贝克和石勒苏益格-荷尔斯泰因的特拉弗明德（Travemünde），以及在梅克伦堡-前波美拉尼亚州的罗斯托克和萨斯尼茨（Sassnitz，吕根岛），这些港口都提供到北欧和波罗的海国家的海路服务。

在德国和英国之间不再有直达渡轮，但你可以取道荷兰、比利时或法国，然后从当地乘火车或者开车去英国。欲知票价详情或在线订票，可以登录渡轮公司网站，也可以登录网站www.ferrybooker.com或www.ferrysavers.com。

当地交通

德国当地交通方便快捷，拥有欧洲顶级的公共交通网络。在德国境内旅行的最佳方式是自驾或搭乘火车。另有地区长途汽车覆盖铁路网络不甚发达的区域。

飞机

经营国内航班的航空公司众多，如廉价机票航空公司柏林航空（www.airberlin.com）和德国之翼（www.germanwings.com），此外还有汉莎航空（www.lufthansa.com）。除非你需要从这个国家的一端飞往另一端，比如从柏林或汉堡到慕尼黑，否则算上登机和转机的时间，飞机比火车也快不了多少。

自行车

» 在德国，除高速公路（autobahn）之外的各级道路均可供骑自行车。骑自行车必须遵守小汽车和摩托车一样的交通规则。戴头盔虽非强制（甚至儿童也可不戴头盔），但戴着头盔骑行已是常识。

» 自行车允许带上大多数火车，不过需要一张额外的车票（Fahrradkarte）。搭乘长途列车（IC、EC和城市夜线）需要支付9欧元，如乘国际长途列车，则需要支付10欧元。你需要至少提前一天预订自行车车位，登车时自行车要放在通常位于车头或车尾的自行车专用车厢里。乘坐ICE高速列车不准携带自行车。本地和地区列车（RB、RE、IRE、S-Bahn）的费用是每天5欧元。

» 有些本地列车对携带自行车不收取任何费用，相关事宜可见德国铁路的《铁路和自行车手册》（Bahn & Bike，德语）。手册还注明有近250个提供自行车租赁的火车站。网站www.bahn.de/bahnundbike提供手册下载。

» 另外，大多数城镇和城市都有私人自行车租赁，经常就在火车站或火车站附近。租车费用每天7~20欧元不等，每周费用35~85欧元，价格根据自行车的型号而定。通常需要30欧元的押金/或身份证件抵押。

» 酒店（尤其是度假区域的酒店），有时会为客人提供自行车，通常不收费。

船

德国临两海，国内湖泊河流众多，所以你有时也可能使用船只作为交通工具。

» 下萨克森州的东弗里西亚群岛、石勒苏益格-荷尔斯泰因的北弗里西亚群岛、梅克伦堡-前波美拉尼亚州的珀尔岛(Poel)、吕根岛和希登塞岛(Hiddensee)均有班次频繁的渡轮。

» 在莱茵河、易北河和多瑙河，主要湖泊如基姆湖（Chiemsee）、巴伐利亚州的斯塔恩贝格湖（Starnberg）、巴登-符腾堡州的康斯坦茨湖等也有渡轮。

长途汽车

» 在一些乡村地区，如果自己没有车，长途汽车可能就是你当地交通的唯一选择。在哈尔茨山区、巴伐利亚的林区和阿尔卑斯山麓更是如此。

» 长途汽车班次的频率可以从“很少”到“不断”不等。在晚上和周末，通勤线路会减少或者根本没有，要牢记这一点，以免在周六夜里困于一处偏僻之地。

» 在城市里，长途汽车一般会集中在中央汽车站（Busbahnhof，或Zentraler Omnibus Bahnhof，ZOB），中央汽车站往往就在中央火车站（Hauptbahnhof）附近。

» 德国城市间长途汽车的主要运营商是**Deutsche Touring**（www.touring.de）和**Berlin Linien Bus**（www.berlinlinienbus.de）。儿童、学生、老人和团体都会有折扣。

小汽车和摩托车

» 长达11,000公里的高速公路网络令德国引以为荣，行驶于路上也是一种乐趣。每隔40公里到60公里，你就会看到精心设计的服务区，配有加油站、厕所和餐馆等设施，许多服务区都是24小时开放。在服务区之间还设有休息站（Rastplatz），有野餐桌和厕所等设施。每隔2公里都设有一个橙色的紧急呼叫盒。

» 除高速公路以外，还有由Bundesstrassen（B级或二级公路）和更小的Landstrassen（L级或乡村公路）构成的庞大公路网络。所有的公共道路都不收取任何的通行费用。

» 如果你的汽车没有自动导航系统，那么就要有标示清楚的地图或道路地图集，在乡村地区更是如此。导航不能通过简单的指南针来完成，因为你不会看到写有“north（北）”或“west（西）”这样的标志牌。你看到的标志牌都是指示城市方位的，所以自驾的时候，要不时地看看地图以确保方向正确。在每一座加油站都可以买到地图。

» 在市区开汽车是不划算的。在市中心的停车场（Parkhaus）停车，每天会花费20欧元或更多。

汽车协会

德意志汽车俱乐部（ADAC，Allgemeiner Deutscher Automobil-Club；☎0180-222 2222；www.adac.de）为俱乐部成员，也为英国汽车协会、美国汽车协会和加拿大汽车协会的会员提供道路救援服务。

驾驶执照

旅行者在德国自驾无需国际驾照，用本国的驾驶执照即可。

租车

» 租车人应年满25岁，并持有有效的驾驶执照和主要国际信用卡。有些租赁公司也向21~24岁的顾客租车，但要额外收费（每天约12~20欧元）。年纪更小或没有信用卡的人通常是租不到车的。

» 基于保险的原因，驾车到东欧国家（如捷克或波兰）通常是不被允许的。

» 所有主要的国际租车公司在机场、主要火车站和城镇地区都设有分支点。

» 自动挡汽车的租赁在德国很少见，通常需要提前很长时间预订。

保险

在德国自驾必须购买第三方责任险。

交通规则

德国的交通规则易于理解，道路标志都是国际通用标志。汽车左舵右行。路权通常有标志标明，主要道路优先，但是在未标注的路口右方车辆先行。

司机血液中酒精含量不得超过0.05%。要严格遵守交通规则：德国的警察非常能干，而且在现场就会开出高额罚单。德国的测速摄像头密度在欧洲也属顶级。

速度限制：

城市和城镇 主要道路50公里/小时，居民区街道30公里/小时（或根据标志）

公路/乡村 100公里/小时

高速公路 不限速，但许多路段要看标志

公共交通

» 大城市和小城镇的公共交通都是非常完善的，可以搭乘包括公共汽车、电车（Strassenbahn）、轻轨（S-Bahn）和地铁（UBahn）在内的各种交通工具。

» 车票包括所有形式的换乘，票价是由不同的区间或乘坐时长决定，有时两个因素都有。往往可以使用联票和通票，比用单程票来得更实惠。

» 车票通常必须在车站或者车站的自动售票机购买。只有公共汽车和部分有轨电车允许你从司机处购买。

火车类型

以下是德国铁路运营列车的类型和字母简写：

城际特快列车（InterCity Express，ICE）长途高速列车，只停靠主要城市，每隔一两小时1班。

城际列车（Inter City，IC）、**欧洲城际列车**（Euro City，EC）长途列车，速度虽快但不及ICE，每隔一两小时1班，在主要城市停靠。EC列车可以前往邻国主要城市。

区际特快列车（Inter Regio-Express，IRE）连接不同地区城市的列车，中间停站不多。

城际夜班列车（City Night Line，CNL）带卧铺和卧铺包厢的夜班列车。

地区列车（Regional Bahn，RB）地区内列车，大多数在乡村地区运营，停站很多，在所有列车中速度最慢。

地区特快列车（Regional Express，RE）地区内列车，停站有限，连接乡村地区和大城市，可接驳轻轨。

轻轨（S-Bahn）地区内列车，连接城市与郊区。

» 通常情况下，车票必须在上车时盖章方为有效。检票是随机的，但如果你逃票被逮到，就会被处以罚款（通常40欧元）。

火车

» 德国的铁路系统几乎完全由德国铁路（www.bahn.com）运营，在欧洲是最好的铁路系统，通常也是去往全国各地旅游的最佳交通方式。

» 一些地区性的线路由私人运营，比如萨克森州的东德铁路（Ostdeutsche Eisenbahn）和巴伐利亚州的巴伐利亚高原铁路（Bayerische Oberlandbahn）。

» 在德国乘坐火车，一等车厢性价比不高；二等车厢就非常舒适了。不同列车之间的区别更大些，基本上是火车越快就越舒适（票价也越高）。

» 大多数火车站有投币式储物柜，价格每24小时1~4欧元不等。较大的车站通常有员工管理的行李寄存处。

» 强烈建议预订（4欧元）长途旅行的座位，特别是如果你选在周五或周日下午、假期或夏天出行。可在网上预订，也可最晚在列车出发前10分钟在售票柜台预订。

车票

» 车票可在www.bahn.de网站购买，可使用信用卡，没有额外收费。但是，你需要向列车员出示打印的车票和购票使用的信用卡。

» 许多车站有游客中心（Reisezentrum），那里有人工售票（需要收取小额手续费），并可以帮助你规划行程（可以要求讲英语的工作人员为你服务）。

» 较小的车站可能只有几个售票窗口，最小的车站可能连工作人员都没有。这种情况下，你必须在多种语言的自动售票机上购买车票。如果你不想在售票柜台排队，在有工作人员的站也有很多这样的售票机，使用起来也很方便。中介售票点和机器都接受主要国际信用卡。

» 只有长途列车上的列车员可以在车上售票，会收取额外的费用，通常接受主要国际信用卡。没有票会受重罚。

特别优惠

德国铁路提供的几种长期车票优惠如下：

» **Schönes-Wochenende-Ticket**（愉快周末车票，Nice Weekend Ticket；40欧元，最多5人一起使用）一天内不限次乘坐地区列车（IRE、RE、RB、S-Bahn）二等车厢，也可乘坐当地公共交通工具。周六或周日午夜至次日凌晨3:00有效。

» **Quer-durchs-Land-Ticket**（德国通票，Around Germany Ticket；1人42欧元，加1人加付6欧元，最多可加4人）与愉快周末车票类似，不过是在平日使用。

» **Länder-Tickets**（地区通票，Regional Tickets）在德国某一州（有时邻州也可使用）一天内不限次乘坐地区列车和公共交通工具。周一至周五早上9:00至次日凌晨3:00以及周末午夜至次日凌晨3:00有效。

有些通票的标价是最多5人一起出行的统一价格（如勃兰登堡—柏林通票28欧元）；另外有些通票是交错定价：1人购买主票，最多加入4人，每加1人多收若干欧元（如在巴伐利亚州，1人22欧元，每加1人多付4欧元）。

» 无论何种通票，有父母或祖父母陪同的15岁以下儿童是免费的。如果身在德国，可以登录网站或到游客咨询中心（Reisezentrum）了解详情。

» 车票可通过网站或自动售票机购买，也可多付2欧元在车站售票处购买。

德国铁路通票

如果你的永久住址是在欧洲以外的其他地区（包括土耳其和俄罗斯），那么你就有资格购买德国铁路通票（German Rail Pass）。该通票可以通过网站www.bahn.com和www.raileurope.com，或你本国的代理商购买。

匈牙利

包括»

最佳餐饮

» Ikon（见388页）

» Padlizsán（见360页）

» Kisbuda Gyöngye（见347页）

» La Maréda（见363页）

最佳住宿

» Fábiár Panzió（见376页）

» Tisza Hotel（见380页）

» Hotel Senator Ház（见384页）

为何去

匈牙利正是开始东欧之旅的地方，离维也纳不远。在这片曾孕育了弗朗茨·李斯特（Franz Liszt）和鲍尔托克·贝洛（Béla Bartók）的土地上，火辣的菜肴和浪漫的多瑙河（Danube River）始终让游客心驰神往。曾经的皇城——布达佩斯充满魅力，令人一见倾心，它的夜生活也是这个地区最热闹的。其他城市，如地处南方温暖腹地的佩奇（Pécs）和北方的葡萄酒之乡埃格尔（Eger），也有很多引人之处。同样令人神往的还有那广阔的乡村，特别是牛群游荡、牛仔驰骋的大平原（the Great Plain）。还有什么地方可以让你在户外泡着温泉，闲散地消磨时光，周围是耀眼的皑皑白雪？西欧的魅力、乐趣和令人激动之处，在匈牙利都能得以体验，却只需一半费用。

何时去

布达佩斯

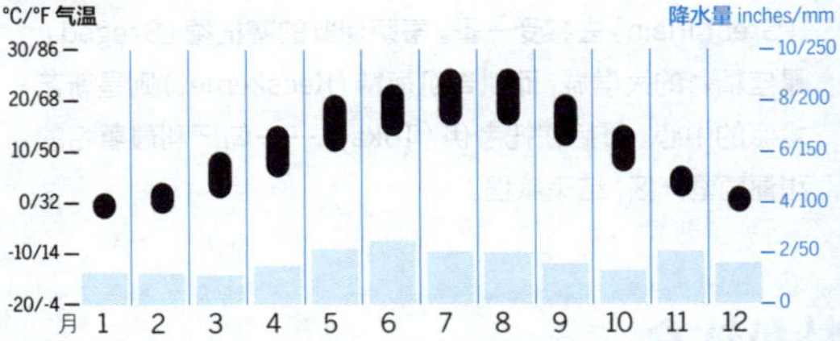

5月 春意盎然，天气稳定而凉爽，花儿处处开放。

7月和8月 阳光充足但非常炎热，所以可以逃避到山上或巴拉顿湖（Lake Balaton，需要提前预订）。

9月和10月 天气晴朗而温暖，正值收获的季节。此时或许是最佳旅游时节。

交通

匈牙利地处中欧腹地，乘火车、汽车甚至乘船都很容易到达。往返维也纳的联运火车尤为出色，高速特快列车跑完奥地利首都维也纳至布达佩斯的260公里行程，用时不到3小时。从布达佩斯开出的长途汽车四通八达，在24小时之内，几乎可以到达欧洲的所有角落。定期的水翼船服务，将布达佩斯与布拉迪斯拉发和维也纳相连。去匈牙利，能乘飞机到达的目的地实际上只有布达佩斯，商务航空公司和廉价航空公司都能提供良好的服务。

旅行线路

一周

至少要在布达佩斯停留三天，欣赏这里的景色、参观博物馆、品尝咖啡，体验露天音乐俱乐部（romkertek）。第四天去多瑙河湾（Danube Bend）的一个小城一日游：参观圣安德烈（Szentendre）的露天博物馆或者埃斯泰尔戈姆（Esztergom）的大教堂。第五天可以在佩奇一日游，参观可爱的土耳其遗迹和城中众多的博物馆和画廊。第六天在红酒之乡——巴洛克风格的镇子埃格尔，品尝一些当地葡萄酒。最后一天，在布达佩斯享受美妙的温泉浴，休整一下。

两周

夏日时分，花些时间探索巴拉顿湖周边的城镇和绿草如茵的湖滨。蒂豪尼（Tihany）位于一个受保护的半岛上，这是个布局零乱的村子，建在山腰上，村中到处是手艺人的房屋。古镇卡兹泰伊（Keszthely），除了湖滨，还有一座壮观的宫殿；赫维兹（Hévíz）则拥有一个温泉湖。再到大平原（Great Plain）去感受一番。蒂萨河畔的塞格德（Szeged）是座精彩的大学城，而凯奇凯梅特（Kecskemét）则是新艺术派的中心。最后在托考伊（Tokaj）——匈牙利最著名的甜葡萄酒产区，结束旅程。

特色饮食

» **匈牙利红烩牛肉**（Gulyás，goulash）：匈牙利招牌菜。主料为牛肉、洋葱和西红柿。

» **匈牙利炖肉**（Pörkölt）：放了许多红辣椒的炖肉，类似于我们所说的红烩牛肉。

» **鱼汤**（Halászlé）：值得推荐的鱼汤，用淡水鱼、西红柿、青椒和红辣椒烹制。

速览

» **货币** 福林（Ft）

» **语言** 匈牙利语

» **现金** 自动取款机随处可见

» **签证** 适用申根政策

快速参考

» **面积** 93,030平方公里

» **首都** 布达佩斯

» **国家代码** 36

» **紧急情况** 救护车☎104，紧急救援☎112，火警☎105，报警☎107

汇率

人民币	CNY1	35.67Ft
港币	HKD1	28.72Ft
新台币	TWD1	7.38Ft
澳门币	MOP1	27.89Ft
新加坡元	SGD1	177.87Ft
美元	USD1	222.70Ft
欧元	EUR1	304.94Ft

预算

» **经济型酒店客房** 9000福林（布达佩斯15,000福林）

» **两道菜的一餐** 3500福林（布达佩斯4500福林）

» **博物馆门票** 900福林

» **啤酒** 500福林

» **市内交通票** 320福林

网络资源

» **匈牙利旅游发展局中文官方网站**（cn.gotohungary.com/）

» **匈牙利国家旅游发展局官方微博**（weibo.com/mtzrt）

布达佩斯 （BUDAPEST）

☎1/人口1,750,000

在匈牙利的城市中，布达佩斯的规模和重要性均首屈一指。全国近20%的人口居住在这里，这座匈牙利的főváros（主要城市），是全国行政、商业和文化中心。所有重要的事情都在这里开始、结束，或者正在这里发生。

布达佩斯的魅力——无论是自然美景还是人造景观，都令其卓尔不群。横跨蜿蜒曲折的多瑙河两岸，这座城市被西岸的布达山（Buda Hills）和东侧的大平原起点所夹峙。在建筑方面，这是一块宝地，有丰富的巴洛

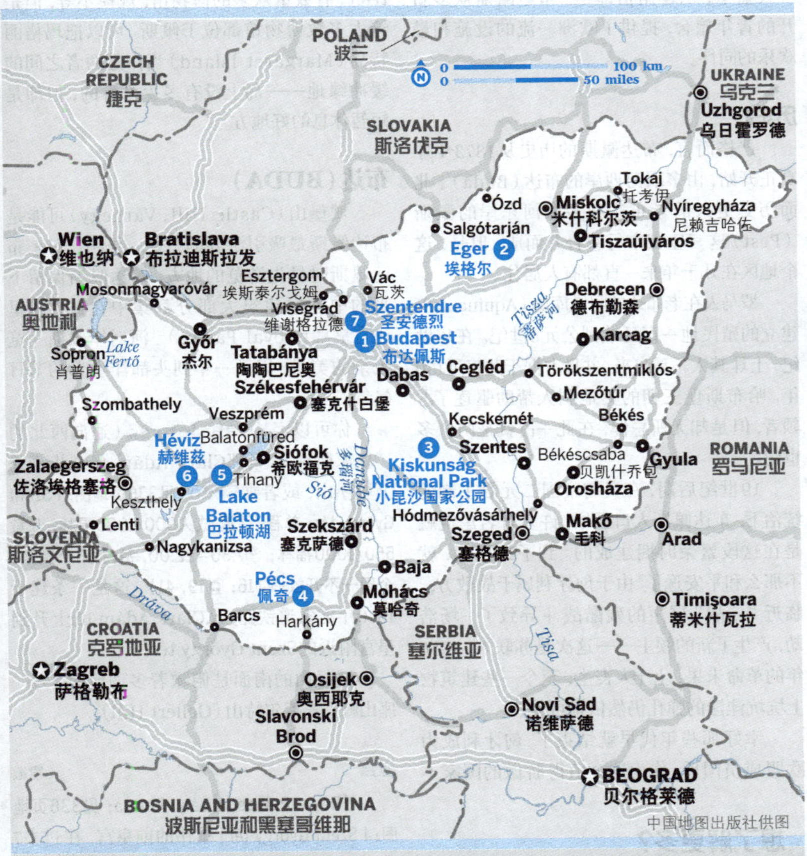

匈牙利亮点

❶ 在**布达佩斯**（见349页）尽情享受匈牙利最好的夜生活，特别是这里的酒吧和小酒馆。

❷ 了解**埃格尔**（见381页）人遭到土耳其人攻击时的英勇表现，及埃格尔的“公牛血”葡萄酒得名的典故。

❸ 在大平原腹地、**小昆沙国家公园**（见375页）的布高茨（Bugac）观看骑马表演。

❹ 在**佩奇**（见370页）感受地中海式气候，欣赏历史建筑，包括标志性的清真寺教堂（Mosque Church）。

❺ 在**巴拉顿湖**（见365页），乘船游览这个中欧最大的淡水湖。

❻ 前往**赫维兹**（见369页）的温泉湖，在热水中放松你酸痛的肌肉，再选一种特别护理试一试。

❼ 到妙不可言的艺术家聚集地——**圣安德烈**（见355页），在艺术家、自由思想家和一日游游客之中消磨时光。

克、新古典主义、折中主义和新艺术主义元素，让每个人都感到满意。

近年来，布达佩斯承担起该地区“派对之城”的角色。在温暖的月份，叫作“romkertek”的露天啤酒花园挤满了参加社交聚会的人。8月举行的世界级的西盖特音乐节（Sziget music festival），更是充满吸引力的一大盛事，乐趣俯拾即是。布达佩斯众多新开的青年旅舍，提供了欧洲一流的设施和最欢乐的同伴。

历史

严格而言，布达佩斯的历史从1873年才真正开始，由多瑙河西岸的布达（Buda）、北面历史更久的老布达和多瑙河东岸的佩斯（Pest）这三座城市行政合并而成。但是，这个地区在几千年来一直都有人居住。

罗马人在老布达的阿昆库姆（Aquincum）建立的殖民地一直延续到公元5世纪。在16世纪，土耳其人不请自来，并且占据于此将近150年。哈布斯堡王朝的奥地利人帮助驱逐了占领者，但是却无所忌惮，在此一占就是两个多世纪。

19世纪后期，在奥匈帝国二元君主制的统治下，布达佩斯人口猛增，许多著名建筑就是在这段繁荣时期建成的。到了20世纪，就不那么和平安逸了。由于匈牙利属于战败方，临近“二战”尾声的残酷战斗导致了一场浩劫，产生了新的领主——这次是苏联人。1956年的革命未果，上千人丧生，至今一些建筑物上坑坑洼洼的弹孔仍然依稀可见。

幸好那些年代早就结束了。匈牙利成为欧盟成员国后，作为这个值得骄傲的国家不落俗套的首都，拥有独特传统的布达佩斯再次绽放异彩。

想了解更多?

想要随手获得深度信息、评论和推荐，可登录苹果App Store购买Lonely Planet的*Budapest City Guide*手机应用程序。

或者登录Lonely Planet网站（www.lonelyplanet.com/hungary/budapest）获取旅行建议、作者推荐、旅行者评论和专业指导。

景点和活动

布达佩斯是一个极好的观光城市，尤其适合步行观光。布达的城堡区（Castle District）有数量众多的博物馆，规模不等，但是绝大多数博物馆都位于佩斯。可以把玛格丽特岛（Margaret Island）当作是两者之间的缓冲绿地——岛上没有多少可看的，但却是短暂休息的好地方。

布达（BUDA）

城堡山（Castle Hill，Várhegy）可能是布达佩斯最吸引游客的景点，也是人们来布达佩斯时最先游览的地方。布达佩斯保留下来的中世纪建筑大部分都集中在此，这里还有皇宫（Royal Palace）、河对岸佩斯一览无余的美景，以及一年到头都洋溢着的节日气氛。

你可以经**Király lépcső**（通向西北的“皇家阶梯”，紧邻Clark Ádám tér）步行登上城堡山，或者乘**Sikló**（见336页地图；I Szent György tér；单程/往返 成人900/1800福林，儿童550/1000福林；⌚7:30~22:00，每月第1个和第3个周一不开放；🚌16；🚌19，41），这是一条建于1870年的索道铁路，从Clark Ádám tér上升到皇宫附近的Szent György tér。

城堡山的南面是俯瞰着多瑙河的“另一座山峰”盖莱尔特山（Gellért Hill）。

皇宫 宫殿

（Royal Palace，Királyi Palota；见336页地图；I Szent György tér）雄伟的前皇宫，在过去7个世纪的时间里，至少曾经6次被夷平又6次被重建，占据城堡山的南端。你将在这里发现有中世纪气氛的街道、**匈牙利国家美术馆**（Hungarian National Gallery，Nemzeti Galéria；见336页地图；www.mng.hu；I Szent György tér 6；成人/优惠1200/600福林；⌚周二至周日10:00~18:00；🚌16，16/a，116；🚌19，41）和**布达佩斯历史博物馆**（Budapest History Museum，Budapesti Történeti Múzeum；见336页地图；www.btm.hu；I Szent György tér 2；成人/优惠1500/750福林；⌚3

Budapest 布达佩斯

月至10月 周二至周日10:00~18:00，11月至次年2月缩短开放时间；🚌16, 16/a, 116；🚎19, 41）。

马加什教堂

教堂

（Matthias Church, Mátyás Templom；见336页地图；www.matyastemplom.hu；I Szentháromság tér 2；成人/优惠1000/700福林；⏲周一至周五9:00~17:00，周六9:00~13:00，周日13:00~17:00）教堂高耸的尖顶和彩砖铺就的屋顶使这座新哥特式的马加什教堂成为城堡山的地标。教堂因国王匈雅提·马加什（King Matthias Corvinus）的两次婚礼都在这里举行而得名。教堂的部分建筑可以追溯到大约500年前，尤其是南入口上方的雕刻，但是其余部分是由建筑师舒勒克·弗里杰什（Frigyes Schulek）在1896年设计的。

渔夫堡

纪念碑

（Fishermen's Bastion, Halászbástya；见336页地图；I Szentháromság tér；成人/优惠 540/220福林；⏲3月中旬至10月中旬9:00~23:00）渔夫堡就在马加什教堂的东面，是1905年修建

Buda 布达

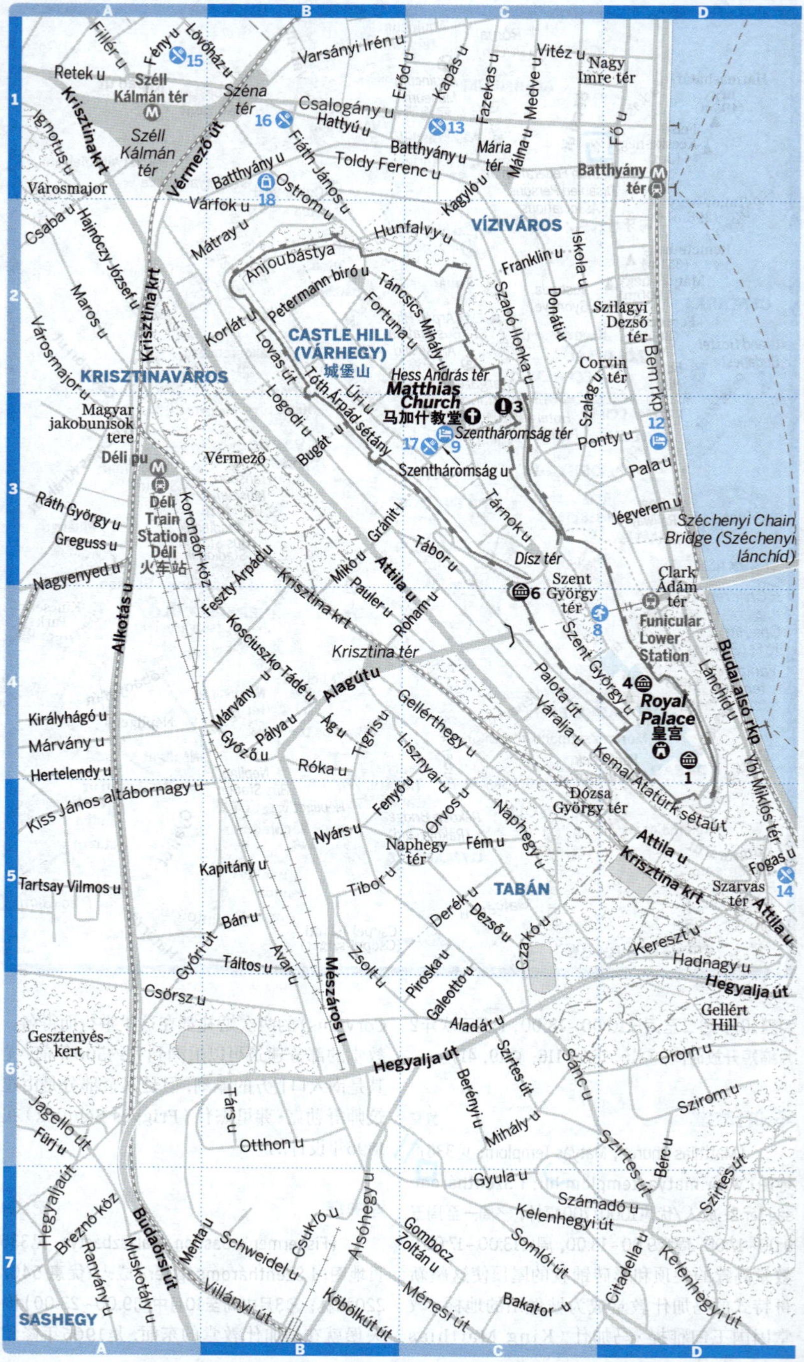

A
B
C
D
1
2
3
4
5
6
7
Fillér u
Fény u
Lövőház u
Retek u
Széll Kálmán tér
Széll Kálmán tér
Széna tér
Varsányi Irén u
Erőd u
Kapás u
Fazekas u
Vitéz u
Nagy Imre tér
Medve u
Krisztina krt
Ignotus u
Városmajor
Vérmező út
16
15
Csalogány u
Hattyú u
13
Fiáth János u
Batthyány u
Toldy Ferenc u
Batthyány u
Mária tér
Málna u
Fő u
Batthyány tér
Várfok u
18
Ostrom u
Kagyló u
Csaba u
Hajnóczy József u
Mátray u
Hunfalvy u
VÍZIVÁROS
Iskola u
Anjoubástya
Franklin u
Petermann biró u
Táncsics Mihály u
Fortuna u
Szabó Ilonka u
Donáti u
Szilágyi Dezső tér
Maros u
Krisztina krt
Korlát u
CASTLE HILL (VÁRHEGY)
城堡山
Városmajor u
KRISZTINAVÁROS
Lovas út
Tóth Árpád sétány
Úri u
Hess András tér
Matthias Church
马加什教堂
3
Corvin tér
Szalag u
Bem rkp
Magyar jakobunisok tere
Logodi u
Bugát u
17
9
Szentháromság tér
Ponty u
12
Déli pu
Vérmező
Szentháromság u
Pala u
Ráth György u
Déli Train Station
Déli 火车站
Koronaőr köz
Gránit l
Tárnok u
Jégverem u
Széchenyi Chain Bridge (Széchenyi lánchíd)
Greguss u
Nagyenyed u
Feszty Árpád u
Krisztina krt
Mikó u
Attila u
Tábor u
Dísz tér
Clark Ádám tér
Pauler u
Roham u
6
Szent György tér
8
Funicular Lower Station
Alkotás u
Kosciuszko Tádé u
Krisztina tér
Szent György u
Budai alsó rkp
Lánchíd u
Alagút u
Palota út
4
Royal Palace
皇宫
Márvány u
Gellérthegy u
Várália u
Királyhágó u
Ág u
Tigris u
Márvány u
Győző u
Pálya u
Róka u
Lisznyai u
Kemál Atatürk sétaút
1
Hertelendy u
Ybl Miklós tér
Kiss János altábornagy u
Fenyő u
Orvos u
Naphegy u
Dózsa György tér
Nyárs u
Naphegy tér
Fém u
Attila u
Krisztina krt
Fogas u
Kapitány u
14
Tartsay Vilmos u
Tibor u
TABÁN
Szarvas tér
Attila u
Derék u
Dezső u
Czakó u
Bán u
Kereszt u
Győri út
Táltos u
Avar u
Mészáros u
Zsolt u
Piroska u
Galeotto u
Hadnagy u
Hegyalja út
Csörsz u
Aladár u
Gellért Hill
Gesztenyés-kert
Hegyalja út
Berényi u
Szirtes út
Sánc u
Orom u
Jagello út
Társ u
Fürj u
Otthon u
Mihály u
Szirom u
Hegyaljaút
Alsóhegy u
Gyula u
Szirtes út
Bérc u
Szirtes út
Brezno köz
Budaörsi út
Menta u
Csukló u
Számadó u
Kelenhegyi út
Ranyány u
Muskotály u
Schweidel u
Gombocz Zoltán u
Somlói út
Citadella u
Kelenhegyi út
Villányi út
Ménesi út
Bakator u
Kőbölkút u
SASHEGY

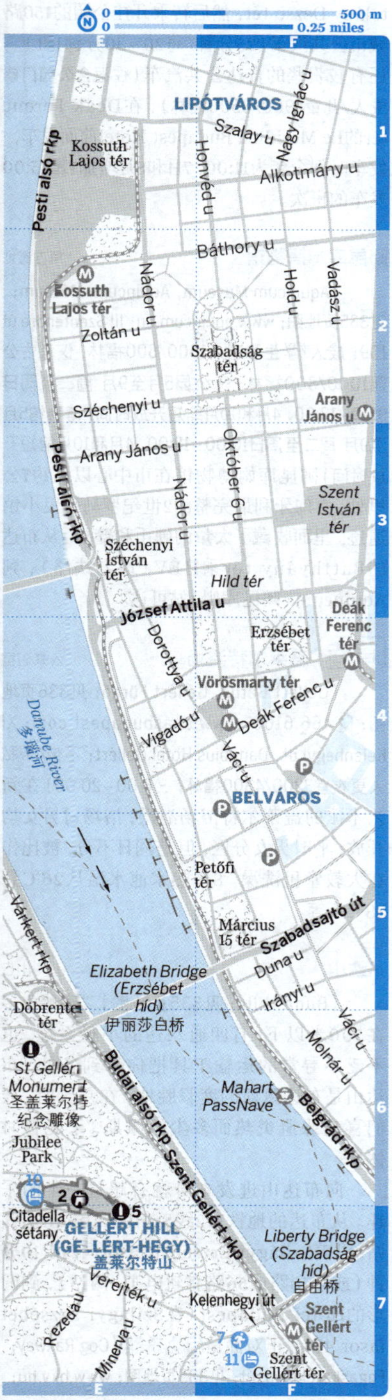

Buda 布达

的观景平台，这是又一个新哥特式的装饰性建筑。它的前面是华丽的骑着马的圣斯蒂芬雕像（*St Stephen statue, Szent István szobor*），是雕塑家施特罗布尔·奥洛伊什（Alajos Stróbl）的作品。

皇家酒馆和酒窖博物馆 博物馆

（Royal Wine House & Wine Cellar Museum, Borház és Pincemúzeum；见336页地图；☎267 1100；www.kiralyiborok.com；I Szent György tér Nyugati sétány；成人/学生和老人990/750福林；⏲5月至9月 每天正午至20:00，10月至次年4月 周二至周日正午至20:00）博物馆的建筑曾是皇家酒窖，可追溯到13世纪，位于Szent György tér下面。博物馆在城堡区中心地带还开设了匈牙利葡萄栽培速成课程。品尝3/4/6种葡萄酒

的费用分别为：1990/2490/3790福林。

免费 兵营城堡

堡垒

（Citadella；见336页地图；www.citadella.hu；⏲24小时）1848～1849年独立战争后，由哈布斯堡家族兴建，以便在再发生暴动时保卫这座城市，到建好时（1851年）政治气候已经改变，兵营城堡就过时了。如今，在兵营城堡中心庭院中有一些大型枪械和落满灰尘的展览品，在一个“二战”中用过的地堡中有颇造作的**1944年地堡蜡像**（1944 Bunker Waxworks，1944 Bunkér Panoptikum；见336页地图；www.citadella.hu；门票1200福林；⏲5月至9月 9:00～20:00，10月至次年4月至17:00；🚌27），还有一家酒店兼青年旅舍（见345页）。

从佩斯来此，过伊丽莎白桥（Elizabeth Bridge）后，从圣盖莱尔特（St Gellért）纪念雕像的后面走阶梯上来，或者过自由桥（Liberty Bridge）后，沿着Verejték utca穿过盖莱尔特浴场（Gellért Baths）入口对面的公园。

自由纪念碑

纪念碑

（Liberty Monument，Szabadság szobor；见336页地图）自由纪念碑——一个可爱的女士，举着棕榈叶，向全城宣告自由——矗立在盖莱尔特山的山巅。纪念碑大约14米高，1947年为悼念在1945年为解放布达佩斯而牺牲的苏联战士而修建，但是底座上用斯拉夫字母书写的牺牲者姓名和苏联战士的雕像，在1992年被去掉，移至纪念公园（Memento Park，见338页）。

首选 纪念公园

古迹

（Memento Park；见335页地图中箭头所示；www.mementopark.hu；XXII Balatoni út 16；成人/学生1500/1000福林；⏲10:00至黄昏）有近50座雕像——都是一度给布达佩斯和其他地方的街道“增辉”的列宁、马克思和“英雄”工人的雕像、半身像及牌匾。这个位于市中心西南10公里的社会主义奇妙世界，是一个令人大开眼界的旅游地点。

要到达这里，从布达的Batthyány tér乘19路有轨电车，或从佩斯的Deák Ferenc tér乘47路或49路有轨电车，到布达南部的Kosztolány Dezsö tér，然后转乘开往公园的150路城市公共汽车（25分钟，每20～30分钟1班）。还有较贵些的直达公共汽车（往返含公园门票成人/儿童4900/3500福林），在Deák Ferenc tér的Le Meridien Budapest Hotel前面发车，发车时间全年为11:00，7月和8月增加1班15:00发车的班次。

阿昆库姆博物馆

考古遗址

（Aquincum Museum，Aquincumi Múzeum；见335页地图；www.aquincum.hu；III Szentendre út 139；成人/学生和老人1500/600福林，仅考古公园1000/300福林；⏲公园5月至9月 周二至周日 9:00～18:00，4月和10月缩短开放时间；博物馆5月至9月 周二至周日10:00～18:00，4月和10月缩短开放时间）阿昆库姆博物馆在市中心以北约7公里处，有匈牙利最完整的2世纪罗马平民小镇遗迹。里面收藏了大量的硬币和壁画。从布达的Batthyány tér乘HÉV（地方铁路），到Aquincum（阿昆库姆）站可达。

首选 盖莱尔特浴场

公共浴室

（Gellért Baths，Gellért Fürdő；见336页地图；☎466 6166；www.spasbudapest.com；XI Kelenhegyi út，Danubius Hotel Gellért；不带/带私人更衣室3200/4300福林；⏲6:00～20:00）在新艺术派的盖莱尔特浴场泡澡，浴场对男女均开放，平时男女分区，但是周日不分，被比作在大教堂里洗澡。8个热水池水温从26℃到38℃不等。

布达山

山丘

（Buda Hills；见335页地图）“诸峰”多在500米以下，有四通八达的小径系统，也不乏不寻常的运输工具把你带到各处，布达山是布达佩斯的度假胜地。在夏天时，人们喜欢躲避炎热而多尘的佩斯，来此暂时休息。

向布达山进发本身就有超过一半的乐趣。从布达的地铁M2线Széll Kálmán地铁站，沿着Szilágyi Erzsébet fasor向西走10分钟（或乘18路或56路有轨电车，两站），到圆形的Hotel Budapest（在Szilágyi Erzsébet fasor 47）。正对面是**齿轨铁路**（Cog Railway，Fogaskerekű vasút；见335页地图；www.bkv.hu；

Szilágyi Erzsébet fasor 14-16；票价320福林；⏲5:00~23:00）的终点站。始建于1874年的铁路每小时有3~4班车运行，在14分钟内爬升3.6公里到达Széchenyi-hegy（海拔427米），布达最美的居民区之一。

在一处旧车站南面有个美丽的公园，你可以在此停留，享用野餐，或者登上窄轨的儿童铁路（Children's Railway, Gyermekvasút；见335页地图中箭头所示；www.gyermekvasut.hu；成人/儿童1段500/300福林，整条线700/350福林；⏲9月至次年4月周一不开放），乘坐两分钟就到了Hegyhát út的南面。这条铁路共8站，由先锋队队员（Pioneers，社会主义童子军）于1951年兴建，现在工作人员都由10~14岁的学童担任（工程师除外）。小火车咔嚓咔嚓地行驶12公里，到Hűvösvölgy为终点。儿童铁路沿线各站都有一些小路向四面八方延伸，或者你可以从Hűvösvölgy乘61路有轨电车回到Széll Kálmán tér。然而，一条更有意思的下山之路，是在第4站János-hegy下车，这也是山上的最高点（海拔527米）。往东大约700米是缆椅（chairlift, Libegő；见335页地图中箭头所示；www.bkv.hu；成人/儿童800/500福林；⏲7月和8月9:00~19:00，5月、6月和9月9:30~17:00，10月至次年4月10:00~16:00，每月第2个和第4个周一不开放），乘缆椅下行1040米，就到了Zugligeti út。从这里，乘291路公共汽车返回Szilágyi Erzsébet fasor。

玛格丽特岛（MARGARET ISLAND）

既不属于布达，也不属于佩斯，2.5公里长的玛格丽特岛（Margaret Island, Margitsziget；免费；见335页地图）位于多瑙河中央，曾经不是属于一个宗教教派就是属于另一个宗教教派，直到土耳其人到来，把当时被称作兔岛（the Island of Rabbits）的这个岛首先变成了一个后宫。19世纪中叶以来，这里成为了对公众开放的公园。

虽然在不可错过的景点之中并非热门胜地，但岛上的园林和浓荫蔽日的人行道是漫步的好地方。岛上大部分地方禁止小汽车进入，因而骑自行车的人在这里也会感到愉快自在。

从布达或佩斯到玛格丽特岛，最容易的办法是乘4路或6路有轨电车。26路公共汽车，从Nyugati火车站开到阿帕德桥（Árpád Bridge），纵向贯通该岛。岛上有几个出租自行车的站点，你可以租一辆自行车。

佩斯（PEST）

首选 犹太大教堂 犹太教

（Great Synagogue, Nagy zsinagóga；见340页地图；☎343 6756；www.dohanystreetsynagogue.hu；VII Dohány utca 2-8；成人/学生和儿童2750/2050福林；⏲4月至10月周日至周四10:00~17:30，周五至16:00，11月至次年3月缩短开放时间）Astoria地铁站东北是犹太区遗址。犹太大教堂（Great Synagogue）建于1859年，有两个塔楼，是纽约之外世界上最大的犹太教堂，能容纳3000人，内有匈牙利犹太博物馆（Hungarian Jewish Museum, Magyar Zsidó Múzeum；见340页地图；☎343 6756；www.zsidomuzeum.hu；VII Dohány utca 2；犹太教堂和博物馆 成人/学生和儿童2750/2050福林，导览游需提前打电话；⏲3月至10月 周日至周四10:00~18:00，周五至16:00，11月至次年4月 周日至周四10:00~16:00，周五至14:00；Ⓜ M2 Astoria），有关于大屠杀的令人肝肠寸断的展览。

在大教堂北侧大屠杀纪念馆（Holocaust Memorial，见340页地图； VII Wesselényi utca 6对面；Ⓜ M2 Astoria，🚎47, 49）地下是1944~1945年众多被纳粹杀害者的群葬坟墓。在金属的"生命之树"的树叶上刻着几十万名受害者中一部分人的姓氏。

国会大厦 历史建筑

（Parliament, Országház；见340页地图；☎441 4904；www.parlament.hu；V Kossuth Lajos tér 1-3；成人/优惠/欧盟公民3500/1750福林/免费；⏲周一至周六8:00~16:00，周日8:00~14:00）河畔宏伟的国会大厦建于1902年，矗立在Kossuth Lajos tér。英语团队游出发时间为10:00、正午和14:00（匈牙利语团队不间断出发）。为了避免失望，提前（亲自）预订。

英雄广场 广场

（Heroes' Sq, Hősök tere；见340页地图）这个公共空间上矗立着的庞大纪念碑，是1896年为纪念马扎尔人（Magyar）征服喀尔

Central Pest 佩斯中心

Kerepesi út
Mosonyi u
Fiumei út
Kerepes Cemetery (Kerepesi temető)
Dologház u
Berzsenyi u
Légszesz u
János Pál pápa tér
Teleki László tér
Alföldi u
Karácsony Sándor u
Dankó u
Kálvária tér
Losonci tér
Práter u
Tömő u
Magdolna u
Baross u
Molnár F tér
Szigony u
Beniczky l u
Mátyás tér
Erdélyi u
Vay Á u
Népszínház u
Kis Fuvaros u
Rákóczi út
Luther u
Auróra u
Szűz u
János u
Leonardo da Vinci u
Krúdy Gyula u
Őr u
Tavaszmező u
Horváth Mihály tér
Nagy Templom u
Kiss József u
Tolnai Lajos u
Nap u
Futó u
Hársfa u
Bezerédj u
Német u
Vajdahunyad u
Osvát u
Vig u
Bérkocsis u
Rákóczi tér
Rigó u
Kis Stáció u
Práter u
Páva u
Blaha Lujza tér
Bacsó u
Kisfaludy u
Üllői út
Erzsébet krt
József krt
Corvin-negyed
Liliom u
48
Somogyi B u
Gutenberg tér
Rökk Szilárd u
Tűzoltó u
26
Akácfa u
Mária u
Ferenc krt
Stáhly u
Kőfaragó u
Lőrinc pap tér
Baross u
Horánszky u
Markusovszky tér
Hőgyes E u
Kazinczy u
Nyár u
24
Dohány u
Vas u
Brody Sándor u
Mikszáth Kálmán tér
Reviczky u
Knézich u
Bakáts tér
Szentkirályi u
Kinizsi u
Jedermann (250m)
Wesselényi u
Kazinczy u
54
Pollack Mihály tér
Múzeum u
Szabó E tér
Ráday u
Erkel u
Józsefváros
28
6
Sip u
Puskin u
Kálvin tér
36
Gozsdu udvar
3
5
Great Synagogue 犹太大教堂
33
Mátyás u
Astoria
Múzeum krt
Lónyay u
22
Czuczor u
Közraktár u
Rumbach S u
Magyar u
Képíró u
Kecskeméti u
21
Gönczy P u
Imre u
Madách Imre út
Királyi Pál u
Csarnok tér
Károly krt
Kossuth Lajos u
Egyetem tér
Bástya u
Pipa u
Király u
53
Gerlóczy u
Vármegye u
Ferenciek tere
Károlyi Mihály u
Szerb u
Vámház krt
55
Só u
Sóház u
Deák Ferenc tér
19
Veres Pálné u
23
Fővám tér
Havas u
Barcsy l u
Városház u
Váci u
11
Molnár u
Sütő u
12
Budapest Info
Haris köz
Nyáry Pál u
Belgrád rkp
Erzsébet tér
Vörösmarty tér
Kígyó u
Szabadsajtó út
Duna u
Irányi u
13
Liberty Bridge (Szabadság híd) 自由桥
Szent Gellért tér
去Tranzit Art Café (1.4km)
József Attila u
Bécsi u
Deák Ferenc u
Váci u
Pesti B u
Március 15 tér
Bartók Béla út
Kemenes u
József nádor tér
40
Petőfi tér
Kelenhegyi út
Dorottya u
Vigadó u
Vigadó tér
Elizabeth Bridge (Erzsébet híd) 伊丽莎白桥
Budai alsó rkp
Széchenyi István tér
Belgrád rkp
Minerva u
Verejték u
Szent Gellért rkp
Pipacs u
Eötvös tér
Citadella sétány
Danube River 多瑙河
Rezeda u
Ybl Miklós tér
Várkert rkp
Apród u
Attila u
Krisztina krt
Hegyalja út
Orom u
Jubilee Park

Central Pest 佩斯中心

重要景点

犹太大教堂......C5
国会大厦......A2

景点

1 城市公园......G1
2 民族志博物馆......B2
3 大屠杀纪念馆......D5
4 英雄广场......F1
匈牙利农业博物馆......（见10）
5 匈牙利犹太博物馆......D5
6 匈牙利国家博物馆......D6
7 匈牙利国家歌剧院......C4
8 圣斯蒂芬大教堂......B4
9 恐怖之屋......D3
10 沃伊达奇城堡......G1

活动、课程和团队游

11 Debreceni Nyári Egyetem......C7
12 Free Budapest Tours......B5
13 Mahart PassNave......B7

住宿

14 Association of Hungarian Rural & Agrotourism......E3
15 Aventura Hostel......C1
16 Connection Guest House......D4
17 Corinthia Grand Hotel Royal......E4
18 Four Seasons Gresham Palace Hotel....A4
19 Gerlóczy Rooms Delux......C6
20 Home-Made Hostel......D3
21 Hotel Art......C7
22 KM Saga Guest Residence......D8
23 Loft Hostel......C7
24 Marco Polo Hostel......D5
25 Medosz Hotel......D3
26 Soho Hotel......E5
27 To-Ma Travel Agency......B4

就餐

28 Bors Gasztro Bár......D5
29 Első Pesti Rétesház......B4
30 Klassz......D3
LaciPecsenye......（见38）
31 Mák Bistro......B4
32 Momotaro Ramen......B4
33 Múzeum......D6
34 Ring Cafe......D3
35 Salaam Bombay......B4
36 Soul Café......D7

饮品

37 400 Bar......C4
38 DiVino Borbár......B4
39 Eklektika Restolounge......C3
40 Gerbeaud......B5
41 Kiadó Kocsma......D3
42 Lukács Cukrászda......E2
43 Művész Kávéház......C4

娱乐

44 Aranytíz Cultural Centre......B4
45 Club AlterEgo......C3
46 Ferenc Liszt Music Academy......D4
Hungarian State Opera House.....（见7）
47 Instant......C3
48 Mappa Club......E8
49 Morrison's 2......B1
50 Most!......C3
51 Ticket Express......C4

购物

52 Bestsellers......B4
53 Holló Atelier......C6
54 Magyar Pálinka Háza......D6
55 Nagycsarnok......C7
56 Treehugger Dan's Bookstore......C4

巴阡盆地（Carpathian Basin）一千周年而建的。

美术馆 博物馆

（Museum of Fine Arts, Szépművészeti Múzeum; www.mfab.hu; XIV Dózsa György út 41; 成人/优惠1800/900福林，临时展览3800/2000福林; ⊙周二至周日10:00~18:00）在广场北侧，1906年建，馆藏杰出的外国艺术品。早期绘画大师的作品最全，有几千件13世纪至18世纪荷兰和佛兰芒人、西班牙、意大利、德国、法国和英国等国各流派的作品，包括格列柯（El Greco）的7件画作。

城市公园 公园

（City Park, Városliget; 见340页地图）城市公园是佩斯的"绿肺"，空间开阔，占地近1平方公里。有一小片湖水，夏天时可以划船，冬季时可以滑冰，全年均可以喂鸭子。公园的沃伊达奇城堡（Vajdahunyad Castle, 见340页地图）建于1896年，包含了匈牙利具有历史意义的所有建筑风格，包括哥特式、罗马式和巴洛克风格。如今城堡中有一座匈牙利农业博物馆（Hungarian Agricultural Museum，Magyar Mezőgazdasági Múzeum；见340页地图；www.mmgm.hu；XIV Vajdahunyad sétány，Vajdahunyad Castle；成人/儿童1100/550福林；⊙4月至10月 周二至周日10:00~17:00，11月至次年3月 周二至周五10:00~16:00，周六和周日至17:00；Ⓜ M1 Hősök tere；🚌75，79）。

再往东是交通博物馆（Transport Museum，Közlekedési Múzeum；见335页地图；www.km.iif.hu；XIV Városligeti körút 11；成人/儿童1400/700福林；⊙5月至9月 周二至周五 10:00~17:00，周六和周日至18:00，10月至次年4月缩短开放时间；👪），因为有各种各样的展品，所以成了儿童在布达佩斯市最尽兴的地方之一。

公园北角是新艺术派的塞切尼温泉浴场（Széchenyi Baths，Széchenyi Fürdő；见340页地图中箭头所示；☎363 3210；www.spasbudapest.com；XIV Állatkerti út 1；带衣帽柜/小屋的票 工作日3400/3800福林，周末3550/3950福林；⊙6:00~22:00；Ⓜ M1 Széchenyi fürdő），其圆形屋顶在公园各个角落都能看见。1908年修建，有12个温泉浴池和5个游泳池。

恐怖之屋

博物馆

（Terror House，Terror Háza；见340页地图；www.terrorhaza.hu；VI Andrássy út 60；成人/优惠2000/1000福林；⊙周二至周日10:00~18:00）令人畏惧的秘密警察总部已经变成了所谓的恐怖之屋。博物馆重点展示了20世纪中后期，匈牙利所遭受的种种历史暴行。1956年起义前那几年的历史，构成了展览的主要部分。这里有很棒的语音导游，费用为1500福林。

匈牙利国家歌剧院

文化建筑

（Hungarian State Opera House，Magyar Állami Operaház；见340页地图；☎332 8197；www.operavisit.hu；VI Andrássy út 22；团队游 成人/优惠3000/2000福林；⊙团队游15:00和16:00）由伊布尔·米克洛什（Miklós Ybl）于1884年设计，新文艺复兴式的歌剧院是该市最美的建筑之一。如果你不能看一场演出，至少要加入英语导览游参观一下。

民族志博物馆

博物馆

（Ethnography Museum，Néprajzi Múzeum；见340页地图；www.neprajz.hu；V Kossuth Lajos tér 12；成人/优惠1000/500福林；所有展览联票1400福林；⊙周二至周日10:00~18:00）在国会大厦对面的民族志博物馆，永久性展示民俗生活和民间艺术，其中有大量的民族服装藏品。

圣斯蒂芬大教堂

教堂

（St Stephen's Basilica，Szent István Bazilika；见340页地图；www.basilica.hu；V Szent István tér；成人/优惠500/300福林；⊙4月至9月9:00~17:00，10月至次年3月10:00~16:00）在庞大的圣斯蒂芬大教堂里面的小礼拜堂中寻找圣斯蒂芬木乃伊化的右手，大教堂紧邻Bajcsy-Zsilinszky út。

匈牙利国家博物馆

博物馆

（Hungarian National Museum，Magyar NemzetiMúzeum；见340页地图；www.mnm.hu；VIII Múzeum Q 14-16；成人/优惠1100/550福林；⊙周二至周日10:00~18:00）匈牙利国家博物馆收藏了匈牙利最重要的历史遗迹——从考古发现到加冕礼服。博物馆所在建筑为新古典主义建筑，于1847年专门建造。

☞ 团队游

Free Budapest Tours

步行游览

（见340页地图；☎06 20 534 5819；www.freebudapesttours.hu；Deák Ferenc tér；⊙10:30和14:30）知识渊博而有趣的导游提供两个既独特又极专业的城市团队游：一是"Essential Pest"——游内城（Inner Town）的亮点（1.5小时）；二是"From Pest to Buda"——既包括内城的亮点，又包括多瑙河两岸和城堡区风光（2.5小时）。团队游免费，导游只赚小费。"From Pest to Buda"10:30出发，"Essential Pest"14:30出发。集合地点为Deák Ferenc tér（近Deák tér地铁站）的布达佩斯旅游公共汽车站（Budapest Sightseeing Bus stop）。晚间的主题团队游——"Literary Walk"和"Behind The Night"你可以在小酒馆慢饮——每人3000福林。

Mahart PassNave 乘船游

(见340页地图; ☎484 4013; www.mahartpassnave.hu; V Belgrád Rakpart, Landing Stage pier 3; 成人/优惠2990/1490福林; ⏲5月至9月10:00~22:00, 10月至12月和4月11:00~20:00) 乘船在玛格丽特桥 (Margaret Bridge) 和Rákóczi桥之间游览, 约1小时, 旺季时每小时1班, 淡季时13:00和17:00各出发1次。

节日和活动

布达佩斯及周边举行很多节日和重大活动。设法找到旅游局一年一度的重大活动日历 (Events Calendar), 上面有完整的名录。

布达佩斯春节 艺术节

(Budapest Spring Festival; www.festivalcity.hu) 首都最大、最重要的文化活动, 在3月末和4月初超过两周时间里, 在数十个场馆举行200种活动。

西盖特音乐节 音乐

(Sziget Music Festival; www.sziget.hu) 如今是欧洲最大、最受欢迎的音乐节之一, 这个历时10天的盛大活动8月中旬在布达佩斯的老布达岛 (Óbuda Island) 举行。

匈牙利一级方程式赛车 运动

(Hungarian Formula One Grand Prix; www.hungaroring.hu) 匈牙利盛大的体育赛事, 8月初在布达佩斯东北24公里的莫焦罗德 (Mogyoród) 举行。

布达佩斯国际葡萄酒节 红酒节

(Budapest International Wine Festival; www.winefestival.hu) 广受欢迎的红酒节, 9月中旬时在城堡区举行, 期间匈牙利一流的葡萄酒生产商向人们介绍他们的葡萄酒。

布达佩斯国际马拉松赛 赛跑

(Budapest International Marathon; www.budapestmarathon.com) 东欧最著名的长跑比赛, 在10月初举行。比赛线路沿着多瑙河前进, 还要跨过河上的几座桥。

住宿

布达佩斯的住宿价格和标准还是很合理的。在佩斯中心, 许多常年营业的青年旅舍, 开设在老旧公寓楼中间几个楼层 (有些有电梯)。夏天时来 (7月至8月末), 高等学校的学生宿舍向旅行者开放。

布达佩斯家庭的私人房间, 单人间价格一般6000~7500福林, 双人间一般7000~8500福林, 小户型公寓一般10,000~13,000福林。位于市中心的中介有**To-Ma Travel Agency** (见340页地图; ☎353 0819; www.tomatour.hu; V Október 6 utca 22; ⏲周一至周五9:00至正午和13:00~20:00, 周六和周日9:00~17:00)。

布达

首选 **Hotel Papillon** 酒店 €€

(☎212 4750; www.hotelpapillon.hu; II Rózsahegy utca 3/b; 标单/双/标三60/75/95欧元, 公寓100~120欧元; P ❄ @ 📶 🏊) 小酒店位于Rózsadomb, 有20间客房, 还有个可爱的后花园, 园中有小游泳池, 部分房间带阳台。同一幢楼房中还有4套公寓可住, 其中一套还带可爱的屋顶露台。

Back Pack Guesthous 青年旅舍 €

(见335页地图; ☎385 8946; www.backpackbudapest.hu; XI Takács Menyhért utca 33; 圆顶帐篷铺3000福林, 铺大/小3800/4500福林, 双11,000福林; P @ 📶) 友好而悠闲的去处, 不过只有50张床, 相对较小。后面有个茂盛的花园, 树间系着一张吸引人的吊床。乘7路公共汽车到Tétényi út (从Keleti火车站上车) 或乘18路有轨电车到Móricz Zsigmond körtér, 再转乘7路公共汽车。

Hotel Victoria 酒店 €€

(见336页地图; ☎457 8080; www.victoria.hu; I Bem rakpart 11; 标单/双109/115欧元起; P ❄ @ 📶) 这家颇优雅的酒店有27个宽敞舒适的房间, 可以看到窗外有精彩绝伦的国会和多瑙河风景。酒店虽然不大, 却要特别提一提这家酒店友好的服务和设施, 包括翻修一新的19世纪的耶诺·胡贝音乐厅 (JenőHubay Music

Hall)，现在是一个小剧院和多功能厅。

Danubius Hotel Gellért 豪华酒店 €€€

（见336页地图；☎889 5500；www.danubiusgroup.com/gellert；XI Szent Gellért tér 1；双/套170/268欧元起；P ❄ @ 📶 ≈）建于20世纪初，建筑精美，即使你选择不住在这里，也要朝门里看一看。有234间房的4星级酒店，极富特色，其著名的温泉浴（见338页）免费供客人使用。价格取决于房间窗外的景致和卫生间的质量。

Burg Hotel 酒店 €€

（见336页地图；☎212 0269；www.burghotelbudapest.com；I Szentháromság tér 7-8；标单/双/套105/115/134欧元起；P ❄ 📶）这个现代化生活设备一应俱全的小酒店在城堡区，就在马加什教堂对面。26个部分翻新过的房间看起来比以前新了，但是仍然普通。但常言道，位置就是一切，而且城堡山上的中档住宿选择本来就很稀少。

Grand Hostel Budapest 青年旅舍 €

（见335页地图；www.grandhostel.hu；XII Hüvösvölgyi utca 69；铺3600~4500福林，标单/双 8400/13,500福林起；P @ 📶）旅舍名字中的"Grand"也许有自吹自擂之嫌，但是这个富有趣味的旅舍，有着洞穴似的鸡尾酒吧、铺瓷砖的房间、公用烧烤设施和DJ之夜，还是比较名副其实的。要来这里，从Széll Kálmán tér乘61路有轨电车到Kelemen László utca站。

Citadella Hotel 青年旅舍 €

（见336页地图；☎466 5794；www.citadella.hu；XI Citadella sétány；铺3200福林，标单和双 带公共淋浴/淋浴/浴缸10,500/11,500/12,500福林；@）这个位于盖莱尔特山顶堡垒中的青年旅舍颇显陈旧，但是12个客房特别大，保留了原来的一些特点，并且有自己的淋浴（卫生间则在环形走廊上）。唯一的宿舍房间有14张床和共用设施。

Római Camping 露营地 €

（见335页地图中箭头所示；☎388 7167；www.romaicamping.hu；III Szentendrei út 189；1人/2人/面包车/房车露营地4720/6000/5665/7220福林，2/4人平房6000/12,000福林；⏲全年；P @ 📶）位于城市北部一个枝叶繁茂的公园里，在红火的**Rómaifürdő游泳池**（Rómaifürdő swimming pool）综合设施对面，是全城最大的露营地。要来这里，从布达的Batthyány tér地铁站乘HÉV郊外铁路到Rómaifürdő站下车，位于市外约900米，几乎就在营地的对面。

佩斯

首选 **Four Seasons Gresham Palace Hotel** 豪华酒店 €€€

（见340页地图；☎268 6000；www.fourseasons.com/budapest；V Széchenyi István tér 5-6；房间/套325/1125欧元起；P ❄ @ 📶 ≈）酒店修缮一新，恢复了过去的高雅，外观饰以蘑菇形窗户、古怪的铁制品，贴着耀眼的金色装饰砖。这座新艺术派的格雷沙姆宫（Gresham Palace，1907年建成）里共设有179间客房，坐拥多瑙河的妩媚风光。

首选 **Gerlóczy Rooms Delux** 精品酒店 €€

（见340页地图；☎501 4000；www.gerloczy.hu；V Gerlóczy utca 1；房间90欧元；❄ @ 📶）经过整修的19世纪90年代建筑，只有15个风格各异的房间。房间本身建在昏暗的阴凉处（争取抢到有阳台的那两个房间），但是，正是彩色玻璃、新艺术派的格调和原有的铸铁楼梯等细节，给酒店赋予了特色。楼下的咖啡馆和餐厅也很棒。

Home-Made Hostel 青年旅舍 €€

（见340页地图；☎302 2103；www.homemadehostel.com；VI Teréz körút 22；铺/双5500/15,000福林起；@ 📶）这个极热忱而舒适的青年旅舍有4个房间、20张床，装修独特，二手桌子从天花板上倒挂下来，用古朴的旅行包作衣帽柜。老式的厨房也让人感到有一股过去的气息扑面而来。

Hotel Art 酒店 €€€

（见340页地图；☎266 2166；www.hotelart.

hu; V Király Pál utca 12; 标单79~151欧元, 双99~159欧元; P❄📶) 为Best Western集团旗下酒店, 公共区域有装饰派艺术格调(包括粉红色的外观), 有健身中心和桑拿, 但是32个客房总体上来说挺普通——除了少数几个起居区与睡眠区分开的房间。5楼房间有双重斜坡屋顶。

首选 KM Saga Guest Residence 客栈 €

(见340页地图; ☎215 6883, 217 1934; www.km-saga.hu; IX Lónyay utca 17, 3层; 标单25~63欧元, 双28~80欧元; ❄@) 这个独特的客栈有5个主题房, 兼收并蓄了19世纪不同风格的家具, 店主桑德尔(Shandor)是好客的美籍匈牙利人, 能说多国语言。这基本上是一家同性恋民宿, 但欢迎每位客人。两个房间共用一个卫生间。

Corinthia Grand Hotel Royal 豪华酒店 €€€

(见340页地图; ☎479 4000; www.corinthia.hu; VII Erzsébet körút 43-49; 房间/套140/347欧元起; P❄@📶🏊) 精致的五星级酒店, 数十年来不断地精心翻新修葺, 呈现出奥匈帝国风格, 共有440间客房, 饰以厚重的窗帘、熠熠生辉的枝形吊灯, 还有个宽敞豪华的舞厅。酒店的皇家水疗(Royal Spa)可以追溯到1886年, 如今经过整修后, 极具现代感, 传奇般重获新生。

首选 Connection Guest House 客栈 €€

(见340页地图; ☎267 7104; www.connectionguesthouse.com; VII Király utca 41; 标单/双45/60欧元起; @📶) 这个处于市中心的男同性恋家庭旅馆, 楼下有个树木茂盛的院子, 由于离夜生活场所近, 吸引了许多年轻人。9个房间中有两个房间共用走廊上的设施, 面对部分路段车辆禁行的Király utca。

Soho Hotel 精品酒店 €€€

(见340页地图; ☎872 8216; www.sohohotel.hu; VII Dohány utca 64; 标单/双/套189/199/249欧元起; P❄@📶) 这个时尚而悦目的精品酒店有74间房, 酒店的大堂吧饰以红、蓝、绿等色调, 非常抢眼。防过敏房间墙上有竹帘, 铺着镶木地板, 整体呈现出音乐/电影主题。

Aventura Hostel 青年旅舍 €€

(见340页地图; ☎239 0789; www.aventurahostel.com; XIII Visegrádi utca 12, 1层; 铺/双/公寓4300/15,000/18,800福林; @📶) 这一定是布达佩斯最令人赞叹的青年旅舍, 有4个主题房间(印度、日本、非洲和我们最喜欢的太空), 由两位和蔼可亲的女士经营。地点稍微有点偏, 在Újlipótváros, 但是乘公共交通易于到达。

Marco Polo Hostel 青年旅舍 €

(见340页地图; ☎1 413 2555; www.marcopolohostel.com; VII Nyárutca 6; 铺/标单/双/标三/四3500/12,000/ 15,000/19,000/24,000福林起; ⊖@📶) Mellow Mood集团的旗舰青年旅舍, 正处市中心, 时尚雅致, 饰以粉蓝色色调。有47个房间, 所有房间(除宿舍)都有电话和电视机, 还有个可爱的院子。

Medosz Hotel 酒店 €€

(见340页地图; ☎374 3000; www.medoszhotel.hu; VI Jókai tér 9; 标单49~59欧元, 双59~69欧元; P📶) 以酒店正处市中心的位置来说, 这个价位相当理想了, 就在Liszt Ferenc tér的餐馆和酒吧对面。68个房间虽简单, 但是舒服, 而且多数房间都经过整修。

Loft Hostel 青年旅舍 €

(见340页地图; ☎328 0916; www.lofthostel.hu; V Veres Pálné utca 19; 铺4200~5000福林, 双13,000福林; @📶) 这个青年旅舍立志成为城里最热门的吸引背包客的地方, 这个崇高的抱负很有可能会实现。旅舍提供极好的匈牙利菜, 而且气氛友好。淋浴算得上城里数一数二的了, 感觉就像住在朋友家里一样。可以租自行车和预订团队游。

就餐

在布达佩斯, 一个人堂食便宜的两道菜一餐、外加一杯葡萄酒或啤酒, 粗略算来大概需要3500福林，而同样一餐在中档餐馆要花上7000福林。昂贵的一餐则要花费10,000福林。餐馆一般10:00或11:00开始营业，直到23:00或午夜。然而，为了保证还能被招待吃上饭，最好在21:00或22:00前到达。若去中高档价格的餐馆，特别是在周末，明智的作法是先预订好桌子。

Ráday utca和Liszt Ferenc tér是最受欢迎的两条步行街。当天气转暖的时候，人行道上就处处支起伞，摆好餐桌，街道上挤满了布达佩斯人。

布达

要在布达自炊，可前往**Fény utca Market**（见336页地图；II Fény utca；⏲周一至周五6:00~18:00，周六至14:00）购买食材，就在Mammut购物中心旁边。

Csalogány 26 匈牙利菜 €€€

（见336页地图；☎201 7892；www.csalogany26.hu；I Csalogány utca 26；4道/8道菜套餐8000/12,000福林；⏲周二至周六 正午至15:00和19:00~22:00）布达佩斯最好的餐馆之一，提供极好的匈牙利和各国风味菜肴，价格虽不便宜，但是以所供应的菜色质量来说，还是很划算的。晚餐需预订。

Kisbuda Gyöngye 匈牙利菜 €€

（见335页地图；☎368 6402；www.remiz.hu；III Kenyeres utca 34；主菜2680~5220福林；⏲周日不营业）位于老布达，是间传统的匈牙利餐馆，非常精致；点缀着古董的餐厅和周到的服务，营创造出一种世纪末的氛围。

Éden 素食 €

（见336页地图；www.edenetterem.hu；I Iskola utca 31；主菜900~1200福林；⏲周一至周四8:00~21:00，周五至18:00，周日11:00~19:00；✎）就在城堡山下的一个连栋房屋内，这个自助服务餐馆为素食者和严格素食者供应丰盛而健康的食物。

Nagyi Palacsintázója 匈牙利菜 €

（Granny's Palacsinta Place；见336页地图；www.nagyipali.hu；I Hattyú utca 16；煎饼160~680福林；⏲24小时；✎）这个餐馆供应匈牙利煎饼，既有咸味品种又有甜味品种，24小时营业，总是满座。有其他24小时营业的分店，分别在**布达**（I Batthyány tér 5）、**老布达**（III Szentendrei út 131）和**佩斯**（V Petőfi Sándor tér 17-19）。

Ruszwurm Cukrászda 咖啡馆 €

（见336页地图；www.ruszwurm.hu；I Szentháromság utca 7；蛋糕380~580福林；⏲10:00~19:00）在城堡区享用咖啡和蛋糕的理想之处，不过可能会很挤——特别是在旺季，似乎永远也找不到座位。

佩斯

Nagycsarnok（大市场，Great Market；见340页地图；IX Vámház körút 1-3；⏲周一至周六9:00~18:00）是个用钢铁和玻璃打造的庞大市场，历史悠久。可到这里来买水果、蔬菜、熟食、鱼和肉。

首选 Mák Bistro 各国风味 €€

（见340页地图；☎06 30 723 9383；www.makbistro.hu；V Vigyázó Ferenc utca 4；主菜3200~5600福林；⏲周二至周六 正午至15:00和18:00至午夜）有了新主厨掌舵，Mák的生意越来越红火。试一试葡萄柚扇贝和芒果沙丁鱼等搭配大胆的菜肴，你可能还很想点些更传统的主菜，如曼加利察猪肉（mangalica，一种匈牙利特有的猪肉）排骨和玉米蓉牛里脊（sirloin with polenta）。巧克力油酥千层糕（chocolate millefeuille）真是好吃死了。有很棒的葡萄酒供选择。

首选 Klassz 各国风味 €€

（见340页地图；www.klasszetterem.hu；VI Andrássy út 41；主菜1890~4390福林；⏲周一至周六11:30~23:00，周日至18:00）Klassz注重葡萄酒，但是菜肴也有很高的水准。各种肥鹅鸭肝（foie gras）和土产曼加利察猪肉（mangalica）永远是菜单上的星级招牌特色菜，而勃艮第葡萄酒风味兔腿（Burgundy-style leg of rabbit）和羊蹄蔬菜杂烩（lamb trotters with vegetable ragout）之类的菜色也是珠联璧合。不接受预订；直接过来，边喝葡萄酒边等位。

Ring Cafe 汉堡包 €

（见340页地图；☎331 5790；www.ringcafe.hu；VI Andrássy út 38；汉堡包1490～3290福林；⏰周一至周五9:00至深夜，周六10:00至次日1:00，周日10:00～22:00；📶）这里的汉堡包是全城最好的，没有之一。我们可不是随便乱讲的。这里供应各种富有创意的三明治、沙拉，而且还有鸡蛋培根能量早餐，怪不得总是满座呢。

Első Pesti Rétesház 甜点 €€

（见340页地图；☎428 0135；www.reteshaz.com；V Október 6 utca 22；主菜2990～5990福林；⏰9:00～23:00）装饰得可能有些过火（想象一下马扎尔风格的迪尼斯乐园，配着老式柜台，墙上挂着彩绘盘子，有机玻璃的洗手池中镶嵌着古玩），但是这间"佩斯第一苹果馅饼屋"（First Strudel House of Pest）绝对是品尝匈牙利糕点（360福林）的地道去处，馅料丰富包着苹果、奶酪、罂粟籽或酸樱桃馅。

Momotaro Ramen 亚洲菜 €€

（见340页地图；☎269 3802；www.momotaroramen.com；V Széchenyi utca 16；饺子600～1400福林，面条1150～1800福林，主菜1800～4750福林；⏰周二至周日11:00～22:30；🅼）前一天晚上灌多了帕林卡（pálinka，果味白兰地）和其他酒后，人们最喜欢在此停留，吃点面条——尤其是种类多样的汤——还有饺子。不过，点些更丰盛的菜也不错。

LaciPecsenye 匈牙利菜 €€

（见340页地图；☎333 1717；www.lacipecsenye.eu；V Sas utca 11；主菜2800～4700福林；⏰正午至午夜）在这个极简抽象风格的别致小餐馆，黑色石板写着每日变化的主菜，大多数是为爱吃肉的人准备的，不过有些菜色特别有灵感，比如肉馅鱿鱼和搭配鸭肝的各种菜。别漏掉南瓜蛋糕。

Soul Café 各国风味 €

（见340页地图；☎217 6986；www.soulcafe.hu；IX Ráday utca 11-13；主菜1800～3700福林）在这条步行街上，到处是平平常常的餐馆和好坏难料的咖啡馆。Soul是较可靠的一个选择，这里有独出心裁的欧洲大陆风味菜肴和装修风格，在步行街两侧都有个很棒的露台。

Múzeum 匈牙利菜 €€

（见340页地图；☎267 0375；www.muzeumkavehaz.hu；VIII Múzeum körút 12；主菜2800～6700福林；⏰周一至周六18:00至午夜）如果你想在老派的环境中就餐，还有清脆的钢琴曲作为柔和的背景音乐，就试一试这家建店125年的咖啡馆兼餐馆，它一直固守在匈牙利国家博物馆附近的同一地点，生意兴隆。这里的鹅肝菜肴高于一般水准，而且有很好的精选匈牙利葡萄酒。

Trófea Grill 自助餐 €€

（见340页地图中箭头所示；☎270 0366；www.trofeagrill.hu；XIII Visegrádi utca 50/a；午餐工作日/周末3899/5499福林，晚餐5499福林；⏰周一至周五正午至午夜，周六11:30至午夜，周日11:30～21:00）在你真的饿得恨不得能吃下一匹马时，这儿就是你要去的地方（有时也许真有切成片的马肉供应呢）。这里有规模巨大的自助餐，有100多种冷热菜肴，食客蜂拥而来，而厨师们则从操作间观察着他们。有六家分店，其中一家在布达（Buda，II Margit körút 2）。

Salaam Bombay 印度菜 €€

（见340页地图；☎411 1252；www.salaambombay.hu；V Mérleg utca 6；主菜1490～3900福林；⏰正午至15:00和18:00～23:00；🅼）如果你渴望在明亮而生气勃勃的环境中过一把正宗咖喱或泥炉菜肴的瘾，就到这个位于Széchenyi István tér东面的漂亮的餐馆来吧。正如期望，素食者菜肴同样品种丰富。

Bors Gasztro Bár 三明治 €

（见340页地图；www.facebook.com/BorsGasztroBar；VII Kazinczy utca 10；主菜790福林起；⏰11:30～21:00；🅼）我们热爱这个巴掌大的地方，不但喜爱店里丰盛而富有创意的各种汤菜，还喜爱店里的烤法式长棍面包。不是个适合坐下来吃的地方；大多数人就在门道徘徊。

饮品

布达佩斯遍地小酒馆和酒吧，类型多样，足以满足所有的期待。夏天时，人们喜欢的饮酒场地是romkertek——户外空间，大多数位于佩斯，既是露天啤酒花园，又是音乐俱乐部。

在19世纪时，布达佩斯的咖啡文化堪比维也纳。现如今保留下来的传统咖啡馆大多位于佩斯，但是布达仍然有少数几个称得上很棒。

布达

Tranzit Art Café 咖啡馆

（见340页地图中箭头所示；www.tranzitcafe.com；XI Kosztolányi Dezső tér 7；午餐1200福林；周一至周五9:00~23:00，周六和周日10:00~22:00）曾经是一个废弃的公共汽车站，现在里面是一个氛围友好的咖啡馆，墙上挂着艺术品，青翠的院落中挂着吊床，可以躺在上面啜饮奶昔，而且早餐和两道菜的午餐都很不错。偶尔还有重大活动。

佩斯

想要在精致的新艺术派环境中品尝咖啡，有两个地方特别值得前往。**Gerbeaud**（见340页地图；429 9000；www.gerbeaud.hu；V Vörösmarty tér 7；蛋糕750福林起；9:00~21:00；M1 Vörösmarty tér），这里可谓是布达佩斯的蛋糕与咖啡文化之王，自1870年起就在同一地点开业。或者到**Művész Kávéház**（艺术家咖啡馆，Artist Coffeehouse；见340页地图；343 3544；www.muveszkavehaz.hu；VI Andrássy út 29；蛋糕590~790福林；周一至周六 9:00~22:00，周日10:00~22:00；M1 Opera）小坐，品尝城里最好的点心，还可以看人来人往。

DiVino Borbár 红酒吧

（见340页地图；06 70 935 3980；www.divinoborbar.hu；V Szent István tér 3；周日至周三16:00至午夜，周四至周六至次日2:00）位于市中心位置、无限量畅饮，总是挤满了人，DiVino是布达佩斯最受欢迎的红酒吧，看到人群涌出到教堂前的广场，你就一目了然它的热门程度了。在这个自助服务的酒吧，葡萄酒的选择范围（据称供货的葡萄酒商全部35岁以下）极为丰富。

400 Bar 酒吧

（见340页地图；www.400bar.hu；VII Kazinczy utca 52；周一至周三和周日11:00至次日3:00，周四至周六至次日5:00）这个大型的咖啡馆兼酒吧，在市中心步行区，有一个吸引人的露台。这个咖啡吧是喝咖啡、鸡尾酒和威士忌的好地方，一般来说，也是结识人的好地方。

Kiadó Kocsma 小酒馆

（见340页地图；VI Jókai tér 3；周一至周五10:00至次日1:00，周六和周日 11:00至次日1:00）这个“可供出租的小酒馆”（Pub for Rent）有两层楼，是迅速喝上一品脱和随便吃点东西的好地方。离Liszt Ferenc tér上的经典景致近在咫尺（但风格和外观就天差地别了）。

Lukács Cukrászda 咖啡馆

（见340页地图；www.lukacscukraszda.com；VI Andrássy út 70；9:00~19:30）这家咖啡馆饰以最精美的颓废派艺术风格——全是镜子和金色装饰——有轻柔的钢琴背景音乐。供选择的蛋糕价格昂贵但味道的确是好极了。

娱乐

以布达佩斯的城市规模来说，入夜后能做的事情和能去的地方，真是太多了——从歌剧和吸引人参与的民间舞蹈，到现场爵士乐和令人兴奋的夜店，这些夜店的DJ有的可以算得上是本地区的业界顶尖人物了。

获取市内新近演出的英文资料最佳途径是免费赠阅的**《布达佩斯娱乐杂志》**（*Budapest Funzine*，www.budapestfunzine.hu），在酒店、酒吧、电影院和其他游客聚集的地方都有。免费月刊**《音乐会日历》**（*Koncert Kalendárium*）提供较严肃的内容：古典音乐会、歌剧、舞蹈之类的。

真正的táncház，字面意思是“舞场”，但实际上是表演民间音乐的工作室，在很多地方都会整周举办，但是夏天时不那么频繁。**舞场指南**（Dance House Guild，www.tanchaz.hu）

和**Folkrádió**（www.folkradio.hu）两个网站都列有实用的名录。前者还列出演奏其他类型传统音乐——如犹太民间音乐克莱兹默（klezmer）——的乐队。

表演艺术

几乎所有演出都可以在www.jegymester.hu和www.kulturinfo.hu网站在线预订。另一个有用的订票机构是**Ticket Express**（见340页地图；☎303 030 999；www.tex.hu；VI Andrássy út 18；⏲周一至周五10:00~18:30，周六至15:00），是市里最大的票务网站。

古典音乐会定期在布达佩斯的教堂举行，包括布达城堡山上的马加什教堂。

匈牙利国家歌剧院 歌剧

（Hungarian State Opera House，Magyar Állami Operaház；见340页地图；☎预订 814 7225；www.opera.hu；VI Andrássy út 22）在观看表演的同时，还可欣赏一番这座雄伟建筑内部富丽堂皇的装饰。芭蕾舞团也在这里演出。

李斯特音乐学院 古典音乐

（Ferenc Liszt Music Academy，Liszt Ferenc Zeneakadémia；见340页地图；☎342 0179；www.zeneakademia.hu；VI Liszt Ferenc tér 8）布达佩斯举办古典音乐会的重要场所，不但是听音乐的地方，而且还可以欣赏装饰感极强的精美匈牙利若尔瑙伊（Zsolnay）瓷器和壁画。

现场音乐

Aranytíz文化中心 传统音乐

（Aranytíz Cultural Centre，Aranytíz Művelődési Központ；见340页地图；☎354 3400；www.aranytiz.hu；V Arany János utca 10；⏲预订 周一和周三 14:00~21:00，周六9:00~15:00）这个文化中心在佩斯内城北部，周六20:30至大约午夜时分，在此上演精彩的Kalamajka Táncház，是城里最好的音乐舞蹈秀之一。

Jedermann 现场音乐

（www.jedermannkavezo.blogspot.com；XI Ráday utca 58；⏲8:00至次日1:00）这个非常放松的场所，附属于歌德学院（Goethe Institute），用爵士乐海报装饰，聚满了学生和知识分子。大多数晚上有爵士乐演奏，而且在夏天时，院子里的露台是一个宜人的避难所。

Most! 现场音乐

（见340页地图；www.mostjelen.blogspot.com；VI Zichy Jenő utca 17；⏲周一和周二11:00至次日2:00，周三至周五至次日4:00，周六 16:00至次日4:00，周日16:00至次日2:00）这个五花八门的酒吧、咖啡馆、演出地，身兼数职，店名的意思就是“现在！”当地流行乐和摇滚乐节目上演时，或像样的当地DJ打碟助阵时，这里的气氛达到最高潮。

夜店

并不是所有的布达佩斯俱乐部和音乐酒吧都收取入场费，但是那些收入场费的会要求在门口缴纳1500~3000福林。较时髦的（和较烂的）地方通常让女士免费入场。夜店的营业时间，通常为：周日至周四16:00至次日2:00，周五和周六至次日4:00，有的只在周末营业。

Mappa Club 夜店

（见340页地图；www.mappaclub.com；IX Lilliom utca 41）附庸风雅的人群和城里一些最好的DJ，使这个位于塔夫当代艺术中心（Trafó House of Contemporary Arts）下面的夜店，成为当地人和游客同样必游的地方。

Morrison's 2 夜店

（见340页地图；☎374 3329；www.morrisons.hu；V Szent István körút 11；⏲周一至周六17:00至次日4:00）这个酒窖夜店显然是布达佩斯最大的聚会地点，吸引了较年轻的人群，有4个舞池、6个酒吧（其中一个在有顶棚的院子里），楼上还有个巨大的游戏室。21:00~23:00有现场乐队表演。

Instant 夜店

（见340页地图；☎06 30 830 8747；www.instant.co.hu；VI Nagymező utca 38；⏲13:00至次日3:00）这个洞穴般的地方，位于佩斯最充满生气的夜生活地带，有3层楼，共5个酒吧，有地下DJ和舞会。

同性恋场所

Club AlterEgo 同性恋

（见340页地图；www.alteregoclub.hu；VI Dessewffy utca 33；⏲周五和周六22:00至次日6:00）布达佩斯重要的男同性恋俱乐部，有最时髦（就风格而言）的人群和最棒的舞曲。

Eklektika Restolounge 同性恋

（见340页地图；www.eklektika.hu；VI Nagymező utca 30；⏲正午至午夜）城里并没有明确的女同性恋酒吧，但是这个氛围轻松的餐馆、面包店兼休闲酒吧，虽然装修焕然一新，但是一如既往的友好氛围和对同性恋友好的人群，可能是你能找到的最接近的了。

购物

虽然也有寻常的民间艺术、葡萄酒、烈酒、食物和音乐，布达佩斯还有更为与众不同的东西，如手工吹制玻璃器皿和古籍。但是，有些人认为布达佩斯的跳蚤市场才是他们最精彩的购物体验地——这当然是别具一格的布达佩斯购物体验。

商店通常工作日从9:00或10:00营业至18:00，周六至13:00。

首选 **Ecseri Piac** 市场

（见335页地图中箭头所示；XIX Nagykőrösi út 156；⏲周一至周五6:00~16:00，周六至15:00，周日8:00~13:00）中欧最大的跳蚤市场。据说星期六是最好的一天；商人们早早到达，试图从“破铜烂铁”中淘到“钻石”。从佩斯的Boráros tér乘54路公共汽车，更快的办法是乘地铁3号线（M3）在Határ út站下车后转乘红色数字的快捷公共汽车84E、89E或94E，在Fiume utca站下车。然后跟着人群过人行天桥即到。

Bestsellers 书籍

（见340页地图；www.bestsellers.hu；V Október 6 utca 11；⏲周一至周五9:00~18:30，周六10:00~17:00，周日10:00~16:00）城里最好的英文书店，也有大量匈牙利语书。

Holló Atelier 工艺品

（见340页地图；☎317 8103；V Vitkovics Mihály utca 12；⏲周一至周五10:00~18:00，周六至14:00）引人注目的民间艺术，样子具有现代感。所有东西都是在作坊现场制作的。

Treehugger Dan's Bookstore 书籍

（见340页地图；www.treehuggerdans.com；VI Lázár utca 16；⏲周一至周五10:00~18:00，周六至16:00）很小的店，卖的大多数是二手英文书；也做折价换购交易，供应公平贸易的有机咖啡。

Bortársaság 酒类

（见336页地图；☎212 2569；www.bortarsasag.hu；I Batthyány utca 59；⏲周一至周五10:00~19:00，周六至18:00）这个连锁店现在有10家店面，这里是最早的店，售卖非常棒的精选匈牙利葡萄酒。

Magyar Pálinka Háza 饮品

（Hungarian Pálinka House；见340页地图；☎06 30 421 5463；www.magyarpalinkahaza.hu；VIII Rákóczi út 17；⏲周一至周六 9:00~19:00）如果帕林卡（pálinka，果味白兰地）是你爱喝的酒，这儿就是适合你的地方。

实用信息

危险和麻烦

布达佩斯的各个区域均不限制游客前往，但是一些当地人在淡季天黑后会避开玛格丽特岛，而且居民和游客都避开较不可靠的第8区和第9区（红灯区）。

扒窃在这些地方最常见：市场、城堡区、Váci utca和Hősök tere、大酒店附近和某些乘客较多的公共汽车（如7路）和有轨电车（2、2A、4、6、47、49等）线路上。

在布达佩斯有一种流行了快20年的骗局，大抵关键字是：妩媚动人的年轻女子、用下半身思考的小伙子、夜总会内昂贵的酒单、被人反剪双手压至提款机前……你可以自己组织一个“仙人跳”的故事出来。先生们，请注意：如果看起来好得都不真实了，那肯定就不是真的。这些骗局使一些勾引美女未遂者损失了几百甚至几千美元，而且你的大使馆也帮不了你。

折扣卡

布达佩斯卡（Budapest Card，www.budapestinfo.hu；24/48/72小时卡3900/7900/9900福林）可用来参观多家博物馆，不限次数地乘坐公共交通工具，还提供团队游和其他服务的折扣。你可以在酒店、旅行社、大地铁站的亭子和旅游局购买，但是在网上购买较便宜。

医疗服务

第一医药中心（FirstMed Centers，☎24小时急救热线 224 9090；www.firstmedcenters.com；I Hattyú utca 14，5层；⊙周一至周五 8:00~20:00，周六至14:00）急诊每周7天、每天24小时随叫随到。价格昂贵。

SOS齿科（SOS Dent，☎269 6010；www.smilistic.com；VI Király utca 14；⊙24小时）全天候牙科手术。

Teréz Gyógyszertár（☎311 4439；VI Teréz körút 4；⊙周一至周五 8:00~20:00，周六至14:00）营业时间较长的药店。

现金

到处都有自动取款机，包括在火车站、长途汽车站和机场。OTP银行分行的自动取款机会吐出难以兑开的20,000福林的钞票。外币兑换商（尤其是沿着Váci utca一带的）不倾向于给你理想的汇率，所以如果可能，去银行为好。

邮局

邮政总局（Main post office，见340页地图；V Bajcsy-Zsilinsky út 16；⊙周一至周五8:00~20:00，周六至14:00）从Deák Ferenc tér中心地带走过去几分钟。

旅游信息

布达佩斯信息（Budapest Info，见340页地图；☎438 8080；V Sütő utca 2；⊙8:00~20:00）。还有一个Oktogon**分部**（见340页地图；VI Liszt Ferenc tér 11；⊙周一至周五 10:00~18:00；ⓂM1 Oktogon，🚊4，6），在弗朗茨·李斯特国际机场1号、2A和2B航站楼的到达区都设有柜台。

ℹ 到达和离开

飞机

弗朗茨·李斯特国际机场（Ferenc Liszt International Airport，☎296 7000；www.bud.hu）位于城市东南24公里，有两个现代化的航站楼，彼此挨着。2A航站楼服务于申根边界内国家飞来的航班，而其他国际航班和廉价航空公司使用2B航站楼。

船

Mahart PassNave（见336页地图；☎484 4000；www.mahartpassnave.hu；V Belgrád rakpart；⊙周一至周五 8:00~18:00）5月至9月末运营开往布拉迪斯拉发和维也纳的水翼船，抵达和出发地点是**国际轮渡码头**（International Ferry Pier，Nemzetközi hajóállomás；☎318 1223；V Belgrád rakpart）。水翼船驶离布达佩斯的时间是每周一和周三9:00，每周二和周四的相同时间从维也纳返回。去维也纳的成人单程/往返票价为99/125欧元。携带一辆自行车费用为25欧元。

前往多瑙河湾各城镇的轮渡服务信息见355页。

长途汽车

Volánbusz（☎382 0888；www.volanbusz.hu）提供国内的长途汽车线路，从布达佩斯始发到达的目的地很多。所有国际长途汽车和一些抵离匈牙利西部的长途汽车使用**Népliget长途汽车站**（Népliget Bus Station，见335页地图；☎219 8030；IX Üllői út 131）。**Stadionok长途汽车站**（Stadionok Bus Station，见335页地图；☎220 6227；XIV Hungária körút 48-52）服务的目的地通常是布达佩斯以东地区。多数到多瑙河湾的长途汽车抵离站为**Árpád Híd长途汽车站**（Árpád Híd Bus Station，见335页地图；☎412 2597；XIII Árbóc utca 1，紧邻XIII Róbert Károly körút），不过也有部分车次从M3地铁蓝线沿途的**Újpest-Városkapu火车站**（Újpest-Városkapu train station，XIII Arva utca，紧邻Váci út）旁的小型郊区长途汽车总站发车。实际上，所有车站都位于地铁线上，而且全部都在佩斯。如果售票处下班了，你可以在长途车上买票。

小汽车和摩托车

胆小的人不适宜在布达佩斯各处开车。危险操作、大范围的道路施工和严重事故大量存在，而且在有些地段，几乎不可能找到停车地点。转而使用公共交通系统吧。

从布达佩斯出发

长途汽车

站点	票价(福林)	行程(小时)	班次
布拉迪斯拉发(斯洛伐克)	3400	3	每天1班
布拉格(捷克)	7900	7.25	每天1班
里耶卡(克罗地亚)	9900	8	每周1班
索非亚(保加利亚)	12,500	13.5	每天1班
苏博蒂察(塞尔维亚)	3900	4.5	每天2班
维也纳(奥地利)	5900	3	每天5班

火车

站点	价格(欧元)	行程(小时)
柏林(德国)	95	12
布拉迪斯拉发(斯洛伐克)	22	2.5
布加勒斯特(罗马尼亚)	75	13~15
法兰克福(德国)	110	11
利沃夫(乌克兰)	55	12
卢布尔雅那(斯洛文尼亚)	39	9
慕尼黑(德国)	95	10
布拉格(捷克)	45	7
索非亚(保加利亚)	89	18
萨格勒布(克罗地亚)	42	6.5
威尼斯(意大利)	70	14
维也纳(奥地利)	32	3
华沙(波兰)	72	12
苏黎世(瑞士)	94	12

如果你想冒险进入乡间，开车旅行是一个选择。所有大型的国际租车公司，包括**Avis**(☎318 4240; www.avis.hu; V Arany János utca 26-28; ⊙周一至周六7:00~18:00，周日8:00~18:00)、**Budget**(☎214 0420; www.budget.hu; VII Krisztina körút 41-43, Hotel Mercure Buda; ⊙周一至周五8:00~20:00，周六和周日至18:00)和**Europcar**(☎505 4400; www.europcar.hu; V Erzsébet tér 7-8; ⊙周一和周五 8:00~18:00，周二至周四至16:30，周六至正午)在布达佩斯和机场都有办事处。价格很有竞争力的最好的独立租车公司是**Fox Autorent**(☎382 9000; www.foxautorent.com; VII Hársfa utca 53-55, Bldg I，底层; ⊙8:00~18:00)，在机场也有办事处。小型汽车每天/周租金为：35/170欧元起。

火车

匈牙利国家铁路公司(Hungarian State Railways，简称MÁV)运营匈牙利四通八达的铁路网。联系**MÁV-Start乘客服务中心**(MÁV-Start passenger service centre, ☎512 7921; www.mav-start.hu; V József Attila utca 16; ⊙周一至周五9:00~18:00)获取国内火车出发和到达的24小时信息。该中心的网站有一个对于计划路线很有用的英文时刻表。通常会列出匈牙利国内目的地的票价。

可在布达佩斯三大火车站中的任意一个购买车票。东站，即**Keleti火车站**(Eastern Train Station; VIII Kerepesi út 2-4)负责大多部分的国际列车，以及从北部和东北部来的国内列车。对于一些国际目的地(如罗马尼亚)，及往返多瑙河湾和大平原的国内目的地，前往西站，即**Nyugati火车站**（Western Train Station; VI Nyugati tér）乘车。对于开往巴拉顿湖和南方的火车，前往南站，即**Déli火车站**（Southern Train Station; I Krisztina körút 37）乘车。3个站都在地铁线上。

火车的始发站因列车而异，因此买票时一定要确认始发站。

当地交通

抵离机场

从弗朗茨·李斯特国际机场到市中心最便宜（也最慢）的途径，是乘200E路城市公共汽车（320福林），终点在Kőbánya-Kispest地铁站。从那里转乘地铁3号线（M3）到市中心。费用总共为640~720福林。

机场的3个航站楼均有**机场往返中巴车**（Airport Shuttle Minibusz, ☎296 8555; www.airportshuttle.hu; 单程/往返 3200/5500福林），用9座面包车将乘客送到住宿地点。在到达大厅，有标志明显的柜台，可在那里购票，不过你可能需要等到面包车满座才发车。

Fő Taxi（☎222 2222; www.fotaxi.hu）垄断了从机场搭载出租车乘客的生意。到佩斯的大多数地方价格为5300福林，而到布达的费用则是5500~6000福林。当然，去机场时你可以乘任何出租车，而且几家公司有固定的打折价。**Rádió Taxi**（☎377 7777; www.radiotaxi.hu）从佩斯到机场要价4300福林起，从布达到机场是4800福林起。

公共交通

公共交通由布达佩斯运输公司**BKV**（Budapest Transport Company; ☎258 4636; www.bkv.hu）运营。3条地铁线（1号线/M1黄线、2号线/M2红线、3号线/M3蓝线）在佩斯Deák tér交汇；人们期待已久的4号线/M4绿线将于2014年通车。HÉV郊区铁路从布达Batthyány tér向北行驶。在HÉV上，旅行卡只有在城区范围内（Békásmegyer站以南）才可以用。

公共汽车、有轨电车和无轨电车网络也很完善发达。公共交通运行时间为4:30~23:30，还有约40条夜班公共汽车线路沿着主干道运行。现在大环路（Big Ring Road）上的6路有轨电车24小时运行。

所有形式的交通工具单程票，320福林（在同一辆地铁、公共汽车、无轨电车或有轨电车上不间断乘坐60分钟，不能换乘、转乘）；10张票的整册票为2800福林。换乘票（490福林）单程有效，90分钟内换乘1次有效。

用3天旅行卡（3850福林）或7天通票（4600福林）较方便，允许在城区内无限次旅行。把票或卡放在方便拿的地方；“无票乘车”，现场罚8000福林，如果当时未支付罚款，之后在**BKV办公室**（☎461 6800; VII Akácfa utca 22; ⏲周一至周五6:00~20:00，周六 8:00~13:45）缴纳罚款，罚16,000福林。

出租车

在布达佩斯，不知何时起就存在着出租车司机向外国人多收车费的问题。出租车只要没有正式黄色牌照、出租车公司标志和醒目的价格表，就绝对不要乘坐。

如果你需要出租车，可以打电话订车；这比在街上挥手拦截车辆收费便宜。但要先记下你订车所使用的固定电话号码，因为调度员是根据这个号码确定你的地址（当然你也可以用手机订车）。调度员通常会讲英语。

可靠的出租车公司包括**City Taxi**（☎211 1111; www.citytaxi.hu）、**Főtaxi**（☎222 2222; www.fotaxi.hu）和**Rádió Taxi**（☎377 7777; www.radiotaxi.hu）。注意，夜间和清晨车费较高。

多瑙河湾
（THE DANUBE BEND）

多瑙河在布达佩斯北面一个急转弯处，穿过皮利什山（Pilis Hills）和伯尔热尼山（Börzsöny Hills），然后继续沿着斯洛伐克边境流去。罗马帝国的北部边境曾远至此处，中世纪时的几个国王在埃斯泰尔戈姆（Esztergom）和维谢格拉德（Visegrád），从俯瞰着多瑙河的宏伟的宫殿统治着匈牙利。在维谢格拉德东面，多瑙河一分为二，圣安德烈和瓦茨分别位于两条支流的岸边，被圣安德烈岛（Szentendre Island）分开。今天，来这里参观历史遗迹、青翠起伏的风景交通便捷，还有众多工艺纪念品店，都吸引着许多从布达佩斯前来这里一日游。

到达和离开

长途汽车 多瑙河西岸的城镇有定期的长途汽车，但是火车最远只到圣安德烈，有一条单独的线路到埃斯泰尔戈姆；东岸，包括瓦茨，有极好的交通网络。

船 多瑙河本身是一条理想的交通线路，在夏天那几个月，有船定期往来布达佩斯接送游客。从5月至9月，每周二至周日10:00，有一艘**Mahart PassNave**（www.mahartpassnave.hu）渡船，从布达佩斯Vigadó tér出发，前往圣安德烈（单程/往返1590/2390福林，1.5小时），17:00返回；4月份仅在周六有此服务。

在5月和8月末之间，9:00有一艘渡船从Vigadó tér出发，分别在瓦茨（单程/往返1490/2240福林，11:00）和维谢格拉德（单程/往返1790/2690福林，正午）停靠，然后继续驶向埃斯泰尔戈姆（单程/往返1990/2990福林，13:45）。从埃斯泰尔戈姆、维谢格拉德和瓦茨返回的时间分别为16:45、17:50和18:30，于20:00到达布达佩斯。4月和9月班次减少，仅周六运行。

从5月初到9月，周五、周六和周日，有水翼船从布达佩斯开往维谢格拉德（单程/往返2690/3990福林，1小时）和埃斯泰尔戈姆（单程/往返3990/5990福林，1.5小时）；船9:30启程，17:00从埃斯泰尔戈姆返回，17:30从维谢格拉德返回。

圣安德烈（Szentendre）

☎26/人口26,000

玲珑妩媚的圣安德烈位于布达佩斯北面19公里处，曾经是艺术家聚居区，现在则是热门的一日游地点。这里的街道狭窄而弯曲，是买纪念品的游客最爱的地方。迷人而古老的中心区咖啡馆和美术馆林立，还有几个著名的塞尔维亚东正教教堂，修建的时间可追溯到基督教教徒为躲避土耳其人侵者而逃到这里时。夏天和周末会比较拥挤。小镇外围有着匈牙利最大的露天乡村博物馆。

景点

主广场 广场

（Main Sq，Fő tér）小镇丰富多彩的主广场，是开始圣安德烈观光之旅的最佳地点。你会发现，这里有很多18世纪和19世纪的建筑和纪念物，包括1763年的**纪念十字架**（Memorial Cross）和1752年的塞尔维亚东正教**布拉戈韦斯滕斯考教堂**（Blagoveštenska templom；☎310 554；Fő tér；门票300福林；⏲周

多瑙河：无尘的交通要道

在欧洲，没有哪条河像多瑙河一样充满回忆而又举足轻重。古往今来，各种传奇、故事、歌曲、绘画和电影赋予了多瑙河不朽的地位。自从人类最早在多瑙河两岸定居后，多瑙河就在数百万人的经济文化生活中发挥着很重要的作用。

多瑙河发源于德国的黑森林（Black Forest），河水冲刷出一道不可遏止的长流，从10个国家穿过或沿着边境流淌2800多公里后在罗马尼亚汇入黑海。在欧洲，多瑙河是仅次于伏尔加河（Volga）的第二长河（虽然全长6400公里的亚马逊河使二者都相形失色）。不同于人们普遍的看法，多瑙河并不是蓝色的（也不是匈牙利人所说的“浅茶褐色”），事实上它是绿褐色的。多瑙河的可航行长度大约为2400公里，是横贯欧洲大陆的一条重要交通路线。

虽然多瑙河只有12%的长度位于匈牙利境内，匈牙利却受到了其极大的影响。整个国家位于多瑙河流域盆地内，很容易发生洪水。早在16世纪，匈牙利就兴修了庞大的堤防系统用于防洪，但仍难以阻挡河水往想去的地方流去。首都布达佩斯在1775年和1838年两度遭受洪水破坏；2006年，河水决堤，大有将淹没布达佩斯地铁系统并置千家万户于危险之中之势。2009年，这种情况几近重演。

尽管存在潜在的危险，多瑙河还是颇受爱戴，事实上还拥有自己的节日。每年6月29日——**多瑙河日**（Danube Day；www.danubeday.org），沿河各市会举办各种庆祝活动，向这条磅礴的大河致敬。

二至周日10:00~17:00)。教堂有个精彩绝伦的圣障。广场周围的步行道满是卖礼品和民间工艺品的商店。

科瓦奇·玛吉特陶器珍藏馆 博物馆

(Margit Kovács Ceramic Collection, Kovács Margit Kerámiagyűjtemény; ☎310 244; www.pmmi.hu/hu/museum/6/intro; Vastagh György utca 1; 成人/优惠1000/500福林; ⏲10:00~18:00)从主广场沿着Görög utca向下走去,向右转到Vastagh György utca,就能到达这个修建在18世纪盐仓旧址中的博物馆,专门珍藏圣安德烈最著名艺术家的作品。陶艺家科瓦奇(Kovács, 1902~1977年)将匈牙利民俗、宗教与现代主题完美融合,创造出哥特式的作品。

城堡山 观景点

(Castle Hill, Vár-domb)城堡山是一个中世纪堡垒遗址,通过Fő tér 8和9之间的狭窄台阶Váralja lépcső,可以到达。到今天,就只剩下墙壁环绕的早期哥特式的**施洗者约翰教堂**(Church of St John the Baptist, Keresztelő Szent János Templom; Templom tér, Vár-domb; 免费参观),从教堂可以看到圣安德烈和多瑙河壮丽的景色。

匈牙利露天民族志博物馆 博物馆

(Hungarian Open-Air Ethnographical Museum, Magyar Szabadtéri Néprajzi Múzeum; ☎502 500; www.skanzen.hu; Sztaravodai út; 成人/学生1500/750福林,节日1600/800福林; ⏲4月至10月周二至周日9:00~17:00, 11月至12月初、2月和3月周六和周日10:00~16:00)就在圣安德烈西北5公里,有匈牙利最有雄心的skanzen(露天民俗博物馆),在8个地方分区设立了农舍、教堂、钟塔、磨等建筑。手艺人和工匠从复活节到12月初不定期(通常在周末)在此工作,而博物馆也会在这段时期举行节庆活动。从公共汽车站第7站台乘230路公共汽车来此。

食宿

从布达佩斯来圣安德烈一日游也许是你最好的办法。若要私人房间,访问旅游信息中心办事处。

Mathias Rex 客栈 €€

(Mathias Rex Panzió; ☎505 570; www.mathiasrexhotel.hu; Kossuth Lajos utca 16; 标单/双 10,000/15,000福林,零居室公寓30,000福林起; ❄@)这个地处中心区的panzió(家庭旅馆或客栈)有12个房间,干净得近乎无菌,并且很宽敞。装修风格式现代极简风,有一个漂亮的院子和一个不贵的酒窖餐馆。

Pap-sziget Camping 露营地 €

(Pap-sziget Kemping; ☎310 697; www.pap-sziget.hu; 2人小/大露营地4000/4400福林,平房8600福林起; ⏲5月至10月中旬; @)这个枝叶繁茂的大型露营地占据了帕普岛(Pap Island)的大部分地方,在圣安德烈以北约2公里处。汽车旅馆(双6400福林)和青年旅舍(双4800福林)的房间只有很基本的设施,然而"舒适平房"的确是稍微舒适一些。从车站乘11路公共汽车。

首选 **Promenade** 各国风味 €€

(☎312 626; www.promenade-szentendre.hu; Futó utca 4; 主菜1850~4450福林; ⏲周二至周日11:00~23:00)拱形天花板、白墙、用来品酒的巨大酒窖和一个可以俯瞰多瑙河的露台,是Promenda的所有亮点。这是圣安德烈最好的餐馆之一,供应创意匈牙利菜和各国风味菜肴。

Erm's 匈牙利菜 €€

(☎303 388; www.erms.hu; Kossuth Lajos utca 22; 主菜1590~3700福林)复古风格的Erm's,还有个副店名"Csülök & Jazz",四壁上挂着20世纪早期的纪念品,摆着简单的木桌子,这是品尝各种烹饪形式的匈牙利风味猪手的地方,周末时有现场音乐。

实用信息

邮政总局(Kossuth Lajos utca 23-25)

OTP银行(OTP Bank, Dumtsa Jenő utca 6)

旅游信息中心(Tourinform, ☎317 966; www.irany

szentendre.hu; Dumtsa Jenő utca 22; ⏲周一至周五9:30~16:30，周六和周日10:00~14:00）有很多圣安德烈和河湾的资料。

到达和离开

前往圣安德烈最便捷的办法是，从布达的Batthyány tér地铁站（在布达佩斯中心），乘HÉV郊区火车（630福林；行程40分钟；每10~20分钟1班）。

瓦茨（Vác）

☎27/人口34,500

瓦茨（vahts）是多瑙河东岸一个漂亮的小镇，有引人入胜的历史遗迹，从一系列巴洛克风格的连栋房屋到停放着18世纪木乃伊的地下室。瓦茨还是观看辉煌的伯尔热尼山日落之处，日落山景倒映在多瑙河中。

瓦茨是一个古镇。其拉丁名Uvcenum，在托勒密的2世纪所著的《地理学》（*Geographia*）一书中曾提到，它是一条重要道路上的过河渡口。小镇中世纪时代的中心和哥特式大教堂，在土耳其人占领期间被毁坏。18世纪几任主教对其进行了重建，成就了现在的巴洛克式外观。

景点

三·一五广场 广场

（Március 15 tér）瓦茨著名的主广场有小镇最多姿多彩的建筑，包括被认为是巴洛克风格典范的1764年修建的**市镇厅**（Town Hall, Március 15 tér 11）。注意正义女神雕像和山墙上两个人物手中所持的印，他们代表匈牙利和主教克里什托夫·米加齐（Bishop Kristóf Migazzi）——两个多世纪前瓦茨重建背后的推动力。在广场中心，你会看到，通向**教堂地下室**（crypt, Március 15 tér; 成人/优惠600/350福林；⏲5月至10月 周三至周五14:00~18:00，周六和周日10:00~18:00）的入口，这是中世纪的圣米迦勒教堂（Church of St Michael）仅存的遗迹。旅游信息中心（Tourinform，见358页）有你想要的资讯。

死亡纪念 博物馆

（Memento Mori; ☎500 750; Március 15 tér 19; 成人/优惠1000/500福林；⏲周二至周日10:00~18:00）这个离奇的展览中包括三具木乃伊和相关的各种人工制品，它们是从三·一五广场上多明我会教堂（Dominican Church）的地下室找到的。这个教堂地下室在18世纪用作埋葬地，但是后来砌上砖就被遗忘了。由于温度低和空气几乎不流通，这些尸体及他们身上的衣服历经几个世纪而状况良好。1994年被重新发现时，共262具尸体被发掘出来，这里简直就是历史学家的宝库，有助于研究18世纪时的埋葬习俗和生活方式。

瓦茨大教堂 教堂

（Vác Cathedral, Váci székesegyház; 免费参观；⏲周一至周六10:00至正午和13:30~17:00，周日7:30~19:00）在三·一五广场东南，树木成行的康斯坦丁广场（Konstantin tér）上矗立着小镇的巨型大教堂。教堂建于1775年，是匈牙利最早的新古典主义建筑之一。拱形圆顶上的壁画和祭坛装饰画是著名艺术家弗朗茨·安东·毛尔贝奇（Franz Anton Maulbertsch）的作品。

凯旋门 纪念碑

（Triumphal Arch, Diadalív-kapu; Dózsa György út）在主广场北，是匈牙利唯一的一座此类建筑物。主教米加齐为纪念1764年女王玛丽亚·特蕾西亚（Empress Maria Theresa）的国事访问而建。

食宿

首选 Tabán Panzió 客栈 €€

（Alt Vendégház; ☎06 30 910 3428, 316 860; altvendeghaz@invitel.hu; Tabán utca 25; 标单/双5000/12,000福林；❄📶）住在这个俯瞰多瑙河的小客栈，像住在令人愉快的亲戚家一样。4个房间（3号有一个阳台）虽然庸俗，却颇舒适，还有一个设备齐全的厨房和供客人使用的小花园。

Fónagy & Walter 客栈 €€

（☎310 682; www.fonagy.hu; Budapesti főút 36; 房间12,500福林；@📶）这里是一家舒适的小客栈，位于主广场东南850米处。5个套房一样的房间每间最多可以住4个人，虽装修过度，却也舒服，而且有一个存货颇丰的酒窖。

Váci Remete Pince 匈牙利菜 €€

（☎06 30 944 3538, 302 199; Fürdő lépcső 3; 主菜1850~3290福林）这个美好的小餐馆，露台有顶棚，可以看到多瑙河，以一流的精选酒类、精致的匈牙利特色佳肴和极好的服务给人留下深刻的印象。

Duna Presszó 咖啡馆 €

（☎305 839; Március 15 tér 13; 蛋糕450福林；⏲周日至周四9:00~21:00，周五和周六至22:00）Duna是咖啡馆的完美典范，黑木家具、枝形吊灯和极好的蛋糕和冰激凌。位于小镇中心。

ℹ 实用信息

邮政总局（Main post office, Posta Park 2）三·一五广场东约300米。

OTP银行（OTP Bank, Széchenyi utca）在Dunakanyar购物中心内。

旅游信息中心（Tourinform, ☎316 160; www.tourinformvac.hu; Március 15 tér 17; ⏲6月中旬至8月 周一至周五 8:00~17:00, 周六至14:00, 9月至次年6月中旬周一至周五 9:00~17:00, 周六 10:00至正午）俯瞰着主广场——三·一五广场。

ℹ 到达和离开

车辆轮渡（每辆汽车/自行车/个人 1500/430/430福林，6:00~20:00每小时1班）渡河到圣安德烈岛。在陶希托特村（Tahitótfalu），一座桥将岛的西岸与大陆相连。那里有每小时1班的长途汽车到圣安德烈（310福林，25分钟）。你也可以从瓦茨搭乘半小时1班的长途汽车（560福林，50分钟）和火车（650福林，45分钟）前往布达佩斯。

维谢格拉德（Visegrád）

☎26/人口1860

维谢格拉德（读作vish-eh-grahd）山顶上有13世纪堡垒的遗迹，从堡垒上居高望远，景色壮观，这正是众多游客被吸引到这座宁静小城的原因。这里的第一座堡垒是罗马人在4世纪修建的，用来防御边境。13世纪蒙古人入侵，匈牙利几任国王在山顶上建了一个巨大的堡垒，并在离河不远处建了一个较低的城堡。

14世纪时，在山脚下的冲积平原上建了一座皇宫。1323年，安茹的查尔斯·罗伯特国王（King Charles Robert），在登上当地王位时曾遭到布达方面的激烈争夺，后把王室迁移到这里。之后近两个世纪，匈牙利的王权一直在维谢格拉德和布达之间更替。

土耳其人和哈布斯堡家族都在堡垒的毁坏中扮演了角色。靠近镇中心，拥有350个房间的皇宫踪迹全失。直到1934年，考古学家按照文献中的描述线索，发现了如今可以参观的废墟。

小镇有两个区别明显的区：一个区向北到Mahart PassNave摆渡码头；另一个区，即主城区，位于南边约1公里处，Nagymaros摆渡附近。

👁 景点和活动

皇宫 宫殿

（Royal Palace, Királyi Palota; ☎597 010; www.visegradmuzeum.hu; Fő utca 29; 成人/优惠1100/550福林；⏲周二至周日9:00~17:00）在主城区附近部分重建的皇宫，仅保留着些许昔日的辉煌。可以参观的约12间房间，大多数是皇家套房；宫殿历史及其重建史连同可追溯到14世纪的精致的石雕等建筑学发现，可以在一个考古学兼石雕展览中得到了解。要找到宫殿，从Mahart PassNave渡口，往南向Nagymaros渡口方向走约400米，然后向左转，往镇子方向走，就能到达Fő utca。

沙拉蒙塔 塔

（Solomon's Tower, Salamon Torony; ☎398 026; 成人/优惠700/350福林；⏲5月至9月 周二至周日9:00~17:00）位于主城区北，从Mahart PassNave摆渡码头沿着Görgey lépcső上行走一小段路就到了。建于13世纪的沙拉蒙塔，曾经是较低的城堡的一部分，这个城堡用于控制河道交通。如今，仅剩的低矮结实，墙有8米厚的六角形城堡主塔，里面有个哥特式喷泉和介绍小镇历史的展览，这个喷泉是宫中原有的几个哥特式喷泉中的一个。

维谢格拉德城堡 堡垒

（Visegrád Citadel, Visegrádi Fellegvár; ☎598 080; 成人/儿童和学生1400/700福林; ⏲3月中旬至4月和10月9:00~17:00，5月至9月至18:00，11月至次年3月至16:00）就在沙拉蒙塔北面，一条标着“Fellegvár”（堡垒）字样的小径，通向维谢格拉德城堡（1259年）。城堡建在一座350米高的小山之巅，周围环绕着从坚硬的岩石中凿出的壕沟。尽管城堡遗迹本身并没有它的历史那么辉煌壮丽，但从墙头眺望到的多瑙河湾和伯尔热尼山的景色使得这段攀登没有白费力气，值得一游。

另一个选择，是从小镇中心地区通向城堡的一条不那么陡峭的小路。Fő tér上的那座天主教堂后面就是这条小径（Kálvária sétány）的起点。在旺季时，你也可以搭乘城市公共汽车（City-Bus, ☎397 372; www.city-bus.hu; 最多可乘6人2500福林; ⏲4月至9月9:00~18:00）的小型公共汽车到达城堡。

食宿

Hotel Honti 酒店 €€

（☎398 120; www.hotelhonti.hu; Fő utca 66; 酒店 标单/双45/65欧元，客栈 标单/双40/55欧元，露营地每人1100福林加上帐篷/房车600/1200福林; ❄@📶）这个友好的所在，在安静的Fő utca上的客栈有7个普通房间，面对Rte 11的酒店有23个房间。酒店的大花园和乒乓球桌可供客人使用的，自行车也可以出租（每天2000福林）。现在客栈旁还有一个露营地。

Kovács-kert 匈牙利菜 €€

（☎398 123; www.kovacs-kertetterem.hu; Rév utca 4; 主菜1590~2490福林）这个可爱的餐馆就在Nagymaros摆渡码头的上坡处，有很大的配图菜单，大量精美的匈牙利标准菜肴，还有一个可爱的枝叶繁茂的露台。

Don Vito Pizzeria 比萨饼餐厅 €

（☎397 230; www.donvitovisegrad.hu; Fő utca 83; 比萨饼990~1950福林，意大利面1590~1890福林; ✍）对这么个小镇来说，Don Vito是个很不错的餐馆。餐馆中收藏的帮派纪念品令人印象深刻，同样给人深刻印象的是各种精选比萨饼，包括供素食者选择的品种。

到达和离开

维谢格拉德不通火车，但是频繁的长途汽车往返布达佩斯的Újpest-Városkapu火车站（745福林，1.25小时，每小时1班）、圣安德烈（465福林; 45分钟; 每45分钟1班）和埃斯泰尔戈姆（560福林，45分钟，每小时1班）。

埃斯泰尔戈姆（Esztergom）

☎33/人口30,850

埃斯泰尔戈姆的魅力是显而易见的——特别是从远方眺望时。该市壮观的教堂，雄踞在城市和多瑙河上方，从周围一派乡村景象中赫然拔地而起，令人叹为观止。

但是，这座城市的重要性超过了它建筑方面的吸引力。2世纪时后来成为罗马皇帝的马库斯·奥里利厄斯（Marcus Aurelius）在这里宿营时写下了著名的《沉思录》（*Meditations*）。10世纪时，匈牙利国的奠基人斯蒂芬一世（Stephen I）在这里出生，并在大教堂加冕。从10世纪后期到13世纪中期，埃斯泰尔戈姆是匈牙利皇室所在地。1543年，土耳其人入侵了这座城市，城市大部分被毁，直到18、19世纪才得以重建。

景点和活动

埃斯泰尔戈姆大教堂 教堂

（Esztergom Basilica, Esztergomi Bazilika; ☎402 354; www.bazilika-esztergom.hu; Szent István tér 1; 免费参观; ⏲4月至9月8:00~18:00，10月至次年3月至16:00）这是匈牙利最大的天主教大教堂，坐落在城堡山上。教堂72米高的中心穹顶，在方圆几公里开外都能看见。现在的新古典主义教堂于1822年开始在其12世纪的原址基础上修建，原教堂在当时被土耳其人摧毁。最老的部分是1510年用红色大理石建造的巴科茨小礼拜堂（Bakócz Chapel），里面有意大利文艺复兴时期杰出的石雕和雕塑。

宝库（treasury, kincstár；成人/儿童800/400福林；⌚3月至10月9:00~17:00，11月和12月周二至周日11:00~16:00）像阿拉丁的宝洞般，存放着许多祭服，还有一只镶嵌珠宝的金银奉献盘。进入大教堂时，右面的门通向地下室（crypt, altemplom；门票200福林；⌚3月至10月9:00~17:00，11月至次年2月11:00~14:45）往下走共50个台阶，有一系列怪异的墓穴。在此长眠的人中，有红衣主教明森蒂·约瑟夫（Cardinal József Mindszenty），他因为拒绝让匈牙利天主教学校世俗化而被囚禁。为了一睹城市绝美的风光，值得费力攀爬那曲折的400级台阶，登上穹顶（cupola，门票600福林；⌚4月至10月9:30~17:30）。

城堡博物馆 博物馆

（Castle Museum, Vármúzeum；☎415 986；www.mnmvarmuzeuma.hu; Szent István tér 1；成人/优惠1800/900福林，仅参观院子500/250福林；⌚4月至9月 周二至周日10:00~18:00，10月至次年3月 周二至周日至16:00）在城堡山南端，城堡博物馆在前皇宫（Royal Palace）中，前皇宫的大部分是在12世纪埃斯泰尔戈姆的黄金时代时由法国人建造的。博物馆主要展出镇子及周边地区的考古发现，其中大多数是可追溯到11世纪及11世纪之后的陶器。

基督教博物馆 博物馆

（Christian Museum, Keresztény Múzeum；☎413 880；www.christianmuseum.hu; Berényi Zsigmond utca 2；成人/优惠900/450福林；⌚3月至11月 周三至周日10:00~17:00）在城堡山下，风景如画的河畔水城（Víziváros）区有前主教宅邸（Bishop's Palace），目前里面是基督教博物馆，馆藏匈牙利最精美的中世纪宗教艺术品。不要错过精美的匈牙利哥特式三联画和圣坛装饰画。从城堡山沿着陡峭的Macskaút下行，从天主教大教堂后面可以到达。

Aquasziget 水疗

（☎511 100；www.aquasziget.hu; Táncsics Mihály utca 5；成人/儿童 一日票2950/1600福林；⌚周一至周五10:00~20:00，周六和周日9:00起）位于城堡山之南的首主教岛（Primate Island）的北端，这个巨大的水疗和水上公园，有太多的室内和室外池子、有跌宕起伏的滑水道和一个完备的健康中心。

食宿

Alabárdos Panzió 客栈 €€

（☎312 640；www.alabardospanzio.hu; Bajcsy-Zsilinszky utca 49；标单/双8500/11,500福林，公寓20,100福林起；❄📶）这个位于小山上的芥末黄色的地标性建筑并不耀眼，但是提供的23个房间和公寓的确整洁而且相当宽敞。

Ria Panzió 客栈 €€

（☎06 20 938 3091, 313 115; www.riapanzio.com; Batthyány Lajos utca 11；标单/双9000/12,000福林；❄@📶）由连栋房屋改造成的客栈，就在天主教大教堂下方，有11个安静舒适的房间，在酒窖中有一个小小的健身房，还提供自行车出租（每天1000福林）。

Gran Camping 露营地 €

（☎06 30 948 9563, 402 513; www.grancamping-fortanex.hu; Nagy-Duna sétány 3；露营地每个成人/儿童/帐篷/帐篷和小汽车1400/800/1100/1400福林，平房16,000福林起，铺/双/标三3000/12,000/14,000福林；⌚5月至9月；@🏊）面积不大，位于首主教岛的中心。Gran Camping的空间够500人的各种形式住宿（包括一个带宿舍的青年旅舍），还有一个相当大的游泳池。

首选 **Padlizsán** 匈牙利菜 €€

（☎311 212; Pázmány Péter utca 21；主菜1550~3000福林）以一块几乎垂直的岩面和岩面上城堡堡垒为院子背景，Padlizsán四周的环境颇为壮观。这里的菜肴也毫不逊色，特色菜肴包括现代匈牙利菜和富有想象力的沙拉。大多数夜晚有轻柔的现场音乐。

Csülök Csárda 匈牙利菜 €€€

（☎412 420; Batthyány Lajos utca 9；主菜

1980~3890福林)"猪手小酒馆"——猜猜这里的特色菜——是游客和当地人都喜欢的一个可爱的小餐馆。供应好吃的家常菜(试一试菜豆汤,1790福林),而且分量巨大。

实用信息

大教堂团队游(Cathedralis Tours,☎520 260;Bajcsy-Zsilinszky utca 26;⏲夏季周一至周五9:00~18:00,周六9:00至正午)私人旅行社可以提供资料。

邮局(Post office,Arany János utca 2)从Széchenyi tér进入。

OTP银行(OTP Bank,Rákóczi tér 2-4)

到达和离开

长途汽车 长途汽车至少每小时1班往返于布达佩斯(930福林,1.5小时)、维谢格拉德(560福林,45分钟)和圣安德烈(930福林;1.5小时)。

火车 火车从布达佩斯Nyugati火车站发车(1120福林,1.5小时),至少每小时1班。过玛丽亚沃莱里亚桥(Mária Valéria Bridge),进入斯洛伐克的斯图罗沃(Štúrovo,Slovakia),可以搭乘到布拉迪斯拉发的火车,行程仅1.5小时。

匈牙利西北部(NORTH-WESTERN HUNGARY)

如果你希望看到匈牙利的古罗马遗产遗迹、中世纪遗产和巴洛克风格的壮观,来这个地区游览,就会受益匪浅。这个地区在16世纪和17世纪大体上避免了被土耳其人破坏,因此匈牙利西北部的主要城镇——肖普朗和杰尔设法保持了中世纪的核心,探索那里鹅卵石铺就的道路和隐蔽的院落,会是一次神奇的旅行。同样有意义的是该地区的自然美景。

杰尔(Győr)

☎96/人口131,300

杰尔(Győr,jyeur)地处布达佩斯和维也纳中间,三条河流的汇合处,是一个令人赏心悦目的城市,在商业表象下面藏着一颗中世纪的心。古罗马人建立的城镇阿拉博纳(Arrabona)旧址就在这里。11世纪时,斯蒂芬一世(Stephen I)在这里建立主教辖区;16世纪时,杰尔建了一个堡垒,以抵御土耳其人。土耳其人于1594年占据杰尔,但是在这里只坚持了4年。为此,杰尔又名为"宝贵的守卫",这么多世纪来一直守卫着匈牙利。

景点和活动

维也纳门广场 公共广场

(Vienna Gate Square,Bécsi kapu tér)位于河畔的维也纳门广场上有建于1725年的迷人的**加尔默罗教堂**(Carmelite Church,Karmelita Templom;Bécsi kapu tér)和很多精美的巴洛克式的宅邸。在广场的西北侧,有16世纪时为阻挡土耳其人而建造的防御工事。往东不远处是以法国军事领袖拿破仑命名的**拿破仑之家**(Napoleon House,Király utca 4;成人/老人和学生800/400福林;⏲周一至周五10:00~18:00,周六9:00~13:00)。

拿破仑在此停留

此前只有学究和Lonely Planet旅行指南作者知道这样一个事实:法国的拿破仑·波拿巴实际上曾在匈牙利——确切地说是在杰尔——度过了一个晚上。这个小个子军事首领于1809年8月31日在Bécsi kapu tér正东的Király utca 4住宿了一晚,这个房屋现在叫作"Napoleon-ház"(拿破仑之家)。为什么拿破仑选择从杰尔隆重进入匈牙利呢?杰尔靠近拉布之战(Battle of Raab)的战场(杰尔在德语中称为拉布),这场战役仅仅11周之前才在法意与奥匈军队之间展开。拿破仑方胜了,巴黎凯旋门上的一则铭文仍然提到"la bataille de Raab"(拉布之战)。

免费 天主大教堂
教堂

（Basilica, Bazilika; ⏲8:00至正午和14:00~18:00）往北上行到教士山（Káptalan-domb, Chapter Hill）上，就到达杰尔最古老的地区，这里有巴洛克式的天主大教堂。教堂建在山上，原本的建筑是罗马式的，但是你所看到的内部的大部分是17世纪和18世纪建成的。不要错过大教堂背面哥特式的海代尔瓦里小礼拜堂（Hédervéry Chapel），里面有闪闪发光的15世纪的拉斯洛胸像（Herm of László）——与国王与圣人齐名的拉斯洛的金像。

主教管区的宝藏和图书馆
博物馆

（Diocesan Treasury and Library, Egyházmegyei kincstár és könyvtár; Káptalan-domb 26; 成人/老人和学生800/400福林; ⏲3月至10月 周二至周日10:00~16:00）大教堂东的博物馆有匈牙利最丰富的圣物收藏，包含哥特式的圣餐杯和文艺复兴时期绣着珍珠的主教法冠。但是，最精彩的当数珍贵的图书馆（library），有1850年前印刷的近7万卷藏书，包括一部11世纪的法典。

拉巴奎尔
水疗

（Raba Quelle; ☎514 900; www.gyortermal.hu; Fürdő tér 1; 成人/儿童2450/1900福林; ⏲温泉浴 周日至周四9:00~20:30，全年周五和周六至21:00，水池 全年周一至周六6:00~20:00，露天水池 5月至8月8:00~20:00）这个温泉疗养地的几个池子的水温在29℃至38℃的范围。你也可以利用这里的健身和健康中心，提供能想象得到的每种治疗。

食宿

Hotel Klastrom
精品酒店 €€€

（☎516 910; www.klastrom.hu; Zechmeister utca 1; 标单/双/三12,500/17,500/20,000福林; @）这个令人愉快的三星级酒店占据了维也纳门广场南面有300年历史的加尔默罗女修道院。房间迷人而明亮，另外还有一个桑拿间、日光浴室、有拱形天花板的小酒馆，和一个在郁郁葱葱的庭院花园中有座位的餐馆。

Kertész Pension
客栈 €€

（☎317 461; www.kerteszpanzio.com; Iskola utca 11; 标单/双8000/12,000福林; @）店名意为“园丁”客栈，房间很简单，但位置好，就在杰尔市中心。员工友好热情，有一个漂亮的镶木酒吧。

Soho Café & Pension
家庭旅馆 €

（☎550 465; www.sohocafe.hu; Kenyér köz 7; 标单/双/标三 7000/10,000/13,000福林; @）杰尔城里最便宜的家庭旅馆，房间简单而无虚饰。离Széchenyi tér只有一个街区，而且一楼有个咖啡馆，提供免费Wi-Fi、上好的咖啡和啤酒，员工也很友好。

值得一游

潘诺恩哈尔姆修道院

花半天时间做一个20公里的短途旅行，从杰尔前往给人深刻印象的潘诺恩哈尔姆修道院（Pannonhalma Abbey, Pannonhalmi főapátság; ☎570 191; www.bences.hu; Vár utca 1; 外语团队游 成人/学生/家庭2500/1500/6300福林; ⏲4月和10月至11月中 周二至周日9:00~16:00，6月至9月 每天9:00~17:00，11月中至次年3月 周二至周日10:00~15:00）。这里1996年被联合国教科文组织列为世界遗产地。这个建筑群的大部分建筑建于13世纪至19世纪，最精彩的部分包括：古罗马式大教堂和地下室（Romanesque basilica and crypt, 1225年）、哥特式修道院（Gothic cloister, 1486年）和图书馆中令人印象深刻的古籍（ancient texts）收藏。由于是使用中的修道院，必须跟着导游参观。英语和德语团队游出发时间是：5月至9月，每天11:20和13:20；6月至9月增设一场，时间为15:20。

每天8:00、10:15、10:45和正午，有从杰尔开往修道院的长途汽车（465福林，30分钟）。

首选 **La Maréda** 各国风味 €€€

(☎510 982; www.lamareda.hu; Apáca utca 4; 主菜2680~4850福林)La Maréda是市区最富创意的餐馆，拿手菜是真正的创意菜。应季菜单上的一切——从山羊奶酪鹿脊肉(venison saddle with goat's cheese)和辣味奶油南瓜汤(spicy pumpkin cream)到榅桲酱烤鸭(roast duck with quince jelly, 中间粉嫩多汁！)——调味巧妙，而且色形俱佳，不愧"食品艺术"之荣誉。服务亲切周到，令人愉悦。

Matróz 海鲜 €€

(matroz-vendeglo.internettudakozo.hu; Dunakapu tér 3; 主菜1200~2180福林)Matróz有此地最好的鱼类菜，从暖身的鲤鱼汤(carp soup)到鲜美的梭鲈鱼片(pike-perch fillets)。砖砌的拱顶酒窖很漂亮，加上贴着深蓝色瓷砖的壁炉和航海纪念品，使这个极好的小餐馆非常完美。

☆ 娱乐

免费杂志**Győri Est**(www.gyoriest.hu/)是获取杰尔最新的娱乐资讯不错的来源。

杰尔国家剧院 剧院

(Győri Nemzeti Színház; ☎售票处520 611; www.gyoriszinhaz.hu; Czuczor Gergely utca 7; ⊙周一至周五 10:00~13:00，周二至周五14:00~18:00)这个现代化的场馆是著名的**杰尔芭蕾舞团**(Győr Ballet, www.gyoribalett.hu)、杰尔市的歌剧团和爱乐乐团所在地。

ℹ 实用信息

旅游信息中心(Tourinform, ☎311 771; www.gyortourism.hu; Baross Gábor utca 21-23; ⊙6月至8月周一至周五9:00~18:00，周六和周日至19:00，9月至次年5月 周一至周五至17:00，周六至13:00)新开的大办公室，员工乐于帮忙，有很多信息量大的小册子。

OTP银行(OTP Bank, Baross Gábor utca 16)

邮政总局(Main post office, Bajcsy-Zsilinszky út 46; ⊙周一至周五8:00~18:00)在杰尔国家剧院(Győr National Theatre)对面。

ℹ 到达和离开

长途汽车 长途汽车到布达佩斯(2520福林，2小时，每天1到4班)、潘诺恩哈尔姆(Pannonhalma, 465福林，30分钟，每小时1班)、埃斯泰尔戈姆(2200福林，2.25小时，每天1班)和巴拉顿菲赖德(Balatonfüred, 2200福林，2.5小时，每天5班)。

火车 杰尔到布达佩斯Keleti火车站和Déli火车站(2520福林，1.5小时，每半小时1班)的特快列车把这两个城市很好的相连起来，每天还有12班往返维也纳西站(Westbahnhof, 3950福林，1.5小时)的火车。

肖普朗(Sopron)

☎99/人口60,800

肖普朗是一个迷人的边境城市，其历史可追溯到古罗马时代。肖普朗有一些保存得很好的古迹；有一个动人的中世纪广场，以原有的城墙为界，足以吸引人们花上一两个小时在此漫无目的地漫步。

蒙古人和土耳其人从未往西到达过这么远，因此与许多匈牙利城市不同，无数中世纪建筑得以幸存，而且还在使用。肖普朗与近邻奥地利的紧密联系可以追溯到几个世纪前，1921年的公民投票中，肖普朗居民投票决定留在匈牙利，若非如此，肖普朗很容易就归属边境线的另一侧了。在这次公民投票中，布尔根兰(Bürgenland, 肖普朗曾经所属的地区)的剩余部分则归属奥地利。逛完安静的街巷后，可以再喝上一两杯当地产的红葡萄酒柯佛朗克(Kékfrancos)。

👁 景点和活动

主广场 广场

(Fő tér)这是肖普朗的主广场；广场周围散布着几个博物馆、纪念碑和教堂，包括规模巨大的**火警塔**(Firewatch Tower, Tűztorony; Fő tér)，这是座60米高的塔，在老城(Old Town)的**忠诚门**(Fidelity Gate, Fő tér, 火警塔下面)上面巍然矗立，调研时正在进行修缮。

该建筑真正地混合了几种建筑风格：2米厚的方形底部，建在一个罗马式的门上面，始建于12世纪；中间有拱廊的圆柱形阳台建于16世纪；而巴洛克式尖顶则是1680年加建的。广场中间是1701年的**三位一体柱**（Trinity Column, Szentháromság oszlop; Fő tér），这是匈牙利最经典的"黑死病纪念柱"。

紧邻广场，沿着城墙，有一些**小型露天遗迹**（open-air ruins, Szabadtéri rom），有重建的古罗马风格城墙和2世纪房屋，那时肖普朗还只是罗马的小型前哨，叫作斯加班蒂亚（Scarbantia）。

斯托尔诺之家 博物馆

（Storno House, Storno Ház és Gyűjtemény; www.soprontourist.info/en/sopron//museums; 成人/老人及学生1300/750福林；⏲4月至9月 周二至周日10:00~18:00，10月至次年3月14:00~18:00）斯托尔诺之家建于1417年，曾是意大利籍瑞士人费伦茨·斯托尔诺家的住宅。斯托尔诺本是扫烟囱匠，后来成为艺术修复师，他在遍及外多瑙地区（Transdanubia）重新雕刻的罗马式和哥特式纪念碑至今颇有争议。**斯托尔诺收藏**（Storno Collection）的精彩的古董和2楼的小摆设包括许多他们的作品。

法布里丘斯之家 博物馆

（Fabricius House; www.soprontourist.info/en/sopron//museums; Fő tér 6; 成人/老人和学生1000/500福林；⏲4月至9月 周二至周日10:00~18:00，10月至次年3月至14:00）巴洛克风格的法布里丘斯之家是建在罗马式基础上的，在楼下几层有凯尔特、罗马和匈牙利早期发现**考古展**（archaeological exhibition），还有一个展出石棺的**石雕展**（lapidarium），以及重建的斯加班蒂亚时代（Scarbantia-era）的雕像。楼上是所谓的**城市公寓**（urban apartments），在这里你可以了解肖普朗17世纪和18世纪的市民是怎样生活的。

山羊教堂 教堂

（Goat Church, Kecsketemplom; Templom utca 1; ⏲5月至9月7:00~21:00，10月至次年4月 周一至周六8:00~18:00）在主广场（Fő tér）中心附近，这个13世纪的哥特式教堂，得名于其主捐助人纹章上的动物。紧邻教堂中殿，有一个**中世纪教士厅**（Medieval Chapter Hall, Középkori Káptalan Terem; ☎咨询338 843; Templom utca 1; 免费参观；⏲5月中旬至9月10:00至正午和14:00~17:00），是一个14世纪方济各会修道院的一部分，有壁画和石刻。

犹太教堂 犹太教

老犹太教堂（Old Synagogue, Ó Zsinagóga; Új utca 22; 成人/学生700/350福林；⏲5月至10月 周二至周日10:00~18:00）和**新犹太教堂**（New Synagogue, Új Zsinagóga; Új utca 11），都建于14世纪，让人们联想到这座城市曾经有大量犹太人口。前者的院子中有一个重建的浸礼池（mikvah）。

食宿

Wieden Panzió 客栈 €€

（☎523 222; www.wieden.hu; Sas tér 13; 标单/双 7000/9900福林起；📶）肖普朗最温暖舒适的客栈位于一个古老迷人的连栋老房子里，从这里步行不远就能到内城。房间宽敞明亮，友好的员工不怕麻烦，让你感到宾至如归。

Jégverem Fogadó 客栈 €

（☎510 113; www.jegverem.hu; Jégverem utca 1; 标单/双 6900/8900福林；📶）非常好的选择，而且位于中心地区，在一个18世纪的冰窖中有5个套房风格的房间。即使你不住在这里，也要尝一尝露台餐馆超大分量的猪肉、鸡和鱼类菜肴。

Graben 各国风味 €€

（☎340 256; www.grabenetterem.hu; Várkerület 8; 主菜1690~3200福林；⏲8:00~22:00）位于老城墙附近一个温暖舒适的酒窖中，用牛排、炸肉排（schnitzel）和野味吸引顾客，顾客大多是奥地利人。味道很棒，服务很友好。夏天时，会将露台延伸到内院上。

Stubi 匈牙利菜 €

（Balfi utca 16; 菜肴600~1000福林；⏲正午

至21:00）这是一个以当地人为主的很本土的地方。一定要点匈牙利风格的每日特色菜——gulyás（匈牙利红烩牛肉）、丰盛的卷心菜炖土豆、加了碎罂粟籽的各种面条（noodles with crushed poppy seeds）等，分量很大。

Liszt Salon 咖啡馆 €

（Szent György utca 12；咖啡 600福林；⊙10:00～22:00）这个非常时髦的咖啡馆，用异常丰富的茶和咖啡，吸引了当地人和旅客。分两个明显不同的区域：一个区摆放着低矮舒服的沙发，另一个区则以竖立的椅子和桌子为特点。偶尔有古典音乐会。

☆ 娱乐

弗朗茨·李斯特会议与文化中心 表演艺术

（Ferenc Liszt Conference & Cultural Centre；☎517 517；www.prokultura.hu；Liszt Ferenc utca 1；⊙周一至周五 9:00～17:00，周六至正午）剧院、音乐厅、赌场和餐馆合一。信息台有肖普朗古典音乐和其他文化活动的最新信息。

Petőfi Theatre 剧院

（☎517 517；www.prokultura.hu；Petőfi tér 1）这个漂亮的剧院，正面饰以民族浪漫风格的马赛克，是肖普朗一流的剧院。

ℹ 实用信息

邮政总局（Main post office，Széchenyi tér 7-8）

OTP银行（OTP Bank，Várkerület 96/a）

旅游信息中心（Tourinform；☎517 560；sopron@tourinform.hu；Liszt Ferenc utca 1，Ferenc Liszt Conference & Cultural Centre；⊙6月中旬至8月 周一至周五9:00～18:00，周六至周日至19:00，一年中的其他时间缩短营业时间）免费上网，有大量关于肖普朗和周边地区信息（包括当地葡萄酒商的信息）。

ℹ 到达和离开

长途汽车 往返布达佩斯的长途汽车，需要在维斯普雷姆（Veszprém）和塞克希费黑瓦尔（Székesfehérvár）等城市转车，转车花的时间也较长，因而不推荐。每小时有1班长途汽车到杰尔（1680福林；2.5小时），每天有2班到巴拉顿菲赖德（3130福林；4小时）。

火车 火车经过杰尔开往布达佩斯的Keleti火车站（4200福林；3小时；每天8班）。地方性的火车到奥地利的维也纳新城（Wiener Neustadt；2800福林；40分钟；每小时1班），可以从这里转车到维也纳。

巴拉顿湖（Lake Balaton）

中欧最大的淡水湖是巴拉顿湖，面积达600平方公里。这里的主要活动包括游泳、帆船和日光浴，但是自行车手也喜欢这里，他们被总长超过200公里有标记的环湖自行车道吸引到这里。

湖的南岸大部分是没什么意思的混乱而俗气的度假村，南岸的中心是希欧福克（Siófok）。然而，南北两岸气氛对比强烈。在北岸，生活节奏较优雅，巴拉顿高地国家公园（Balaton Uplands National Park）森林覆盖的山丘提供了美妙的背景。卡兹泰伊和巴拉顿菲赖德等历史城镇点缀其间，而几乎将湖一分为二的蒂豪尼（Tihany）半岛，是一个重要的历史教堂所在地。

巴拉顿菲赖德（BALATONFÜRED）

☎87/人口13,600

巴拉顿菲赖德（读作bal-ah-ton fuhr-ed）是湖上历史最久也是最时尚的度假胜地。在19世纪那些辉煌的日子里，富人名流沿着树木成行的街道建造了一些大型别墅，希望利用对健康有益的巴拉顿菲赖德的温泉。最近，临湖的土地经过一次大规模的改造，现在自豪地拥有巴拉顿最时髦的小艇船坞。这里的酒店比邻近的蒂豪尼半岛上的酒店略微便宜一些，使之成为探索巴拉顿的一个很好的落脚点。

⊙ 景点和活动

焦吉广场 广场

（Cure Sq，Gyógy tér）这个树木葱茏的广场是巴拉顿菲赖德水疗的中心地带。广场中心是科苏特泵房（Kossuth Pump House，1853年），输送含少量硫化物但是可以饮用的热水。矿泉浴是留给广场东侧的国家心血管医院（State Hospital of Cardiology）的病人的。

北侧是巴拉顿先贤祠（Balaton Pantheon，Gyógy tér），刻着曾在医院治疗的先贤的纪念牌匾，而西侧是巴洛克后期风格的霍瓦特之家（Horváth House，Gyógy tér 3），1825年第一次举行安娜舞会（Anna Ball，www.annabal.hu；Anna Grand Hotel；票价25,000福林起）的地点，安娜舞会是小镇重要的年度活动。如今，该活动的举行时间是每年7月26日，地点是**Anna Grand Hotel**（☎342 044；www.annagrandhotel.eu；Gyógy tér 1；标单/双25,000/35,000福林起；❄@📶🏊）。

公共湖滨（Public Beaches）
湖滨

巴拉顿菲赖德最容易进入的多草的湖滨是约一公里长的埃斯泰尔哈齐湖滩（Eszterházy Strand，www.balatonfuredistrandok.hu；Tagore sétány；成人/儿童900/540福林；⏲旺季6月中旬至8月中旬8:30~19:00，淡季 5月中旬至6月中旬和8月中旬至9月中旬9:00~18:00），而镇上就有一个水上公园，更漂亮的基什福卢迪湖滩（Kisfaludy Strand，www.balatonfuredistrandok.hu；Aranyhíd sétány；成人/儿童640/400福林；⏲旺季 6月中旬至8月中旬8:30~19:00，淡季 5月中旬至6月中旬和8月中旬至9月中旬9:00~18:00）在码头东北约800米的人行道一带。沿湖的许多湖滨都是有人"管理"的，就是说，有营业时间、收门票。设施几乎都包括更衣室和淋浴。

游轮
游轮

摆渡码头附近沿着湖滨中心的公园，是个散步的好地方。从4月末到9月中旬，你可以乘1小时的快乐航游（pleasure cruise，☎342 230；www.balatonihajozas.hu；ferry pier；成人/优惠1500/650福林），每天4到5个班次。怀旧迪斯科船（retro disco boat，Disco Hajo；☎342 230；www.balatonihajozas.hu；渡船码头；航游1900福林），是有音乐和饮料的2小时航游，周一和周三至周六9:00出发。

住宿

价格一年到头波动，通常在7月初与8月底之间达到顶峰。基什福卢迪湖滩北面的几条街上，有许多房屋出租房间。旅游信息中心（见367页）可以帮助找到大约每人每夜4000福林的私人房间。

Hotel Blaha Lujza
酒店 €€

（☎581 219；www.hotelblaha.hu；Blaha Lujza utca 4；标单11,000福林，双16,000~18,000福林；❄📶）这家小酒店的20间房有些紧凑，但是非常舒适。这曾是深受人们喜爱的19世纪的女演员兼歌手卢伊佐·布洛豪（Lujza Blaha）的消夏居所，她在1893年至1916年曾在这里度过夏天。

Balaton Villa
酒店 €€

（☎788 290；www.balatonvilla.hu；Deák Ferenc utca 38；标单/双6400/13,000福林；❄📶）这个在湖边山坡上的粉黄色别墅，有9个宽敞而明亮的房间。每个房间都有自己的阳台，俯瞰着阳光充足的花园与葡萄园，客人还可以使用设备齐全的厨房和烧烤区。

Füred Camping
露营地 €

（☎580 241；fured@balatontourist.hu；Széchenyi utca 24；露营地每个成人/儿童/帐篷1600/1200/5500福林，平房/房车17,000/23,000福林起；⏲4月中旬至10月初；@）这是湖畔最大的露营地之一，直接通往湖岸。平房最多可以容纳4人。

餐饮

La Riva
意大利菜 €€€

（☎06 20 391 4039；larivaristorante.hu；Zákonyi Ferenc sétány 4；主菜2000~4500福林）这家富有想象力的餐馆，很自豪地位于现代化小艇船坞的滨水区。意大利面和比萨饼是这里的主打，但是每日特色菜也不容小觑。

Balaton
匈牙利菜 €€

（Kisfaludy utca 5；主菜1800~3000福林）这家餐馆离湖有一段距离，在有荫凉的公园区域，凉爽而枝叶繁茂，是一片喧嚣之中的绿洲。菜的分量很足，鱼类菜选择范围很广。

Kedves 咖啡

（Blaha Lujza utca 7；蛋糕400~650福林）加入卢伊佐·布洛豪的粉丝，这个19世纪著名女演员兼歌手过去常来这个咖啡馆喝咖啡、吃蛋糕，消磨时间。吸引人的还有这远离尘嚣的位置。

实用信息

邮局（Post office，Zsigmond utca 14）

OTP银行（OTP Bank，Petőfi Sándor utca 8）

旅游信息中心（Tourinform，☎580 480；balatonfured@tourinform.hu；Blaha Lujza utca 5；⏲7月和8月 周一至周五9:00~19:00 周六至18:00 周日至13:00，6月和9月 周一至周五 9:00~17:00 周六至13:00，10月至次年5月 周一至周五 9:00~16:00）资料齐备，运行良好的旅游信息中心。

到达和当地交通

附近的长途汽车和火车站在Dobó István utca上，从巴拉顿湖上坡约1公里。到蒂豪尼的长途汽车（310福林，30分钟）全天大约每30分钟1班。每天有几部长途汽车开往西北的湖滨城镇，包括卡兹泰伊（1300福林，1.5小时，每天7班）。

到布达佩斯（2520福林，2.5小时）的长途汽车和火车很多，但长途汽车班次更频繁。

从4月至10月，每天大约有6班轮渡从巴拉顿菲赖德往返蒂豪尼（1100福林，30分钟）。

蒂豪尼
（TIHANY）

☎87/人口1350

巴拉顿湖上最有历史意义的地方是蒂豪尼（读作tee-haw-nee），这是一个丘陵起伏的半岛，向湖中延伸了5公里。这里的活动集中在蒂豪尼镇，景点有著名的大修道院教堂（Abbey Church）。与之形成鲜明对比的是半岛自然保护区上的群山和湿地草原，有种与世隔绝的感觉，适合徒步和观鸟。

景点和活动

首选 **大修道院教堂** 教堂

（Abbey Church，Bencés Apátság templom；tihany.osb.hu；András tér 1；成人/优惠 包括博物馆1000/500福林；⏲5月至9月9:00~18:00，4月和10月 10:00~17:00，11月至次年3月10:00~15:00）从很远就能看到双塔结构的赭色本笃会大修道院教堂（Benedictine Abbey Church，1754年）。教堂的中殿布满了18世纪中期由一个奥地利杂役修士雕刻的精致的祭坛、布道坛和屏风，从建筑本身来说，全部是巴洛克-洛可可风格的杰作。在**古罗马式地下室**（Romanesque crypt）中安葬着修道院的创建人国王安德鲁一世（King Andrew I）。门票包含进入附属的**本笃会大修道院博物馆**（Benedictine Abbey Museum，Bencés Ápátsági Múzeum；门票包含在大修道院教堂的门票中；⏲5月至9月9:00~18:00，4月和10月 10:00~17:00，11月至次年3月10:00~15:00）。教堂后面有条路通向瞭望台，可以看到出色的风景。

Hiking 徒步

徒步是蒂豪尼深受人们喜爱的主要活动之一。有一份详细的地图，绘出了在Kossuth Lajos utca和András tér村中心的小径（已用不同颜色标出）。沿着村中心东北的绿色小径，步行1小时，就来到一口**俄国井**（Russian Well，Oroszkút）和位于219米高处的**老城堡**（Old Castle，Óvár）遗迹，安德鲁一世带到蒂豪尼的俄罗斯东正教修士在柔软的玄武岩壁中挖了一个个单人小室。

食宿

Kántás Panzió 客栈 €€

（☎448 072；www.kantas-panzio-tihany.hu；Csokonai út 49；房间13,000福林；❄📶）Kántás是蒂豪尼较便宜住宿的一个典范。客栈小而有个性，有舒适的阁楼房间（有些带阳台），下方还有个餐馆。可以一览内湖景色。

Adler 精品酒店 €€€

（☎538 000；www.adler-tihany.hu；Felsőkopaszhegyi utca 1/a；房间14,700~16,900福林，公寓29,700~32,400福林；❄📶🏊）Adler有13个粉刷成白色的带阳台的大房间；适合家庭入住，而且还有极可意浴缸（jacuzzi，一种按摩浴缸）、桑拿室和餐厅。

首选 **Ferenc Pince** 匈牙利菜 €€

（☎448 575；Cserhegy 9；主菜2500福林起；⏲正午至23:00，周二不营业）位于大修道院教堂以南约2公里处，是葡萄酒和美食爱好者的梦想之地。在白天时，从餐馆的露台可以看到开阔的湖景，而在夜晚，则可以看到南岸的闪烁灯光。

Rege Café 咖啡馆 €

（Kossuth Lajos utca 22；蛋糕350福林起；⏲10:00~18:00）这个现代化的咖啡馆，在本笃会大修道院博物馆附近。从这个极为有利的位置，可以看到巴拉顿湖的无与伦比的美景。

实用信息

蒂豪尼游客旅行社（Tihany Tourist，☎448 481；www.tihanytourist.hu；Kossuth Lajos utca 11；⏲5月至9月9:00~17:00，4月和10月10:00~16:00）安排住宿和当地团队游。

旅游信息中心（Tourinform，☎448 804；tihany@tourinform.hu；Kossuth Lajos utca 20；⏲6月中旬至9月中旬 周一至周五9:00~19:00，周六和周日10:00~17:00，其余时间缩短营业时间）位于中心地段。

到达和离开

长途汽车全天往返于蒂豪尼村和巴拉顿菲赖德火车站和长途汽车站之间（310福林，30分钟）。14公里的路程，大部分沿湖边行驶。

从4月至10月，每天有6班轮渡从巴拉顿菲赖德往返蒂豪尼（1100福林，30分钟）。你可以从码头沿着一条通向村子的陡峭道路，到达大修道院教堂。

卡兹泰伊（KESZTHELY）

☎83／人口21,000

卡兹泰伊坐落在湖的最西端，这里有宏伟的连栋房屋和远离巴拉顿湖旅游热点的舒缓氛围。这里小而浅的湖滨很适合家庭游玩。奢华精美的费斯特蒂奇宫（Festetics Palace）不容错过。

湖滨和摆渡码头经过一小公园延伸到东南方。商业中心，在山上长途汽车和火车站以北约500米，主要街道Kossuth Lajos utca沿途。

景点和活动

首选 **费斯特蒂奇宫** 宫殿

（Festetics Palace，Festetics Kastély；☎312 190；www.helikonkastely.hu；Kastély utca 1；宫殿和四轮大马车博物馆成人/优惠2300/1150福林；⏲7月和8月9:00~21:00，5月、6月和9月10:00~16:00，10月至次年4月 缩短开放时间且周一不营业）有100个房间，白色耀眼的费斯特蒂奇宫最早修建于1745年。150年之后，在原楼基础上增建了两侧翼楼。巴洛克式南冀楼的十几个房间已经改成了海利卡故宫博物院（Helikon Palace Museum，Helikon Kastélymúzeum）。镀金展览大厅中的许多装饰艺术品都是19世纪中期从英格兰进口的。

这里还有宫中最宝贵的宝藏——著名的海利肯图书馆（Helikon Library，Helikon Könyvtár），有近10万册藏书和华丽的雕花家具。在宫殿后面一座单独的建筑里面是四轮大马车博物馆（Coach Museum，Hintómúzeum；成人/优惠1000/500福林；⏲7月和8月9:00~21:00，5月、6月和9月10:00~16:00，10月至次年4月 缩短开放时间且周一不营业），里面展出的都是皇家使用的四轮大马车和雪橇。

湖滨区域 湖滨

（Lakeside Area）卡兹泰伊最适合游泳和日光浴的地方是城市湖滩（City Beach，Városi Strand；成人/儿童890/630福林，3日票 1800/1300福林；⏲5月中旬至9月中旬8:00~18:00）。这里靠近摆渡码头，很适合孩子，再往南还有个狭长的海利肯湖滩（Helikon Beach，Helikon Strand；成人/儿童 500/350福林，3日票1050/840福林；⏲5月中旬至9月中旬8:00~18:00）。夏季时，在城市湖滩有风帆和风筝冲浪设备出租。许多湖滩有营业时间，并收取门票。设备几乎都包括更衣室和淋浴。

从3月末到10月末，你可以乘1小时的快乐航游（pleasure cruise，☎312 093；www.balatonihajozas.hu；轮渡码头；⏲成人/优惠 1500/650福林），每天有几趟。在旺季，一天航行多达7次。

住宿

旅游信息中心（Tourinform，见370页）可以帮助找到私人房间（每人3500福林起）。或者，就自己去找（特别是沿着Móra Ferenc utca），并且留心"szoba kiadó"或"zimmer frei"标志（分别是匈牙利文和德文的"有房间出租"）。

首选 Bacchus 酒店 €€€

（☎510 450；www.bacchushotel.hu；Erzsébet királyné utca 18；标单13,500福林，双16,900~25,000福林，公寓27,000福林；❄@📶）Bacchus因其中心位置和洁净的房间，成为游客的热门选择。同样令人喜欢的是这里很有氛围的酒窖，里面有一个可爱的餐馆，可以品尝葡萄酒。

Tokajer 客栈 €€

（Tokaji Panzió Keszthely；☎319 875；www.pensiontokajer.hu；Apát utca 21；标单/双/公寓9200/15,000/18,000福林起；❄@📶🏊）Tokajer（德文名）位于小镇安静的地段，占了四座楼，房间略微陈旧，但是很宽敞，有的还配着阳台。两个池子、一个健康中心兼健身房，以及可以免费使用自行车，都为这里增色不少。

Ambient Hostel 青年旅舍 €

（☎06 30 460 3536；keszthely-szallas.fw.hu；Sopron utca 10；铺/双3600/7900福林起；@）从费斯特蒂奇宫往北，步行不远就到了这个青年旅舍。这里有便宜的铺位房间、基本设施，每个房间都有自己的卫生间。还有一个位于路边的多彩而时尚的咖啡馆。

餐饮

首选 Margareta 匈牙利菜 €

（www.margaretaetterem.hu；Bercsényi utca 60；主菜1400~3200福林；⌚11:00~22:00）Margareta并不漂亮，但是在较温暖的几个月里，围绕的门廊和后院隐匿的露台总是挤满了人。其他时间，人们就挤在小小的室内。提供简单而丰盛的匈牙利人家常菜，但是要注意：分量巨大。

Pelso Café 咖啡馆

（Fő tér；咖啡和蛋糕300福林起；⌚10:00~22:00；📶）这个时尚的两层楼咖啡馆位于主广场南端。咖啡、蛋糕和鸡尾酒做得相当好。露台也令人赏心悦目。

值得一游

赫维兹（HÉVÍZ）

赫维兹（人口4335）在卡兹泰伊西北仅8公里。因为有欧洲最大的**"温泉湖"**（Gyógy-tó；☎501 700；www.spaheviz.hu；3小时/5小时/全天 2500/2800/3800福林；⌚6月至8月8:00~19:00，5月和9月9:00~18:00，4月和10月9:00~17:00，3月和11月至次年2月9:00~16:00），成为匈牙利最著名的温泉小镇。任何来巴拉顿湖地区的人，都不可避免地要在这个长满睡莲的湖中泡一泡。

这是一个令人惊异的景象：在帕克伍德（Park Wood），近4.5公顷的水面，全年大部分时间长满了粉红色和白色的莲花。水源是从一个在地下约40米的火山口喷出的泉水，火山口每天向上喷涌约8千万升温水，大约每隔48小时湖水就自我更新一次。表面水温平均33℃，冬季时从不低于22℃，全年都可以沐浴，即使周围的冷衫树上挂着雾凇。你可以和当地人一样，租一个橡胶游泳圈（600福林），就在湖里漂着吧。

一座有顶棚的桥通向温泉湖的"世纪末风格"的湖心亭，亭中有小型自助餐、太阳椅、淋浴、更衣室和向下入湖的台阶。

几乎每半小时有1班公共汽车往来于赫维兹和卡兹泰伊（250福林，15~20分钟）之间。

☆ 娱乐

费斯特蒂奇宫 古典音乐

（Festetics Kastély；☎312 190；www.helikonkastely.hu；Kastély utca 1；⊙周四20:00）全年每个周四在费斯特蒂奇宫的音乐厅会举行古典音乐会。

ℹ 实用信息

OTP银行（OTP Bank，Kossuth Lajos utca 38）

旅游信息中心（Tourinform，☎314 144；keszthely@tourinform.hu；Kossuth Lajos utca 28；⊙6月中旬至9月中旬 周一至周五9:00~20:00，周六至18:00，9月中旬至6月中旬 周一至周五9:00~17:00，周六至12:30）是卡兹泰伊和巴拉顿湖信息极好的来源。

ℹ 到达和离开

长途汽车 卡兹泰伊发车的长途汽车目的地包括巴拉顿菲赖德（1300福林，1.5小时，每天7班）和布达佩斯（3410福林，3小时，每天7班）。

火车 卡兹泰伊在一条连接巴拉顿湖东南岸和布达佩斯的铁路支线上（到布达佩斯3410福林，4小时，每天6班）。要乘火车到达沿巴拉顿湖北岸的城镇，必须到Tapolca（465福林，30分钟，每小时1班）转车。

匈牙利中南部（SOUTH CENTRAL HUNGARY）

匈牙利南部是一个平静的地区；一个放慢脚步品味生活的地方。旅游业几乎没有涉及这个地区，而在乡间旅行就像是时光倒流。从这个地区经过，你将看到粉刷成白色的农舍，那茅草覆盖的屋顶和长长的用花朵图案装饰的柱廊似乎几个世纪就没有变过。

在历史上，与克罗地亚和塞尔维亚接壤的地区常常是匈牙利与这些国家"共有"的，而且正是在这里，最能强烈地感受到土耳其人长达150年的占领所留下的遗迹。

该地区东临多瑙河，南面和西面为德拉瓦河（Dráva River），北面则是巴拉顿湖。地势总体上是平坦的，只有迈切克山（Mecsek Hills）和维拉尼山（Villány Hills）从平原上拔地而起。这里的天气似乎总比匈牙利其他部分暖和几度；日照充足的气候区对葡萄生长极好，橡木桶陈酿维拉尼红酒（Villány reds）广受赞誉。

佩奇（Pécs）

☎72/人口157,700

由于有得天独厚的温和气候、辉煌的过去和若干个精美的博物馆和纪念碑，佩奇（paich）是匈牙利最有趣而令人愉快的城市之一。还有一些原因——几所大学、附近的迈切克山、活跃的夜生活和葡萄酒佳酿——让许多旅行者在匈牙利必游之地名单上，把佩奇列第二位，仅次于布达佩斯。

罗马人定居地索比阿内（Sopianae）——现在的佩奇，过去曾有400年是下潘诺尼亚（Lower Pannonia）省的首府。基督教早在4世纪就在这里繁荣，1009年斯蒂芬一世使佩奇成为主教辖区。1241年蒙古人横扫到此，促使政府建立了巨大的城墙，部分城墙矗立至今。土耳其人的统治从1543年开始，持续了近一个半世纪，使佩奇蒙上了一层土耳其色彩，一看到佩奇主广场中心的清真寺教堂，就可以看出这一点。

◉ 景点和活动

佩奇的主要景点聚集在三个区域：塞切尼广场（Széchenyi tér，有清真寺教堂）；杜姆广场（Dóm tér，矗立着圣彼得大教堂）；和Káptalan utca——佩奇的"博物馆街"。

首选 清真寺教堂 清真寺

（Mosque Church，Mecset templom；Széchenyi tér；成人/优惠750/500福林；⊙4月中旬至10月中旬10:00~16:00，10月中旬至4月中旬至正午，周日营业时间较短）从前的加齐·卡西姆帕夏清真寺（Pasha Gazi Kassim Mosque），现在是内城教区教堂（Inner Town Parish Church，Belvárosi plébánia templom），但是常被称为清真寺教堂。这是匈牙利现存最大的土耳其占领时期的建筑，也是佩奇市的象征。

犹太教堂 犹太教堂

（Synagogue，Zsinagóga；Kossuth tér；成人/

优惠600/400福林；⏲5月至10月 周日至周五10:00至正午和12:45~17:00）佩奇保存完好的1869年犹太教堂，在Széchenyi tér南部。

若尔瑙伊瓷器博物馆 博物馆

（Zsolnay Porcelain Museum，Zsolnay Porcélan Múzeum；Káptalan utca 2；成人/优惠1200/600福林；⏲周二至周日10:00~17:00）从塞切尼广场北端，沿Szepessy Ignéc utca上行，向左（西）转到Káptalan utca，就来到一条博物馆和美术馆林立的街道。若尔瑙伊瓷器博物馆在这个地带的东端。英语译文很好地讲述了这个当地厂家生产的艺术陶瓷和功能陶瓷的历史（从19世纪中期其早期辉煌的时代，一直到现在）。该博物馆曾是若尔瑙伊家族的住宅，里面有很多原来的陈设和个人所有物。

圣彼得大教堂 教堂

（Basilica of St Peter，Szent Péter bazilika；Dóm tér；成人/优惠900/600福林；⏲周一至周六9:00~17:00，周日13:00~17:00）这个献给圣彼得的4塔大教堂，其房基可追溯到11世纪，侧面的小礼拜堂是14世纪建的。但是，你今天所看到的新罗马式建筑结构是1881年进行修复的结果。1770年建的**主教宅邸**（Bishop's Palace，Püspöki palota；☎513 030；Szent István tér 23；成人/儿童 1900/1000福林；⏲团队游 6月末至9月中旬 周四14:00、15:00和16:00）在大教堂的西南。广场附近还有一个15世纪**外堡**（barbican，Barbakán；Esze Tamás utca 2；⏲花园 5月至9月7:00~20:00，10月至次年4月9:00~17:00）这是老城墙现存的唯一的石头堡垒。

采洛塞普蒂乔拉信息中心 遗迹

（Cella Septichora Visitors Centre，Cella Septichora látogatóközpont；www.pecsorokseg.hu；Janus Pannonius utca；成人/优惠1200/600福林；⏲周二至周日10:00~18:00）在杜姆广场（Dom tér）南侧，介绍了2000年被列入联合国科教文组织《世界遗产名录》的一系列早期基督徒的埋葬地。其亮点是所谓的**"壶陵"**（Jug Mausoleum，Korsós sírkamra；成人/儿童300/150福林；⏲周二至周日10:00~18:00），这是一个4世纪时罗马人的坟墓，因一幅画上有葡萄树的大型酒器而得名。

早期基督教墓和礼拜堂 教堂

（Early Christian Tomb Chapel，Ókeresztény sírkápolna；Szent István tér 12；成人/优惠500/300福林；⏲周二至周日10:00~18:00）这个早期基督教墓及礼拜堂大约建于公元350年，有两幅壁画，一幅是亚当夏娃，另一幅是在狮穴中的丹尼尔。再往南不远，有两个**罗马墓址**（Roman tomb sites，Apáca utca 8 & 14；成人/儿童/家庭450/250/850福林；⏲周二至周日10:00~17:00）里面有相同年代的110个坟墓。

首选 西塔凡利博物馆 博物馆

（Csontváry Museum；☎310 544；Janus Pannonius utca 11；成人/儿童1500/750福林；⏲10:00~18:00，周一闭馆）西塔凡利博物馆展出19世纪画家西塔凡利·科斯特卡·蒂沃道尔（Tivadar Kosztka Csontváry，1853~1919年）的主要作品。西塔凡利是一个独特的象征主义艺术家，他的悲剧人生常常被与同时代的伟大画家凡·高相比。

哈桑雅科瓦利清真寺 清真寺

（Hassan Jakovali Mosque，Hassan Jakovali mecset；Rákóczi utca；成人/优惠600/300福林；⏲3月末至10月 周三至周日 9:30~18:00）虽然挤在两座现代化建筑之间，但比起更大的清真寺教堂来，这个16世纪的清真寺保存得更好，而且完整——还有**尖塔**（minaret）。里面有一个小型**展览**（exhibition），展出内容为在匈牙利的奥斯曼人。

住宿

在7月和8月，佩奇市十几所大学都为游客打开大门，宿舍一个床铺价格平均4000~6000福林。旅游信息中心（Tourinform，见374页）有完整的名录。

Hotel Főnix 酒店 €€

（☎311 682；www.fonixhotel.hu；Hunyadi János út 2；标单/双8200/14,000福林起；❄@📶）Főnix占地有限，酒店显得颇为拥挤，有16个房间和套房。争取订到带阳台的房间，清真寺教堂近在咫尺。

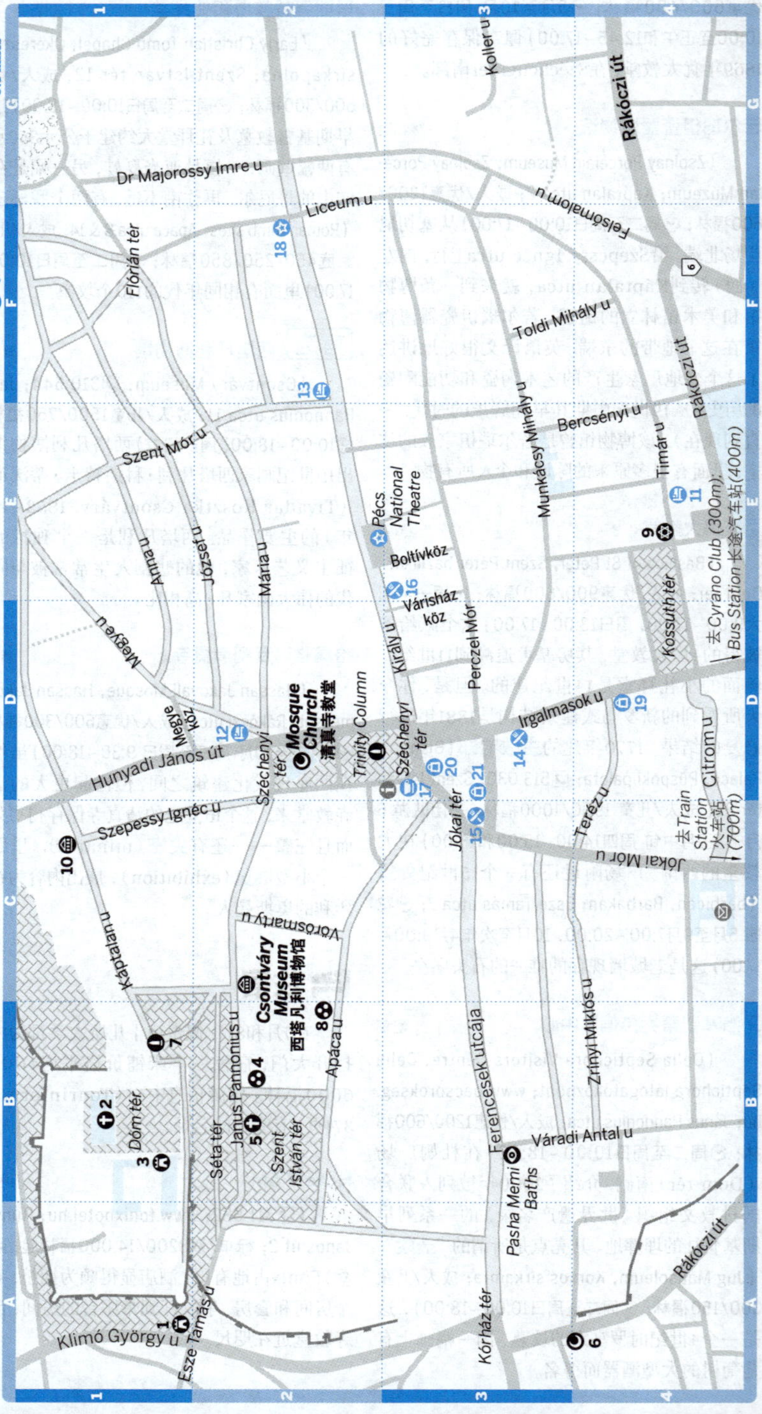
Pécs 佩奇
200 m
0.1 miles
0
Dr Majorossy Imre u
Liceum u
Florián tér
Felsőmalom u
Koller u
Rákóczi út
Toldi Mihály u
Bercsényi u
Munkácsy Mihály u
Tímár u
Szent Mór u
Anna u
József u
Mária u
Megye u
Megye köz
Pécs National Theatre
Boltívköz
Várisház köz
Király u
Perczel Mór
Széchenyi tér
Irgalmasok u
Kossuth tér
去 Cyrano Club (300m)
Bus Station 长途汽车站(400m)
Hunyadi János út
Mosque Church 清真寺教堂
Trinity Column
Szepessy Ignéc u
Jókai tér
Teréz u
Citrom u
去 Train Station 火车站 (700m)
Jókai Mór u
Vorosmarty u
Káptalan u
Csontváry Museum 西塔凡利博物馆
Janus Pannonius u
Apáca u
Dóm tér
Séta tér
Szent István tér
Ferencesek utcája
Zrínyi Miklós u
Váradi Antal u
Pasha Memi Baths
Kórház tér
Klimó György u
Esze Tamás u

Pécs 佩奇

Hotel Diána 客栈 €€

(☎328 594; www.hoteldiana.hu; Tímár utca 4/a; 标单/双/标三11,350/16,350/20,350福林起; ❄@)这个市中心位置的客栈提供20个一尘不染的房间，装饰自在舒服，氛围轻松，还有热情的服务。

Nap Hostel 青年旅舍 €

(☎950 684; www.naphostel.com; Király utca 23-25; 铺/双2800/12,350福林起; @📶)干净友好的青年旅舍，在二楼有铺位和一个双人房间。这里还有一个大厨房，可从Szent Mór utca进入。

餐饮

在只允许行人通行的Király utca，街两边是成排的小酒馆、咖啡馆和快餐店。另一个好的选择是小而亲切的Jókai tér。

首选 Enoteca & Bistro Corso 各国风味 €€€

(☎525 198; www.enotecapecs.hu; Király utca 14; 主菜3200~5500福林)匈牙利最好的餐馆之一，分两个楼层供应菜肴：顶楼的特色是改良的匈牙利菜，带有意大利和法国风味，而一楼稍微便宜一些，但菜肴同样出色。在较温暖的几个月，户外露台是受欢迎的享用小吃和饮料的地方。

Áfium 巴尔干菜 €

(☎511 434; Irgalmasok utca 2; 主菜1500~2200福林; ⊙11:00至次日1:00)离克罗地亚和塞尔维亚那么近，多数餐馆却不供应国境线以南国家的菜肴，真是令人惊奇。不要错过菜豆蹄子汤(bean soup with trotters)。工作日午间套餐只需520福林。

Az Elefánthoz 意大利菜 €€

(☎216 055; www.elefantos.hu; Jókai tér 6; 主菜2600~4500福林，比萨饼1400~2600福林)这里有宜人的露台(俯瞰Jókai tér)，提供上佳的意大利菜。想要在中心地段享用一流的食物，来这里一定没错。有一个烘烤比萨饼的柴炉，不过意大利面也值得品尝。

Coffein Café 咖啡馆

(Széchenyi tér 9; ⊙周一至周四8:00至午夜，周五和周六至次日2:00，周日10:00~22:00; 📶)若想从最佳角度欣赏塞切尼广场对面清真寺教堂和Király utca的美景，你可以在这个很酷的咖啡馆里找一个位置坐下。这个咖啡馆用最热烈的色彩装饰。

娱乐

佩奇的歌剧和芭蕾舞团历史悠久，还有

一个交响乐管弦乐队。旅游信息中心（Tourinform）有演出时间表等信息。免费的双周刊**PécsiEst**（www.pecsiest.hu）也列出市里上演的节目。

Cyrano Club 夜店

（Czindery utca 6；男性800~1200福林，女性免费入场；⏲周五和周六20:00至次日5:00）这是一家大型夜店，很受爆炸头、身穿铆钉服装的人群欢迎，他们来这里的历史由来已久了。

Varázskert 夜店

（Király utca 65；⏲夏天18:00至次日3:00）既是大型露天啤酒花园，又是深夜时分的音乐俱乐部，位于Király utca较远的那端。

购物

佩奇从土耳其时代起就以皮革制品闻名，你可以在市里的几个店淘几件便宜货，如主要经营手袋和钱包的**Blázek**（☎332 460；Teréz utca 1）。**Corvina Art Bookshop**（☎310 427；Széchenyi tér 7-8）有英文书和旅游指南，而**Zsolnay**（☎310 220；Jókai tér 2）在塞切尼广场（Széchenyi tér）南面有一个瓷器市场。在市区西南约3公里，一个星期天**跳蚤市场**（flea market，Vásártér；Megyeri út；⏲周日8:00~15:00）吸引了这个地区周围的人。

实用信息

旅游信息中心（Tourinform，☎213 315；baranya-m@tourinform.hu；Széchenyi tér 9；⏲6月至8月 周一至周五9:00~17:00 周六和周日10:00~15:00，5月、9月和10月周日不营业，11月至次年4月 周六和周日不营业）员工知识渊博，以及提供丰富的佩奇和中南部地区的信息。

邮政总局（Main post office，Jókai Mór utca 10）在塞切尼广场（Széchenyi tér）南面一座漂亮的新艺术主义建筑（1904年）里。

到达和离开

长途汽车 大约1天5班长途汽车往返于佩奇与布达佩斯（3010福林，4.5小时）之间，与塞格德（3010福林，4.5小时）之间1天8班，与凯奇凯梅特（3010福林，4.5小时）1天2班。

火车 佩奇在一条铁路干线上，通往布达佩斯的Déli火车站（3950福林，3小时，1天9班）。1天有1班火车从佩奇开往克罗地亚的奥西耶克（Eszék，克罗地亚语的Osijek，2小时），然后继续开往波斯尼亚和黑塞哥维那首都萨拉热窝（Sarajevo，9小时）。

匈牙利东南部（SOUTHEASTERN HUNGARY）

如内陆之于澳大利亚人，或狂野西部（Wild West）之于美国人，大平原（Nagy Alföld，Great Plain）对匈牙利人来说有一种罗曼蒂克的感染力。许多这样的观念或多或少来自于历史上的集体想象、绘画和诗歌，但是那天空广阔的乡村毫无疑问地有使人着迷的潜力——特别是在霍尔托巴吉国家公园（Hortobágy National Park）和小昆沙国家公园（Kiskunság National Park）。大平原上的一些城市有优雅的建筑和悠久的历史。塞格德（Szeged）是艺术和文化中心，凯奇凯梅特（Kecskemét）充满了新艺术派的瑰宝，德布勒森（Debrecen）是“加尔文教徒的罗马”。

凯奇凯梅特（Kecskemét）

☎76/人口107,000

凯奇凯梅特（读作kech-kah-mate）大致位于布达佩斯和塞格德中间，是一个方便行人的绿色城市。这里有赏心悦目的新艺术派建筑、许多精美的博物馆，和该地区出产的上佳的鲍劳克帕林卡（barackpálinka，杏子白兰地）。小昆沙国家公园就在城市的后门口。一日游选择包括：在长满杜松的多沙的山上徒步、在布高茨（Bugac）看骑马表演，或者参观一个马场——这个区域有许多马场。

景点

科苏特广场 广场

（Kossuth tér；Ⓟ）科苏特广场上耸立着1897年修建的巨型建筑——新艺术主义的**市**

值得一游

小昆沙国家公园

小昆沙国家公园(Kiskunság National Park, Kiskunsági Nemzeti Park; www.knp.hu)总面积超过76,000公顷,由9个孤立的"岛"(受保护土地)组成。公园的许多盐碱池塘和沙丘是禁区。凯奇凯梅特西南30公里处的布高茨村(Bugac village, 人口2850)是公园最容易到达的部分。

到这里游玩的亮点是有机会看到广受欢迎的牛仔秀(cowboy show, csikósbemutató; www.bugacpuszta.hu; 门票1400福林; ⏲5月至10月12:15)。在牛仔秀上,牧马人骑着无鞍马互相角逐,还有惊险的"五匹在手"表演——五匹马前后排列,一个奇科什(csikós,牛仔)站在后两匹并驾齐驱的马的马背上,驾着这5匹马全速飞奔。

附近还有几条天然和教育性质的徒步小径(hiking trails),有解释性的英文路标,你可以从这些地方出发,游览这个神奇的拥有沙丘、陡岸和湿地的生态系统。

去看牛仔秀,自己没有车就困难了。上午有一趟公共汽车从凯奇凯梅特开往布高茨(745福林,1小时,37公里),但是到达后也赶不上12:15的表演(早些时刻的车,发车时间很荒唐——工作日5:25,周末6:30)。另一个比较复杂的办法是乘每小时1班,开往基什孔弗莱吉哈佐(Kiskunfélegyháza, 465福林,16分钟,25公里)的火车,选9:11的车次,然后乘每小时1班的公共汽车去布高茨(370福林,30分钟,18公里)。

如果你有自驾车,沿着凯奇凯梅特外的54号路,朝绍尔特沃德凯特(Soltvadkert)方向进发。在21公里标志牌处转弯驶离公路,沿着一条土路朝布高茨普斯陶(Bugacpuszta)方向开几公里,然后按照路标指示来到**Karikás Csárda**(☎575 112; www.bugacpuszta.hu/en/?pid=310; Nagybugac 135; 主菜1600~3800福林; ⏲5月至9月10:00~22:00, 4月和10月至20:00)。这是一家俗丽但还不错的餐馆,在公园入口旁边,还是牛仔秀和小型牧民博物馆(Herder Museum, Pásztormúzeum; ☎575 112; www.museum.hu/bugac/pasztormuzeum; 免费参观; ⏲5月至10月10:00~17:00)的售票和信息亭。

你可以从那里步行或乘马车(horse-driven carriage, 成人/儿童含牛仔秀 3500/2500福林; ⏲5月至10月11:30)去看表演。凯奇凯梅特的旅游信息中心(Tourinform, 见377页)能够帮助你规划去国家公园的远足。Fábián Panzió(见376页)客栈店主人是另一个良好的信息来源。

政厅(City Hall, ☎513 513, ext 2263; Kossuth tér 1; 免费参观; ⏲预订安排)。市政厅的两侧是巴洛克式的大教堂(Great Church, Nagytemplom; ☎487 501; Kossuth tér 2; ⏲全年 9:00至正午,5月至9月 增加15:00~18:00,周一不开放)和更早的圣尼古拉方济各会教堂(Franciscan Church of St Nicholas, Szent Miklós Ferences Templom; ☎497 025; Lestár tér),教堂部分建筑可追溯到13世纪。附近有宏伟的建于1896年考托纳·约瑟夫剧院(József Katona Theatre, Katona József Színház; Katona József tér 5),一座新巴洛克风格的场馆,前面有一个1742年的三位一体(Holy Trinity)雕像。

观赏宫 建筑

(Ornamental Palace, Cifrapalota; Rákóczi út 1)杰出的新艺术主义风格的观赏宫,可以追溯到1902年。其波浪状的墙上,用多彩的马略尔卡瓷砖装饰。宫中有凯奇凯梅特画廊(Kecskemét Gallery, Kecskeméti Képtár; ☎480 776; www.museum.hu/kecskemet/keptar; 成人/优惠500/270福林; ⏲周二至周日10:00~17:00)。其20世纪匈牙利艺术收藏固然重要,但主要是参观恰如其名的装饰大厅(Decorative Hall, Díszterem)和大厅中令人称奇的拉毛粉饰工艺和色彩生动的瓷砖。

Kecskemét 凯奇凯梅特

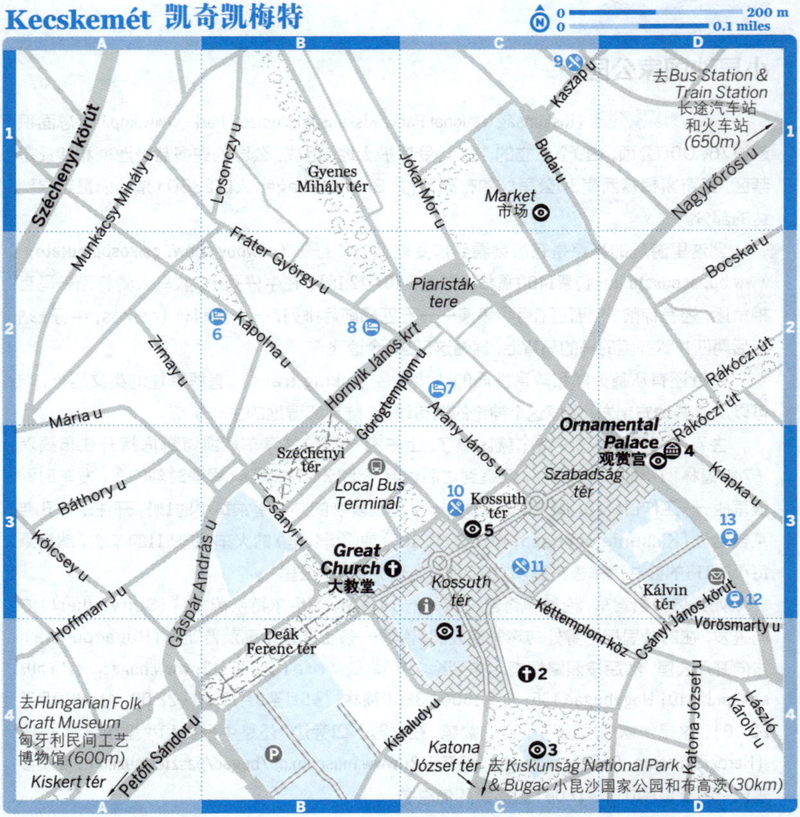

匈牙利民间工艺博物馆 博物馆

（Hungarian Folk Craft Museum，Népi Iparművészeti Múzeum；☎327 203；www.nepiiparmuveszet.hu；Serfőző utca 19/a；成人/优惠500/250福林；⏰3月至10月 周二至周六10:00~17:00，11月至次年2月至16:00）在匈牙利民间工艺博物馆——凯奇凯梅特所有博物馆的鼻祖——一个有200年历史的农庄综合体，在12个房间中塞满了刺绣品、编织品、木雕、家具、农用工具和纺织品。

住宿

在7月和8月，旅游信息中心（Tourinform，见377页）能够帮助你查找提供宿舍住宿的若干所大学的地点。

首选 Fábián Panzió 客栈 €€

（☎477 677；www.panziofabian.hu；Kápolna utca 14；标单9800~10,800福林，双11,000~12,800福林；❄@📶）这座10间房客栈的店主人一家曾周游世界，他们似乎对客人需要什么知道得一清二楚。冰箱、沏茶和煮咖啡的设施是房间标准配置。有当地餐馆菜单和旅游手册供你行前仔细研读，还能出租自行车。院子有个花园，街道很安静。

Pálma 酒店 €€

（☎321 045；www.hotelpalma.hu；Arany János utca 3；标单6100~8500福林，双8900~10,900福林；❄📶）位于中心位置的Pálma有两幢现代化的建筑，共40个简单的客房。较贵的房间在二楼，有电视机、冰箱和空调。有免费的自助洗衣设施。

Kecskemét 凯奇凯梅特

重要景点

	大教堂	B3
	观赏宫	D3

景点

1	市政厅	C4
2	圣尼古拉方济各会教堂	C4
3	考托纳·约瑟夫剧院	C4
4	凯奇凯梅特画廊	D3
5	科苏特广场	C3

住宿

6	Fábián Panzió	B2
7	Pálma	C2
8	Teachers' College	B2

就餐

9	Cézár	C1
10	Lordok	C3
11	Rozmaring	C3

饮品

12	Black Cat Pub	D3
13	Wanted Söröző	D3

Teachers' College 青年旅舍 €

（Tanítóképző Főiskola；☎486 977；www.kefo.hu；Piaristák tere 4；标单/双3500/7000福林；⏲6月中旬至8月；@ ）在凯奇凯梅特夏季提供住宿的大学中，这里的位置最靠中心，也最友好。这个宿舍有基本的双床间，而且（大部分）带卫生间。

就餐

首选 **Cézár** 意大利菜 €€

（☎328 849；www.clubcaruso.hu；Kaszap utca 4；主菜2200~4200福林）这是一家很正宗的意大利餐厅。Cézár的食材几乎全是从意大利运过来的。比萨饼（980~1400福林）和意大利面（1800~2700福林）的选择极多，主菜可以做成半份。

Rozmaring 匈牙利菜 €€€

（☎509 175；www.rozmaringbisztro.hu；Szabadság tér 2；主菜1800~4300福林；）在步行广场上的这家"银式服务"餐馆，艺术装潢达到标准。匈牙利的现代化在这点上是做对了。

Lordok 咖啡馆 €

（☎06 70 866 0223；Kossuth tér 6-7；主菜500~900福林；⏲7:00至午夜）这个受欢迎的自助餐厅和毗连的时尚咖啡吧具有多重功能：既提供便宜而美味的午餐，也是人们喝咖啡提神休息的地方，傍晚也可来此喝一杯。

饮品和娱乐

对于饮品，西方主题的小酒馆**Wanted Söröző**（☎415 923；Csányi János körút 4；⏲周一至周四8:00至午夜，周五和周六10:00至次日2:00，周日10:00至午夜）和较另类的**Black Cat Pub**（☎06 70 299 4040；Csányi János körút 6；⏲周日至周四 11:00至午夜，周五和周六至次日2:00）就在同一条路上上行不远处，很方便。

旅游信息中心（Tourinform）有上演的音乐会和演出名单，或者查一查免费周刊*Kecskeméti Est*。

实用信息

邮政总局（Main post office，Kálvin tér 10）

OTP银行（OTP Bank，Korona utca 2，Malom Centre）在市中心的购物中心。

旅游信息中心（Tourinform，☎481 065；www.kecskemet.hu；Kossuth tér 1；⏲6月至8月 周一至周五8:00~17:00，周六和周日9:00~13:00，9月至次年5月 周一至周五8:00~18:00）位于市政厅中。这里出租自行车，也提供小昆沙国家公园的远足信息。

到达和离开

主要长途车站和火车站在考托纳·约瑟夫公园（József Katona Park）附近，彼此相对。有频繁的长途汽车开往布达佩斯（1680福林，1.25小时，

Szeged 塞格德

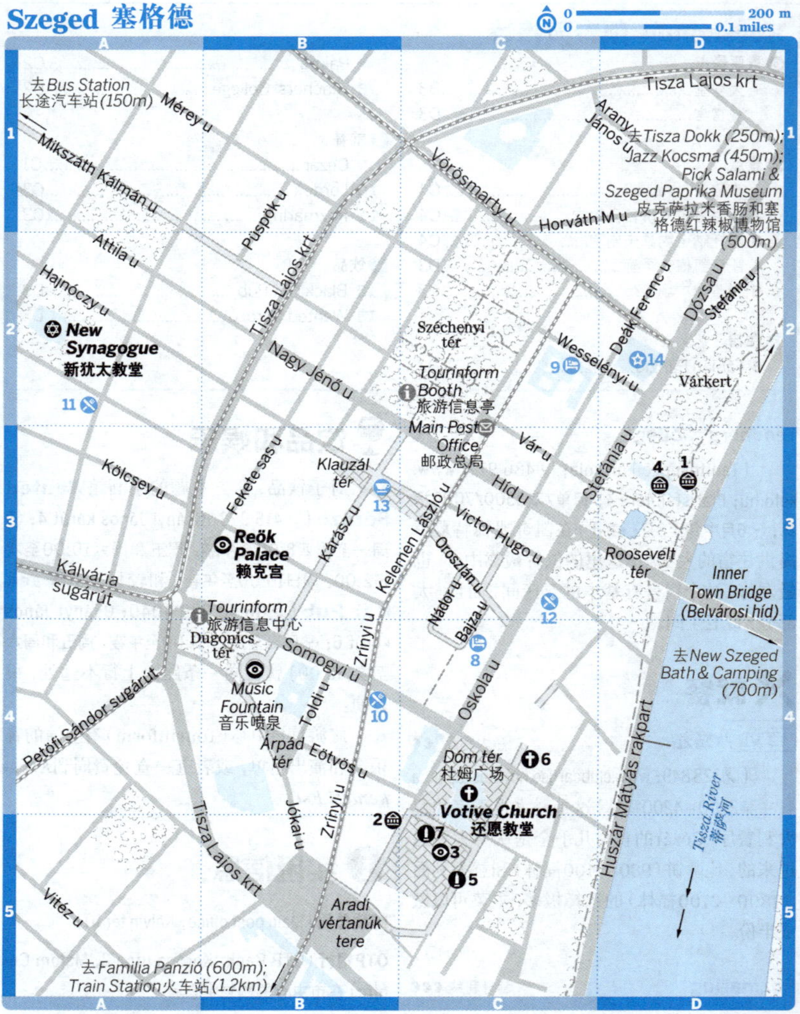

每小时1班）和塞格德（1860福林，2小时，每小时1班）。

一条直达的铁路线将凯奇凯梅特连接到布达佩斯的Nyugati火车站（1900福林，1.5小时，每小时1班）、佩奇（3690福林，4.5小时，1天2班）和塞格德（1650福林，1小时，每小时1班）。

塞格德（Szeged）

☎62/人口170,300

兴隆的边境城市塞格德，有几处沿着蒂萨河（Tisza River）堤岸的历史景点，还有一些奢华的新艺术主义的城市宫殿建筑，都处于不同的维修阶段。重要的是，塞格德是一个主要的大学城，意味着这里富于文化，聚会众多，一年到头都活跃着节日场景。

曾有许多个世纪，处于毛罗什河（Maros River）和蒂萨河交汇处的位置给城市带来了繁荣和增长。但是这种和谐愉快的关系在1879年变了质，当时蒂萨河淹没了堤岸，摧毁了市中心的众多地区。你今天看到的大部分历史建筑是19世纪后期和20世纪早期建

Szeged 塞格德

重要景点

新犹太教堂 A2
赖克宫 B3
还愿教堂 C4

景点

1 城堡博物馆和石雕展 D3
2 教区博物馆和宝藏库 B5
3 杜姆广场 C5
4 莫拉·费伦茨博物馆 D3
5 国家先贤祠 C5
6 塞尔维亚东正教教堂 C4
7 圣德米特里塔楼 C5

住宿

8 Dóm Hotel C4
9 Tisza Hotel C2

就餐

10 Boci Tejivó B4
11 Taj Mahal A2
12 Vendéglő A Régi Hídhoz C3

饮品

13 A Cappella B3

娱乐

14 Szeged National Theatre D2

造的。

7月和8月在杜姆广场（Dom tér）举行的塞格德露天音乐戏剧节（Szeged Open-Air Festival，☎541 205；www.szegediszabadteri.hu）是布达佩斯之外匈牙利最大的节庆。主要活动包括歌剧、轻歌剧、戏剧、民间舞蹈、古典音乐、芭蕾舞和摇滚歌剧。

景点和活动

杜姆广场 广场

（Dóm tér）"大教堂广场"上有塞格德最重要的建筑和纪念碑，是一年一度夏季节庆活动的中心。凌驾于（一如既往）其他建筑之上的是双塔结构的还愿教堂（Votive Church，Fogadalmi templom；☎420 157；www.dom.szeged.hu；Dóm tér；免费参观；⏲周一至周六6:30~19:00，周日7:30开始），这是个砖砌的比例失调的怪物，在1879年洪水后就许诺建造，但实际上是在1913年至1930年建造完成的。里面值得一看的大约只有那个有11,500多根管子的管风琴，和绘制着壁画的圆顶。

前面就是古罗马式的圣德米特里塔楼（St Demetrius Tower，Dömötö-torony；Dóm tér），这是12世纪曾屹立于此的一个教堂如今仅存的部分。在广场东北端耸立着建于1778年的塞尔维亚东正教教堂（Serbian Orthodox church，Görögkeleti Szerb ortodox templom；☎424 246；Dóm tér；成人/儿童400/300福林；⏲8:00~17:00），看一眼里面奇异的圣像屏帏：中间有一棵金色的"树"，"枝条"上挂着70幅圣像。

回到杜姆广场，不妨抬脚跨入教区博物馆和宝藏库（Diocesan Museum & Treasury，Egyházmegyei Múzeum és Kincstár；☎420 932；www.museum.hu/szeged/egyhazmegyei；Dom tér 5；成人/优惠100/50福林；⏲4月至10月10:00~18:00，周一闭馆），欣赏一番馆藏的圣体匣、圣餐杯和其他礼拜仪式所用的物件。环绕广场三侧的是国家先贤祠（National Pantheon，Nemzeti Emlékcsarnok；免费参观；⏲24小时），有70个匈牙利名人的雕像和浮雕。

新犹太教堂 犹太教堂

（New Synagogue，Új Zsinagóga；☎423 849；www.zsinagoga.szeged.hu；Jósika utca 10；成人/优惠400/200福林；⏲4月至9月10:00至正午和13:00~17:00，10月至次年3月10:00~14:00，周六不开放）新艺术主义的新犹太教堂，由鲍姆霍恩·利波特（Lipót Baumhorn）于1903年设计，是匈牙利最美的犹太教礼拜堂，而且仍然在使用，尽管这个群体已经从"二战"前的8000人减少到了50人左右。蓝色和金色装饰的内部气势恢宏，最醒目的是其穹顶，上面装饰着星星和花朵，看起来似乎要向空中飘去。

赖克宫 建筑

（Reök Palace，Reök Palota；☎541 205；www.reok.hu；Tisza Lajos körút 56）建于1907年的赖克宫是一座令人激动的新艺术主义建筑，绿色与淡紫色的色调，装饰得像水族馆似的。经过修复，已经恢复了它原有的光辉，现在定期举办摄影与视觉艺术展。

莫拉·费伦茨博物馆 博物馆

(Ferenc Móra Museum; ☎549 040; www.mfm.u-szeged.hu; Roosevelt tér 1-3; 成人/优惠900/600福林; ⊙周二、周三和周五至周日10:00~18:00, 周四至20:00)建于1896年的学宫(Palace of Education), 现在里面设有这个优秀的博物馆, 馆中收藏了琼格拉德州(Csongrád County)多姿多彩的民间艺术与传统手艺。原本是塞格德位于河畔的一座城堡, 建于1240年左右, 在1879年的洪水把城堡的多处城墙冲毁之后, 塞格德把剩下的部分也拆除了。若要近距离观看古代的地下城墙, 来参观附近的**城堡博物馆和石雕展**(Castle Museum & Lapidarium, Varmuzéum és kötár; ☎549 040; Stefánia sétány 15; 成人/儿童300/200福林; ⊙10:00~17:00, 周一不开放)。

皮克萨拉米香肠和塞格德红辣椒博物馆 博物馆

(Pick Salami & Szeged Paprika Museum, Pick szalámi és Szegedi paprika múzeum; ☎06 20 989 8000; www.pickmuzeum.hu; Felső Tisza-part 10; 成人/儿童含品尝萨拉米香肠和红辣椒样品980/740福林; ⊙15:00~18:00, 周一不开放)这座博物馆位于两座横跨蒂萨河的大桥之间, 有两层楼的展品, 展示了萨拉米香肠的生产和塞格德"红色金子"的栽培、加工和包装过程。可能比你想象的要有趣得多, 而且还能获得样品。

住宿

首选 Tisza Hotel 历史酒店 €€€

(☎478 278; www.tiszahotel.hu; Széchenyi tér 3; 标单/双 标准15,700/17,900福林, 高级17,800/20,800福林; ❄📶)塞格德精致的老式酒店, 悬挂着水晶枝形吊灯和镀金镜子, 但是酒店49个房间中的大部分房间与公共区域的典雅并不相称。总而言之, 是个可爱的(多少有些陈旧)地方, 房间宽敞明亮通风。

Dóm Hotel 精品酒店 €€€

(☎423 750; www.domhotel.hu; Bajza utca 6; 标单/双/公寓26,500/30,500/47,000福林; ❄@)塞格德的高端住宿领域中很受欢迎的新成员, 这个漂亮而正处于中心地段的酒店有16个房间、1个小型健康中心、广受欢迎的内部餐厅, 以及会说多种语言的员工, 对他们来说, 什么要求都不过分。

Familia Panzió 客栈 €€

(☎441 122; www.familiapanzio.hu; Szentháromság utca 71; 标单/双/标三7000/9500/14,000福林起; ❄📶)这家客栈由家庭经营, 在火车站附近的一座很不错的古宅里, 有24间当代的(也可以说没什么特色)房间。房间往往会被经济型旅行者预订一空。

New Szeged Bath & Camping 露营地 €

(Újszegedi partfürdő és kemping; ☎430 843; www.szegedcamping.hu; Középkikötő sor 1-3; 露营地每人990福林加上每只帐篷390福林, 平房8000~11,500福林; ⊙5月至9月; 📶🏊)绿草如茵的大型露营地, 可供700人露营, 就位于蒂萨河边, 看起来有点像一个对公众开放的公园。也有建在高脚支柱上的平房。毗邻的水疗5月至9月开放。

餐饮

Vendéglő A Régi Hídhoz 匈牙利菜 €€

(☎420 910; www.regihid.hu; Oskola utca 4; 主菜1400~2400福林)想享受地道又不太破费的一餐, 就到这家店名为"在老桥"来, 这个传统的匈牙利餐馆供应各种受欢迎的菜, 还有一个可爱的露台, 离河只有一个街区。是品尝塞格德著名的鱼汤Szögedi halászlé(2000福林)的好地方。

Taj Mahal 印度菜 €€

(☎452 131; www.tajmahalszeged.hu; Gutenberg utca 12; 主菜1540~2290福林; 🌿)如果你很想吃咖喱或尝尝泥炉菜肴, 这个令人愉快的正宗印度次大陆餐馆就是你要来的地方, 离新犹太教堂只有几米远。也有很多供素食者选择的菜肴。

Boci Tejivó 快餐 €

(☎423 154; www.bocitejivo.hu; Zrínyi utca 2; 主菜260~500福林; ⊙24小时; 🌿)这是很现

代的餐馆，采纳了复古的理念——在社会主义时期广受欢迎的"奶制品店"。从几十种不含肉的菜肴中选择，有奶酪蘑菇蛋饼、加核桃或罂粟籽的面条，和任何含有热卖的túró（凝乳）的菜，特别是túrógombóc（凝乳圆子，590福林）。

A Cappella 咖啡馆

（☎559 966；Kárász utca 6；蛋糕385~625福林；⏰7:00~21:00）从这个超大的街头咖啡馆可以居高临下地观看Klauzál tér，有很丰富的蛋糕和冰激凌品种供选择。

☆ 娱乐

作为一个大学城，塞格德有大量的酒吧、夜店和其他夜生活场所。夜店的活动名单，可查阅免费的**Szegedi Est**（www.szegediest.hu）杂志。

Szeged National Theatre 剧院

（Szegedi Nemzeti Színház；☎479 279；www.szinhaz.szeged.hu；Deák Ferenc utca 12-14）这个上演歌剧、芭蕾舞和古典音乐会的剧院，自1886年起就是塞格德文化生活的中心。

Jazz Kocsma 现场音乐

（☎06 70 250 9279；jazzkocsma.blog.hu；Kálmány Lajos 14；⏰周一至周四17:00至午夜，周五和周六至次日2:00）广受欢迎的小型音乐俱乐部，在学年中，逢周五、周六夜晚有现场音乐时就变得非常拥挤。

Tisza Dokk 夜店

（www.tiszadokk.hu；Arany János utca 1；⏰周日至周四10:00至次日1:00，周五和周六至次日5:00）这个不落俗套的酒吧兼舞厅夜店，在蒂萨河畔的一个码头，吸引了塞格德的俊男靓女。

ℹ 实用信息

邮政总局（Main post office，Széchenyi tér 1）

OTP银行（OTP Bank，Klauzál tér 4）

旅游信息中心（Tourinform，☎488 690；tip.szegedvaros.hu；Dugonics tér 2；⏰周一至周五9:00~17:00，周六至13:00）非常有帮助的旅游信息中心，隐匿在大学附近一个安静的院落里。有一个季节性的旅游信息亭（Széchenyi tér；⏰6月中旬至9月中旬 周一至周五8:00~20:00，周六和周日9:00~18:00），夏季开放。

ℹ 到达和当地交通

火车站位于市中心南面的Indóház tér；从这里，1路或2路有轨电车通往市中心。长途汽车站在市中心西面的Mars tér，经步行街Mikszáth Kálmán utca走不远就到了。

长途汽车开往佩奇（3410福林，4小时，1天8班）和德布勒森（3950福林，4.5小时，1天最多3班）。到塞尔维亚苏博蒂察市（1200福林，1.5小时）的长途汽车1天最多4班。

塞格德在通向布达佩斯Nyugati火车站（2420福林，2.5小时，1小时1班）的铁路干线上；火车中途也在凯奇凯梅特（2100福林，1小时）停靠。要去罗马尼亚的阿拉德（Arad），必须在贝凯什乔包（Békéscsaba，1860福林，2小时，半小时1班）转车。

匈牙利东北部（NORTHEASTERN HUNGARY）

如果说有一种匈牙利葡萄酒世界闻名，那就是托考伊（tokaj或tokay）了。这种酒的产地就在匈牙利东北部，这个地区有着对葡萄酒生产有益的微气候。东北部树木繁茂的连绵山丘，构成了喀尔巴阡山脉（Carpathian Mountains）的山麓丘陵，沿着匈牙利与斯洛伐克边境延伸。虽然你肯定会注意到海拔变高了，但是匈牙利的最高峰——海拔1014米的凯克什峰（Kékes），也只不过是路上的一个凸块。这里的亮点是埃格尔和托考伊两座葡萄酒城。

埃格尔（Eger）

☎36/人口56,500

埃格尔到处是保存完好的巴洛克式建

Eger 埃格尔

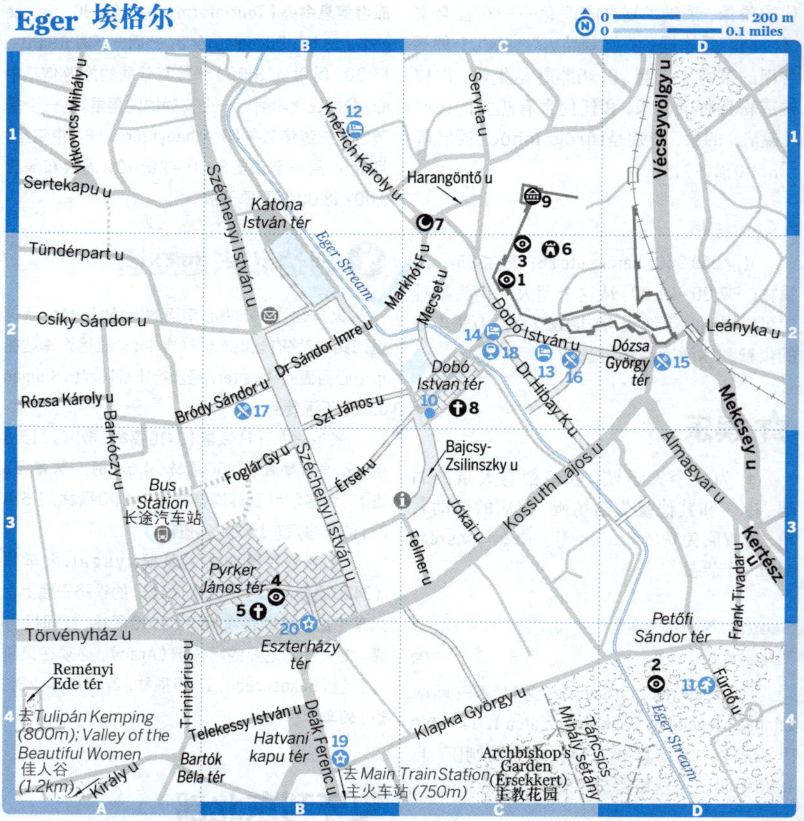

筑，就像一只装满珠宝的宝盒。你可以在埃格尔山顶城堡了解土耳其人曾经的征服与溃败，登上一座以前建造的清真寺尖塔，或在雄伟的大教堂里聆听管风琴演奏，而最精彩的是，在佳人谷（Valley of Beautiful Women）游走于一个又一个酒窖之间，在产区品尝著名的"公牛血"葡萄酒（Bull's Blood wine）。

1552年正是在埃格尔，匈牙利人抵御住了土耳其人的进攻，这是在土耳其人占领的170年期间，第一次成功的抵御。土耳其人于1596年卷土重来，这次占领了这座城市，并将其改为省会，修建了几座清真寺和其他建筑，直到在17世纪末被驱逐出去。在18世纪早期，拉科齐·费伦茨二世（Ferenc Rákóczi II）试图推翻哈布斯堡家族，埃格尔在其中起到重要作用，也就在那时，城堡的很大一部分被奥地利人夷平。埃格尔在18世纪和19世纪时很繁荣，城里大部分精美的巴洛克式建筑就是在此期间建造的。

景点和活动

埃格尔城堡 堡垒

（Eger Castle, Egri Vár; www.egrivar.hu; Vár köz 1; 城堡庭院成人/儿童800/400福林，含博物馆1400/700福林；⏲展览3月至10月 周二至周日9:00~17:00，11月至次年2月 周二至周日10:00~16:00，城堡庭院5月至8月8:00~20:00，4月和9月至19:00，3月和10月至18:00，11月至次年2月至17:00）要看埃格尔市的最佳风貌，就从Dózsa György tér沿鹅卵石铺就的Vár köz上行，到达埃格尔城堡（建于13世纪）。前主教宅邸（Bishop's Palace，1470年）中的**多博·伊什特万博物馆**（István Dobó Museum）所展出的模型和图画，简单详实地介绍了城堡的历史。

院子西北侧一座19世纪的建筑中设有**埃**

Eger 埃格尔

格尔美术馆（Eger Art Gallery），里面有卡纳莱托（Canaletto）和切鲁蒂（Ceruti）的作品。经过整修的多博堡垒（Dobó Bastion, Dobó Bástya；成人/优惠500/250福林）可以追溯到1549年，但是在1976年坍塌了，从堡垒的露台可以看到埃格尔令人惊叹的美景；现在堡垒中举办不固定的展览。

在堡垒下面有用坚硬的岩石凿成的暗炮台（casemates, Kazamata），你可以加入有匈牙利语导游的团队游进行游览（团队游价格含匈牙利语导游，英文导游需另付800福林）。其他景点要另外付费，包括蜡像馆（Panoptikum, Waxworks；蜡像成人/优惠500/350福林）和3D电影（门票400~600福林）。

尖塔　　伊斯兰教

（Minaret；☎06702024353；Knézich Károly utca；门票200福林；⏰4月至10月10:00~18:00）这个40米高的尖塔，顶上有个不协调的十字架，是唯一留存下来能提示土耳其曾经占领埃格尔的建筑物了。没有幽闭恐惧症的人可以勇敢地爬完97级逼仄的螺旋形楼梯登顶，一览壮丽的景色。

圣安东尼修士教堂　　教堂

（Minorite Church of St Anthony of Padua, Páduai Szent Antal Minorita Templom；Dobó István tér 6；⏰周二至周日 9:00~17:00）在埃格尔主广场南侧耸立着修士教堂（1771年），这是匈牙利最辉煌的巴洛克式建筑之一。教堂前是表现了国家英雄多博·伊什特万（István Dobó）和他的战友于1552年击溃土耳其人场景的雕塑。

埃格尔大教堂　　教堂

（Eger Basilica, Egri Bazilika；Pyrker János tér 1；⏰周一至周六7:30~18:00，周日13:00开始）从长途汽车站或火车站来市区，首先映入眼帘的就是芥末色的新古典主义大教堂。大教堂高大的柱子建于1836年。你可以尽量将参观的时间安排在能够听到半个小时长的管风琴音乐会（organ concerts；800福林；⏰5月中旬至10月中旬周一至周六11:30，周日12:45）。你可以到大教堂下面的黑洞洞的地下去，参观城下之城（City under the City, Pyrker János tér, Város a Város Alat；成人/优惠950/500福林；⏰4月至9月9:00~19:00，10月至次年3月10:00~17:00）展览，观看主教以前的巨型葡萄酒窖。

土耳其浴　　水疗

（Turkish Bath, Török Fürdő；☎510 552；www.egertermal.hu；Fürdő utca 3-4；2.5小时成人/儿童1900/1500福林；⏰周一和周二16:30~21:00，周三至周五15:00~21:00，周六和周日9:00~21:00）这个有历史意义的水疗浴场可以追溯到1617年，最近在投资几百万福林之后，新增加了5个池子、桑拿设施、1个蒸汽房和1个土耳其浴室（hammam）。还有各种按摩和治疗。

强壮如牛

土耳其人试图攻占埃格尔城堡的故事充满传奇色彩。1552年，在多博·伊什特万的指挥下，2000名各种各样人组成的士兵抵抗住10万多土耳其人的进攻，长达1个月之久。正如每个穿着短裤的匈牙利稚龄孩童都能告诉你的，埃格尔的女性在战斗中起到关键作用，她们从壁垒上把滚沸的油和沥青浇到侵略者的身上。

埃格尔的葡萄酒也功不可没。多博显然给他的部队供应一种深红色的当地产葡萄酒。士兵们气势大增——还染红了胡须。继续战斗时，土耳其人中开始谣传，说守城的士兵喝了公牛血。侵略者于是暂时撤离了，Bikavérz（公牛血）葡萄酒由此得名。

在城堡博物馆看一看围城的小型模型，或者读一读加尔多尼·盖佐（Géza Gárdonyi）的《埃格尔之星》（*Eclipse of the Crescent Moon*，1901年），书中详细地描写了围城的场景，读来有惊心动魄之感。

首选 佳人谷 品尝葡萄酒

（Valley of the Beautiful Women，Szépasszony-völgy）在佳人谷（引人遐想的名字），到葡萄酒窖中品尝葡萄酒是很流行的。在这里，可以品尝“公牛血”——埃格尔生产的为数不多的几种红葡萄酒之一，或者任何一种白葡萄酒：莱阿尼考（Leányka）、欧洛斯里兹林（Olaszrizling）和哈尔什莱韦吕（Hárslevelű，产自附近的代布勒Debrő）。酒窖的选择——有二十几家酒窖——可能会有点令人头晕，而且他们的品质也可能参差不齐，所以自己四处转一转。但是小心点：那些1分升（100福林）1杯的酒会下得很快。佳人谷的位置是，穿过Rte25后，在西南面1公里多的地方，紧邻Király utca。步行，或者在当季时从Dobó István tér西侧搭乘**City Eye Bus Tour**（☎06 20 457 7871；Dobó István tér；团队游700福林；⏲4月至10月8:00~18:30）。乘出租车费用大约为1000福林。

住宿

首选 Hotel Senator Ház 精品酒店 €€

（Senator House；☎411 711；www.senatorhaz.hu；Dobó István tér 11；标单/双50/70欧元；❄）这个令人愉快的18世纪建的小旅馆位于埃格尔的主广场，楼上有大约11个温暖而舒适的房间，内部是传统的白色陈设。一楼是一个很好的餐馆和一个摆着古董和小玩意的接待区。

Dobó Vendégház 酒店 €€

（☎421 407；www.vendeghaz.hu；Dobó István utca 19；标单/双9000/13，500福林；📶）在老城的一条步行街边，就在城堡下面，这个小巧玲珑酒店有7个极整洁的房间，有的带着小阳台。

Agria Retur Panzió 客栈 €

（☎416 650；agria.returvendeghaz.hu；Knézich Károly utca 18；标单/双3800/6400福林；@📶）爬三段楼梯，来到位于尖塔附近的这个可爱的客栈，你就进入一个活泼的公共厨房/餐饮区，周围是4个房间。外面有一个巨大的后花园，有烧烤设施任你使用。

Tulipán Kemping 露营地 €

（☎311 542；www.tulipancamping.com；Szépasszonyvölgy utca 71；露营地每人/帐篷/房车800/900/1600福林，平房双/四5000/6000福林）葡萄园环绕的Tulipán Kemping离佳人谷的葡萄酒窖只有需晃悠几步就到了。平房是简陋的小屋，没有卫生间和厨房。

餐饮

佳人谷入口道路两旁有10个食品摊小吃店，侍者来到上方有篷子的野餐桌前呈上菜单（主菜850~1400福林）供你点餐。酒窖之间还有7个恰尔达克（csárdák，匈牙利风格的小酒馆）可以选择。

首选 **Imola Udvarház Borétterem** 匈牙利菜 €€

（☎516 180；www.imolaudvarhaz.hu；Dósza György tér 4；主菜1930~3970福林）在城堡脚下的这个时髦的餐馆有独出心裁的菜单和优秀的葡萄酒单，已经入围匈牙利餐馆12强。我们会再来的，特别是为了不断变化的4道菜品尝套餐（4570福林）。

Palacsintavár 法式薄饼 €

（Pancake Castle；☎413 986；www.palacsintavar.hu；Dobó István utca 9，从Fazola Henrik utca进入；主菜1490~1820福林）这个五花八门的餐馆提供可口的保洛钦塔克（palacsinták）——给煎饼起的一个好听的名字——配大量新鲜蔬菜。味道从亚洲风味到意大利风味，还有多种甜味煎饼可供选择。

Szántófer Vendéglő 匈牙利菜 €€

（Plough；☎517 298；www.szantofer.hu；Bródy Sándor utca 3；主菜1700~2400福林）选择到这家名为"耕耘"的餐厅来品尝营养丰富的家常式匈牙利菜。后面有一个带顶棚的院子，是夏季理想的躲避暑热之地。

Bikavér Borház 红酒吧

（☎413 262；Dobó István tér 10；⏲9:00~22:00）在这个处于中心位置的葡萄酒吧品尝一两种该地区出产的葡萄酒。侍者可以引导你挑选红酒，并且为你端上一盘奶酪或葡萄，助你净化味觉。

☆ 娱乐

旅游信息中心（Tourinform）可以告诉你正上演哪些音乐会或音乐剧。免费的**Egri Est**（www.est.hu）杂志有夜生活名录。

Géza Gárdonyi Theatre 剧院

（Gárdonyi Géza Színház；☎510 700；www.gardonyiszinhaz.hu；Hatvani kapu tér 4）大教堂正南面的市剧院上演舞蹈、歌剧和戏剧。

Gödör Kult Klub 夜店

（Pyrker János tér 3；⏲周三、周五和周六22:00至次日6:00）这个怪异的像洞穴似的DJ舞蹈俱乐部，位于大教堂台阶下面，周末时尽情狂欢。

ℹ 实用信息

OTP银行（OTP Bank，Széchenyi István utca 2）

邮局（Post office，Széchenyi István utca 22）

旅游信息中心（Tourinform，☎517 715；mheger.hu；Bajcsy-Zsilinszky utca 9；⏲6月中旬至9月中旬 周一至周五9:00~18:00，周六和周日至13:00，9月中旬至次年6月中旬 周一至周五9:00~17:00，周六至13:00）信息覆盖埃格尔及周边地区。

ℹ 到达和离开

长途汽车 长途汽车站在Széchenyi István utca西面，近Pyrker János tér。埃格尔有长途汽车到凯奇凯梅特（3130福林，4.5小时，1天3班）和塞格德（3950福林，5.75小时，1天2班）。要乘长途汽车到托考伊，必须到尼赖吉哈佐（Nyíregyháza，2520福林，3小时，1天2班）转另一辆长途汽车（回头方向）到托考伊。

火车 主火车站在**主教花园**（Archbishop's Garden，Érsek-kert；从Petőfi Sándor tér 2进入）南面的Vasút utca。如果要到市中心去，在Deák Ferenc utca向北走，然后沿着Széchenyi István utca步行街而行。

一天最多有7班直达火车前往布达佩斯Keleti火车站（2830福林，3小时）。埃格尔还处在一条铁路支线上，通往普特诺克（Putnok）和菲泽绍博尼（Füzesabony），在后者转车可达德布勒森（2230福林，2.75小时）。

托考伊（Tokaj）

☎47/人口4900

世界闻名的托考伊甜葡萄酒自15世纪起就在托考伊出产。如今，托考伊是一个风景如画的小镇，有众多古建筑、巢居的鹳和酒窖，有很多品尝托考伊名酒的机会。而且地处博德罗格河（Bodrog River）和蒂萨河交汇处，也有丰富的娱乐活动供选择。

景点和活动

品尝葡萄酒

品酒

提供葡萄酒品尝的Pincék（私人酒窖）和餐馆分布在托考伊的各个角落。正确的次序是先喝干型葡萄酒，再过渡到甜型葡萄酒：从很干的富尔明特（Furmint），到干型绍莫罗德尼（Szamorodni），再到甜型绍莫罗德尼（Szamorodni），然后是甜如蜜的各种奥苏（Aszú）葡萄酒。最基本的，由6种托考伊葡萄酒组成的一组，花费2600～3200福林；品尝全部奥苏品种，可能在4200～6000福林的范围。

这些品酒地点的老牌鼻祖是有600年历史的**Rákóczi Cellar r**（Rákóczi Pince；☎352 408；www.rakoczipince.hu；Kossuth tér 15；⏰11:00～18:00），这个酒窖的瓶装酒是放置在长廊中酿熟的。**Erzsébet Cellar**（☎06 20 802 0137；www.erzsebetpince.hu；Bem utca 16；⏰10:00～18:00，需预约）较小，由家庭经营，通常需要提前预订。所有品酒地点中最为友好的是**Hímesudvar**（☎352 416；www.himesudvar.hu；Bem utca 2；⏰10:00～18:00），这是一个氛围很好的16世纪的酒窖与商店，位于镇中心西北。

托考伊博物馆

博物馆

（Tokaj Museum，Tokaji Múzeum；☎352 636；www.tokaj.hu/tokaj/culture/museum/index；Bethlen Gábor utca 7；成人/优惠600/300福林；⏰周二至周日10:00～16:00）托考伊博物馆，在18世纪希腊葡萄酒商建造的一座大厦中，详尽地讲述了托考伊的历史和托考伊葡萄酒的酿造历史。还有非常出色的基督教礼拜仪式和犹太文物收藏，是出自就在转角处的19世纪**犹太大教堂**（Great Synagogue，Nagy Zsinagóga；☎552 000；Serház utca 55），会堂在“二战”时期曾用作德国兵营，但是在经过全面修缮后，恢复了昔日的光芒。

食宿

Huli-Bodrog Panzió

客栈 €

（☎06 20 465 5903；www.hulipanzio.hu；Rákóczi út 16；标单4000～5000福林，双8000福林；❄📶）在一个很受欢迎的柜台服务餐馆的二楼，占据了整个楼层，19间朴实的房间不是很大，只有基本装修，但是有小冰箱，还有机会用空调（1500福林）。

Vaskó Panzió

客栈 €

（☎352 107；vaskopanzio.hu；Rákóczi út 12；房间8000福林；❄📶）Vaskó正处在镇中心，有11个整洁的房间，窗台上点缀着盆花。下面是一个私人酒窖，店主人可以安排品酒。

Vízisport Turisztaház

青年旅舍 €

（☎06 20 971 6564，552 187；www.tokaj-info.hu；Horgász utca 3；露营地/铺1000/2000福林；@）极简单的青年旅舍，只有床铺，没有厨房，也没有公共休息室，一个房间有3到4张床，有一个公用的卫生间，与市中心隔河相望。出租自行车、独木舟和皮划艇，而且组织独木舟团队游。

Toldi Fogadó

匈牙利菜 €€

（☎353 403；www.toldifogado.hu；Hajdú köz 2；主菜1650～2590福林；✎）可爱的餐馆，供应的正餐似乎不错，在紧邻主干道的一条小köz（音似“克兹”，意为“巷子”）里面。Toldi擅长鱼类菜（试试鲶鱼），不过一些鸭类菜也极好，如鸭腿配炖菜（lecsó），有品种丰富的素食主菜可供选择。

Fakapu

匈牙利菜 €

（Wooden Gate；☎06 20 972 6307；Rákóczi út 27；主菜1200～1850福林）从这家名为“木门”的餐厅令人难忘的木门进入，你将置身于一个漂亮的葡萄酒餐馆，供应简单的匈牙利风味的各种汤、炖菜和一盘盘的熏肉。

实用信息

OTP银行（OTP Bank，Rákóczi Ferenc út 35）

邮局（Post office，Rákóczi Ferenc út 24）

旅游信息中心（Tourinform，☎950 603；www.tokaj-turizmus.hu；Serház utca 1；⏰6月至8月 周一至周六9:00～17:00，周日10:00～15:00，9月至次年

5月 周一至周五9:00~16:00）紧邻Rákóczi út。向游客提供实用的该区域酒窖手册，而且出租自行车（每半/全天2000/2400福林）。

到达和离开

长途汽车 在Kossuth tér东面，Serház utca 38外侧的几个车站，是长途汽车出发和到达的地点。托考伊没有去布达佩斯和埃格尔的直达车，但是1天有2班车去德布勒森（1680福林，2小时）。

火车 火车停靠在镇中心南1.2公里处；从那里，向北取道Baross Gábor utca，左转弯，到Bajcsy-Zsilinszky út，进入到主干线公路Rákóczi út。每天最多有16班火车，向西开往布达佩斯Keleti火车站（3950福林，2.75小时），向东开往德布勒森（2250福林，1.75小时）。

德布勒森（Debrecen）

☎52/人口208,000

德布勒森是匈牙利第二大城市，自16世纪起，德布勒森这个名字就意味着财富和保守主义。德布勒森的中心广场，一侧是金色的大教堂（Great Church），另一侧是有历史意义的Aranybika Hotel，为整个城市定下了颇为柔和的基调。

夏季频繁的街头节日活动使行人集中地带挤满了欢庆的人们，但是老城酒吧和夜店全年周末均为夜间活动的人们营造出一片活跃的景象。德布勒森众多的博物馆和温泉浴场足以让你忙上几天。8月中旬举行的**花卉嘉年华**（Flower Carnival，www.iranydebrecen.hu/info/flower-carnival）是一年一度的重要活动。

许多个世纪以前，德布勒森周围地区就已经有人定居了。该市以盐、毛皮贸易和养牛为基础的财富，在中世纪一直稳定增长，在土耳其占领时期进一步增加。德布勒森在1848年的民族主义革命中起到了关键作用，19世纪后期和20世纪早期经历了建筑蓬勃发展的时期。

景点和活动

大教堂 教堂

（Great Church，Nagytemplom；☎412 694；www.nagytemplom.hu；Paic tér 4-6；成人/优惠350/250福林；⏲4月至10月 周一至周五9:00~18:00，周六至14:00，周日10:00~16:00，11月至次年3月 每天10:00~13:00）地标性的大教堂建于1822年，可容纳3000人，是匈牙利最大的新教教堂。中殿除了那宏伟的管风琴外颇为简朴；通过210级台阶，可以登上西钟塔顶上，一览壮丽的市容。

戴里博物馆 博物馆

（Déri Museum；☎322 207；www.derimuz.hu；Déri tér 1；成人/儿童500/300福林；⏲4月至10月10:00~18:00，11月至次年3月至16:00，周一闭馆）从大教堂往西北方向步行不远就到了戴里博物馆，馆中的民俗展，可以让你深入了解大平原和19世纪以前的德布勒森中产阶级市民的生活。蒙卡奇·米哈伊（Mihály Munkácsy）对霍尔托巴吉（Hortobágy）的神秘的艺术阐释和他的《耶稣受难》（*Christ's Passion*）三部曲则在一个单独的美术馆重点展出。

Aquaticum Debrecen 水疗

（☎514 174；www.aquaticum.hu；Nagyerdei Park；成人/优惠2350/1900福林；⏲周一至周四11:00~21:00，周五至周日10:00~21:00）在市中心北面5公里处的Nagyerdei公园，最吸引人的是Aquaticum，一个"地中海乐趣浴"综合设施，这些池子里有各种各样的滑梯和瀑布、喷管和洞穴。夏天时挤满了人。

住宿

首选 Centrum Panzió 客栈 €

（☎442 843；www.panziocentrum.hu；Péterfia utca 37/a；标单/双6500/8500福林；❄@📶）在市中心北面稍远处，但是无论哪方面都配得上这额外的半公里路。Centrum看起来有些像老祖母的房子，有些花朵图案的小装饰品。24个大房间中有些（如15号房间）在后面，对着一个长长的似乎没有尽头的花园。所有房间都配着迷你冰箱和微波炉。有自行车出租。

Aranybika 酒店 €€

（☎508 600；www.hotelaranybika.com；Piac utca 11-15；标单46~88欧元，双56~106欧元；

❄📶🍽）这个地标性的新艺术主义酒店自1915年起就是德布勒森最理想的住宿地点，但是，水准已经今不如昔了。205个房间中，许多房间仍然铺着单调的地毯，配以不属于这个时代的朴素的无产阶级的家具。高级房比标准房空间大一些，但也是仿古家具。

Stop Panzió 客栈 €

（☎420 302；www.stop.at.tf；Batthányi utca 18；标单/双/标三6900/8900/11,900福林；📶）客栈经过整修的12个房间很快就会被住满，因为酒店位置合适，房价理想，就在一个院子里，紧邻咖啡馆林立的步行街。

György Maróthi College 青年旅舍 €

（Maróthi György Kollégium；☎502 780；www.marothi kollegium.hu/；Blaháné utca 15；标单/双4130/6490福林，不带卫生间2655/4550福林；@）就在主要的步行巷道旁，这个中心位置的宿舍，有基本的房间配置，卫生设施公用。每层楼有一个厨房。

餐饮

首选 Ikon 各国风味 €€€

（☎06 30 555 7766；www.ikonrestaurant.hu；Piac utca 23；主菜2900~6900福林）Ikon在主广场上占据着显著位置，后现代主义的装修，侍者穿着气派，氛围素雅而且非常高档。这里的创意料理在城里也是数一数二的。

Trattoria Trinacria 意大利菜 €€

（☎416 988；dvklub.wix.com/trinacria；Batthyány utca 4；主菜1500~3500福林）坐落在一条小步行街上，这意大利露台餐馆魅力十足。供应精心烹制的意大利面菜肴，包括自制的意大利饺（ravioli），还有美味的炭烤比萨饼。

Csokonai Söröző 匈牙利菜 €€

（☎410 802；www.csokonaisorozo.hu/eng；Kossuth utca 21；主菜1850~3490福林）是中世纪的装饰风格，提供麻利的服务和极好的匈牙利特色菜，是德布勒森最值得推荐的就餐体验之一。这个酒窖小酒馆兼餐馆也供应意大利面，还有——猜猜看——墨西哥菜，如法希塔（fajitas，即墨西哥烤肉）。

Eve's Cofe & Lounge 咖啡馆 €

（☎322 222；hovamenjek.hu/debrecen/eve-s-cofe-lounge；Simonffy utca 1/b；三明治800~1000福林；⏲周一至周四8:00至午夜，周五和周六8:00至次日1:00，周日9:00~22:00）令人愉快的高档咖啡馆（我们觉得店名中的"cofe"就是这个意思），供应早餐并全天都有很好的三明治和沙拉。

饮品和娱乐

拿一份免费赠送的娱乐双周刊**Debreceni Est**（www.debreceniest.hu），查找音乐活动列表。对于酒吧和营业至深夜的咖啡馆，就到Simonffy utca去。至于夜店，大部分热门场所都位于Bajcy-Zsilinszky一带。

B4 Gösser 酒吧

（☎06 70 943 7752；b4gosser.hu；Kálvin tér 4；⏲周日至周四10:00至次日2:00，周五和周六至次日4:00）位于大教堂东面，隐匿在一个院子里，但是离教堂又有段距离，不会打扰到忠实徒众，这个小酒馆、夜店兼爵士乐酒吧在周末时是派对中心。

Cool Music & Dance Club 夜店

（Bajcsy-Zsilinszky utca 1-3；入场费500~800福林；⏲周一、周五和周六23:00至次日5:00）大部分周末，DJ会播放浩室音乐和高科技舞曲，逢周五（有时是周一）常会有主题派对。

Csokonai Theatre 剧院

（☎455 075；www.csokonaiszinhaz.hu；Kossuth utca 10）三层镀金阳台、天花板上华丽的壁画和精美奢华的枝形吊灯：Csokonai恰如其分地呈现出一个19世纪剧院应有的样子。剧院上演音乐剧和歌剧。

实用信息

邮政总局（Main post office，Hatvan utca 5-9）

OTP银行（OTP Bank，Piac utca 45）

旅游信息中心（Tourinform，☎412 250；www.iranydebrecen.hu；Piac utca 20；⌚全年9:00~17:00，加上6月至9月 周六9:00~13:00）位于市中心的市政厅中，很有帮助的旅游信息中心。还有一个旅游**信息亭**（Tourinform kiosk，Kossuth tér；⌚6月至9月 周四至周日10:00~20:00），夏季时开放。

到达和离开

长途汽车 长途汽车站在Széchenyi utca西端。如果你想直接前往埃格尔（2520福林，2.5小时，1天6班）或塞格德（3950福林，4.5小时，1天3班），乘长途汽车最快。

火车 火车站在南面的Petőfi tér；要到市中心去，沿着Piac utca向北走到大教堂所在的Kálvin tér。火车班次很多，到达站点有布达佩斯（3950福林，3.25小时）和托考伊（2250福林，1.25小时）。从布达佩斯到莫斯科的夜班火车21:30左右在这里停靠。

了解匈牙利

历史

马扎尔人之前的匈牙利

喀尔巴阡盆地（Carpathian Basin）的平原，吸引了一波又一波的移民，有从东面来的，也有从西面来的。很久之后，马扎尔人（Magyar）的部落才来到这里定居。凯尔特人（Celts）在公元前4世纪初占据了这个地区，但是罗马人在基督纪元开始前打败了他们，并把他们赶走。多瑙河以西的土地（今天匈牙利的外多瑙地区）成为罗马帝国潘诺尼亚省（Pannonia）的一部分，一支罗马军团就驻扎在阿昆库姆镇（现在的老布达）。罗马人带来了文字，种植了最早的一批葡萄园，并且在该地区一些温泉附近建造了浴场。

新一波的游牧部落匈奴人，于公元5世纪来到这里，带领他们的是一个后来在匈牙利历史上有着传奇色彩的人物。到公元441年，阿提拉（Attila）已经征服了罗马人，他的军队赢得了“了不起的勇士”的荣誉。许多匈牙利男人和男孩名叫阿提拉，即使匈奴人和现在的匈牙利人并没有关系。阿提拉于公元453年去世，其后匈奴人短暂的帝国并没有持续多久。

此后许多部落，包括哥特人、伦巴族人和阿瓦尔人（一支强大的突厥人，在5~8世纪控制该区域部分地区）填补了匈奴人留下的真空地带，在这里定居。阿瓦尔人于796年被查理曼大帝（Charlemagne）征服，为法兰克人和斯拉夫人迁入留下了空间。

征服

马扎尔人是现代匈牙利人的祖先，据说在9世纪末迁入喀尔巴阡盆地。传说是久洛（gyula，最高军事首领）阿帕德（Árpád）领导了7个部落的联盟。马扎尔人，这个骁勇的战斗部落——令欧洲许多地方的人胆寒，他们袭击的地区远至西班牙和意大利南部。马扎尔人在955年的奥格斯堡（Augsburg）之战受挫，随后转而信仰基督教。匈牙利的第一位国王也是匈牙利的守护神斯蒂芬（伊什特万，István），于公元1000年的圣诞节加冕，标志着匈牙利王国的建立。

中世纪的匈牙利

中世纪的匈牙利是一个强大的王国，领土范围包括特兰西瓦尼亚（Transylvania，现在在罗马尼亚境内）、外喀尔巴阡地区（Transcarpathia，现在在乌克兰境内）、当代的斯洛伐克和克罗地亚。在国王匈雅提·马加什（King Matthias Corvinus，1458~1490年）统治时期，匈牙利经历了短暂繁荣复兴。1526年，奥斯曼帝国军队在匈牙利南部莫哈奇（Mohács）击败了匈牙利人。1541年，占领了布达城堡，匈牙利就此被一分为三。中间部分，包括布达，被奥斯曼帝国控制；而外多瑙地区、现在的斯洛伐克和外喀尔巴阡部分地区由匈牙利贵族统治，这些贵族以波若尼（Pozsony，布拉迪斯拉发）为基地，获得了奥地利哈布斯堡王室的赞助。而蒂萨河东的特兰西瓦尼亚公国，则作为奥斯曼帝国的一个附庸国繁荣起来。

哈布斯堡的统治和战争

1686年，奥斯曼人被驱逐出布达以后，哈布斯堡王室开始控制匈牙利。哈布斯堡君主玛丽亚·特蕾西亚（Maria Theresa，1740~1780年在位）和她的儿子约瑟夫二世（Joseph Ⅱ，1780~1790年在位）实行"开明的专制政体"，帮助匈牙利取得了经济和文化上的长足发展。匈牙利独立的呼声不时地浮出水面，真正开始动摇哈布斯堡寡头统治的是1848年功亏一篑的匈牙利革命。奥地利在1859年和1866年战争中分别被法国和普鲁士击败后，衰弱的奥地利帝国于1867后与匈牙利达成妥协，建立了二元君主制。两国各自管理内部事务，但是在对外关系等关系到双方共同利益的事务方面则采取联合行动。奥匈帝国一直延续到第一次世界大战。

第一次世界大战和1918年11月哈布斯堡帝国瓦解后，匈牙利宣布成为共和国。但是，匈牙利之前是战败方；1920年的《特里亚农条约》（*Treaty of Trianon*）剥夺了匈牙利三分之二以上的领土。这至今仍然是一个热点话题。

1941年，匈牙利试图收复失去的领土而参战，站在纳粹德国一边。1944年，匈牙利左派试图单独议和时，德国人占领了匈牙利，并让法西斯主义箭十字党（Arrow Cross Party）上台执政。箭十字党立即开始将几十万犹太人驱逐到奥斯威辛集中营（Auschwitz）。到1945年4月初，匈牙利被苏联军队打败并占领。

前共和国时代

到1947年，匈牙利共产党完全控制了政府，开始了工业国有化，并把大型地产的土地分配给农民。1956年10月23日，要求苏联军队撤出匈牙利的游行学生遭到枪击。第二天，改革主义的农业部部长纳吉·伊姆雷（Imre Nagy）被任命为总理。10月28日，纳吉政府特赦了所有参与暴力的人，承诺废除受人憎恨的秘密警察ÁVH（匈牙利国家安全局，1949年前被称为ÁVO），并宣布匈牙利为中立国。11月4日，苏联坦克开进布达佩斯，镇压起义。到11月11日对抗结束时，已经有几千人丧命。匈牙利事件后，估计有2万人被捕，2000人被处死，其中就包括纳吉。另有25万人逃到了奥地利。

反抗结束后，执政党重组为匈牙利社会主义工人党（Hungarian Socialist Workers'Party），开始实行社会和经济结构自由化的纲领，以妥协为改革的基础。1970年，匈牙利已经完全废除中央对经济的严格控制，主张有限的市场经济体系，这常常被称为"土豆烧牛肉"共产主义（Goulash Communism）。1987年6月，格罗斯·卡罗伊（Károly Grósz）接任总理，匈牙利开始向充分的民主迈进。数量庞大的东德人经由匈牙利逃出铁幕（Iron Curtain），成为1989年柏林墙倒塌的一个重要催化剂。

共和国

匈牙利共产党在1989年2月份的党代表大会上同意放弃对政权的垄断。匈牙利10月宣布成为匈牙利共和国，并且计划1990年3月进行民主选举。匈牙利在几乎没有出现不满的情况下，改变了自己的政治体制。最后一支苏联军队于1991年6月份撤离匈牙利。

向完全市场经济的痛苦转型导致大部分人生活水平下降，并在20世纪90年代初出现经济衰退，但是21世纪初的几年却出现了惊人的增长。匈牙利于1999年成为北大西洋公约组织（NATO）成员，于2004年加入欧盟（EU）。

2008年末，匈牙利经济因受全球金融危机的影响而步履蹒跚，不得不向国际货币基金组织寻求经济援助。自此以后，经济不景气一直困扰着匈牙利。但是对许多匈牙利人来说，更担心的是极右翼的约比克党（Jobbik）的兴起，该党在2010年的全国选举中获得了超过16%的选票。

匈牙利最近在国际舞台上出现是在2011年，这一年匈牙利成为欧盟轮值主席国。匈牙利的一部新宪法于2012年初生效。

习惯和风俗

马扎尔人是一个特别礼貌的民族，他们的语言充满了谦恭有礼的言词。饮酒前祝某人健康时，说egészégére（读作egg-eh-sheg-eh-ray），吃饭前祝大家"胃口好"时说jo étvágyat（读作yo ate-vad-yaht）。如果你应邀来某人家做客，别忘记带一束花或一瓶当地产的好葡萄酒。

人口

在匈牙利境内生活的人，超过一千万，另有五百万匈牙利人和他们的后裔居住在国外。据估计，在特兰西瓦尼亚有144万的匈牙利人，构成了欧洲最大的少数民族群体。在塞尔维亚的匈牙利人达到293,000人、520,500人在斯洛伐克、156,600人在乌克兰、40,500人在奥地利、16,500人在克罗地亚，还有6250人在斯洛文尼亚。

马扎尔人约占人口总数的92%。许多少数民族的人数显著高于官方统计数字。在匈牙利有13个被承认的少数民族，包括日耳曼人（2.6%）、塞尔维亚人及其他南部斯拉夫人（2%）、斯洛伐克人（0.8%）和罗马尼亚人（0.7%）。据官方统计，罗姆人占匈牙利人口总数的1.9%（在200,000人以下），但其他来源显示这一比例高达4%（800,000人）。

宣称有宗教信仰的匈牙利人中，不到52%是罗马天主教徒、16%为归正宗（加尔文主义）新教徒、3%为福音派（路德派）新教徒、2.7%为希腊天主教和东正教徒。匈牙利的犹太人数量，从“二战”前几乎10倍于今的数量下降到现在的80,000人左右。

艺术

匈牙利高雅艺术的历史包括世界著名的作曲家如鲍尔托克·贝洛（Béla Bartók）和弗朗茨·李斯特（Franz Liszt），和荣获诺贝尔奖的作家凯尔泰斯·伊姆赖（Imre Kértesz）。匈牙利对音乐和舞蹈无止境的热爱意味着歌剧、交响乐和芭蕾舞是娱乐活动中的最重要的项目，即便省级市也有相当不错的剧团、乐团、舞团。

对于风格较新颖的当代艺术生活分支，布达佩斯是中心，拥有众多美术馆、剧院和舞团。首都也是近年来重获新生的民间音乐舞蹈的中心地区。

文学

匈牙利有一些非常优秀的诗人和散文作家。裴多菲·尚多尔（Sándor Petőfi，1823～1849年）是匈牙利最著名的诗人。他的作品《民族之歌》（*National Song*）中的一行诗成了1848年独立战争的战斗口号，裴多菲参加了战斗并且牺牲了。

匈牙利当代作家，作品已经翻译成英文并且值得一读的，包括艾什泰哈齐·彼得（Péter Esterházy）和马劳伊·尚多尔（Sándor Márai）。匈牙利最著名的作家是2002年诺贝尔奖获得者凯尔泰斯·伊姆赖（Imre Kértesz）。他的有英译本的小说有《非关命运》（*Fateless*，1975年）和《为一个未出生的孩子哭祷》（*Kaddish for an Unborn Child*，1990年）。匈牙利最杰出的当代女作家，是2007年90岁时去世的绍博·玛格达（Magda Szabó），著作有《卡塔林街》（*Katalin Street*，1969年）和《门》（*The Door*，1975年）。

目前在国内外文学圈都引起很大轰动的是克劳斯瑙霍尔考伊·拉斯洛（László Krasznahorka），他的两部晦涩难懂的后现代主义小说《撒旦探戈》（*Satantango*，1985年）和《反抗的忧郁》（*The Melancholy of Resistance*，1988年），即使是匈牙利语的，也被认为是“艰涩而令人生畏”的。

古典音乐和传统音乐

匈牙利最有影响的音乐家是作曲家弗朗茨·李斯特[Franz（Ferenc）Liszt，1811～1886年]。古怪的李斯特形容自己是“部分吉卜赛人”，而且他的确将罗姆人的音乐融入了自己的作品《匈牙利狂想曲》（*Hungarian Rhapsodies*）和其他作品之中。

埃克尔·费伦茨（Ferenc Erkel，1810～1893年）是匈牙利歌剧之父，他令人振奋的民族主义作品《邦克公爵》（*Bánk Bán*）在布达佩斯的匈牙利国家歌剧院是权威性的上演曲目。鲍尔托克·贝洛（1881～1945年）和科达伊·佐尔坦（Zoltán Kodály，1882～1967年）率先系统性地研究了匈牙利民间音乐；二者均将他们的部分研究发现融入了所创作的作品中。

匈牙利民间音乐家以五声音阶演奏小提琴、齐特琴、手摇风琴、风笛和鲁特琴。可关注穆日卡什（Muzsikás）、谢拜什真·马尔塔（Marta Sebestyén）、吉迈什（Ghymes，来自斯洛伐克的一支匈牙利民间音乐乐队）和融入南部斯拉夫音乐元素的匈牙利乐队武伊契奇（Vujicsics）。另一个兼收并蓄的民间音乐家是在巴黎受过训练的帕尧·贝娅塔（Bea

Pálya)，她将传统的保加利亚和印度音乐元素与匈牙利民间音乐相结合。

罗姆音乐，不同于旅游者常去的餐馆中过分煽情的吉卜赛音乐，已经在年轻人当中流行起来；罗姆乐队在时髦的酒吧里演奏"真本事"直到凌晨：这是小提琴、低音提琴和匈牙利扬琴（一种用小槌演奏的弦乐器）动感而活跃的组合。罗姆人的乐队总是会用一个罐头奶瓶当鼓，这赋予了匈牙利罗姆音乐自己特有的声音。一些现代罗姆音乐乐队——来自匈牙利东北的Kalyi Jag（黑火）、Romano Drom（罗姆人之路）和Romani Rota（罗姆人的车轮）——已经增加了吉他、打击乐，甚至电子乐，创造出一种全新的风格。

东欧传统的犹太音乐克莱兹默（Klezmer）最近也回到了演出剧目表中。

流行音乐在这里与在其他地方一样受欢迎。匈牙利一年一度的西盖特音乐节（见344页）是欧洲最大的流行音乐盛事之一；在一周多的时间里，上演1000多场表演，吸引达40万观众。

视觉艺术

19世纪最受喜爱的画家包括所谓的puszta（大平原）画家、现实主义的蒙卡奇·米哈伊（Mihály Munkácsy, 1844~1900年），和象征主义的西塔凡利·科斯特卡·蒂沃道尔（Tivadar Kosztka Csontváry, 1853~1919年）。瓦沙尔海伊·哲泽（Győző Vásárhelyi, 1908~1997年），移民到巴黎后改名为维克托·瓦萨勒利（Victor Vasarely），被视为"欧普艺术之父"（father of op art）。历史上最成功的匈牙利画家很可能是深受爱戴的里普尔-罗瑙伊·约瑟夫（József Rippl-Rónai, 1861~1927年）。

在19世纪和20世纪初，若尔瑙伊家族创造了世界著名的瓷器装饰艺术。陶瓷艺术家科瓦奇·玛吉特（Margit Kovács, 1902~1977年）在她的创作生涯中制做了大量的雕像和陶瓷器件。匈牙利népművészet（民间艺术）中的传统刺绣、编织和陶瓷持久不衰，通常每个城镇至少都会有一家手工艺品商店。

环境

地形

匈牙利占据着喀尔巴阡盆地到喀尔巴阡山西南的广大面积。水在匈牙利的许多地形中占有重要地位。多瑙河将东部的大平原（Nagyalföld）与西部的外多瑙地区（Dunántúl）分开。蒂萨河（在匈牙利内流经596公里）是匈牙利最大的河流，历史上容易泛滥。匈牙利有数百个小型湖泊，并且布满了温泉。西部的巴拉顿湖（596平方公里）是欧洲除斯堪的纳维亚外最大的淡水湖。匈牙利北部的山脉真的只是小山，最高峰是马特劳（Mátra）山脉的凯克什峰（Kékes, 1014米）。

野生动植物

匈牙利有很多欧洲常见动物（鹿、兔子、野猪和狐狸），也有一些罕见物种（野猫、湖泊蝙蝠lake bat和潘诺尼亚蜥蜴Pannonian lizard），但是匈牙利大部分野生动物属于鸟禽类。匈牙利已知的480种脊椎动物中约75%是鸟，大部分是被河流、湖泊和湿地吸引来的水禽。一些罕见物种包括猎隼（saker falcon）、白肩雕（eastern imperial eagle）、大鸨（great bustard）和黑鹳（black stork）。

国家公园

匈牙利有10座nemzeti park（国家公园）。埃格尔北面的比克（Bükk）是一个以森林和洞穴为特色的多山的石灰岩地区。凯奇凯梅特附近的小昆沙国家公园（见375页）和德布勒森外的霍尔托巴吉保护着平原所特有的草原环境。

饮食

匈牙利菜也许是整个东欧最有趣而多样的。

匈牙利菜

匈牙利烹调中无处不在的调味品是红辣椒粉，是一种微辣的红辣椒，出现在很多菜谱里面，也作为调味品出现在餐馆的餐桌上，摆放在盐和黑胡椒旁边。匈牙利炖肉（Pörkölt），一种放了红辣椒粉的炖肉，一般用小牛肉(borjúhús)烹制，也可以用不同的肉类烹煮，通常没有蔬菜。配上Galuska(面疙瘩似的小汤团，可以吸收味汁)，是很好的搭配。著名的红椒鸡(csirke paprikás)是用西红柿、奶油和红辣椒酱汁炖制的鸡肉菜肴。卷心菜/辣椒塞肉和米(Töltött káposzta/paprika)，是裹上加了红辣椒粉的油面糊烹制的，再浇上酸奶油。当地人最爱的另一道菜是鱼汤(halászlé)，是几种小火煮的淡水鱼与西红柿、青椒，还有红辣椒粉的丰富组合。

在匈牙利家庭，主餐总是从Leves(汤)开始。匈牙利红烩牛肉(Gulyás，goulash)，在匈牙利以外的地方是作为炖菜供应的，但在这里却是汤菜，用牛肉、洋葱和西红柿烹制而成。传统的烹调方法虽不重视健康，但是味道不错。匈牙利全国范围都对油炸食品情有独钟，你经常会发现菜单上有裹着面包屑后油炸的火鸡、猪肉和炸肉排。

对于甜点，可以试试包馅薄饼(palincsinta——以果酱、甜奶酪或巧克力酱为馅的薄饼)。食品摊小吃朗戈什(lángos)不错，是油煎的面团，上面可以加奶酪和/或酸奶油(tejföl)。

素食者和严格素食者

传统的匈牙利菜和素食主义肯定不是“天作之合”。然而，情况在改变，即使在首都以外，也有些地方供应上好的全素菜色，甚至全素餐。在没有素食餐厅的地方，你就不得不凑合着吃普通菜单上的菜，或者到市场上去买些原料来。

夏天时主要就依靠用酸樱桃和其他莓子做的凉凉的水果汤(gyümölcs leves)了。一些不是很清淡但是比较普及又适合素食者的菜肴，包括炸奶酪(rántott sajt)、炸蘑菇盖(gombafejek rántva)、蘑菇汤(gomba leves)和奶酪扁宽意面(túrós csusza)。注意，菜豆汤(bableves)中几乎总是含有肉的。

去哪儿吃喝

Étterem是一种选择范围广、服务正式的餐馆。vendéglő是较小而随意，供应地区性家常菜的餐馆。csárda原意为有罗姆音乐的简朴的乡村小酒馆，因为用得太滥，现在什么意思都有，包括“敲游客竹杠的黑店”之意。想要价格便宜，就寻找étkezde(小饭店，可能是柜台服务，也可能有地方坐下吃)、önkiszolgáló(自助服务的餐厅)、grill(一般供应皮塔三明治或烤肉串和其他烤肉，在柜台服务)，或者szendvics bár(有外卖的外单面三明治)。

葡萄酒生产在匈牙利已经有几百年的历史，你会发现到处都有按杯或按瓶售卖的葡萄酒。有很多仿英国、爱尔兰、比利时风格的小酒馆、烟雾弥漫的sörözők(匈牙利小酒馆，通常在一个酒窖里，在这种地方饮酒颇被当成一回事)、borozók(红酒吧，通常是下等酒吧)和夜店，但是最舒适的享用鸡尾酒或咖啡的地方可能是在咖啡馆里。kávéház最可能是旧式甜品店，但也可能是酒水品种丰富的酒吧；不管是哪一种，他们除咖啡外还卖含酒精饮料。春天一到，人行道旁就会冒出许多张桌子。

生存指南

出行指南

签证

匈牙利属于申根区，中国公民前往匈牙利需办理申根国签证。访问外交部(Ministry for Foreign Affairs)网站的领事服务(Consular Services)网页(konzuliszolgalat.kormany.hu/en)查看目前的签证要求。

现金

货币单位是匈牙利福林(Ft)。硬币面额5、10、20、50、100和200福林，纸币面额为500、1000、2000、5000、10,000和20,000福林。到处都有自动取款机，即使在小乡村也有。给服务员、美发师和出租车司机的小费大约为总金额的10%。

目前，匈牙利OTP银行所有自动取款机和花旗银行的自动取款机可接受银联卡的取款和余额查询。

折扣卡

持匈牙利卡(Hungary Card，www.hungarycard.hu；基本/标准/特别 2550/5800/9300福林)可免费进入许多博物馆；享受6趟往返火车票五折，可以五折乘坐一些长途汽车和船；

指定住宿地点最多可享受打8折；而且可以五折购买布达佩斯卡（Budapest Card，www.budapestinfo.hu；24/48/72小时卡 3900/7900/9900福林）。旅游信息中心有售。

使领馆

中国驻匈牙利大使馆［☎00361-413 3381（签证；14:00~16:30有效），00361-413 3373（护照、公证认证；14:00~16:30有效）；www.fmprc.gov.cn/ce/cehu/chn/；consulate_hun@mfa.gov.cn；⏲每周一至周四9:00~11:45］

旅游信息

匈牙利国家旅游局（Hungarian National Tourist Office，www.gotohungary.com）在全国有140多个连锁的旅游信息中心（Tourinform，www.tourinform.hu）。这些中心是在匈牙利各地询问一般问题和获取小册子的最佳地点。在首都，你也可以访问布达佩斯信息（Budapest Info，☎1-438 8080；www.budapestinfo.hu）。

活动

划独木舟

对于划独木舟者，Ecotours组织为期一周的多瑙河独木舟和露营团队游（租帐篷和食物费用另算），大约500欧元，也有较短的多瑙河湾和蒂萨河团队游。

骑自行车

匈牙利地形平坦，是骑自行车的理想之地。一家大型骑自行车旅行社Velo-Touring，有精选的各个地区7夜团队游，从方便老年人的外多瑙南部葡萄酒团队游（835欧元），到穿梭于大平原不同水疗点之间的骑自行车旅行（750欧元）。环巴拉顿湖自行车道总长200公里，如果按悠闲的节奏骑行，要骑4到5天时间才能骑完全程。

徒步与观鸟

徒步旅行爱好者可能会喜欢巴拉顿湖蒂豪尼附近的小径、埃格尔北面的比克山或凯奇凯梅特南面的布高茨普斯陶的平原。在匈牙利的观鸟专家是杰勒德·戈尔曼（Gerard Gorman），他拥有并经营Probirder，这既是一个信息网站，又提供导游服务。

骑马

可登录匈牙利国家旅游局（Hungarian National Tourist Office，简称HNTO；www.gotohungary.com）网站或浏览其出版的小册子《马背上的匈牙利》（*Hungary on Horseback*）。Equus Tours（公司名称为马属团队游之意）在霍尔托巴吉、马特劳山和匈牙利东北部带领7夜马背团队游（750欧元起）。

水疗

匈牙利有100多个温泉浴场向公众开放。匈牙利国家旅游局（HNTO）出版了一本小册子，名为《匈牙利：一座幸福的花园》（*Hungary: A Garden of Well-Being*），网站上也列有名录。还可以试试匈牙利水疗（Spas in Hungary）网站（www.spasinhungary.com）。

营业时间

银行 周一至周五8:00或9:00~16:00或17:00

博物馆 周二至周日9:00或10:00~17:00或18:00

餐厅 大约11:00至午夜

节假日

新年 1月1日

1848年革命日 3月15日

复活节星期一 3月/4月

劳动节 5月1日

圣灵降临节 5月/6月

圣斯蒂芬/宪法日 8月20日

1956年纪念日/国庆节 10月23日

诸圣节 11月1日

圣诞节 12月25日和26日

住宿

在匈牙利，住宿种类选择范围很广，有经济型的青年旅舍和露营地，中档的私人房间和客栈或panziók（家庭旅馆），以及高档酒店和豪华精品酒店。住宿旺季一般从4月至10月，外加圣诞和新年假期，布达佩斯的住宿价格最高。我们以带私人卫生间的双人房间为例，定义了如下价格区间：

€ 低于9000福林/30欧元（在布达佩斯，低于15,000福林/50欧元）

€€ 介于9000福林/30欧元至16,500福林/55欧元（在布达佩斯，15,000福林/50欧元至33,500福林/110欧元）

€€€ 高于16,500福林/55欧元（在布达佩斯，高于33,500福林/110欧元）

匈牙利的商店和餐馆统一报福林报价，但是许多酒店和客栈，甚至匈牙利国家铁路公司MÁV，以欧元报价。在这种情况下，我们就照着做了，通常用欧元付款和用福林付款都可以。

匈牙利露营地列表见旅游信息中心的《匈牙利露营》（*Camping Hungary*）地图与小册子；或登录**匈牙利露营协会**（Hungarian Camping Association）网站（MKSZ；www.camping.hu）。露营设施通常从4月或5月开放到9月或10月，有时候没有小汽车难以到达。

匈牙利青年旅舍协会（Hungarian Youth Hostels Association，简称MISZSZ；www.miszsz.hu）有一个匈牙利各地全年营业的官方青年旅舍列表。一般而言，这些青年旅舍有一个公用厨房、洗衣房和上网服务，有时有休息室；可能含基本的面包果酱早餐。一张HI卡不是必需的，但是如果你有，也许会给享受打9折的优惠。

从7月至8月，匈牙利各地的学生都搬出高等院校宿舍，管理部门向游客开放宿舍。通常是很基本的设施而且是公用的，但也不全是这样。我们把它们列在"住宿"之下；当地旅游信息中心办事处可以帮你找到这样的地方。

在一个匈牙利家庭租一个私人房间，是一个不错的经济之选，而且可能是密切接触和亲身体验匈牙利文化的极好的机会。在布达佩斯以外地区，价格每人每夜从4000～6500福林。旅游信息中心办事处通常也可以帮你找到这样的旅馆。否则，就找有szoba kiadó或Zimmer frei（分别是匈牙利文和德文的"有房间出租"）标志的房屋。

住在乡村或农舍是另一个迷人的选择，但是除非你有汽车，因为这些地方大部分真的很偏远。联系**旅游信息中心**（Tourinform，☎从国外打过来36 1 438 80 80，在匈牙利境内拨打800 36 000 000；www.tourinform.hu）、**匈牙利农村与农业旅游协会**（Association of Hungarian Rural & Agrotourism；见340页地图；☎1-352 9804；www.fatozs.eu；VII Király utca 93；🚌73，76）或者位于布达佩斯的**农村旅游中心**（Centre of Rural Tourism，☎1-321 2426；www.falutur.hu；VII Dohány utca 86）。

就餐

价格区间如下：

€ 低于2000福林（在布达佩斯，低于3000福林）

€€ 介于2000～3500福林（在布达佩斯，3000～6500福林）

€€€ 高于3500福林（在布达佩斯，高于6500福林）

邮局

明信片和小信件，在欧洲范围邮寄，邮费约220福林。寄到欧洲之外的，大约需要240福林。

电话

匈牙利国家代码是☎36。在匈牙利拨打国际长途，先拨☎00。如向中国打电话，则拨☎0086，再拨区号及电话号码。从一个城市打到另一个城市，先拨☎06，等待第二个拨号音，然后拨城市代码（区号）和电话号码。匈牙利所有地点的城市代码都是两位数字，除了布达佩斯是☎1。

在匈牙利，拨打手机时必须先拨06，根据不同电信公司相应的区号也不同。电信公司包括**Telenor**（☎06 20；www.telenor.hu）、**T-Mobile**（☎06 30；www.t-mobile.hu）和**Vodafone**（☎06 70；www.vodafone.hu）。

考虑买一张可充值SIM卡，可降低拨打本地电话的费用。例如Vodafone出售预付费券，价格为1680福林，含价值500福林的话费。充值卡价格从2000～12,000福林，有效期从1个月至1年不等。

还有很多的公用电话磁卡出售，包括匈牙利电信（Magyar Telekom）的**Barangoló**（www.t-home.hu）和**NeoPhone**（www.neop

hone.hu)，卡面值在1000~5000福林之间。

上网

大部分青年旅舍和酒店都提供上网服务。Wi-Fi几乎总是免费的。使用终端机，价格在每小时200~400福林之间。

残障旅行者

轮椅坡道和为残障人士安装的如厕设施确实存在，但是没有西欧那么常见。在大城市，语音交通信号越来越常见了。详情可联系总部设在布达佩斯的匈牙利残疾人协会联盟（Hungarian Federation of Disabled Persons' Associations，简称M EOSZ；☎1-250 9013；www.meoszinfo.hu；III San Marco utca 76）。

同性恋旅行者

布达佩斯有活跃的大型同性恋场景，虽然在匈牙利其他地方几乎一点都没有"公开"。位于布达佩斯的哈泰尔同性恋协会（Háttér Gay & Lesbian Association，☎1-329 2670；www.hatter.hu；⊙18:00~23:00）有一个每天开通的咨询服务热线。《伙伴》（*Company*，www.companymedia.hu）是一个杂志月刊，列出了布达佩斯同性恋场所和它的重大活动和派对的信息，刊物可在布达佩斯附近的同性恋场所获取。洛布里茨女同性恋协会（Labrisz Lesbian Association，☎1-252 3566；www.labrisz.hu）有匈牙利女同性恋文化场景方面的信息。

课程

Debreceni Nyári Egyetem（德布勒森夏季大学；☎52-532 595；www.nyariegyetem.hu；Egyetem tér 1，德布勒森）是最著名的学习匈牙利语的学校。该校在7月和8月组织为期两周和四周的密集课程，在学年期间组织为期两周，80小时的高级课程。布达佩斯的**branch**（见340页地图；☎1-320 5751；www.nyariegyetem.hu/bp；V Váci utca 63，2层；ⓂM2 Kossuth Lajos tér）也提供类似课程。

媒体

布达佩斯有两种英文报纸：周刊布达佩斯时报（Budapest Times，www.budapesttimes.hu；750福林），刊登有趣的评论与观点文章，和面向商务的双周刊布达佩斯商报（Budapest Business Journal，www.bbjonline.hu；1250福林）。二者报摊均有售。还有一份不错的在线报纸：布达佩斯太阳报（Budapest Sun，www.budapestsun.com）。

到达和离开

飞机

绝大多数国际航班降落在布达佩斯市郊的弗朗茨·李斯特国际机场（Ferenc Liszt International Airport，☎296 7000；www.bud.hu）。国营航空公司Malév匈牙利航空公司2012年初进入清算破产。现在服务匈牙利的航空公司如下：

柏林航空公司（Air Berlin，AB；☎06 80 017 110；www.airberlin.com；枢纽机场科隆）

法国航空公司（Air France，AF；☎1-483 8800；www.airfrance.com；枢纽机场巴黎）

汉莎航空公司（Lufthansa，LH；☎1-411 9900；www.lufthansa.com；枢纽机场法兰克福）

斯堪的纳维亚航空公司（SAS，SK；www.flysas.com；枢纽机场哥本哈根）

土耳其航空公司（Turkish Airlines，TK；☎1-266 4291；www.thy.com；枢纽机场伊斯坦布尔）

陆路

匈牙利与全部7个邻国之间通过公路、铁路，甚至摆渡很好地连通，但大部分交通的起点或终点位于布达佩斯。

与欧盟邻国奥地利、罗马尼亚、斯洛文尼亚和斯洛伐克的边境手续几乎不存在。但是，匈牙利必须执行严格的申根边境规则，所以如果抵离克罗地亚、乌克兰和塞尔维亚，做好接受仔细检查文件的准备。

长途汽车

大部分国际长途汽车到达布达佩斯的**Népliget长途汽车站**（Népliget bus station，☎219 8030；IX Üllői út 131），服务是由**Eurolines**（www.eurolines.com）与其匈牙利附属公司Volánbusz联合运营。实用的国际线路包括从布达佩斯到奥地利维也纳、斯洛伐克布拉迪斯拉发、塞尔维亚苏博蒂察、克罗地亚里耶卡、捷克的布拉格和保加利亚的索非亚。

小汽车和摩托车

外国驾驶执照，在进入匈牙利后有效期为一年。小汽车驾驶员和摩托车骑手需要车辆的登记文件。在匈牙利开车，第三方保险是强制性的；如果你的车辆是在欧盟登记的，就假定你已经有第三方保险。其他摩托车骑手必须出示绿色保险卡或在边境购买保险。

在匈牙利高速公路上行驶，必须提前购买一张matrica（高速公路通行证），加油站和邮局有售。你的汽车牌照/注册号将被输入电脑数据库，并且将被高速公路上安装的监控摄像头拍照。价格为：一周2975福林，一个月4780福林。

火车

匈牙利国家铁路公司（Magyar Államvasutak, MÁV; ☎06 40 494 949, 1-371 9449; elvira.mav-start.hu）与四面八方的国际铁路网络相连，网站列有火车时刻表。

欧铁通票（Eurail passes）在匈牙利有效，但是不在匈牙利出售。乘坐“欧洲城市快车”（EuroCity, EC）和“城际”（Intercity, IC）火车，必须预订座位，并且支付附加费用。匈牙利大部分较大的火车站行李寄存室至少从9:00营业至17:00。布达佩斯有3个大火车站，所以在网上查看时刻表时，一定要注意是哪个火车站。

布达佩斯始发的直达火车到达的国家包括奥地利、斯洛伐克、罗马尼亚、乌克兰（继续前往俄罗斯）、克罗地亚、塞尔维亚、德国、斯洛文尼亚、捷克、波兰、瑞士、意大利、保加利亚和希腊。

河流

在布达佩斯与维也纳之间的多瑙河航段有水翼船服务，从5月至9月末每周运行2次。

当地交通

注意匈牙利没有任何定期的国内航班。

船

夏天时，多瑙河上开通了从布达佩斯到圣安德烈、瓦茨、维谢格拉德、埃斯泰尔戈姆和巴拉顿湖的定期客运轮渡。

长途汽车

国内长途汽车，由沃隆（Volán; www.volan.eu）长途汽车运营商协会运营，负责四通八达的国内网络。

所有车站都张贴着时刻表。一些你可能碰到的脚注包括naponta（每天）、hétköznap（工作日）、munkanapokon（非假日）、munkaszüneti napok kivételével naponta（每天，假日除外）和szabad és munkaszüneti napokon（在周六和假日）。一些大型长途汽车站有行李间，但是通常18:00前关门。

小汽车和摩托车

大部分城镇要求通过机器购买临时停车证来支付街边停车费用（通常工作日的9:00~18:00）。大部分机器只收硬币（所以要在手边准备大量硬币）；将盖上时间章的停车许可证放在汽车仪表盘上。平均费用大约为在乡村每小时200福林，在布达佩斯中心街道上可达450福林。

汽车协会

匈牙利汽车俱乐部（Hungarian Automobile Club, Magyar Autóklub; ☎1-345 1800; www.autoklub.hu; IV Berda József utca 15, 布达佩斯; Ⓜ M3 Újpest Városkapu）的所谓“黄色天使”——如果你属于一个附属机构，如美国的AAA或英国的AA——可以免费为你做基本的故障检修。你1天24小时均可以在全国范围拨打☎188电话。

燃料

到处都可以买到Ólommentes benzin（无铅汽油95号/98号）。大部分加油站也供应gázolaj（柴油）。

租车

通常，你必须年满21岁并且持有驾照一年以上，才可以租一辆汽车。有时，不到25岁的驾驶员必须付附加费。租车行在大城市和布达佩斯机场很常见。竞争很激烈，但是在当地租车，可能租金会较高。最好的办法是旅行前在网上预订。

交通规则

要牢记的最重要的规则是100%禁止酒后驾车，而且该规则是严格执行的。

在匈牙利，开车时禁止使用手机。除了在建筑物稠密地区外，所有车辆必须全天开着车头灯。摩托车骑手必须让车头灯时刻亮着。

搭便车

搭便车在任何一个国家，都不是十分安全的，所以我们不推荐你这样做。决定搭便车的游客，要明白自己在冒险，风险可能很严重。在匈牙利，除了高速公路，在任何地方搭便车都是合法的。虽然没有以前普遍了，但是在假日季节，去巴拉顿湖的路上总是挤满了搭便车的人。

当地交通

公共交通效率高，覆盖范围广，有些城镇除了公共汽车还有无轨电车。布达佩斯、塞格德和德布勒森也有有轨电车。布达佩斯有覆盖范围广的地铁，还有一条郊区通勤铁路。乘车前在报摊买票，一上车就确认有效。巡视员确实会查票，特别是在布达佩斯的地铁线上。

火车

MÁV（☎1-444 4499; www.mav-start.hu）在其总长达到7600公里的铁路线上提供可靠的火车服务。网上有时刻表，现在全国各地的火车站突然出现了电脑信息亭。国内二等座火车票价范围从5公里以下旅程155福林到300公里旅程约4660福林。

一等座（如果有）票价通常高出25%。IC火车是特快列车，最舒适而现代。Gyorsvonat（快车）时间较长，车厢也较旧；személyvonat（旅客列车）在沿途的每个村都停靠。Helyjegy（座位预留）要额外付费，并且是乘IC和一些快车所必需的；在时刻表上，其标志为带方框或圆圈的“R”（普通的“R”表示可以预订座位但不是必需的）。

在所有车站，黄板表示indul（出发），白板表示érkezik（到达）。特快和快车用红色字体表示，当地火车是黑色字体。

在某些火车上（留意时刻表上的自行车标志），自行车可以在特别车厢运输，每50公里235福林。你可以托运自行车，收费为二等座全票价格的25%。

如果你计划在匈牙利大范围地旅行，考虑在进入匈牙利前从欧铁（Eurail; www.eurail.com）购买匈牙利通票（仅卖给非欧洲居民）。有效期15天，一等座5/10天旅行价格为92/132美元，26岁以下乘客二等座价格为80/101美元。6到14岁儿童半价。

波 兰

包 括 »

最佳餐饮

» Glonojad（见430页）

» Warung Bali（见458页）

» Bernard（见452页）

» Sketch（见411页）

最佳住宿

» Hostel Mleczarnia（见451页）

» Castle Inn（见409页）

» Wielopole（见428页）

为何去

如果有人要评一个“最动荡历史大奖”，那么波兰肯定会获奖。几百年来，这个国家都一直处在历史的风口浪尖之上，不断地与战争和侵略做着搏斗。然而，这几百年来却没有任何苦难能够压垮波兰人的爱国之心和文化认同。动荡的历史与灿烂的文化造就了诸如华沙和克拉科夫这样既繁华美丽又颇具文化底蕴的波兰城市，散发着新旧交融的别样气息。

除了城市的迷人风光之外，波兰还有多姿多彩的自然景色。这里北有海滩，南有雄伟的山脉。城镇里散布着旧日废弃的城堡、风景如画的广场和历史悠久的教堂。

尽管在波兰共产党不再执政以后，波兰的物价一直在不断上涨，但是这里对旅行者来说仍然是物美价廉的好地方。波兰人正努力将其独特的国家文化特色与其欧洲中心的地理位置结合起来，现在正是拜访这个美丽国家的绝佳时机。

何时去

华沙

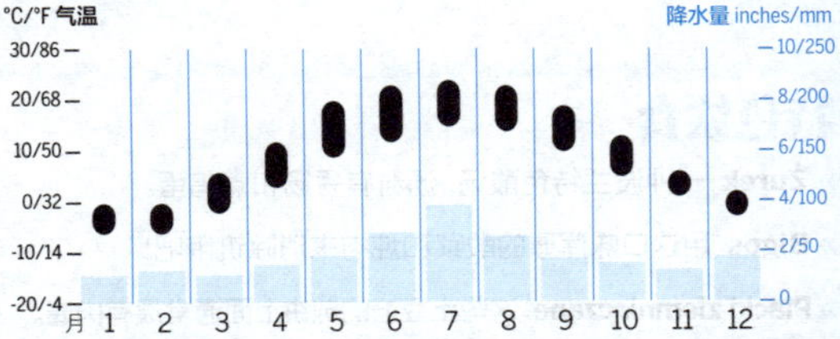

5月至6月 芦笋季，可在餐馆里尽情享用芦笋餐。

7月至8月 适合游览波兰狭长的波罗的海海岸沙滩。

9月 适合去塔特拉山徒步旅行，在舒适的徒步者招待所下榻。

交通

由于波兰地处欧洲中部，故而是欧洲理想的旅途中转站。这里的铁路四通八达，比较实用的线路包括：从华沙（经波兹南）、克拉科夫出发前往柏林的直达列车；从华沙、克拉科夫出发前往布拉格的直达车，以及从华沙和克拉科夫（经Lviv）前往乌克兰基辅的直达列车。华沙还有通往白俄罗斯明斯克和俄罗斯莫斯科的列车，以及从格但斯克（Gdańsk）出发通往俄罗斯加里宁格勒和德国柏林的直达列车。这里的国际巴士同样十分发达，包括有向东驶往波罗的海国家的班次。从南方的扎科帕内，很容易搭乘巴士去斯洛伐克。在格但斯克、Gydnia和Świnoujście等波罗的海海岸港口，则有通往丹麦和瑞典各港口的轮船。

旅行线路

一周

可以花一天游览华沙，逛一逛华沙的老城区，并在华沙起义博物馆中稍作停留，看看这座城市的战时历史。第二天可去历史悠久的克拉科夫，待三天。克拉科夫的主要景点有美丽的老城区、令人叹为观止的瓦维尔城堡、卡齐米日的前犹太人聚居区，和饶富盛名的维利奇卡盐矿。花一天去奥斯威辛-比克瑙，这里曾是纳粹德国关押犹太人并将其集体屠杀的集中营。然后可以去扎科帕内待两天，在那儿好好呼吸一下高山上的空气。

两周

从第二周开始，可以先去弗罗茨瓦夫待两天，欣赏那里独一无二的奥德河全景。然后北上去哥特风格的托伦待一天，之后继续去格但斯克待两天，探索一下老城区里迷人的古建筑和小酒吧，还可以去维斯特布拉德参观一下纪念碑。旅程的最后可以去索波特的海边放松一两天。

特色饮食

» **Żurek** 一种波兰特色酸汤，汤料有香肠和煮鸡蛋。

» **Bigos** 用这口味浑厚的酸菜和炖肉来消除饥饿吧！

» **Placki ziemniaczane** 这些土豆馅的煎饼上面通常煨有肉酱。

» **Szarlotka** 这种苹果奶油蛋糕堪称波兰经典。

» **Sernik** 烤制而成的芝士蛋糕，可能会让人发胖，但真的很好吃。

» **Piwo** 波兰的啤酒特别棒，口感清冽、便宜实惠。

» **Wódka** 来试试波兰的纯伏特加吧，或者来点myśliwska（一种加了杜松子浆果的伏特加）。

速览

» **货币** 兹罗提（zł）

» **语言** 波兰语

» **现金** 自动取款机随处可见，银行周一至周五营业

» **签证** 适用申根政策

快速参考

» **面积** 312,685 平方公里

» **首都** 华沙

» **国家代码** ☎48

» **紧急号码** 救护车☎999，火警☎998，警察☎997

汇率

人民币	CNY1	0.49zł
港币	HKD1	0.39zł
新台币	TWD1	0.10zł
澳门币	MOP1	0.38zł
新加坡元	SGD1	2.44zł
美元	USD1	3.59zł
欧元	EUR1	4.19zł

预算

» **经济酒店的客房** 200兹罗提

» **两道菜的一餐** 50兹罗提

» **博物馆入场费** 10兹罗提

» **啤酒** 6~9兹罗提

» **市内交通车票** 3兹罗提

网络资源

» **波兰国家旅游局官方微博**（@波兰国家旅游局）

» **波兰国家旅游局中文网站**（www.bolan.travel/zh）

» **Polska**（www.poland.travel）

» **Poland.pl**（www.poland.pl）

波兰

地图出版社供图

波兰亮点

❶ 感受克拉科夫**瓦维尔城堡**（见420页）的美丽与历史。

❷ 在**比亚沃韦扎国家公园**（见418页）偶遇欧洲野牛和其他奇特的动物。

❸ 在**弗罗茨瓦夫**老城区寻找小矮人雕像（见448页）。

❹ 在**奥斯威辛集中营**（见433页）缅怀惨遭纳粹德国屠杀的犹太遇难者。

❺ 体验**格但斯克**（见460页）的国际化氛围，再去往不远处的**索波特**（见467页）感受波罗的海风情。

❻ 在**塔特拉山**（见444页）享受高山滑雪与徒步旅行的惬意生活。

❼ 在**华沙**起义博物馆（见408页）中重温华沙悲惨的战争历史。

华沙（WARSZAWA, WARSAW）

人口1,700,000

华沙（波兰语：Warszawa，读作var-shah-va）可能并不是波兰最美的城市，但却没人会否认华沙是座活力四射的城市。作为繁忙的首都和一国的商业中心，华沙餐馆林立，并和欧洲其他同等规模的城市一样，拥有精彩的城市夜生活。

要游览好这个城市的确十分辛苦，市中心占地面积很广，却离街景迷人游人如织的老城区距离十分遥远。华沙的街道交通拥挤，街道两旁满是不让人喜欢的巨大混凝土建筑。

然而，你如果以历史眼光来看华沙，便能领略到这个波兰首都所发出的全新光芒。在遭受了众多历史劫难之后，这座城市仍然顽强地生存着。华沙可是个有不寻常故事的地方，在“二战”中，波兰历史积淀深厚的市中心几近全毁。

当你选择娱乐时，这里有翻修一新的老城区、皇家大道和前皇家公园，以及斯大林时代的文化宫和华沙起义博物馆。这个城市缤纷多彩，来一趟定会有很多收获。

历史

马佐夫舍公爵是华沙的早期统治者之一，公爵在14世纪将华沙建设成为了可以倚为凭依的领地要塞。在波兰和立陶宛达成联盟合并之后，由于华沙在战略上的中心地位，联合王国于1596年将王国的首都从克拉科夫迁到了华沙。

尽管18世纪的波兰经历了一场大衰败，但华沙却在这一时期得到了很好的发展。在此期间，涌现出了一大批恢弘的教堂、宫殿和公园，文化、艺术也得到了空前繁荣。1791年，波兰还创立了欧洲第一部宪法（尽管该宪法存在的时间很短）。

19世纪，华沙降级成为了沙皇俄国治下的一个省会城市。在随即而来的“一战”中，这个城市又成为了独立国家波兰的首都，并且由此开始重新繁荣了起来。接着一件大事便是1944年的华沙起义，那是一场波兰人民反抗纳粹德国暴虐统治的运动。城市中心惨遭破坏，幸存的城市人口也都被强制疏散到了其他地方。战争结束之后，华沙人陆续回到了首都，并且开始了这一具有悠久历史传统的城市的重建。

波兰加入欧盟之后，华沙的经济得到了迅猛发展，并重新树立了其经济中心地位。

景点

维斯瓦河将城市一分为二。包括华沙的历史核心“老城区”在内的市中心，坐落于西面的左岸地区。几乎所有的景点和游客设施也都集中在维斯瓦河的这一侧。

老城区（OLD TOWN）

Plac Zamkowy 历史广场

（Castle Square；见404页地图）通往老城区的旅客基本上都要经过这个广场。这里所有的建筑都是在“二战”后在原先的基础上重建的，这也使得老城区名列联合国教科文组织的《世界遗产名录》。在广场内矗立着齐格蒙特三世纪念碑（Monument

华沙两日游

你可以穿过**老城区**并参加**皇家城堡**团队游。然后向**皇家大道**前进，途中记得要参观一下**肖邦博物馆**，最后你可在永远酷炫的**Sketch**享用午餐。乘坐电梯到**科学文化宫**顶层可以鸟瞰全城，旅程的最后建议到附近的**萨克森花园**走一走。

建议第二天早上去参观**华沙起义博物馆**，然后中午去ul Nowy Świat沿街众多的餐馆中挑一家享用午餐。你可以花一下午的时间游览**瓦津基公园**（Łazienki Park），然后在轻松的**Relax**酒吧喝一点当地佳酿。旅程的最后可逛逛**ul Mazowiecka**附近的夜店，或者去**Filharmonia Narodowa**听一场音乐会。

Warsaw 华沙

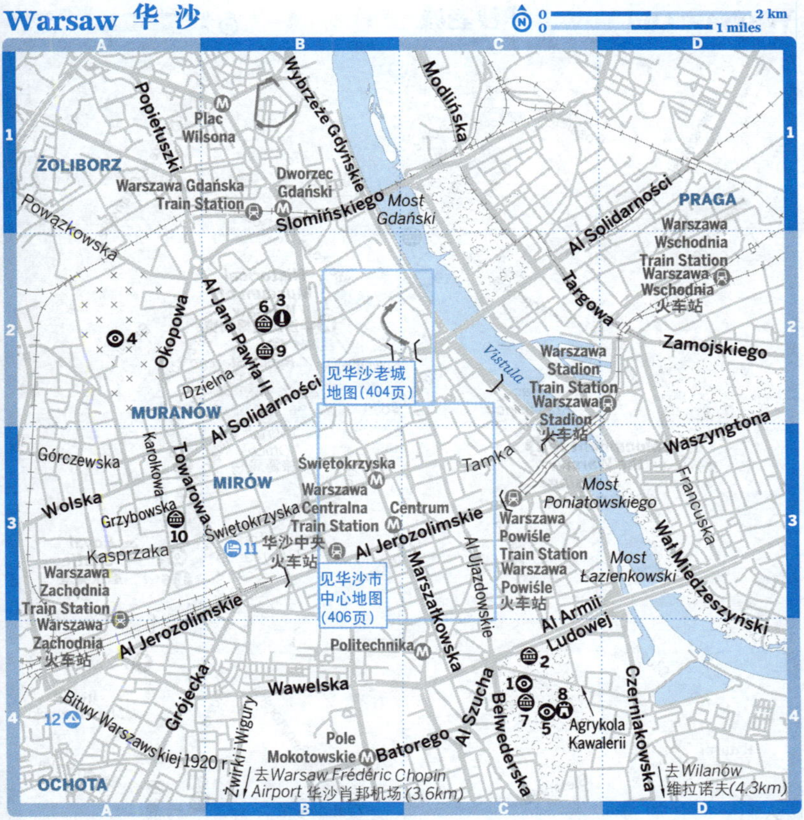

Warsaw 华沙

景点

1 植物园 C4
2 当代艺术中心 C4
3 贫民窟英雄纪念碑 B2
4 犹太公墓 A2
5 瓦津基公园 C4
6 波兰犹太人历史博物馆 B2
7 老橘园 C4
8 水上宫殿 C4
9 监狱博物馆 B2
10 华沙起义博物馆 A3

住宿

11 Hotel Premiere Classe B3
12 Majawa Motor Inn & Camping 123 .... A4

to Sigismund III Vasa；见404页地图；Plac Zamkowy），以纪念其1596年将首都从克拉科夫迁移至华沙。

皇家城堡 城堡

（Royal Castle；见404页地图；Plac Zamkowy 4号；成人/优惠22/15兹罗提；周一至周六10:00~16:00，周日11:00~16:00；10月至次年4月，周一不营业）这个巨大的13世纪城堡是城堡广场的重要景点，这个城堡也同样经历过战后重建。议员接待室是城堡众多华丽房间中的最大亮点，里面展示了Bernardo Bellotto（卡纳莱托的侄子）所画的18世纪华沙风景画。

华沙历史博物馆 博物馆

（Historical Museum of Warsaw；见404页地

Warsaw Old Town 华沙老城

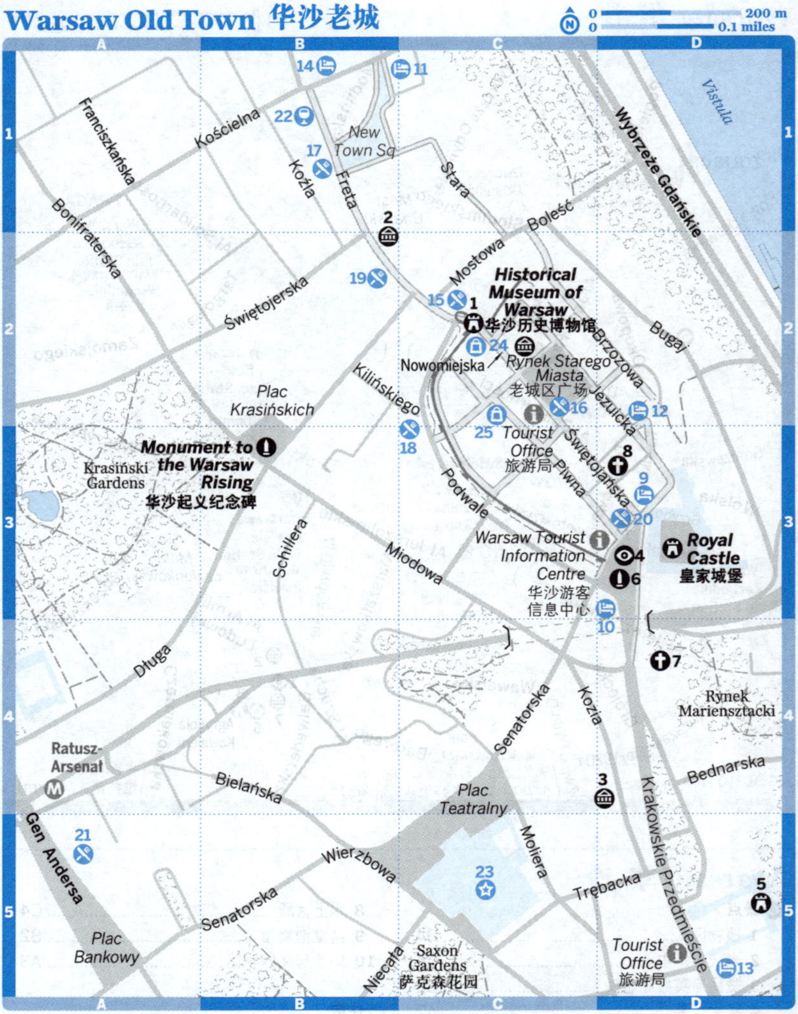

图；www.mhw.pl；老城区广场42号；成人/优惠8/4兹罗提；⏲周一至周二11:00~18:00，周三至周五10:00~15:30，周六至周日10:30~16:30）宏伟的**老城区广场**（Rynek Starego Miasta）旁边就是这个展示着华沙动荡历史的博物馆。中午博物馆会放映讲述战争时期城市遭到破坏的故事的英文电影（入场费6兹罗提）。

Barbican 要塞

（见404页地图；ul Nowomiejska）老城区广场往西北方向，沿着ul Nowomiejska走，就能看到这个威风的中世纪要塞。你可以通过走道爬上城墙，在那儿感受一下在老城高层处俯瞰维斯瓦河的感觉。

Marie Skłodowska-Curie Museum 博物馆

（见404页地图；ul Freta16号；成人/优惠11/6兹罗提；⏲10:00~17:00）位于老城区的ul Freta路，这个博物馆展出与波兰科学家居里夫人相关的物品。居里夫人和丈夫皮埃尔一起发现了镭和钋，并且为放射线照相术、核物理、癌症治疗等技术的发展奠定了基础。

Warsaw Old Town 华沙老城

圣约翰大教堂 教堂

（St John's Cathedral；见404页地图；ul Świętojańska 8号；墓地2兹罗提；⏲周一至周六10:00~13:00与15:00~17:30）这个15世纪的哥特式大教堂就位于城堡旁边，它是华沙最古老的教堂。其相对简约却高贵的装潢值得一看。

华沙起义纪念碑 纪念碑

（Monument to the Warsaw Rising；见404页地图；ul Długa和ul Miodowa转角处）纪念碑位于老城区西边，这组引人注目的雕像为纪念1944年波兰反抗纳粹德国统治而建。

皇家大道（ROYAL WAY）

这条4公里长的大道（波兰语叫作Szlak Królewski）连接了皇家城堡和瓦津基公园，沿路经过ul Krakowskie Przedmieście，ul Nowy Świat和Al Ujazdowskie。附近有180路公共汽车，沿路一直到南面的维拉诺夫公园（Wilanów Park）。

首选 肖邦博物馆 博物馆

（Chopin Museum；见406页地图；www.chopin.museum；ul Okólnik 1号；成人/优惠22/13兹罗提，周二免费；⏲周二至周日11:00~20:00）来这里了解一下波兰最著名的作曲家肖邦吧，博物馆在2010年肖邦诞辰200周年时刚刚经过了装修与扩建。这个身临其境的视听展览涵盖了肖邦作品、生前物品和在巴黎生活的方方面面。你完全可以多花些时间看看这共有四层的展品，并在地下室的听音亭中感受一下肖邦音乐的魅力。

萨克森花园 花园

（Saxon Gardens；见406页地图；⏲24小时）这座引人入胜的花园位于皇家大道以西，入口处有一个规模不大却令人心酸的无名士兵之墓（见406页地图；萨克森花园）。花园坐落于萨克森宫殿唯一幸存的遗址中，该宫殿已在"二战"期间被德国摧毁。周日中午这里还会举行卫兵换岗仪式。

圣十字教堂 教堂

（Church of the Holy Cross；见406页地图；ul Krakowskie Przedmieście 3号）这个引人注目的17世纪教堂位于老城区的南部。肖邦的心脏被保存在主教堂中殿左手侧的第二根柱子里。当初肖邦在巴黎死于结核病时只有39岁，他的心脏也从巴黎运送到了此处。

Central Warsaw 华沙市中心

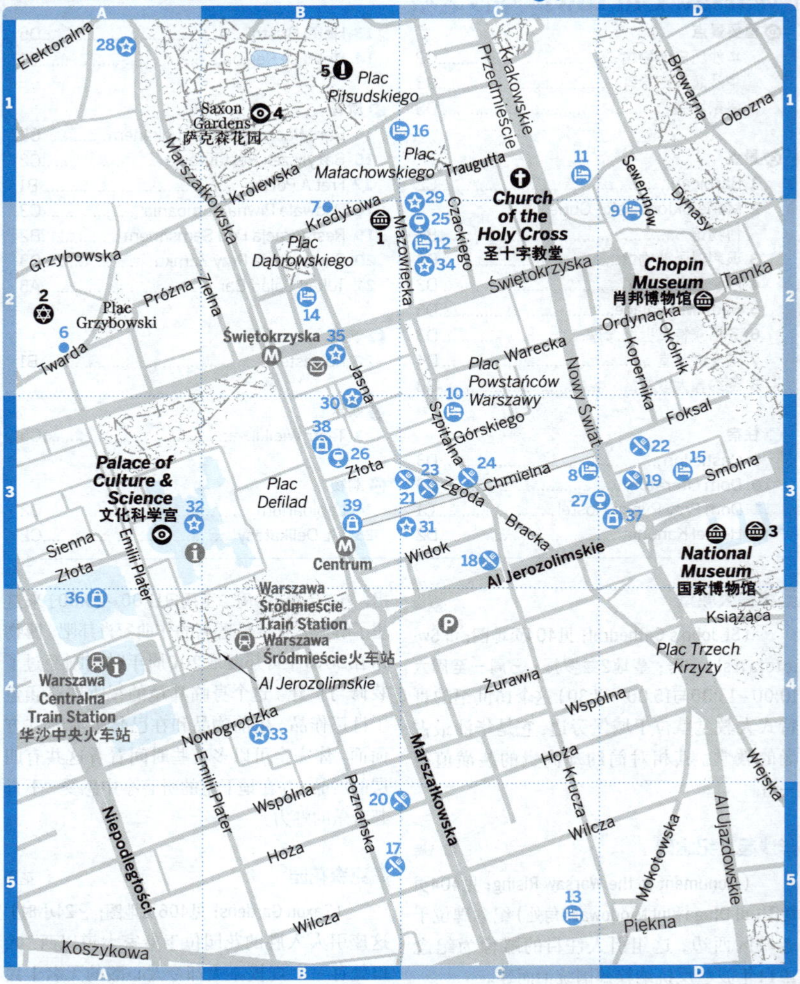

国家博物馆 博物馆

（National Museum；见406页地图；www.mnw.art.pl；Al Jerozolimskie 3号；成人/优惠15/10兹罗提，包括临时展览20/15兹罗提，周二免费；⊙周二至周日10:00～18:00）博物馆位于Nowy Świat和Al Jerozolimskie交汇处以东。国家博物馆的展品有古希腊和埃及文物、科普特壁画、中世纪木雕和波兰美术作品。这里的Jacek Malczewski的超现实主义画作值得一看。

瓦津基公园 公园

（Łazienki Park；见403页地图；www.lazienki-krolewskie.pl；ul Agrykola；花园免费；⊙黎明至黄昏）这个面积巨大、绿荫袭人、广受欢迎的公园以18世纪的**水上宫殿**（见403页地图；Palace on the Water, ul Agrykola 1号；成人/优惠15/10兹罗提，周四免费；⊙周二至周日9:00～16:00）而闻名，这个水上宫殿是波兰最后的国王斯坦尼斯瓦夫二世的夏宫，该国王在1795年波兰第三次被瓜分时退位并解散了自己的王国。这

Central Warsaw 华沙市中心

重要景点

肖邦博物馆 D2
圣十字教堂 C1
国家博物馆 D3
文化科学宫 A3

景点

1 民族博物馆 B2
2 Nożyk Synagogue A2
3 波兰军事博物馆 D3
4 萨克森花园 B1
5 无名士兵之墓 B1

活动、课程和团队游

6 Our Roots A2
7 Trakt B2

住宿

8 Apartments Apart C3
9 Hostel Helvetia D2
10 Hotel Gromada Centrum C3
11 Hotel Harenda C1
12 Hotel Mazowiecki C2
13 Nathan's Villa Hostel C5
14 Oki Doki Hostel B2
15 Smolna Youth Hostel D3
16 Sofitel Victoria C1

就餐

17 Beirut B5
18 British Bulldog C3
19 Cô tú D3
20 Dżonka B5
21 Krokiecik C3
22 Sketch D3
23 Taqueria Mexicana C3
24 Zgoda Grill Bar C3

饮品

25 Paparazzi C2
26 Relax B3
27 Sense D3

娱乐

28 Capitol A1
29 Enklawa C2
30 Filharmonia Narodowa B3
31 Kino Atlantic C3
32 Kinoteka A3
33 Teatr Roma B4
34 Tygmont C2
35 Underground Music Cafe B2

购物

36 家乐福超市 A4
37 EMPiK D3
38 EMPiK B3
39 Wars & Sawa B3

个公园曾经是附属于Ujazdów城堡的皇家狩猎地。

这个公园还有个老橘园（见403页地图；Old Orangery，瓦津基；成人/学生10/5兹罗提，周四免费；⌚周二至周五9:00~16:00）。橘园内有个雕塑画廊和一个18世纪的剧院。从5月到9月的每个周六日的中午至16:00会在附近的玫瑰园中举行钢琴独奏会。

圣安妮教堂 教堂

（St Anne's Church；见404页地图；ul Krakowskie Przedmieście 68号）教堂位于皇家城堡南部，这个华丽的15世纪教堂的塔顶（成人/优惠5/4兹罗提；⌚5月至10月11:00~21:00）景观很震撼。

讽刺漫画博物馆 博物馆

（Museum of Caricature；见404页地图；www.muzeumkarykatury.pl；ul Kozia 11号；成人/优惠5/3兹罗提，周六免费；⌚周二至周日11:00~18:00）沿着Krakowskie Przedmieście的小路走就能看到这个神奇的博物馆了，展品包括波兰和其他国家讽刺漫画家的作品，最老的作品来自18世纪。

Radziwiłł Palace 宫殿

（见404页地图；ul Krakowskie Przedmieście 48/50号）这个宫殿在ul Krakowskie Przedmieście街，是波兰总统府所在地。目前并不对外开放。

民族博物馆 博物馆

（Ethnographic Museum；见406页地图；www.ethnomuseum.website.pl；ul Kredytowa 1号；成人/优惠12/6兹罗提，周三免费；⌚周二至周六10:00~16:00，周日中午至17:00）民族

博物馆位于撒克逊花园南边，此处展览了波兰的民族服饰，同样还有地区艺术和工艺品。

波兰军事博物馆 博物馆

（Polish Army Museum；见406页地图；Al Jerozolimskie 3号；成人/优惠10/5兹罗提，周三免费；⏲周三至周日10:00~16:00）国家博物馆旁边就是这个记录着波兰军事历史的博物馆，外面展览着各式军用车辆，里面则展览着各种军事装备。

当代艺术中心 艺术画廊

（Centre for Contemporary Art；见403页地图；www.csw.art.pl；ul Jazdów 2号；成人/优惠12/6兹罗提，周四免费；⏲周二至周日中午至19:00）这个现代化画廊位于重建后的**Ujazdów 城堡**，该城堡始建于17世纪20年代。

植物园 花园

（Botanical Gardens；见403页地图；成人/优惠6/3兹罗提；⏲4月至8月10:00~20:00，9月至10月10:00~17:00）这个环境宜人的小花园位于当代艺术中心南面，在阳光灿烂的日子里不妨到这里来消磨空闲的时间。

维拉诺夫（WILANÓW）

若要到维拉诺夫，请在ul Nowy Świat或Al Ujazdowskie乘坐116路或180路巴士。

维拉诺夫公园 花园

（Wilanów Park；www.wilanow-palac.pl；ul Wisłostrada；成人/优惠5/3兹罗提，周四免费；⏲9:00至黄昏）这个宏伟的公园位于瓦津基公园东南6公里处，花园核心景区是**维拉诺夫宫**（Wilanów Palace；www.wilanow-palac.pl；成人/优惠20/15兹罗提，周日免费；⏲周一至周六9:30~16:30，周日10:30~18:30）。维拉诺夫宫殿同时也是约翰三世国王的夏宫，该国王曾在1683年于维也纳击败了土耳其人，并由此解除了土耳其对中欧的威胁。若是夏天来此，要做好排长队的准备。最后一批门票将在关门前1小时停售。

宫殿后面是一个保存完好的**橘园**（ul Wisłostrada；入场费根据临时展览的内容定价；⏲10:00~18:00），公园内有一个不断更换展品的画廊。位于前皇家马厩的**海报博物馆**（Poster Museum，www.postermuseum.pl；ul Kostki Potockiego 10/16号；成人/学生10/7兹罗提，周一免费；⏲周一正午至16:00，周二至周五10:00~16:00，周六和周日10:00~18:00；🚌116，180）展览了世界闻名的波兰海报艺术。

市中心（CITY CENTRE）

文化科学宫 地标

（Palace of Culture & Science；见406页地图；www.pkin.pl；Plac Defilad 1；⏲9:00~18:00）建筑体型巨大、使人心情压抑，每一个到访波兰的人都会看到这一地标性的建筑。这个高塔般的建筑已然成为了这座城市的象征，虽然文化科学宫正努力走出斯大林时代的影响。黄昏时这个建筑有些吓人，不过倒也是方便易见的地标。从位于30层的**观景台**（成人/优惠20/15兹罗提）可以看到城市的全景。该大楼是20世纪50年代苏联赠送的“友谊的礼物”，楼高230米，直到现在都还是欧洲最高的建筑之一。

市中心西部（WEST OF THE CITY CENTRE）

华沙起义博物馆 博物馆

（Warsaw Rising Museum；见403页地图；www.1944.pl；ul Grzybowska 79号；成人/优惠14/10兹罗提，周日免费；⏲周一、周三、周五8:00~18:00，周四8:00~20:00，周六和周日10:00~18:00）这个气氛凝重的博物馆是为纪念1944年爆发的波兰人民反抗纳粹统治的大起义而建造的，然而起义以失败告终。城市大部分被摧毁，人口也因此大幅减少。该次起义被德国残酷镇压（此时苏联红军正集结在维斯瓦河对岸待命），最终20万波兰人为此丧生。

博物馆中照片、展品和电影等方式重新向世人诉说着当年起义中感人的故事。博物馆中央是一个巨大的**纪念墙**，墙中播放着心跳声和经过选择的音频资料。在旅途终点处有一个复刻版的1944年咖啡厅，这暗示了：就算在最低谷的时期，生活也要继续。解说文字有波兰语和英语。从AL JEROZOLIMS-

KIE搭乘向西的22或24路有轨电车可达博物馆。

前犹太区（FORMER JEWISH DISTRICT）

文化科学宫西北的这个郊区曾经是犹太裔波兰人主要的聚居地。在“二战”期间，纳粹德国在此处建立了一个犹太贫民窟，但是在1943年华沙贫民窟起义后，该贫民窟被夷为了平地。

犹太公墓 墓地

（Jewish Cemetery；见403页地图；ul Okopowa 49/51号；入场费4兹罗提；⌚周一至周四10:00~17:00，周五9:00~13:00，周日11:00~16:00）这座欧洲最大的犹太人墓地是“二战”留给我们最为辛酸悲痛的纪念品。公墓始建于1806年，拥有超过100,000个墓碑。参观者必须戴帽子才能进入。从老城区来这里可以从ul Nowy Świat向北乘坐180路公共汽车。

贫民窟英雄纪念碑 纪念碑

（Ghetto Heroes Monument；见403页地图；ul Anielewicza和ul Zamenhofa交叉路口）这个纪念碑纪念着在纳粹犹太贫民窟中死去的遇难者。其特色是纪念碑正面的浮雕。

波兰犹太人历史博物馆 博物馆

（Museum of the History of Polish Jews；见403页地图；www.jewishmuseum.org.pl；ul Anielewicza和ul Zamenhofa交叉路口；⌚周三至周一10:00~18:00）博物馆位于贫民窟英雄纪念碑对面，这个新建的多媒体教育中心于2013年4月贫民窟起义70周年纪念日对外开放。请向旅游局咨询入场费。

Pawiak监狱博物馆 博物馆

（Pawiak Prison Museum；见403页地图；ul Dzielna 24/26；成人/优惠6/4兹罗提；⌚周三至周日10:00~16:00）这里曾是纳粹德国占领时期的盖世太保监狱，现在这个博物馆里有很多感人的展品，包括信件和其他个人物品。

Nożyk Synagogue 犹太教堂

（见406页地图；ul Twarda 6号；入场费6兹罗提；⌚周一至周五9:00~20:00，周日11:00~20:00）这个罗马复兴风格的礼拜场所是“二战”后唯一幸存下来的犹太教堂。

团队游

Our Roots 团队游

（见406页地图；☎22 620 0556；www.our-roots.jewish.org.pl；ul Twarda 6号）组织犹太文化遗址游。

Trakt 团队游

（见406页地图；☎22 827 8068；www.trakt.com.pl；ul Kredytowa 6号）华沙与华沙外地区的带导游团队游。

节日和活动

莫扎特节 音乐节

（www.operakameralna.pl；⌚6月/7月）

华沙夏日爵士节 音乐节

（Warsaw Summer Jazz Days；www.adamiakjazz.pl；⌚7月）

街头艺术节 戏剧

（Street Art Festival；www.sztukaulicy.pl；⌚7月）

华沙秋季国际当代音乐节 音乐节

（Warsaw Autumn International Festival of Contemporary Music；www.warsaw-autumn.art.pl；⌚9月）

华沙电影节 电影节

（Warsaw Film Festival；www.wff.pl；⌚10月）

住宿

华沙的住宿毫无疑问是波兰所有城市中最昂贵的，不过这里也有很多价格实惠的旅馆。旅游局可以帮你寻找住宿。

首选 **Castle Inn** 酒店 €€

（见404页地图；☎22 425 0100；www.castleinn.eu；ul Świętojańska 2号；单/双290/330兹罗

提起；🛜）走上楼梯，你就会看到这个老城区酒店醒目的紫色装潢和闪亮的瓷砖，酒店就坐落在一个17世纪的豪宅内。在所有的房间中都能鸟瞰城堡广场或圣约翰大教堂的风景，并且有一系列多样风格的房间可供选择。

Oki Doki Hostel　青年旅舍 €

（见406页地图；☎22 828 0122；www.okidoki.pl；Plac Dąbrowskiego 3号；铺39~93兹罗提，单/双120/149兹罗提起；🛜）这里可没有千篇一律的房间，每个房间都有明亮的主题色。你可以尝试一下共产主义风格（红色，外加一个列宁大画像）。即使睡在下铺也有充裕的空间，公共卫生间十分整洁。旅馆还有个酒吧、一个洗衣机和一个厨房，并且外租自行车（每天28兹罗提）。

Nathan's Villa Hostel　青年旅舍 €

（见406页地图；☎22 622 2946；www.nathansvilla.com；ul Pi　kna 24/26号；铺47~60兹罗提，房间175~205兹罗提；🛜）Nathan的阳光庭院不仅通往布局规整的宿舍，也通往舒适的私人房间。这里的厨房设施不错，还提供洗衣服务、图书交换和游戏设备，可供你打发雨天的空闲时光。

Hotel Le Regina　酒店 €€€

（见404页地图；☎22 531 6000；www.mamaison.com/leregina；ul Kościelna 12号；房间/套房150/450欧元起；❄🛜🏊）这里虽不便宜，但是Le Regina是传统建筑和现代设计的一个完美组合。巨大的客房配有一张特大号床，配有深色、抛光木的床头板。豪华客房还有实木地板和可以看到庭院的阳台。所有的房间都拥有精美的厕所，连洗手台都是大理石的。

Apartments Apart　公寓 €€

（见406页地图；☎22 351 2250；www.apartmentsapart.com；ul Nowy Świat 29/3号；公寓45欧元起；🛜）这个公司提供遍布老城区和市中心的公寓出租服务，大多数公寓都有洗衣机和厨房。建议先去看看官网，因为有时候网上的活动价格很实惠。

Hotel Bristol　豪华酒店 €€€

（见404页地图；☎22 551 1000；www.lemeridien.pl；ul Krakowskie Przedmieście 42/44号；房间750兹罗提起；❄🛜🏊）酒店始建于1899年，现在一番浩大的装修后恢复了曾经的辉煌。Bristol被捧为波兰最豪华的酒店。在酒店新古典主义的外观之下，是一间间集原创新艺术风格与传统风格于一体的房间。细心的工作人员会满足你的每一个期待。

Hotel Premiere Classe　酒店 €€

（见403页地图；☎22 624 0800；www.premiere-classe-warszawa.pl；ul Towarowa 2号；房间199兹罗提；🛜）如果你不是特别在意房间大小，这个现代酒店还真是个不错的地方。这里房间虽小，但采光良好，收拾得也很整齐，家具很具现代气息。客人可以使用隔壁酒店的餐厅、酒吧和健身中心。从Al Jerozolimskie往西乘坐22路或24路有轨电车可以抵达。

Sofitel Victoria　酒店 €€€

（见406页地图；☎22 657 8011；www.sofitel.com；ul Królewska 11号；房间400兹罗提起；🛜🏊）这家酒店简直是现代商业酒店的模范，店内有宽敞的大理石大堂和休息区。休息区内还有很多关于波兰文化和历史方面的书籍。酒店的客房装潢很保守，但洗手间却装饰得闪闪发光。

Hostel Helvetia　青年旅舍 €

（见406页地图；☎22 826 7108；www.hostel-helvetia.pl；ul Kopernika 36/40号；铺/房间59/220兹罗提；🛜）这个旅馆很明亮，有一个休息室、厨房组合间。宿舍内配有柜子，旅馆内还有一个不大的女生专用宿舍。出租自行车每天30兹罗提。从后面的ul Sewerynow街可以进入旅馆。

Hostel Kanonia　青年旅舍 €

（见404页地图；☎22 635 0676；www.kanonia.pl；ul Jezuicka 2号；铺/标单/双45/90/160兹罗提；🛜）旅舍位于老城区中心的历史建筑中。这家旅舍只有一间双人房和一间三人房。有的房间可以看到由鹅卵石铺成的街景，有基本的厨房和洗衣机。

Dom Literatury　酒店 €€

（见404页地图；☎22 635 0404；www.funda

cjadl.com; ul Krakowskie Przedmieście 87/89号; 标单/双220/370兹罗提;)酒店位于一个巨大的老建筑中，拥有可供漫步的大厅和装饰着盆栽和大幅油画的楼梯。酒店有许多环境舒适的房间，在其中的很多房间里都可以看到老城区和维斯瓦河的美景。比起住宿条件，这家酒店极佳的地理位置显然更具卖点。

Hotel Harenda 酒店 €€

（见406页地图；22 826 0071; www.hotelharenda.com.pl; ul Krakowskie Przedmieście 4/6号; 标单/双310/340兹罗提起; ）这家酒店距离皇家大道不远，房间干净整洁，房间内配有实木家具，酒店里弥漫着迷人的传统气息。早餐需要额外花费25兹罗提。

Hotel Gromada Centrum 酒店 €€

（见406页地图；22 582 9900; www.gromada.pl; Plac Powstańców Warszawy 2号; 单/双210/240兹罗提起; ）酒店位于城市中心的酒店是个略显呆滞的混凝土大楼，但酒店同时也是一个绝佳的探索城市中心的中转站。在宽敞的门厅装饰着民族风情的图案，通过门厅上楼，你便来到了笔直延伸的走廊，走廊伸向远方，仿佛一个光学错觉。客房很普通，倒是干净宽敞。

Smolna Youth Hostel 青年旅舍 €

（见406页地图；22 827 8952; www.hostelsmolna30.pl; ul Smolna 30号; 铺/标单/双50/85/150兹罗提; ）这家颇受好评的旅舍位于市区中心。旅舍实行宵禁（7月和8月2:00），前台从10:00~16:00也会关闭。此处布局简单干净，而且这里有一个可供休息和做饭的地方。要注意客人会根据性别分配到不同的宿舍，去前台需要爬四级楼梯。

Dom Przy Rynku Hostel 青年旅舍 €

（见404页地图；22 831 5033; www.cityhostel.net; Rynek Nowego Miasto 4号; 铺60兹罗提; 7月至9月; ）旅舍只在夏天开放，位于新城区的一个安静的角落。Przy Rynku旅舍整洁干净，并且待客友好，是一个19世纪的公寓。这里的房间可以住2至5人，并且有一个厨房和休息室供客人使用。

Majawa Motor Inn & Camping 123 露营地 €

（见403页地图；22 823 3748; www.astur.waw.pl; ul Bitwy Warszawskiej 1920r 15/17号; 露营点 每人/帐篷25/20兹罗提，平房标单/双从50~80兹罗提，酒店标单/双70~120兹罗提起; ）坐落于Dworzec Zachodnia公车站附近的广阔场地。从4月中旬到10月中旬有平房可以出租。从Al Jerozolimskie往西搭乘9路或25路有轨电车可达此地。

Hotel Mazowiecki 酒店 €€

（见406页地图；22 827 2365; www.hotelewam.pl; ul Mazowiecka 10号; 标单/双160/200兹罗提; ）一星级住宿标准，位置很方便，正位于一个市中心夜生活活跃的地带。大多数客房都有公共浴室，也有少数房间有私人卫生间。

就餐

波兰最新的革命是一场美食革命，在老城区和新城区周边有不少美食可供选择。尤其在Nowy Świat街和文化科学宫之间一带的地方。

如果想要自己做饭，可以在Warszawa Centralna火车站后面的Złote Tarasy购物中心的**家乐福超市**（见406页地图；ul Złota 59号）购买食材，食材也可以选择在老城区的**ML Delikatesy**（见404页地图；ul Piwna 47号）购买。

首选 **Sketch** 各国风味 €€

（见406页地图；ul Foksal 19号; 主菜12~41兹罗提; 8:00至次日1:00）餐厅有敞亮的餐厅和酒吧，桌椅都是橙色的，餐厅工作人员也很酷。这里自然光充足，观光了一天后在此休息放松一下是很不错的选择。主餐内容包括法棍面包、沙拉、意大利面和烧烤。大盘菜菜式包括波兰、西班牙和意大利菜。

Bar Mleczny Pod Barbakanem 自助餐馆 €

（见404页地图；ul Mostowa 27/29号; 主菜5~9兹罗提; 周一至周五8:00~17:00，周六和周日9:00起; ）Barbican附近的这家备受好评的自助餐馆，曾经是个牛奶吧，餐馆在东欧剧变前便就营业，至今仍然继续在贴满瓷砖的食堂内为食客提供便宜朴素的食物。看着蕾丝窗帘外成群结队的游客路过时，好好在餐馆饱餐一顿吧。

Podwale Piwna Kompania 烧烤 €€

（见404页地图；ul Podwale 25号；主菜22~50兹罗提；⌚周一至周六11:00至次日1:00，周日正午至次日1:00）从这个餐厅的名字"啤酒公司"就能看出这里活泼的气氛。餐厅位于老城区护城河外，销售格式种类的烧烤小吃和正餐，包括烤鸭、烤肉片、烧排骨和牛排。餐馆的院子可供食客露天烧烤。

Fret Á Porter 波兰菜 €€

（见404页地图；ul Freta 37号；主菜25~56兹罗提；⌚正午至23:00；📶）在这家餐馆你可以选择在能看到新城区广场（New Town Sq）景色的户外露台小坐，也可以选择在挂满了现代艺术的风格怪异的大厅用餐。菜单也十分显露大胆：从传统波兰菜到充满异域情调的袋鼠肉排，这里应有尽有。

Beirut 中东菜 €

（见406页地图；ul Poznańska 12号；主菜12~19兹罗提；📶🖉）这家餐厅很时髦，餐厅内不大的"鹰嘴豆泥与音乐吧"将生活中最美好的两样东西完美地合二为一。菜单包括了各种各样的鹰嘴豆泥，同时还售有沙拉、蔬菜球和皮塔饼。晚上的音乐表演中还会有DJ打碟。

Cô tú 亚洲菜 €

（见406页地图；Hadlowo-Usługowe 21号；主菜12~18兹罗提；⌚周一至周五10:00~21:00，周六和周日11:00~19:00）馋嘴的波兰人永远吃不够这里的菜，所以这家亚洲餐厅的炒菜锅永远没有消停的时候。菜单上的菜品十分丰富，种类包括海鲜、蔬菜、牛肉、鸡肉和猪肉。穿过Nowy Świat 2号的拱门就可找到这家餐厅了。

Restauracja Pod Samsonem 犹太菜 €€

（见404页地图；ul Freta 3/5号；主菜10~30兹罗提）餐馆位于新城区，本地人经常光顾这个便宜又好吃的犹太餐馆。挑人胃口的开胃菜包括俄式蘑菇酱煎饼和"犹太式鱼子酱"（一种油炸碎肝类的食物）。餐厅入口处隔壁的门上方有勇者斗猛狮浮雕。

Tukan Salad Bar 素食 €

（见404页地图；Plac Bankowy 2号；主菜5~19兹罗提；⌚周一至周五8:00~20:00，周六10:00~18:00；🖉）这是一家很适合素食主义者的小店，店内提供各样沙拉。正如名字所示，仔细找有巨嘴鸟（toucan）的那个门。小店藏在绵延的拱廊中。

Restauracja Przy Zamku 波兰菜 €€€

（见404页地图；Plac Zamkowy 15号；主菜38~120兹罗提）这家迷人的餐馆弥漫着一股历史的气息，墙上挂着猎人奖杯，穿着围裙的侍者在招待顾客时也显得十分用心。这家餐厅提供可以称得上是顶尖的波兰菜品，菜单包括鱼类和野味，以及令人眼花缭乱的主菜——一定要尝尝美味的红梅酱野兔香肠。

Dżonka 亚洲菜 €€

（见406页地图；ul Hoża 54号；主菜15~31兹罗提；⌚周一至周五11:00~19:00，周六日正午至18:00）这个容易被忽视的宝石级餐厅供应各色亚洲美食，包括中国菜、日本菜、韩国菜和泰国菜。麻雀虽小（只有六张桌子），五脏俱全，深色实木装潢和竹制餐垫使这家餐厅别具一格。菜单上还有一些包括四川菜在内的鲜辣美味，不过已经被微调改良成了波兰口味。

British Bulldog 英国酒吧 €

（见406页地图；Al Jerozolimskie 42号；主菜9~27兹罗提；📶）如果你一定要去仿英式酒吧，这家酒吧在市中心是个不错的选择。酒吧售有牛排、鱼排和薯条，还有全天供应的早餐。从16:00~19:00有特价。

Bazyliszek Restauracja 波兰菜 €€

（见404页地图；老城区广场1/3号；主菜17~48兹罗提）此处位于老城区广场的黄金地段，门口上有一个红眼蛇怪雕像。这里主要供应波兰菜肴，也提供包括阿根廷牛排在内的外国美食。

想了解更多?

想来点更深入的信息和推荐吗?去苹果App store购买Lonely Planet的*Warsaw City Guide*和*Polish Phrasebook*的iPhone应用吧。

或者登录www.lonelyplanet.com/poland/warsaw获取建议、作者推荐、旅行者评论和专业指导。

Taqueria Mexicana 墨西哥菜 €€

(见406页地图;ul Zgoda 5号;主菜24~50兹罗提)这个色调明亮的地方挂满了墨西哥地毯,并设有一个中央吧台。菜品包括玉米饼、辣酱卷饼和墨西哥烤肉,周一至周五还有15兹罗提的午餐套餐。

Krokiecik 自助餐馆 €

(见406页地图;ul Zgoda 1号;主菜6~25兹罗提)这家自助餐馆供应一系列物美价廉的菜肴,汤的味道也不错。这里的招牌菜是krokiety(一种开胃馅饼)。

Zgoda Grill Bar 波兰菜 €€

(见406页地图;ul Zgoda 4号;主菜24~69兹罗提)这里是个明亮且风格随意的餐馆,供应多种美味的波兰家常菜,还有很多不错的沙拉供你选择。

饮品

首选 **Polyester** 咖啡馆、酒吧

(见404页地图;ul Freta 49/51号;📶)这里时尚又复古,无疑是老城区一带最时髦的鸡尾酒吧。Polyester提供鸡尾酒,也提供咖啡和清淡食物。

Relax 咖啡馆、酒吧

(见406页地图;ul Złota 8a;⏲周一至周五8:00~23:00,周六和周日10:30~23:00;📶)这是一家布局紧凑气氛友好的咖啡馆,充满了刻意的复古感,位于一个废弃电影院大楼后面。销售一系列波兰自酿啤酒。

Sense 酒吧

(见406页地图;ul Nowy Świat 19号;⏲正午至深夜;📶)这个场所十分现代,气氛也很柔和。舒适的长椅就在立方体形状的灯体下方,酒吧里红酒和鸡尾酒的种类也很多。尝一下该店招牌,姜玫瑰伏特加。另外这里提供的食物也很多,如果饿了不妨吃点。

Paparazzi 酒吧

(见406页地图;ul Mazowiecka 12号;⏲18:00至深夜;📶)这里是华沙最为闪亮的场地了。你可以在好莱坞明星的放大照片下品尝一杯令人眼花缭乱的鸡尾酒。这里空间宽阔,中央吧台周围的座位很舒服。

☆娱乐

夜店

华沙永远都不缺优秀的夜店。若要去夜店一定要好好探索一下ul Mazowiecka,ul Sienkiewicza和ul Nowy Świat周围。7月和8月的周六,老城区广场将有免费的爵士演出。

Enklawa 夜店

(见406页地图;www.enklawa.com;ul Mazowiecka 12号;⏲周二至周六21:00至次日4:00)这家俱乐部拥有时髦的装修和舒适的绒毛沙发,两个吧台以及一个广阔的舞池。好好看一下种类繁多的饮料单,你可以在舞池跳舞或者坐在楼上阳台的凳子上看着别人跳舞。周三的晚上将有"怀旧之夜"音乐会,演奏的音乐都是20世纪70和80年代的知名乐曲。

Tygmont 爵士夜店

(见406页地图;☎22 828 3409;www.tygmont.com.pl;ul Mazowiecka 6/8号;⏲19:00至深夜)这里不仅有本地艺人表演,还有国际演出在此上演,这里现场演奏的爵士乐花样繁多。演出大约从晚上8点开始,但是这里很早就挤满人了,所以要么提前预订桌子要么一营业就到场。这里也可以用餐。

Capitol 夜店

(见406页地图;ul Marszałkowska 115号;⏲周六22:00至深夜)如果你觉得物以稀为贵,那你一定要来这个只有周六才营业的酷炫夜店,柱子会发出暗暗的光,装修呈现复古风格,舞

池中人群不停转动的时候脸上闪闪发光的样子真是太美了。

Underground Music Cafe 夜店

（见406页地图；www.under.pl；ul Marszałkowska 126/134号；⏲13:00至深夜）学生和背包客爱死这个地下夜店了，因为这里啤酒便宜、灯光幽暗，音乐多种多样。从20世纪70年代、80年代的音乐到浩室、节奏蓝调和嘻哈风格，应有尽有。

表演艺术

Teatr Roma 音乐剧院

（见406页地图；☎22 628 8998；www.teatrroma.pl；ul Nowogrodzka 49号）这个剧院表演波兰语的大制作音乐剧，比如备受欢迎的Deszczowa Piosenka（也就是雨中曲）。

Teatr Wielki 歌剧院

（见404页地图；☎22 692 0200；www.teatrwielki.pl；Plac Teatralny 1号）这个大剧院举行歌剧表演和芭蕾舞表演，也只有这样豪华的歌剧院才能与如此高档的表演相称。

Filharmonia Narodowa 古典音乐

（见406页地图；☎22 551 7111；www.filharmonia.pl；ul Jasna 5号）这里举办古典音乐演出。

电影院

如果不想窝在波兰的酒店里看电视的话，不如去市中心的**Kino Atlantic**（见406页地图，ul Chmielna 33）看场电影，或者去文化科学宫的**Kinoteka**（见406页地图，Plac Defilad 1号）看一下社会主义时代的老电影。英文电影会有波兰语字幕。

购物

老城区广场（Rynek Starego Miasta）附近有不少古董、艺术品和手工艺品商店。来这里购物吧！

Wars & Sawa 商场

（见406页地图；ul Marszałowska 104/122号）商场位于市中心庞大的现代化购物中心内。

Lapidarium 珠宝店

（见404页地图；www.lapidarium.pl；ul Nowomiejska 15/7号）老城区广场中最有意思的商店之一，在这里可以买到珠宝和各种收藏品。

EMPiK 书店

该店在华沙的**Wars&Sawa商场**（见406页地图；ul Marszałkowska 116/122号，Wars & Sawa商场内）和**皇家大道**（见406页地图；ul Nowy Świat 15/17号）内均有分店。这里是一个买英文书籍、报纸和杂志的好地方。

实用信息

打折卡

华沙旅游卡（Warsaw Tourist Card；www.warsawcard.com；1/3天35/65兹罗提）可在博物馆、公共汽车系统、部分剧院、体育中心和餐厅中使用，享受免费或打折优惠。游客局和部分宾馆都有出售。

网络

在华沙，做好每小时付5兹罗提上网的准备。华沙中央火车站内也有一些便利却设施简陋的网吧。

Verso Internet（ul Freta 17号；⏲周一至周五8:00~20:00，周六9:00~17:00，周日10:00~16:00）在ul Świętojerska旁边，从后门进入。

Warsaw Point Gallery（ul Złotyota 59号；Złotyote Tarasy；⏲9:00~22:00）在这个购物中心的信息台付钱。

医疗服务

Apteka Grabowskiego（Warszawa Centralna；⏲24小时）位于火车站旁。

Centrum Medyczne LIM（☎22 332 2888；www.cmlim.pl；Al Jerozolimskie 65/79号；四楼，Marriott Hotel）这里提供专家门诊、实验室化验和出诊服务。

EuroDental（☎22 627 5888；www.eurodental.com.pl；ul Śniadeckich 12/16号；⏲周一至周六8:00~20:00，周日10:00~14:00）这是一家私人牙医诊所，工作人员会说多国语言。

现金

银行、kantor（外汇兑换办事处）和ATM在市中心很好找。24小时营业的外汇兑换处可以在华沙中央火车站和机场找到，但是这些地方的汇率比市中心要低10%左右。不要在老城区兑换，那个地方的汇率有时甚至更低。

邮局

邮政总局（见地图406页；ul Świętokrzyska 31/33号；⏲24小时）

游客信息

每个旅游局都提供免费的城市地图和免费的旅游手册，比如方便的Warsaw in Short和Visitor，波兰其他城市的地图在这里也有售；办事处内还可以帮助你预订酒店房间。

值得一看的免费旅游杂志月刊包括内容详尽的*Warsaw Insider*（10兹罗提）和*Warsaw in Your Pocket*（5兹罗提）。

旅游局（☎22 19431；www.warsawtour.pl）老城区（见404页地图；老城区市场广场19号；⏲5月至9月9:00~21:00，10月至次年4月9:00~19:00）；皇家大道（见404页地图；ul Krakowskie Przedmieście 15号；⏲周二至周日11:00~20:00）；文化和科学宫（见406页地图；Plac Defilad 1号，文化科学宫；⏲8:00~18:00）；华沙中央火车站（见406页地图；Al Jana Pawła II号，主楼，华沙中央火车站；⏲5月至9月8:00~20:00，10月至次年4月8:00~19:00）；华沙肖邦机场（ul Żwirki i Wigury 1号；⏲5月至9月8:00~20:00，10月至次年4月8:00~19:00）。

华沙游客信息中心（见404页地图；☎22 635 1881；www.wcit.waw.pl；Plac Zamkowy 1/13号；⏲周一至周五9:00~18:00，周六和周日10:00~18:00）位于老城区的私营旅游局内。

ℹ 到达和离开

飞机

华沙肖邦机场（Warsaw Frédéric Chopin airport，www.lotnisko-chopina.pl；ul Żwirki i Wigury 1号）距离市中心7公里，通常被称作Okęcie机场。

在到达层有一处实用的旅客事务办公室、几处自动取款机和外币兑换处。该层还有租车公司，一个行李置放室和一个报摊，你可以在这里买到公交车票。

国内和国际航班由波兰国家航空公司LOT运营，可以在**LOT办事处**（☎0801 703 703；Al Jerozolimskie 65/79号）或者任意一家旅行社订到国内和国际航班。

2012年，崭新的廉价机场**Warsaw Modlin**（www.modlinairport.pl；ul Generała Wiktora Thommée 1a，Nowy Dwór Mazowiecki）开始运营，机场位于城北35公里处。如果你乘坐瑞安（Ryanair）或威兹航空（Wizz Air）等廉价航班出行，便可能在此地起飞。这里提供一些常规服务，如自动取款机和租车服务。

长途汽车

Dworzec Zachodnia（Western Bus Station；www.pksbilety.pl；Al Jerozolimskie 144号）是华沙最主要的汽车站，位于市中心西南，Warszawa Zachodnia火车站旁边。搭乘从Warszawa Śródmieści站出发的通勤列车可达此处，从这里你可以搭乘开往各个方向的PKS巴士。

由私人公司**Polski Bus**（www.polskibus.com）运营的巴士服务从Wilanowska地铁站旁边的小巴士车站出发。若想得知发车时间和票价，请登录其网站，因为车票必须在网上购买。

国际长途汽车也在Dworzec Zachodnia设有起始站，或者偶尔设起始站于华沙中央火车站外。车票可以在Dworzec Zachodnia的汽车办公室买到，在华沙中央火车站的中介和全市的各大旅游社也都能买到车票。**Eurolines Polska**（☎22 621 3469；www.eurolinespolska.pl）运营很多开往欧洲各地的巴士线路。登录官网查询车票费用和特价信息。

火车

华沙有不少火车站，但大多数旅行者都会选择**华沙中央火车站**（Warsaw Central；Al Jerozolimskie 54号）。中央火车站在1975年作为社会主义建设的伟大成就闪亮登场，可几年后便由于疏于管理而显得脏乱。为迎接2012年欧洲足球锦标赛，火车站进行了大幅度翻新，但正厅下商店林立的走廊仍然是个恼人的问题，店铺布局混乱，仿佛迷宫。

华沙中央火车站不仅是起始站，所以上下车还需多留神。时刻看好你的东西以防小偷得手。

从华沙出发

长途汽车

站点	公司	票价（兹罗提）	行程（小时）	班次
柏林（德国）	Polski Bus	不定	10.25	每日2班
格但斯克	PKS	56	6	每小时1班
格但斯克	Polski Bus	不定	5.75	每小时1班
克拉科夫	PKS	58	6	每日8班
克拉科夫	Polski Bus	不定	5	每日4班
卢布林	Polski Bus	不定	3	每日5班
布拉格（捷克）	Polski Bus	不定	12	每日2班
托伦	PKS	50	4	每小时1班
维也纳（奥地利）	Polski Bus	不定	12.5	每日2班
弗罗茨瓦夫	PKS	63	7	每日6班
弗罗茨瓦夫	Polski Bus	不定	7.25	每日2班
扎科帕内	PKS	65	8	每日6班

火车

站点	行程（小时）	班次
柏林（德国）	5	每日5班
布拉迪斯拉发（斯洛伐克）	8	每日2班
布达佩斯（匈牙利）	11.5	每日1班
基辅（乌克兰）	15.5	每日1班
明斯克（白俄罗斯）	9.5~12	每日2~3班
莫斯科（俄罗斯）	18~21	每日2~3班
布拉格（捷克）	8.5~10.5	每日2班
维也纳（奥地利）	8	每日3班

该站的主厅设有售票柜台、ATM和零食店。主厅同时设有邮局、报刊亭和旅游局。沿着通向站台的地下通道走能遇到几个外币兑换处（其中一个24小时营业）、一个**行李寄存办公室**（⌚7:00至午夜）。还能遇到储物柜、小吃店、当地公交车售票点，几个网吧和书店。

国内和国际列车的车票在站内的柜台就可以买到（但是至少留出1小时间排队）。或去自动售票机买票，使用说明是英文的。你可以在网上通过**PKP Intercity**（☎22 391 9757; www.intercity.pl）查询和预订国际列车的车票。若要购买国内或国际列车的立即出发车票，可以去通往华沙中央火车站地下通道的售票亭购买。售票亭有很多，十分显眼。

欲知华沙与其他波兰地区之间的列车，请查询本章每个城镇的到达与离开部分。

有的国内列车同样停靠在Warszawa Śródmieście站，该站位于华沙中央火车站和Warszawa Zachodnia以东300米处，在Dworzec Zachodnia汽车站旁边。

当地交通

抵离机场

波兰自2012年起新开启了列车线路，线路从肖邦机场站、Warszawa Lotnisko Chopina站出发，抵达位于市中心的华沙中央火车站或Warszawa Śródmieście等站。有的线路也会抵达一些实用的中转站，比如Warszawa Zachodnia。列车每天从6:30~23:30均有发车，大约15分钟1班。单程公交车票的20分钟车程需花费3.60兹罗提。

从华沙主机场到城市中心的另一种方法是乘坐175路公交车（票价为3.60兹罗提），大概每10～15分钟发车1次，途经华沙中央火车站和ul Nowy Świa。该公交车终点站在Plac Piłsudskiego，距老城区城堡广场（Castle Sq）有500米脚程。如果你深夜到达，可以搭乘夜间巴士N32，此班车每30分钟发车1次，往返于机场和华沙中央火车站之间。

从肖邦机场到市中心的出租车费用大致在45兹罗提到50兹罗提之间。正规出租车会显示司机姓名、电话号码和车费，可以在国际到达楼层的正规出租车柜台叫出租车。

从新建的Warsaw Modlin机场出发，去市中心最简单的方法是乘坐普通巴士**Modlin Bus**（☎503 558 148；www.modlinbus.com；成人/儿童33/23兹罗提；⊙6:00至午夜）。若搭乘出租车去市中心会花费100～130兹罗提，根据时间的不同价格将稍有差别。

小汽车

华沙的交通不是特别好，不过想要去乡村短途旅行的话，租车算是个不错的选择。主要的汽车租赁公司会列在当地的英文出版物中。包括**Avis**（☎22 650 4872；www.avis.pl），**Hertz**（☎22 500 1620；www.hertz.pl）和**Sixt**（☎22 511 1550；www.sixt.pl）。

公共交通

华沙的公交每日从5:00运营到23:00。标准票（3.60兹罗提）可以单程乘坐公交、有轨电车或者地铁一次性抵达市内任何地方。

时限票有20/40/60分钟（2.60/3.80/5.20兹罗提）、全日通票（12兹罗提）和三日通票（24兹罗提）等多种；用这些票可以在时限内无限次换乘车辆。请在登车前在售票厅买票（包括那些标了“RUCH”的地方），然后在车上检票。

华沙是波兰唯一可用国际学生证卡享受公共汽车打折（4.8折）的地方。

城南Ursynów（Kabaty站）到城北的Młociny之间有一条地铁线路，途经市中心（Centrum），不过对观光客来说用处不大。当地的通勤列车会从Warszawa Śródmieście站出发驶往波兰的各个郊区。

出租车

乘坐出租车不仅快捷而且方便，如果你乘坐的是正规出租车，并且司机打表计价的话。要小心停靠在顶级酒店、机场、华沙中央火车站以及大多数旅游景点附近的黑车，这些黑车不仅带你绕远路，还会多收你钱。

马佐夫舍省和波德拉谢省（MAZOVIA & PODLASIE）

成为一个独立地区以后，马佐夫舍一直由当地公爵所统治。当华沙在16世纪成为波兰首都之后，马佐夫舍的名声得到了极大的提升。长久以来，马佐夫舍就是传统工业城市、波兰第三大城市罗兹市（Łódź）的所在地。马佐夫舍省以东，朝向白俄罗斯边界的地方，就是波德拉谢，意思是“靠近森林的土地”。这个地区主要的景点是令人难忘的比亚沃韦扎国家公园（Białowieża National Park）。

罗兹（Łódź）

人口729,000

罗兹（读作“woodge”）是一个充满活力的魅力城市，在“二战”时遭到了轻微的破坏。罗兹有很多颇为迷人的新艺术风格建筑，由于少有游客，更格外增添了几分魅力。若身在华沙，这里则是个不错的一日游选择。罗兹从19世纪起便成为了一个主要的工业中心，吸引着欧洲各地的移民前来，在20世纪，此处成为了波兰电影中心，“好莱坞-罗兹”的名字也逐渐传开。尽管此地的纺织工业在东欧剧变后开始衰落，但是这个位于波兰中心的城市仍然吸引着不同商业领域的人士前来投资。

主干道Piotrkowska的两侧集中了很多旅游景点，此处和西街的ul Kopernika附近还设有银行或者kantors（外汇兑换办事处）。在ul Piotrkowska，当地名人青铜像随处可见，包括电影导演罗曼波兰斯基和坐在小型三角钢琴前的钢琴家阿图尔·鲁宾斯坦。**旅游局**（www.turystyczna.lodz.pl；ul Piotrkowska 87号；⊙9:00～17:00）对游客非常有帮助，会提供免费的旅游手册和旅行建议。

比亚沃韦扎国家公园（BIAŁOWIEŻA NATIONAL PARK）

波兰东部边界的比亚沃韦扎国家公园（读作Byah-wo-vyeh-zhah）曾经是一个打猎伐木中心，同时也是这个国家最古老的国家公园。该公园被联合国教科文组织破例同时认证为生态圈保护区和世界文化遗产。这个森林内有超过100种鸟类，还有包括麋鹿、野猪和狼在内的多种野生动物。这里最大的看点是体型壮硕的欧洲野牛，它们曾经一度绝迹于动物园外，但是现在已经重新回归了它们古老的家乡。

这里主要的景点是严格自然保护区（www.bpn.com.pl；成人/优惠6/3兹罗提；⊙9:00~17:00）。想要游览这里只能参加一个3小时团队游，由一位持证导游带队。路程共8公里（英文导游需要195兹罗提）。这些小动物面对游客可能很害羞，你也有可能看不到所有的动物。但是就算没有野牛的陪伴，沉浸在欧洲现存的最后一个原始森林中也定是一项特别的经历。

如果一定要看野牛（波兰语żubry），就得去位于Hajnówka-Białowieża路的**欧洲野牛保护区**（Rezerwat Żubrów；www.bpn.com.pl；成人/优惠6/3兹罗提；⊙5月至9月9:00~17:00，10月至次年4月 周二至周日8:00~16:00）。这里是一个开放式的动物园，有许多强悍的野牛，动物园内还有狼、样貌奇特的野马和猛犸象般巨大的żuboń（由野牛和家牛杂交所生）。

如果挑选合理的观光基地，不妨选择迷人的村庄Białowieża，此处住宿方便，各种价位一应俱全。若要安排导游、出租自行车或者乘坐马车，请到位于宫殿公园（Palace Park）南端的**PTTK 办事处**（☎85 681 2295；www.pttk.bialowieza.pl；ul Kolejowa 17号；⊙8:00~16:00），此处曾经是沙皇的狩猎行宫。

若想乘坐公共交通工具到达Białowieża可能有点困难。若从华沙出发，唯一能直达的方法是乘坐14:20从Dworzec Zachodnia（45兹罗提，5小时）出发的公共汽车，每日只有1班。或者，先从华沙乘坐火车或者公交到Białystok，从这里你可以搭乘直达Białowieża的公车，或者去Hajnówka换乘。

若要了解更多细节，请参考Lonely Planet的*Poland Country Guide*或者登录www.pttk.bialowieza.pl。

⊙ 景点和活动

摄影博物馆 博物馆

（Cinematography Museum；www.kinomuzeum.pl；Plac Zwycięstwa 1号；成人/优惠10/7兹罗提，周二免费；⊙周二、周三和周五10:00~16:00，周四、周六和周日11:00~18:00）博物馆位于ul Piotrkowska南区人行道以东相距三个街区的地方。博物馆的老相机设备收藏和房间布置都很值得一看。

罗兹市博物馆 博物馆

（City Museum of Łódź；www.muzeum-lodz.pl；ul Ogrodowa 15号；成人/优惠9/5兹罗提，周日免费；⊙周一10:00~14:00，周三14:00~18:00，周二、四、六、日11:00~16:00）位于Plac Wolności西北，在主街道的北端，这个辉煌的博物馆生动地讲述了19世纪工业鼎盛时期以来这座城市的故事。

Manufaktura 购物中心

（www.manufaktura.com；ul Karskiego 5号）这个迷人的商场和娱乐中心离市博物馆很近，位于一个历史悠久的巨型红砖建筑中。

犹太公墓 墓地

（Jewish Cemetery；www.jewishlodzcemetery.org；ul Bracka 40号；入场费6兹罗提，每月第一个周日免费；⊙4月至10月 周日至周四 9:00~17:00，周五9:00~15:00，11月至次年3月 周日至周五9:00~15:00）这里是欧洲最大的犹太公墓之一，位于市中心往东北三公里处。可乘坐有轨电车6号，在Plac

Wolności以北一个街区的车站上车，在终点站Strykowska下车。从ul Zmienna处入内。

Dętka 导览游

(Plac Wolności 2号；成人/优惠5/3兹罗提；⏲5月至10月周四至周日中午至19:00）这里每半小时有1次团队游，带你游览城市街道下红砖垒起的古老下水道系统。游览将通过一系列沿途展示的照片和文档向你讲述这个城市的工业遗产。此导览游由市博物馆组织。

食宿

旅游局将为你提供所有关于住宿地点的资讯。

青年旅舍 青年旅舍 €

(☎42 630 6680; www.yhlodz.pl; ul Legionów 27号；铺18~40兹罗提，单/双65/80兹罗提起；📶）这个地方好极了，所以记得提前预订。此处有装潢精美的房间，位于宽敞的老房子中，还有免费洗衣房和一个厨房。位于Plac Wolności 250米以西的地方。

Hotel Savoy 酒店 €€

(☎42 632 9360; www.centrumhotele.pl; ul Traugutta 6号；单/双149/249兹罗提起；📶）这里位置很好，就在ul Piotrkowska旁边，拥有简约敞亮的房间和干净的洗手间。

Hotel Centrum 酒店 €€

(☎42 632 8640; www.centrumhotele.pl; ul Kilińskiego 59号；单/双207/308兹罗提起；❄📶）位于ul Piotrkowska以东，这里提供干净的翻新房间。在我们调研时，位于市中心且交通最方便的Łódź Fabr-yczna因改建而关闭。

Chłopska Izba 波兰菜 €€

(☎42 630 8087; ul Piotrkowska 65号；主菜11~28兹罗提；⏲中午至23:00）餐厅位于ul Piotrkowska，这个装修平易近人的餐厅供应多种美味的波兰菜。

Esplanada 欧洲菜 €€

(☎42 630 5989; ul Piotrkowska 100号；主菜19~59兹罗提）这个充满活力的餐厅位于一

从罗兹出发

长途汽车

站点	行程（小时）	班次
柏林（德国）	7.5	每日2班
波兹南	2.75	每日2班
布拉格（捷克）	9.5	每日2班
华沙	2.75	每日5班
弗罗茨瓦夫	4.5	每日3班

火车

站点	票价（兹罗提）	行程（小时）	班次
琴斯托霍瓦	38	2	每日4班
格但斯克	61	6.5	每日6班
克拉科夫	52	4.5	每日4班
波兹南	32	4.5	每日5班
托伦	34	3	每日10班
华沙	36	2	至少每小时1班
弗罗茨瓦夫	48	4.25	每日5班

个具有悠久历史传统的场所，提供着高质量的波兰和德国美食。肉排量大却未必好吃。

到达与离开

飞机 去**罗兹机场**（Łódź airport; www.airport.lodz.pl; ul Maczka 35号）可以乘坐城市公交55路和65路（3.20兹罗提，20 分钟）抵达。瑞安航空（Ryanair）和威兹航空（Wizz Air）的航班飞往包括伦敦（每天至少1班）在内的英国各大城市。瑞安航空每周有4班飞往都柏林的航班。没有国内航班。

火车 在我们调研时，去市中心Łódź Fabryczna最方便的火车站已经因为重修而关闭了，预计会在2015年重新开放。与此同时，对旅行者来说最好的选择是Łódź Kaliska站，该站距离罗兹中心西南1.2公里，可以从市中心乘坐12路有轨电车抵达。总体来说，在罗兹火车比公车更靠谱。

公交 **Polski Bus**（www.polskibus.com）在罗兹Kaliska站，有一些实用的驶往各处的线路。若要买票或者查看费用请浏览官网。

小波兰省（MAŁOPOLSKA）

小波兰（Małopolska的字面意思是较小的波兰）是一个令人叹为观止的地方，在绿色的田野和古老的城市中，游客们可以一窥很多传统生活习俗的痕迹。这个地区覆盖了波兰东南一大片区域——从前皇家首都克拉科夫到东面的卢布林高地（Lublin Uplands）。

克拉科夫（Kraków）

人口758,000

虽然波兰的很多城市都拥有迷人的老城区，但却没有哪个可以媲美克拉科夫（读作krak-oof）的天生丽质。Krakus王子（在另一个故事版本中主角是一位皮匠的学徒）在这里击败巨龙的传说和克拉科夫奇迹般地躲过了“二战”的破坏，都使得这座城市仿佛备受奇迹的眷顾。

也正因如此，克拉科夫满是壮观的建筑和中世纪的街景。城市的核心景区是壮观的瓦维尔城堡。

城堡往南不远就是卡齐米日，一个前犹太人聚居地，这里有新也有旧。令人倍感沉寂的犹太教堂时刻提醒着人们不要忘记“二战”时在这里发生的惨剧。这一区域窄小的街巷和低矮的建筑在近年内成为了热闹夜店的聚集地。

在克拉科夫找家夜店玩玩或者找家旅店投宿是完全没有困难的。这里是波兰最大的旅游城市，拥有上百家餐馆、酒吧和藏在小巷与地窖中的各种娱乐场所。尽管酒店价格高于国家平均价格，夏季游客也会很多，但这个充满活力的大都市仍是任何来波兰旅行的人的必来之地。

景点和活动

瓦维尔山（WAWEL HILL）

瓦维尔山是克拉科夫的主要景点，该山位于老城区南面，这个突起的山包上有一座皇冠般的城堡，城堡里还有个教堂。这两地都是波兰历史延绵不坠的象征。

瓦维尔城堡 城堡

（Wawel Castle; ☎12 422 5155; www.wawel.krakow.pl; 一层免费; ⏰6:00至黄昏）你可以选择参观这个壮观的建筑的几个部分，每个部分需要单独购买门票，门票在一段指定时间内有效。部分景点的门票每天都有一定限额，所以想要把城堡全部都看一遍最好早一点来。

最受欢迎的是华丽的**国事厅**（State Rooms; 成人/优惠18/11兹罗提; 11月至次年3月周日免费; ⏰4月至10月 周二至周五9:30~17:00，周六和周日10:00~17:00，11月至次年3月周二至周日9:30~16:00）和**皇家私人公寓**（Royal Private Apartments; 成人/优惠25/19兹罗提; ⏰4月至10月周二至周日9:30~17:00，11月至次年3月周二至周六9:30~16:00）。皇家私人公寓只有参加团队游才能参观，如果这一天只剩下一个波兰语旅行团了，你也只能参加了。如果你想雇一个讲英文或者其他语言的导游，请联系该景点**导游办公室**（☎12 422 1697）。

14世纪的**瓦维尔大教堂**（Wawel Cathedral; www.katedra-wawelska.pl; ⏰周一至周六9:00~17:00，周日从12:30起）是四百年来波兰

皇室的加冕地和埋葬地。教会的文物会陈列在教堂里的小**教堂博物馆**（成人/优惠12/7兹罗提；⏲周二至周日9:00~17:00）中。入场费包括进入**皇室陵墓**的费用，该地葬有末代皇帝卡齐米日三世；还有黄金做顶的**西吉斯蒙德礼拜堂**（1539年）钟楼，这里有本国最大的大钟（11吨）。

其他的城堡景点还包括**东方艺术博物馆**（Museum of Oriental Art；成人/优惠8/5兹罗提；⏲4月至10月周二至周日9:30~17:00，11月至次年3月周二至周六开放到16:00）、**皇家财政部和军械所**（Crown Treasury & Armoury；成人/优惠18/11兹罗提，周一免费；⏲4月至10月 周一9:30~13:00，周二至周日到17:00，11月至次年3月周二至周日9:30~16:00）和**失落的瓦维尔**（Lost Wawel；成人/优惠8/5兹罗提，4月至10月周一免费，11月至次年3月周日免费；⏲4月至10月，周一9:30~13:00，周二至周日到17:00，11月至次年3月周二至周日9:30~16:00），这里会展览一系列迷人的考古展品。

在暖和一些的月份里你也可以去参加**前建筑与城堡**（Former Buildings & Fortifications；成人/优惠18/10兹罗提；⏲5月至9月周六至周一13:00）团队游，你可以爬上137阶台阶的**Sandomierska Tower**（入场费4兹罗提；⏲5月至9月10:00~17:00）去看看。

最后进入气氛绝佳的被称为**龙穴**(Dragon's Den；入场费3兹罗提；4月至10月10:00~17:00)的山洞来结束你的游览，这里的出口通往河岸，在河岸你还能看到喷火龙的青铜像。

Hi-Flyer Balloon 热气球乘坐

（Rondo Grunwaldzkie；成人/优惠38/20兹罗提；⏲9:00~22:00）位于瓦维尔城堡的维斯瓦河岸对岸，这些热气球会将乘客升向150米的高空。你可以从高空看到城市的绝佳景色。

老城区

克拉科夫的老城区和谐地坐落着很多几世纪以前的历史建筑。19世纪以前，老城曾被城墙围住，而现如今，老城周围则是呈长条形的Planty公园。这一带是散步的好地方。

主市场广场 历史广场

（Rynek Główny）这个巨大的广场是老城区的焦点所在，也是欧洲现存最大的中世纪城镇广场，长度和宽度都约有200米。这里最大的亮点是15世纪的**市政厅塔**（Wieża Ratuszowa；Rynek Główny 1号；成人/优惠7/5兹罗提；⏲4月至10月10:30~18:00），你可以爬上去看看。

Cloth Hall 历史建筑

（Sukiennice；Rynek Główny 1号）主广场的中央矗立着这个16世纪的文艺复兴时期建筑，这里有一家大型纪念品市场（见432页）。从这里你可以进入**市场地下层**（Rynek Underground；www.podziemiarynku.com；Rynek Główny 1号；成人/优惠17/14兹罗提，周二免费；⏲周一10:00~20:00，周二至16:00，周三至周日至22:00），这是一处位于市场广场地下的迷人场所，包括一个穿过中世纪市场摊位和其他被遗忘房间的地下游览路线。这里还有包括全息图景和其他视听设备在内的多种辅助设施丰富你的游览体验。

楼上是**19世纪波兰美术画廊**（Gallery of 19th-Century Polish Painting；http://muzeum.krakow.pl；Rynek Główny 1号；成人/优惠12/6兹罗提；⏲周二至周六10:00~20:00，周日到18:00）。画廊展品横跨多种风格，包括波兰印象派。

Cloth Hall西面是实用的**历史博物馆游**

免费的惊喜

如果你手头的兹罗提不多，可要好好利用克拉科夫以下这些免费景点：

» 访问马尤斯学院的美丽庭院。

» 沉浸在瓦维尔城堡外令人陶醉的历史氛围中。

» 去参观一下位于卡其米日的犹太博物馆（见426页）里有趣的藏品，博物馆周一免费。

» 别错过圣玛丽教堂，教堂的钟塔每小时都会响起hejnał（号角），这座教堂奏出的号声已颇具历史。

» 可以去弗洛里安城门旁边的城墙附近凑凑热闹。城门始建于14世纪，历代艺术家们的杰作都挂在城墙上。

Kraków - Old Town & Wawel 克拉科夫老城和瓦维尔

0 400 m
0 0.2 miles

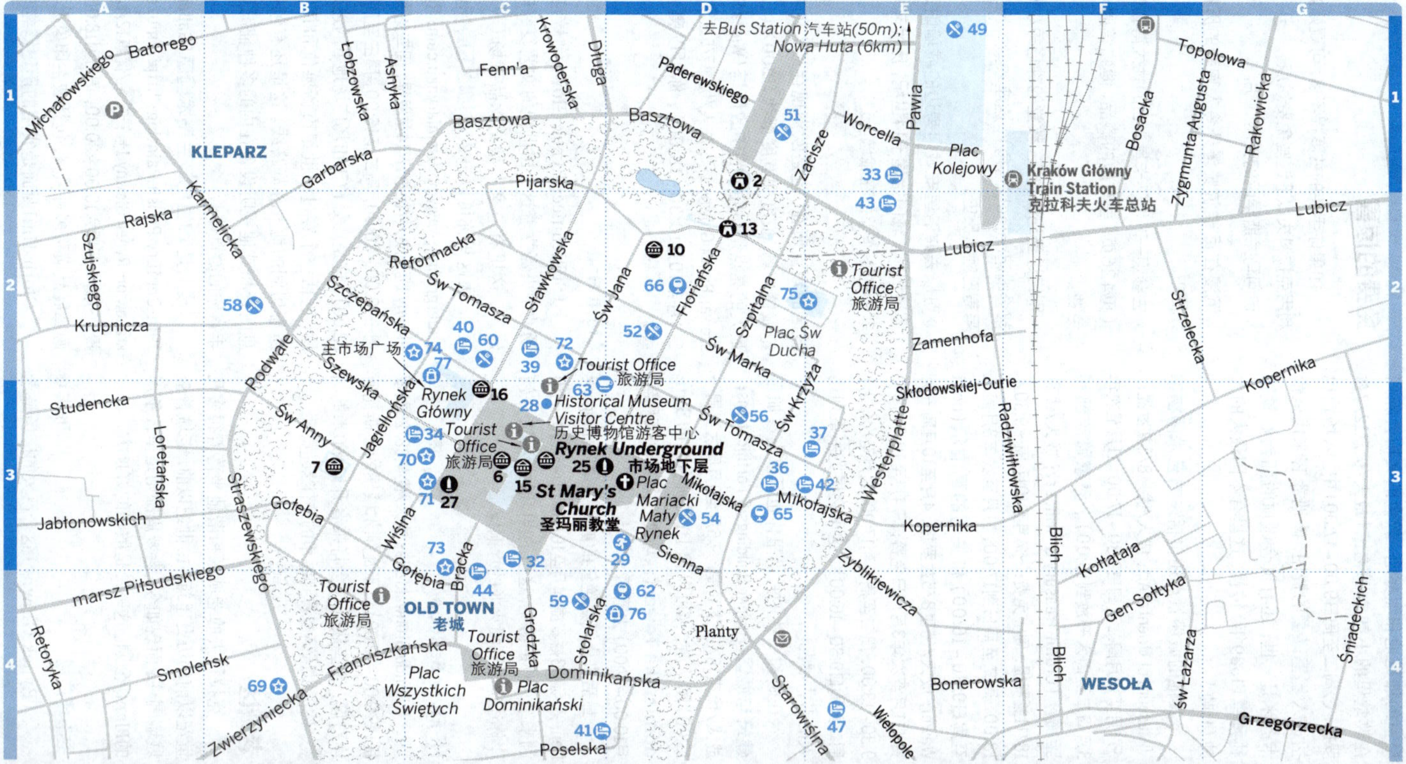

Daszyńskiego
Gunggacza
Wiślisko
Blachnickiego
Siedleckiego
New Jewish Cemetery
Miodowa
Halicka
Przemyska
Starowiślna
Podgórska
PODGÓRZE
波德戈兹
Vistula
Wrzesińska
Józefińska
Joselewicza
Św Sebastiana
Dajwór
Szeroka
Bartosza
Wąska
Jakuba
Warszauera
Izaaka
Józefa
KAZIMIERZ
卡齐米日
Estery
Nowa
Meiselsa
Tourist Office
Bożego Ciała
Św Wawrzyńca
Św Gazowa
Bocheńska
Brzozowa
Podbrzezie
Dietla
Sarego
Bogusławskiego
Św Gertrudy
Krakowska
Augustiańska
Stradomska
Św Agnieszki
Paulińska
Skałeczna
Grodzka
Kanonicza
Podzamcze
Św Idziego
Wawel Castle
瓦维尔城堡
Wawel Cathedral
瓦维尔大教堂
Guides Office
导游处
Wawel Hill
瓦维尔山
Droga do Zamku
Bernardyńska
Koletek
Sukiennicza
Orzeszkowej
Kordeckiego
Św Stanisława
Smocza
Most Grunwaldzki
Poselska
Plac Św Marii Magdaleny
Straszewskiego
Tatowska
Plac Na Groblach
Powiśle
Vistula
维斯瓦河
Konopnickiej
Mała
Felicjanek
Most Dębnicki
Zamkowa
Zduńska
DĘBNIKI
Barska
Monte Cassino
Różana
Pułaskiego
Wasilewskiego

Kraków - Old Town & Wawel 克拉科夫老城和瓦维尔

◎ 重要景点

市场地下层 C3
圣玛丽教堂 D3
瓦维尔城堡 C6
瓦维尔大教堂 C6

◎ 景点

1 考古博物馆 C5
2 Barbican D1
3 大教堂博物馆 B6
4 圣彼得与圣保罗教堂 C5
5 圣安德鲁教堂 C5
6 Cloth Hall C3
7 Collegium Maius B3
8 基督圣体教堂 E8
9 皇家财政部和军械所 C6
10 Czartoryski 博物馆 D2
11 龙穴 B6
12 民族博物馆 E8
13 佛罗里安门 D2
14 犹太博物馆 F7
15 19世纪波兰美术画廊 C3
16 克拉科夫历史博物馆 C3
17 Izaak's Synagogue E7
18 犹太博物馆 F7
19 失落的瓦维尔 C6
20 东方艺术博物馆 C6
21 Remuh Cemetery E7
22 Remuh Synagogue F7
皇家私人公寓 .... （见26）
23 Sandomierska Tower B7
24 圣凯瑟琳教堂 D8
25 圣玛丽塔 C3
26 国事厅 C6
27 市政厅塔 C3

活动、课程和团队游

28 Cracow Tours C3
29 English Language Club D3
30 Hi-Flyer Balloon B8
31 Jarden Tourist Agency F6

住宿

32 Cracow Hostel C3
33 Greg & Tom Hostel E1
34 Hostel Flamingo C3
35 Hotel Abel E7
36 Hotel Amadeus D3
37 Hotel Campanile E3
38 Hotel Royal D6
39 Hotel Saski C2
40 Hotel Stary C2
41 Hotel Wawel C4
42 Hotel Wit Stwosz D3
43 Jordan Tourist Information & Accommodation Centre E2
44 Mama's Hostel C4
45 Nathan's Villa Hostel D7
46 Tournet Pokoje Gościnne D7
47 Wielopole E4

就餐

48 Ariel F7
49 家乐福超市 E1
50 Deli Bar D7
51 Glonojad D1
52 Gruzińskie Chaczapuri D2
53 Il Calzone E5
54 Il Forno D3
55 Manzana E7
56 Milkbar D3
57 Momo D7
58 Nostalgia B2
59 Pimiento C4
60 Restauracja Pod Gruszką C2
61 Smak Ukraiński C5

饮品

62 Ambasada Śledzia D4
63 Cafe Camelot C3
64 Le Scandale E7
65 Paparazzi D3
66 Piwnica Pod Złotą Pipą D2
67 Singer E7

娱乐

68 Alchemia E7
Baccarat .... （见59）
69 Filharmonia Krakowska B4
70 Harris Piano Jazz Bar C3
71 Kino Pod Baranami C3
72 Krakowskie Centrum Kinowe Ars C2
73 Rdza C3
74 Stary Teatr C2
75 Teatr im Słowackiego E2

购物

76 Galeria Plakatu D4
Jarden Jewish Bookshop .... （见31）
77 Sklep Podróżnika C2
Souvenir Market .... （见6）

客中心（☎12 426 5060；Rynek Główny 1号；⏲10:00~19:00），在这里你可以买到该城很多博物馆的门票。

圣玛丽教堂 教堂

（St Mary's Church；Rynek Główny 4号；成人/优惠6/4兹罗提；⏲周一至周六11:30~18:00，周日14:00~18:00）这个14世纪的礼拜场所占据了主广场的东北角。巨大的**主圣坛**由Wit Stwosz（在德语中叫作Veit Stoss）雕成，并且是波兰最杰出的哥特式雕塑，每天中午11:50会隆重开放。

每隔1小时，教堂最高处的瞭望塔都会演奏hejnał（军号）。该军号的曲调来自中世纪时期的警戒号，突如其来的号声记载着一个故事：传说在13世纪，鞑靼人弓箭曾射穿了小号手的喉咙。在夏天你可以爬上教堂最高的**塔**（成人/优惠5/3兹罗提；⏲5月至8月9:00~11:30和13:00~17:30）。

Collegium Maius 历史建筑

（www.maius.uj.edu.pl；ul Jagiellońska 15号；成人/优惠12/6兹罗提；⏲周一至周五10:00~14:20，周六至13:20）此处位于主市场广场西部，是波兰现存最古老的大学建筑，这里有为时半小时左右的团队游带你参观此处充满魅力的学术展品。通常在11:00和13:00有几个英文团队游。就算你不参加团队，也一定要踏入宏伟的拱廊庭院瞅一眼里面美丽的建筑。

佛罗里安门 要塞

（Florian Gate）从圣玛丽教堂出发，一路步行至ul Floriańska，便到了这个建于14世纪的大门。这是一处旅游热点，经常人满为患，街头艺人沿着老城墙废墟四处叫卖。前方就是**碉楼**（Barbakan；ul Basztowa；成人/优惠7/5兹罗提；⏲5月至10月10:30~18:00），是一个建于1498年的防御堡垒。

Czartoryski Museum 博物馆

（www.czartoryski.org；ul Św Jana 19号）博物馆位于佛罗里安门附近，其内藏有很多欧洲艺术品，包括列奥纳多·达芬奇的《抱银鼠的女子》。同时展出的还有土耳其兵器和文物，包括1683年维也纳战役的一个帐篷。在我们调研时，此处正在进行全面装修，预计2015年才会结束。若要获取更新信息，请联系旅游局。

历史教堂 教堂

（Historic Churches）这个17世纪早期的耶稣会教堂**圣彼得与圣保罗教堂**（Church of SS Peter & Paul；ul Grodzka 64号；⏲清晨至黄昏）位于沿着ul Grodzka的主市场广场南面，是波兰第一座巴洛克风格的教堂。这附近的11世纪罗马市教堂**圣安德鲁教堂**（Church of St Andrew；ul Grodzka 56号；⏲周一至周五9:00~18:00）是克拉科夫唯一成功在1241年抵御了鞑靼人进攻的建筑。

考古博物馆 博物馆

（Archaeological Museum；ul Poselska 3号；成人/优惠7/5兹罗提，周日免费；⏲周一至周三9:00~15:00，周四14:00~18:00，周五和周日10:00~15:00）此处位于老城区以南的教堂之间，这个博物馆虽然小，可是很有趣，展品有当地史前文物和古埃及文物，包括动物木乃伊。

克拉科夫历史博物馆 博物馆

（Historical Museum of Kraków；www.mhk.pl；Rynek Główny 35号；成人/优惠6/4兹罗提，周六免费；⏲周三至周六10:00~17:30）博物馆位于主市场广场东北角，馆藏有美术作品、文档和与城市历史相关的各种杂物。

英语俱乐部 社交团体

（ul Sienna 5号；入场费2兹罗提；⏲周三6:00~20:00）位于主市场广场上，在圣玛丽教堂南面，这个社交团体从波兰共主党执政末期就开始每周都组织活动了，俱乐部是当地学生认识外国游客的地方。俱乐部每周举办的见面活动对波兰人、外国人而言，都是个有趣且放松的交流机会。

卡齐米日（KAZIMIERZ）

由卡齐米日三世大帝于1335年建立的卡齐米日原本是一个独立的城镇。15世纪，克拉科夫驱逐了犹太人，把他们强迫安置到了卡齐米日一块很小的指定区域中，与其他区域一墙相隔。这个犹太聚居区后来成了全欧洲犹太人躲避迫害的家园。

在“二战”期间有65,000犹太裔波兰人住在克拉科夫（大约是城市人口的30%），而其中大多数都住在卡齐米日。悲惨的是，这个曾经繁荣的犹太人社区在大屠杀时被夷为平地。

现如今，这一区域的东部有不少犹太教堂，处处彰显着犹太的文化和历史。而此区的西半部则坐落着很多酒吧餐馆。卡齐米日就位于老城区东南部。

犹太博物馆 博物馆

（Jewish Museum；www.mhk.pl；ul Szeroka 24号；成人/优惠8/6兹罗提，周一免费；⏲周一10:00~14:00，周二至周日9:00~17:00）这个博物馆坐落在15世纪的老犹太教堂内，该教堂也是波兰最古老的犹太教堂。博物馆内展示着犹太人的传统习俗。

Galicia犹太博物馆 博物馆

（Galicia Jewish Museum；www.galiciajewishmuseum.org；ul Dajwór 18号；成人/优惠15/10兹罗提；⏲10:00~18:00）这个博物馆位于老犹太教堂以南，这个博物馆以精美的摄影作品描绘了波兰东南部曾一度繁荣的犹太人社区的过往。

Remuh Synagogue 犹太教堂

（www.remuh.jewish.org.pl；ul Szeroka 40号；成人/优惠5/2兹罗提；⏲周日至周五9:00~18:00）从老犹太教堂往北走一点就是这个建于16世纪不大的礼拜场所了，此处今天仍然进行着宗教活动。教堂之后的**Remuh Cemetery**（ul Szeroka 40号；免费入场；周一至周五⏲9:00~18:00）拥有一些文艺复兴时期的墓碑。

Izaak's Synagogue 犹太教堂

（ul Kupa 18号；成人/优惠5/3兹罗提；⏲周日至周四9:00~19:00，周五至15:00）从ul Szeroka往西走，你就会找到这个修复一新的犹太教堂，教堂装饰着美轮美奂的17世纪壁画。

民族博物馆 博物馆

（Ethnographic Museum；www.etnomuzeum.eu；Plac Wolnica 1号；成人/优惠9/5兹罗提，周日免费；⏲5月至9月 周二至周六11:00~19:00，周日至15:00，10月至次年4月 周一10:00~18:00，周三至周五至15:00，周六日至14:00）这个博物馆位于卡齐米日老城区市政厅内，展品包括当地手工制品和服饰。

历史教堂 教堂

（Historic Churches）教堂位于卡齐米日西部的天主教社区一角，拥有14世纪哥特式**圣凯瑟琳教堂**（St Catherine's Church；ul Augustiańska 7号）。教堂拥有一个雄伟的17世纪镀金祭坛，14世纪的**基督圣体教堂**（Corpus Christi Church；l Bożego Ciała 26号）则布满了巴洛克风格装潢。

> **值得一游**
>
> ## 诺瓦胡塔（NOWA HUTA）
>
> 克拉科夫还有游客很少见的一面。从Kraków Główny火车站乘坐有轨电车4路或者15路，或者从卡齐米日乘坐有轨电车22路，可以到达诺瓦胡塔的Plac Centralny以东。这个郊区曾经是20世纪50年代建造的“工人天堂”区域，以对抗该城市的宗教和传统思想。该地区块状的巨大混凝土建筑物伸向宽阔而笔直的街道，和老城区的精致之美形成了鲜明对比。

波德戈兹（PODGÓRZE）

在战争时期，德国将犹太人重新安置在了这个高墙下的贫民窟内，贫民窟位于卡齐米日以南的维斯瓦河对面。这些犹太人都在附近的Płaszów集中营中被处死，斯皮尔伯格的电影《辛德勒的名单》讲述的就是这里的故事。

首选 辛德勒的工厂 博物馆

（Schindler's Factory；www.mhk.pl；ul Lipowa 4号；成人/优惠17/14兹罗提；⏲周一10:00~16:00，周二至周日10:00~20:00）这个令人难以忘怀的博物馆记录着“二战”时纳粹德国占领时期的克拉科夫，博物馆坐落于原奥斯卡·辛德勒的搪瓷厂内，该工厂由于电影《辛德勒的名单》

而广为人知。精心组织、创意十足的展品诉说着这个城市1939~1945年的动人故事，博物馆重建了当时的都市元素——比如有轨电车车厢、火车站地下通道和工厂高墙内拥挤的贫民窟公寓。这家博物馆绝对不可以错过。

可在老城区的邮政总局搭乘任意经过ul Starowiślna的有轨电车，然后在位于河上方的Plac Bohaterów Getta的第一站下车。从这里，沿着ul Kącik以东、铁轨以下的路标，即可通往博物馆。

克拉科夫当代艺术博物馆 画廊

（Museum of Contemporary Art in Kraków, MOCAK；www.mocak.com.pl；ul Lipowa 4号；成人/优惠10/5兹罗提，周二免费；⏲周二至周日11:00~19:00）于2011年开放营业的MOCAK是波兰地区最主要、也是首个此种类型的现代艺术博物馆。博物馆位于辛德勒工厂旁边，可以在一天以内同时参观这两个景点。

维利奇卡（WIELICZKA）

维利奇卡盐矿 地下博物馆

（Wieliczka Salt Mine；www.kopalnia.pl；ul Daniłowicza 10号；成人/优惠68/54兹罗提；⏲4月至10月7:30~19:30，11月至次年3月8:00~17:00）维利奇卡（读作vyeh-leech-kah）距离城市中心东南15公里，因为此处曾经是盐矿而闻名于世。这里布局怪诞却装饰华丽，简直是一个充满了坑洞和密室的世界，从大吊灯到祭坛，每一个元素都是由固体盐手工凿成的。这片矿地已被列入联合国教科文组织世界遗产名单。

其中观光亮点在于装饰华丽的圣金加礼拜堂（Chapel of the Blessed Kinga）。这个教堂宽54米，长17米，高12米。这座地下庙宇的修建时间超过30年（1895~1927年），为了建造这里，共有20,000吨盐矿被移出。

参观矿山必须参加团队游，这大致要花2小时（2公里步行）。英语团队游从10:00~17:00大致每小时有1次，在7月和8月会增加为8:30~18:00大致每半小时1次。如果你独自参观，你必须等待旅行团一起开始。进入矿内的最后入场时间在闭馆前不久。

为了避免在维利奇卡排队，你可以在出发前在克拉科夫的**Kopalnia Soli办事处**（ul Wiślna 12号；⏲周一至周五9:00~17:00）提前买票。

去维利奇卡，比较方便的方法是乘坐小巴（3兹罗提；要注意在小巴挡风玻璃上寻找“盐矿”标记）。每天6:00~20:00，Kraków Główny火车站旁边的Galeria Krakowska商场附近，都有很多车从ul Pawia发出。或者，买一张郊区车票（3.40兹罗提）乘坐304路公交在同一区域去往盐矿，你可以在自动售票机处买到这种车票。在“Wieliczka Kopalnia Soli”站下车。

团队游

以下这些公司运营着克拉科夫和周边地区的团队游。

Jarden Tourist Agency 犹太遗产

（☎12 429 1374；www.jarden.pl；ul Szeroka 2号）这是运营波兰犹太遗产团队游最好的中介，总部位于卡齐米日。其招牌产品为“追溯辛德勒名单”（两个小时的车程），费用80兹罗提每人。所有团队游最少需要3人，必须提前预订。团队游提供英文服务，但其他语言也可以安排。

Cracow Tours 团队游

（☎12 430 0726；www.cracowtours.pl；ul Krupnicza 3号）这个公司运营各种团队游，包括一个4小时的城市巴士游（成人/优惠130/65兹罗提）。

Crazy Guides 团队游

（☎50 009 1200；www.crazyguides.com）提供郊区团队游，你可搭乘翻新过的社会主义时期制造的汽车游览。

节日和活动

克拉科夫国际电影节 电影节

（Krakow International Film Festival；www.kff.com.pl；⏲5月/6月）

Lajkonik Pageant 历史

（⏲5月至6月）在基督圣体节后举行7天，

这个有百年历史的游行项目由一个带着尖帽子骑着木马的男人在前领队，象征着古代一场反侵略战争的胜利。

犹太文化节 文化节

（Jewish Culture Festival；www.jewishfestival.pl；⏲6月/7月）

国际街头剧院节 戏剧

（International Festival of Street Theatre；www.teatrkto.pl；⏲7月）

夏日爵士节 音乐节

（Summer Jazz Festival；www.cracjazz.com；⏲7月）

管弦音乐节 音乐节

（⏲7月/8月）每年夏天在教堂里举行的一系列音乐会。欲知详情，请去旅游局查询。

现场音乐节 音乐节

（Live Festival；www.livefestival.pl；⏲8月）大型露天音乐节。

克拉科夫圣诞马槽比赛 圣诞节

（Kraków Christmas Crib Competition；⏲12月）这场比赛比得是谁能做出最好的耶稣诞生场景，作品每年冬天都会在Rynek展出。

住宿

克拉科夫无疑是波兰主要的旅游目的地，住宿价格不菲。若是夏天出行，建议提前预订住宿。

住宿中介**Jordan Tourist Information & Accommodation Centre**（☎12 422 6091；www.jordan.pl；ul Pawia 8号；标单/双大约150/250兹罗提；⏲周一至周五8:00~18:00，周六9:00~14:00）可以提供不错的城内客房。

首选 Wielopole 酒店 €€

（☎12 422 1475；www.wielopole.pl；ul Wielopole 3号；单/双299/359兹罗提；❄📶）这里位于老城区东面边缘的一个翻新建筑中，客房简约现代，床虽然很窄但是洗手间十分干净。房费还包含一份精美的自助式早餐。

Mama's Hostel 青年旅舍 €

（☎12 429 5940；www.mamashostel.com.pl；ul Bracka 4号；铺50~60兹罗提，双150兹罗提；📶）位于城市中心地带，采光良好。旅舍还有个阳光明媚的休息室可以鸟瞰到庭院，早上还可以闻到楼下咖啡馆现磨咖啡发出的香气。旅舍内还有洗衣机。

Nathan's Villa Hostel 青年旅舍

（☎12 422 3545；www.nathansvilla.com；ul Św Agnieszki 1号；铺42兹罗提起，双184兹罗提；📶）舒适的房间、一尘不染的浴室、便利的洗衣房和友善的氛围，都使这里成为背包客的首选。旅舍还有地窖酒吧、迷你电影院、啤酒花园和台球桌。旅舍方位便利，位于老城区和卡齐米日之间。

AAA Kraków Apartments 公寓

（☎12 346 4670；www.krakow-apartments.biz；公寓300兹罗提起；📶）这个公司主要提供老城区翻修公寓的出租服务，卡齐米日的选择较少。如果待的时间越长，价格也更优惠。

Hotel Amadeus 酒店 €€€

（☎12 429 6070；www.hotel-amadeus.pl；ul Mikołajska 20号；单/双540/620兹罗提；📶）酒店的一切都堪称经典，房间的家具很有品位。不过单人房在这个价格下还是有点显小了。其中一个房间有轮椅入口，而且有个桑拿间、一个健身中心和一个出色的餐厅。在大堂里走一圈还能看到曾在这里下榻过的名人照片。

Hotel Stary 酒店 €€€

（☎12 384 0808；www.stary.hotel.com.pl；ul Szczepańska 5号；单/双800/900兹罗提；❄📶🏊）这个酒店格调优雅，位于一个散发着魅力的18世纪贵族住宅区内。酒店客房家具的面料全天然，洗手间是意大利大理石的。酒店还有健身中心、游泳池和屋顶露台供你享受。

Hotel Abel 酒店 €€

（☎12 411 8736；www.hotelabel.pl；ul Józefa

30号；标单/双160/220兹罗提；📶）这里能很好体现卡齐米日的特点，这个宾馆气质独特，配有抛光的木质台阶、砖垒的拱门和年代久远的瓦片。若想在附近历史悠久的犹太社区游览，这里不失为一处很好的歇脚地。

Greg & Tom Hostel 青年旅舍 €

（☎12 422 4100；www.gregtomhostel.com；ul Pawia 12号；铺57兹罗提，双人房150兹罗提起；📶）这个运营良好的旅舍位于火车站附近，十分方便。每周二都供应免费波兰晚餐，工作人员很友善，还有洗衣设施。

Cracow Hostel 青年旅舍 €

（☎12 429 1106；www.cracowhostel.com；Rynek Główny 18号；铺40~72兹罗提，双188兹罗提；📶）这个三层楼高的青年旅舍，宿舍狭窄，条件并不是城中最好的，但是这里位于主市场广场上，景色棒极了。

Hostel Flamingo 青年旅舍

（☎12 422 0000；www.flamingo-hostel.com；ul Szewska 4号；铺55~85兹罗提，双190兹罗提；📶）这家旅舍色彩缤纷，装修以粉红和淡紫为主。店员态度友善，旅舍位置也很好。旅舍位于主市场广场西面不远的地方。宿舍有4至10张床。

Hotel Royal 酒店 €€

（☎12 421 3500；www.hotelewam.pl；ul Św Gertrudy 26~29号；标单/双249/360兹罗提起；📶）酒店位于Wawel城堡下方一座新艺术风格的大厦内，处处散发着历史的韵味。酒店分为两块：价格稍高的房间温馨舒适，远比后方的基本房间要好。

Tournet Pokoje Gościnne 酒店 €€

（☎12 292 0088；www.accommodation.krakow.pl；ul Miodowa 7号；标单/双150/200兹罗提起；📶）客房很整洁，提供简单但舒适的房间，并且有紧凑的浴室。这里的市内餐厅供应波兰菜。

Hotel Wit Stwosz 酒店 €€€

（☎12 429 6026；www.wit-stwosz.com.pl；ul Mikołajska 28号；单双330/420兹罗提；📶）此处位于属于圣玛丽教堂的联排别墅中，装潢风格是恰到好处的宗教风格。房间紧凑家具简单，不过布置得很雅致，酒店很具吸引力。

Hotel Wawel 酒店 €€€

（☎12 424 1300；www.hotelwawel.pl；ul Poselska 22号；单/双340/480兹罗提；❄📶）酒店地理位置优越，毗邻繁忙的ul Grodzka，客房装修很有品位，配有实木家具。这里离主干道的距离足够远，故而噪音很少。

Hotel Saski 酒店 €€

（☎12 421 4222；www.hotelsaski.com.pl；ul Sławkowska 3号；单/双295/395兹罗提；📶）Saski位于一个历史悠久的豪宅中，门口配有一个穿着制服的门童，老电梯摇摇晃晃，家具却很华丽。客房本身布置得比较简单。

Hotel Campanile 酒店 €€

（☎12 424 2600；www.campanile.com.pl；ul Św Tomasza 34号；房间369兹罗提；📶）这家风格明了的现代酒店位于老城区一个安静的角落，距离Rynek只有几个街区。拥有优美明亮的企业式客房。早餐需要额外花费35兹罗提。

Camping Smok 露营地 €

（☎12 429 8300；www.smok.krakow.pl；ul Kamedulska 18号；露营地 每人/帐篷25/15兹罗提，房间180兹罗提）这里地方不大却很安静，位于老城区以西4公里处，既有搭帐篷的地方，也有客房。如果从Kraków Główny火车站到这里，须搭乘1路、2路或6路有轨电车到Zwierzyniec的终点站（站名Salwator），然后换乘任意向西去的巴士（100路除外）。

就餐

克拉科夫是美食天堂，这里有经营各国风味的各色餐馆。

其中一个当地特色是obwarzank（一种配着罂粟种子粉、芝麻或盐巴的环形椒盐卷饼），可以在街头小摊买到。小摊贩经常在手推车旁打瞌睡，这一场景全城易见。

想要自己做饭的话，可以在主火车站旁的Galeria Krakowska购物中心的家乐福超市（ul Pawia 5号；⏲周一至周六9:00~22:00，周日10:00~21:00）购买食材。

首选 Glonojad 素食

（Plac Matejki 2；主菜8~14兹罗提；⏲8:00~22:00；📶🖉）这是一家很吸引人的现代素食餐厅，餐厅内可以看到Barbican北部Plac Matejki的美丽景色。菜品很多样化，有咖喱角、咖喱、土豆煎饼、墨西哥卷饼、疙瘩汤和其他汤品。还有全天供应的早餐菜单，所以不用急着早早从你的酒店出门。

Deli Bar 匈牙利菜 €€

（ul Meiselsa 5号；主菜10~53兹罗提；⏲13:00~22:00）一个叫László的匈牙利小伙告诉我们，这是克拉科夫最棒的匈牙利餐厅，他说得太对了。这里的匈牙利老板为大家准备了红辣椒装饰的经典美味，包括goulash（炖牛肉）、palacsinta（薄饼）和"布达佩斯猪肉"。

Milkbar 波兰菜 €

（ul Św Tomasza 24号；主菜10~18兹罗提；⏲9:00~21:00）这是一个由传统牛奶吧（bar mleczny）精心改造而成的现代餐馆，用餐区环境优雅，这里供应实惠的美食，甚至包括早餐。两道菜套餐只需18兹罗提，真是太值了。

Restauracja Pod Gruszką 波兰菜 €€

（ul Szczepańska 1号；主菜12~29兹罗提；⏲正午至深夜）这里可是很多作家和艺术家的最爱。这个餐厅位于三楼。餐厅仿佛被时光遗忘，包括吊灯、蕾丝桌布、年代久远的地毯和棕褐色画像在内的精致老式装修使这里旧意盎然。这里供应多种波兰菜，最好吃的菜是灌汤面包。

Momo 素食 €

（ul Dietla 49；主菜10~16兹罗提；⏲11:00~20:00；🖉）严格的素食主义者来到这个卡齐米日餐厅可以完全不用担心，菜单上大部分菜完全没有任何动物肉质成分。这里装饰着印度手工艺品，并且提供南亚大陆风格的汤、煎馅饼和米饭。这里还有各种蛋糕，西藏饺子非常值得尝试。

Il Calzone 意大利菜 €€

（ul Starowiślna 15a；主菜16~44兹罗提；⏲周一至周四正午至23:00）这个精美的意大利餐馆藏得还真是深，藏在街上一个安静的角落中。考虑到优美的装潢和迷人的户外露台，这里的食物还真是超值。

Ariel 犹太菜 €€

（ul Szeroka 18号；主菜19~78兹罗提）这个气氛绝佳的犹太餐馆堆满了老式木制家具和肖像画，供应各种犹太菜，开胃菜一定要尝一尝Berdytchov汤（食材包括牛肉、蜂蜜和肉桂），晚上经常会有现场音乐演出。

Nostalgia 波兰菜 €€

（ul Karmelicka 10号；主菜19~76兹罗提；⏲正午至23:00）Nostalgia内有壁炉，头顶有房梁。宽敞的空间和周到的服务，使这里可谓是精致的传统波兰餐馆。赶快投入美食的怀抱吧，这里有俄罗斯饺子，"猎人炖"白菜蘑菇肉，还有素食可供选择，比如土豆煎饼等。在温暖的天气里，食客可以在户外用餐区享受美食与美景。

Manzana 墨西哥菜 €€

（ul Miodowa 11号；主菜19~32兹罗提；⏲7:30至次日1:00）餐厅营业时间很长，供应早餐和一些非常正宗的菜品。这都使这个墨西哥饭馆成为了一个不错的就餐选择。餐厅内部装修着柔和的焦橙色调，只有一些简单的阔边帽作为装饰。

Pimiento 阿根廷菜 €€€

（ul Stolarska 13号；主菜44~159兹罗提）这家高档的烧烤店供应非常棒的牛排，既好吃又便宜。餐厅还为排斥肉类的你准备了一些合理的素食替代品。这里还有各种南美红酒销售，配着红酒吃牛排，你的夜晚将绝对优雅。

Il Forno 意大利菜 €€

（Mały Rynek 2号；主菜21~79兹罗提；⏲正

lonely planet
Explore
every day

午至深夜）从这个餐厅可以看到Mały Rynek（小市场广场）迷人的景色。这里提供比萨和意大利面，还有肉和鱼等大菜。楼下的酒吧部分是美式的**Shisha Club**，供应中东食物。

Gruzińskie Chaczapuri 格鲁吉亚菜 €€

（ul Floriańska 26号；主菜16~29兹罗提；⌚正午至23:00；✎）这个便宜又欢快的小店提供美味的格鲁吉亚菜。烧烤、沙拉和牛排占据了菜单大部分。餐厅还有一个独立的素食区，供应传统格鲁吉亚芝士馅饼和炖菜。

Smak Ukraiński 乌克兰菜 €€

（ul Kanonicza 15号；主菜18~30兹罗提；⌚正午至22:00）这个乌克兰餐厅十分正宗，位于一个舒适的乡村风情地窖内。这里有销售饺子和甜菜根汤（borshch），穿着背心的服务员将为你热情服务。

饮品

在克拉科夫老城区里有上百个酒馆、夜店和酒吧，大多数位于地下酒窖之中。卡齐米日也有不少热闹的酒吧，多数集中在Plac Nowy及其周边街道。

Ambasada Śledzia 酒吧

（ul Stolarska 6号；⌚8:00至次日6:00）这个"鲱鱼大使馆"大摇大摆地扎在一堆领事馆中，这里供应便宜的啤酒和伏特加，也有便宜的波兰小吃，比如śledź（青鱼），kiełbasa（香肠）和golonka（猪脚），花费均在10兹罗提左右。你要是泡吧泡得太晚了，来这里吃一顿也不错。

Paparazzi 酒吧

（ul Mikołajska 9号；⌚周一至周五正午至次日1:00，周六日16:00至次日1:00；📶）这里光鲜现代，墙上贴满了名人的黑白照片。饮品菜单有鸡尾酒，比如波兰马丁尼（一种用野牛草伏特加配成的鸡尾酒）。也有不太昂贵的酒吧食物。

Singer 咖啡、酒吧

（ul Estery 20号；⌚9:00至次日4:00）这里是卡齐米日行家们才会来的悠闲场所。轻松的咖啡酒吧内部是气氛满满的烛光餐厅。你也可以坐在户外反转的缝纫机桌上用餐。

> **想了解更多？**
>
> 想来点更深入的信息和推荐吗？可登录苹果App store购买Lonely Planet的*Krakówi city Guide*的手机应用程序。
>
> 或者登录www.lonelyplanet.com/poland/warsaw获取旅行建议、作者推荐、旅行者评论和专业指导。

Piwnica Pod Złotą Pipą 酒吧

（ul Floriańska 30号；⌚正午至深夜）相比其他地窖酒吧，这里倒是没那么幽闭，有很多供餐饮或喝酒的桌子，食物还说得过去，而且供应来自各国的啤酒。

Le Scandale 酒吧

（Plac Nowy 9号；⌚8:00至次日3:00；📶）这个轻松的卡齐米日酒吧拥有背靠很低的黑皮沙发，酒吧装点着气氛迷人的灯光，还有一个藏酒丰富的闪闪发光的吧台。这里总有经验丰富的酒客尝试各种各样的鸡尾酒。

Cafe Camelot 咖啡店

（ul Św Tomasza 17号；⌚9:00至午夜）如果想要吃蛋糕和咖啡，一定要尝尝这个藏在老城区不起眼的街角里的咖啡馆。舒适的房间布满了铺着蕾丝桌布的烛光桌，和以鬼怪或者民间传说为主题的木制小人。

✩娱乐

内容详尽的波兰语-英语双语手册*Karnet*（4兹罗提）由市当局旅游办公室出版，内容囊括了市里几乎所有举办的活动。另外，位于ul Św Jana 2号的旅游局专门负责管理文化活动，大多数文化活动都可以在这里订票。

夜店

首选 **Baccarat** 夜店

（ul Stolarska 13号；⌚周四至周六20:00至深

夜）这家豪华夜总会演奏的音乐涵盖豪斯、舞曲和迪斯科等多种种类。夜总会里有专职DJ，偶尔会举办现场音乐演出。在闪闪发光的吊灯和迪斯科灯球下尽情舞动吧。

Alchemia 酒吧、夜店

（ul Estery 5号；⊙9:00至次日3:00）这家卡齐米日的夜店散发着一种"我们寒酸我们酷"的独特气场。外观粗糙的木椅、烛光桌和黑暗相伴在游客左右。这里每周定期举办现场演出和舞台活动。

Harris Piano Jazz Bar 爵士

（Rynek Główny 28号；⊙5月至10月，9:00至次日2:00，11月至次年4月13:00至次日2:00）这家酒吧演奏的地下爵士乐在克拉科夫最为花哨多样。酒吧每晚都有爵士、布鲁斯、大乐团、融合乐或者灵魂乐的演出，中间还会穿插免费的即兴演奏。活动票价从15兹罗提到35兹罗提不等。

Rdza 夜店

（ul Bracka 3/5号）这家位于地下室的夜店吸引着克拉科夫经验丰富的玩家。波兰豪斯乐从裸露的砖墙和舒适的沙发之间蹦出，热情撩人。客座DJ21:00准时打碟。

表演艺术

Stary Teatr 戏剧

（☎12 422 9080；www.stary.pl；ul Jagiellońska 5号）这家久负盛名的剧院演出各种优质戏剧。为了避免语言障碍，你可以挑一出你熟知的莎士比亚戏剧观看。享受一下特别的波兰语版本吧。

Teatr im Słowackiego 歌剧、戏剧

（☎12 424 4528；www.slowacki.krakow.pl；Plac Św Ducha 1号）这座庞大的剧院建于1893年，主要演出波兰古典作品、大型舞台剧和歌剧。

Filharmonia Krakowska 古典音乐

（☎12 619 8722；www.filharmonia.krakow.pl；ul Zwierzyniecka 1号）这里有全国最优秀的交响乐团坐镇，一般周五、六举办音乐会。

电影院

有两家电影院很方便，分别是**Krakowskie Centrum Kinowe Ars**（ul Św Jana 6号）和**Kino Pod Baranami**（Rynek Główny 27号），后一家位于主市场广场旁边的一个庭院中。电影均为配有波兰语字幕的原声电影。

购物

开启（或结束）你克拉科夫大购物之旅的地方或许就是Cloth Hall（见421页）内的**纪念品市场**（Souvenir Market）了。市场内的商品包罗万象，从精致的琥珀首饰到俗气的毛绒巨龙，这里无所不有。

Galeria Plakatu 艺术品

（ul Stolarska 8号；⊙周一至周五11:00~18:00，周六11:00~14:00）这里可以买到精美的波兰海报。

Sklep Podróżnika 书店

（ul Jagiellońska 6号；⊙周一至周五11:00~19:00，周六10:00~14:00）这里可以买到分区和城市地图，当然还可以买到我们Lonely Planet的旅行指南。

Jarden Jewish Bookshop 书店

（ul Szeroka 2号）书店位于卡齐米日，有很多关于波兰犹太遗产的书。

实用信息

克拉科夫游客卡

（Kraków Tourist Card；www.krakowcard.com；2/3日60/75兹罗提）可以在旅游局买到，凭此卡可以免费使用公共交通，并且免费参观很多博物馆。

网络

Centrum Internetowe（ul Stolarska 5号；h9am-midnight）此处在Pasaż Bielaka拱廊内。

Klub Garinet（ul Floriańska 18号；每小时4兹罗提；⊙9:00~22:00）

Centrum Internetowe（ul Stolarska 5号；⊙9:00至

不 要 错 过

奥斯威辛集中营

很少有地方比奥斯威辛的名字更为令人震撼，这里曾作为最大的种族灭绝实施地点而铭刻在每个人的脑海中。

集中营始建于1940年，建造在一间废弃不用的军营之中。奥斯威辛集中营最早仅用于关押波兰囚犯，但后来被德军扩建成了欧洲最大的用于灭绝犹太人的集中营。

德国人随后又在附近建造了两个集中营：其中一个是比克瑙（Brzezinka，也被称为奥斯威辛II），位于奥斯威辛以西3公里处；另一个是莫诺威辛（Monowice），位于死亡营所在地奥斯威辛小镇以西几公里的地方。在集中营运作期间，有100万至150万人在这些死亡工厂中被德国纳粹杀害，其中有90%是犹太人。

纳粹德国在撤离前只毁坏了奥斯威辛集中营的一小部分，因此集中营中许多原有建筑至今依然存在，它们诉说着这座集中营悲惨的过往。有30座监狱保存了下来，其中的一部分改造成了奥斯威辛集中营国家博物馆（☎33 844 8100；www.auschwitz.org.pl；ul Wieźniów Oświęcimia 20号；入场免费；⏲6月至8月8:00~19:00，5月和9月8:00~18:00，4月和10月8:00~17:00，3月和11月8:00~16:00，12月至次年2月8:00~15:00）。

5月到10月之间，如果你10:00~15:00来这里，则必须参加团队游。奥斯威辛-比克瑙地区综合游的英文团队游从早上9:30起每隔半小时举行1次。

从克拉科夫出发到奥斯威辛集中营只需要花费一天的时间。最方便的交通方法是从克拉科夫公车站搭乘前往奥斯威辛的巴士，大约每小时发车1次（12兹罗提，1.5小时），巴士会途经博物馆，或以博物馆为终点站。也有很多小巴从Galeria Krakowska旁边的ul Pawia发车去往奥斯威辛（10兹罗提，1.5小时）。

大多数克拉科夫的旅行社都会组织去往奥斯威辛的团队游（游览地点包括比克瑙）。每人花费从90兹罗提到130兹罗提不等。要和旅行社工作人员问清楚团队游会在每个景点停留多久，因为有的团队游时间非常紧。

想了解更多包括住宿在内的关于奥斯威辛的信息，请查阅Lonely Planet的*Poland Country Guide*，或登录www.mpit-oswiecim.neostrada.pl。

深夜）Pasaż Bielaka arcade内有网络。

Klub Garinet（ul Floriańska 18号；每小时4兹罗提；⏲9:00~22:00）这是一家网吧。

现金

Kantor（外汇兑换办事处）和自动取款机在城市中心随处可见。需要注意的是很多外汇兑换办公室都会在周日关闭，在主市场广场和克拉科夫火车总站附近的一些兑换网点汇率非常糟糕，所以在兑换前先务必留个心眼、货比三家。机场也有换钱的地方，不过那里的汇率更差。

邮局

邮政总局（Main Post Office；ul Westerplatte 20号；⏲周一至周五7:30~20:30，周六8:00~14:00）

旅游信息

两本免费的杂志：*Welcome to Cracow & Małopolska*和*Visitor: Kraków & Zakopane*，在高档的酒店内均有陈设。旅游手册*Kraków in Your Pocket*（售价5兹罗提）同样很好用，里面有大量出于本地人视角的旅游评论和各种当地美食爱好者的点评。

旅游局

（www.karnet.krakow.pl）ul Św Jana（☎12 421 7787；ul Św Jana 2号；⏲9:00~19:00）Cloth Hall（☎12 433 7310；Rynek Główny 1号；⏲5月至9月9:00~19:00，10月至次年4月9:00~17:00）；老城区东北部（☎12 432 0110；ul Szpitalna 25号；⏲5月至9月9:00~19:00，10月至次年4月9:00~17:00）；老城区南部（☎12 616 1886；

从克拉科夫出发

长途汽车

站点	票价（兹罗提）	行程（小时）	班次
切申（靠近捷克边境）	20	3	每小时1班
卢布林	48	5.5	每天6班
奥斯威辛	12	1.5	每小时1班
扎科帕内	18	2	最少每小时1班
扎莫希奇	52	8	每天9班

国内火车

站点	票价（兹罗提）	行程（小时）	班次
琴斯托霍瓦	38	2.25	每天3班
戈丁尼亚和格但斯克	69	8~12	每天10班
卢布林	58	4.5	每天2班
波兹南	61	8.5	每天9班
普热梅希尔	50	5	每天9班
托伦	69	8.5	每天3班
华沙	56	3	最少每小时1班
弗罗茨瓦夫	52	5.5	每小时1班
扎科帕内	24	3.75	每天8班

国际火车

站点	行程（小时）	班次
柏林（德国）	10	每天1班
布拉迪斯拉发（斯洛伐克）	7.5	每天1班
布达佩斯（匈牙利）	10.5	每天1班
基辅（乌克兰）	19.5	每天1班
利沃夫（乌克兰）	7.5~9.5	每天2班
布拉格（捷克）	10	每天1班
维也纳（奥地利）	8	每天1班

Plac Wszystkich Świętych 2号；⊙9:00~17:00）；瓦维尔山（ul Powiśle 11号；⊙9:00~19:00）；卡齐米日（☎12 422 0471; ul Józefa 7号；⊙9:00~17:00）；机场（☎12 285 5431; John Paul II International airport, Balice; ⊙9:00~19:00）以上都是很有帮助的城市运营服务。位于ul Św Jana 2号的办事处则专精于文化活动。

ℹ 到达与离开

飞机

John Paul II国际机场（www.lotnisko-balice.pl; ul Medweckiego 1号）通常也被称作Balice机场，它的位置在老城区西边郊区之后大约15公里处。机场候机楼还有租车柜台，以及汇率并不划算的外汇兑换处。若要乘坐公共交通去老城区，需先搭免费班车抵达火车站。上火车后再在车厢内的自动售票机上买票（12兹罗提），或者通过乘务员购买。去Kraków Główny站需要20分钟。

如果你在卡托维兹机场着陆，可以搭乘**Matuszek**（☎32 236 1111; www.matuszek.com.pl; 单程/往返 44/88兹罗提）班车前往克拉科夫的公共汽车站。旅途时长2小时。

LOT每天有数班航班往返于克拉科夫和华沙之间，那里还有从克拉科夫直达法兰克福、巴黎、维也纳和雅典的航班。所有订票问题都可以通过**LOT办事处**（☎12 422 8989；ul Basztowa 15号；⏰周一至周五9:00~17:00）解决。还有每日两班的国内航班，通过Eurolot到格但斯克、波兹南和什切青。

其他航空公司，包括几个廉价航空公司在内，提供自克拉科夫飞往欧洲其他城市的航线，包括飞往英国和爱尔兰多个城市的航班。易捷和瑞安每日有通往伦敦的直达航班。瑞安和爱尔兰航空每日有通往都柏林的航班。

长途汽车

如果你之前已经在波兰别处乘过长途汽车，那克拉科夫现代化的**汽车总站**（ul Bosacka 18号）和其他市政建筑比起来，看上去简直就是个宫殿了。总站位于主火车站的另一边，老城区东北。总体来说乘坐火车更快，但是有的PKS汽车去往的地方则很有意思；买票或者查询费用请浏览网站。

还有两家较大的私营的巴士公司——**Trans Frej**（www.trans-frej.com.pl）和**Szwagropol**（www.szwagropol.pl），也都经常有通往扎科帕内的车次（19兹罗提，2小时）。**Polski Bus**（www.polskibus.com）也从这里发车去华沙（5小时，每日4班）和扎科帕内（2.25小时，每日2班）。

火车

Kraków Główny火车站（Plac Dworcowy）位于老城区东北郊区，所有的国际列车和大多数国内列车都停靠于此。站台位于火车站大楼往北150米处，你也可以从邻近的Galeria Krakowska购物中心到达那里。

卢布林（Lublin）

人口349,000

如果克拉科夫的人太多，你不如跳上一趟去卢布林的火车。这个吸引人的东部城市也有许多与克拉科夫相同的迷人之处，例如卢布林也有美丽的老城区、不错的酒吧和美味的餐馆。但是很显然，卢布林没那么多外国旅行者。

卢布林保存完好的老城区拥有迷人的哥特式建筑，与文艺复兴和巴洛克风格的建筑一起组成了卢布林老城区内靓丽的风景。这里还有一段值得纪念的历史事件：1569年，波兰和立陶宛在这里签署了《卢布林统一法案》，从此两个国家合二为一。在“二战”结束时，苏联在卢布林设立了政府，苏联在卢布林设立政府甚至早在波兰解放之前。

景点和活动

老城

卢布林城堡 城堡

（Lublin Castle；www.zamek-lublin.pl；ul Zamkowa；⏰周二至周六10:00~17:00，周日10:00~18:00）这个位于老城区东北端小山上的坚固堡垒有着一段黑暗的历史。城堡建于14世纪，在19世纪20年代经改建成为了一座监狱。在纳粹德国占领期，超过100,000人经过城堡的大门被送往死亡集中营。现如今，这里是**卢布林博物馆**（www.zamek-lublin.pl；成人/优惠8.50/6.50兹罗提；⏰周三至周六10:00~17:00，周日9:00~18:00）的所在地。展品包括美术作品、银制品、瓷器、木雕和武器，说明标签大多为波兰语。一定要去看一下前厅桌子上所谓的“恶魔爪印”，当地还有一个关于爪印的传说。

在城堡的东端是富丽堂皇的建于14世纪的**圣三一礼拜堂**（Chapel of the Holy Trinity；ul Zamkowa 9号；成人/优惠8.50/6.50兹罗提；⏰周二至周六10:00~17:00，周日10:00~18:00），可以通过博物馆进入礼拜堂。这里的内饰全部都是创作于1418年的俄罗斯-拜占庭彩瓷壁画，算得上是波兰最精美的中世纪壁画了。

卢布林历史博物馆 博物馆

（Historical Museum of Lublin；www.zamek.lublin.pl；Plac Łokietka 3号；成人/优惠5.50/4.50兹罗提；⏰周三至周六9:00~16:00，周日9:00~17:00）博物馆位于始建于14世纪的中世纪堡垒遗迹**克拉科夫大门**（Kraków Gate）内，这个博物馆的展品包括相关该城历史的文档和照片。每天中午，军号手会在大门对面的**新市政厅**（New Town Hall）顶部演奏一段特殊的旋律（如果你喜欢号角，别错过这里一年一度的8月15日全国军号比赛）。

Lublin 卢布林

Lublin Castle
卢布林城堡
Bus Station
汽车站
Minibus Station
小巴站
去Koztówka科兹洛夫卡(38km)
Plac Zamkowy
Zamkowa
Al Tysiąclecia
Kowalska
Furmańska
Lubartowska
Wodopojna
Świętoduska
Grodzka
Podwale
Plac po Farze
Archidiakońska
Dominikańska
Złota
Rybna
Rynek
市场广场
Jezuicka
Cathedral
大教堂
Plac Katedralny
Olejna
Bramowa
Ku Farze
Szambelańska
Historical Museum of Lublin
卢布林历史博物馆
Plac Ofiar Getta
Plac Łokietka
Kozia
Przechodnia
Plac Wolności
Narutowicza
去Train Station火车站(1.8km);
Majdanek马伊达内克(5km)
Staszica
Kapucyńska
Niecała
Radziwiłłowska
Plac Litewski
Krakowskie Przedmieście
Kościuszki
Peowiaków
Kołłątaja
3 Maja
Chmielna
Unii Lubelskiej
200 m
0.1 miles

Lublin 卢布林

重要景点

大教堂	E4
卢布林历史博物馆	D4
卢布林城堡	F2

景点

1 大主教管区博物馆	E4
2 圣三一礼拜堂	G2
3 克拉科夫大门	D4
4 卢布林博物馆	F2
5 新市政厅	D4

活动、课程和团队游

6 地下路线	E4

住宿

7 Grand Hotel Lublinianka	A4
8 Hotel Europa	B3
9 Hotel Waksman	F2
10 Lubelskie Samorządowe Centrum Doskonalenia Nauczycieli	E4
11 Vanilla Hotel	C4

就餐

12 Biesy	E4
13 Lux Supermarket	C4
14 Magia	E3
15 Mandragora	E3
16 Oregano	B4

饮品

17 Caram'bola Pub	B4
18 Złoty Osioł	E3

娱乐

19 Club Koyot	C4

大教堂 教堂

（Cathedral, Plac Katedralny；⏲清晨至黄昏）这个16世纪的礼拜场所内部有令人印象深刻的巴洛克壁画。据说这里的圣母玛利亚画像在1949年曾经流下眼泪，所以此处令当地教徒倍感敬畏与自豪。

大主教管区博物馆 博物馆

（Archdiocesan Museum, Plac Katedralny；成人/优惠7/5兹罗提；⏲10:00~17:00）这个宗教艺术博物馆同样也拥有老城区内不可多得的美景，博物馆顶部有座雄伟的**三位一体塔**（Trinitarian Tower，建于1819年）。

地下路线 步行

（Underground Route；Rynek 1号；成人/优惠9/7兹罗提；⏲周二至周五10:00~16:00，周六至周日正午至17:00）这条游览路线必须跟团游览，你将通过一条280米长的蜿蜒小道穿过老城区下方彼此相通的酒窖，一路上有许多历史展品可供参观。入口位于主市场广场中心的新古典主义的**老城区市政厅**内，大约每2小时1次。若要知道详细时间请询问旅游局。

马伊达内克（MAJDANEK）

免费 马伊达内克国家博物馆 纪念碑

（Majdanek State Museum；www.majdanek.pl；允许拍照3兹罗提；⏲9:00~16:00）纪念碑位于老城区东南面4公里处，此地是最大的纳粹集中营之一，共有235,000人（其中包括100,000名犹太人）曾在这里惨遭屠杀。军营、岗楼和铁丝网仍然留在原地；更令人倒吸寒气的是这里的火葬场和毒气室。

可以在游客中心观看一个说明短片（3兹罗提），从那里开始有一个标有"游览通道（visiting route）"（5公里）的地方通往巨大的石制**战斗和殉难纪念碑**（Monument of Fight & Martyrdom），游览通道结束于葬有许多受害者骨灰的**圆顶陵墓**。

在Plac Katedralny附近的Królewska车站乘坐无轨电车156和23路巴士，便可到达马伊达内克入口处。

住宿

首选 Grand Hotel Lublinianka 酒店 €€

（☎81 446 6100；www.lublinianka.com；ul Krakowskie Przedmieście 56号；标单/双310/370兹罗提起；❄📶）这个当地最时髦的酒店为住客提供免费的桑拿和水疗服务。较为便宜的（4楼）房间配有天窗，不过房间相对较小。"标准"客房非常宽敞，拥有炫目的大理石浴室。其中一个房间是专门为轮椅使用者准备的，宾馆的餐厅也很不错。

Vanilla Hotel
酒店 €€

(☎81 536 6720; www.vanilla-hotel.pl; ul Krakowskie Przedmieście 12号; 标单/双330/370兹罗提; 📶)这个美丽的精品酒店什么都有，偏偏没有香草。房间充满了灵气的造型与鲜明的色彩，床后大大的床头板和酷炫的复古家具为房间增趣不少。就算是餐厅和咖啡吧对细节也一丝不苟，咖啡吧提供的冰激凌组合可是全城最好的。

Hotel Waksman
酒店 €€

(☎)81 532 5454; www.waksman.pl; ul Grodzka 19号; 标单/双210/230兹罗提; 📶)就酒店的位置和质量来说真是超值了。酒店就位于老城区的Grodzka门，这里提供优雅的客房，客房分别配有不同的颜色。酒店休息区的墙上挂有绣毯。

Hostel Lublin
青年旅舍 €

(☎79 288 8632; www.hostellublin.pl; ul Lubartowska 60号; 铺/房间50/120兹罗提; 📶)这里是本城的第一家现代旅舍，拥有干净整洁的宿舍、设施基本厨房和一个舒适的休息区。从老城区乘坐156路或者160路无轨电车可以抵达。

Hotel Europa
酒店 €€€

(☎81 535 0303; www.hoteleuropa.pl; ul Krakowskie Przedmieście 29号; 标单/双410/450兹罗提起; ❄📶)这个位于城市中央的酒店提供现代化的时髦客房，客房天花板很高，家具典雅。酒店位于一座翻新过的19世纪大楼之中。其中两间客房有轮椅专用通道，楼下有一个夜店。

Lubelskie Samorządowe Centrum Doskonalenia Nauczycieli
酒店 €

(☎81 532 9241; ul Dominikańska 5号; 铺66兹罗提)酒店位于老城区一个气势恢宏的建筑中，房间的床位从2张到5张不等。酒店价格得当，十分热门，所以要提前预订。

餐饮

市中心有方便的**Lux Supermarket** (Plac Wolności 1号)，位于Plac Wolności。

首选 Magia
各国风味 €€

(ul Grodzka 2号; 主菜16~65兹罗提; ⏲正午至深夜)这个迷人闲适的餐厅可以提供各种就餐环境。你可以选择在用餐室用餐，也可以

从卢布林出发

长途汽车

站点	票价（兹罗提）	行程（小时）	班次
克拉科夫	48	5.5	每日6班
奥尔什丁	61	8.75	每日1班
普热梅希尔	35	–	每日5班
华沙	30	3	至少每小时1班
扎科帕内	70	8.5	每日2班
扎莫希奇	23	2	每日2班

火车

站点	票价（兹罗提）	行程（小时）	班次
格但斯克	69	9	每日2班
克拉科夫	58	4.5	每日2班
基辅（乌克兰）	不定	13~14	每日1班
华沙	40	2.5	每日10班
扎莫希奇	21	2.25	每日4班

在大型户外庭院用餐。肉类从老虎虾、蜗牛、牛肉到鸡肉；菜类包括各种比萨、意大利面和薄烤饼，可谓应有尽有。

Mandragora 犹太菜 €€€

（Rynek 9号；主菜14~63兹罗提）从这里的蕾丝桌布、小摆设和墙上的老卢布林照片上看来，他们要的就是《屋顶上的小提琴手》那种效果。这里的食物用心地将波兰菜和犹太菜融合在了一起。

Oregano 地中海菜 €€

（ul Kościuszki 7号；主菜18~54兹罗提；⊙正午至23:00）这家舒适的高档餐厅擅长地中海美食，特色菜包括意大利面、海鲜饭和各种海鲜。此处有分门别类的英文菜单，厨师不会吝啬香料。

Biesy 波兰菜 €

（Rynek 18号；主菜12~24兹罗提）这个气氛绝佳的地窖餐厅，有很多稀奇古怪的地方。餐厅拿手菜是类似比萨的大蛋挞，蛋挞上有各式各样的馅料。

Złoty Osioł 酒吧

（ul Grodzka 5a；⊙正午至深夜；📶）这是个典型的隐秘型波兰酒吧，"金驴"酒吧可是酒香不怕巷子深。灯光昏暗，但是气氛很棒，是个可以安静喝一杯的好地方。

Caram'bola Pub 酒吧

（ul Kościuszki 8号；⊙周一至周六10:00至深夜，周日正午至深夜）这个愉悦的酒吧是喝上一两杯啤酒的好地方，还有价格公道的酒吧小吃，也卖比萨。

☆ 娱乐

Club Koyot 夜店

（ul Krakowskie Przedmieście 26号；⊙周三至周日17:00至深夜）这个夜店藏在UL Krakowskie Przedmieście的一个庭院里。大多数夜晚都有现场音乐或者DJ演奏。

Filharmonia Lubelska 古典音乐

（☎81 531 5112；www.filharmonialubelska.pl；ul Skłodowskiej-Curie 5号）音乐馆拥有一个大型礼堂，用于举办古典和现代音乐会。若要从老城区来这里，从ul Krakowskie Przedmieście向西行，然后向南沿着ul Grottgera走一个街区即可。

ℹ 实用信息

邮政总局（ul Krakowskie Przedmieście 50号；⊙24小时）

Net Box（ul Krakowskie Przedmieście 52号；每小时10兹罗提；⊙周一至周六10:00~20:00，周日14:00~18:00）这是一家位于街边庭院内的网吧。

旅游局（☎81 532 4412；www.loitik.eu；ul Jezuicka 1/3号；⊙5月至10月周一至周五 9:00~19:00，周六和周日10:00起，11月至次年4月周一至周五9:00~17:00，周六和周日10:00起）办事处提供很多免费小册子，包括城市步行指南，《卢布林游览线路》（*Tourist Routes of Lublin*）。其中有一章写有卢布林犹太人遗产之旅（Heritage Trail of the Lublin Jews）。

ℹ 到达和离开

飞机 新建的**卢布林机场**（www.airport.lublin.pl）就位于卢布林东面10公里处，有去伦敦和都柏林的廉航航班。

长途汽车 城堡对面的**公交车站**（Al Tysiąclecia）有开往多个国内目的地的PKS巴士，**Polski Bus**（www.polskibus.com）也有公车去华沙（3小时，一日5次，在网上订票）。私人小巴车也开往各个地点，包括扎莫希奇（15兹罗提，1.5小时，大约每半小时1班），在公共汽车总站北部的小巴车站乘坐。

火车 **火车站**（Plac Dworcowy）位于老城区以南1.8公里处，可以通过1路或者13路公交车来此。当离开车站时，仔细寻找位于ul Gazowa的公交车站，公交车站就在车站入口处左边（不是无轨电车车站）的地方。

科兹洛夫卡（Kozłówka）

科兹洛夫卡村（Kozłówka，读作kozwoof-kah）位于卢布林以北38公里，以其华丽的巴洛克后期式宫殿而闻名，宫殿内设有**Zamoyski家族博物馆**（Museum of the Zamoyski Family；☎81 852 8310；www.muzeumzamoyskich.pl；成人/优惠 包括所有区域25/13兹罗提；⏰4月至11月10:00~16:00），**主宫殿**（main palace；成人/优惠17/8兹罗提）的藏品包括原有的家具、陶瓷炉灶和很多绘画作品。如果想好好看看这个区域必须参加波兰语团队游，团队游的开始时间将会在票顶部写出。英文团队游（最好提前组织）将多花50兹罗提。此区域的入场费还包含1907年**礼拜堂**的门票。

更有趣的是格调不协调的**社会主义-现实主义艺术画廊**（Socialist-Realist Art Gallery；成人/优惠6/3兹罗提）。这里挂满了领导人的画像和雕像。还有许多理想中的农民与工厂工人为社会主义奋斗的场景。这些轰轰烈烈的作品最初被政府尴尬地藏在了这里，斯大林的去世导致了这种包罗万象的艺术风格的衰落。

如果你想看全这里，可以在一层购买通票，通票还包括临时展品（5/2兹罗提）和位于马车房的交通展会（5/2兹罗提）的入场费；如果你愿意，也可以为每个部分分别买票。

从卢布林出发，乘坐一辆公交车到Lubartów（7兹罗提，40分钟，至少半小时1班），然后搭乘PKS公车或小巴（5兹罗提，10分钟）可前往科兹洛夫卡。

扎莫希奇（Zamość）

人口66,000

虽然大多数波兰城市的迷人之处在于其悠远的中世纪风格，但扎莫希奇（Zamość读作zah-moshch）却是纯粹的文艺复兴风格。紧凑的老城区非常适合探索，扎莫希奇的中央市场广场则是一个对称的奇观，从广场可以一窥城市16世纪全盛时期的辉煌。

扎莫希奇由贵族Jan Zamoyski建于1580年，他是波兰的国家大臣和军事统帅。由意大利建筑师设计的这座城市，建造之初的设想是发展成为西欧到东边黑海之间的贸易中转站。

在“二战”期间，纳粹将此作为德国的移民地，并将当地的波兰人送去了奴隶工厂或集中营中。大多数被改名为“Himmlerstadt”的犹太人都在此期间被残忍杀害。

扎莫希奇老城区杰出的建筑在1992年被联合国教科文组织列为世界遗产。从2004年起，欧盟基金开始逐步帮助扎莫希奇恢复昔日的辉煌。

👁 景点

Rynek Wielki 历史广场

（大市场广场）这里是扎莫希奇迷人老城区的中心部位，这个令人惊叹的意大利文艺复兴风格的广场（广场长宽恰好各100米）最主要的建筑就是高大的粉红色市政厅，周围多彩的联排别墅是当地的富人聚居地。

扎莫希奇博物馆（ul Ormiańska 30号；成人/优惠8/4兹罗提；⏰周二至周日9:00~17:00）位于广场最美丽的两座建筑之内。博物馆内的展览也很有意思，展品包括美术作品、民俗器物、考古发现和一个城区16世纪的微缩模型。

犹太教堂 犹太教堂

（Synagogue；www.zamosc.fodz.pl；ul Pereca 14号；入场费6兹罗提；⏰周二至周日10:00~18:00）“二战”以前，犹太人占据了当地人口的45%，并且大多数住在宫殿北部和东部地区。最重要的犹太建筑就是这个文艺复兴时期的教堂，最近此处刚刚翻新并且作为一个文化中心重新向公众开放，内部有华美的装潢和关于该城犹太人历史的电子展板。

大教堂 教堂

（Cathedral；ul Kolegiacka；⏰清晨至黄昏）教堂位于Rynek Wielki西南，这个雄伟的16世纪教堂的礼拜堂高坛右边设有Jan Zamoyski陵墓。爬上**钟楼**（bell tower；ul Kolegiacka；入场费2兹罗提；⏰5月至9月周一至周六10:00~16:00）可以看到历史悠久的大教堂古钟和老城区。在一层，有**圣礼博物馆**（Sacral Museum；ul Kolegiacka 2号；入场费2兹罗提；⏰周一至周五10:00~16:00，5月至9月周六和周日10:00~13:00，10月至次年4月周日10:00~13:00）展示各种礼袍、绘画和雕塑。

堡垒 防御工事

(Bastion; ul Łukasińskiego)堡垒位于老城区东部边缘，是老城墙保存最好的一座堡垒。你可以参加**团队游**(ul Łukasińskiego; 成人/优惠7.50/4.50兹罗提; ⌚8:00~18:00)游览翻新过的堡垒，看一看军事用品和城市景观。可以在入口旁边的纪念品商店买到票，团队游最少三人成行。

查莫斯基皇宫(Zamoyski Palace) 宫殿

这座旧宫就在老城区正西面(不对公众开放)，宫殿在19世纪30年代被改造成了一家军医院，由此丧失了大部分特色。宫殿北部外有一个风景优美的公园。南面是一个**兵器博物馆**(Arsenal Museum; ul Zamkowa 2号)，不过在我们调研时，博物馆正在进行大型翻修而关闭开放。若要得知更新信息请联系旅游局。

住宿

首选 **Hotel Senator** 酒店 €€

(☎84 638 9990; www.senatorhotel.pl; ul Rynek Solny 4号; 标单/双164/229兹罗提起; 📶)这里有舒适的住宿和装饰高雅的客房。酒店内的餐厅拥有自己的壁炉，酒店的装修也透着一股不寻常的中世纪氛围。酒店种类丰盛的自助早餐需额外花费25兹罗提。

Hotel Zamojski 酒店 €€

(☎84 639 2516; www.accorhotels.com; ul Kołłątaja 2/4/6号; 标单/双191/253兹罗提起; ❄📶)这个舒适的地方坐落于三个老房子的相接之处，就处于广场旁边。酒店房间很现代，装修也很有品位。酒店有一个不错的餐厅和鸡尾酒吧，还有个健身中心。

Hotel Arkadia 酒店 €

(☎84 638 6507; www.arkadia-zamosc.pl; Rynek Wielki 9号; 标单/双100/140兹罗提起; 📶)这里只有9间客房，整体空间紧凑，但还有一个台球桌和一间餐厅。酒店虽颇具魅力但是略显简陋，即使拥有位于Rynek Wielki附近的良好位置，酒店也很难与周围对手竞争。

Hotel Renesans 酒店 €€

(☎84 639 2001; www.hotelrenesans.pl; ul Grecka 6号; 标单/双136/192兹罗提起; 📶)这家酒店以文艺复兴为名，却位于老城区里最丑陋的一栋建筑中，这真是讽刺。不过酒店的前台和房间倒是很令人喜欢，设施也十分现代。

Camping Duet 露营地

(☎84 639 2499; www.duet.virgo.com.pl; ul Królowej Jadwigi 14号; 标单/双80/95兹罗提，露营地 每帐篷/人12/10兹罗提; 🏊)露营地距离老城区西仅600米，拥有干净的小屋、网球场、餐厅，桑拿和水疗。在小片树林里还有一个舒适的露营场所，大一点的小屋可以最多睡6人。

餐饮

若想自己做饭，在Rynek Wielki往东一个街区有个方便的**Lux mini-supermarket超市**(ul Grodzka 16号; ⌚周一至周五6:00~20:00，周六至周日8:00~18:00)可购买食材。

Restauracja Muzealna 波兰菜 €€

(ul Ormiańska 30号; 主菜14~29兹罗提; ⌚周一至周六11:00~22:00，周日11:00~21:00)这家地下餐厅位于Rynek Wielki下面，气氛绝佳，装饰着华丽的木材家具和贵族肖像。这里供应价格合理的高档波兰菜，酒吧的酒水种类也很多。

Bar Asia 波兰菜 €

(ul Staszica 10号; 主菜10~19兹罗提; ⌚周一至周五8:00~17:00，周六8:00~16:00)对于饿着肚子但是身上没多少钱的旅行者来说，这个老式mleczny(牛奶吧)简直太合适了。这里供应物美价廉的波兰小吃，包括各种各样的pierogi(饺子)。店内装潢非常一般。

Corner Pub 酒吧

(ul Żeromskiego 6号)在这个爱尔兰风格的酒吧喝一杯是很舒服的。这里有舒服的座位，墙上装饰着各种小摆设，比如旧钟表、刀剑和汽车模型。

实用信息

K@fejka Internetowa（Rynek Wielki 10号；每小时3兹罗提；⏲周一至周五9:00~17:00，周六10:00~14:00）此处可以上网。

邮政总局（ul Kościuszki 9号；⏲周一至周五7:00~20:00，周六8:00~15:00 ）

旅游局（☎84 639 2292；Rynek Wielki 13号；⏲周一至周五8:00~18:00，5月至9月周六和周日10:00~17:00，周一至周五8:00~17:00，10月至次年4月周六和周日9:00~14:00）

这里销售精彩的旅游手册《扎莫希奇——理想之城》(*Zamość-The Ideal City*，9.50兹罗提)。

到达和离开

长途汽车

公共汽车站（ul Hrubieszowska）位于老城区东面2公里处，经常有城际公车来往期间，主要线路为0路和3路巴士。从这里出发，你可以去以下目的地：

克拉科夫（52兹罗提，8小时，每日3班）

卢布林（23兹罗提，2小时，每日2班）

华沙（42兹罗提，5.5小时，每日2班）

每日有2班公车去雅罗斯瓦夫（Jarosław，24兹罗提，3小时），从那里你可以继续前往乌克兰边界旁边的普热梅希尔（Przemyśl）。

若想更快地抵达卢布林或从卢布林出发，可以在公共汽车站对面的小巴车站乘坐小巴，每30分钟发车1次（15兹罗提，1.5小时）。如果要去诸如华沙和克拉科夫的其他地方，请查随时修改的时间表。

火车

火车站（ul Szczebrzeska 11号） 位于老城区西南面1公里。有通往卢布林（21兹罗提，2.25小时，每日4班）和克拉科夫（61 兹罗提，7小时，每日1班）的列车，发车并不是很频繁。如果你要去乌克兰而要在普热梅希尔中转，可能搭乘每日2班的去雅罗斯瓦夫的列车更方便。

喀尔巴阡山脉（CARPATHIAN MOUNTAINS）

喀尔巴阡（卡帕蒂）山脉从南面斯洛伐克和乌克兰的国界处伸展开来，这里或葱郁或积雪的山峦对徒步者、滑雪者和骑行者而言，犹如一盏指路的明灯。这里最受欢迎的目的地是位于塔特拉山（Tatry）的度假镇扎科帕内。而如普热梅希尔和萨诺克（Sanok）等历史悠久的小镇，则是休闲放松和走近历史的好地方。

扎科帕内（Zakopane）

人口27,900

位于塔特拉山山脚下的扎科帕内是波兰主要的冬季运动中心，但同时也是一个全年热门的旅游胜地。这里过度商业化，包装有些过头，看起来像是一个宰客的地方，但扎科帕内却有着舒适放松的气氛，即使你不打算滑雪或者徒步旅行，这里也是供你放松几天的好地方。

在波兰长期处于外国统治下的19世纪，扎科帕内起到了传承波兰文化的重要作用，这要归功于此间生活在此地的各类艺术家。

景点和活动

塔特拉博物馆 博物馆

（Tatra Museum；www.muzeumtatrzanskie.pl；ul Krupówki 10号；成人/优惠7/5.50兹罗提，周日免费；⏲周二至周六9:00~17:00，周日9:00~15:00）你可以在这个地处中央的博物馆查看关于这个地区的历史、民族学和地质学的展品，同时展出的还有当地动植物。

Museum of Zakopane Style 博物馆

（www.muzeumtatrzanskie.pl；ul Kościeliska 18号；成人/优惠7/5.50兹罗提；⏲周三至周六9:00~17:00，周日9:00~15:00）博物馆被恰当地安置在了1892年的Villa Koliba别墅中，这幢别墅是艺术家、建筑家Stanisław Witkiewicz设计的第一件扎科帕内风格别墅。这个独具一格的建筑风格成为19世纪时该城的标志。

Szymanowksi Museum 博物馆

（www.muzeum.krakow.pl；ul Kasprusie 19号；成人/优惠6/3兹罗提，周日免费；⏲周二至周日10:00~16:00）博物馆位于Villa Atma，主要

展出与伟大的作曲家卡罗尔·席曼诺夫斯基相关的展品，该作曲家曾经在此居住。这里在夏天会举办钢琴演奏会。

Mt Gubałówka 山

塔特拉山（1120米）位于城镇后方，在山上可以看到绝佳的城市美景，对那些精力不特别旺盛的游客来说，攀登此山是不错的选择。缆车（ul Nowotarska；成人/优惠 单程10/8兹罗提，往返17/14兹罗提；⏲7月至8月8:00~21:45，3月至6月与9月至10月9:00~20:00，11月至12月8:30~18:00）线路全程长1388米，用时不超过5分钟，在ul Krupówki北边的缆车站爬300多米可至。你也可以徒步上山或下山。

住宿

鉴于私人房间和不错的青年旅馆非常多，很少有旅行者住在酒店。

扎科帕内的一些旅行社可以安排私人房间，但是旺季他们希望你最少也得住3晚。一般情况下旅行社提供的都是双人房（单人房很少有），房间在市中心花费80兹罗提，远点的地方大概花费60 兹罗提。

提供当地私人房间的人可能会在公共汽车站或火车站主动与你接近。要订房的话，干脆在私人房间前面看看标志——noclegi和pokoje都是"有空房"的意思。

就像所有的季节性度假村一样，此处的住宿价格在淡季和旺季（12月至次年2月和7月至8月）之间也有很大波动。在高峰时段的住宿一定要提前预订，尤其是在周末。

首选 **Hotel Sabała** 酒店 €€€

（☎18 201 5092；www.sabala.zakopane.pl；ul Krupówki 11号；标单/双340/460兹罗提起；📶🅿）酒店建于1994年，但是看着并不落伍，这个显眼的木制建筑拥有优越的地理位置，可以鸟瞰如画的步行街。这里提供舒适的阁楼风格的客房，并且有一个桑拿间和日光浴室。烛光餐厅可以看到街道的街景。

Carlton 酒店 €€

（☎18 201 4415；www.carlton.pl；ul Grunwaldzka 11号；标单/双80/160兹罗提；📶）酒店位于一个离主干道很远的巨大的老房子里。酒店有价格公道的客房，客房不仅光线充足，而且装修现代。酒店还有一个不错的公用阳台，可以看到街景。还有一个又大又舒服的、装饰着盆栽的休息室。

outh Hostel Szarotka 青年旅舍

（☎18 201 3618；www.schroniskomlodziezowe.zakopane.org.pl；ul Nowotarska 45号；铺/双41/102兹罗提）这个友好轻松的旅舍在旺季常常爆满。旅舍内有一间带洗衣机的厨房。这里位于一个很吵的街道边，从市中心来这里大约要步行10分钟。

餐饮

主街道ul Krupówki有各种各样的餐馆。

Czarny Staw 烧烤 €€

（ul Krupówki 2号；主菜12~46兹罗提；⏲10:00至次日1:00）这里供应各式各样的波兰美食，包括各种波兰饺子，菜单里的大多数菜都在你面前的中央烤炉现场烤制。餐馆还有一个不错的沙拉吧，晚上经常会有现场音乐在此演出。

Pstrąg Górski 海鲜 €€

（ul Krupówki 6；主菜15~33兹罗提；⏲9:00~22:00）这个自助鱼类餐厅风格传统，下面是一条小溪，供应镇里最新鲜的鳟鱼、三文鱼和海鱼。非常值得一去。

Stek Chałupa 波兰菜 €€

（ul Krupówki 33号；主菜17~44兹罗提；⏲8:00至午夜）这个地方是一个气氛友好的大谷仓，有温馨的家庭装修和穿着传统服饰的女服务员。菜单包括各类肉菜，尤其以牛排为佳。这里也有素食可供选择，比如沙拉和饺子（pierogi）。

Appendix 咖啡、酒吧

（ul Krupówki 6号；⏲15:00至午夜；📶）对爱喝酒的人和爱喝咖啡的人来说，这里是一个充满芳醇的地方。馆子藏在街中，装修新老荟萃，大多数周末都会有现场演出。

从扎科帕内出发

长途汽车

站点	票价（兹罗提）	行程（小时）	班次
克拉科夫	18	2	几乎每小时1班
卢布林	70	8.5	每日2班
普热梅希尔	53	9	每日1班
华沙	65	8	每日6班

火车

站点	票价（兹罗提）	行程（小时）	班次
琴斯托霍瓦	56	7	每日1班
格丁尼亚和格但斯克	76	16	每日1班
克拉科夫	24	3.75	每日8班
罗兹	63	10.5	每日1班
波兹南	65	11.5	每日1班
华沙	63	9	每日3班

实用信息

Centrum Przewodnictwa Tatrzańskiego（塔特拉导游中心；☎18 206 37 99；ul Chałubińskiego 42a；⏲9:00~15:00）此处安排英文和德文山地导游。

Księgarnia Górska（ul Zaruskiego 5号）书店位于Dom Turysty PTTK青年旅舍的前台，出售各类徒步旅行地图。

邮政总局（ul Krupówki 20号；⏲周一至周五7:00~19:30，周六8:00~14:00）

PTTK办事处（☎18 201 2429；www.pttkzakopane.pl；ul Krupówki 12号）办事处提供关于徒步和山地避险小屋的便利信息。

旅游局（☎18 201 2211）公交车站（☎18 201 2211；ul Kościuszki 17号；⏲7月至8月8:00~20:00，9月至次年6月周一至周六9:00~17:00）；城镇（ul Kościeliska 7号；⏲周一至周六9:00~17:00）

这些办事处会提供建议，同时也卖徒步地图和城区地图，并且提供关于在杜纳耶茨河（Dunajec River）漂流的信息。

Widmo（ul Galicy 6号；每小时5兹罗提；⏲7:30~23:00周一至周五，周六和周日9:00~11:00）这是一家网吧。

到达与离开

有多班PKS大巴从**汽车站**（ul Chramcówki）始发，开往多个城市。两家私营公司**Trans Frej**（www.trans-frej.com.pl）和**Szwagropol**（www.szwagropol.pl）每45分钟到1小时提供去克拉科夫的舒适巴士（19兹罗提），**Polski Bus**（www.polskibus.com）每日提供途经克拉科夫（2小时15分钟）开往华沙（7小时）的长途汽车。可在线订票。

在本地，PKS公交车和对面终点站来的小巴车会定期发往Morskie Oko湖和Polana Palenica。若要越境去斯洛伐克，则需在Łysa Polana下车，然后徒步穿越边境，再搭乘另一辆去Tatranská Lomnica和其他斯洛伐克山区镇子的巴士。

从扎科帕内**火车站**（ul Chramcówki），有通往波兰多地的列车。

塔特拉山（Tatra Mountains）

塔特拉山位于克拉科夫南面100公里处，是喀尔巴阡山脉最高的部分，位于波兰斯洛伐克的交界处。这里崎岖起伏的山景和波兰其他地方的平原景色形成了鲜明而独特的对比。该山脉大概有60公里长，15公里宽，横跨了波兰和斯洛伐克的边境。山脉的1/4都在波兰境内，大部分位于塔特拉山国家公园（大约212平方公里）内。波兰塔特拉山脉包括20余座超过2000米的山峰，其中最高的是Rysy山（2499米）。

景点和活动

Lake Morskie Oko 湖

翡翠绿色的Morskie Oko湖（意为“海之眼”）是塔特拉山最美丽的湖之一，此湖完全被群山包围，只有一条蜿蜒的小路通向到这里。湖边的青年旅舍有一个餐厅和酒吧。PKS巴士和小巴会定期从扎科帕内出发前往Palenica（30分钟），从那里会有一条上山的路（9公里）一直通往该湖。汽车、自行车和公交车都不允许在这条路上行驶，所以你只能步行，幸运的是路途并不陡峭（单程大约2小时）。或者，你可以乘坐马车（50/30兹罗提每人上/下山，不过可以讲价）到达离湖2公里处。在冬季，交通工具只有马拉的四人座雪橇，但价格会更贵一些。回扎科帕内的最后一班小巴在17:00~18:00间发车。

Mt Kasprowy Wierch Cable Car 缆车

（www.pkl.pl；成人/优惠 往返49/39兹罗提；⊙1月至3月7:30~16:00，4月至6月和9月至10月7:30~18:00，7月至8月7:00~21:00，11月至12月9:00~16:00）从Kuźnice（扎科帕内以南2公里）到Kasprowy Wierch山顶（1985米）的缆车游览可谓是一项经典的旅行项目，深受国内外旅行者喜爱。在旅程的终点，你可以一只脚踏在波兰，另一只脚踏在斯洛伐克。单程旅程会花费20分钟，需要攀爬936米，缆车通常在5月关闭1周，如遇大风或者大雪等危险时刻也不会开放。

山顶景色十分壮观（如果天气好的话），从12月到次年4月，两部缆车可将滑雪者往返送于各种坡道之间。还会有一家餐厅可供滑雪者和徒步者用餐。夏天，很多人会步行走下Gąsienicowa谷回到扎科帕内，最具挑战性的还属步行通过崎岖的Pięciu Stawów来到Morskie Oko湖的路程，就算天气好也得艰苦徒步一整天。

如果你买了回程票，你的回程时间将自动定为出发后的2小时。所以如果你想待得更久些，最好买一张单程上山的票（39兹罗提），然后下山的时候再买一张下山的票（25兹罗提）。Kasprowy Wierch山很热门，请尽量早点来，并且做好等待的准备。从扎科帕内去Kuźnice 的PKS巴士和小巴很多。

徒步 徒步

如果你打算在塔特拉山徒步旅行，记得买一份Tatrzański Park Narodowy地图（1:25,000），这份地图画出了这片区域所有的徒步路线。更好的选择是买一份或者几份14页的Tatry Polskie，图册可以在扎科帕内的Księgarnia Górska（见444页）书店买到。在7月和8月这些路线会被游客挤爆，因此晚春和早秋才是最好的旅游时节。理论上说秋天的天气会更好，因为雨水较少些。

就像所有的高山地区一样，塔特拉山也可能会有危险，冰雪季节（11月到次年5月）尤甚。要时刻记得，天气是变化无常的。记得穿上合适的登山鞋，带好保暖衣物和防水雨具——并且准备好可能用到的绳索和铁链（沿路有提供）以备遇到岩石坡时可以顺利攀爬。导游没什么必要，因为很多路线都有标记，但在扎科帕内也可以找到导游，每日大约350兹罗提。

在扎科帕内南部有不少风景如画的山谷，比如**Dolina Strążyska**。从Strążyska沿红色标记的步行路径可以继续上山前往**Mt Giewont**（1909米），距离扎科帕内大约3.5小时行程。然后再沿着蓝色标记的步行路径下山，大约2个小时以内就会到达Kuźnice。

Dolina Chochołowska和**Dolina Kościeliska**位于公园西部的Tatry Zachodnie（西塔特拉斯），是两个森林覆盖的狭长而美丽的山谷。这些山谷对骑行来说非常理想。可以从扎科帕内搭乘PKS巴士或者小巴到达。

东边的Tatry Wysokie（高塔特拉斯）的景色则完全不同：那里有裸露的花岗岩山峰和冰川湖。到那里的一个方法是通过缆车到达**Mt Kasprowy Wierch**，然后徒步向东沿红色小道至Mt Świnica（2301米），再到Zawrat通道（2159米）——这段从Mt Kasprowy出发的路程十分艰苦，将花费3至4小时。从Zawrat，向北沿着蓝色小道下山到Dolina

Gąsienicowa，然后可以回到扎科帕内。

或者，向南（也是沿着蓝色小道）到达壮丽的**Dolina Pięciu Stawów**（五湖谷），在距Zawrat1小时15分钟路程处有一座山间小屋。从小屋向西沿蓝色小道会经过Morskie Oko湖，这一段大约要走1.5小时。

滑雪 滑雪

扎科帕内拥有四大滑雪场（和一些较小滑雪场），共有滑雪缆车50多架。Mt Kasprowy Wierch滑雪场的坡道条件最好也最具挑战性，这里的滑雪季节一直延续到5月上旬。Mt Kasprowy Wierch的缆车单程车票费用为10兹罗提，或者你也可以买张一日通票（90兹罗提），通票可以让你免去排队。

另一选择是**Harenda缆车**（Harenda chairlift；www.harendazakopane.pl；ul Harenda 63号；5兹罗提；9:00~18:00），该缆车地点就在扎科帕内外，在克拉科夫的方向。

除了Mt Kasprowy Wierch以外的所有滑雪场都可以租到滑雪装备。扎科帕内的零售店比如**Sport Shop & Service**（18 201 5871；ul Krupówki 52a）也可以租到滑雪设备。

住宿

游客不允许把车开到塔特拉山国家公园里，所以你必须步行进入公园，然后乘坐缆车或者使用公园、酒店或青年旅舍的车辆。

公园内同样不允许露营，但是一些PTTK山间小屋或青年旅舍会提供简单的住宿。山间小屋大多所很小，而且床位紧张；盛夏和隆冬时节这些地方总是爆满。没人会半途回去，但如果床位都满了，你可能要在地板上凑合一宿。最好不要太晚到达，并且记住带上你自己的床垫和睡袋。所有的小屋都会供应简单的热食，但是厨房和饭厅通常关门很早（有时候是19:00）。

大多数小屋全年开放，但是有些可能会因为恶劣的天气或由于维修而临时关闭。欲知实时情况，请询问扎科帕内PTTK办事处（见444页）。员工可以给你所有山间小屋的地址并可能帮助你预订。

Kalatówki Mountain Hotel 酒店 €€

（18 206 3644；www.kalatowki.pl；铺/单/双66/89/170兹罗提起）对从扎科帕内过来的旅客而言，这个又大又有档次的酒店是最方便的。从Kuźnice缆车站步行到此需40分钟。

Dolinie Pięciu Stawów Hostel 青年旅舍 €

（781 055 555；www.piecstawow.pl；铺/双45/120兹罗提）这是波兰境内塔特拉山中最高（1700米）也是风景最优美的山间小屋了。早饭需要额外花费14兹罗提。

Morskie Oko Hostel 青年旅舍 €

（18 207 7609；www.schroniskomorskieoko.pl；铺39~54兹罗提）早点从扎科帕内出发，白天可去游览Morskie Oko湖，晚上住在这里将是一个不错的旅程安排。

杜纳耶茨峡谷（Dunajec Gorge）

探索皮耶尼内山脉的一个有趣的方法是乘坐由**波兰皮耶尼内桨手协会**（Polish Association of Pieniny Oarsmen，18 262 9721；www.flisacy.com.pl）运营的木筏，沿杜纳耶茨河顺流而下，顺着波兰-斯洛伐克边境，穿越雄伟的大峡谷。木筏大且平，可以乘坐十多个人。

旅程从Sromowce Wyżne-Kąty的码头（Przystan Flisacka）出发，码头位于扎科帕内东北46公里处，旅程可以在温泉镇什恰夫尼察（Szczawnica；成人/优惠46/23兹罗提；2小时15分钟，18公里）结束，或者在更远的Krościenko（成人/优惠55/28兹罗提；2.75小时，23公里）结束。但是木筏游只有凑齐10人时才能开始。

从扎科帕内到峡谷费时不到1天，可从扎科帕内搭乘普通巴士前往Nowy Targ（7兹罗提，30分钟；每小时1班），然后再搭乘前往Sromowce-Kąty的汽车，汽车每日发车5班（10兹罗提，45分钟）。如果从什恰夫尼察或Krościenko出发，可以搭乘回Nowy Targ（10兹罗提，1小时；每小时1班）的巴士，然后换乘到扎科帕内。你也可以和木筏船夫们一起搭巴士回到Sromowce-Kąty的停车场。

为了避免在Sromowce-Kąty附近等待乘木筏的人凑齐10位，你可以通过扎科帕内的旅行社以每人50兹罗提的价格预订位置。不

索利纳湖和萨诺克（LAKE SOLINA & SANOK）

索利纳湖位于波兰遥远的东南角，像楔子一样嵌于乌克兰和斯洛伐克的边境之间。这个巨大的水库（27公里长，60米深）建于1968年桑河（San River）截流时。如今这里是水上运动和其他休闲活动中心。

Polańczyk是这里理想的落脚点。这个令人愉悦的小镇位于湖西岸，提供帆船、帆板、钓鱼和海滩漫步等多种娱乐休闲项目。这里也有众多的酒店和提供水疗护理服务的疗养院。

在通往湖的旅途中，你将路过**萨诺克**镇，小镇以其**民间建筑博物馆**（Museum of Folk Architecture；www.skansen.mblsanok.pl；ul Rybickiego 3号；成人/优惠12/8兹罗提；⏲5月至9月8:00~18:00，10月至次年4月9:00~14:00）而闻名，博物馆展览着该区域的民族建筑。

萨诺克镇外，沿着画有标记的**"标志小径"**（Icon Trail），可徒步或骑行环绕70公里，中途会经过10个村庄教堂，还能饱览迷人的山地乡村景色。

从普热梅希尔到萨诺克有常规巴士通行（14兹罗提，2小时，每日5班），从萨诺克出发你可以继续前往Polańczyk（9兹罗提，1小时，每小时1班）。你也可以从克拉科夫直接搭乘巴士来萨诺克镇（36兹罗提，5小时，每日6班）。若要得知萨诺克和其景点的更多详情，请查询Lonely Planet波兰国家指南，或者去萨诺克**旅游局**咨询（☎13 464 4533；Rynek 14号；⏲周一至周五9:00~17:00，周六日9:00~13:00）。

过你还是得自己想办法搭乘汽车或巴士前往码头。

普热梅希尔（Przemyśl）

人口65,000/交通枢纽

普热梅希尔（读作psheh-mishl）是一个重要的交通枢纽，也是入境乌克兰便利的中转站，边境就在城东15公里处。

该城有很多便宜的住宿，包括地处中央的青年旅舍**Dom Wycieczkowy PTTK Podzamcze**（☎16 678 5374；www.przemysl.pttk.pl；ul Waygarta 3号；铺26兹罗提起，标单/双49/72兹罗提；📶），就在老城区西端。更舒适的选择是一家火车站对面翻新老建筑内的二星级旅馆**Hotel Europejski**（☎16 675 7100；www.hotel-europejski.pl；ul Sowińskiego 4号；标单/双110/140兹罗提；📶）。你也可以选择**Hotel Gromada**（☎16 676 1111；www.gromada.pl；ul Wybrzeże Piłsudskiego 4号；标单/双130/180兹罗提起；📶）投宿，那是一家位于老城区西部的大型连锁酒店。

要去餐厅和酒吧的话，可以去斜坡上的**Rynek**（市场广场）。**旅游局**（☎16 675 2163；www.przemysl.pl；ul Grodzka 1号；⏲周一至周五10:00~18:00，周六日9:00~17:00）就位于广场西南角。

从普热梅希尔，有定期开往乌克兰利沃夫的长途汽车（25兹罗提，2小时）。或者搭乘私营小巴去边境（5兹罗提，15分钟），然后步行过境，乘坐另一边的乌克兰交通。长途汽车也通往波兰东南的所有城镇，包括萨诺克（14兹罗提，2小时，每日5班）。

火车通往克拉科夫（50兹罗提，5小时，每日9班）和华沙（61兹罗提，8小时，每日2班），还有国际卧铺车通往乌克兰的利沃夫（2小时45分钟，每日2班）和基辅（13小时，每日1班）。

普热梅希尔的汽车总站和旁边的火车站位于**Rynek**（市场广场）东北1公里处。

西里西亚（SILESIA）

西里西亚（波兰语：Śląsk，读作shlon-sk）是一个地形多样的地方。尽管卡托维兹周边的工业区对游客来说不是那么有吸引力，可是美丽的弗罗茨瓦夫却是一个拥有热闹夜生活、历史悠久的城市。苏台德山脉也吸引着众多徒步旅行者和其他自然运动爱好者。

这片地区的历史也同样多元化，这里曾被波兰、波希米亚、奥地利和德国相继统治过。在成为普鲁士和德国领土的两世纪之久后，这里终于在“二战”后重新被划入了波兰领土。

弗罗茨瓦夫（Wrocław）

人口630,000

连市容美丽的克拉科夫的居民都会建议你来弗罗茨瓦夫（读作vrots-wahf）看看，弗洛兹瓦夫的美丽景色便可想而知了。这个城市宜人的老城区毫无违和地融合了哥特和巴洛克两种风格，而庞大的学生人口则为这里带来了数目众多的餐馆、酒吧和夜店。

弗罗茨瓦夫在过去几百年来一直饱受着各个国家统治者的宰割，但从公元1000年在波兰皮雅斯特王朝的统治下，弗洛兹瓦夫曾一度是个繁荣的贸易和文化中心。在18世纪40年代，这里成为了普鲁士的一部分，德文名字是Breslau。在普鲁士统治期间，该城成为了重要的纺织中心，这使得这里的人口广为增加。

在德国1945年将此地换给波兰时，弗罗茨瓦夫已在“二战”中历经重创。不过幸运的是，尽管70%的城市都已毁坏，但是现在这座城市已经恢复了精气神，并且重新发展成为了昔日那个美丽的历史文化中心。

景点

老城区

市场广场 历史广场

（Rynek，Market Square）位于弗罗茨瓦夫老城区中心的这个广场就是波兰第二大的老市场广场（仅次于克拉科夫）。这个吸引人的庞大空间竖立着很多绘制精美的外墙，中间则是老建筑群。广场的西南角可以通往**Plac Solny**（盐场），那里曾是镇里贩盐的地方，现在是一个24小时开放的鲜花市场。

城市艺术博物馆 博物馆

（City Museum of Art；www.muzeum.miejskie.wroclaw.pl；Stary Ratusz；成人/优惠10/7兹罗提；⌚周三至周六10:00~17:00，周日10:00~18:00）博物馆位于市场广场南面美丽的**市政大楼**（波兰语称为Stary Ratusz）内，大楼建于1327~1504年。博物馆拥有庄严的陈列室，展示了黄金的艺术品和世界知名的弗罗茨瓦夫原住民的故事。

Jaś i Małgosia 历史建筑

（ul Św Mikołaja）市场广场西北角坐落着两座迷人的小屋，两座小屋间由一个巴洛克风格的大门相连。奇怪的是，这里竟然以《奇幻森林历险记》中的汉斯和格莱泰夫妇命名的，英语国家的读者对这里应该比较熟悉。

Gnomes of Wrocław 雕塑

快去看看你能不能找到地面上的小侏儒雕像，这里就在市场广场边缘的Jaś i Małgosia屋西面。整个城里散落着200多个这样的雕像。尽管听上去很奇怪，不过他们是“橙色异见”组织的标志，那是一个波兰共主党执政时期的异见组织，他们以调侃作为武器，并且经常在当局刚刚擦除涂鸦的地方再画上小矮人。你可以在旅游局买一张小矮人地图（6兹罗提）。

圣伊丽莎白教堂 教堂

（Church of St Elizabeth；www.kosciolgarnizon.wroclaw.pl；ul Św Elżbiety 1号；入场费5兹罗提；⌚周一至周六10:00~19:00，周日正午至19:00）教堂位于装饰华丽的房屋和小矮人雕像后面，这个具有纪念意义的14世纪教堂拥有一个83米高的**塔**，你可以爬上高塔俯瞰城市景色。

抹大拉圣马利亚教堂 教堂

（Church of St Mary Magdalene；ul Łaciarska；桥 成人/优惠4/3兹罗提；⌚周一至周六10:00~18:00）教堂距离市场广场一个街区，这个哥特式教堂拥有一个建于1280年的罗马式大门，大门镶嵌在南面的外墙上。可以爬上72米高的塔和连接塔的**桥**（⌚4月至10月10:00~18:00）俯瞰全景。

老城区东部

首选 **拉兹瓦维卡战役全景图** 纪念艺术品

（Panorama of Racławice；www.panoramaraclawicka.pl；ul Purkyniego 11号；成人/优惠25/18

兹罗提；⏲9:00~17:00）这里是弗罗茨瓦夫人的骄傲与自豪（同样也是弗罗茨瓦夫主要的旅游景点），这个360度全景绘画作品位于老城区东面的环形建筑中。这幅绘画描述了1794年的拉兹瓦维卡战役，在这场战役中由Tadeusz Kościuszko领导的波兰农民军击败了意图瓜分波兰的俄罗斯军队。全景图于1894年由Jan Styka和Wojciech Kossak在战争百年纪念日时创作。这个巨大的绘画长114米，高15米，并由"二战"中流离失所的波兰移民从乌克兰的利沃夫带回这里。由于当时的波兰政府对这幅歌颂俄罗斯败仗的作品深感不安，所以该全景图直到1985年才重新面世。

进入这里参观必须参加团队游（有英文或其他语言的服务）。团队游时间4月到11月从9:00~16:30开始，12月到次年3月从10:00~15:00开始。每30分钟1次。此票还包含当日参观附近的国家博物馆的费用。

国家博物馆 博物馆

（National Museum；www.mnwr.art.pl；Plac Powstańców Warszawy 5号；成人/优惠15/10兹罗提，周六免费；⏲10:00~17:00）这里是一个三层高的美术宝库，拥有很多永久藏品和令人叹为观止的天窗中庭。

教会区（ECCLESIASTICAL DISTRICT）

施洗者圣约翰大教堂 教堂

（Cathedral of St John the Baptist，Plac Katedralny；塔 成人/优惠5/4兹罗提；⏲周一至周六10:00~16:00，周日14:00~16:00）这个哥特式礼拜堂有一个独特的升降梯将你带上塔顶，一览美景。大教堂隔壁就是**大主教管区博物馆**（Archdiocesan Museum；Plac Katedralny 16号；成人/优惠4/3兹罗提；⏲周二至周日9:00~15:00），在这里可以欣赏宗教艺术。

沙上的圣母教堂 教堂

（Church of Our Lady on the Sand；ul Św Jadwigi）这座14世纪礼拜场所位于Piasek Island（沙岛）北部，拥有高耸的哥特式拱顶，全年展示着耶稣诞生的场景。

圣十字和肖罗缪教堂 教堂

（Church of the Holy Cross & St Bartholomew，Plac Kościelny）越过沙岛（Piasek Island）的小桥就到了Ostrów Tumski（大教堂岛）。这是一片满是教堂的美丽区域。你可以尽情欣赏这座两层楼高的哥特式建筑，这座教堂建于1288年至1350年。

植物园 花园

（Botanical Gardens；ul Sienkiewicza 23号；成人/优惠10/5兹罗提；⏲4月至11月8:00~18:00）这座迷人的花园位于施洗者圣约翰大教堂北面，你可以在这里的板栗树和郁金香中好好放松一下。

老城区南面

历史博物馆 博物馆

（Historical Museum；www.mmw.pl；ul Kazimierza Wielkiego 35号；成人/优惠15/10兹罗提；⏲周二至周日10:00~17:00）博物馆位于一座宏伟的前宫殿内，这个博物馆介绍了弗罗茨瓦夫一千年来的主要事件，包括过去200年以来的艺术品收藏。

Passage 公共艺术

（ul Świdnicka和ul Piłsudskiego交叉路口）这个令人着迷的雕塑描绘了一群被路面吞噬的行人，之后这些行人又会在街道另一边重新出现。

节日和活动

奥得河国际爵士音乐节 音乐节

（www.jazznadodra.pl；⏲4月）

Musica Polonica Nova Festival 音乐节

（www.musicapolonicanova.pl；⏲4月）演奏新创作的管弦作品，主要是波兰作品。

Wratislavia Cantans 音乐节

（www.wratislaviacantans.pl；⏲9月）有歌剧和合唱团演出。

弗罗茨瓦夫马拉松 运动

（www.wroclawmaraton.pl；⏲9月）

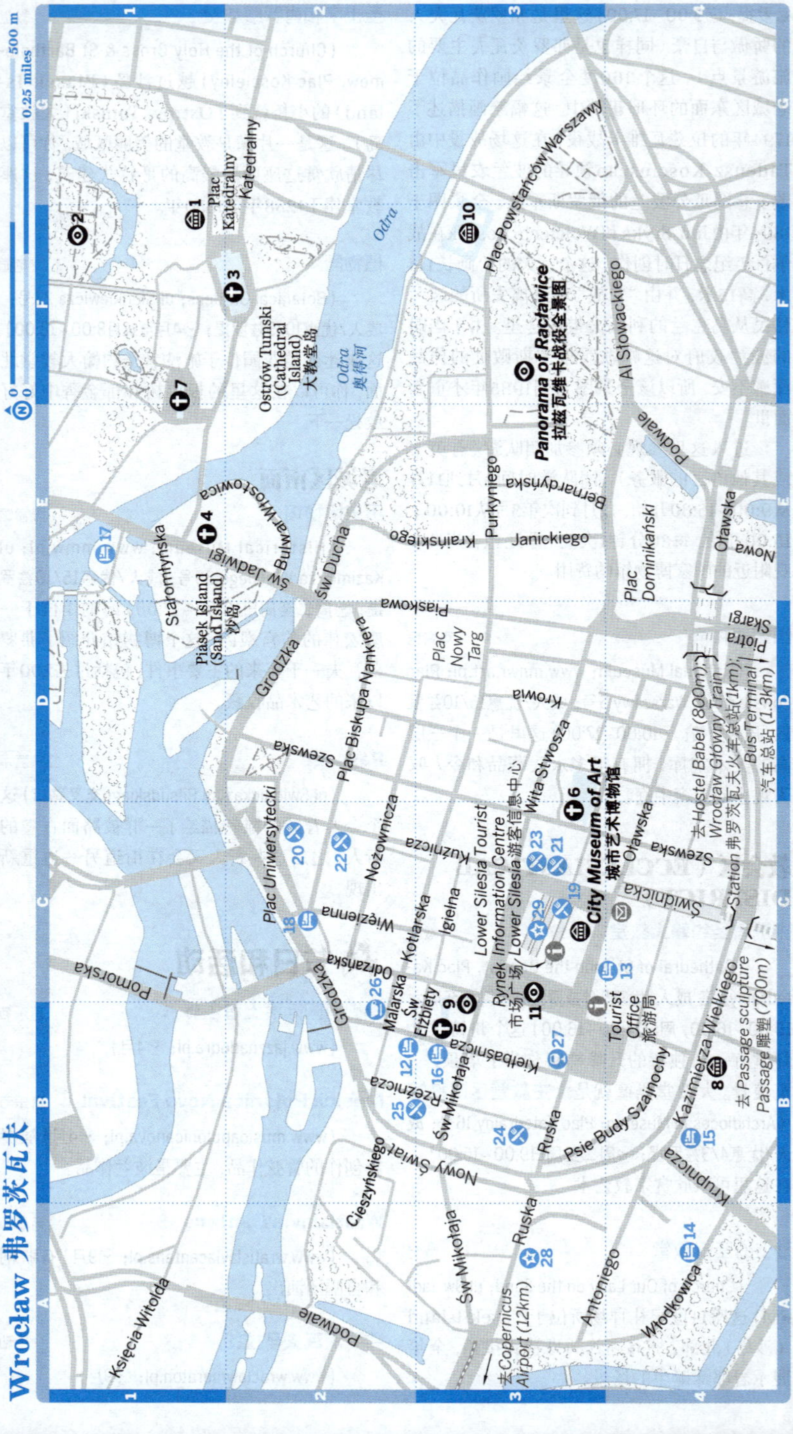
Wrocław 弗罗茨瓦夫
0 0.25 miles
0 500 m
Plac Katedralny
Katedralny
Ostrów Tumski (Cathedral Island) 大教堂岛
Odra 奥得河
Odra
Plac Powstańców Warszawy
Panorama of Racławice 拉茨瓦维卡战役全景图
Al Słowackiego
Podwale
Bernardyńska
Purkyniego
Janickiego
Krainskiego
Oławska
Nowa
Plac Dominikański
Piotra Skargi
Piaskowa
Plac Nowy Targ
Krowia
Wita Stwosza
City Museum of Art 城市艺术博物馆
Oławska
Szewska
Świdnicka
去 Hostel Babel (800m); Wrocław Główny Train Station 弗罗茨瓦夫火车总站(1km); Bus Terminal 汽车总站(1.3km)
Starołmyńska
Piasek Island (Sand Island) 沙岛
Bulwar Włostowica
Św Jadwigi
Św Ducha
Grodzka
Plac Biskupa Nankiera
Szewska
Plac Uniwersytecki
Nożownicza
Kuźnicza
Więzienna
Kotlarska
Igielna
Lower Silesia Tourist Information Centre Lower Silesia 游客信息中心
Rynek 市场广场
Tourist Office 旅游局
Odrzańska
Malarska
Św Elżbiety
Kiełbaśnicza
Rzeźnicza
Św Mikołaja
Pomorska
Grodzka
去 Passage sculpture Passage 雕塑(700m)
Kazimierza Wielkiego
Psie Budy
Szajnochy
Ruska
Nowy Świat
Cieszyńskiego
Krupnicza
Antoniego
Włodkowica
Św Mikołaja
Ruska
去 Copernicus Airport (12km)
Księcia Witolda
Podwale

Wrocław 弗罗茨瓦夫

重要景点

城市艺术博物馆 C3
拉兹瓦维卡战役全景图 F3

景点

1 大主教管区博物馆 F1
2 植物园 F1
3 施洗者圣约翰大教堂 F2
4 沙上的圣母教堂 E1
5 圣伊丽莎白教堂 B3
6 抹大拉圣马利亚教堂 C3
7 圣十字和肖罗缪教堂 F1
8 历史博物馆 B4
9 Jaś i Małgosia B3
10 国家博物馆 F3
11 市场广场 C3

住宿

12 Art Hotel B2
13 AS Apartments C4
14 Hostel Mleczarnia A4
15 Hotel Europeum B4
16 Hotel Patio B3
17 Hotel Tumski E1
18 Hotel Zaułek C2

就餐

19 Bar Wegetariański Vega C3
20 Bazylia C2
21 Bernard C3
22 Darea C2
23 La Scala C3
24 Mexico Bar B3
25 Restauracja Jadka B3

饮品

26 Cafe Artzat B2
27 Pub Guinness B3

娱乐

28 Bezsenność A3
29 PRL C3

住宿

首选 Hostel Mleczarnia 青年旅舍 €

（☎71 787 7570；www.mleczarniahostel.pl；ul Włodkowica 5号；铺40兹罗提起，双220兹罗提；📶）这家旅舍位于Rynek旁不远的一条安静的街道上，有很多迷人之处。旅舍装修复古，位于一个前住宅楼之内。旅舍有个女生宿舍，内有厨房和洗衣设施。楼下有一个不错的咖啡酒吧。

Hotel Patio 酒店 €€

（☎71 375 0400；www.hotelpatio.pl；ul Kiełbaśnicza 24号；标单/双300/360兹罗提起；❄📶）这个令人愉悦的酒店离Rynek就几步路远，位于两座建筑之中，由一个阳光明媚的院子连接。客房干净明亮，有的客房虽然小可是天花板很高。酒店内还有一个餐厅和酒吧。

Art Hotel 酒店 €€

（☎71 787 7100；www.arthotel.pl；ul Kiełbaśnicza 20号；标单/双270/290兹罗提起；❄📶）酒店气氛优雅却价格实惠，位于一个翻新的公寓楼内。客房内的装潢、装饰格调高雅却不张扬，还带有整洁明亮的浴室。酒店内还有一流的餐厅和一个健身房。

Hostel Babel 青年旅舍

（☎71 342 0250；www.babelhostel.pl；ul Kołłątaja 16号；铺45兹罗提起，双140兹罗提；📶）这个经济旅舍外围的楼梯虽然简陋老旧，不过酒店里面布置得还算宜人。宿舍位于翻新后的公寓房间内，拥有华丽的灯具和装饰性的天花板。客人可以使用厨房和洗衣机。

Hotel Tumski 酒店 €€

（☎71 322 6099；www.hotel-tumski.com.pl；Wyspa Słodowa 10号；标单/双260/380兹罗提起；📶）这家整洁的酒店静静地俯瞰着Piasek Island河。酒店性价比较高，作为探索教会区的基地很是理想，这里还附带一个不错的餐厅和酒吧。

Hotel Zaułek 酒店 €€

（☎71 341 0046；www.hotelzaulek.pl；ul Garbary 11号；标单/双270/380兹罗提起；📶）酒店由大学运营，有十几间温馨的客房，却只能住18个人。对睡懒觉的人来说，这里下午1点退房的制度可是一大加分处，周末的房价更是低廉。早餐需要额外花费11兹罗提；可以在酒店选择全天2餐或3餐。

Hotel Europejski 酒店 €€

（☎71 772 1000；www.silfor.pl；ul Piłsudskiego 88号；标单/双200/250兹罗提起；❄📶）这个宜人的酒店距火车站也就几步路，房间屋顶很高，家具很有质量，酒店还有一个咖啡吧和餐厅。登录官网查询限时优惠。

AS Apartments 公寓 €€

（☎71 341 8759；www.asapart.pl；Rynek 18号；公寓55欧元起；📶）这家公司提供老城区公寓出租服务，其中很多公寓都可以看到市场广场的景色。这里的设施装备虽然很老式，不过在这个位置这个价钱就已经很不错了。

Hotel Europeum 酒店 €€

（☎71 371 4500；www.europeum.pl；ul Kazimierza Wielkiego 27a；单/双320/350兹罗提；❄📶）商务理念主导的这家酒店拥有有格调的房间，位置也很好，就在市场广场附近。在周末房价将大幅度下降。

餐饮

首选 **Bernard** 各国风味 €€

（Rynek 35号；主菜27~77兹罗提；⏲10:30~11:00）这家餐厅还挺酷的，这个集错层式酒吧、餐厅、酿酒馆于一体的餐厅比起Rynek其他竞争对手来说实在要好太多了。餐厅供应高档美味的食物，包括汉堡、牛排和各种鱼类菜肴，还有几种波兰菜可供选择；自酿的啤酒值得品尝。通常晚上都会有现场音乐演出，早餐从10:30供应到中午。

Restauracja Jadka 波兰菜 €€€

（ul Rzeźnicza 24/25号；主菜58~83兹罗提；⏲13:00~23:00）这里是镇里最好的餐厅之一，餐厅在布置宜人的餐桌和愉悦的哥特式环境中供应无可挑剔的现代版波兰传统菜。餐厅装潢很有特色，砖拱门下的桌子上铺着蕾丝桌布，昏黄的灯光将餐桌点亮。

Bazylia 自助餐馆 €

（Plac Uniwersytecki；主菜2.49兹罗提每100克；⏲周一至周五10:00~18:00，周六和周日11:00起营业）这里是个物美价廉的现代化牛奶吧（bar mleczny），位于一个装有玻璃窗的弯曲空间中，可以看到窗外古老的大学建筑。菜单有很多波兰名菜，比如bigos（口味浓厚的德国泡菜和炖肉）和gołąbki（包有肉末和米饭的圆白菜叶），餐馆还有各式各样的沙拉和其他素菜。一切都以同样的价格按重量算钱；在柜台点菜交钱，然后等你的食物吧。

Darea 日本菜、韩国菜 €€€

（ul Kuźnicza 43/45号；主菜26~65兹罗提；⏲正午至23:00）随着时间的推移，这里的菜单变得越来越日本了，不过你还是可以吃到正宗的韩国菜，比如朝鲜拌饭和韩国烧烤。这里气氛不错，亚洲菜也不赖。

La Scala 意大利菜 €€

（Rynek 38号；主菜19~145兹罗提）这里供应正宗的意大利菜，尤其是美味的甜点。有的菜比较贵，只是因为这里的位置便利罢了。一楼较便宜的饮食店也有不错的比萨和意大利面。

Mexico Bar 墨西哥菜 €€

（ul Rzeźnicza 34号；主菜15~45兹罗提；⏲正午至23:00）这家布局紧凑、环境温暖的餐厅装饰有墨西哥特色的阔边帽、背光面具和啤酒瓶做成的吊灯。在等位的时候有个小吧台可供休息。德州墨西哥风味的标准菜在这里均有销售。

Bar Wegetariański Vega 素食 €

（Rynek 1/2号；主菜4~11兹罗提；⏲周一至周五8:00~19:00，周六至周日9:00~17:00；✎）这个便宜的自助餐馆位于市场广场中心，自助餐馆装饰呈淡绿色，销售素菜、汤和薄饼也不错。楼上是素食区，中午开始营业。

Pub Guinness 小酒馆

（Plac Solny 5号；⏲正午至次日2:00）不用说你也知道这里卖什么酒了吧，这个热闹且地道的爱尔兰酒吧在一个热闹的街角占了三层楼。一楼的酒吧挤满了学生和旅行团，酒吧同时拥有一家餐厅与酒窖。在一日的观光后很适合在这里坐下来喝一杯。

Cafe Artzat 咖啡馆

（ul Malarska 30号；📶）这个低调的咖啡馆位于地标性建筑圣伊丽莎白教堂以北，是镇里喝咖啡、喝茶、读书的最佳地点。

☆ 娱乐

PRL 夜店

（Rynek Ratusz 10号；⏲正午至深夜）这个搞夜店的灵感来自于对波兰共主党执政时期的怀旧。迪斯科的光打在挂在墙上的列宁像和宣传海报上，苏联时代的纪念品散落在迷宫般的房间中。如果想跳舞的话，可以到地下室的舞池——就在毛泽东和斯大林的肖像画底下。

Bezsenność 夜店

（ul Ruska 51号；⏲19:00至深夜）这里演奏另类/摇滚/舞曲风格的音乐，装修也很另类，"失忆症"夜店是城里最受欢迎的夜店，吸引着各类高端客户前来消费。

Filharmonia 古典音乐

（☎71 342 2459；www.filharmonia.wroclaw.pl；ul Piłsudskiego 19号）这里位于老城区西南的河对面，举办古典音乐会。

ℹ 实用信息

Internet Netvigator（ul Igielna 14号；每小时4兹罗提；⏲9:00至深夜）提供上网服务。

Lower Silesia游客信息中心（☎71 342 2291；www.wroclaw-info.pl；ul Sukiennice 12号；⏲10:00至18:00）

邮政总局（Rynek 28号；⏲周一至周六6:30~20:30）

旅游局（☎71 344 3111；www.wroclaw -info.pl；Rynek 14号；4月至10月⏲9:00~21:00，11月至次年3月9:00~19:00）

ℹ 到达和离开

飞机 从**哥白尼机场**（Copernicus Airport；www.airport.wroclaw.pl），波兰航空（LOT）有频繁去往弗罗茨瓦夫和华沙的航班。国际航班的话，每日有3班航班飞往法兰克福、4班航班飞往慕尼黑。机票可以在**LOT办事处**（☎71 342 5151；ul Piłsudskiego 36号）买到。欧洲波兰航空公司（Eurolot）也有从弗罗茨瓦夫飞往格但斯克的航班。

有很多廉价航班提供从弗罗茨瓦夫飞往其他欧洲城市的服务，包括飞往英国和爱尔兰的一些地区。瑞安航空和威兹航空每日都有航班飞往伦敦，瑞安每周还会有5班航班飞往都柏林。

机场位于Strachowice，距离老城区西面大概12公里。可以在弗罗茨瓦夫火车总站或者在公交车总站乘坐发车较多的406路或发车较少的夜班车249路到达机场。

长途汽车 **汽车站**（ul Sucha 11号）位于主火车站南面，每日有5班PKS班车驶往华沙（60兹罗提，6小时）。若去往其他地方，坐火车则更合适，但是从这里乘坐**Polski Bus**（www.polskibus.com）去罗兹（4.5小时，每日2班）、布拉格（5小时，每日2班）

从弗罗茨瓦夫出发的火车

站点	票价（兹罗提）	行程（小时）	班次
柏林（德国）	不定	5	每日1班
琴斯托霍瓦	40	3	每日6班
克拉科夫	52	5.5	每小时1班
罗兹	48	4.25	每日5班
波兹南	46	3.5	至少每小时1班
什切青	61	5	每日6班
托伦	56	5	每日5班
华沙	61	6.5	每小时1班

和华沙（7小时15分钟，每日2班）还是挺方便的。登录官网查询票价或订票。

火车 弗罗茨瓦夫Główny火车总站（ul Piłsudskiego 105号）原名为Breslau Hauptbahnhof，始开放于1857年，原本是当地豪华的建筑之星，看着就像一个带着堡垒和哥特式拱门的城堡。因为2012年举办UEFA欧洲足球锦标赛的缘故，车站曾进行了大规模的翻新。这里毫无疑问是波兰最迷人的火车站，即使你不打算坐火车旅行，也应该来这里看看。

苏台德山脉（Sudeten Mountains）

苏台德山脉（Sudety）沿着捷克-波兰边界绵延250公里。这里有茂密的森林，令人惊叹的岩石层和半宝石矿，苏台德地区有精密的游览路线网络，可供徒步旅行或山地骑行旅客尽情探索。这座正逐渐被腐蚀的山脉的最高峰是Mt Śnieżka（1602米）。

Szklarska Poręba位于苏台德山脉东北端，提供可供**徒步旅行**和**滑雪**使用的高级装备。此地位于Mt Szrenica（1362米）山底，城镇中心则位于ul Jedności Narodowej上端。附近有一个小**旅游局**（☎75 754 7740；www.szklarskaporeba.pl；ul Jedności Narodowej 1a；⏲周一至周五 8:00~16:00，周六日9:00~17:00）可以预订住宿，并且提供实用信息和地图。不远处，ul Jedności Narodowej和ul Wielki Sikorskiego的交汇处是很多路线的起点。沿着红色的路线可去往**Mt Szrenica**（2小时），在那里可以一睹宏伟的**Wodospad Kamieńczyka**瀑布。

在东南方向的**卡尔帕奇**可以享受不错的夜生活，不过那里对真正的登山者而言却并不是很有吸引力。卡尔帕奇大致位于距Mt Śnieżka 山脚的Łomnica Valley周边3公里处，资讯请及时咨询**旅游局**（☎75 761 8605；www.karpacz.pl；ul Konstytucji 3 Maja 25；⏲周一至周六9:00~17:00，周日10:00~14:00）。若要步行到达Mt Śnieżka山顶，可以从Hotel Biały Jar选择一条路线（3至4小时）前往。有的路线可以途经两个宏伟的后冰河时期湖**Mały Staw**和**Wielki Staw**中的一个。

乘坐巴士是在这片区域行动的最快方法。从Szklarska Poręba每天都会有2班巴士开往弗罗茨瓦夫（31兹罗提，3小时），从这里去往弗罗茨瓦夫还有一辆火车（38兹罗提，3小时45分钟）。从卡尔帕奇出发，可以搭乘频繁开往耶莱尼亚古拉（Jelenia Góra，9兹罗提，30分钟）的巴士，那里通往各处的巴士和火车都有，包括去弗罗茨瓦夫的。这两个镇子之间每天也有巴士往来（9兹罗提，45分钟）。

至于捷克，每天至少有3班列车从Szklarska Poręba穿越国境到哈拉霍夫（5兹罗提，30分钟）。你也可以从Szklarska Poręba搭乘去Jakuszyce（5兹罗提，15分钟）的巴士，然后步行穿过国界到哈拉霍夫，然后再在那里搭乘捷克的巴士。

值 得 一 游

琴斯托霍瓦（CZĘSTOCHOWA）

克拉科夫东北114公里、弗罗茨瓦夫以东150公里，坐落着神圣的琴斯托霍瓦。这里的主要景点是优雅的**保利奇光明顶修道院**（Paulite Monastery of Jasna Góra；☎34 377 7408；www.bop.jasnagora.pl；免费入场；⏲清晨至黄昏），位于市中心的山顶上。修道院建于1382年，这里藏有一幅黑圣母画像，一幅据说有奇迹力量的肖像画。出于对这神迹的认可，这幅黑圣母画像在1717年被加冕为波兰女皇。这个修道院的三个博物馆非常值得一去，当然也不能错过黑圣母画像。

琴斯托霍瓦有通往克拉科夫、罗兹、华沙、扎科帕内和弗罗茨瓦夫的常规列车。若要得知更多细节，请浏览Lonely Planet波兰国家指南，或登录www.info.czestochowa.pl，或者去**琴斯托霍瓦旅游局**（☎34 368 2250；Al Najświętszej Marii Panny 65号；⏲周一至周六 9:00~17:00），旅游局可以帮你解决住宿问题，如果你想在琴斯托霍瓦过夜的话。

大波兰省（WIELKOPOLSKA）

大波兰（Wielkopolska）正是波兰民族在中世纪发迹之地，这里被称作波兰国家的摇篮。作为一个曾经显赫的地方，这里的城镇有数不清的历史和人文景点。

尽管在1038年，皇家首都已从波兹南迁移到了克拉科夫，可大波兰省的重要地位却不曾改变。大波兰省的重要历史地位并没有使它远离国际纷争，这里终于在1793年成为了普鲁士的一部分。大波兰省人民在“一战”末期奋起反抗德国的统治，并且最终成为了新生波兰的一部分。然而接踵而来的“二战”又对这一地区造成了严重的破坏。

波兹南（Poznań）

人口555,000

没人会说波兹南是个死气沉沉的城市，这里除了有定期举办的贸易集会、蔚为大观的学生人口和不绝如缕的观光客外，也同样有很多迷人的景点。市中心便是美丽的老城区，老城区有很多有趣的博物馆，以及热闹的酒吧、夜店和餐厅。周边的乡村也是徒步旅行和骑行的好地方。

波兹南一地“出身卑微”，起源于9世纪波兰部落在Ostrów Tumski岛上建起的一个木质堡垒。从968年至1038年，波兹南成为了波兰实际上的首都。这里位于柏林和华沙之间，其作为贸易小镇的重要意义是显而易见的。在1925年，波兹南全景复制了一个中世纪贸易会，这个中古集会的现代翻版在当地十分有名。波兹南的贸易博览会在活动持续的几天内让该城各大酒店客人爆满，成为了城市经济的关键所在。

由于波兹南位于大波兰省的中心地带，故而是探索该区域的绝佳交通枢纽。

景点

老城区

波兹南的老城区位于游人如织的**Stary Rynek**（老市场广场），广场布满了餐厅和酒吧。广场周围有各个主题的小博物馆，就在广场的中心建筑及其周边的地方；请去旅游局索取详细清单。

波兹南历史博物馆 博物馆

（www.mnp.art.pl；Stary Rynek 1号；成人/优惠7/5兹罗提，周六免费；⏲周二至周四9:00~15:00，周五正午至21:00，周六和周日11:00~18:00）这个博物馆坐落在文艺复兴时期的**市政厅**（Stary Rynek）内，市政厅建于1550~1560年。博物馆内有华丽的内饰。如果你中午恰在博物馆外，记得抬头看一看：每天中午市政厅的大钟内都会有两个机械驱动的金属羊互相抵犄角12次。这样的设计起源于一个传说，相传这里几百年前有两只动物从一个厨子手中逃了出来，在市政厅的高塔里打起了架。

鱼贩之家 历史建筑

（Fish Sellers'Houses，Stary Rynek）位于Stary Rynek东南面，这排建于16世纪，前身为鱼摊市场的小骑楼有色彩鲜艳的外墙。骑楼在“二战”中受到了严重损坏，现已重建一新。

大波兰省军事博物馆 博物馆

（Wielkopolska Military Museum；www.mnp.art.pl；Stary Rynek 9号；成人/优惠7/5兹罗提，周六免费；⏲周二至周四 9:00~15:00，周五正午至21:00，周六日11:00~18:00）展示着过去几个世纪波兰人在战争中使用的武器，从11世纪到现在的都有。

乐器博物馆 博物馆

（Museum of Musical Instruments；www.mnp.art.pl；Stary Rynek 45号；成人/优惠5.50/3.50兹罗提，周六免费；⏲周二至周四 9:00~15:00，周五正午至21:00，周六日11:00~18:00）这里展示的乐器种类很多，不过没什么创意，展品遍布几层楼。

圣方济会教堂 教堂

（Franciscan Church；ul Franciszkańska 2号）这个17世纪教堂，位于广场以西一个街区远的地方，拥有华丽壁画和厚重涂料粉刷组成的巴洛克内饰。

Parish Church of St Stanislaus 教堂

（ul Gołębia 1号）Stary Rynek以南走两

个街区，就能看到这个庞大的粉红色巴洛克式教堂了，其庞大的祭坛是从17世纪传承下来的。

应用艺术博物馆 博物馆

（Museum of Applied Arts；www.mnp.art.pl；Góra Przemysława 1号）这里藏有来自欧洲和远东的家具、金银器、玻璃、陶瓷、武器、钟表、手表和日晷。在调研期间，由于该博物馆所在的城堡正在进行翻修，故而该博物馆也恰好关闭修整。不过当你读这段文字时，博物馆应该已经重新开放了。

老城区西部

1956年6月受害者纪念碑 纪念碑

（Monument to the Victims of June 1956，Plac Mickiewicza）这个纪念碑是为了纪念在1956年大罢工中死伤的全市工人而建立的，这场罢工最终因当局出动坦克而被镇压。该纪念碑位于显眼的行宫西面的一个公园内。

棕榈屋 温室

（Palm House，Palmiarnia；www.palmiarnia.poznan.pl；ul Matejki 18号；成人/优惠7/5兹罗提；⏲周二至周六9:00~17:00，周日9:00~18:00）这个巨型温室（建于1910年）包含17,000多种热带亚热带植物。位于Park Wilsona，火车站西南1公里处。

老城区北部

军备博物馆 博物馆

（Museum of Armaments，Al Armii Poznań；成人/优惠4/2兹罗提，周五免费；⏲周二至周六9:00~16:00，周日10:00起）这座武器博物馆位于老城区以北1.5公里的城堡公园（Citadel Park）内一座19世纪普鲁士城堡的残骸中。在1945年2月这里被炮火摧毁时，曾有约20,000名德国士兵在此驻扎了一个月。展品包括俄罗斯坦克和火箭发射器。

老城区东部

Ostrów Tumski 历史地区

这个河中小岛最主要的建筑就是这个巨大的双塔**波兹南大教堂**（Poznań Cathedral，ul Ostrów Tumski 17号；⏲清晨至黄昏），教堂最早建于公元968年。拜占庭风格的**金色礼拜堂**（Golden Chapel，建于1841年）与梅什科一世和波列斯瓦夫一世的**陵墓**一起，位于高大的圣坛背后。

在小岛的东岸还有一个正在建造中的景

值 得 一 游

格涅兹诺（GNIEZNO）

如果你打算在波兹南住宿，历史悠久的格涅兹诺很值得一游，那里是波兰人最古老的聚居区之一。波兰大公梅什科一世在966年大概就是在这里受洗的，那也是天主教在该国扮演重要角色的起始时间点。在1025年，波列斯瓦夫在该城的大教堂里加冕成为了第一任波兰国王。格涅兹诺很有可能在波兹南成为首都前就担任起了首都的职务，不过历史上关于此点的描述却很模糊。

无论是花一天时间从波兹南到格涅兹诺游览，或者仅仅是在格涅兹诺暂做停留都是不错的选择。在格涅兹诺迷人且巨大的**市场广场**，你可以去游览历史悠久的建于14世纪的大**教堂**，和一个展出着波兰起源历史的**博物馆**，博物馆坐落在附近的湖边。

格涅兹诺往北行1小时是铁器时代的村庄**Biskupin**，村庄于20世纪30年代出土并部分重建。有**观光车**经过这个小村，列车连接了Żnin和Gąsawa两个镇子，这两个镇子都有通往格涅兹诺的定期巴士。格涅兹诺去波兹南的话可以搭乘发车频繁的火车（45分钟路程）和巴士（1小时路程）。

若要知晓更多细节，请查看Lonely Planet的*Poland Country Guide*，或者去格涅兹诺**旅游局**（☎61 428 4100；www.szlakpiastowski.com.pl；Rynek 14号）咨询事宜。

点，教堂岛遗产中心（Cathedral Island Heritage Centre；www.trakt.poznan.pl；ul Gdańska）。一个高科技多媒体历史博物馆，应该会在2013年年中开放。

这个小岛距老城区以东1公里（从Plac Wielkopolski乘坐任意往东的有轨电车皆可到达）。

马耳他湖 休闲区

（Lake Malta）马耳他湖距老城区大概1.6公里，对波兰人来说是个消磨周末的最佳地点。在夏季，这里有帆船赛船、露天音乐会和其他趣味活动，而在冬天这里还有个滑雪场可供使用。

有趣一点的游览方法是从Plac Wielkopolski乘坐有轨电车4路、8路或17路到Ostrów Tumski另一边的Rondo Śródka站。从附近的总站，你可以搭乘沿着马耳他公园铁路（Malta Park Railway；mpk.poznan.pl/maltanka；ul Jana Pawła II号；成人/优惠6/4兹罗提；⏲4月至10月10:00~18:30）前进的小火车，这条线路会沿着河岸到新动物园（New Zoo，www.zoo.poznan.pl；ul Krańcowa 81号；成人/优惠20/10兹罗提；⏲4月至9月9:00~19:00，10月至次年3月9:00~16:00）。这座大动物园有各种动物，包括波罗的海的灰海豹。

节日和活动

St John's Fair 文化节

（⏲6月）在Stary Rynek举行，这里有手工艺品、当地食物和街头艺术表演。博览会为期两周。

马耳他国际戏剧节 戏剧

（Malta International Theatre Festival；www.malta-festival.pl；⏲7月）

Ethno Port Poznań Festival 音乐节

（www.ethnoport.pl；⏲8月）

Transatlantyk 波兹南国际电影和音乐节 电影、音乐

（Transatlantyk Poznań International Film & Music Festival；www.transatlantyk.org；⏲8月）

住宿

规模最大的贸易博览将会于1月、6月、9月和10月举办；在此期间（和其他有博览会的期间），波兹南的住宿费用会大幅度上涨，房子也会很难找，所以需要提前预订。这里给出的价格是非博览会期间的价格。你可以在www.mtp.pl查询博览会时间。

房间可以通过Biuro Zakwaterowania Przemysław（☎61 866 3560；www.przemyslaw.com.pl；ul Głogowska 16号；⏲周一至周五10:00~18:00，周六至14:00）找到。这是一家住宿中介，在距离火车站不远处有一间办公室。

首选 **Hotel Stare Miasto** 酒店 €€

（☎61 663 62 42；www.hotelstaremiasto.pl；ul Rybaki 36号；标单/双224/390兹罗提起；❄📶）这个优雅又实惠的酒店有一个品位独特的吊灯前厅和宽阔的早餐室。房间可能有些小，不过既干净又明亮，有可爱笔挺的白床单。有的上层房间有天窗而没有窗户。

Rezydencja Solei 酒店 €€

（☎61 855 7351；www.hotel-solei.pl；ul Szewska 2号；标单/双199/299兹罗提；📶）这里位置距离Stary Rynek十分近，这个小酒店提供老式住宅风格的舒适房间，墙纸和木制家具散发出家庭的气息。阁楼套房出奇的大，最多可以住4人。早餐需要额外花费20兹罗提。

Frolic Goats Hostel 青年旅舍 €

（☎61 852 4411；www.frolicgoatshostel.com；ul Wrocławska 16/6号；铺44兹罗提起，双170兹罗提；📶）旅舍以当年在市政厅钟楼上打架的两只羊命名，致力于为来自各国的背包客服务。旅舍有一台洗衣机，并且以30兹罗提每天的价格提供自行车出租服务，房费不会因为贸易博览会而波动。可以从ul Jaskółcza进入旅舍。

Brovaria 酒店 €€

（☎61 858 6868；www.brovaria.pl；Stary Rynek 73/74号；标单/双250/290兹罗提起；📶）这个酒店可谓是要啥有啥，不仅有家餐厅和一个酒吧，最让人吃惊的是，酒店竟然有一个

小型酿酒机！优雅的客房拥有雅致的深色木料，有的房间还可以看到Rynek的景色。

Hostel Cameleon 青年旅舍 €

（☎61 639 3041；www.hostel-cameleon.com；ul Świętosławska 12号；铺55兹罗提，标单/双120/165兹罗提起；📶）该旅馆位于市中心，装修很现代化，还有宽敞的厨房和休息室。便宜点的私人房间有公用浴室。这里还有个洗衣机。

Hotel Lech 酒店 €€

（☎61 853 0151；www.hotel-lech.poznan.pl；ul Św Marcin 74号；标单/双200/295兹罗提；📶）Hotel Lech拥有标准的二星级装潢，但是房间相对更宽敞，而且厕所也更加现代化。你可以凭你的ISIC卡获得减价。

餐饮

首选 **Warung Bali** 印尼菜 €€€

（ul Żydowska 1号；主菜36~62兹罗提；⏲正午至22:00）这个绝佳的印尼餐厅距离主广场不远，内部装潢很有品位。在你点gado gado（花生酱大拌菜）、沙爹、nasi goreng（炒饭）和其他经典美味的时候，会有印尼背景音乐轻轻传来。

Tapas Bar 西班牙菜 €€

（Stary Rynek 60号；主菜19~88兹罗提；⏲9:00至深夜）这个气氛不错的地方摆满了耐人寻味的古玩摆设，供应正宗的西班牙小吃和西班牙葡萄酒。大多数小吃花费大约26兹罗提，所以干脆别要主菜了，和朋友一起互相分享小吃就足够了。这里还供应早餐。

Gospoda Pod Koziołkami 波兰菜 €€

（Stary Rynek 95号；主菜13~78兹罗提；⏲11:00~22:00）这是一个哥特式拱门内的如家小酒馆，地窖里还有烤肉炉。菜单挤满了美味的波兰菜，包括一些独特的大波兰省特色菜。

Bar Caritas 自助餐馆 €

（Plac Wolności 1号；主菜6~12兹罗提；⏲周一至周五8:00~19:00，周六9:00~17:00，周日11:00起）在这个便宜且方便的牛奶吧，你可以把你的波兰语常用短语手册放在一边随便点。这里有各种各样的naleśniki（薄饼）。午餐时间人很多，所以做好拼桌的准备。

Ptasie Radio 咖啡、酒吧

（ul Kościuszki 74号；⏲周一至周五8:00至深夜，周六和周日10:00起；📶）这个时髦的酒吧以著名波兰诗歌“鸟电台”命名，这里的架子和墙上摆满了木桌子、盆栽和鸟类绘画，气氛十分复古。这个醇香的地方很适合来一杯咖啡或者其他味道浓厚的饮料。

Proletaryat 酒吧

（ul Wrocławska 9号；⏲周一至周六13:00至深夜，周日15:00至深夜）这个小酒吧充满了怀旧色彩，墙上有很多社会主义时期物品，包括窗户上列宁的半身像和其他各位伟人及其同志战友们的画像。你喝着高档啤酒的时候还能在这儿玩玩“大家来找领导人”的游戏。

☆ 娱乐

Czarna Owca 夜店

（ul Jaskółcza 13号；⏲周三至周六18:00至深夜）这个夜店的字面意思是“黑羊”，这家夜店的深夜DJ播放着各种风格的音乐，包括R & B、豪斯、摇滚、拉丁和灵歌和疯克。

Teatr Wielki 戏剧

（☎61 659 0280；www.opera.poznan.pl；ul Fredry 9号）这里主要演出戏剧或芭蕾。

Filharmonia 古典音乐

（⏲61 853 6935；www.filharmonia.poznan.pl；ul Św Marcin 81号）有古典音乐演出。

ℹ 实用信息

Adax（ul Półwiejska 28号；每小时2.50兹罗提；周一至周五⏲8:00~21:00，周六10:00起，周日中午营业）是一家位于Stary Rynek南边的网吧。

城市信息中心（City Information Centre；☎61 851

从波兹南出发

国内火车

站点	票价(兹罗提)	行程(小时)	班次
格但斯克和格丁尼亚	58	5	每日8班
克拉科夫	61	8.5	每日9班
什切青	46	2.75	至少每小时1班
托伦	24	2.5	每日10班
华沙	56	3.25	至少每小时1班
弗罗茨瓦夫	46	3.5	至少每小时1班
扎科帕内	65	11.5	每日1班

国际火车

站点	行程(小时)	班次
柏林(德国)	2.5	每日6班
基辅(乌克兰)	19	每日1班
莫斯科(俄罗斯)	21	每日1班

9645; ul Ratajczaka 44号; ⏲周一至周五10:00~19:00, 周六只到17:00)此可预订文化活动。

邮政总局(ul Kościuszki 77号; ⏲周一至周五7:00~20:00, 周六8:00~15:00)

旅游局(☎61 852 6156; www.poznan.pl; Stary Rynek 59号; ⏲5月至9月 周一至周六9:00~20:00, 周日10:00~18:00, 10月至次年4月 周一至周五10:00~18:00)

ℹ 到达和离开

飞机 从**波兹南机场**(www.airport-poznan.com.pl; ul Bukowska 285号)出发, 波兰航空公司(LOT)每日有3班航班飞往华沙, 每日1班飞往法兰克福, 每日2班飞往慕尼黑。机票可以通过机场的**LOT办事处**(☎61 849 2261; ul Bukowska 285号)买到。每天欧洲波兰航空公司(Eurolot)还有两个国内航班飞往克拉科夫。

从波兹南还可以飞往很多其他欧洲城市, 包括威兹航空(Wizz Air)和瑞安航空(Ryanair)每日有1班飞往伦敦, 瑞安每周有4班飞往都柏林。机场位于Ławica西部郊区。机场距离老城区7公里, 可以从火车总站搭乘L路公车, 或者在Rondo Kaponiera附近的Bałtyk站乘坐48路、59路和夜班车242路到达。

长途汽车 **公共汽车站**(UL Towarowa17号)距离火车站东面有10分钟脚程。不过公交车最终都会开到新开的波兹南火车总站里。去往大多数目的地可以乘坐班次更加频繁且更加舒适的火车。

从主火车站沿着ul Głogowska向西南5公里处便可来到较小的Dworzec Górczyn巴士站, 这里有**Polski Bus**(www.polskibus.com)运营的通往华沙(5.75小时, 每日3班)和柏林(4.5小时, 每日2班)和其他地方的巴士; 请到官网查询票价与订票。

火车 在我们调研期间, 繁忙的**波兹南**火车总站(Poznań Główny train station; UL Dworcowa 1号)已分为了部分开放的新站楼和旁边的老站楼两部分。火车站大致位于老城区西南方向1.5公里。

波美拉尼亚 (POMERANIA)

波美拉尼亚(波兰语Pomorze)是一个拥有多重魅力的美丽地区, 这里既有美丽的海滩也有建筑优美的城市风景。波美拉尼亚地区包括了波罗的海岸沿岸的一大片地域(从西面的德国边境线到东面的维斯瓦河流域)。沙滩海岸线从格但斯克延伸到西什切青, 而托伦地区则位于内陆。波美拉尼亚被日耳曼和斯拉夫民族争夺了一千多年，最后才在“二战”后几乎全被纳入了波兰领土。

格但斯克(Gdańsk)

人口460,000

港口城市通常都是风格活泼且独具特色的，格但斯克也不例外。从格但斯克游人如织的海滨到散发着文艺复兴时期荣耀气息的狭长的街道，这个海滨城市还真是有不少可爱之处。

很少有波兰城市在历史上有格但斯克这样举足轻重的地位。该城有1000余年的历史，当条顿骑士在1308年从波兰手中抢夺此地时，格但斯克就一直是列国领土纷争的焦点。该城在1361年加入了汉萨同盟，并由于身为贸易组织成员的原因而成为了当时波罗的海最富庶的港口之一。在1466年爆发的“十三年战争”中，条顿骑士最终被击败，格但斯克便回归了波兰的统治。

然而，这场介于日耳曼和波兰两个民族之间旷日持久的格但斯克争夺战却并没有停止。1793年格但斯克被并入普鲁士领土，在德国输掉“一战”后，格但斯克成为了自治的但泽自由市。“二战”正是在该城周围爆发的，其时纳粹德国轰炸了驻扎在维斯特的波兰军队，并以此发动了“二战”。格但斯克在战争中遭受了巨大的损失，但是在1945年被归还给波兰后，格但斯克历史悠久的市中心很快被忠实地重建了起来。

在20世纪80年代，团结工会的诞生使这里赢得了国际影响力。这里如今已是个充满活力的城市，而且是探索波罗的海海岸的绝佳出发地。

景点

主城区（MAIN TOWN）

皇家大道 历史路线

(Royal Way)这条道路是历史上波兰国王仪仗队的行进路线，路线将从西部的**高地门**(Upland Gate, Brama Wyżynna)出发(此门在18世纪70年代由一个15世纪的门加工而成)，继续行至**前门**(Foregate, Przedbramie)，此门曾是一个审讯室，然后到达**金色大门**(Golden Gate, Złota Brama)，最后东行至1568年文艺复兴时期的**绿门**(Green Gate, Zielona Brama)。沿途会经过美丽的**长街**(ul Długa)和**长市场**(Długi Targ)。

中央航海博物馆 博物馆

(Central Maritime Museum; www.cmm.pl; ul Ołowianka 9号; 所有区域18/10兹罗提; ⌚周二至周日10:00~16:00)在14世纪的**圣玛丽大门**(St Mary's Gate)北部海滨方向的是建于15世纪的**格但斯克起重机**(Gdańsk Crane, ul Szeroka 67/68号; 成人/优惠8/5兹罗提; ⌚周二至周日10:00~16:00)，那是中世纪欧洲最大的起重机，起重负荷高达2000公斤。这个起重机是航海历史博物馆的一部分，在Motława河两侧都可以看到它的身影，中间还有定期渡轮往返于两端。

起重机旁边的西河岸是崭新的**航海文化中心**(Maritime Cultural Centre; ul Tokarska 21号; 成人/优惠12/8兹罗提; ⌚周二至周日10:00~18:00)，这里的展品包括来自世界各地的船，中心内还有一个很受孩子们欢迎的互动活动场所。东岸的分馆展览着格但斯克的航海历史，包括**Sołdek博物馆船**(Sołdek Museum Ship; ul Ołowianka 9号; 成人/优惠8/5兹罗提; ⌚周二至周日10:00~16:00)，这儿是在“二战”之后修建的。

圣玛丽教堂 教堂

(St Mary's Church; ul Podkramarska 5号; 塔成人/优惠5/3兹罗提; ⌚8:30~18:00，有活动举行时例外)这个巨大的14世纪礼拜所位于风景如画的**ul Mariacka**西端，在街道优雅的17世纪市民房屋和琥珀商店之中，耸立着这座巨大的14世纪教堂。中午教堂14米高的天文钟会有人偶军人出来巡逻，钟的周围还装饰着12星座的标志。你也可以爬上405米的高塔一览城市风光。

琥珀博物馆 博物馆

(Amber Museum; www.mhmg.gda.pl; Targ Węglowy; 成人/优惠10/5兹罗提，周一免费；⌚周一11:00~15:00，周二至周六10:00~19:00，周日11:00~19:00)你可以在前门参观这家博物馆，

在这里你可以一览这个被称为“波罗的海之金”的城市的历史。

格但斯克历史博物馆 博物馆

（Historical Museum of Gdańsk; www.mhmg.gda.pl; ul Długa 47号；成人/优惠10/5兹罗提，周一免费；⏲周一11:00~15:00，周二至周六10:00~19:00，周日11:00~19:00）这个博物馆位于高耸的哥特式市政厅内，展有老格但斯克和“二战”期间格但斯克所受破坏的老照片。

海王星喷泉 喷泉

（Neptune's Fountain; Długi Targ）这个装饰性喷泉（建于1633年）就在市政厅附近，传说这里曾经喷涌出格德瓦塞尔（goldwasser），一种堪称格但斯克标志的酒。

Artus Court Museum 博物馆

（www.mhmg.gda.pl; ul Długi Targ 43/44号；成人/优惠10/5兹罗提，周一免费；⏲周一11:00~15:00，周二至周六10:00~19:00，周日11:00~19:00）商人们曾在这个装修豪华的建筑中聚会。同样还要注意相邻的**黄金屋**（Golden House, Złota Kamienica; Długi Targ），黄金屋建于1618年，拥有醒目且雕饰精致的外墙。

Dom Uphagena 博物馆

（www.mhmg.gda.pl; ul Długa 12号；成人/优惠10/5兹罗提，周一免费；⏲周一11:00~15:00，周二至周六10:00~19:00，周日11:00~19:00）这个历史悠久的18世纪博物馆以华丽的家具为主要展品。

但泽自由市历史中心 博物馆

（Free City of Danzig Historical Zone; ul Piwna 19/21号；入场费5兹罗提；⏲11:00~18:00）博物馆虽小，却很有意思，里面展示着两次世界大战期间的物品。那时格但斯克作为“自由都市”而独立于波兰和德国。

国家考古博物馆 博物馆

（State Archaeological Museum; ul Mariacka 25/26号；成人/优惠8/6兹罗提；⏲周二至周日10:00~17:00）这家博物馆位于圣玛丽大门内，收藏着许多古人类头骨。博物馆还有琥珀展示，邻近**塔**（入场费 5兹罗提）上的河边景色也值得一看。

老城区（OLD TOWN）

老城自1945年几乎全部摧毁后，便再也没有完全恢复往日的风貌，但是仍有一些值得一游的地方。

首选 自由之路展览 博物馆

（Roads to Freedom Exhibition; ul Wały Piastowskie 24号；成人/优惠6/4兹罗提；⏲周二至周日10:00~18:00）这个优秀的博物馆位于老城区北端，展示了波兰共产党的衰落和团结工会的崛起。如果你对格但斯克的历史感兴趣，就应该来这里看看。

船厂工人纪念碑 纪念碑

（Monument to the Shipyard Workers, Plac Solidarności）再往北走一点，就能看到位于格但斯克船厂入口处的这座高耸的纪念碑了。纪念碑建于1980年底，为了纪念1970年12月由于暴动丧生的44名船厂工人。

奥利瓦（OLIWA）

Park Oliwski 花园

（ul Cystersów; ⏲8:00~20:00）在主城区西北大致9公里处的这座美丽的花园中，坐落着高耸的**奥利瓦大教堂**（Oliwa Cathedral; ul Nowickiego 5号；⏲9:00~17:00）。教堂建于13世纪，拥有哥特式外墙和又长又窄的中殿。在7月和8月周一到周六的10:00~15:00，在教堂举办的演奏会将演奏著名的巴洛克风琴。在附近的老橘园还有一个**民族博物馆**（Ethnographic Museum; ul Cystersów 19号；成人/优惠8/4兹罗提，周五免费；⏲周二至周日10:00~17:00），而另一个**现代艺术画廊**（ul Cystersów 18号；成人/优惠10/6兹罗提；⏲周二至周日10:00~17:00）则位于Abbots' Palace内。

若要到达公园，可搭乘通勤火车到格但斯克奥利瓦站（需花费3.60兹罗提）。从那里，步行大概10分钟，向西可达ul Poczty Gdańsk，沿着高速公路右转（向北），注意寻找“民族博物馆”和“大教堂”的路标。

Gdańsk 格但斯克

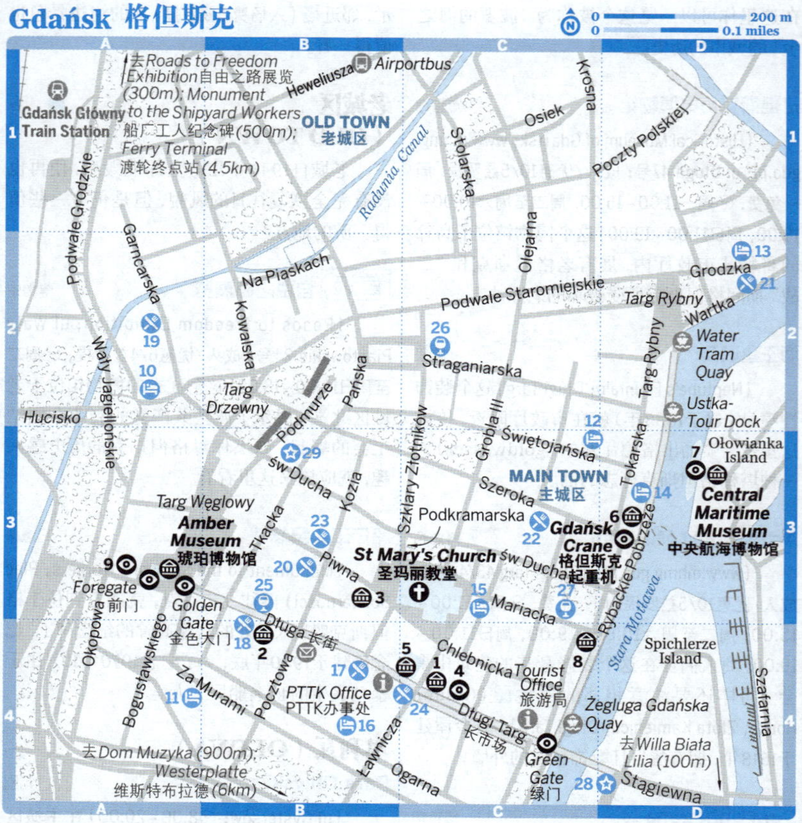

维斯特布拉德（WESTERPLATTE）

格但斯克音乐学院外的车站每15分钟都有106路公交车（25分钟）发往维斯特布拉德。或者，可以乘坐游览轮船从主城区到维斯特布拉德。

"二战"纪念馆 纪念馆

（World War II Memorial; ul Sucharskiego）"二战"于1939年9月1日爆发，当年德国战舰石勒苏益格-荷尔斯泰因正是在这里向波兰海军开火，此地距离格但斯克主城区以北7公里。182位波兰守军面对凶狠的攻击在坚持了一周后最终投降。

山顶上的纪念馆、小博物馆（www.mhmg.gda.pl; ul Sucharskiego 1号；成人/优惠3/2兹罗提；⏲5月至9月9:00~19:00）和纳粹德国的轰炸残骸都标志了"二战"的残酷。

节日和活动

国际街头露天戏剧节 戏剧

（International Street & Open-Air Theatre Festival; www.feta.pl; ⏲7月）

国际管风琴音乐节 音乐节

（International Organ Music Festival; ⏲7月、8月）

北方之声音乐节 音乐节

（Sounds of the North Festival; www.nck.org.pl; ⏲7月、8月）民俗音乐节。

圣多米尼克博览会 购物

（St Dominic's Fair; www.mtgsa.pl; ⏲7月、8月）一年一度的购物与文化博览会。

Gdańsk 格但斯克

国际莎士比亚节 戏剧

（International Shakespeare Festival; www.shakespearefestival.pl; ⌚7月、8月）

住宿

在温暖的月份里住宿可能会比较紧张。如果你很难找到住宿，请去旅游局（见465页）查询。同样也考虑一下附近的索波特或格丁尼亚；那里的旅游局办事处可以提供帮助。

首选 3 City Hostel 青年旅舍 €

（☎58 354 5454; www.3city-hostel.pl; Targ Drzewny 12/14号；铺50兹罗提起，房间180兹罗提；📶）这个崭新的旅舍位于火车站附近，天花板很高，公共区域也很舒适。旅舍有一个厨房，一个能看到外景的休息室。这里最便宜的床位类似于日本的胶囊房间。

Kamienica Gotyk 酒店 €€

（☎58 301 8567; www.gotykhouse.eu; ul Mariacka 1号；标单/双 280/310兹罗提；📶）这个哥特式酒店自称是格但斯克最老牌的宾馆。房间紧凑却很利索，浴室很干净。方位绝佳，出了门就是圣玛丽教堂和ul Mariacka的咖啡店和商店。

Dom Muzyka 酒店 €€

（☎58 326 0600; www.dommuzyka.pl; ul Łąkowa 1/2号；标单/双252/344兹罗提；❄📶）华丽洁白的客房配有拱形的天花板和优质的家具。酒店就在音乐学院以内，距离城市中心以东300多米；从火车站乘坐有轨电车3路、8路和9路来这里。从街上很难找到这里，前往这家酒店请前往大型黄砖建筑内庭院里端的门。

Dom Zachariasza Zappio 青年旅舍 €

（☎58 322 0174; www.zappio.pl; ul Świętojańska 49号；铺/标单/双50/99/158兹罗提；📶）这个旅舍位于一座圣约翰教堂附近的气势雄伟的建筑内，该处曾是一座修道院。房间装修得很明亮，配有现代化家具，还有个很赞的啤酒花园。

Happy Seven Hostel 青年旅舍 €

（☎58 320 8601; www.happyseven.com; ul Grodzka 16号；铺45兹罗提起，双 230兹罗提；

(📶)这个旅舍的每个宿舍都有个轻松的主题，包括贴满地图的旅行宿舍、音乐宿舍、运动宿舍和电影宿舍。酷炫的休息室内还有一个游戏机。

Kamienica Zacisze 公寓 €€

(📞69 627 4306; www.apartments.gdansk.pl; ul Ogarna 107号; 公寓220兹罗提起; 📶)这里位于一座离街道很远的安静庭院内，公寓楼曾是工人宿舍，如今已摇身一变成为了一个光线充足、通风良好的公寓，最多可容纳9人。每间公寓房间都有很高的天花板、设施齐全的厨房和宽广的空间。对于这个位置和质量来说，房价非常值了。

Apartments Poland 公寓 €€

(📞58 346 9864; www.apartmentpoland.com; 公寓30~80欧元)这个公司的翻新房遍布三城地区(格但斯克-索波特-格丁尼亚)，其中包括位于格但斯克市中心的诸多公寓。有的公寓即使是全家住宿或者团队住宿也足够大。

Dom Harcerza 酒店 €

(📞58 301 3621; www.domharcerza.pl; ul Za Murami 2/10号; 铺35兹罗提，标单/双60/120兹罗提起; 📶)这里的客房不大但很舒服，提供经济酒店中最好的性价比和位置。这里很受欢迎(所以提前预订)，房客较多时有可能很吵。一楼还有个迷人的老式餐厅。

Camping Nr 218 Stogi 露营地

(📞58 307 3915; www.kemping-gdansk.pl; ul Wydmy 9号; 营地 每人/帐篷15/7兹罗提，小木屋65~140兹罗提; 🕘5月至9月)这里距Stogi海滨假日中心的海滩只有200米，大致位于主城区东北5.5公里处。干净的木屋内可以睡2~5人，露营地设施包括排球场和儿童游乐场。从格但斯克的主火车站搭乘有轨电车8路或13路可抵达此处。

Willa Biała Lilia 酒店 €€

(📞58 301 7074; www.bialalilia.pl; ul Spichrzowa 16号; 标单/双260/340兹罗提; 📶)白百合山庄是一个很有吸引力的住宿选择，位于主城区以东几步之遥的Spichlerze岛上。客房干净整洁，工作人员很乐于帮助你。

Hotel Hanza 酒店 €€€

(📞58 305 3427; www.hotelhanza.pl; ul Tokarska 6号; 标单/双/套房450/530兹罗提起; ❄📶)酒店就位于格但斯克起重机旁边的河滨，是一座现代化的建筑，提供优雅有品位的客房。有的客房可以看到河边令人惊羡的景色。

就餐

若想自己做饭，可去主城区的**Kos Delikatesy**(ul Piwna 9/10号; 🕘24小时)购买食材。

Restauracja Pod Łososiem 波兰菜 €€€

(ul Szeroka 52/54号; 主菜60~85兹罗提; 🕘正午至22:00)这里是格但斯克资格最老也是最受尊敬的餐厅之一。这里的三文鱼和飘着金屑的酒goldwasser尤其出名，这种酒是这家餐厅的原创。红皮座位、黄铜吊灯和一片片瓦斯灯构成了这里豪华的装潢。

Velevetka 卡舒比菜 €€€

(ul Długa 45号; 主菜20~69兹罗提)这个令人开怀的餐厅就算不动用古农业摆设和着装怪异的服务员也能散发出一股有趣的乡村气息。在大快朵颐地品尝着餐厅精心制作的地方菜时，你也可以欣赏这里厚重的木制家具和舒缓的卡舒比乡下景色。

U Dzika 波兰菜 €€

(ul Piwna 59/61号; 主菜15~77兹罗提; 🕘11:00~22:00)这个舒适的饭馆有一个美丽的户外阳台，拿手菜是pierogi(波兰饺子)。如果你想冒冒险，一定要试一下水果味的神奇饺子，饺子由干酪、肉桂、葡萄干和桃子等食材做成。

Bar Mleczny Neptun 自助餐馆 €

(ul Długa 33/34号; 主菜2~16兹罗提; 🕘周一至周五7:00~20:00，周六和周日10:00~18:00; 📶)这个地方比起那些忙里忙外的牛奶吧好太多了，这里有盆栽、蕾丝窗帘、装饰瓷砖和怀旧的老灯泡。

Green Way

素食 €

（ul Garncarska 4/6号；主菜4~12兹罗提；⏲周一至周五11:00~20:00，周六和周日正午至19:00；🖉）这里在当地素食主义者中很受欢迎。餐厅供应的东西很多，从大豆做成的炸素排到素炖肉应有尽有。餐厅以橙色和绿色为主。在皇家大道上还有一个分店（ul Długa 11号；主菜4~12兹罗提；⏲10:00~20:00；🖉）

Przystań Gdańska

波兰菜 €€

（ul Wartka 5号；主菜17~43兹罗提）这里气氛很好，适合户外用餐，可以看到沿河的格但斯克起重机。这里提供各类鱼肉菜。

饮品

首选 Cafe Lamus

酒吧

（ul Lawendowa 8号；⏲正午至午夜；📶）这是家酷得不能再酷的复古主题酒吧，供应各种小牌波兰啤酒，这里的工作人员曾在英国的酒吧工作过。酒吧可从ul Straganiarska进入。

Cafe Ferber

咖啡馆、酒吧

（ul Długa 77/78号；⏲9:00至午夜；📶）从格但斯克历史悠久的主街道来到这个现代咖啡馆、酒吧还真是令人吃惊，这个酒吧的墙面以鲜艳的红色为主，有一个吊起来的天花板和方形的灯。这里供应早餐，拥有精心调制的咖啡、来自世界各国的红酒和创意十足的鸡尾酒。

Kamienica

咖啡馆、酒吧

（ul Mariacka 37/39号）这家堪称同行中佼佼者的酒吧位于ul Mariacka。两层楼的这家咖啡馆拥有宁静高雅的气氛和一个迷人的庭院。这里既适合白天喝咖啡吃蛋糕，也适合晚上来喝一杯。

☆ 娱乐

Miasto Aniołów

夜店

（ul Chmielna 26号）这个"天使之城"可是什么都有，夜猫子可以来这里的舞池疯狂一下，也可以坐在气氛绝佳的吧台边看着远处的Motława河。夜场DJ会播放迪斯科和其他舞曲。

Parlament

夜店

（www.parlament.com.pl；ul Św Ducha 2号；⏲周四至周六20:00至深夜）这家夜店可不是个谈生意的地方，这家老字号夜店常会举办大型舞会活动。周四播放复古音乐、周五播放电子乐而周六则播放迪斯科。

波罗的海国家歌剧院

歌剧

（State Baltic Opera Theatre；☎58 763 4906；www.operabaltycka.pl；Al Zwycięstwa 15号）剧院位于Wrzeszcz郊区，这里距离Gdańsk Politechnika的火车站不远。

ℹ 实用信息

Jazz 'n' Java（ul Tkacka 17/18号；每小时6兹罗提；⏲10:00~22:00）此处可以上网。

邮政总局（ul Długa 22号；⏲24小时）

PTTK 办事处（☎58 301 9151；www.pttk-gdansk.pl；ul Długa 45号；⏲10:00~18:00）办事处提供游客信息，同时还可以上网，每小时10兹罗提。

旅游局（☎58 305 7080；www.gdansk4u.pl；Długi Targ 28/29号；⏲6月至8月9:00~19:00，9月至次年5月营业至17:00）

ℹ 到达和离开

飞机

从**莱赫·瓦文萨机场**（Lech Wałęsa Airport；www.airport.gdansk.pl；ul Słowackiego 200号），国家航空公司LOT每日起码有3班航班飞往华沙，3班飞往法兰克福。机票可以在**LOT办事处**购得（☎58 301 28 2223；ul Wały Jagiellońskie 2/4号）。Eurolot每日也会有2班航班飞往弗罗茨瓦夫和克拉科夫。

从格但斯克还可直飞很多其他欧洲城市，瑞安和威兹航空（每日3班）飞往伦敦，瑞安还有飞往都柏林的航班（每周4班）。

若想来这个机场，可以从Gdańsk Wrzeszcz

本地的通勤火车站搭乘110路公交，或者在格但斯克火车总站外乘坐210路巴士或者夜班车N3。私营公司**Airportbus**（☎58 554 9393；www.airportbus.com.pl；ul Heweliusza 13号；票价14.90兹罗提）提供从老城区的Mercure Hevelius酒店去往机场的服务。出租车单程花费45兹罗提到55兹罗提。

船

Polferries（☎22 830 0930；www.polferries.pl）在夏天（淡季发船没那么频繁）每日提供往返于格但斯克和瑞典的尼奈斯港（Nynäshamn，19小时）的轮渡。该公司的**渡轮终点站**（Ferry Terminal；ul Przemysłowa 1号）设在Nowy港，距离主城区以北大致5公里。格但斯克的PTTK办事处可以提供信息，也售卖船票。

在暖和一些的日子里，**Żegluga Gdańska游轮**（Żegluga Gdańska excursion boats；www.zegluga.pl；⏲4月至11月10:00~16:00）会在格但斯克的绿色大门旁边的码头出发开往维斯特布拉德（成人/优惠 往返45/22兹罗提）。沿着码头再往北还有一个码头，**Ustka-Tour**（www.perlalew.pl；⏲4月至10月9:00~19:00）每小时也有通往维斯特布拉德的黑珍珠号和伽利略号游轮（成人/优惠 往返 40/22兹罗提），这两艘船都是17世纪大帆船的复制品。就在帆船港口北边，坐落着**水上电车轮渡公司**（Water Tram；www.ztm.gda.pl；⏲6月至8月8:30~19:00），这里的渡轮开往海尔（Hel，成人/优惠 24/12兹罗提，每日3班）和维斯特布拉德（成人/优惠 10/5兹罗提，每日3班）。携带自行车的话需要额外付5兹罗提。

长途汽车

公共汽车车站（ul 3 Maja 12）位于主火车站后面，可以通过地下通道到达ul Podwale Grodzkie，每小时都有PKS巴士去往弗龙堡（Frombork，18兹罗提，2小时15分钟，每日3班）和华沙（55兹罗提，5小时45分钟），**Polski Bus**（www.polskibus.com）每小时出发去奥斯特鲁达（Ostróda，2小时）和华

从格但斯克出发

国内火车

站点	票价（兹罗提）	行程	班次
比亚韦斯托克	63	7.5小时	每日2班
埃尔布隆格	16	1.5小时	每日11班
吉日茨科	56	5小时	每日2班
肯琴	52	4.75分钟	每日2班
克拉科夫	69	8~12小时	每日10班
卢布林	69	9小时	每日2班
马尔堡	17	45分钟	至少每小时1班
奥斯特鲁达	24	3小时	每日2班
奥尔什丁	40	3小时	每日6班
波兹南	58	5小时	每日8班
什切青	61	5.5小时	每日3班
托伦	46	3.75小时	每日9班
华沙	63	6.25小时	每日12班

国际火车

站点	行程（小时）	班次
柏林（德国）	6.5	每日1班
加里宁格勒（俄罗斯）	6	每日1班

沙(5小时45分钟),登录官网查询票价及订票。

火车

城里的主火车站**Gdańsk Główny**(ul Podwale Grodzkie 1)位于老城区西部郊区,十分便捷。大多数长途列车要么从格丁尼亚起始,要么在此终结,所以你在这里要快点上下车。

当地交通

当地通勤列车——SKM——从6:00~19:30每15分钟发车1次往返于格但斯克火车总站和戈格丁尼亚火车总站,途经索波特和格但斯克奥利瓦火车站,在这个时间段之后班次会有所减少。可以在任何火车站买票,然后在站台入口处的黄色站厅处验票,或者在站台的自动售货机买预先验好的票。

格但斯克周边

格但斯克、格丁尼亚和索波特并称“三城区域”,这两处距离格但斯克都很近。

索波特(SOPOT)

人口38,700

从19世纪起,距格但斯克以北12公里处的索波特就成为了波罗的海沿岸最时髦的海边度假场所。这里有随和的氛围、丰富的夜生活和大片的沙滩。

从火车站,向左走来到繁忙的**ul Bohaterów Monte Cassino**,这里是波兰最负盛名的步行街。在这里你可以发现不少餐厅和酒吧,以及超现实主义风格的**Crooked House**(Krzywy Domek; ul Bohaterów Monte Cassino 53号)购物中心。在Plac Zdrojowy旁边的街道最东边是波兰最长的码头(515米),即著名的**Molo码头**(www.molo.sopot.pl; 成人/优惠7/3.50兹罗提; ⏲6月至8月8:00~23:00,5月和9月8:00~20:00)。在这个建筑旁有多景点和文化活动。

在南面,有**索波特博物馆**(Sopot Museum; www.muzeumsopotu.pl; ul Poniatowskiego 8号; 成人/优惠5/3兹罗提,周四免费; ⏲周二至周五10:00~17:00,周六日正午至18:00)展示着该镇19世纪时作为德国度假胜地Zoppot时的一段历史。

若要得知游客信息,包括住宿信息,请去**旅游局**(☎58 550 3783; www.sts.sopot.pl; Plac Zdrojowy 2号; ⏲6月至9月10:00~20:00,10月至次年5月10:00~18:00),位于码头旁边的一座现代建筑中,这里还有**矿泉水水泵室**和一个可以看到波罗的海景色的**瞭望台**。

从索波特火车站,当地的SKM通勤列车每15分钟发车去格但斯克火车总站(Gdańsk Główny)(3.60兹罗提,15分钟)和格丁尼亚火车总站(Gdynia Główna)(3.60兹罗提,10分钟)。Water Tram在6月至8月有从索波特码头出发开往海尔(成人/优惠,22/11兹罗提,每日3班)的火车。

格丁尼亚(GDYNIA)

人口249,000

作为一个年轻的港口城市,索波特以北9公里的格丁尼亚并没有格但斯克和索波特的那种气氛。这片沿海区域(除格但斯克外)在“一战”后被划给了波兰,经过不断扩建,成为了如今的这个港口城市。

从格丁尼亚火车总站的南端,沿着ul 10 Lutego以东走大概1.5公里就是**南码头**。那里有迷人的美景,还有诸多的商店和餐馆。

码头的北面停泊着两个有趣的博物馆船。首先是怪异的天蓝色驱逐舰**Błyskawica**(成人/优惠 8/4兹罗提; ⏲6月至10月周二至周日10:00~17:00),该船在1939年逃脱了成为战俘的命运,并且继续在“二战”中和同盟军海军并肩作战。在这艘船后是颇具魅力的三桅护卫舰**Dar Pomorza**(www.cmm.pl; 成人/优惠8/4兹罗提; ⏲2月至11月10:00~16:00),该护卫舰1909年在汉堡修建,初衷是作为德国水手的训练船。码头有英文的信息。

若想知道更多关于格丁尼亚的信息,包括住宿地点等资讯请咨询火车站旁的**旅游局**(☎58 622 3766; www.gdyniaturystyczna.pl; ul 10 Lutego 24号; ⏲周一至周五9:00~18:00,周六日9:00~16:00)。

当地的通勤列车连通格丁尼亚火车总站、索波特(3.60兹罗提,10分钟)和格但斯克(5.40兹罗提,25分钟,每15分钟1班)。还有列车通往海尔(16兹罗提,1.75小时,每日9班)和伦堡(Lębork,17兹罗提,1小时,半小时1班），在那里你可以换乘去莱鲍（Łeba）。

Stena Line（☎58 660 9200；www.stenaline.pl）位于**Terminal Promowy**（ul Kwiatkowskiego 60），位置在格丁尼亚西北5公里处。这里每日提供2班往返于格丁尼亚和瑞典卡尔斯克鲁纳（10.5小时至12.5小时之间）的轮渡。

马尔堡（MALBORK）

人口39,400

雄伟的**马尔堡城堡**（MALBORK CASTLE；☎55 647 0978；www.zamek.malbork.pl；ul Starościńska 1号；成人/优惠40/30兹罗提；⊙4月15日至9月15日9:00~19:00，9月16日至次年4月14日10:00~15:00）是该镇的中心景点，位于格但斯克东南58公里处。这里是欧洲最大的哥特式城堡，曾经被称为Marienburg，并作为条顿骑士总部而闻名世界。城堡在1276年由骑士团建造并且在1309年成为了骑士团首领的住所。城堡在“二战”中受到的损坏在战争结束后均已被修复，在1997年，该城堡被联合国教科文组织认定为世界遗产。

门票包括强制性的波兰语团队游，同时还有一个免费的英语和其他语言的语音导览。偶尔也会有英文团队游可以选择，不过价格会更高些（成人/优惠，48/38兹罗提）；或者，可以请一个讲英语的导游，导游可以花210兹罗提招到。城堡内部关闭1小时后，你可以花很少的钱（成人/优惠，7/4兹罗提）淘一张地面一层的游览的票。

从格但斯克来马尔堡玩花1天时间就够，但是如果你想在城堡附近过夜，请去**旅游局**（☎55 647 4747；www.visitmalbork.pl；ul Kościuszki 54号；⊙周一至周五8:00~16:00）查询住宿信息。在城堡和镇子的主街道ul Kościuszki都可以找到吃饭的地方。

Toruń 托伦

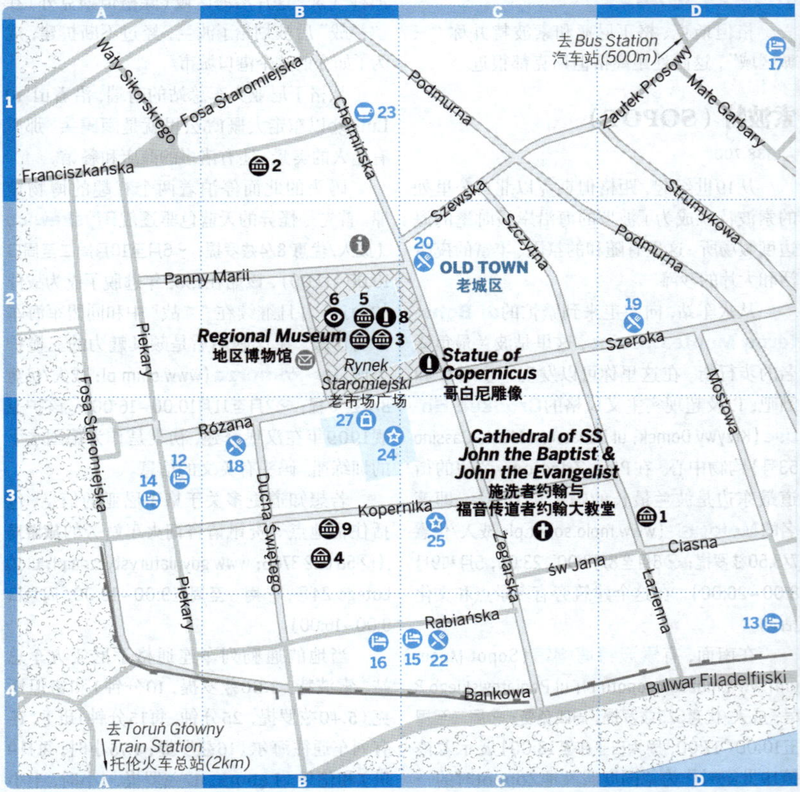

城堡位于火车站和汽车站以西1公里处。离开火车站后向右转，穿过高速公路，沿ul Kościuszki下行，跟着路标便可抵达。如果乘坐火车从格但斯克来马尔堡的话，用时便不到一天（17兹罗提，45分钟，至少每小时1班）。从马尔堡还可以去奥尔什丁（36兹罗提，2小时，每日6班）和托伦（22兹罗提，3.25小时，每日7班，包括由私营公司Arriva运营的4班）。

托伦（Toruń）

人口205,000

位于格但斯克南面的托伦，给你的第一印象就是那些巨大的红砖教堂，教堂看上去更像堡垒，而不像是礼拜所。醒目的哥特式建筑成为了这座城市的特色，为城市的老城区带来了独特的风景。在这个宜人的城市里非常值得逗留几天，既可以享受令人放松的慢节奏生活，也可以参加那些吸引人的娱乐活动。

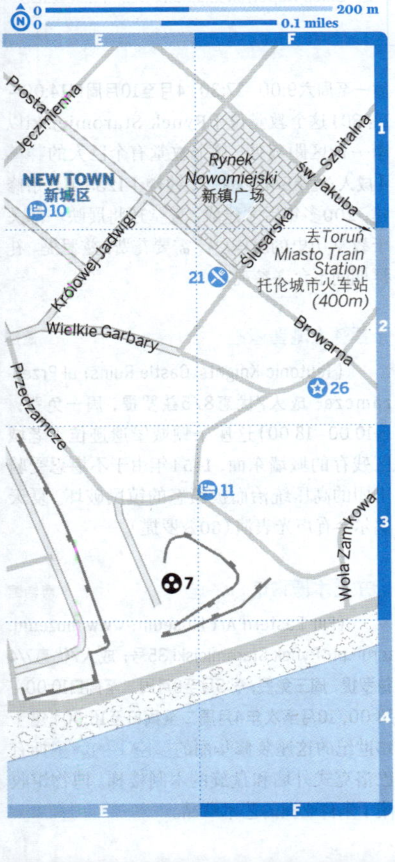

托伦还是尼古拉斯·哥白尼的故乡。在这里你根本躲不开哥白尼，你甚至能买到哥白尼造型的姜饼小人。这个著名的天文学家在这里度过了他的青春岁月，当地的大学也以他命名。

从历史上来说，托伦与条顿骑士团有着千丝万缕的联系，条顿骑士团1233年在这里建立了前哨基地。在接踵而至的"十三年战争"（1454~1466年）中，条顿骑士团和波兰在这里签署了和平条约，最终将从托伦到格但斯克的大片领土归还给了波兰。

托伦十分幸运地躲过了"二战"的战火，从而成为了波兰如今保存最完好的哥特式城镇。老城区在1997年被联合国教科文组织列为世界遗产。

👁 景点

老城市场广场 历史景区

（Rynek Staromiejski, Old Town Market Sq）来到托伦首先要探索的地方就是**老城市场广场**（Rynek Staromiejski），这里是老城区的焦点，城区建筑的外墙雕刻典雅，一个巨大的14世纪老市政厅（Ratusz Staromiejski）雄踞其中。

市政厅前面是优雅的**哥白尼雕像**（statue of Copernicus）。广场周围还有很多其他有趣的东西，包括来自著名波兰漫画里的一条狗和一把雨伞。广场上还有一个曾经被用作惩罚工具的驴子，和一个在寓言故事中曾拯救托伦于青蛙瘟疫中的小提琴手。

地区博物馆 博物馆

（Regional Museum；www.muzeum.torun.pl；Rynek Staromiejski 1号；成人/优惠10/6兹罗提；⏲5月至9月周二至周日10:00~18:00，10月至次年4月周二至周日到16:00）博物馆位于市政厅里面，收藏了很多19世纪和20世纪的波兰艺术品。其他展品则展示了城市曾经的行会，同时还有中世纪的彩色玻璃和宗教绘画。游客可以爬到40米高的**塔**（成人/优惠10/6兹罗提；⏲4月周二至周日10:00~16:00，5月至9月周二至周

Toruń 托伦

日至20:00）一览地区迷人景色。

哥白尼故居 博物馆

（House of Copernicus；www.muzeum.torun.pl；ul Kopernika 15/17号；成人/优惠10/7兹罗提；⏲5月至9月周二至周日10:00～18:00，10月至次年4月周二至周日10:00～16:00）据说哥白尼就是1473年在这个哥特式砖房里出生的，如今这里已改建成了博物馆，展示着这位伟大天文学家当时所使用的科学仪器的复制品（尽管哥白尼是否出生在这里至今仍有疑问）。

更吸引人的是博物馆内讲述哥白尼在托伦生活的**短片**（audiovisual presentation；成人/优惠12/7兹罗提），票价可能有点贵。博物馆还有**托伦姜饼世界**（World of Toruń's Gingerbread；成人/优惠10/6兹罗提），在姜饼世界里，会有打扮成中世纪女镇民的导游向游客介绍展品，并让游客有机会烘培自己的姜饼。

三个景点的通票售价为：成人/优惠，20/15兹罗提。

施洗者约翰与福音传道者约翰大教堂 教堂

（Cathedral of SS John the Baptist & John the Evangelist；ul Żeglarska；成人/优惠3/2兹罗提；⏲周一至周六9:00～17:30，4月至10月周日14:00～17:30）这个教堂位于Rynek Staromiejski以南一街区距离处，这个教堂有个巨大的**钟楼**（成人/优惠6/4兹罗提），钟楼于1233年开始修建，200多年后才建成。教堂还将展映一部关于教堂历史的3D短片，需要花费2兹罗提。礼拜期间不允许参观。

条顿骑士城堡遗迹 遗迹

（Teutonic Knights' Castle Ruins；ul Przedzamcze；成人/优惠8/5兹罗提，周一免费；⏲10:00～18:00）这座条顿城堡遗迹位于老城区残存的城墙东面，1454年由于不堪忍受骑士团的高压统治而被愤怒的镇民破坏。夏天偶尔会有声光表演（30兹罗提）。

远东艺术博物馆 博物馆

（Far Eastern Art Museum；www.muzeum.torun.pl；Rynek Staromiejski 35号；成人/优惠7/4兹罗提，周三免费；⏲5月至9月周二至周日10:00～18:00，10月至次年4月周二至周日至16:00）建于15世纪的这座装修华丽的**星空下的房子**拥有巴洛克式外墙和盘旋的木制楼梯。博物馆收集了来自亚洲的艺术藏品。

探索者博物馆 博物馆

（Explorers' Museum；www.muzeum.torun.pl；ul Franciszkańska 11号）这里位于Rynek Staromiejski后面一条街，里面展示着包括资深旅行者安东尼奥·哈利克在内的众多旅行家的小巧有趣的文物。在我们调研期间这里正关门准备翻修，不过当你读到这段文字时应该已经重新开门了，欲知营业时间和入场费可询问旅游局。

Eskens' House 博物馆

（www.muzeum.torun.pl；ul Łazienna 16号）这座哥特式的建筑以前是一栋住宅，里面藏有这个城市的历史展品，还展出有一系列中世纪武器，以及铁器时代和青铜时代的考古展品，包括一个年代久远的人类头骨。在调研期间这里正因翻新而暂停营业，不过现在应该已经营业了。

住宿

托伦的老城区里有很多由历史建筑改造而成的酒店和青年旅舍。不过比较小，建议提前预订。

首选 **Hotel Karczma Spichrz** 酒店 €€

（☎56 657 1140；www.spichrz.pl；ul Mostowa 1号；标单/双250/310兹罗提，公寓290兹罗提起；❄📶）酒店坐落在一座历史悠久的海滨粮仓内，这个酒店的客房非常有特点，在优雅的木家具上方是巨大而裸露的房梁。在酒店内还有家一流的餐厅和酒吧。

Green Hostel 青年旅舍 €

（☎56 561 4000；www.greenhostel.eu；ul Małe Garbary 10号；房间100兹罗提起；📶）这里虽然被归类为青年旅舍，但却并没有宿舍。取而代之的是便宜的房间，有一间厨房和一间舒适的休息室。大多数房间都有公共浴室，但不供应早餐。

Hotel Pod Czarną Różą 酒店 €€

（☎56 621 9637；www.hotelczarnaroza.pl；ul Rabiańska 11号；标单/双170/210兹罗提；📶）这家名为"黑玫瑰下"的酒店一部分位于一家颇有年头的老旅馆内，而另一部分则位于河对面的一座新楼之中。酒店内部打扫得很干净，看着也很现代化。有的双人房内会有"麻雀虽小，五脏俱全"的厨房。

Orange Hostel 青年旅舍 €

（☎56 652 0033；www.hostelorange.pl；ul Prosta 19号；铺/标单/双30/50/90兹罗提；📶）Orange瞄准的是国际背包客市场。这里位置便捷，装修鲜艳且令人振奋。厨房也是个可以试试厨艺身手的好地方。

Hotel Petite Fleur 酒店 €€

（☎56 621 5100；www.petitefleur.pl；ul Piekary 25号；标单/双210/270兹罗提；📶）Petite Fleur位于一座翻修过的老城区建筑中，提供空气清新且干净通风的客房，有的房间还露出了原来的砖墙和椽子。这里还有一个法式地下餐厅。

从托伦出发的火车

站点	票价（兹罗提）	行程（小时）	班次
格但斯克与格丁尼亚	46	3.75	每日9班
克拉科夫	69	8.5	每日3班
罗兹	34	3	每日10班
马尔堡	22	3.25	每日7班
奥尔什丁	34	2.25	每日8班
波兹南	24	2.5	每日10班
华沙	48	2.75	每日11班
弗罗茨瓦夫	56	5	每日5班

Hotel Gotyk 酒店 €€

(☎56 658 4000; www.hotel-gotyk.com.pl; ul Piekary 20号; 标单/双170/230兹罗提; 📶) 酒店位于Rynek Staromiejski旁边的装修一新的14世纪建筑中。客房非常整洁，配有华丽的家具，房间内天花板很高，并且房间内全部都有擦得亮闪闪的浴室。

Hotel Retman 酒店 €€

(☎56 657 4460; www.hotelretman.pl; ul Rabiańska 15号; 标单/双180/240兹罗提; 📶) 这里的住宿装修很吸引人，房间宽敞且气氛好，地上铺着红地毯，配有实木家具。楼下的酒吧和餐厅都不错。

Camping Nr 33 Tramp 露营地 €

(☎56 654 7187; www.mosir.torun.pl; ul Kujawska 14号; 营地 每人/帐篷9/7兹罗提，标单/双50/76兹罗提起; ⏲5月至9月) 在这个位于火车站边缘的营地，你可以选择小木屋或者酒店风格的房间，营地内还有一个小食吧。露营地位于主火车站以西，步行5分钟可达。

Hotel 1231 酒店 €€€

(☎56 619 0910; www.hotel1231.pl; ul Przedzamcze 6号; 标单/双 340/400兹罗提; ❄📶) 这家优雅的四星级酒店在老城区城墙后面，拥有设施齐全的客房和一个地下餐厅与酒吧。

餐饮

托伦的姜饼(pierniki)很出名，形状各异的姜饼可以在**Sklep Kopernik** (Rynek Staromiejski 6号) 买到。老城区内还有一个方便的超市**Biedronka supermarket** (ul Szeroka 22号)。

Masala 印度菜、波兰菜 €€

(Rynek Nowomiejski 8号; 主菜19~45兹罗提; ⏲10:00~22:00; ✎) 这家餐厅曾名为Gospoda Pod Modrym Fartuchem。这家新镇广场(Rynek Nowomiejski)中的15世纪餐厅曾经接待过波兰国王和拿破仑。在众多印度菜中混合有波兰风格的菜肴，还包括一系列不错的素食选择。

Bar Mleczny Pod Arkadami 自助餐 €

(ul Różana 1号; 主菜4~12兹罗提; ⏲周一至周五 9:00~19:00，周六和周日9:00~16:00) 这是

值得一游

波罗的海海滩

在格但斯克和西部城市什切青之间，有无数海边城镇，拥有无污染的海水和美丽的海滩。在你沿着波罗的海海岸西行至德国边境的一路上，有许多可以进行日光浴的地方。

海尔 (Hel) 别理这个名字，这个迷人的地方在冲浪者中非常热门；这里还有一个波罗的海灰海豹保护中心。

莱鲍 (Łeba) 宜人的度假小镇，拥有宽阔的沙滩，可以通往斯沃温斯基国家公园及其不断流动的沙丘。

乌斯特卡 (Ustka) 这里曾是德国首相奥托·冯·俾斯麦的夏日避暑场所。这个渔港很有气氛。

达尔沃沃 (Darłowo) 这里曾经是中世纪的贸易港口。拥有惊艳的城堡和由人行桥相连的两个海滩。

科沃布热格 (Kołobrzeg) 这个海滨城市颇具历史，有不错的景点、水疗和波罗的海轮渡。

缅济兹德罗耶 (Międzyzdroje) 这里是热门的海滨度假胜地，同时也是通往沃林国家公园的门户。

希切 (Świnoujście) 此地位于一个波罗的海海岛之上，有一部分位于德国。是一个繁忙的港口小镇，有狭长的海岸和宜人的公园。

了解更多详细信息，请看Lonely Planet的*Poland Country Guide*，或登录www.poland.travel。

一家位于Rynek Staromiejski的经典牛奶吧，提供很多便宜的菜品。外卖窗口供应各种各样的zapiekanki（一种配着芝士、蘑菇和番茄酱的烤面包）和甜华夫饼。

Oberża 波兰菜 €

（ul Rabiańska 9号；主菜8~15兹罗提；⏲周一至周六11:00~23:00，周日至21:30；📶）这家庞大的自助餐厅为饿着肚子的当地人和观光客提供堆得高高、价格低低的食物。赶快坐到摆满小物件的茅草小屋中享受pierogi（饺子）、汤、沙拉和其他波兰菜吧。

Kuranty 波兰菜、意大利菜 €€

（Rynek Staromiejski 29号；主菜12~49兹罗提；⏲11:00至次日2:00；📶）菜单上的菜主要有三种：比萨、意大利面和波兰饺子（包括一种很好吃的烤饺子）。随意摆放的照片和非凡的新艺术派光影为这里增添了气氛。注意：挂在墙上的电视是一直锁定在体育频道的。

Kona Coast Cafe 咖啡馆

（ul Chełmińska 18号；⏲周一至周六9:00~21:00，周日11:00~18:00；📶）这里供应一流的现磨咖啡。咖啡馆还有自制柠檬汁、印度拉茶和各种冷饮，还有不错的小吃菜单可供选择。

☆ 娱乐

Lizard King 夜店

（ul Kopernika 3号；⏲19:00至午夜）这家夜店举办各类音乐演出，参演人员包括本地的致敬乐队和东欧、中欧地区的摇滚巨星。

Teatr Baj Pomorski 木偶戏

（☎56 652 2029；www.bajpomorski.art.pl；ul Pienikarska 9号）这家木偶剧院外形像个巨型的木屋，演出的娱乐剧目非常多。

Dwór Artusa 古典音乐

（☎56 655 4929；Rynek Staromiejski 6号）这个地方经常举办古典音乐演出。

ℹ 实用信息

Ksero Uniwerek（ul Franciszkańska 5号；每小时4兹罗提；⏲周一至周五8:00~19:00，周六9:00~14:00）这是一家网吧。

邮政总局（Rynek Staromiejski；⏲24小时）

旅游局（☎56 621 0930；www.torun.pl；Rynek Staromiejski 25号；⏲周一和周六9:00~16:00，周二至周五至18:00，周日11:00~15:00）这里提供有用的建议，还可以租到有关城市游览信息的英文手持电子导览器（每4小时10兹罗提）。

ℹ 到达与离开

长途汽车 从老城区往北走10分钟就是**公共汽车站**（ul Dąbrowskiego）；从这里，**Polski Bus**（www.polskibus.com）可以去华沙（3.75小时，每日4班）和什切青（6.25小时，每日1班）；请去官网查询票价和买票。不过大多数地方乘坐火车更为快捷。

火车 托伦火车总站位于维斯瓦河对面，从老城区来可以乘坐22路或27路公共汽车（在过桥后的第一个火车站下车）。有的火车站比新城区以东500米处的托伦**城市火车站**（Toruń Miasto train station，Plac 18 Stycznia）更方便。

什切青（Szczecin）

人口410,000 交通枢纽

什切青（Szczecin，读作shcheh-cheen）是波兰西北的主要城市和港口，尽管这里并不是波兰最美丽的城市，不过什切青却是往来德国的合理中转站，这里还有一个国际机场。

火车汽车站附近有不少不错的中档酒店，如**Hotel Campanile**（☎91 481 7700；www.campanile.com；ul Wyszyńskiego 30号；房间219兹罗提起；❄📶）和**Hotel Victoria**（☎91 434 3855；Plac Batorego 2号；标单/双160/220兹罗提；📶）。还有一个经济酒店**Hotelik Elka-Sen**（☎91 433 5604；www.elkasen.szczecin.pl；Al 3 Maja 1a；标单/双 120/150兹罗提；📶）该酒店位于一栋教学楼的地下室层。

你可以在火车站东北方向那小巧迷人的**老城区**里发现很多餐厅和酒吧，城里附近的商业中心有一个很有帮助的**旅游局**（☎91 434 0440；www.szczecin.eu；Al Niepodległości 1号；⏲周一至周五9:00~17:00，周六 10:00~14:00），那里还有个几乎同样实用的**信息中心**（☎91 489

从什切青出发的火车

站点	票价(兹罗提)	行程(小时)	班次
柏林(德国)	不定	2	每日1班
格丁尼亚和格但斯克	61	5.5	每日3班
波兹南	46	2.75	至少每小时1班
希切	21	2	每小时1班
华沙	63	6.5	每日7班
弗罗茨瓦夫	61	5	每日6班

1630; www.zamek.szczecin.pl/cikit; ul Korsarzy 34号; ⌚10:00~18:00),位于老城区旁边的波美拉尼亚公爵的宏伟城堡之中。

机场(www.airport.com.pl)位于该城东北45公里处的戈莱纽夫(Goleniów),由**Interglobus**(☎91 485 0422; www.interglobus.pl)运营的班车会在每班航班出发前和到达后在LOT办事处外接送乘客。或者,搭乘出租大致花费150兹罗提到200兹罗提。

波兰航口公司LOT每日有三班航班往返于什切青和华沙。在**LOT办事处**(☎91 488 3558; ul Wyzwolenia 17; ⌚周一至周五9:00~17:00)订票,位于Al Niepodegłości北端200米处。欧洲波兰航空公司每天还有2班飞往克拉科夫的航班。瑞安航空的国际航班飞往伦敦(每周4班)和都柏林(每周3班)。

长途汽车站(Plac Grodnicki)和旁边的**Szczecin Główny火车站**(ul Kolumba)位于旅游局东南600米处。汽车的目的地很有限;不过从火车站对面的三号站台,有Polski Bus每日发车一班去托伦(6小时15分钟),然后继续开往华沙(10小时)。

其他去往希维诺乌伊希切(Świnoujście)的方法是通过**Bosman特快渡轮**(Bosman Express ferry, ☎91 488 5564; http://www.wodolot.info.pl; ul Jana z Kolna 7; 成人/儿童60/30兹罗提; ⌚4月至10月),渡轮从老城区东北的一个码头每日2班途经Szczeciński Lago(1.25小时)去往那里。

瓦尔米亚和马祖里 (WARMIA & MASURIA)

数千个后冰河时期形成的湖泊地貌构成了瓦尔米亚和马祖里地区惊艳的独特景观。在这里,湖泊与河流、运河曲款交连,成为了帆船和皮划艇等水上运动的天然圣地。这个如画的湖泊区域尚未被工业所染指,因此没有半点污染,在夏天尤其迷人。就如波兰北部一样,这里也在过去几百年间备受日耳曼和波兰统治者相互争夺。

埃尔布隆格-奥斯特鲁达运河 (Elbląg-Ostróda Canal)

这条波兰最长的通航运河位于埃尔布隆格和奥斯特鲁达之间,长达82公里。运河建于1848~1876年,运河与数个湖泊相连,目的是为将内陆森林的木材运到波罗的海。为了克服99.5米的水位差,这条运河采用了5个水力滑道,有时候船是通过铁轨推车从陆地上穿过水位障碍的。

现在**Żegluga Ostródzka-Elbląska**(☎Elbląg 55 232 4307, Ostróda 89 646 3871; www.zegluga.com.pl)运营着这条线路的游览船。游船的时长各有不同,但是最有趣的是10小时的**运河游船世界**(World of the Canal cruise; 成人/优惠149/139兹罗提; ⌚5月至9月),每周在埃尔布隆格8:30出发2次,而在相反方向的奥斯特鲁达则于9:00出发。票价中包含旅途中两船之间的换乘巴士以及返回起点的车票。

沿着运河,游船沿途会经过美丽的绿色乡村,那里充满了鸟语花香。船还会在湖泊之间穿梭,并经过难忘的"斜面"滑道,船舶会在那里被升高或者下降以到达运河的下一个区域。每艘船都有一个贩卖饮料和零食的小咖啡酒吧。

Pensjonat Boss（☎55 239 3729；www.pensjonatboss.pl；ul Św Ducha 30号；标单/双150/220兹罗提）是位于埃尔布隆格老城区的小酒店，提供舒适的客房，楼下就是自家的酒吧。**Camping Nr 61**（☎55 641 8666；www.camping61.com.pl；ul Panieńska 14号；每人/帐篷14/6兹罗提，小木屋50~120兹罗提；⏲5月至9月；📶）就在埃尔布隆格码头边，也是个廉价的住宿选择。在奥斯特鲁达，务必尝试下**Hotel Promenada**（☎89 642 8100；www.hotelpromenada.pl；ul Mickiewicza 3号；标单/双160/200兹罗提起），酒店位于公车站和火车站以东500米远。

从格但斯克（16兹罗提，1.5小时，每日11班）、马尔堡（8兹罗提，30分钟，每小时1班）和奥尔什丁（19兹罗提，1.75小时，每日11班）可以搭乘发车频繁的列车到达埃尔布隆格，从弗龙堡（7兹罗提，45分钟，至少每小时1班）可以搭乘长途汽车来。

从奥尔什丁（10兹罗提，40分钟，每小时1班）、托伦（28兹罗提，2小时，每日8班）和格但斯克（24兹罗提，3小时，每日2班）可以搭乘火车来到奥斯特鲁达，从华沙（3.75小时）和格但斯克（2小时）出发可以直接搭乘每小时1班的Polski Bus。

埃尔布隆格和奥斯特鲁达之间也有定期公交往返于两地（21兹罗提，1.5小时，每小时1班）。

弗龙堡（Frombork）

人口2500

尽管弗龙堡是一座在历史上看上去最为乏善可陈的小镇，不过它却是著名的天文学家尼古拉·哥白尼的故居之所在。哥白尼就是在这里写成了石破天惊的《天体运行论》，提出了地球绕着太阳运转的惊人理论。除了拥有关于这位伟大天文学家的记忆之外，弗龙堡还是一处颇具魅力的河畔慵懒小镇，建于维斯瓦河岸，历史可追溯到13世纪。弗龙堡后来成了一个耸立于教堂山上（Cathedral Hill）的设防的教会城镇。

该山现在被庞大的**尼古拉·哥白尼博物馆**（www.frombork.art.pl；ul Katedralna 8号；⏲9:00~17:30）所占据，有的展区需要单独买票。14世纪的**大教堂**（成人/优惠6/3兹罗提；⏲9:30~16:30）有哥白尼本人的墓碑。主展示区位于**主教宫殿**（成人/优惠6/3兹罗提；⏲周二至周日9:00~16:30）中，里面的**钟楼**（成人/优惠6/3兹罗提；⏲9:30~17:00）藏有一个傅科摆。距离主博物馆不远处是**圣灵医院**（Hospital of the Holy Ghost，成人/优惠6/3兹罗提；⏲周二至周六9:30~17:00），那里展示了历史悠久的医疗器械和医用手稿。

Hotel Kopernik（☎55 243 7285；www.hotelkopernik.com.pl；ul Kościelna 2号；标单/双150/220兹罗提）是一家舒适的现代酒店，距博物馆公车站仅有几步之遥。经济一点的住宿可以选择**弗龙堡露营**（☎506 803 151；www.campingfrombork.pl；ul Braniewska 14号；每人/帐篷10/5兹罗提，双50~140兹罗提；⏲5月至9月），位于镇子东端的Braniewo路。这里有配置基本的小木屋和露天小吃吧。

汽车站位于博物馆西北大约300米处的河边。来弗龙堡可以直接从埃尔布隆格（7兹罗提，45分钟，至少每小时1班）和格但斯克（18兹罗提，2.25小时，每日3班）搭乘直达巴士前来。最方便的上下车站是位于ul Kopernika博物馆正下方的车站。

奥尔什丁（Olsztyn）

人口175,000

奥尔什丁（Olsztyn，读作ol-shtin）是个愉悦放松的城市，这里重建后的老城区有鹅卵石街道、艺术画廊、咖啡馆，酒吧和餐厅。作为一个繁忙的交通枢纽，这里也是探索周边大马祖里湖区等地理想的出发地。

这也是探索哥白尼之旅路途上的另一个城市，这个伟大的天文学家曾经担任瓦尔米亚地区的管理者，哥白尼曾从1516~1520年受任统领奥尔什丁城堡。在1466~1772年，该镇仍是波兰王国的一部分，但随着波兰第一次遭到瓜分，奥尔什丁先是沦为了普鲁士领土，而后又成为了德国的领土，并更名为Allenstein。直到1945年奥尔什丁才重新回归波兰。

◉景点

老城区 历史区

这个奥尔什丁颇具历史的中心区域是在

“二战”破坏后的基础上重建的，并以**Rynek**（市场广场）为核心。老城区最显眼的特色是**高门**（High Gate；ul Staromiejska；Old Town），大门是14世纪城墙现存的部分。

瓦尔米亚和马祖里博物馆 博物馆

（ul Zamkowa 2号；成人/优惠9/7兹罗提；⏲10:00~16:00周二至周日）这座历史博物馆在主广场西面，位于14世纪的**Chapter of Warmia城堡**里面。这里主要展出与哥白尼相关的物品，在16世纪早期他曾在这里做过一些天文观测，博物馆同时还有硬币、艺术品和铠甲的展览。

圣杰姆斯长老大教堂 教堂

（Cathedral of St James the Elder；ul Długosza）这个位于老城区东面的红砖哥特式教堂早在14世纪就已经存在，但是那60米高的塔则是在1596年被后添上去的。教堂的装潢新老交融，包括有青铜的主门，门上描绘着教皇圣保罗二世1991年来访此地的场景。

住宿

首选 Hotel Dyplomat 酒店 €€

（☎89 512 4141；www.hoteldyplomat.com；ul Dąbrowszczaków 28号；标单/双199/390兹罗提起；❄📶）这家新建的四星级酒店位于火车站和老城区之间。这里客房的装修用料考究，还有一个一流餐厅。请去官网查询减价信息。

Polsko-Niemieckie Centrum Młodzieży 酒店 €€

（☎89 534 0780；www.pncm.olsztyn.pl；ul Okopowa 25号；标单/双175/240兹罗提起；📶）这家致力于波兰德国两国友谊的酒店就位于城堡旁边。客房（有的可以看到城堡景色）比较普通，但是有整洁的浴室。前厅有一个阳光充足的餐厅。

Hotel Wysoka Brama 酒店 €

（☎89 527 3675；www.hotelwysokabrama.olsztyn.pl；ul Staromiejska 1号；单/双100/120兹罗提起；📶）客房条件基本但是价格便宜。酒店位置绝佳，就在老城区高门旁边。

餐饮

首选 Chilli 国际菜 €€

（ul Kołłątaja 1号；主菜18~54兹罗提；⏲9:00至深夜；📶）这家酷炫的咖啡酒吧里挂着很多20世纪的美国黑白照片。白天，这里供应各国菜肴，背景奏有放松的音乐。天黑之后这里便摇身一变成为了一家夜店，有各种鸡尾酒销售。

Restauracja Staromiejska 波兰菜 €€

（ul Stare Miasto 4/6号；主菜20~39兹罗提；⏲10:00~22:00）这家优雅的餐厅位于Rynek，提供高质量的波兰菜，价格也比较合理。菜单上有各种各样的pierogi（饺子）和naleśniki（薄饼）。

Bar Dziupla 波兰菜 €

（Rynek 9/10号；主菜5~27兹罗提；⏲8:30~20:30）这家小餐厅以其美味的波兰菜而在当地人中颇有口碑，在这里你不但能吃到pierogi（饺子），还能吃到多种汤品。

实用信息

旅游局（☎89 535 3565；www.olsztyn.eu；ul Staromiejska 1号；⏲5月至9月周一至周五8:00~18:00，周六日10:00~15:00，10月至次年4月周一至周五8:00~16:00）位于老城区高门旁边，可以帮你寻找住宿，若要发送普通信件，请去**邮政总局**（ul Pieniężnego 21号；⏲周一至周五8:00~20:00，周日到16:00）；若要发电子邮件，请去Rynek中心的**图书馆**（ul Stare Miasto 33号；上网免费；⏲周一至周五9:00~19:00，周六至14:00）。

到达和离开

长途汽车 **汽车站**（bus station；ul Partyzantów）有发往波兰各大城市的大巴，车站附属于火车站大楼。

火车 火车从**奥尔什丁火车总站**（ul Partyzantów）出发。要注意有个较小的火车站**Olsztyn Zachodni**（ul Konopnickiej）位于老城区旁边，就在城堡以西300米的ul Nowowiejskiego和ul Konopnickiej沿路；但是你在这里很难找到出租车。

从奥尔什丁出发

长途汽车

站点	票价(兹罗提)	行程(小时)	班次
比亚韦斯托克	46	5	每日6班
卢布林	61	8.75	每日1班
华沙	30	4	至少每小时1班

火车

站点	票价(兹罗提)	行程	班次
比亚韦斯托克	52	4.5小时	每日2班
埃尔布隆格	19	1.75小时	每日11班
格但斯克和格丁尼亚	40	3小时	每日6班
吉日茨科	21	2小时	每日5班
肯琴	18	1.5小时	每日5班
马尔堡	36	2小时	每日6班
奥斯特鲁达	10	40分钟	每小时1班
托伦	34	2.25小时	每日8班
华沙	48	4.75小时	每日3班

大马祖里湖区(Great Masurian Lakes)

这个位于奥尔什丁的区域有2000多个湖，是消失已久的冰河时期的残存，周围被翠绿的丘陵环绕。该地区中最大的湖是Lake Śniardwy(110平方公里)。这些湖泊由大约200公里长的运河相连接，所以这片区域十分适合帆船和皮划艇爱好者，同样也适合喜欢徒步、钓鱼和山地骑行的人。5月至9月有定期观光轮船沿湖游览。

吉日茨科(Giżycko)和**米科瓦伊基**(Mikołajki)两个镇都是探索湖区不错的基地。吉日茨科的**旅游局**(☎87 428 5265; www.gizycko.turystyka.pl; ul Wyzwolenia 2号; ⏰5月至9月周一至周五9:00~17:00，周六10:00~14:00，10月至次年4月周一至周五9:00~17:00)和米科瓦伊基的**旅游局**(☎87 421 6850; www.mikolajki.pl; Plac Wolności 3号; ⏰6月至8月10:00~18:00，5月和9月周一至周六10:00~18:00)都可以提供对航行和徒步很有帮助的地图，并且提供游览船时间表，还能帮你寻找住宿地点。

抛开自然风光，这个区域还有一些有趣的历史景点。**Święta Lipka**村有华丽的17世纪**巴洛克教堂**(www.swlipka.org.pl; 入场免费; ⏰8:00~18:00弥撒期间关闭)，以装饰着跳舞天使的华丽管风琴而著名。这架管风琴每天都会展示几次。

狼穴(Wolf's Lair, Wilczy Szaniec; www.wolfsschanze.pl; 成人/优惠15/10兹罗提; ⏰8:00至黄昏)和狼穴博物馆时刻向人们诉说着此处沉痛的历史。位于肯琴以东8公里处的是**Gierłoż**，这一构造复杂的战争遗址便是希特勒入侵苏联时所驻的司令部。1944年一批高阶德国军官曾试图在此刺杀希特勒。刺杀的组织者便是克劳斯·冯·施道芬堡上校(Claus von Stauffenberg)，上校原计划在进入会议室后将暗藏炸弹的公文包放在元首身旁，以此达成刺杀。炸弹虽然成功爆炸、并炸伤了几个人，但希特勒却只受了轻伤。施道芬堡上校和其他5000余名卷入此行动的人后来一并惨遭处决。此事在2008年被改编成了由汤姆·克鲁斯主演的电影《刺杀希特勒》(*Valkyrie*)。

在1945年1月24日红军逼近时，纳粹德国炸掉了Wolfsschanze(德语中即"狼穴")，所有的碉堡都受到了不同程度的损伤。但是8.5米厚的巨大混凝土楼板和一些扭曲的金属至今依然保留着。参观这里非常有趣，但却有点令人毛骨悚然。

从肯琴到Święta Lipka和狼穴都很方便；联系当地的旅游局（☎89 751 4765；www.it.ketrzyn.pl；Plac Piłsudskiego 10；⏲周一至周五9:00~18:00，周六和周日10:00~15:00）以获取交通细节。或者查询Lonely Planet的*Poland Country Guide*。

从奥尔什丁，有到肯琴（18兹罗提，1.5小时，每日5班）的列车，列车会继续开往吉日茨科（21兹罗提，2小时，每日5班）。你也可以搭乘从格但斯克直达肯琴（52兹罗提，4.75小时，每日2班）和吉日茨科（56兹罗提，5小时，每日5班）的列车。

从奥尔什丁，有长途汽车通往肯琴（19兹罗提，2小时，每小时1班），吉日茨科（21兹罗提，2小时15分钟，每日9班）和米科瓦伊基。吉日茨科和米科瓦伊基之间也有往返巴士（17兹罗提，50分钟，每日4班）。

了解波兰

历史

早期历史

中世纪初期，一批西斯拉夫人迁徙到了位于维斯杜拉河与奥德河之间的一块平原，从此，这些被称为Polanians（意为平原上的人们）的人们便开启了波兰的历史。公元996年，波兰公爵梅什科一世皈依了天主教并将之奉为国教，并由此展开了一系列征服运动。1025年，梅什科一世的儿子波列斯瓦夫一世（史称“勇敢的伯勒斯劳”）被教皇加冕为波兰历史上的首任国王。

然而，伴随着日耳曼民族的入侵，波兰的一时辉煌变得不堪一击，最终导致了1038年皇家首都的迁移——从波兹南迁移到了克拉科夫。1226年，当马佐维亚王子倚靠条顿骑士团的力量对抗北方异教徒时，更多的麻烦接踵而至了。在南方的波兰人不断与入侵者进行战争之时，日耳曼十字军则利用了这个机会在波罗的海沿岸创建了他们自己的国家。到了13世纪中期，波兰首都克拉科夫更是两次遭遇了鞑靼人的袭击。

在“伟大的”卡齐米日三世（1333~1370年）的统治下，波兰王国得到了复兴。这一时期，城镇如雨后春笋般涌现，首都克拉科夫也跻身成为了欧洲众多一流文化中心之一。

1386年，卡齐米日外甥的女儿雅德维加嫁与立陶宛大公爵亚捷沃为妻，波兰和立陶宛便一举成为了欧洲最大的联合帝国，占据了从波罗的海到黑海的全部疆土。

16世纪，开明君主西格蒙德不但将文艺复兴运动带到了波兰，还不遗余力地扶持艺术与科学。1543年，尼古拉斯·哥白尼因此得以证明日心说，给天文学领域带来前所未有的变革。

侵略与分裂

17世纪和18世纪，波兰历经了灾难与衰败。由于瑞典与俄罗斯的入侵，波兰最终惨遭周围王国的瓜分。1773年，俄罗斯、普鲁士和奥地利成为第一次瓜分波兰的赢家，到1795年第三次瓜分结束时，波兰在欧洲地图上已不见了踪影。

尽管整个19世纪，这个国家都处于分裂的状态，但波兰人民仍然坚守着自己的文化。最终，旧的帝国力量在“一战”中终被瓦解，波兰得到了重生。

然而好景不长，波兰很快便卷入了与苏联的战争中（1919~1921年）。在元帅约泽夫·毕苏斯基的指挥下，波兰人民被迫开启了东部边境保卫战，波兰东部边境的土地是刚刚从宿敌俄罗斯手中得来的。那时俄罗斯已成为了苏联，并执意将其革命运动向西推进。寡不敌众的波兰军民在经历了两年惨烈的战斗后，最终与苏联签署了停战协议，协议明确维尔纽斯和利沃夫仍然属于波兰。

第二次世界大战与新总统

尽管在两次世界大战期间，波兰的国家制度和民族认同感得到了复兴，但灾祸依旧迅速降临了。1939年9月1日，纳粹德国对波兰西部进行了疯狂的闪电战，不久之后，苏联也从东部向波兰发起进攻，与德国利益均分。然而，僵持的局势至希特勒将波兰变为其征服苏联的临时指挥所时便宣告瓦解了。“二战”

期间，共有600万波兰民众（其中有300万犹太人）在集中营中遭到了惨绝人寰的杀害。

战后，波兰的领土再一次被重新划定。苏联在保留原有东部领土的基础上，以德国为代价扩张了自己的西部边界。伴随着边界重新规划，有超过100万的波兰人、德国人和乌克兰人被强制迁徙。

然而和平时期却给波兰带来了更多的挑战。"二战"后，波兰经历了四十年的苏共统治。这一时期下，爆发了一波又一波的抗议示威浪潮，特别是1980~1981年由团结工会领导的游行罢工运动，沉重打击了波兰共产党的执政基础。最终，波兰共产党在1989年的公开大选中落选，取而代之的是团结工会主席华勒沙（Lech Wałęsa）。他在1990年成为了波兰第一届民主选举的总统。

向西看

尽管在东欧剧变后的过渡时期内新的社会问题和政治危机层出不穷，波兰却在十年内建立了市场经济基础并且重新定位了与西方的关系，波兰于1999年3月和2004年5月分别获准成为北大西洋公约组织和欧盟的成员国。

卡钦斯基和雅罗斯瓦夫这对双胞胎兄弟曾分别担任波兰的总统和首相，俩兄弟均属于法律与公正党，该党宣扬的欧洲怀疑论在2007年的议会大选中被推翻，取而代之的是由唐纳德·图斯克带领的公民纲领党出台的一系列亲欧和鼓励商业的政策。

令人震惊的是，2010年4月，波兰总统卡钦斯基以及多名军方、政府高官乘坐的专机在俄罗斯的斯摩棱斯克着陆时失事，机上成员全部遇难。他们本打算前往斯摩棱斯克参加纪念卡廷大屠杀的活动。坠机事件导致了波兰提前进行总统选举，图斯克的党内盟友布罗尼斯瓦夫·科莫罗夫斯基（Bronisław Komorowski）赢得了胜利，当选总统。

2011年的议会选举则相对平静很多，公民纲领党继续执政。但是，一个毫不知名的支持世俗的政党——帕利考特运动党竟获得了10%的选票，成为了选举中的一个引人注目的黑马。波兰第一位变性议员和第一个公开承认同性恋的议员都来自帕利考特运动党。两位有着非洲黑人血统的波兰人也成为了公民纲领党的议员。

人口

长久以来，波兰都是一个多元文化的国家，是犹太人、日耳曼人和乌克兰人共同的家乡。犹太人的人口总数曾一度达到300万，相当可观。但由于经历了纳粹德国的种族灭绝政策和"二战"后的强制迁徙，犹太减少至一万人左右，这使得波兰成为了一个98%人口均为本土波兰人的单一种族的国家。

超过60%的民众居住在城镇中。华沙是最大的人口聚居区，克拉科夫、罗兹、弗罗茨瓦夫，波兹南以及格但斯克紧随其后。上西里西亚（卡托维兹附近）是最密集的居住区，东北部边境地区则人口稀少。

大约五百万到一千万的波兰人居住在国外，这些人主要居住在美国（特别是芝加哥），被称为"波罗尼亚（Polonia）"人。

波兰人礼貌友好，但并不过分拘谨。虽然大城市人们的生活方式渐渐向西式的风格和礼节靠拢，但波兰人并不像大多西方人一样过分重视私人空间，这点你可以在从排队买票的队伍或者街上行驶的车辆中看出来。

波兰的乡村则是一个文化相对保守的地域，表现为较为传统的性别观念和重视家庭纽带的维系。无论是城市还是乡间，许多波兰人都是虔诚的教徒。超过80%的波兰人信仰罗马天主教，这占据了基督教教徒的主导地位。而东正教的信徒只占了人口1%，且大多居住在东部边境的狭长地带。

1978年，克拉科夫大主教卡罗尔·沃伊蒂瓦（Karol Wojtyła）当选为罗马教皇，史称约翰保罗二世。一年之后，在他回国访问时，很大程度上提高了教会在波兰的地位。在波兰，教会与政府之间的界限并不明确，教会同时在社会问题上拥有较大发言权。

当然，也有一些波兰人对教会在政治和社会上的影响持谨慎态度，因而在近年的议会选举中，直言支持世俗的候选人每每取得胜利。尽管如此，波兰始终是欧洲最大的宗教国家，教堂比比皆是。

艺术

文学

尽管波兰的现代文学广受长时期的外族

相关书籍

» 《上帝的游乐场：波兰历史》Norman Davies著，内容包含对波兰历史的深度分析。

» 《欧洲心脏：波兰历史简述》Norman Davies著，是上本书的略缩版，着重讲述20世纪的波兰史。

» 《波兰方式：波兰人的历史和文化》Adam Zamoyski著，一本非凡的波兰文化概论。

» 《起义1944：华沙之战》Norman Davies著，生动描述了华沙之战时期的波兰生活。

» 《波兰革命：团结1980~1982》Timothy Garton Ash著，娱乐性很强，思考也比较深入。

» 《波兰的犹太人》Iwo Cyprian Pogonowski著，这是半个世纪内犹太人生活的综合记录。

» Bruno Schultz的《鳄鱼街》和Philip Marsden的《布朗斯基之屋》是关于两次世界大战之间的波兰农村生活的精彩作品。

占领影响，但波兰依旧传承了从15世纪开始的丰富文学传统。诗人亚当·密茨凯维支（Adam Mickiewicz，1798~1855年）和凭借《君往何处》（*Quo Vadis*）获得1905年诺贝尔文学奖的作家亨里克·显克维奇（Henryk Sienkiewicz，1846~1916年）都是民族主义作家。直到切斯瓦夫·米沃什（Czesław Miłosz）凭《被禁锢的头脑》（*The Captive Mind*）一书问鼎1980年诺贝尔文学奖时，这种民族主义的传统才得以重生。

19世纪末20世纪初，以“青年波兰”为代表的先锋运动在克拉科夫取得了文学与艺术领域的巨大进步。这一运动诞生了一系列著名的人物，像作家斯坦尼斯拉夫·维斯皮安斯基（1869~1970年），他还创作了有名的染色玻璃作品，以及通常被称为“卡西”（Witkacy）的剧作家维特凯维奇（Stanisław Ignacy Witkiewicz，1885~1923年）和诺贝尔奖获得者瓦迪斯瓦夫·雷蒙特（1867~1925年）。1996年，维斯拉瓦·辛波丝卡也凭借其诗歌获得了诺贝尔文学奖。

音乐

波兰最负盛名的音乐家无疑是费德里克·肖邦（1810~1849年），他的音乐展现了浓浓的忧郁与乡愁，这一特色也成为了波兰音乐的民族风格。斯坦尼斯拉夫·莫纽什科（Stanisław Moniuszko，1819~1872年）通过在舞台上展现民族歌舞将波兰民族风情融入了19世纪意大利的歌剧之中。他的作品《哈尔卡》（*Halka*，1858年）讲述了一个下层女孩被年轻贵族抛弃的故事，是波兰国家歌剧院经久不衰的剧目。

你可能在流行音乐会上遇见的音乐人包括颇受争议的Doda（流行歌手）、Andrzej Smolik（器乐家）、Łzy（流行摇滚乐队）、沙发乐队（嘻哈、灵魂乐队）和Justyna Steczkowska（流行歌手）。波兰有个和滚石乐队旗鼓相当的Lady Pank乐队，这个1982年成立的摇滚乐队现在依旧势头强劲。

视觉艺术

波兰最为人知的画家是扬·马特伊科（1838~1893年），这个国家所有的画廊里都摆满了他具有极高历史纪念价值的画作。另一位知名画家萨克（Wojciech Kossak，1857~1942年）也用艺术记录了波兰的历史，最为出名作品的便是巨大的油画《拉兹瓦维卡战役全景图》（见448页），现收藏在弗罗茨瓦夫。

波兰的传统手工艺代表是琥珀珠宝饰品。琥珀是一种树脂化石，最初发现于波罗的海地区，它呈现出从浅黄色到红棕色的丰富色彩。格但斯克、克拉科夫和华沙都是购买琥珀制品的好地方。

波兰的海报艺术享誉全世界，华沙和克拉科夫都有着世界上最好的海报画廊。

电影

波兰诞生了许多世界著名的电影导演。

其中最为出名的便是安德烈·华依达，1999年的学院奖授予他终身成就奖。他的电影《卡廷》记录了"二战"中的卡廷大屠杀，获得了2008年奥斯卡最佳外语片奖。

凭借着极具批判精神的电影《罗斯玛丽的婴儿》和《唐人街》，导演罗曼·波兰斯基(Roman Polański)更为西方观众所熟知。2002年，讲述"二战"时期华沙犹太区的故事电影《钢琴师》，获得了三项奥斯卡奖和戛纳电影节金棕榈奖。

克日什托夫·基斯洛夫斯基(Krzysztof Kieślowski)凭《红白蓝三部曲》(*Three Colours*)而大获成功。罗兹是波兰电影制造业的中心，也是久负盛名的国家电影学院的所在地。

环境

地理

波兰的国土面积有312,685平方公里，大约相当于英国和爱尔兰的总面积，与一海七国相邻。北临波罗的海的波兰拥有524公里长的海岸线，海岸布满了沙丘和沿海湖泊。而在波兰的东北部地区，则拥有欧洲境内数量第二多的冰碛湖，仅次于芬兰。

南部地区以山区为主，主要山脉为苏台德山脉(Sudetes)和喀尔巴阡山脉(Carpathians)。波兰最高的山是与捷克相连的喀尔巴阡山脉的塔特拉山(Tatras)，拥有海拔2499米的最高峰里希山(Mt Rysy)。

波兰的中部是平原地带，河流由北向南穿流而过。波兰最长的河是源于塔特拉山流向波罗的海的长达1047公里的维斯瓦河(Wisła)。

波兰有四分之一的地区被森林覆盖。60%的森林地区是松树，但包括橡树、山毛榉和白桦等在内的多种落叶树种也占了很大一部分，并且这些树种还在不断增加中。

国家公园和动物

波兰的主要物种包括野兔、赤鹿、野熊和为数不多的棕熊、麋鹿和山猫。曾经在欧洲数量繁多的欧洲野牛，在20世纪初期一度濒临灭绝，如今在比亚沃韦扎国家公园(Białowieża National Park)也仅存100余头。大马祖里湖区吸引了包括鹳、鸬鹚在内的无数鸟类居住。老鹰虽作为波兰国鸟印在波兰的国徽之上，但在波兰已日渐稀少。

波兰有23个国家公园，但是他们只占了不到1%的国土面积。参观这些公园除了会收取很少的门票外，没有额外的限制条件。在一些指定的地点还可以进行露营。一些没有严格保护的地区叫作"景观公园"，它们遍布整个波兰并有一个完整的体系。

饮食

主食与特色菜

波兰的饮食文化受多元文化的影响。犹太风味、乌克兰风味、俄罗斯风味、匈牙利风味和德国风味都对波兰饮食文化造成过影响。波兰的食物非常丰盛，通常有配有土豆、饺子和大量的肉。

波兰最为著名的菜有：红烧牛肉或猪肉(bigos，配有德国泡菜)、波兰饺子(pierogi，以乳酪、肉或者圆白菜、野蘑菇做馅)，以及甜菜根汤(barszcz，以红菜根做成，也就是俄式罗宋汤)。

波兰饮食中的亮点便是丰富的汤，比如由香肠和煮鸡蛋熬制的酸汤żurek。波兰的主菜以猪肉为主，例如山葵酱炖猪蹄(golonka)、野菜梅子烧里脊(schab pieczony)。Gołąbki是另一种美味，即包心菜叶包猪肉米饭。备受欢迎的菜还有马铃薯煎饼(Placki ziemniaczane)和法式薄饼(naleśniki)。

波兰人认为wódka(伏特加)是他们发明的，并将之奉为波兰国酒。喝伏特加要一饮而尽，伏特加口味众多，有杜松子味(myśliwska)、樱桃味(wiśniówka)、罗文浆果味(jarzębiak)等。最著名的是野牛草伏特加(żubrówka)，它含有比亚沃韦扎原始森林中野草的味道。其他受欢迎的饮品还包括krupnik(蜂蜜酒)、śliwowica(甘杏白兰地)和金箔酒(一种含金叶子片儿的甜酒)等。

波兰人也很爱喝冰啤酒(zimne piwo)。在波兰，高档品牌的酒水随处可见，包括Żywiec、Tyskie、Lech和Okocim。地方品牌在每个城市都可以买到。

去哪儿吃喝

牛奶吧(bar mleczny)是可以品尝到波

兰美食的最便宜的地方。这种装修简单价格实惠的自助餐厅备受精打细算的当地人和背包客的青睐，不过自从政府补贴停止后，这些餐厅正在急速减少。而餐馆（restauracja）的种类和数量近几年正在不断攀升，比萨馆在近年内也非常受欢迎。尽管波兰菜系以肉食为主，但是素食餐厅在大多数城市也可以找得到。

波兰的菜单上通常分为以下几个部分：汤（zupy）、主菜（dania drugie）和配菜（dodatki）。配菜包括土豆和沙拉等食物，需在主菜之外付额外的费用。同时也要注意鱼和禽类的菜肴会以每100克的价格出现在菜单上，所以总价会依据重量而定。

早餐（śniadanie）是波兰人一天开始的标志，最重要也是最为丰盛的一餐是每天下午2点到5点的午餐（obiad）。波兰人的最后一餐叫作kolacja（即晚餐）。大多数餐馆、咖啡店和咖啡吧从上午11点营业到晚上11点。虽然牛奶吧和零食店很早就开门营业，但很少有波兰餐馆供应早餐。

在耽搁多时之后，波兰政府终于在2010年后半年出台了在酒吧、餐厅等公共场合禁止吸烟的禁令，上述场合专门设立了分隔开来的吸烟区域。千万不要惊讶，在波兰你会发现一个奇怪的现象：一些酒吧的吸烟区远远比所谓的主吧区要大得多。

生存指南

出行指南

现金

虽然波兰有义务在加入欧盟之后的某个时间段纳入欧元体系，但是这在2016年之前是不大可能实现了。在此期间，国家货币是兹罗提（读作zwo-ti），缩写是zł（国际货币代码是PLN）。1兹罗提可分为100格罗西（gr）。纸币面值分为10、20、50、100和200（该面额发行很少）兹罗提，硬币面值包括1、2、5、10、20和50格罗西以及1、2和5兹罗提。

Bankomats（自动提款机）在城市和主要市镇能很容易地找到，并且能识别多数国际信用卡。没有自动提款机的银行将根据信用卡的计数器提供现金服务。目前，花旗银行的自动提款机可接受银联卡的取款和余额查询，带IC芯片的银联卡在当地目前不支持取现。

私人外汇交易所kantors到处都是。他们不需要任何文件也不需要任何佣金，但是旅游景点和公共设施附近的私人外汇所的汇率可能很低。

旅行支票比现金保险，但是没有多少私人外汇交易所能够提现这种支票，而且在银行兑换时还会收取佣金。最好是办一张足够价值的现金储值卡，在很多场合都能像信用卡一样使用。建议在出国之前到你家附近的银行去咨询一下这种卡。

使领馆

除非另有说明，所有下表中的使馆都在华沙。

中国驻波兰大使馆（☎22 831 3836，紧急保护求助电话0048 6 0344 5559, 0048 6 0729 1268; www.chinaembassy.org.pl; consulate_pol@mfa.gov.cn; ul.Bonifraterska100-203 Warszawa Polska）

活动

骑行

波兰地势平坦，是很多骑行者的理想之地。沿维斯瓦河岸的骑行线路在华沙、托伦和克拉科夫颇受欢迎。包括塔特拉（扎科帕内附近）、Słowinski（莱鲍附近）以及大马祖里湖区在内的很多国家公园都提供自行车骑行道。想挑战更多的话，可以试试在Bieszczady围绕萨诺克镇骑行。在大多数的度假区以及大城市都能租到自行车。

徒步

在塔特拉山脉，登山客们可以沿标记好的山路徒步攀爬。最有名的登山路径之一便是攀登Giewont（1894米）的陡峭山路。苏德台山地和大马祖里湖区也是很好的徒步选择。值得徒步穿越的国家公园包括比亚沃韦扎国家公园、华沙的Kampinos国家公园以及波兹南的大波兰省国家公园。这些地区的徒步路径都非常易行，在大书店里可以买到细节详尽的地图。

滑雪

从12月到次年3月，扎科帕内会让滑雪者们流连忘返。在这段期间，扎科帕内将提供比西欧其他滑雪胜地便宜得多的滑雪设施设备，同时这里也能体验悬挂式滑翔和其他滑翔类运动。西里西亚的Szklarska Poręba也是个体验滑雪的好地方。

水上运动

每个夏天，大马祖里湖区的各条水路都会布满成群的快艇、独木舟和皮艇。湖区沿岸的小镇可以租到各种小船，同时还能体验潜水观光。风帆冲浪者们可以在海尔半岛的海滩上尽情享受。

营业时间

银行 周一至周五8:00~17:00，有时周六8:00~14:00

咖啡馆和餐厅 11:00~21:00

商店 周一至周五10:00~18:00，周六10:00~14:00

夜店 21:00至深夜

节假日

新年 1月1日

主显节（Epiphany）1月6日

复活节星期日（Easter Sunday）3月或4月

复活节星期一（Easter Monday）3月或4月

劳动节（State Holiday）5月1日

宪法日（Constitution Day）5月3日

圣灵降临节（Pentecost Sunday）复活节后的第7个周日

圣体节（Corpus Christi）复活节后的第9个周四

圣母升天日（Assumption Day）8月15日

诸圣节（All Saints'Day）11月1日

独立日（Independence Day）11月11日

圣诞节（Christmas）12月25日和26日

住宿

在波兰，便宜的住宿包括露营、学校宿舍和双人间等。我们关于住宿地点的价位分档设定是依据双人间而定的。除非被特别指出，所有房间都有私人浴室，房价也包含早餐。

€ 低于150兹罗提

€€ 介于150~400兹罗提

€€€ 高于400兹罗提

露营

波兰有着无数的露营地，一些还提供高品质的木屋和平房小屋。他们大多在5月至9月期间开放，有些却只在6月到8月开放。波兰露营野营联合会的网站（Polish Federation of Camping and Caravanning, ☎22 810 6050; www.pfcc.eu）会为你提供有效资讯。

青年旅舍

波兰的青年旅馆（SCHRONISKA MŁODZIEŻOWE）统一由波兰青旅（Polskle Towarzystwo Schronisk Młodzieżowych; ☎22 849 8128; www.ptsm.org.pl）管理，波兰青旅也是国际青旅的成员之一。大多数波兰的青年旅馆都只在7月和8月开放，那时候通常有很多学生住客。全年开放的青年旅舍设施更齐全，这些青旅面向所有人开放，没有年龄限制。青年旅舍普遍有宵禁，许多青年旅舍在10:00~17:00间关闭营业。

在波兰各大主要城市有很多私人运营的青年旅馆，主要面向国际背包客开放。他们24小时营业，相对于传统的青年旅馆提供更多的现代化设施，相对价格也会更高一些。针对波兰很少有自助洗衣机的情况，这些青年旅舍通常会提供洗衣机（免费或付费的均有）。

宿舍间的床铺每人每晚需要40~80兹罗提。单人间或标准间价格每晚大约从150兹罗提起。

酒店

酒店的价格会受季节影响而产生较大差异，尤其在波罗的海沿岸地区的酒店更是如此。周末这些酒店一般都会打折。

尽量在入住前检查房间。不要被酒店前台的装潢所蒙蔽，这里酒店的前台总是看起来很好的，可其他设施却往往并不咋样。反而一些有着杂乱走廊的酒店却有着干净整洁的房间。

住宿可以通过www.poland4u.com和

www.hotelspoland.com预订，有时还会有额外折扣。

山间小屋

PTTK（Polskie Towarzystwo Turystyczno-Krajoznawcze; ☎22 826 2251; www.pttk.pl）为徒步者提供连锁山间小屋。这些地方通常设施简单，但是拥有温馨舒适的气氛与物美价廉的便食。相对独立的山野旅社对所有人开放，因此在旺季会比较拥挤。这些山间小屋全年开放，但是在前去小屋前最好先和最近的PTTK办事处确认一下。

私人房间与公寓

一些地方有中介（通常被叫作biuro zakwaterowania或biuro kwater prywatnych）可以帮助安排私人家庭的住宿。每单/双人房，花费120/150兹罗提。如果家庭旅社位于郊外，要提前查询好公共交通的信息，毕竟位置是必须最先考虑的因素。

在旺季期间，家庭旅馆的主人也会与旅行者直接联系。同时，在小的旅游地和乡村中，这些私人旅馆都会在门外挂上“房间（pokoje）”或“住宿（noclegi）”的标牌。

在华沙、克拉科夫、弗罗茨瓦夫和格但斯克等大城市，一些机构还会提供设施齐全的公寓，这些公寓价格合理并且有洗衣房，是代替酒店的不错选择。

就餐

以下价格根据一道主菜的价位而定。

€ 低于20兹罗提

€€ 介于20~40兹罗提

€€€ 高于40兹罗提

邮局

波兰的邮政服务由Poczta Polska运营，每个城市的Poczta Główna（中心邮政局）都提供多重种类的邮政服务。

寄一封正常尺寸的信（低于20克）或明信片到中国大陆需要5.0兹罗提，到欧洲国家需要2.40兹罗提，到北美洲3.20兹罗提，而到澳洲则需要4.50兹罗提。

电话

波兰的电话号码有九位数，没有区号。从境外向波兰拨号要先加国家代码☎48，然后加拨波兰电话。在波兰拨打国际电话要先拨打☎00。需要帮助的话可以拨打当地的运营商电话（☎913），国家电话和代码（☎912），国际代码（☎908），但是不要指望他们会和你说英语。

主要的移动供应商是Plus、Orange、T-Mobile和Play，每一家都出售包含电话和数据连接套餐预付的SIM卡。这些预付账号相对西欧的消费水平而言是非常便宜的，而且上述品牌的当地营业厅都能很好地帮助你设置好手机。

拨打国际电话最便宜的方式就是在邮局和Kiosks中购买各种运营商生产的预付国际电话卡，可在各地的公共电话使用。也可以在这些地方购买磁卡电话卡拨打国内电话。

网络

波兰的旅馆中普遍可以上网：要么有无线网络，要么是有线连接的台式电脑，或者两者均有。

在最不可能的情况下，如果你的设备断网了，你可以到附近的网吧里上网，花费在每小时4兹罗提到5兹罗提之间。当然，在有些有前瞻性的城市里，市政部门会在主要的城市商场和广场布置无线网络。

网站

Commonwealth of Diverse Cultures（www.commonwealth.pl）提供波兰文化遗产概述。

Virtualtourist.com（www.virtualtourist.com）提供旅行者们整理的波兰观光。

旅行安全

波兰是一个相对安全的国家，犯罪率在东欧剧变的短期混乱之后已明显下降。但是不管怎样都要提高警惕，在包括华沙中央车站在内的各大火车站周围，要提防小偷和扒手。在夜间列车，尤其是国际线路上要小心抢劫。如果可能的话，尽量和别的乘客共处一个火车隔间。

偷车是一个普遍问题，所以要尽可能把你的车停在安保措施较好的停车场内。在波兰酗酒的人很常见，虽然他们很少带来危险，但是仍会令人感到不安。

波兰是一个单一种族国家，因此非欧洲裔的旅客可能会引起当地居民好奇的围观。足球流氓并不少见，所以尽量避免和他们共搭一辆公共交通工具——尤其是当他们支持的球队输球的时候！

残障旅行者

波兰并没有良好的残疾人设施，虽然这几年在这方面已经有了显著的提高。在波兰，只有在顶级的高端酒店才能见到轮椅斜道，公共交通对于有残障问题的游客来说将是个挑战。然而，目前许多旅馆都至少有一个房间是特别为残障人士设计的，并且可以提前预订。在比较大的城市公共交通网络里也有一些低踏板的电车运行。更多关于残障人士的信息可以从**Integracja**查询（☎225306570，www.integracja.org）。

同性恋旅行者

在2007年波兰政权更迭后，政府官员中的公开同性恋恐惧现象有所减小；虽然教会在社会事务中仍然具有相当的影响力，然而波兰社会对于同性恋的接纳程度仍然在进展之中；目前，波兰的同性恋社区越来越多地走入了人们的视野。2010年，华沙举办了以“欧洲骄傲”（www.europride.com）为主题的同性恋活动，这是该类活动第一次在前社会主义国家举办。2011年末，变性活动家Robert Biedroń当选为波兰议会成员，这是首位当选议员的公开同性恋者。

但是，波兰的同性恋活动场所依然相当不引人注目。只有在华沙和克拉科夫可以找到供同性恋活动的酒吧、夜店和旅馆。免费的旅游手册The Visitor，和**In Your Pocket**手册（www.inyourpocket.com）也标注了少许同性恋酒吧的地点。

华沙和克拉科夫的同性恋信息来源还可以登录网站www.gayguide.net查询。

媒体

《华沙商业日报》的目标读者群主要是商务人士，而*Warsaw Insider*则有更多具有大众趣味的专栏、列表和评论。《华沙之声》（*Warsaw Voice*）是一份偏商业的英文新闻周刊。

免费的《欢迎来……》（*Welcome to...*）系列月刊在波兹南、克拉科夫、托伦、扎科帕内和华沙等城市都能买到。

EMPiK书店和超市休息室的书报亭会售卖最新的西欧、美国报刊杂志。

波兰有一系列的私营电视台和国营卫视。然而可惜的是，所有外语节目中的角色（不管男人、女人和孩子）都由同一个男声配音演员配音，而且和唇语不同步。在痛苦地观看节目的同时，你还能听到并存的原声。大多数宾馆都提供英语新闻频道。

到达和离开

飞机

飞往波兰的国际航班一般降落在华沙的奥肯切机场，其他的重要国际机场包括克拉科夫、格但斯克、波兹南和弗罗茨瓦夫机场。

LOT波兰航空（☎801 703 703，22 19572；www.lot.com）的航班飞往所有的欧洲主要城市。

波兰航空已于2012年5月开通了北京直达华沙的航班，每周三班，并与中国国际航空公司实施代码共享。若选择转机航线，波兰首都华沙可经由欧洲各大中转机场（阿姆斯特丹、法兰克福、巴黎和伦敦等）转机抵达。

往返波兰的主要航空公司如下：

中国国际航空（Air China；www.airchina.com）

法国航空（Air France；☎22 556 6400；www.airfrance.com）

欧洲波兰航空（Eurolot；☎22 574 0740；www.eurolot.com）

荷兰皇家航空（KLM；☎22 556 6444；www.klm.pl）

汉莎航空（Lufthansa；☎22 338 1300；www.lufthansa.pl）

斯堪的纳维亚航空（SAS；☎22 850 0500；www.flysas.com）

陆路

由于波兰现在已经属于申根区，因此波兰和德国、捷克、斯洛伐克和立陶宛之间已不再设边境检查所或边境手续。下面是一些波兰和非申根地区邻国的主要公路边境手续处，接受外国游客入境并且24小时开放。

白俄罗斯（南到北）Terespol、Kuźnica Białostocka

俄罗斯（西到东）Gronowo、Bezledy

乌克兰（南到北）Medyka、Hrebenne、Dorohusk

如果你想去俄罗斯或者立陶宛，而你乘坐的火车或大巴要经过白俄罗斯边检处的话，那么你必须提前拿到一个白俄罗斯的过境签证。

长途汽车

一些波兰和国际公司提供国际大巴业务。主要的运营商之一是**Eurolines Polska**（☎223213469，www.eurolinespolska.pl），该运营商向各个地方均有发车。

小汽车和摩托车

在波兰驾车的欧洲公民需要提供驾照，其他国籍的游客必须持有所在国的国际驾照。同时还要提供一份车辆登记证和行车保险（绿卡）。

火车

波兰有国际铁路通往各个邻居国家，但是车票并不便宜。为了节约车票钱，旅客们需要了解特殊车票和火车通票。波兰的国内火车票十分便宜，所以如果你先买一张到波兰边境例如什切青或普热梅希尔的火车票，再乘坐当地火车的话，会省下很多钱。

你可以在**PKP Intercity**（☎223919757；www.intecity.pl）上查看国际火车路线并且买票，也可以在**polrail sevice**（www.polrail.com）网站上查询有用信息。

要注意的是，波兰很多国际线路的火车上都是有小偷的。注意好自己的行李，尤其是在布拉格-华沙和布拉格-克拉科夫的过夜火车上。

海路

从格但斯克（见466页）和格丁尼亚（见468页）到斯堪的纳维亚半岛的各个港口都有渡轮服务。希切的波兰小镇也可以找到汽车托运船和客船。他们由以下公司运营：

Polferries（www.polferries.pl）每天从希切到瑞典的于斯塔德（6小时）、丹麦的哥本哈根（8小时）。

Unity Line（www.unityline.pl）每天从希切到瑞典的于斯塔德（7小时）和Trelleborg（8小时）。

当地交通

飞机

LOT波兰航空（☎801703703，2219572，www.lot.com）每天从华沙到格但斯克、克拉科夫、波兹南、弗罗茨瓦夫和什切青有数班航班。波兰航空的子公司**欧洲波兰航空**（Eurolot；☎225740740；www.eurolot.com）同样提供相同航班。

自行车

在城市里并不适合用的自行车，在村与村之间的旅行中却非常有用。如果你累了，可以把你的自行车放在慢速火车前后车厢的行李箱里（但是这种服务在快车上找不到）。这种情况下你只需在火车站买一张自行车的行李票即可。

长途汽车

在波兰南部山区的短途旅行可以借助大巴完成，虽然火车可能更快更舒服，但是私人小巴实际上更为方便快捷。

大多数大巴由国家公交公司PKS运营。在公交总站（dworzec autobusowy PKS）有普通大巴（在时刻表上标注黑色）和快速大巴两种服务（在时刻表上标注红色），快速大巴在小站不停。

汽车时刻表张贴在公示牌上，在特殊的时间和季节还会标注下一趟车的离站时间。具体的时刻表也可以在www.e-podroznik.pl网站上查询。汽车站一般会有信息问询处，只不过很少会有讲英语的工作人员。你可以在汽车站买汽车票，但是更多的时候应该在大巴司机处购买。本文提到的所有情况都是根据夏季日程表规划的。

波兰大巴的票价根据旅途的路线长短而定，同等路程的大巴票价要比火车票便宜许多。小巴的票价将根据旅途而定，一般会贴在车窗上或者车站处。

另一个和PKS类似的私人公司是**Polski Bus**(www.polskibus.com),提供有wifi的现代双层大巴,波兰境内路线和国际路线均有,沿站包括华沙、克拉科夫、格但斯克、卢布林、弗罗茨瓦夫、维也纳、布拉格和柏林。车票只能通过官网购买,票价和廉价航空类似变动很大。

小汽车与摩托车

燃料和零配件

加油站卖包括94号、95号和98号在内的汽油。一般在早上6点到晚上10点营业,周日是从早7点到下午3点,有些也会看时间而定。有大量的车库,路边援助可以拨打☎19637。

租车

主要的国际汽车租赁公司包括**Avis**(☎22 650 4872; www.avis.pl)、**Hertz**(☎22 500 1620; www.hertz.pl)和**Europcar**(☎22 650 2564; www.europcar.com.pl)。以上公司在各大城市可以找到,在各大机场设有相对较小的办事处。价位与西欧全价汽车租赁相仿。

租车需要提供护照、驾照(必须持有一年以上)和信用卡。年龄在21岁以上才可以租车,有些较贵的车需要25岁。

交通规则

机动车道限速130公里/小时,双道或四道车道限速100公里/小时,其他路线90公里/小时,在建区域50公里/小时,如果路标上的城镇名字用白色字体显示那么必须控制车速在50公里/小时以内,绿色字体则正常行驶(绿色字体有特殊含义时除外)。雷达测速警车非常常见,尤其是在白色路标的城镇。

除非特别标注,均可在人行道上停车,只需要留出1.5米宽的人行道即可。在反方向的车道上停车也行。血液酒精含量要求低于0.02%,最好饮酒后不驾车。驾车必须系安全带,骑摩托车必须戴头盔。在每年10月到次年2月之间,所有司机不管白天黑夜都要打开大灯。

火车

火车将是你旅游的主要交通工具。因为波兰火车车票便宜、行驶安全而且车厢并不拥挤(除非七八月份的高峰期)。**波兰国家铁路**(Polish State Railways, PKP; www.pkp.pl)运营着波兰各大旅游地的火车线路,它的在线时间表非常有用,用英语标注着路线、票价和中间停车站。在波美拉尼亚东部,有一家私人公司**Arriva**(www.arriva.pl)运营当地线路。

火车类型

» **城际特快列车**(Express Inter City trains)只在主要的大城市停留,是火车旅游最快的方式,这种火车需要提前预订座位。

» 接下来是比较老旧但是很便宜的**TLK**火车。这种车很慢很拥挤,但却可能是你最经常乘坐的火车类型。这种火车也需要提前订座。

» **区际列车**(InterRegio trains)一般在波兰的临近区域间运行,周末会减少车次,不需要订座。

» 等级最低的是慢车**Regio trains**,也叫作"旅客列车",该类车处处停车,铁轨旁的每一棵树都会被视为一个车站而停一下,只有短途旅行可以推荐,不可预订座位。

等级和票价

城际特快和TLK火车包括一等(pierwsza klasa)和二等(druga klasa)座位,后者车票便宜一半。

本书的票价都是基于TLK火车的二等车座而设定的,同时也参考了其他公司相同路线的火车票价。当然票价都是按照夏季的日程表标注的。

在夜班火车的卧铺车厢一等座中有四张床,二等座则有六张床。一等车厢里每两位乘客配一套洗脸盆、床单和被罩,二等车厢则是每三名乘客配发一套。卧铺车可以在大火车站的柜台提前预订。建议出行前预订。

列车时刻表

在各个火车站里,火车离站时刻表(odjazdy)都标注在黄色的牌子上,到站时刻表(przyjazdy)则标注在白色牌子上。普通列车用黑字标记,特快列车则用红字标记。带方框的R字母表示这趟车必须提前订座。

时刻表上也会标注出火车站台(peron)。火车站台两侧都会标明数字，如果有疑问可以检查火车厢侧面的出发板或者找人问问。

在PKP网站上可以找到英文的列车时刻表和票价信息。

车票

如果你搭乘的火车必须要提前订座，那么你所买到的车票将会自动是一张jscówka（预留）票。如果你没有订座，那么你可以随意搭乘任意一趟同一天到相同终点站的火车。

你的车票会标注车厢klasa（等级）、poc（火车类型），以及od（始发站）和do（终点站），沿途主要城市，转车所在地和cena（票价）。如果转车（在车票中标记为prez）所在地超过一个，提前问列车员你要在什么时候换车，或者在特定的列车厢等候（列车车厢可能随后会分离）。

如果你没有买票上车，你可以上车直接从售票员处加7兹罗提补票。但是切记，如果检票员先找到你而你又没有票，你就会被定为逃票。你也可以从二等车厢升级到一等车厢，只需补好车票差价并外加7兹罗提手续费即可。

斯洛伐克

包括»

最佳餐饮

» Café Verne（见498页）

» Cactus（见535页）

» Reštaurácia Bašta（见505页）

最佳住宿

» Ginger Monkey Hostel（见521页）

» Grand Hotel Kempinski（见518页）

» Skaritz（见497页）

为何去

斯洛伐克并不是捷克的一个省。从（原）捷克斯洛伐克解体而独立后，经过20多年的发展，斯洛伐克现已日益富强。斯洛伐克拥有令捷克人羡慕的古代城堡，并且拥有比西方邻国更加具有野性气息的自然风景。

你可以一天徒步穿过拥有茂密森林和美丽瀑布的峡谷，在海拔2500多米高耸入云的山峰吟唱约德尔小调。迷你首都布拉迪斯拉发，背靠茂密的森林，干净整洁，到处是稀奇古怪的博物馆。人口稠密的老城区，或许是世界上人均咖啡馆占有率最多的地方。

千万不要错过东部，在这里可以观赏到林立的高塔和具有悠久传统的中世纪古镇，例如莱沃恰（Levoča）和巴尔代约夫（Bardejov），沿着山间小径徒步旅行。坐下来倒上一杯slivovica（梅子白兰地），为了我们举杯——nazdravie（干杯）！

何时去

布拉迪斯拉发

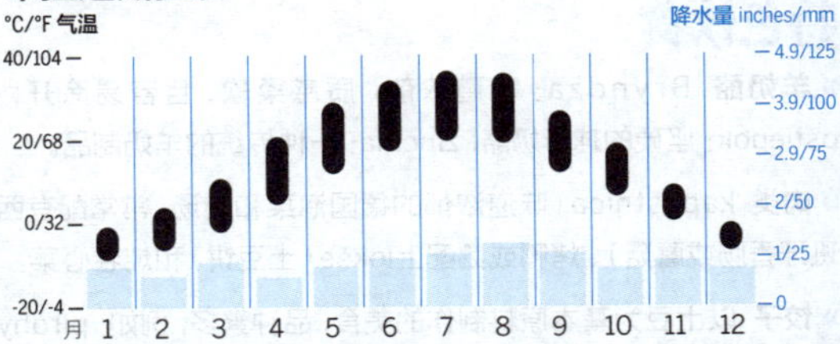

9月 游客稀少，然而天气宜人。酒季意味着这将是个以酒文化为主题的欢庆季节。

6月和7月 整个国家都会沉浸在各种节日之中，上塔特拉山（Tatras）徒步小径将全部对外开放。

1月和2月 是高山滑雪的好季节，但是很多其他的景点都不会开放。

交通

尽管飞往斯洛伐克的航线不多，但是布拉迪斯拉发离四通八达的维也纳国际机场（Vienna International Airport）仅60公里。从布拉迪斯拉发到布达佩斯（3小时）和布拉格（5小时）乘火车非常方便。长途汽车线路从波普拉德（Poprad）经科希策到波兰的扎科帕内（Zakopane，2小时）和乌克兰的乌日霍罗德（Uzhhorod，2.5小时）。

旅行线路

三天

在布拉迪斯拉发花两天时间就足够了，可以逛一逛老城区狭窄的街道，一定要多参观一下博物馆。接下来的一天最好是去德文（Devín）或者特伦钦（Trenčín）游览一下城堡。再或者，最好是花整三天时间来进行一次在崎岖的上塔特拉山徒步旅行，可以在斯达考威科（Starý Smokovec）的度假胜地中心，或者在更与众不同的位于贝拉塔特拉（Belá Tatras）的兹蒂亚尔（Ždiar）歇歇脚。

一周

在布拉迪斯拉发度过一两天后，便可开始探索东部。在塔特拉（Tatras）周边至少要花4天时间，以便你有足够的时间徒步到达一间山间木屋，并有一天的时间去参观不容错过的斯皮什城堡（Spiš Castle）遗址、中世纪遗迹莱沃恰，或者去斯洛伐克天堂国家公园（Slovenský Raj National Park）来一次苏哈贝拉峡谷（Suchá Belá Gorge）徒步旅行，口碑很好。最后的一两天，继续参观巴尔代约夫令人惊叹的美丽景点，这里包括文艺复兴时期的城镇广场、圣像艺术品和附近的木结构教堂。

特色饮食

» **羊奶酪** Bryndza：味道浓郁、质感柔软，且容易涂开；oštiepok：坚硬的球形奶酪；žinčina：一种传统的羊奶制品。

» **肉类** kapustnica（味道浓郁的德国泡菜和肉汤，常常配有西班牙香肠或蘑菇）、烤鸭或鹅配上lokše（土豆饼）和炖卷心菜。

» **饺子** 以土豆为基本原料制作的美食，品种繁多，例如：pirohy（口袋形饺子，里面塞满bryndza和熏肉）。

» **果味烈酒** 由家庭酿造或商店销售的烈性酒，以浆果和去核水果为原料，例如borovička（刺柏果酿造）和slivovica（梅子酿造）。

速览

» **货币** 欧元（€）

» **语言** 斯洛伐克语

» **现金** 自动取款机随处可见

» **签证** 适用申根政策

快速参考

» **面积** 49,035平方公里

» **首都** 布拉迪斯拉发

» **国家代码** ☎02

» **紧急电话** ☎112

汇率

人民币	CNY1	€0.12
港币	HKD1	€0.09
新台币	TWD1	€0.02
澳门币	MOP1	€0.09
新加坡元	SGD1	€0.58
美元	USD1	€0.73

预算

» **经济型酒店房间** 30~60欧元

» **一餐两道菜** 15欧元

» **博物馆门票** 3欧元

» **啤酒** 1.50欧元

» **城市交通票** 0.70欧元

网络资源

» **斯洛伐克旅游局**（Slovak Tourist Board, www.slovakia.travel）

» **斯洛伐克文档商店**（Slovakia Document Store, www.panorama.sk）

斯洛伐克亮点

❶ 徒步于欧洲阿尔卑斯山脉最小的**上塔特拉山**的木屋之间（见514页）。

❷ 漫步在**布拉迪斯拉发**（见492页）的人行道上，品尝一杯饮料或坐在老城区河边的咖啡馆里喝口杯啡。

❸ 参观欧洲最大的**斯皮什城堡**遗址（见525页）。

❹ 可以在传统的村庄里体验民俗文化，例如**Vlkolínec**（见507页）和**奇奇马尼**（见507页）。

❺ 寻找标志性建筑，联合国教科文组织收录的木结构教堂位于斯洛伐克偏僻的东部地区较远处，例如**Hervatov**（见536页）或**Ladomirová**。

❻ 在**班斯卡-什佳夫尼察**，景色壮丽并保持完好的古代采矿小镇来一次穿越时光的旅行（见511页）。

❼ 在**斯洛伐克天堂国家公园**，攀爬吱吱作响的梯子，穿过令人心惊肉跳的峡谷中飞流直下的瀑布（见526页）。

布拉迪斯拉发 (BRATISLAVA)

☎02/人口432,800

贴近大自然的属性赋予了斯洛伐克首都独特的魅力。多瑙河从城中穿过，通往翠绿色冲积平原的自行车道起点就在市中心外。另外，从火车站步行30分钟可以到达植被茂密的小喀尔巴阡山脉；驾驶房车到多山区域在全国范围内很普遍，几乎不受任何限制。这里既有滑雪道，又有供人漫步的翠绿的葡萄园。

迷人（即便是微小）的Starý Mesto（老城）是欣赏布拉迪斯拉发的起点。漫步于狭窄的步行街，欣赏色调柔和的18世纪建筑，或者在几乎无处不在的咖啡馆中挑选一家坐下小憩，在城堡的凝视下，仿佛重新回到了中世纪。厌倦了旧风景？看看新风景吧：值得看一看他们为之骄傲的迷人的社会主义时期建筑，以及当地所具有的东欧最壮观的现代艺术殿堂之一。这些新与旧的反差都构成了布拉迪斯拉发迷人的魅力。

历史

建立于公元907年，在12世纪前，布拉迪斯拉发（在匈牙利语中叫Poszony，在德语中叫Pressburg）是匈牙利帝国的一座大城市。马加什一世（Matthias Corvinus）国王在这里成立了一所大学，这便是伊斯特洛波利达纳学院（Academia Istropolitana）。许多迷人的巴洛克风格宫殿都可以追溯到奥匈帝国女王玛丽娅•特蕾莎时期（Maria Theresa，1740~1780年），当时这座城市非常繁荣。从16世纪到19世纪中叶，土耳其人攻占了布达佩斯，此后匈牙利国会会议和国王加冕仪式都在圣马丁大教堂举行。

“布拉迪斯拉发”这个名称是在第一次世界大战后被正式采用的，它成为了（前）捷克斯洛伐克的第二大城市。当欧洲被再次瓜分的时候，这座城市是各个国家都梦寐以求的地方——尤其是奥地利（人口主要以说德语为主）。美国总统伍德罗•威尔逊（Woodrow Wilson）支持捷克斯洛伐克去争取一个多瑙河港口，纳入他们刚刚建立的国家版图，因此该市差点被称作威尔逊诺夫（Wilsonov）。“二战”后，前苏联对城镇的建筑破坏严重——破坏了大片老城，包括为了修建公路而拆除了犹太教堂。对建筑物造成破坏的错误决定已经通过人们的努力有所好转，例如Eurovea河畔建筑群。

布拉迪斯拉发两日游

清晨开始攀爬**布拉迪斯拉发城堡**（Bratislava Castle），站在烽火台上可以看到老城区的圆瓦屋顶和Petržalka的现代繁华。下行的途中，可以参观**犹太文物博物馆**（Museum of Jewish Culture）和**圣马丁大教堂**（St Martin's Cathedral），这里是匈牙利历代君主加冕的地方。下午可以漫步老城区，然后以**Cafe Verne**的一顿大餐或者**Nu Spirit Club**的斯洛伐克风情派对来结束这一天。

第二天，去一趟**德文城堡**（Devín Castle），参观一下从9世纪到18世纪令人沉痛的历史遗址，或者乘船去**Danubiana Meulensteen艺术博物馆**（Danubiana Meulensteen Art Museum）看一看。

景点

除了这里提到的景点外，还有一些小型博物馆和逐步增多的著名画廊分散在老城区：请在信息中心索要Art Plan宣传单。

布拉迪斯拉发城堡 城堡

（Bratislava Castle；www.snm.sk；免场地费，博物馆成人/儿童4/2欧元；⏲场地9:00~21:00，博物馆 周二至周日10:00~18:00）城堡位于多瑙河岸边一处山丘之上，位于老城的西南方，今天所看到的城堡大部分是20世纪50年代重建的；1811年的一场大火使这座要塞在长达一个多世纪里一直是一座废墟，迄今翻修还在继续。大多数建筑内都有行政办公室，这里有一座斯洛伐克的博物馆穿过了悠悠的历史长河，翠绿的草坪和壁垒也为欣赏城市美景提供了绝佳的地点。

布拉迪斯拉发：古怪女王

当提到观光，布拉迪斯拉发堪称是古怪女王。上镜次数最多的是什么？不是教堂，也不是城堡，而是**守望者**（Watcher，Panská和Rybárska交叉路口）青铜雕像，他正在透过一个窥视孔向外张望。他并不孤单：环顾老城区周围还会发现其他稀奇古怪的雕像，其中有**摄影师**和带着钟表的僧侣。其他不同寻常的景点还包括：

钟表博物馆（Museum of Clocks；www.muzeum.bratislava.sk；Židovská 1；成人/儿童2.30/1.50欧元；⏲周二至周五10:00~17:00，周六和周日11:00~18:00）老旧钟表随意摆放在一座有趣的狭窄建筑里。

蓝色教堂（Blue Church；Kostol Svätej Alžbety；Bezručova 2；⏲弥撒时间 7:00/9:30/11:00/18:30）圣伊丽莎大教堂修建于1911年，它的外墙、装饰和砖瓦采用了淡雅的天蓝色和较深的品蓝色，故而俗称“蓝色教堂”。

米歇尔门和塔（Michael's Gate & Tower；www.muzeum.bratislava.sk；Michalská 24；成人/儿童4.30/2.50欧元；⏲周二至周日10:00~18:00）布拉迪斯拉发最古老的城门，里面已成了中世纪武器博物馆，爬过低矮的五层楼，来到塔顶，在这里可以欣赏老城区的美丽景色。

犹太文物博物馆 博物馆

（Museum of Jewish Culture；www.snm.sk；Židovská 17；成人/儿童7/2欧元；⏲周日至周五11:00~17:00）最感人的是三层的展厅，那里集中展现了在“二战”前后消失了的大型犹太社区和建筑。黑白照片展示了消失前的犹太居住区和犹太教堂。

圣马丁大教堂 教堂

（St Martin's Cathedral，Dóm sv Martina；Kapitulská/Staromestská交叉路口；成人/儿童2欧元/免费；⏲周一至周六9:00~11:30和13:00~17:00，周日13:30~16:30）相对低调的内部装饰掩盖了圣马丁大教堂辉煌的历史：11次奥匈帝国君主（包括10位国王和一位女王，玛丽娅•特蕾莎）的加冕活动都在这座14世纪的教堂里举行。繁忙的高速公路紧贴圣马丁前城墙的护城河。

Hviezdoslavovo Námestie 广场

大使馆、餐厅和酒吧是长长的绿荫广场上主要的建筑，集中在步行道南端。在Hviezdoslavovo的东端是建于1886年华丽的斯洛伐克国家歌剧院（Slovak National Theatre，见500页），这是最引人注目的城市歌剧院之一。剧院对团队游不开放，但是门票价格不是很高。附近的**雷杜塔宫**（Reduta Palace，Eugena Suchoň nám；⏲周一、周二、周四和周五13:00~19:00，周三8:00~14:00）建于1914年，是一座新巴洛克式建筑，也是斯洛伐克爱乐乐团（Slovak Philharmonic）的总部：其中一项改造是增加了一部令人叹为观止的风琴，价值150万欧元。

Hlavné Námestie 广场

美丽的Hlavné nám（主广场）周围摆满了咖啡桌，这里是许多节日庆典的场所。**罗兰喷泉**（Roland's Fountain），位于广场中心，大约修建于1572年，是一种老式消防设备。修建于1421年的**老市政厅**（Old Town Hall）位于广场东北侧（www.muzeum.bratislava.sk；成人/儿童5/2欧元；⏲周二至周五10:00~17:00，周六和周日11:00~18:00），里面有一个城市博物馆。在**Jesuit Church**的台阶上，Františkánske nám的旁边，你经常会看到身着传统服饰的音乐家在那里演奏fujira。

斯洛伐克国家美术馆 美术馆

（Slovak National Gallery，Slovenská Národná Galéria；www.sng.sk；Rázusovo nábr 2；成人/儿童3.50/2欧元；⏲周二至周日10:00~17:00）斯洛伐克国家美术馆是由一座社会主义时期的现代化建筑和一座18世纪的宫殿共同组成的。里面藏有国家级的艺术珍品，涵盖了从哥特风格到当代平面设计的各种作品。

Central Bratislava 布拉迪斯拉发市中心

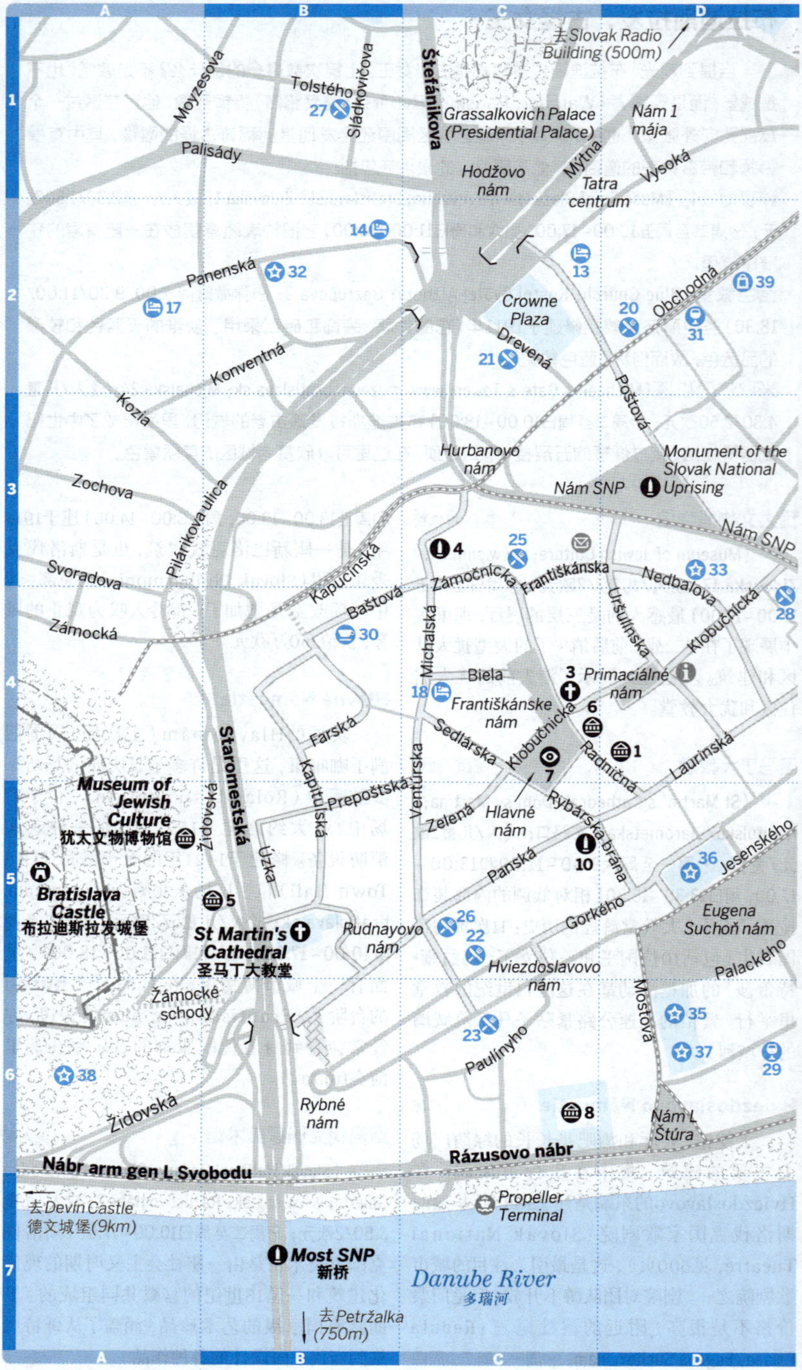

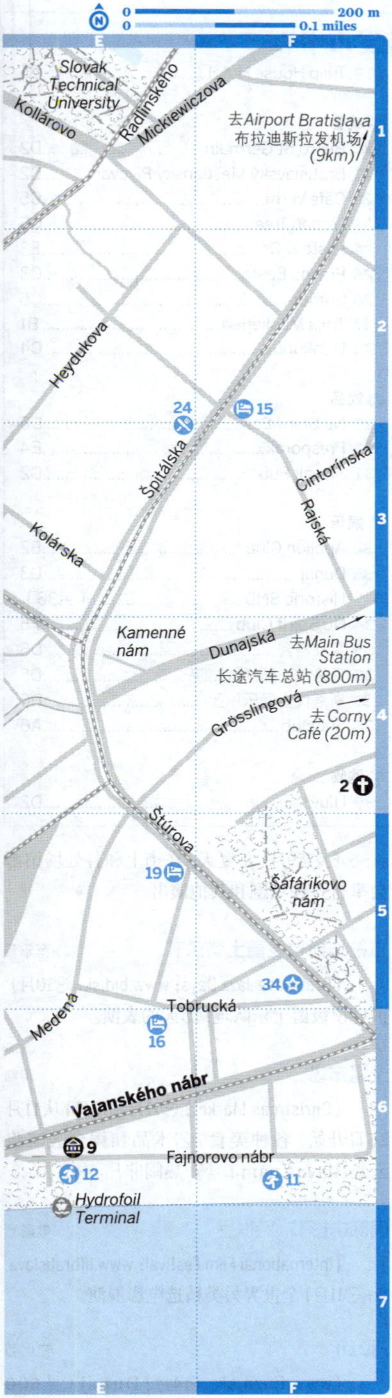

奥波尼宫殿 葡萄酒博物馆

（Apponyi Palace；www.muzeum.bratislava.sk；Radničná 1；成人/儿童6/3欧元；⏲周二至周五10:00~17:00，周六和周日11:00~18:00）宫殿修复于1761年，可在酒窖展览中一探该地区的酿酒文化。这里还有极佳的互动式英语音频设备。

斯洛伐克国家博物馆 博物馆

（Slovak National Museum；www.snm.sk；Vajanského nábr 2；成人/儿童3.50/1.50欧元；⏲周二至周日9:00~17:00）低层举办各种不同的展览，高层是关于自然历史的展厅。

布拉迪斯拉发森林公园 森林

（Bratislava Forest Park；Bratislavský Lesný Park；🚌203）Kamzik TV电视塔是这里的地标建筑（有配套的观景平台和餐厅），从这座广阔而多山的森林公园可以将城市的北边风景一览无余。尽管这里提供**缆车服务**（cable car，Skiareál Mariánky，Dusíkova；3欧元；⏲10:00~17:00每15分钟1趟），但最好选择步行或骑车，一路上可以欣赏美丽的自然风景。从Koliba有轨电车终点站到公园入口需要步行上坡20分钟。

活动

从4月至9月，**Slovak Shipping & Ports**（☎5293 2226；www.lod.sk；Fajnorovo nábr 2）港口运营前往布拉迪斯拉发的船只，在多瑙河上往返需45分钟（成人/儿童，5/3.50欧元）。德文（Devín）观光船往返于港口和城堡之间（成人/儿童，往返7/5欧元），在城堡停留1~2小时，然后需30分钟返回布拉迪斯拉发。

你可以在位于河畔的儿童游乐场**Bratislava Sightseeing**租一辆自行车（☎0907683112；www.bratislavasightseeing.com；Fajnorovo nábr；每小时/天 6/18欧元；⏲5月中旬至9月中旬10:00~18:00）。

团队游

首选 **Authentic Slovakia** 文化游

（☎908308234；www.authenticslovakia.

Central Bratislava 布拉迪斯拉发市中心

com；每2/4小时团队游25/39欧元）想知道其他旅行团没有告诉你的关于斯洛伐克的故事吗？和这些人一起去探索不可思议的社会主义时期建筑和典型的krčmy（斯洛伐克酒吧）：真实的斯洛伐克。

Be Free Tours 步行游览

（www.befreetours.com；⊙周二至周六11:00和16:00，周日和周一16:00）从Hviezdoslavovo nám大广场的Hviezdoslav雕像出发，来一次两小时的老城区步行游览，全程有英语导游服务。他们还会带着游客从一个酒吧串到另一个酒吧（每周二、周四和周六）。

节日和活动

夏季文化节 文化节

（Cultural Summer Festival；visit.bratislava.sk；⊙6月至9月）在夏天，在街上和各处场馆都会举行各种戏剧和其他演出。

布拉迪斯拉发爵士音乐节 音乐节

（Bratislava Jazz Days；www.bjd.sk；⊙10月）世界顶级爵士乐队连续3天的表演。

圣诞市场 购物

（Christmas Market；⊙11月和12月）从11月26日开始，各种美食、艺术品和舞台表演将云集Hlavné nám 广场，热闹非凡。

国际电影节 电影节

（International Film Festival；www.iffbratislava.sk；⊙11月）全世界另类精选电影展演。

Fjúžn 文化节

（www.fjuzn.sk；⊙4月）Dunaj（见500

页），这里是全年世界音乐重要的演出场地，这里举办一年一度的斯洛伐克民族和文化庆典。

住宿

详细住宿列表，请参看www.bkis.sk。省去昂贵的酒店费用，在老城区短期租住公寓（每晚65~120欧元）是最佳的选择，还可以自己做饭。家庭经营、热情好客而又现代化的**Apartments Bratislava**（www.apartmentsbratislava.com）是最佳选择。许多青年旅舍都带有厨房。

首选 Skaritz 精品酒店 €€

（☎5920 9770；www.skaritz.com；Michalská 4；房间75~100欧元；P🚭📶）在老城区很少能有其他地方能把百年的优雅风格和现代设计自然地融为一体。你无论如何也找不出比这家酒店地理位置更好的酒店了。从20间房间和6间公寓里选择你喜欢的吧。

首选 Hotel Marrol's 精品酒店 €€

（☎5778 4600；www.hotelmarrols.sk；Tobrucká 4；标单/双120/150欧元，套500欧元起；📶🏊）在这里可以联想到威廉大帝心满意足地抽着雪茄的情景：54间豪华的客房和套房，或茉莉花温泉，将令所有的贵宾都感到宾至如归。考虑到这是一家在世界豪华酒店名录里都可以找得到的酒店，所以这看似高昂的价格已经十分亲近大众了。

Downtown Backpackers 青年旅舍 €

（☎5464 1191；www.backpackers.sk；Panenská 31；铺17~18欧元，双52欧元；🚭@📶）布拉迪斯拉发第一家青年旅舍，背包客们还是那么嗜酒（在进入旅舍前将穿过一家酒吧），典型的波希米亚风格，红砖墙壁和挂毯更增添几分特色。这里提供非常美味的食物。

Penzión Virgo 家庭旅馆 €€

（☎2092 1400；www.penzionvirgo.sk；Panenská 14；标单/双/公寓61/74/85欧元；🚭@）出租屋排列于庭院周围。尽管房间里有乌黑的木制地板和巴洛克式壁纸，但是屋内采光和通风都非常好。自助早餐包含意式浓缩咖啡（5欧元）。

Penzión Zlatá Noha 家庭旅馆 €

（☎5477 4922；ww.zlata-noha.sk；Bellova 2；标单/双39/49欧元；📶；🚌203）位于老城北部树木茂密的Koliba，Zlatá Noha是一家家庭式旅馆，这里有这一地区价格最便宜的房间。虽然只有简单的家具，但是整洁干净，从这里远眺遍布于布拉迪斯拉发的葡萄园，会使你精神振奋。

Hostel Blues 青年旅舍 €

（☎0905204020；www.hostelblues.sk；Špitálska 2；铺15~20欧元，双52~63欧元；🚭@📶）可以选择5至10张床的男女分开宿舍或混合宿舍，或那些上下铺宿舍。包间拥有独立的浴室。热情的店员还会为你提供免费的导游服务。

Tulip House Hotel 精品酒店 €€€

（☎3217 1819；www.tuliphouse.sk；Štúrova 10；

社会主义时期的布拉迪斯拉发

社会主义时代的勤俭之风在这座城镇里留下了深深的烙印，风格奇特而又有纪念意义。

Most SNP（新桥；www.u-f-o.sk；Viedenská cesta；观景平台 成人/儿童8/5欧元；⏲10:00~23:00）俗称UFO（发音"ew-fo"），大桥横跨多瑙河，建于1972年，是现代建筑的奇迹，有观景平台和价格实惠的餐厅。

Petržalka 位于多瑙河南部，这里是钢筋混凝土林立的世界，是实行东欧社会主义住房建设计划规模最大的城市。

Slavín War Memorial 巨大的纪念碑矗立于同名公园里，来纪念在"二战"中阵亡的苏联士兵。

Slovak Radio Building（Slovenský rozhlas；Mýtna 和Štefanovičova交叉路口）这里有一座巨大的颠倒金字塔形建筑，我们会把剩下的留给你去想象。

套含早餐129~249欧元；P⊖❄@📶）新艺术派装修风格，精致高雅，而且这里的咖啡厅非常棒。

Hotel-Penzión Arcus 家庭旅馆 €€

（☎5557 2522；www.hotelarcus.sk；Moskovská 5；标单/双含早餐65/100欧元；⊖📶）家庭式经营，房间风格迥异（有的带有阳台，有的带有观景庭院）。价格稍贵，但是非常干净。经过Spitalska，在Tesco东南500米。

Austria Trend 酒店 €€

（☎5277 5800；www.austria-trend.sk；Vysoká 2a；房间90~150欧元；P❄@）较新的商务酒店，位于老城区边缘。

✕就餐

步行街的中心充斥着不仅价格昂贵而且单调乏味的食品。在狭窄的街巷四处搜索，你会发现一些非常好的咖啡馆和餐厅，但是大多数最正宗、最具特色的就餐场所已经被迫远离此地。正宗的斯洛伐克食品不是很容易找得到。在Obchodná，排列着一些价格合理的小饭馆，可以坐下来就餐，也可以打包。中午套餐非常便宜，是斯洛伐克人的最爱。布拉迪斯拉发的大多数餐厅都没有英文菜单。

首选 **Café Verne** 各国风味 €€

（Hviezdoslavovo nám 18；主菜4~11欧元；⊙9:00至午夜；📋）这是一家老城区里口味正宗，环境友好并且物有所值的餐厅：捷克啤酒无限量供应，从外国侨客到各地学生，所有人都狼吞虎咽地享受着美食，其中包括斯洛伐克传统美食和相当不错的英式早餐。

Bistro St Germain 法式小馆 €

（Obchodná 17；主菜4欧元；⊙10:00~22:00）紧邻Obchodná，小庭院里包含着大惊喜：装修豪华，可以一边放松闲谈，一边品尝手工制作的柠檬水、纸杯蛋糕或清淡午餐（富有创意的沙拉、法棍和其他类似的食物）。

首选 **Bratislavský Meštiansky Pivovar** 斯洛伐克菜 €€€

（☎0944512265；Drevená 8；主菜3~19欧元；⊙周一至周四和周六11:00至午夜，周五至次日1:00，周日至23:00）拱形天花板屋顶和老城风格的艺术品使这家小啤酒屋显得非常时尚，这里提供新鲜的布拉迪斯拉发啤酒和富有创意的斯洛伐克美食。

City Kebab 土耳其菜 €

（Trnava Cesta & Tomašikova；烤肉串和小吃1~4欧元；⊙周一至周六7:00~19:00；🚌61）布拉迪斯拉发最棒的土耳其特色风味餐厅。餐厅后面是鲜菜瓜果市场，那里的商品琳琅满目，从小喀尔巴阡（malokarpatské）葡萄酒到多种本地蘑菇，应有尽有。位于城市东部5公里处，机场方向。

Lemon Tree 泰国菜 €€€

（☎5441 1244；www.lemontree.sk；Hviezdoslavovo nám 7；5~15欧元；📋）顶级的泰国-地中海风格的餐厅，餐厅8层有高端酒吧——天空酒吧，从这里可以欣赏到优美的风景。最好提前预订。

Prašná Bašta 斯洛伐克菜 €€

（Zámočnicka 11；主菜6~15欧元；⊙11:00~23:00）餐厅内部的拱形屋顶美丽迷人，内部庭院是该市最隐秘的庭院之一。这家位于老城区的餐厅提供非常好的斯洛伐克风味食物。

Brasserie La Marine 法国菜 €€€

（www.lamarine.sk；Pribinova；主菜11~21欧元；⊙9:00~23:30）这家餐厅位于Eurovea购物中心附近，在河边沿岸的众多餐厅中鹤立鸡群，位于老城区往东步行10分钟的地方。这里有该市最好的葡萄酒和美食，虽然价格较高，但是物有所值。

Traja Mušketieri 小酒馆 €€

（☎5443 0019；Sládkovičova 7；主菜6~12欧元）这家具有中世纪风格的高档小酒馆连菜单都具有浓浓的诗意（"Treacherous Lady de Winter"，鸡肉串配火腿）。服务非常周到，建议提前预订。

U Jakubu 斯洛伐克菜 €

（Nám SNP 24；主菜2~5欧元；⊙周一至周

五8:00~18:00）这是一家斯洛伐克经典美食自助餐厅。

Pesto & Co 熟食店

（Špitálska 21；⊙周一至周六）充满魅力的店主人会为你推荐不同地区的美食，从格拉巴酒到浓咖啡，所有你能想到的意大利美食这里应有尽有。

Corny Café 咖啡馆 €

（Grösslingová 20；⊙8:00~22:00）正如展示柜里的陈列品一样，这家舒适的咖啡馆装饰风格很传统，提供世界各地不同种类的咖啡，你能叫上名字的这里都有（你可以买回家，也可以在这里品尝）。然后可以在靠近蓝色教堂的露台上品尝可口的蛋糕、美味的汤和非常好吃的乳蛋饼。

Shtoor 咖啡馆 €

（Panská 23；清淡午餐3~5欧元；）在这里可以品尝到即美味便宜又健康的午餐，Shtoor在布拉迪斯拉发有三家门店，但是这一家有两层座位，氛围最佳（咖啡和蛋糕点燃激情）。浏览菜单：以L'udovít Štúr制定的老斯洛伐克语编写，他是斯洛伐克语言文学的奠基人。

饮品

从4月中旬至10月，老城区步行街的每一个角落都摆满了咖啡桌。只喝饮料不吃东西通常是可以的。Hviezdoslavovo Nam广场是个喝一杯的好地方，Eurovea也一样。

Prešporák 咖啡馆

（Baštova 9；⊙10:00~23:00）很多游客说这里是布拉迪斯拉发最好的咖啡馆。不管怎么说，由于旧书架和更加古怪的陈列品，例如巨大的16世纪帆船模型，这里成为了一个驻足休息的好地方。

Slovak Pub 斯洛伐克菜

（Obchodná 62；主菜5~10欧元；⊙周日至周四10:00至午夜，周五和周六10:00至次日2:00）虽然这里的游客非常多，但是大多数种类的啤酒都还买得到，这里还有你能想到的各种传统民族美食，尽管与当地最高品质的食品还有些差距。

Nu Spirit Bar 酒吧

（Medená 16；⊙周一至周五10:00至次日2:00，周六和周日17:00至次日4:00）这是家非常受欢迎的地窖酒吧，就像它的地理位置一样隐蔽，通常有现场音乐演出，包括：爵士乐、电子乐以及灵魂乐。

☆ 娱乐

浏览**Slovak Spectator**（www.spectator.sme.sk），**布拉迪斯拉发文化与信息中心**（Bratislava Culture & Information Centre，www.bkis.sk）和**Kam do Mesta**（www.kamdomesta.sk）获取最新信息。

夜店和现场音乐

布拉迪斯拉发的音乐酒吧和夜店的入场费通常都很低（免费至5欧元）。

Apollon Club 同性恋

（www.apollon-gay-club.sk；Panenská 24；⊙周一至周四18:00~次日3:00，周五和周六20:00至次日5:00，周日20:00至次日1:00）这家市内同性恋迪斯科夜店有两间酒吧和三个舞台。周二是卡拉OK之夜。

Nu Spirit Club 夜店

（Šafárikovo nám 7；⊙22:00至深夜，周日和周一不营业）和Nu Spirit Bar的服务项目差不多，仅仅是大一些，还有更多跳舞的场地。

Hlava XXII 夜店

（Bazová 9；⊙周二至周六15:00至次日3:00）现场即兴演奏，蓝调和世界音乐。紧邻Záhradnicka，镇中心东南1公里。

Subclub 夜店

（Nábrežie arm gen L Svobodu；⊙周四至周六22:00至次日4:00）位于城堡下隐蔽的通道内。伴随着喧嚣的高科技舞曲、独立音乐和硬核摇滚乐的强烈冲击，这里成为了年轻人欢乐的海洋。

运动

HC Slovan，是布拉迪斯拉发备受欢迎的冰球队，他们在**Ondrej Nepela Stadium**（Odbojárov 9）进行比赛，该体育场为举办2011年世界冰球锦标赛而重新进行了装修。可以通过www.ticketportal.sk订票。

艺术表演

民间舞蹈音乐团体在城镇周围各个剧场演出，例如大家强力推荐的**Lúčnica**（www.lucnica.sk）；其中Dunaj比较迎合先锋派口味。

斯洛伐克国家歌剧院 剧院

（Slovak National Theatre, Slovenské Národné Divadlo, SND; www.snd.sk; Hviezdoslavovo nám）这家国家剧院公司在两个场地分别演出高品质的歌剧（包括斯拉夫歌剧和国际歌剧）、芭蕾舞和戏剧。**Historic SND**（Hviezdoslavovo nám，售票处Jesenského和Komenského交叉路口；⌚周一至周五8:00~17:30，周六9:00~13:00）作为地标建筑，建筑通体镀金装饰，本身就是一大亮点；现代化的**New SND**（Pribinova 17；⌚周一至周五9:00~17:00）中有一家咖啡馆。

斯洛伐克爱乐乐团 剧院

（Slovak Philharmonic; www.filharm.sk; Eugena Suchoň nám; 门票5~20欧元; ⌚周一9:00~14:00，周二至周五13:00~18:00，还有表演前）

Dunaj 艺术表演

（www.kcdunaj.sk; Nedbalova 3; ⌚16:00至深夜）该文化中心举办斯洛伐克最有趣的戏剧和音乐表演。几乎每晚都有节目上演。另外这里还有一间酒吧，在露台上可以欣赏到老城区的全景。

购物

在Hlavné nám周围有一些水晶店、工艺品店、珠宝店和纪念品摊。老城区街道旁的小巷是绘画工匠们的工作场所。

折扣划算吗？

布拉迪斯拉发城市一卡通（Bratislava City Card; 1/2/3天 10/12/15欧元），布拉迪斯拉发文化与信息中心（Bratislava Culture & Information Centre）有售，凭此卡可以乘坐公共交通和享受博物馆门票折扣。除非你计划参观每一处景点，否则它可能不太合适。门票价格通常都很便宜，而且老城也不是很大。

Eurovea 购物中心

（Pribinova）从老城往东步行10分钟，毗邻别致的河畔餐厅和新斯洛伐克国家歌剧院（New SND），所有的西方连锁商店在这里都有分店。

Úľuv 手工艺品

（www.uluv.sk; Obchodná 64）想购买一些民间艺术品的话，就一定要去这家主要的ÚĽuv奥特莱斯店，这是一家全国手工艺品合作社，院子里挤满了工匠们的工作室。寻找šupolienky：由喷涂的玉米秆制成，形象生动，极富表现力。

实用信息

多数咖啡馆都有Wi-Fi服务，Hlavné nám 和Hviezdoslavovo nám是免费Wi-Fi服务区。布拉迪斯拉发的老城区有许多银行和自动取款机，在Poštova也设有分支机构。在火车和公共汽车站，机场也都设有自动取款机和货币兑换窗口。

布拉迪斯拉发文化与信息中心（Bratislava Culture & Information Centre, BKIS; ☎5443 3715, 16 186; www.bkis.sk; Klobučnícká 2; ⌚周一至周五9:00~18:00，周六9:00~15:00，周日10:00~15:00）热情友好的官方旅游局。这里提供内容丰富的旅游手册，包括一个简易的布拉迪斯拉发旅游指南。

Klar-i-net（Klariská 4; 每小时3.50欧元; ⌚周一至周五10:00~22:00，周六和周日从15:00起）拥有很多台配置先进的电脑。

Lonely Planet（www.lonelyplanet.com/slovakia/bratislava）

警察总局（Main Police Station，☎158；Hrobákova 44）在Petržalka为外国人服务的警察总局。

邮政总局（Main Post Office，Nám SNP 34-35）位于一座漂亮的建筑里。

Poliklinika Ruzinov（☎4827 9111；www.ruzinovskapoliklinika.sk，in Slovak；Ružinovská 10）提供急救服务和24小时药房的一家医院。

Slovak Spectator（www.spectator.sme.sk）英语周刊，包括时事报道和大事列表。

Tatra Banka（Dunajská 4）员工会说英语。

Visit Bratislava（visit.bratislava.sk）综合性市旅游局网站。

到达和离开

布拉迪斯拉发是主要的火车和长途汽车枢纽，也有几趟航班往返斯洛伐克。

航班

请记住，向西60公里就是繁忙的维也纳国际机场。

布拉迪斯拉发机场（Airport Bratislava；BTS；www.airportbratislava.sk；Ivanská cesta）位于市中心东北9公里。有飞往意大利、西班牙、英国和其他地区的航班。

Danube Wings（www.danubewings.eu）唯一的国内航线；有到Košice的工作日航班（7:00和18:00）。

船渡

从4月至10月，乘船从布拉迪斯拉发通过多瑙河到维也纳是非常惬意的方式。

Slovak Shipping & Ports（☎5293 2226；www.lod.sk；Fajnorova nábr 2，水翼船终点站）每星期有几趟前往维也纳的水翼船（单程18欧元，1.75小时）。但前往布达佩斯的班次已经被无限期地取消了。

从布拉迪斯拉发出发

国际长途汽车

站点	票价（欧元）	行程（小时）	班次（每天）
布达佩斯（匈牙利）	6~14	2.5~4	4
伦敦（英国）	76	23~24	1
布拉格（捷克）	14	4.25	5
维也纳（奥地利）	8	1.25	12

国内列车

站点	票价（欧元）	行程（小时）	班次（每天）
科希策（Košice）	19	5.5	12
波普拉德（Poprad）	15	4	12
特伦钦（Trenčín）	6.50	1.5	12
日利纳（Žilina）	9.50	2.5	12

国际列车

站点	票价（欧元）	行程（小时）	班次（每天）
布达佩斯（匈牙利）	15	2.75	7
莫斯科（俄罗斯）	132	41	1
布拉格（捷克）	27	4.25	6
维也纳（奥地利）	11	1	每小时
华沙（波兰）	63	10.5	1

Twin City Liner（☎0903 610 716；www.twincityliner.com；Rázusovo nábr，轮船终点站）每天多达4艘轮船前往维也纳。（单程19~33欧元，1.5小时）。

长途汽车

虽然长途汽车可以直达包括斯洛伐克在内的多个欧洲城市，但是火车相对来说价格更为实惠，也更加方便。**长途汽车总站**（Main Bus Station，Mlynské Nivy；Autobusová stanica，AS）位于老城以东1公里，本地人称它为"Mlynské Nivy"（街道名）。有关时刻表，请浏览www.cp.atlas.sk。

Eurobus（www.eurobus.sk）运营国际线路。

Eurolines（☎5542 2734；www.slovaklines.sk）连接大多数国际长途汽车站。

Slovenská Autobusová Doprava（SAD；www.sad.sk）国内长途汽车公司。

火车

火车是游览斯洛伐克和前往邻国的主要途径。Intercity和Eurocity（IC/EC）的火车速度最快。Ryclík（R），或"Fast"的火车行程时间稍长，但是班次较多，并且价格便宜。Osobný（Ob）的火车运营常规路线。有关时刻表，请浏览www.cp.atlas.sk。

火车总站（Hlavná Stanica；www.slovakrail.sk；Predštanicné nám）

当地交通

抵离机场

61路城市公交车连通布拉迪斯拉发机场和火车总站（20分钟）。

机场的出租车到市区需要20欧元（以上），请乘坐之前问好价格。

定期班车（7.70欧元）连通维也纳、维也纳机场、布拉迪斯拉发长途汽车站和布拉迪斯拉发机场。

小汽车

许多国际租车公司在机场都设有办公室，例如Hertz和Sixt。其他较小的优秀中介公司还包括：

Buchbinder（☎4363 7821；www.buchbinder.sk）在市内提车可能会收取额外费用。

Car Rental 24（☎903 582 400；www.carrental24.sk）在机场有办公室。

公共交通

布拉迪斯拉发拥有发达的电车、公共汽车和无轨电车网络。因为老城区比较小，所以通常你不需要乘坐这些交通工具。**Dopravný Podnik Bratislava**（DPB；www.dpb.sk；Hodžovo nám；周一至周五6:00~19:00）是一家公共交通公司；网站上可以找到路线图。办公室位于Hodžovo nám下面的地下通道内。浏览www.imhd.zoznam.sk 来获取全市时刻表。

时间15/30/60分钟对应的票价分别为0.35/0.70/0.90欧元。在报摊购买，在车上检票（逃票将罚款50欧元）。一天/两天/三天的通票费用分别是：4.50/8.30/10欧元，在DPB办公室购买，在车上检票。

重要线路包括：

93路公共汽车 火车总站到Hodžovo nám

206路无轨电车 长途汽车总站到Hodžovo nám

210路无轨电车 长途汽车总站到火车总站

出租车

站点排队待客的出租车经常强迫外国人多付车

不要错过

小喀尔巴阡葡萄酒之旅

在斯洛伐克的土地上种植葡萄最早可以追溯到6世纪，当时凯尔特人带着看上去古怪的饮料来到了酒文化并不发达的北方民族。如今这里已经有了6个葡萄种植区。小喀尔巴阡山脉葡萄种植区扩大到了布拉迪斯拉发西北方，那里是迄今为止最受游客喜爱的地方，很多的葡萄园都有游客开放日。在**开酒窖日**（Days of Open Wine Cellars），80座葡萄酒窖每年两次（5月和11月）对游客开放。获取更多信息，请浏览这些网站。

Slovakwines.com（www.slovakwines.com）斯洛伐克葡萄种植区简介。

Small Carpathian Wine Route（www.mvc.sk）重点关注离布拉迪斯拉发最近的葡萄种植区的活动（其中一些资讯只有斯洛伐克语的版本）。

值得一游

皮耶什佳尼

温泉在斯洛伐克有很多处，但是皮耶什佳尼（Piešťany，www.spapiestany.sk）是斯洛伐克最好的水疗中心，这里吸引着大量游客。从皮耶什佳尼过河就来到了Kúpelne ostrov（温泉岛），你可以在这里的温泉池中游泳，在盐洞里呼吸如海边一样的空气并在此享受热泥浆浴。很多19世纪的建筑都以玛丽娅-特蕾莎时期经典的黄色粉刷一新；其他的建筑则更具现代感。可以在网上预订，或者在Napoleon 1的kasa（收银员）（☎033-775 7733；日间温泉套餐36欧元；⏲7:30~19:00）预订日间服务。Eva Pools（成人/儿童3/2欧元；⏲11:00~17:00）和Balnea Esplanade Hotel（每天 成人/儿童15/10欧元，3小时10/7欧元；⏲8:00~22:00）有公共游泳池。从布拉迪斯拉发出发的火车（1.25小时，3.25欧元，每天12班，87公里）经过这里，你也可以沿路继续前往特伦钦（2欧元，45分钟）和东部。

费；市内通常不会超过10欧元。为了省钱，请叫人帮你订一辆出租车（不是所有的接线员都会说英语）。

AA Euro Taxi（☎16 022）

Free Taxi（☎5596 9696）价格便宜。

布拉迪斯拉发周边（AROUND BRATISLAVA）

一些布拉迪斯拉发最好的景点事实上并不在市中心。德文城堡（Devín Castle；www.muzeum.bratislava.sk；成人/儿童3/1.50欧元；⏲5月至9月 周二至周五10:00~17:00 周六和周日至19:00）位于布拉迪斯拉发以西9公里，曾经是9世纪军阀拉迪斯拉夫亲王（Prince Ratislav）的堡垒。城堡抵挡住了土耳其人的进攻，但是却在1809年被法国攻克，毁于一旦。在这里可以好好看一看那些出土的古董，或者游览重建的皇宫博物馆。29路公共汽车连通德文和布拉迪斯拉发的Nový Most（新桥）站，站点位于桥下。奥地利和城堡仅一水之隔。

离开市区一直向东，你就会来到Danubiana Meulensteen Art Museum（www.danubiana.sk；Via Danubia，Čunovo；成人/儿童6/3欧元），斯洛伐克最具创新精神的当代艺术博物馆，建立在两侧都是雕塑的陆地上，地面延伸向多瑙河里。在6月至10月，乘船从市中心可以来到这里（往返10/6欧元，更多信息，请浏览网站）；要不然可以从Nový Most to Čunovo乘91路公共汽车，终点步行2.5公里，或者直接开车前往。

红石城堡（Hrad Červený Kameň，www.hradcervenykamen.sk；斯洛伐克语/外语旅游团 成人6/7欧元 儿童3/3.50欧元）又名Red Stone Castle，是斯洛伐克城堡家族的另一名成员，外部建筑结构为典型的哥特式华丽风格，室内装潢则以巴洛克风格为主。城堡内陈设着古典家具的房间十分有趣，但那巨大的集酒窖、地牢为一体的综合地下建筑才是最大的亮点。城堡不是红色的，相反是白色的：由于构成城堡地基的石头为红色，故而由此得名。两条公交线路，每小时1趟，连通城堡下名叫Častá的村庄和布拉迪斯拉发（2欧元，1.25小时）。

斯洛伐克西部（WEST SLOVAKIA）

从布拉迪斯拉发往东北主要的通道上，在小喀尔巴阡山脉的峭壁上放眼望去可以看到很多巨大的城堡，Trenčín是这条防守森严的道路上最宏伟的一座要塞。在途中还会经过皮耶什佳尼（Piešťany），这里有斯洛伐克最主要的温泉，以及肥沃的土地上一片片翠绿的葡萄园。

特伦钦（Trenčín）

☎032/人口56,400

特伦钦巨大的城堡比18世纪至19世纪老

城区的建筑都要高，在这里你可以感受到中世纪城堡所带来的那种不祥之感。现在的城堡可以追溯到15世纪左右，而城市则更为悠久。公元2世纪，罗马军团驻扎在这里（他们称这里为Laugaricio）。在特伦钦的悬崖上，你会发现刻在石头上的碑文，它证明了这里拥有悠久的历史！然后，品尝一下路边的咖啡，体验一下以镇上大学生为主体的精彩夜生活。整个市中心——包括两个很适合散步的巨大、相互交错的步行广场。

景点和活动

除了这里列出的景点，城镇周围还有其他一些有趣的小型博物馆和历史建筑，例如**Piarist Church**（Mierové nám）和建于1913年的**Synagogue**（Štúrovo nám），这些景点都是供外围观光的好去处。

特伦钦城堡

城堡

（Trenčín Castle, www.muzeumtn.sk；成人/儿童4.50/2.50欧元；⌚9:00~17:30）特伦钦城堡是斯洛伐克最令人印象深刻的城堡之一，城堡位于古城的一处悬崖之上，气势雄伟。城堡有着千年的历史，尽管有很多遗迹可以追溯到更早的时期，但是今天人们所看到的城堡基本上是重新修建的——大多数重建于20世纪。城堡下层允许单独探索，但是为了能进入城堡主楼和其他配有家具的建筑里，你需要一个向导。

特伦钦城堡在1069年首次记载于维也纳人的编年史中，经过了几个世纪的发展，直到1790年在一场大火中被烧毁。

从镇上，爬阶梯到达城堡的最底层，可以在那儿居高临下地观赏瓦赫河（Váh River）谷地。再向上爬两层，经过一家商店和小饭馆，可以在频繁发团的团队游中找一队加入（75分钟，一般只有斯洛伐克语讲解，英文讲解需提前两天电话预订），随团可进入主塔和配有家具的宫殿。最令人难忘的参观时间是在节日期间，或在夏日的晚上参加城堡的两小时火炬游——活动包括一场中世纪斗剑比赛和多部舞台滑稽剧。美丽的布雷齐纳森林公园（Brezina Forest Park）是个散步的好地方，就位于城堡旁边。

罗马碑文

古遗址

该镇独一无二的著名景点是建于公元179年的罗马碑文（Roman Inscription）；碑上士兵的涂鸦纪念着一场反抗日耳曼部落的战争。碑文刻于伊丽莎白酒店后的悬崖上，只能通过酒店楼梯上的一扇窗户才能看到；详情询问前台。

Galéria Bazovského

博物馆

（www.gmab.sk；Palackého 27；成人/儿童1.30/0.80欧元；⌚周二至周日9:00~17:00）临时展出展示着20世纪斯洛伐克和捷克具有代表性的艺术作品，而永久的收藏则包括本地画家Miloš Bazovský的作品。

Town Gate Tower

瞭望台

（Mestská Veža；Sládkovičova；成人/儿童1/0.50欧元；⌚10:00~20:00，10月至次年5月关闭）乘坐不显眼的玻璃电梯，然后经过6级极其陡峭的台阶后可到达塔顶，在这里可以360度全景欣赏整座古城。

Ostrov

海滩

（紧邻Mládežnícka）漂浮在瓦赫河中心的Ostrov岛是特伦钦的游乐场。可以免费使用的小型沙滩排球场和室外游泳池是这里的一大魅力。小岛位于古城以北200米。

节日和活动

世界音乐、爵士乐、摇滚乐、高科技舞曲、hip hop和另类音乐在7月的**青年流行音乐节**（Bažant Pohoda Festival, www.pohodafestival.sk）都有演出，它是斯洛伐克规模最大的音乐节。

住宿

Penzión Svorad

青年旅舍 €

（☎7430 322；www.svorad-trencin.sk；Palackého 4；铺18~32欧元，双28~40欧元；🚭）有去皮油毡、薄床垫，虽然住宿条件一般，但是在这家类似学生宿舍一样的家庭旅馆里可以观赏到城堡美丽的风景（带私人浴室）。

Hotel Pod Hradom 酒店 €€

（☎7481 701；www.podhradom.sk；Matúšova 12；标单65~75欧元，双76~116欧元；@）这家酒店拥有10间整洁的客房，并有自己的餐厅，通过蜿蜒的小路可以直达城堡。

Autocamping na Ostrove 露营地 €

（☎7434 013；www.slovanet.sk/camping；Ostrov；露营地6欧元起，小屋双17欧元）岛上有河畔小屋露营区和中央帐篷区。

Hotel Elizabeth 历史酒店 €€

（☎6506 111；www.hotelelizabeth.sk；Ul gen MR Štefánika 2；标单/双99/115欧元；）这间刚刚重新装修的新巴洛克风格酒店，拥有国内较好的水疗中心和78间客房（5间为套房）。著名的公元179年的罗马碑文就在酒店后的悬崖上，询问前台在哪里可以观看。

餐饮

在Mierové nám和Štúrovo nám沿街有很多餐厅和咖啡馆；可以选择任何一家在室外吃点东西。

首选 **Reštaurácia Bašta** 斯洛伐克菜 €€

（Ostrov；主菜3~11欧元；⏲24小时）这里有我们曾经品尝过的最新鲜的，且最受斯洛伐克人喜爱的菜肴，例如包有口味刺激的klobasa、bryndza（一种羊奶酪）与奶油汁馅料的猪肉……这里的早餐也非常美味，并且值得去附近的Ostrov岛散散步。

首选 **La Piazzetta** 酒吧

（Mierové nám 20；⏲10:00至深夜）这是一家富有情调、细致周到的酒窖酒吧，有斯洛伐克最好的意大利精选葡萄酒，并且有很棒的咖啡和美味的食物。

Cinema Movie Club Restaurant & Bar 各国风味 €

（Palackého 33；主菜3~7欧元；⏲周日至周四8:00~23:00，周五和周六8:00至深夜；）学生们在工作日经常光顾这里，精品午餐套餐不到4欧元，而且还有电影放映。

Restaurant Lánius 捷克菜

（☎744 1978；Mierové nám 20；主菜6~12欧元；⏲11:00至午夜）乡村装修风格——吱吱作响的房梁，燃木壁炉——这些都与丰盛的斯洛伐克美食相映成趣。院子后面的餐厅最有意思。

Steps Bar 酒吧

（Sládkovičova 4-6；⏲周一至周四10:00至次日1:00，周五和周六10:00至次日4:00，周日16:00至午夜）一楼是咖啡馆，二楼是酒吧，这里吸引着追求时尚的青年群体。

实用信息

文化与信息中心（Culture & Information Centre，☎6504 711；www.visittrencin.sk；Mierové nám 9；⏲5月至9月 周一至周五8:00~18:00，周六开放至16:00，10月至次年4月周一至周五8:00~17:00）搬迁到了大广场，这是一家信息丰富、对游客很有帮助的旅游局，提供非常好的免费地图。

特伦钦图书馆（Library of Trenčín，Palackého；⏲周一、周二、周四和周五8:00~18:00，周三10:00~19:00，周六至正午）楼上可以上网（每小时1欧元）。

邮政总局（Main Post Office，Mierové nám 21）

VUB银行（VUB Bank，Mierové nám 37）

到达和离开

IC和EC的火车定期从布拉迪斯拉发（6.50欧元，1.5小时）、日利纳（4.50欧元，1.25小时）和波普拉德（10欧元，2.75小时）等其他地区出发前往特伦钦。

斯洛伐克中部（CENTRAL SLOVAKIA）

斯洛伐克中部群山延绵，森林茂密，婀娜多姿，这里是传统牧羊人的家园，是斯洛伐克传统文化最好的阐释。这里是被称为斯洛伐克的“罗宾汉”Juraj Jánošík的故乡。有限的火车路线意味着汽车是探索这里的最便利工具。在完全沉浸在这风景如画的山谷之前，你会看到农民在路边销售本地特产的羊奶酪。这里也有一些国内最著名的城堡，再往南，就是历史悠久的采矿小镇Banska Štiavnica了。

日利纳（Žilina）

☎041/人口85,100

日利纳周围的城堡和具有民族风情的村庄令人向往，但是这里作为通往小法特拉山国家公园（Malá Fatra National Park）的起点才是它主要的吸引力。文化和餐饮业正在这里升温——关注这里吧。

从位于东北的火车站沿Národná步行，通过Nám A Hlinku，就来到主要的步行广场Mariánské nám。

食宿

在7月和8月，旅游局会推荐可以接纳游客的学生宿舍。可互换的咖啡-酒吧分列于Mariánske nám和Hlinka nám广场周围：在Hlinka上，找一找像Café Le Jour这样的名字。

Hotel Dubna Skala 酒店 €€

（☎5079 100；www.hoteldubnaskala.sk；Hurbanova 8；标单/双95/115欧元；❄📶）现代化的内部设施与古老的华丽外饰相得益彰。酒店里面有一个著名的葡萄酒窖餐厅和一个咖啡馆。

Penzion Central Park 客栈 €€

（☎5622 021；www.penzioncentralpark.sk；标单/双55/75欧元；📶🏊）新艺术风格的外部装修令人印象深刻，现代化的房间明亮整洁。这家家庭旅馆主要适合商务旅客，但它的地理位置非常好。另外客栈附属设施有水疗/游泳池。

首选 **Voyage Voyage** 斯洛伐克菜 €€

（Mariánske nám 191；主菜约5欧元）这里优雅的环境令人心情愉悦，时尚现代的斯洛伐克语菜单包含多种独出心裁的菜肴，例如切片鸡肉配桃子和奶酪（chicken fillet stuffed with peaches and cheese）。

Trattoria 意大利菜 €€

（☎5643 535；www.trattoria.sk；Jozefa Vuruma 5；意大利比萨4~7欧元）意大利家庭联合式经营，环境舒适温馨，这里有全套的意大利美食，会令大多数人感到满意。

☆ 娱乐

首选 **Stanica** 剧院

（www.stanica.sk；Závodská cesta 3）这是一家集剧院、艺术中心、音乐会场和休闲放松的咖啡酒吧于一体的场所——但是最令人不可思议的是这块位于旧火车站的小绿洲竟发展得如此之快，如今已成为日利纳波希米亚流行创意的发动机。众多粉丝效仿着这里的创意。

ℹ 实用信息

邮政总局（Main Post Office；Sládkovičova 1）

旅游局（Tourist Information Office，TIK；☎7233 186；www.tikzilina.eu；Andrej Hlinka nám 9；⊙5月至9月周一至周五9:00~17:00 周六周日9:00~14:00）提供城镇及周边信息服务。

Volksbank（Národná 28）银行和自动取款机在火车站附近。

ℹ 到达和离开

日利纳位于布拉迪斯拉发-科希策主铁路线沿线。IC的火车每天4班（还有更多，或慢或"快"）发往布拉迪斯拉发（9.50欧元，2.75小时），特伦钦（4.50欧元，1.25小时），波普拉德（7欧元，1.75小时）和科希策（11欧元，3小时）。

日利纳周边（Around Žilina）

除了日利纳附近的小法特拉山国家公园，还有一些一个小时就可到达的具有民族风情文化的景点也同样值得一游。东部的马丁

（Martin）和Ružomberok是主要的交通枢纽。

马丁（MARTIN）

马丁位于小法特拉山国家公园南部，是主要的工业城镇，但是这里的一些小博物馆和国内最大的skanzen（露天的乡村博物馆）最引人注目。分布在各个区域的传统建筑（包括krčma-或乡村酒馆）已经被统一搬迁到**斯洛伐克乡村博物馆**（Museum of the Slovak Village, Múzeum Slovenské Dediny; www.snm-em.sk; Malá Hora 2; 成人/儿童 2/1欧元; ⏲周二至周日9:00~16:30）。联系**旅游信息中心**（Tourist Information Office, ☎4238 776; www.tikmartin.sk; A Kmeťa 22; ⏲周一至周五9:00~17:00）来获取更多信息。

从日利纳到马丁距离35公里，乘坐长途汽车是最快捷的方法（1.75欧元，45分钟，每半小时1班）。乡村博物馆位于镇东南4公里。乘本地10路公共汽车从总站到终点，然后步行1公里穿过森林可以抵达（或在镇里乘坐出租车）。马丁也是斯洛伐克火车旅行的最佳起始站，从小法特拉山国家公园往南一直到班斯卡-比斯特里察（Banska Bystrica，3欧元，1.25小时，每天7班）。

奇奇马尼（ČIČMANY）

如果你曾经看过斯洛伐克的宣传册或者明信片的话，你可能看过奇奇马尼的照片（www.cicmany.viapvt.sk），在传统的村庄里到处都是喷涂有白色几何图案的深色原木房屋。这里不是skanzen；大多数的房子都是私人住宅，但是**Radenov House**（Čičmany 42; 成人/儿童2/1.30欧元; ⏲6月至8月周二至周日9:00~16:30，9月至5月 周二至周日8:00~15:30）是一家博物馆。在狭窄、修长的街道两旁有礼品店、小餐厅和家庭旅馆。每天有5班长途汽车往返于日利纳南部和奇奇马尼，行程50分钟，在返回之前有足够的时间可以在这里游览拍照。**Slnečné Skaly**（☎904822692; camping-raj.sk; Rajecké Teplice; 2个成人和帐篷7.50欧元）是斯洛伐克最好的露营营地之一，位于温泉小镇Rajecké Teplice附近，是个短途旅行理想的休息所。

VLKOLÍNEC

Vlkolínec质朴的小山村，位于日利纳东南，距离Vlkolínec约71公里，是联合国教科文组织认证的国家级人类遗产。这里有45间原木小屋，外墙用颜料勾画出了精巧的彩色图案，屋顶陡峭，保存非常完好。漫步村中，脑海中会浮现出这样一幅画面，小溪潺潺，一匹vlk（狼）漫步穿过这座木制的山边村落。入村参观需要交费（成人/儿童3/2欧元，开放时间9:00~15:00），其中一座建筑已经被改成了小型房屋博物馆，但是这里还是一座有人居住的村庄——勉强来说。这里大约有40位村民，几乎一半都是小学生。了解更多信息，请访问www.vlkolinec.sk。

有大巴车从Ružomberok火车站到Vlkolínec，行程25分钟（0.5欧元），每天2班（仅工作日），最后一班返回时间是15:15。否则，从Ružomberok开车或徒步需要艰难地行进6公里，这是到达村庄唯一的方法。直达布拉迪斯拉发（11.50欧元，3.5小时，每天9班），日利纳（3欧元，1.25小时候，每小时1班），还有其他方向，到波普拉德（4.50欧元，1.25小时，每天17班）的直达火车途中停靠Ružomberok。

Ružomberok以西2英里的**Salaš Krajinka**（www.salaskrajinka.sk; E18; 主菜3~9欧元）是国内最好的羊奶制品餐厅之一。现场购买bryndza和其他制品，或者在既现代又具有浓浓乡村风情的餐厅坐下来点些吃的，一边品尝美食，一边透过玻璃墙还可以看到谷仓。

ORAVSKÝ PODZÁOK

斯洛伐克中部有大量的城堡和遗迹，但是最众所周知的是人迹罕至的Oravský Podzámok小社区。

1922年经典的吸血鬼电影《诺斯费拉图》（*Nosferatu*）就是以**奥拉瓦城堡**（Orava Castle, Oravský hrad; www.oravamuzeum.sk; Oravský Podzámok; 成人/儿童5/3欧元，加小教堂7/4欧元; ⏲8:30~17:00，4月关闭）尖耸的高塔为背景拍摄的，从村庄向上通过十分狭窄的叶片岩石台阶可以到达城堡。这里始建于1267年，是斯洛伐克保存最完整的城堡之一。在1800年的一场火灾之后，城堡得到了大规模的扩建和重新修复。博物馆里陈列有大量的武器、民间艺术品和仿古家具。城堡里有一面神奇的镜子，一面可以使你很美丽，另一面却把你变得很丑陋——一定要问问原因。在城堡下一个叫Oravský Podzámok的小村庄里有一家比萨饼店和一个家庭旅馆。

从这里到Ružomberok（2欧元，45分钟）的长途汽车每小时至少1班，在那里可以换乘布拉迪斯拉发-科希策的火车线路。也有到日利纳的长途汽车，大约每2小时1班（4欧元，1.5小时）。

小法特拉山国家公园（Malá Fatra National Park）

☎041

山体像哨兵一样，注视着通往怪石嶙峋的峡谷入口，山坡上云杉密布，连绵不绝直到山顶。Vitajte（欢迎）来到小法特拉山国家公园，这里位于小法特拉山脉，风景秀丽，面积200平方公里。弗拉特纳峡谷（Vrátna dolina）在日利纳以东25公里，位于公园的中心位置。从这里可以进入上山小道，可以乘坐上山吊椅和缆车开始探险之旅。峡谷的尽头，Terchová的小城镇零星地分布着人家，能提供大部分的服务。Chata Vrátna在峡谷上端。Štefanová村位于主峡谷公路东部，从Terchová向上1公里。

景点和活动

Statue of Juraj Jánošík 纪念碑

在Terchová上方耸立着一座巨大的铝制Juraj Jánošík雕像，被称为斯洛伐克的“罗宾汉”。8月上旬，在民间节日**Jánošík Days**期间，人们将会在他的肖像下面举办很多欢庆活动。

Považké Museum 博物馆

（www.pmza.sk；Sv Cyrila a Metoda 96；成人/儿童2/1欧元；⏲周二至周日9:00~15:00）在信息办公室的上面，这家Terchová的小博物馆的陈列品（仅有斯洛伐克语）描述了众所周知的绿林好汉Juraj Jánošík的英勇事迹（还有他凄惨的死亡结局）。

弗拉特纳峡谷 公园

（Vrátna Valley，www.vratna.sk）到小法特拉山国家公园弗拉特纳峡谷的公路将向南途经Terchová，穿过Tiesňavy Gorge的峭壁，路过野餐点和景区停靠点。Vratna Výt'ah的缆车（单程/往返8.5/10欧元；⏲8:00~18:00，12月中旬至次年4月，6月至9月；10月至12月中旬与5月仅在周六、周日开放使用）可以带你从峡谷顶端抵达Snilovské山口（1524米），就在两座山峰——Chleb（1647米）和Veľký Kriváň（1709米）的下方。上述两座山峰均位于red ridge trail上——公园内最受欢迎的徒步路径之一。

从Chleb往东北徒步穿越**Hromové**（1636米），**Poludňový grúň**（1636米）和**Stoh**（1608米）到达**Medziholie saddle**（1185米）需要大约5.5小时。从那你可以沿着绿色环绕的小路一路向下来到Štefanová村庄，这里有公共汽车站、住处和餐馆。再往东，**Horné Diery**陡峭的峡谷以Jánošíkové Diery（Jánošík's Holes）而闻名，它是因瀑布的冲刷形成的岩层。从Hotel Diery到Hotel Boboty，2.5小时的森林之旅无疑是一个挑战，通过这里需要攀登飞溅着瀑布水滴的台阶。

7月和8月是主要的夏季旅游季节；其他月份商户可能会关闭。专业徒步的话，VKÚ的1:50,000小法特拉山-弗拉特纳地图（No 110）和Dajama的Knapsacked Travel:小法特拉山是很有帮助的。在夏季，**Organization for Sport Activities**（☎0903 546 600；www.splavovanie.sk；Starý Dvor；⏲7月和8月9:00~17:00）有出租山地自行车（8欧元）和组织漂流旅行（每人13欧元）。

弗拉特纳峡谷的14条滑雪牵引系统和升降机（8:00~16:00）从4月至12月开放。**雪橇租赁**（ski rental）处（每天12欧元起）位于Starý Dvor，开放时间相同，**滑雪道**（ski passes，主要季节每天 成人/儿童25/18欧元）也同样可以使用。

食宿

在Terchová地区有很多村舍对外出租，很多列于信息办公室网站（www.terchovainfo.sk/en/ubytovanie.php)。公园内不允许露营。在山谷内住宿区的餐馆就餐选择很有限，在索道和缆车附近有一些小吃摊。

首选 **Hotel Diery** 酒店 €

(☎5695 323; www.hotel-diery.com; Biely Potok; 标单/双35/59欧元)酒店简约的木制房间十分宽敞，店家热情好客，这里还有店主人引以为豪的小法特拉山脉最好的餐厅，Koliba。这里的烹饪风格不是斯洛伐克菜肴，而是中欧风格融合，十分美味。

Hotel Rozsutec 酒店 €€

(☎5008 034; www.hotelrozsutec.sk; 标单/双45/80欧元; 📶🏊)一家相对较新的酒店：细心周到的服务和崭新的设施(水疗/桑拿和吸引人的餐厅)即使对于其他老酒店的忠实客户也有着很大的诱惑力。

带有观景阳台的房间价格比较高。它位于Starý Dvor以西1公里处。

Penzión Sagan 家庭旅馆 €

(☎0903 744 302; www.penzionsagan.sk; Štefanová 553; 标单/双含早餐30/50欧元; 🚭📶)这是家位于Štefanová村的小型家庭旅馆(带有游戏室)，房屋在云杉树枝的覆盖下维护良好，另外还有一个小餐厅。

Hotel Boboty 酒店 €€

(☎5695 228; www.hotelboboty.sk; Nový Dvor; 标单/双45/85欧元; @📶🏊)丰富的服务项目——桑拿、按摩、台球以及免费滑雪——在这家峡谷最大的住宿地都可以尽情享受。

Chata na Grúni 山间木屋 €

(☎5695 324; www.chatanagruni.sk; 铺不含/含早餐12/19欧元)位于Gruni Ski Lift山顶，是为徒步旅行者服务的小屋。这里有4至6张床位的宿舍和自助餐厅。

Autocamping Belá 露营地 €

(☎5695 135; camping.bela.sk; 2名成人加帐篷8.50欧元; ⏲5月至10月中旬; 🏊)拥有300个露营点和一个温泉，是非常好的露营地。在露营地前方有公共汽车站；位于Terchová以西5公里。

Vŕšky 斯洛伐克菜 €€

(☎5627 300; www.penzionvrsky.sk; Terchová; 主菜6~14欧元; 🚭📶)这里有非常受欢迎的斯洛伐克传统美食和简约但干净的家庭旅馆(双48欧元)。位于镇东部边缘，去Horné Diery的途中。

Reštaurácia Starý Majer 斯洛伐克菜 €€

(☎5695 419; Starý Dvor; 主菜5~10欧元; ⏲9月至次年5月10:00~19:00, 6月至8月至20:00)在屋外粗糙的桌子上或在布满农具的屋内狼吞虎咽，品尝传统牧羊人的美味菜肴吧。

ℹ 实用信息

山地救援服务(Mountain Rescue Service; ☎5695 232; www.hzs.sk)也提供天气信息。

Terchová 游客信息中心(Terchová Tourist Information Centre; ☎5695 307; www.ztt.sk; Sv Cyrila a Metoda 96; ⏲周一至周五8:00~16:00, 周六和周日10:00~13:00)销售地图；中心内有自动取款机。

Turistcko-Informačna Chalupa(☎0907534354; www.uteczmesta.sk; Vrátňanská cesta, Terchová; ⏲8:00~20:00)私营办公室，为游客安排住宿与活动并同时提供一些实用信息。

ℹ 到达和当地交通

连接日利纳、Terchová(1.80欧元，40分钟)和峡谷站的长途汽车每小时1班，终点到Vrátna Výt'ah的Chata Vrátna附近(2欧元，1小时)。或者在Terchová改换本地公共汽车。查看时刻表，请浏览www.cp.atlas.sk。

班斯卡-比斯特里察(Banská Bystrica)及周边

从14世纪到18世纪，这里就一直是大匈牙利地区主要的采矿中心。古老的班斯卡-什

Malá Fatra National Park 小法特拉山国家公园

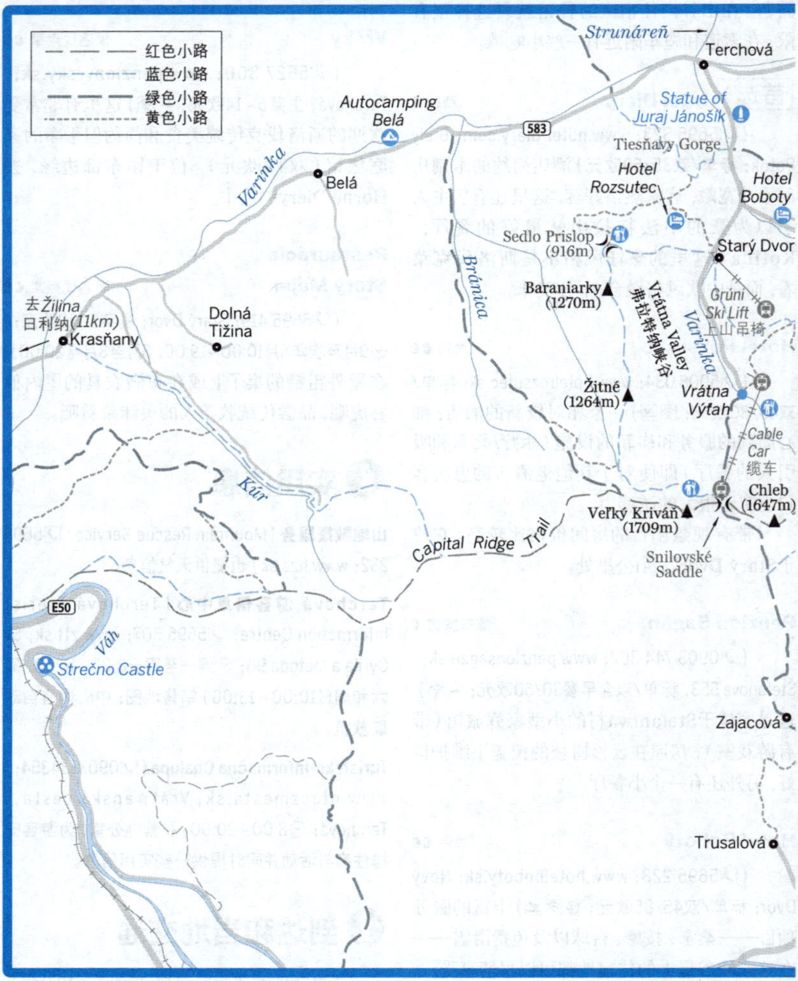

佳夫尼察（Banská Štiavnica）采矿小镇和波切尼斯城堡（Bojnice Castle）是其悠久历史留下的瑰宝。

班斯卡-比斯特里察（BANSKÁ BYSTRICA）

☎048/人口79,900

作为斯洛伐克繁忙的第六大城市，班斯卡-比斯特里察的吸引力在于融合了漂亮的中世纪风格建筑和引人入胜的斯洛伐克社会主义时期历史。服务非常周到的**旅游局**位于令人印象深刻的主广场的老市政厅里。主要景点**斯洛伐克民族起义博物馆**（SNP Museum, www.muzeumsnp.sk; Kapitulská 23; 成人/儿童2/1欧元; ⏲5月至9月 周二至周日9:00~18:00，10月至次年3月 周二至周日9:00~16:00），可以称得上是国内最好的博物馆，它记录了斯洛伐克民族解放运动和第二次世界大战中的斯洛伐克。

这里有直达布拉迪斯拉发的火车（10欧元，3.25小时，每2小时1班），途经风景秀丽的小法特拉山国家公园附近的马丁（3.50欧

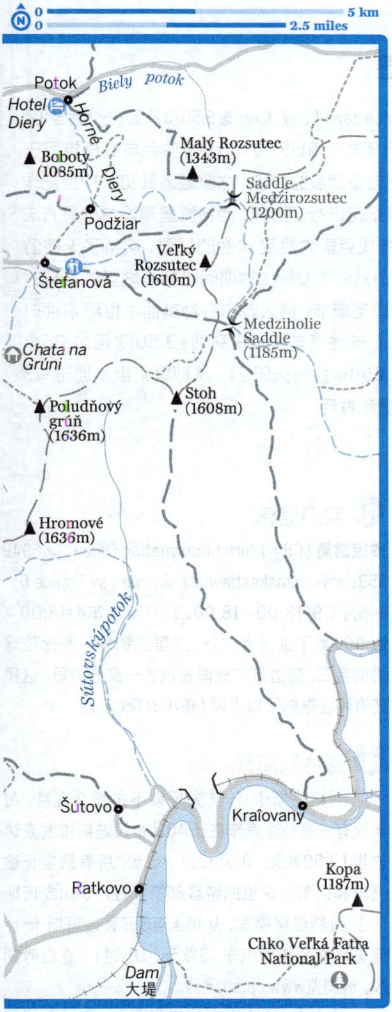

元，1小时，每天7班）。或者，在Zvolen或Vrútky换车。长途汽车目的地包括上塔特拉山附近的Liptovský Mikuláš（4欧元，1.75小时，每小时1班）。

班斯卡-什佳夫尼察（BANSKÁ ŠTIAVNICA）

☎045/人口10,500

在这里时间仿佛凝固于对中世纪建筑的喜爱之中，班斯卡-什佳夫尼察作为国际著名的建筑展览中心在16世纪达到了全盛时期，一跃成为老匈牙利王国第三大城市。当矿产被采掘一空，城市便停止了发展，只剩下古建筑被完好地保存了下来。站在山坡蜿蜒陡峭的梯田上，你可以看到很多相似的老城市民的房屋、教堂和那些似曾相识的小巷。班斯卡-什佳夫尼察于1972年获得了联合国教科文组织的认可。如今这里的人口规模只有全盛时期的一小部分，是主要的度假目的地，主要景点包括大量的与采矿相关的遗迹和分别矗立在陡峭山谷之上的迎面相望的两座城堡。

景点

这里主要的魅力在于在陡峭的街道上漫步并凝望古建筑。夏季，在城镇上方的露天泳池里游泳是一种神赐的享受。

露天矿业博物馆 博物馆

（Open-Air Mining Museum，JK Hella 12；成人/儿童5/2.50欧元；周二至周日 团队游8:00~16:00）前往前采矿场进行参观，位于市中心以西2公里。这里是**斯洛伐克矿业博物馆**（Slovak Mining Museum，www.muzeumbs.sk）众多的分支机构之一。

老城堡 城堡

（Old Castle；Starozámocká 1；成人/儿童4/2欧元；5月至9月 每天9:00~18:00，10月至次年4月 周二至周日9:00~16:00）这座16世纪的要塞里展览了整个城镇的历史。

新城堡 城堡

（New Castle；Novozámocká 1；成人/儿童2/1欧元；5月至9月9:00~16:00，10月至次年4月周二至周日9:00~16:00）这里在匈牙利土耳其战争期间被用作瞭望塔，“新”城堡比老城堡仅仅晚建了5年；里面展览了反抗土耳其侵略的历史斗争资料。

免费 **Kalvária** 教堂

（Calvary；www.kalvaria.sk；end of Pod Kalvlánou；5月至9月 每天9:00~18:00，10月至次年4月 周二至周日9:00~16:00）23座具有巴洛克风格的宗教建筑戏剧性地融合在了一起（包括19座小礼堂、3座教堂和1座圣母雕像），位于城镇以西1公里的小山顶。

不要错过

斯洛伐克接待游客数量最多的城堡

波切尼斯城堡（www.bojnicecastle.sk；Bojnice zámok；成人/儿童6.50/3欧元；⊙6月至9月每天9:00~17:00，5月周二至周日，10月至次年4月周二至周日9:00~15:00）望台与高塔雄冠于上，周遭女墙凸凹不一，这一切使得城堡如同出自童话般的梦境。这座城堡最初在12世纪作为防御的要塞，由巴尔非（Pálffy）家族在20世纪初进行了重建，他将城堡建设成为具有法国罗曼蒂克风格的城堡。波切尼斯城堡是斯洛伐克国内最受欢迎的城堡，接待了无数游客。5月份的**International Festival of Ghosts & Ghouls**期间是参观城堡的最佳时间，这时向导们会身着奇异服装为你服务。每逢圣诞节、情人节和各种其他中世纪事件时节，宫殿也会装扮一新。附近的城市Prievidza有长途汽车连通日利纳（3.50欧元，1.25小时，每天10班）和布拉迪斯拉发（9.50欧元，3.25小时，每天9班）。从那里乘坐本地班车3路或7路行驶3公里到达波切尼斯，小镇里有住宿和餐厅。

食宿

Hostel 6 青年旅舍 €

（☎0905106705；www.hostel6.sk；Andreja Sládkoviča 6；铺/标三13/39欧元；）适合背包客的小型青年旅舍，店家热情好客，虽然建筑古老，但是内部设施非常现代化。你选择可以相对隐私的双人间或5至6张床位的宿舍。店内还有观景阳台、设施齐全的厨房和洗衣店。

Penzión Príjemný Oddych 家庭旅馆 €

（☎6921 301；www.prijemnyoddych.sk；Starozámocká 3；房间43~49欧元；）位于老城堡下，是一家难得的prijemný（令人愉快的）旅馆，旅馆内还有餐厅、游乐场和桑拿室。

Penzión Kachelman 斯洛伐克菜 €

（☎6922 319；www.kachelman.sk；Kammerhofská 18；主菜5~10欧元；）文艺复兴时期乡村风格的旅馆/餐厅，菜品种类繁多，还有比萨饼。它接近公共汽车站，在老城中心下方。物美价廉的双人套餐仅售37欧元。

Art Cafe 咖啡馆 €

（Academická 2；2~7欧元；⊙8:00~23:00）这里有镇里最好的浓咖啡，精美的蛋糕和精心准备的美食，并且还有啤酒和现场音乐。店内还有风景怡人的阳台。

实用信息

市旅游局（City Tourist Information Office，☎6949 653；www.banskastiavnica.sk；Nám sv Trojice 6；⊙5月至9月8:00~18:00，10月至次年4月8:00~16:00）除了旅游咨询外，这里还销售一些比较珍贵的宝石；旁边是矿业博物馆的一家分公司。这里还有两台电脑可以上网（每小时1欧元）。

到达和离开

到达班斯卡-什佳夫尼察不是那么容易。每天只有一班长途汽车在16:40从布拉迪斯拉发直达这里（8.50欧元，3.5小时）。或者，所有乘坐长途汽车和火车到这里的游客都需要在Zvolen或班斯卡-比斯特里察换车，从那里有3班直达班斯卡-什佳夫尼察的长途汽车（3欧元，1小时）。查看时刻表，请浏览www.cp.atlas.sk。

从火车/长途汽车站步行向上，穿过市郊就来到了老主城广场（Nám sv Trojice）。本地公共汽车和出租车可以带你到市中心。

塔特拉山 (TATRA MOUNTAINS)

想在斯洛伐克看到阿尔卑斯山层峦迭起的诸峰？当你看到利普托夫斯基米库拉什（Liptovský Mikuláš）东部白雪皑皑的起伏山脉像幻影般升起的时候，你或许认为自己一定是在做梦。然而他们的景色确实是这样。上塔特拉山无疑是冒险者的首选之地，那些能负担得起山岳风景游昂贵费用的人也大多聚集在此。藏在山峰东部末端的是Belá Tatras：这个地方最可爱，但很少有人涉足。

波普拉德（Poprad）

☎052/人口54,300/交通枢纽

波普拉德或许将会是你探索这个多山国家的第一站，这里是离上法特拉山最近的大城市，是整个区域主要的交通枢纽。大多数的游客只会参观乏善可陈的市中心，但是具有16世纪建筑风格的Spišská Sobota居民区和温泉公园或许会让你流连忘返。从邻近中央步行广场Nám sv Egídia的火车和公共汽车站沿Alžbetina向南步行5分钟就会到达这里。

景点和活动

Spišská Sobota 街区

16世纪Spiš风格的商人和工匠的房屋排列于Spišská Sobota城镇广场。位于波普拉德火车站东北1.2公里。

Aqua City 水疗

（☎7851 111；www.aquacity.sk；Športová 1397；包价每天16~29欧元；⏲8:00~21:00）桑拿、游泳、气泡浴和滑梯区仅仅是波普拉德温泉公园服务项目的一部分。公园倡议使用绿色能源；热能和电力都来自地热和太阳能。

Adventoura 探险运动

（☎903641549；www.adventoura.eu；Uherova 33）乘坐狗拉雪橇、逐户徒步旅行、单板滑雪……这家公司可以组织上述活动。塔特拉（Tatras）附近一日游的价格大概在90欧元起。

食宿

公共汽车再以东一点，紧邻Jirho Wolera有一家大型的Billa杂货店。

首选 **Penzión Sabato** 民宿 €€

（☎7769 580；www.sabato.sk；Sobotské nám 6；房间含早餐90欧元；📶）裸露的石头拱门，鹅卵石铺成的庭院和使用开放式灶台的餐厅，这儿所有的一切都彰显了这里是一家具有17世纪风格的旅馆，客房装饰得浪漫又温馨。

Penzión Plesnivec 家庭旅馆 €

（☎911110410；www.penzion-plesnivec.sk；标单/双25/35欧元；📶）波普拉德最热情好客的旅馆。客房宽敞明亮，整洁简约，好客的旅行者酒吧/公共房间的装修充满了部族风情，驴友们可以帮助你制定上塔特拉山旅行计划。这里说英语和西班牙语。位于Aqua City和Spišská Sobota之间。

Hotel Cafe Razy 家庭旅馆 €

（☎7764 101；www.hotelcaferazy.sk；Nám Sv Egídia 58；标单/双29/39欧元；📶）楼上的客房简约，布局合理，楼下是半疯狂的酒吧和比萨咖啡店。早餐5欧元。位于新建的主广场。

实用信息

市信息中心（City Information Centre；☎7721 700；www.poprad.sk；Dom Kultúry Štefánikova 72；⏲周一至周五8:00~17:00，周六9:00至正午）只提供本城镇信息；有私人房屋出租列表。

到达和离开

飞机 **波普拉德-塔塔拉国际机场**（Poprad-Tatry International Airport，www.airport-poprad.sk；Na Letisko 100）位于市中心以西5公里，但是不受理任何定期航班。

长途汽车 长途汽车线路能满足到莱沃恰（1.60欧元，45分钟，每小时1班）、巴尔代约夫（4.5欧元，2.25小时，每天6班）和波兰的扎科帕内（Zakopane，5欧元，2小时，4月至10月 每天2班）的需要。

汽车通过在**塔特拉汽车租赁公司**（Car Rental Tatran）预订汽车，可以在城镇周边提车（☎0903 250 255；www.autopozicovnatatry.sk）。

火车到达上塔特拉山风景区，电动火车差不

多需要行驶14公里。主干线火车直达布拉迪斯拉发(16欧元,4小时,每小时1班,每天4班IC火车),特伦钦(10欧元,2.75小时,每小时1班,每天4班IC火车)和科希策(5欧元,1.25小时,每天24班)。

上塔特拉山(High Tatras)

☎052

上塔特拉山(Vysoké Tatry)是喀尔巴阡山脉的最高部分,比东欧大多数的山都要高。有25座超过海拔2500米的山峰。山脉东西长78公里,宽25公里,然而,《国家地理杂志》上的照片足以使你联想到洁净的雪原,深蓝色的高山湖泊,气势如虹的瀑布,起伏的云杉林和日照下隐约闪烁的高山草甸。锯齿状山脉的大部分属于塔特拉山国家公园(Tanap)。并不能说这样的景色制约了斯洛伐克滑雪坡的发展,独特的景色只是令监督机构十分懊恼,例如国际保护自然资源联盟。塔特拉山国家公园与在波兰境内的一座相似的公园相辅相成,互为补充。

山脉中部,三座度假小镇从西至东依次排列。Štrbské Pleso是传统的滑雪中心,场地设施完善,这里聚集着大批滑雪爱好者。往东11公里,Smokovec是Nový(新)、Starý(旧)、Dolný(下等)和Horný(上等)的混合型聚居地。这里依然有着20世纪全盛时期的感觉,还有大量的住宿点和健全的服务。再往前5公里,塔查斯卡鲁穆尼卡(Tatranská Lomnica)是一座古香古色的安静村庄。上山可以乘坐缆车、索道或升降机。斯达考威科(Starý Smokovec)中心以南14公里的波普拉德是离这里最近的城市(那里有主干线火车站和机场)。

当安排你的行程时,切记在11月至次年6月中旬时,因为降雪海拔最高的路段是封闭的。6月和7月是雨季;7月和8月是最热的(也是游客最多的)月份。酒店价格和游客数量在10月至次年4月降至最低点。

景点和活动

全长600公里的山路网络覆盖了高山峡谷和一些山峰,徒步旅行的游客可以在沿途设施齐全的山间木屋里休息就餐。路线有彩色的标志,不容易迷路。可以在书店和信息中心挑选一张信息详尽的地图和徒步旅行指南。公园规定游客需保持道路清洁,禁止采摘野花。注意很多路段都多石,并且凹凸不平,在山脊上要当心突如其来的暴风雨,那里没有保护措施,山地救援服务是收费的。

在斯洛伐克国家公园里徒步旅行的距离是按小时来计算的,而不是按公里计。所以在这里徒步旅行也是根据官方道路的里程来按小时来估算的。根据坡度和地貌,在上塔特拉山,一个人正常可以每小时行进2公里和5公里。

SMOKOVE度假村

从斯达考威科乘坐**funicular railway**(www.vt.sk;成人/儿童往返7/5欧元;⏲7月和8月7:00~19:00,9月至次年6月8:00~17:00)可以直达**Hrebienok**(1280米),从这里你可以欣赏到**Velká Studená Valley**美丽的景色,并且有几个徒步旅行路线可供选择。红色的**Tatranská Magistrála Trail**横穿上塔特拉山南坡,全长65公里。从Hrebienok徒步10分钟就会到达Bilíkova chata,这里是一座可以暂住和就餐的小木屋。沿Magistrála向东,经过一段30分钟路程的平缓的小路,就会来到**Studený Potok**瀑布。如果向西,你可以沿着Magistrála到达湖边的**Sliezsky dom**小屋,顺着一条绿色的小岔路一路向下,就会到达有黄色标志的道路,从这里可以返回斯达考威科(全程总共4小时)。

从斯达考威科出发,登山爱好者们通过蓝色的道路可以攀登到**Slavkovský štít**(2452米)的顶点(往返7至8小时)。攀登那些没有道路标志的山峰(包括**格尔拉赫峰**),一定要雇一位向导。联系**登山向导协会办公室**(Mountain Guides Society Office,☎4422 066;www.tatraguide.sk;Starý Smokovec 38;⏲周一至周五10:00~18:00,周六和周日正午至18:00,10月至次年5月 周末休息)。向导费用15欧元起,协会也将举办登山培训课程。

在**Funpark**的索道顶部有雪橇牵引索和夏季管道(⏲7月和8月10:00至16:00,12月至次年2月9:00开始)。

在**Tatrasport**(www.tatry.net/tatrasport;

High Tatras 上塔特拉山

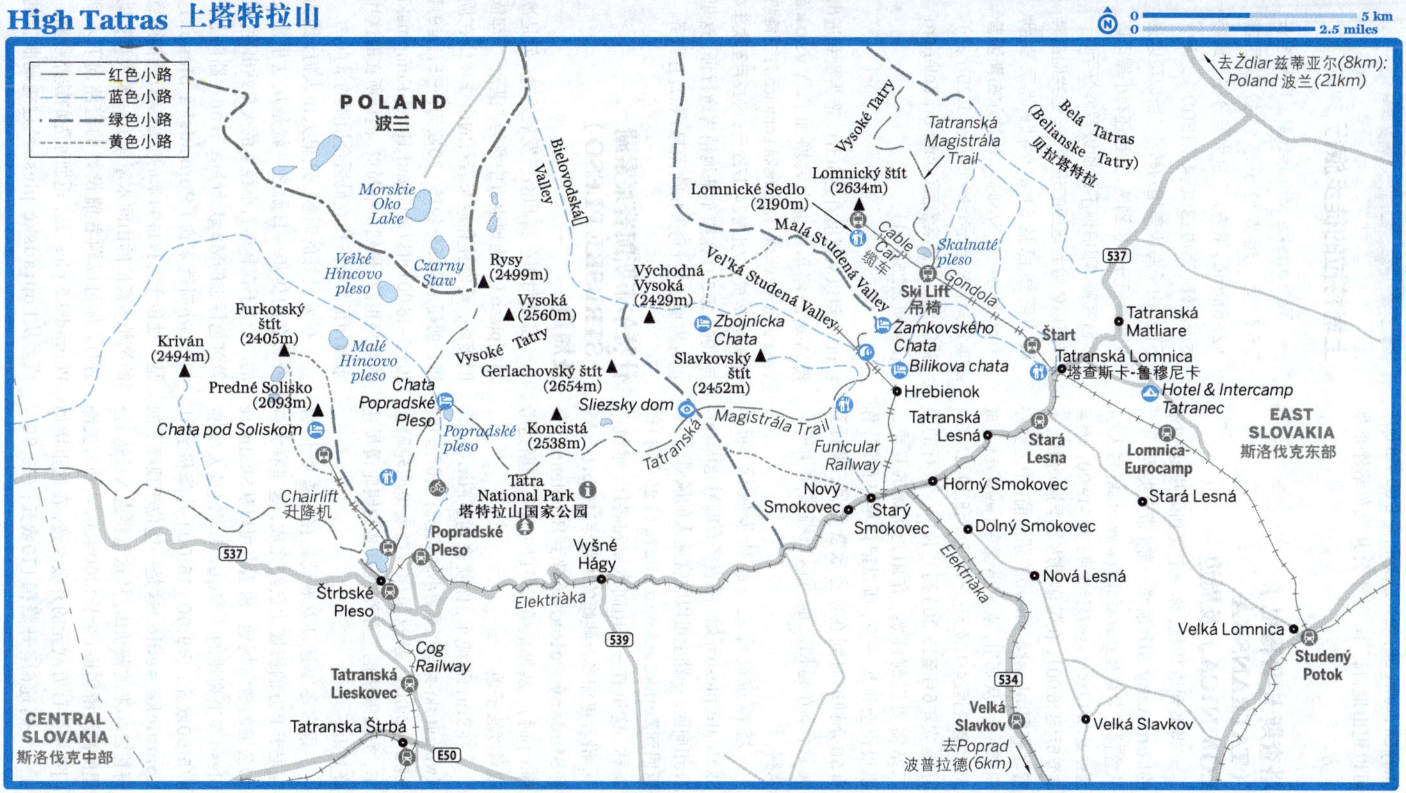

Starý Smokovec 38；每天12欧元；⌚8:00~18:00）可以租山地自行车，位于公共汽车站停车场上方。

塔查斯卡-鲁穆尼卡（TATRANSKÁ LOMNICA）及周边

当来到塔特拉，你一定要到海拔2643米的**Lomnický štít**顶峰一游（带上夹克！）。从鲁穆尼卡乘坐**gondola**（www.vt.sk；成人/儿童往返15/10欧元；⌚7月和8月8:30~19:00，9月至次年6月至16:00），在带你到达冬季运动中心、餐厅和**Skalnaté pleso**的湖泊前，中途会停靠**Štart**。从那里，乘坐小**缆车**（www.vt.sk；成人/儿童 往返24/17欧元；⌚7月和8月8:30~17:30，9月至次年6月至15:30）到达顶峰。旅行的第二站需要提前订票。在阳光明媚的夏季，票很快会销售一空，所以记得早点预订。你有50分钟的时间在顶点欣赏美景，步行到观景台，在返回之前可以在咖啡馆里喝点饮料。

塔特拉高峰之一的徒步旅行，将从Skalnaté pleso开始。沿着多石的Magistrála Trail向西，一路上可以欣赏迷人的风景，然后返回到**Zamkovského chata**（1.25小时）的森林，这里有一间山间木屋和餐厅。继续向下，沿着更加多石陡峭的山路穿过**Obrovský**和**Studený Potok**瀑布来到Hrebienok（全程3小时）。从那里缆车可以带你下到斯达考威科度假圣地。

在Štart下缆车，你就来到了**Funtools**（www.vt.sk；乘坐工具每小时5欧元；⌚6月至9月9:00~18:00），从这里你可以乘坐两轮踏板车，类似雪橇的三轮车或改装的四轮滑板速降到山下。

很多冬季运动发展设施在塔查斯卡-鲁穆尼卡上方的斜坡上已经完成；这里有大约30公顷的滑雪场地。滑雪者可以从Skalnaté pleso乘坐高速的冬季**quadlift**（成人/儿童8/5.50欧元；⌚9:00~16:00）升降机到达**Lomnické sedlo**，这是一座位于顶峰下的海拔2190米的鞍状山，从这里将进入长达6公里的高级滑雪道（全长1300米）。当地有关部门耗资数百万欧元的升级改造，在这里增加了一个高速6座**升降椅**（10欧元；⌚9:00~16:00），可以从村里直达Štart，造雪量和进出滑雪场的停车位也大大增加了。**Vysoké Tatry**（www.vt.sk；Tatranská Lomnica 7；升降机通票 每天 成人/儿童24/17欧元；⌚12月至次年4月9:00~15:30）在缆车基地销售通行证，这里也有雪橇租赁（每天15欧元起）和寄存服务。

> **不要错过**
>
> ### 上塔特拉的徒步旅行
>
> **Tatranská Magistrála Trail**全长65公里，起点位于塔特拉山西部（Zapadné）下方，但是大部分在上塔特拉山山峰（海拔1300米和1800米之间）下面。由于海拔差相对较小，所以可以通过索道和升降机到达，并且还有小屋可以休息就餐，哪怕你不是顶级登峰好手，一样可以体验到这里的乐趣。一些我们最喜欢的路线包括Skalnaté普莱索到Hrebienok（2.5小时），什特尔布斯凯普莱索湖到Popradské pleso（1.25小时）和Skalnaté普莱索到Chata pri Zelenom plese（2.25小时）。

什特尔布斯凯普莱索湖（ŠTRBSKÉ PLESO）及周边

虽然村里公寓和酒店发展迅速，但是冰川湖pleso（在当地语言中意为“湛蓝”）却依旧美丽，黑松林和遍布岩石的山峰环绕在周围。**划艇**（每45分钟15~20欧元；⌚5月至9月10:00~18:00）可以从Grand Hotel Kempinski的船坞租借：虽然价格昂贵，但你所在的这片水域却正是斯洛伐克最适合拍照的景点。

在天气好的时候，这里人山人海，因为最著名的徒步一日游之一就是从这里出发的。从位于森林多石小径上的火车站出发，沿着红色标志的**Magistrála Trail**一路向上大约1.25小时就来到了**Popradské pleso**，这是一处位于海拔1494米的更加富有诗情画意的湖泊。繁忙的山间木屋里有一家大型自助餐厅。你可以顺着铺设好的道路向下来到Popradské pleso站，返回原先的铁路线路；或者从Popradské pleso经过蜿蜒曲折的

Magistrála向上来到山腰，然后向东横穿直达位于斯达考威科上方的Sliezsky dom和Hrebienok索道（5.75小时）。

全年提供服务的**升降椅**（www.parksnow.sk；成人/儿童 往返10/7欧元；⌚8:00~15:30）直达**Chata pod Soliskom**，从那里沿红色的小路向北步行1小时就来到了海拔2093米的**Predné Solisko**顶峰。

滑雪场（Park Snow，www.parksnow.sk；升降机通票 成人/儿童19/13.50欧元；⌚8:30~15:30）是什特尔布斯凯普莱索湖最受欢迎的滑雪圣地，有2部升降机、4条牵引索、从简单到中等难度的12公里雪道、1个跳跃台和1个雪筑隧道区。

住宿

想了解塔特拉详细的住宿地点，请浏览www.tatryinfo.eu。在一些小型定居点有便宜的住宿地点，例如在山脚下的Nová Lesná镇或者向东越过山脊，位于贝拉塔特拉的兹蒂亚尔（Ždiar）。在野外/边远地区露营是禁止的：在塔查斯卡-鲁穆尼卡附近有一块露营区。为了体验斯洛伐克山地探险的精髓，没有什么比徒步从一个chata（一座山间木屋；可以是从棚屋到小木屋的任何种类）到下一个，站在高高的上峰之上更好的了。食物（可供选择的饭菜或餐厅）随处可见。床位短缺，所以要提前预订。

SMOKOVE度假村

在Nový Smokovec电车站以西的几条通往南部的无名大街上可以寻找到价格合理、适合长期居住的住所，这些地方招牌上往往带有“Delta”字样。

首选 **Penzión Tatra** 家庭旅馆 €

（☎0903650802；www.tatraski.sk；Starý Smokovec 66；标单/双含早餐23/46欧元；@📶）这家旅馆位于火车站上方，是一座建于1900年的阿尔卑斯高山风格的古典建筑，拥有宽敞而漂亮的现代化客房，地理位置十分优越，并有台球桌和滑雪设备储存室。

Villa Siesta 酒店 €€

（☎4423 024；www.villasiesta.sk；Nový Smokovec 88；双64欧元，套83~113欧元；📶）酒店采光通风良好，是处装修色调自然的当代山庄别墅。餐厅、桑拿、按摩浴缸都是免费的。

Grand Hotel 酒店 €€€

（☎4870 000；www.grandhotel.sk；Starý Smokovec 38；房间99~179欧元；📶🅿）这是家具有百年历史的酒店，由斯达考威科夫人经营。但房间的现代化程度有待提升。

Penzion Vesna 家庭旅馆 €

（☎4422 774；www.penzionvesna.sk；Nový Smokovec 69；标单/双25/50欧元）这家家庭经营的旅馆虽然房间布局有些凌乱，但是物超所值，有许多房间可供居住。越过Palace Hotel后面的电车路轨左转，位于一条小马路左边。

Bilíkova Chata 山间木屋 €

（☎4422 439；www.bilikovachata.sk；标单/双无浴室28/56欧元）这是一家建于青山白云之间的木制结构酒店，有服务周到的餐厅；从Hrebienok索道站仅7分钟路程。

Zbojnícka Chata 山间木屋 €

（☎0903638000；www.zbojnickachata.sk；铺含早餐20欧元）有16张床位的宿舍，有自助小饭馆和小厨房。海拔1960米，从Hrebienok需要向上徒步4小时到达这里。

塔查斯卡-鲁穆尼卡（TATRANSKÁ LOMNICA）及周边

在火车站南边和东边后面的街道上寻找私人出租房间（“privat”或者“zimmer frei”），每人15欧元起。你可以在www.tatry.sk andwww.tanap.sk/homes.html上提前预订。

Grandhotel Praha 酒店 €€

（☎4467 941；www.grandhotelpraha.sk；Tatranská Lomnica；房间含早餐85~175欧元；

@✉）当盛装出席晚宴的时候，哪里能映衬出你的优雅呢？这家建于1899年的Grandhotel酒店里的弧线形的大理石楼梯和水晶吊灯可以。房间布置的古朴、得体，并且有时髦的水疗中心，位于村庄上方高处。

Penzión Encian 家庭旅馆 €

（☎4467 520；www.encian.eu；Tatranská Lomnica 32；标单/双30/47欧元；@）这家旅馆有陡峭的屋顶，屋内摆满了花盆，并且有一个小餐厅壁炉。Encian散发着山间的魅力。自助早餐5欧元。

Penzion Daniela 家庭旅馆 €

（www.penziondaniela.sk；Tatranská Lomnica 40c；标单/双26/52欧元）从外部来看，这里的5间房屋甚至比乡间木屋更加简朴，但是却是塔查斯卡-鲁穆尼卡最如家一般舒适的选择。

Zamkovského Chata 山间木屋 €

（☎4422 636；www.zamka.sk；每人15~18欧元）这是一家富有情调的木屋，每间客房有4张床位，还有一个餐厅。它是在Skalnaté Pleso和Hrebienok之间徒步旅行最好的中途停靠点。

Hotel & Intercamp Tatranec 露营地 €

（☎4467 092；www.hoteltatranec.com；Tatranská Lomnica 202；露营地7~10.50欧元，双/小木屋85/96欧元）6人间的颇有岁月沧桑的小木屋、汽车旅馆和餐厅（带有户外帐篷区）。位于前往Studený Potok方向的铁路线的“T Lomnica zast”站以北。

什特尔布斯凯普莱索湖（ŠTRBSKÉ PLESO）及周边

村庄过于快速的发展与过于拥挤的街道，使得我们把在这里的游览安排在了旅程表上的最后一站。

首选 Grand Hotel Kempinski 豪华酒店 €€€

（☎3262 554；www.kempinski.com/hightatras；Kupelna 6，Štrbské Pleso；房间400~450欧元，套600~2800欧元；❄@✉）塔特拉最豪华的酒店是这家具有古典风格的villalike Kempinski酒店，这里吸引着高端游客，提供做晚床服务（撤走床罩方便客人入睡，还包括简单的客房整理及物品补充）。这里还有加温的大理石浴室地面和难以想象的美丽湖景。在做完奢华的水疗回房前，透过双层大玻璃欣赏一下壮丽的山脉吧。

Chata Pod Soliskom 山间木屋 €

（☎0917 655 446；www.chatasolisko.sk；Štrbské Pleso；铺16欧元）小型的木制青年旅舍（8张床位），有漂亮的阳台，不需要走太远就能到。店家位于升降机终点旁边，海拔1800米。

Chata Popradské Pleso 山间木屋 €

（☎910 948 160；www.popradskepleso.sk；铺14~18欧元，标单/双23/46欧元）这是家大型的山间酒店，配有餐厅和酒吧。从村庄通过崎岖的山路徒步向上一小时或从Popradské pleso火车站通过铺设平坦的路徒步向上便可以到达这里。

Hotel Patria 酒店 €€

（☎7848 999；标单81~121欧元，双110~164欧元）这里是20世纪70年代社会主义时期领导人度假的酒店……至少，这座巨大的酒店给你的感觉是这样的。不管怎样，我们找到了一处非常舒适的地方。房间里的景色和Kempinski酒店的一样好，并且餐厅也非常棒。位于什特尔布斯凯普莱索湖的另一侧，离村庄1公里。

餐饮

度假村彼此离得都很近，很有可能吃住在不同的度假村里。每个度假村至少有一家杂货店。夜生活在这里很单调。

SMOKOVE度假村

一些迪斯科舞厅散落在各处，并且经常变换地点；所以当你来到这里时，打听一下最新开业的迪厅。

首选 **Reštaurácia Svišť** 斯洛伐克菜 €€

（Nový Smokovec 30；主菜6~13欧元；⏲6:00~23:00）从精心制作的斯洛伐克饺子到红酒牛柳，这家时尚的斯洛伐克风格餐厅非常不错，最令人惊喜的是价格十分实惠。

Pizzeria La Montanara 意大利菜 €

（Starý Smokovec 22；主菜3.50~6欧元；⏲11:00~21:00）这里深受当地人喜爱，La Montanara销售非常好吃的馅饼，各种意大利面食、汤和蔬菜。餐馆位于镇东边缘，在一家杂货店上方。

Koliba Smokovec 斯洛伐克菜 €€

（Starý Smokovec 5；主菜7~15欧元；⏲15:00~22:00）一家传统的乡村烧烤餐厅；晚上有民间音乐演出。它也是一家家庭旅馆（标单/双25/40欧元）。

Tatry Pub 小酒馆

（Tatra Komplex，Starý Smokovec；⏲周日至周四15:00至次日1:00，周五和周六15:00至次日3:00；📶）登山向导俱乐部官方指定酒吧，这里气氛热闹，有定期的飞镖比赛、音乐会等，是喝酒的好去处。

Cafe Hoepfner 咖啡馆

（Starý Smokovec 22，Hotel Smokovec；咖啡1~3欧元）热情友好的本地咖啡馆，有卖蛋糕和咖啡。夏季周六的晚上还有现场爵士乐音乐会。

塔查斯卡-鲁穆尼卡（TATRANSKÁ LOMNICA）及周边

徒步旅行的游客可以在火车站旁边的斯洛伐克风味餐馆进行短暂休整，补充体力。Grandhotel Praha的餐厅有最好的美食；对于那些乘坐升降机的游客，在Štart缆车站则有相当不错的比萨。

Reštaurácia U Medveda 捷克、斯洛伐克菜 €€

（Tatranská Lomnica 88；主菜5~12欧元）这里有非常棒的传统美食，位置稍偏僻（沿邮局往南）。特色烧烤是一大亮点。

Humno 酒吧

（Tatranská Lomnica；⏲周日至周四10:00至午夜，周五和周六至次日4:00）这是家夜店、鸡尾酒吧，也是滑雪爱好者的大本营。这里能容纳300人，是鲁穆尼卡最新成立的商家之一，可以提供细致周到的服务。位于缆车站基地。

什特尔布斯凯普莱索湖（ŠTRBSKÉ PLESO）及周边

火车站上方通往升降机的街道两旁有各种小吃摊。

Reštaurácia Furkotka 斯洛伐克菜 €

（www.furkotka.sk；Štrbské Pleso；主菜3~6欧元；⏲11:00至午夜）很就位于什特尔布斯凯普莱索湖电车站外面，这里提供温暖舒适的一站式服务，美食、啤酒、咖啡、蛋糕和令人满意的住宿（每人10~24欧元）。

Koliba Patria 斯洛伐克菜 €€

（湖的南岸，Štrbské Pleso；主菜6~15欧元）坐在令人愉快的湖边阳台一边欣赏美景，一边品尝多种肉类菜肴。这里的确比典型的koliba（为斯洛伐克牧羊人提供服务的乡村山间餐厅）更加雅致。

ℹ 实用信息

在三个主要度假村的主街道上都有自动取款机。

度假村滑雪通行证

Park Snow和Vysoký Tatry度假村，什特尔布斯凯普莱索湖和塔查斯卡-鲁穆尼卡有滑雪许可的区域都聚集在一起，提供多天多度假村缆车通行证（3天 成人/儿童93/65欧元）。**Super Slovak Ski Pass**（www.vt.sk；10天 成人260欧元）覆盖了一些主要的度假村和斯洛伐克周边其他较小的滑雪区。

紧急情况

山地救援服务(Mountain Rescue Service, ☎421-(0)52 7877 711, 紧急情况 18 300; www.hzs.sk; Horný Smokovec 52)斯洛伐克总局。

上网

U Michalka Café (Starý Smokovec 4; 每小时2欧元; ⏰10:00~22:00; 📶)令人心情愉快的咖啡馆,有4台电脑,口味极佳的茶和干酪果脯点心。

塔查斯卡-鲁穆尼卡图书馆(Tatranská Lomnica Library, ⏰周一、周四和周五9:00~15:30)

旅游信息

请注意,信息办公室不提供订房服务;他们为游客准备了小册子,里面列有一些(不是所有)住宿场所。

斯达考威科塔特拉信息办公室(Tatra Information Office Starý Smokovec, TIK; ☎4423 440; Starý Smokovec 23; ⏰周一至周五8:00~20:00, 周六至13:00)该地区最大的信息办公室,提供全面的宣传资料。

什特尔布斯凯普莱索湖旅游局(TIK Štrbské Pleso; ☎4492 391; www.tatryinfo.sk; Štrbské Pleso; ⏰8:00~16:00)主要提供实用的旅游线路;位于Hotel Toliar以北上方。小型博物馆(大部分是关于自然历史)值得仔细参观。

塔查斯卡-鲁穆尼卡旅游局(TIK Tatranská Lomnica, ☎4468 119; www.tatryinfo.sk; Cesta Slobody; ⏰周一至周五10:00~18:00, 周六9:00~13:00)这里的员工会给你提供很大的帮助。旅游局位于主街上,Penzión Encian对面。

旅行社

T-Ski Travel(☎0905 350 810; www.slovakiatravel.sk; Starý Smokovec 46; ⏰周一至周四9:00~16:00, 周五至周日至17:00)预订住所,安排滑雪和山地自行车项目,提供漂流和其他塔特拉外游览。在索道站附近。

网站

上塔特拉山旅游行业协会(High Tatras Tourist Trade Association; www.tatryinfo.sk)本地区全面的概述,包含住宿信息。

塔特拉山国家公园(Tatra National Park; www.tanap.org)国家公园网站。

Tatry.sk(www.tatry.sk)塔特拉城镇官方网站。在"地图"选项下面寻找村庄布局。

ℹ 到达和当地交通

乘坐连接波普拉德的公共交通可以到达塔特拉。窄轨电车沿主干道在各个度假村设有站点;公

从塔特拉出发

长途汽车

站点	出发点	票价(欧元)	行程(分钟)	班次
斯达考威科	波普拉德	0.90	15	每30分钟
什特尔布斯凯普莱索湖	波普拉德	1.60	60	每45分钟
塔查斯卡-鲁穆尼卡	波普拉德	1.20	35	每小时
兹蒂亚尔	塔查斯卡-鲁穆尼卡	1	30	每天8班

火车

站点	出发点	票价(欧元)	行程(分钟)
斯达考威科	波普拉德	1.50	25
斯达考威科	什特尔布斯凯普莱索湖	1.50	40
什特尔布斯凯普莱索湖	波普拉德	2	70
塔查斯卡-鲁穆尼卡	波普拉德	1.50	25~40
塔查斯卡-鲁穆尼卡	什特尔布斯凯普莱索湖	2	60

共汽车也可以向下到达比较小的村庄。不管怎样，想要到达什特尔布斯凯普莱索湖和塔查斯卡-鲁穆尼卡之间，都要在斯达考威科换车。查看时刻表，请浏览www.cp.atlas.sk。

火车 从6:00到22:00，电动火车（TEZ）差不多每小时1班。在车站购买单人TEZ车票和在旅游局可以购买连号票（1至3人）。上车需检票。

贝拉塔特拉（Belá Tatras）

☎052

向东越过上塔特拉的山脊，你就会听到带着波兰口音的斯洛伐克语了。高地人（Goral）民间文化是小贝拉塔特拉历史中比较难以理解的一部分。如今，在兹蒂亚尔主要的村庄里依旧建造着有着红白两色醒目图案的传统木制农舍。这里弥漫着乡土气息，人们悠然自得，有着自己的生活方式。从这里很容易到波兰进行短途旅游（在旺季）。

兹蒂亚尔（ŽDIAR）

木制装修的农舍排列于兹蒂亚尔，这里是塔特拉人最古老的聚居地，从16世纪这里就开始有人居住了。旅游业的发展使高地文化传统既受到了保护，同时也遭到了破坏。村庄的一部分是历史的遗迹，包括**Ždiar House Museum**（Ždiarsky Dom；1欧元；⏲周二至周五10:00~16:00，周六和周日10:00至正午），一个小型博物馆，展示了绚丽多彩的当地服饰和家具。

从博物馆穿过主路，沿着位于河边的绿色小路穿过**Monkova Valley**（880米），这是一段高度差变化不大的徒步旅行。行走45分钟后，小路翻过**Širkové saddle**（1826米），你便来到了**Kopské saddle**（1750米），全程总共需要4小时（往返需要7小时）。过了这个点，你就已经越界到了上塔特拉山了；到Chata pri Zelenom plese还需要走1小时，除此之外，到塔查斯卡-鲁穆尼卡的缆车需要2.5小时。

主路以西是两块滑雪区；在夏季其中一个变成了**Bikepark Bachledova**（www.skibachledova.sk；⏲7月中旬至9月中旬9:00~16:00）。在这里你可以租借山地自行车（每小时5欧元），乘升降机到达山顶，然后以闪电般的速度冲下山。

食宿

兹蒂亚尔有多家家庭旅馆和私人住宅（这里指面积很大私人住宅，其中有一些房屋出租，设施共用，每人11欧元起）。假设你突然造访，如果运气好的话，很容易找到住处，或者浏览www.zdiar.sk下的ubytovanie。如果其他任何餐厅都关门了的话，Buffet Livia提供啤酒和炖牛肉。

首选 Ginger Monkey Hostel 青年旅舍 €

（☎52 4498 084；www.gingermonkey.eu；Ždiar 294；铺/双13/32欧元；@ 🛜 ）从舒适的高地风格的房间里可以欣赏到绝妙的山景，在这里有24小时茶水、洗衣店和免费早餐并可能收获意料之外的友情。显然，走遍世界的主人/经理可以为你的旅途提供一些建议。这里有设施齐全的厨房，有时会制作公共晚宴（通过捐助），或者所有人可以一起出去就餐（当然还要喝上几杯！）。不要只订一晚，你将错过很多。旅舍还养了猫、狗和鸡。

Penzión Kamzík 家庭旅馆 €

（☎4498 226；www.penzionkamzik.sk；Ždiar 513；标单/双11/22欧元；🛜）这里有令人欢快的员工、现代化的客房、小餐厅、乒乓球室和桑拿室。

Goralska Karčma 斯洛伐克菜 €

（Ždiar 460；主菜3~6欧元）krčma（传统乡村小酒馆）提供所有地方特色美食，像土豆饼卷辣椒酱（potato pancakes stuffed with a spicy sauté）。

Rustika Pizzeria 意大利菜 €

（Ždiar 334；比萨4~6欧元；⏲17:00~22:00）在村中心的一座格局不规则的老原木屋里有木炭烘烤的比萨饼。

Ždiarsky Dom 斯洛伐克菜 €

（Ždiar 55；主菜3~6欧元）斯洛伐克乡村烹饪风格，邻近小博物馆。

实用信息

PLP Shop（☎0903 642 492；Ždiar 333；⊙9:00至正午，15:00~18:00）这是一家由Rustika Pizzeria经营的纪念品商店，有信息办公室和自行车租赁（每天12欧元起）。

到达和离开

乘坐长途汽车是到达贝拉塔特拉唯一的方法。波兰（欧盟开放边界）位于兹蒂亚尔以北14公里。了解斯洛伐克时刻表，请浏览check www.cp.atlas.sk；了解波兰时刻表，请浏览strama.eu。从兹蒂亚尔出发的长途汽车可以直达波普拉德（2欧元，1小时，每天9班），斯达考威科（1.60欧元，40分钟，每天11班）和塔查斯卡-鲁穆尼卡（1欧元，30分钟，每小时1班）。在4月和10月之间，从波普拉德站出发到波兰扎科帕内的长途汽车中途停靠兹蒂亚尔（2.20欧元，50分钟，每天2班）。

斯洛伐克东部（EAST SLOVAKIA）

进一步向东，这里的人们生活更加悠闲。不知为何，例如莱沃恰和巴尔代约夫在内的诸多风景如画的小镇竟然隔绝了现代的喧嚣和20世纪并不美观的建筑理念，更有意思的是，来塔特拉的游客可以在充满自然气息的国家公园里恣意享受野性的趣味。

凯日马罗克（Kežmarok）

☎052/人□16,800

紧紧依偎着上特塔拉山众多的山峰，凯日马罗克的老城小型广场上别具一格的教堂和一座小城堡，看上去十分令人惬意。13世纪最初的日耳曼移民对这里的建筑风格产生了深远的影响，甚至一直延续到今天。在7月，这里会有**欧洲民间工艺品市场**（European Folk Craft Market，是国内最大的集市之一。

从邻近的公共汽车站和火车站出发，步行中心西北1公里，沿着Dr Alexandra大街到达主广场，Hlavné nám。红绿相间的仿摩尔人建筑风格的**新福音教堂**（New Evangelical Church，Toporcerova和Hviezdoslavovo交叉路口；门票2欧元；⊙周二至周六10:00至正午和14:00~16:00，11月至次年4月关闭），建于1894年，是镇南端最重要的建筑。门票包含了参观历史更为悠久的**老木制福音教堂**（Old Wooden Evangelical Church）的旅程，教堂建于1717年，整座教堂没有使用一根铁钉。教堂内有令人惊叹的内部雕刻和彩绘木头，以及一架老式风琴。

在广场另一端，是建于15世纪的**凯日马罗克城堡**（Kežmarok Castle，www.kezmarok.com；Hradné nám 45；成人/儿童3/1.50欧元；⊙团队游9:00~16:00）。城堡粗短，类似一座宅邸。如今是一座博物馆，里面展出了当时的家具和古董。

在Hlavné nám步行广场周围你会发现很多咖啡馆。如果你留在这里过夜，试试这家位于广场的小型但是环境优雅的**Hotel Hviezdoslav**（Hlavne Nam；标单/双59/69欧元），酒店是同名的著名斯洛伐克诗人的故居；酒店带有一个很好的餐厅。方便的公共汽车意味着从上塔特拉山到这里进行一日游是可行的。

凯日马罗克信息处（Kežmarok Information Agency，☎4492 135；www.kezmarok.net；Hlavné nám 46；⊙周一至周五8:30~16:15，周六8:30~13:00）这里有很多的信息。公共汽车直达波普拉德（1欧元，30分钟，每半小时1班）、塔查斯卡-鲁穆尼卡（1欧元，30分钟，每小时1班）、兹蒂亚尔（1.60欧元，40分钟，每天4班或在塔查斯卡-鲁穆尼卡换车）和莱沃恰（1.30欧元，1小时，每天4班或在波普拉德换车）。

皮耶尼内国家公园（Pieniny National Park）

☎052

皮耶尼内国家公园方圆21平方公里，人们可以在高达500米的壮观的悬崖下乘木筏游览。皮耶尼内与河北岸的一座波兰公园一起守卫着杜纳耶茨峡谷（Dunajec Gorge），该峡谷位于一个名叫Červený Kláštor的斯洛伐克山村以东。

在峡谷的入口，是一座建于14世纪的

红色修道院（Red Monastery, Červený Kláštor; www.muzeumcervenyklastor.sk; 成人/儿童 3/1欧元; ⌚7月和8月8:00~19:00, 4月至6月, 9月和10月9:00~17:00, 11月至次年3月周一至周五10:00~16:00），坚固的房间里有一家小型的博物馆，但是游客来这里的主要目的还是漂流。在Rte 543，有两处出发点可以进行漂流旅行（river float trip, ☎4282 840; www.pltnictvo.sk; 成人/儿童10/5欧元; ⌚5月至10月9:00至傍晚）：一处位于修道院对面，另一处位于村庄以西，河上游1公里处。大部分的游客都会蜂拥至其中一处，选择使用传统的——干燥的pltě（一种浅平底木筏）。但是对于那些每人花费40欧元至50欧元的游客来说，不妨穿上防水服，选择乘坐潮湿的、略带野性的橡皮筏，当然即使这么玩也不会体验到超级刺激的感觉。杜纳耶茨河水流相当的平缓，经过1.5小时的漂流会到达一个名叫Lesnica的斯洛伐克村庄附近，那里是终点。

你可以原路徒步返回Červený Kláš，沿着迷人的河边小路，穿过9公里长的峡谷，需要花费2小时。还有一种选择，从漂流终点站向东南行走500米，去位于Lesnica的**Chata Pieniny**（☎4285 031; www.chatapieniny.sk; 主菜3~10欧元）餐厅。从这里，你可以租一辆自行车，单程（4欧元）通过峡谷返回，或者乘坐小型公共汽车行驶22公里返回（3欧元）。在夏季，民间音乐家们时常在原木chata和喧闹的餐厅里演奏：游客很多，但却很有意思。

在这里过夜的游客可以在**Penzion Pltník**（☎4822 525; www.penzionpltnik.sk; Cervený Kláštor 93; 2名成人和帐篷6.50欧元，双 34欧元）外面的空地上搭起帐篷，或者在通往Červený Kláštor的路上众多的私人房屋（通常以私人名义注册）里找到一家留宿。

尽管皮耶尼内位于凯日马罗克北部仅42公里处，但是如果你没有自己的交通工具，来到这里可不是一件很容易的事。上塔特拉山度假村的旅行社可以帮助你安排行程。从波普拉德到Červený Kláštor的公共汽车（2.75欧元，1.75小时），途经凯日马罗克（2.25欧元，1.25小时），早上1班，下午2班。一些步行桥连接这里和波兰。

莱沃恰（Levoča）

☎053/人口14,900

这里就是斯洛伐克在13世纪的样子，莱沃恰已经被联合国教科文组织列入《世界遗产名录》，很少有地方有像这样保存完好的古代防御设施。高高的中世纪围墙保护着老城的建筑和鹅卵石铺砌而成的街道。镇中心有着国家宗教艺术和建筑收藏的骄傲，即哥特式圣雅各布大教堂（Gothic Church of St Jacob）。在中世纪，匈牙利国王邀请撒克逊人定居边疆。由此而来，莱沃恰成为了斯洛伐克-撒克逊Spiš区域的中心，也成为了斯洛伐克境内最重要的朝圣中心。

景点

圣雅各布大教堂 教堂

（Church of St Jacob, Chrám Sv Jakuba; www.chramsvjakuba.sk; Nám Majstra Pavla; 成人/儿童2/1欧元; ⌚每小时发团 周二至周六8:40~16:00 周日13:00~16:00）细长尖顶的圣雅各布教堂建于14世纪和15世纪。教堂里高耸的拱门、珍贵的艺术品和稀有的室内陈设会使你精神振奋，这里主要的亮点是一座斯洛伐克境内最高的祭坛，高18米，令人印象深刻。

壮丽的哥特式祭坛（1517年）由莱沃恰的艺术大师Pavol亲手建造，这就是人们为什么纷纷来到位于莱沃恰主广场的这座教堂的原因。很少人了解这位雕塑家，但是他的作品却备受尊敬。《最后的晚餐》和《圣母玛利亚》都雕刻于这座木制彩绘的杰作之上。

从北门穿过街道，在Municipal Weights House里面的收银处购票。营业时间很准时，但是在夏季检票频繁，淡季则比较少。邻近的羞耻笼建于16世纪，是专门用来惩罚淘气的孩子们的。

Nám Majstra Pavla 广场

在主广场Nám Majstra Pavla上，到处都是漂亮的哥特式和文艺复兴式建筑。私人的**Thurzov House**（1517年），在街道7号，有狂热的斯皮什文艺复兴时期典型屋顶。20号是**Master Pavol Museum**，那里集中展示了该市最著名的艺术家的作品。建于15世纪的

Historic Town Hall（市政厅），位于广场中心，比起有限的内部展品，其外观更加有趣。目前，与小镇历史相关的展品都在40号的**Creative Culture in Spiš**（Výtarná Kultura na Spiši）中展览。一张票就可以参观后三处景点，因为它们都属于**Spiš Museum**（www.spisskemuzeum.com；成人/儿童 3/1.50欧元；⌚周二至周五9:30~15:00）。

Church of Mariánska Hora 教堂

从镇上可以看到Church of Mariánska Hora，位于镇北2公里处。每年的7月初，这里都会举行斯洛伐克年度最大的天主教朝圣活动。你可以步行或开车游览莱沃恰的美丽景色：在旅游局安排好路线。

食宿

Hotel U Leva 酒店 €€

（☎4502 311；www.uleva.sk；Nám Majstra Pavla 24；标单/双/公寓39/68/99欧元；🚭📶）酒店分布在两座老城建筑里，有23间现代化的客房，每一间都干净整洁，风格独一。柔和的珠光色调墙壁使所有的客房都充满了生气，每处公寓都配有厨房。精致的餐厅（主菜7~13欧元）把不常见的烹饪原料与古老的斯洛伐克烹饪技术进行了完美地结合。

Hotel Arkáda 酒店 €

（☎4512 372；www.arkada.sk；Nám Majstra Pavla 26；标单/标双36/52欧元；@📶）这座老城建筑里的家具大多平淡无奇，但是你只需花费65欧元就可以到带有古董和拱形天花板的套房里去住了。古砖拱顶的酒窖餐厅（主菜5~11欧元）更加富有魅力。这里传统的烧烤菜肴吸引着大量当地游客。

Oáza 家庭旅馆 €

（☎4514 511；www.ubytovanieoaza.sk；Nová 65；铺含早餐10欧元起）简单的双床间带有公用浴室，四床间带有浴室和厨房，这里正是那些预算有限的游客的好去处。

U Janusa 斯洛伐克菜

（Kláštorská 22；主菜4~11欧元）这是家传统舒适的餐厅，兼做家庭旅馆。试下多种多样的饺子吧（pirohy）。

实用信息

你需要的所有东西，包括银行和邮局，都在主广场。

Levonet Internet Café（Nám Majstra Pavla 38；每小时2欧元；⌚10:00~22:00）。

旅游局（Tourist Information Office，☎4513 763；eng.levoca.sk；Nám Majstra Pavla 58；⌚全年 周一至周五9:00~16:00，5月至9月 周六和周日9:00~16:00）。

到达和离开

莱沃恰位于主干道E50高速公路沿线，波普拉德（28公里）和科希策（94公里）之间。长途汽车是到达这里最合适的交通工具。

位于Nám Štefana Kluberta 的当地长途汽车站点比长途汽车站更接近城镇，位于中心东南1公里处。从站点沿Košicka向西穿过两个街区，你就会来到主广场。

定期的长途汽车可以带你到以下目的地：

科希策（4.50欧元，2小时，每天7班）

波普拉德（1.60欧元，45分钟，每小时1班）最方便的主干线列车连接地点。

Spišská Nová Ves（1欧元，20分钟，每半小时1班）可以去参观斯洛伐克天堂国家公园。

斯皮什斯凯波德赫拉杰（1欧元，20分钟，每半小时1班）可以去参观斯皮什城堡。

斯皮什斯凯波德赫拉杰（Spišské Podhradie）

☎053/人口4000

在斯皮什斯凯波德赫拉杰村上方，占地4英亩，现已遭到毁坏的斯皮什城堡无疑是整个欧洲最大的城堡之一。即使你从来没有来过这里，你可能也见过它的照片：这座城堡是斯洛伐克上镜次数最高的景点之一。向西2公里是中世纪的斯皮什章（Spiš Chapter）基督教徒聚居地，被联合国教科文组织列入了《世界遗产名录》。位于中间的村子里有基本的服务设施。

景点

斯皮什城堡 城堡

（Spiš Castle, Spišský hrad; www.spisskemuzeum.com; 成人/儿童5/3欧元; ⌚9:00~19:00, 11月至次年3月关闭）至少早在13世纪的时候，斯皮什城堡及其废墟的庞大复杂建筑就已矗立于斯皮什斯凯波德赫拉杰。当参观了这里，你就会觉得这座被誉为欧洲最大的城堡建筑综合体是多么地名副其实。游览亮点在于爬上中央塔可将整个斯皮什区域的壮丽景色尽收眼底。

在E50高速公路上，你就会看到在皮斯基朴德黑拉迪村（Spišské Podhradie）东边的山顶上有些怪异的轮廓和石头废墟。真的有那么大吗？城堡的确很大，斯皮什城堡看上去永远逛不完。重建的废墟如此令人印象深刻，通过废墟可以想象城堡曾经的辉煌。一定要听一下英语语音导览，美妙精彩的传奇故事会让你对这里的历史有个清楚的认识。

斯皮什城堡第一次被史家提及是在1209年的编年史中，其余的中心住宅塔也被认为可以追溯到那个时期。据称在1241年，那里的守卫者击退了塔特拉军队的攻击。统治者和贵族家庭在15世纪和16世纪不断强化防御工事和宫殿，但是在1780年，城堡已经失去了军事意义，大部分也已经毁于战火。直到20世纪70年代，这些遗迹才得到了大力修复。除了一个蓄水池，一座内部包含小型**博物馆**的罗马式宫殿，以及宫殿旁边的教堂外，这里很少有保存完整的建筑。夏季的一些周末，城堡会举行夜晚游览和中世纪庆典活动。

一定要爬上中央塔陡峭螺旋状的楼梯，到塔顶去一览美景。在塔顶上，不妨幻想自己是一名中世纪的巡逻守卫，漫步在这座巨大城堡的外墙上。

斯皮什城堡位于斯皮什斯凯波德赫拉杰以东1公里，支线火车站上方，徒步上山还可以锻炼身体。乘车到达城堡最容易的途径是从E50高速公路（Prešov）东端出发。

斯皮什章 修道院

（Spiš Chapter, Spišská Kapitula; 成人/儿童2/1欧元）在斯皮什斯凯波德赫拉杰西侧，你会发现直至今日仍然生机盎然的斯皮什章，这是个13世纪天主教综合建筑群，而它周围的外墙则建于16世纪。pièce de résistance是圣马丁大教堂（1273年）的所在之处，它高高耸立于古怪的哥特式房屋的建筑群中，并且藏有一些壮观的15世纪祭坛。

双子塔和华丽的圣堂是这座罗马式教堂的特色；三重彩绘的祭坛令人印象深刻。斯皮什章是广阔的斯皮什城堡和莱沃恰的一部分，是联合国教科文组织名录下的世界文化遗产。购票参观大教堂，可从位于Spišská Kapitula 4的信息办公室（经常关闭）获取指南。如果你从沃勒卡乘长途汽车到斯皮什章旅行，在斯皮什斯凯波德赫拉杰的前一站Kapitula下车（前行1公里）。

食宿

从莱沃恰、上塔特拉山和科希策到这里基本上都是一日游，所以不需要在这里过夜。城堡有食物销售，村里有一家杂货店。

Penzión Podzámok 家庭旅馆 €

（☎4541 755; www.penzionpodzamok.sk; Podzámková 28; 房间2~4张床每人13欧元，不带浴室8欧元）简约的旅馆总共有42个床位，后院可以欣赏到城堡的美景。旅店位于村内，桥北边。这里可以制作所有的菜肴；全食宿外加13.50欧元。

首选 Spišsky Salaš 山间木屋 €

（☎4541 202; www.spisskysalas.sk; Levočská cesta 11; 主菜3~5欧元; 👪）可以在当地风情浓厚的餐厅里或在房屋旁的木桌上一边尽情享用炖羊肉，一边看孩子们在粗糙的游乐场上嬉戏。这家山村木屋还有三间简陋的房屋出租（每人13欧元）。位于斯皮什章以西3公里，去莱沃恰的公路上。从这里非常适合徒步去斯皮什章和斯皮什城堡。

到达和离开

斯皮什斯凯波德赫拉杰位于莱沃恰以东15公

里，科希策东北78公里。

长途汽车 长途汽车频繁往返于这里和莱沃恰（1欧元，20分钟），波普拉德（2.15欧元，50分钟），还有科希策（3.50欧元，1.75小时）。

火车 乘火车到这里很不方便，只有从Spišské Vlachy（布拉迪斯拉发-科希策主干线上的一个站点）到斯皮什斯凯波德赫拉杰（0.75欧元，15分钟，每天5班）的一条支线。查看列车时刻表，请浏览www.cp.atlas.sk。

斯洛伐克天堂地区（Slovenský Raj）及周边

☎053

隆隆的瀑布水声，陡峭的峡谷和茂密的森林，都使得这里无愧于"斯洛伐克天堂"的美誉。尽管有一些平坦好走的小路，但是攀登单向天梯使这座国家公园成为了户外运动狂热爱好者的天堂。在一处断崖前，你紧贴在金属阶梯上，冰凉的瀑布从1米远的地方溅到你身上，有种纯粹的快乐感觉。

离这里最近的主要城镇是平凡无奇的Spišská Nová Ves，位于波普拉德东南23公里。作为三处度假村起点的Podlesok，位于Hrabušice外部（波普拉德东南16公里），由于其有多样的徒步和住宿选择，所以这里是我们最喜欢的地方。位于Spišská Nová Ves以西5公里的Pretty Čingov也有很好的住宿地点。大约向南50公里是Dedinky，这里有一家小酒馆和一家位于湖前面的超市。

景点和活动

徒步旅行之前，务必挑选一张VKÚ的1:25,000斯洛伐克天堂地区徒步旅行地图（No 4）或者Dajama的Knapsacked Travel: Slovak Paradise徒步旅行书籍，这些在很多旅游局和国内书店都可以买到。国家公园内有多条非常好的骑车路线，纵横交错。

斯洛伐克天堂国家公园 公园

（Slovenský Raj National Park，www.slovenskyraj.sk；7月和8月1欧元，9月至次年6月免费）国家公园内有多条旅游线路，其中包括单向roklina（峡谷）部分，至少需要半天行程。从Čingov绿色小路向Hornád River Gorge前进1小时就来到了**Tomašovský výhľad**，它是一块露出地表的巨大岩石，从这里可以俯瞰公园的美景，这是一处很好的短途旅行目的地。或者继续迈向满眼绿色的原野，前往单向的、有器材辅助的**Kláštorisko Gorge**步道（至少8小时）。你也可以从Podlesok开始攀登抵达Kláštorisko Gorge（6小时）。在**Kláštorisko Chata**有一处住宿点。

以Podlesok为起点的另一个非常好的选择就是徒步6至7小时的环游，先是来到惊险刺激的天梯和带有器材辅助的**苏哈贝拉峡谷**（Suchá Belá Gorge），然后向东到达Kláštorisko Chata，在由黄变红的小路上，你会发现一座重建于13世纪的**修道院**。从这里，顺着蓝色的小路向下来到Hornád River，然后沿河谷逆流向上返回Podlesok。

最短最刺激的，带有器材辅助的徒步旅行是从Biele Vody开始的（经红色的小路，向Dedinky东北行走15分钟），沿着绿色小路向上到达**Zejmarská Gorge**。身体素质强健的游客需要攀爬50分钟，其他的人需要气喘吁吁地攀爬90分钟。想返回的话则可以顺着绿色小路向下到达Dedinky，或者乘坐一台间隔时间很长的**升降机**（成人/儿童1/0.50欧元；⏲6月至8月9:00~17:00）。

最佳景点是位于公园东部的**Medvedia Hlava**。国家公园中树林丛生的峡谷沿着一个方向延伸，峡谷的另一侧就是锯齿状的上塔特拉山。从Spišská Nová Ves游客信息中心出发，经过4.5小时的徒步旅行可以到达这里。

Dobšinská Ice Cave 洞穴

（www.ssj.sk；成人/儿童7/3.50欧元；⏲周二至周日9:00~16:00每小时发团，10月至次年5月中旬关闭）这座被联合国教科文组织收录的冰洞有奇幻的冰成物，6月初洞里的冰比9月更加光彩夺目。可以从Dobšinská ľadová jaskyňa据点步行15分钟抵达，大约每小时都会发团。

食宿

很多住宿点都有餐厅。在Podlesok，有很多路边食物销售摊、小餐馆和小杂货店。最大的超市位于Spišská Nová Ves公共汽车站旁。

首选 Autocamp Podlesok 露营地 €

（☎4299 165；www.podlesok.sk；露营地4~8欧元，农舍和木屋每人10欧元；）这是一块热闹有趣的露营地，办公室里提供大量的路径信息和Wi-Fi。可以在这里搭建一座帐篷（场地可容纳600座帐篷）或者从相当新的拥有2~12张床位的带有浴室的木屋和农舍中挑选一家。

Relax Farma Marianka 家庭旅馆

（☎905714583；www.relaxfarmamarianka.sk；Betlanovce 83；每人17欧元；）这家旅馆拥有8间宽敞整洁的客房，热情好客的主人会给你很多参加户外活动的建议。可以在热水浴池里放松地洗个澡，看看店家圈养的小猪或者品尝Janka的美味有机蔬菜菜肴。从Hrabušice向东南方向的公园行进：刚过Podlesok匝道，这里有个向右的急弯。

Ranč Podlesok 家庭旅馆 €

（☎0918407077；www.rancpodlesok.sk；Podlesok 5；双/标三30/45欧元；）位于公园边缘，是一家用石头和原木搭建的住宿点和餐厅，后面有一条蓝色小路。如果你喜欢，这里还有沙滩排球，在过了Podlesok村庄1公里的地方。

Penzión Lesnica 家庭旅馆 €

（☎449 1518；www.stefani.sk；Čingov 113；标单/标双 含早餐30/40欧元）拥有9间简约明亮的彩绘客房，紧邻道路，入住率很高，所以请提前预订。附属的餐厅是烹饪斯洛伐克菜最正宗的本地餐厅之一（主菜3至10欧元）。

Hotel Flora 酒店 €

（☎449 1129；www.hotelfloraslovenskyraj.sk；Čingov 110；标单/双含早餐26/41欧元；）在公共区域有点山间乡村风格，但是客房很一般。餐厅（主菜6至14欧元）有一个巨大的、惬意的阳台。

Aqualand Cottage 青年旅舍 €

（☎0948007735；www.aqualand.sk；铺13欧元，标单/双不带浴室25/32欧元）一家大型农舍型旅舍，有公共休息室、温暖的壁炉和两间厨房，位于Dedinky湖正对面。

Koliba Zuzana 斯洛伐克菜 €€

（☎0905278397；www.kolibazuzana.szm.sk；Dedinky 127；主菜3~10欧元）餐厅位于湖边，带有观景阳台；楼上两间套房（80欧元）可供出租。

Cafe Nostalgie 各国风味 €€

（Letná 49，Spisška Nová Ves；主菜5~10欧元；⏲10:00~23:00）餐厅位于旅游局旁边；或许是镇里最好的餐厅。国际品质的菜单，包括美味的墨西哥菜肴。如果你想消磨时间，那么这里是你的不二之选。

从SPIŠŠKA NOVÁ VES出发的长途汽车

站点	票价（欧元）	行程（分钟）	班次
Čingov	0.50	15	周一至周五1班直达或在Spišské Tomášovce换车
Dedinky	2	70	周一至周五2班直达或在波普拉德换车
莱沃恰	0.85	20	周一至周五10班
途经Spišský Štvrtok到Podlesok	1.20	30	周一至周五2班
途经Spišský Štvrtok到波普拉德	1.70	40	周一至周五12班

Slovenský Raj & Around 斯洛伐克天堂地区及周边

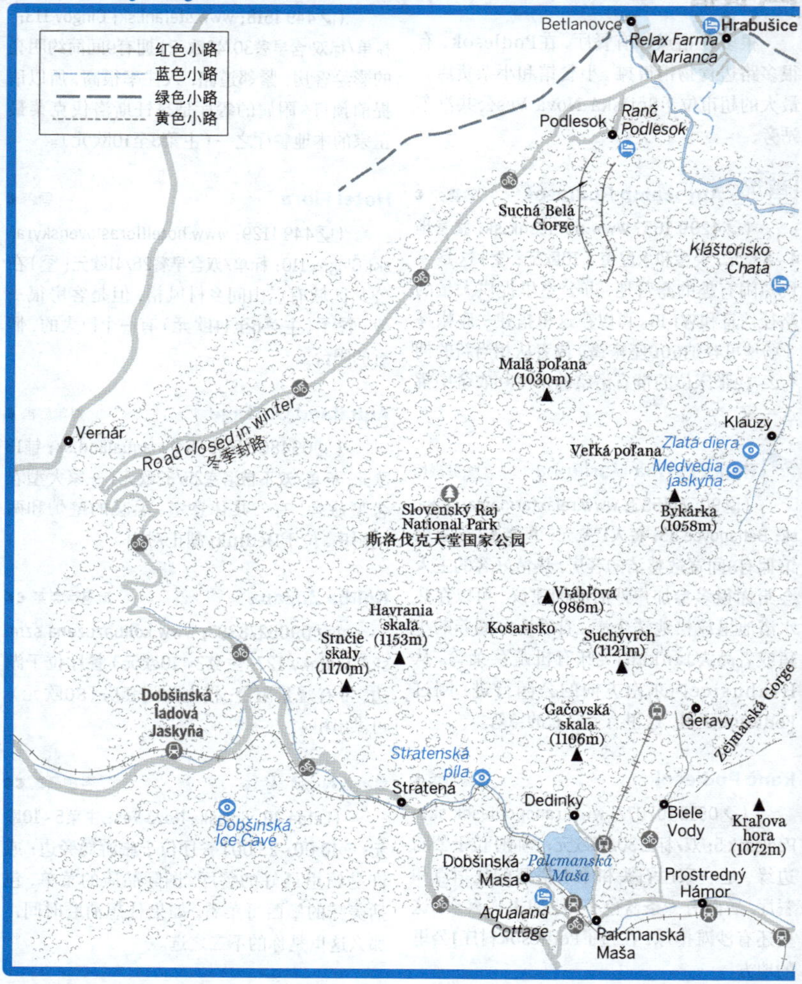

实用信息

在Spišská Nová Ves外部，住宿地点是最好的信息来源。公园信息咨询处在7月至8月对外开放。在抵达公园前带好现金，在Spišská Nová Ves火车站有自动取款机和货币兑换处。www.slovenskyraj.sk是很有帮助的网站。

山地救援服务（Mountain Rescue Service；☎紧急情况183 00；his.hzs.sk）

旅游信息咨询处（Tourist Information Booth, Čingov；⏲9:00~17:00，9月至次年6月关闭）

游客信息中心（Tourist Information Centre, ☎4428 292；Letná 49, Spišská Nová Ves；⏲周一至周五8:00~18:00，周六9:00~13:00，周日14:00~18:00）帮助提供住宿信息。

到达和当地交通

尤其是在淡季，你可以考虑在科希策租一辆汽车；到公园的交通问题很让人头疼。你不得不至少换一次车，比如在Spišská Nová Ves。

长途汽车 长途汽车在周末班次很少，在7月和8

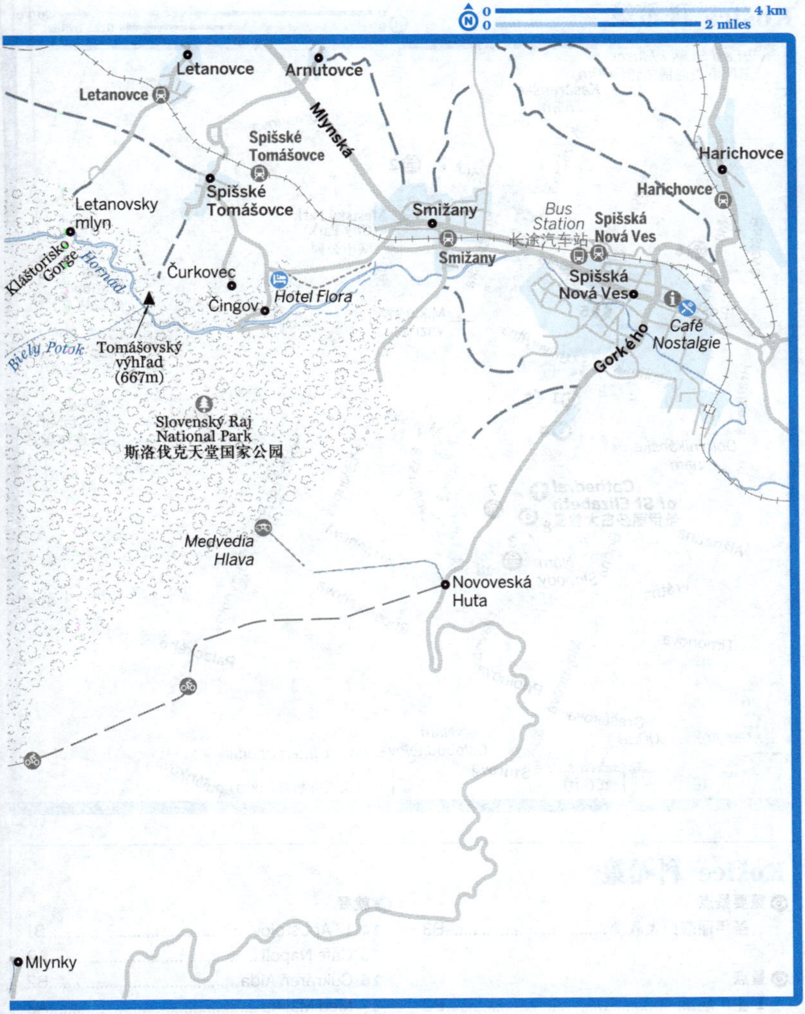

月班次相对较多。村庄之间没有直达的长途汽车。仔细查看时间表，请浏览www.cp.atlas.sk。

火车 火车从Spišska Nová Ves开往波普拉德（1欧元，20分钟，每天12班）和科希策（3.80欧元，1小时，每天15班）。火车站位于长途汽车站以东1.5个街区。

科希策（Košice）

☎055/人口234,000

人们至今才发现这个科希策居民很早就知道的事：这座东斯洛伐克的工业城市凭借其世界性的影响力和灿烂的文化，屹立于欧洲诸多城市之林，不受布拉迪斯拉发管辖，享有高度自治权。原因是：作为“2013年欧洲文化之都”，科希策开发了一系列景点，包括将主要的艺术作品布置在改造后的建筑群中，还有各种新奇有趣的活动项目使街道充满生气。

科希策就像是遗世珍宝，等待着世人探索。城市根据艺术场景进行了新的改进，这里已经是安迪•沃霍尔（Andy Warhol）绘画

Košice 科希策

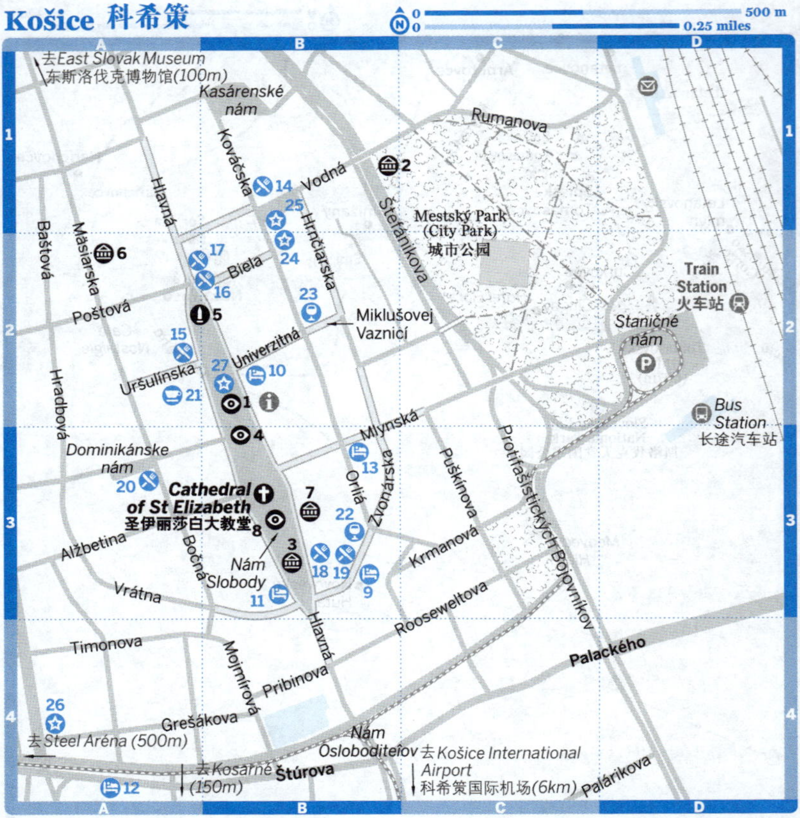

Košice 科希策

重要景点

- 圣伊丽莎白大教堂 B3

景点

- 1 主广场 B2
- 2 艺术馆 B1
- 3 下栅地下博物馆 B3
- 4 音乐喷泉 B3
- 5 鼠疫纪念柱 A2
- 6 Sándor Márai Memorial Room A2
- 7 Shire Hall B3
- 8 圣米歇尔礼拜堂 B3

住宿

- 9 Chrysso Penzión B3
- 10 Hotel Slávia B2
- 11 Hotel Zlatý Dukat B3
- 12 K2 .... A4
- 13 Penzión Slovakia B3

就餐

- 14 12 Apoštolov B1
- 15 Cafe Napoli A2
- 16 Cukráreň Aida B2
- 17 Med Malina A2
- 18 Nech Sa Páči B3
- 19 Smelly Cat B3
- 20 Villa Regia A3

饮品

- 21 Caffe Trieste A2
- 22 Krčma Nositel Radu Prce B3
- 23 Villa Cassa B2

娱乐

- 24 Jazz Club B2
- 25 Retro B1
- 26 科希策州交响乐团 A4
- 27 State Theatre B2

安迪·沃霍尔和东斯洛伐克（ANDY WARHOL AND EAST SLOVAKIA）

安迪·沃霍尔并非在这里出生，并且一生竭尽全力使自己和斯洛伐克的这个地方划清界限（"我不来自任何地方"，他曾经说），但是不管怎么说斯洛伐克东部偏远的Medzilaborce却是安迪父母在前往美国之前成长与生活的地方。然而在1991年，作为流行艺术殿堂的**安迪·沃霍尔博物馆**（Andy Warhol Museum，☎421-57 7480 072；www.andywarhol.sk；Andyho Warhola 26，Medzilaborce；成人/儿童3.50/1.75欧元；⏲周二至周五10:00~16:30，周六和周日正午至16:30）还是在这个未必合适的地方正式开馆了，除了大量的沃霍尔作品之外，这里也有其他波普艺术家如巴斯奎特、利希滕斯坦等人的作品。从科希策来的火车，通常都要在不讨人喜欢的Humenné换车（6.75欧元，3小时，每天6班）。车站南，从Mierová进入Andyho Warhola，沿着这条街走600米就可以来到博物馆。

在科希策**Muza Hotel**（www.hotelmuza.sk；Pri prachárni 5）的人们已经收集和展览了很多安迪·沃霍尔早期的作品，位于老城区南3公里，Lunik VIII的家乐福购物中心附近。

作品的家园和欧洲最美丽的剧院之一了。巨大的椭圆形námestie（中央广场）包含了最多的斯洛伐克历史古迹，这里有热闹的咖啡馆和餐厅，使得这座城市的夜晚趣味盎然，使人很难不爱上这座城市，或者至少，想在这儿做一件充满刺激的事。在城外，参观中欧最壮丽的洞穴网络是最主要的自然观光项目。对于想深入了解城市历史悠久的东部的短途旅行者而言，这里也是不错的选择。

科希策于1369年被授予盾徽，早于其他所有的中欧城市，很多世纪以来科希策一直是匈牙利帝国东部的要塞。在1945年4月5日，科希策政府计划，即"捷克斯洛伐克共产党一党执政"的消息，正是在这里宣布。

景点

Hlavné Nám　广场

几乎大多数的景点都位于狭长的类似购物中心的主广场Hlavná之内或周边。优美的花圃围绕在中央**音乐喷泉**周围，在建于1899年的州剧院对面（State Theatre，见533页）。广场北边竖立着一座建于1723年的巴洛克式**鼠疫纪念柱**（plague column）。在街道63号可以找到20世纪初新艺术派风格的**Hotel Slávia**（☎622 4395；www.hotelslavia.sk；Hlavné Nám 63）。位于街道27号的是**Shire Hall**（1779年），1945年科希策政府计划在此宣布；如今这里内部有一家小型艺术画廊。

首选 圣伊丽莎白大教堂　教堂

（Cathedral of St Elizabeth，Dóm Sv Alžbety；Hlavné Nám；教堂免费，景点1欧元；⏲周一13:00~17:00，周二至周五9:00~17:00，周六9:00~13:00）这座黑色忧郁的圣伊丽莎白大教堂建于14世纪，若你只能从科希策邮寄一张风景明信片回家的话，它是最佳选择。这座欧洲最东部的哥特式大教堂不容错过，它足足占了广场面积的一大半。在教堂下面是一座**教堂地下室**，里面有Ferenc Rákóczi公爵的坟墓，他在18世纪匈牙利反抗奥地利人侵失败后被放逐到土耳其。

不要忘了攀登160级狭窄的环形石阶到教堂的**塔**上欣赏一下城市美丽的风景。你可以像以前的君主那样爬上**皇家楼梯**，欣赏一下教堂院内的全景：注意偶见的台阶咬合部分。往南一点是建于14世纪的**圣米歇尔礼拜堂**（St Michael's Chapel，Kaplinka sv Michala），这里不定时对外开放。

下栅地下博物馆　博物馆

（Lower Gate Underground Museum，Hlavné Nám；成人/儿童1/0.50欧元；⏲5月至9月 周二至周日10:00~18:00）地下保留着中世纪的科希策——保存着可以追溯至13世纪至15世纪的下栅、防御室、防御工事和水道——它们于

科希策新貌

作为2013年欧洲文化之都，科希策对古城重新进行了维护与包装。新建或翻新的景点包括：

Sándor Márai Memorial Room（☎625 8888；www.sandormarai.eu；Mäsiarska 35；⊙13:00~15:00）博物馆展示了斯洛伐克著名作家Sándor Márai的日常生活，尽管他的著作大多是在匈牙利创作完成，但这位作家的出生地却在科希策。

Kunsthalle（艺术馆；Mestský Park，Rumanova和Štefánikova交叉路口）艺术馆的前身是个建于20世纪30年代的豪华泳池，这里如今被改造成为当地主要的会展中心。

Kosarné（文化公园；☎6854 299；www.kulturpark.sk；Kukučínova 2）公园原来是一座军营，现在改为全国著名的艺术表演文化中心和音乐演出场所。这里有画室和咖啡吧，就位于老城南面。

1996年重建后得以重见天日。博物馆位于广场南端，处在由于考古发掘而形成的像迷宫一样的过道里。

东斯洛伐克博物馆 博物馆

（East Slovak Museum，Východoslovenské múzeum；☎622 0309；www.vsmuzeum.sk；Hviezdoslavovo 3；每个展览1欧元；⊙周二至周六9:00~17:00，周日9:00~13:00）在东斯洛伐克博物馆可以找到隐藏的宝藏。1935年，当修补Hlavná的一间房子时，工人们发现了2920枚秘密储存的金币，这些金币可以追溯到15世纪至18世纪。博物馆轻松还原了区域历史的各个方面，包括一座前监狱和一座金属铸造厂。在博物馆的院子里有一座于1741年搬迁过来的木结构教堂。

住宿

市信息中心提供每年更新的城镇实用手册，上面收有当地住宿地点，包括在7月和8月对外开放的学生宿舍。

首选 Hotel Bankov 历史酒店 €€

（☎6324 522 ext 4；www.hotelbankov.sk；Dolný Bankov 2；标单85~135欧元，标双95~145欧元；P@≋）自从1869年，这家斯洛伐克最古老的酒店一直经营良好，酒店位于科希策市中心西北4公里，周围树木环绕，从酒店可以俯瞰周围林地。房间物超所值，散发着古代世界的魅力（房间有旧式房梁和古典家具）。酒店里有一个优雅的餐厅和一个健康中心。有免费的出租车服务。

Chrysso Penzión 精品酒店 €€

（☎6230 450；www.penzionchrysso.sk；Zvonárska 3；标单/标双/公寓 58/68/78欧元；❄📶）酒店设计注重细节，例如丝绸的床罩，咖啡色和奶油色的光滑皮革木椅都显示出这一设计理念。葡萄酒窖酒吧，阳台和楼下的餐厅同样很时尚。

Ecohotel Dália 精品酒店 €€

（☎7994 321；www.hoteldalia.sk；Löfferova 1；标单59~89欧元，双74~109欧元；P📶）这里是斯洛伐克最早的生态酒店之一，Dália每每在不经意的地方设有整套的绿色环保措施，包括太阳能电池板，环保洗漱用品和垃圾堆肥。每间房间都有像中国的手绘墙画般的独特装饰图案。酒店还有一个健康中心和一家咖啡餐厅。

Hotel Zlatý Dukat 酒店 €€

（☎7279 333；www.hotelzlatydukat.sk；Hlavná 16；标单75~79欧元，双85~89欧元，套130~235欧元；@📶）位于主广场的这家豪华酒店设施齐全，包括平板电视、鲜花和客房服务等。

Penzión Slovakia 家庭旅馆 €

（☎7289 820；www.penzionslovakia.sk；Orliá 6；标单/双/套45/55/65欧元；❄📶）不错

的一家旅店，楼下有烧烤餐厅。

K2 青年旅舍 €

（☎6255 948；Štúrova 32；标单/双不带浴室16/27欧元）这些单人间和双人间并不时尚，却是离市中心最近最便宜的选择。没有公共休息室或厨房，最好订一间不临街的房间。

就餐

Med Malina 波兰菜 €€

（Hlavná 89；主菜7~11欧元）这家宁静怡人的小餐馆的主人是波兰人，这里烹饪各种美食招待顾客，如卷心菜包或者波兰土豆汤（zurek）。

首选 **Villa Regia** 精致餐厅 €€

（www.villaregia.sk；Dominikánske nám 3；主菜7~14欧元；🗷）在淳朴的历史氛围中，有充满艺术气息的牛排、海鲜和素食菜肴。餐厅共有两层，有拱形的天花板和颇具风情的石墙。

12 Apoštolov 斯洛伐克菜 €€

（12 Apostles；Kováčska 51；主菜6~8欧元）这家科希策最古老的餐厅面临着激烈的竞争，如今正努力提供如周围竞争者一样好的斯洛伐克-匈牙利美食，餐厅有彩色玻璃窗和教堂长椅般的座位。

Smelly Cat 咖啡馆 €

（Zvonárska 6；⌚周一至周四9:00~22:00，周五和周六10:00至次日1:00，周日14:00~22:00）大量的藏书、巨大的老沙发、口味古怪的咖啡和精巧美味的蛋糕，都意味着这家位于步行街上的咖啡馆是有品位的波希米亚风格文化人常去的地方。

Nech Sa Páči 咖啡馆 €

（Hlavná 27；小吃1~5欧元；⌚周二至周日10:00~18:00）设计巧妙的咖啡馆以精致的早餐、咖啡、甜点和鸡尾酒著称。有迷人的室外座椅；位于圣伊丽莎白大教堂旁边。

Cafe Napoli 意大利菜 €€

（Hlavná 82；主菜4~11欧元）时尚的本地年轻人经常光顾这家现代化的意大利餐厅，这里有令人赞不绝口的比萨。

Cukráreň Aida 咖啡馆 €

（Hlavná 81；蛋糕1~3欧元；⌚8:00~21:00）镇里最受欢迎的冰激凌和蛋糕店；在主广场上有多家分店。

饮品和娱乐

城市虽小，但是选择却很多。主广场路边上任何一家咖啡馆都非常棒。可以查看免费月刊*Kam do Mesta*（www.kamdomesta.sk）来了解活动列表。

Caffe Trieste 咖啡馆

（Uršulínska 2；⌚7:30~19:30）这家店最早是家很小的连锁店，现在却已经开遍了整个布拉迪斯拉发。在这里细细品尝迷人的意式浓缩咖啡、体验意大利时尚风情吧。

Krčma Nositel Radu Prce 小酒馆

（Zvonárska 8）在这里仿佛重返1989年以前的日子：店内贴有列宁海报，独特的装饰彰显着浓厚历史氛围，价格也十分经济。这里是真正的心灵酒吧——而不是主题酒吧。有周边最便宜的啤酒。

Villa Cassa 酒吧

（Vaznici 2；⌚周一至周六13:00至午夜）富有情调的葡萄酒酒吧，提供超过400种斯洛伐克葡萄酒以及欧洲其他地区的葡萄酒。

Retro 夜店

（Kováčska 49；⌚19:30至次日2:00）附近一带最疯狂放纵的地方，里面有很多俊男靓女。

Jazz Club 夜店

（jazzclub-ke.sk；Kováčska 39）大多数夜晚都是DJ舞曲，但是这里偶尔也会有现场音乐会。

州剧场 剧院

（State Theatre，Štátne Divadlo Košice；☎6221 234；www.sdke.sk；Hlavné Nám 58；⌚售

从科希策出发的火车

站点	票价(欧元)	行程(小时)	班次(每天)
布拉迪斯拉发	19	5~6	21
利沃夫,乌克兰	60	13	1
密什科尔茨,匈牙利	5	1.25	2
波普拉德(上塔特拉山)	5	1.25	24
Spišská Nová Ves(斯洛伐克天堂地区)	4	1	23

票处 周一至周五9:00~17:30 周六10:00~13:00)这座新巴洛克风格的剧院建于1899年,是本地歌剧和芭蕾舞公司的演出场地。

科希策州交响乐团 现场音乐

(State Philharmonic Košice, Štátna Filharmónia Košice, 艺术之家; ☎6224 509; www.sfk.sk; Moyzesova 66)音乐会全年都有举办,想要欣赏市交响乐团的演出最好还是去春季音乐节。

Steel Aréna 运动

(www.steelarena.sk; Nerudova 12)最受当地球迷尊敬的冰球队HC Košice正是在这里比赛的。可以通过www.ticketportal.sk订票。

ℹ 实用信息

市信息中心(City Information Centre; ☎6258 888; www.visitkosice.eu; Hlavná 59; ⌚周一至周五9:00~18:00, 周六和周日10:00~16:00)在这里可以领取免费的年度城镇指南和历史景点全尺寸彩色宣传册,也可以安排很好的有导游服务的城镇团队游。

电子阅览室(Internet Reading Room; Hlavná 48; 每小时1.60欧元)

Ľudová Banka(Mlynská 29)绝佳的地理位置,有自动取款机和货币兑换服务。

警察局(Police Station; ☎159; Pribinova 6)

ℹ 到达和离开

查看长途汽车和火车时刻表,请浏览www.cp.atlas.sk。

飞机 科希策国际机场(见541页)位于市中心西南6公里。**Danube Wings**(V5; www.danubewings.eu)每天有2班航班飞往布拉迪斯拉发(仅工作日)。也有飞往维也纳和布拉格的航班。

长途汽车 你可以通过**Eurobus**(www.eurobus.sk)提前预订开往乌克兰的长途汽车。从波普拉德前往波兰比较容易。目的地包括巴尔代约夫(4欧元,1.75小时,每天9班),莱沃恰(4.80欧元,2小时,每天8班)和乌日霍罗德(乌克兰;7欧元,2至3小时,每天2班)。

汽车 许多国际租车公司,例如Avis和Eurocar在机场都设有办事处。**Buchbinder**(☎6832 397; www.buchbinder.sk)是一家较小的租车公司,价格合理,并且可以市内免费提车。

ℹ 当地交通

老城区很小,所以你可以步行到任何地方。公共交通车票(每个区域0.60欧元)可以乘坐大多数的公共汽车和电车;可以在报摊买票,在车上检票。往来于机场和火车站的23路公共汽车需要一张两区域票(1欧元)。

科希策周边 (Around Košice)

科希策以西大约65公里是Rožňava:位于主广场的旅游局提供参观城外连绵起伏,风景迷人的斯洛伐克喀斯特国家公园(Slovak Karst National Park, Slovenský Kras; ☎58 7326 815; www.sopsr.sk/slovkras, in Slovak)的信息。公园里1000多个洞穴、裂缝和深渊共同组成了欧洲最宏伟的喀斯特地貌。位于Dlhá Ves附近的多米察地下洞是著名的景点(Domica Cave, ☎7882 010; 乘船旅行团 成人/儿童7/3.50

欧元；⏲6月至8月9:00~16:00，2月至5月和9月至12月9:30~14:00)，超过1000米长的洞穴体系期待着游客前来游览，在这里可以乘船旅行，洞内有16种蝙蝠物种。

科希策南部与匈牙利接壤的地区是斯洛伐克最著名的葡萄酒产区，托考伊(Tokaj)。附近一带的很多村庄都有葡萄酒主题团队游和品酒活动；在科希策市信息中心询问(见534页)。

巴尔代约夫(Bardejov)

☎054/人口33,400

在东斯洛伐克从来不缺乏弥漫着中世纪风情的神奇土地，巴尔代约夫所面临的竞争也异常激烈，但是巴尔代约夫备受喜爱的老城广场却获得了我们的美誉，它的每一块砖都有400年以上的历史。巴尔代约夫于1376年获得了皇家特许证，16世纪与波兰和俄罗斯的贸易使这里变得日益富裕。被联合国教科文组织收录的民居，有着陡峭的屋顶和平坦的门庭，每一座房子都有独特的石膏造型、粉刷风格和雕刻艺术。

这里的一批博物馆清晰地诠释了该地区面向东部的艺术和文化，城镇为艺术爱好者进一步探索东欧文化提供了一个很好的平台。这里的木结构教堂表现了卢森尼亚人(Carpatho-Rusyn)的文化与传统，这是斯洛伐克与乌克兰和波兰等邻国共同的财富。就在Bardejovské Kúpele以北不远处，你可以在有治愈作用的温泉中尽情享受，或者去露天村庄博物馆看看一些教堂的样本。

景点

主广场**Radičné nám**本身就是一处景点，顺着Na Hradbách游览，你可以沿着古老的**镇城墙和堡垒**漫步。

Šariš Museum 博物馆

(www.muzeumbardejov.sk；⏲周二至周日8:00至正午和12:30~16:00)Šariš Museum的两处本地分馆值得一览。位于中央广场的**市政厅**(Radničné nám 48；成人/儿童1.50/1欧元)包含祭坛饰品展和一个历史收藏展览。该博物馆建于1509年，是斯洛伐克第一座文艺复兴时期的建筑。在**圣像展览会**(Icon Exposition，Radničné nám 27；成人/儿童1.50/1欧元)上，展示了超过130个光彩夺目的圣像和从16世纪到19世纪的圣幛(东正教用来分隔教堂内殿的一面墙壁)。来到这儿绝对是一个了解宗教艺术的好机会，因为这个巴尔代约夫东部的建筑保存有希腊天主教与东正教木结构教堂的原始装饰。

Basilica of St Egídius 教堂

(Bazilika Sv Egídia；Radničné nám；成人/儿童1.50/1欧元；⏲周一至周五9:30~16:00，周六10:00~15:00，周日11:30~15:00)这座建于15世纪的大教堂内部装满了于1460年至1510年建造的哥特式祭坛的零碎部件，共有多达11座。每一个都有详尽的英文注解。

食宿

在Radničné nám周围可以找到咖啡馆。

el. Restaurant & Lodging 家庭旅馆 €

(☎4728 404；www.el-restaurant.sk；Stöcklova 43；标单/双/公寓 含早餐30/40/60欧元；📶)3间上等房间可供客人选择。这里地理位置优越，楼下现代化的斯洛伐克风味餐厅有各式各样的鸡肉菜肴。

Penzion Magura 家庭旅馆 €

(☎902374871；www.penzionmagura.sk；Andrasikova 31；标单/双27/39欧元)这些房间的设计装修十分巧妙，感觉十分宽敞，楼下有传统风味餐厅。

Penzión Semafor 家庭旅馆 €

(☎0905830984；www.penzionsemafor.sk；Kellerova 13；标单26~33欧元，双39~43欧元)家庭经营的旅馆，有5间宽敞明亮的双人间和一个公寓。环境很好，并且地理位置优越。

首选 Cactus 各国风味 €€

(www.cactus.sk；Štefánikova 61；主菜5~15欧元；⏲7:00~22:00)店里提供新鲜的沙拉、多汁的牛排和内填馅料的鳟鱼……食物新潮时尚，

木结构教堂（WOODEN CHURCHES）

从巴尔代约夫向东，你就会来到西方基督教和东方基督教的交汇处。从17世纪至19世纪，在这一带修建了差不多300座黑色木头、洋葱形圆拱顶的教堂。其中保存下来的有40多座，其中的8座教堂已经被联合国教科文组织列入《世界遗产名录》。在这里信仰罗马天主教和新教的基督教徒很少，大多数人则信仰希腊天主教和正教的东正教。

通常他们在圣像屏风上用3个穹顶、3个建筑剖面和3扇门来表示对于三位一体的崇敬。人们用彩绘的圣像和对基督和圣徒崇敬的描绘来装饰圣幛，教堂内部的每一寸地方都有手绘图案。这些都很值得一看，但是要进入到教堂内部却并不容易。这些乡村教堂位置偏僻，只有有限的几条路，或者根本没有公共汽车能抵达这里，教堂的大门也经常锁着。有时地图上会标明保管钥匙的人的住所，有时他就在隔壁，而有时则会住得很远。

抓紧时间的话还可以参观圣像和巴尔代约夫圣像展览会内部，还有Bardejovské Kúpele以北3公里的skanzen。在**Hervatov**（www.saris.eu.sk/hervatov；Hervartov）的中世纪罗马天主教教堂是最靠近巴尔代约夫的教堂之一，而Svidník北部的**Ladomirová**有一座令人印象深刻的希腊天主教教堂。如果你想进一步探险，那么下面的资源可以帮助你：

Drevené Chrámy（www.drevenechramy.sk）非常好的在线资源，有详细的39座木结构教堂的介绍。

斯洛伐克文化遗产：木结构教堂（Cultural Heritage of Slovakia: Wooden Churches）由Miloš Dudas 编著，是部内容详尽的全彩页图书，附有照片和教堂描述。在书店可以购买。

巴尔代约夫游客信息中心 在参观教堂的行程中，强烈推荐把这里作为第一站作为后勤保障。

深受自斯堪的纳维亚半岛到法国在内的欧洲各地菜肴影响——餐厅像巴尔代约夫一样，既现代又有历史风情。餐厅有明亮、迷人的空间，隔壁是一家温暖舒适的威士忌雪茄酒吧。

La Bello 意大利菜 €€

（Radničné nám 50；主菜6.50欧元）这是一家富有情调的意大利餐厅，提供木炭烘烤的比萨，深受本地人喜爱。

Stadión 斯洛伐克菜 €

（www.penzionstadion.sk；Družstevná 1；主菜5欧元；⏲正午至20:00）不是开玩笑：这家餐厅，同时也是一家家庭旅馆，真的建在一个足球场里，当然餐厅也真的提供很好吃的食物。餐厅位于环境优越的区域，是一家集体育、社交和俱乐部于一体的餐厅。这里有5间客房（28至48欧元），包括一个公寓。

ℹ 实用信息

ČSOB（Radničné nám 7）可货币兑换，有自动取款机。

邮政总局（Main Post Office, Dlhý rad 14）

游客信息中心（Tourist Information Centre, ☎4744 003; www.bardejov.sk; Radničné nám 21; ⏲周一至周五9:00～17:30，周六和周日11:30～15:30，10月至次年4月周六和周日关闭）提供信息、地图和纪念品等。

ℹ 到达和离开

巴尔代约夫只有火车支线，所以长途汽车是最方便的交通工具，尽管这里离国际长途汽车线路较远。

从科希策（3.75欧元，1.75小时，每天8班），波普拉德（4.50欧元，2.25小时，每天6班）和Bardejovské Kúpele（0.55欧元，10分钟，每天12班）乘长途汽车前往。

Bardejovské Kúpele

在巴尔代约夫往北短短3公里的地方，你就会发现绿树环绕，温泉无处不在的Bardejovské Kúpele小镇，镇上的水龙头里喷出的都是含有硫质的热水，温泉嘶嘶地冒着泡，十分有意思。总的来说，小镇有点破旧，要想预订像按摩或矿泉浴（10欧元起）的服务，请直接到位于步行街上方的**Spa House**（Kúpelny dom；☎4774 225；www.kupele-bj.sk；⏲周一至周六8:00至正午和13:00~17:00）。小镇还有斯洛伐克最古老的skanzen，即**民间建筑博物馆**（Museum of Folk Architecture，Múzeum Ludovej Architektúry；成人/儿童 1.30/0.70欧元；⏲周二至周日9:30~17:00，10月至次年4月至15:00），在这里你可以看到建筑内部的彩绘与装饰，以及该地区纯木质结构教堂的圣幛。这家博物馆是一座典型的古建筑，现已被联合国教科文组织收录，并已从原先的Zboj迁移到了这里。其实，相比于到教堂中游览，在村子里寻找教堂的过程更为有意思。

这里频繁的公共汽车往来于巴尔代约夫。如果你是驾车旅行，可以把车停在镇公共汽车站基地旁边的停车场，然后步行向上；整个区域都是步行街。在基地的柱廊旁边是**旅游局**（☎4774 477；www.bardejovske-kupele.sk；Kino Žriedlo；⏲周一至周五8:00~16:00，周六和周日10:30~16:00）。

了解斯洛伐克

历史

斯拉夫部落向西迁移来到了这个后来在5世纪左右被称成为斯洛伐克的地方；在9世纪，这里是短命的大摩拉维亚帝国（Great Moravian empire）的一部分。就在这时，马扎尔人（匈牙利人）迁徙到了附近定居，随后便声称拥有整片土地。16世纪早期，土耳其人攻占了布达佩斯，匈牙利的君主们便在布拉迪斯拉发定居了下来，当时布拉迪斯发在匈牙利语中叫作波若尼。作为匈牙利的边疆，这里在中世纪时期修建了很多要塞，有一些至今仍然保存了下来。

直到19世纪，斯洛伐克民族英雄Ľudovít Štúr才成功地创造了斯洛伐克的民族语言。20世纪初，斯洛伐克的知识分子与邻近的捷克民族建立了友好关系，"一战"后便诞生了捷克斯洛伐克联邦。在1939年3月希特勒的军队入侵捷克斯洛伐克前，斯洛伐克的领导人曾宣布斯洛伐克是德国属下的保护国，随即有过一段短暂的主权独立时期。然而这项声明并没有受到人民的欢迎，在1944年8月，斯洛伐克游击队员发起了命运多舛的斯洛伐克民族起义（Slovenské Národné Povstanie，或SNP），斯洛伐克民族至今仍然为之自豪，如今斯洛伐克的许多街道的名称都是因此而来。

在捷克与斯洛伐克重新统一为捷克斯洛伐克后，共产党于1948年掌权，全国的权力中心集于布拉格。直到1989年的和平演变，以"铁幕"为代表的冷战才正式结束。在1992年的大选中，左翼民主斯洛伐克运动（HZDS）的民主主义者赢得了政权。此后不到一年，在没有进行全民公投的情况下，捷克斯洛伐克联邦在1993年1月正式和平解体。虽然联邦的解体在斯洛伐克民众中并没有得到广泛支持，但却也标志着斯洛伐克第一次真正获得了独立。

斯洛伐克于2004年加入了北约和欧盟，并在2007年成为了申根成员国，斯洛伐克于2009年1月正式采用欧元作为本国货币。在21世纪早期，斯洛伐克的旅游开始复兴，并成为了单身派对和滑雪度假活动的主要目的地，至今仍吸引着各国游客前来旅游。

人口

这是一个宗教信仰虔诚、家族观念浓厚的民族，斯洛伐克人有着很强的家庭观念和根深蒂固的民俗传统。今天大多数斯洛伐克人信奉罗马天主教（人口约占总人口的69%），也有许多信徒信仰福音派，而东斯洛伐克则有着许多希腊天主教和东正教的信徒。在恬淡寡欲的民族性背后隐藏的是友好亲切的待客作风。如果你和一家人交上了朋友，他们的热情可能会让你晕头转向，要知道斯洛伐克人会一杯杯地给客人灌酒。谢天谢地，在旅游业里，这样"粗暴"的服务只是偶尔，而非常态。

根据政府统计数据估算，属于斯拉夫族的斯洛伐克人占人口总数的86%，匈牙利族

对冰球的狂热

斯洛伐克国家冰球队通常被认为是世界前十强之一。考虑到冰球队是在1993年捷克斯洛伐克解体后才成立的，可以取得这样的成绩已经很不错了。本土的冰球俱乐部竞争非常激烈，其中最受欢迎的是布拉迪斯拉发的HC Slovan（见500页）和科希策的HC Košice（见534页）。上述球队的两座体育场共同举办了2011年国际冰联世界锦标赛。布拉迪斯拉发的Ondrej Nepela体育场为了这项赛事动用了大笔资金对体育场进行维修，可以想见这股冰球热在短期内是不会褪去的。冰球赛季从9月开始直到次年4月，届时当地的电视屏幕里将全是比赛的转播。

占10%，而罗姆族则占1.7%。最终的统计数字尚有争议：一些组织估计罗姆族人大部分都居住在东斯洛伐克，人口数量应该更多。在普通民众眼里，罗姆族人口的数量毫无疑问地应该不止于此。

艺术

传统的民间艺术形式——从音乐到建筑——在国内仍然很受欢迎。事实上，在夏季有很多山村民间艺术节，能够参加其中的一个将会成为旅行的一大亮点。彩色的服饰，愉快的传统音乐，令人胃口大开的当地美食klobasa和口味醇厚的啤酒，都是艺术节有趣的组成部分。最大的是Východná Folk Festival（www.obec-vychodna.sk），活动在同名的小村庄里举行，位于波普拉德以西32公里的地方。

传统的斯洛伐克民间乐器包括fujara（一个长2米的长笛）、konkovka（牧羊人的长笛）、斯洛伐克鼓和匈牙利大扬琴。如今，你仍然有可能看到民间剧团使用小提琴、贝斯，有时是小号或手风琴的演出。国家民俗公司像**Lučnica**（www.lucnica.sk）和**Slúk**（www.sluk.sk）在全国各地均有演出。斯洛伐克的每个地区，无论面积大小，都拥有其独特的曲调和服饰。

除了艺术节，体验民俗文化最好的地方是露天的博物馆skanzen，这里以村落的形式聚集展览了传统的木制农舍和典型的基督教堂。房屋全部以传统风格进行了装饰，这里还经常举办各种活动，尤其是在节假日，集中展现了当地的民俗与文化。最大的skanzen（见507页）位于马丁，是几个区域的典型展示，而Bardejovské Kúpele的民间建筑博物馆（见537页）里展示了纯木结构教堂的样本，该地区也因绝佳的样本而闻名遐迩。

环境

位于欧洲中心地带的斯洛伐克大部分是山地和森林（事实上，除了Banska Bystricá附近的Krahule之外，还有许多地方声称位于“欧洲地理中心”）。斯洛伐克横跨喀尔巴阡山脉西北端，风景优美怡人，难怪大多数斯洛伐克人都会在户外度过周末。国家公园和保护区占斯洛伐克总面积的20%，整个国家以道路网络联通在一起。

不可错过的是上塔特拉山（Vysoké Tatry）国家公园，内有层峦叠嶂的岩石山脉，绵延长达12公里。山脉最高峰是格尔拉赫峰（Gerlachovský štít），海拔达到了令人赞叹的2655米。而在小法特拉山国家公园和斯洛伐克天堂国家公园里，则有些较小的山脊，山上松林满坡。通过梯子和攀登辅助锁链，游客可以挑战自我，攀登其中狭窄的峡谷。

与多山的北部不同，斯洛伐克西南是肥沃的低地，紧靠多瑙河，形成了与匈牙利的边界。斯洛伐克的河流易发生严重洪水：游览时切记注意洪水警告。

饮食

斯洛伐克并不是以高超的“烹饪”技巧著称，而是以普通的家常菜闻名遐迩。汤类，例如cesnaková polievka（大蒜汤），配上油炸面包块和奶酪，是多数斯洛伐克人的开胃菜。斯洛伐克的国菜是bryndzové halušky，这是一种像汤团一样的饺子，上面覆盖着羊奶酪和熏肉。你会发现羊奶酪（bryndza）不仅出现在土豆饼上，还出现在饺子(pirohy)里,甚至有时还会充当碎料(natierka)撒在面包和生洋葱上。务必去一家salaš或koliba(亦即以传统牧羊人的营地命名的乡间餐厅)里尝尝富有当地传统的特色菜。

你在普通菜单上看到的菜品基本上很多是欧洲中部的菜肴:各式油煎肉排,丰盛的猪肉菜肴和红辣椒炖菜。所有的这些菜肴都离不开肉,但多数城镇都还至少有一家适合素食主义者的比萨店。想要品尝甜食的话,不妨试下口味偏甜的pirohy,该甜品以罂粟籽(附近一带独特的秘密甜品配料)和梅子酱为馅料,水果饺子(ovocné knedličky)也是不错的甜品选择。

斯洛伐克的烈酒

来到斯洛伐克可以来尝尝slivovica(一种梅子酿造的烈酒),borovička(一种草莓酿造的烈酒,酒体清澈透明),Demänovka(一种药酒,与捷克的Becherovka有些渊源)或者其他类似的酒。

与捷克不同,斯洛伐克并不以pivo(啤酒)著称,然而当地所产的酒都不错,例如醇厚的Zlatý Bažant酒、斯洛伐克黑啤酒,以及口味偏甜的Martiner酒。

斯洛伐克的音乐遗产

斯洛伐克拥有令人惊艳的古典音乐传承脉络。**弗朗茨•李斯特**(Franz Liszt)的音乐生涯即开始于布拉迪斯拉发老城区Ventúska街上的De Pauli Palace,而**路德维希•范•贝多芬**(Ludwig van Beethoven)则生活在布拉迪斯拉发北部的赫洛霍韦茨(Hlohovec),贝多芬在首都举办过音乐会,甚创作了一首奏鸣曲(78号钢琴奏鸣曲)献给德莱莎•布伦斯维克(Therese Brunsvik),德莱莎是当时该市最有影响力的家族的一员。匈牙利作曲家**巴托克•贝拉**(Béla Bartók)也曾在布拉迪斯拉发居住过一段时间,当时布拉迪斯拉法尚名为普莱斯堡。

尽管斯洛伐克酒水种类繁多,然而销量最大的还是葡萄酒。Modra地区生产中等浓郁的干红,像frankovka和klášторné。斯洛伐克雷司令(Reisling)和müller-uhurgau葡萄酒味道醇香,但是也属于干葡萄酒系列。托考伊葡萄酒(Tokaj)是最好的葡萄酒之一,是一种琥珀色的餐后甜酒。它来自于与斯洛伐克接壤的,名字很相似的匈牙利东部葡萄酒产区。如果钱不是问题,特此推荐l'adové vino,这是一种在初雪后采摘的冻葡萄所酿造的葡萄酒,因此口感特别的甜。

生存指南

出行指南

签证

斯洛伐克属于申根区,中国公民前往斯洛伐克需办理申根国签证。获取全面的签证要求,请浏览www.mzv.sk(在"Ministry"选项下面,然后点"Travel")。

现金

» 已经开通银联服务,当地银联服务热线为☎00-800-800-95516(仅支持座机拨打)。

» 自动取款机很普遍,即使是在较小城镇也能找到,但是在村庄里最好不要过分依赖于它。

» 在主要的旅游区,大多数的酒店和受欢迎的高端餐厅都接受Visa和MasterCard付款。

» 自从2009年1月开始,斯洛伐克的法定货币改为欧元。但是你还会听到有人提及之前的货币,斯洛伐克朗,或者Slovenská koruna(Sk)。

» 当地人普遍支付10%的小费,虽然一些当地人给的小费比较少。

使领馆

中国驻斯洛伐克大使馆(☎00421-9 4969 3619; sk.chineseembassy.org/chn/; Jančova 8, Bratislava 811 02)

旅游信息

斯洛伐克信息中心协会(Association of

Information Centres of Slovakia, AICES; ☎16 186; www.aices.sk）协会运营城市信息中心的强大网络。

斯洛伐克旅游局（Slovak Tourist Board, www.slovakia.travel）并不是斯洛伐克所有地方都可以找到地方询问信息；最好上网浏览。

活动

徒步旅行 **山地救援服务**[Mountain Rescue Service, ☎421-（0）52 7877 711，紧急情况18 300; www.hzs.sk; Horný Smokovec 52]除了救援，还提供徒步旅行和天气信息：总局位于上塔特拉山的Horný Smokovec。

滑雪 在www.skiinfo.sk查看雪情。

营业时间

景点和旅游地点的开放时间在年中会有变化，旅游季节（5月至9月）标准的开放时间请参看下面列表。从10月到次年4月的时间表会有所变化，请提前查看。

银行 周一至周五8:00~17:00

酒吧 周一至周四11:00至午夜，周五和周六11:00至次日2:00，周日16:00至午夜

杂货店 周一至周五6:30~18:00，周六7:00至正午

邮局 周一至周五8:00~17:00，周六8:00~11:00

夜店 周三至周日16:00至次日4:00

餐厅 10:30~22:00

商店 周一至周五9:00~18:00，周六9:00至正午

节假日

新年和独立日（New Year's and Independence Day）1月1日

主显节 1月6日

复活节星期一 3月/4月

劳动节（Labour Day）5月1日

反法西斯战争胜利日（Victory over Fascism Day）5月8日

圣西里尔和美多德纪念日（SS Cyril and Methodius Day）7月5日

斯洛伐克民族起义日（SNP Day）8月29日

斯洛伐克宪法纪念日（Constitution Day）9月1日

圣母玛丽亚受难日（Our Lady of Sorrows Day）9月15日

诸圣节（All Saints' Day）11月1日

圣诞节（Christmas）12月24日至26日

住宿

布拉迪斯拉发的青年旅舍和五星级酒店的数量要多于中档住宿。在首都外，你会找到很多价格合理的penzióny（小型家庭旅馆）。在所有的住宿地点通常都供应早餐，有时房费中含有早餐。这里Wi-Fi很普遍，通常都可以免费使用，很多住宿点还提供无烟客房。在布拉迪斯拉发，停车是唯一的问题。在首都值得推荐的一个预订资源是Bratislava Hotels（www.bratislavahotels.com）。

下列价格范围基于旅游季节带私人浴室的双人间。

€ 低于60欧元

€€ 介于60~150欧元

€€€ 高于150欧元

就餐

以下价格根据一道主菜的价位而定。

€ 低于6欧元

€€ 介于6~12欧元

€€€ 高于12欧元

邮局

邮政服务是可以信赖的，但是一定要将信件交给办公人员；否则你的明信片会在盒子里待上很长一段时间。

电话

座机号码可以有7位或者8位数字。移动电话号码（10位数字）通常用于谈业务；以☎09开头。当从国外拨打时，你需要在市区代码和移动手机号码前移除0。在报刊经销商那里可以购买到本地和国际电话卡。从斯洛伐克向外国打电话，拨☎00。往中国拨打

电话，需在☎00后，加拨国家代码86，再拨当地区号、座机号码；或拨手机号码。

移动电话

斯洛伐克有GSM（900/1800MHz）和3G UMTS网络，由供应商Orange、T-Mobile和O 2运营。

上网

在全国各地的住宿和咖啡馆里都有Wi-Fi；以至于到了网吧越来越少的程度。对于没有笔记本的游客，住宿地点通常提供电脑。

残障旅行者

斯洛伐克对于残疾游客的年接待量落后于许多其他欧盟国家。斯洛伐克残疾人联合会（Slovak Union for the Disabled，www.sztp.sk）致力于改变现状。很少有酒店和餐厅带有坡道和无障碍房间；人行道也非常不平整。在公共交通上有一些无障碍环境，包括公共汽车上低矮的特殊座椅等。

同性恋旅行者

自20世纪60年代起，同性恋在斯洛伐克就已经合法化了，但斯洛伐克仍然是一个保守的国家，大多数人仍然信奉天主教。在布拉迪斯拉发同性恋旅行者的活动范围很小，在别处几乎没有。浏览www.gay.sk。

到达和离开

布拉迪斯拉发和科希策是斯洛伐克主要的进出地点。飞机、小汽车和团队游可以在lonelyplanet.com网站上预订。

从欧盟国家进入斯洛伐克非常容易，实际上从大多数欧洲国家前往斯洛伐克都非常容易。但从乌克兰来的游客会因漫长的海关安检感到更苦恼。

飞机

布拉迪斯拉发的欧洲内陆机场很小（BTS；www.airportbratislava.sk；Ivanská cesta），位于市中心东北9公里。除非你是从英国来，英国有几班直达的航班，如果从其他地方来，你可能不得不乘坐火车。奥地利的维也纳是离这里最近的国际航空枢纽。

机场

科希策国际机场（Košice International Airport，KSC；www.airportkosice.sk）

维也纳国际机场（Vienna International Airport，VIE；www.viennaairport.com）布拉迪斯拉发位于奥地利机场以东60公里，这里有定期的长途汽车前往布拉迪斯拉发。这里是连接世界的纽带。

航空公司

在斯洛伐克营运的主要航空公司：

奥地利航空公司（www.aua.com）连接科希策与维也纳。

捷克航空公司（www.czechairlines.com）连接科希策与布拉格。

Danube Wings（www.danubewings.eu）连接布拉迪斯拉发和科希策与克罗地亚。

瑞安航空公司（www.ryanair.com）连接布拉迪斯拉发与多个目的地，包括英国，意大利，沿海的西班牙、巴黎和布鲁塞尔。

陆路

斯洛伐克和下列欧盟申根成员国——捷克、匈牙利、波兰和奥地利——均不存在边界检查。你可以自由出入。这使得从乌克兰入境的边界检查显得要严格得多，因为你是从一个非欧盟国家进入欧盟。乘长途汽车可能会等1至2小时；自己开车的话，可能时间会更长。

长途汽车

本地长途汽车连接波普拉德和兹蒂亚尔与波兰。Eurobus（www.eurobus.sk）和Eurolines（www.slovaklines.sk）负责国际线路，从布拉迪斯拉发穿越欧洲，从科希策开往东部的乌克兰。

小汽车和摩托车

在斯洛伐克使用私人交通工具需要登记证明：一张“绿卡”（第三方责任保险证明）、国籍贴纸、急救箱和三角警示牌。

火车

浏览www.cp.atlas.sk来获取国内和国际的列车时刻表。直达火车连接布拉迪斯拉发与奥地利、捷克、波兰、匈牙利和俄罗斯；从科希策出发的火车连接捷克、波兰、乌克兰和俄罗斯。最快的国内火车是Intercity（IC）或Eurocity（EC）。Rychlík（R），或叫"Fast"的火车行程时间稍长，但是班次较多，并且价格便宜。Osobný（Ob）的火车是最慢的（价格也是最低的）。

河流

多瑙河内的河船提供了往来布拉迪斯拉发和维也纳的一种选择。

当地交通

飞机

Danube Wings（V5；www.danubewings.eu）只提供国内航班服务：航班仅限工作日，往来于布拉迪斯拉发和科希策。

自行车

公路通常是狭窄并且崎岖不平的，在市内，鹅卵石铺设的街道和电车轨道对于骑自行车的人来说十分危险。在度假村外很难能找到自行车租赁地。通过铁路运输一辆自行车的费用通常是火车票的10%。

长途汽车

仔细阅读时刻表；很少有长途汽车在周末和节假日营运。你可以在www.cp.atlas.sk找到最新的时刻表。斯洛伐克国家长途汽车公司是**Slovenská Autobusová Doprava**（SAD；www.sad.sk）。

小汽车和摩托车

» 在斯洛伐克，带有证件照的外国驾照是有效的。

» 在所有带绿色标志的高速公路上行驶，需要有Nálepka（收费贴纸）。没有它们罚款会很重。可以在加油站购买（租用的汽车通常已经带有）。

» 城市街道旁严格限制停车。时刻记得在老城区中心一定要从售票机、乘务员或者报摊购买一张车票。

租车服务主要集中在布拉迪斯拉发和科希策。

本地交通

» 所有的城镇都有很完善的公交系统，但乡村交通不是很发达。布拉迪斯拉发有有轨电车和无轨电车。

» 一般来说，公共交通每天营运时间段为4:30~23:30。

» 城市交通票适用于所有本地公共汽车、有轨电车和无轨电车。交通票在报摊购买并在车上检票，逃票一经发现，将会被严厉处罚。

火车

火车是在斯洛伐克旅行的一种选择；大多数游客的目的地都位于布拉迪斯拉发—科希策的主干线附近。斯洛伐克没有在线订票服务，自动售票机也很稀少。车票可在火车站办公室预订，请访问www.cp.atlas.sk获取最新的时刻表。**Slovak Republic Railways**（ŽSR；☎18 188；www.slovakrail.sk）提供广泛的、高效的国内铁路运输服务。

斯洛文尼亚

包 括 »

最佳餐饮

» Gostilna Ribič（见581页）

» Gril Ranca（见580页）

» Hiša Franko（见570页）

最佳住宿

» Antiq Palace Hotel & Spa（见552页）

» Max Piran（见575页）

» Hostel Pekarna（见580页）

为何去

斯洛文尼亚是一个弹丸小国，面积刚刚超过2万平方公里，人口200万。但是"浓缩的都是精华"，用这句老话来形容斯洛文尼亚再恰当不过了。这个国度，从海滩、雪山、长满葡萄的小山和遍地向日葵的广阔平原，到哥特式教堂、巴洛克式宫殿和新艺术派建筑，应有尽有。斯洛文尼亚的多种气候形成了不可思议的组合，地中海温暖的微风可以吹到阿尔卑斯山的山麓丘陵，使山上夏季也会下雪。

首都卢布尔雅那（Ljubljana）是一个重视宜居性和可持续性胜过无限制增长的文化之都。这种对环境的重视还延伸到了斯洛文尼亚的农村和较不发达地区。斯洛文尼亚的森林覆盖率超过了总面积的一半，的确是世界上绿化最好的国家之一。

何时去

卢布尔雅那

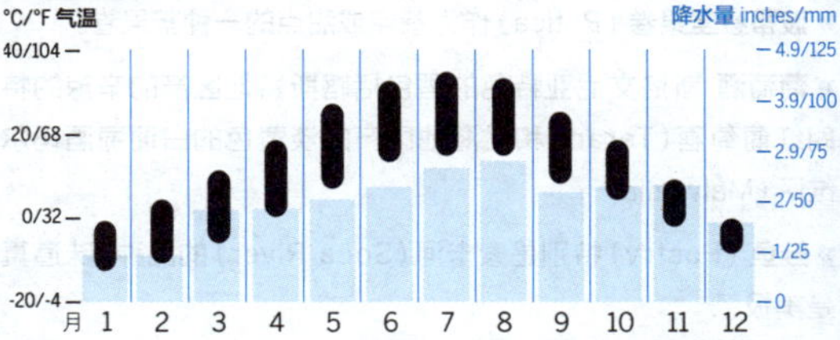

4月至6月 春天是探访低地和尤利安阿尔卑斯山脉鲜花遍野的山谷的大好季节。

9月 这是个万事皆宜的月份——仍然温暖，可以游泳，尤其适宜徒步。

12月至次年3月 在这个热衷于冬季运动的国度，几乎每个人（甚至包括他们的祖母）都会滑雪。

交通

从斯洛文尼亚去往邻近的3个欧盟成员国意大利、奥地利和匈牙利无需办理边境手续，乘火车和长途汽车均可以到达。还可以从皮兰（Piran）乘船到威尼斯。如果你往返于非欧盟成员国克罗地亚，预计对你的文件会检查得较仔细。

旅行线路

一周

在卢布尔雅那待几天，然后往北，到渤兴（Bohinj）或浪漫的布莱德（Bled），在高山湖泊的田园风光中放松你的身心。根据季节，乘公共汽车或者自驾通过惊险的夫尔希奇山坳通道（Vršič Pass），进入碧蓝的索卡河（Soča River）流域，在博维茨（Bovec）或科巴里德（Kobarid）参加过探险运动后再回到卢布尔雅那。

两周

再待一周你就能够游遍所有地方：上述的一切，加上斯科契扬（Škocjan），波斯托伊纳（Postojna）的喀斯特石窟，以及亚得里亚海边威尼斯风格的港口科佩尔（Koper）和皮兰（Piran）。国家这么小，即使到最东边的地区，特别是风景如画的历史城市普图伊（Ptuj），开车或乘火车也只要几个小时。

特色饮食

» **火腿**（Pršut）风干后切成片的火腿，产自喀斯特地区，与意大利熏火腿类似。

» **饺子**（Žlikrofi）类似意大利饺，以奶酪、熏咸肉和细香葱为馅。

» **波蒂察坚果卷**（Potica）作为茶点或甜点的一种坚果卷。

» **葡萄酒** 斯洛文尼亚特色的酒包括喀斯特地区产的辛辣的特朗红葡萄酒（Teran）和沿海地区产的淡黄色的白葡萄酒玛尔维萨（Malvazija）。

» **鲑鱼**（Postrv）特别是索卡河（Soča River）的品种，味道真是美极了。

» **普雷克穆列千层蛋糕**（Prekmurska gibanica）罂粟籽、核桃、苹果和奶酪馅的千层蛋糕，上面浇一层奶油。

» **什特鲁克利卷**（Štruklji）美味的凝乳干酪卷，可以是咸味的，当作主菜；也可以是甜味的，当作甜品。

» **布列韦克**（Brinjevec）杜松子酿造的烈性白兰地。

速览

» **货币** 欧元（€）

» **语言** 斯洛文尼亚语

» **现金** 自动取款机随处可见，银行工作日和周六上午营业

» **签证** 适用申根政策

快速参考

» **面积** 20,273平方公里

» **首都** 卢布尔雅那

» **国家代码** ☎386

» **紧急情况** 救护车和火警☎112，警察局☎113

汇率

人民币	CNY1	€0.12
港币	HKD1	€0.09
新台币	TWD1	€0.02
澳门币	MOP1	€0.09
新加坡元	SGD1	€0.58
美元	USD1	€0.73

预算

» **经济型酒店房间** 50欧元

» **两道菜的一餐** 20欧元

» **博物馆门票** 4欧元

» **啤酒** 3欧元

网络资源

» **斯洛文尼亚旅游局中文网站**（www.go2slovenia.cn/）

» **斯洛文尼亚旅游局官方网站**（Slovenian Tourist Board, www.slovenia.info）

卢布尔雅那（LJUBLJANA）

☎01/人口280,607

斯洛文尼亚的首都及最大的城市，恰巧也是欧洲绿化最好、最宜居的首都之一。市中心区限制车流量，把流经城市心脏、翠绿色的卢布尔雅尼察河（Ljubljanica River）枝叶繁茂的两岸，留给行人和骑车者。夏季时，咖啡馆沿河摆放露天座位，给人一种永恒的街道派对之感。斯洛文尼亚早期现代极简主义设计大师约热·普莱奇尼克（Jože Plečnik），用既高雅又俏皮的雪花石膏桥梁和小装饰品、塔式建筑和金字塔给卢布尔雅那增添了美丽。这里的博物馆、酒店和餐馆都在全国最佳之列。

历史

罗马城市埃莫纳（Emona）的遗产——墙壁、居所、早期的教堂甚至镀金的小雕像——随处可见。卢布尔雅那在12世纪中期

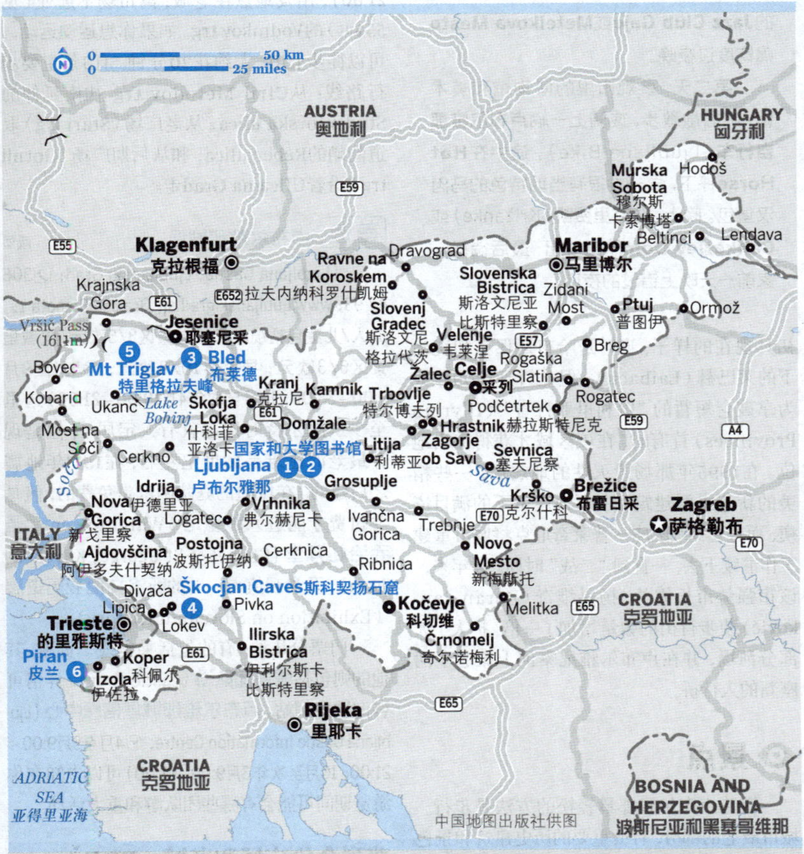

斯洛文尼亚亮点

1. 乘缆车到达**卢布尔雅那**城堡（见546页）。
2. 在卢布尔雅那的**国家和大学图书馆**（见547页）体会天才建筑师约热·普莱奇尼克（Jože Plečnik）的杰作。
3. 凝视完美的自然景色——**布莱德湖**（见559页）。
4. 在不可思议的**斯科契扬石窟**（见572页）敬畏地呆望百米高墙。
5. 登顶斯洛文尼亚最高峰，**特里格拉夫峰**（见566页）。
6. 在**皮兰**（见574页）流连于受威尼斯风格的狭窄胡同。

卢布尔雅那两日游

乘缆车到达**卢布尔雅那城堡**，然后下来，探索**中心市场**（Central Market）区。在**Ribca**吃一顿海鲜午餐，在**老城**（Old Town）四处走走，接着过卢布尔雅尼察河，沿着Vegova ulica向北走，来到**孔格雷斯尼广场**（Kongresni Trg）和**普列舍伦广场**（Prešernov Trg）。卢布尔雅尼察河沿岸有许多咖啡馆，在其中一家：如低调的**Jazz Club Gajo**或**Metelkova Mesto**痛饮度过夜晚。

第二天，参观市里的博物馆和美术馆，然后散散步，或骑上一辆**卢布尔雅那自行车**（Ljubljana Bike），途中在**Hot Horse**停下，尝一尝很有当地特色的马肉汉堡包。晚上，在**克里赞凯**（Križanke）或**Cankarjev Dom**欣赏演出，最后徜徉一家前一天晚上错过的夜店。

初具现在的样子，当时是哈布斯堡王朝统治下的莱巴赫（Laibach）；但是直到1809年成为拿破仑短暂的"伊利里亚行省"（Illyrian Provinces）首府时，在该区域才获得突出地位。在1895年那场毁灭性的地震后，一些精美的新艺术派建筑填补了地震留下的满目疮痍，而且建筑师约热·普莱奇尼克将城市重建工作继续下去，一直到"二战"时期。近年来，该市强势市长佐兰·扬科维奇（Zoran Janković）使步行街的数量增加了一倍，扩大了大部分河堤，并在卢布尔雅尼察河上架起了两座新的人行桥。

景点

游览卢布尔雅那最轻松的方法是步行。城市最老的部分，有最重要的历史建筑和景色（包括卢布尔雅那城堡），位于卢布尔雅尼察河的右（东）岸。中心区有该市的大多数博物馆和美术馆，在河的左（西）岸。

城堡区（CASTLE AREA）

探索卢布尔雅那的第一步：跋涉到**城堡山**（Castle Hill, Grajska Planota），逛一逛雄伟的卢布尔雅那城堡。城堡区有几个值得一看的展览，而且从城堡的瞭望塔可以俯瞰城市美妙的风景。期待着在市里最好的餐馆Gostilna na Gradu（见553页）享用午餐，又是一个吸引人之处。

上城堡的途径有几种，最容易（也是对孩子来说最好玩的）是乘70米长的**缆车**（funicular, vzpenjača; ☎306 42 00; www.ljubljanskigrad.si; Krekov trg 3-7; 往返 成人/儿童4/3欧元; ⏲4月至9月9:00~23:00，10月至次年3月10:00~21:00），出发地点在老城，离市场不远处（见554页）的Vodnikov trg。如果你想运动运动，可以徒步上山，大约花20分钟。有3条主要步行路线：从Ciril Metodov trg 往南延伸的Študentovska ulica，从老广场（Stari trg）取道陡峭的Reber ulica，和从后期广场（Gornji trg）沿着Ulica na Grad走。

首选 卢布尔雅那城堡 城堡

（Ljubljana Castle, Ljubljanski Grad; ☎306 42 93; www.ljubljanskigrad.si; Grajska Planota 1; 成人/儿童包括缆车和城堡景区8/5欧元，仅城堡景区6/3欧元；导览游10/8欧元；⏲5月至9月9:00~23:00，10月至次年4月10:00~21:00）这里至少从凯尔特时代起就有人定居了，但是现存最老的建筑是16世纪左右，在1511年地震之后建的。在城堡的庭院闲逛是免费的，但是要付费才能进入**瞭望塔**（Watchtower）、**圣乔治礼拜堂**（Chapel of St George, Kapela Sv Jurija），及参观值得一看的**斯洛文尼亚历史展**（Exhibition on Slovenian History）。

门票分几种；有的包括乘坐缆车费用，其他的则包括**城堡团队游**（castle tour）。详情可咨询城堡网站。**卢布尔雅那城堡信息中心**（Ljubljana Castle Information Centre, ⏲4月至9月9:00~21:00，10月至次年3月9:00~18:00）可以告知在你游览期间可能会有哪些团队游和重大活动。

普列舍伦广场和老城（PREŠERNOV TRG & OLD TOWN）

普列舍伦广场 广场

（Prešernov Trg）这个地处城市中心的美丽广场将市中心与老城相连。广场上最重要的是**普列舍伦纪念碑**（Prešeren monument, 1905年），由马克斯·法比亚尼（Maks Fabiani）和伊万·扎伊茨（Ivan Zajc）设计，是为了纪念斯洛文尼亚最伟大的诗人弗兰采·普列舍伦（France Prešeren，1800～1849年）而建。纪念碑的底座上铭刻着诗人的诗歌中的主题。

纪念碑的南面就是通向老城的三桥（Triple Bridge，Tromostovje），1842年时只建了一座单桥，当时叫作Špital Bridge（医院桥）。两侧的桥是多产的建筑师约热·普莱奇尼克（Jože Plečnik）于1931年扩建的。

纪念碑东面的5号，是意大利风格的中心药房（Centralna Lekarna），在19世纪曾经是知识分子常来的咖啡馆。往北，在Trubarjeva cesta和Miklošičeva cesta之交的角落上，是建于1903年赏心悦目的分离主义风格的乌尔班茨宫殿（Palača Urbanc，Urbanc Palace）。

城市广场

广场

老城三个"广场"之一，另外两个——老广场（Stari trg）和后期广场（Gornji trg）——更像是狭窄的鹅卵石街道。城市广场（Mestni Trg）上矗立着市政厅，市政厅前面是罗巴喷泉（Robba Fountain，喷泉原件现在存放于国家美术馆中）。

市政厅

市政厅

（Town Hall，Mestna Hiša；☎306 30 00；Mestni trg；⏲周一至周五7:30～16:00）市政府所在地，有时被称为Magistrat或Rotovž。初建于15世纪末，于1718年重建。内部有三层拱廊的哥特式院落，这里曾经上演过文艺演出，有一些可爱的五彩拉毛粉饰。

如果你往通向第二个院落的南门上面看，就会看到一张17世纪后半叶绘制的卢布尔雅那地形图。

老广场

广场

"老广场"（Stari Trg）是老城真正的中心。沿着广场排列着19世纪木材质地的店面、安静的院落和鹅卵石走道。在东面那座中世纪房屋的后面，曾有通向城堡山（Castle Hill）的小路，那里曾是水源地。河流前面的建筑曾有宽阔的通道，以便在洪水暴发时排水。

后期广场

广场

后期广场（Gornji Trg）是在老广场东面扩展出来的。7号到15号的五座中世纪房屋侧面有狭窄的通道（有的带门），以前曾堆放垃圾，以便将垃圾冲进河中。

免费 植物园

公共花园

（Botanical Garden，Botanični Vrt；☎427 12 80；www.botanicni-vrt.si；Ižanska cesta 15；⏲7月和8月7:00～20:00，4月至6月、9月和10月7:00～19:00，11月至次年3月7:00～17:00）在老城东南约800米，沿着Karlovška cesta，在卢布尔雅尼察河畔，这座占地2.5公顷的植物园在1810年被辟为本土植物自然保护区。园内有4500种植物和树木，约三分之一是土生土长的。

市中心（CENTER）

在卢布尔雅尼察河左岸的这个大区是现代卢布尔雅那的神经中枢。这里满是商店、商务办公区、政府部门和大使馆。该大区以城市广场为中心，分成几个独立的商区。

法国大革命广场

广场

"法国大革命广场"（Trg Francoske Revolucije）曾有几百年是十字军骑士（Teutonic Knights of the Cross，Križniki）的总部。他们在13世纪初在这里建了一个骑士团辖区，后于18世纪早期改建为克里赞凯（Križanke，☎241 60 00；Trg Francoske Revolucije 1-2）修道院群。现在，这里是卢布尔雅那节（Ljubljana Festival，见551页）的总部。

首选 国家和大学图书馆

历史建筑

（National & University Library，☎200 11 09；Turjaška ulica 1；⏲周一至周五9:00～18:00，周六9:00～14:00）这个图书馆是普莱奇尼克的杰作，于1941年建成。为了领会这个伟人的巧妙构思，从Turjaška ulica的正门进入（注意门把手上的马头）——你将发现周围几乎是一片黑暗，仿佛被埋在黑色大理石之中。当你拾阶而上，你将进入一个柱廊，这里一片光亮——根据建筑师的设计，这是知识之光。

主阅览室（Main Reading Room，Velika Čitalnica），有巨大的玻璃墙和一些绝妙的灯盏，也是普莱奇尼克设计的，现在不对非学生群体开放，仅在夏季时对团队游开放。

Ljubljana 卢布尔雅那

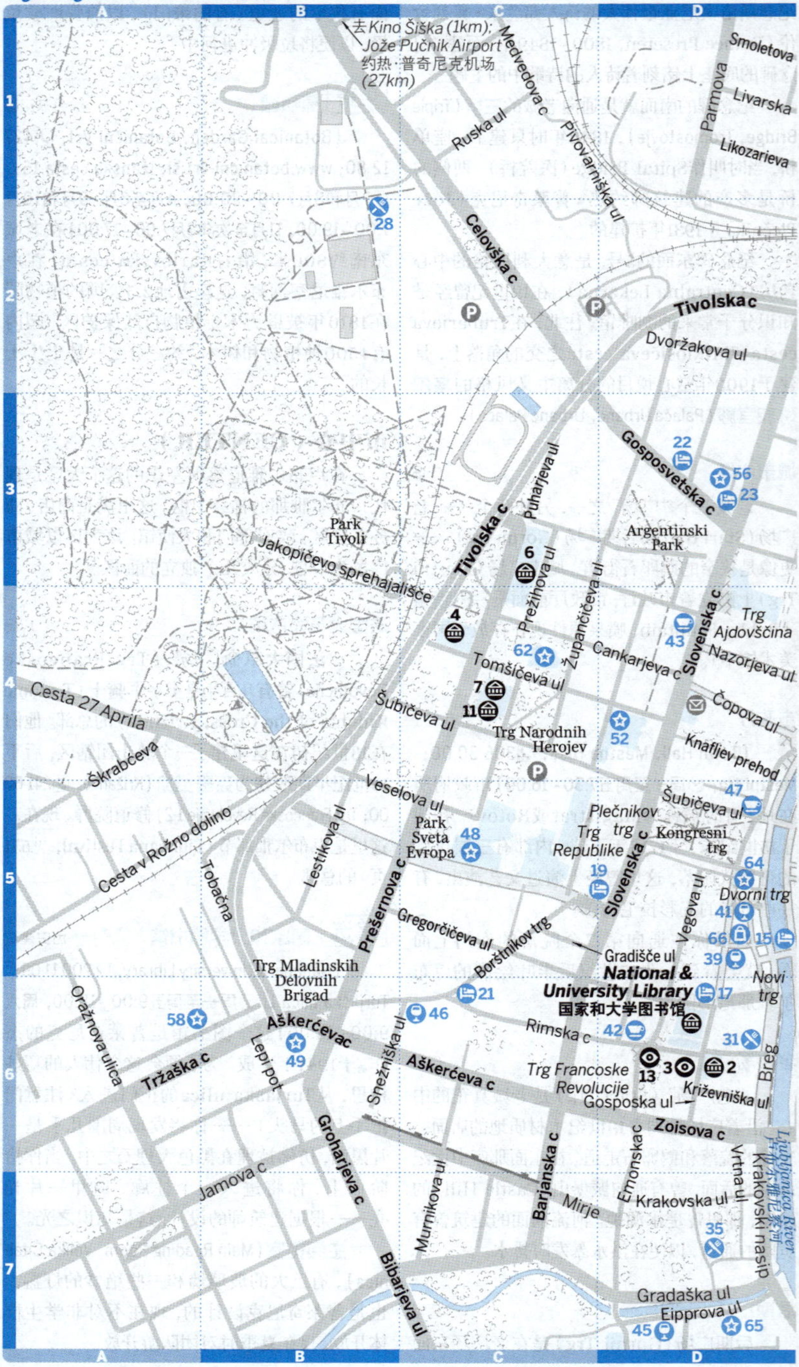

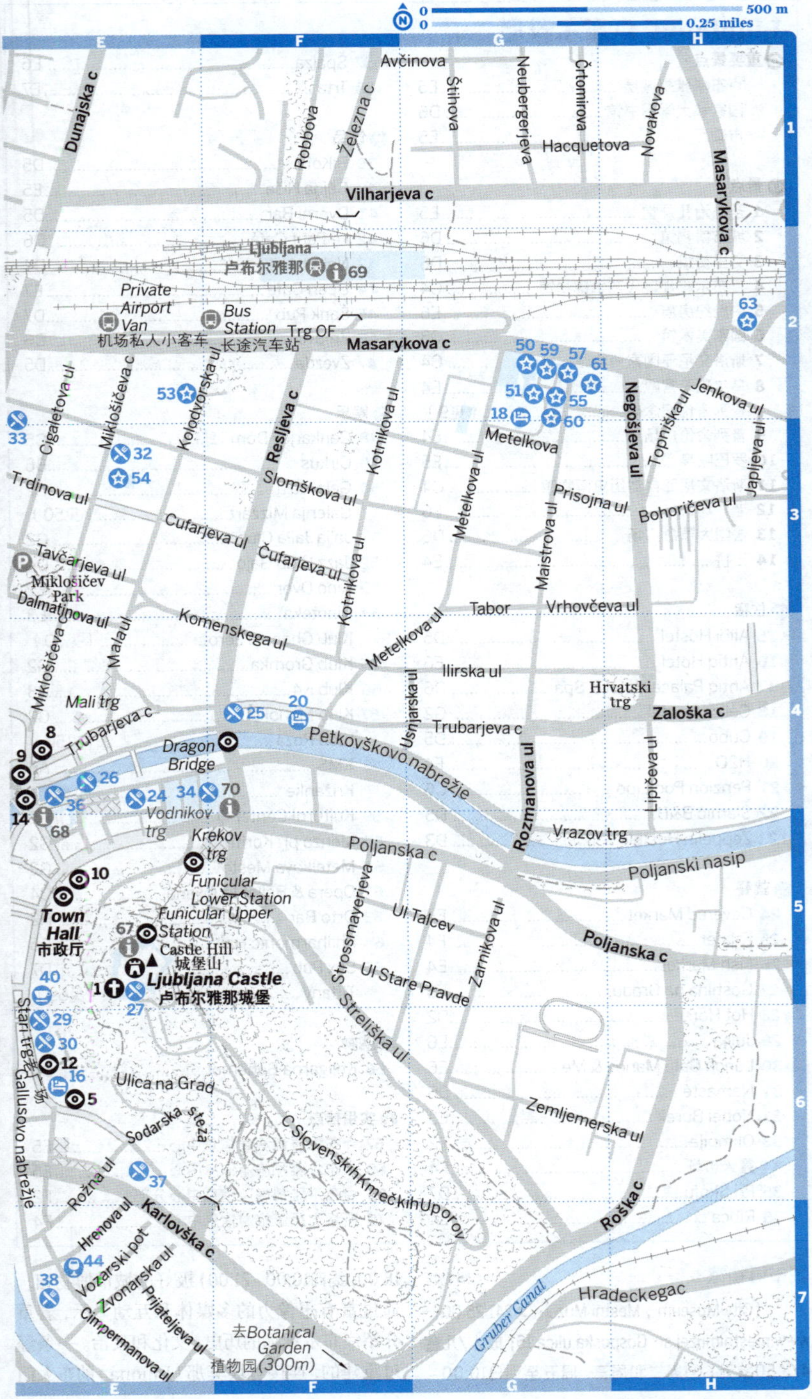
0
500 m
0
0.25 miles
E
F
G
H
1
2
3
4
5
6
7
Avčinova
Štihova
Neubergerjeva
Črtomirova
Hacquetova
Novakova
Dunajska c
Robbova
Železna c
Vilharjeva c
Masarykova c
Ljubljana
卢布尔雅那
69
Private
Airport
Van
机场私人小客车
Bus
Station
长途汽车站
Trg OF
Masarykova c
63
50
59
57
61
51
55
18
60
53
33
32
54
Cigaletova ul
Miklošičeva c
Kolodvorska ul
Resljeva c
Kotnikova ul
Metelkova
Negošijeva ul
Topniška ul
Jenkova ul
Japljeva ul
Trdinova ul
Slomškova ul
Metelkova ul
Prisojna ul
Bohoričeva ul
Cufarjeva ul
Čufarjeva ul
Kotnikova ul
Maistrova ul
Tavčarjeva ul
Miklošičev
Park
Dalmatinova ul
Tabor
Vrhovčeva ul
Komenskega ul
Malaul
Metelkova ul
Miklošičeva
Usnjarska ul
Ilirska ul
Hrvatski
trg
Mali trg
25
20
Zaloška c
Trubarjeva c
Trubarjeva c
8
9
Dragon
Bridge
Petkovškovo nabrežje
Rozmanova ul
Lipičeva ul
26
36
24
34
70
14
68
Vodnikov
trg
Krekov
trg
Vrazov trg
Poljanska c
Poljanski nasip
10
Funicular
Lower Station
Town
Hall
市政厅
Funicular Upper
Station
67
Castle Hill
城堡山
Ul Talcev
Strossmayerjeva
Zarnikova ul
Poljanska c
1
Ljubljana Castle
卢布尔雅那城堡
40
27
Ul Stare Pravde
29
30
12
16
5
Stari trg
Gallusovo nabrežje
Streliška ul
Ulica na Grad
Sodarska
steza
Zemljemerska ul
C Slovenskih Kmečkih Uporov
37
Rožna ul
Roška c
Karlovška c
Hrenova ul
44
Vozarski pot
38
Zvonarska ul
Prijateljeva ul
Cimpermanova ul
去Botanical
Garden
植物园(300m)
Gruber Canal
Hradeckegac

Ljubljana 卢布尔雅那

城市博物馆 博物馆

（City Museum，Mestni Muzej；☎241 25 00；www.mestnimuzej.si；Gosposka ulica 15；成人/儿童4/2.50欧元；⏲周二和周三、周五至周日10:00～18:00，周四10:00～21:00）极好的城市博物馆，通过富有想像力的多媒体和互动显示，着重介绍卢布尔雅那的历史、文化和政治。一条经过重建的，连接着埃莫那（Emona）的东大门与卢布尔雅尼察的罗马街道，和完好保存着古典收藏品的地下室，都值得一游。

主题是出名和不出名的“法国佬”（žabarji，首都的本地人有此之称）的“卢布尔雅那面孔”展览，是博物馆最令人难忘的固定展览。当然他们也会举办一些很成功的特别展览。

斯洛文尼亚国家博物馆 博物馆

（National Museum of Slovenia, Narodni Muzej Slovenije; ☎241 44 00; www.nms.si; Prešernova cesta 20; 成人/儿童3/2.50欧元，每月第一个周日免费；⏲周五至周三10:00~18:00，周四10:00~20:00）亮点包括一个公元前6世纪的有很多浮雕图案的凯尔特人提桶（Vače situla，是在卢布尔雅那东面一个小镇出土的），以及1995年在斯洛文尼亚西部的采尔克诺（Cerkno）发现的一只石器时代的骨笛。还有一些在6世纪斯拉夫人的墓中发现的古罗马风格的玻璃和珠宝，以及许多其他的历史发现。

看一看大厅天花板上的壁画，其特色是斯洛文尼亚历史上的重要人物围绕着富有寓意的卡尔尼奥拉（Carniola）、缪斯女神和命运女神倚在楼梯扶手上休息的雕像。

斯洛文尼亚自然历史博物馆 博物馆

（Slovenian Museum of Natural History, Prirodoslovni Muzej Slovenije; ☎241 09 40; www2.pms-lj.si; Prešernova cesta 20; 成人/学生3/2.50欧元，含国家博物馆通票5/4欧元；⏲周五至周三10:00~18:00，周四10:00~20:00；Ⓟ）与国家博物馆位于同一座给人深刻印象的大楼里，自然历史博物馆有复原的猛犸象和鲸的骨骼，鸟类、爬行动物和哺乳动物标本。此外，乐善好施的男爵日加·佐伊斯（Žiga Zois）在19世纪早期收集的矿物收藏和斯洛文尼亚独有的蝾螈目动物洞螈（Proteus anguinus）展览，也值得一看。

国家美术馆 博物馆

（National Gallery, ☎241 54 18; www.ng-slo.si; Prešernova cesta 24; 成人/儿童7/5欧元，每月第一个周日免费；⏲周二至周日10:00~18:00）斯洛文尼亚最重要的艺术作品汇集之处，在一座1896年建成的老楼和其令人眼前一亮的现代侧翼建筑中各占了两层。

卢布尔雅那现代艺术博物馆 博物馆

（Ljubljana Museum of Modern Art☎241 68 00; www.mg-lj.si; Tomšičeva ulica 14; 成人/学生5/2.50欧元；⏲周二至周日10:00~18:00）这个博物馆收藏的是斯洛文尼亚顶尖的现代艺术作品。留意这些画家的作品：托内·克拉利（Tone Kralj）的《农民的婚礼》（*Peasant Wedding*）、表现主义艺术家弗兰茨·米海利奇（France Mihelič）的《五重奏》（*The Quintet*）和超现实主义的斯特凡·普拉尼奇（Štefan Planinc）的《原始世界系列》（*Primeval World series*），及雕塑家的作品，如雅各布·萨温舍克（Jakob Savinšek）的《抗议》（*Protest*）。

博物馆还拥有20世纪80、90年代有影响的多媒体组合Neue Slowenische Kunst（NSK，新斯洛文尼亚艺术）及其合作者欧文（Irwin）的作品，分别是《宗教用途的手提箱：特里格拉夫山下的洗礼》（*Suitcase for Spiritual Use: Baptism under Triglav*）和《卡皮塔尔》（*Kapital*）。

团队游

两小时的**步行浏览**（walking tours，成人/儿童10/5欧元；⏲4月至10月10:00、14:00和17:00），加上乘坐缆车或旅游列车到城堡，或者在卢布尔雅尼察河上坐船观光，由旅游信息中心（TIC）组织。每天从城市广场（Mestni trg）市政厅出发。

节日和活动

世界音乐节 音乐节

（Druga Godba, festival.drugagodba.si; ⏲5月至6月）演奏另类音乐和流行音乐的音乐节，5月下旬至6月上旬在克里赞凯（Križanke）举行。

卢布尔雅那节 音乐和剧院

（www.ljubljanafestival.si; ⏲7月和8月）卢布尔雅那每年一度的头号重大活动卢布尔雅那

节（Ljubljana Festival），是7月初至8月末以音乐、歌剧、戏剧和舞蹈等形式在全市各地举行的庆祝活动，但主要是在克里赞凯（Križanke）的露天剧院举行。

卢布尔雅那国际马拉松 马拉松

（International Ljubljana Marathon，www.ljubljanskimaraton.si；⊙10月）10月的最后一个周六举行。

住宿

旅游信息中心（TIC）有私人房间（单人/双人30/50欧元起）和公寓（双人/四人55/80欧元起），不过只有少数位于市中心。

首选 Antiq Palace Hotel & Spa 精品酒店 €€€

（☎051 364 124；www.antiqpalace.com；Gosposka ulica 10和Vegova ul 5a；标单/双180/210欧元；P⊖❄@🛜）无疑是该市最豪华的住宿选择，Antiq Palace占据了一座16世纪的连栋房屋，离河仅大约一个街区。有13个不同设计的套房，每个套房都有几个房间，有的面积达250平方米。设施清单十分详尽，应有尽有。目标客户是消费层次高的度蜜月者和有出行补助的商人。

Cubo 精品酒店 €€€

（☎425 60 00；www.hotelcubo.com；Slovenska cesta 15；标单/双120/140欧元）这个优美的精品酒店位于市中心，有高端的极简主义设计，就像是从《壁纸》（*Wallpaper*）杂志上走出来的。店主非常重视使用最好的建筑材料和优质床品，保证客人一夜安眠。酒店内的餐馆非常好。

Celica Hostel 青年旅舍 €€

（☎230 97 00；www.hostelcelica.com；Metelkova ulica 8；铺19~25欧元，标单/双/标三"牢房"53/60/70欧元；P@🛜）位于梅特尔科瓦（Metelkova），以前是监狱（建于1882年），改造得很漂亮，有20个"牢房"，由不同的艺术家和建筑师设计，完整地保留了原来的栏杆。有9个3~7张床的房间和公寓，还有一个拥挤而受欢迎的12张床的宿舍。底楼有一个咖啡馆和餐厅（午餐套餐5~7欧元，营业时间为7:30至午夜）。这个青年旅舍以拥有自己的画廊而自豪，人人都可以在此展示自己的作品。

Slamič B&B 家庭旅馆 €€

（☎433 82 33；www.slamic.si；Kersnikova ulica 1；标单65~75欧元，双95~100欧元，套135欧元起；P❄@🛜）离主要活动区域有些远，在一个著名的咖啡馆兼花室的楼上，但是这个民宿有11间带古董家具和镶花地板的明亮房间。值得选择的房间包括一个朝向后花园的房间和一个紧邻咖啡馆大露台的房间。

Penzion Pod Lipo 家庭旅馆 €€

（☎031 809 893；www.penzion-podlipo.com；Borštnikov trg 3；标单/标三/四/套65/75/100/125欧元；@）旅馆楼下是卢布尔雅那最老的gostilna（小酒馆似的餐馆）之一，还有一株有400年树龄的椴树，这个10间房的旅馆房间平平常常，但是位于市里酒吧和餐馆集中的地方，还是非常值的。我们喜欢那个公用厨房，原始的硬木地板和朝东的露台，露台上有折叠帆布躺椅，沐浴在清晨的阳光下。

H2O 青年旅舍 €

（☎041 662 266；www.h2ohostel.com；Petkovškovo nabrežje 47；铺17~22欧元，双36~52欧元，四68~88欧元；@🛜）我们最喜欢的卢布尔雅那的青年旅舍之一，有6间房。在卢布尔雅尼察河边一个小小的院落中，有一个房间可以看到城堡。有私人双人间，而且客人可以使用公用厨房。

Antiq Hotel 精品酒店 €€€

（☎421 35 60；www.antiqhotel.si；Gornji trg 3；标单75~120欧元，双85~150欧元；❄@🛜）这个迷人的精品酒店与老城中的几个连栋房屋连在一起。有16个宽敞的房间和1个多层次的后花园。装饰风格虽稍显媚俗，但处处透出巧思。我们最喜欢的是可以看到赫拉克勒斯喷泉（Hercules Fountain）的8号房间，和能瞥见卢布尔雅那城堡的13号。

Zeppelin Hostel 青年旅舍 €

（☎059 191 427；www.zeppelinhostel.com；2 fl，Slovenska cesta 47；铺18~24欧元，双49~60欧元；@📶）位于历史建筑Evropa内，在Gosposvetska cesta角上，这家青年旅舍提供干净而明亮的宿舍（4至8张床）和双人间，由一个年轻的国际旅行者团队经营，他们不断为客人提供城里各处聚会和令人感兴趣事物的信息。

Alibi Hostel 青年旅舍 €

（☎251 12 44；www.alibi.si；Cankarjevo nabrežje 27；铺15~18欧元，双40~50欧元；❄@）这家有106张床的青年旅舍位置很好，在卢布尔雅尼察河畔，有颜色鲜艳而通风的宿舍（内有4至8张床铺）和12个双人间。顶层有一个可以住6个人的私人套房。

就餐

首选 Gostilna na Gradu 斯洛文尼亚菜 €

（☎031 523 760；www.nagradu.si；Grajska planota 1；主菜8~14欧元；⏲周一至周六10:00至午夜，周日正午至18:00）一定要计划在游城堡期间，到这家绝妙的传统斯洛文尼亚餐馆吃一顿。这里的主厨引以为傲的是他们只用斯洛文尼亚本土产的面包、奶酪和肉类，以古老的菜谱制作出令人回味的佳肴。以城堡为背景大快朵颐非常理想。提前订好桌子，以免遗憾。

Julija 地中海菜 €€

（☎425 64 63；julijarestaurant.com；Stari trg 9；10.90~18.90欧元；⏲正午至22:00）这大概是游客如织的老广场（Stari trg）上三家比肩而居的餐馆中最好的一家。我们钟爱在人行道露台上提供的含3道菜的午间套餐（9欧元）。这里的菜式以意大利调味饭（risottos）和意大利面食为主，然而搭配辣花生酱料的鸡胸特色菜是我们这次旅程中吃到的最好的菜肴之一。

Ribca 海鲜 €

（☎425 15 44；www.ribca.si；Adamič-Lundrovo nabrežje 1；菜肴5~8欧元；⏲周一至周五8:00~16:00，周六仅营业到14:00）在卢布尔雅那的口福之一是有机会品尝价廉而美味的鱼类菜。这家海鲜餐馆位于Pogačarjev trg，普莱奇尼克柱廊（Plečnik Colonnade）下面的地下室中，供应美味的炸鱿鱼、沙丁鱼和鲱鱼，是制作这类菜最好的餐馆之一。餐馆的布置较随意，但是菜做得出类拔萃。工作日午间套餐7.50欧元。

Špajza 斯洛文尼亚菜 €€

（☎425 30 94；www.spajza-restaurant.si；Gornji trg 28；主菜15~25欧元；⏲正午至23:00）这家红火的老城餐馆是摆阔或二人浪漫餐的好地方。内部用粗制的桌椅、木地板、画着壁画的天花板和怀旧的小玩意儿装饰。夏季时的露台是个怡人之处。传统的斯洛文尼亚菜，以较不常见的主菜为主，如兔肉和小牛肉。

Pri Škofu 斯洛文尼亚菜 €€

（☎426 45 08；Rečna ulica 8；主菜8~22欧元；⏲7:00~23:00；📶）这家口味超赞的小餐馆位于中心区南面安静的克拉科沃（Krakovo），供应卢布尔雅那一流的当地菜和沙拉，菜单是不停变化的。工作日午间套餐很值，只需8欧元。

Lunch Café Marley & Me 各国风味 €€

（☎040 564 188；www.lunchcafe.si；Stari trg 9；主菜7~20欧元起；⏲11:00~23:00；📶）名字太容易引起误解了，并不只是午餐咖啡馆……而"Marley"又作何解？我们就是搞不明白。尽管如此，这里仍然是颇受欢迎的享用沙拉、意大利面、种种肉类和海鲜等美食的午餐、晚餐地点。天气好时，有人行道边的用餐点。

Trta 意大利菜 €

（☎426 50 66；www.trta.si；Grudnovo nabrežje 21；比萨8~10欧元；⏲周一至周五11:00~22:00，周六正午至22:30；📶）这家得过奖的比萨店，大馅饼是在柴炉中烤出来的。在中心区南面不远，跨过河，特尔诺沃区（Trnovo）对面。

Namasté 印度菜 €€

（☎425 01 59；www.restavracija-namaste.

si; Breg 8; 主菜10~20欧元; ⊙周一至周六11:00至午夜, 周日营业至22:00; ✎)如果你想吃点印度菜，就到卢布尔雅尼察河左岸的这家餐馆来。你很难享受到质量极好的咖喱，但是印度套餐(thalis)、唐杜里菜(tandoori)是很好的。供选择的素食品种属中上等品质，午间套餐在6.50~8.50欧元之间。天气好时，可在河边就餐。

Falafel 地中海菜 €

(☎041 640 166; Trubarjeva cesta 40; 三明治4~6欧元; ⊙周一至周五11:00至午夜, 周六正午至午夜, 周日13:00~22:00)正宗的中东菜，如沙拉三明治(falafel)、鹰嘴豆泥(hummus)，可以打包带走，也可以在散布的几张桌椅中坐下来堂吃。奔波时吃顿快餐或宵夜时理想的选择。

Hot Horse 汉堡包 €

(☎521 14 27; www.hot-horse.si; Park Tivoli, Celovška cesta 25; 小吃和汉堡包3~6欧元; ⊙周二至周日9:00~18:00, 周一10:00~18:00)位于卢布尔雅那市最大的公园中，这个小地方供应卢布尔雅那人最爱吃的马肉汉堡包(4欧元)。就在当代历史博物馆(Museum of Contemporary History)的山脚下。

自炊

自炊者和预算紧张者会想直接去卢布尔雅那广阔的**露天市场**(open-air market, Vodnikov trg; ⊙夏季周一至周五6:00~18:00, 周六6:00~16:00, 冬季周一至周六6:00~16:00)，在Vodnikov trg(过三桥，位于Prešernov trg东南方)。这里有售卖各种东西的摊子，可以买到野蘑菇、森林浆果、蜂蜜、自制奶酪……附近的**室内市场**(covered market, Pogačarjev trg 1; ⊙周一至周三以及周六7:00~14:00, 周四和周五7:00~16:00)卖肉类和奶酪，里面还有一个**鱼市**(fish market, Adamič-Lundrovo nabrežje 1; ⊙周一至周五7:00~16:00, 周六7:00~14:00)。你还会发现露天**鱼摊**，一盘炸鱿鱼只卖6欧元。另一个经济之选是一种叫布雷克饼(burek)的酥皮馅饼，是以奶酪、肉，甚至苹果为馅的面点。据说城里味道最正宗的两个地点是火车和汽车站西南的**Olimpije**(Pražakova ulica 2; 布雷克饼2欧元; ⊙24小时)和**Nobel Burek**(☎232 33 92; Miklošičeva cesta 30; 布雷克饼2欧元, 单片比萨1.40欧元; ⊙24小时)。

饮品

如此规模的城市很少像卢布尔雅那这样，在市中心集中这么多诱人的咖啡馆和酒吧，大多数在较暖和的几个月有户外座位。

酒吧和小酒馆

首选 **Žmavc** 酒吧

(☎251 03 24; Rimska cesta 21; ⊙周一至周五7:30至次日1:00, 周六10:00开始营业, 周日18:00开始; 📶)在Slovenska cesta西面，是一个超级受欢迎的学生常去的地方，墙上绘有连环漫画场景和各种漫画人物。有一个很棒的供夏夜饮酒的花园露台，但是要早到才有座位。也是很好的喝早间咖啡的地方。

BiKoFe 酒吧

(☎425 93 93; Židovska steza 2; ⊙周一至周五7:00至次日1:00, 周六和周日10:00~13:00; 📶)时髦人士的最爱——这个酒吧有马赛克装饰的桌子，墙上绘有学生气的艺术作品，音响中回荡着爵士灵歌和爵士乐，菜单上还提供巨大的水烟筒，可以长时间在室外惬意地吞云吐雾。有树荫的户外露台是个好地方，适宜在这里阅读从街对面的书店**Behemot**(☎251 13 92; www.behemot.si; Židovska steza 3; ⊙周一至周五10:00~20:00, 周六10:00~15:00)新买的书。

Dvorni Bar 葡萄酒吧

(☎251 12 57; www.dvornibar.net; Dvorni trg 2; ⊙周一至周六8:00至次日1:00, 周日9:00至午夜; 📶)这家葡萄酒吧是品尝斯洛文尼亚葡萄酒的极佳去处。酒吧储藏有100多个品种的葡萄酒，而且每个月都有品酒会(通常在第二个周三)。

Šank Pub 小酒馆

(Eipprova ulica 19; ⊙7:00至次日1:00; 📶)在学生多的特尔诺沃区。这个破旧的小酒馆有砖头砌的天花板和木地板，是个放松的地方，可以替代附近的Sax Pub。Šank是Eipprova ulica这一带若干个诱人的酒吧和咖啡馆之一。

咖啡馆和茶室

首选 **Nebotičnik** 咖啡馆

（☎040 601 787；www.neboticnik.si；12th fl, Štefanova ulica 1；⏰周日至周三9:00至次日1:00，周四至周六9:00至次日3:00；📶）这家优雅的咖啡馆在退隐10年后，已经重新开张。咖啡馆有个动人心魄的露台，在卢布尔雅那著名的装饰派艺术摩天楼（Skyscraper，1933年）顶上，环视四周，有非常壮观的360度美景。

Le Petit Café 咖啡馆

（☎251 25 75；www.lepetit.si；Trg Francoske Revolucije 4；⏰7:30至次日1:00；📶）就在克里赞凯（Križanke）对面，这个令人愉快的波希米亚风格咖啡馆供应很棒的咖啡、丰富可口的早餐、午餐和清淡的膳食，而且在二楼有一个不错的餐馆。

Čajna Hiša 茶室

（☎421 24 40；Stari trg 3；⏰周一至周五9:00～22:30，周六9:00～15:00和18:00～22:00；📶）这家位于市中心的高雅茶室非常重视他们的茶品。他们也供应清淡的膳食，隔壁有家茶叶店。

Open Cafe 同性恋酒吧

（☎041 391 371；www.open.si；Hrenova ulica 19；⏰16:00至午夜；📶）这个由男同性恋所有和经营的时尚咖啡馆，在老城南部，已经成为卢布尔雅那迅速成长的同性恋文化的聚会点。在2009年6月，憎恶同性恋的法西斯主义者曾攻击这里，企图付之一炬，受到一些老顾客的回击。

Zvezda 咖啡馆

（☎421 90 90；Wolfova ulica 14；⏰周一至周六7:00～23:00，周日10:00～20:00；📶）"星星"有所有常见品种的咖啡和茶，但是使之闻名的是该店自制的蛋糕，特别是一种含蛋较多的奶酪蛋糕skutina pečena（3欧元）。

☆ 娱乐

双月刊《口袋中的卢布尔雅那》（*Ljubljana in Your Pocket*，www.inyourpocket.com）是英文版首都娱乐信息的良好来源。到场馆售票处，通过**Eventim**（☎430 24 05；www.eventim.si）在线购买或在卢布尔雅那旅游信息中心（Ljubljana Tourist Information Centre，见557页）购买演出和重大活动的门票。

夜店

Cirkus 夜店

（Kinoklub Vič；☎051 631 631；www.cirkusklub.si；Trg Mladinskih Delovnih Brigad 7；5欧元；⏰周二至周六20:00至次日5:00）这家受欢迎的舞蹈俱乐部，周末时有DJ，替代了原先的Kinoklub Vič。

Klub K4 夜店

（☎040 212 292；www.klubk4.org；Kersnikova ulica 4；⏰周二22:00至次日2:00，周三和周四23:00至次日4:00，周五和周六23:00至次日6:00，周日22:00至次日4:00）这个常青树般的场所，位于卢布尔雅那大学学生组织（Student Organisation of Ljubljana University）总部的地下室。周五和周六以电子乐锐舞为特色，平日晚上是其他风格的音乐，周日晚是受欢迎的同性恋之夜。

KMŠ 夜店

（☎425 74 80；www.klubkms.si；Tržaška cesta 2；⏰周一至周五8:00～22:00，周六21:00至次日5:00）全称是马里博尔学生俱乐部（Maribor Student Club），位于一个前烟厂综合企业的深处。周六前一直处于"昏睡状态"，到了周六就一片喧嚣，店里到处是随着音乐起舞的人。

现场音乐

Kino Šiška 独立音乐和摇滚乐

（☎售票处 030 310 110；www.kinosiska.si；Trg Prekomorskih brigad 3；⏰周一至周五17:00～20:00，周六10:00～13:00）这个老电影院，在翻新后摇身一变成了都市文化中心，主要举办斯洛文尼亚各地和欧洲其他地区的印度乐、

完全不同的梅特尔科沃城

厌烦了卢布尔雅那时髦的夜店，要换一个邋遢的地方解解腻，就试试**梅特尔科沃城**（Metelkova Mesto，Metelkova Town；www.metelkova.org；Masarykova cesta 24），这里曾经是军队驻地，在20世纪90年代被非法占用，将之变成了一个自由社区——哥本哈根的克里斯钦（Copenhagen's Christiania）的缩影。在这个街区，在鲜艳的门廊后面隐藏着一些风格特异的场地，通常夏季过了午夜后就活跃起来，而其他季节则是在周五和周六。虽然肯定不对上流社会的胃口，而且表演的质量并不稳定，但通常都有些让在场的所有人都感兴趣的东西。

从Masarykova cesta进入主"城门"，右侧的建筑内举行**Gala Hala**（☎431 70 63；www.galahala.com）——有现场乐队和夜店，还有**Klub Channel Zero**（www.ch0.org）——有朋克和硬核乐。上面的二楼是一个有很大展览空间的**Galerija Mizzart**（www.mizzart.net）。

在左边第一幢楼中的**Q文化中心**（Kulturni Center Q，Q Cultural Centre）很容易被错过，里面包括面向男同性恋的**Tiffany**（www.kulturnicenterq.org/tiffany/klub）和面向女同性恋的**Klub Monokel**（www.klubmonokel.com）。正南面是广受欢迎的**Jalla Jalla Club**（www.metelkovamesto.org）——一个经常举行音乐会的轻松的小酒馆。过了第一个院子后，东南方向的**Klub Gromka**（www.klubgromka.org）有民乐音乐会、戏院和讲演。隔壁是**Menza pri Koritu**（☎434 03 45；www.menzaprikoritu.org），有令人毛骨悚然的像外星人一样的形象，以及演出和音乐会。如果你住在Celica Hostel（见552页），所有这些活动就在转角处。

摇滚乐和非主流乐队的演出。

Orto Bar　摇滚乐

（☎232 16 74；www.orto-bar.com；Grabolićeva ulica 1；⊙周二和周三21:00至次日4:00，周四至周六21:00至次日5:00）受欢迎的酒吧夜店，可深夜饮酒和跳舞，偶尔有现场音乐，离Metelkova步行只有5分钟。注意，这里的节目在夏季有两个月（7月和8月）的间断。

Jazz Club Gajo　爵士乐

（☎425 32 06；www.jazzclubgajo.com；Beethovnova ulica 8；⊙周一至周六19:00至次日2:00）已有18个年头的Gajo，现在是卢布尔雅那市现场爵士乐的头号场地，吸引了当地和国际人才。爵士音乐即席演奏会周一晚上20:30开演。

Sax Pub　摇滚乐

（☎283 90 09；Eipprova ulica 7；⊙周一正午至次日1:00，周二至周六10:00至次日1:00，周日16:00~22:00）小小的Sax在特尔诺沃区已经有20年了，内外都装饰着多彩的壁画和涂鸦。从8月底至12月、2月至6月，每周四21:00或21:30有现场爵士乐。其他时间为录制音乐。

表演艺术

Cankarjev Dom　歌剧、舞蹈

（☎241 71 00，售票处 241 72 99；www.cd-cc.si；Prešernova cesta 10；⊙售票处 周一至周五11:00~13:00和15:00~20:00，周六11:00~13:00，演出前1小时）卢布尔雅那最好的文化与会议中心，有两个宽敞的正厅[据说加卢斯厅（Gallus Hall）的音响效果很理想]和12个较小的演出空间，上演各式各样的表演艺术，样式之多引人瞩目。在售票处买票。

Opera & Ballet Ljubljana　歌剧、舞蹈

（☎售票处 241 59 59；www.opera.si；Župančičeva ulica 1；⊙售票处 周一至周五10:00~17:00，演出前1小时）斯洛文尼亚国家歌剧院和芭蕾舞团总部，这个历史上著名的新文艺复兴剧院于2011年经过全面翻新，恢复了往昔的光彩。

Philharmonic Hall　古典音乐

（Slovenska Filharmonija；☎241 08 00；www.filharmonija.si；Kongresni trg 10；⊙7:00~22:00）斯洛文尼亚爱乐乐团总部，这个面积较小但是较有气氛的场馆也上演音乐会，并

承接1991年成立的斯洛文尼亚室内合唱团(Slovenski Komorni Zbor)的演出。

克里赞凯 古典音乐、戏剧

(Križanke; ☎241 60 00, 售票处 241 60 26; www.ljubljanafestival.si; Trg Francoske Revolucije 1-2; ⏰售票处 4月至9月 周一至周五10:00~20:00, 周六10:00~13:00)这个露天剧院在一个18世纪杂乱无序的修道院中,举办卢布尔雅那夏季节(Ljubljana Summer Festival)的活动。较小的骑士厅(Viteška Dvorana)是室内乐演奏会会场。

电影院

Kinoteka 电影院

(☎547 15 80; www.kinoteka.si; Miklošičeva cesta 28)上映档案中的艺术与经典电影,是原声电影(不全是英语)。

Kino Dvor 电影院

(Court Cinema; ☎239 22 13; www.kinodvor.org; Kolodvorska ulica 13)附近Kinoteka的姐妹电影院,上映世界各地的最新电影。

实用信息

上网

许多咖啡馆和餐馆为顾客提供免费Wi-Fi。大多数青年旅舍、一些酒店提供公用电脑供客人上网。斯洛文尼亚旅游信息中心有现成的电脑,可以查收电子邮件(每30分钟1欧元)。

Cyber Cafe Xplorer(☎430 19 91; Petkovškovo nabrežje 23; 每30分钟/1小时2.50/4欧元; ⏰周一至周五10:00~22:00, 周六和周日14:00~22:00; 📶)卢布尔雅那最好的网吧。有Wi-Fi,提供打折的国际长途。

医疗服务

中心药店(Central Pharmacy, Centralna Lekarna; ☎230 61 00; Prešernov trg 5; ⏰周一至周五8:00~19:30, 周六8:00~15:00)

卢布尔雅那卫生中心(Health Centre Ljubljana, Zdravstveni Dom Ljubljana; ☎472 37 00; www.zd-lj.si; Metelkova ulica 9; ⏰7:30~19:00)面向非急诊。

卢布尔雅那大学医学中心(University Medical Centre Ljubljana, Univerzitetni Klinični Center Ljubljana; ☎522 50 50, 急诊 522 84 08; www4.kclj.si; Zaloška cesta 2; ⏰24小时)大学医学门诊,有24小时紧急救护服务。

现金

每个拐角都有自动取款机,在卢布尔雅那旅游信息中心(jubljana Tourist Information Centre, TIC)总办事处的外面就有一排自动取款机。火车站有一个**外币兑换处**(火车站; ⏰7:00~20:00)兑换现金,不收手续费,但是不兑换旅行支票。

Abanka银行(Abanka, ☎300 15 00; www.abanka.si; Slovenska cesta 50; ⏰周一至周五9:00~13:00和15:00~17:00)

新卢布尔雅那银行(Nova Ljubljanska Banka, ☎476 39 00; www.nlb.si; Trg Republike 2; ⏰周一至周五8:00~18:00)

邮局

邮政总局(Main Post Office, Slovenska cesta 32; ⏰周一至周五8:00~19:00, 周六至13:00)邮件待取处可留存邮件30天,还可以兑换货币。

旅游信息

卢布尔雅那旅游信息中心(Ljubljana Tourist Information Centre, TIC; ☎306 12 15; www.visitljubjana.si; Adamič-Lundrovo nabrežje 2; ⏰6月至9月8:00~21:00, 10月至次年5月8:00~19:00)有丰富知识而热情的员工分发资料、地图和有用的文献,并且帮助找住处。维护着一个极好的网站。在火车站有一个很有帮助的**分部**(☎433 94 75; www.visitljubljana.si; Trg OF 6; ⏰6月至9月8:00~22:00, 10月至次年5月周一至周五10:00~19:00, 周六8:00~15:00)。

斯洛文尼亚旅游信息中心(Slovenian Tourist Information Centre, STIC; ☎306 45 76; www.slovenia.info; Krekov trg 10; ⏰6月至9月8:00~21:00, 10月至次年5月8:00~19:00)斯洛文尼亚其他地区信息的良好来源,还可以上网,有自行车出租。

旅行社

STA Ljubljana(☎439 16 90, 041 612 711; www.sta-lj.com; 1st fl, Trg Ajdovščina 1; ⏰周一至周五10:00~17:00)学生机票打折,这里的咖啡馆可以上网。

Trek Trek（☎425 13 92；www.trektrek.si；Bičevje ulica 5；⏲周一至周五10:00～17:00）专门从事斯洛文尼亚探险旅游，偏重于远足和骑自行车度假。

网站

除了斯洛文尼亚旅游信息中心和卢布尔雅那旅游信息中心官方网站，下列网站可能也有用：

卢布尔雅那市官方网站（City of Ljubljana，www.ljubljana.si）综合信息门户网站，涉及生活各个方面和市政厅给予的旅游指南。

口袋中的卢布尔雅那（In Your Pocket，www.inyourpocket.com）首都各类信息汇总，定期更新。

Lonely Planet（www.lonelyplanet.com/slovenia/ljubljana）

到达和离开

长途汽车

到斯洛文尼亚境内外站点的长途汽车从**长途汽车站**（bus station，Avtobusna Postaja Ljubljana；☎234 46 00；www.ap-ljubljana.si；Trg Osvobodilne Fronte 4；⏲周日至周五5:30～22:30，周六5:00～22:00）出发，就在火车站旁边。售票窗口旁边是多语言信息电话和一台触摸屏电脑。一般不需要提前买票，就在上车时付钱。但是，如果在周五、学期快结束时和公休假时长途旅行，为保险起见，需要提前一天订票。3号窗口有一个**行李寄存区**（left luggage，Trg OF 4；每天2欧元；⏲周日到周五5:30～22:30，周六5:00～22:00）。

乘汽车可以到达斯洛文尼亚的任何地方。

火车

国内和国际火车抵离卢布尔雅那市中心的**火车站**（train station，Železniška Postaja；☎291 33 32；www.slo-zeleznice.si；Trg Osvobodilne Fronte 6；⏲6:00～22:00）。你会发现，在卢布尔雅那旅游信息中心分部的旁边，有一个单独的信息中心（Info Center）。国内票，从1到8号窗口购买；国际票，从9号窗口或信息中心购买。1号站台上有可寄存行李的**投币存物箱**（coin lockers，Trg OF 6；每天2～3欧元；⏲24小时）。

国内城际火车（InterCity，IC）和欧洲城市快车（EuroCity，EC）火车票有1.55欧元的附加费。

当地交通

抵离机场

到卢布尔雅那的**约热·普奇尼克机场**（Jože

从卢布尔雅那出发

长途汽车

站点	票价（欧元）	行程（小时）	距离（公里）	班次
布莱德	6.20	1.5	57	每小时1班
渤兴	9	2	91	每小时1班
科佩尔	12	2.5	122	每天5班，旺季时更多
马里博尔	14	3	141	每天2～4班
皮兰	14	3	140	每天不超过7班
波斯托伊纳	7	1	53	每天不超过24班

火车

站点	票价（欧元）	行程	距离（公里）	班次
布莱德	6.20	55分钟	51	每天不超过21班
科佩尔	9	2.5小时	153	每天不超过4班，夏季更多
马里博尔	15	1.75小时	156	每天不超过25班
穆尔斯卡索博塔	14	3.25小时	216	每天不超过5班

Pučnik Airport, LJU/Aerodrom Ljubljana; ☎04-206 19 81; www.lju-airport.si/eng; Zgornji Brnik 130a, Brnik)最便宜的方式是在公共汽车站从28号站乘公共汽车(4.10欧元，47分钟，27公里)。周一至周五，头班车5:20，从6:10~20:10每小时1班；周末时头班车6:10，从9:10~19:10每两小时1班车。从司机那里买票。

机场私人小客车(private airport van, ☎051 321 414; www.airport-shuttle.si)也将汽车站附近的Trg OF与机场(9欧元)相连，每天11班车，头班5:20，末班22:30，行程30分钟。从机场到卢布尔雅那，每天10班，头班5:45，末班23:00。

乘出租车从机场到卢布尔雅那，需花费40~45欧元。

自行车

卢布尔雅那是骑自行车者喜欢的地方，到处都有自行车专用的车道和交通信号灯。

卢布尔雅那自行车(Ljubljana Bike, ☎306 45 76; www.visitljubljana.si; Krekov trg 10; 每2小时/天2/8欧元; ⏲4月至10月8:00~19:00或21:00)在4月至10月，从斯洛文尼亚信息中心可按两小时和全天出租自行车。

如果要短时间骑自行车，你可以按需要从**Bicike**(lj, www.bicikelj.si; 会员费 按周/按年 1欧元/3欧元 另加每小时的租金; ⏲24小时)在全市各地的自行车站租车。要租自行车，必须在公司网站预先注册和交纳会员费，并有有效的信用卡或借记卡。注册后，就提交你的卡或Urbana公共交通卡，加上PIN码。租第1个小时免费，第2个小时1欧元，第3个小时2欧元，超过的部分每小时4欧元。必须在24小时之内归还自行车。

公共交通

卢布尔雅那的城市公共汽车从5:00(周六6:00)到大约22:30，每5~15分钟1班。用储值磁卡**Urbana**(☎430 51 74; www.jh-lj.si/urbana)卡可以支付单一票价1.20欧元(90分钟内无限制乘车，包括转乘)。花2欧元，可以从报摊、旅游局和**卢布尔雅那客运信息中心**(LPP Information Centre, ☎430 51 75; www.jhl.si; Slovenska cesta 56; ⏲周一至周五7:00~19:00)购买一张Urbana卡；然后就可以充值(从1欧元至50欧元)。

尤利安阿尔卑斯山 (JULIAN ALPS)

斯洛文尼亚的尤利安阿尔卑斯山(欧洲阿尔卑斯山的一部分)是所有户外活动的中心。如果你喜欢冒险运动，就到这个地区来。这个地区的很多地方，包括斯洛文尼亚最高峰——特里格拉夫峰，都作为特里格拉夫国家公园(Triglav National Park)的一部分保护起来了。公园中有大量的徒步和自行车小径。阿尔卑斯山上美丽的布莱德湖和渤兴湖，以闪烁着微光的山脉为背景，提供划船和游泳活动。来这个地区并不只是追求自然美景，你还会发现一些斯洛文尼亚最迷人的重要历史城镇，如拉多夫吉卡(Radovljica)。它们是你未曾料到的哥特式、文艺复兴时期和巴洛克风格建筑的宝库。

布莱德湖(Lake Bled)

☎04/人口10,900

翠绿色的湖水，小岛上美丽如画的教堂，一个紧贴着岩石峭壁的中世纪城堡，尤利安阿尔卑斯山最高的几座山峰和卡拉凡客山(Karavanke)，这些就是布莱德所处的环境。这个斯洛文尼亚最受欢迎的度假胜地，吸引着每一个人，有受山顶的罗曼蒂克环境吸引的度蜜月者，也有背包客，他们指望在这里徒步、骑自行车、划船和独木舟。布莱德在仲夏时分可能会价格过高，而且挤满了游客。但是，既然世界上许多受欢迎的目的地都是这样，人们还是成群结队而来，而且以后也仍然会这样，因为这是一个特殊的地方。

景点

布莱德湖 湖泊

(Lake Bled，Blejsko jezero)布莱德最吸引人的是那水晶般清澈的蓝绿色的湖水，湖泊长刚好2公里，宽1380米。布莱德湖从每个有利于观察的地方观看，都很秀丽，也为沿湖的6公里步行路线提供了美丽的背景。温和的温泉使湖水温度达到26℃，从6月至8月都可以在湖里游泳。你可以租船、潜水或者就拍上无数张照片。

Bled 布莱德

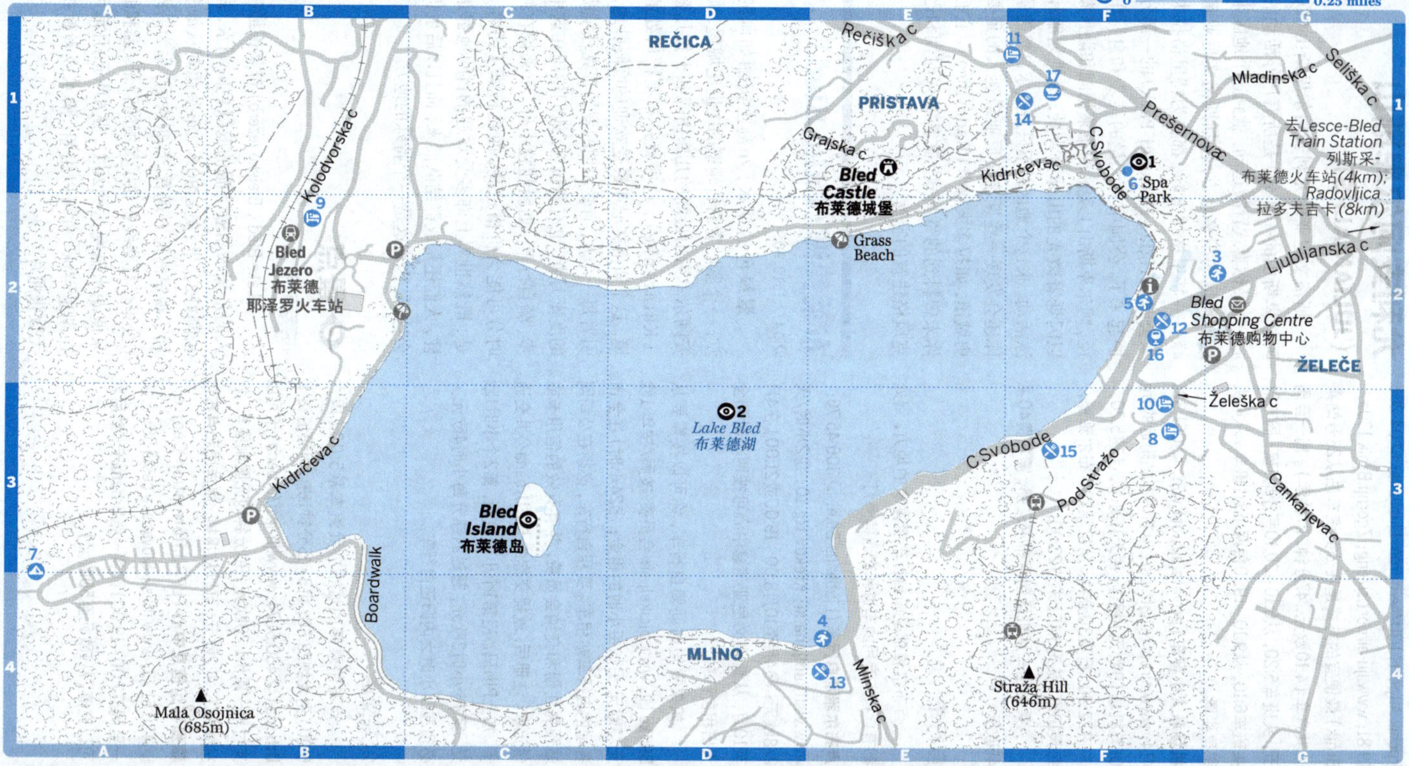
0 500 m
0 0.25 miles
A
B
C
D
E
F
G
1
2
3
4
REČICA
Rečiška c
PRISTAVA
Grajska c
Bled Castle
布莱德城堡
Grass Beach
Kidričev ac
C Svobode
1
6 Spa Park
Prešernova c
Mladinska c
Seliška c
去Lesce-Bled Train Station
列斯采-布莱德火车站(4km);
Radovljica
拉多夫吉卡(8km)
Ljubljanska c
3
5
12
16
Bled Shopping Centre
布莱德购物中心
ŽELEČE
Železka c
10
8
11
17
14
15
C Svobode
Pod Stražo
Cankarjeva c
Straža Hill
(646m)
2
Lake Bled
布莱德湖
Bled Island
布莱德岛
Kolodvorska c
9
Bled Jezero
布莱德
耶泽罗火车站
Kidričeva c
7
Boardwalk
Mala Osojnica
(685m)
MLINO
4
13
Mlinska c

Bled 布莱德

◎ 重要景点

◎ 景点

活动、课程和团队游

住宿

就餐

饮品

布莱德城堡
城堡、博物馆

（Bled Castle, Blejski Grad; www.blejski-grad.si; Grajska cesta 25; 成人/儿童8/3.50欧元; ⌚4月至10月8:00~20:00, 11月至次年3月8:00~18:00）坐落在高出湖泊100米的陡峭悬崖上。布莱德城堡正是人们想象中的中世纪堡垒的样子，有塔、壁垒、护城河，还有一个平台，可以观看壮丽的景色。城堡中的博物馆收藏品，追溯了布莱德湖从早期到19世纪布莱德开发成度假胜地的历史。

城堡有两层楼，始建于11世纪初，不过目前所见的大部分是16世纪建的。曾有800年是布里克森各个主教（Bishops of Brixen）的别墅。在博物馆拥有的财物中，有大量的盔甲兵器藏品（16~18世纪的剑、戟和火器）。

布莱德岛
岛屿

（Bled Island, Blejski Otok; www.blejskiotok.si）小小的泪珠形的布莱德岛吸引着湖滨的人们。岛上有一座教堂和一个小博物馆，但是真正激动人心的，是乘坐贡多拉（pletna，一种两头尖的平底船）。船儿把你带到南侧，在有纪念性的南楼梯（South Staircase, Južno Stopnišče，建于1655年）下船。

温特加峡谷
自然公园

（Vintgar Gorge; Soteska Vintgar; 成人/儿童/学生4/2/3欧元; ⌚4月下旬至10月8:00~19:00）从布莱德出发一日游，最便捷也是最令人满意的是温特加峡谷，在西北约4公里。亮点是一段1600米长的木制走道，始建于1893年，此后不停地重建。走道来回4次跨过曲折回旋的拉多夫纳河（Radovna River），跨越急流、瀑布和池塘，最后才到达13米高的舒姆瀑布（Šum Waterfall）。

活动

当地的几个机构组织在布莱德及周边进行多种多样的户外活动，包括远足、登山、攀岩、滑雪、越野滑雪、山地自行车、漂流、皮划艇、划独木舟、洞穴探险、骑马和滑翔伞。

3glav Adventures
探险运动

（☎041 683 184; www.3glav-adventures.com; Ljubljanska cesta 1; ⌚4月至10月9:00~19:00）是布莱德探险运动的头号专家，在4月15日至10月15日，组织温暖天气活动。最受欢迎的团队游是Emerald River Adventure（65欧元），11小时徒步和游泳进入特里格拉夫国家公园。还可出租自行车（半天/全天8/15欧元）、组织热气球飞行（150欧元）和布莱德湖潜水探险活动（70欧元）。

Gondola
划船

（Pletna; ☎041 427 155; 每人来回12欧元）乘坐有人驾驶的贡多拉去布莱德岛，是这里典型的旅游体验。旅游信息中心下面就有一个方便的码头，另一个码头在南岸的姆林诺（Mlino）中。你有大约半小时的时间探索小岛。加上来回的时间，小岛游的时间共计约1.25小时。

Horse-drawn Carriages 马车

(Fijaker; ☎041 710 970; www.fijaker-bled.si)体验布莱德的一个浪漫的方式是从节庆礼堂(Festival Hall, Festivalna Dvorana; Cesta Svobode 11)附近的停车处乘坐马拉车。环湖疾驰一圈40欧元,到城堡是同样的价格;在车内多停留30分钟,50欧元。你甚至可以乘四人马车到温特加(Vintgar, 成人/儿童4/2欧元; ⌚5月中旬至10月8:00~19:00),2小时的往返之旅90欧元。

住宿

孔帕什(Kompas)有一张私人房间和农舍的列表,单人间/双人间24/38欧元起。

Hotel Triglav Bled 酒店 €€€

(☎575 26 10; www.hoteltriglavbled.si; Kolodvorska cesta 33; 标单89~159欧元,双119~179欧元,套139~209欧元; Ⓟ❄@📶🏊)这家有22间房的精品酒店位于一家精心修复的商队旅馆内,使布莱德的住宿标准提升了一个档次,这家商队旅馆是1906年开业的。房间内有硬木地板和东方地毯,陈设了古董。有一个巨大的坡地花园,露台餐馆中供应的蔬菜就长在这个花园中。位置是布莱德耶泽罗(Bled Jezero)火车站对面。

首选 **Camping Bled** 露营地 €

(☎575 20 00; www.camping-bled.com; Kidričeva cesta 10c; 成人10.90~12.90欧元,儿童7.60~9欧元,豪华露营小屋60~80欧元; ⌚4月至10月中旬; Ⓟ@📶)布莱德的高档露营地,国内最好的几家之一,周边尝试"豪华露营"的为数不多。这家是生态友好型的,全天然"人"字形小屋,有的装了浴缸,并供应热水。露营地的环境是湖西一个维护得不错的乡村山谷,离公共汽车站约2.5公里。

Garni Hotel Berc 酒店 €€

(☎576 56 58; www.berc-sp.si; Pod Stražo 13; 标单45~50欧元,双70~80欧元; Ⓟ@📶)这家专门建造的酒店,让人想到瑞士小木屋,有15个房间,分布在两层楼上,位于俯瞰布莱德湖的一个安静的地点。

Penzion Mayer 家庭旅馆 €€

(☎576 57 40; www.mayer-sp.si; Želeška cesta 7; 标单57欧元,双77~82欧元,公寓120~150欧元; Ⓟ@📶)这家用花卉装饰的有12间房的旅馆位于俯瞰布莱德湖的一个安静的地点,整体为一幢翻新过的19世纪的房屋。较大的公寓在可爱的木屋内,旅馆内的餐厅好极了。

Traveller's Haven 青年旅舍 €

(☎041 396 545; www.travellers-haven.si; Riklijeva cesta 1; 铺/双19/48欧元; Ⓟ@📶)在中心北面约500米,湖东岸山坡上聚集着几个青年旅舍,这家可能是其中最好的一家。旅舍的环境为翻修的别墅,有6个房间(包括一个私人双人间)、一个很棒的厨房和免费洗衣房。注意,楼上的房间在盛夏时会较热。

餐饮

Vila Ajda 斯洛文尼亚菜 €€

(☎576 83 20; www.vila-ajda.si; Cesta Svobode 27; 主菜9~20欧元; ⌚11:00~23:00; 📶)人们专程前往的迷人的餐馆,有可爱的湖景,菜的特色是用当地原料做的传统斯洛文尼亚菜。天气好的时候,可在户外花园里用餐,或者在高档的小厅中用餐。夏季时在温暖的晚上来此,需要提前预订。

Ostarija Peglez'n 海鲜 €€

(☎574 42 18; ostarija-peglezn.mestna-izlozba.com; Cesta Svobode 19a; 主菜8~18欧元; ⌚11:00~23:00)布莱德较好的餐馆之一,名为"铁器酒家",就在地标性建筑Grand Hotel Toplice对面。迷人的复古风格装饰,有许多老的家用古董古玩(包括因之而得名的铁器),这里的鱼类菜在城里也堪称一流。

Penzion Mlino 斯洛文尼亚菜 €€

(www.mlino.si; Cesta Svobode 45; 主菜8~15欧元; ⌚正午至23:00; 📶)要在沿湖地带安静地吃一顿午餐,这家餐馆是极好的选择,在中心外大约3公里。日常4道菜的午间套餐(约10欧元)通常可以选一道鱼,我们在这里就享用了难忘的烤鲑鱼。

值得一游

拉多夫吉卡

拉多夫吉卡镇(Radovljica)离布莱德只有7公里,可以轻松地到此一日游。这里到处是迷人的历史建筑,有得天独厚的阿尔卑斯山(包括特里格拉夫峰)的绝妙景致。早期的斯拉夫人在这里定居,到14世纪时已经成长为一个重要的集镇,集镇的中心是一个矩形的大广场(今天的**林哈尔托夫广场**,Linhartov trg),集镇四周筑起了高高的石墙,用来防御。大部分原来的建筑仍然在,而且看起来与早期并无两样,真是不同寻常。

在历史性的林哈尔托夫广场闲逛之余,不要错过小镇的**养蜂博物馆**(Beekeeping Museum, Čebelarski Muzej; www.muzeji-radovljica.si; Linhartov trg 1; 成人/儿童3/2欧元; ⌚5月至10月周二至周日10:00~18:00,3月、4月、11月和12月周二、周四和周五8:00~15:00,周三、周六和周日10:00至正午和15:00~17:00,1月和2月周二至周五8:00~15:00)。博物馆实际上比听起来更有趣。博物馆收藏的18、19世纪蜂房板面油画图示——斯洛文尼亚独特的一种民间艺术——是该国规模最大的收藏。博物馆要求观众看一段英文的简短的教育性视频。

拉多夫吉卡还以食物而著称,小镇有几个极好的餐馆。我们最喜爱的是传统的**Gostilna Lectar**(☎537 48 00; www.lectar.com; Linhartov trg 2; 主菜9~15欧元; ⌚正午至23:00; 📶),主广场上一个诱人的客栈。所有的菜肴,无论是相对普通的菜,如匈牙利红烩小牛肉(veal goulash),还是较少见的"苤蓝牛舌"(beef tongue served with kohlrabi),感觉都很精美。

街对面的**Gostilna Augustin**(☎531 41 63; Linhartov trg 15; 主菜10~17欧元; ⌚10:00~22:00)供应极好的斯洛文尼亚菜肴。不要错过酒窖餐室(曾经是监狱的一部分,里面可能还处决过一两个犯人)和后面极好的露台,从这里可以领略特里格拉夫山的美景。为什么不在一处吃午餐,在另一处吃晚餐呢?

Pizzeria Rustika 比萨 €

(☎576 89 00; www.pizzeria-rustika.com; Riklijeva cesta 13; 比萨6~10欧元; ⌚正午至23:00; 📶)与布莱德的许多青年旅舍在同一座山上,很方便的位置,所以步行几分钟就能享受到城里最好的比萨。

Pub Bled 小酒馆

(Cesta Svobode 19a; ⌚周日至周四9:00至次日2:00,周五和周六9:00至次日3:00)这家在Oštarija Peglez'n餐馆上面的友好的小酒馆,有很棒的鸡尾酒,而且有些夜晚有DJ。

Slaščičarna Šmon 咖啡馆

(slascicarna-smon.mestna-izlozba.com; Grajska cesta 3; ⌚7:30~22:00; 📶)布莱德的特色美味是奶油蛋糕(kremna rezina, 2.40欧元),一层香草蛋奶糕,顶上配奶油和两层酥饼夹奶油,虽然Šmon可能不是这种美味的诞生地,却一直是这种糕点的最佳品尝地点。

ℹ 实用信息

A Propos网吧(A Propos Bar, ☎574 40 44; Bled Shopping Centre, Ljubljanska cesta 4; 每15/30/60分钟1.25/2.10/4.20欧元; ⌚周日至周四8:00至午夜,周五和周六至次日1:00; 📶)在布莱德购物中心,也有无线网络。

Gorenjska银行(Gorenjska Banka, Cesta Svobode 15)就在Park Hotel北面。

孔帕什(Kompas, ☎572 75 01; www.kompas-bled.si; Bled Shopping Centre, Ljubljanska cesta 4; ⌚周一至周六8:00~19:00,周日8:00至正午和16:00~19:00)提供全面服务的旅行社,组织渤兴和拉多夫吉卡远足、机场接送和交通,出租自行车和滑雪板,出售捕鱼许可证,安排私人家庭和公寓住宿。

邮局(Post Office, Ljubljanska cesta 10)

布莱德旅游信息中心(Tourist Information Centre Bled, ☎574 11 22; www.bled.si; Cesta Svobode

10；⌚周一至周六8:00~19:00，周日11:00~17:00）在Cesta Svobode 10赌场后面，一个小办公室里；出售地图和纪念品，出租自行车（半天/全天8/11欧元）；有一台用来查收电子邮件的电脑。

到达和当地交通

长途汽车 布莱德有很好的长途汽车交通。每30分钟有1班车到拉多夫吉卡（1.80欧元，15分钟，7公里）。每天大约有20班长途车从布莱德驶往渤兴湖（3.60欧元，45分钟），途经渤兴斯卡比斯特里察（Bohinjska Bistrica），头班车大约5:00发车，末班车大约21:00。去卢布尔雅那（6.50欧元，1.25小时，57公里）的长途汽车至少1小时1班。

火车 布莱德有两个火车站，不过两个离中心都远。干线上开往卢布尔雅那（6.50欧元，55分钟，51公里，每天21班）的火车，途经什科菲亚洛卡（Škofja Loka）和拉多夫吉卡，在列斯采-布莱德站（Lesce-Bled station）乘车，在城东4公里。到渤兴斯卡比斯特里察（1.60欧元，20分钟，18公里，每天8班）的火车（在这里可以转乘到渤兴湖的长途汽车），在较小的布莱德耶泽罗站（Bled Jezero station）乘车，在布莱德市中心西面2公里。

渤兴湖（Lake Bohinj）

☎04/人口5275

许多来斯洛文尼亚的游客说他们从未见过比布莱德湖更美的湖……这话嘛，是在他们见到位于西南仅26公里处的渤兴湖之前说的。我们尽量不参与布莱德湖与渤兴湖比较之争，只是说他们各有道理。诚然，渤兴湖缺少布莱德湖的魅力，但是渤兴湖没那么拥挤，而且在很多方面更加真实。渤兴湖是夏季度假的理想之地。人们来此，主要是为了闲逛，或在水晶般清澈的蓝绿色的湖水中游泳。有很多户外活动，如皮划艇、骑自行车、登山和骑马——如果你有足够的精力。

景点

施洗者圣约翰教堂 教堂

（Church of St John the Baptist, Cerkev Sv Janeza Krstnika; Ribčev Laz; ⌚夏季10:00至正午和16:00~19:00，其他时间要预约）这间教堂在萨瓦渤兴卡河（Sava Bohinjka）北侧，石桥的那一边，正是每个中世纪教堂应有的样子：面积不大，在映出倒影的河边临水而建，画满了精美的湿壁画。中殿是罗马式的，但是哥特式的内殿始建于大约1440年。

阿尔卑斯乳品博物馆 博物馆

（Alpine Dairy Museum, Planšarski Muzej; www.bohinj.si; Stara Fužina 181; 成人/儿童3/2欧元；⌚7月和8月周二至周日11:00~19:00，1月上旬至6月，9月至10月下旬10:00至正午和16:00~18:00）在Stara Fužina的这家博物馆，位于Ribčev Laz北面1.5公里，馆内有少量阿尔卑斯乳牛养殖业方面的收藏。博物馆的4个房间——本身就曾经是制酪厂——里面有一个19世纪中期牧民小屋的模型。

萨维察瀑布 瀑布

（Savica Waterfall; Slap Savica; Ukanc; 成人/儿童2.50/1.25欧元；⌚7月和8月9:00~18:00，4月至6月，9月和10月9:00~17:00；🅿）壮丽的萨维察瀑布深深地切入下面的峡谷达60米，离乌坎茨（Ukanc）的Hotel Zlatorog只有4公里，有一条小路从这家酒店延伸到瀑布。

活动

虽然大部分人到渤兴湖是来放松的，还是有很多使人振奋的活动，包括皮划艇、洞穴探险和沃盖尔山（Mt Vogel）山顶的滑翔伞运动。Alpinsport和Perfect Adventure Choice（PAC）Sports两家公司专业搞这些活动。

Alpinsport 探险运动

（☎572 34 86; www.alpinsport.si; Ribčev Laz 53; ⌚7月至9月9:00~20:00，10月至次年6月9:00~19:00）出租运动器材、独木舟、皮划艇和自行车，也经营有专业指导的漂流、溪降运动和洞穴探险等团队游。位于Ribčev Laz，萨瓦渤兴卡河上的石桥边的一个亭子里。

Bohinj Cable Car 徒步、滑雪

（单程 成人/儿童9/7欧元，往返13/9欧元；⌚8:00~18:00每30分钟1班）渤兴缆车全年运行，冬季运送滑雪者，夏季运送徒步者。有从

沃盖尔山（1922米）出发的几类一日徒步游，和较长时间的远足。

Mrcina Ranč 骑马

（☎041 790 297；www.ranc-mrcina.com；Studor；每小时20欧元）位于斯图尔多（Studor）的Mrcina Ranč，离Ribčev5公里，提供一系列马背上的导览游，可骑健壮的冰岛小马游玩1小时至3天不等。

PAC Sports 探险运动

（Perfect Adventure Choice；☎572 34 61；www.pac-sports.com；Hostel Pod Voglom， Ribčev Laz；⏲7月和8月7:00~23:00，9月至次年6月10:00~18:00）受欢迎的面向年轻人的运动和探险公司，位于Hostel pod Voglom内，在Ribcev Laz西面3公里，通往乌坎茨的路上。出租自行车、独木舟和皮划艇，并且组织皮划艇、漂流、滑翔伞和洞穴探险等导览游。冬季时，他们出租雪橇并提供沃盖尔附近的冬季漂流（每人15欧元）。

Tourist Boat 划船

（Turistična Ladja；☎574 75 90；单程成人/儿童9/6.50欧元，往返10.50/7.50欧元；⏲6月至9月中旬，每半小时1班，9:30~17:30，4月初至5月10:00，11:30，13:00，14:30，16:00和17:30，9月中旬至10月11:30，13:00，14:30和16:00）从Ribčev Laz到乌坎茨，再返程，方便家庭的轻松航行。

住宿

旅游局可以帮助安排住私人房间和公寓。价格预期两人公寓38~50欧元之间。

首选 **Penzion Gasperin** 家庭旅馆 €€

（☎041 540 805；www.bohinj.si/gasperin；Ribčev Laz 36a；房间48~60欧元；P⊖❄@📶）这家纤尘不染的木屋风格的客栈有23个房间，在旅游信息中心东南方仅350米，由一对友好的英国-斯洛文尼亚夫妇经营。大部分房间有阳台。自助早餐很新鲜，还可以品尝当地的肉类和奶酪。

Hotel Stare 家庭旅馆 €€

（☎040 558 669；www.bohinj-hotel.com；Ukanc 128；每人42~50欧元；P@📶）这家陈设华美的家庭旅馆，位于乌坎茨，在萨瓦渤兴卡河畔，周围环绕着3.5公顷可爱的花园。如果你真想不用爬山就能远离都市喧嚣，这儿就适合你。房费是含半膳宿的，包括早餐和晚餐。

Hotel Jezero 酒店 €€€

（☎572 91 00；www.bohinj.si/alpinum/jezero；Ribčev Laz 51；标单65~75欧元，双120~140欧元；P@📶≋）就在湖对面的这家有76间房的酒店，经过进一步翻新，已经提高了标准。酒店有一个可爱的室内游泳池、两个桑拿室和一个健身中心。

Hostel Pod Voglom 青年旅舍 €

（☎572 34 61；www.hostel-podvoglom.com；Ribčev Laz 60；铺18欧元，房间每人23~26欧元，不带卫生间20~22欧元；P@）渤兴的青年旅舍，在Ribčev Laz的中心西面约3公里，通往乌坎茨的路上。有两幢楼，46个房间，119张床。

Autokamp Zlatorog 露营地 €

（☎577 80 00；www.hoteli-bohinj.si；Ukanc 2；每人6~9欧元；⏲5月至9月）这个令人愉快的露营地，有松树荫，面积为2.5公顷，可为500个客人提供住宿，位于渤兴湖西端，离Ribčev Laz有4.5公里。价格随位置而异，最贵最受欢迎的位置就在湖边。

就餐

首选 **Gostilna Rupa** 斯洛文尼亚菜 €€

（☎572 34 01；www.apartmajikatrnjek.com/rupa；Srednja Vas 87；主菜8~16欧元；⏲7月和8月10:00至午夜，9月至次年6月周二至周日）如果你是独自一个人，不妨前往这家乡村风格的餐馆，在斯图多尔（Studor）再过去一个村子，离Ribčev Laz约5公里。在这些极好的家常菜中，值得一提的是ajdova krapi——荞麦面皮奶酪馅的新月形饺子，还有各种类型的当地klobasa（香肠）和渤兴湖鲑鱼。

Gostilna Mihovc 斯洛文尼亚菜 €

（☎572 33 90；www.gostilna-mihovc.si；Sta-

登顶特里格拉夫峰

2864米高，称为特里格拉夫峰（三头山）的石灰岩峰，一千多年以来是斯洛文尼亚人灵感的源泉和热爱的对象。在19世纪哈布斯堡王朝统治期间，到特里格拉夫峰"朝圣"事实上成了对个人种族身份的确认，而且这个传统一直延续到现在：一个斯洛文尼亚人在其一生中至少要攀登一次特里格拉夫峰。

你也可以攀登这座斯洛文尼亚最高峰，但是不健康的人与胆怯的人不适宜攀登。我们强烈推荐雇一个向导上山，即使你已经积累了一些登山经验。当地的向导熟知那些小径和山上的情况，而且事实可能会证明，在山上小屋住宿安排和提供交通方面，向导的帮助是非常宝贵的。可以在布莱德的3glav（见561页）或渤兴的Alpinsport雇向导，或者通过**斯洛文尼亚阿尔卑斯协会**（Alpine Association of Slovenia，PZS；www.pzs.si/）提前预订。

特里格拉夫从10月下旬至次年5月下旬不可进入。6月和7月上半月是夏季中最多雨的时节，因此7月下旬和8月，特别是9月和10月初是最佳攀登时间。

有很多条登顶的路径，最受欢迎的办法是从南面上，要么从布莱德附近的**Pokljuka**开始爬，要么从渤兴湖附近的萨维卡瀑布开始。你也可以从北面的莫斯特拉纳（Mojstrana）和东面的夫拉塔谷（Vrata Valley）开始。所有的办法都有不同程度的难度，并且各有优劣。注意，这些徒步旅行往往需要在山上住一两个晚上。

ra Fužina 118；主菜7~10欧元；⏲10:00至午夜）位于Stara Fužina的这家餐馆很受欢迎——不过他们自制的辣辣的白兰地，我们一点也不喜欢。尝尝pasulj（菜豆汤）配香肠（6欧元）或者golač（匈牙利红烩牛肉，5.20欧元）。周五和周六晚上有现场音乐。夏季时要提前预订，才能弄到花园中的桌子。

ℹ 到达和离开

从卢布尔雅那（9欧元，2小时，90公里，每小时1班）定期开往渤兴耶泽罗（Bohinj Jezero）和乌坎茨的长途汽车上标着"Bohinj Zlatorog"——途经布莱德和渤兴斯卡比斯特里察。每天大约20班长途汽车从布莱德（3.60欧元，45分钟）开往渤兴耶泽罗（途经渤兴斯卡比斯特里察）再返回，头班车大约5:00发车，末班车大约21:00。从6月底一直到8月，**Alpetour**（☎532 04 45；www.alpetour.si）有专门的长途旅游汽车：从Ribčev Laz出发，一个方向开往渤兴斯卡比斯特里察，另一个方向开往萨维察瀑布（23分钟）。

每天有几班火车从渤兴斯卡比斯特里察开往卢布尔雅那（6.70欧元，2小时），不过这条线需要在耶塞尼采（Jesenice）中转。布莱德的小站布莱德耶泽罗火车站（1.60欧元，20分钟，18公里，每天8班）与渤兴斯卡比斯特里察之间也有频繁的火车。

克拉尼斯卡戈拉（Kranjska Gora）

☎04/人口5510

在布莱德西北40公里左右，掩映在萨瓦·多林卡河谷（Sava Dolinka Valley）中的克拉尼斯卡戈拉（察尔尼奥兰山，Carniolan Mountain），是斯洛文尼亚最大、装备最好的滑雪胜地。这里最美的时候是大雪覆盖之时，但是周边在其他时间也是值得探索的美妙之地。小镇的"门口"往南就是特里格拉夫国家公园，园内徒步、骑自行车和登山等可做的事数不胜数，而且几乎没有游客不会被通往索卡峡谷（Soča Valley）的通道"夫尔希奇山坳通道"（1611米）所打动。

👁 景点和活动

大部分景点沿着主街道分布，位于Borovška cesta，从长途汽车停靠点往南400米即到。可爱的**利兹涅克之家**（Liznjek House，Liznjekova Domačija；www.gornjesavskimuzej.si；Borovška 63；成人/儿童2.50/1.70欧元；⏲周二至周六10:00~18:00，周日10:00~17:00），是一家18世纪的博物馆，收藏了很好的阿尔卑斯地区特有的家居物品和家具。

克拉尼斯卡戈拉以冬季旅游胜地最为出名，到维特兰茨（Vitranc，1631米）滑雪场（ski slopes）乘坐的缆车在小镇西端，紧邻Smerinje ulica。往西6公里，Rateče和Planica两个村子附近有更多的滑雪场和跳台滑雪设施，是3月中旬年度跳台滑雪世界杯锦标赛（Ski-Jumping World Cup Championships，☎1 200 6241；www.planica.info；Planica；成人/儿童20/3欧元）举办地。许多地方教滑雪并出租设备，如ASK克拉尼斯卡戈拉滑雪学校（ASK Kranjska Gora Ski School，☎588 53 02；www.ask-kg.com；Borovška c 99a；⊙12月中旬至次年3月中旬 周一至周六9:00~16:00，周日10:00~18:00，3月中旬至12月中旬周一至周五9:00~15:00）。

夏季时，小镇较安静，但还是有许多事情可做。克拉尼斯卡戈拉是去特里格拉夫国家公园和亚斯纳湖（Jasna Lake）徒步（hiking）的极好基地。去公园的通道就在南面2公里。旅游信息中心（Tourist Information Centre，TIC；☎580 94 40；www.kranjska -gora.si；Tičarjeva cesta 2；⊙6月至9月和12月中旬至次年3月 周一至周六8:00~19:00，周日9:00~18:00，4月、5月和10月至12月中旬 周一至周六8:00~15:00）有比例尺为1:30,000的《克拉尼斯卡戈拉》（*Kranjska Gora*）徒步地图，售价9欧元。

徒步地图还标出了15条难度各不相同的骑自行车路径（cycling routes）。大多数出租滑雪板的机构在夏季时出租自行车，如Intersport（www.intersport-bernik.com；Borovška cesta 88a；⊙12月中旬至次年3月中旬8:00~20:00，3月中旬至12月中旬 周一至周六8:00~20:00，周日8:00~13:00）。租一整天（包含头盔），预计10欧元。

食宿

住宿费用在12月至次年3月和仲夏时达到高峰。可以通过旅游信息中心安排私人房间和公寓。

Hotel Kotnik 酒店 €€

（☎588 15 64；www.hotel-kotnik.si；Borovška cesta 75；标单50~60欧元，双72~80欧元；Ⓟ@📶）如果你对有几百个房间的大酒店不是很感兴趣，那么可以选择这个迷人的亮黄色酒店。这里层数少，有15个舒适的房间，还有很棒的餐馆和比萨店，而且位置再中心不过了。

Natura Eco Camp Kranjska Gora 露营地 €

（☎064 121 966；www.naturacamp-kranjskagora.com；Borovška cesta 62；成人8~10欧元，儿童5~7欧元，小屋和树间帐篷25~30欧元）这个奇妙的露营地，离主干道约300米，在一个孤立的马场上的一片林间空地中，是我们很长时间以来去过的最接近天堂的地方。搭一个帐篷或者住在一个小木屋或独特的树间帐篷内——悬挂在树枝间的很棒的袋状物，带充气床垫。

Hotel Miklič 酒店 €€€

（☎588 16 35；www.hotelmiklic.com；Vitranška ulica 13；标单60~80欧元，双80~130欧元；Ⓟ@📶）在中心南面，这家有15个房间的崭新的小酒店，周围环绕着华美的草坪和花坛，有一个极好的餐馆和一个带桑拿的小健身房（每小时12欧元）。肯定优于克拉尼斯卡戈拉大部分其他住宿地点。

Hotel Kotnik 斯洛文尼亚菜 €€

（☎588 15 64；www.hotel-kotnik.si；Borovška c 75；主菜8~18欧元；📶）卡拉尼斯卡戈拉较好的餐厅之一。这个时髦的小餐厅，供应烤肉。黑椒牛排（pepper steak）是特色菜。毗连的比萨屋（比萨6~9欧元，营业时间为正午至22:30），用的是柴炉，是吃快餐的好地方。

Gostilna Pri Martinu 斯洛文尼亚菜 €

（☎582 03 00；Borovška c 61；主菜7~14欧元；⊙10:00~23:00；📶）在消防站对面一座老房子里的这家很有气氛的酒馆兼餐馆，是镇上最好的品尝当地特色菜的餐馆之一，如ješprenj（大麦汤）、telečja obara（炖小牛肉）和ričet（炖大麦与熏猪肋排）。不多的几个供应全三道菜午间套餐（7欧元）的餐馆之一。

到达和离开

每小时有1班长途汽车开往卢布尔雅那（8.70

欧元，2小时，91公里），途经耶塞尼采（Jesenice，3.10欧元，30分钟，24公里），去布莱德（2.70欧元，20分钟，19公里）就在这里转车。去布莱德（4.80欧元，1小时，40公里）的直达车每天只有1班，平日为9:15，周末为9:50。

Alpetour（☎201 31 30；www.alpetour.si）从6月至9月有长途汽车定期开往特伦塔（Trenta，4.70欧元，70分钟，30公里）和博维茨（6.70欧元，2小时，46公里），途经夫尔希奇山坳通道。到网上查阅时刻表。差不多每天有4班车（周末更多）。从司机那里买票。

索卡峡谷（Soča Valley）

索卡峡谷地区（Posočje）从特里格拉夫国家公园延伸到新戈里察（Nova Gorica），包括博维茨和科巴里德（Kobarid）的户外活动中心。呈迷人淡绿色的索卡河蜿蜒流过这片土地。大多数人到这里来漂流、徒步和滑雪，不过这里还有大量的历史景点和历史地点，特别是与“一战”有关的，那时数百万人的军队在此处多山的前线战斗。

博维茨（BOVEC）

☎05/人口1810

索卡峡谷事实上的首府博维茨，有很多探险运动爱好者可以做的活动。上有尤利安阿尔卑斯山，下有索卡河，周边还有特里格拉夫国家公园，你可以花一周时间在这里进行徒步、皮划艇和山地自行车运动，冬季可以在卡宁山（Mt Kanin）——斯洛文尼亚最高的滑雪站——滑雪。活动这么多，可以每天不重样。

活动

在美丽的索卡河（10%～40%的坡度；坡度I到VI级），**漂流**、**皮划艇**和**划独木舟**是吸引人的主要活动。合适的时间是从4月至10月。

2～8人，8～10公里（1.5小时）的漂流团队游费用为36～46欧元，21公里（2.5小时）的费用为48～55欧元。装备包括氯丁橡胶内衣、防风夹克、救生衣、头盔和桨。带上泳装、T恤和毛巾。两人独木舟一天45欧元，单人皮划艇30欧元。有若干皮划艇初学课程（如1天/2天，55/100欧元起），也有较长的有向导的皮划艇团队游（达10公里）。

在索卡附近有3公里**溪降**之旅，途中经峡谷下来，拴着绳子，跳过瀑布，费用42欧元。

其他受欢迎的活动包括骑**自行车**、**徒步**和**捕鱼**。欲知具体信息，访问**博维茨旅游信息中心**（Tourist Information Centre Bovec，☎388 19 19；www.bovec.si；Trg Golobarskih Žrtev 8；⏲夏季8:30～20:30，冬季9:00～18:00），或者到下列声誉好的旅行社登记。

Soča Rafting 探险运动

（☎041-724 472，389 62 00；www.socarafting.si；Trg Golobarskih Žrtev 14；⏲全年9:00～19:00）

Top Extreme 探险运动

（☎041 620 636；www.top.si；Trg Golobarskih Žrtev 19；⏲5月至9月9:00～19:00）

Kanin Ski Centre 滑雪

（☎388 60 98；www.bovec.si；一日通票 成人/儿童/老人和学生22/16/18欧元）博维茨西北的卡宁滑雪中心提供达2200米高度的滑雪——斯洛文尼亚唯一真正的高山滑雪。结果是，旺季可以比较长，4月至5月仍然是很好的春季滑雪季节。

食宿

在博维茨，通过旅游信息中心很容易找到私人房间。

首选 **Dobra Vila** 精品酒店 €€€

（☎389 64 00；www.dobra-vila-bovec.si；Mala Vas 112；双120～145欧元，标三160～180欧元；P❄📶）这家有10个房间的绝妙的精品酒店，在一幢建于1932年曾是电话局的建筑内。酒店中布满了有趣的手工艺品和艺术品，有自己的图书馆、酒窖和一个极好的餐馆，餐馆带温室和户外露台。

Martinov Hram 客栈 €€

（☎388 62 14；www.martinov-hram.si；Trg Golobarskih Žrtev 27；标单/双33/54欧元；P📶）这家非常友好又可爱的客栈，在中心东部仅100米；有14个陈设美丽的房间和一个很好的餐馆，餐馆着重于博维茨地区的特色菜。

Kamp Palovnik 露营地 €

(☎388 60 07; www.kamp-polovnik.com; Ledina 8; 成人6.50~7.50欧元，儿童5~5.75欧元；⊙4月至10月中旬；Ⓟ）在Hotel Kanin东南约500米，这是离博维茨最近的露营地。面积不大（刚过1公顷，有70个营房），但是位于一个迷人的环境中。

Gostišče Stari Kovač 比萨 €

(☎388 66 99; Rupa 3; 开胃菜6.50~7欧元，主菜8~11欧元，比萨5~7.50欧元；⊙周二至周日正午至22:00）名字的意思是"老铁匠"，用柴炉烤比萨，是个好的选择。

到达和离开

到科巴里德（3.10欧元，30分钟）的长途汽车一天6趟。也有途经科巴里德和伊德里亚（Idrija）开往卢布尔雅那（13.60欧元，3.5小时）的长途汽车。从6月下旬到8月，一天有4趟经夫尔希奇山坳通道到卡拉尼斯卡戈拉（6.7欧元，2小时）的车，再继续开往卢布尔雅那。

科巴里德（KOBARID）

☎05/人口1250

迷人的科巴里德镇比附近的博维茨离奇有趣，而且尽管周围山峰环绕，却感觉更像地中海地区，不太像阿尔卑斯地区。厄内斯特·海明威（Ernest Hemingway）在《永别了，武器》（*A Farewell to Arms*，1929年）中描写科巴里德（当时叫卡波雷德，Caporetto）是"在山谷中的一个白色小镇，有一座钟楼"、"广场上有一个漂亮的温泉"。自那以后，从表面上看，并没有太大的变化。科巴里德在罗马时期是一个军事移民点，在中世纪时是争夺的热点，在1976年遭受了一场毁灭性的地震，但是世界会记住，科巴里德是1917年一场决定性战斗的战场，同盟国（Central Powers）联军在这里击败了意大利军队。

景点

科巴里德博物馆 博物馆

（Kobarid Museum，☎389 00 00; www.kobariski-muzej.si; Gregorčičeva ul 10; 成人/儿童5/2.50欧元；⊙夏季周一至周五9:00~18:00，周六和周日9:00~19:00，冬季周一至周五10:00~17:00，周六和周日9:00~18:00）这家博物馆几乎完全专门展出索卡前线和"一战"。有许多记录前线惨状的照片、军事图表、日记和地图，还有两个大型地形图展，表示出前线、突破克尔恩山（Krn Mountains）的攻击和在上游索卡峡谷（Upper Soča Valley）中的位置。不要错过20分钟的多媒体介绍。

活动

一种免费的小册子与地图，题为《科巴里德的历史足迹》（*The Kobarid Historical Trail*）勾画出一条5公里长的路径，带你穿过"一战"部队阵地，来到**科济亚克溪流瀑布**（Kozjak Stream Waterfalls，Slapovi Potoka Kozjak）和1750年建的**拿破仑桥**（Napoleon Bridge，Napoleonov Most）。难度更高的是免费小册子《波特米鲁/宁静的漫步》（*Pot Miru/Walk of Peace*）中勾画的徒步。

科巴里德在探险运动方面与博维茨激烈地竞争，你将在镇子的主广场上和附近发现几个可以在4月至10月组织漂流（34欧元起）、独木舟（45欧元起）、皮划艇（40欧元）和滑翔（110欧元）的机构。推荐两家机构，如下所列：

X Point 探险活动

（☎041 692 290，388 53 08; www.xpoint.si; Trg Svobode 6）

Positive Sport 探险活动

（☎040 654 475; www.positive-sport.com; Markova ulica 2）

住宿

首选 **Hiša Franko** 客栈 €€€

（☎389 41 20; www.hisafranko.com; Staro Selo 1; 房间80~135欧元；Ⓟ📶）这家客栈是在科巴里德西面3公里的一个旧农舍，在通往意大利边境的Staro Selo上。客栈有10个主题房——我们喜爱其中的Moja Afrika（我的非洲）和Soba Zelenega Čaja（绿茶间）——有的有露台和爵士浴缸（一种按摩浴缸）。他们的餐馆极好，最好就在那里用餐。

Hotel Hvala 酒店 €€€

（☎389 93 00；wwww.hotelhvala.si；Trg Svobode 1；标单72~76欧元，双104~112欧元；P❄🛜）酒店名称"Hvala"是"谢谢"的意思（实际上是由于店主姓Hvala），酒店有31间房。华丽的电梯带你经历科巴里德垂直之旅；有一个酒吧，花园中有一个地中海风格的咖啡馆，还有一个极好的餐馆。

Kamp Koren 露营地 €

（☎389 13 11；www.kamp-koren.si；Drežniške Ravne 33；露营地每人11.50欧元，小木屋双/标三55/60欧元起；P🛜）谷中最老的露营地，这个2公顷的场地有70个宿营地，位于科巴里德东北约500米，在索卡河左岸，就在河流弯向Drežniške Ravne之前。可以看到拿破仑桥的全景。

✖ 就餐

在科巴里德中心，你将发现两家斯洛文尼亚最好的餐馆。

首选 **Hiša Franko** 斯洛文尼亚菜 €€

（☎389 41 20；www.hisafranko.com；Staro Selo 1；主菜22~24欧元；⊙周二至周日正午至15:00和18:00~23:00）这家餐馆位于镇西Staro Selo的同名客栈中，美食家会喜欢这个菜肴精美的餐馆。他们有无可挑剔的品尝套餐，以当地产的原料见长，而且原料因季节而异，5/8道菜的价格为：50/75欧元。冬季周二不营业。

Topli Val 海鲜 €€

（Trg Svobode 1；开胃菜8~10欧元，主菜9.50~25欧元；⊙正午至22:00）海鲜是这里的特色菜，而且无论是黑鲈生鱼片（carpaccio of sea bass），还是索卡河鲑鱼（Soča trout）和招牌菜龙虾意面（lobster with pasta）都好极了。预计每人30~60欧元，包括一瓶不错的酒。前面可爱的露台和后花园在温暖的月份开放。

ℹ 实用信息

科巴里德旅游信息中心（Tourist Information Centre Kobarid，☎380 04 90；www.dolina-soce.com；Trg Svobode 16；⊙周一至周五9:00~13:00和14:00~19:00，周六和周日10:00~13:00和16:00~19:00）提供免费上网。

ℹ 到达和离开

一天有6班到博维茨（3.10欧元，30分钟）的长途汽车。其他站点包括卢布尔雅那（11.40欧元，3小时），途经莫斯特纳索契（Most na Soči）火车站（比较适合转车去布莱德和渤兴）。在7月和8月，长途汽车通过壮观的夫尔希奇山坳通道到卡拉尼斯卡戈拉（6.70欧元，3小时）。

喀斯特和海岸（KARST & COAST）

斯洛文尼亚不长的海岸（47公里）是一个探寻历史和进行娱乐的地区。最南面的度假小镇波尔托罗（Portorož）有一些相当好的海滩，但是因威尼斯风格的哥特式建筑闻名的市镇，如科佩尔和皮兰，才是这里的主要卖点。在到卢布尔雅那或索卡峡谷来的路上，你将穿过喀斯特，这是一个广阔的石灰岩高原，这片土地盛产橄榄、宝石红色特朗葡萄酒、火腿（pršut，风干的火腿），有古老的石头教堂和深深的地下洞穴，包括波斯托伊纳（Postojna）和斯科契扬（Škocjan）。

波斯托伊纳（Postojna）

☎05/人口8910

波斯托伊纳的喀斯特溶洞是世界上最大的溶洞之一，其石笋和钟乳石天下无双。这是个繁忙的旅游目的地（参观人数达到来斯洛文尼亚旅游总人数的三分之一）。使人惊奇的是，入口处的大批游客就整个被那么大的洞穴"吞入"了。

波斯托伊纳小镇位于索维奇山（Sovič Hill，677米）脚下的皮夫卡谷（Pivka Valley），Titov trg（蒂托夫广场）是其中心。波斯托伊纳长途汽车站在Titova cesta 36，在Titov trg西南约250米。火车站在Kolodvorska cesta，在该广场东南约600米。

景点

波斯托伊纳岩洞 洞穴

（☎700 01 00；www.postojnska-jama.si；Jamska c 30；成人/儿童/学生22.90/13.70/18.30欧元；⏲团队游 夏季9:00~18:00每小时1趟，冬季每天从10:00起3~4趟）波斯托伊纳岩洞（Postojna Cave）是斯洛文尼亚最受欢迎的观光胜地，位于波斯托伊纳西北约1.5公里。5.7公里长的洞穴，随团参观1.5小时——其中4公里是乘电力列车，其余部分步行。里面令人难忘的石笋和钟乳石，展现出种种人们熟悉的形态，似乎无止境地向四面八方延伸。

盲螈动物园 博物馆

（www.turizem-kras.si；成人/儿童8/4.80欧元，包括洞穴27/16.20欧元；⏲5月至9月9:00~17:30，10月至次年4月10:30~15:30）在波斯托伊纳岩洞入口南面仅几步之遥，就是盲螈动物园（Proteus Vivarium），也是洞穴生物研究站，有介绍地下动物学的录像。一个45分钟的团队游带领你进入一个黑暗的小洞穴，从隐蔽处观看土生土长的洞螈，这是斯洛文尼亚独有的一种小而害羞的蝾螈目动物。

食宿

Hotel Kras 酒店 €€

（☎700 23 00；www.hotel-kras.si；Tržaška cesta 1；标单68~74欧元，双84~96欧元，公寓100~120欧元；Ⓟ📶）如同凤凰从灰烬中重生，镇中心这家颇华丽的现代酒店，原是破旧的商队旅馆，现在有27个舒适的房间，全部配备现代化生活设备。如果你预算充裕，可以在顶楼（5楼）挑一个带巨大阳台的公寓。

Hotel Sport 酒店、青年旅舍 €€

（☎720 22 44；www.sport-hotel.si；Kolodvorska c 1；铺25欧元，标单/双 55/70欧元起；Ⓟ@📶）自1880年建店起，就曾经是各种类型的酒店。酒店价格合理，有37个崭新舒适的房间，包括5个各有9张铺的房间。有一个厨房，里面有不大的就餐空间。位于中心北面300米。

Jamski Dvorec 各国风味 €€

（☎700 01 81；开胃菜6.50~10欧元，主菜

值得一游

波贾马城堡

小村波贾马（人口85），位于波斯托伊纳西北10公里，是不同寻常的**波贾马城堡**（Predjama Castle；☎700 01 03；www.postojnska-jama.eu；Predjama 1；成人/儿童/学生9/5.40/7.20欧元；⏲夏季9:00~19:00，冬季10:00~16:00）所在地。城堡给人的启示很清楚：如果你想建一个坚不可摧的堡垒，就建在123米高峭壁中段一个洞穴大张的口里。城堡的四个楼层是从1202年起，多年以来零零碎碎地建起来的，但是今天看到的大部分是16世纪时建的。城堡看起来简直不可征服。

城堡对任何年龄的孩子都很有吸引力——湍急的河流上的吊桥，入口的塔壁上的孔（用于将滚沸的油浇到入侵者身上），一座潮湿的地牢，一只装满珍宝的16世纪的箱子（1991年从地窖中出土），和顶上的一个叫作“埃拉泽姆隐蔽处”（Erazem' s Nook）的藏身地。

在7月，城堡举行**埃拉斯穆斯马上比武**（Erasmus Tournament），一天时间，进行中世纪决斗、马上长矛比武和箭术。

波贾马城堡下面的洞穴是一个6公里长的美术馆，覆盖了四层。临时的游客可以看其中的900米；较长的游览只有提前安排了才行。**Gostilna Požar**（☎751 52 52；Predjama 2；餐11欧元起；⏲周二至周四，8月每天10:00~22:00）是售票处隔壁一个简单的餐馆，能看到城堡惊心动魄的美景。

13.50~22欧元；⏲9:00~18:00）在溶洞入口隔壁一幢20世纪20年代风格的楼里，"洞穴庄园"供应各国风味菜肴，味道一般，但是11欧元和12欧元的套餐是一大诱惑。

Čuk 比萨€

（☎720 13 00；Pot k Pivki 4；开胃菜5~7.50欧元，比萨和意大利面6~9.50欧元；⏲周一至周五10:00~23:00，周六11:00至午夜，周日正午至23:00）在Titov trg西南方，紧邻Tržaška cesta，是一家很棒的餐馆，比萨是精心制作的，还供应多种斯洛文尼亚主菜。

到达和离开

长途汽车 从卢布尔雅那到海岸和阿伊多夫什契纳（Ajdovščina）的车在波斯托伊纳（6欧元，1小时，53公里，每小时1班）停靠。其他站点包括科佩尔（6.90欧元，1.25小时，68公里，每天4~7班）和皮兰（8.30欧元，1.5小时，86公里，每天3~4班）。

火车 波斯托伊纳在连接卢布尔雅那（4.90欧元，1小时，67公里）与塞扎纳（Sežana）和的里雅斯特（Trieste）的铁路干线上，途经迪瓦查（Divača，2.90~4.45欧元，40分钟，37公里），而且从首都可以轻松地来此一日游。你也可以从科佩尔（5.90~10.30欧元，1.5小时，86公里）来此，一天达7班火车。

斯科契扬石窟（Škocjan Caves）

☎05

巨大的**斯科契扬石窟**（Škocjan Caves，☎708 21 10；www.park-skocjanske-jame.si；Škocjan 2；成人/儿童15/7欧元；⏲10:00~17:00）体系，是联合国教科文组织世界文化遗产，比波斯托伊纳那个较大的溶洞更加令人着迷，对于许多旅游者来说，这将是他们斯洛文尼亚之旅的亮点。

游客随有导游的团队从售票处走到在格洛博查克谷（Globočak Valley）的主入口。通过一条1933年建的隧道，很快就到达**寂静之窟**（Silent Cave）最前面的部分，这是500米长的地下峡谷一个干燥的支脉。第一部分叫作**天堂**（Paradise），满目美丽的钟乳石和石笋；第二部分（叫作**骷髅地**，Calvary）曾经是河床。寂静之窟止于**大会堂**（Great Hall），这是一片奇异的滴水石和沉积物的丛林；请留意叫作巨人（Giants）和风琴（Organ）的巨型石笋。

雷卡河（Reka River）的声音预示着你即将进入**潺潺之窟**（Murmuring Cave），里面有100米高的墙。要过雷卡河，进入米勒厅，必须跨过约45米高的**采尔克韦尼克桥**（Cerkevnik Bridge），这肯定是此行的亮点。

最后一段**什米德尔厅**（Schmidl Hall），逐渐地融入到韦利卡多林纳村（Velika Dolina）之中。从这里经过**托明茨之窟**（Tominč Cave），这里出土了从史前定居点发现的有价值的东西。索道缆车再带你回到入口。

洞中的温度是常年保持12° C，所以要带一件薄夹克或毛衣。有些道路比较滑，推荐穿着好的步行鞋。

可以住宿的最近的小镇是西北方向5公里的迪瓦查（Divača）。**Gostilna Malovec**（☎763 33 33；www.hotel-malovec.si；标单/双54/80欧元；P@📶）有6间虽然普通但是经过翻新的房间，楼的旁边是酒店的传统菜馆。附近的**Orient Express**（☎763 30 10；比萨4.60~14欧元；⏲周日至周五11:00~23:00，周六11:00~2:00）是一家受欢迎的比萨店。

从卢布尔雅那到科佩尔和海岸的长途汽车在迪瓦查（7.90欧元，1.5小时，每半小时1班）停靠。迪瓦查也在通往卢布尔雅那（7.30欧元，1.5小时，每小时1班）的铁路线上，一天有不超过5班火车到科佩尔（4.05欧元，50分钟），途经赫尔佩列-科齐纳（Hrpelje-Kozina）。斯科契扬石窟在迪瓦查火车站东南约5公里，经由公路可以到达，路上有路标。有时，有小客车礼节性地迎接卢布尔雅那来的火车。

科佩尔（Koper）

☎05/人口24,725

斯洛文尼亚沿海最大的城市科佩尔（意大利人称之为卡波迪斯特里亚，Capodistria），乍看似乎是一个平淡无奇、不会被列入旅游计划的城市。然而，市中心是可爱的中世纪风格，与相似的城市——豪华的皮兰相比，远没有沿着海岸线往南18公里处的皮兰那样不堪重负。古希腊人称科佩尔为埃吉达（Aegida），当时科佩尔是盐业贸易的主要港口，因此而富裕起来，在15和16世纪，威尼斯共和国期间是伊斯特里亚的首府。现在仍然是斯洛文尼亚最重要的港口。

景点

参观科佩尔老城（Old Town）最轻松的方法是从Ukmarjev trg东面的小艇船坞沿着Kidričeva ulica走到Titov trg，然后向南沿着Čevljarska ulica，一路通过几个迂回路。

科佩尔地区博物馆 博物馆

（Koper Regional Museum，663 35 70；www.pmk-kp.si；Kidričeva ul 19；成人/儿童2/1.50欧元；周二至周五9:00～19:00，周六和周日至13:00）博物馆坐落于**贝尔格拉蒙尼-塔措宫**（Belgramoni-Tacco Palace）中，展示老地图、港口和海岸的照片、意大利风格的雕塑，和16～18世纪的绘画。注意门上精彩的铜门环，有维纳斯从贝壳中升起的形象。

圣母升天大教堂 大教堂

（Stolnica Marijinega Vnebovzetja；7:00～21:00）Titov trg上的军械库（Armoury）对面是圣母升天大教堂（Cathedral of the Assumption）及其36米高的钟楼，现在叫作**城市之塔**（City Tower）。大教堂部分罗马式、部分哥特式，但是大部分是18世纪时建的，内部是白色经典样式，感觉宽敞而明亮，与暗淡的外部正相反。

免费 海滩 海滩

（Kopališko nabrežje 1；5月至9月8:00～19:00）科佩尔小小的海滩（Beach），位于老城的西北角，有一个带卫生间和淋浴的更衣房、一片可以躺着晒太阳的草坪，和一个酒吧兼咖啡馆。

住宿

Hotel Koper 酒店 €€€

（610 05 00；www.terme-catez.si；Pristaniška ul 3；标单76～92欧元，双120～150欧元；）这个令人愉快的酒店位于历史老城边上，有65间房，是城里唯一一个真正位于中心的酒店。房费包括一个水上公园的进入许可。选一个面向港口的房间。

Hotel Vodišek 酒店 €€

（639 24 68；www.hotel-vodisek.com；Kolodvorska c 2；标单48～60欧元，双72～90欧元；）这个小酒店有35个价格合理的房间，位于一个购物中心内，购物中心位于从火车/汽车站来老城的半路上。客人可以免费使用酒店的自行车。

Museum Hostel 公寓 €

（041 504 466，626 18 70；bozic.doris@siol.net；Muzejski trg 6；每人20～25欧元；）这个青年旅舍更像是带厨房和卫生间的公寓。接待处在Museum Bife（Muzejski trg上的一个咖啡馆兼酒吧）；房间散布在附近。

就餐

Istrska Klet Slavček 伊斯特拉菜、斯洛文尼亚菜 €

（627 67 29；Župančičeva ul 39；菜肴3～12欧元；周一至周五7:00～22:00）位于18世纪建的Carli Palace下面的斯伊特拉酒窖（Istrian Cellar），是科佩尔老城最富于色彩的就餐处。管饱的午间套餐不到8欧元，还有当地木桶酿造的玛尔维萨（Malvazija）和特朗（Teran）葡萄酒。

La Storia 意大利菜 €€

（626 20 18；www.lastoria.si；Pristaniška ul 3；主菜8.50～25欧元）这个有天井天花板湿壁画的意大利风味餐馆，特色是沙拉、意大利面和鱼类菜，在暖和的月份里有户外座位。

实用信息

科佩尔银行（Banka Koper，Kidričeva ul 14）

皮纳网吧（Pina Internet Cafe；627 80 72；Kidričeva ul 43；每小时 成人/学生4.20/1.20欧元；

值得一游

莉比卡的利皮扎内尔马

莉比卡（Lipica）很小，从它的规模真看不出它的影响有那么大。在维也纳的西班牙骑术学校（Vienna' s Spanish Riding School）颇负盛名的雪白的“利皮扎内尔”（Lipizzaner）马，就是在这里于16世纪第一次繁殖出的。

该品种是通过西班牙的安达卢西亚马与当地的喀斯特品种（罗马人曾用来拉双轮战车）相配而产生的。白颜色是两个世纪后由于混入白色的阿拉伯马血统而出现。

这个品种后来就散布到世界各处——“一战”后到了匈牙利和奥地利，“二战”期间通过德国人来到了波希米亚的苏台德地区（Sudetenland），然后又于1945年由美军运到意大利。莉比卡在1947年继续运送时，仅有11匹马返回。

今天，约400匹利皮扎内尔马保留在莉比卡种马场（Lipica Stud Farm；☎739 15 80；www.lipica.org；Lipica 5；团队游 成人/儿童11/5.50欧元，培训/经典表演13/18欧元；⊙培训/经典表演4月至10月周二、周五和周日）。利皮扎内尔马也在世界各地不同地点进行繁殖，如奥地利的皮伯尔（Piber）为西班牙骑术学校繁殖马匹。莉比卡种马场为马术运动迷提供多种团队游和骑马表演，也有课程和乘马车活动。团队游的时间较复杂，详见网站。

大多数人从塞扎纳（Sežana）或迪瓦查来这里一日游，塞扎纳在北面4公里，迪瓦查在东北方向13公里，两者都在卢布尔雅那-科佩尔铁路线上。两个火车站都没有来这里的公共交通；乘出租车的花费在10~20欧元之间。

若在此过夜，试一试有59间房的**Hotel Maestoso**（☎739 15 80；标单/双80/120欧元；P📶🏊），是种马场经营的。酒店有很多高档设施，包括一个餐馆、游泳池、桑拿和网球场。

⊙周一至周五正午至22:00，周六和周日16:00起）

邮局（Post Office，Muzejski trg 3）

科佩尔旅游信息中心（Tourist Information Centre Koper，☎664 64 03；www.koper.si；Praetorian Palace，Titov trg 3；⊙7月和8月9:00~20:00，9月至次年6月9:00~17:00）

ℹ 到达和离开

长途汽车 工作日每半小时有1班车开往伊佐拉（Izola）、斯特伦扬（Strunjan）、皮兰（2.70欧元，30分钟）和波尔托罗。在Piranška ulica的角落上有一个方便的汽车站。每天大约5班车开往卢布尔雅那（11.10欧元，1.75~2.5小时）。到的里雅斯特（Trieste）的长途汽车周一到周六沿着海岸行驶，途经安卡兰（Ankaran）和穆贾（Muggia）。克罗地亚境内站点包括里耶卡（Rijeka，11.20欧元，2小时）和罗维尼（12欧元，3小时），途经波雷奇（Poreč，10欧元，2小时）。

火车 每天有6班火车从科佩尔开往卢布尔雅那（10.70欧元，2.5小时，153公里），途经波斯托伊纳和迪瓦查。

皮兰（Piran）

☎05/人口4470

风景如画的皮兰坐落于一个狭窄的半岛顶端，是每个人最喜欢的沿海城市。皮兰的老城，在濒临亚德里亚海地区中，是保存得最好的历史城市之一，是一颗威尼斯风格建筑的宝石，但是盛夏时非常拥挤。不过在4月或10月，你很难不爱上那曲折的小巷和诱人的海鲜餐馆。

👁 景点

塔尔蒂尼广场 广场

椭圆形的塔尔蒂尼广场（Tartinijev Trg）原是内港，直到1894年时被填起来。广场上穿着整洁而漂亮的绅士塑像是当地人兼作曲家朱塞佩·塔尔蒂尼（Giuseppe Tartini，1692~1770年）。东面是圣彼得教堂（Church of St Peter，Cerkev Sv Petra；Tartinijev trg），里面有

14世纪的**皮兰的耶稣受难像**（Piran Crucifix）。教堂对面是**塔尔蒂尼故居**（Tartini House），作曲家出生的地方。

谢尔盖·马舍拉海事博物馆 博物馆

（Sergej Mašera Maritime Museum, ☎671 00 40; www.pommuz-pi.si; Cankarjevo nabrežje 3; 成人/学生和老人/儿童3.50/2.50/2.10欧元; ⊙夏季周二至周日9:00至正午和17:00～21:00，冬季周二至周日9:00～17:00）位于水滨19世纪建的可爱的加布里埃利宫（Gabrielli Palace）中，这家博物馆侧重于海洋、航海和制盐。有一些老照片，展示盐工如何工作、风力盐泵、木制的圆圈形和钻石形小砝码，人们在威尼斯共和国时期用这些砝码来称盐。

圣乔治大教堂 大教堂

（Cathedral of St George, Stolna Cerkev Sv Jurija; Adamičeva ul 2）皮兰山顶上的大教堂创办于1344年，于1637年重建成巴洛克风格。现在正进行大规模翻新，游客只允许到唱诗班去观看大理石圣坛和拱形星星天花板。如果时间允许，参观一下附属的**圣乔治教区博物馆**（Parish Museum of St George, ☎673 34 40; 门票1欧元; ⊙周一至周五10:00～13:00和17:00～19:00，周六和周日11:00～19:00），里面有绘画，地下室中有宝石。

修士修道院 修道院

（☎673 44 17; Bolniška ul 20）在去塔尔蒂尼广场的路上，有方济各会修士修道院（Minorite Monastery）和圣方济各教堂（Church of St Francis Assisi），前者有绝妙的回廊，后者始建于14世纪，在后来的几个世纪中经过了扩大和翻新。内部有天花板湿壁画、用于容纳捐赠的巨大的蛤壳，和埋葬塔尔蒂尼家庭成员的一块地。

活动

毛纳旅行社（Maona Tourist Agency, ☎673 45 20; www.maona.si; Cankarjevo nabrežje 7; ⊙周一至周六9:00～20:00，周日10:00～13:00和17:00～19:00）和皮兰、波尔托罗的其他几家旅行社可以为你预订旅行时间长短不一的游轮——从游览沿海几个城镇的环游到长达一天的短途旅行，如到克罗地亚的布里奥尼国家公园（Brioni National Park）和罗维尼，或到意大利的威尼斯和的里雅斯特。

如果想游泳，皮兰有几个“海滩”——沿着Prešernovo nabrežje的岩石区——你可能会把脚弄湿。靠近Punta的北侧稍好一些，但是既然你已经走这么远了，再沿着铺好的道路向东走刚好不到1公里，到Fiesa，这里有一个虽小却干净的海滩。

住宿

首选 **Max Piran** 民宿 €€

（☎041 692 928, 673 34 36; www.maxpiran.com; Ul IX Korpusa 26; 双60～70欧元; ❄@🛜）皮兰最浪漫的住处，就6个房间，每个房间没有房号，以女人的名字命名，位于一个18世纪的连栋房屋内，是珊瑚色的，很讨喜。

Miracolo di Mare 民宿 €€

（☎051 445 511, 921 76 60; www.miracolodimare.si; Tomšičeva ul 23; 标单50～55欧元，双60～70欧元; @🛜）“海之妙”，这个可爱的海滨民宿，有12间迷人（不过较小）的房间，有些（如3号和早餐室）朝向皮兰最迷人的被抬高后的后花园。楼板和楼梯是木头的（最初即如此）。

Val Hostel 青年旅舍 €

（☎673 25 55; www.hostel-val.com; Gregorčičeva ul 38a; 每人22～27欧元; @🛜）这个位于中心极好的青年旅舍在Vegova ulica的一角，有22个房间（包括几个单人间），带公用淋浴、厨房和洗衣机。配得上背包客的最爱，而且价格含早餐。

Kamp Fiesa 露营地 €

（☎674 62 30; autocamp.fiesa@siol.net; 成人/儿童12/4欧元; ⊙5月至9月; Ⓟ）离皮兰最近的露营地在Fiesa，沿公路要走4公里，但是如果你从圣乔治大教堂东面沿着海岸边的路（obalna pešpot）走，才不到1公里。露营地很小，夏季时很拥挤，但是位于一个安静的谷地，旁边有两个小池塘，而且就在海滩边上。

Piran 皮兰

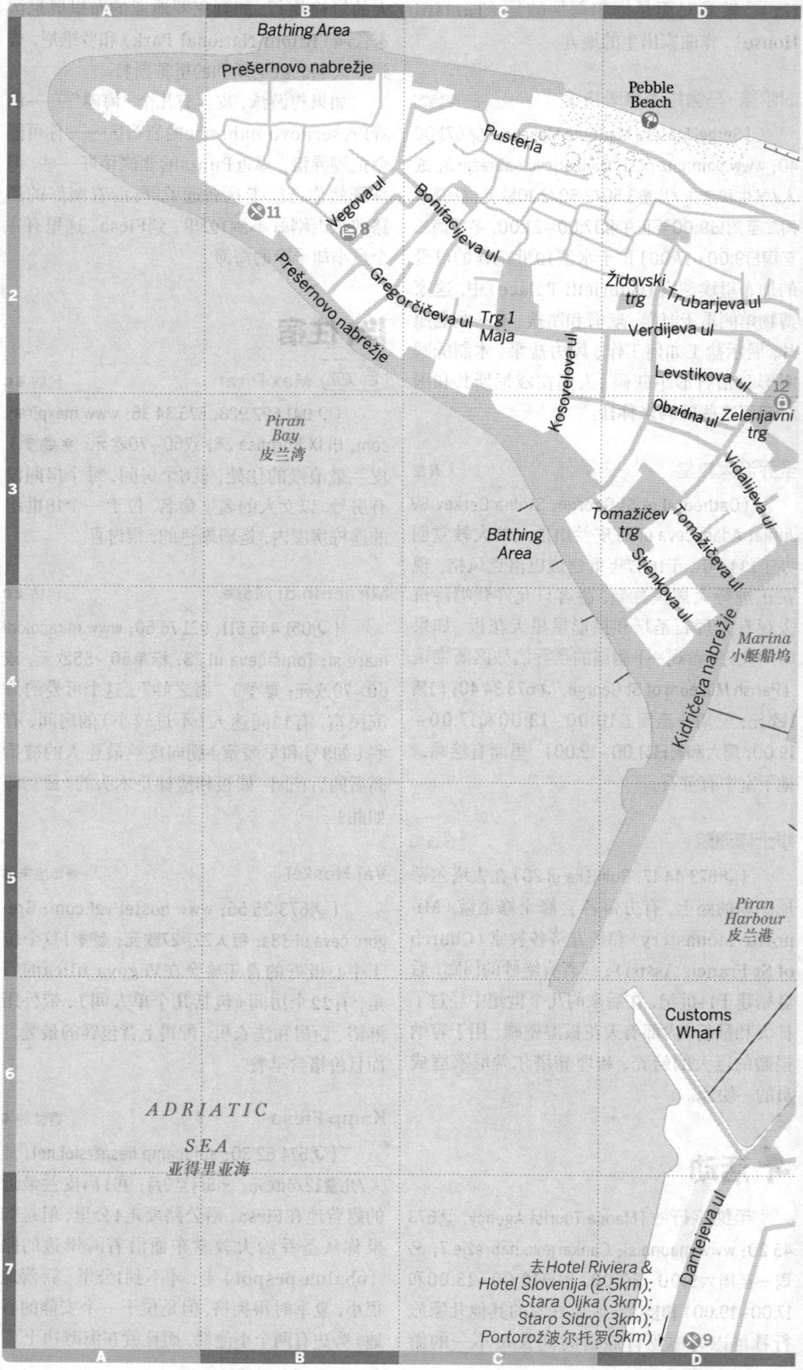
A
B
C
D
1
2
3
4
5
6
7
Bathing Area
Prešernovo nabrežje
Pebble Beach
Pusterla
Vegova ul
Bonifacijeva ul
11
8
Prešernovo nabrežje
Gregorčičeva ul
Trg 1 Maja
Židovski trg
Trubarjeva ul
Verdijeva ul
Kosovelova ul
Levstikova ul
12
Obzidna ul
Zelenjavni trg
Piran Bay
皮兰湾
Vidalijeva ul
Tomažičev trg
Tomažičeva ul
Bathing Area
Stjenkova ul
Marina
小艇船坞
Kidričeva nabrežje
Piran Harbour
皮兰港
Customs Wharf
ADRIATIC SEA
亚得里亚海
Dantejeva ul
去Hotel Riviera & Hotel Slovenija (2.5km); Stara Oljka (3km); Staro Sidro (3km); Portorož波尔托罗(5km)
9

Piran 皮兰

景点

1 圣乔治大教堂.............................E2
2 圣彼得教堂.............................E3
3 修士修道院.............................F3
圣乔治教区博物馆.............................（见1）
4 谢尔盖·马舍拉海事博物馆.............................E4
5 塔尔蒂尼广场.............................E3

住宿

6 Max Piran.............................F2
7 Miracolo di Mare.............................E6
8 Val Hostel.............................B2

就餐

9 Pri Mari.............................D7
10 Restaurant Neptune.............................E5
11 Riva Piran.............................B2

购物

12 Fruit and Vegetable Market.............................D3

✕ 就餐

在市政厅后面的小广场中，有一个露天**蔬菜水果市场**（fruit and vegetable market，Zelenjavni trg；⌚周一至周六7:00~14:00）。

首选 Pri Mari 地中海菜、斯洛文尼亚菜 €€

（☎041 616 488，673 47 35；Dantejeva ul 17；主菜8.50~16欧元；⌚夏季周二至周日正午至23:00，冬季周二至周六正午至22:00，周日正午至18:00）这个时髦而惬意的餐馆，由一对斯洛文尼亚籍意大利夫妇经营，供应创新的地中海菜和斯洛文尼亚菜。一定要提前预订。

Riva Piran 海鲜 €€

（☎673 22 25；Gregorčičeva ul 46；主菜8~28欧元；⌚11:30至午夜）海滨最好的值得光顾的海鲜餐馆，就是这家典雅的装饰漂亮的海景餐馆。

Restaurant Neptune 海鲜 €

（☎673 41 11；Župančičeva 7；主菜6~12欧元；⌚正午至16:00，18:00至午夜）当地人比游客更加欢迎这家餐馆，这并不是什么坏事。这家由家庭经营的餐馆各方面都做得不错——迎宾的态度热情友好，海鲜、肉类和沙拉盘子都很大，每日还有很值的两道菜午间套餐。

实用信息

科佩尔银行（Banka Koper；Tartinijev trg 12）

尼普顿咖啡（Caffe Neptun；☎041 724 237；www.caffeneptun.com；Dantejeva ul 4；每20分钟1欧元；⊙7:00至次日1:00；📶）

邮局（Post Office，Leninova ul 1）

皮兰旅游信息中心（Tourist Information Centre Piran；☎673 44 40，673 02 20；www.portoroz.si；Tartinijev trg 2；⊙夏季9:00~20:00，冬季9:00~17:00）

到达和离开

长途汽车 每20到30分钟1班车开往科佩尔（2.70欧元，30分钟）。其他站点包括卢布尔雅那（12欧元，3小时），途经迪瓦查和波斯托伊纳，还到新戈里察（10.30欧元，2.75小时）。

每天（除周日）大约有5班长途汽车开往意大利的里雅斯特（10欧元，1.75小时）。从6月至9月，每天有1班车往南开往克罗地亚伊斯特里亚，在沿海城镇乌马格（Umag）、波雷奇和罗维尼（10.30欧元，2.75小时）停靠。

双体船 每天（除周三）有双体船从港口开往意大利的里雅斯特（成人/儿童8.30/4.75欧元，30分钟），大约19:00出发。

小型公共汽车 小型公共汽车（上车买票1欧元，提前从报刊亭买票0.40欧元，20次票6欧元）全年不间断地穿梭于塔尔蒂尼广场与波尔托罗，头班5:40，末班23:00，每半小时1班。

波尔托罗（Portorož）

☎05/人口2900

每个有海岸的国家都有一个蹩脚的海滩度假村；在斯洛文尼亚，就是波尔托罗（意大利人称之为波尔托罗斯，Portorose）。但是这个“玫瑰花之港”（波尔托罗字面意思为玫瑰花之港）正大力洗刷自己的形象。波尔托罗的沙质海滩相对较干净，而且有一些宜人的水疗和健康中心，你可以下水，或者在身上涂抹有美容疗效的泥。

活动

波尔托罗的那些**海滩**（⊙4月至9月8:00~20:00），包括主海滩，有水滑道和室外淋浴，可以租沙滩椅（4.10欧元）和伞（4.10欧元）。主海滩可以容纳6000个晒成古铜色的人。在23:00至次日6:00不可进入沙滩，并且禁止露营。

夏季时，有三两趟船往返于波尔托罗主码头与伊佐拉，行程4小时。包括**Meja**（☎041 664 132；成人/儿童10/7欧元；☎周二和周五9:15）和**Svetko**（☎041 623 191；成人/儿童15/10.50欧元；⊙每天14:30）。**Solinarka**（☎031 653 682；www.solinarka.com；成人/儿童12.50/6.25欧元；⊙不固定）游船从波尔托罗驶向皮兰和斯特伦扬（Strunjan），然后返回。

Terme & Wellness Centre Portorož 水疗

（☎692 80 60；www.lifeclass.net；Obala 43；游泳池2/4小时票 周一至周五8/12欧元，周六和周日10/15欧元；⊙6月至9月8:00~21:00，10月至次年5月7:00~19:00，游泳池 周一至周三和周五至周日13:00~20:00，周四14:00~20:00）这里以海水和海泥护理而著称，还有许多其他疗法和美容项目。还有一个游泳池。

住宿

波尔托罗有二十多家酒店，而且很少是属于经济型的。许多酒店冬季不营业，在10月关门，到4月甚至5月才重新开张。**毛纳旅行社**（Maona Tourist Agency，☎674 03 63；Obala 14/b；⊙7月和8月 周一至周六9:00~20:00，周日10:00~13:00和17:00~20:00，9月至次年6月周一至周五9:00~19:00，周六10:00~19:00，周日10:00~13:00）有**私人房间**（标单18~21欧元，双26~40欧元，标三36~52欧元）和**公寓**（2人公寓40~50欧元），价格随类型和季节变动。

首选 Kaki Plac 露营地 €

（☎040 476 123；www.adrenaline-check/sea；Lucija；自己的帐篷13欧元，搭的帐篷15欧元，坡屋20欧元；⊙4月至11月；🅿👪）生态友好

的小露营地，隐没在波尔托罗郊区Lucija外侧的树林里。帐篷里配床垫和亚麻床品，有的帐篷安适地搭在伊斯特里亚茅草坡屋下，这样你就可以像一个传统的牧羊人（有那么几分像）那样睡觉。

Hotel Riviera & Hotel Slovenija 酒店 €€€

（☎692 00 00；www.lifeclass.net；Obala 33；标单142~185欧元，双184~250欧元；P❄@≋）这两个四星级姐妹酒店连在一起，如果你想住在中心地段，这是个不错的选择。Riviera有160间房、3个极好的游泳池和1个优秀的健康中心。Slovenija较大一些，有183间房。

就餐

Staro Sidro 海鲜 €

（☎674 50 74；Obala 55；主菜8~19欧元；⊙周二至周日正午至23:00）餐馆的名字意为"老锚"（Old Anchor），经过检验证明，确实是最受人喜爱的餐馆，在可爱的地标性建筑Vila San Marco隔壁。专长是海鲜，有一个花园和一个可爱的露台，二者均俯瞰着奥巴拉与波尔托罗湾。

Stara Oljka 巴尔干菜 €€

（☎674 85 55；Obala 20；开胃菜5~9.60欧元，主菜8.60~24欧元；⊙10:00至午夜）餐馆名为"老橄榄树"，专长是烧烤（巴尔干烧烤、牛排等），开放式厨房，你可以看到烹调的过程。有一个迷人的面朝大海的大露台。

到达和离开

公共汽车 全年之中每30分钟有1班公共汽车离开波尔托罗，开往科佩尔（2.30欧元，25分钟）和伊佐拉（1.80欧元，15分钟）。波尔托罗始发的其他站点及每日班次与皮兰的相同。

小型公共汽车 小型公共汽车全年环线运行：从Lucija露营地发车，经过波尔托罗中心地段，到达皮兰。

斯洛文尼亚东部（EASTERN SLOVENIA）

斯洛文尼亚东部长满葡萄树的起伏的小山，颇吸引人，但是（真的）没有尤利安阿尔卑斯山和海岸那么激动人心。两座值得兜一圈的城市为可爱的马里博尔（Maribor）和明信片般风景的普图伊（Ptuj），前者为斯洛文尼亚第二大城市，后者沿着公路往南不到30公里。

马里博尔（Maribor）

☎02/人口88,350

马里博尔虽然是该国第二大城市，人口却只有卢布尔雅那的三分之一左右，而且常会给人以过度发展的乡下城市的感觉。马里博尔虽没有不可错过的景点，却也散发着魅力，这得益于德拉瓦河（Drava River）沿岸散布得恰到好处的老城（Old Town）。中心地段的几条步行街道，因众多的咖啡馆和学生生活而生机勃勃；而河畔的伦特（Lent）区举办大型文化活动——的确，马里博尔是2012年欧洲文化之都（European Capital of Culture in 2012）。

景点

格拉伊斯基广场 广场

Grajksi Trg，老城的中心，这个广场上有17世纪的圣弗洛里安柱（Column of St Florian），以纪念这个消防员的守护神。

马里博尔城堡 博物馆

（Maribor Castle，Grajski trg 2）在格拉伊斯基广场，马里博尔老城的中心，是马里博尔15世纪的城堡。城堡内有骑士厅（Knights' Hall，Viteška Dvorana），天花板描绘得非常出色，还有巴洛克风格的洛雷特斯卡小礼拜堂（Loretska Chapel），和一个华丽的洛可可风格的楼梯。

城堡内的马里博尔地区博物馆（Maribor Regional Museum，☎228 35 51；www.pmuzej-mb.si；Grajski trg；成人/儿童3/2欧元；⊙周一至周五

9:00~13:00和16:00~19:00，周六9:00~13:00）是斯洛文尼亚藏品最丰富的博物馆之一。建筑正在翻新，所以也许有些部分不可以参观。底楼有考古展、服饰展和民族志展，包括19世纪绚丽的蜂房板。楼上是马里博尔历史和会展专用的房间。

住宿

首选 Hostel Pekarna 青年旅舍 €

（059 180 880；www.mkc-hostelpekarna.si；Ob železnici 16；铺/标单/双17/21/42欧元；）河南面这个明亮而惬意的青年旅舍是由军队面包房改造而来。店里的设施从床铺到咖啡厅都是最新式的，还有几个带厨房的公寓。

Hotel Lent 酒店 €€

（250 67 69；www.hotel-lent.si；Dravska ulica 9；标单/双69/89欧元；）伦特区河畔闪闪发光的酒店，前面带一个在外部的咖啡馆。房间装饰得有格调而舒适，不过意外的是，套房却装饰得像匪徒的穿戴一样浮夸。

就餐

首选 Gril Ranca 巴尔干菜 €

（252 55 50；Dravska ul 10；菜肴4.80~7.50欧元；周一至周六8:00~23:00，周日正午至21:00）这家餐馆供应简单而美味的巴尔干烧烤，如pljeskavica（辣肉馅饼）和čevapčiči（牛肉或猪肉做的辣肉丸），德拉瓦河景尽收眼底。即使炎热的夜晚这里也很凉爽。

Pri Florjanu 地中海菜 €€

（059 084 850；Grajski trg 6；开胃菜5.50~7欧元，主菜9~18欧元；周一至周四11:00~22:00，周五和周六11:00~23:00；）地点好极了，可以看到圣弗洛里安柱全景。这个现代风格的餐馆，前有开放式露台，后有封闭式露台，二者之间是一个巨大的极简主义风格的餐厅。供应创意十足的地中海菜，素食选择品种很多。

实用信息

马里博尔旅游信息中心（Tourist Information Centre Maribor，234 66 11；www.maribor-pohorje.si；Partinzanska c 6a；周一至周五9:00~19:00，周六和周日9:00~18:00）在方济各会教堂对面一个亭子里，很有帮助的旅游信息中心。

到达和离开

长途汽车 有很多班次的车到采列（Celje，6.7欧元，1.5小时）、穆尔斯卡索博塔（6.30欧元，1.25小时）、普图伊（3.60欧元，45分钟）和卢布尔雅那（12.40欧元，3小时）。

火车 有卢布尔雅那始发的斯洛文尼亚城际特快列车ICS（15.20欧元，1.75小时）和班次更多的慢车（9欧元，2.5小时），都在采列停靠。

普图伊（Ptuj）

02/人口19,010

普图伊地势和缓起伏，俯瞰着一个宽阔的河谷，普图伊的红砖屋顶汇成一首交响曲，从德拉瓦河对面观看最漂亮。普图伊是斯洛文尼亚最老的城镇之一，在历史重要性方面与卢布尔雅那并列，但是它紧凑的、中世纪精髓的城堡、博物馆、修道院和教堂，是完全可以在一天内游览完毕的。

景点

想要欣赏普图伊的哥特式中心，以及后来增添的文艺复兴和巴洛克风格建筑，通过去Minoritski trg、Mestni trg、Slovenski trg、Prešernova ulica、Muzejski trg和普图伊城堡的"徒步游"就可以完成。

普图伊城堡 城堡

（Grad Ptuj；787 92 45, 748 03 60；Na Gradu 1）普图伊城堡（Ptuj Castle）汇聚了14~18世纪的多种风格。城堡内有**普图伊地区博物馆**（Ptuj Regional Museum，787 92 30；www.pok-muzej-ptuj.si；成人/儿童4/2.50欧元；夏季周一至周五9:00~18:00，周六和周日9:00~20:00，冬季每天9:00~17:00），为了观看普图伊和德拉瓦河的景色，值得一游。到城堡最短的路是沿着狭窄的Grajska ulica前进，这条路通向一个有顶棚的木头楼梯和城堡文艺复兴风格的佩鲁齐大门(Peruzzi Portal, 1570年)。

节日

库伦图瓦涅 狂欢节

(Kurentovanje; www.kurentovanje.net)库伦图瓦涅是春季庆典(在2月举行,为期10天),一直延续到忏悔星期二,是斯洛文尼亚最受欢迎和最闻名的重大民俗活动。

住宿

首选 MuziKafe 酒店 €€

(☎787 88 60; www.muzikafe.si; Vrazov trg 1; 📶)这个古怪但极好的酒店在紧邻Jadranska ulica的隐蔽处。酒店的一切都很鲜明,每个房间都有酒店的艺术家店主独特的装饰。有一个露台咖啡厅,加上一个拱形砖砌的酒窖,用于重大音乐和艺术活动。

Hotel Mitra 酒店 €€€

(☎051 603 069, 787 74 55; www.hotel-mitra.si; Prešernova ul 6; 标单62~88欧元,双106欧元; P❄@📶)这家舒适的酒店有25间宽敞的客房和4个巨大无比的套房,每个都有自己的名字和故事,和墙上特别委托陈列的画作。原木地板上有可爱的东方地毯,在一个老庭院酒窖中有一个健康中心。

Hostel Eva 青年旅舍 €

(☎040 226 522, 771 24 41; www.hostel-ptuj.si; Jadranska ul 22; 每人12~20欧元)这家惬意的新式青年旅舍与一个自行车店(日租10欧元)相连,有6个有2至6张床的房间和1个宽敞且光线充足的厨房。

就餐

首选 Gostilna Ribič 戈斯蒂尔纳 €€

(☎749 06 35; Dravska ul 9; 主菜9.50~20欧元; ⏲周日至周四10:00~23:00,周五和周六10:00至午夜)名为"钓鱼者",大概是普图伊最好的餐馆,面朝河流,有一个巨大的露台,而且不出意料,这里的特色菜是鱼,特别是用香料草调味和烘烤的梭鲈。用长方形大面包碗盛上桌的海鲜汤出奇地好。

Amadeus 戈斯蒂尔纳 €€

(☎771 70 51; Prešernova ul 36; 主菜6.50~20欧元; ⏲周一至周四正午至22:00,周五和周六正午至23:00,周日正午至16:00)这家宜人的戈斯蒂尔纳(gostilna,小酒馆式的餐馆)位于一个小酒馆上面,靠近到城堡的路的脚下,供应什特鲁克利卷(štruklji,芳草奶酪卷)、牛排、猪肉和鱼。

实用信息

普图伊旅游信息中心(Tourist Information Centre Ptuj, ☎779 60 11; www.ptuj.info; Slovenski trg 5; ⏲夏季8:00~20:00,冬季9:00~18:00)

到达和离开

长途汽车 每2小时有1班车到马里博尔(3.60欧元,45分钟),周末班次较少。

火车 联运情况比长途汽车好,有很多开往卢布尔雅那(8~13.60欧元)的列车,既有直达,也有途经普拉盖尔斯科(Pragersko)的。有多达12班火车开往马里博尔(2.90~5.90欧元,50分钟)。

了解斯洛文尼亚

历史

早年

斯洛文尼亚人可以声称他们发明了民主,而且这个说法是可信的。早在7世纪初,他们的祖先斯拉夫人已经成立了卡兰塔尼亚公国[Duchy of Carantania(Karantanija)],驻在克尔恩城堡(Krn Castle,现在的奥地利卡恩堡)。执政的公爵由被封为贵族的平民选举,并在普通公民前面被授予称号。

这种独特的模式得到了16世纪法国政治哲学家让·博丹(Jean Bodin)的注意,他的著作是托马斯·杰斐逊于1776年起草《美国独立宣言》时的参考。

卡兰塔尼亚（后来改成卡林西亚）在8~10世纪是法兰克人和马扎尔人争夺的对象，后来被瓜分给了奥地利—日耳曼贵族和主教。

哈布斯堡和拿破仑

在13世纪末与16世纪初之间，斯洛文尼亚人居住的几乎全部土地，除了威尼斯人控制的沿海城镇，几乎全部在维也纳的统治之下，由哈布斯堡家族管理。

奥地利人的统治持续到1918年，除了1809至1813年间的短暂插曲，当时拿破仑在斯洛文尼亚和克罗地亚地区建了6个所谓的伊利里亚行省（Illyrian Provinces），并将卢布尔雅那作为首府。

拿破仑被证明是一个受欢迎的征服者，因为他相对自由的制度消除了教育系统的德国化。学校第一次教起了斯洛文尼亚语，引起了民族意识的觉醒。为了表达敬意，卢布尔雅那仍然有一个法国大革命广场（Trg Francoske Revolucije），广场上有一个与拿破仑有几分相似的柱子。

第一次和第二次世界大战

"一战"期间的战斗，在沿索卡峡谷地带的伊松佐战区（Isonzo Front）特别惨烈，这里曾被意大利占领，后来被德国领导的奥匈军队收回。"一战"以奥匈帝国的瓦解告终，结果斯洛文尼亚西部作为战后赔偿的一部分被交给意大利。

卡林西亚北部，包括贝利亚克（Beljak）和采洛维茨（Celovec）两个城镇——现在的菲拉赫（Villach）和克拉根福（Klagenfurt），在1920年的公民投票中表决并入奥地利。斯洛文尼亚剩余部分与同伴南部斯拉夫人结成塞尔维亚、克罗地亚和斯洛文尼亚王国，即后来的南斯拉夫。

在"二战"期间，大部分纳粹占领军受到斯洛文尼亚游击队员的抵抗，不过在意大利于1943年投降后，反游击队的斯洛文尼亚地方军（Slovenian Domobranci）在西部很活跃。为了抵抗共产党人在解放区取得政治控制，地方军开始在背后支持德国人。

"二战"结束时，斯洛文尼亚人重新获得了从皮兰到博维茨的意大利占据区，但是失去了的里雅斯特（Trieste）和一部分戈里察（戈里齐亚，Gorica）。

铁托的南斯拉夫

在20世纪60和70年代铁托的南斯拉夫时期，斯洛文尼亚人虽然仅占国家人口的8%，却是国家的经济发动机，创造了全国GDP的20%。

但是，到20世纪80年代，联邦越来越多地被塞尔维亚所支配，斯洛文尼亚人害怕他们将失去政治自治。斯洛文尼亚人在自由选举中以压倒多数的票数决定脱离南斯拉夫，而且在1991年6月25日实现。随后是造成66人死亡的十日战争；南斯拉夫迅速签署了停战协定，以便集中精力重获对沿海的克罗地亚的控制。

从独立到今天

在联邦军于1991年10月25日从斯洛文尼亚土地上撤军后不久，斯洛文尼亚颁布了新宪法，采用两院制的政府议会制度。

国家元首——总统通过直接选举产生，任期五年，最多任两届。从独立到2002年，担任总统的是米兰·库钱（Milan Kučan）；已故的前总理亚内兹·德尔诺夫舍克（Janez Drnovšek，1950~2008年）于2002年当选总统。外交家达尼洛·图尔克（Danilo Türk）从2007年起担任总统，在2012年再次当选总统。

行政权属于总理及其内阁。现任总理是亚内兹·扬沙（Janez Janša），在3年半在野之后于2012年初再度执政。

斯洛文尼亚于1992年获准加入联合国，是联合国第176个成员国。后于2004年5月进入欧盟，成为欧盟正式成员，不到3年之后采用欧元，代替托拉尔成为国家货币。

人口

斯洛文尼亚的人口在很大程度上是同种族的。83%的人口是斯洛文尼亚人，其余的是塞尔维亚人、克罗地亚人、波斯尼亚人、阿尔巴尼亚人和罗姆人，也有一些意大利人和匈牙利人的小团体（他们有专门的代表，维护他们在国会中的利益）。

斯洛文尼亚人从人种上来说是斯拉夫人，典型的勤奋工作、说多种语言且外向。约

60%的斯洛文尼亚人确认他们是天主教徒。

艺术

斯洛文尼亚最热爱的作家是浪漫派诗人弗兰采·普列舍伦（France Prešeren，1800～1849年）。他爱国而充满人文主义色彩的诗篇推动斯洛文尼亚人增强了民族意识。他的诗《祝酒歌》（*Zdravljica*）的一节成为了斯洛文尼亚国歌的歌词。

卢布尔雅那许多最有特色的建筑主题，包括重复出现的金字塔主题，是由著名的斯洛文尼亚建筑师约热·普莱奇尼克（Jože Plečnik，1872～1957年）加上去的，他的作品将古典建筑原则与民间艺术传统融合在一起。

后现代绘画和雕塑从20世纪80年代起，多多少少是多媒体团体新斯洛文尼亚艺术（Neue Slowenische Kunst，NSK）及其合作者欧文（Irwin）的天下。他们还给工业音乐组合莱巴赫（Laibach）带来了国际声誉，莱巴赫的领头人托马日·霍斯特尼克（Tomaž Hostnik）于1983年用科佐莱茨（kozolec）上吊惨死，科佐莱茨是仅在斯洛文尼亚能见到的传统（而且是标志性的）干草架。

斯洛文尼亚充满生气的乐坛包含了锐舞（rave）、铁克诺（techno）、爵士乐、朋克、敲击金属（thrash-metal）和香颂（如维塔·马夫里奇Vita Mavrič等歌手的伤心恋歌）；最流行的当地摇滚乐团是1995年成立的Siddharta，现在仍然很吃香。民间音乐也在复兴：留意Katice和Katalena两个组合，他们演奏带有现代色彩的斯洛文尼亚传统音乐，另外留意一下歌手布里纳（Brina）。

电影

近年来受到欢迎的斯洛文尼亚电影包括：《面包和牛奶》（*Kruh in Mleko*，2001年）和达米扬·科佐莱（Damjan Kozole）的《备件》（*Rezerni Deli*，2003年）。前者是扬·茨维特科瓦茨（Jan Cvitkovič）关于一个不正常小镇家庭的悲剧故事，后者是关于从克罗地亚通过斯洛文尼亚偷渡到意大利的非法移民交易。

轻松得多的影片有《罗斯福的早餐》（*Petelinji Zajtrk*，2007年）和美国制作的奇怪的纪录片《大河男人》（*Big River Man*，2009年）。前者是马尔科·纳贝尔什尼克（Marko Naberšnik）的爱情故事，以奥地利边境为故事的背景；后者由约翰·马兰古安（John Maringouin）执导，讲的是一个超重的马拉松游泳者，想要挑战将亚马逊河从头游到尾的征程，最后成功的故事。

环境

斯洛文尼亚的绿化面积惊人；真的，森林覆盖率达国土总面积的58%，而且还在增加。斯洛文尼亚有接近3200种植物种类——大约70%是土生土长的。

特里格拉夫国家公园有特别多的本土开花植物。斯洛文尼亚比较特别的土生土长的动物，是一种称为洞螈（Proteus anguinus）的没有视力的蝾螈目动物，它们生活在喀斯特溶洞深处，可以不吃东西而存活几年，因此被称为"活化石"。

饮食

斯洛文尼亚菜肴之丰富多样真是不可思议，但是除了几种国人最喜欢的菜，如饺子（žlikrofi，以奶酪、熏咸肉和细香葱为馅的面食）和约塔（jota，营养丰富的菜豆汤）和有多种拼料味道异常浓郁的甜品，如千层蛋糕（gibanica，以核桃、奶酪和苹果为馅的多层蛋糕）。你不大可能在菜单上碰到许多地区性的特色菜。

沿海地区的brodet（鱼汤）、ajdovi žganci z ocvirki（加入咸味烤猪肉脆皮的荞麦浓粥）和浇了bučno olje（南瓜籽油）的绿叶菜沙拉等之类的菜一般是在家中食用。

Gostilna或gostišče（小饭店）或restavracija（餐馆）通常供应rižota（risotto，意大利调味饭）、klobasa（香肠）、zrezek（肉排/牛排）、golaž（匈牙利红烩牛肉）和paprikaš（辛辣的炖鸡或牛肉）。Riba（鱼）是极好的，通常按dag（100克）计价。在斯洛文尼亚常见巴尔干人最喜欢的菜，如cevapčiči（牛肉或猪肉做的辣肉丸）和pljeskavica（辣肉饼），通常配上kajmak（一种浓缩块状奶油）。

经济小吃，可以选择外卖的切成片的比萨或一块块的burek（布雷克饼，2欧元，以肉、奶酪或苹果为馅的酥皮馅饼）。其他选择包括štruklji（什特鲁克利卷——农家鲜干酪卷）和palačinke（甜薄煎饼）。

葡萄酒、啤酒和白兰地

斯洛文尼亚特色的葡萄酒包括辛辣的特朗红葡萄酒（Teran，用喀斯特地区产的雷福什克Refošk葡萄酿造）、茨维切克（Cviček，一种干型淡红或几乎是玫瑰红的葡萄酒，产自斯洛文尼亚东部）和玛尔维萨（Malvazija，沿海地区产的一种淡黄色低度干白葡萄酒）。斯洛文尼亚有理由为他们的顶尖葡萄酒而自豪，但是较便宜的按分升（100毫升）卖的酒吧标准的odprto vino（打开的酒）不过如此。

Pivo（啤酒），无论是svetlo（贮藏啤酒）还是temno（黑啤酒），最好是točeno（从桶中打的啤酒），但是也总是有罐装和瓶装的啤酒。

有几十种žganje（水果白兰地），包括češnjevec（樱桃酿造的）、sadjevec（混合水果）、sadjevec（杜松）、hruška（梨子，也称作viljamovka）和slivovka（梅子）。

生存指南

出行指南

签证

斯洛文尼亚属于申根区，中国公民前往斯洛文尼亚需办理申根国签证（见654页）。

需要签证者（包括南非人）可以在斯洛文尼亚任何一个大使馆或领事馆获得不超过90天的签证——完整的清单见外交部（Ministry of Foreign Affairswww.mzz.gov.si）网站。签证费用为35欧元，不拘签证类型和有效期长短。

现金

官方货币是欧元。可以在银行、主要邮局、旅行社和menjalnice（bureaux de change，货币兑换处）方便地兑换现金，不过许多都不接受旅行支票。几乎各处都接受信用卡和借记卡，而且自动取款机无处不在。

暂时不支持银联卡取现，但部分商户可以刷银联卡信用卡消费。

使领馆

中国大使馆（si.chineseembassy.org/chn/；☎001 420 28 55；Koblarjeva 3, 1000 Ljubljana；⏰周一至周五8:00~12:00和13:30~16:00）

旅游信息

总部在卢布尔雅那的斯洛文尼亚旅游局（Slovenian Tourist Board, Slovenska Turistična Organizacija, STO；☎01-589 18 40；www.slovenia.info；Dunajska cesta 156），是促进斯洛文尼亚旅游业的伞形组织，他们制作许多很好的英文版情况介绍手册、宣传册和小册子。

未经预约而来的游客可以前往斯洛文尼亚旅游信息中心（Slovenian Tourist Information Centre, STIC；☎306 45 76；www.slovenia.info；Krekov trg 10；⏰6月至9月8:00~21:00，10月至次年5月8:00~19:00）。另外，该组织监管分布在全国各地的60来个地方性的旅游局与办事处，称为“旅游信息中心（TIC）”。

在首都，卢布尔雅那旅游信息中心（Ljubljana Tourist Information Centre, TIC；☎306 12 15；www.visitljubljana.si；Adamič-Lundrovo nabrežje 2；⏰6月至9月8:00~21:00，10月至次年5月8:00~19:00）知道几乎一切关于卢布尔雅那的信息，对斯洛文尼亚其余部分几乎也是一样。在火车站有一个分部。

节日和活动

斯洛文尼亚旅游局官方网站（Slovenian Tourist Board, www.slovenia.info）拥有一张重大文化活动综合清单。

营业时间

delovni čas（营业时间）通常贴在门上。Odprto是“开门”，zaprto是“关门”。下列营业时间是标准的，评述中就不列出营业时间了（除非与这里不一样）。

银行 工作日9:00~17:00，周六（很少）8:00至正午

食品杂货店 工作日8:00~19:00，周六8:00~13:00

博物馆 周二到周日10:00~18:00。冬季营业时间较短

邮局 工作日8:00~18:00或19:00，周六至正午

餐馆 营业时间各不相同，但是每天11:00~22:00可以认为是营业的。酒吧通常周日到周四从11:00开到午夜，周五和周六到次日1:00或2:00

节假日

如果某个假日是周日，则下周一也休假。

新年 1月1日和2日

普列舍伦日（斯洛文尼亚国家文化日） 2月8日

复活节星期一 3月/4月

起义纪念日 4月27日

劳动节 5月1日和2日

国庆节 6月25日

圣母升天节 8月15日

宗教改革日 10月31日

诸圣节 11月1日

圣诞节 12月25日

独立日 12月26日

住宿

住宿范围很广，从河畔露营地、青年旅舍、山地小屋、舒适的gostišča（旅馆）和农舍，到优雅的城堡酒店和卢布尔雅那的五星级酒店，无所不有。所以除了旺季高峰期（7月和8月）在沿海、布莱德湖、渤兴湖或卢布尔雅那以外，你都可以找到合心意的住宿。

下列价格范围，除非另有说明，是指有配套卫生间和浴缸或淋浴的双人间（含早餐）的价格。事实上斯洛文尼亚每个市政当局均征收每人每夜0.50~1欧元的旅游税。

€ 低于50欧元

€€ 介于50~100欧元

€€€ 高于100欧元

农庄住宿

斯洛文尼亚数百个经营中的农场为付费客人提供住宿，不是在农舍本身的私人房间中，就是在阿尔卑斯风格的客栈中。许多农场提供户外运动，并且如果你愿意，允许你帮忙做些农场杂务。

在淡季（9月至12月中旬和1月中旬至6月），共用卫生间含早餐（半膳宿20欧元起）的房间，预计每人大约15欧元，旺季时（7月和8月）涨到每人最低17欧元（半膳宿5欧元起）。

欲知更多信息，请联系**斯洛文尼亚旅游农场协会**（Association of Tourist Farms of Slovenia, Združenje Turističnih Kmetij Slovenije; ☎041 435 528, 03-425 55 11; www.farmtourism.si; Trnoveljska cesta 1）或询问斯洛文尼亚旅游局。

就餐

下列价格范围是一个人吃两道菜的一餐（含一杯饮料）粗略近似价格范围。许多餐馆供应很划算的含两道甚至三道菜的午间套餐。这些套餐典型的价格为5~9欧元。

€ 低于15欧元

€€ 介于16~30欧元

€€€ 高于30欧元

邮局

斯洛文尼亚邮政系统（Pošta Slovenije）——可以通过它亮黄色的标识辨别——提供许多种服务——出售邮票和电话卡，复印和兑换货币。报刊亭也出售znamke（邮票）。邮局可以卖包装箱给你。

电话

在斯洛文尼亚，打公用电话，要用telefonska kartica或elekartica（电话卡）。电话卡在邮局和一些报刊亭有售，根据通话时长不同，价格在2.70~14.60欧元之间。

要从国外打电话到斯洛文尼亚，先拨国际直拨号，然后是☎386（斯洛文尼亚的国家代码）、区号（减去开头的0）和电话号码。斯洛文尼亚有6个区号（☎01到☎05和☎07）。要从斯洛文尼亚打到国外，拨☎00，然后是国家代码、区号和电话号码。如拨往中国，则在☎00后，拨国家代码☎86，再拨区号和电话号码。在斯洛文尼亚，☎80开头的电话号码是免费电话。

手机

网络覆盖率达到全国的95%。移动电话号码以☎030和☎040（SiMobil）、☎031、☎041、☎051和☎071（Mobitel）和☎070（Tušmobil）开头。

斯洛文尼亚使用GSM900，这与欧洲其余部分和澳大利亚兼容，但是与北美GSM 1900和完全不同的日本系统不兼容。含5欧元话费的SIM卡，在**SiMobil**（www.simobil.si）**Mobitel**（www.mobitel.si）和**Tušmobil**（www.tusmobil.sil）有售。充值刮刮卡在邮局、报刊亭和加油站有售。

三家网络在斯洛文尼亚各地，包括卢布尔雅那，均有销售点。

上网

如今几乎每个酒店和青年旅舍都提供上网——1台供客人使用的电脑（免费或少量收费）、Wi-Fi——或二者都有。该国的大多数旅游信息中心提供免费（或低价）上网，许多图书馆有免费终端。许多市镇至少有一个网络咖啡屋（虽然他们通常仅有少量终端），或许市政广场上就有免费Wi-Fi。

同性恋旅行者

斯洛文尼亚国家法律禁止在就业等方面基于性取向的歧视。在近些年里，全国均有明显可见的反对憎恶同性恋运动。然而，在卢布尔雅那之外，同性恋存在的迹象很少，同性恋的生活方式就更是少得多了。

卢布尔雅那的**Klub Roza**（Klub K4；www.klubk4.org；Kersnikova ulica 4；⊙9月至次年6月周日22:00至次日6:00）由**KUC**（www.skuc.org）的男同性恋和女同性恋分支组成，KUC全称Študentski Kulturni Center（学生文化中心），但是不再是面向学生了。KUC在6月下旬组织同性恋**Ljubljana Pride**（www.ljubljana-pride.org）游行，并在11月下旬到12月上旬组织**同性恋电影节**（Gay & Lesbian Film Festival，www.ljudmila.org/siqrd/fglf）。男同性恋分支**Magnus**（skucmagnus@hotmail.com）专注艾滋病预防及联络，在卢布尔雅那梅特尔科沃城的Kulturni Center Q（Q文化中心）的背后，那里有面向男同性恋的Klub Tiffany和面向女同性恋的Klub Monokel。

叫作**Narobe**（Upside Down；www.narobe.si）的月刊仅有斯洛文尼亚语，但是也许你至少能够从上面的表格中收集一些基本信息。

到达和离开

斯洛文尼亚与欧盟邻国意大利、奥地利和匈牙利之间几乎无需办理边境手续。克罗地亚已经在2013年7月1日加入欧盟，未来可能会实施申根边境规则。在那之前，对过境者的身份证、护照和签证（有些情况下）会检查得比较仔细。

飞机

斯洛文尼亚唯一的国际机场，卢布尔雅那的**约热·普莱奇尼克机场**（Jože Pučnik Airport，LJU/Aerodrom Ljubljana；☎04-206 19 81；www.lju-airport.si/eng；Zgornji Brnik 130a，Brnik），位于卢布尔雅那北面27公里的布尔尼克（Brnik）。在到达大厅，有一个**斯洛文尼亚旅游信息中心**（Slovenia Tourist Information Centre，STIC；⊙周一、周三和周五11:00~23:00，周二和周四10:00~22:00，周六10:30~22:30，周日12:30~次日0:30）服务台、一部用来预订宾馆的电话和自动取款机。租车行在航站楼对面有营业点。

斯洛文尼亚的国家航空公司**亚德里亚航空公司**（Adria Airways，☎01-369 10 10，080 13 00；www.adria-airways.com）从布尔尼克的基地，通过定期航班往返于大约20个欧洲目的地。

其他有定期航班往返卢布尔雅那的航空公司包括：

法国航空公司（Air France；☎01-244 34 47；www.airfrance.com/si）每天到巴黎的航班（CDG）。

捷克航空公司（ČSA Czech Airlines；☎04-206 17 50；www.czechairlines.com）到布拉格的航班。

易捷航空公司（EasyJet；☎04-206 16 77；www.easyjet.com）每天到伦敦斯坦斯特德（London Stansted）的低价航班。

汉莎航空公司（Lufthansa；☎01-434 72 46；www.lufthansa.com；Gosposvetska cesta 6）与亚德里亚（Adria）共用代码的航班。

土耳其航空公司(Turkish Airlines; ☎04-206 16 80; www.turkishairlines.com)到伊斯坦布尔的航班。

陆路

长途汽车

卢布尔雅那始发的国际长途汽车开往塞尔维亚、德国、克罗地亚、波斯尼亚—黑塞哥维那、马其顿、意大利和斯堪的纳维亚。你也可以从沿海城镇,如皮兰和科佩尔搭乘开往意大利和克罗地亚的长途汽车。

火车

可以乘火车前往意大利、奥地利、德国、克罗地亚和匈牙利;卢布尔雅那是主要交通枢纽,不过你可以在某些城市,如马里博尔和普图伊搭乘国际火车。国际火车旅行可能较贵。有时,在穿越边境前尽可能乘坐国内线路,会较便宜。

海路

在旺季,皮兰每天有摆渡开往的里雅斯特,一周至少1班双体船到威尼斯。在夏季,附近的伊佐拉与威尼斯之间也有双体船。

当地交通

自行车

骑自行车是一种受欢迎的出行方式。在有些城际(IC)和地区性火车上,可以把自行车放在行车仓中运输,收费2.80欧元。较大的长途汽车也可以将自行车当行李运输。较大的市镇有自行车专用的车道和交通信号灯。

公共汽车

在avtobusna postaja(汽车站)买票,或者就在上车时付车费给司机。在卢布尔雅那,如果在周五旅行或者在节假日去山区或沿海的站点,应该至少提前一天预订座位。周日和节假日的汽车业务是受限制的。

斯洛文尼亚有一系列的汽车公司,但是价格是统一的:行程25/50/100/200公里价格为:3.10/5.60/ 9.20/16.80欧元。

汽车站内的时刻表,或张贴在外面墙上或柱子上的时刻表,列出了站点和出发时间。

> **交通规则**
>
> » 靠右侧行驶。
>
> » 限速:市内50公里/小时,二级公路90公里/小时,公路100公里/小时,高速公路130公里/小时。
>
> » 必须系安全带;摩托车手必须戴头盔。
>
> » 所有摩托车手必须全天亮着车头灯。
>
> » 司机血液中的酒精含量允许值为0.05%。

如果你在表上找不到你要乘的车,或者看不懂时刻表,到blagajna vozovnice(信息或票务窗口)可获得帮助,信息窗口和票务窗口通常是一回事。Odhodi意思是"出发",而prihodi意思是"到达"。

小汽车和摩托车

斯洛文尼亚的道路总体情况良好。有两条主要的高速公路走廊——在马里博尔和海岸之间(通过在Črni Kal的立交桥)和从卡拉凡克隧道(Karavanke Tunnel)经奥地利到克罗地亚的萨格勒布(Zagreb)——两条路在卢布尔雅那环路相交,有一条支路从波斯托伊纳到新戈里察。avtocesta(高速公路)编号为从A1到A10。

高速公路上不再分别付通行费,代之以所有汽车必须在汽车挡风玻璃上展示vinjeta(道路收费贴纸)。小汽车每周/月/年的费用为15/30/95欧元,摩托车的费用为7.50/25/47.50欧元,可以在加油站、邮局和某些报刊亭和旅游信息中心买到。出租的车上已经有这些贴纸;如果不展示这样的贴纸,有被罚300欧元的风险。

拨☎1987寻求道路救援。

租车

在斯洛文尼亚租一辆小汽车,可以到达较便宜的不在中心区的酒店,和在农场和乡村家庭寄宿。Avis、Budget、Europcar和Hertz等国际公司的租金不一;预期一天/周费用为40/210欧元,包括不限里程、车辆碰撞险(CDW)、盗窃险、个人人身意外伤害险

（PAI）和各种税款。一些较小的租车行价格较有竞争力。网上预订总是较便宜。

火车

斯洛文尼亚的许多地方通铁路，铁路由全国运营商**斯洛文尼亚铁路公司**（Slovenian Railways, Slovenske Železnice, SŽ; ☎01-291 33 32; www.slo-zeleznice.si）运营。官方网站上有易于使用的时刻表。

列车时速约60公里/小时，除了在卢布尔雅那和马里博尔（13.60欧元，1.75小时）之间最快的斯洛文尼亚城际快车（InterCity Slovenia, ICS），平均速度为90公里/小时。

地方上通行regionalni vlaki（地区性列车）和primestni vlaki（城市列车），但是最快的是城际列车（InterCity trains, IC）。

时刻表上列车编号旁的"R"表示可以预订座位。如果"R"是带框的，则表示必须预订座位。

旅行前在železniška postaja（火车站）买票，在车上向列车长买票要额外支付2.50欧元。无效票或逃票将招致40欧元的罚款。

瑞 士

包 括 »

最佳餐饮

» Bottegone del Vino（见637页）

» Wirtshaus Galliker（见616页）

» Alpenrose（见627页）

最佳住宿

» Hotel Bahnhof（见608页）

» Hotel Landhaus（见610页）

» Palace Luzern（见616页）

为何去

采尔马特（Zermatt）和圣莫里茨（St Moritz）等华贵的地名会勾起你何等绚丽浪漫的遐想啊。这就是"特别的瑞士"，一个享有特权的中立国，高贵优雅、独一无二，游离于其他国家之外。它深受上天眷顾，拥有丰富多彩的文化，四种官方语言的并存便是明证。

瑞士是一个纯粹的国度：苏黎世（Zürich）是瑞士人口最为密集的城市，这里有前卫的艺术，富于传奇色彩的夜生活和全世界最高的生活水准之一。瑞士人对耐力活动怀有极大的热情，追求古老而简单的欢乐。

所以不要光凭明信片上的图片来了解伯尔尼形同巧克力盒的建筑、庄严的马特峰和雷霆万钧的莱茵瀑布——瑞士的美是如此的惊心动魄，只有亲临，才能切身感受。

何时去

日内瓦

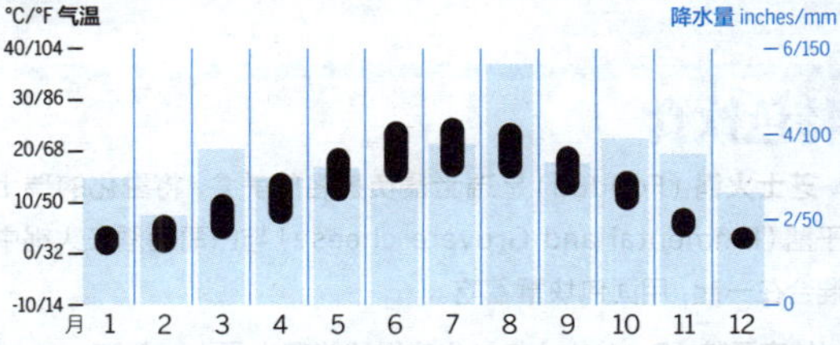

12月至次年4月初 在阿尔卑斯山的度假胜地进行雪地滑板运动并品尝热红葡萄酒。

5月至9月 在马特峰附近远足，它的迷人姿态一定会让你惊叹不已。

8月 8月1日是瑞士国庆节，你可以感受瑞士举国上下的民族自豪之情。

交通

邻近法国、德国、奥地利、列支敦士登和意大利等国，瑞士交通便利，四通八达。在日内瓦搭乘市内巴士甚至可以直达法国边境（有两趟公共汽车驶入法国境内，沿着日内瓦湖南岸继续前行）。快速便捷的法国TGV高速列车由日内瓦（Geneva）和洛桑（Lausanne）开往巴黎（Paris）。在北方，法国高速线的新近落成，意味着从巴黎到苏黎世的行程缩短至4小时，到巴塞尔（Basel）则只需3小时。不仅苏黎世有便捷的车次到达斯图加特（Stuttgart）、慕尼黑（Munich）和奥地利（Austria），巴塞尔市内也有快速ICE列车通往德国主要城市。另有普通列车从苏黎世、卢塞恩（Lucerne）和卢加诺（Lugano）开往米兰（Milan）。

旅行线路

一周

以活力四射的苏黎世为起点，去著名的班霍夫大街（Bahnhofstrasse）购物，或逛逛中世纪的街角。然后前往少女峰山区，探索一些壮观的高山景色（想象一下詹姆斯•邦德从陡峭的雪山上逃离雪崩的镜头）。在到达首都伯尔尼之前，可在美丽的卢塞恩市稍作停留。

两周

继续第一周内容，然后向西到达日内瓦的法语区或日内瓦湖畔的洛桑（Lausanne），在格吕耶尔（Gruyères）稍作停留，尝尝风味绝佳的芝士火锅（fondue），大快朵颐裹着浓稠高脂奶油的蛋白糖饼（meringues）。再前往采尔马特或穿越圣莫里茨（St Moritz），在那里的皑皑白雪或如茵草坪上尽情玩闹；然后向东折返，在卢加诺（Lugano）湖边品味瑞士的意大利风情。

特色饮食

» **芝士火锅**（Fondue）是瑞士最负盛名的美食，将融化的瑞士干酪（Emmental and Gruyère cheese）与白葡萄酒在火锅中混合在一起，用面包块蘸着吃。

» **拉克雷特**（Raclette）将融化的奶酪放在土豆上一起吃。

» **土豆丝煎饼**（Rösti）德裔瑞士人的民族美食，煎炸土豆丝吃时可任意搭配。

» **小牛肉** 在苏黎世，一般将小牛肉切成薄片，与奶油沙司一起吃。

» **风干牛肉**（Bündnerfleisch）切成薄片的烟熏干牛肉。

速览

» **货币** 瑞士法郎（Sfr）

» **语言** 法语、德语、意大利语、罗曼什语

» **现金** 自动取款机随处可见

» **签证** 适用申根政策

快速参考

» **面积** 41,285平方公里

» **首都** 伯尔尼

» **国家代码** ☎41

» **紧急情况** 报警☎117，火警☎118，急救☎144

汇率

人民币	CNY1	Sfr0.14
港币	HKD1	Sfr0.12
新台币	TWD1	Sfr0.03
澳门币	MOP1	Sfr0.11
新加坡元	SGD1	Sfr0.71
美元	USD1	Sfr0.89
欧元	EUR1	Sfr1.22

预算

» **经济型酒店** 80~100瑞士法郎

» **两道菜的一餐** 30瑞士法郎

» **博物馆门票** 15瑞士法郎

» **啤酒** 5瑞士法郎

网络资源

» **瑞士资讯**（www.swiss info.ch）瑞士新闻、时事信息。

» **瑞士国家旅游局官方网站**（www.myswitzerland.com）瑞士旅行资讯。

日内瓦(GENEVA)

人口192,400

日内瓦(法文中为Genève,德文中为Genf)时髦、国际化,是大都市中的珍品,也是欧洲生活成本最高的城市之一。阳光下,这座城市的人们用多种语言相互闲聊(日内瓦45%的居民是外国裔,来自184个不同的国度)。经常有人将它当成瑞士的首都——其实并不是。日内瓦紧临欧洲最大的高山湖,但这座湖光潋滟的商业之城其实只是瑞士的第二大城市。

而这座城市就是一个世界:联合国、国际红十字会(International Red Cross)、国际劳工组织(International Labour Organization)、世界卫生组织——200多个政府和非政府国际性组织坐落于此,声名显赫的住客充斥着当地奢华的酒店,享用酒店里菜式丰富、令人眼花缭乱的盛宴。日内瓦享有盛名的众多银行、珠宝店和巧克力店也正是靠这些贵客支撑。周末可以去精致的市内公园漫步,扬帆日内瓦湖或者去附近的阿尔卑斯山区滑雪。

景点

市中心很紧凑,因此步行就能很方便地参观许多主要景点。

日内瓦湖

湖泊

(Lake Geneva)开始探索欧洲最大的高山湖之前先在**卢梭岛**(Île Rousseau)享用一杯咖啡,岛上有一座卢梭雕像,以纪念这位著名的自由思想家。在湖的南面,向西可以走到英国公园(Jardin Anglais)的**大花钟**(Horloge Fleurie; Quai du Général-Guisan)下。这座日内瓦"谋杀"最多胶卷的大钟,由6500盆鲜花组成,但盛名之下其实难副。

湖的南岸高达140米的**大喷泉**(Jet d'Ea, Lake Geneva, Jetée des Eaux-Vives; 免费参观; ⌚3月至10月9:30~23:15)是绝对不容错过的。喷泉最壮观时有七吨水向空中喷射,在高空中呈现羽状的水柱,晴日里会形成一道彩虹。

日内瓦两日游

先在左岸转转各处公园、花园和**大喷泉**,然后去**老城**溜达溜达,顺便吃顿中饭。吃饱喝足之后,去参观一家博物馆,然后去游泳,最后到**Bains des Pâquis**饮点开胃酒。第二日,游览欧洲核子研究组织或者万国宫,之后沿着湖边逛逛。

首选 老城

历史地点

老城(Old Town,法文Vieille Ville)主街Grand-Rue街是**卢梭故居**(Espace Rousseau, ☎022 310 10 28; www.espace-rousseau.ch; Grand-Rue 40; 成人/儿童5/3瑞士法郎; ⌚周二至周日11:00~17:30)所在,这位18世纪哲学家就诞生于此。这是日内瓦休闲散步的好地方;全天开放的布德弗广场(Place du Bourg-de-Four),四周都是相当不错的咖啡馆。

不远处便是半罗马半哥特式的**圣皮埃尔大教堂**(Cathédrale de St-Pierre, St Peter's Cathedral; Cour St-Pierre; 门票免费; ⌚6月至9月 周一至周六9:30~18:30,周日正午至18:30,10月至次年5月 周一至周六10:00~17:50,周日正午至17:30),这里是新教徒约翰•加尔文(John Calvin)1536~1564年布道的地方。可以去庄严夺目的**马加比礼拜堂**(Chapel of the Maccabees)感受一下布教的氛围。大教堂底下有一处**考古遗址**(site archéologique; ☎022 311 75 74; www.site-archeologique.ch; Cour St-Pierre 6; 成人/儿童8/4瑞士法郎; ⌚周二至周日10:00~17:00),其中有一些精美的4世纪马赛克和一个5世纪的洗礼盘,观众可以参与互动活动。

可以去隔壁的**宗教改革国际博物馆**(Musée Internationale de la Réforme)了解加尔文的生平(International Museum of the Reformation; ☎022 310 24 31; www.musee-reforme.ch; Rue du Clootre 4; 成人/学生/儿童8/3/2瑞士法郎; ⌚周二至周日10:00~17:00)。

万国宫

地标

(Palais des Nations; ☎022 907 48 96; www.unog.ch; Av de la Paix 14; 成人/儿童12/7瑞

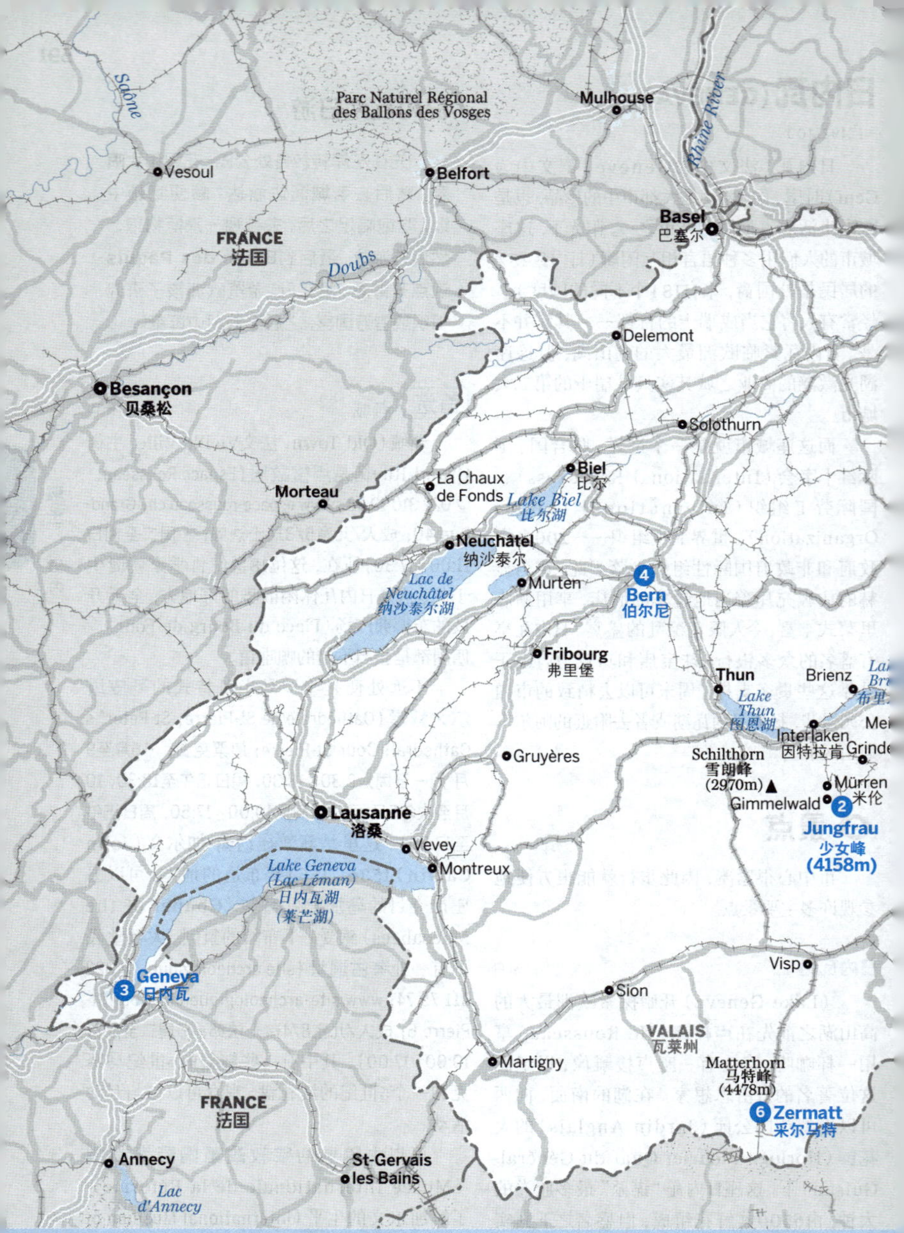

瑞士亮点

①想要感受到**苏黎世**（见623页）的风情，白天可以在风景优美的湖边悠闲地散散步，晚上去参加喧哗热闹的通宵聚会。

②面对艾格尔峰（Eiger）雄浑壮阔的北坡惊叹不已，乘火车驶往著名的“欧洲之巅”，海拔4158米的**少女峰**（见622页）。

③在**日内瓦**（见591页）宁静的湖泊上搭乘游船，去往尼翁或中世纪之城洛桑。

④感受首都**伯尔尼**（见609页）带来的惊喜：迷人的中世纪景致，富有传奇色彩的喷泉，以及咖啡及饮食文化。

❺乘坐一趟瑞士著名的观光列车，例如越过**伯尔尼纳山口**（见638页）的那趟。

❻惊叹于著名的马特峰景观的同时，你可以乘坐免费公交车游览一下阿尔卑斯小山村**采尔马特**（见607页）。

❼在**卢加诺**（见636页）考验一下你的意大利口音，让自己充分沉浸在那里怡人的湖光山色之中。

Geneva 日内瓦

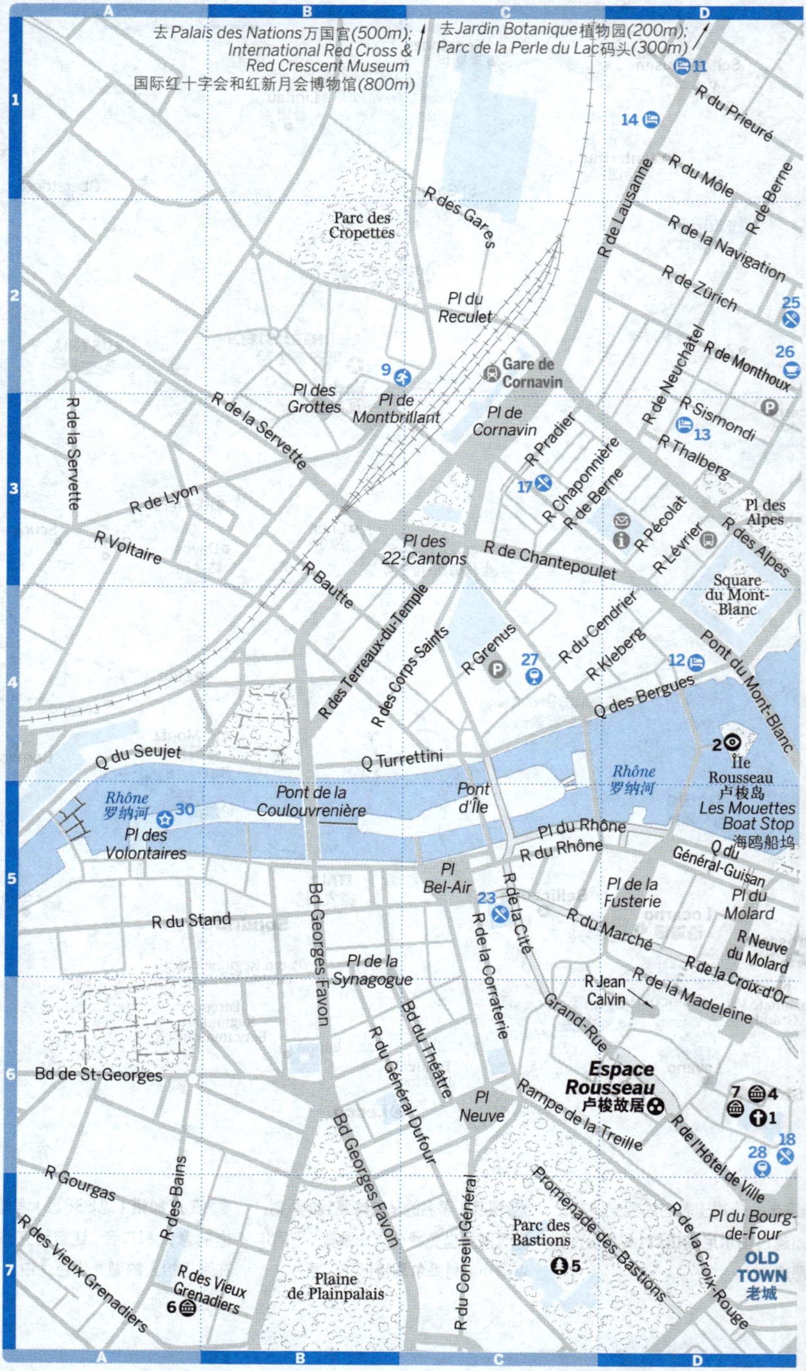

去Palais des Nations万国宫(500m); International Red Cross & Red Crescent Museum 国际红十字会和红新月会博物馆(800m)
去Jardin Botanique植物园(200m); Parc de la Perle du Lac码头(300m)
Parc des Cropettes
R des Gares
Pl du Reculet
Gare de Cornavin
Pl des Grottes
Pl de Montbrillant
Pl de Cornavin
R de la Servette
R de Lyon
R Voltaire
Pl des 22-Cantons
R de Chantepoulet
R Bautte
R des Terreaux-du-Temple
R des Corps Saints
R Grenus
R du Cendrier
R Kleberg
Q des Bergues
Q du Seujet
Q Turrettini
Rhône 罗纳河
Pl des Volontaires
Pont de la Coulouvrenière
Pont d'Île
Pl du Rhône
R du Rhône
Pl Bel-Air
R du Stand
Bd Georges Favon
Pl de la Synagogue
Bd du Théâtre
R du Général Dufour
R de la Corraterie
R de la Cité
Pl de la Fusterie
R du Marché
R Jean Calvin
Grand-Rue
Espace Rousseau 卢梭故居
Rampe de la Treille
Pl Neuve
Bd de St-Georges
R Gourgas
R des Vieux Grenadiers
R des Bains
R des Vieux Grenadiers
Plaine de Plainpalais
R du Conseil-Général
Parc des Bastions
Promenade des Bastions
R de la Croix-Rouge
R de l'Hôtel de Ville
Pl du Bourg-de-Four
OLD TOWN 老城
R de la Madeleine
R de la Croix-d'Or
R Neuve du Molard
Pl du Molard
Q du Général-Guisan
Les Mouettes Boat Stop 海鸥船坞
Île Rousseau 卢梭岛
Pont du Mont-Blanc
Square du Mont-Blanc
Pl des Alpes
R des Alpes
R Lévrier
R Pécolat
R de Berne
R Chaponnière
R Pradier
R Thalberg
R Sismondi
R de Neuchâtel
R de Monthoux
R de Zürich
R de la Navigation
R de Lausanne
R du Môle
R de Berne
R du Prieuré
1 2 3 4 5 6 7 9 11 12 13 14 17 18 23 25 26 27 28 30
A B C D

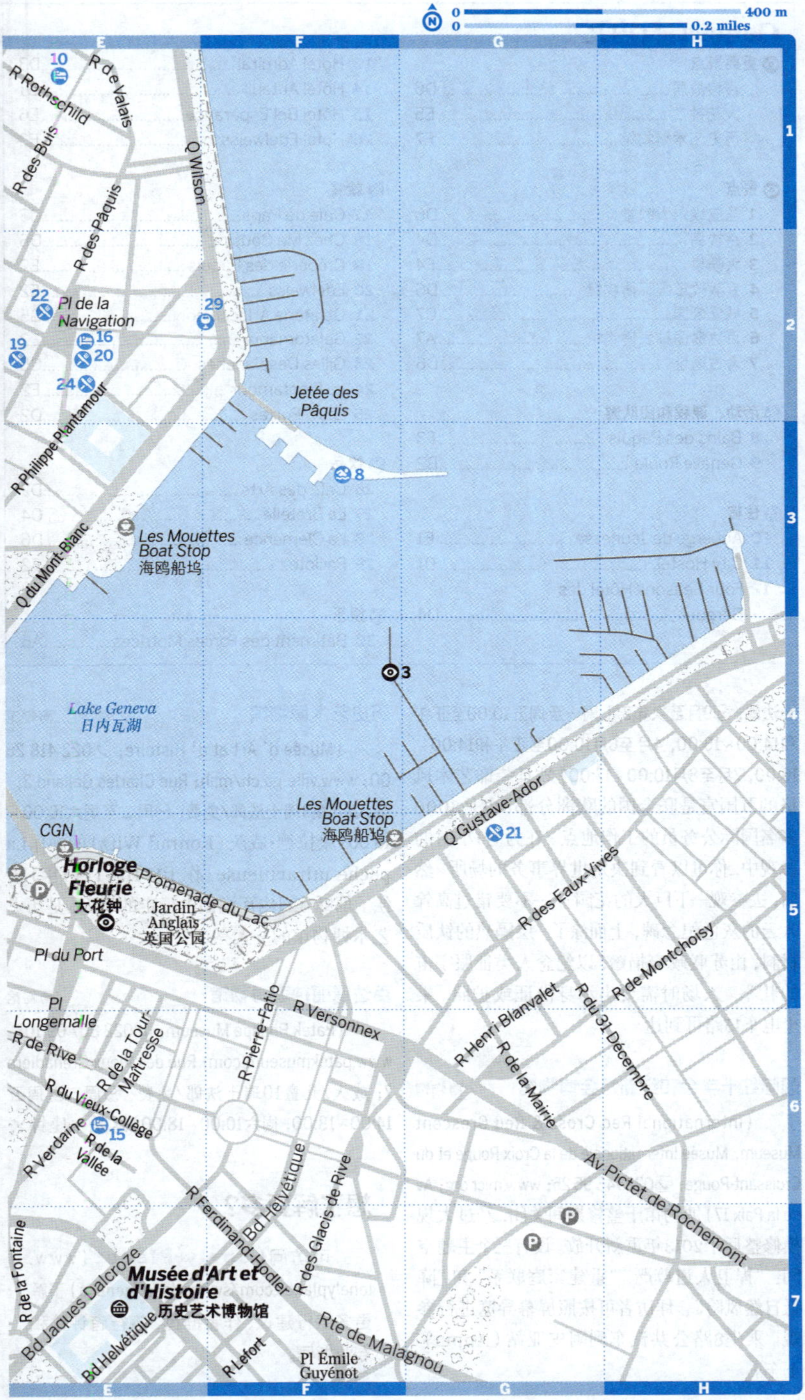
0 400 m
0 0.2 miles
E
F
G
H
1
2
3
4
5
6
7
R de Valais
R Rothschild
R des Buis
R des Pâquis
Q Wilson
Pl de la Navigation
R Philippe Plantamour
Q du Mont-Blanc
Jetée des Pâquis
Les Mouettes Boat Stop
海鸥船坞
Lake Geneva
日内瓦湖
CGN
Horloge Fleurie
大花钟
Jardin Anglais
英国公园
Promenade du Lac
Q Gustave-Ador
R des Eaux-Vives
R de Montchoisy
Pl du Port
Pl Longemalle
R de Rive
R de la Tour Maîtresse
R Pierre-Fatio
R Versonnex
R Henri Blanvalet
R du 31 Décembre
R de la Mairie
R du Vieux-Collège
R Verdaine
R de la Vallée
Av Pictet de Rochemont
R de la Fontaine
Bd Jaques Dalcroze
Musée d'Art et d'Histoire
历史艺术博物馆
Bd Helvétique
R Ferdinand-Hodler
R des Glacis de Rive
Rte de Malagnou
R Lefort
Pl Émile Guyénot
1
2
3
8
10
15
16
19
20
21
22
24
29

Geneva 日内瓦

重要景点

卢梭故居……D6
大花钟……E5
历史艺术博物馆……E7

景点

1 圣皮埃尔大教堂……D6
2 卢梭岛……D4
3 大喷泉……F4
4 宗教改革国际博物馆……D6
5 城堡公园……C7
6 百达翡丽钟表博物馆……A7
7 考古遗址……D6

活动、课程和团队游

8 Bains des Pâquis……F3
9 Genève Roule……B2

住宿

10 Auberge de Jeunesse……E1
11 City Hostel……D1
12 Four Seasons Hôtel des Bergues……D4
13 Hotel Admiral……D3
14 Hôtel Auteuil……D1
15 Hôtel Bel'Esperance……E6
16 Hotel Edelweiss……E2

就餐

17 Café de Paris……C3
18 Chez Ma Cousine……D6
19 Crêperie des Pâquis……E2
20 Edelweiss……E2
21 Gelateria Arlecchino……G5
22 Gelatomania……E2
23 Gilles Desplanches……C5
24 Le Plantamour……E2
25 Les 5 Portes……D2

饮品

26 Café des Arts……D2
27 La Bretelle……C4
28 La Clémence……D6
29 Paillote……F2

娱乐

30 Bâtiment des Forces Motrices……A5

士法郎；⏲9月至次年3月 周一至周五10:00至正午和14:00~16:00，4月至6月10:00至正午和14:00~16:00，7月至8月10:00~17:00）颇具装饰艺术风格的万国宫是联合国的欧洲分部，也是3000多名国际公务员的工作地点。在为时1小时的参观中，你可以看到决定世界事务的场所。然后，去参观一下巨大的花园——不要错过高耸入云的灰色纪念碑，上面涂了一层隔热的钛质材料，由苏联政府捐赠，以纪念人类征服宇宙的壮举。入场时需要出示身份证或护照。乘坐电车15路可到达。

国际红十字会和红新月会博物馆 博物馆

（International Red Cross & Red Crescent Museum, Musée Internationale de la Croix Rouge et du Croissant-Rouge; ☎022 748 95 25; www.micr.org; Av de la Paix 17）博物馆于整修期间关闭，经过大规模修整后于2013年重新开放。设有三个主题空间："捍卫人道尊严"、"重建家庭联系"和"降低自然风险"。拜访者可按照屏幕导览进行参观。乘坐8路公共汽车到阿皮亚站（Appia）下车。

历史艺术博物馆 博物馆

（Musée d'Art et d'Histoire; ☎022 418 26 00; www.ville-ge.ch/mah; Rue Charles Galland 2; 成人/儿童3瑞士法郎/免费；⏲周二至周六10:00~18:00）康拉德•威茨（Konrad Witz）的画作La pêche miraculeuse（作于1440~1444年）描绘了耶稣在日内瓦湖面上行走的场面，是历史艺术博物馆的一大亮点。

百达翡丽钟表博物馆 博物馆

（Patek Phillipe Museum; ☎022 807 09 10; www.patekmuseum.com; Rue des Vieux Grenadiers 7; 成人/儿童10瑞士法郎/免费；⏲周二至周五14:00~18:00，周六10:00~18:00）这是一座钟表

想了解更多？

可访问**Lonely Planet**（www.lonelyplanet.com/switzerland/geneva）了解更多旅行建议、作者推荐、旅行者评论和专业指导。

艺术的收藏宝库，展示了从16世纪到现在的各式精美钟表。

公园 公园

日内瓦有众多公园，很多都沿湖而建。湖的北岸有烂漫的鲜花和众多艺术造型，晴好的日子里还能看到极富震撼力的勃朗峰景色，沿湖而行是一种享受。先去时尚的**Bains des Pâquis**（☎022 732 29 74; www.bains-des-paquis.ch; Quai du Mont-Blanc 30; ⊙4月中旬至9月中旬9:00~20:00）走走，从1872年开始，这里就是日内瓦人享受阳光的好地方了。再往北行是**Parc de la Perle du Lac**（Quai du Mont-Blanc）以及草地上有很多孔雀的植物园**Jardin Botanique**（门票免费；⊙4月至10月8:00~15:30，11月至次年3月9:30~17:00）。

老城的南部是**城堡公园**（Parc des Bastions），这里有高4.5米的贝兹（Bèze）、加尔文（Calvin）、法雷尔（Farel）和诺克斯（Knox）的雕像——一个个都身穿睡衣，一副准备就寝的样子。

免费 **欧洲核子研究组织** 研究所

（☎022 767 84 84; www.cern.ch; Rte de Meyrin 385 1217, Meyrin; ⊙周一至周六10:30）在欧洲核子研究组织（CERN），你可以了解高能量电子和正电子在27公里长的大管道内（即大型强子对撞机，是世界上最大的机器）加速对撞的原因，以及对撞后如何产生新基本粒子。这是一家由20个国家资助的粒子物理的研究中心，可以免费进行参观（必须至少提前一个月预约）。另外，研究中心的**多媒体现场互动中心**（Microcosm; ☎022 767 84 84; 免费参观；⊙周一至周五8:30~17:30，周六9:00~17:00）同样也很精彩。欧洲核子研究组织位于日内瓦西部8公里处，电车14路可以到达。

节日和活动

8月有为期两周的日内瓦节**Fêtes de Genève**（www.fetes-de-geneve.ch），活动包括游行、露天音乐会、湖畔旋转木马以及燃放焰火。12月11日的**登城节**（Escalade）是为了庆祝1602年萨伏伊公爵（Duke of Savoy）领导人民挫败入侵者。人们盛装游行，打碎并吃掉巧克力制成的罐子，并举办持续一整天的围绕古城跑步比赛。

免费的惊喜

日内瓦有很多好看好玩的东西，不花分文便可尽情享受。以下是我们的最爱：

» 在日内瓦地标大喷泉里疯狂地冲进冲出（见591页）。

» 迷失在老城中（见591页）。

» 在欧洲核子研究组织同核物理科学家亲切交流。

» 享受植物园的绿意。

» 在Bains des Pâquis码头的沙滩上尽情嬉闹。

» 骑自行车沿着日内瓦湖进入法国或者前往洛桑。

住宿

在酒店办理入住手续时，记得向酒店索取免费公交通票。在住店期间，你可以凭票不限次免费乘坐公共汽车。

火车站东南部布满了经济型酒店，紧邻Rue des Alpes街，虽然附近建筑物看起来都很绚丽，酒店有时显得有些破旧，但条件一般都不错。可以要求看看房间再决定。

Hôtel Bel'Esperance 酒店 €€

（☎022 818 37 37; www.hotel-bel-esperance.ch; Rue de la Vallée 1; 单/双105/160瑞士法郎起；@🛜）这家二星级酒店与老城近在咫尺，价格对于日内瓦这样消费昂贵的城市来说，算是物超所值的。房间都很安静，得到了很好的维护。二楼有一个公共厨房。屋顶露台种满了花草，可以乘电梯到六楼，找把椅子坐下来好好享受一番。

Hotel Edelweiss 酒店 €€

（☎022 544 51 51; www.manotel.com; Place de la Navigation 2; 房160瑞士法郎起；❄@🛜）这家海蒂风格的旅舍位于瑞士阿尔卑斯山区腹

地。这里有温暖的壁炉、画有野花的松木床头以及懒懒靠在楼梯边的可爱的大型圣伯纳德犬，这些都会让你感觉沉醉。

Four Seasons Hôtel des Bergues 豪华酒店 €€€

（☎022 908 70 00; www.fourseasons.com/geneva; Quai des Bergues 33; 房间625瑞士法郎起; ❄@📶）日内瓦最古老的酒店，传承了本身灿烂的遗产。枝形吊灯点缀着恢弘大气的天花板，华丽的鲜花装饰，裱在厚重金框中的原始油画以及如钻石般闪闪发光的玻璃，都是这家始于1834年的湖畔新古典主义酒店的特色。

La Cour des Augustins 酒店 €€

（☎022 322 21 00; www.lacourdesaugustins.com; Rue Jean-Violette 15; 单/双190/250瑞士法郎起; P❄@📶）这家"精品画廊设计酒店"华丽而现代，展现出在卡鲁日镇自我营销的秘诀。它的正立面建于19世纪，不过其纯白色内堂采用的可都是最新最前沿的技术。

Hotel Admiral 酒店 €

（☎022 906 97 00; www.hoteladmiral.ch; Rue Pellegrino Rossi 8; 标单/双90/100瑞士法郎起; ❄@📶）这家酒店位于火车站和湖泊之间，物超所值但外表并不太引人注目。虽然这条街道有些老旧，但店内房间小而干净。有电梯，豪华免费自助早餐以及热心服务的工作人员。

Hôtel Auteuil 酒店 €€€

（☎022 544 22 22; www.manotel.com; Rue de Lausanne 33; 房320瑞士法郎起; P⊖❄@📶）这家富有设计感的酒店位于火车站附近，最大的亮点是众多20世纪50年代日内瓦影星的黑白老照片。在前台拿一本影集，就可以查看这些照片所对应的人物和拍摄地点。

Auberge de Jeunesse 酒店 €

（☎022 732 62 60; www.yh-geneva.ch; Rue Rothschild 28～30; 铺29瑞士法郎起，双/四95/135瑞士法郎; @📶）这家旅舍位于一幢公寓楼中。这里设备齐全，是国际青年旅舍协会（HI）会员。房价包括早餐和一张床位，宿舍最多可摆放12张床。非HI持卡人需每晚多支付6瑞士法郎。

City Hostel 青年旅舍 €

（☎022 901 15 00; www.cityhostel.ch; Rue de Ferrier 2; 铺32瑞士法郎起，标单/双61/77瑞士法郎起; P@📶）这家井然有序的旅舍以洁净出名，允许旅客们拼住双床房间，得到实惠。房费中包含床单、毛巾以及使用厨房的费用。前台在正午至13:00间休息。

✕ 就餐

日内瓦有种类丰富的各地美食。如果你想品尝当地传统美食，不妨试试芝士火锅、平底锅煎河鲈鱼片（filets de perche）拼盘。但要注意：不是所有餐厅都使用湖内新鲜食材。许多是来自东欧的冰冻食品，所以挑选正确的地点来试吃日内瓦湖的特色美食是十分必要的。

日内瓦最古老的广场Place du Bourg-de-Four，坐落于美丽的古城，这里的餐馆人气都很旺。或者前往依山傍水的Place du Molard广场，露天的桌椅旁一年内大部分时间都挤满了人。

在Paquis区，Place de la Navigation广场上有很多价格实惠、菜品又好吃的餐厅。

首选 **Les 5 Portes** 法式小馆 €

（☎022 731 84 38; Rue de Zürich 5; 主菜16～24瑞士法郎; ⏰11:00～23:00）无论你心情如何、或者想庆祝什么特殊时刻，这家位于Pâquis区、名为"五扇门"的餐厅都不失为一个好去处。这里有浓郁的复古小酒馆风情，就算单点一杯酒也是种很好的享受。每晚更新的菜单，更说明了这里菜品的新鲜。服务非常好，葡萄酒单应有尽有、价格也合理。户外用餐非常有情调。

Edelweiss 芝士火锅 €€

（☎022 544 51 51; Place de la Navigation 2; 主菜35瑞士法郎起; ⏰周一至周六6:00～22:00）这间餐厅位于同名酒店中，有着地道瑞士小屋的魅力，是日内瓦品尝传统芝士火锅的好地

上乘之选的两家冰激凌店

Gelateria Arlecchino（☎022 736 70 60; Rue du 31 Décembre 1; 一勺3.50瑞士法郎，奶昔7瑞士法郎）左岸的选择，距离大喷泉仅投石之遥。这家让人垂涎三尺的小店中有着巧克力和生姜、蜂蜜、花生奶油和芒果等40多种口味。

Gelatomania（☎022 741 41 44; Rue des Pâquis 25; 一勺3.50瑞士法郎）右岸的选择。店外总是排着长长的队伍，冰激凌的狂热分子们感受着舌尖上无法抗拒的浓郁香气，品尝着自己长久以来的最爱。

方。丰富多样的奶酪外还伴有其他丰盛的瑞士老式菜肴。

Le Plantamour 熟食 €

（www.leplantamour.ch; Rue Philippe Plantamour 37; 主菜8~15瑞士法郎; ⏲周一至周六7:00~20:00）花同样的15瑞士法郎，没有地方可以享用到比这家更好吃、更健康的午餐了，这家现代的熟食店以前是一家面包铺，拥有一个很大的露台。盒装的沙拉或热菜需在柜台自取，然后到露台上坐着享用。

Crêperie des Pâquis 法国菜 €

（www.creperie-paquis.com; Rue de Zürich 6; 主菜15~20瑞士法郎; ⏲周一18:00至次日2:00，周二至周五9:00起，周六17:00起，周日11:00起）这家悠闲的餐厅有室内及露天的座位，这里的可丽饼馅料多样，可满足人们不同的口味。千万不要错过用粉笔写在黑板上的每日特色菜。

Café de Paris 法国菜 €€

（www.cafe-de-paris.ch; Rue du Mont-Blanc 26; 主菜42瑞士法郎; ⏲11:00~23:00）这家餐厅于1930年开业，给每位食客都留下了美好的回忆。大家都是冲着同样的素食而来：生菜沙拉、佐以美味草本黄油酱的牛排以及超大份的薯条（frites）。离火车站几步之遥。

Chez Ma Cousine 鸡肉 €

（☎022 310 96 96; www.chezmacousine.ch; Place du Bourg-de-Four; 主菜15~17瑞士法郎）"我们要吃鸡肉！"（On y mange du poulet）是这家靠近大教堂的连锁餐厅的标语。它之所以这么有吸引力，原因就在于：那些鸡肉、土豆和沙拉味美量足，价格又非常诱人。

Gilles Desplanches 咖啡馆 €

（☎022 810 30 28; www.gillesdesplanches.com; Rue de la Confédération 2; 主菜12~20瑞士法郎; ⏲周一至周三和周五7:00~19:00，周四7:00~20:00，周六8:00~19:00，周日10:00~18:00）是巧克力的狂热者的首选。凭借其惊艳的粉红色门面和制作精美的蛋糕、巧克力以及富有想象力的咸味蛋挞，这家餐厅午饭时间总是爆满。同时供应美味的三明治、蛋酥、沙拉等。

饮品和娱乐

位于火车站和日内瓦湖之间的Pâquis区的酒吧特别密集。到了夏天，在**paillote**（Quai du Mont-Blanc 30; ⏲营业至午夜），紧挨着湖面摆放的木桌旁，人头攒动，热闹非凡。

享用一杯波希米亚酒后，乘坐电车12路前往卡鲁日。这里四分之一是掩映在树荫下的17世纪的房屋和狭窄的街道，其间坐落着画廊、前卫的酒吧和精品商店。

首选 **La Clémence** 酒吧

（☎022 312 24 98; www.laclemence.ch; Place du Bourg-de-Four 20; ⏲周一至周四和周日7:00至次日1:00，周五和周六7:00至次日2:00）这家古老的咖啡吧坐落在日内瓦最可爱的广场上。可以来这里畅饮一杯本地葡萄酒或手工酿制的啤酒。

Café des Arts 咖啡馆

（☎022 321 58 85; Rue des Pâquis 15; ⏲周一至周五11:00至次日2:00，周六和周日8:00至次日2:00）这里既适合白天享用咖啡，也是小酌的好去处，位于Pâquis区，凭借着巴黎风格的露台和富有艺术气息的内饰深受当地人欢迎。食物方面，可以考虑一餐分量的沙拉、自制三明治和汉堡包（15~20瑞士法郎）。

Le Cheval Blanc 酒吧

（☎022 343 61 61；www.lechevalblanc.ch；Place de l'Octroi 15；⊙周二至周六11:30至次日1:00或2:00，周日10:30至次日1:00）白马威士忌是卡鲁日人的最爱。在粉红色霓虹灯闪烁的酒吧楼上，就着餐前小吃，畅饮日内瓦最棒的鸡尾酒，然后前往楼下的俱乐部和音乐空间（Le Box）。

La Bretelle 酒吧

（☎022 732 75 96；Rue des Étuves 17；⊙18:00至次日2:00）这家传奇酒吧开业于20世纪70年代，此后便几乎没有任何改变。多数晚上都会演出手风琴伴奏的法国香颂（chansons）。

La Plage 酒吧

（☎022 342 20 98；Rue Vautier 19；⊙周一至周四11:00至次日1:00，周五和周六10:00至次日2:00，周日17:00至次日1:00）位于卡鲁日的海边：原木的桌子，格子花纹的漆布地板，绿色木制的百叶窗和桌子。

Bar du Nord 酒吧

（☎022 342 38 20；Rue Ancienne 66；⊙周四至周五17:00至次日2:00，周六9:00至次日2:00）这是卡鲁日历史最悠久的酒吧之一，现代风格的装修搭配包豪斯风格的家具，选用城里最好的威士忌，酒吧后面有一个小的庭院式露台。最好的夜晚是周四和周五，届时会有精彩的音乐演出（多为电子音乐）和DJ。

Le Chat Noir 现场音乐

（☎022 343 49 98；www.chatnoir.ch；Rue Vautier 13；⊙周二至周六）在卡鲁日极受欢迎，夜晚人满为患，Le Chat Noir（法语，"黑猫"之意）是一个适合下班后娱乐的地方，暗淡的灯光，现场音乐表演。这里还提供少量种类的餐前小吃供客人消磨时间。

Le Déclic 夜店

（☎022 320 59 40；www.ledeclic.ch；Blvd du Pont d'Arve 28；⊙周一至周五17:00至次日2:00，周六21:00至次日2:00）设有许多主题之夜，这是一家同性恋齐聚的夜场。

Bâtiment des Forces Motrices 表演艺术

（☎022 322 12 20；www.bfm.ch；Place des Volontaires 4）以前是日内瓦的河边抽水站（建于1886年），现在是一个集古典音乐会、舞蹈、芭蕾舞剧和其他文化活动为一体的多功能场所。周日早晨上演的罗纳河畔音乐会十分精彩。

购物

Rue duRhône和Rue de Rive间有许多设计师品牌商店，后者连锁店居多。古城的Grand-Rue和卡鲁日拥有富有艺术气息的精品店。

实用信息

邮政局（Rue du Mont-Blanc 18；⊙周一至周五7:30~18:00，周六9:00~16:00）

旅游局（☎022 909 70 00；www.geneve-tourisme.ch；Rue du Mont-Blanc 18；⊙周一至周六9:00~18:00，周日10:00~16:00）提供完整的徒步旅行信息。日内瓦通票（25瑞士法郎起）享有免费门票和折扣。

到达和离开

飞机 日内瓦国际机场（Aéroport International de Genève，见650页），距市区5公里，与欧洲主要城市及世界各大城市之间都有频繁的航班往来。

船 **CGN**（Compagnie Générale de Navigation；☎084 881 18 48；www.cgn.ch）提供一系列从Jardin Anglais码头到其他村庄的日内瓦湖观光游轮服务。许多游轮只在5月至9月营运，包括往返洛桑（43瑞士法郎，3.5小时）的轮船。持欧洲铁路通票（Eurail）和瑞士通票（Swiss Pass）在CGN船上有效，或可购买CGN一日船票（Sfr56）。

长途汽车 国际长途汽车从**长途汽车站**（☎022 732 02 30，0900 320 320；www.coach-station.com；Place Dorcière）始发。

火车 有火车通往大多数瑞士城镇，往返于洛桑（22瑞士法郎，33~48分钟），伯尔尼（49瑞士法郎，1.75小时）和苏黎世（84瑞士法郎，2.75小时）的火车每小时至少1班。

每天都有国际列车从日内瓦驶向巴黎（高速火车TGV，3.25小时）以及米兰（4小时）。

当地交通

抵离机场 从机场可以方便地乘坐普通列车前往Gare de Cornavin（3瑞士法郎，8分钟）。也可乘坐速度较慢的10路公共汽车（3瑞士法郎），行程5公里。出租车费用为30~50瑞士法郎。

自行车 在**Genève Roule**（☎022 740 13 43；www.geneveroule.ch；Place de Montbrillant 17；周一至周六8:00~18:00）或其季节性的Jetée des Pâquis取车点可以租到自行车，每天/每个周末的费用是12/20瑞士法郎。5月至10月，可以免费借用车身带广告的自行车。

公共交通 在市内可乘坐公共汽车、电车和船，所有站点都有售票亭。大部分由**TPG**（www.tpg.ch；⏲周一至周五7:00~19:00，周六7:00~18:00）负责营运。票价为3.50瑞士法郎（1小时），9点以后购买日票价格为8瑞士法郎。这些票在被称为"海鸥"（Les Mouettes）的黄色船上同样适用。那些船在早上7点30分至晚上6点之间穿梭于日内瓦湖上，每隔10分钟就有1趟。

日内瓦湖区（LAKE GENEVA REGION）

这个西欧最大的湖就像一面巨大的镜子，躺在日内瓦以东，湖的北岸是瑞士的法语区，南岸便是法国。一般人称其为日内瓦湖，法国人则称其为莱蒙湖（Lac Léman）。瑞士这边的湖滨有优雅的洛桑城，有布满棕榈树的"瑞士里维埃拉（Riviera）"蒙特勒（Montreux），陡峭的山坡上种满葡萄树，一片青翠的绝佳美景。

尼翁（Nyon）

人口18,800

小镇尼翁起源于罗马，但名字的一部分却来源于凯尔特语（on来源于dunon，意思是加固城墙）。这是一个美丽的湖边小镇，靓丽的白色塔楼似童话般的城堡，坐落在山顶正中心位置，是享用午餐的好去处。

尼翁城堡建于12世纪，400年后进行了改建，现在是城镇的**历史和陶瓷博物馆**（Musée Historique et des Porcelaines，www.chateaude-nyon.ch；Place du Château；成人/儿童8瑞士法郎/免费；⏲周二至周日10:00~17:00）。

若从日内瓦乘船前往洛桑，尼翁则是一处中途歇脚的好地方。

餐饮

城堡之旅后应该奖励自己一顿美酒佳肴，或者在海港旁品尝一份美味的冰激凌。

首选 L'Auberge du Château 意大利菜 €€

（☎022 361 00 32；www.aubergeduchateau.ch；Place du Château 8；主菜30~50瑞士法郎；⏲8:00至午夜，10月至次年4月周日不营业）没有一家餐厅和咖啡厅的露台拥有如此惊艳的景色。童话般的尼翁城堡前方，优雅的步行广场上摆满了餐桌，放眼望去，睡美人塔和远处湖泊的景色一览无遗。供应意大利菜及富有创意的无花果冷意面（taglierini）、简单的自制丸子和正宗的木炭烤箱烘烤的比萨。

Caveau des Vignerons 咖啡馆 €

（Place du Château；品酒20瑞士法郎起；⏲周五和周六14:00~21:00，周日11:00~20:00）Caveau des Vignerons位于城堡古老的石窖中，在这里你可以品尝到由当地出产的、与众不同的尼翁葡萄酒。可以花20瑞士法郎进行试酒，两种红酒、两种白酒外加一碟熟食。

首选 Gelateria Venezia 意式冰激凌店 €

（Rue de Rive 44；冰激凌3~7瑞士法郎；⏲11:00~19:00）在这里你可以尽享意大利风情的冰激凌缓缓滑过舌尖的非凡滋味。从湖畔尼翁码头（Nyon's CGN boat jetty），向内陆方向步行一个街区，看哪家店门外排着长队，就是它了。

到达和离开

每小时都有数趟穿梭于日内瓦和洛桑之间的火车途经尼翁。一年到头都有CGN（Compagnie Générale de Navigation; www.cgn.ch）游船往返日内瓦（22瑞士法郎，75分钟）；4月初至9月中旬有游船到洛桑（33瑞士法郎，2小时）。

洛桑（Lausanne）

人口128,200

洛桑占据了“俯瞰日内瓦湖”的绝佳位置，她同时也是一座颇具特色的迷人城市：这里有昨日渔村、今日“夏日海滨胜地”Ouchy，有铺着漂亮鹅卵石的购物街集中地Place St-François，以及酒吧、美术馆和专卖店集中的区域——Flon。这里还不乏迷人的景点。瑞士最大的哥特式大教堂之一就位于这座城市的中世纪中心广场上。

景点和活动

可以去山下的**乌契湖区**（Ouchy）进行水上运动，日内瓦湖为许多项运动提供有利条件，包括帆船、帆板、滑水以及游泳；旅游局有详细资料。乌契堡（Chateau d'Ouchy）前季节性的商铺，提供脚踏船和皮划艇租赁，丝绸般光滑的海滨长廊是最受自行车及轮滑运动者欢迎的地方。乌契湖区西部的**Vidy Beach**，被茂密的树林和绿地环绕，是日内瓦湖为数不多的细沙沙滩之一。

建于9世纪的**中世纪广场**（Place de la Palud）位于老城区（Old Town）**Vieille Ville**核心地段，这个著名的购物区风景如画，而历史上却是一片沼泽地。500年来它一直是市政府所在地，17世纪在此建造了**市政厅**（Hôtel de Ville）。广场一端伫立着一座喷泉，象征正义的女神站于涂满鲜艳色彩的圆柱之上，手持天平，身穿蓝色衣服。

洛桑大教堂 教堂

（Cathédrale de Notre Dame，⏲周一至周五7:00~19:00，周六和周日8:00~19:00，9月至次年3月至17:30）辉煌的哥特式大教堂是瑞士最好的教堂，傲然屹立在古城的中心。它建造于12世纪和13世纪早期，低调奢华，虽然它缺乏法国哥特式建筑的轻盈，但仍然不失为地标式的建筑。

原生艺术博物馆 博物馆

（Musée de l' Art Brut; ☎021 315 25 70; www.artbrut.ch; Av des Bergières 11-13; 成人/儿童10瑞士法郎/免费; ⏲周二至周日11:00~18:00）这座迷人的博物馆展出由未经训练的艺术家创作的15,000件作品，作者包括精神病人、行为古怪的人和监狱中的犯人。这些作品种类繁多，有的以惊人的技巧见长，有的则表现了令人鼓舞的世界观。该博物馆位于Place St François西北侧约600米处。乘坐2路或3路公共汽车，在Beaulieu站下车即可。

奥林匹克博物馆 博物馆

（Musée Olympique; ☎021 621 65 11; www.museum.olympic.org; Quai d' Ouchy 1）洛桑是国际奥委会所在地，奥林匹克博物馆自然而然成为这座城市最奢华的博物馆，这是真正值得体育爱好者（和孩子）游览的必到之处。

住宿

住店客人可以在下榻处拿到一张洛桑交通卡（Lausanne Transport Card），住店期间可以不限次乘坐公共交通工具。

首选 **Hôtel Beau-Rivage Palace** 历史酒店 €€€

（☎021 613 33 33; www.beau-rivage-palace.ch; Place du Port 17-19; 房550瑞士法郎起；❄@📶🏊）这家酒店无疑是城镇中最引人注目的，也是城镇中仅有的两家五星级酒店之一，湖畔盛景更是锦上添花。酒店位于一个景色优美的公园里，是一座有着19世纪早期华丽建筑风格的大厦。能欣赏壮丽的湖泊和高山美景，周边著名的酒吧及饭店也是吸引顾客的重要原因。

Lausanne Guest House 客栈 €

（☎021 601 80 00; www.lausanne-guesthouse.ch; Chemin des Épinettes 4; 铺39瑞士法郎起，房100瑞士法郎起，房间不带浴室90瑞士法郎

起；P⊖@令）火车站附近这家高档背包客旅馆由一栋迷人的府邸改建而成，从很多房间都能看到湖景，你也可以在花园里或露台上逛逛。

Hôtel du Port 酒店 €€

（☎021 612 04 44；www.hotel-du-port.ch；Place du Port 5；标单/双165/195瑞士法郎起；⊖令）这家酒店位于乌契湖区的最佳位置，就在湖边，所以是个不错的选择。最好的双人间能看到湖景，四楼是套房。

Hôtel du Marché 酒店 €

（☎021 647 99 00；www.hoteldumarche-lausanne.ch；Rue Pré du Marché 42；标单/双115/145瑞士法郎起，房间不带浴室80/135瑞士法郎）距离老城区5分钟的步行路程，朴实无华的客房干净宽敞，每个房间都配有电热水壶、免费茶水及咖啡，让人倍感温暖。

就餐

首选 Café St-Pierre 新派欧洲菜 €€

（☎021 326 36 36；www.cafesaintpierre.ch；Place Benjamin Constant 1；餐12~30瑞士法郎；⊙周二和周三7:30至午夜，周四至次日1:00，周五至次日2:00，周六11:00至次日2:00，周日11:00~18:00）中午前就满满当当的餐位，穿梭于餐桌间、忙碌的服务员以及此起彼伏的电话声——这一切都说明，这家时髦咖啡馆兼酒吧有多么棒。它的内部风格复古、时尚、轻松，供应当代欧洲的美食。除了晚餐还提供餐前小吃和周末早午餐。记得提前预订。

Café Romand 瑞士菜 €

（☎021 312 63 75；Place St François 2；主菜20~30瑞士法郎；⊙周一至周六 11:00~23:00）这家店隐藏在一个不起眼的拱廊内，据说在洛桑的开业时间可追溯到1951年，是一家异常受欢迎的餐厅。灯光朦胧的餐饮区，随意摆放的木制餐桌。上至银行家，下至街头青年，每个人都饕餮大吃。供应芝士火锅、猪蹄（pied de porc）以及其他传统美食。

Café de Grancy 新派欧洲菜 €

（☎021 616 86 66；www.cafédegrancy.ch；Ave du Rond Point 1；主菜20~35瑞士法郎；⊙8:00至午夜；令）几个年轻的企业家凭借独到的眼力，让这家老酒吧重新焕发光彩，摇身一变成为一家时尚的聚会场所。如今这里有松软的长沙发和周末早午餐，屋后还有一家诱人的餐厅。

Café du Vieil Ouchy 瑞士菜 €€

（☎021 616 21 94；Place du Port 3；主菜20~40瑞士法郎；⊙周四至周一9:00~23:00）这家朴素可爱的餐馆靠近湖泊和地铁站，是享用芝士火锅、土豆丝煎饼和其他传统美食的好去处。最后记得再来一份裹着厚厚的格吕耶尔高脂厚奶油（double Gruyère cream）的蛋白糖饼。

饮品和娱乐

洛桑是瑞士夜生活最为丰富的城市之一。在酒吧里，你可以找到实用的**What's Up**（www.whats upmag.ch）免费小册子。

Bleu Lézard 酒吧

（☎021 321 38 30；www.bleu-lezard.ch；Rue Enning 10；⊙7:00至次日凌晨；令）这家地点偏僻的酒吧兼餐厅，宝蓝色的装饰风格搭配藤条椅，经典风格却永不过时。在这里你可以享用早午晚餐（或周日早午餐）。午餐（主菜25瑞士法郎起）包括部分精致的素食选择。营业至次日3:00，如果那时你想在现场乐队伴奏下来段舞蹈，地下室还有音乐夜店La Cave。

Great Escape 小酒馆

（☎021 312 31 94；www.the-great.ch；Rue de la Madeleine 18；⊙11:00至深夜）巨大的横梁支撑着房顶，屋内看起来像个乡间住宅，但实际上此处是一间热闹的小酒馆，提供多样的啤酒及桶装的麦芽酒，还有好吃的汉堡包。

Le Bourg 现场音乐

（☎021 625 07 07；www.lebourg.ch；Rue de Bourg 51；⊙周三和周四19:00至次日1:00，周五和周六19:00至次日2:00）这里曾经是个老式电影院，现在是洛桑市中心一个即兴酒吧和现场音乐舞台剧表演场所。沿着吧台那边狭窄的楼梯上楼——楼上是看剧的好地方。

Le D! Club 夜店

(☎021 351 51 40; www.dclub.ch; Place de Centrale 1; 门票10~25瑞士法郎; ⊙周三至周六23:00至次日5:00)在这家劲爆夜店里, DJ播放的音乐从放克(funk)到浩室舞曲(house)风格, 应有尽有。沿着Rue du Grand Pont的台阶往下走, 向右拐, 继续往下就到了Place de Centrale。

实用信息

旅游局(☎021 613 73 21; www.lausanne-tourisme.ch; Place de la Navigation 4; 10月至次年3月9:00~18:00, 4月至9月9:00~19:00)位于乌契地铁站旁, 火车站内也有一个办事处(Place de la Gare 9; ⊙9:00~19:00)。

到达和当地交通

去洛桑要跨越几个陡峭的山坡, 所以做好翻山越岭的准备。

船 **CGN steamer service**(www.cgn.ch)4月初至9月中旬有船往返于日内瓦(43瑞士法郎, 3.5小时), 途经尼翁。岸边还停靠有其他船只。

公共交通 市内多数地方都可乘坐公共汽车和无轨电车到达; 地铁2号线(单程/全天1.90/8.80瑞士法郎)与乌契湖区(Ouchy)码头火车站(Gare)、大教堂区以及福隆区相连。

火车 有班次频密的火车往返于日内瓦(22瑞士法郎, 33~48分钟)和伯尔尼(32瑞士法郎, 66分钟)。

蒙特勒(Montreux)

人口24,600

1971年, 弗兰克•扎帕(Frank Zappa)在蒙特勒的娱乐场赌博时, 遭遇火灾。烟雾向日内瓦湖蔓延, 激发了这位深紫乐队(Deep Purple)成员的灵感, 创造出经典的摇滚乐曲"Smoke on the Water"。

几个世纪以来, 瑞士湖滨的美景激发着作家、艺术家、音乐家们的灵感。曾在此居住的名人有拜伦(Lord Byron)、海明威(Hemingway)和雪莱等, 理由显而易见, 蒙特勒拥有迷人的阿尔卑斯山美景、一排排精致柔美的建筑和瑞士最为独特的城堡。

每年7月初, 人潮蜂拥来到蒙特勒, 参加为期两周的著名的**蒙特勒爵士音乐节**(Montreux Jazz Festival, 并非所有音乐都是爵士乐, www.montreuxjazz.com)。每天都有免费音

值得一游

格里和莱辛

离开常规路线, 去游人罕至的**格里**(Gryon, 1130米)尽情领略瑞士阿尔卑斯山的魅力吧。这里有绿草如茵的绝佳步道, 还有深受旅行者好评的由瑞士籍澳大利亚人经营的**Chalet Martin青年旅舍**(☎024 498 33 21; www.gryon.com; 铺25瑞士法郎起, 房70~90瑞士法郎; Ⓟ@)。此地的氛围非常闲适, 组织10多种休闲活动——滑翔伞、滑雪以及巧克力品尝活动等, 从洛桑坐火车到贝克斯(19瑞士法郎, 40分钟, 每小时1班), 然后搭乘嵌齿轨道火车到格里(7瑞士法郎, 30分钟, 每小时1班)。从火车站走到青年旅舍只要5分钟, 沿途都有清楚的路标。

莱辛(Leysin)同格里一样有趣, 那里汇聚了大量的滑雪者、雪地滑板者和徒步者, 他们对此地的**Hiking Sheep**(☎024 494 35 35; www.hikingsheep.com; 铺/房30/80瑞士法郎起; Ⓟ❄@)给予了最高的评价。这家旅舍位于一栋装饰艺术风格的高大房子里, 有一个厨房, 还有很棒的公共设施和长满松树的后院, 每个阳台都能看到令人震撼的景色。从Leysin-Grand Hôtel火车站步行2分钟即到。有嵌齿轨道火车到艾格勒(Aigle; 12瑞士法郎, 30分钟, 每小时1班), 同洛桑之间也有火车相通(16瑞士法郎, 30分钟, 每小时1班)。

乐会，不过看名家的演出要花75~240瑞士法郎。

景点

首选 **西庸城堡** 城堡

（Château de Chillon；☎021 966 89 10；www.chillon.ch；Ave de Chillon 21；成人/儿童12/6瑞士法郎；⊙4月至9月9:00~19:00，3月和10月9:30~18:00，11月至次年2月10:00~17:00，闭馆前1小时停止进入）于11世纪在日内瓦湖的岸边落成。这里因拜伦勋爵（Lord Byron）而声名鹊起，并从此观者云集。这里有无数的庭院、高塔、地牢以及堆满武器和各时期家具及艺术品的大厅，在这里寻幽访胜一番至少要花上几个小时。

从蒙特勒到城堡，沿着湖滨步行45分钟可到，也可乘坐1路无轨电车（2.50瑞士法郎），10分钟1班；还有更好的选择，从蒙特勒乘坐CGN汽船（10瑞士法郎，15分钟）到达。

食宿

首选 **Tralala Hôtel** 精品酒店 €€

（☎021 963 49 73；www.tralalahotel.ch；Rue du Temple 2；房130~300瑞士法郎；❄📶）蒙特勒非凡的音乐遗产需要这样一家酒店来体现——于是，这家位于老城湖泊上方的酒店终于千呼万唤始出来。客房配备三种房型——S（“小与性感”）、L或XL，并且每一间都向不同的艺术家致敬。

Hôtel La Rouvenaz 酒店 €€

（☎021 963 27 36；www.rouvenaz.ch；Rue du Marché 1；房90~200瑞士法郎；@📶）这家现代风格的家庭经营旅馆，楼下有自己经营的美味的意大利餐厅，隔壁是联营酒吧。这里毗邻日内瓦湖和蒙特勒最繁华的中心。酒店拥有15间可爱的房间，并且大部分都能看到窗外风景，更棒的是这里还有个非常棒的露台。

Hôtel Masson 历史酒店 €€

（☎021 966 00 44；www.hotelmasson.ch；Rue Bonivard 5；房200瑞士法郎起；P📶）1829年，这栋昔日的葡萄酒商宅邸被改建成旅馆。建筑原有的魅力丝毫没有受到损坏，周边的景致又如此令人目眩神迷，因此它荣列瑞士最美的旅馆遗产名单。旅馆坐落在蒙特勒西南部的山丘之上。最好乘坐出租车前往。

Café du Grütli 瑞士菜 €€

（☎021 963 42 65；Rue du Grand Chêne 8；主菜18~30瑞士法郎；⊙周三至周一）这家气氛令人愉悦的小餐馆隐藏在老城区内，有很好的家常美食——夹火腿的土豆丝煎饼、丰盛的肉类菜品、沙拉和不容错过的芝士火锅。位于一个小山坡上。

到达和离开

有班次频密的火车通往洛桑（13瑞士法郎，25分钟）和其他湖畔城市，可乘**黄金列车**（www.goldenpass.ch）前往因特拉肯（Interlaken），在茨魏西门（Zweisimmen）换车，途经格施塔德滑雪胜地（57瑞士法郎，3小时，每天1班；铁路通票可用）。

格吕耶尔（Gruyères）

人口1800

奶酪和裹着浓郁奶油的蓬松蛋白糖饼（meringues）正是这处如梦仙境的写照。格吕耶尔得名于小镇的标志“仙鹤”一词（法语gru），而仙鹤正是格吕耶尔中世纪伯爵们的推崇之物。小镇位于山坡之上，建于15世纪和17世纪的房屋沿着山丘迤逦而下。村镇中心贯穿着一条鹅卵石路，城堡是这里的辉煌象征，而硬质的AOC（原产地奶酪标志）奶酪Gruyère（这个小镇叫Gruyères，奶酪的名字去掉了小镇原文最后一个字母s）则已传承了数百年，并不断造福着小镇周遭的阿尔卑斯牧场。

景点和活动

首选 **格吕耶尔城堡** 城堡

（Château de Gruyères；☎026 921 21 02；www.chateau-gruyeres.ch；成人/儿童 10/3瑞士法郎；⊙4月至10月9:00~18:00，11月至次年2月10:00~16:30）该塔楼状的城堡是格吕耶尔至高无上的荣耀。城堡内部，展示着各个年代的家具、挂毯和现代的“幻想艺术”。千万不要错过绕着城堡迂回的小径。

H.R.吉热博物馆 博物馆

（Musée HR Giger；☎026 921 22 00；成人/儿童12.50/4瑞士法郎；⏲4月至10月 10:00~18:00，11月至次年3月 周二至周五13:00~17:00 周六和周日10:00~18:00）《异形》系列电影的爱好者们肯定特别喜欢H.R.吉热博物馆，把这儿当成电影创作者展现天马行空想象力的圣地。但愿你在马路对面极具《异形》风格的酒吧畅饮时不会有胃绞痛的感觉。

首选 奶酪现场制作所 奶酪工厂

（Maison du Gruyère；☎026 921 84 00；www.lamaisondugruyere.ch；成人/12岁以下儿童7/6瑞士法郎；⏲4月至9月9:00~19:00，10月至次年3月9:00~18:00）这个整洁的游客中心正对着火车站，位于通往村庄的山路脚下。在这里你可以了解制作著名的格吕耶尔奶酪的秘密，这里每天都会制作好几次奶酪，你可以隔着玻璃窗观看生产过程。这里有一间咖啡馆和一家野餐专用的熟食店，除了奶酪，这里还出售各种各样的瑞士巧克力。

阿尔卑斯高原奶酪制作坊 奶酪工厂

（Fromagerie d' Alpage de Moléson；☎026 921 10 44；www.fromagerie-alpage.ch；成人/儿童5/2瑞士法郎；⏲5月至9月9:30~22:00）格吕耶尔莫莱松山（Moléson-sur-Gruyères）位于格吕耶尔西南5公里处，山上建有一座17世纪的山间木屋（Fromagerie d' Alpage de Moléson），夏季这里每天都会以古法制作几次奶酪。

Sentier des Fromageries 步行

你可以沿着Sentier des Fromageries徒步穿越格吕耶尔那些绿意盎然的牧场，沿途有几处制作奶酪的传统的山间小屋。你可以在Maison du Gruyère拿一本宣传册，小册上有标出这一用时达2小时的步行旅程（7~8公里）。

Cailler 巧克力工厂

（www.cailler.ch；Rue Jules Bellet 7；adult/child Sfr10/free；⏲4月至10月10:00~18:00，11月至次年3月10:00~17:00）自1825年以来，Cailler一直致力于巧克力制作。参观工厂可以了解该厂生产巧克力的奇闻轶事，观看巧克力展品……项目之多甚至会让你觉得有些过头了（购买工厂巧克力次等品更是加剧了这一感觉，到次等品商店只消80米路程）。周末和节假日也进行生产——因为这里太受欢迎。工厂位于格吕耶尔北面2公里处的布罗（Broc），按照雀巢公司的路标就可到达。

就餐

可以选择几个位于格吕耶尔城市中心以各种奶酪为主题的餐厅。那里还有几个不错的小旅馆。

Chalet de Gruyères 瑞士菜 €€

（☎026 921 21 54；www.chalet-gruyeres.ch；Rue du Château 53；芝士火锅和拉克雷特30瑞士法郎起；⏲午餐和晚餐）这是一家典型的格吕耶尔餐馆，点缀着牧铃声的温馨小木屋展现着阿尔卑斯山魅力以及这里的特色菜（火锅、芝士、烤肉）。还有一个在温暖的季节里布满鲜花的露台。

实用信息

在城镇入口处有一家小型**旅游局**（tourist office；☎026 921 10 30；www.gruyeres.ch；Rue du Bourg 1；⏲周一至周五10:30至正午和13:30~16:30，7月至9月 周六和周日9:00~17:00也工作）。有自动取款机和详尽的本地信息。

到达和离开

到达格吕耶尔可搭乘从弗里堡(Fribourg)至布勒(Bulle)的火车(17瑞士法郎，40分钟，1小时2班)，然后转乘另外一趟每小时发车的火车(5瑞士法郎，9分钟)，从火车站向山上走10分钟就到村庄了，也可选择乘坐火车站的免费接站公共汽车到达。

瑞士的火车站与众不同，没有设置储物柜，但你可把行李寄存到火车站对面的Maison du Gruyère。

瓦莱州（VALAIS）

马特峰（Matterhorn）的乡村是一片令人

心醉神迷的土地。即使最严厉的批评家，也会被这绵延的迷人美景所征服。这里是瑞士南部的一片净土。一个世纪之前，这里的农夫还穷得叮当响；如今这里成了富人的天堂。名流们端着冰雕玻璃高脚杯，啜饮着10,000瑞士法郎一杯的香槟鸡尾酒。

这片土地拥有无与伦比的自然风光，这里的户外美景永远不会令人厌倦：瑞士10座最高的山峰——每座都高于4000米——都矗立在这里。在欧洲顶级的度假胜地采尔马特，皑皑积雪为滑雪者和雪地滑板爱好者铺设了绝佳的滑道。当冰雪融化后，山谷变得苍翠繁茂，这里又成为徒步旅行者的天堂。

从日内瓦湖到布里格的主要铁路干线坐落在美丽的山谷内，沿着罗纳河蜿蜒前行。周围的山坡上蔓延着百年历史的葡萄园。像锡永这样的城镇，你可以驻足观看满山的葡萄，葡萄酒厂和山坡上的小酒馆的原材料都来源于此。旅游局有详尽的路线图。

采尔马特（ZERMATT）

人口5850

19世纪中叶以来，采尔马特就一直是瑞士最受人瞩目的度假胜地。如今，英勇的登山者、徒步者和滑雪者来到这里，缓缓地且行且歇，欣赏美景。闲适的酒吧里，紧随时尚潮流的可人儿们炫耀着身上的名师设计服饰。不过，所有这一切同**马特峰**（4478米）相比，都显得微不足道。它是阿尔卑斯山脉最著名的山峰，是象征着瑞士的高峰；在它面前，你无法不驻足观望。

景点

首选 马特峰冰川天堂
缆车

（www.matterhornparadise.ch；成人/儿童72/40瑞士法郎起；⏲7月和8月 7:00~16:20，10月中旬至12月8:30~15:35，一年内其余时间8:30~16:20）从索道车和缆车上看到的风景就已经非常美妙，马特峰冰川天堂（Matterhorn Glacier Paradise）的景色更是令人叹为观止。搭乘欧洲最高的空中缆车登上3883米高的马特峰冰川天堂，从观景平台（Panoramic Platform）可以饱览14座冰川和38座海拔4000米以上雄峰的全景。千万不要错过**冰川宫殿**（Glacier Palace），宫殿里满是闪闪发光的冰雕，冰川裂隙似的通道横贯其中，其中一条专为儿童设计——一条可以飞驰而下的冰滑梯。

Gornergratbahn
铁路

（www.gornergrat.ch；Bahnhofplatz 7；成人/儿童40/20瑞士法郎起；⏲5月和10月中旬至11月7:00~18:00，6月至9月7:00~22:00 每小时2~3班，12月至次年4月7:00~17:15 每20分钟1班）格尔纳格拉特（Gornergrat）壮观的嵌齿轨道铁路（3089米），海拔为整个欧洲之最，沿途风光也常常出现在明信片上。车票允许中途上下车，坐在车中观赏，马特峰的美景一览无遗。

马特峰博物馆
博物馆

（Matterhorn Museum；☎027 967 41 00；www.matterhornmuseum.ch；Kirchplatz；成人/儿童10/5瑞士法郎；⏲12月至次年10月11:00~18:00）这座水晶般的现代化博物馆以一个引人入胜的角度展示了瓦莱州的乡村生活，这里的登山运动，采尔马特旅游业的兴起以及马特峰人推崇的生活方式。

活动

采尔马特是**滑雪者和雪地滑板爱好者**的天堂，多数是风光优美而漫长的红色中级滑道，此外还分布着一些适合初学者的蓝色滑道和适合专业级人士的黑色滑道。三大滑雪区——**红峰**（Rothorn）、**施托科峰**（Stockhorn）和**小马特峰**（Klein Matterhorn），总计350公里的滑雪道从小马特峰通往意大利度假村切尔维尼亚（Italian resort of Cervinia），并以其半管雪道的自由式场地吸引了众多雪地滑板爱好者。采尔马特所有滑雪缆车票价（不含切尔维尼亚）当日每位成人/学生/儿童分别为：67/57/34瑞士法郎（包括切尔维尼亚的票价分别为：75/64/38瑞士法郎）。

这里的夏季滑雪（20公里的雪道，5月至10月中旬）和雪地滑板运动（Theodul冰川上，位于Plateau Rosa的重力公园）是全欧洲规模最大的。

Alpin Center 滑雪、徒步

(☎027 966 24 60; www.alpincenter-zermatt.ch; Bahnhofstrasse 58; ⏰11月中旬至次年4月和7月至9月 9:00至正午和15:00~19:00) 该活动中心设有滑雪学校和山区导游办公室。这里可组织攀登一些4000米以上的高峰，包括布莱特峰(Breithorn, 165瑞士法郎)、里费尔峰(Riffelhorn, 257瑞士法郎)，那些愿意用一周时间做适应准备的专业人士还可以去攀爬马特峰(Matterhorn，998瑞士法郎)。此外此家旅行社还经营多日徒步游和前往格尔纳(Gorner)冰川徒步游(120瑞士法郎)、雪地滑行(140瑞士法郎)和攀冰(175瑞士法郎)。

小马特峰 滑雪

(Klein Matterhorn) 小马特峰有欧洲最高的缆车车站(3820米)，乘缆车可到达欧洲最高的滑雪场、瑞士最大的夏日滑雪场(拥有长达25公里的雪道)以及意大利切尔维尼亚(Cervinia)深粉雪滑道。边境处的7号雪道是一条令人兴奋的宽阔大道，不容错过。记得带好护照。

天气晴好的话，可以乘电梯登临小马特峰峰顶(3883米)，体验一览众山小的感觉，将瑞士阿尔卑斯山(从勃朗峰到阿莱奇峰)尽收眼底，还能看到意大利境内的很多地方。

住宿

5月至6月中旬和10月至11月中旬，多数旅馆会歇业。

首选 Hotel Bahnhof 酒店 €

(☎027 967 24 06; www.hotelbahnhof.com; Bahnhofstrasse; 铺40~60瑞士法郎，房80~220瑞士法郎; 📶) 这家经济型旅馆在火车站对面，五星级标准的住所有着舒适的床铺和整洁的卫生间。在爬山或滑雪一整天后，能有这么个歇脚处真是上天的恩赐。四人间很适合全家居住。旅馆还有一个厨房，可以自己烹调早餐。

Berggasthaus Trift 客栈 €

(☎079 408 70 20; www.zermatt.net/trift; 铺/双 半膳宿 66/156瑞士法郎起; ⏰7月至9月) 经营者是雨果(Hugo，山笛吹奏高手)和法比安娜(Fabienne)，位于特里夫特冰川(Triftgletscher)脚下。从采尔马特徒步需要两个小时，爬上去确实有点累，它有简洁的客房，可以一览4000米高冰川雄峰的壮观景色，以及在大露台享用自制的熏牛肉和刚出炉的热乎乎的苹果派。需提前致电预订床位。

Matterhorn Hostel 青年旅舍 €

(☎027 968 19 19; Schluhmattstrasse 32; 铺36~56瑞士法郎，房92~142瑞士法郎; ⏰接待处7:30~10:00或11:00和16:00~21:00或22:00; 📶) 隐藏在一间20世纪60年代的木制小屋中，从缆车处步行到此需要2分钟，是间一流旅舍。现代化的房间，二楼热闹的酒吧，氛围十足，食物美味。

餐饮

首选 Whymper Stube 瑞士菜 €€

(☎027 967 22 96; www.whymper-stube.ch; Bahnhofstrasse 80; 主菜22~44瑞士法郎) 这家经典餐厅的芝士火锅、拉克雷特、芝士和肉品都非常棒，必须提前预约。环境悠闲自在，和睦融洽，桌子密密麻麻地挨在一起，这个地方真的是热闹无比。

Bayard Metzgerei 瑞士菜 €

(☎027 967 22 66; Bahnhofstrasse 9; 香肠6瑞士法郎起; ⏰7月至9月正午至18:30，12月至次年3月16:00~18:30) 不妨加入店前排起的长队中吧，来一份香肠(猪肉、小牛肉或牛肉)和一大块面包，配着啤酒一起吃下去——或者坐在肉店旁的小巷酒吧高脚凳上，跟麻雀们一起等待。

Hennu Stall 酒吧

(☎027 966 35 10; Klein Matterhorn; ⏰14:00~19:00) 最后一个到达这里的人会遭到其他滑雪同伴的鄙视。这家Hennu酒吧是小马特峰滑雪后聚会最疯狂的地方。这里一米长雪板套酒(A metre-long "ski" of shots)能让你在往山下的采尔马特滑行的一路上都啧啧称赞。

Z'alt Hischi 酒吧

（☎027 967 42 62；www.hischibar.ch；Hinterdorfstrasse 44；⏲21:00至次日2:00）这家热闹的酒吧在采尔马特最繁华的大街上并不引人注目，位于一间形态古老、方寸大小的小木屋内。

实用信息

旅游局（☎027 966 81 00；www.zermatt.ch；Bahnhofplatz 5；⏲6月中旬至9月8:30～18:00，一年中其他时间 周一至周五8:30至正午和13:00～18:00，周六8:30～18:00，周日9:30至正午和16:00～18:00）提供所有本地信息。

到达和当地交通

汽车 采尔马特不允许小汽车进入。开车前来的旅行者必须将车停放在塔什（Täsch，www.matterhornterminal.ch；每天14.50瑞士法郎），将行李放在手推车上（5瑞士法郎），乘坐采尔马特列车Zermatt Shuttle（成人/儿童8/4瑞士法郎，12分钟，每20分钟1班）到达采尔马特，行程5公里。

火车 有定期的火车从布里格（37瑞士法郎，1.5小时）——主要的铁路枢纽——出发，途中经停菲斯普（Visp）。采尔马特也是驶往格劳宾登州（Graubünden）的冰川快车（Glacier Express）的始发站，这趟快车广受欢迎。

伯尔尼（BERN）

人口125,700

伯尔尼大概是世界上最被低估的首都，一个神话般的所在。这里既具有文艺复兴时期上流社会的旧式精神，又具有21世纪飞速发展的少女之心。这座河畔的城市既古老、又现代。它15世纪的古城，华丽得足以使你意乱情迷，忘了身处哪个世纪（它绝对配得上1983年联合国教科文组织世界遗产的称号）；然而，时髦的葡萄酒专卖店、具有艺术人文气息的酒吧以及伦佐•皮亚诺（Renzo Piano）设计的未来艺术博物馆（futuristic art museum）中陈列的许多保罗•克利的杰作，又将你带回现实。

景点

首选 **老城区** 历史地区

这个地方彩旗飞舞，极具魅力，是伯尔尼最具中世纪风格的中心地区。这里有长达6公里的带顶的拱廊，沿街多是手机商店和酒吧。1405年，一场大火摧毁了老城区（Old Town）；如今，原先的木结构城市已经用石头重建。伯尔尼的独特之处是拥有美丽深邃的长达6公里的拱廊街道，沿街多是商店、咖啡店等。

伯尔尼的**钟楼**（Zytglogge）是一个重要景点。有很多人参观，每到整点前4分钟，钟面

值得一游

冰川快车（GLACIER EXPRESS）

如同冰川无法避免气候变化一样，面对**冰川快车**（www.glacierexpress.ch）无处不在的广告，你也无处可逃。这趟列车将采尔马特与度假胜地库尔（一等座/二等座254/145瑞士法郎，5小时45分钟）、达沃斯（一等座/二等座235/134瑞士法郎，7.5小时）和圣莫里茨（一等座/二等座198/113瑞士法郎，8小时）连接了起来。

虽然沿线可以观赏到壮观的冰川裂缝峡谷和高耸入云的山峰，大部分路途都在山谷中，所以不要指望一站式的刺激风光。8小时的行程将考验你的耐心。你可以缩短行程，选择在铁路枢纽布里克（而不是采尔马特）上车，或只乘坐圣莫里茨到库尔（另一个铁路枢纽）的中段部分。

瑞士通票全程有效，而欧洲铁路通票（Eurail）和欧洲通票（InterRail）需另付50%的车费。参见651页方框文字。

上的数字开始旋转，旋转结束后，才开始敲钟报时。

同样漂亮的景点是11座精装细扮的**喷泉**（1545年），其中的雕塑多是历史和民间传说中的人物，大多位于Marktgasse大街至Kramgasse大街和Gerechtigkeitsgasse大街一带。最有名的是Kornhausplatz广场的**食童喷泉**（Kindlifresserbrunnen，Ogre Fountain），它描绘的是一个巨人正在吃小孩。

大教堂（Cathedral；www.bernermuenster.ch；塔 成人/儿童5/2瑞士法郎；◷复活节至11月周二至周六10:00～17:00 周日11:30～17:00，每年其余月份 周二至周五正午至16:00 周六至17:00 周日11:30～16:00，尖塔提前30分钟关闭）是一座具有15世纪哥特风格的建筑，教堂内可踏着344级台阶一步步走到尖塔顶部——这是瑞士最高的教堂尖塔——虽然爬上去转得有些头晕，但绝对物有所值。教堂外，可在**明斯特平台**（Münster Platform）稍作停留，它如同公园里的一块宝石般俯瞰着阿勒河。

首选 保罗•克利中心
博物馆

（☎031 359 01 01；www.zpk.org；Monument im Fruchtland 3；成人/儿童 20/7瑞士法郎；◷周二至周日 10:00～17:00）建筑风格大胆的保罗•克利中心（Paul Klee Centre）是一座150米长的美丽夺目的建筑，收藏了很多现代艺术作品，最为丰富的是其同名艺术家保罗•克利的作品。由伦佐•皮亚诺（Renzo Piano）设计，建筑形态美妙，似波浪般起伏，结构似三座“小山”，与城镇东部景观十分和谐。

中间的“小山”是主要的展览空间，交互式地展示出克利惊人的职业生涯中的4000幅作品。他的作品画风抽象，时而图形精密，时而戏谑十足，时而牵动人心。在另一个“小山”的地下室里，是充满乐趣的**儿童创意馆**（Kindermuseum Creaviva），是一个激发儿童灵感的艺术中心。

可乘坐12路公共汽车从Bubenbergplatz到保罗•克利中心（4.20瑞士法郎，15分钟）。如果驾车就更方便了：博物馆就在伯尔尼至Ostring的A6出口旁。

爱因斯坦博物馆
博物馆

（Einstein Museum；☎031 312 00 91；www.einstein-bern.ch；Kramgasse 49；成人/学生6/4.50瑞士法郎；◷2月至12月10:00～17:00）1905年，这位世界上最著名的科学家在伯尔尼创立了相对论。在这座博物馆里可以了解爱因斯坦的更多生平。1903年至1905年，爱因斯坦在伯尔尼专利局任职员时，就与家人一起居住在这座简陋的公寓里。

免费 国会大厦
古迹

（Houses of Parliament；Bundeshäuser；☎031 332 85 22；www.parliament.ch；Bundesplatz；◷一小时团队游 周一至周六9:00～16:00）1902年建造的国会大厦是瑞士联邦议会所在地，装饰华丽，有开国元勋们的雕像和带有州徽的彩色玻璃拱顶。议会休息时，允许进入参观，或者仅在旁听席参观。须携带护照。

熊苑
熊苑

（www.baerenpark-bern.ch；◷9:30～17:00）在一个狭小的壕沟里生活了几十年后（遭到了很多动物权利倡导者的抗议），伯尔尼的象征——熊终于有了一个新家，一座6000平方米的宽敞的露天河畔公园，于2009年种满了树木和梯田，有很多熊宝贝来这里玩耍（但它们仍然可以回到原来的熊乐园中）。熊苑（Bärengraben）位于Nydeggbrücke东端。

美术馆
博物馆

（☎031 328 09 44；www.kunstmuseumbern.ch；Hodlerstrasse 8-12；成人/儿童7瑞士法郎/免费；◷周二10:00～21:00，周三至周日到17:00）这座精巧的美术馆（Kunstmuseum）内的永久收藏品包括意大利艺术家弗拉•安杰利科（Fra Angelico）和瑞士艺术家费迪南德•霍德勒（Ferdinand Hodler），以及毕加索（Picasso）和达利（Dalí）的作品。

住宿

旅游局可以帮忙预订房间，并提供酒店优惠方案。

首选 Hotel Landhaus
酒店 €

（☎031 331 41 66；www.albertfrida.ch；

Altenbergstrasse 4；铺33瑞士法郎起，房160瑞士法郎起，房间不带浴室120瑞士法郎起；Ⓟ⊜@令）背后是一座城市公园绿草如茵的缓坡，前方是小河和古城的教堂尖塔。这座具有历史感的酒店个性鲜明，底层有一家充满灵性的波希米亚风格餐厅，常年顾客盈门。

Hotel National 酒店 €

（☎031 381 19 88；www.nationalbern.ch；Hirschengraben 24；标单/双100/150瑞士法郎，房间不带浴室65/130瑞士法郎起；@令）这是一座古色古香、惹人喜爱的酒店，它独有的魅力在于铁铸的电梯和铺在木地板上的波斯地毯。共有58间客房，每间都是独一无二的。酒店餐厅提供早餐。它提倡细嚼慢咽，深受当地人喜爱。

Marthahaus Garni 酒店 €

（☎031 332 41 35；www.marthahaus.ch；Wyttenbachstrasse 22a；标单/双115/145瑞士法郎起，房间不带浴室70/105瑞士法郎起；⊜@令）位于绿树成荫的居住小区中的一幢五层公寓，给人一种亲切的公寓感觉。干净简单的房间，多以白色装饰，并装饰着一些现代艺术品。有厨房。

Hotel City am Bahnhof 酒店 €€

（☎031 311 53 77；www.fassbindhotels.com；Bubenbergplatz 7；房110~200瑞士法郎；令）靠近火车站，这里58间客房都是商务标准，有体面的书桌。可以订带有一个小露台的房间，俯瞰远处下方的景色。

Hotel Belle Epoque 酒店 €€

（☎031 311 43 36；www.belle-epoque.ch；Gerechtigkeitsgasse 18；标单/双170/240瑞士法郎起；⊜@令）这家浪漫的老城区酒店拥有大量奢华的艺术装饰，看看嵌在轮船衣箱式橱柜里的电视吧，不要太过瘾哦！酒店规模不大，带有一间受欢迎的咖啡馆。

SYHA Hostel 青年旅舍 €

（☎031 326 11 11；www.youthhostel.ch/bern；Weihergasse 4；铺36瑞士法郎起；⏲接待处7:00至正午和14:00至午夜；⊜@令）这家旅舍位于风景秀丽的小河边，格局整洁有序，拥有运动设施、干净的宿舍以及绿叶繁茂的露台，外加一个物美价廉的小餐馆。从国会大厦步行下山或乘坐缆车可到达这里。

Hotel Glocke Backpackers Bern 青年旅舍 €

（☎031 311 37 71；www.bernbackpackers.com；Rathausgasse 75；铺含早餐 35~47瑞士法郎，双142瑞士法郎，标单/双 房间不带浴室74/110瑞士法郎；⏲接待处8:00~11:00和15:00~22:00；⊜@令）位于老城区，位置便利，是许多背包客的首选。不过，晚上河岸边很热闹，也许会打扰不易沉睡的旅行者。

就餐

在老城区Zeughausgasse、Rathausgasse、Marktgasse和Kramgasse大街的拱形游廊中随处可见风味十足的咖啡馆和小酒馆。

首选 **Lötschberg AOC** 瑞士菜 €

（☎031 311 34 55；www.loetschberg-aoc.ch；Zeughausgasse 16；主菜14~30瑞士法郎；⏲9:00~23:00）这家餐馆的酒单上所有葡萄酒和啤酒均系瑞士出产，并供应瓦莱州的奶酪特色菜（其中当然包括芝士火锅和拉克雷特）和沙拉。这里以明黄色的墙壁做背景，其上装饰着圆形、木质酒架，堪称是全瑞士最富有活力的餐馆。这家大众休闲的餐馆提供上乘的瑞士美食，绝不粗制滥造。晚餐需要预订。

Altes Tramdepot 瑞士菜 €

（☎031 368 14 15；www.altestramdepot.ch；Am Bärengraben；主菜16~20瑞士法郎；⏲11:00~12:30）连当地人都会推荐这家位于熊苑附近的洞穴式小型酿酒厂。在小酒馆风格的菜单上，陈列着瑞士特产，还有用锅快炒的小菜、意大利面和许多国际菜式。这里有经过一年酿制而成的20种季节性啤酒，可以选几种尝尝。

Terrasse & Casa 意大利菜 €€

（☎031 350 50 01；www.schwellenmaetteli.ch；Damaziquai 11；主菜25~45瑞士法郎；⏲Terrasse周一至周六9:00至午夜，周日至23:00，Casa午餐和

小吃之选

两餐之间吃几块盐渍过的椒盐卷饼（pretzel，约3瑞士法郎），嗑一把葵花籽、南瓜子或芝麻籽，火车站售票亭有售；或者呼应天文大钟钟声的节奏，吃一袋热乎乎的栗子。

Sous le Pont位于同名咖啡馆的隔壁，墙上满是涂鸦，凹陷的壁橱内有煎炸的食品、沙拉三明治（falafel）和炸小牛肉片（schnitzel）。可以坐在画满涂鸦的餐桌旁吃饭，啤酒使用0.3/0.5升的玻璃杯，每杯价格3.80/5.20瑞士法郎。

Tibits（☎031 312 91 11；Bahnhofplatz 10；⊙周一至周三 6:30～23:30，周四至周六到午夜，周日8:00～23:00；☑）这家素菜自选餐厅位于火车站内，旅行者可随时在此选用健康美食。酌情自选，称重后付款。

Markets（⊙全年 周二和周六8:00～16:00，4月至10月另加周四）位于Bundesplatz广场的市场是挑选农产品和备货的好地方。

晚餐 周二至周五和周日，周六晚餐）此地号称“伯尔尼的里维埃拉”（Bern's Riviera），坐落在阿勒河（Aare）畔，由两家餐馆合并在一起，是上流人士常光顾的地方。Terrasse像一只带木制甲板的玻璃鞋盒，横跨水面。晒太阳的闲人们可在上面俯观堤坝。Casa在一座原木结构的乡村风格建筑内，提供意大利菜肴。

Kornhauskeller 新派欧洲菜 €€€

（☎031 327 72 72；Kornhausplatz 18；主菜25～50瑞士法郎；⊙周一至周六正午至23:00，周日17:00开始）这里曾是伯尔尼宏伟壮丽的粮仓，现在是一个华丽的地窖餐厅，供应地中海式美食，人们可以在装饰着壁画的拱顶下享用美食。在其邻近的咖啡馆繁忙的路边露台上，船夫们边晒太阳边吃午餐。这家热闹的酒吧营业至深夜。

Markthalle 各国风味 €

（Bubenbergplatz 9；每道菜12～35瑞士法郎；⊙周一至周三6:30～23:30，周四和周五至次日0:30，周六7:30至次日0:30；☑）这个有顶棚的拱廊市场里气氛热烈，提供很多小吃简餐。这里汇聚了来自世界各地的便宜小吃。你能说出名字的小吃都能在此找到。不过，只能在吧台或塑料餐桌边站着吃。越来越多正规的小摊提供餐桌服务。

饮品和娱乐

伯尔尼提倡理性饮酒。很多地方，像Kornhauskeller和Altes Tramdepot，餐厅和酒吧都是联营的。Bundeshäuser和Rathaustrasse附近的Gurtengasse坐落着几家灯火通明、生意火爆的酒吧，适合在下班后来杯开胃酒。

首选 Café des Pyrénées 酒吧

（☎031 311 30 63；Kornhausplatz 17；⊙周一至周六）这家结合了波希米亚风格的酒吧，感觉像是一家巴黎式咖啡馆，坐满了爱饮酒的豪迈人士与爱啤酒的学生群体。酒吧里灯光朦胧，没有太多奢华的装饰。

Sous le Pont 酒吧

（☎031 306 69 55；www.souslepont.ch；Neubrückstrasse 8；⊙周二至周六19:00至次日2:00）在略显混乱的另类艺术中心Reitschule里，好好探究一下另类地下摇滚吧。这家酒吧位于铁路桥畔的一座古老的石房子内，墙壁上满是涂鸦。这里是一个建于1897年的骑术学校的旧址。

Silo Bar 酒吧

（☎031 311 54 12；www.silobar.ch；Mühlenplatz 11；⊙周四至周六22:00至次日3:30）位于伯尔尼最时尚的Matte区河畔，这座19世纪的谷仓如今跳动着潮流的脉搏，主要的消费群体是活泼的学生们。

Stadttheater Bern 表演艺术

（☎031 329 51 51；www.stadttheaterbern.

ch; Kornhausplatz 20)戏曲、舞蹈、古典音乐和戏剧(德文)。

实用信息

伯尔尼旅游局(☎031 328 12 12; www.berninfo.com; Bahnhoftplatz; ⏲6月至9月9:00~20:30, 10月至次年5月 周一至周六9:00~18:30, 周日10:00~17:00)火车站地面与街道的材质相同。提供市内游、酒店预订及上网服务(12瑞士法郎/小时)。还有一个办事处(☎031 328 12 12; Bärengraben; ⏲6月至9月9:00~18:00, 3月至5月和10月10:00~16:00, 11月至次年2月11:00~16:00)位于熊苑附近的Altes Tram depot餐厅内。

邮局(Schanzenstrasse 4; ⏲周一至周五7:30~21:00, 周六8:00~16:00, 周日9:00~16:00)

到达和当地交通

飞机 伯尔尼贝尔普机场(BRN; ☎031 960 21 21; www.alpar.ch),位于市中心东南9公里处,这座小机场有直接往返阿姆斯特丹(Amsterdam)、巴塞罗那(Barcelona)、伦敦(London)、慕尼黑(Munich)和其他城市的航班。大部分服务由小型区域航空公司瑞士航空公司(SkyWork, www.flyskywork.com)提供。公交334路直达机场。

自行车 也可以踩着自行车、小型电动车或滑板闲逛,**伯尔尼自行车小站**(Bern Rollt; ☎079 277 28 57; www.bernrollt.ch; 前4个小时免费,以后每小时1瑞士法郎; ⏲5月至10月7:30~21:30)在以下几个地点设有售票亭:火车站、Zeughausgasse大街西端以及紧邻Hirschengrasse大街的Bubenbergplatz广场附近。

公共交通 有伯尔尼公交公司(BernMobil www.bernmobil.ch)运营的长途汽车和电车。车票可以在自动售票机上购买,票价2.30瑞士法郎(最多6站),或购买1区和2区内的单程票,票价4.20瑞士法郎。一日通票售价为12瑞士法郎。

火车 班次频密的火车可通往瑞士的大多数市镇,包括日内瓦(49瑞士法郎,1.75小时)、巴塞尔(39瑞士法郎,1小时)以及苏黎世(49瑞士法郎,1小时)。

穆尔腾(Murten)

人口6100

这就像是一座沙滩上的建筑,这个位于穆尔腾湖(Lac de Morat)东岸的城墙内的中世纪村庄原本不叫穆尔腾——穆尔腾来源于凯尔特语moriduno,意思是"湖上要塞"——但它现在已经不再用来抵御入侵者了。在1476年5月的穆尔腾之战中,勃艮第公爵"大胆查理"(Burgundy duke Charles the Bold)从洛桑起兵,围攻穆尔腾,战争导致他手下8000人被杀或溺死于穆尔腾湖中(公爵成功脱逃)。直到今天,这个德语区小镇仍是瑞士德法语区之间的边界。

穆尔腾城镇有三条鹅卵石街道,两旁密密麻麻地挤满了带有拱廊的房屋,仿佛是伯尔尼的迷你版。Rathausgasse大街一带有连串的酒店、餐厅,尽头是一座13世纪的**城堡**(castle,不向游客开放); Hauptgasse大街两旁布满了商店和小饭馆,最东端是中世纪的**伯尔尼城门**(Berntor city gate)。

这里真正的亮点是几乎完好无损的城墙**ramparts**(门票免费; ⏲8:00~21:00)——是欧洲保存最好的一部分。从**德国教堂**(Deutsche Kirche)后面木制的**城墙阶梯**(Aufstieg auf die Ringmauer)登上拱形游廊,穿行于坚固的中世纪城墙之上。你可以暂时不把它作为建筑风格和谐美好的老城区来感受,而是试着将它作为摧毁法语区查理统治之梦的战争发起地来欣赏。

Hotel Murtenhof & Krone(☎026 672 90 30; www.murtenhof.ch; Rathausgasse 1-5; 单/双120/160瑞士法郎起,主菜15~40瑞士法郎; ⏲餐馆11:00~22:00; 📶),位于一栋16世纪贵族府邸中,新旧风格交融,宽敞明亮,设有58间客房,是一间住宿餐饮一体化的酒店。其露台餐厅的美食常常推陈出新,将一流的湖景与传统烹饪完美融合。可预订露台观景餐位。

到达和离开

火车站位于城墙南面300米处。穆尔腾是一个交通枢纽,火车每小时1班,包括:伯尔尼(14瑞士法郎,35分钟)、弗里堡(12瑞士法郎,30分钟)和纳沙泰尔(13瑞士法郎,25分钟)。

穆尔腾火车站提供自行车租赁服务（每天33瑞士法郎；⊙9:00~16:00）。

Navigation Lacs de Neuchâtel et Morat（☎032 729 96 00；www.navig.ch；成人/儿童25/12.50瑞士法郎；⊙4月至10月中旬）有季节性游船往返纳沙泰尔（1.75小时）。

纳沙泰尔（Neuchâtel）

人口32,800

这里有优雅的老城区砂岩建筑、气氛轻松而淡漠的法式咖啡馆、波光潋滟的湖面和微风习习的湖畔。纳沙泰尔的魅力着实令人倾倒。

这个迷人的老城区街道两旁林立着典雅的、带有百叶窗的18世纪官邸名宅，以及镶嵌着奇特的金箔的喷泉。建于15世纪的**纳沙泰尔城堡**（Chateau de Neuchâtel；☎032 889 60 00；⊙导游讲解 周一至周六10:00至正午和14:00~16:00，4月至9月 周日14:00~16:00）及毗连的**Collegiate教堂**是老城区的中心。15座引人注目饰以雕像的纪念碑建造于1372年。附近的**监狱塔**（prison tower；☎032 717 71 02；Rue Jehanne de Hochberg 5；门票2瑞士法郎；⊙4月至9月8:00~18:00）视野开阔，可将城市和湖景尽收眼底。

参观**Musée d'Art et d'Histoire**（☎032 717 79 25；www.mahn.ch；Esplanade Léopold Robert 1；成人/16岁以下儿童8瑞士法郎/免费，周三免费；⊙周二至周日11:00~18:00），可以看到深受人们喜爱的18世纪的时钟。

Le Jura Brasserie（☎032 725 14 10；www.brasserielejura.ch；Rue de la Treille 7；餐20~50瑞士法郎；⊙咖啡 周一至周六9:00~23:00）的特色菜包括纳沙泰尔式牛肚（tripes à la Neuchâteloise）、烤猪肉、纳沙泰尔式蓝纹芝士香肠（Neuchâtel blue-cheese sausage）。长长的菜单每天都会更新。

步行街和Place Pury（当地公交枢纽）距离火车站约1公里，顺着Ave de la Gare步行下山。

有火车到日内瓦（40瑞士法郎，65分钟，每小时1班）、伯尔尼（20瑞士法郎，35分钟，每小时1班）。

瑞士中部和伯尔尼高原（CENTRAL SWITZERLAND & BERNESE OBERLAND）

应该给予来到伯尔尼高原的旅行者一项健康预警——注意：艾格峰北面可能会导致旅行者震颤不止，少女峰山麓会导致不可控制的莫名兴奋，希尔特峰（Schilthorn）会带来"007"幻觉。马克•吐温（Mark Twain）曾写道，没有一种麻醉药可与穿越伯尔尼高原的体验相媲美，而他更应知道，即便是在清醒的时候，凝视绿色的云杉树木、高大得似乎要吞噬你的群山、梦幻般的瓦蓝天空、旋转的冰川和碧绿的湖泊，都仿佛坠入仙境。在欧洲最高的火车站少女峰（Jungfraujoch）旁，犬吠声交织着刺耳的的惊叹声。几步之外，蜿蜒的阿莱奇冰川（Aletsch Glacier）嶙峋伫立，围绕在你身边的是4000米的角塔与冰霜一般的寂静。

卢塞恩（Lucerne）

人口76,200

打造一座华丽瑞士城市，你需要：掬一捧群山环抱中神话般钴蓝色的湖水，再配上一座中世纪古城，将湖水洒上廊桥、阳光广场，以及糖果色的房屋和海滨长廊。自19世纪起，歌德、维多利亚女王和瓦格纳等名流都垂爱此地，而卢塞恩也从此成为深受大众喜爱的宝地。传说一位光明天使指引着首批定居者在这里建立了一座至今仍然无比优雅的教堂。

景点

首先，我们要到中世纪的老城边驻足，参观那些历经沧桑的壁垒和塔楼。漫步在铺满鹅卵石的小巷和广场，仔细打量那些带有彩绘外墙的15世纪建筑，和两座横跨罗伊斯河，备受摄影爱好者青睐的廊桥。建于1333年的卡贝尔桥（Chapel Bridge），是卢塞恩最知名的地标。因其独特的水塔和险些毁于1993年大火的事件而远近闻名。虽然已经重建，但是屋檐下，火灾留在17世纪的廊顶画上的痕迹仍然很明显。相比之下，**施普罗伊尔桥**（Spreuerbrücke，1408年）的廊顶画"死亡之舞"更显阴森怪异。你要有什么罪孽，就赶紧忏悔吧！

接下来的旅行还有沿湖散步或跨湖乘船游。

首选 罗森加特收藏馆 博物馆

（Museum Sammlung Rosengart；☎041 220 16 60；www.rosengart.ch；Pilatusstrasse 10；成人/学生18/16瑞士法郎；⏲4月至10月10:00~18:00，11月至次年3月11:00~17:00）卢塞恩最具吸引力的文化景观非罗森加特收藏馆莫属，藏有大量新古典主义作品。这里展示了瑞士艺术商人、毕加索的密友罗森加特（Angela Rosengart）的藏品，除了藏有伟大的西班牙大师的绘画作品外，还有塞尚（Cézanne）、康定斯基（Kandinsky）、米罗（Miró）（包括令人惊叹的1925年创作的《舞者II》）、马蒂斯（Matisse）和莫奈（Monet）的画作和素描。

地下室藏有100多幅保罗•克利的作品，全面展示了他各方面的才华。这些作品既俏皮又内省。在众多伟大作品中，你可以欣赏一下《11月夜晚冒险记》（*Memory of a November Night's Adventure*，1922年）。

这里还补充收集了大卫•道格拉斯•邓肯（David Douglas Duncan）拍摄的200余幅照片，记录下毕加索最后17年和他的家人在法国里维埃拉（French Riviera）的家庭生活。这些照片呈现出一个集顽劣巨匠、爱人和父亲为一身的艺术家形象。

狮子纪念碑 纪念碑

（Lion Monument，Löwendenkmal；Denkmalstrasse）早期大众旅游中的维多利亚时期景点，深深吸引着老城稍北的带有怀旧情结的游客。迄今为止，最令人感怀的莫过于1820年在一座可爱公园里的悬崖上雕刻出的那块10米长石雕。卢卡斯•阿霍恩（Lukas Ahorn）雕刻的垂死的狮子纪念在法国大革命期间保卫国王路易十六而牺牲的瑞士士兵。马克•吐温（Mark Twain）曾把它称为"世界上最悲伤、最动人的一块石雕"。

交通博物馆 博物馆

（☎041 370 44 44；www.verkehrshaus.ch；Lidostrasse 5；成人/儿童30/15瑞士法郎；⏲4月至10月10:00~18:00，11月至次年3月到17:00）飞机、火车和汽车是这个面向家庭的大交通博物馆（Verkehrshaus）中的主要展品。博物馆坐落于市中心东部，代表着瑞士引以为傲的运输史。它是瑞士最受欢迎的博物馆，令人着迷的错综伸展的铁路大厅显示了勇敢的瑞士人如何将铁轨遍布群山。可以从Bahnhofplatz乘坐6路、8路或24路公车到达，或者不如走路过去，享受2公里的湖边漫步。

活动

了解一下环湖骑行路线：卡斯坦宁堡到温克尔16公里的骑行路线风景绝佳，环境惬意。你可以在火车站从**Next Bike**租辆自行车（☎041 508 08 00；www.nextbike.net；卢塞恩火车站；自行车每小时/每天2/20瑞士法郎），网上登记或电话联系，然后就动起来吧。

丽都 游泳

（Strandbad Lido；☎041 370 38 06；www.lido-luzern.ch；Lidostrasse 6a；成人/儿童7瑞士法郎/免费；⏲5月中旬至9月9:00~20:00）享受浪花或日光浴的完美之选，湖畔沙滩上有运动场、排球场和室外温水游泳池。你可以在紧邻Alpenquai的Seepark湖对岸免费游泳。

节日和活动

卢塞恩为期六天的**狂欢节**（Fasnacht）庆祝活动比巴塞尔狂欢节更热闹更有趣。市政厅会在"肮脏星期四"当大批音乐人和乐队涌上街道时，在窗户上挂上"Fritschi"的字样，以宣示狂欢派对开始。狂欢节在"四旬斋"前的最后一天通过喧闹的庆祝活动达到高潮（"肥美星期二"），在"圣灰星期三"落下帷幕。

6月的**约德尔节**（Jodler Fest Luzern；www.jodler festluzern.ch）是一个典型的高山宴会：想象一下12,000名瑞士约德尔歌手、山笛演奏者和旗帜挥舞人齐聚一堂，会是什么样的场面。

住宿

首选 Palace Luzern 酒店 €€€

(☎041 416 16 16; www.palace-luzern.ch; Haldenstrasse 10，房400瑞士法郎起；📶）湖滨这家美好年代时期的酒店，豪华而高贵，是人们追寻昔日荣光的最佳去处。装饰着熠熠生辉的大理石和吊灯显示出末世的宏伟。想找一间能够隔湖远眺阿尔卑斯山的房间？上网查查是否还有檐下小型客房可选。

Backpackers Lucerne 青年旅舍 €

(☎041 360 04 20; www.backpackers lucerne.ch; Alpenquai 42；铺/双32/74瑞士法郎起；⏲前台7:00~10:00和16:00~23:00；@📶）湖右侧是一个充满深情的地方，挂满艺术作品的墙壁，充满活力的工作人员，设备齐全的厨房和带阳台的完美房间。距火车站西南15分钟路程。

Hotel De La Paix 酒店 €

(☎041 418 80 00; www.ambassador.ch; Musegg-strasse 2，房110~200瑞士法郎；@📶）靠近老城的边缘，这家拥有31间客房的酒店是一个很好的选择。大堂很小，但客房——尤其是位于角落里的客房——都非常大，并且酒店配有电梯。住宿含的早餐自助非常不错。

Tourist Hotel 酒店 €€

(☎041 410 24 74; www.touristhotel.ch, St-Karli-Quai 12，房90~170瑞士法郎；P⊖@📶）不要因其平庸的名称以及沿河一面的廉价绿色外表而对它不屑一顾。客房现代且喜庆——经济房间使用公用浴室，并有一个洗衣房。

Hotel Alpha 酒店 €

(☎041 240 42 80; www.hotelalpha.ch; Zähringerstrasse24，房75~140瑞士法郎；@📶）无论外观还是价格都让人满意，这家酒店位于一个安静的住宅区，距老城有10分钟的步行路程。客房布置简单方便、一尘不染，稍便宜的客房使用公用浴室。

The Hotel 酒店 €€€

(☎041 226 86 86; www.the-hotel.ch; Sempacherstrasse 14，套430瑞士法郎起；❄@📶）这座承载了建筑师让•努维尔（Jean Nouvel）设计印记的时尚酒店，精简别致，拥有精致的套房。天花板的装饰犹如电影中古希腊的风格。

餐饮

地方菜有卢塞恩湖鱼和chögalipaschtetli（肉和蘑菇馅的大酥饼）。

沿着罗伊斯河两岸，有一个不错的**市场**（⏲周六8:00~15:00）。

首选 Wirtshaus Galliker 瑞士菜 €€

(☎041 240 10 01; Schützenstrasse1，主菜22~50瑞士法郎；⏲周二至周六11:30~14:00和17:00~22:00，7月至8月中旬歇业）自1856年起，这间古老的小酒馆已由Galliker家族充满热情地经营了四代之久。温柔的服务员会奉上卢塞恩的传统食物（土豆煎饼）。晚餐需要提前预订。

Restaurant Schiff 瑞士菜 €€

(☎041 418 52 52; Unter den Egg 8，主菜20~45瑞士法郎）在海滨商场的掩映和烛光的装点下，这家餐厅的万千魅力俱现。一定要品尝卢塞恩湖鱼和这里最著名的chögalipa-schtetli。

Heini 咖啡馆 €

(☎041 412 20 20; www.heini.ch; Falkenplatz，小吃5瑞士法郎起）这家当地烘焙式咖啡厅连锁中最老的一家店靠近狮子纪念碑，但我们更喜欢老城主要广场更现代的这家。三明治和沙拉可以满足午餐需求，但这里真正让你流口水的是橱窗里展示的蛋糕、果子奶油蛋糕以及其他食物。找个位置坐下来，然后解解馋吧。

La Terraza 意大利菜 €€

(☎041 410 36 31; www.ristorante-laterrazza.cch; Metzgerrainle 9，主菜18~45瑞士

法郎）它坐落在一座12世纪的建筑里，多年来这里居住过鱼贩、公爵和作家，La Terraza餐厅霸气外露。想想城市郊区流行的意大利风情。旭日东升时，倚栏杆，遥看河景万千。

Rathaus Bräuerei 自酿酒吧 €

（☎041 410 52 57；www.rathausbrauerei.ch；主菜15瑞士法郎起；⏲8:00至午夜）坐在嘈杂酒馆的拱形牌楼下，喝着自酿啤酒（尝尝"博克"这个牌子），或徜徉在人行道上，看着河水流淌。这里有季节性的佳酿以及极佳的传统瑞士、德国小吃。夜间特色酒因季节而异。

La Madeleine 酒吧

（www.lamadeleine.ch；Baselstrasse 15）这是一个提供低调演出的小场所，有两个表演区和一个舒适的酒吧。爵士、蓝调、流行、朋克以及更多其他流派的音乐都在这里上演。

ℹ 实用信息

卢塞恩卡（Lucerne Card；24/48/72小时，19/27/33瑞士法郎）可以享受博物馆门票5折优惠，无限次乘坐公共交通工具和其他折扣。

卢塞恩旅游（Luzern Tourism；☎041 227 17 17；

值得一游

卢塞恩登山一日游

从卢塞恩到阿尔卑斯山有三种经典一日游，每条线路都有很多相关推广活动。峰顶提供多种徒步项目和活动，但真正具有吸引力的是令人叹为观止的美景和旅程本身。若天气阴沉，则不适于出行。

皮拉图斯山（Mount Pilatus）

要从西南向进入卢塞恩，就得翻越2132米高的皮拉图斯山（www.pilatus.com）。从5月至10月，你可以选择经典的"黄金往返游"翻越皮拉图斯山。乘坐湖上的汽船从卢塞恩到阿尔纳斯特（Alpnachstad），然后沿着世界上最陡峭的嵌齿铁路一路向上到达皮拉图斯山。山顶的缆车经过弗莱格穆恩塔格（Fräkmüntegg）和Krienseregg将你送下来，到达克林斯（kriens），在那里乘坐1路公交车回到卢塞恩。回程花费91瑞士法郎（拥有有效的瑞士、欧铁或欧洲通票花费会更少）。

瑞吉山（Mount Rigi）

从1797米高的瑞吉山（www.rigi.ch）上放眼望去，满眼皆是少女峰的盛景。两条相互竞争的铁路不断向山顶输送旅客。一条始于阿瑟一戈尔道（Arth-Goldau，单程/往返40/64瑞士法郎），另一条始于菲茨瑙（Vitznau，单程/往返45/72瑞士法郎）。拥有瑞士、欧铁和欧洲通票的旅客可享有五折优惠。

铁力士山（Mount Titlis）

瑞士中部最高山铁力士山（www.titlis.ch），拥有唯一的冰川，登顶要经历四段惊人的旅程；最后一个环节是通过旋转缆车来完成。在铁力士山站（3020米），一踏上它的领地，惊呼和赞叹就随之而来，冰川覆盖山峰的奇景一直延伸到位于伯尔尼高原的艾格峰、僧侣峰和少女峰（Eiger, Mönch and Jungfrau）。从英格堡（Engelberg）回铁力士山的（单程45分钟）费用为90瑞士法郎。瑞士、欧铁或欧洲通票的持有者享有五折优惠。英格堡在铁路的末端，距卢塞恩大约1小时（17瑞士法郎）的路程。如果只有一天的行程，可以从卢塞恩旅游局预订一张铁力士山远足票。

www.luzern.com; Zentralstrasse 5; ⏲5月至10月周一至周六8:30~19:00 周日9:00~17:00, 11月至次年4月 周一至周五8:30~17:30 周六和周日9:00~17:00)从火车站3站台可前往。

到达和当地交通

便捷的火车往来于伯尔尼(37瑞士法郎, 1小时)、日内瓦(76瑞士法郎, 2.75小时)、卢加诺(58瑞士法郎, 2.5小时)和苏黎世(24瑞士法郎, 1小时)。

火车也可以通过迈林根令人称奇的黄金列车连接卢塞恩和因特拉肯东站(31瑞士法郎, 2小时)。

SGV(www.lakelucerne.ch)卢塞恩湖每天都有轮渡(有时是桨船)。班次众多。持火车通票, 可以免费乘船或享受打折船票。

城市公交车从Bahnhofplatz广场的Hauptbahnhof的外部发车。绕城价格是2.40瑞士法郎, 一日通6.40瑞士法郎。

因特拉肯(Interlaken)

人口5300

整个维多利亚时代, 人们都为因特拉肯那梦幻的山景如痴如醉, 只因从灯火通明的豪华酒店一带望去的那惊鸿一瞥。如今, 这里惊险的探险活动正让勇者们大呼过瘾。波光粼粼的图恩湖(Thun)和布里恩茨湖(Brienz), 与洁白的艾格峰、僧侣峰、少女峰一道, 让这里成了一场独一无二的视觉盛宴。

事实上, 你可能想与这惊人的美景进行近距离接触。很多旅行团以因特拉肯为基地, 街道上到处有白天乏善可陈、夜晚笙歌不绝的酒吧。在挺进山地或跟团进山时, 可以在这里逗留片刻。

景点

因特拉肯的中央公园——**Höhe-Matte**, 有几头特意安排的奶牛在草地上啃食草料。它们的存在, 造成对滑翔伞正常降落的干扰。

因特拉肯也有一个横跨阿勒(Aare)河的小型老城区——**塞恩**(Unterseen)。

活动

想要每过一座桥, 每跳一次崖或每蹚一条汹涌的河流, 都禁不住大叫起来吗? 你来对地方了。瑞士是世界上第二大冒险运动中心, 而因特拉肯又是这中心的中心。

想要刺激? 只要你能想到, 就没有这里办不到的。你可以在Lütschine、Simme河和Saane河流激浪漂流; 在Saxetet、格里姆瑟尔或Chli Schliere峡谷漂流; 在格林德瓦附近的Gletscherschlucht玩溪降。如果这些还不能满足你, 还有滑翔伞、冰川蹦极、跳伞、攀冰、急流漂流运动和更多挑战项目。

漂流或溪降价格约为110瑞士法郎, 蹦极或峡谷跳为130瑞士法郎, 串联双人滑翔伞为160瑞士法郎, 攀冰180瑞士法郎, 悬挂式滑翔225瑞士法郎, 高空跳伞430瑞士法郎。为期半天的山地自行车之旅将花费你大约25瑞士法郎。

从5月至9月可以安排大多数运动的主要探险游经营者如下。提前预订必不可少。

Alpinraft(☎033 823 41 00; www.alpinraft.ch; Hauptstrasse 7)

Outdoor Interlaken(☎033 826 77 19; www.outdoor-interlaken.ch; Hauptstrasse 15)

Swissraft(☎033 821 66 55; www.swissraft-activity.ch; Obere Jungfraustrasse 72)

住宿

首选 **Hotel Rugenpark** 民宿 €

(☎033 822 36 61; www.rugenpark.ch; Rugenparkstrasse 19, 标单/双87/130瑞士法郎起, 不带浴室62/105瑞士法郎起; ⏲11月中旬至12月关闭; P⊖@)克里斯(Chris)和乌苏拉(Ursula)像两个魔法师, 把这里巧妙地改造成了一个亲切的民宿。虽然房间简陋, 但是却很干净, 而且被五颜六色的蝴蝶、珠子和旅游小饰品装点得生气勃勃。房东见多识广, 可以向他们寻求帮助, 咨询当地出行建议。

Victoria-Jungfrau Grand Hotel & Spa 酒店 €€€

(☎033 828 28 28; www.victoria-jungfrau.ch; Höheweg 41; 标单/双560/680瑞士法郎起;

P⊖@📶✖）虔诚的安宁和无可挑剔的服务让人联想起当年只有皇家和豪富阶级旅游的时代。这里把保存完好的维多利亚时代风情和现代豪华典范进行了完美的融合。

Backpackers Villa Sonnenhof 青年旅舍 €

（☎033 826 71 71；www.villa. ch；Alpenstrasse 16，铺39~45瑞士法郎，标单69~79瑞士法郎，双118~138瑞士法郎；⏲7:00~23:00接待；@📶）旅舍完美融合了超现代主义小屋和优雅的艺术风格别墅。房间相当完美，有的配有可见少女峰的阳台。酒店还设有休息室、设备齐全的厨房和一个枝繁叶茂的花园，供客人放松休憩、欣赏少女峰美景。

Hôtel du Lac 酒店 €€

（☎033 822 29 22；www.dulac-interlaken.ch；Höheweg225，标单/双160/280瑞士法郎）笑容可掬的老式服务，紧邻因特拉肯的河畔美景，使这家19世纪的酒店成为一个不错的住宿选择。酒店主人已经世传几代人。

Walter's B&B 民宿 €

（☎033 822 76 88；www.walters. ch；Oelestrasse 35，标单/双 不带浴室50/66瑞士法郎起；📶）沃尔特的笑容、高超的厨艺以及向人们提供的种种价值无量的诀窍，使他成为一个真正的明星。当然，20世纪70年代的房间略显破损（配有公用浴室），但却一尘不染，你在因特拉肯找不到比这儿更超值的了。

Balmer's Herberge 青年旅舍 €

（☎033 822 19 61；www.balmers. ch；Hauptstrasse 23，铺31瑞士法郎起，标单/双47/81瑞士法郎起；P@📶）肾上腺素迷们因兄弟会的氛围而为此欢呼。这些聚会党最享受啤酒花园的欢乐时光和有DJ的酒吧。这里的休闲音乐和吊床能消除你的宿醉。

✖ 餐饮

面包房和外设露天座位的小酒馆零散地开设在Am Marktplatz广场上。公园以东的Höheweg两旁都是价格合理的民族餐馆。

对激情澎湃的聚会党而言，Balmer's和Funny Farm是当之无愧的最有活力酒吧。

Benacus 瑞士菜 €€

（☎033 821 20 20；www.benacus.ch；Stadthausplatz，主菜20~33瑞士法郎；⏲周日歇业）超酷的Benacus店因其玻璃幕墙、华丽的酒红色沙发、闲适的音乐和临街露台，而充满了都市气息。德国电视节目《时髦的厨房俱乐部》是在这里录制的。菜单创意十足，并有时令风味。

Sandwich Bar 瑞士菜 €

（☎033 821 63 25；Rosenstrasse 5，小吃4~9瑞士法郎；⏲周一至周五7:30~19:00，周六8:00~17:00）这个带着斑马条纹深红色墙壁的咖啡馆是绝佳的品味小吃的地点。面包可根据你的喜好随意添加创新的馅料。尝尝这里的汤、沙拉、烤面包和本地制造的冰激凌。

Schuh 咖啡馆 €€

（☎033 822 94 41；www.schuh-interlaken.ch；Höheweg56，每餐20瑞士法郎起；⏲9:00~23:30）这家维也纳风格的咖啡馆因其糕点、果仁糖和面向公园的露台而著名。菜单涵盖所有风格，从马铃薯煎饼到亚洲口味。巧克力制作表演（15瑞士法郎）面向游客，十分有趣，旺季大部分时间在17:00开始表演。

Goldener Anker 各国风味 €€

（☎033 822 16 72；www.anker.ch；Marktgasse 57；主菜18~42瑞士法郎；⏲晚餐；✎）这家房梁式结构餐厅的菜品众多，从瑞士到亚洲，还有部分墨西哥菜。除了肉类主菜外，还有美味沙拉和众多素食可供选择。夜晚有现场音乐表演，风格多样、阵容强大。

ℹ 实用信息

旅游局（☎033 826 53 00；www.interlakentourism.ch；Höheweg37；⏲7月和8月周一至周五8:00~19:00，周六到17:00，周日10:00至正午和17:00~19:00，其余时间周一至周五8:00至正午和13:30~18:00，周六9:00至正午）在两个车站之间。这两个火车站和旅游局外均设有酒店预订板。

到达和离开

向南开车前行唯一不需要在山间绕行的方法是从坎德施泰格（Kandersteg）用火车运载汽车，坎城位于施皮茨（Spiez）南面。

这里共有两个火车站。因特拉肯（Interlaken）西站离中心较近，是到伯尔尼（Bern）的列车停靠车站，（Sfr27，1小时）。因特拉肯东站是所有线路的铁路枢纽，包括去观赏秀丽风景的少女峰地区和到卢塞恩可爱的黄金列车（GoldenPass）（31瑞士法郎，2小时）。

少女峰地区（Jungfrau Region）

如果伯尔尼高原是瑞士的阿尔卑斯山心脏地带，少女峰地区则是令所有旅行者心跳之地。由冰川巨石覆盖的艾格峰、僧侣峰和少女峰（食人魔、和尚和处女），那里的风景涤荡你的心灵，令你不停左顾右看，也顾不上颈部的酸痛。这里的214公里的雪道、44部电梯以及其他设施深深地吸引着滑雪和雪板爱好者。用于克莱纳谢德格（Kleine Scheidegg）—门利兴山（Männlichen），格林德瓦（Grindelwald）—福斯特（First）或者米伦（Mürren）—希尔特峰（Schilthorn）的一日滑雪通票需要花费71瑞士法郎。

夏天，几百公里的步行小径可让你多角度领略美景，绝对让你惊叹不已。

劳德本纳山谷（Lauterbrunnen Valley）从因特拉肯延伸出来，两侧是陡峭的岩壁和高耸的山脉，吸引了大批徒步旅行者和山地自行车爱好者。

格林德瓦（Grindelwald）、翁根（Wengen）和米伦（Mürren）的主要村庄，以及劳德本纳的铁路枢纽处都有自动取款机。前两个村庄是在4月至11月的淡季出行唯一可以落脚的地方。

到达和当地交通

每小时都有列车（www.jungfrau.ch）从因特拉肯车站出发前往少女峰地区。若去往劳德本纳（7.20瑞士法郎）建议坐在列车的前半部车厢，去往格林德瓦（10.40瑞士法郎）则相反。

从格林德瓦，火车上行到克莱纳谢德格（Kleine Scheidegg，32瑞士法郎），在那里你可以转车到少女峰。从劳德本纳，火车上行到翁根（6.40瑞士法郎），并继续前往克莱纳谢德格（24瑞士法郎）到少女峰。

你有两种方式从劳德本纳到达米伦（Mürren）：在斯泰尔堡（Stechelberg，14.20瑞士法郎）坐公交车和缆车，或者在Grütschalp（10.40瑞士法郎）乘坐缆车和火车，都尝试一下会让你拥有更全面的体验。从斯泰尔堡和米伦乘坐缆车均可到达金美尔瓦尔德。4月和11月许多缆车因维护而暂停服务。

选购区域通票，可帮助你节省开支。伯尔尼高原地区通票（www.regiopass-berneroberland.ch；7天233瑞士法郎）可以让你3天无限次免费乘车和4天有折扣乘车。少女峰铁路通票（Jungfraubahnen Pass；www.jungfrau.ch；6天无限制免费乘车210瑞士法郎，瑞士通票，瑞士交通折扣卡或半价卡160瑞士法郎）可以让你6天无限次免费乘车，但是去少女峰，你还得支付55瑞士法郎。

格林德瓦（GRINDELWALD）

人口3900

格林德瓦的魅力，在19世纪后期被滑雪者和徒步旅行者发现，使其成为少女峰地区最大、瑞士最古老的度假胜地之一。过去几十年，它的魅力丝毫未减，高山小屋和青翠牧场是艾格峰北侧典型的景观。

格林德瓦旅游局（☎033 854 12 12；www.grindelwald.ch，Dorfstrasse 110；⏲周一至周五8:00到正午和13:30~18:00，周六和周日9:00正午和13:30~17:00）位于距离火车站200米的

少女峰在线

少女峰地区网站www.jungfrau.ch，是一个很好的信息查询网站。它提供所有冬季滑雪区和夏季远足的3D可下载地图，还有火车、缆车、公交车和电梯时刻表综合服务。

这里还提供山顶的实时录像，在你决定花大量时间和金钱来山顶游玩前，记得好好了解一下天气情况。

Sportzentrum上。

景点和活动

格林德瓦—福斯特（Grindelwald-First）滑雪场从2486米的Oberjoch一直延伸到1050米处的村庄。在夏季，1200米高处90公里长的小径迎合了远足者的喜好，其中的48公里小径全年开放。

Gletscherschlucht 冰川

（Glacier Gorge；成人/儿童7/4瑞士法郎；⏲5月至10月10:00~17:00，7月和8月到18:00）汹涌的河水在崎岖的Gletscherschlucht冰川间穿行，冰川在距城中心以南约30分钟脚程处。一条小径通过隧道到达悬崖——那里是峡谷跳和蹦极的好去处。

Grindelwald Sports 探险运动

（☎033 854 12 80；www.grindelwaldsports.ch，Dorfstrasse 110；⏲8:00至正午和13:30~18:00，淡季周六和周日歇业）位于旅游局内，这家店组织登山、滑雪和滑雪板运动指导、峡谷跳和Gletscherschlucht冰川蹦极运动。

食宿

首选 Gletschergarten 酒店 €€

（☎033 853 17 21；www.hotel-gletschergarten.ch；Dorfstrasse，标单120~150瑞士法郎，双230~300瑞士法郎；@）亲切的布莱家族让你在他们质朴的原木小屋中有种宾至如归的感觉，屋里装饰着祖辈传下来的风景画和家庭照。房间以松树和花卉图案织物作为装饰，阳台前面对着下冰河（Unterer Gletscher），后面对着维特霍恩（Wetterhorn，尤其适合观赏日落美景）。

Mountain Hostel 青年旅舍 €

（☎033 854 38 38；www.mountainhostel.ch，铺37~44瑞士法郎，房94~108瑞士法郎；P@📶）位于曼丽申（Männlichen）缆车站附近，这里是体育迷们的好去处。那里有啤酒花园、滑雪和自行车屋，还有电视休息室。

Hotel Tschuggen 酒店 €€

（☎033 853 17 81；www.tschuggen-grindelwald.ch；位于Dorfstrasse 134，单70~95瑞士法郎，双160~190瑞士法郎；📶）莫妮卡（Monika）和罗伯特（Robert）热烈欢迎你来到市中心这个深色木质小屋。简洁的房间一尘不染，南向的双人间可观赏艾格峰美景。

Memory 瑞士菜 €€

（☎033 854 31 31；Dorfstrasse，主菜21~30瑞士法郎；⏲11:30~22:30）总是客满，艾格峰酒店内的餐厅朴实无华，但是推出的菜品却是美味可口的瑞士佳肴，如马铃薯煎饼和干酪。找一个临街的桌子坐下细细品尝吧。

C & M 瑞士菜 €€

（☎033 853 07 10；主菜20~36瑞士法郎；⏲周三至周一8:30~23:00）这家店形似画廊，从他家的阳光露台向下望去，冰河带来的美幻奇景就跟他家的菜单一样，包罗万象、秀色可餐。

翁根（WENGEN）

人口1300

翁根优美地坐落于一片山崖之上，这里有天堂般的美景——冰川覆盖、沉默威严的山峰，以及倾泻而下、流向低处劳德本纳山谷、熠熠生辉的瀑布。

村子不允许汽车入内，因此只能坐火车抵达。这里极其适合**远足**，冬天还可**滑雪**。**旅游局**（☎033 856 85 85；www.wengen.ch；⏲周一至周六9:00~18:00，周日9:00至正午和13:00~18:00，11月、3月和4月周六和周日歇业）通常有免费地图供游客取阅，另外，除了预订酒店外，还可以协助游客租住小屋和客房。

Hotel Bären（☎033 855 14 19；www.baeren-wengen.ch，标单90~150瑞士法郎，双190~280瑞士法郎；📶）靠近车站。铁路是往返的，下山就来到这个温暖紧凑的小木屋。和蔼可亲的布伦纳（Brunner）一家为你提供丰盛的早餐。

想品尝由当地生长的有机食材制作的美食，那就到**Restaurant Eiger**（☎033 856 05 05；www.restaurant-eiger.ch；主菜10~40瑞士法郎；⏲8:00~23:00）点几个菜，他家就在火车站右侧。白天供应便餐，包括美味干酪，你可

少女峰地区徒步旅行入门

少女峰地区有数公里的路径可供远足。沿途风景均十分宜人。这里的徒步路线适合各个层次水平的旅行者，选择十分丰富。这里有三个起点可供选择。

Grütschalp到米伦线路

从劳德门纳乘坐缆车上行，沿着铁轨边的小径前行。步行到米伦大约需要1个小时。这里景色无与伦比，如高山森林和潺潺的冰川融雪汇成的溪流。

门利兴山到克莱纳谢德格线路

乘坐缆车从翁根和格林德瓦到达门利兴山（Männlichen）缆车站。然后，沿着标记清楚、蔚为壮观的小路下到克莱纳谢德格（Kleine Scheidegg）。大约90分钟后，你的眼前就会被阿尔卑斯填满了。

克莱纳谢德格到翁根线路

这个下坡大约需要3小时或更长时间，一路上风景宜人。部分路段极其寂静，而且有许多非常陡峭的分叉路。路过山上奇异的小屋和咖啡厅时，不妨停下脚步小憩片刻。

以在露台上享用。晚上的时令莱肴极具创意。火车站旁的**Coop Supermarket**是当地最好的超市。

少女峰（JUNGFRAUJOCH）

毋庸置疑，整个世界都希望一览少女峰（3471米）的真容。不出所料，门票昂贵，但不要让价钱阻挡你前进的步伐。这是一次千载难逢的旅行，无怪乎每年200万人源源不断地涌向这座欧洲最高的火车站。原生态的旋转冰川和4000米角楼尤为迷人。

这样的旅行没有好天气怎么能行，登录www.jungfrau.ch或致电☎033 828 79 31，不要忘了携带御寒衣物、太阳镜和防晒霜。当你厌倦了高山的景致，可以坐雪盘或其他滑雪设备来个急速下冲（免费）。

从因特拉肯出发，单程时间为2.5小时（回程191瑞士法郎，铁路通票有折扣）。夏天回程末班车是17:50，冬天是16:40。出售的“早上好”和“下午好”门票（140瑞士法郎）价格较低但是有时间限制。

金美尔瓦尔德（GIMMELWALD）

人口120

几十年前，某个不知名的背包客在Mountain Hostel的留言簿写下这样的话：“如果天堂不再美好，就把我送回金美尔瓦尔德吧”。这足以说明这是个多么美妙的地方。当太阳在金美尔瓦尔德上空缓缓升起，这个小不点儿村庄旋即展露出让人惊厥的美景。坐在外面，倾听面前峻峭山峰上悠远的雪崩轰鸣声。

周边的**远足小径**包括一条轻松的米伦下行路线（30~40分钟）和从斯泰尔堡（Stechelberg）出发的陡峭的上行路线。

质朴的**Mountain Hostel**（☎033 855 17 04; www.mountainhostel.com，铺28瑞士法郎起；⏲前台4月中旬至11月8:30~12:00和18:00~23:00；@）可谓背包客的传奇。这里随时都能看见游客泡在热水池里，沉醉于无尽的美景之中。（不要忘了在游客簿上留言！）**Esther's Guest House**（☎033 855 54 88; www.esthersguesthouse.ch，标单/双55/130瑞士法郎，公寓160~230瑞士法郎；@📶）是个让人倍感亲切的民宿，里面有个小店。在那里你可以买到当地特色食品，比如：金美尔瓦尔德香肠和斯泰尔堡的蜂蜜。

米伦（MÜRREN）

人口500

在一个晴朗的傍晚来到这，太阳低垂在地平线上，感觉就像正在死去，奔向天堂一般。米伦无车辆通行，简直就是一个童话版的瑞士。

夏季，**Allmendhubel 索道缆车**（www.schilthorn.ch；返程12.60瑞士法郎；⌚9:00~17:00）可载你来到一个可以俯瞰米伦的全景餐厅。从这里出发，你有很多徒步线路选择，其中就包括经由Schiltalp一直向西、远近闻名的**北脸小径**（Northface Trail，1.5小时），途中可以观赏劳德门纳谷和巨大的艾格峰北面的壮美景观——带上望远镜可窥见勇敢的登山者。

旅游局（☎033 856 86 86；www.mymuerren.ch；⌚周一至周三和周五、周六8:30~19:00，周四至20:00，周日至18:00，淡季营业时间缩短）设在体育中心。

住宿可以选择火车站旁的Eiger Guesthouse（☎033 856 54 60；www.eigerguesthouse.com，房120~200瑞士法郎；@📶），楼下的酒吧提供美味的食物；还有**Hotel Jungfrau**（☎033 856 64 64；www.hoteljungfrau.ch，标单80~140瑞士法郎，双160~280瑞士法郎；@📶），坐落在米伦之上，可俯瞰初学者滑雪斜坡。它于1894年便开始营业，店内配有明火壁炉的休息室。备受赞誉的顶级木屋**Hotel Alpenruh**（☎033 856 88 00；www.alpenruh-muerren.ch，标单 140~180瑞士法郎，双200~280瑞士法郎；🚭📶），不仅提供住宿和餐饮服务，同时还可以看到无与伦比的少女峰美景。

雪朗峰（SCHILTHORN）

从海拔2970米高的**雪朗峰**（Schilthorn）上，你可观赏到壮观的360度全景（www.schilthorn.ch）。若天气晴好，你将会看到铁力士山、勃朗峰等200多个山峰，极目远眺甚至能目及德国黑森林。要知道，1969年拍摄的那部被低估的詹姆斯•邦德电影《女王密使》（*On Her Majesty's Secret Service*）中，这里正是波洛菲尔德（Blofeld）总部所在地（因为电影宣传片无时不在提醒你）。

从因特拉肯东到山顶的联票需花费125瑞士法郎。从米伦乘两段长途缆车的话需要77瑞士法郎。铁路通票有折扣。

苏黎世（ZÜRICH）

人口376,000

苏黎世是个谜团。作为举世闻名的高端金融中心，这里有世界上最为密集的交通系统，同时它又是最真实的后工业时代典范，总是给人以惊喜。这座全国最大的城市不仅有令人回味的老城区，城市本身也讨巧地位于湖边。它的博物馆、商店和无数的餐厅可以轻易地塞满你的行程，而其时尚的街区更会让你夜不能寐，兴奋不已。

👁 景点

老城 历史地区

在老城河流两岸的鹅卵石街道上走一走吧。

据说，这座城市最优雅的街道**班霍夫大街**（Bahnhofstrasse）的地下银行金库里塞满了黄金和白银。沉浸在富裕的苏黎世里，让自己大开眼界吧——看看豪华商店里售卖的手表、时钟、巧克力、皮草、瓷器和品牌时装。

步行向上到**林登霍夫**（Lindenhof），一大块方形阴影笼罩着老城，俯瞰城市和利马特河（Limmat River）。走走瞧瞧，全城总共1221个喷泉，看看你能找到多少个——每个喷泉都从喷嘴喷涌出由冰川融化的饮用水。

周日，整个苏黎世都倾巢而出，在与其同名的湖边漫步。只需走一小趟，你就会明白为什么这里既放松又纯净。在晴朗的天气里，你还会瞥见远处的阿尔卑斯山。

圣母大教堂 教堂

（Fraumünster，www.fraumuenster.ch；Münsterplatz；⌚4月至10月9:00~18:00，11月至次年3月10:00~16:00）13世纪的大教堂因其彩色玻璃窗而闻名，由俄罗斯犹太裔大师马克•夏卡尔（Marc Chagall，1887~1985年）设计。

苏黎世大教堂 教堂

（Grossmünster；www.grossmuenster.ch；

想了解更多？

去**Lonely Planet**（www.lonelyplanet.com/switzerland/zurich）了解更多旅行建议、作者推荐、旅行者评论和专业指导。

Zürich 苏黎世

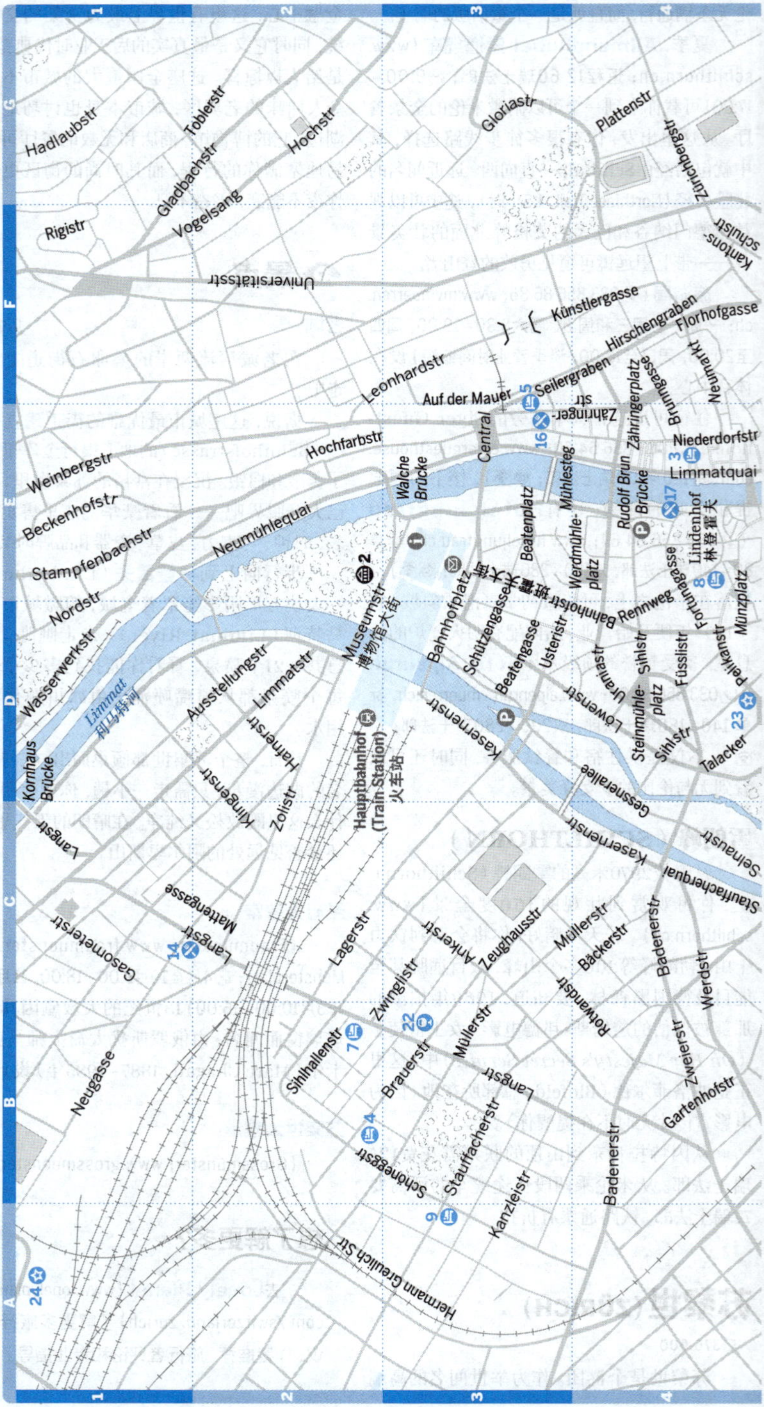

500 m
0.25 miles
Hadlaubstr
Tóblerstr
Hochstr
Gladbachstr
Vogelsang
Rigistr
Universitätstr
Gloriastr
Plattenstr
Zürichbergstr
Kantonsschulstr
Künstlergasse
Hirschengraben
Florhofgasse
Leonhardstr
Seilergraben
Auf der Mauer
Zähringerstr
Zähringerplatz
Brunngasse
Neumarkt
Niederdorfstr
Limmatquai
Central
Hochfarbstr
Weinbergstr
Beckenhofstr
Stampfenbachstr
Neumühlequai
Walche Brücke
Mühlesteg
Rudolf Brun Brücke
Beatenplatz
Werdmühleplatz
Lindenhof 林登霍夫
Rennweg
Fortunagasse
Münzplatz
Nordstr
Wasserwerkstr
Limmat 利马特河
Museumstr 博物馆大街
Bahnhofplatz
Bahnhofstr 班霍夫大街
Schützengasse
Beatengasse
Usteristr
Uraniastr
Löwenstr
Sihlstr
Steinmühleplatz
Füsslistr
Pelikanstr
Talacker
Ausstellungsstr
Limmatstr
Hafnerstr
Kornhaus Brücke
Langstr
Klingenstr
Zollstr
Hauptbahnhof (Train Station) 火车站
Kasernenstr
Gessnerallee
Selnaustr
Stauffacherquai
Mattengasse
Gasometerstr
Lagerstr
Ankerstr
Zeughausstr
Müllerstr
Bäckerstr
Badenerstr
Werdstr
Zwinglistr
Sihlhallenstr
Brauerstr
Rotwandstr
Zweierstr
Gartenhofstr
Neugasse
Schöneggstr
Stauffacherstr
Kanzleistr
Hermann Greulich Str

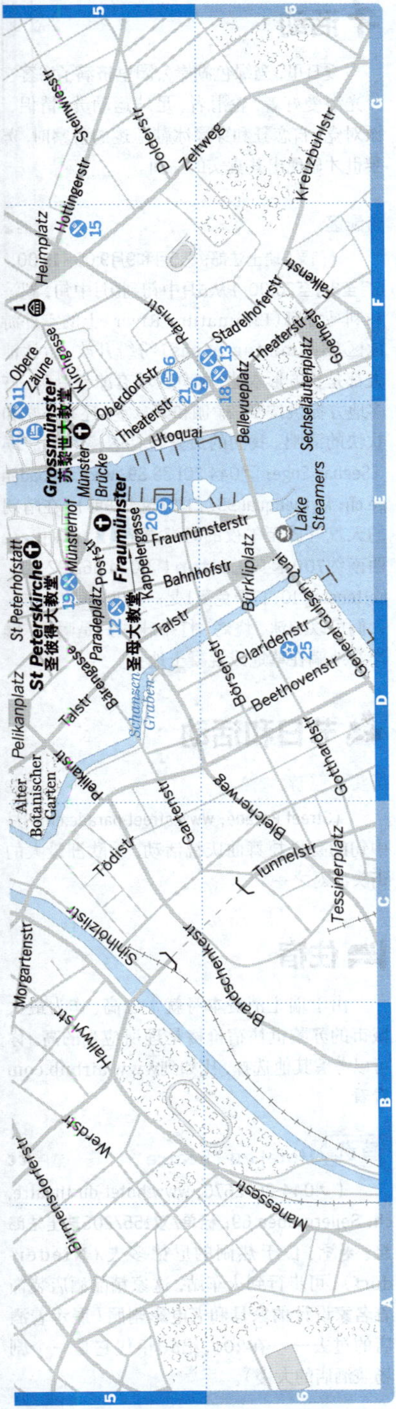

Zürich 苏黎世

重要景点

景点

住宿

就餐

饮品

娱乐

Grossmünsterplatz；⊙3月至10月10:00~18:00，11月至次年2月至17:00）位于河的北岸，耸立着双塔——苏黎世大教堂（Grossmünster），在16世纪宗教改革运动时期，新教传教士胡尔德里希•茨温利（Huldrych Zwingli）在这里第一次传播他的“祈祷和工作”的信条。大教堂南塔怒目而视的塑像便是查理曼大帝（Charlemagne）。10世纪，他下令在这里建造最初的教堂。

不要错过

TOASTING FROSTY

春鸣节（Sechseläuten；www.sechselaeuten.ch）是在4月的第3个周一上演的春季盛会，人们穿着传统服饰在街上游行。作为欧洲壮观、离奇的传统之一，人们将充满焰火的“雪人”（Böögg）放置在Bellevueplatz巨大的柴堆之上，并以点燃雪人的形式来庆祝冬天的结束。全国都在观看电视直播，据说雪人的头需要多长时间爆炸，会预示夏天将是温暖、晴朗还是阴暗、潮湿（6分钟就非常好）。

圣彼得大教堂　教堂

（St Peterskirche；⏲周一至周五8:00~18:00，周六至16:00，周日11:00~17:00）无论你在城市的哪个角落，这座建于13世纪的圣彼得大教堂塔楼都会映入你的眼帘。其突出的钟面，直径达8.7米，整个欧洲堪称最大。

苏黎世美术馆　博物馆

（Kunsthaus；☎044 253 84 84；www.kunsthaus.ch；Heimplatz 1，成人/儿童15瑞士法郎/免费，周三免费；⏲周三至周五10:00~20:00，周二、周六和周日至18:00）苏黎世美术馆（Kunsthaus）拥有大量的阿尔贝托•贾科梅蒂（Alberto Giacometti）、罗丹（Rodin）的雕塑，莫奈（Monets）、凡·高（Van Goghs）的画作和其他19、20世纪的艺术品。2017年将在原有基础上新增大量藏品。

瑞士国家博物馆　博物馆

（Schweizerisches Landesmuseum，www.musee-suisse.ch；Museumstrasse 2，成人/儿童10瑞士法郎/免费；⏲周二至周日10:00~17:00，周四至19:00）在豪宅和城堡之间特设的博物馆，将为你呈现一个精彩、充满想象的瑞士历史之旅。藏品种类丰富，从古代武器，到一系列重现15世纪修道院内饰的房间，再到摆满设计师家具的当代建筑，可谓应有尽有。你可以利用在火车站换乘的空隙到此一游。

活动

夏日里，当绿色湖岸公园里挤满了浴客、日光浴爱好者、轮滑者、足球运动员、情侣、派对党、自恋狂和穿旱冰鞋巡逻的警察时，苏黎世才显现出其真实的一面。

游泳区　游泳

（门票6瑞士法郎；⏲5月和9月9:00~19:00，6月至8月至20:00 ）从5月中旬到9月中旬，湖滨和利马特河（Limmature River）上的室外游泳区（Swimming Areas）纷纷开放，游泳池大都是长方形木池，部分区域有凉亭遮荫。许多地方提供按摩、瑜伽和桑拿室，还有小吃和欢快的酒吧。我们的最爱包括**恩格海滨浴场**（Seebad Enge；☎044 201 38 89；www.seebadenge.ch；Mythenquai 95；门票7瑞士法郎），在晴朗的天气开放至午夜的时尚酒吧（Bürkliplatz西南约700米）；**Letten**（☎044 362 92 00；Lettensteg 10；门票免费）是一个时髦的地方，人们可以游泳、烧烤、打排球或只是喝酒，懒洋洋地躺在草地或混凝土地上。

节日和活动

街头大巡游　节日

（Street Parade；www.street-parade.ch）8月中旬的高科技舞曲庆祝活动，是欧洲最大的街头派对之一。

住宿

由于瑞士消费本身就十分高，作为最大城市的苏黎世住宿价格是理所应当的高。你可以考虑其他选择，比如到www.airbnb.com看看。

首选 Hotel du Thèâtre　酒店 €€

（☎044-2672670；www.hotel-du-theatre.ch；Seilergraben 69；标单/双155/205瑞士法郎起；❄📶）位于热闹的尼德多夫（Niederdorf），可步行到火车站，这家精品酒店装饰着名家设计的家具和老电影剧照（展示着酒店的过去——在20世纪50年代它是一个剧场兼酒店的大楼）。

Pension für Dich 家庭旅馆 €

（☎044 317 91 60；www.fuerdich.ch；Stauffacherstrasse 141，标单/双房间不带卫生间100/110瑞士法郎；⊗📶）这些简洁而美妙的公寓已被改造成舒适的客房——想象一下复古的家具遇到宜家家具是个什么场景。许多客房设有阳台。楼下有一个很好的咖啡馆，给你在克瑞斯（Keris）4晚的夜生活平添另一番风味。

Hotel Widder 酒店 €€€

（☎044 224 25 26；www.widderhotel.ch；Rennweg 7，双500瑞士法郎起；P❄@📶）豪华的奥古斯丁区（Augustiner district）坐落着一家时尚酒店——Widder是现代和传统魅力的结合体。客房和横跨八个联排别墅的公共区都配有艺术品和设计师家具。

Dakini 民宿 €

（☎044 291 42 20；www.dakini.ch；Brauerstrasse87；标单/双90/150瑞士法郎起；⊗@📶）这家民宿舒适而安逸，深受众多波希米亚风格的艺术家、表演者、学者和时尚游客的喜欢，因为他们都会情不自禁地对附近的红灯区瞥上一眼。店内配备公用厨房。搭乘8路电车到Bäckeranlange下车。

Hotel Rothaus 酒店 €

（☎043 322 10 58；www.hotelrothaus.ch；Sihlhallenstrasse 1，标单/双100/140瑞士法郎起；⊗@📶）位于Langstrasses夜生活区的中心位置，这栋欢快的红砖建筑绝对是个新大陆。这里有清新、通风良好的房间，楼下还有一个熙熙攘攘的小餐馆。客人可以以低廉的价钱租用自行车。

Hotel Otter 酒店 €€

（☎044 251 22 07；www.wueste.ch；Oberdorfstrasse 7，标单/双/公寓125/155/200瑞士法郎起；📶）Hotel Otter拥有17间客房，室内色调从白色到蓝色条纹，再到橄榄绿各不相同。你可能会碰到粉红色缎子被套。一间附带厨房的公寓式客房也是一种选择。楼下就是一间颇受欢迎的Wüste酒吧。

Hotel Seegarten 酒店 €€

（☎0443883737；www.hotel-seegarten.ch；Seegartenstrasse 14，标单/双195/295瑞士法郎起；📶）藤制家具和老式旅游海报给这个地方增添一种质朴的地中海（Mediterranean）氛围，另外，其靠近湖边的位置，连同隔壁的一家拉丁现场餐馆/酒吧，则强化这种身临地中海的感觉。搭乘2路或4路到Kreuzstrasse下车即到。

SYHA Hostel 青年旅舍 €

（☎043 399 78 00；www.youthhostel.ch；Mütschellenstrasse114，Wollishofen；铺42瑞士法郎起，标单/双118/138瑞士法郎起；@📶）这家青旅外形呈球状，整体采用紫红色，店内设有290张床位，有前台和食堂，亮闪闪的现代浴室24小时营业。宿舍空间很小。搭乘7路电车到 Morgental下车，或乘轻轨到Wollishofen下车。

City Backpacker 青年旅舍 €

（☎044 251 90 15；www.city-backpacker.ch；Niederdorfstrasse 5，铺37瑞士法郎，标单/双77/118瑞士法郎起；⊙正午至15:00前台休息；@📶）这家青旅是青年人派对的好去处，这里的人好客热情，且设施齐全，就是有些拥挤。在夏季要克服幽闭恐惧的话可以常去屋顶露台转转——这里是苏黎世喝冰啤、看日落的最佳地点。

就餐

苏黎世拥有蓬勃的咖啡文化和数以百计的餐馆——逛逛尼德尔夫及其附近的后街。Langstrasses是另一个好地方，就在铁轨的两旁。

Alpenrose 瑞士菜 €€

（☎044 271 39 19；Fabrikstrasse 12，主菜24~42瑞士法郎；⊙周三至周日正午至23:00）木材包裹的墙壁，“禁止波尔卡舞（PolkaDancing）”的警告和全国各处的精致美食，Alpenrose酒店激发了美食的灵感。你可以尝尝提契诺（Ticino）的意大利调味饭或格劳宾登州（Graubünden）的Pizokel（又名Bizochel，一种长长的美味的面条）或鲜鲈鱼片。需要提前预订。

Zeughauskeller 瑞士菜 €€

（☎044 211 26 90；www.zeughauskeller.ch，Bahnhofstrasse 28a，主菜18～35瑞士法郎；⏰11:00～23:00；✍）这个巨大的带着啤酒芬芳的大厅，前身竟是一座兵工厂。这里提供20种不同种类的香肠，以及其他瑞士特色的肉食与素食。这是一个本地餐馆，正午至14:00要排队。

Café Schober 咖啡馆 €

（www.conditorei-cafe-schober.ch；Napfgasse 4，小吃10瑞士法郎起；⏰8:00～19:00）在这个咖啡馆里你会品尝到你喝过的最好的热巧克力。在店门口你会看到各种甜食、零食和其他诱人的小吃。选择这几个区域坐下来：红色天鹅绒、后花园、私人阁楼等。假日里展示的甜品最令人难忘。

Les Halles 法国菜 €€

（☎044 273 11 25；www.les-halles.ch；Pfingstweidstrasse 6，主菜22～31瑞士法郎；⏰周一至周三11:00至午夜，周四至周六至次日1:00）想要坐下来好好品尝贻贝配薯条（Moules mit Frites）？恐怕城里面没有比这儿更好的地方了，位于Kreis 5的店内，木桌旁总是充满了欢乐的热闹气氛。

Schipfe 16 各国风味 €

（☎044 211 21 22；Schipfe 16；菜品17～20瑞士法郎；⏰周一至周五11:00～14:00）从历史悠久的Schipfe地区俯瞰利马特河，Schipfe 16处于河上无与伦比的绝佳位置，它是一家令人亲近的食堂风格的酒店。每日有三种特价菜，可以在店外的餐桌上点上其中一道，好好品尝吧（由当地时令食材烹制而成）。

Restaurant Brasserie Johanniter 瑞士菜 €

（www.johanniter.com；Niederdorfstrasse 70；主菜14～35瑞士法郎；⏰10:00至午夜）在老城的心脏地带，这家拥有百年历史的传统啤酒店提供标准的瑞士美食（大量的猪肉、小牛肉和土豆）。长长的每日特色菜单上随便选什么都会让你满意地饱餐一顿。这里还供应品质上佳、规格中等的新鲜啤酒。

Kronenhalle 法式啤酒馆 €€€

（☎044 251 66 69；Rämistrasse4，主菜32～87瑞士法郎；⏰正午至23:00）这家名为“王冠大厅”的啤酒店里常有身着正装的城市名流出入。店里配有白色的桌布和大量的黑木装饰，是夹带着一抹旧世界感觉的小酒馆。无可挑剔的服务员谨慎地在夏卡尔、米罗、马蒂斯和毕加索的画作下迎来送往。

Café Sprüngli 瑞士菜 €

（☎044 224 47 31；www.spruengli.ch，Bahnhofstrasse 21；主菜9～15瑞士法郎；⏰8:00～17:00）在这个瑞士甜蜜世界的中心尽情放纵自己吧，享用这里的蛋糕、巧克力和咖啡。这家店早在1836年就开始营业了。你可以在午餐简单吃点，但绝对不要错过阅兵广场拐角处的巧克力天堂。

Lily's 亚洲菜 €€

（☎044 440 18 85；www.lilys.ch；Langstrasses 197；⏰11:00至午夜）这家时髦的面条-餐吧

不要错过

西苏黎世（ZÜRI-WEST）

作为城市重生的地方，人们把这里称作西苏黎世和中央火车站西侧延长带，主要是由两个前工薪阶级街区组成：Kreis 4和Kreis 5。到了晚上，这里则变成了享乐主义者的游乐场。

Kreis 4仍然是一个红灯区，坐落在轨道南的Langstrasses中央位置，两旁全是餐馆、酒吧和媚俗的商店。

Langstrasses继续向北越过铁路线便到了Kreis 5，这里稍微安静一些，但玩的项目仍然很多。Kreis 5的主轴是围绕着被称为**文化一条街**（Kulturmeile）（Culture Mile；www.kulturmeile.ch）的Hardstrasse而展开的。

位置便捷、随意，气氛愉悦，亚洲炒菜等经典美食做得非常出色。餐桌是长条桌，在用餐高峰期需要等位。

My Place 咖啡馆 €

（www.myplacedesign.ch; Hottingerstrasse 4，餐食9瑞士法郎起；⏲8:00~22:00；📶）位置优越，靠近苏黎世美术馆，这里清新的咖啡馆提供极好的咖啡和新鲜果汁。它的每日特价午餐非常健康且应季。

Sternen Grill 瑞士菜 €

（Theatrestrasse 22；小吃7瑞士法郎起；⏲11:00至午夜）这家店是这座城市最著名、最繁忙的香肠售卖摊，你会情不自禁地跟着人流涌向这里。经典的 Kalbsbratwurst mit Gold Bürli（小牛肉香肠外加面包卷）标价7瑞士法郎。这里同时还供应若干素食菜品。

饮品和娱乐

市内有很多饮酒场所，但最热闹的饮酒地却集中在苏黎世以西，尤其靠近Kreis4的Langstrasses和Kreis 5的Hardstrasse。

Züritipp（www.zueritipp.ch）每周四与《每日导报》一起面世，报上有很多当地时事。

Café Odeon 酒吧

（☎044 251 16 50; www.odeon.ch; AmBellevueplatz；⏲9:00至深夜）这里曾经是列宁和达达主义艺术家聚会的场所，现在仍然深受同性恋和异性恋的追捧。酒吧内饰充满流行于19世纪的新艺术风范，有OTT风格吊灯和一股另一个世纪的气息。这里同时还供应餐品。

Longstreet Bar 酒吧

（☎044 241 21 72; www.longstreetbar.ch; Langstrasse 92；⏲周二至周六20:00至深夜）Longstreet是一个音乐酒吧，形形色色的DJ都在这里演出。装饰着数不清的灯泡和紫色毛毡，上演着古老的卡巴莱歌舞。

Café des Amis 咖啡馆

（www.desamis.ch, Nordstrasse 88；⏲周二至周五8:00至深夜，周六9:00至次日1:00，周日至18:00）这里有丰盛的周末早午餐（至16:00），是人们外出小聚的新宠，从咖啡到鸡尾酒，你可以品尝各类饮品。夏季，在雅致的鹅卵石铺就的露台上好好放松你的身心吧。

Barfussbar 酒吧

（Barefoot Bar；☎044 251 33 31; www.barfussbar.ch; Stadthausquai 12；⏲周一至周五11:30至深夜，周六14:00至次日2:00，周日15:30~23:30）作为全国第一家同性恋酒吧，依然势头强劲，Barfussbar现在包含了一个寿司吧，经过多年的成熟发展，无论是同性恋者还是异性恋在这里都会感觉宾至如归。

Supermarket 夜店

（☎044 440 20 05; www.supermarket.li; Geroldstrasse 17；⏲周四至周六23:00至深夜）单从外观来看，这就是一间不起眼的小房子，但是Supermarket 却在舞池周围设计了3个舒适的休闲酒吧，后院里，DJ玩弄着浩室舞曲和高科技舞曲。消费群大多是20多岁的年轻人。从中央火车站坐火车到Hardbrücke下车。

Kaufleuten 夜店

（☎044 225 33 22; Pelikanplatz 18；⏲周四至周六23:00至深夜）这是一个装饰丰富的艺术风格剧场，舞池周围还设置了舞台、悬空包厢和酒吧。这个苏黎世的"定制"夜店播放浩室舞曲、嘻哈和面向年龄稍大人群的拉丁曲风音乐。

Moods 蓝调、爵士乐

（☎044 276 80 00; www.moods.ch; Schiffbaustrasse 6；⏲周一至周四19:30至午夜，周五和周六到深夜，周日18:00~22:00）该市顶级爵士乐场所之一，虽然这里偶尔也会安排拉丁和世界音乐的演出。

音乐厅 古典音乐

（Tonhalle；☎044 206 34 34; www.tonhalle-orchester.ch; Claridenstrasse 7）苏黎世交响乐团和室内乐团经常演出的场地。

购物

要买高级时装，到班霍夫大街和附近街

道逛逛吧。河对面，时尚精品店遍布尼尔德夫（Niederdorf）两旁。要买蹩脚货、二手装备和一些不太庄重、年轻人把玩的东西，就到Kreis 4的Langstrasses逛逛。

实用信息

邮局（7:00~21:00）位于火车站内。

苏黎世旅游（044 215 40 00，酒店预订044 215 40 40；www.zuerich.com；周一至周六8:00~20:30，周日8:30~18:30）在大多数上午11:00提供徒步团队游（25瑞士法郎）。位于火车站内。

苏黎世折扣卡（成人/儿童 24小时20/14瑞士法郎，72小时40/28瑞士法郎）超值的折扣卡，可从旅游局和机场火车站获得。提供免费的公共交通、免费的博物馆门票等优惠。

到达和离开

飞机 **苏黎世机场**（ZRH；043 816 22 11；www.zurich-airport.com）距市中心北部10公里，是瑞士的主要机场。

火车 苏黎世有通往所有邻国的火车客运服务。目的地包括米兰（4.25小时）、慕尼黑（4小时）、巴黎（4小时）和维也纳（8小时）。

有直达诸多瑞士小镇的普通列车，如巴塞尔（32瑞士法郎，1小时）、伯尔尼（49瑞士法郎，1小时）、日内瓦（84瑞士法郎，2.75小时）、卢塞恩（24瑞士法郎，1小时）和卢加诺（62瑞士法郎，2.75小时）。

当地交通

抵离机场 机场和火车主站之间各方向每小时最多有9趟列车（7瑞士法郎，9~13分钟）。大多数火车继续开往卢塞恩、日内瓦等城市。

自行车 城市自行车（www.zuerirollt.ch）可在Velogate火车站（8:00~21:30）领取。白天免费使用，如需过夜，则要花费10瑞士法郎。

船 **Lake steamers**（044 487 13 33；www.zsg.ch）4月和10月间经营船运。从Bürkliplatz出发。一小段环线游（克莱环程旅行车票）需要1.5小时（成人/儿童8.20/4.10瑞士法郎），11:00~19:30每30分钟1班。另外还有长途船运。

公共交通 有统一公共汽车、电车和高速火车公共交通系统（ZVV；www.zvv.ch），其中包括在利马特河航行的船只。五站的短途客运需2.40瑞士法郎，常见的票价为4.20瑞士法郎。市中心24小时通票花费为8.40瑞士法郎。

瑞士北部（NORTHERN SWITZERLAND）

大多数人计划瑞士行程时，都会忽略这个地区——但这也正是为什么你应该来这里的原因！当然，这里以工商业而闻名，但也不乏一些不错的景点。在田园般的乡村漫步，呼吸着黑白相间的奶牛散发的甜蜜气息（好吧，是有点臭）。花些时间去那些起伏的青山中的小镇里走走，当然还要去博登湖（Bodensee，康斯坦茨湖）及德国边境的莱茵河看一看。

巴塞尔（Basel）

人口170,600

巴塞尔是瑞士最接近海港的港口城市；巴塞尔莱茵河河段可供大型货船通航，货船抵达荷兰后，方可进入北海。巴塞尔全年皆可游玩的景点就包括了迷人的老城，这些景点大都集中于莱茵河南岸的大巴塞尔区（Grossbasel）。

景点和活动

首选 老城 历史地区

巴塞尔中心地带就是中世纪老城的所在，它的存在本身就给人们带来欢乐。游览可从**市集广场**（Marktplatz）开始，这里最主要的建筑是有着鲜红外墙、建于16世纪的**市政厅**。稍北一点就是**鱼市广场**，广场最大的特色就是一处华丽的哥特式喷泉。

从市集广场以西约400米处，沿着**斯巴伦伯格**（Spalenberg）穿过前艺术区，就到了经历600年沧桑的斯巴伦城门（Spalentor），它是历经1866年城墙拆迁而得以幸存下来的三座建筑之一。

市集广场和斯巴伦城门之间遍布山腰的狭窄小巷是老巴塞尔最迷人的所在。无可挑剔的百年老房子一字排开，像斯巴伦伯格、Heuberg和Leonhardsberg这些小巷都是值得漫步其间的。

首选 **贝耶勒基金会** 美术馆

（Fondation Beyeler；☎061 645 97 00；www.fondationbeyeler.ch；Baselstrasse 101，Riehen；成人/儿童25/6瑞士法郎；⏲10:00~18:00，周三到20:00）绝对让你感到震惊的艺术殿堂非贝耶勒基金会（Fondation Beyeler）莫属，它坐落在由意大利建筑师伦佐•皮亚诺（Renzo Piano）设计的一个开放式建筑里。馆内收藏的创作于19世纪和20世纪的绘画作品的品质可与米罗、马克斯•恩斯特（Max Ernst）雕塑相媲美。搭乘6路电车到里恩（Riehen）下车即可。

巴塞尔历史博物馆 博物馆

（Historisches Museum Basel；☎061 205 86 00；www.hmb.ch；Barfüsserplatz；成人/儿童12瑞士法郎/免费；⏲周二至周日10:00~17:00）位于前Barfüsserkirche（赤足教会，由修道士于14世纪创建而成），历史博物馆的藏品包括前基督教时代的出土文物、大教堂的宗教物品和大量记录城市的发展资料。

巴塞尔美术馆 美术馆

（Kunstmuseum；☎061 206 62 62；www.kunstmuseumbasel.ch；St Alban-Graben 16；成人/儿童15瑞士法郎/免费；⏲周二至周日10:00~17:00）艺术爱好者可以在这座瑞士最大的艺术品收藏馆大饱眼福，馆藏有克利和毕加索的作品。

住宿

展会期间巴塞尔的酒店常常爆满，因此需要提前预订。住店的客人可领取通票，享受免费公共交通服务。

首选 **Au Violon** 酒店 €

（☎061 269 87 11；www.au-violon.com；Im Lohnhof 4；标单/双125/150瑞士法郎起；）除了酒店大门，你很难想到这家古朴大气的酒店，在1835年至1995年曾是一所监狱。大部分的客房都是两个小间合成的大间，既可欣赏到令人愉快的鹅卵石庭院又可观赏明斯特（Münster）美景。绿树成荫的山顶上坐落着一家备受推崇的餐厅。

Hotel Stadthof 酒店 €

（☎061 261 87 11；www.stadthof.ch；Gerbergasse 84；标单/双80/130瑞士法郎起；）提前预订才有可能有幸入住这家简朴体面的中心酒店，该酒店坐落在老城广场的一家比萨店上方，共有9间客房。较便宜的客房使用公共卫生间和淋浴间。

Der Teufelhof 精品酒店 €€

（☎061 261 10 10；www.teufelhof.com；Leonhardsgraben 49；房160瑞士法郎起）"魔鬼的法院"把两家酒店融为一体。Kunst酒店的9间房都由不同的艺术家设计。面积稍大的Galerie酒店附楼，曾经是个修道院，现在更多的是采用时尚的日常设计进行布置。

5 Signori 客栈 €

（☎061 361 87 73；www.restaurantsignori.ch；Güterstrasse183，房间不带卫生间90瑞士法郎起；）这家简洁时尚的客栈距火车站东南仅10分钟脚程，楼下就是一家以新鲜的食材闻名的餐厅。客房有公用浴室，店内还有一个小型的私人露台供客人使用。

Hotel Krafft 酒店 €

（☎061 690 91 30；www.hotelkrafft.ch；Rheingasse 12，标单/双75/125瑞士法郎起；）精于设计的城里人都喜欢这里。雕塑吊灯高高悬挂，下面就是地板吱吱作响的饭厅（食物精美），向外看可以俯瞰莱茵河，每个螺旋楼梯都配有不锈钢饰品。

Basel Backpack 青年旅舍 €

（☎061 333 00 37；www.baselbackpack.ch；Dornacherstrasse 192，铺32瑞士法郎，标单/双80/100瑞士法郎起；@）坐落于火车站南边的独栋大楼里，这家店从前是一家工厂。共有81张床铺，店内有少量布置明快、带有色码的8床位宿舍，其余是安静的双人间及家庭套房。

值得一游

汝拉州（THE JURA）

在这个三叶草形的州里，这个城镇虽然最大，但也不过是个迷人的村庄而已。茂盛神秘的森林和不可思议的绿地共存，并覆盖着整个汝拉（Jura）低山区域。这里长达1200公里的跨州小径均有清晰的标记，给徒步旅行者很大的活动空间。这是一个逃避城市喧嚣的上佳之地。

这里的亮点当属**圣于尔萨纳**（St Ursanne），这是一个倾国倾城的中世纪村落，有12世纪的哥特式教堂，16世纪的城门，布满古代民居，还有一座可爱的石桥跨过杜河（Doubs river）通向城内。一定要尝尝**Hôtel-Restaurant de la Demi Lune餐厅**（☎032 461 35 31；www.demi-lune.ch；Rue Basse 2，房60~130瑞士法郎）魅惑的细脆馅饼 tartesflambées 和苹果蛋糕。

德尔蒙特（Delémont）的首府（位于巴塞尔到日内瓦的铁路沿线）乏善可陈，那里有驶往圣于尔萨纳的火车（8瑞士法郎，15分钟，每小时1班）。

餐饮

去市集广场逛逛日间市场，那里有几家摊位的快餐做得不错，比如当地香肠和三明治。

St Alban Stübli
瑞士菜 €€€

（☎061 272 54 15；www.st- alban -stuebli.ch；St Alban Vorstadt 74；主菜40~60瑞士法郎；⌚周一至周五11:30~14:00和18:00~22:00）这是一家典型的当地小酒馆，坐落在一条静谧的街道上，氛围轻松适意，室内黄色灯光氤氲昏暗，配有木桌和细麻桌布。这家店的菜品融合了本地菜与法国菜的特色。

Acqua
意大利菜 €€

（☎061 564 66 66；www.acquabasilea.ch；Binningerstrasse 14，主菜17~42瑞士法郎；⌚周二至周五午餐和晚餐，周六晚餐）想享受一次特殊的美食之旅，那就到一条安静小溪旁，找到这家由自来水厂改造而成的餐厅吧。这里弥漫着华丽的后工业时代气息，供应的都是托斯卡纳风味菜。美丽的巴塞尔人就在它附属的休闲酒吧畅饮美酒呢。

Zum Roten Engel
咖啡馆

（☎061 261 20 08；Andreasplatz 15，主菜15瑞士法郎起；⌚9:00至午夜）这家店位于这座让人无法抗拒的细小鹅卵石铺就的广场上，店内客人主要是学生，非常适合白天就着小吃，喝杯美味的拿铁咖啡，晚上细品一两杯葡萄酒。曼妙的夜生活从这里开始。周日早午餐简直就是一种享受。

Charon
法国菜 €€€

（☎061 261 99 80；www.restaurant-charon.ch；Schützengraben62；主菜40~50瑞士法郎；⌚5月至9月周一至周五 10月至次年4月周二至周日11:30~14:00和17:00~22:00）看起来就像个住家，这是家很低调的餐厅，但是室内装潢颇具艺术匠心，店内供应的菜品都经过精心烹制，稍偏法国口味。也可点些丰盛的本地乡土风味特色菜。

Confiserie Schiesser
咖啡馆 €

（www.confiserie-schiesser.ch；Marktplatz 19；小吃5瑞士法郎起；⌚8:00~18:00）1870年以来，这家珍品面包店和咖啡馆致力于制作各种精品甜食，无论是糖果、果子奶油蛋糕还是精心烘焙的蛋糕。参观下橱柜的展示，然后前往楼上的咖啡厅，品尝便餐和一流的咖啡。

娱乐

每逢周末，Steinenvorstadt和Barfüsserplatz都会挤满青少年和20多岁的年轻人。位于Rheingasse和Utengasse区域周边的小巴塞尔，因几家酒吧和红灯区而稍显媚俗。

Bird's Eye Jazz Club 爵士乐

（☎061 263 33 41；www.birdseye.ch；Kohlenberg 20；⏲9月至次年5月周二至周六，6月至8月 周三至周六20:00至午夜）这家店是欧洲顶级爵士乐演艺厅之一，深深吸引本地和国际名人到此驻场演出。每晚20:00基本都有音乐会。

Die Kuppel 夜店

（☎061 270 99 39；www.kuppel.ch；Binningerstrasse 14；⏲周二21:00至深夜，周四至周六22:00至深夜）这家店有一个大气的木质圆顶，并在一个隐秘的角落里设有一个舞池和鸡尾酒吧。这里经常演奏的音乐有萨尔萨舞曲、灵魂、浩室和20世纪70和80年代的音乐。关门时间很晚，且不固定。

购物

市集广场和Barfüsserplatz周围到处是商店，从时装到美食，可谓应有尽有。长长的行人专用步行街（Freie Strasse）始于市集广场东南，街道满是门店。

斯巴伦伯格是一条值得探访的可爱爬坡小巷，两旁都是有趣的精品店。

Läckerli Huus 食品店

（www.laeckerli-huus.ch；Gerbergasse 57）巴塞尔有一种名片式的零食，Leckerli，其历史可以追溯到中世纪。这种饼干咬起来吱吱响，但嚼劲十足，混合了蜂蜜、坚果和柑橘的味道。全城都可以买到，但是这里才是正宗老店的所在。

实用信息

旅游局（☎061 268 68 68；www.basel.com）旅游局在SBB火车站（Bahnhof；⏲周一至周五8:30~18:00，周六9:00~17:00，周日和节假日至15:00）和Stadtcasino（Steinenberg 14；⏲周一至周五9:00~18:30，周六到17:00，周日和节假日10:00~15:00）有两家办事处。Stadtcasino分公司组织两小时、英文讲解的市中心徒步团队游（成人/儿童15/7.50瑞士法郎），开团时间为5月至10月周一至周六14:30，其他月份仅限周六14:30。

到达和离开

飞机 **欧洲机场**（BSL或MLH；☎061 325 31 11；www.euroairport.com），在小镇西北方向5公里，位于法国境内，是巴塞尔的主要机场。这是易捷航空的枢纽（easyJet），有飞往欧洲主要城市的航班。

火车 巴塞尔是欧洲重要的铁路枢纽。巴塞尔SBB主站有开往法国（巴黎，3小时）的TGVs列车和开往德国主要城市的快速ICEs列车。还有开往黑森林门户城市弗赖堡（Freiburg，45分钟）的班车。

瑞士境内铁路客运包括开往伯尔尼（39瑞士法郎，1小时）和苏黎世（32瑞士法郎，1小时）的班车。

当地交通

50路公交连接着机场和巴塞尔SBB（3.40瑞

> **不要错过**
>
> ### 圣加仑的宝藏（ST GALLEN'S TREASURE）
>
> 圣加仑16世纪的**图书馆**（Stiftsbibliothek，abbey library；☎071 227 34 16；www.stiftsbibliothek.ch；Klosterhof 6d；成人/儿童10/7瑞士法郎；⏲周一至周六10:00~17:00，周日到16:00，11月歇业）是世界上最古老、最精美的洛可可式建筑。图书馆连同周围分布的寺庙群一起，被评为联合国教科文组织世界遗产。
>
> 馆藏中有中世纪僧侣精心撰写的无价书籍和手稿，昏暗的灯光装点着这里的天花板壁画、拉毛墙壁、小天使和拼花地板。虽然藏书量多达150,000册，但最多也只有30,000种图书同时放于图书馆内，并且只有少数摆放在陈列柜里特别展出。如果参加导览游，你可能会看到僧人们隐藏在墙板里的文件归档系统。
>
> 圣加仑有普通列车驶往奥地利布雷根茨（Bregenz；19瑞士法郎，35分钟）和苏黎世（29瑞士法郎，65分钟，途经温特图尔）。

士法郎，20分钟）。8路和11路电车均开往市集广场（3.40瑞士法郎，当日通票9瑞士法郎）。

沙夫豪森和莱茵河（Schaffhausen & the Rhine）

沙夫豪森（Schaffhausen）是那种古朴的中世纪小镇，很容易让人把它和德国联系在一起（也许此地如此靠近德瑞边界并非巧合）。古城的步行街沿街尽是色调柔和的房屋，房子配有华丽的壁画和凸肚窗子。

从镇上出发，花15分钟步行上山，穿过成片的葡萄园后，就能看到当地引以为傲的16世纪Munot堡垒（免费；⌚5月至9月8:00~20:00，10月至次年4月9:00~17:00）。

向西沿河步行（40分钟）或乘坐1路或6路巴士到诺伊豪森（Neuhausen）下车，我们就来到了莱茵瀑布（Rhine Falls；www.rhinefalls.ch；g1, 6 or 9 to Neuhausen），瀑布虽然只有23米高但就规模来说欧洲无出其右者。水流轰鸣而下蔚为壮观。经过中心的Migross后稍停一站，然后按照指示牌游览河北岸。

从沙夫豪森到康斯坦茨（Constance）（这是一个进入德国的好地点，见279页）长达45公里的乘船游览（Untersee und Rhein；☎052 634 08 88；www.urh.ch，Freier Platz，单程47瑞士法郎；⌚4月至10月），会经过莱茵河中风景秀美的一段。游船经过草地、城堡和施泰因（Stein am Rhein）等古村落，在施泰因以东20公里，你可以轻松地捕捉到市政厅广场建筑物的完美画面。

有直达火车往返于沙夫豪森和苏黎世（27瑞士法郎，40分钟至1小时），每小时1班。

阿彭策尔漫步（APPENZELL WALKS）

阿彭策尔的远足小径比比皆是。最不寻常的一段是阿彭策尔以西5公里从Gonten到Gontenbad的赤脚小路（Barefoot Path，1小时），真的不需要穿鞋啊——想想那郁郁葱葱的草地吧。若在Gontenba，可去Natur-Moorbad（☎071 795 31 23；www.naturmoorbad.ch；Gontenbad；门票30瑞士法郎；⌚周二歇业）的沼泽里做个泥沼浴，这里的泥沼浴最早可追溯至1740年。全天然产品可舒缓压力、改善皮肤状况（加入荨麻、蕨类植物和其他植物）。奢侈一下，来个玫瑰花瓣浴（双人86瑞士法郎）。

阿彭策尔地区（Appenzellerland）

阿彭策尔村仍然每年都会按照传统举行露天议会，直到1991年才允许女性投票。

忠于乡村传统文化的好处在于，当地人竭尽全力保护他们的传统。令人惊叹的绿色山谷、茂密的森林和崇山峻岭中分布着亘古不变的村庄和纵横交错的远足和自行车道。

柔美的阿彭策尔村，对于眼睛和胃来说，都不啻为一场盛宴。这里的传统建筑色泽明快鲜艳，而背后则分布着咖啡馆、糕点店、奶酪店、熟食店、肉店和餐厅，他们都可提供当地特色菜肴。

阿彭策尔酒店（Hotel Appenzell）（☎071 788 15 15；www.hotel-appenzell.ch；Landsgemeindeplatz；标单/双130/220瑞士法郎起；🚭@）坐落在一个典型的阿彭策尔建筑里，室内装饰明亮，住宿条件可圈可点，还出品上乘的时令美食。美食包括素食菜肴和当地气味浓烈的阿彭策尔奶酪。

火车站距离镇中心400米，同时也是旅游局所在地（☎071 788 96 41；www.appenzell.ch；Hauptgasse 4；⌚4月至10月 周一至周五9:00至正午和13:30~18:00 周六、周日10:00至正午和14:00~17:00，11月至次年3月 周一至周五9:00至正午和14:00~17:00 周六、周日14:00~17:00）。有驶往圣加仑的火车（7.20瑞士法郎，50分钟，每小时2趟）。

提契诺州（TICINO）

在这里，瑞士遇见了意大利：夏天的空气沉闷炎热，人们如骄傲的孔雀一样开摩托

值得一游

列入联合国教科文组织世界遗产的贝林佐纳城堡

提契诺州的首府宁静而迷人。贝林佐纳(Bellinzona)地理位置优越，处于阿尔卑斯山下几条山谷的交汇处，拥有举世无双的美景。自新石器时代就有人在此定居，这块土地由三座恍如童话般的灰色石头中世纪城堡组成，深深吸引世上每个人——上至瑞士侵略者，下至像特纳(JMW Turner)这样的画家。也许特纳曾深爱这里，尽管名列联合国教科文组织《世界遗产名录》之中，但贝林佐纳在旅游宣传上却很低调。

这里主要的景点是中世纪的**卡斯泰尔格兰德城堡**(Castelgrande, www.bellinzonaunesco.ch; Mont San Michele; ⌚9:00~18:00，夏季更晚些)，该堡距离火车站有10分钟的步行路程，可乘电梯登堡。建议直接跳过堡内略乏味的博物馆，还是多看看城墙，了解一下这个城堡是如何形成阻挡掠夺者从北部进入瑞士的战略屏障的。

你也可以继续沿着两个大城堡的城墙漫步；**去蒙特贝罗城堡**(Castello di Montebello, Salita ai Castelli; ☎091 825 13 42；城堡门票免费，博物馆成人/优惠5/2瑞士法郎；⌚城堡 3月中旬至10月8:00~20:00，博物馆 3月中旬至10月10:00~18:00)还要走上3.5公里。这两个城堡保存完好，并可看到城镇和乡村的全景。

旅游局(☎091 825 21 31; www.bellinzonaturismo.ch; Piazza Nosetto; ⌚周一至周五9:00~18:00，周六至正午，冬季营业时间会缩短)位于市中心业已复原的文艺复兴时期市政厅中。

贝林佐纳坐落在连接苏黎世到卢加诺(10.20瑞士法郎，22~30分钟)和意大利的主要铁路线上。火车也通往洛迦诺(8.20瑞士法郎，20~25分钟)。

车进进出出。这里满是意大利的气候、意大利的风情。更别提意大利冰激凌、意大利比萨、意大利建筑和意大利语了。

南阿尔卑斯山，提契诺州(德语和法语的提契诺州)独树一帜。该州的管理完美地融合了瑞士的冷静与意大利的激情——当地人对意大利美食和浓郁的葡萄酒趋之若鹜，却又不忘遵守规章制度。

到达和当地交通

火车 提契诺拥有发达的铁路交通网(www.arcobaleno.ch；全天通票20.40瑞士法郎)，有火车可到卢加诺、洛迦诺和贝林佐纳，并深入到意大利。洛迦诺沿线的Cadenazzo站有驶往米兰马尔彭萨机场(路线S30；2小时，每2小时1列)的火车。

想体验美不胜收的风景名胜之旅，就要乘坐从洛迦诺到意大利多莫多索拉的**琴托瓦利快铁**(Centovalli Express; www.centovalli.ch, 2小时，每小时1列)，从那里你可以到布里格和并且一路向北进入瑞士。沿途的峡谷和河流风景令人难忘。

洛迦诺(Locarno)

人口15,200

星星点点的意大利红色联排别墅，连同广场和拱廊一起延伸到马焦雷湖(Lake Maggiore)北端，再加上比瑞士其他地方更多的日照时间，这一切都让这个悠闲的小镇多了一抹避暑胜地的光晕。

作为瑞士海拔最低的小镇，洛迦诺(Locarno)曾举办过旨在恢复"一战"后欧洲稳定的1925年和平会议，可惜会议并未奏效。

洛迦诺位于马焦雷湖的东北角，而该湖大部分水域却属于意大利伦巴第大区。**Navigazione Lago Maggiore**(www.navigazionelaghi.it)组织跨整个湖的各种游船活动。

景点

洛迦诺的意大利风情老城区从**大广场**(Piazza Grande)呈扇形展开，商场和伦巴第风格的房子非常上镜。每逢周四手工艺品市场就占据了整个广场。

萨索圣母教堂 圣殿

千万不要错过位于山上的巨大萨索圣母教堂（Santuario della Madonna del Sasso），站在山上，可以欣赏到湖泊和城市的全景。1480年，圣母玛利亚出现后，人们就建造了这座圣殿。教堂内陈列有15世纪画作，并设有一个小型博物馆和几个风格各异的雕像。

镇中心靠缆车与此相连通，但花20分钟爬上去也并非难事），途中还可观赏一些神殿。

食宿

马焦雷湖拥有种类繁多新鲜味美的鱼，其中就包括佩西科（鲈鱼）和corigone（白鱼）。

Vecchia Locarno 酒店 €

（☎091 751 65 02；www.hotel-vecchia-locarno.ch；Via della Motta 10；标单55~90瑞士法郎，双100~140瑞士法郎；📶）酒店的庭院阳光明媚，是这里放松休闲的核心区域。酒店客房明亮简单，可以欣赏到老城和山地美景。

Osteria Chiara 意大利菜 €€

（☎091 743 32 96；www.osteriachiara.ch；Vicolo della Chiara 1，主菜16~30瑞士法郎；⊙周二至周六；👪；🚉Cannobio）小店藏身于一条鹅卵石小巷内，给人一种置身于洞穴、通体放松的感觉。坐在凉棚底下的花岗石桌边或火炉旁的木桌边，品尝这里自制的意大利面食。从湖区出发，按照路牌指示，一直可以走到Vicolo DEI NESSI。

到达和离开

洛迦诺经由贝林佐纳与提契诺州和瑞士的其他地方的交通发达便利。琴托瓦利快铁（www.centovalli.ch）途经意大利的多莫多索拉，终抵布里格。火车站离大广场5分钟的路程。

卢加诺（Lugano）

人口54,500

卢加诺的空气里弥漫着一种独特的活力，它是瑞士最南端的旅游城市，而当游客在意大利面形状、迷宫般的鹅卵石街道上漫步时，当地人却正在银行辛苦地工作——因为这里同时是该国的第三大银行业中心。

这里有多姿多彩的市场、高档商店、连成一片的露天市场和湖畔公园，处处洋溢着意大利式的生活气息。卢加诺湖北岸有很多酒廊，就坐落于圣萨尔瓦多山（Mts San Salvatore）和Brél山脚下。这里是体验沿湖旅行、水上运动和爬山徒步的最佳起始点。

景点和活动

特罗斯托里科（Centro Storico，老城区）从火车站出发，下坡步行10分钟即到，走石阶或坐缆车（1.10瑞士法郎）均可。

繁忙的**Piazza della Riforma**广场周围有很多走廊通道，漫步其中，可体验一份喧嚣。若逢周二和周五，这里的早市更加热闹。纳萨格拉尼（Via Nassa）是主要的购物街，拥有成排的高端卖场。

圣玛丽•德里•安杰奥利教堂 教堂

（Chiesa di Santa Maria degli Angioli，St Mary of the Angel；Piazza Luini；⊙7:00~18:00）这个简单的罗马式教堂藏有圣贝纳迪诺•卢伊尼（Bernardino Luini）的两幅壁画作品，历史可追溯至1529年。覆盖整个墙体的壮丽的基督受难图将教堂一分为二。你看得越仔细，基督受难的场面越是清晰。震撼力和鲜活的色彩令人惊叹。

阿勒珀斯巧克力博物馆 博物馆

（Museo del Cioccolato Alprose；☎091 611 88 88；www.alprose.ch；Via Rompada 36，Caslano；成人/儿童3/1瑞士法郎；⊙周一至周五9:00~17:30，周六和周日到16:30）了解巧克力的历史；观看甜品制作过程，还可免费试吃。乘坐Ferrovia Ponte Tresa火车（7瑞士法郎）便可抵达该地。

Lago Lugano 乘船团队游

（www.lakelugano.ch；旅行25瑞士法郎起；⊙4月至10月）乘船前往环抱着华丽海岸线的美丽村庄——Gandria。这里没有机动车，颇受人们欢迎。你可自行挑选Ticinese洞穴，享用传统的Ticinese美食。

住宿

冬天部分时间里，许多酒店停止营业。

首选 **Hotel & Hostel Montarina** 酒店、青年旅舍 €

（☎091 966 72 72；www.montarina.ch，Via Montarina 1，铺27瑞士法郎起，标单80～90瑞士法郎，双110～130瑞士法郎；P📶✉）这座粉红泡泡糖色的别墅建造年份可追溯至1860年，这家酒店和后面的火车站有挥之不去的旧时痕迹，让人联想起这里曾经拥有的辉煌。有位于拱形地下室中的宿舍、木地板的仿古客房以及带有私人浴室的当代风格的客房供人选择。这里有带共用厨房的休息室，有趣的小孩玩具，棕榈点缀的花园游泳池，甚至还有一个微型葡萄园。

Hotel International au Lac 酒店 €€

（☎091 922 75 41；www.hotel-international.ch；Via Nassa 88，标单120～185瑞士法郎，双195～330瑞士法郎；⊙4月至10月；❄📶✉）选择这家湖边百年老店朝前的房间可眺望对面的Lago Lugano。客房舒适，配有些许古董家具，花园环绕的游泳池也能让你倍感放松舒心。

Acquarello 酒店 €€

（☎091 911 68 68；www.acquarello.ch；Piazza Cioccaro 9，房90～190瑞士法郎；📶）靠近火车站的缆车总站，再没有哪家酒店比这家更坐拥城市中心了，虽然看似朴素无华，但却很闲适。普通客房可能会有些噪音，但好点的客房光线充足，更不用说那些坐拥湖泊美景的顶级客房了。

就餐

想品尝比萨饼或面食，任何靠近Piazza della Riforma广场的餐馆都非常惬意舒心。喜好沙拉吧和素食的人，可到庄园百货公司的**Manora餐厅**（Piazza Dante Alighieri；⊙7:30～21:00；✍）试试他们的菜品。

首选 **Bottegone del Vino** 意大利菜 €€

（☎091 922 76 89；Via Magatti 3；主菜20～45瑞士法郎；⊙周一至周六11:00～23:00）这里是品尝当地醇香葡萄酒和地方美食的绝佳场所。菜单每天均有更新，食材均系当地新鲜采购。无所不知的服务员在餐桌之间往返，只是心情过于愉快，以至于忘了建议你品尝完美的提契诺酒（店里的这款基本招牌红酒品质上佳）。尝尝这里烹制的奶酪配槐蜂蜜，味道甘香醇厚。

Grand Café Al Porto 各国风味 €€€

（☎091 910 51 30；Via Pessina 3；主菜31～48瑞士法郎；⊙周一至周六8:00～18:30）这间咖啡厅，早在1803年就开始营业，有几间雅间可供用餐。一定要上楼，在曾经的修道院餐堂里欣赏非奥伦蒂诺最后的晚餐（Cenacolo Fiorentino）。

Gabbani 咖啡馆、餐厅 €

（☎091 921 34 70；www.gabbani.com；Piazza Cioccaro 1；食物15瑞士法郎起；⊙熟食店8:00～18:00，餐厅营业至深夜）这个庞大的食品帝国设在缆车总站附近，自1937年以来就开始向食客奉上最好的地方特色菜和饮品。这里有面包店、熟食店（售卖野餐食物）外卖食品店、咖啡厅、酒吧和高级餐厅。到拱门下，就上几块精致的小点心，细品早间咖啡。楼上可供住宿，酒店客房（190瑞士法郎起）装修很时尚。

L'Antica Osteria del Porto 瑞士菜 €€

（☎091 971 42 00；Via Foce 9；主菜25～40瑞士法郎；⊙周三至周一9:00～23:00）从卢加诺的帆船俱乐部回来，就可以在这里品尝地道的地方鱼肉和提契诺特色菜，如玉米粥脆面包配牛肝菌。在露台上向下俯瞰Cassarate小溪和湖泊美景，心情会格外大好。

饮品和娱乐

Soho Café 鸡尾酒酒吧

（☎091 922 60 80；Corso Pestalozzi 3；⊙周一至周五7:00至次日1:00，周六19:00至次日1:00）所有那些潇洒的卢加诺镇人都聚集在这家酒吧，在橙色灯光映照下大喝鸡尾酒。清爽的

值得一游

伯尔尼纳快运（BERNINA EXPRESS）

伯尔尼纳快运（www.berninaexpress.ch; ⏲5月中旬至12月上旬）的行车路线颇受欢迎，列车从卢加诺出发，分别在圣莫里茨（72瑞士法郎，6小时）、达沃斯和铁路枢纽库尔（101瑞士法郎，6.5小时）停靠。票价包括强制加收的预订费。有大巴从卢加诺开往蒂拉诺（Tirano，意大利境内），一路沿意大利的科莫湖行驶，风景十分优美。

位于蒂拉诺和圣莫里茨的伯尔尼纳关口上的铁路线拥有瑞士最壮观的景致，并获得联合国教科文组织认证。部分列车配备了敞篷车厢。

DJ音乐营造出快活的气氛。

New Orleans Club 夜店

（☎091 921 44 77; www.neworleansclublugano.com; Piazza Indipendenza 1; ⏲周一至周六17:00至次日1:00）周四至周六晚间是拉丁、嘻哈和迪斯科之夜，店内气氛格外活跃。其他时段里，这里就变成一处不错的鸡尾酒酒吧。

ℹ 实用信息

旅游局（☎091 913 32 32; www.lugano-tourism.ch; Riva Giocondo Albertolli; ⏲周一至周五9:00~19:00，周六和周日10:00~17:00）在火车站也经营应季展位。

ℹ 到达和离开

卢加诺处在米兰（60~90分钟）、苏黎世（62瑞士法郎，2.75小时）和卢塞恩（58瑞士法郎，2.5小时）之间的主线上。

格劳宾登州（GRAUBÜNDEN）

格劳宾登州在地图上丁点大的面积极具欺骗性。事实上，这里蕴藏撼世美景。这里有11,000多公里的徒步路径，600多个湖泊和1500公里的滑雪场，是个名副其实的户外冒险家乐园，超级时髦的圣莫里茨和背包客圣地弗利姆斯-拉克斯（Flims-Laax）就位于此。在这里，你会听到意大利语、德语和罗曼什语（英语中常说的“废话”，crap），在这里却是“山峰”的意思）。

弗利姆斯-拉克斯（Flims-Laax）

据说世界哪儿都不下雪了，在弗利姆斯-拉克斯还是可以看见雪花的。库尔以西20公里的小镇，连同Falera一起，围成了被称为**韦瑟斯克罗竞技场**（Weisses Arena）的滑雪场（White Arena; www.alpenarena.ch），这里有220公里的雪道（大部分在2000米以上），可满足各水平的滑雪者。拉克斯是滑雪的圣地。去滑雪吧，顺便也调剂一下当地的夜生活。从苏黎世机场乘火车或大巴，只消2小时便能抵达。

活动

你若问那些无所不知的滑雪者，“瑞士顶级度假胜地在哪里”，拉克斯肯定首选。这一滑雪胜地拥有欧洲最小的和最大的月牙滑雪道、自由式滑雪场地和许多供越野滑雪的地方。这里度假村内的滑雪场都相互连接，滑雪者无论在哪儿都能得到满足。全天票70瑞士法郎起。

远足步道覆盖250公里。Cassons峰顶的**Naturlehrpfad环道**长满阿尔卑斯野花并散布着牛群。

可以试试乘坐**瑞士皮筏**（☎081 911 52 50; www.swissraft.ch，半天/全天旅程110/160瑞士法郎起）组织的漂流，穿越Ilanz和Reichenau间17公里湍急的Vorderrhein河流。

食宿

Riders Palace 青年旅舍 €

（☎081 927 97 00; www.riderspalace.ch;

Laax Murschetg；铺30~60瑞士法郎，双120~280瑞士法郎；☎）这家精品旅馆的设计迎合了爱好派对的年轻滑雪者的喜好，他们能在这灯火通明的混凝土空间里尽情放纵狂欢。这里有5个床位的宿舍，带菲利普·斯塔克（Philippe Starck）浴缸的客房和配有游戏机和杜比环绕声的高科技套间。该店距离拉克斯滑雪缆车200米。

Posta Veglia 历史酒店 €€

（☎081 921 44 66；www.postaveglia.ch；Via Principala 54，Laax；标单/双150/250瑞士法郎起；☎）这家19世纪的邮局如今为你提供周到的住宿服务和质朴的风格。7间乡下小屋风格的客房和套房都装饰着木梁、古董，还配备DVD等现代化生活设备。这里的餐厅融汇了各种菜系的特点，菜点颇为创新。

实用信息

总旅游局（☎081 920 92 00；www.alpenarena.ch，Via Nova；⊙6月中旬至8月中旬 周一至周五8:00~18:00 周六8:00至中午，12月中旬至次年4月中旬 周一至周六8:00~17:00）在弗利姆斯。

到达和离开

每小时都有邮政汽车从库尔的铁路枢纽开往弗利姆斯和韦瑟斯克罗竞技场地区的其他村庄（到弗利姆斯-多尔夫13.20瑞士法郎，行程35分钟）。当地的免费班车则来往于各个村庄。

圣莫里茨（St Moritz）

人口5200

圣莫里茨（罗曼什语中称为San Murezzan）堪称瑞士最纯粹的冬季仙境，也是阿尔卑斯山旅游的发祥地。自1864年起这里就源源不断地吸引着王室成员、名人及其夫人。波光粼粼如蓝宝石般的湖面，翡翠般的葱郁森林和孤傲山峰，都给这个小镇带来巨额财富。

然而，尽管Via Serlas大街有着众多名牌精品店，也有名人在滑雪道上寻欢作乐，但这并不是圣莫里茨的全部。这里真正的美景在室外——在于Corviglia精美的轮廓，Diavolezza黝黑的雪道和冰雪消融时数英里长的远足小径。

活动

滑雪及滑雪板爱好者可在三个主要区域长达350公里的雪道上尽情享受滑雪的快乐。狂热的越野滑雪者则可以借助160公里长、经过打理的滑雪道，在白雪皑皑的森林和平原中滑行。

你也可以去远足或打打高尔夫（甚至可以在冬天冰冻的湖面上打高尔夫），也可进行网球、单排轮滑、垂钓、骑马、帆船、帆板和水上漂流等等活动，其实活动内容远不止这些。

登录www.engadin.stmoritz.ch查询全年活动信息。

Corviglia & Signal 滑雪

（每日通票成人/儿童73/24瑞士法郎起）想要在经过打理的滑道上滑雪并享受壮美的山景，可从多夫（Dorf）乘索道前往科尔维利亚（Corviglia，2486米）。从Bad也有缆车通往Signal（需短时排队），然后可进入Piz Nair滑雪道。

Diavolezza 滑雪

（每日通票成人/儿童62/20瑞士法郎起）高达4000多米的冰川衬托下的迪亚沃勒扎（2978米）是自由式滑雪者和速降爱好者的最爱。

食宿

Hotel Eden 酒店 €€

（☎081 830 81 00；www.edenstmoritz.ch；Via Veglia 12；标单160~190瑞士法郎，双270~320瑞士法郎；☎）这家酒店位于市中心，以极有魅力的大堂和摆满古董的休息室为中心，若是冬季，酒店还会燃起劈啪作响的炉火。旧式松木嵌板的房间非常舒适，顶层房间可见山湖美景。

列支敦士登

如果列支敦士登（人口36,400）并不存在，也总会有人把它创造出来。这个讲德语的山区大公国（160平方公里）由一位意志如钢铁的君主管辖，位于21世纪欧洲的中央，的确是大不寻常之事。列支敦士登的国土仅有25公里长，12公里宽（其领土最宽之处），稍大于曼哈顿。来这里的游客主要奔着城堡而来，或者是想在护照上盖一个可疑的签证章。但建议你在这里多住几天，方能领略其阿尔卑斯山的野性之美。

历史

奥地利王子亚当•冯•列支敦士登（Johann Adam Von Liechtenstein）从贫穷的德国贵族手里购买了施伦贝格（Schellenberg，1699年）和瓦杜兹（Vaduz，1712年），并且以自己的名字为其命名。这里曾经是神圣罗马帝国的长期属国，但于1866年获得独立。1923年，该国与瑞士形成关税联盟（直到今天这里依然使用瑞士法郎）。王子汉斯•亚当二世于1989年登基。2003年，他获得支持并罢免了民选政府，任命法官，废除法案。次年，他把治国重任交给他的儿子阿洛伊斯（Alois）。

瓦杜兹

瓦杜兹袖珍如邮票，其风景美如明信片背景。它安居于树木葱郁的山脚下，拥抱着莱茵河，最高处则是设有炮台的城堡，这一景致足以让人震撼。

城中心奇妙地将现代和素朴结合为一，这里充斥着免税奢侈品店铺和立方形的混凝土建筑。然而，短短几分钟的步行你就可以观赏到50年前风格的古朴村庄和寂静的葡萄园，此处远看阿尔卑斯山，似乎更近了。

瓦杜兹城堡不对公众开放，但此处还是值得登山览胜。从Egertastrasse末端的小路向上爬可上山，若想见识一下曾经的瓦杜兹风貌，要再向东北缓行到Mitteldorf。这里及其周围的街道到处是传统民居和玫瑰点缀的花园。

长达6个世纪，历史悠久、风格凝重的**GasthofLöwen酒店**（☎238 11 41；www.hotel-

The Piz 酒店、民宿 €€

（☎081 832 11 11；www.piz-stmoritz.ch；Via dal Bagn 6；标单/双/公寓120/210/500瑞士法郎；📶）深红色硬木地板和简洁的线条构成了这家圣莫里茨 Bad地区现代化的民宿旅店。客房配有淋浴和现代化的小玩意，虽然房间时尚舒适，但街道上的噪音可能会干扰睡眠不好的人。此外，这里的自助早餐还是不错的。

Jugendherberge St Moritz 青年旅舍 €

（☎081 836 61 11；www.youthhostel.ch st.moritz；Stille Via Surpunt 60；铺/双60/150瑞士法郎；@📶）圣莫里茨可预订的经济型床位实在太少了，但在位于森林边的这家旅馆，你还是能找到一间房的。四床宿舍和双人间安静整洁。有一个小亭、游戏室和洗衣间。

Hatecke 瑞士菜 €€

（☎081 864 11 75；www.hatecke.ch；小吃和主菜15~30瑞士法郎；⌚周一至周五9:00~18:30，周六到18:00）这家特产专卖店里有百年历史的老机器，能切出极薄的、有机的本地食品Bündnerfleisch（烟熏、风干牛肉）和入口即化的鹿肉火腿薄片。你可坐在隔壁咖啡厅的羊皮凳子上悠闲地享用午餐。

Engiadina 瑞士菜 €€

（☎081 833 32 65；www.restaurant-engiadina.ch；Plazza da Scuola 2；芝士火锅28~48瑞士法郎；⌚周二至周日11:00~23:00，5月歇业）

loewen.li; Herrengasse 35，标单/双200/300瑞士法郎起；🅿📶）拥有8间宽敞的客房，均配有古董家具和现代化的浴室。有一个舒适的酒吧、高级餐厅和可俯瞰葡萄园的露台。

Adler Vaduz酒店（☎232 21 31；www.adler.li；Herrengasse 2，主菜18~50瑞士法郎；⏲周一至周五午餐和晚餐），吱吱作响的木地板和丁香的墙壁营造出一个质朴别致的氛围，让人可尽享经典瑞士风情和瓦杜兹葡萄酒。

瓦杜兹周边

瓦杜兹城外的空气清晰明朗，混合着牛粪和鲜花强烈而又甜美的香气。乡下点缀着宁静的村庄和诱人的教堂，背后则是陡峭的阿尔卑斯山。

在瓦杜兹上方的特里森贝格（Triesenberg）可欣赏莱茵河谷的美景。这儿有一座美丽的圆顶教堂。从瓦杜兹乘坐21路车可到这里。

列支敦士登全境内有大量标记清晰的自行车道（路上有自行车标志；距离和方向都标记得很清楚），还有400公里长的远足小径，见www.wanderwege-llv.li。其中最有名的是**Fürstensteig小路**，几乎每个列支敦士登人的成年礼都在此举行。随这条道路逐步下坡，从Berggasthaus Gaflei开始你4小时的这段徒步旅行吧（在Triesenberg搭乘22路车到这里）。

实用信息

列支敦士登的国家代码是☎423。**列支敦士登中心**（☎239 63 00；www.tourismus.li；Städtle37, Vaduz；⏲9:00~17:00）提供小册子和纪念品护照邮票（3瑞士法郎），**列支敦士登邮票发行中心**（Philatelie Liechtenstein）也设在这里，很吸引集邮爱好者。邮局就在附近。

最近的火车站在瑞士边境城镇布克斯和萨尔甘斯（Buchs and Sargans）。这两个城镇都有多班前往瓦杜兹的长途汽车（从布克斯/萨尔甘斯出发票价3.40/5.80瑞士法郎；瑞士通票有效）。奥地利边境小镇费尔德基希（Feldkirch）的汽车每隔30分钟1趟。

具有当地特色的Engiadina餐厅因其芝士火锅而闻名，这也是这家店的招牌。香槟让融化的奶酪更加美味，这里的比萨饼和玉米粥也值得品尝。

🍷 饮品

冬季是这里20多家酒吧和俱乐部最活跃的季节。玩牌可以让你的钱包迅速缩水：在圣莫里茨，夜里与上层人士出去玩可是花费不菲的。

Bobby's Pub 小酒馆

（☎081 834 42 83；Via dal Bagn 50a；⏲9:30至次日1:30）这家闲适的、友好的英式酒吧提供30种不同的啤酒，在滑雪季里吸引很多年轻的滑雪板爱好者。这里是为数不多的全年开放的场所。

ℹ 实用信息

旅游局（☎081 837 33 33；www.stmoritz.ch；Via Maistra 12；⏲周一至周五9:00~18:30，周六9:00~12:30和13:30~18:30，周日16:00~18:00，其他月份办公时间缩短）从火车站上山可到。

ℹ 到达和离开

火车 每小时都有火车（40瑞士法郎，2小时）来往于这里和铁路枢纽库尔之间，一路景色优美。

圣莫里茨也是大名鼎鼎的冰川快车（Glacier Express，见第609页）的最后一站。

伯尔尼纳快运（Bernina Express，见第638

值得一游

瑞士国家公园

米施泰尔（Müstair）以西的公路绵延34公里，越过Ofenpass山口（Pass dal Fuorn，海拔2149米），再穿过瑞士唯一的国家公园（⊙6月至10月）里茂密的树林，就来到了策尔内茨（Zernez），并抵达瑞士国家公园中心（☎081 851 41 41；www.national park.ch；成人/儿童7/3瑞士法郎；⊙6月至10月8:30~18:00，11月到次年5月9:00至正午和14:00~17:00）。在这里你可以探索白云石的尖峰、耀眼的冰川、落叶松林地、散布着龙胆草的牧场、清澈的瀑布和点缀着黄晶般湖泊的荒野高地。

列车定期从策尔内茨运行到圣莫里茨（18.40瑞士法郎，45分钟），经停风景秀丽的S-钱夫（S-chanf）、楚茨（Zuoz）和切勒里纳（Celerina）。

页）有通往卢加诺的季节性开行列车，其中包括联合国教科文组织认证的，穿过伯尔尼纳山口到意大利蒂拉诺的一段。

了解瑞士

历史

该地区最早的居民是一个凯尔特部落，即赫尔维西亚人（Helvetii）。公元前107年罗马人通过大圣伯纳德山口（Great St Bernard Pass）来到这里，但他们逐渐被公元5世纪起迁往该地的日耳曼阿勒曼尼部落（Germanic Alemanni tribe）驱赶。勃艮第人（Burgundians）和法兰克人（Franks）也来到该地区，基督教渐渐被引入。

神圣罗马帝国在1032年统一了这里，但中央控制一直都不很强烈，邻近的贵族们为扩大自己在该区域的影响而相互交战。鲁道夫一世开启了日耳曼哈布斯堡王朝（Germanic Habsburg）的扩张，并逐步控制了这些爱闹事的贵族。

瑞士联邦

1291年鲁道夫去世，使当地的领导人看见了独立的曙光。1291年8月1日，乌里（Uri）、施维茨（Schwyz）和下瓦尔登（Nidwalden）的森林部族组成联盟，这被认为是瑞士联邦的起源（这些部落反对哈布斯堡王朝的斗争被神化为威廉•退尔的传说）。该联盟的成功吸引了其他部族：卢塞恩（1332年）、苏黎世（1351年）、格拉鲁斯州和楚格（1352年）、伯尔尼（1353年）先后加入该联盟。

受到反哈布斯堡王朝武装胜利的鼓舞，瑞士尝到了领土扩张的甜头，他们占领了更多的土地。弗里堡（Fribourg）、索洛图恩（Solothurn）、巴塞尔（Basel）、沙夫豪森（Schaffhausen）和阿彭策尔（Appenzell）加入了联盟。1499年，在多纳赫（Dornach）的胜利后，瑞士脱离了神圣罗马帝国皇帝马克西米连一世（Maximilian I）的统治获得了独立。

瑞士最终因过度扩张而导致失败，1515年，在马里尼亚诺（Marignano）与法国和威尼斯的优势兵力战斗中，瑞士败北。瑞士人意识到他们已经不可能与装备更精良的大国军队对立，从此宣布中立。即便如此，几个世纪以来瑞士雇佣兵继续在其他军队服役，并由于他们的技巧和勇气赢得了无敌的美誉。

16世纪的宗教改革引起了整个欧洲的动荡。虽然各州仍然信奉天主教，但是路德（Luther）、茨温格利（Zwingli）和加尔文（Calvin）的新教教义迅速蔓延。这引起了几个世纪的内部动荡。

1798年，法兰西共和国入侵瑞士并且建立了海尔维第共和国（Helvetic Republic）。瑞士人对这种中央集权进行了顽强抵抗，并迫使拿破仑（Napoleon）在1803年恢复了前州联邦。然而，法国仍然保留了整体的管辖权。继拿破仑在滑铁卢战役中败北后，瑞士终于获得了独立。

现代国家

虽然有统一趋势，每个州依然非常独立，甚至有各自的造币和邮政服务。1848年通过的新联邦宪法明确剥夺各州的这些权力，并以伯尔尼作为首都，设立联邦议会掌管国家大事，但各州保留立法和行政权力以处理当地事务。

政治稳定之后，瑞士得以专注于经济和社会问题。由于矿产资源稀缺，瑞士依赖手艺精妙的工匠来发展独立工业。铁路和公路网的建成，开辟了阿尔卑斯以前无法进入的地区，促进了旅游业的发展。

20世纪，瑞士小心谨慎地保持自己的中立性。他们和第一次世界大战唯一的关联，就是组织了红十字会[1863年，由亨利•杜南（Henri Dunant）于日内瓦建立]。赢得和平后，瑞士虽然加入了国际联盟，但仅参与金融和经济而非军事行动。除了一些意外的轰炸外，"二战"未给瑞士带来破坏。

永远中立：置身事外的民族

自从"二战"结束后，瑞士一直享有经济、社会和政治稳定。多亏了瑞士的高瞻远瞩，中立使得它继续发展已经很强大的商业、金融和工业，而欧洲其他国家仍然需要在战争的废墟中恢复元气。苏黎世发展成为一个国际银行和保险中心，世界卫生组织和其他国际机构的总部均设在日内瓦。为了保持其珍视的中立性，瑞士选择不加入联合国（虽然日内瓦从一开始就是联合国继纽约总部后的第二总部），也没有加入随后的欧盟。

20世纪90年代后期，一系列丑闻的爆发迫使瑞士对其著名的秘密银行业进行改革。1995年，迫于犹太团体的压力，瑞士银行宣布他们在1945年前的休眠账目中发现了属于大屠杀受害者和幸存者的数百万美元。三年后，有人指控银行对其一直坐视不管，并未追查钱的主人。最终，瑞银和瑞士信贷这两家最大的银行，同意向大屠杀的幸存者和他们的家人支付12.5亿美元的赔偿金。

新千年

2003年的议会选举结果大幅倒向保守的右派，进一步加强了瑞士明哲保身的一贯立场。2006年，反欧盟、反移民的瑞士人民党（SVP）呼吁加强移民和政治庇护法；该政策在全民公决中以压倒多数获得通过。

虽然相对孤立，但种种明确的迹象表明瑞士正在进一步对世界开放。瑞士于2002年成为联合国的第190个成员国（这个议题最后一次被驳回是在1986年的全民公投中），三年后瑞士投票决定加入欧洲免签证申根旅游区（2008年末才走完流程）。同年另有一个公投，瑞士勉强同意同性伴侣民间团体的合法化（但没有批准同性婚姻）。

这一切都发生在瑞士

» 1905年，阿尔伯特•爱因斯坦（Albert Einstein）在伯尔尼创立了相对论和著名公式$E=MC^2$。

» 瑞士在日内瓦城外著名的CERN（欧洲核子研究组织，European Organisation for Nuclear Research）中发明了万维网。

» 人类在瑞士第一次体会到迷幻药的感觉。1943年，化学家艾伯特•霍夫曼（Albert Hofmann）在巴塞尔进行偏头痛的治疗实验时，意外地合成了麦角酰二乙胺或称迷幻剂。

» 每年，印度宝莱坞出品的约800部电影中，瑞士是最受钟爱的拍摄地。影视明星拉吉•慕克吉（Raj Mukherjee）曾表示"对于印度公众，瑞士是他们的梦想之地"。最受欢迎的拍摄地是伯尔尼高原（Bernese Oberland）、中部瑞士和日内瓦。

» 瑞士中部的阿尔卑斯地区流传着欧洲最丰富的神话传说。据说每个耶稣受难节（彼拉多杀死耶稣基督的日子），彼拉多（Pontius Pilate）都会在卢塞恩附近皮拉图斯山的湖水中浮出水面，冲洗手上的血——任何亲睹此景的人据说都将在当年死去。人们也一度传说，有超能力的"野人"ChlyniLüüt也栖息在卢塞恩附近的瑞吉山（Mt Rigi）。他们一出生就被摘除脾脏，这让他们拥有山间跳跃的能力。

然而，大概没有人会指望甚至考虑让瑞士加入欧盟或者欧元单一货币区（或许这真是遥遥无期了）。传统上，西部的法语州早就想加入这两个组织，而讲德语的州（和提契诺州）却普遍反对。

今日瑞士

这里和平繁荣，安全可靠，对富人极具吸引力，是财富的安全避风港：这里有优质的生活，是全球金融的核心，还有户外的壮丽景致和阿尔卑斯美景，然而，2011年和2012年的瑞士成功反被成功误。

瑞士法郎长期以来一直被认为是世界上最稳定的货币之一，然而它被如此高估，甚至对瑞士一贯景气的经济造成了威胁。瑞士法郎的坚挺，导致了瑞士出口量一路下滑，来瑞士旅游的游客也有所减少，因为精打细算的外国游客忽然意识到，在瑞士喝杯咖啡居然要花这么多钱。

有些瑞士人甚至也不在本国购物，而是每周跨越国界到物价更便宜的法国、德国和意大利购物。因此，在2011年瑞士国家银行以一种前所未有的举动，强制规定1欧元可兑换1.2瑞士法郎，使瑞士法郎瞬间暴跌（15分钟内就跌了9%）。在接下来的一年中，瑞士法郎保持在这个新的水平，但游客仍然对一杯咖啡的高价反应激烈。

与此同时，一贯平稳的瑞士银行业也太平不再——银行业被多次指控巨额诈骗，甚至包括操纵国际利率，据称是希腊逃税者的账户被泄露，德国政府侦查该国国民逃税行为的做法也让瑞士银行业更加难堪。

人口

从刀具到手表，瑞士的名字可以有一切含义，但不要指望这个国家为别国出头。瑞士之所以全副武装，求的就是数个世纪以来的军事中立，在瑞士，你不接受瑞士之路，就走投无路。

人口接近780万，全国平均每平方公里176人。苏黎世是全国最大的城市，其次是日内瓦、巴塞尔和伯尔尼。大多数人都是日耳曼血统，这也在四种官方语言的地域分割中表现出来。约20%的瑞士居民并非本国公民。

瑞士人礼貌守法，人们认为打破规则是多此一举。与邻居相安无事是举国奉行的信条。良好的礼仪深入民族精神，以礼相待是一切社会交往的基石。在经人介绍认识瑞士人时别忘了握手，朋友间见面和告别通常亲吻双颊。进入商店时不要忘了与店主打招呼。当与瑞士人喝酒时，一定等到每个人都手中有酒，还要和每个同伴都敬酒，并且要看着对方的眼睛，最后再碰响你的酒杯。喝酒前不敬酒是不可饶恕的，并会导致7年不和谐的性生活……就这么迷信。不要说我们没提醒你。

在一些山区如瓦莱州（Valais），人们仍然保持着穿传统农民服饰的习俗，但通常逢节日才需要如此盛装出席。唱岳德尔山歌、吹山笛和瑞士摔跤也是阿尔卑斯传统的一部分。

宗教

罗马天主教（42%）和基督教（35%）大致按各州界区分。强大的新教领域包括苏黎世、日内瓦、沃州、伯尔尼和纳沙泰尔。瓦莱、提契诺州、弗里堡、卢塞恩和汝拉主要是天主教徒。

穆斯林信徒仅占人口总量的4%多一点。

艺术

许多外国作家和艺术家，包括伏尔泰（Voltaire）、拜伦（Byron）、雪莱（Shelley）和特纳（Turner），曾经访问过或定居于瑞士。本土与国际艺术家于第一次世界大战间涌入苏黎世，并形成了其达达主义运动的滥觞。

保罗·克利（Paul Klee，1879~1940年）是最知名的本土画家。他创作的抽象作品风格大胆粗犷，你可以在伯尔尼和洛桑一睹芳容。日内瓦哲学家让-雅克·卢梭（Jean-Jacques Rousseau，1712~1778年）的著作对民主的发展发挥了重要作用。广受好评的战后剧作家和小说家马克斯·弗里施（Max Frisch）（1911~1991年）和弗里德里希·迪伦马特（Friedrich Dürrenmatt，1921~1990年），以他们的黑色幽默、悲喜剧和道德戏剧来赢得读者。在音乐方面，亚瑟·奥涅格（Arthur Honegger，1892~1955年）是瑞士最知名的作曲家。

瑞士对平面设计和商业艺术作出了重要贡献。任何使用过的计算机人都用过他们的字体，比如Helvetica体、Frutiger体以及Univers体。

现代建筑之父勒•柯布西耶（Le Corbusier，1887~1965年），法国廊香教堂（Notre Dame du Haut chapel）、印度昌迪加尔行政区（Chandigarh）和纽约的联合国总部的设计者，也是瑞士人。全球最负盛名的当代建筑团队之一，雅克•赫尔佐格（Jacques Herzog）和皮埃尔•德梅隆（Pierre de Meuron），就在巴塞尔居住和工作。作为2001年著名的普利兹克建筑奖获得者，他们创造了伦敦著名的泰特现代艺术馆（Tate Modern）。

哥特式和文艺复兴时期的建筑在城区随处可见，尤其在伯尔尼。瑞士农村房屋因地区而异，但一般特点是斜坡屋顶，宽大且悬垂的屋檐，用大量鲜花尤其是天竺葵来装点阳台及走廊。

环境

瑞士41,285平方公里的国土中，70%为山脉覆盖。农业是集约化的，奶牛在山坡高处紧贴着消融的雪线吃草。

这里是欧洲海拔最高的地方。阿尔卑斯山脉罗莎山（Monte Rosa）的杜富尔峰（Dufourspitze，4634米）是瑞士的最高点，但马特峰（Matterhorn，4478米）则因三角形的山顶而更为人所知。当然还有欧洲最高峰勃朗峰（Mont Blanc，4810米），它是山中的巨人，位于瑞士、法国和意大利三国交界处。

瑞士的1800座冰川覆盖了2000平方公里的地区，但全球变暖使冰川正在迅速融化。瑞士最著名的冰川景观，集冰、岩石和雪融为一体。长达23公里的阿莱奇冰川（Aletsch Glacier）仅2006年一年就缩小了114.6米。专家称如果情况没有好转的话，到2100年，它有可能缩小80%。2007年，绿色和平组织（Greenpeace campaign）组织600多人裸体在冰川上摆好姿势，由纽约人斯宾塞•图尼克拍照，以此呼吁世界各国政府迅速采取行动。

位于瑞士中部的圣哥达山（St Gotthard Mountains）是包括莱茵河和罗纳河在内的众多湖泊、河流的源头。汝拉山（Jura Mountains）跨越瑞法边境，最高处达1700米。两山之间是米特尔高原（Mittelland），这片山地也被称为瑞士高原（Swiss Plateau），这里纵横交错着河流、沟壑和峡谷。

长着庞大弯曲犄角的阿尔卑斯山羊是这里最具特色的高山动物。总共有约12,000只这种山羊生活在瑞士，最常见于全国唯一的国家公园（169平方公里）——瑞士国家公园（Swiss National Park）。

瑞士很重视保护环境：公民每人每年产生的垃圾小于400公斤（该数字为美国的一半），并且都尽量回收，积极响应号召使用公共交通工具出行。此外，颇为超前的绿色旅游网络整合了全国非机动车交通路线：**瑞士移动**（SwitzerlandMobility; www.switzerlandmobility.ch）地图标记着全国169条步行线路（6300公里）、自行车线路（8500公里）、山地自行车线路（3300公里）、轮滑或滑雪线路（1000公里）和皮划艇线路（250公里），而且标志清晰易于使用。

饮食

瑞士美食不只有巧克力、奶酪和瑞士—德国马铃薯煎饼。但在这个最朴实的田园国度，瑞士最棒的食物都是本国食品。不品尝一下你就太傻了。提及别致的国际美食，瑞士厨房的丰富得益于本地菜与法国菜、德国菜和意大利菜的融合。

奶酪

首先要说明的是：不是所有的瑞士奶酪都有孔。艾门塔尔（Emmental）奶酪，即伯尔尼东部的艾门山谷（Emme Valley）出品的干酪有孔，同样为该山谷出品、大同小异的Tilsiter奶酪也有孔。但出人意料的是，450种瑞士不同奶酪（德语käse、法语fromage、意大利语formaggio）中绝大多数都是无孔的。

无孔奶酪有弗里堡（Fribourg）附近的格吕耶尔（Gruyères）镇出产的著名的格吕耶尔（Gruyère）干酪，还有产于瑞士东北部阿彭策尔（Appenzeller）、气味极为刺鼻的阿彭策尔奶酪，该奶酪通常和味道强烈的当地美

瑞士巧克力

1528年，西班牙征服者埃尔南多·科尔特斯（Hernando Cortez）第一次把可可带到欧洲。但人们尤其是游客对这种东西的大量需求，是他始料未及的！最早是西班牙人，很快其他欧洲人也跟着将可可制成了人们趋之若鹜的含糖饮料，固体巧克力发明得稍晚。

19世纪，瑞士巧克力开始享誉全球，这要归功于其先行者，有很多我们熟悉的名字，如弗朗索瓦-路易·卡耶（François-Louis Cailler，1796~1852年）、菲利普·祖哈德（Philippe Suchard，1797~1884年）、亨利·雀巢（Henri Nestlé，1814~1890年）、让·托布勒（Jean Tobler，1830~1905年）、丹尼尔·彼得（Daniel Peter，1836~1919年）和鲁道夫·瑞士莲（Rodolphe Lindt，1855~1909年）这些先驱们。

瑞士的超市货架摆满了价格实惠、堆成金字塔形的各种巧克力。你可以随意试尝。

食一同奉上，还有瑞士最古老的干酪——Sbrinz奶酪，它是阿尔卑斯山那边意大利帕尔玛奶酪（Parmesan）的祖先，这一款奶酪要足足酝酿24个月，才能有其独特的味道。

芝士火锅和拉克雷特

不吃芝士火锅等于没到过瑞士（来自法语动词fondre，意思是“融化”），所以千万不要错过这个机会。这是法国菜对瑞士美食最大的贡献，芝士火锅放置在桌子的中央，食客们用长长的双尖芝士火锅叉插住脆面包方块蘸食文火慢煮的奶酪。奶白色的奶酪晶莹地裹在面包上，就已经秀色可餐、让人着迷了。

瑞士芝士火锅的经典搭配是等量的艾门塔尔和格吕耶尔奶酪，用白葡萄酒和一口杯的樱桃白兰地（樱桃口味的白兰地）融化，再点上一盘冷肉和小黄瓜作为配菜。

瑞士另一个经典的阿尔卑斯奶酪菜是拉克雷特（raclette）。不同于芝士火锅，菜名和其中糊糊状的奶酪都叫拉克雷特，配上煮熟的土豆、冷肉和腌洋葱或腌黄瓜，这道菜全年都可享用。

其他菜

可千万不要错过马铃薯煎饼（rösti，油炸，土豆切丝）。在土豆丝中加入时令蘑菇和培根，烤到完美的酥脆，就打造出一顿完美的午餐，配菜无非就是一个简单的蔬菜沙拉。

要说一个典型的瑞士午餐，没有什么比风干牛肉的冷盘更合适的了，这是格劳宾登州一款精致的甜口佳肴，将牛肉熏制，切成薄片，就成了一份熏肉薄片。

小牛肉切成薄片，在奶油酱中焖制而成，口感极佳，苏黎世的奶汁嫩牛柳（geschnetzeltes Kalbsfleisch）便是如此做法。

葡萄酒和啤酒

当地人认为，葡萄酒是一餐中不可或缺的组成部分，在瑞士品尝当地的葡萄酒是一件精致的美食体验。

瑞士的葡萄酒大部分产自该国法语区内，葡萄园围绕着日内瓦湖畔，从湖畔又一路急剧向山麓扩展，种植葡萄的梯田台地紧密交错，古老的干砌石墙绕行其间。

大多数日内瓦湖的酿酒屋都在沃州（Vaud）的洛桑（Lausanne）两侧。洛桑和蒙特勒（Montreux）之间的拉沃（Lavaux）葡萄酒产区中，豆绿色梯田状的葡萄园中出产的白葡萄酒品质极佳，该地区已被指定为联合国教科文组织世界遗产。

得益于格外充足的阳光和阿尔卑斯山南麓射来的光线，西部瓦莱州（Valais）罗纳河（Rhône River）北部的大部分地区都种植葡萄——这里出产一些瑞士最好的葡萄酒。当地最著名的Fendant干白葡萄酒是芝士火锅和拉克雷特的绝配，冷藏后口感最佳。由黑比诺（pinot noir）和佳美（Gamay）葡萄酿造而成的多尔（Dôle）是主要的红酒，它有种犹如歌剧演唱家嗓音般醇厚的水果香味。

就啤酒而言，有几种温和的窖藏啤酒，但小酿酒厂的数量越来越多。Ueli、Rappi、BFM、Felsenau和三个贵妇（Trois Dames）都酿造优良的啤酒，但很多是季节性的。

生存指南

出行指南

签证

想了解有关签证要求的最新细节，登录 **Swiss Federal Office for Migration**（www.eda.admin.ch），并点击“服务”（Services）。旅游访问瑞士需要申请签证。2013年起中国旅行者可以在北京、上海、广州进行签证申请。申请材料需在（cn.tlscontact.com/cnBJS2ch/splash.php）进行提交，需要你在该网站填写表格并上传相应附件。中国旅行者申请签证费用为500元（申请人每人需缴纳服务费180元），6~12岁儿童签证费用290元，6岁以下免费。

瑞士驻华大使馆（☎+8610 8532 8755；工作日14:30~16:00；www.eda.admin.ch/eda/zh/home/reps/asia/vchn/embbei.html；北京市三里屯东五街3号）

瑞士驻上海总领事馆（☎+8621 6270 0519，+8621 6270 0520；上海市仙霞路319号远东国际广场A幢22楼）

瑞士驻广州总领事馆（☎+8620 3833 0452；广州市天河区天河路228号广晟大厦27层）

现金

自动取款机（ATMs）——所谓银行的现金机（Bancomats）和邮局的自动提款机（Postomats）十分常见，而且大多都支持银联卡取现。

现金 1瑞士法郎分为100分（在瑞士德语区称为Rappen）。有面值10、20、50、100、200和1000瑞士法郎纸币，和面值5、10、20、50分以及1、2、5瑞士法郎的硬币。许多旅游商户接受欧元。

信用卡 信用卡的使用少于英国或美国，并且不是所有的商店、旅馆或餐厅都接受信用卡，有些地方支持刷银联通道（Unipay），建议你刷卡之前询问以节省手续费。

外币兑换 在大火车站可以进行外币兑换。

小费 不是必须的，因为酒店、餐厅、酒吧，甚至一些出租车都已依法收取15%服务费。如果对方提供了优质的服务，你可以像当地人那样餐后给个整数。

打折卡

定期或长期到瑞士的游客可考虑购买**瑞士博物馆通票**（www.museumspass.ch；成人/家庭144/255瑞士法郎），包括450家博物馆的永久性收藏（只限于永久性收藏）。

在许多度假村和城市有**游客卡**（Gästekarte），优惠包括博物馆、游泳池、公共交通或缆车的低价票。卡由你住宿地提供。

电源

电流为220V，50Hz。瑞士插座是嵌壁式三孔六边形，与许多国外插头不兼容。他们偶尔采用欧洲标准的双插头。中国旅行者务必要携带转换插头。

使领馆

瑞士使领馆一览表，登录www.eda.admin.ch查看。大使馆均在伯尔尼、苏黎世和日内瓦有领事馆。

中国驻瑞士大使馆[☎0041 31 352 7333，0041 31 351 4593（领事部），0041 31 951 1401（商务处）；www.china-embassy.ch；china-embassy@bluewin.ch；Kalcheggweg 10，3006 Bern]

中国驻苏黎世总领事馆（☎0041 44 2011005；.zurich.china-consulate.org；chinaconsul_zu_ch@mfa.gov.cn；Bellariastrasse 20，8002 Zuerich）

旅游信息

瑞士国家旅游局（www.myswitzerland.com）是你首先要咨询的地方。当地旅游局游客咨询中心对你是非常有帮助的，那里提供大量纸质材料，包括地图（几乎总是免费）。

活动

阿尔卑斯山、前阿尔卑斯山和汝拉有几十个滑雪胜地和200多家滑雪学校。可在滑雪场租赁滑雪装备，滑雪通票可在山区无限制地使用。

“身临其境”是享受瑞士壮观景色的不二选择。50,000公里的标定路段上，路边往往都有便捷的旅馆或咖啡厅。黄色标志给出道路指示，基本不会迷路，并且每个标记上都会写明抵达下一目的地的平均步行时间。稍难走的山路有白—红—白标记。

瑞士阿尔卑斯山俱乐部（Schweizer Alpen-Club, SAC; ☎031 370 18 18; www.sac-cas.ch; Monbijoustrasse 61, Bern）提供在高处过夜的小屋，还能提供额外的信息。

营业时间

在本章中没有列出时间，除非他们与这里列出具体时间不同。这里列出的是旺季时间（4月至10月），淡季时间会逐渐缩短。

银行 周一至周五8:30~16:30，通常每周有一天晚些开放

办公室 周一至周五8:00至正午和14:00~17:00

邮局 周一至周五7:30至正午和14:00~18:30，周六到11:00（通常情况；但开放时间有所不同）

餐厅 正午到14:00和18:00~22:00

商店 周一至周五9:00~19:00（一些小城镇的商店中午会有1~2小时的休息时间），周六9:00~18:00；城市中，有些商店周四或周五营业至21:00。周日一些火车站的纪念品商店和超市也营业

节假日

新年 1月1日

复活节 3月/4月

耶稣升天节 复活节后的第40天

圣灵降临节周日和周一 复活节后第7周

国庆日 8月1日

圣诞节 12月25日

圣斯蒂芬日 12月26日

住宿

从华丽的宫殿、城堡到山区的避难所、核掩体冰屋，到简单的干草阁楼，瑞士提供各种价位、或传统或有创意的住宿。

价格可能看起来不太合理，因为与欧洲其他国家相比，这里最便宜的地方也很贵。不过令人欣慰的是，这儿的条件通常相当好。

在瑞士，很多经济型酒店都有配备公用卫生间和淋浴设施的便宜客房。当然你想要多贵的住宿都不难找到。自助早餐菜品多样美味，但并不总是包含在房费里。

当在网上寻找特价房时，除了一般的预订网站，你可以浏览城市与区域旅游权威网站，随时可以找到不错的特别优惠。

城市和城镇的房价基本保持不变。山区度假胜地的房价随季节波动（淡季价格可以有50%或更多下跌）：

淡季 9月中旬至12月中旬、4月中旬至6月中旬

中季 1月至2月中旬、6月中旬至7月初、9月

旺季 7月至8月、圣诞节、2月中旬到复活节

三种语言

瑞士位居欧洲一角，这里和德国、法国和意大利接壤。瑞士是一个使用三种官方语言的大熔炉：德语（64%的人口说德语）、法语（19%）和意大利语（8%）。瑞士讲“德语”的人书写标准或“高级”的德文，但讲自己的语言：Schwyzertütsch，这种语言没有正式的书面形式，并且外人大多不知所云。

不到1%的人使用第四种语言——罗曼什语（Romansch），他们主要分布在格劳宾登州。这种起源于拉丁语的语言由于高山峡谷的隔离渐渐成为一种语言学意义上的遗物。罗曼什语通过公投在1938年被认定为国家语言，并在1996年得到联邦保护。

说英语的人在德语区会基本不会有理解上的问题。然而，开场用瑞士德语 grüezi 问好，再问一句Sprechen Sie Englisch（你说英语吗？），然后再说英语不失为一种礼貌的做法。在瑞士法语区，你应该也不会有太多问题；在瑞士意大利语区，人们往往只会说一种语言，但你还是会遇到会说英语的人。

Language Areas 语言区域

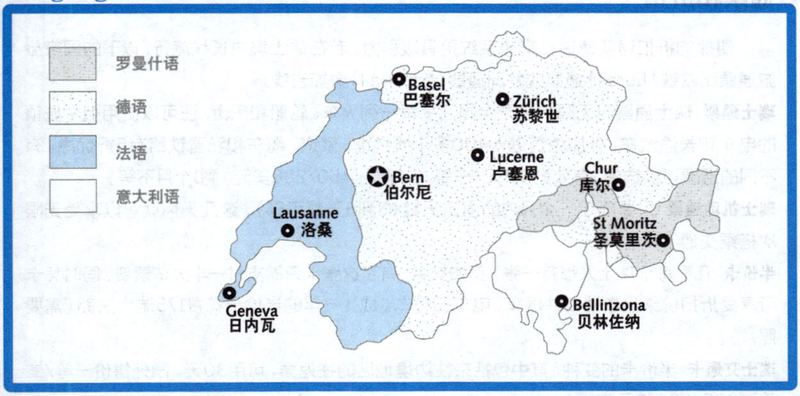

价格范围

下列价格范围，除青年旅舍或另有规定的地方外，是指带有私人浴室的双人间。价格为旺季报价，除非另有说明，否则均不包括早餐。

€ 低于150瑞士法郎

€€ 介于150~350瑞士法郎

€€€ 高于350瑞士法郎

干草谷仓

如果你想体验瑞士农场的生活，来**Aventure sur la Paille/Schlaf im Stroh**（☎041 678 12 86；www.schlaf-im-stroh.ch）体验吧。夏天，奶牛会被赶至牧场吃草，而即便在10月初就开始的冬季里，奶牛虽被赶回谷仓，但农民仍允许游客睡在干草谷仓或阁楼的稻草上，收费标准是成人每位20~30瑞士法郎，儿童每位10~20瑞士法郎。农场提供棉褥子和羊毛毯，但客人需自带睡袋和手电筒。每晚房价只包括农家早餐、淋浴和晚餐（额外收费）。

青年旅舍

瑞士有两种类型的青旅：**瑞士青年旅舍**（SYHA；www.youthhostel.ch），隶属于国际青年旅舍（HI），非会员需额外支付6瑞士法郎的"客费"。还有一种是更有魅力的自营青旅。瑞士青年旅舍标出的价格可能不包括客费。两种旅馆的床位费（包括床单）平均而言为31~40瑞士法郎。

背包客青旅的接待时间和开放时间一般比较灵活，通常不接待学校或青少年团体的住客。不要求是会员；超过30家这样的旅馆松散地组建了**"瑞士背包客"组织**（☎033 823 46 46；www.swissbackpackers.ch）。

还有另外80家旅馆都以阿尔卑斯小屋或乡村农舍的形式经营，他们在绿伞集团自然之友**Naturfreundehaus**（Friends of nature；www.nfhouse.org）集团下提供旅舍风格的住宿。

就餐

下面的价格范围是指两道菜的一餐。

€ 少于25瑞士法郎

€€ 介于25~45瑞士法郎

€€€ 多于45瑞士法郎

地图

瑞士的地图很多且制作精美，摆满游客咨询处并免费奉送。

邮局

发往欧洲的明信片和信件花费分别为1.30瑞士法郎（急件）/1.20瑞士法郎（普通）；寄往其他地点花费1.80/1.40瑞士法郎。

电话

瑞士的国家代码是☎41。从国外给瑞士打电话，去掉号码开头的零；因此打到伯尔尼，拨打☎41 31（在你拨出国的海外访问代码之前）。

通票和折扣

便捷的折扣通票使瑞士交通系统更具吸引力。若在瑞士境内长线旅行，以下的国家旅游通票比欧铁（Eurail）通票或欧洲通票（InterRail）更加省钱。

瑞士通票 瑞士通票可无限次搭乘全国几乎每一列火车、轮船和巴士，还可以使用41个城镇的电车和长途汽车，外加免费进入400多个博物馆。索道、缆车和私营铁路有5折优惠。有不同的通票可供选择，有效期从4天（一等/二等票，460/288美元）到1个月不等。

瑞士机动通票 只要确定一个月内的固定天数（3到6天都可以），这几天你就可以享受无限次搭乘交通工具。

半价卡 几乎每个瑞士人都有一张。正如其名，有了这张卡只需支付一半火车票费，同时凭卡可享受折扣价乘坐本地公共汽车、电车和缆车。成人一年的半价卡花费175瑞士法郎（需要照片）。

瑞士交通卡 半价卡的变种，其中包括来往边境地区的往返票，可用30天。国外售价一等/二等票300/200美元。

少年卡 花费30瑞士法郎，6~16岁的持卡人在父母至少一人的陪同下可免费乘坐交通工具（火车、巴士和船，甚至某些缆车）。该年龄段孩子由不是亲属的成年人陪同的话可享5折优惠。

地区通票 公交网络通票只适用于国内的某些特定区域。这种通票可在该地区火车站地区买到。

拨打国际座机☎00+国家号+地区号+座机号（如拨打中国北京：00+86+10+座机号）；拨打国际手机☎00+国家号+手机号；从中国拨打瑞士境内手机☎00+41+手机号。代码为☎0800的电话号码是免费电话，那些☎0848的号码按当地费率收费。以156或157开头的号码还要额外收费。

手机号以☎076；☎078或☎079开头。

SIM卡在火车站的售票柜台、外汇局和移动电话商店都能买到。几个供应商提供同样划算的服务：20欧元的SIM卡还附带20欧元的话费。

中国三大移动运营商的手机在开通了国际漫游业务后均可以在瑞士漫游，请咨询你的运营商获取更多资讯。在瑞士漫游时，请注意关闭数据漫游业务，否则费用可能会非常高昂。

上网

在瑞士，上网像享用其他东西一样很昂贵。公共Wi-Fi半小时很轻松地就花掉5瑞士法郎。免费热点是比较罕见的，甚至在咖啡馆里也没有。

同性恋旅行者

瑞士对同性恋的态度相当宽容。在苏黎世和日内瓦，同性恋随处可见。

在线资源：

漫步者杂志（www.cruiser.ch）

粉红色十字（www.pinkcross.ch）

到达和离开

飞机

中国旅行者若想前往瑞士，直航航班的目的地以苏黎世和日内瓦为主，瑞士国际航空公司运营从北京、上海和香港到苏黎世的直航航线，中国国际航空公司运营从北京到日内瓦的直航航线。海南航空运营从北京到苏黎世的直航航线。

主要的国际机场：

日内瓦国际机场（Aéroport International de Genève，GVA；☎0900 571 500；www.gva.ch）瑞士第二大机场，有很多国际航线。

欧洲机场（MLH或BSL；☎+33 3 89 90 31 11；www.euroairport.com）位于法国境内，为巴塞

尔、法国米卢斯和德国弗赖堡提供服务。提供欧洲地区的航班。

苏黎世机场（ZRH；☎043 816 22 11；www.zurich-airport com）瑞士的主要机场，有飞往自世界各地的航班。获取航班信息，编辑短信ZHR再加上你的航班号到☎92 92。

船

可以通过几个湖泊乘船到达瑞士。

博登湖（☎071 466 78 88；www.sbsag.ch）从奥地利出发（☎05574 42868；www.bodenseeschiffahrt.at, Austria），从德国出发（☎07531 3640 389；www.bsb-online.com; Germany）。

日内瓦湖（☎0848 811 848；www.cgn.ch）从法国出发。

马焦雷湖（☎091 751 61 40；www.navigazionelaghi.it）从意大利出发。

陆路

长途汽车

Eurolines巴士（www.eurolines.com）有长途汽车与整个西欧相连。

小汽车和摩托车

瑞士的公路可通往所有邻国，方便快捷、路况良好。阿尔卑斯山是进入瑞士的天然屏障，主要道路一般要穿越隧道。较小的道路风景更加优美，但是当到达山口时要特别小心。

火车

位于欧洲的心脏地带，瑞士是通往大陆其他地区的铁路枢纽。苏黎世站是世界上最繁忙的交通枢纽，有列车通向所有邻国。目的地包括米兰（4.25小时）、慕尼黑（4小时）和维也纳（8小时）。

每天都有无数班的TGV高速列车从巴黎出发，前往瑞士的几个城市，包括日内瓦（3小时）、洛桑（3.75小时）、巴塞尔（3小时）和苏黎世（4小时）。巴塞尔是前往德国的枢纽：快速的ICE列车开往德国几乎所有的重要城市。从苏黎世进入德国，较方便的走法是通过medieval Constance（31瑞士法郎，1.25小时）。

当地交通

瑞士拥有高效、集约完善的公共交通体

瑞士观光列车

瑞士的火车、巴士和船不仅仅是从A地到B地的交通工具，沿途的壮丽景色让旅途本身就是目的地。瑞士拥有下列经典的观光路线。

记住，你可以选择搭乘其中的一段，走的路线和全程列车一样，票价也相同。这比特别命名的火车更便宜，那些列车往往有超大的窗户，但是需要预订。

伯尔尼纳快运 一段卢加诺和圣莫里茨/达沃斯/库尔之间壮观的大巴和火车旅程。见638页。

冰川快车 一段采尔马特到圣莫里茨、库尔或达沃斯之间传奇旅程。见609页。

少女峰地区 你可以花几天时间乘火车和缆车观赏这里迷人的阿尔卑斯山风光。见620页。

黄金列车通用线（www.goldenpass.ch）从卢塞恩开往蒙特勒，旅程分为三段，卢塞恩到因特拉肯东的这一段风景尤其壮丽。

琴托瓦利快车（www.centovalli.ch）从洛迦诺前往多莫多索拉，在瑞士和意大利的河流峡谷间蜿蜒蛇行——这是一段被人低估的奇妙之旅（2个小时）。再从多莫多索拉出发，到布里格及其他地区均很便利。

勃朗峰/圣伯纳德快车（www.tmrsa.ch）从马蒂尼到法国霞慕尼，或穿越圣伯纳德山口。

威廉泰尔快车（www.williamtellexpress.ch；⊙5月至10月）先从卢塞恩乘2.5小时的游船，到达弗吕埃伦，然后换乘火车到洛迦诺和卢加诺，沿途风景秀丽。这条路线乘坐日常列车就可以。

系，包括了火车、巴士、船和缆车。

瑞士交通系统（Swiss Travel System；www.swisstravelsystem.com）的官网十分有用，并可在全国的火车站和旅游局游客咨询中心获取免费的地图。

自行车

你可以从火车站租用自行车，每天约10瑞士法郎。当地旅游办公室游客咨询中心提供骑行的相关信息。

船

渡轮和轮船通过湖泊运输连接了许多城镇，包括康斯坦斯、日内瓦、卢塞恩、卢加诺、穆尔腾和苏黎世。

公共汽车

黄色的邮政巴士是对铁路网络的补充，沿着邮政路线，可从城镇通往山区闭塞地区。路线总共长达8000公里。服务正规，与列车时刻表相配合。邮政巴士站紧邻火车站，并提供目的地和时间表信息。

小汽车

瑞士旅游俱乐部（Touring Club der Schweiz；☎022 417 24 24；www.tcs.ch）是瑞士最大的驾车组织，与全球汽车组织享有互惠协议。

» 在瑞士，你并不需要国际驾照就可驾驶车辆。你自己国家的驾照就足够了。

» 要小心盘山公路、高速路和长隧道。

» 城镇的正常限速是50公里每小时，高速为120公里每小时，次级高速100公里每小时（由路边白色轿车在绿色背景上的方形指示牌标明），其他道路为80公里每小时。

» 山区道路状况良好。一些次级的阿尔卑斯山道在11月至次年5月期间封闭，出发前请与当地旅游局确认。

火车

瑞士铁路网以国营和私营相结合的方式运营。瑞士联邦铁路（www.rail.ch）的德语缩写为SBB，法语缩写为CFF，意大利语缩写为FFS。

» 至少早上6:00到午夜之间，所有主要车站彼此间每小时1趟列车，大部分长途列车配有餐车。

» 二等座也相当不错，但车厢经常满员。一等车厢更舒适宽敞，乘客较少。

» 车厢内配有笔记本电脑电源，你可以在车厢内继续工作，一些座位有Wi-Fi热点——车厢内有标志。

» 自动售票机接受世界各地主要信用卡。

» 大多数车站都有售票柜台。

» SBB的手机App是一个很好的资源，可以存储你的电子车票。

» 登录SBB网站购买主要路线的经济特惠车票。

» 大多数车站设有24小时的储物柜（小/大柜6/9瑞士法郎），通常从6:00至午夜均可使用。

» 长途旅行，特别在旺季，建议预订座位（5瑞士法郎）。

生存指南

出行指南

出行指南将视中欧为一个整体，对若干问题进行说明。如果想查询具体国家的详细信息，请参看每个目的地章节最后位置的指南一栏。本指南的内容因你在中欧的偏西（德国、奥地利、瑞士）或偏东（斯洛伐克、斯洛文尼亚、捷克、波兰、匈牙利）旅游而存在一定差异。

签证

尽管瑞士和列支敦士登不属于欧盟，但是中欧的所有国家都属于《申根协定》成员国。因此，在你的签证期内，整个中欧可以看作成一个"国家"。

持有中国因私护照的旅行者前往中欧需要办理相关的申根签证。只需要办理一次申根签证，便可畅通无阻的前往申根任意国家旅行。签证所给时间长短，基本根据申请者所提交的行程安排决定。建议至少在出发前15天递交你的签证申请，否则很有可能耽误行程。可以最多提前90天（从你预计出发日期计算）递交签证申请。在大部分的情况下，办理申根签证需要以下步骤：

» 首先查看你的护照是否还有6个月以上的有效期，不然赶紧去换护照吧。

» 登录行程内主要国家的大使馆网站或者签证代办中心预约签证时间。

» 填写申根签证申请表格

» 准备申请基本材料：**机票预订单**，需要是确认的往返机票。**旅游医疗保险机打保单原件**，必要时（如所提交的保险为在线购买的电子保单时），会要求提交保险的付费证明，保险金额不得低于30,000欧元。**户口簿原件**以及户口簿的所有页的复印件，学生需要学生证和学校出具的证明信原件。**住宿证明**，旅行期间所有的住宿预订证明、**旅行计划**。**申请人偿付能力证明**：最近3至6个月的银行对账单，无需存款证明；在职人员需要**公司营业执照复印件**和由雇主出具的**英语证明信**（需包含公司地址），退休或无业人员需要**固定收入证明**或**退休金证明**；以前有出国经历者请携带**相应身份或签证状态的证明文件**，特别是以前使用的所有申根签证（包括过期签证）。当然，如果可以准备较多的**财力证明**（房产证，资产证明），会让旅游申请更为充分。

» 前往使领馆提或签证代办中心提交材料

» 交纳签证费及签证服务费

» 查询办理进程

» 拿回护照

保险

目前中国旅行者经常会购买的保险公司有这样几家：安联、中国平安、美亚。

根据申根国家的法律规定，提交旅游医疗保险是签发申根签证的基本前提。申请申根各国的旅行签证所需的保险要求略有出入，大致上均要满足以下要求：保险须在所有申根国家和整个旅游逗留期有效，保险涵盖时间必须大于等于旅行时间；旅游医疗保险必须包括由于生病可能送返回国的费用及急救和紧急住院费用；旅游医疗保险的保险金额不得低于30,000欧元。

在外旅行，没有给自己购买盗窃保险、损失险是非常愚蠢的冒失行为。从检查你自己

退税

销售税在欧洲适用于许多商品和服务：税费（10%~20%）早已经添加进产品的价格中。幸运的是，非欧盟区的居民花费超出一个定额（75欧元左右），他们通常可以在离开消费国的时候申请税费索赔。请注意，退税是不适用欧盟区本地居民的。

申请退税不需要大费周章：

» 先确认商店是否提供免税产品：通常会看到一个写有“Tax-Free Shopping”（免税购物）字样的标志。

» 在购买东西的时候，向店员索要退税票据，并如实填写数量和日期。

» 在国际机场直接申请退税（要做好排长队的心理准备）或在摆渡港口或穿越国界时将索赔资料盖上印章，并邮寄回去，申请退税。

的保险覆盖范围开始，你会发现：在中欧旅行，很多方面都已经保险，也有很多项目未被保险。如果你需要购买保险，需要考虑各种各样的保险政策，所以，先看看保险条款中的小字内容。

有些政策是保险直接支付给医生或医院的，但是大多数情况是要求你先行垫付，留存各种资料，然后再到保险公司申请赔付。前一种赔付方案通常是首选的，因为这不会要求你在外国自行掏腰包付钱。还有些政策是要求你给国内一个中心致电（被叫方付费），由他们快速评估你的问题。确认保险政策涵盖回国的急救车或应急飞机的费用。

访问www.lonelyplanet.com/travel_services，可以购买全球旅行保险。即使你已经上路，你也可以线上购买保险、延长保期和申请保险索赔。

货币

在本文发表之时，使用欧元作为流通货币的中欧国家有奥地利、德国、斯洛文尼亚和斯洛伐克。剩下的中欧国家各自使用自己的货币，都可以自由兑换，且汇率稳定。像欧元和美元这样的世界主要货币是可以轻松兑换的。匈牙利、波兰、捷克都希望在几年内融入欧元体系。www.xe.com/ucc是一个实用的汇率计算网站。

为了旅行安全和减少麻烦，多采用几种携带资金的方式，随身携带一张自动取款机银行卡，一张信用卡和一定数额的现金。

自动取款机（ATM）

自动取款机在中欧的城镇里，其中包括公交的抵达大厅里很常见。决定前往乡村前，找一个自动取款机提取旅行经费。

» 通过自动取款机取款，一般你持卡的国内银行和自动取款机所有方银行是要收取手续费。

» 取款前，检查自动取款机机身是否安装多余的装置，输入密码时，用手遮挡住键盘，避免被人偷窥。

» 不少人反映，在海外取款的时候，密码总是有问题，所以随行多带一张银行卡或多做个计划，以备不时之需。

信用卡

请注意，现金账单和信用卡账单有两套账单处理系统，中欧东部国家尤为明显。所以，在账单打印出来之前，一定要声明你要使用信用卡付款，要不账单打印出来，就很难更改了。

这里的酒店、家庭旅社、大型餐厅、火车站广泛接受维萨卡（Visa）和万事达卡（Master Card），运气好的话，小一点的餐厅也能接受上述两种卡。

而美国运通卡（American Express）、Discover、Diners Club 和其他卡种只在极少数的大型机构才可以使用。

小费

在欧洲，每项服务账单支付5%至10%的小费很常见。

旅行支票

国际化的自动取款机的出现已经将旅行支票淘汰，且寻找一个可以兑换旅行支票的地方越来越少，手续费也特别高。

国际旅行现金卡

近几年，预付卡——又叫旅行现金卡、预付货币卡或现金护照卡——现在已经成为广受欢迎的的现金携带方式。

这些卡可以让你携带足够多的外国货币，供你消费所用，你可以通过自动取款机支取现金，即现金直接来自这张卡，而非你的银行账户，或者像使用维萨卡（Visa）和万事达卡（MasterCard）一样购买商品。你可以通过致电或上网操作进行充值。

预付卡的优势如下：

» 可以避免兑换货币所征收的手续费，因为在你充值的时候，预付卡中的钱已经兑换成外币了。

» 你可以通过为预付卡充你想要消费的金额便能轻松控制你的花费。

» 如果你的卡被盗，卡中的余额会是你唯一的损失，因为该卡跟你的银行账号并不关联在一起。

» 自动取款机手续费很低。

» 如果美国人和其他地区的人携带的信用卡没有芯片，可以使用这些预付卡（卡身设有芯片和PIN码），因为在欧洲购买东西，很多时候是需要带芯片的支付卡进行支付。

» 除了好处外，你需要计算使用预付卡所产生的费用。买卡是要收费的，每次充值也是要收费的，自动取款机取款是会收费的。如果该卡闲置一段时间或兑换卡中不用货币，也会收费。如果你的卡有有效期，你就要注意在到期后，你的充值是无法赎回的。

» 了解旅行现金卡的网站有Travelex（www.travelex.com）。

汇款

西联汇款（Western Union; www.westernunion.com）提供在中欧上千家办事处办理汇款手续。寄款人将获得一个用于联系你的汇款代码。你通过这个代码，携带护照，便可以在就近的西联办事处接收现金。

折扣卡

注意，年龄超过60岁或65岁的老年人和持有身份证的学生参观博物馆、景点和游乐场所时可以获得价格折扣。

国际露营卡（Camping Card International, CCI; www.campingcardinternational.com）在其连锁营地里露营持卡者可以享受5%至10%的优惠。该卡由露营联盟、汽车协会和部分营地发行。有时可以在接待处作为护照同等功效的抵押品。

国际青旅住宿卡（Hostelling International Card;www.hihostels.com）在连锁青旅住宿可以享受房费折扣，并不是强制使用，通常可以在现场购买到。

国际学生身份卡（International Student Identity Card,ISIC; www.isic.org）类似身份证，上面附有相片，在乘坐不同交通工具，景点门票，部分学生食堂和餐厅廉价餐品上享受折扣。教师可以获得国际教师身份卡（International Teachers Identity Card）。

国际青年旅行卡（International Youth Travel Card,IYTC; www.myisic.com）折扣和权利范围跟国际学生身份卡相似，适于26岁以下的非学生青年使用。

欧洲26卡（Euro26 Card;www.euro26.org）适合26岁以下的非学生青年使用，可享受折扣。

电源

了解下本国的用电和电器电压和电源输出频率（通常是50Hz）。新型的电池充电器和电子装置电源通常会自动调整电压。没有变压器的情况下，不要把110/125V和220/240V混用。

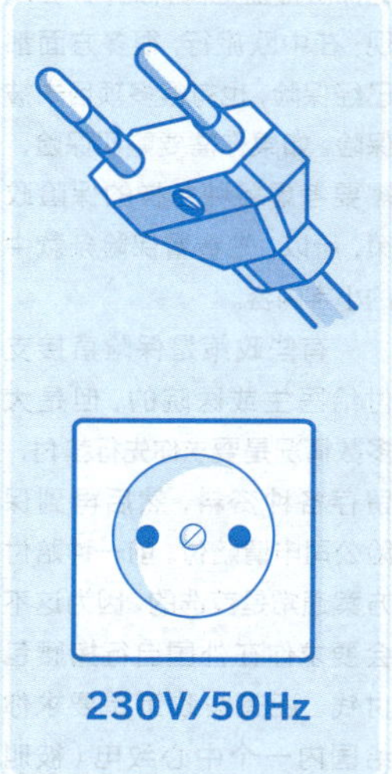

使领馆

人在海外的时候，清楚本国大使馆能为你提供帮助的范围是很重要的。如果你的钱财和证件被盗，大使馆可以协助你获取一份新的护照，但是想获取继续向前的游资借贷几乎是不可能的。一般来说，

应急号码

整个欧盟的通用应急号码是112；列支敦士登和瑞士也同样采用这个应急号码。

如果是自身犯错，那么他们是帮不上什么忙的，你的行为是受受访国的约束。

海关

如果你不越境进入非欧盟国家，一般是不会有人调查你的。那些从欧盟区一个国家到另一个国家旅游的游客不再能买到免税商品。

在机场或欧盟区以外的渡口上购买的免税商品，免税产品包括：

烟草 200根香烟、50根雪茄或250克散烟草

酒类 1升白酒或2升不到22%酒精的烈酒和2升红酒

香水 50克香水和250毫升淡香水

允许在普通商店和超级市场购买的个人使用的完税商品如下：

烟草 800根香烟、200根雪茄或1千克散烟草

酒类 10升白酒、20升强化酒或开胃酒、90升红酒或110升啤酒

香水 不限量

旅游信息

中欧的主要城市，城镇中心，有时还有机场和火车站，到处都有向游人介绍旅游信息的展位或旅游办事处。服务类型各有不同，旅游淡季时，小城镇的办事处会在周末关门休息。

奥地利（www.austria.info）

捷克（www.czechtourism.com）

德国（www.cometogermany.com）

匈牙利（www.hungary.com）

列支敦士登（www.tourismus.li）

波兰（www.poland.travel）

斯洛伐克（www.slovakia.travel）

斯洛文尼亚（www.slovenia.info）

瑞士（www.myswitzerland.com）

活动

尽管中欧的各国城市都是娱乐无极限，但是在该地区的森林、湖泊、河流和高山上，你才能经历到旅游中的最大刺激——满腔的新鲜空气。

一般的团队游公司都包括：

Backroads（www.backroads.com）生态游公司，在该地区提供自行车骑行游、徒步游和多种户外游。

Adventure Finder（www.adventurefinder.com）提供前往奥地利、斯洛伐克、捷克和德国的单项和多项户外游。

观鸟和动物观察游

中欧各国不一定是观赏野生动物的首要目的地，但是，这里确实有不少好的观察点——尤其在匈牙利。

团队游

Ecotours（www.ecotours.hu）提供前往匈牙利、奥地利、斯洛文尼亚和波兰的鸟类、蝴蝶和野生动物观察游。

Probirder（www.probirder.com）提供前往捷克、匈牙利、波兰、斯洛伐克和斯洛文尼亚的观鸟游。

Wings（www.wingsbirds.com）提供前往德国、奥地利和捷克的单国观鸟游。

资源

» 由 Lars Svennson 编撰的《欧洲之鸟》（*Birds of Europe*）

» 由Gerard Gorman撰写的《欧洲中东部野生动物》（*Central and Eastern European Wildlife*）

» 由Gerard Gorman撰写的《东欧观鸟记》（*Birding in Eastern Europe*）

自行车骑行游

自行车骑行游让你有机会更贴近自然景观和当地人，完全融入当地风情。大多数的航班和长途汽车可以托运自行车。需要注意的是，有些城市会有自行车窃贼出没。在山区里骑行会比较沉重辛苦，但是一路风景会让你忘记辛苦两字。

徒步游

徒步狂热者会耗尽一生来不断探索中欧的许多小径。瑞士、奥地利、斯洛文尼亚、斯洛伐克和波兰的高山路径

标记尤为清楚，无论你是登山初学者还是资深驴友，这里适合所有人来挑战。Ramblers Holidays（www.ramblersholidays.co.uk）提供前往德国、奥地利、瑞士、波兰和匈牙利的单国徒步游。

» 公共交通和缆车通常会把你带到徒步小径的起点。

» 登山者木屋（有可能是宿舍式棚屋，也有可能是酒店式度假屋）通常提供住宿和基本的餐食。

» 想挑战高山，7月至9月初时机最好；5月至10月是在低山区和森林里徒步的最好时机。

徒步难易度标记物

红-白-红标记 你需要一双耐磨的登山鞋和一个拐棍。

蓝-白-蓝标记 意味着，登山需要携带登山设备。

滑雪和单板滑雪

中欧是欧洲大陆滑雪中心。瑞士阿尔卑斯山上的滑雪度假区提供世界顶级的滑雪设施和该地区无与伦比的绝美雪景，但是价钱也是最贵的。奥地利一般要比德国和瑞士稍微便宜些。这里滑雪的基本规律是，越往东走，滑雪价钱越低。

» 滑雪季起于12月早期，终至3月下旬，纬度越高，滑雪季就会多延一个月。

» 每年各地的积雪情况都不一样，但是一年里的1月和2月是滑雪最好的月份（也是最繁忙的时段）。

营业时间

办公室 周六和周日休息（包括部分淡季旅游办公室）。

博物馆和古堡 周一休息；10月至次年4月会多休息几天或完全休息。

银行和邮局 周一至周五9:00~17:00营业，周六早上也有可能营业。

商店 营业到18:00或19:00，超级大商场从不歇业。

住宿

中欧拥有各种住宿选择，无论是光鲜亮丽的五星级酒店还是价位低廉的家庭旅馆，一应俱全。城市里多是青年旅舍和学生宿舍，而山区却只有登山小木屋。在中欧东部的城市或山区度假村以外，鲜有高端的住宿处，而在中欧西部小镇却比比皆是。

在受欢迎的旅游目的地，尤其在圣诞节、新年和复活节期间，住宿处很容易客满：所以在上述情况里，尽早预订愈好。旅游办事处通常会为游客准备若干份内容全面的住宿清单，其中有几份清单上的信息有助于游客预订到住宿的地方（有时要收取少量费用）。提供短租房的中介也是旅游住宿的上佳选择。

现在越来越多的住宿地点严禁室内吸烟，但是还有部分中欧东部和南部的家庭式旅馆仍然允许室内吸烟。

季节

5月至9月 主要的旅游季。

7月至8月 旅游旺季。考虑到会人山人海，要提前预订住宿场所。

10月至次年4月 旅游淡季，房价跌幅巨大（10%至50%）。

1月至3月 山区迎来的又一次旅游旺季。

圣诞节、新年和复活节 房费比旅游季高出20%至30%，必须提前预订。

露营

露营是该地区最便宜的住宿选择。在城市里，大多数的露营地距离市中心较远，甚至缺少公共交通。

» 每加一个人或车辆，就要考虑到每个露营帐篷或露营地要加收附加费。

» 在西部，有许多不错的扎营场所，其中部分露营地还提供单层小屋、木屋和方便居住的拖车。在德国和奥地利扎营的人尤其能享受到不错的饮食供应。

价格范围

具体价格根据国家类型列在下方。一般情况：

€ 露营地，带共用卫浴间的青旅宿舍，部分不带餐饮服务的乡镇客栈和旅馆

€€ 家庭旅馆、客栈（部分内设酒吧或餐厅）和小型酒店

€€€ 高档精品酒店、商务酒店、国际连锁酒店、滑雪度假村和瑞士的几乎所有酒店

» 而在东部，极少数的服务项目能达到标准，若干个斯巴达式小木屋通常围出一个小型的空地，允许游客在里面搭建帐篷。

» 如果你没有车，那么你在扎营上省下的钱很快就会因为往返于城镇中心区的交通而消耗殆尽。

» 在这里，随处扎营是违法行为，但是可以在国家公园的指定区域里扎营，或者取得别人的许可，可以在私人领地里进行扎营。

» 营地可能在每年4月至10月和5月至9月或6月至8月（对外开放），一小部分的私人营地可以全年对外开放。

农舍

通常在乡村地区中风景如画的地方，进行乡村或农业游（住在农舍里），会给人提供一个极具乡间气息的旅游经历。在这种旅游项目中可能需要参与一些当地劳动，作为回报，你会直接从奶牛身上获得鲜牛奶。在瑞士，你也可以在存放干草的库房内居住。想去更加偏远的地方，你几乎就得自备交通工具。

客栈和家庭旅馆

小型家庭旅馆和客栈在中欧的大城市和小乡村里很常见。

» 他们比大多数的酒店定价低，通常拥有许多特色。想想前门布满鲜花的木屋或新潮的公寓大楼。

» 一般来说，家庭旅馆服务客人要比酒店更加人性化。

» 大多数家庭旅馆规模都很小，客房数不到12间，但是有些家庭旅馆规模较大，还配有桑拿室和其他设施。

» 小餐厅或小酒吧比较常见。

» 通常会提供早餐。

» 还会提供Wi-Fi。

» 越来越多的地方禁止室内吸烟。

家庭寄宿和房间租赁

中欧的私人家庭通常不对外出租房间。相对于西部，在东部租房的几率更大。旅游办公室和当地网站会提供可选住宿地的联系方式；旅行社有时会预订当地住家的房间。

如你在火车站或汽车站遇到有人提供租房，最好多问问，或在确定入住前先查看下住宿地。

在公园、湖泊和山区附近的度假村里，注意标有“Zimmer frei”、“sobe”、“privat”或“szoba kiadó”（分别是德语、斯洛文尼亚语、斯洛伐克语或匈牙利语）的民房，径直敲门，进去直接问有没有客房便可。

短租房也是广受欢迎、价位合理的住宿选择。公司公寓比较高档，配有洗衣设施、停车场、日洁服务和门房。一般来说，你可以期望有以下这些：

» 空置房

» 如果没有整个厨房，至少有一个厨房间

» 每天价钱40欧元到200欧元不等

» 繁华地块的房间可以容纳2至5人

国际私人民居和楼房资源发布网站包括**Airbnb**（www.airbnb.com）和**Vacation Rental by Owner**（www.vrbo.com）。

青年旅舍

青年旅舍提供中欧最便宜的遮风挡雨之地，这里并不是青年人专属区域。投宿前，你可以考虑一下内容：

» 每个房间4到10个铺位，价钱在15欧元到30欧元不等，私人房间40欧元到80欧元不等。

» 单人间和双人间，只要有房，价钱通常跟家庭旅馆一样多。

» 青旅设施通常都包括网络接入、一间活动房、厨房、私人寄存柜和共用卫浴间。

» 波兰的Polskie Towarzystwo Schronisk Młodzieżowych（PTSM）青年旅舍仍然有白天的门禁。

» 大城市的青年旅舍还对外提供有组织的团队游。

当地的旅游办公室会列出7月和8月开放学生宿舍作为青年旅舍的大学名单。其他的网络资源包括：

» **Europe's Famous Hostels**（www.famoushostels.com）

» **Hostelling International**（www.hihostels.com）

» **Hostel World**（www.hostel-world.com）

» **Hostels.com**（www.hostels.com）

» **Hostelz**（www.hostelz.com）

酒店

» 一般来说，设施越多（餐厅，游泳池等），价位越高。

» 酒店普遍提供Wi-Fi信号，提供空调的则少得多（注意酒店介绍中的📶或❄符号）。

» 酒店停车场会很窄，或在许多城市里根本就没有。

» 如果房费不包括早餐，通常也能吃到早餐。入住前记得问下；就餐也许需要额外收费，而且是强制性的。

» 长住游客或大型团体是可以享受住宿折扣的。

» 在较大的地方，询问酒店是否有价格更便宜的房间，屋里有一个洗脸池，配有公用卫生间和淋浴间。

» 旅游淡季，尤其在东部国家里，酒店老板是愿意和你讲价的。

地图

如果你打算一次性游历许多国家，那么购买一份好的中欧地图将让你获得事半功倍之效。在你自驾或是骑车出行时，一份地图是无价之宝。

» Freytag & Berndt出版的*Central Europe Road Atlas*非常适合自驾游，世界各地很多地方都可以买到。

» 登山推荐购买登山图，登山区当地就可以买到。

邮局

中欧的邮政服务稳定可靠。

电话

酒店里的电话就像小偷一样，潜伏的价格贵得吓人。使用客房里的Wi-Fi登录Skype聊天是最普遍的通信方式。

手机

中国的三大移动电话运营商：中国移动、中国联通和中国电信的手机目前已经在很多欧洲国家都可以漫游，随时拨打本地或者中国的电话[中国的国际代码是(☎0086)]，不过需要你在出行之前提前开通国际漫游服务。各国家的漫游和资费状况不同，请咨询你的运营商获取进一步的咨询。

旅行者可以在中欧轻松购买到预付费式手机（30欧元起）或SIM卡（10欧元起）。GSM手机在中欧各国都可以使用。旅途中，随处都可以看见手机商店。大型火车站附近的商店尤其不可信。

你也可以在当地购买一张SIM卡，只要你的手机已经解锁，并兼容欧洲GSM网络，就可以享受中欧当地的话费。行前可以多做功课研究一下。

如果你要从母国携带手机，你需要考虑一下建议：

» 提前了解国际漫游费率，通常情况，费率是很昂贵的。

» 了解用于收发邮件和上网的漫游费率，智能手机的用户（如iPhone用户）是很费流量的，手机使用中会造成很大网费。为了控制你的通信成本，你应该购买一个上网数据套餐。

上网

到网吧上网已经成为过去时了。Wi-Fi现在成为旅途中的人主要的上网方式。如果你出行的时候没有携带笔记本或其他可以上网的电子装置，又想在旅途中收发邮件，就要确保你有一个网页式邮箱账户。

» 有些城市设立免费的无线网络Wi-Fi覆盖区，当然你也可以在像火车站这样的公共场所找到收费的无线网络。

» 青年旅舍里肯定能找到能上网的电脑。

» 免费的无线网络Wi-Fi（德国叫WLAN）主要集中在住宿场所、部分餐厅和咖啡厅里。有机会，就多搜搜信号，要么就向人询问。

时间

» 中欧所在时区是GMT+1。

» 中欧各国采用夏令时。3月的最后一个周六，通常要把时钟拨快1小时；10月最后一个周日把时钟拨慢1小时。

» 中欧通常采用24小时计时法。

法律事宜

如遭到警察的盘问，按照当地法律的要求，你是要出示身份证件来证明你的身份的，所以要随身随时携带护照。大部分的地区执法机关都很友善，尤其在你遭受违法侵犯的时候，他们更是乐于助人。

带孩子旅行

中欧非常适合带小孩一起旅行。中欧景点都有专为各年龄段的儿童提供的完善设施，尤其西部的国家设施更健全。Lonely Planet的《带孩子旅行》（*Travel with Children*）是个不错的参考资料，涵盖从儿童健康到让孩子为之兴奋的各种游戏等不同内容。

» 中欧西部国家的餐厅多设有儿童高脚椅、儿童菜单和游戏场。

» 酒店和家庭旅馆也多配有婴儿床和摇篮。

» 大部分的汽车租赁公司提供有偿的儿童安全座椅；不过，需要提前预订。

» 相对于小城市，大城市更容易买到儿童食品、婴儿配方奶粉、豆奶和牛奶、一次性尿布和其他类似产品。

同性恋旅行者

对在公众场合表达同性间感情的行为，各国之间以及大城市、市中心和较小城市、乡村地区之间态度的差别很大。柏林、慕尼黑和维也纳有非常知名的同性恋场所，而在这一地区的东部国家，是另外一幅景象：大多数首都城市有小型的同性恋场所，集中于一两家酒吧和夜店里。而且，除了繁华的闹市中心，几乎没有同性恋聚集场所。

Damron（www.damron.com）美国领先的同性恋出版社，面向全世界提供指南类读物。

International Gay & Lesbian Travel Association（www.iglta.org）世界级男女同性恋商业登记网站（内容包括住宿和服务）、旅行社。

Spartacus International Gay Guide（www.spartacusworld.com）只面向男性同性恋的娱乐场所目录。

摄影

» 在中欧的博物馆、城堡和其他景点里使用照相机摄像是要收费的（费用大概等同于一张门票的价钱）。

» 如果给军事设施拍照或在机场出入境处大肆照相是非常不明智的，有时是违法的。

» 在中欧买存储卡很容易。

旅行安全

中欧像其他发达世界一样安全，或者不安全。如果你能独自适应西欧、北美或澳大利亚大城市里的生活，那么你在这里旅行不会遭受太多不愉快的事情，以下是一些旅行建议：

» 如果条件允许的话，设计一个清单，罗列出可以联系到你的地方。

» 当登山或独自滑雪或在偏远的地方孤身上路，留一个纸条给你的酒店或公园总部。纸条上写上你的出发时间、途经路线和返程时间。

欺诈

总体来说，中欧还是块安全之地，但是旅途中还应注意如下骗局：

» 如果你是男游客，当有女神般的女性邀请你到东部城市的夜总会去欢乐时，那你就要提高警惕了。夜店内饮品标价会非常离谱（100欧元以上），还会有打手在午夜出现，强迫你到自动取款机取款。（你是否觉得你太迷人了，使得他们不由自主向你靠拢？）多留意你的周围环境。

» 最近还有报道称，有些人不择手段，采用高科技手段快速复制信用卡或借记卡信息。如果有人拿走你的卡结账，用了比平时多的时间，你就要小心了。条件允许的话，你在路上也要查看一下，消费记录是否出现了不明扣款。

盗窃

这里跟欧洲其他地方一样，小偷小摸很普遍，旅途中，你还要提防其他旅行者。

» 为像护照和驾驶证这样的重要资料多影印副本。

» 在游客中心留心你的随身财物，从拥堵的道路交通到人潮涌动的旅游景点，扒手总会在你分神的时候动手。

» 乘坐过夜火车时更应时刻警醒，确保随身箱包锁紧，避免把旅行钱包用绳子挂在脖子上，以免被人轻易割掉。

» 停车时，避免把行李和其他物品平放在车内。

» 如果遭受偷窃或财物损失，记得向警察报案，并索要备案声明材料，要不然，你的旅行保险公司是不予理赔的。

度量衡

整个中欧都采用公制。在德国，奶酪和其他食品一般以磅（454克）作为称重单位。

健康

在中欧是不大可能碰到不太常见的健康问题，但是如果你确实碰到了，这里的护理标准是世界级的。另外，为你的出行购买健康保险也是非常重要的。

» 把药品放在原有的标记清楚的药盒里。

» 携带一份医生处方的清单（最好把药盒也照上相片），内容包括药品的通用名，这样的话，即使背包不在身边，你也可以找到替代品，记着这份信息清单要独立携带。

» 如果你的健康问题需要进行治疗，那么你就要随身携带一份由医师开具的健康状况和用药说明的信函，医师需要在上面签字并标注日期。

» 如果出行过程中携带注射器或针头的话，你还需要携带一份医师开具的医用证明信。

» 如果你需要矫正视力，应该随行携带一副备用的隐形眼镜或眼镜，或随身携带你的视力医生处方。

中欧背景相关的影片

观看一些跟中欧有关的影片将有助你了解旅途中的背景信息。

《再见列宁》（*Goodbye Lenin*, 2003年）一部背景设在东柏林的喜剧：当一个女人在东西德合并以后，从昏迷中苏醒过来，她的家人佯装柏林墙并未推倒。

《音乐之声》（*The Sound of Music*, 1965年）是的，你肯定看过这部影片，但是在你真正踏上萨尔茨堡的土地前，你是需要熟悉熟悉台词。

《辛德勒的名单》（*Schindler's List*, 1993年）这是一部关于纳粹大屠杀的影片。

《卡夫卡》（*Kafka*, 1991年）跟卡夫卡本人关系不大，但是布拉格和它的古堡确实在作者的书中大放异彩，美丽无比。

《一路平安》（*Latcho Drom*, 1993年）一部音乐纪录片，记录吉卜赛人迁入当今中欧的历史过程。

《第三人》（*The Third Man*, 1939年）自卡尔·里德这部伟大的悲情电影上映后，尝试寻找"二战"后的维也纳遗迹已成为很多人迷恋的事情。

推荐接种的疫苗

尽管中欧并没有明确接种的疫苗种类，但是世界卫生组织（World Health Organization，简称WHO）建议所有的旅行者都需要注射白喉、破伤风、麻疹、腮腺炎、德国麻疹和小儿麻痹症疫苗。旅行者应该知道，大多数免疫注射要在注射后至少2周才产生免疫作用。

医疗服务和费用

中欧随处都有良好的基础医疗。

» 在本地区的东部国家，医院主要集中在主要大城市里。

» 患有小病，药房一般会提供不错的治疗建议，并出售非处方药品，同时建议什么时候需要采取更加专业的医疗帮助。

» 牙科水平一般是不错的。

» 使领馆、旅游办公室和五星级酒店通常会推荐医生或有会讲英语的雇员的诊所。

交通指南

到达和离开

中欧连接外面世界的空中交通很发达，并且廉价航空公司之间的竞争使得欧洲与英国之间的短程空运成为现实。选乘火车出行（比如说，从土耳其或希腊起一直向北旅行，或从英国、法国或西班牙起一直向东旅行）不仅环保，同时还可以享受沿途秀美的风光。

中欧最西端的国家拥有最好的交通，但是，以欧洲为起点，你转乘一次或两次就能通过铁轨把你带到几乎所有地方。公共汽车、自行车和汽车也是这个区域常有的交通方式。机票、团队游和火车票可以登录 www.lonelyplanet.com/bookings，进行线上预订。

进入中欧

如果从门户机场或欧盟边境国家进入该区域，是有点麻烦的。入境要值得注意的事项包括以下内容：

从白俄罗斯或乌克兰 到波兰、斯洛伐克和匈牙利；预计会遇到时间延误和严格的移民和海关管制。必须有从白俄罗斯和/或乌克兰获得的签证，并不得携带超过允许数量的香烟。

从罗马尼亚、塞尔维亚和克罗地亚 到匈牙利和斯洛文尼亚；只要你携带必要的签证和证件，是不会遇到什么大麻烦。

飞机

法兰克福和苏黎世是连接世界各地的主要国际航空枢纽，维也纳的交通作用只略差一点点。你也可以从国外直达如慕尼黑、布拉格、布达佩斯和华沙这样的主要中欧城市。卢布尔雅那和布拉迪斯拉发机场只接收欧洲区内的航班，而狭小的列支敦士登根本没有机场。

航空公司

大型航空公司可以带你往返于世界上的诸多城市，而低廉航空公司只提供欧洲境内的航空业务。

享受低廉票价，有许多地方需要注意。有些最简单的航空公司仅仅是这样的：不要期待有靠椅，不要期待有伸腿空间，也不要期待机上有遮光板。在一些遥远的机场，客户服务也是不存在的，更别谈什么出行方便啦。一些航空公司；瑞安航空公司（Ryanair），是出了名的名不副实，如德国的法兰克福（Frankfurt）被称为"Frankfurt-Hahn"，一个距法兰克福西侧120公里的小机场（确实是真实的机场），乘坐公共汽车需花费2个小时。另外，注意那些折扣航空公司网站如柏林航空公司网

那个袋子对你意味着什么？

预订廉价航空公司的座位时，一定要多个心眼；有很多附加费用会让你的出行成本大大增加。托运行李费是收取最多的费用，因为有严格的限重要求，一旦超出，会遭到一定的罚款。坐飞机时，携带一组捷克水晶的飞行成本可能比你当初讨价还价花得还要多得多。其他需要注意的附加费包括电话预订费、座位分配费、纸质机票费、优先选择费、新鲜空气费……哦，等等，他们还没开始征收氧气费——到目前为止。

入境欧洲

入境

从非欧盟地区抵达后，需要经过移民检查。入境窗口分欧盟居民，和其他（ALLES）。中国护照持有者请在“其他”窗口排队。

有时移民检查官会在检查护照的同时，问一些简单的问题：比如你为什么来欧洲、你来多久、你准备去哪些地方等，只要如实回答即可。最好将自己的行程单、电子机票打印单和住宿预订随身携带，有时移民官会要求查看。如果你对你的英语并不自信，也可以在入境提问时将行程单交给移民官。

提取行李

通过移民检查后，就可以前往行李到达大厅提取行李。依照航班代码去相应的转盘提取行李，所有的托运行李都要取下来。

海关检查

取完行李出门之前，还有一道海关检查。没有海关申报物品的可使用无申报通道，跟着大部队走吧，此处不需要停留。

转机

如果需要转机，则在下飞机后再次确认登机口，有时下一个登机口会发生变化，请在办理行李托运的时候告知你的最终目的地，行李也会直接托运到那儿。如果你乘坐的并非是联程航班，则需把行李重新托运。

站，上面显示的直达航班，实际上中途是有停泊的。

陆路

自行车

通过飞机来运输一辆自行车（既可拆解或整体运送）是可行的；向航空公司咨询相关运输规定和相关费用。

长途汽车

主要的城市中心区和欧洲各主要目的地城市之间的公共交通非常发达。然而，经济实惠的机票和火车票价钱跟长途汽车票价不差多少；所以，在你的旅途变得漫长而悲惨之前，好好研究一下吧。

小汽车和摩托车

驾驶汽车驶进中欧是没有什么特别要求的。如果你在某地已经雇了一辆车，确保驾车游历所有你想去的国家的全过程都被汽车租赁公司上了保险。

火车

营运规律的火车服务几乎可以把中欧的旅客送到欧洲大陆的每一个角落。同时，还可以从中亚乘坐火车来到这里，但是行程却要花上几天时间，或期间转乘多次。通常来说，所有中欧国家与相邻国家的大城市有着良好的交通线。

海路

虽然这不是抵达中欧的最常见的方式，但是，确实有一些渡轮往返于中欧。多对比下价钱，然后访问Ferry Savers（www.ferrysavers.com）查看水运线路。

从**德国**出发，可以到达**斯堪的纳维亚**和**波罗的海**国家。

从**波兰**出发，可以到达**丹麦**和**瑞典**。

从**斯洛文尼亚**出发，可以到达**意大利**。

当地交通

飞机

如果你不需要托运行李，至少提前两周预订机票，并且愿意前往其他机场，那么欧洲航空航班会是相当实惠的。大型和廉价航空公司均能在此区域营运，查看这两类航空公司的票价。需要注意的是，像匈牙利和瑞士这样的较小国家，是没有可用的国内航班的。

自行车

骑自行车横穿中欧是完全可行的。只要记住，除了平坦的冲积平原，该地区还包括欧洲最高的山峰。

» 公路和高速公路是允许骑自行车，但是不可以在受限的机动车道或干线道路上行驶。

» 中欧的西部国家拥有许多规整的自行车道，越往东走，自行车只能在路边和农村道路上行驶了。

» 虽然骑自行车不强制要求戴头盔,但是建议佩戴头盔上路。

» 中欧西部国家租赁店要比东部国家多，行前，到旅游办事处了解相关信息。

» 绝大多数的火车和部分公共汽车可以货运自行车。

船

在中欧的河道中乘坐季节性乘船其实是很考验耐性的，但是沿途风景却是美不胜收。走水路你根本省不下钱，但是，你却会拥有一个独特的视角来观察中欧这块区域。这里同时还有有组织的乘船团队游。

多瑙河（4月至10月）上的轮渡往返于德国南部和奥地利，进入奥地利，然后从奥地利发往斯洛伐克，然后进入匈牙利。最受欢迎的路线是维也纳－布拉迪斯拉发－布达佩斯线路。

莱茵河和摩泽尔河 在德国境内船运线路长短不一。

长途汽车

就成本而言，长途汽车一般会比火车和飞机稍占优势，但是速度慢，乘坐不舒服，一直备受诟病。但是，在山区里旅行和前往偏远的农村，长途汽车还是最好的交通方式。国际客运服务只连通主要城市。请注意，即使不同国家的两个城镇在地图上看似很近，但是它们之间往往没有直接的国际客运服务。

欧洲最大的长途汽车网由一个长途汽车公司财团掌控，这些公司均隶属于名称Eurolines（www.eurolines.com）的公司旗下。其中涉及服务项目广泛，乘客可以花费不到100欧元乘长途汽车前往非常远的地方。各分支机构提供许多国内和地区车票。

小汽车和摩托车

相对于其他几种交通方式，自驾游灵活性更大，你可以驾车行驶在鲜有人至的道路上，远离城市的喧嚣。但是，自驾游就是会消耗更多的碳。请注意，一辆车在该地区的城中心位置会遭遇许多不便，因为城中心有很多停车限制和许多单行道。

ViaMichelin（www.viamichelin.com）有非常不错的道路出行图资源。

汽车协会

向你的汽车公司咨询全欧洲联营组织提供的免费和收费项目。有些汽车租赁协议包括路边援助项目。

» 对于非欧洲人，自驾出发前，你通常可以花费很少的钱，在国内汽车机构内办理全球驾车保险。

预订

世界有名的搜索引擎，如www.expedia.com和www.orbitz.com可以帮助你找到各大航空公司票价。中文预订网站包括：

去哪儿（flight.qunar.com）

淘宝旅行（trip.taobao.com）

艺龙网（flight.elong.com）

携程网（flights.ctrip.com/internaional）

想在欧洲找到航空公司给出的经济型出行套餐需要一定的技巧，有些低廉航空公司并不在整合类网站刊登信息。

我们建议搜索这些网站：

天巡（www.tianxun.cn）

Fly Cheapo（www.flycheapo.com）

Kayak（www.kayak.com）

Skyscanner（www.skyscanner.net）

Vayama（www.vayama.com）

气候变化和旅行

任何使用碳基燃料的交通工具都会产生二氧化碳，这是人为导致气候变化的主要原因。空中旅行耗费的燃料以每公里人均计算或许比汽车少，但其行驶的距离却远很多。飞机在高空所排放的气体（包括二氧化碳）和颗粒同样对气候变化造成影响。许多网站提供"碳排量计算器"，以便人们估算个人旅行所产生的碳排量，并鼓励人们参与减缓全球变暖的旅行计划，以抵消个人旅行对环境所造成的影响。Lonely Planet会抵消其所有员工和作者旅行所产生的碳排放影响。

驾驶执照和相关证件

» 车辆保险，所有权或租赁证明资料需要随行携带。

» 中欧地区一般接受欧盟、北美和澳大利亚的驾驶执照。

» 对于任何其他类型的执照，从你当地的驾车组织索取国际驾照（IDP）。

» 每部跨越国际边境的汽车车身都应贴有一个显示注册国的标签。

燃料

各国之间的燃油价格相差很大，但一般都接近英国的价钱，远高于美国价格。这里广泛使用无铅汽油和柴油。汽车协会（www.aaroadwatch.ie / eupetrolprices）上有一个实用的网页，随时显示欧洲的燃油价格。

租赁

在中欧租汽车相对简单易行，在机场附近和首都城市有很多租车选择。租车需要考虑：

» 最低租车年龄为21岁。

» 须持有信用卡。

» 手动挡最常见，选择自动挡需要支付更多钱。

» 租金涵盖项目各不相同（不限里程？碰撞免责条款？税金？）；一定要在租车前仔细咨询。

» 每日租金一般为25欧元到74欧元。

» 国际大公司允许租客在不同城市或国家异地还车（收费）。

» 当地公司可能收费较少。

» 提前预约总会让你省不少钱。

国际租车中介包括：

赫兹租车（www.hertz.cn）

Autos Abroad（www.autosabroad.com）

Auto Europe（www.autoeurope.com）

Kemwel（www.kemwel.com）

保险

» 中欧强制推行第三方汽车意外险。

» 通常租车含保险，由你的私人汽车保险或一些主要信用卡支付。

» 驾驶一辆私家车，欧洲人须从他们的保险商那里获取一个国际认可的保险证明，即绿卡。

» 检查绿卡，确认上面涵盖所有你想要游历的国家。如果没有涵盖完整，你只能为没有名列其中的国家，单独购买第三方保险。

» 一旦车辆在受保国之外发生交通意外，你就需要用到它。

» 然后从保险公司获得一份欧洲事故报告。

» 如果看不懂，千万不要签字，坚持要求提供译文，只有接受报告内容后才能签字。

路况

该地区各地的路况和条件不尽相同，但是概括起来倒是不难。

» 高速公路（autobahns，autoroutes等）提供最直接的线路，路况最好，通常为四到六车道。100公里/小时以上限速，须交过路费（一个高速公路路票贴纸或通行证）。

» 普通公路路况较好，辐射范围比高速公路广，路过城镇车速须放缓。

» 辅助公路一般四通八达，遍布至城镇和乡村。远东的波兰、斯洛伐克和匈牙利的乡村道路路况欠佳。

» 夜间驾驶很不安全，狭长乡间小道的马拉车、自行车车手、行人和家畜都会带来风险。

交通规则

联系一家汽车协会，咨询中欧每个国家的特别规定。在许多国家，违章驾驶一般都会当场处罚，记着跟交警索要发票。

» 在道路的右手侧驾车。

» 除超车外，保持右侧通行，换道和路边启动时查看道路标记。

» 通常情况：除特别注明外，德国超级公路没有速度限制，高速公路限速为110公里/小时或120公里/小时，其他高速公路100公里/小时，二级和三级道路80公里/小时，建筑区50公里/小时或60公里/小时。

» 驾车必须强制系安全带。在大多数国家里，年龄低于12岁的儿童不得坐在汽车的前座。

» 酒驾是个严重的违法行为，法定酒精浓度限制在0%（就是0酒精）和0.08%之间。

» 红灯时严禁右转弯，即使随即停车也不行。

» 发生事故时，必须使用红色三角警示反光镜。

» 绝对不能从电车的左侧超车或在电车轨道1米内停靠。

搭便车

在任何国家搭便车都不是绝对安全的，我们不建议旅行中搭便车。决定搭便车的游客心里要清楚，他们正在面临几率很小但是可能很严重的风险。以下几点需要铭记：

» 最好结伴搭便车。

» 独自一人的女游客绝不要搭便车。

» 不要在城市中心区搭便车，最好乘坐公共交通工具去郊区的出城道路。

» 在高速公路上搭便车是违法行为，可以站在支路，或在加油站或卡车停车点接近司机，询问是否可以搭便车。

» 询问时，表现要开朗外向，并用当地语言手写一个标有你想去目的地的纸板标牌。

» 千万不要在司机不能及时停车或容易造成交通拥堵的地方叫车。黄昏时分，放弃搭便车的计划，寻找投宿的地方。

» 有时，可以提前设计便车计划：浏览大学里的布告牌，或联系拼车中介。这些机构在德国尤其受欢迎，他们都叫Mitfahrzentrale。

公共交通

大多数的中欧城市都拥有非常完善的公共交通系统，其中包括轻轨（地铁）、火车、电车和公共汽车。公共汽车服务通常也是非常全面的。主要的机场一般也有直通市中心的快轨或轻轨线。

团队游

想独自一人游历中欧并非难事——如果你的旅行有特定的目的或时间极其有限，全包式跟团游是值得考虑的。

无论是定制式还是大众式，跟团游都能满足各阶层的品位、兴趣和年龄段。可以利用网络资源，搜寻到不受媒体或行业关注的超乎寻常的团队游项目。参加像美国斯密森学会（www.smithsonian.com）这样的文化机构组织的团队游，由每个领域专家（如艺术类）领队，大部分游客都会在旅游过程中留下深刻的记忆。

根据自己的兴趣（步行游），尝试使用“欧洲旅行团”这样的词条进行搜索，看看有哪些适合你的信息。

河道游

河道游轮一般可以容纳100至300名游客，餐点包括在内，房间会很奢华——虽然有点小——透过窗户，还能享受属于自己的观河景观。广受欢迎的有多瑙河和莱茵河河道游项目。

火车

为了钱尽其能，火车在中欧是最大气、最舒服和最有趣的交通方式。所有的主要城市（和大部分的小城市）都在铁路网上。火车可以完全成为你唯一的城际交通方式。夜宿火车，有些地方仍然存在，可以给你节省一夜住宿费。出行安排前，可以想想白天乘坐火车穿过阿尔卑斯山脉是何等的惬意。

德国铁路（www.bahn.de）德国国家铁路的网站，涵盖中欧所有国家的铁路时刻表（但只有德国的价格）。铁路时刻智能手机应用更是非常出色。

Man in Seat 61（www.seat61.com）的网站上收集了许多宝贵的火车说明信息、火车通票情况和驶往这个大陆最远端的行程信息。

Thomas Cook（www.thomascookpublishing.com）出

版的托马斯库克欧洲列车时刻表，一直是游客的旅途圣经。列出了完整的列车时刻表、补票和预订要求。

等级和车票

» 大多数的火车都很现代，很像飞机舱。

» 中欧的火车分一等和二等车厢，一等座位更加宽敞，通常配有笔记本电源插座，比二等座位大概贵50%。

» 中欧东部的部分火车的车厢为隔间式（四个或八个座位相对设置）。

» 长途火车还设有餐车，但是现正改成小吃吧台和流动饮食推车。

» 在繁忙的线路处于夏天的旺季时，一定要提前订票。

» 从卫生和乘坐舒适方面考虑，在东部应坚持选择乘坐更加快速和新式的城际（IC）或洲际（EC）火车。

» 选乘特快（城际或洲际）和高速火车（如德国特快城际列车ICE和 奥地利联邦的新高速列车Railjet）时，需要补票。购票时，必须提前预订。

» 注意，长途中欧火车中途有时要分离车厢，确认你坐在正确的车厢内。

» 铁路网站上有廉价火车票出售，随时上网查看是会有意外收获的。

» 大部分铁路提供非常优秀的免费智能手机应用程序，有时刻表和购票功能。

火车通票

购买火车通票需要谨慎。尤其欧洲铁路通票的多类票种的价格已经相当昂贵。花点儿时间到国内铁路网站查看信息，然后分别购票，看看能给你的旅行造成多大花费。很多时候，你会发现比欧洲火车通票少花不少钱。

多逛逛，不同的代售点通票价格是不同的。一旦购买，小心保管你的通票，因为一旦丢失或被盗，是不可以更换或退款的。通过英吉利海峡隧道和某些渡轮航线的欧洲之星列车通票会有减价。

欧洲铁路通票

欧洲铁路局（www.eurail.com）有多种票种，路过区域和时间段可供选择，购买之前，一定要确认你的行程。只有非欧洲的国家居民在进入欧洲之前才可以购买欧洲火车通票，通票有两种类型：一种适于12到25岁年龄段的人购买，一种适于超过26岁的人购买。

欧洲火车通票可以无限制乘坐中欧国营火车和部分私人火车。持票人搭乘部分轮渡线、许多国家的过河/湖汽轮船服务，和往返于英国的欧洲之星列车可享有优惠。

通票类型包括以下几种：

欧洲铁路全球通票（Eurail Global），涵盖所有欧洲国家（无论多大的名气），固定天数或固定时间的特定天数内使用。

欧洲铁路最优通票（Eurail Saver），适于2到5人为一组的团体购买，整个行程下来比上述各种通票类型节省15%的票价。

欧洲铁路自选通票（Eurail Selectpass）的买家可以选择火车经过的几个相邻国家和乘坐时间。

选择方式有很多种组合，比其他通票要省不少钱，比如，你只去三四个国家。登录欧洲铁路网站，自己计算哪种方式最合算。

欧洲铁路对通票乘坐的火车类型施行随上随下制度。但是，当涉及最好的高速火车时，那又是另一回事了。虽然德国ICE火车可以随时上车，法国TGV火车需要提前订座，但是美中不足的是适于所有火车的通票持有者并不总碰上随时上车的好运气。另外，部分像大力士高速列车（Thalys trains）的高铁对换乘的通票用户征收高额的附加费。

欧洲东部通票

欧洲东部通票在奥地利、捷克、匈牙利、波兰和斯洛伐克境内有效，并且在上述地区旅行非常便利。乘坐一等或二等列车，通票一个月内有效，可使用5天。通票票价为307美元或214美元，可延长使用天数。没有学生折扣。可在欧洲铁路网（www.raileurope-world.com）订购通票。

多国火车通票

多国火车通票（www.interrailnet.com）——在欧洲居住满6个月方可订购该通票（要求有护照作证明），各国之间的条款和规定大同小异，但是在购票国，最多可以享受标准票价的50%折扣。该通票涵盖国家达30个之多。

火车通票价格

欧洲铁路火车通票

年龄	等级	有效期	票价（欧元）
12~25岁	二等	1个月	586
12~25岁	二等	15天	369
26岁以上	一等	1个月	899
26岁以上	一等	15天	567
12~25岁	二等	2个月内任意10天	435
12~25岁	二等	2个月内任意15天	571
26岁以上	一等	2个月内任意10天	668
26岁以上	一等	2个月内任意15天	876

多国火车通票

年龄	等级	有效期	票价（欧元）
12~25岁	二等	10天内任意5天	181
12~25岁	二等	22天内任意10天	265
12~25岁	二等	1个月	435
超过26岁	一等	10天内任意5天	434
26岁以上	一等	22天内任意10天	618
26岁以上	一等	1个月	1034
26岁以上	二等	10天内任意5天	276
26岁以上	二等	22天内任意10天	393
26岁以上	二等	1个月	658

多国火车通票一般比欧洲火车通票便宜，但是高铁有规定，转乘须提前购买订座票，并根据旅行线路补交3~40欧元。

多国火车通票也适于到单独国家旅行。拿这些通票和各国国家铁路局出售的通票作比较。

国家铁路通票

如果你打算只在一个国家里旅行，看看某国都有什么类型的通票，有时可能帮助你节省不少开支。像在德国这样的大国里，里程比较长，购买一张通票还是比较有意义的，但是在像斯洛伐克这样的小国里，通票的作用就不是很明显。

语 言

想了解更多？

如需深度语言信息和方便用语，请查询孤独星球的*Central Europe Phrasebook*。在**shop.lonelyplanet.com**上也可找到这本书，或者在苹果应用程序商店购买Lonely Planet的iPhone版常用语手册。

本章节提供基础词汇，帮助你周游中欧。如果你把我们的彩色发音指南当成英语来读，别人就能明白你的意思。

这章节中有些短语既有正式表达法也有非正式表达法（分别用缩写的“pol”和“inf”标出）。对于初次见面的长者、官员和服务人员使用礼貌用语。缩写“m”和“f”分别指阳性词和阴性词。

捷克语

捷克书面语中，有重音标记的元音发长音。

同时还要注意以下音节的发音：air像“hair”中的音，aw像“law”中的音，oh像“note”中“o”的发音，ow像“how”中的音，uh像“ago”中“a”的发音，kh像苏格兰语单词loch中“ch”的发音，zh像“pleasure”中“s”的发音。还有，r在捷克语中是颤音，撇号（’）指在一个辅音后轻轻地发y的音。

基本用语

你好。	*Ahoj.*	*uh·hoy*
再见。	*Na shledanou.*	*nuh·skhle·duh·noh*
打扰一下。	*Promiňte.*	*pro·min'·te*
对不起。	*Promiňte.*	*pro·min'·te*
请。	*Prosím.*	*pro·seem*
谢谢。	*Děkuji.*	*dye·ku·yi*
是/不是	*Ano./Ne.*	*uh·no/ne*

你叫什么名字？

Jak se jmenujete/jmenuješ?（pol/inf） *yuhk se yme·nu·ye·te/yme·nu·yesh*

我叫……

Jmenuji se … *yme·nu·yi se …*

你说英语吗？

Mluvíte anglicky? *mlu·vee·te uhn·glits·ki*

我不懂。

Nerozumím. *ne·ro·zu·meem*

住宿

营地	*tábořiště*	*ta·bo·rzhish·tye*
客栈	*penzion*	*pen·zi·on*
酒店	*hotel*	*ho·tel*
青年旅舍	*mládežnická ubytovna*	*mla·dezh·nyits·kau·bi·tov·nuh*

有……房间吗？

Máte … pokoj? *ma·te … po·koy*

单人间	*jednolůžkový*	*yed·no·*

双人间	dvoulůžkový	dvoh · loozh · ko · vee
每……多少钱?	ko·lik to stojí …?	Kolik to sto · yee ...
夜晚	na noc	nuh nots
人	za osobu	zuh o · so · bu

餐饮

你有什么推荐?

Co byste doporučil/ doporučila? (m/f)	tso bis · te do · po · ru · chil/do · po · ru · chi · luh

有素食吗?

Máte vegetariánská jídla?	ma · te ve · ge · tuh · ri · ans · ka yeed · luh

我想要……	Dám si …	dam si ...
干杯!	Na zdraví!	nuh zdruh · vee
请给我……	Chtěl/ Chtěla bych… prosím. (m/f)	khtyel/ khtye · luh bikh ... pro · seem
账单	účet	oo · chet
菜单	jídelníček	yee · del · nyee · chek
(瓶)	(láhev)	(la · hef)
啤酒	piva	pi · vuh
(杯)	(šálek)	(sha · lek)
咖啡/茶	kávy/čaje	ka · vi/chuh · ye
水	voda	vo · duh
(一杯酒)	(skleničku)	(skle · nyich · ku)
葡萄酒	vína	vee · nuh

指示牌——捷克语

Vchod	入口
Východ	出口
Otevřeno	开放
Zavřeno	关闭
Zakázáno	禁止
Záchody/Toalety	厕所

数字——捷克语

1	jeden	ye · den
2	dva	dvuh
3	tři	trzhi
4	čtyři	chti · rzhi
5	pět	pyet
6	šest	shest
7	sedm	se · dm
8	osm	o · sm
9	devět	de · vyet
10	deset	de · set

早餐	snídaně	snee · duh · nye
午餐	oběd	o · byed
晚餐	večeře	ve · che · rzhe

紧急情况

救命!	Pomoc!	po · mots
走开!	Běžte pryč!	byezh · te prich
打电话给……!	Zavolejte …!	zuh · vo · ley · te ...
医生	lékaře	lair · kuh · rzhe
警察	policii	po · li · tsi · yi

我迷路了。

Zabloudil/ Zabloudila jsem. (m/f)	zuh · bloh · dyil/zuh · bloh · dyi · luh ysem

我生病了。

Jsem nemocný/ nemocná. (m/f)	ysem ne · mots · nee/ne · mots · na

洗手间在哪里?

Kde jsou toalety?	gde ysoh to · uh · le · ti

购物和服务

我在找……

Hledám …	hle · dam ...

多少钱?

Kolik to stojí?	ko · lik to sto · yee

太贵了。

To je moc drahé.	to ye mots druh · hair

银行	*banka*	*buhn · kuh*
邮局	*pošta*	*posh · tuh*
旅游局	*turistická informační kancelář*	*tu · ris · tits · ka in · for · muhch · nyee kuhn · tse · larzh*

交通和方向

……在哪里？

Kde je …? *gde ye …*

地址是什么？

Jaká je adresa? *yuh · ka ye uh · dre · suh*

你能在（地图上）指给我看吗？

Můžete mi to ukázat (na mapě)? *moo · zhe · te mi to u · ka · zuht (nuh muh · pye)*

一张……车票去（泰尔奇）请	*jízdenku do (Telče), prosim.*	*… yeez · den · ku do (tel · che) pro · seem*
单程	*Jednos měrnou*	*yed · no · smyer · noh*
往返	*Zpáteční*	*zpa · tech · nyee*
公共汽车	*autobus*	*ow · to · bus*
飞机	*letadlo*	*le · tuhd · lo*
火车	*vlak*	*vluhk*

德语

在中欧，德国、奥地利、列支敦士登和瑞士说德语，大部分地区都能听懂德语。

德语中的元音长短不同，词语的意思也不同。注意以下发音：air像"fair"中的发音，aw像"saw"中的发音，eu像"nurse"中"u"的发音，ew像张圆嘴发"ee"的音，ow像"now"的发音，kh像苏格兰语单词loch中"ch"的发音（喉咙后部发音），r也是一个喉音，zh像"pleasure"中"s"的发音。

基本用语

你好。

（奥地利）	*Servus.*	*zer · vus*
（德国）	*Guten Tag.*	*goo · ten taak*
（瑞士）	*Grüezi.*	*grew · e · tsi*
再见。	*Auf Wiedersehen.*	*owf vee · der · zey · en*
打扰一下。	*Entschuldigung.*	*ent · shul · di · gung*
对不起。	*Entschuldigung.*	*ent · shul · di · gung*
请。	*Bitte.*	*bi · te*
谢谢。	*Danke.*	*dang · ke*
是的。	*Ja.*	*yaa*
不。	*Nein.*	*nain*

指示牌——德语

Eingang	入口
Ausgang	出口
Offen	开放
Geschlossen	关闭
Verboten	禁止
Toiletten	厕所

你叫什么名字？

Wie ist Ihr Name? *vee ist eer naa · me*

我叫……

Mein Name ist … *main naa · me ist …*

你说英语吗？

Sprechen Sie Englisch? *shpre · khen zee eng · lish*

我不懂。

Ich verstehe nicht. *ikh fer · shtey · e nikht*

住宿

营地	*Campingplatz*	*kem · ping · plats*
客栈	*Pension*	*paang · zyawn*
酒店	*Hotel*	*ho · tel*
青年旅舍	*Jugend-herberge*	*yoo · gent · her · ber · ge*
有……房间吗？	*Haben Sie ein …?*	*haa · ben zee ain …*
单人间	*Einzelzimmer*	*ain · tsel ·*

		tsi · mer
双人间	Doppelzimmer	do · pel · bet
	mit einem	do · pel · tsi · mer
	Doppelbett	mit ai · nem
每……	Wie viel kostet	vee feel kos · tet
多少钱?	es pro …?	es praw ...
夜晚	Nacht	nakht
人	Person	per · zawn

餐饮

你有什么推荐?

Was empfehlen Sie? vas emp · fey · len zee

有素食吗?

Haben Sie	haa•ben zee
vegetarisches	ve · ge · taa · ri ·
Essen?	shes e · sen

我要……

Ich hätte gern … ikh he · te gern ...

干杯!

Prost! prawst

我想要……	Bitte bringen	bi · te bring · en
请	Sie …	zee ...
账单	die Rechnung	dee rekh · nung
菜单	die	dee shpai · ze ·
	Speisekarte	kar · te
啤酒	Bier	beer
咖啡	Kaffee	ka · fey

数字——德语

1	eins	ains
2	zwei	tsvai
3	zdrei	drai
4	vier	feer
5	fünf	fewnf
6	sechs	zeks
7	sieben	zee · ben
8	acht	akht
9	neun	noyn
10	zehn	tseyn

茶	Tee	tey
水	Wasser	va · ser
葡萄酒	Wein	vain
早餐	Frühstück	frew · shtewk
午餐	Mittagessen	mi · taak · e · sen
晚餐	Abendessen	aa · bent · e · sen

紧急情况

救命!	Hilfe!	hil · fe
走开!	Gehen Sie	gey · en
	weg!	zee vek
打电话给……!	Rufen Sie …!	roo · fen zee ...
医生	einen Arzt	ai · nen artst
警察	die Polizeidee	po · li · tsai

我迷路了。

Ich habe	ikh haa ·
mich verirrt.	be mikh fer · irt

我生病了。

Ich bin krank. ikh bin krangk

洗手间在哪里?

Wo ist die Toilette? vo ist dee to · a · le · te

购物和服务

我在找……

Ich suche nach … ikh zoo · khe nakh ...

多少钱?

Wie viel kostet das? vee feel kos · tet das

太贵了。

Das ist zu teuer. das ist tsoo toy · er

市场	Markt	markt
邮局	Postamt	post · amt
旅游局	Fremden	frem · den ·
	verkehrs	fer · kairs ·
	büro	bew · raw

交通和方向

……在哪里?

Wo ist …? vaw ist ...

地址是什么?

Wie ist die Adresse? vee ist dee a · dre · se

你能(在地图上)指给我看吗?

Können Sie es mir (auf der Karte) zeigen? keu · nen zee es meer (owf dair kar · te) tsai · gen

一张……车票	Einen …	ai · nen …
去(柏林)	nach (Berlin),	naakh (ber · leen)
请	bitte.	bi · te
单程	einfache Fahrkarte	ain · fa · khe faar · kar · te
往返	Rückfahr karte	rewk · faar · kar · te
轮船	Boot	bawt
长途汽车	Bus	bus
飞机	Flugzeug	flook · tsoyk
火车	Zug	tsook

匈牙利语

匈牙利书面语中元音上的符号表示发长音。双辅音比英语中要拖长一点。

注意aw像"law"中的发音,eu像"nurse"中的发音,ew像张圆嘴发"ee"的音,zh像"pleasure"中"s"的发音。同时,r在匈牙利语中是颤音,撇号(')表示轻轻发y的音。

基本用语

你好。	Szervusz. (sg)	ser · vus
	Szervusztok. (pl)	ser · vus · tawk
再见。	Viszlát.	vis · lat
打扰一下。	Elnézést kérek.	el · ney · zeysht key · rek
对不起。	Sajnálom.	shoy · na · lawm
请。	Kérem. (pol)	key · rem
	Kérlek. (inf)	keyr · lek
谢谢。	Köszönöm.	keu · seu · neum
是。	Igen.	i · gen
不是。	Nem.	nem

指示牌——匈牙利语

Bejárat	入口
Kijárat	出口
Nyitva	开放
Zárva	关闭
Tilos	禁止
Toalett	厕所

你叫什么名字?

Mi a neve/ neved? (pol/inf) mi o ne · ve/ ne · ved

我叫……

A nevem … o ne · vem …

你说英语吗?

Beszél/ Beszélsz angolul? (pol/inf) be · seyl/ be · seyls on · gaw · lul

我不懂。

Nem Értem. nem eyr · tem

住宿

营地	kemping	kem · ping
客栈	panzió	pon · zi · āw
酒店	szálloda	sal · law · do
青年旅舍	ifjúsági szálló	if · yū · sha · gi sal · law
有	Van Önnek	von eun · nek
……房间吗?	kiadó egy …szobája?	ki · o · dāw ed' …saw · ba · yo
单人间	egyágyas	ej · a · dyosh
双人间	duplaágyas	dup · lo · a · dyosh
每……多少钱	Mennyibe kerül egy …?	men' · nyi · be ke · rewl ej …
夜晚	éjszakára	ey · so · ka · ro
人	főre	fēū · re

餐饮

你有什么推荐?

Mit ajánlana? mit o · yan · lo · no

有素食吗？

Vannak Önöknél vegetáriánus ételek?	von · nok eu · neuk · neyl ve · ge · ta · ri · a · nush ey · te · lek

我要……

…kérek.	… key · rek

干杯！（与一个人）

Egészségedre!	e · geys · shey · ged · re

干杯！（不止一个人）

Egészségetekre!	e · geys · shey · ge · tek · re

我想要……	… szeretném.	… se · ret · neym
账单	A számlát	o sam · lat
菜单	Az étlapot	oz eyt · lo · pawt
（瓶）啤酒	（üveg） sör	（ew · veg） sheur
（杯）	（csésze）	（chey · se）
咖啡/茶	kávé/tea	ka · vey/te · o
水	víz	veez
（一杯酒）	（pohár）	（paw · har）
葡萄酒	bor	bawr
早餐	reggeli	reg · ge · li
午餐	ebéd	e · beyd
晚餐	vacsora	vo · chaw · ro

紧急情况

救命！	Segítség!	she · geet · sheyg
走开！	Menjen innen!	men · yen in · nen
给医生打电话！	Hívjon orvost!	heev · yawn awr · vawsht

数字——匈牙利语

1	egy	ej
2	kettő	ket · tēū
3	három	ha · rawm
4	négy	neyj
5	öt	eut
6	hat	hot
7	hét	heyt
8	nyolc	nyawlts
9	kilenc	ki · lents
10	tíz	teez

给警察打电话！	Hívja a rendőrséget!	heev · yo o rend · ēūr · shey · get

我迷路了。

Eltévedtem.	el · tey · ved · tem

我生病了。

Rosszul vagyok.	raws · sul vo · dyawk

洗手间在哪里？

Hol a vécé?	hawl o vey · tsey

购物和服务

我在找……

Keresem a …	ke · re · shem o …

多少钱？

Mennyibe kerül?	men' · nyi · be ke · rewl

太贵了。

Ez túl drága.	ez tūl dra · go

市场	piac	pi · ots
邮局	postahivatal	pawsh · to · hi · vo · tol
旅游局	turistairoda	tu · rish · to · i · raw · do

交通和方向

……在哪里？

Hol van a …?	hawl von o …

地址是什么？

Mi a cím?	mi o tseem

你能（在地图上）指给我看吗？

Meg tudja mutatni nekem （a térképen）?	meg tud · yo mu · tot · ni ne · kem （o teyr · key · pen）

一张……车票	Egy … jegy	ej … yej
去（埃格河）	（Eger） be.	（e · ger） · be
单程	csak oda	chok aw · do
往返	oda-vissza	aw · do · vis · so
长途汽车	busz	bus
飞机	repülőgép	re · pew · lēū · geyp
火车	vonat	vaw · not

波兰语

波兰语的元音基本上发音很短。鼻元音发音好像你试着把空气从鼻腔排出，元音后的n或m就是鼻元音。

注意ow像是“how”中的发音，kh像是苏格兰语单词loch中“ch”的发音，zh像是“pleasure”中“s”的发音。同时，r在波兰语中是颤音，撇号（'）轻轻地发y的音。

基本用语

你好。	*Cześć.*	cheshch
再见。	*Do widzenia.*	do vee·dze·nya
打扰一下。	*Przepraszam.*	pshe·pra·sham
对不起。	*Przepraszam.*	pshe·pra·sham
请。	*Proszę.*	pro·she
谢谢。	*Dziękuję.*	jyen·koo·ye
是。	*Tak.*	tak
不是。	*Nie.*	nye

你叫什么名字？

Jak się pan/pani nazywa?（m/f pol）	yak shye pan/pa·nee na·zi·va
Jakie się nazywasz?（inf）	yak shye na·zi·vash

我叫……

Nazywam się …	na·zi·vam shye ...

你说英语吗？

Czy pan/pani mówi po angielsku?（m/f）	chi pan/pa·nee moo·vee po an·gyel·skoo

我不懂。

Nie rozumiem.	nye ro·zoo·myem

指示牌——波兰语

Wejście	入口
Wyjście	出口
Otwarte	开放
Zamknięte	关闭
Wzbroniony	禁止
Toalety	厕所

住宿

营地	*kamping*	kam·peeng
客栈	*pokoje gościnne*	po·ko·ye gosh·chee·ne
酒店	*hotel*	ho·tel
青年旅舍	*schronisko młodzieżowe*	skhro·nees·ko mwo·jye·zho·ve
有……房间吗？	*Czy jest pokój …?*	chi yest po·kooy ...
单人间	*jedno-osobowy*	yed·no·o·so·bo·vi
双人间	*z podwójnym łóżkiem*	z pod·vooy·nim woozh·kyem
每……多少钱	*Ile kosztuje za …?*	ee·le kosh·too·ye za ...
夜晚	*noc*	nots
人	*osobę*	o·so·be

餐饮

你有什么推荐？

Co by pan polecił?（m）	tso bi pan po·le·cheew
Co by pani poleciła?（f）	tso bi pa·nee po·le·chee·wa

有素食吗？

Czy jest żywność wegetariańska?	chi yest zhiv·noshch ve·ge·tar·yan'·ska

我要……	*Proszę…*	pro·she ...
干杯！	*Na zdrowie!*	na zdro·vye
请给我……	*Proszę o …*	pro·she o ... ...
账单	*rachunek*	ra·khoo·nek
菜单	*jadłospis*	ya·dwo·spees
（瓶）	*（butelka）*	（boo·tel·ka）
啤酒	*piwa*	pee·va
（杯）	*（filiżanka）*	（fee·lee·zhan·ka）
咖啡/茶	*kawy/herbaty*	ka·vi/her·ba·ti

数字——波兰语

1	jeden	ye · den
2	dwa	dva
3	trzy	tshi
4	cztery	chte · ri
5	pięć	pyench
6	sześć	sheshch
7	siedem	shye · dem
8	osiem	o · shyem
9	dziewięć	jye · vyench
10	dziesięć	jye · shench

水	woda	vo · da
（一杯酒）	（kieliszek）	（kye · lee · shek）
葡萄酒	wina	vee · na
早餐	śniadanie	shnya · da · nye
午餐	obiad	o · byad
晚餐	kolacja	ko · la · tsya

紧急情况

救命!	Na pomoc!	na po · mots
走开!	Odejdź!	o · deyj
打电话给……	Zadzwoń po …	zad·zvon' po…
医生	lekarza	le · ka · zha
警察	policję	po · lee · tsye

我迷路了。

Zgubiłem/Zgubiłam się.（m/f） zgoo · bee · wem/zgoo · bee · wam shye

我生病了。

Jestem chory/a.（m/f） yes · tem kho · ri/a

洗手间在哪里?

Gdzie są toalety? gjye som to · a · le · ti

购物和服务

我在找……	Szukam …	shoo · kam
多少钱	Ile to kosztuje?	ee · le to kosh · too · ye
太贵了。	To jest za drogie.	to yest za dro · gye
市场	targ	tark
邮局	urząd pocztowy	oo · zhond poch · to · vi
旅游局	biuro turystyczne	byoo · ro too · ris · tich · ne

交通和方向

……在哪里?

Gdzie jest …? gjye yest …

地址是什么?

Jaki jest adres? ya · kee yest ad · res

你能（在地图上）指给我看吗?

Czy może pan/pani mi pokazać（m/f）（na mapie）? chi mo · zhe pan/pa · nee mee po · ka · zach（na ma•pye）

请给我一张……的车票（去卡托维兹）	Proszę … bilet（do Katowic）.	pro · she … bee · let（do ka · to · veets）
单程	w jedną tronę	v yed · nom stro · ne
往返	powrotny	po · vro · tni
轮船	łódź	wooj
长途汽车	autobus	ow · to · boos
飞机	samolot	sa · mo · lot
火车	pociąg	po · chonk

斯洛伐克语

斯洛伐克书面语中元音上的重音标志指发长音。

注意air像“hair”中的发音，aw像“law”中的发音，oh像“note”中“o”，ow像“how”中的发音，uh像“ago”中“a”，dz像“adds”中“ds”，kh像苏格兰语loch中“ch”的发音，zh像“pleasure”中“s”的发音。撇号（'）指轻轻地发y的音。

基本用语

你好。	*Dobrý deň.*	do · bree dyen'
再见。	*Do videnia.*	do vi · dye · ni · yuh
打扰一下。	*Prepáčte.*	pre · pach · tye
对不起。	*Prepáčte.*	pre · pach · tye
请。	*Prosím.*	pro · seem
谢谢。	*Ďakujem*	dyuh · ku · yem
是。	*Áno.*	a · no
不是。	*Nie.*	ni · ye

你叫什么名字?
Ako sa voláte? uh · ko suh vo · la · tye

我叫……
Volám sa … vo · lam suh …

你说英语吗?
Hovoríte po anglicky? ho · vo · ree · tye po uhng · lits · ki

我不懂。
Nerozumiem. nye · ro · zu · myem

住宿

营地	*táborisko*	ta · bo · ris · ko
客栈	*penzión*	pen · zi · awn
酒店	*hotel*	ho · tel
青年旅舍	*nocľaháreň pre mládež*	nots · lyuh · ha · ren' pre mla · dyezh

有单人间吗?
Máte jedno-posteľovú izbu? ma · tye yed · no · pos · tye · lyo · voo iz · bu

有双人间吗?
Máte izbu s manželskou postelou? ma · tye iz · bu s muhn · zhels · koh pos · tye · lyoh

每……	*Koľko to*	kol' · ko to
多少钱?	*stojí na …?*	sto · yee nuh …
夜晚	*noc*	nots
人	*osobu*	o · so · bu

指示牌——斯洛伐克语

Vchod	入口
Východ	出口
Otvorené	开放
Zatvorené	关闭
Zakázané	禁止
Záchody/Toalety	厕所

餐饮

你有什么推荐?
Čo by ste mi odporučili? cho bi stye mi od · po · ru · chi · li

有素食吗?
Máte vegetariánske jedlá? ma · tye ve · ge · tuh · ri · yan · ske yed · la

我要……	*Dám si …*	dam si …
干杯!	*Nazdravie!*	nuhz · druh · vi · ye
请给我……	*Prosím si …*	pro · seem si …
账单	*účet*	oo · chet
菜单	*jedálny lístok*	ye·dal·ni·lees·tok
(瓶)	*(fľaša)*	(flyuh · shuh)
啤酒	*piva*	pi · vuh
(杯)	*(šálka)*	(shal · kuh)
咖啡/茶	*kávy/čaju*	ka · vi/chuh · yu
水	*voda*	vo · duh
(杯)	*(pohár)*	(po · har)
葡萄酒	*vína*	vee · nuh
早餐	*raňajky*	ruh · nyai · ki
午餐	*obed*	o · bed
晚餐	*večera*	ve · che · ruh

紧急情况

救命!	*Pomoc!*	po · mots
走开!	*Choďte preč!*	khod' · tye prech
打电话给……!	*Zavolajte …!*	zuh·vo·lai·tye …
医生	*lekára*	le · ka · ruh
警察	*políciu*	po · lee · tsi · yu

数字——斯洛伐克语

1	jeden	ye · den
2	dva	dvuh
3	tri	tri
4	štyri	shti · ri
5	päť	pet'
6	šesť	shest'
7	sedem	se · dyem
8	osem	o · sem
9	deväť	dye · vet'
10	desať	dye · suht'

我迷路了。
Stratil/Stratila som sa.（m/f） struh · tyil/struh · tyi · luh som suh

我生病了。
Som chorý/ chorá.（m/f） som kho · ree/ kho · ra

洗手间在哪里？
Kde sú tu záchody? kdye soo tu za · kho · di

购物和服务

我在找……	Hľadám …	hlyuh · dam …
多少钱？	Koľko to stojí?	kol' · ko to sto · yee
太贵了。	To je príliš drahé.	to ye pree · lish druh · hair
市场	trh	trh
邮局	pošta	posh · tuh
旅游局	turistická kancelária	tu · ris · tits · ka kuhn · tse · la · ri · yuh

交通和方向

……在哪里？
Kde je …? kdye ye …

地址是什么？
Aká je adresa? uh · ka ye uh · dre · suh

你能（在地图上）指给我看吗？
Môžete mi ukázať (na mape)? mwo · zhe · tye mi u · ka · zuht' (nuh muh · pe)

请给我一张……的车票（去波普拉德）
Jeden … lístok, prosím. (do Popradu) ye · den …lees · tok pro · seem (do pop · ruh · du)

单程	jedno-smerný	yed · no · smer · nee
往返	spiatočný	spyuh · toch · nee
长途汽车	autobus	ow · to · bus
飞机	lietadlo	li · ye · tuhd · lo
火车	vlak	vluhk

斯洛文尼亚语

我们用oh（像“note”中“o”）和ow（像“how”中的“ow”）作为音标帮助你发出斯洛文尼亚书面语中后面跟着字母l和v的元音——这些组合在一个音节结尾发类似英语中“w”的音。

同时注意uh发“ago”中“a”的音，zh在“pleasure”中发“s”，r是颤音，撇号（'）指轻轻地发y的音。

基本用语

你好。	Zdravo.	zdra · vo
再见。	Na svidenje.	na svee · den · ye
打扰一下。	Dovolite.	do · vo · lee · te
对不起。	Oprostite.	op · ros · tee · te
请。	Prosim.	pro · seem
谢谢。	Hvala.	hva · la
是。	Da.	da
不是。	Ne.	ne

你叫什么名字？
Kako vam/ti je ime?（pol/inf） ka · ko vam/tee ye ee · me

我叫……
Ime mi je … ee · me mee ye …

你说英语吗？
Ali govorite a · lee go · vo · ree · te

angleško?		ang·lesh·ko
我不懂。		
Ne razumem.		ne ra·zoo·mem

住宿

营地	kamp	kamp
客栈	gostišče	gos·teesh·che
酒店	hotel	ho·tel
青年旅舍	mladinski hotel	mla·deen·skee ho·tel
有……房间吗?	Ali imate… sobo?	a·lee ee·ma·te … so·bo
单人间	enoposteljno	e·no·pos·tel'·no
双人间	dvoposteljno	dvo·pos·tel'·no
每……多少钱?	Koliko stane na …?	ko·lee·ko sta·ne na …
夜晚	noč	noch
人	osebo	o·se·bo

餐饮

你有什么推荐?	
Kaj priporočate?	kai pree·po·ro·cha·te
有素食吗?	
Ali imate vegetarijansko hrano?	a·lee ee·ma·te ve·ge·ta·ree·yan·sko hra·no

我要……	Jaz bom …	yaz bom …
干杯!	Na zdravje!	na zdrav·ye
我想要……	Želim …,	zhe·leem …
请	prosim.	pro·seem
账单	račun	ra·choon
菜单	jedilni list	ye·deel·nee leest
(瓶)	(steklenica)	(stek·le·nee·tsa)
啤酒	piva	pee·va
(杯)	(skodelica)	(sko·de·lee·tsa)
咖啡/茶	kave/čaja	ka·ve/cha·ya
水	voda	vo·da
(杯)	(kozarec)	(ko·za·rets)
葡萄酒	vina	vee·na
早餐	zajtrk	zai·tuhrk
午餐	kosilo	ko·see·lo
晚餐	večerja	ve·cher·ya

紧急情况

救命!	Na pomoč!	na po·moch
走开!	Pojdite stran!	poy·dee·te stran
打电话给……!	Pokličite …!	pok·lee·chee·te …
医生	zdravnika	zdrav·nee·ka
警察	policijo	po·lee·tsee·yo

我迷路了。	
Izgubil/Izgubila sem se. (m/f)	eez·goo·beew/eez·goo·bee·la sem se
我生病了。	
Bolan/Bolna sem. (m/f)	bo·lan/boh·na sem
洗手间在哪里?	
Kje je stranišče?	kye ye stra·neesh·che

购物和服务

我在找……	Iščem …	eesh·chem …
多少钱?	Koliko stane?	ko·lee·ko sta·ne
太贵了。	To je predrago.	to ye pre·dra·go

指示牌——斯洛文尼亚语

Vhod	入口
Izhod	出口
Odprto	开放
Zaprto	关闭
Prepovedano	禁止
Stranišče	厕所

数字——斯洛文尼亚语

1	en	en
2	dva	dva
3	trije	tree · ye
4	štirje	shtee · rye
5	pet	pet
6	šest	shest
7	sedem	se · dem
8	osem	o · sem
9	devet	de · vet
10	deset	de · set

市场	tržnica	tuhrzh · nee · tsa
邮局	pošta	posh · ta
旅游局	turistični urad	too · rees · teech · nee oo · rad

交通和方向

……在哪里?

Kje je …?	kye ye …

地址是什么?

Na katerem naslovu je?	na ka · te · rem nas · lo · voo ye

你能(在地图上)指给我看吗?

Mi lahko pokažete (na zemljevidu)?	mee lah · ko po · ka · zhe · te (na zem · lye · vee · doo)

请给我一张……的车票	… vozovnico, prosim.	vo · zov · nee · tso pro · seem
(去科佩尔)	do (Kopra)	do (ko · pra)
单程	Enosmerno	e · no · smer · no
往返	Povratno	pov · rat · no

轮船	ladja	lad · ya
长途汽车	avtobus	av · to · boos
飞机	letalo	le · ta · lo
火车	vlak	vlak

幕后

说出你的想法

我们很重视旅行者的反馈——你的评价将鼓励我们前行，把书做得更好。我们同样热爱旅行的团队会认真阅读你的来信，无论表扬还是批评都很欢迎。虽然很难一一回复，但我们保证将你的反馈信息及时交到相关作者手中，使下一版更完美。我们也会在下一版特别鸣谢来信读者。

请把你的想法发送到**china@lonelyplanet.com.au**，谢谢！

请注意：我们可能会将你的意见编辑、复制并整合到Lonely Planet的系列产品中，例如旅行指南、网站和数字产品。如果不希望书中出现自己的意见或不希望提及你的名字，请提前告知。请访问lonelyplanet.com/privacy了解我们的隐私政策。

声明

气象图表数据引用自Peel MC, Finlayson BL & McMahon TA（2007）“Updated World Map of the Köppen-Geiger Climate Classification”, Hydrology and Earth System Sciences, 11, 1633-44。

封面图片：德国罗滕堡，Craig Pershouse/Getty Images。

本书部分地图由中国地图出版社提供，其他为原书地图，审图号GS（2014）1583号。

关于本书

这是Lonely Planet《中欧》的第10版。本书的作者为瑞安·维尔·贝克摩斯、马克·贝克、凯瑞·克里斯提安尼、史蒂夫·法伦、蒂姆·理查兹、安德里亚·舒尔特·皮沃斯和卢克·沃特森。

本书为中文第三版，由以下人员制作完成：

项目负责 李小坚

内容统筹 叶孝忠

翻译统筹 肖斌斌 史阳

翻译 程明 杜冬冬 陈璐 于晓明 秦轶翚 唐晓红 陈斌 牟彦艳

内容策划 王菁 王晓莹 刘维佳

视觉设计 李小棠 陈斌

协调调度 崔晓丽 丁立松

责任编辑 刘翔 杨帆

编辑 李军

地图编辑 马珊

流程 李晓龙

终审 朱萌

排版 北京梧桐影电脑科技有限公司

感谢王璐、吴雅涵、菜畦、杨毅、黄犀、洪良、马红治、马化文、徐丽娟、余晧、于雅群、余思南、邵恩初对本书的帮助。

索引

A

B

C

D

000 地图页码
000 图片页码

N

000 地图页码
000 图片页码

O

P

Q

R

S

T

U

V

W

Z

000 地图页码
000 图片页码

如何使用本书

以下符号能够帮助你找到所需内容：

景点 | 团队游 | 饮品
海滩 | 节日和活动 | 娱乐
活动 | 住宿 | 购物
课程 | 就餐 | 实用信息/交通

下列符号所代表的都是重要信息：

电话号码 | 无线网路 | 公共汽车
营业时间 | 游泳池 | 轮渡
停车场 | 素食菜品 | 地铁
禁止抽烟 | 英语菜单 | 城铁
空调 | 适合家庭 | 轻轨
网络接入 | 允许携带宠物 | 铁路

请留心如下标志：

首选 作者的大力推荐

免费 不需要任何费用

绿色或环保选择

本书作者恪守可持续发展的承诺，推荐本书中的旅游地点，例如支持本地社区和生产商，贯彻环保和友善的旅行方式，支持保护项目。

地图图例

景点
海滩、佛教场所、城堡、基督教场所、印度教场所、伊斯兰教场所、犹太教场所、纪念碑、博物馆/美术馆、历史遗址、酒庄/葡萄园、动物园、其他景点

活动、课程和团队游
潜水/浮潜、划艇、滑雪、冲浪、游泳/游泳池、徒步、帆板、其他活动/课程/团队游

住宿
住宿场所、露营地

就餐
餐馆

饮品
酒吧、咖啡馆

娱乐
娱乐场所

购物
购物场所

实用信息
银行、使领馆、医院/医疗机构、网吧、警察局、邮局、电话、公厕、旅游信息、其他信息

交通
机场、过境处、公共汽车、缆车/索道、自行车路线、轮渡、地铁、单轨铁路、停车场、加油站、出租车、铁路/火车站、有轨电车、其他交通方式

注：并非所有图例都在此显示。

路线
收费公路、高速公路、一级公路、二级公路、三级公路、小路、未封闭道路、购物中心/商业街、台阶、隧道、步行天桥、步行游览路、步行游览支路、小路

地理
棚屋/栖身所、灯塔、瞭望台、山峰/火山、绿洲、公园、关隘、野餐区、瀑布

人口
首都、首府、一级行政中心、城市/大型城镇、镇/村

境界
国界、一级政区界、未定国界、地区界、军事分界线、海洋公园、悬崖、墙

水文
河流、小溪、间歇河、沼泽/红树林、暗礁、运河、水域、干/盐/间歇湖、冰川、珊瑚礁

地区特征
海滩/沙漠、基督教墓地、其他墓地、公园/森林、运动场、一般景点(建筑物)、重要景点(建筑物)

我们的故事

一辆破旧的老汽车，一点点钱，一份冒险的感觉——1972年，当托尼（Tony Wheeler）和莫琳（Maureen Wheeler）夫妇踏上那趟决定他们人生的旅程时，这就是全部的行头。他们穿越欧亚大陆，历时数月到达澳大利亚。旅途结束时，风尘仆仆的两人灵机一闪，在厨房的餐桌上制作完成了他们的第一本旅行指南——《便宜走亚洲》（*Across Asia on the Cheap*）。仅仅一周时间，销量就达到了1500本。Lonely Planet 从此诞生。

现在，Lonely Planet 在都柏林、富兰克林、伦敦、墨尔本、奥克兰、北京和德里都设有公司，有超过 600 名员工和作者。在中国，Lonely Planet 被称为"孤独星球"。我们恪守托尼的信条："一本好的旅行指南应该做好三件事：有用、有意义和有趣"。

我们的作者

瑞安·维尔·贝克摩斯（Ryan Ver Berkmoes）

统筹作者，瑞士 瑞安·维尔·贝克摩斯于1984年首次游览瑞士，是因为在长达一年的背包游过程中，他将瑞士作为邮件投递处。他接着想去捷克斯洛伐克，但是因为繁复的中央机构，他被拒绝入境。自此他开始乐游中欧，悠然轻松地走了很多地方。现在他在欧洲和美国各待一半时间。想要关注他，请见ryanverberkmoes.com。他的推特是@ryanvb。

马克·贝克（Mark Baker）

捷克，斯洛文尼亚 马克定居在布拉格，在东欧已经生活、工作了20多年，一开始是新闻集团的记者，后来进入彭博新闻和自由欧洲电台/自由电台。他频频在该地区旅行，最爱的欧洲国家有保加利亚、斯洛文尼亚和罗马尼亚。除了这本书，Mark还是Lonely Planet旅行指南系列中布拉格、斯洛文尼亚、罗马尼亚和保加利亚的合著者。

凯瑞·克里斯提安尼（Kerry Christiani）

奥地利 凯瑞研究生毕业后，第一次去奥地利旅行，从这以后她一有机会就要去莫扎特和玛丽亚的故乡走一走。为了完成这本书，她忙着去维也纳的咖啡馆挑选奶油，去因斯布鲁克阿尔卑斯山巅一睹皑皑白雪，去萨尔茨堡了解冯·崔普家族合唱团的情况。凯瑞已经出过20本指南，包括孤独星球的奥地利篇、德国篇和瑞士篇。她的推特是@kerrychristiani，想要了解她的最新工作内容请见www.kerrychristiani.com。

史蒂夫·法伦（Steve Fallon）

匈牙利 史蒂夫是Lonely Planet每一版《匈牙利》的作者，他20世纪80年代才有机会首次到访匈牙利。这次行程很短暂，但是他立刻爱上了温泉浴、托卡伊葡萄酒（Tokaj wine）和bableves（豆子汤）。因为无法在动荡不安中生活，1992年他搬到布达佩斯，在那里可以尽情享用以上三种美食。现在Steve定居在伦敦，但为了吃上这三种食物以及更多令人牵挂的东西：pálinka（水果味白兰地）、新艺术和Marta Sebestyén的绕梁之音——他不时回到匈牙利。

蒂姆·理查兹（Tim Richards）

波兰 20世纪90年代，蒂姆在克拉科夫（Kraków）教英语并被波兰1989年后发生的变革深深吸引。他因Lonely Planet多次回到波兰，加深了与这个既美丽又复杂的国家之间的关系。2011年Tim出版了一本Kindle电子书《我们这里有杀人犯》（*We Have Here the Homicide*），收录了他关于波兰的媒体文章。他不为Lonely Planet写稿的时候，是澳大利亚墨尔本的一名自由撰稿人，写作关于旅行和艺术的文章。www.iwriter.com.au上有他的博客和社交媒体联络方式。

安德里亚·舒尔特·皮沃斯（Andrea Schulte-Peevers）

德国 安德里亚在德国出生和长大，在伦敦和UCLA念书，她已经走遍65个国家，旅行过的距离可以到达月球。她写了20年自己的祖国，为Lonely Planet写作或投稿了60篇文章，包括*Germany*、*Berlin*的所有版本和Pocket Berlin。在洛杉矶生活多年后，Andrea现在定居在柏林。

卢克·沃特森（Luke Waterson）

斯洛伐克 斯洛伐克的城堡、pirohy（土豆饺子）和（更多难以言传的）苏维埃建筑中都渗透着卢克的爱恋，他除了为Lonely Planet写过15篇文章，还为BBC旅游（BBC Travel）、卫报（the Guardian）、阿瓦隆旅行出版和一些机舱内杂志写过文章（因此即使在飞机上你也可以保持愉快）。他住在布拉迪斯拉发很偏远的地方，因此近水楼台可以品尝到小喀尔巴阡酒（Small Carpathian wine），周末他最喜欢去山里徒步，找间离奇古怪的krčma（乡间小酒馆）。

Luke更多文章请见：
lonelyplanet.com/members/lukewaterson

中欧

中文第三版

书名原文：*Central Europe*（*10th edition, October 2013*）

图书在版编目（CIP）数据

中欧 / 澳大利亚 LonelyPlanet 公司编；程明等译
. -- 北京：中国地图出版社 , 2014.7（2018.7 重印）
书名原文：Central Europe
ISBN 978-7-5031-8007-1

Ⅰ . ①中… Ⅱ . ①澳… ②程… Ⅲ . ①旅游指南 – 中欧 Ⅳ . ① K951.09

中国版本图书馆 CIP 数据核字 (2014) 第 145598 号

出版发行	中国地图出版社
社　　址	北京市白纸坊西街 3 号
邮政编码	100054
网　　址	www.sinomaps.com
印　　刷	北京华联印刷有限公司
经　　销	新华书店
成品规格	197mm × 128mm
印　　张	21.75
字　　数	1183 千字
版　　次	2014 年 7 月第 1 版
印　　次	2018 年 7 月北京第 5 次印刷
定　　价	89.00 元
书　　号	ISBN 978-7-5031-8007-1
审 图 号	GS（2014）1583
图　　字	01-2014-0656

如有印装质量问题，请与我社发行部（010-83543956）联系